Springer-Lehrbuch

Weitere Bände in dieser Reihe
http://www.springer.com/series/1183

Wolfgang Hromadka · Frank Maschmann

# Arbeitsrecht Band 1

Individualarbeitsrecht

7. Auflage

Wolfgang Hromadka
Passau, Deutschland

Frank Maschmann
Regensburg, Deutschland

ISSN 0937-7433
Springer-Lehrbuch
ISBN 978-3-662-56489-9          ISBN 978-3-662-56490-5 (eBook)
https://doi.org/10.1007/978-3-662-56490-5

Die Deutsche Nationalbibliothek verzeichnet diese Publikation in der Deutschen Nationalbibliografie; detaillierte bibliografische Daten sind im Internet über http://dnb.d-nb.de abrufbar.

© Springer-Verlag Berlin Heidelberg 2018
Das Werk einschließlich aller seiner Teile ist urheberrechtlich geschützt. Jede Verwertung, die nicht ausdrücklich vom Urheberrechtsgesetz zugelassen ist, bedarf der vorherigen Zustimmung des Verlags. Das gilt insbesondere für Vervielfältigungen, Bearbeitungen, Übersetzungen, Mikroverfilmungen und die Einspeicherung und Verarbeitung in elektronischen Systemen.
Die Wiedergabe von Gebrauchsnamen, Handelsnamen, Warenbezeichnungen usw. in diesem Werk berechtigt auch ohne besondere Kennzeichnung nicht zu der Annahme, dass solche Namen im Sinne der Warenzeichen- und Markenschutz-Gesetzgebung als frei zu betrachten wären und daher von jedermann benutzt werden dürften.
Der Verlag, die Autoren und die Herausgeber gehen davon aus, dass die Angaben und Informationen in diesem Werk zum Zeitpunkt der Veröffentlichung vollständig und korrekt sind. Weder der Verlag noch die Autoren oder die Herausgeber übernehmen, ausdrücklich oder implizit, Gewähr für den Inhalt des Werkes, etwaige Fehler oder Äußerungen. Der Verlag bleibt im Hinblick auf geografische Zuordnungen und Gebietsbezeichnungen in veröffentlichten Karten und Institutionsadressen neutral.

Springer ist Teil von Springer Nature
Die eingetragene Gesellschaft ist Springer-Verlag GmbH Deutschland
Die Anschrift der Gesellschaft ist: Heidelberger Platz 3, 14197 Berlin, Germany

## Vorwort zur 7. Auflage

Die 7. Auflage bringt das Lehrbuch auf den aktuellen Stand von Gesetzgebung und Rechtsprechung. Eingearbeitet wurden u.a. der neue § 611a BGB, die Novellen des Arbeitnehmerüberlassungsgesetzes und des Mutterschutzgesetzes, das Entgelttransparenzgesetz, das Bundesteilhabegesetz, die Datenschutzgrundverordnung der EU samt der Umsetzung durch das neue BDSG sowie die seit 2014 ergangenen höchstrichterlichen Entscheidungen und wichtige Aufsätze. Zusätzliche Schaubilder und Prüfungsschemata runden das Werk ab.

Passau/Regensburg, Februar 2018
Wolfgang Hromadka
Frank Maschmann

## Aus dem Vorwort zur 1. Auflage

Arbeitsrecht gilt als ein schwieriges Rechtsgebiet. In der Tat kennt es zwei zusätzliche Rechtsquellen, und das Rankenwerk der Rechtsprechung ist besonders üppig. Das heißt aber nicht, daß man dieses Gebiet nicht in den Griff bekommen könnte. Scheitern muß allerdings, wer glaubt, mit ein paar Topoi, wie Sozialstaatsklausel, Fürsorge- und Treuepflicht, Fälle lösen zu können. Auch das Arbeitsrecht hat klare Strukturen. Als Teilbereich des Privatrechts liegen ihm die Regeln des BGB zugrunde, die es ergänzt und abwandelt, um den Besonderheiten des Arbeitsverhältnisses gerecht zu werden.

Arbeitsrecht ist aber nicht nur ein schwieriges, sondern auch ein bedeutsames und spannendes Rechtsgebiet. Der Arbeitsvertrag ist neben Kauf und Miete der wichtigste und häufigste Vertrag. Arbeitsrecht liegt im Schnittpunkt von Wirtschafts- und Sozialpolitik. Es ist der Versuch eines Ausgleichs der Interessen von Arbeitgeber, Arbeitnehmer und Allgemeinheit, das Bemühen, wirtschaftliche Bedürfnisse und soziale Notwendigkeiten unter dem Leitgedanken der Gerechtigkeit miteinander zu versöhnen.

Das Buch will den angehenden Juristen vertraut machen mit den Regeln dieses Rechtsgebiets. Damit er sich in der Fülle des Stoffes nicht verliert, werden immer wieder die Strukturen aufgezeigt. Der ständige Hinweis auf die Regeln des BGB will ihm helfen, sich über Bekanntes leichter zurechtzufinden. In einer Zeit raschen und immer rascheren Wandels soll er ihm aber auch Halt geben an einer 2000jährigen Tradition und Kultur, die unsere Vorstellungen von Gerechtigkeit entscheidend geprägt haben.

Passau, Juli 1998
Wolfgang Hromadka
Frank Maschmann

# Inhaltsverzeichnis

Abkürzungsverzeichnis ................................................................. XXIII

Literaturhinweise ........................................................................... XXXI

§ 1 **Dienstleistung im Rechtssystem** .............................................. 1
    I.   Überblick .................................................................................. 1
    II.  Dienste auf vertraglicher Grundlage ..................................... 2
        1.   Dienstvertrag (§§ 611 ff. BGB) ...................................... 2
            a)   Geschichte und Struktur ........................................ 2
            b)   Begriff und Eigenart des Dienstvertrags ............... 3
        2.   Werkvertrag (§§ 631 ff. BGB) ...................................... 5
        3.   Gemischter Vertrag (Dienst-/Werkvertrag) .................. 5
        4.   Dienst- und Werkverschaffungsvertrag ........................ 6
        5.   Geschäftsbesorgungsvertrag .......................................... 6
        6.   Gesellschafts- und vereinsrechtliche Dienstleistungen .. 7
        7.   Auftrag .......................................................................... 7
        8.   Gefälligkeitsverhältnis .................................................. 8
    III. Arbeitsvertrag ......................................................................... 8
        1.   Begriff .......................................................................... 8
            a)   Der Arbeitsvertrag: Unterfall des Dienstvertrags .. 9
            b)   Weisungsgebundenheit .......................................... 9
            c)   Fremdbestimmtheit ................................................ 10
            d)   Persönliche Abhängigkeit ...................................... 11
            e)   Eingliederung in eine fremde Organisation .......... 11
        2.   Weisungsgebundenheit ................................................. 12
            a)   Ausgangspunkt ...................................................... 12
            b)   Praktische Handhabung ......................................... 12
            c)   Alternative Abgrenzungskriterien ......................... 14
        3.   Arbeitsvertrag als Verbrauchervertrag? ....................... 15

§ 2 **Grundlagen des Arbeitsrechts** ................................................ 17
    I.   Begriff und Gliederung .......................................................... 17
    II.  Aufgabe des Arbeitsrechts ..................................................... 18
    III. Rechtsquellen und Gestaltungsfaktoren des Arbeitsrechts .... 20
        1.   Überblick ....................................................................... 20
        2.   Europäische Union (EU) .............................................. 21
            a)   Entwicklung ........................................................... 21
            b)   Zuständigkeiten ..................................................... 25
            c)   Mittel der Rechtsetzung ........................................ 28
            d)   Verfahren der Rechtsetzung .................................. 33

|  |  |  |  |  |
|---|---|---|---|---|
|  | 3. | Bundesrepublik Deutschland | | 34 |
|  |  | a) | Grundgesetz | 34 |
|  |  | b) | Gesetze | 37 |
|  |  | c) | Verordnungen | 40 |
|  | 4. | Bundesländer | | 41 |
|  | 5. | Gewerkschaften und Tarifvertrag | | 41 |
|  |  | a) | Funktion der Gewerkschaften | 41 |
|  |  | b) | Begriff und Wirkung des Tarifvertrags | 41 |
|  |  | c) | Tarifvertrag und Tarifpolitik | 42 |
|  | 6. | Mitbestimmung | | 43 |
|  |  | a) | Organe | 43 |
|  |  | b) | Ausübung der Mitbestimmung | 43 |
|  | 7. | Das Zusammenspiel der Regelungsinstrumente | | 45 |
|  |  | a) | Überblick | 45 |
|  |  | b) | Rechtsquellenlehre | 45 |
|  |  | c) | Rechtsfindung bei mehreren Rechtsquellen | 47 |
|  |  | d) | Bedeutung der Rechtsquellen in der Praxis | 49 |
|  | 8. | Weitere Rechtsquellen? | | 49 |
|  |  | a) | Gesamtzusage | 49 |
|  |  | b) | Betriebliche Übung | 50 |
|  |  | c) | Allgemeiner Gleichbehandlungsgrundsatz | 50 |
|  |  | d) | Weisungsrecht | 51 |

## § 3 Arbeitnehmer und Arbeitgeber ... 53

|  |  |  |  |  |
|---|---|---|---|---|
| I. | Arbeitnehmer und arbeitnehmerähnliche Personen | | | 53 |
|  | 1. | Arbeitnehmer | | 53 |
|  | 2. | Gesetzliche Gliederung der Arbeitnehmer | | 54 |
|  |  | a) | Übersicht | 54 |
|  |  | b) | Angestellte/Arbeiter | 55 |
|  |  | c) | Leitende Angestellte | 55 |
|  |  | d) | Das Recht der Arbeiter und der Angestellten | 59 |
|  |  | e) | Das Recht der leitenden Angestellten | 59 |
|  | 3. | Tarifliche Gliederung der Arbeitnehmer | | 60 |
|  |  | a) | Überblick | 60 |
|  |  | b) | Tariflich geführte Mitarbeiter | 60 |
|  |  | c) | AT-Angestellte | 60 |
|  | 4. | Arbeitnehmerähnliche Personen | | 61 |
|  |  | a) | Begriff | 61 |
|  |  | b) | Heimarbeiter, Hausgewerbetreibende | 63 |
|  |  | c) | Einfirmenvertreter | 64 |
|  |  | d) | Freie Mitarbeiter | 65 |
| II. | Arbeitgeber | | | 65 |
|  | 1. | Begriff | | 65 |
|  | 2. | Betrieb | | 66 |
|  | 3. | Unternehmen | | 67 |

|  |  | 4. Unternehmen und Betrieb............................................................68 |
|---|---|---|
|  |  | 5. Konzern .....................................................................................68 |
|  |  | 6. Unternehmensgruppe.................................................................69 |
|  |  | 7. Abteilung...................................................................................69 |
|  | III. | Der personelle Aufbau des Unternehmens........................................69 |
|  |  | 1. Die Gliederung des Unternehmens.............................................69 |
|  |  | 2. Leitungsebenen..........................................................................70 |
|  |  |    a) Bedeutung............................................................................70 |
|  |  |    b) Vertretungsmacht................................................................71 |
|  | IV. | Personal- und Sozialpolitik ...............................................................76 |
|  |  | 1. Adressaten .................................................................................76 |
|  |  |    a) Gesetzliche Vertreter ...........................................................76 |
|  |  |    b) Außertarifliche Angestellte (AT-Angestellte) .....................76 |
|  |  |    c) Leitende Angestellte ...........................................................77 |
|  |  | 2. Instrumente der Personalarbeit ..................................................77 |
|  |  |    a) Informationen .....................................................................77 |
|  |  |    b) Personalplanung..................................................................77 |
|  |  |    c) Vergütung ...........................................................................79 |
|  |  |    d) Motivation ..........................................................................81 |

§ 4 **Arbeitsvertragsformen**..........................................................................83
   I.   Arbeitsverhältnis auf unbestimmte Dauer .............................................83
   II.   Befristete und bedingte Arbeitsverträge ...............................................83
         1. Allgemeines...............................................................................83
         2. Grundsatz...................................................................................84
         3. Befristung und Bedingung.........................................................85
            a) Befristung ............................................................................85
            b) Bedingung...........................................................................85
         4. Sachliche Gründe ......................................................................86
            a) Gesetzliche Beispielsfälle: Befristung .................................86
            b) Gesetzliche Beispielsfälle: Bedingung ................................90
            c) Sonstige Sachgründe............................................................91
            d) Insbesondere: Altersgrenze..................................................92
         5. Sachgrundlose Befristung..........................................................93
         6. Form ..........................................................................................95
         7. Folge einer unwirksamen Befristung.........................................96
         8. Rechte und Pflichten..................................................................96
         9. Kündigung eines befristeten Arbeitsvertrags ............................97
        10. Beendigung durch Fristablauf, Zweckerreichung oder
            Eintritt der Bedingung ...............................................................97
        11. Verlängerung des Arbeitsverhältnisses .....................................97
        12. Anrufung des Arbeitsgerichts....................................................98
        13. Mitbestimmung des Betriebsrats ...............................................98

| | | |
|---|---|---|
| III. | Probearbeitsverhältnis | 99 |
| | 1. Allgemeines | 99 |
| | 2. Formen | 99 |
| |    a) Unbefristetes Arbeitsverhältnis | 99 |
| |    b) Befristetes Probearbeitsverhältnis | 100 |
| |    c) Einfühlungsverhältnis, Praktikum | 101 |
| IV. | Aushilfsarbeitsverhältnis | 102 |
| V. | Nebentätigkeit | 103 |
| VI. | Teilzeitarbeit | 103 |
| | 1. Begriff | 103 |
| | 2. Rechte und Pflichten | 104 |
| | 3. Stellenausschreibung, Information über freie Arbeitsplätze | 104 |
| | 4. Verringerung der Arbeitszeit | 105 |
| | 5. Verlängerung der Arbeitszeit | 108 |
| | 6. Kündigungsverbot | 110 |
| | 7. Anpassung der Arbeitszeit an den Arbeitsanfall | 110 |
| | 8. Arbeitsplatzteilung (Job-Sharing) | 111 |
| VII. | Telearbeit | 112 |
| VIII. | Leiharbeit (Arbeitnehmerüberlassung) | 113 |
| | 1. Struktur | 113 |
| | 2. Regelungen im Arbeitnehmerüberlassungsgesetz (AÜG) | 114 |
| IX. | Ein Mustervertrag | 115 |
| | 1. Allgemeines | 115 |
| |    a) Gewöhnlicher Inhalt von Musterverträgen | 115 |
| |    b) Konstitutive und deklaratorische Vertragsinhalte | 116 |
| | 2. Vertragsbeispiel | 117 |
| | 3. Anmerkungen zu dem Mustervertrag | 119 |

**§ 5 Anbahnung, Abschluss und Änderung des Arbeitsvertrags ... 127**

| | | |
|---|---|---|
| I. | Anbahnung des Arbeitsvertrags | 127 |
| | 1. Personalsuche | 127 |
| |    a) Personalanforderung | 127 |
| |    b) Personalsuche | 127 |
| |    c) Interne Stellenausschreibung | 128 |
| |    d) Externe Stellenausschreibung | 128 |
| | 2. Schutz vor Diskriminierungen | 129 |
| |    a) Benachteiligungsverbot nach dem AGG | 129 |
| |    b) Anwendungsbereich des AGG | 132 |
| |    c) Benachteiligung | 133 |
| |    d) Rechtfertigungsgründe | 138 |
| |    e) Rechtsfolgen | 140 |
| | 3. Bewerberauswahl | 143 |
| |    a) Bewerbungsunterlagen | 143 |
| |    b) Vorstellungsgespräch | 143 |
| |    c) Fragerecht des Arbeitgebers | 143 |

|      |    | d) Aufklärungspflicht des Bewerbers ................................. 146 |
|---|---|---|

|      |    |    |
|---|---|---|
|      |    | d) Aufklärungspflicht des Bewerbers ................................. 146 |
|      |    | e) Sonstige Auswahlinstrumente ....................................... 147 |
| II.  | Abschluss des Arbeitsvertrags ............................................... 148 | |
|      | 1. Vertragsschluss ............................................................ 148 | |
|      |    | a) Allgemeine Grundsätze .............................................. 148 |
|      |    | b) Geschäftsfähigkeit ..................................................... 150 |
|      |    | c) Vertretung ................................................................. 152 |
|      |    | d) Form ......................................................................... 152 |
|      |    | e) Mitbestimmung des Betriebsrats ................................ 156 |
|      | 2. Abschlussge- und -verbote ........................................... 156 | |
|      |    | a) Vertragsfreiheit ......................................................... 156 |
|      |    | b) Einstellungspflichten und -ansprüche ....................... 157 |
|      |    | c) Einstellungshindernisse ............................................ 160 |
|      | 3. Vertragskontrolle .......................................................... 162 | |
|      | 4. Sittenwidrigkeitskontrolle ............................................ 164 | |
|      |    | a) Allgemeines .............................................................. 164 |
|      |    | b) Wucher ..................................................................... 165 |
|      |    | c) Wucherähnliches Rechtsgeschäft .............................. 166 |
|      |    | d) Rechtsfolgen ............................................................. 166 |
|      | 5. Angemessenheitskontrolle ........................................... 167 | |
|      |    | a) Entwicklung .............................................................. 167 |
|      |    | b) Gegenstand der AGB-Kontrolle ................................ 169 |
|      |    | c) Individualvereinbarung ............................................. 169 |
|      |    | d) Einbeziehungskontrolle ............................................ 170 |
|      |    | e) Inhaltskontrolle ......................................................... 172 |
|      | 6. Ausübungskontrolle ..................................................... 177 | |
|      |    | a) Begriff und Inhalt ..................................................... 177 |
|      |    | b) Kontrolle von Leistungsbestimmungsrechten ........... 177 |
|      | 7. Mängel des Arbeitsvertrags .......................................... 179 | |
|      |    | a) Nichtigkeit ................................................................ 179 |
|      |    | b) Anfechtung ............................................................... 183 |
| III. | Änderung des Arbeitsvertrags ............................................... 188 | |
|      | 1. Änderungsvertrag .......................................................... 188 | |
|      |    | a) Abschluss .................................................................. 188 |
|      |    | b) Bestimmtheits- und Transparenzgebot ...................... 189 |
|      |    | c) Form ......................................................................... 190 |
|      | 2. Betriebliche Übung ....................................................... 191 | |
|      |    | a) Bedeutung ................................................................. 191 |
|      |    | b) Rechtliche Konstruktion ........................................... 192 |
|      |    | c) Ausschluss der Bindung ........................................... 195 |
|      |    | d) Betriebliche Übung und Neueintretende ................... 196 |
|      |    | e) Beseitigung der Bindung .......................................... 197 |
|      |    | f) Lösungstechnischer Hinweis ................................... 197 |
|      | 3. Gesamtzusage ............................................................... 197 | |

## § 6 Pflichten des Arbeitnehmers .................................................. 199
### I. Arbeitspflicht als Hauptpflicht ...................................................... 199
  1. Schuldner und Gläubiger ...................................................... 199
     a) Schuldner ...................................................................... 199
     b) Gläubiger ..................................................................... 200
  2. Allgemeine Festlegung der Arbeitspflicht durch den Arbeitsvertrag, Konkretisierung durch den Arbeitgeber ........... 201
     a) Arbeitsvertrag als Grundlage ........................................ 201
     b) Allgemeines Weisungsrecht des Arbeitgebers ............... 201
  3. Inhalt der zu leistenden Arbeit ............................................ 208
     a) Festlegung im Arbeitsvertrag ....................................... 208
     b) Vorübergehende Zuweisung einer anderen Tätigkeit ....... 210
     c) Dauerhafte Zuweisung einer anderen Tätigkeit ............... 211
  4. Umfang ............................................................................... 212
     a) Vertragliche Grundlage ................................................ 212
     b) Arbeitszeitrechtliche Grundbegriffe .............................. 214
     c) Arbeitszeitschutz ......................................................... 217
     d) Vorübergehende Änderung der Arbeitszeitdauer ........... 223
     e) Änderung der Arbeitszeit auf Dauer ............................. 228
     f) KAPOVAZ ................................................................... 228
     g) Intensität der Arbeit ..................................................... 228
  5. Zeitliche Lage ..................................................................... 229
     a) Grundsätze .................................................................. 229
     b) Gleitzeit ...................................................................... 230
     c) Mitbestimmung des Betriebsrats .................................. 231
  6. Ort ...................................................................................... 231
     a) Bestimmung des Leistungsorts ..................................... 231
     b) Änderung des Leistungsorts ......................................... 232
     c) Betriebsverlegung ....................................................... 233
### II. Nebenpflichten des Arbeitnehmers ............................................. 234
  1. Allgemeines ........................................................................ 234
     a) Begriff ......................................................................... 234
     b) Rechtsgrundlagen ........................................................ 235
  2. Handlungspflichten ............................................................. 237
     a) Grundsätze .................................................................. 237
     b) Nebenleistungspflichten .............................................. 237
     c) Einzelne Schutzpflichten ............................................. 238
  3. Unterlassungspflichten ....................................................... 239
     a) Grundsätze .................................................................. 239
     b) Einzelne Unterlassungspflichten .................................. 239
### III. Rechte des Arbeitgebers bei Pflichtverletzung des Arbeitnehmers ...................................................................... 242
  1. Arten der Pflichtverletzung ................................................. 242
     a) Verletzung der Arbeitspflicht ....................................... 242
     b) Verletzung von Nebenpflichten .................................... 244

	2. Überblick über die Rechte des Arbeitgebers ............................ 245
	3. Anspruch und Klage auf Erfüllung ........................................... 245
		a) Bei Verletzung der Arbeitspflicht ...................................... 245
		b) Bei Verletzung von Nebenpflichten ................................. 247
	4. Verweigerung der Entgeltzahlung ............................................ 247
		a) Bei Verletzung der Arbeitspflicht ...................................... 247
		b) Bei Verletzung von Nebenpflichten ................................. 248
	5. Schadensersatz .......................................................................... 249
		a) Anspruchsgrundlage .......................................................... 249
		b) Schaden ............................................................................. 250
	6. Vertragsstrafe ............................................................................ 251
		a) Begriff ................................................................................ 251
		b) Zulässigkeit und Grenzen ................................................. 252
	7. Betriebsbuße ............................................................................. 253
		a) Begriff ................................................................................ 253
		b) Zulässigkeit und Grenzen ................................................. 253
	8. Abmahnung .............................................................................. 255
		a) Begriff und notwendiger Inhalt ........................................ 255
		b) Voraussetzungen ............................................................... 256
		c) Rechte bei unzulässiger Abmahnung ............................... 257
		d) Folgen einer wirksamen Abmahnung .............................. 258
	9. Kündigung und Änderungskündigung .................................... 258

§ 7 **Pflichten des Arbeitgebers** ............................................................... 259
	I. Vergütungspflicht ............................................................................ 259
		1. Rechtsgrundlagen ..................................................................... 259
			a) Arbeitsvertrag .................................................................... 259
			b) Kollektivvertrag ................................................................ 262
			c) Gesetz ................................................................................ 262
		2. Vergütungsformen .................................................................... 262
			a) Geldlohn und Naturallohn ................................................ 263
			b) Zeitlohn und Leistungslohn .............................................. 263
			c) Zusammensetzung des Entgelts ........................................ 268
		3. Sonderformen der Vergütung .................................................. 270
			a) Provision ............................................................................ 271
			b) Tantiemen ......................................................................... 271
			c) Sonderzuwendungen ......................................................... 272
		4. Allgemeiner gesetzlicher Mindestlohn nach dem MiLoG ......... 280
			a) Regelungsziel ..................................................................... 280
			b) Anwendungsbereich .......................................................... 282
			c) Berechnung und Fälligkeit des Mindestlohns ................... 282
			d) Erfüllungswirksame Anrechnung von
			   Arbeitgeberleistungen ....................................................... 284

|  |  | 5. | Entgelttransparenz | 285 |
|---|---|---|---|---|
|  |  |  | a) Regelungsziel | 285 |
|  |  |  | b) Individueller Auskunftsanspruch | 285 |
|  |  |  | c) Prüfverfahren und Bericht zur Gleichstellung und Entgeltgleichheit | 289 |
|  |  | 6. | Abzüge | 290 |
|  |  |  | a) Brutto- und Nettovergütung | 290 |
|  |  |  | b) Lohnsteuer | 290 |
|  |  |  | c) Sozialversicherungsbeiträge | 290 |
|  |  | 7. | Entgeltschutz | 291 |
|  |  |  | a) Schutz vor Gläubigern des Arbeitnehmers | 291 |
|  |  |  | b) Schutz vor dem Arbeitgeber | 292 |
|  |  |  | c) Sicherung bei Zahlungsunfähigkeit des Arbeitgebers | 292 |
|  |  | 8. | Auszahlung | 292 |
|  |  |  | a) Empfangsberechtigter | 292 |
|  |  |  | b) Fälligkeit | 293 |
|  |  |  | c) Zahlungsort | 293 |
|  |  |  | d) Überzahlung von Lohn | 293 |
|  |  |  | e) Entgeltabrechnung, Ausgleichsquittung | 294 |
|  |  | 9. | Einreden und Einwendungen gegen den Vergütungsanspruch | 296 |
|  |  |  | a) Verjährung | 296 |
|  |  |  | b) Verwirkung | 296 |
|  |  |  | c) Ausschluss- oder Verfallfristen | 297 |
|  | II. | Nebenpflichten des Arbeitgebers | | 298 |
|  |  | 1. | Allgemeines | 298 |
|  |  |  | a) Begriff und Struktur | 298 |
|  |  |  | b) Rechtsgrundlagen | 298 |
|  |  |  | c) Grenzen und Beschränkbarkeit | 299 |
|  |  | 2. | Schutz von Leben und Gesundheit des Arbeitnehmers | 299 |
|  |  |  | a) Allgemeines | 299 |
|  |  |  | b) Verpflichtungen des Arbeitgebers nach dem Arbeitsschutzgesetz | 300 |
|  |  | 3. | Schutz der Persönlichkeit | 302 |
|  |  |  | a) Allgemeines | 302 |
|  |  |  | b) Einzelfälle | 303 |
|  |  | 4. | Schutz eingebrachter Sachen | 307 |
|  |  | 5. | Schutz von Vermögensinteressen | 308 |
|  | III. | Gleichbehandlungsgrundsatz und Diskriminierungsverbote | | 308 |
|  |  | 1. | Grundlagen | 308 |
|  |  |  | a) Abgrenzung | 308 |
|  |  |  | b) Gerechtfertigte Benachteiligungen | 309 |

|  |  | 2. Gleichbehandlungsgrundsatz ................................................................. 310 |
|---|---|---|
|  |  | a) Dogmatische Grundlage ............................................................ 310 |
|  |  | b) Voraussetzungen ....................................................................... 312 |
|  |  | c) Rechtsfolge ............................................................................... 318 |
|  |  | 3. Diskriminierungsverbote ............................................................ 319 |
|  |  | a) Grundsatz .................................................................................. 319 |
|  |  | b) Beispiele ................................................................................... 319 |
|  | IV. | Rechte des Arbeitnehmers bei Pflichtverletzungen des Arbeitgebers ................................................................................. 321 |
|  |  | 1. Anspruch und Klage auf Erfüllung ............................................. 321 |
|  |  | a) Nichterfüllung der Vergütungspflicht ...................................... 321 |
|  |  | b) Nichterfüllung von Nebenpflichten ......................................... 321 |
|  |  | 2. Zurückbehaltungsrecht ................................................................ 322 |
|  |  | a) Nichterfüllung der Vergütungspflicht ...................................... 322 |
|  |  | b) Nichterfüllung von Nebenpflichten ......................................... 323 |
|  |  | 3. Schadensersatzanspruch .............................................................. 323 |
|  |  | a) Nichterfüllung der Vergütungspflicht ...................................... 323 |
|  |  | b) Nichterfüllung von Nebenpflichten ......................................... 323 |
|  |  | 4. Außerordentliche Kündigung ...................................................... 324 |
| § 8 | **Leistungsstörungen und Entgeltfortzahlung** .......................................... **325** |
|  | I. | Verzug und Unmöglichkeit ................................................................. 325 |
|  | II. | Annahmeverzug .................................................................................. 326 |
|  |  | 1. Allgemeines ................................................................................. 326 |
|  |  | 2. Voraussetzungen ......................................................................... 327 |
|  |  | a) Unvermögen des Schuldners ..................................................... 327 |
|  |  | b) Vertragsgemäßes Angebot ........................................................ 327 |
|  |  | c) Nichtannahme der Leistung ...................................................... 328 |
|  |  | 3. Rechtsfolge .................................................................................. 329 |
|  | III. | Unmöglichkeit ..................................................................................... 330 |
|  |  | 1. Leistungspflicht ........................................................................... 330 |
|  |  | 2. Gegenleistungspflicht .................................................................. 330 |
|  |  | a) Vom Arbeitnehmer zu vertretende Unmöglichkeit .................. 330 |
|  |  | b) Vom Arbeitgeber zu vertretende Unmöglichkeit ..................... 332 |
|  |  | c) Weder vom Arbeitnehmer noch vom Arbeitgeber zu vertretende Unmöglichkeit ................................................... 332 |
|  |  | d) Die Rechtsprechung des BAG (einschließlich Betriebsrisikolehre) .................................................................. 334 |
|  | IV. | Entgeltfortzahlung im Krankheitsfall ................................................. 337 |
|  |  | 1. Allgemeines ................................................................................. 337 |
|  |  | a) Rechtstatsachen und Rechtsentwicklung ................................. 337 |
|  |  | b) Grundlinien der Regelung ........................................................ 338 |
|  |  | 2. Materiell-rechtliche Anspruchsvoraussetzungen ....................... 340 |
|  |  | a) Anspruchsberechtigter Personenkreis ..................................... 340 |
|  |  | b) Krankheitsbedingte Arbeitsunfähigkeit ................................... 340 |

3. Dauer des Entgeltfortzahlungsanspruchs .................................345
   a) Normalfall: 6 Wochen .......................................................345
   b) Wiederholte Arbeitsunfähigkeit.........................................345
4. Höhe des Entgeltfortzahlungsanspruchs....................................346
5. Formelle Voraussetzungen und Kontrolle der
   Arbeitsunfähigkeit......................................................................347
   a) Anzeigepflichten..................................................................347
   b) Nachweispflichten ...............................................................347
   c) Kontrollmöglichkeiten.........................................................349
6. Forderungsübergang bei Dritthaftung .......................................350

V. Entgeltzahlung an Feiertagen..............................................................351
1. Voraussetzungen des Entgeltzahlungsanspruchs......................351
   a) Prüfungsschema...................................................................351
   b) Voraussetzungen im einzelnen ............................................352
2. Rechtsfolgen...............................................................................353
   a) Höhe der fortzuzahlenden Vergütung..................................353
   b) Verzicht ...............................................................................353

VI. Sonstige vorübergehende Arbeitsverhinderung
aus persönlichen Gründen...................................................................354
1. Allgemeines................................................................................354
   a) Grundsatz.............................................................................354
   b) Prüfungsschema...................................................................354
2. Voraussetzungen im einzelnen ..................................................355
   a) Anwendbarkeit.....................................................................355
   b) Arbeitsverhinderung ............................................................356
   c) Aus einem in der Person des Arbeitnehmers liegenden
      Grund ....................................................................................356
   d) Kein Verschulden ................................................................357
   e) Verhinderung für eine verhältnismäßig nicht
      erhebliche Zeit ......................................................................357
   f) Anzeige- und Nachweispflicht ............................................357
3. Rechtsfolgen...............................................................................358

VII. Erholungsurlaub..................................................................................358
1. Allgemeines................................................................................358
   a) Grundfragen.........................................................................358
   b) Prüfungsschema...................................................................360
2. Voraussetzungen .......................................................................360
   a) Anwendbarkeit des BUrlG ..................................................360
   b) Wartezeit..............................................................................361
3. Dauer des Erholungsurlaubs......................................................362
   a) Urlaubsdauer nach Werktagen.............................................362
   b) Teilurlaub.............................................................................363
   c) Urlaub und Arbeitsausfall aus anderen Gründen................364

|       |      | 4. Erfüllung .......................................................................................... 365 |
|-------|------|---|

- 4. Erfüllung .......................................................................................... 365
  - a) Fälligkeit ................................................................................. 365
  - b) Urlaubserteilung durch den Arbeitgeber............................. 365
  - c) Mitbestimmung des Betriebsrats........................................... 367
  - d) Urlaubsverweigerung und Selbstbeurlaubung ................... 368
- 5. Erfüllungshindernisse ................................................................... 368
  - a) Befristung des Urlaubs auf das Kalenderjahr .................... 368
  - b) Übertragung auf das Folgejahr ............................................. 369
  - c) Ersatzurlaubsanspruch ........................................................... 369
  - d) Urlaubsabgeltung bei Beendigung des Arbeitsverhältnisses................................................................. 370
- 6. Vergütung während des Urlaubs ................................................. 372
  - a) Urlaubsentgelt.......................................................................... 372
  - b) Zusätzliches Urlaubsgeld ...................................................... 372
- 7. Verzicht, Ausschlussfrist.............................................................. 373
  - a) Verzicht .................................................................................... 373
  - b) Ausschlussfristen .................................................................... 373
- 8. Verbot der Erwerbsarbeit während des Erholungsurlaubs ........ 374
  - a) Tatbestand des Verbots........................................................... 374
  - b) Verstoß gegen das Verbot...................................................... 374

VIII. Urlaub aus sonstigen Gründen ........................................................... 375
  1. Elternzeit ....................................................................................... 375
  2. Bildungsurlaub ............................................................................. 376
  3. Sonderurlaub ................................................................................ 377
  4. Kurzzeitige Arbeitsverhinderung wegen Pflege und Pflegezeit........................................................................................ 377
  5. Familienpflegezeit ....................................................................... 378

**§ 9 Haftung im Arbeitsverhältnis................................................................. 381**
  I. Haftung des Arbeitgebers..................................................................... 381
  1. Haftung für Sachschäden............................................................. 381
    - a) Verschuldenshaftung .............................................................. 381
    - b) Verschuldensunabhängiger Ersatz betrieblich veranlasster Schäden des Arbeitnehmers („Eigenschäden") ..................................................................... 381
  2. Haftung für Personenschäden...................................................... 383
    - a) Haftungsablösung durch Versicherungsschutz bei Arbeitsunfällen ........................................................................ 383
    - b) Voraussetzungen der Haftungsbeschränkung..................... 384
    - c) Rechtsfolgen der Haftungsbeschränkung ........................... 386
  3. Aufwendungsersatz ...................................................................... 387
    - a) Begriff und Anspruchsgrundlagen........................................ 387
    - b) Erstattungspflichtige Aufwendungen .................................. 388

## Inhaltsverzeichnis

II. Haftung des Arbeitnehmers ..................................................... 389
   1. Haftung für Sachschäden ..................................................... 389
      a) Haftung gegenüber dem Arbeitgeber .......................... 389
      b) Haftung gegenüber Dritten ........................................ 394
   2. Haftung für Personenschäden .............................................. 395
      a) Voraussetzungen der Haftungsbeschränkung ............. 396
      b) Rechtsfolgen der Haftungsbeschränkung .................. 398
   3. Mankohaftung ..................................................................... 399
      a) Begriff ......................................................................... 399
      b) Haftung bei Mankoabrede .......................................... 400
      c) Haftung ohne Mankoabrede ....................................... 400

## § 10 Beendigung des Arbeitsverhältnisses .................................... 403
I. Beendigungsgründe ..................................................................... 403
   1. Beendigung aufgrund einer Vereinbarung ........................... 404
      a) Befristung und Bedingung .......................................... 404
      b) Aufhebungsvertrag ..................................................... 404
   2. Einseitige Beendigung ......................................................... 408
      a) Kündigung .................................................................. 408
      b) Anfechtung ................................................................. 408
      c) Lossagung vom fehlerhaften Arbeitsverhältnis .......... 409
      d) Lossagung nach erfolgreichem
         Kündigungsschutzprozess ........................................... 409
      e) Lösende Aussperrung ................................................. 409
   3. Sonstige Beendigungsgründe ............................................... 409
      a) Tod des Arbeitnehmers .............................................. 409
      b) Gerichtliche Auflösung .............................................. 410
   4. Keine Beendigungsgründe ................................................... 410
      a) Tod des Arbeitgebers .................................................. 410
      b) Suspendierung der Arbeitspflichten ........................... 410
      c) Unmöglichkeit der Arbeitsleistung ............................ 411
      d) Erreichen des Renteneintrittsalters ............................ 411
      e) Erwerbsminderung ..................................................... 411
      f) Wegfall der Geschäftsgrundlage ................................ 411
      g) Betriebsübergang ....................................................... 411
      h) Insolvenz des Arbeitgebers ........................................ 412
II. Kündigung .................................................................................. 412
   1. Allgemeines ......................................................................... 412
      a) Begriff und Rechtsnatur ............................................. 412
      b) Arten und Erscheinungsformen ................................. 412
   2. Kündigungserklärung ........................................................... 414
      a) Prüfungsschema ......................................................... 414
      b) Inhalt .......................................................................... 414
      c) Form ........................................................................... 415
      d) Ort und Zeit ................................................................ 417

|  |  |  | e) | Zugang | 417 |
|---|---|---|---|---|---|
|  |  |  | f) | Vertretung | 419 |
|  |  |  | g) | Mängel | 421 |
|  |  |  | h) | Beteiligung von Behörden | 424 |
|  |  |  | i) | Widerruf, Rücknahme, Verzicht, Verwirkung | 425 |
|  |  | 3. | Ordentliche Kündigung | | 426 |
|  |  |  | a) | Allgemeines | 426 |
|  |  |  | b) | Gesetzliche Kündigungsfristen | 427 |
|  |  |  | c) | Arbeitsvertragliche Kündigungsfristen | 428 |
|  |  |  | d) | Tarifvertragliche Kündigungsfristen | 430 |
|  |  | 4. | Außerordentliche Kündigung | | 431 |
|  |  |  | a) | Allgemeines | 431 |
|  |  |  | b) | Wichtiger Grund | 432 |
|  |  |  | c) | Besondere Fallgruppen | 437 |
|  |  |  | d) | Kündigungserklärungsfrist | 440 |
| III. | Allgemeiner Kündigungsschutz | | | | 443 |
|  | 1. | Allgemeines | | | 443 |
|  |  | a) | Grundgedanken | | 443 |
|  |  | b) | Abdingbarkeit | | 444 |
|  |  | c) | Prüfungsschema | | 445 |
|  | 2. | Anwendungsbereich des KSchG | | | 445 |
|  |  | a) | Persönliche Anwendbarkeit | | 445 |
|  |  | b) | Betriebliche Anwendbarkeit | | 448 |
|  |  | c) | Sachliche Anwendbarkeit | | 450 |
|  |  | d) | Beweislast | | 450 |
|  | 3. | Sozialwidrigkeit der Kündigung: Grundsätze | | | 450 |
|  |  | a) | Systematik der Kündigungsgründe | | 450 |
|  |  | b) | Grundsätze für alle Kündigungsgründe | | 454 |
|  | 4. | Personenbedingte Kündigung | | | 457 |
|  |  | a) | Struktur | | 457 |
|  |  | b) | Wichtige Fallgruppen | | 458 |
|  | 5. | Verhaltensbedingte Kündigung | | | 461 |
|  |  | a) | Struktur | | 461 |
|  |  | b) | Wichtige Fallgruppen | | 464 |
|  | 6. | Betriebsbedingte Kündigung | | | 468 |
|  |  | a) | Überblick | | 468 |
|  |  | b) | Freie Unternehmerentscheidung | | 469 |
|  |  | c) | Dauerhafter Wegfall einer Beschäftigungsmöglichkeit | | 471 |
|  |  | d) | Ultima ratio | | 474 |
|  |  | e) | Fehlende Weiterbeschäftigungsmöglichkeit | | 475 |
|  |  | f) | Soziale Auswahl | | 477 |
|  |  | g) | Betriebsbedingte Kündigung bei Insolvenz des Arbeitgebers | | 487 |
|  |  | h) | Betriebsbedingte Kündigung mit Abfindungsoption | | 488 |
|  |  | i) | Entlassung auf Verlangen des Betriebsrats | | 489 |

| | | | |
|---|---|---|---|
| IV. | Sonderkündigungsschutz | | 489 |
| | 1. Grundstrukturen | | 489 |
| | | a) Sinn und Zweck | 489 |
| | | b) Mittel | 490 |
| | | c) Allgemeine Grundsätze | 490 |
| | 2. Mutterschutz | | 492 |
| | | a) Grundsatz und Normzweck | 492 |
| | | b) Anwendungsbereich | 492 |
| | | c) Schwangerschaft und Entbindung | 493 |
| | | d) Kenntnis des Arbeitgebers oder nachträgliche Information | 493 |
| | | e) Rechtsfolgen | 494 |
| | 3. Schutz schwerbehinderter Menschen | | 495 |
| | | a) Allgemeines | 495 |
| | | b) Anwendungsbereich | 496 |
| | | c) Zustimmung des Integrationsamtes | 497 |
| | | d) Beteiligung der Schwerbehindertenvertretung | 499 |
| | 4. Schutz der Mitglieder von Belegschaftsvertretungen, Wahlvorständen und Wahlbewerbern | | 500 |
| | | a) Allgemeines | 500 |
| | | b) Anwendungsbereich | 500 |
| | | c) Beginn und Ende des Schutzes | 501 |
| | | d) Ordentliche Kündigung | 502 |
| | | e) Außerordentliche Kündigung | 502 |
| | 5. Schutz bei Massenentlassungen | | 504 |
| | | a) Allgemeines | 504 |
| | | b) Einzelheiten zur Anzeigepflicht | 505 |
| | | c) Rechtsfolgen | 506 |
| V. | Anhörung von Betriebsrat und Schwerbehindertenvertretung | | 507 |
| | 1. Anhörung vor jeder Kündigung | | 507 |
| | | a) Anhörung nur bei Kündigung | 507 |
| | | b) Anhörung vor der Kündigung | 508 |
| | 2. Anhörung | | 508 |
| | | a) Umfang der Mitteilungspflicht | 508 |
| | | b) Verstoß gegen die Anhörungspflicht | 509 |
| | 3. Reaktionsmöglichkeiten des Betriebsrats | | 510 |
| | | a) Möglichkeiten | 510 |
| | | b) Bedenken und Widerspruch | 511 |
| VI. | Kündigungsschutzprozess | | 513 |
| | 1. Grundsatz | | 513 |
| | 2. Klagefrist | | 513 |
| | | a) Allgemeines | 513 |
| | | b) Fristberechnung | 516 |
| | | c) Fristversäumung | 517 |
| | | d) Zulassung verspäteter Klagen | 517 |

|   |   | 3. | Kündigungsschutzklage als Feststellungsklage | 518 |
|---|---|---|---|---|
|   |   |   | a) Klageart | 518 |
|   |   |   | b) Streitgegenstand | 518 |
|   |   |   | c) Wirkungen der Klageerhebung | 521 |
|   |   | 4. | Weitere prozessuale Voraussetzungen | 522 |
|   |   |   | a) Allgemeines | 522 |
|   |   |   | b) Zuständigkeit des Gerichts | 522 |
|   |   |   | c) Parteien | 523 |
|   |   |   | d) Vertretung | 524 |
|   |   |   | e) Form | 524 |
|   |   |   | f) Frist | 524 |
|   |   |   | g) Rechtsschutzbedürfnis | 524 |
|   |   | 5. | Entscheidung des Gerichts | 525 |
|   |   |   | a) Stattgebende Entscheidung | 525 |
|   |   |   | b) Abweisende Entscheidung | 525 |
|   |   |   | c) Auflösung des Arbeitsverhältnisses durch Gerichtsentscheidung | 526 |
|   |   | 6. | Weiterbeschäftigungsanspruch | 527 |
|   |   |   | a) Problem | 527 |
|   |   |   | b) Betriebsverfassungsrechtlicher Weiterbeschäftigungsanspruch | 528 |
|   |   |   | c) Allgemeiner Weiterbeschäftigungsanspruch | 528 |
|   |   | 7. | Wiedereinstellungsanspruch | 531 |
|   |   |   | a) Problem | 531 |
|   |   |   | b) Voraussetzungen | 532 |
|   |   |   | c) Erfüllung des Wiedereinstellungsanspruchs | 533 |
| VII. | Änderungskündigung |   |   | 534 |
|   | 1. | Allgemeines |   | 534 |
|   |   |   | a) Grundgedanken | 534 |
|   |   |   | b) Abgrenzung | 535 |
|   | 2. | Bestandteile der Änderungskündigung |   | 537 |
|   |   |   | a) Kündigung | 538 |
|   |   |   | b) Änderungsangebot | 539 |
|   | 3. | Reaktionsmöglichkeiten des Arbeitnehmers |   | 540 |
|   |   |   | a) Ablehnung | 541 |
|   |   |   | b) Vorbehaltlose Annahme des Angebots | 541 |
|   |   |   | c) Annahme des Angebots unter Vorbehalt | 541 |
|   | 4. | Soziale Rechtfertigung |   | 543 |
|   |   |   | a) Allgemeines | 543 |
|   |   |   | b) Personen- und verhaltensbedingte Änderungskündigung | 545 |
|   |   |   | c) Betriebsbedingte Änderungskündigung | 547 |

VIII. Pflichten bei Beendigung des Arbeitsverhältnisses ........................ 553
    1. Pflichten des Arbeitgebers ............................................................. 553
        a) Freizeit zur Stellensuche und Hinweispflicht ..................... 553
        b) Herausgabe von Arbeitspapieren ........................................ 553
        c) Zeugnis ................................................................................ 554
    2. Pflichten des Arbeitnehmers ......................................................... 558
        a) Herausgabe- und Rückzahlungspflichten ........................... 558
        b) Nachvertragliches Wettbewerbsverbot ............................... 559

**Stichwortverzeichnis ......................................................................... 563**

# Abkürzungsverzeichnis

| | |
|---|---|
| a.A. | anderer Ansicht |
| AAB | Allgemeine Arbeitsbedingungen |
| ABl. | Amtsblatt |
| abl. | ablehnend |
| Abs. | Absatz |
| AcP | Archiv für die civilistische Praxis |
| ADHGB | Allgemeines Deutsches Handelsgesetzbuch |
| a.E. | am Ende |
| AEUV | Vertrag über die Arbeitsweise der Europäischen Union |
| a.F. | alte Fassung |
| AFG | Arbeitsförderungsgesetz |
| AG | Aktiengesellschaft/Arbeitgeber |
| AGB | Allgemeine Geschäftsbedingung(en) |
| AGBG | Gesetz zur Regelung der Allgemeinen Geschäftsbedingungen |
| AGG | Allgemeines Gleichbehandlungsgesetz |
| AiB | Arbeitsrecht im Betrieb (Zeitschrift) |
| AktG | Aktiengesetz |
| allg.M. | allgemeine Meinung |
| Alt. | Alternative |
| AN | Amtliche Nachrichten des Reichsversicherungsamtes |
| and. | anders |
| ANErfG | Gesetz über Arbeitnehmererfindungen |
| Ang. | Angestellte |
| Anh. | Anhang |
| Anm. | Anmerkung |
| AOG | Gesetz zur Ordnung der nationalen Arbeit |
| AP | Arbeitsrechtliche Praxis (Nachschlagewerk des Bundesarbeitsgerichts; Loseblattsammlung) |
| APS | Ascheid/Preis/Schmidt, Großkommentar zum gesamten Recht der Beendigung von Arbeitsverhältnissen |
| AR-Blattei | Arbeitsrechtsblattei (Loseblattsammlung) |
| ArbG | Arbeitsgericht |
| ArbGG | Arbeitsgerichtsgesetz |
| ArbPlatzSchG | Arbeitsplatzschutzgesetz |
| ArbR-Hdb. | Handbuch zum Arbeitsrecht |
| ArbSchG | Arbeitsschutzgesetz |
| ArbVG | Arbeitsvertragsgesetz |
| ArbZG | Arbeitszeitgesetz |
| ArchBürgR | Archiv für das Bürgerliche Recht |
| ARS | Arbeitsrechtssammlung mit Entscheidungen des Reichsarbeitsgerichts, der Landesarbeitsgerichte und Arbeitsgerichte |
| Art. | Artikel |
| ASiG | Arbeitssicherheitsgesetz |
| AT | Allgemeiner Teil |
| AT-Angestellter | außertariflicher Angestellter |

| | |
|---|---|
| AuA | Arbeit und Arbeitsrecht (Zeitschrift) |
| AufenthG | Gesetz über den Aufenthalt, die Erwerbstätigkeit und die Integration von Ausländern im Bundesgebiet (Aufenthaltsgesetz) |
| Aufl. | Auflage |
| AÜG | Arbeitnehmerüberlassungsgesetz |
| AuR | Arbeit und Recht (Zeitschrift) |
| AVG | Angestelltenversicherungsgesetz |
| AVGE | Entwurf zum Arbeitsvertragsgesetz von 1992 |
| AZO | Arbeitszeitordnung |
| | |
| BArbBl | Bundesarbeitsblatt (Zeitschrift) |
| BAG | Bundesarbeitsgericht |
| BAT | Bundesangestelltentarifvertrag |
| Bay | Bayern |
| BayObLG | Bayerisches Oberstes Landesgericht |
| BB | Betriebs-Berater (Zeitschrift) |
| BBergG | Bundesberggesetz |
| BBG | Bundesbeamtengesetz |
| BBiG | Berufsbildungsgesetz |
| Bd. | Band |
| BDSG | Bundesdatenschutzgesetz |
| BeamtVG | Beamtenversorgungsgesetz |
| BeckOK | Beck'scher Online-Kommentar zum BGB |
| BEEG | Bundeselterngeld- und -Elternzeitgesetz |
| Begr. | Begründung |
| Beil. | Beilage |
| Beitr. | Beitrag |
| BErzGG | Bundeserziehungsgeldgesetz |
| BeschFG | Beschäftigungsförderungsgesetz |
| Beschl. | Beschluss |
| BeschSchG | Beschäftigtenschutzgesetz |
| BetrR | Betriebsrat |
| BetrAVG | Gesetz zur Verbesserung der betrieblichen Altersversorgung (Betriebsrentengesetz) |
| BetrVG | Betriebsverfassungsgesetz |
| BfA | Bundesversicherungsanstalt für Angestellte |
| BFH | Bundesfinanzhof |
| BGB | Bürgerliches Gesetzbuch |
| BGBl. | Bundesgesetzblatt |
| BGH | Bundesgerichtshof |
| BGHZ | Entscheidungen des Bundesgerichtshofes in Zivilsachen |
| Bln | Berlin |
| BMT | Bundesmanteltarif |
| BPersVG | Bundespersonalvertretungsgesetz |
| Brbg | Brandenburg |
| BR-Drucks. | Bundesrats-Drucksache |
| Brem | Bremen |
| BSeuchG | Bundesseuchengesetz |
| BSG | Bundessozialgericht |
| BSGE | Entscheidungen des Bundessozialgerichts |

| | |
|---|---|
| BStBl. | Bundessteuerblatt |
| BT-Drucks. | Verhandlungen des Deutschen Bundestages, Drucksachen |
| BUrlG | Bundesurlaubsgesetz |
| BVerfG | Bundesverfassungsgericht |
| BVerfGE | Entscheidungen des Bundesverfassungsgerichts |
| BVerwG | Bundesverwaltungsgericht |
| BZRG | Bundeszentralregistergesetz |
| | |
| CEEP | Europäischer Zentralverband der öffentlichen Wirtschaft |
| | |
| DB | Der Betrieb (Zeitschrift) |
| ders. | derselbe |
| Diss. | Dissertation |
| DJT | Deutscher Juristentag |
| DKKW | Däubler/Kittner/Klebe/Wedde, Betriebsverfassungsgesetz |
| DNotZ | Deutsche Notar-Zeitschrift |
| DS-GVO | EU-Datenschutz-Grundverordnung 2016/679 (ABl. L 119, S. 1) |
| DVBl | Deutsches Verwaltungsblatt (Zeitschrift) |
| DVO | Durchführungsverordnung |
| | |
| EBE/BAG | Eildienst Bundesarbeitsgerichtlicher Entscheidungen |
| EBRG | Gesetz über Europäische Betriebsräte |
| EDV | Elektronische Datenverarbeitung |
| EfzG | Entgeltfortzahlungsgesetz |
| EG | Europäische Gemeinschaft, Vertrag über die EG |
| EGB | Europäischer Gewerkschaftsbund |
| EGBGB | Einführungsgesetz zum Bürgerlichen Gesetzbuch |
| EGMR | Europäischer Gerichtshof für Menschenrechte |
| EGV | Vertrag zur Gründung der Europäischen Gemeinschaft |
| EGZPO | Einführungsgesetz zur Zivilprozessordnung |
| Einf. | Einführung |
| Einl. | Einleitung |
| EMRK | Konvention zum Schutze der Menschenrechte und Grundfreiheiten (Europäische Menschenrechtskonvention) |
| endg. | endgültig |
| EntgTranspG | Gesetz zur Förderung der Transparenz von Entgeltstrukturen (Entgelttransparenzgesetz) |
| entspr. | entsprechend |
| ErfK | Erfurter Kommentar |
| ESC | Europäische Sozialcharta |
| EStG | Einkommensteuergesetz |
| EU | Europäische Union, Vertrag über die EU |
| EUAbgG | Europaabgeordnetengesetz |
| EUV | Vertrag über die Europäische Union |
| EuGH | Europäischer Gerichtshof |
| EuR | Europarecht (Zeitschrift) |
| EurArch | Europa-Archiv |
| EuZW | Europäische Zeitschrift für Wirtschaftsrecht |
| EV | Einigungsvertrag |
| EWG | Europäische Wirtschaftsgemeinschaft |

| | |
|---|---|
| EWGV | Vertrag zur Gründung der Europäischen Wirtschaftsgemeinschaft |
| EWiR | Entscheidungen zum Wirtschaftsrecht (Loseblattsammlung) |
| EzA | Entscheidungssammlung zum Arbeitsrecht (Loseblattsammlung) |
| f. | folgende |
| ff. | fortfolgende |
| Fn. | Fußnote |
| FS | Festschrift |
| G. | Gesetz |
| GbR | Gesellschaft bürgerlichen Rechts |
| GdB | Grad der Behinderung |
| GefahrStVO | Gefahrstoffverordnung |
| GewO | Gewerbeordnung |
| GG | Grundgesetz |
| GK | Gemeinschaftskommentar |
| GK-BetrVG | Gemeinschaftskommentar zum Betriebsverfassungsgesetz |
| GK-BUrlG | Gemeinschaftskommentar zum Bundesurlaubsgesetz |
| GK-HGB | Gemeinschaftskommentar zum Handelsgesetzbuch |
| GmbH | Gesellschaft mit beschränkter Haftung |
| GmbHG | Gesetz betreffend die Gesellschaft mit beschränkter Haftung |
| GmS OGB | Gemeinsamer Senat der obersten Gerichtshöfe des Bundes |
| GewO | Gewerbeordnung |
| GRC | Charta der Grundrechte der Europäischen Union |
| Grunds. | Grundsatz |
| GS | Großer Senat |
| GVG | Gerichtsverfassungsgesetz |
| GVO | Gerichtsvollzieherordnung |
| HAG | Heimarbeitsgesetz |
| HandwO | Handwerksordnung |
| Hess. | Hessen/hessisch |
| Hg. | Herausgeber |
| HGB | Handelsgesetzbuch |
| h.L. | herrschende Lehre |
| h.M. | herrschende Meinung |
| HRG | Hochschulrahmengesetz |
| HS | Halbsatz |
| HzA | Handbuch zum Arbeitsrecht |
| i.A. | im Auftrag |
| IAO | Internationale Arbeitsorganisation |
| IAVG | Gesetz betr. die Invaliditäts- und Altersversicherung |
| i.d.F. | in der Fassung |
| i.E. | im Ergebnis |
| i.e.S. | im engeren Sinne |
| insbes. | insbesondere |
| InsO | Insolvenzordnung |
| i.V. | in Vertretung |

| | |
|---|---|
| i.V.m. | in Verbindung mit |
| i.w.S. | im weiteren Sinne |
| | |
| JArbR | Das Arbeitsrecht der Gegenwart, Jahrbuch für das gesamte Arbeitsrecht und die Arbeitsgerichtsbarkeit |
| JArbSchG | Jugendarbeitsschutzgesetz |
| Jura | Juristische Ausbildung (Zeitschrift) |
| JuS | Juristische Schulung (Zeitschrift) |
| JZ | Juristen-Zeitung |
| | |
| Kap. | Kapitel |
| KassArbR | Kasseler Handbuch zum Arbeitsrecht |
| KassKomm | Kasseler Kommentar zum Sozialversicherungsrecht |
| KDZ | Kittner/Däubler/Zwanziger, Kündigungsschutzrecht |
| KG | Kammergericht |
| KG | Kommanditgesellschaft |
| KO | Konkursordnung |
| KOM | Dokumente der Kommission der Europäischen Gemeinschaften |
| KR | Gemeinschaftskommentar zum Kündigungsrecht |
| krit. | kritisch |
| KSchG | Kündigungsschutzgesetz |
| KVG | Krankenversicherungsgesetz |
| | |
| LAG | Landesarbeitsgericht |
| LAGE | Entscheidungen der Landesarbeitsgerichte |
| LG | Landgericht |
| LM | Lindenmaier und Möhring (Nachschlagewerk des BGH) |
| LohnFG/LfzG | Lohnfortzahlungsgesetz |
| LPVG | Landespersonalvertretungsgesetz |
| LSG | Landessozialgericht |
| ltd. | leitend |
| LTV | Lohntarifvertrag |
| LVA | Landesversicherungsanstalt |
| | |
| m. | mit |
| MDR | Monatsschrift für Deutsches Recht (Zeitschrift) |
| MiLoG | Gesetz zur Regelung eines allgemeinen Mindestlohns (Mindestlohngesetz) |
| MitbestG | Mitbestimmungsgesetz |
| Mot. | Motive |
| m.R. | mit Recht |
| MTB | Manteltarifvertrag für Arbeiter des Bundes |
| MTV | Manteltarifvertrag |
| MuSchG | Mutterschutzgesetz |
| MV | Mecklenburg-Vorpommern |
| m.w.N. | mit weiteren Nachweisen |
| MünchArbR | Münchener Handbuch zum Arbeitsrecht |
| MünchKomm | Münchener Kommentar zum Bürgerlichen Gesetzbuch |

| | |
|---|---|
| Nachw. | Nachweis |
| NachwG | Nachweisgesetz |
| n.F. | neue Fassung |
| NJW | Neue Juristische Wochenschrift (Zeitschrift) |
| NJW-RR | NJW-Rechtsprechungs-Report (Zeitschrift) |
| Nr./Nrn. | Nummer/Nummern |
| NRW | Nordrhein-Westfalen |
| n.v. | nicht veröffentlicht |
| NZA | Neue Zeitschrift für Arbeitsrecht |
| NZA-RR | NZA-Rechtsprechungsreport (Zeitschrift) |
| NZS | Neue Zeitschrift für Sozialrecht |
| NZV | Neue Zeitschrift für Versicherungsrecht |
| | |
| O | Ordnung |
| OGHZ | Entscheidungen des Obersten Gerichtshofes für die Britische Zone |
| OHG | offene Handelsgesellschaft |
| OLG | Oberlandesgericht |
| | |
| PersR | Der Personalrat (Zeitschrift) |
| PersV | Die Personalvertretung (Zeitschrift) |
| ppa. | per procura |
| Prot. | Protokoll |
| PStG | Personenstandsgesetz |
| | |
| RAG | Reichsarbeitsgericht |
| RAGE | Entscheidungen des Reichsarbeitsgerichts |
| RdA | Recht der Arbeit (Zeitschrift) |
| RegE | Regierungsentwurf |
| RG | Reichsgericht |
| RGBl. | Reichsgesetzblatt |
| RGRK | Das Bürgerliche Gesetzbuch mit besonderer Berücksichtigung der Rechtsprechung des Reichsgerichts und des Bundesgerichtshofes (Reichsgerichtsrätekommentar) |
| RGZ | Entscheidungen des Reichsgerichts in Zivilsachen |
| RL | Richtlinie |
| Rn. | Randnummer |
| Rs. | Rechtssache |
| Rspr. | Rechtsprechung |
| RVO | Reichsversicherungsordnung |
| RzK | Rechtsprechung zum Kündigungsrecht (Entscheidungssammlung) |
| | |
| S., s. | Seite, siehe |
| SAE | Sammlung arbeitsrechtlicher Entscheidungen (Zeitschrift) |
| SCE | Societas Cooperativa Europaea (Europäische Genossenschaft) |
| SCEBG | SCE-Beteiligungsgesetz |
| SchwarzArbG | Schwarzarbeitsgesetz |
| SchwbG | Gesetz zur Sicherung der Eingliederung Schwerbehinderter in Arbeit, Beruf und Gesellschaft (Schwerbehindertengesetz) |
| SeemG | Seemannsgesetz |
| SGB | Sozialgesetzbuch |

| | |
|---|---|
| SGb | Die Sozialgerichtsbarkeit (Zeitschrift) |
| SGG | Sozialgerichtsgesetz |
| SiG | Signaturgesetz |
| Slg. | Sammlung |
| sog. | sogenannt(-e, -er, -es) |
| SoldGG | Gesetz über die Gleichbehandlung der Soldatinnen und Soldaten |
| SozAbk | Sozialabkommen |
| SozplKonkG | Gesetz über den Sozialplan im Konkurs- und Vergleichsverfahren |
| SozR | Sozialrechtsprechung (Entscheidungssammlung) |
| SozSich | Soziale Sicherheit (Zeitschrift) |
| SozVers | Die Sozialversicherung (Zeitschrift) |
| SprAuG | Sprecherausschussgesetz |
| std. | ständig |
| StGB | Strafgesetzbuch |
| str. | streitig |
| StVG | Straßenverkehrsgesetz |
| | |
| Tab. | Tabelle |
| teilw. | teilweise |
| TV | Tarifvertrag |
| TVG | Tarifvertragsgesetz |
| TVöD | Tarifvertrag für den öffentlichen Dienst |
| TzBfG | Teilzeit- und Befristungsgesetz |
| | |
| UA | Unterabsatz |
| UNICE | Union der Industrie- und Arbeitgeberverbände Europas |
| UmwG | Umwandlungsgesetz |
| usw. | und so weiter |
| Urt. | Urteil |
| UWG | Gesetz gegen den unlauteren Wettbewerb |
| | |
| v.a. | vor allem |
| Verf. | Verfassung |
| VersR | Versicherungsrecht (Zeitschrift) |
| vgl. | vergleiche |
| VO | Verordnung |
| Vorbem. | Vorbemerkung |
| vorst. | vorstehend (-e, -er) |
| VVG | Versicherungsvertragsgesetz |
| VwGO | Verwaltungsgerichtsordnung |
| VwVfG | Verwaltungsverfahrensgesetz |
| | |
| WissZeitVG | Gesetz über befristete Arbeitsverträge in der Wissenschaft (Wissenschaftszeitvertragsgesetz) |
| WM | Zeitschrift für Wirtschafts- und Bankrecht (Wertpapier-Mitteilungen) |
| | |
| z.B. | zum Beispiel |
| ZDG | Gesetz über den Zivildienst der Kriegsdienstverweigerer (Zivildienstgesetz) |

| | |
|---|---|
| ZfA | Zeitschrift für Arbeitsrecht |
| Ziff. | Ziffer |
| ZHR | Zeitschrift für das gesamte Handelsrecht und Wirtschaftsrecht |
| ZIP | Zeitschrift für Wirtschaftsrecht |
| ZPO | Zivilprozessordnung |
| ZTR | Zeitschrift für Tarifrecht |
| ZSR | Zeitschrift für Sozialreform |
| z.Zt. | zur Zeit |

# Literaturhinweise

## I. Handbücher

Arbeitsrechts-Blattei, Loseblattausgabe
Dörner/Luczak/Wildschütz/Baeck/Hoß, Handbuch des Fachanwalts: Arbeitsrecht, 13. Aufl. 2015
Dornbusch/Fischermeier/Löwisch, Fachanwaltskommentar Arbeitsrecht, 8. Aufl. 2016
Erfurter Kommentar zum Arbeitsrecht, 18. Aufl. 2018
Henssler/Willemsen/Kalb, Arbeitsrecht Kommentar, 7. Aufl. 2016
Hueck/Nipperdey, Lehrbuch des Arbeitsrechts, 7. Aufl., Bd. I 1963; Bd. II, 1. Halbbd. 1967, 2. Halbbd. 1970
Hümmerich/Boecken/Düwell, AnwaltKommentar Arbeitsrecht, 2. Aufl. 2010
Küttner, Personalbuch, 24. Aufl. 2017
Münchener Handbuch zum Arbeitsrecht, 3. Aufl. 2009 (2 Bde.)
Nikisch, Arbeitsrecht, Bd. I, 3. Aufl. 1961; Bd. II, 2. Aufl. 1959; Bd. III, 2. Aufl. 1966
Rolfs, Studienkommentar Arbeitsrecht, 4. Aufl. 2014
Rolfs/Giesen/Kreikebohm/Udsching, Arbeitsrecht. Schwerpunktkommentar, 2008
Schaub, Arbeitsrechts-Handbuch, 17. Aufl. 2017

## II. Kommentare und systematische Darstellungen

**Zum AGB-Recht im Arbeitsrecht:**
Däubler/Bonin/Deinert, AGB-Kontrolle im Arbeitsrecht, 4. Aufl. 2014
Hromadka/Schmitt-Rolfes, Der unbefristete Arbeitsvertrag, 2006
Lakies, Inhaltskontrolle von Arbeitsverträgen, 2014
Preis, Der Arbeitsvertrag, 5. Aufl. 2015
von Steinau-Steinrück/Hurek, Arbeitsvertragsgestaltung, 2. Aufl. 2014

**Zum Allgemeinen Gleichbehandlungsgesetz (AGG):**
Bauer/Göpfert/Krieger, AGG-Kommentar, 4. Aufl. 2015
Däubler/Bertzbach, AGG Handkommentar, 3. Aufl. 2013
Schiek, AGG-Kommentar aus der europ. Perspektive, 2007
Schleusener/Suckow/Voigt, Kommentar zum AGG, 4. Aufl. 2013
Thüsing, Arbeitsrechtlicher Diskriminierungsschutz, 2. Aufl. 2013
Wendeling-Schröder/Stein, AGG-Kommentar, 2008

**Zum Arbeitnehmerdatenschutzrecht:**
Däubler, Gläserne Belegschaften, 6. Aufl. 2014
Däubler/Wedde, Arbeitnehmerdatenschutzrecht, Kommentar, 2015
Gola/Wronka, Handbuch Arbeitnehmerdatenschutz, 7. Aufl. 2016
Simitis, Bundesdatenschutzgesetz, Kommentar, 8. Aufl. 2014
Thüsing, Beschäftigtendatenschutz und Compliance, 2. Aufl. 2014

### Zum Arbeitnehmerüberlassungsgesetz:
Sandmann/Marschall/Schneider, Arbeitnehmerüberlassungsgesetz, Loseblattsammlung
Schüren/Hamann, Arbeitnehmerüberlassungsgesetz, 4. Aufl. 2010
Thüsing, Arbeitnehmerüberlassungsgesetz, 3. Aufl. 2012
Ulber, Basiskommentar zum AÜG, 2. Aufl. 2014

### Zum Arbeitszeitgesetz:
Anzinger/Koberski, Kommentar zum Arbeitszeitgesetz, 4. Aufl. 2014
Baeck/Deutsch, Arbeitszeitgesetz, Kommentar, 3. Aufl. 2014
Neumann/Biebl, Arbeitszeitgesetz, Kommentar, 16. Aufl. 2012
Schliemann, Arbeitszeitgesetz mit Nebengesetzen, Kommentar, 2. Aufl. 2013

### Zum Entgeltfortzahlungsgesetz:
Birk, Gemeinschaftskommentar zum Entgeltfortzahlungsrecht, Loseblattsammlung
Kaiser, Die Entgeltfortzahlung an Feiertagen und im Krankheitsfall, 17. Aufl. 2004
Schmitt, Entgeltfortzahlungsgesetz und Aufwendungsausgleichsgesetz, 7. Aufl. 2012

### Zum Kündigungsrecht:
Ascheid/Preis/Schmidt, Großkommentar zum Kündigungsrecht (APS), 5. Aufl. 2017
Backmeister/Trittin/Mayer, Kündigungsschutzgesetz mit Nebengesetzen, 4. Aufl. 2009
Berkowsky, Die betriebsbedingte Kündigung, 6. Aufl. 2008
Gemeinschaftskommentar zum KSchG und zu sonstigen kündigungsschutzrechtlichen Vorschriften (KR), 11. Aufl. 2016
von Hoyningen-Huene/Linck, KSchG, 15. Aufl. 2013
Kittner/Däubler/Zwanziger, Kündigungsschutzrecht, 9. Aufl. 2014
Lepke, Kündigung bei Krankheit, 15. Aufl. 2015
Löwisch/Spinner/Wertheimer, Kommentar zum KSchG, 10. Aufl. 2013
Stahlhacke/Preis/Vossen, Kündigung und Kündigungsschutz im Arbeitsverhältnis, 11. Aufl. 2015

### Zum sozialen Arbeitsschutzrecht:
Cramer/Fuchs/Hirsch/Ritz, SGB IX – Kommentar zum Recht schwerbehinderter Menschen, 6. Aufl. 2011
Gröninger/Gehring/Taubert, Jugendarbeitsschutzgesetz, Loseblattsammlung
Gröninger/Thomas, Mutterschutzgesetz, Loseblattsammlung
Neumann/Pahlen/Majerski-Pahlen, Sozialgesetzbuch IX – Rehabilitation und Teilhabe behinderter Menschen, 12. Aufl. 2010
Zmarzlik/Zipperer/Viethen/Vieß, Mutterschutzgesetz, Mutterschaftsleistungen, 9. Aufl. 2006

### Zum Teilzeit- und Befristungsrecht:
Annuß/Thüsing, Kommentar zum Teilzeit- und Befristungsgesetz, 3. Aufl. 2012
Dörner, Der befristete Arbeitsvertrag, 2. Aufl. 2011
Laux/Schlachter, Teilzeit- und Befristungsgesetz, 2. Aufl. 2011
Meinel/Heyn/Herms, Teilzeit- und Befristungsgesetz, 5. Aufl. 2015

**Zum Urlaubsrecht:**
Leinemann/Linck, Urlaubsrecht, 2. Aufl. 2001
Neumann/Fenski, Bundesurlaubsgesetz, 11. Aufl. 2016

## III. Lehrbücher und Grundrisse

Brox/Rüthers/Henssler, Arbeitsrecht, 19. Aufl. 2016
Däubler, Arbeitsrecht – Ratgeber für Beruf, Praxis und Studium, 12. Aufl. 2017
Dütz/Thüsing, Arbeitsrecht, 21. Aufl. 2016
Hromadka, Arbeitsrecht für Vorgesetzte, 5. Aufl. 2016
Junker, Grundkurs Arbeitsrecht, 16. Aufl. 2017
Kamanabrou, Arbeitsrecht, 2017
Löwisch/Caspers/Klumpp, Arbeitsrecht, 11. Aufl. 2017
Preis, Arbeitsrecht. Individualarbeitsrecht, 5. Aufl. 2017
Reichold, Arbeitsrecht, 5. Aufl. 2016
Thüsing, Europäisches Arbeitsrecht, 3. Aufl. 2017
Waltermann, Arbeitsrecht, 17. Aufl. 2014
Wörlen/Kokemoor, Arbeitsrecht, 12. Aufl. 2017
Wollenschläger, Arbeitsrecht, 3. Aufl. 2010
Zöllner/Loritz/Hergenröder, Arbeitsrecht, 7. Aufl. 2015

## IV. Fallsammlungen

Heckelmann/Franzen, Fälle zum Arbeitsrecht, 4. Aufl. 2015
Junker, Fälle zum Arbeitsrecht, 3. Aufl. 2015
Krause, Prüfe Dein Wissen, Arbeitsrecht I (Individualarbeitsrecht), 2007
Michalski, Arbeitsrecht, 50 Fälle mit Lösungen, 7. Aufl. 2012
Oetker, 30 Klausuren aus dem Arbeitsrecht – Individualarbeitsrecht, 10. Aufl. 2017
Wank, Übungen im Arbeitsrecht, 3. Aufl. 2012

## V. Textsammlungen

Arbeitsgesetze, Beck'sche Textausgaben, 92. Aufl. 2018
EU-Arbeitsrecht, 6. Aufl. 2016
Kittner, Arbeits- und Sozialordnung, 42. Aufl. 2017
Nipperdey, Arbeitsrecht I, Loseblattsammlung

## VI. Entscheidungssammlungen

AP - Nachschlagewerk des Bundesarbeitsgerichts (Arbeitsrechtliche Praxis)
BAGE - Entscheidungen des Bundesarbeitsgerichts (Amtliche Sammlung)
EzA - Entscheidungen zum Arbeitsrecht
LAGE - Entscheidungen der Landesarbeitsgerichte
SAE - Sammlung arbeitsrechtlicher Entscheidungen

## VII. Zeitschriften und Jahrbücher

AiB - Arbeitsrecht im Betrieb
ArbR - Arbeitsrecht aktuell
AuA - Arbeit und Arbeitsrecht
AuR - Arbeit und Recht
BArbBl. - Bundesarbeitsblatt
BB - Betriebsberater
DB - Der Betrieb
Die Mitbestimmung
DZWiR - Deutsche Zeitschrift für Wirtschaftsrecht
EuZA - Europäische Zeitschrift für Arbeitsrecht
EuZW - Europäische Zeitung für Wirtschaftsrecht
Fundheft für Arbeits- und Sozialrecht
NJW - Neue Juristische Wochenschrift
NZA - Neue Zeitschrift für Arbeitsrecht
NZA-RR - Neue Zeitschrift für Arbeitsrecht, Rechtsprechungs-Report
NZS - Neue Zeitschrift für Sozialrecht
PersR - Personalrat
PersV - Personalvertretung
RdA - Recht der Arbeit
ZESAR – Zeitschrift für Europäisches Sozial- und Arbeitsrecht
ZIAS - Zeitschrift für internationales Arbeits- und Sozialrecht
ZIP - Zeitschrift für Wirtschaftsrecht
ZfA - Zeitschrift für Arbeitsrecht
ZTR - Zeitschrift für Tarifrecht

## VIII. Häufiger zitierte Monographien

Adomeit, Rechtsquellenfragen im Arbeitsrecht, 1969
Birk, Die Arbeitsrechtliche Leitungsmacht, 1973
Fastrich, Richterliche Inhaltskontrolle im Privatrecht, 1992
von Hoyningen-Huene, Die Billigkeit im Arbeitsrecht, 1978
Hromadka, Das Recht der leitenden Angestellten, 1979
Hromadka (Hg.), Änderung von Arbeitsbedingungen, 1990
G. Hueck, Der Grundsatz der gleichmäßigen Behandlung im Privatrecht, 1958
Jacobi, Grundlehren des Arbeitsrechts, 1927
Maschmann, Arbeitsverträge und Verträge mit Selbständigen, 2001
Preis, Grundfragen der Vertragsgestaltung im Arbeitsrecht, 1993
Preis, Prinzipien des Kündigungsrechts, 1987
Seiter, Die Betriebsübung, 1967
Söllner, Einseitige Leistungsbestimmung im Arbeitsverhältnis, 1966
Wiedemann, Das Arbeitsverhältnis als Austausch- und Gemeinschaftsverhältnis, 1966

# § 1 Dienstleistung im Rechtssystem

## I. Überblick

Eine Dienstleistung für einen anderen kann auf den unterschiedlichsten Rechtsgrundlagen beruhen:

1

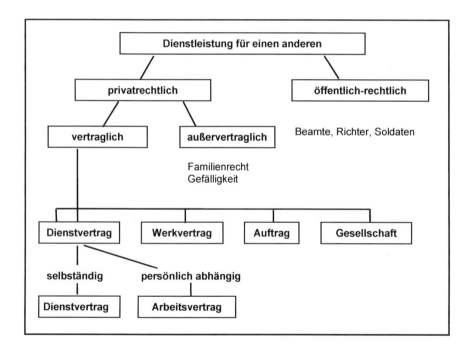

Die Dienstleistung kann öffentlich-rechtlich oder privatrechtlich geregelt sein. Dem öffentlichen Recht unterstehen die Beschäftigungsverhältnisse der Beamten, Richter und Soldaten. Mit den Einzelheiten befasst sich insbesondere das Beamten-, Richter- und Soldatenrecht.

2

Die Mehrzahl der Dienste für andere wird privatrechtlich geleistet. Das kann auf vertraglicher oder auf außervertraglicher Grundlage geschehen. Dienste auf außervertraglicher Grundlage gibt es vor allem im Familienrecht (Ehegatten:

3

§§ 1353, 1360 BGB[1]; Kinder: § 1619 BGB). Bedeutsamer sind die vertraglichen Dienstleistungen.

## II. Dienste auf vertraglicher Grundlage

4 Der Grundtypus des Vertrags über Tätigkeiten ist der Dienstvertrag. Das BGB stellt ihm zwei weitere Typen zur Seite: den Werkvertrag und den Auftrag. Beim Werkvertrag weicht das Gesetz bei der Leistung vom Grundtypus ab, beim Auftrag bei der Vergütung, d.h. auf der Gegenleistungsseite.

| **Dienstvertrag** | Dienste | Vergütung |
|---|---|---|
| **Werkvertrag** | Erfolg (= Dienste plus ...) | Vergütung |
| **Auftrag** | Dienste | keine Vergütung |

### 1. Dienstvertrag (§§ 611 ff. BGB)

#### *a) Geschichte und Struktur*

5 Das Dienstvertragsrecht des BGB gilt für den „freien Dienstvertrag" wie für den Arbeitsvertrag. Ein Antrag, nach selbständigen und abhängigen Verträgen zu unterscheiden, ist in der 1. Kommission abgelehnt worden[2]. Der Gesetzgeber differenzierte stattdessen innerhalb des Dienstvertragsrechts. Die meisten Vorschriften galten (und gelten) für beide Arten von Dienstverhältnissen. Den vollen Sozialschutz gab es aber nur bei Dienstverhältnissen, die die Erwerbstätigkeit des Verpflichteten vollständig oder hauptsächlich in Anspruch nahmen (§§ 617, 622 f. BGB), wobei die „mit festen Bezügen zur Leistung von Diensten höherer Art Angestellten" noch besondere Rechte genossen (§ 622 BGB), allerdings, wenn sie Dienste zu leisten hatten, „die aufgrund besonderen Vertrauens übertragen zu werden pflegen", auch besonderen Einschränkungen unterlagen (§ 627 BGB). Einen Anspruch auf Zeit zur Stellensuche und auf ein Zeugnis hatte und hat nur, wer in einem dauernden Dienstverhältnis steht (§§ 629 f. BGB).

6 Aufbau und Inhalt des Dienstvertragsrechts spiegeln die geschichtliche Entwicklung und die Unterschiedlichkeit der Dienstverträge wider. Der Dienstvertrag war nach römischem und gemeinem Recht ein Unterfall der **locatio conductio**, die als Vertrag auf entgeltliche Gebrauchsüberlassung Miete und Pacht (locatio conductio rei) sowie Werkvertrag (locatio conductio operis) und Dienstvertrag (locatio conductio operarum) umfasste. Modell für die locatio conductio operarum war die entgeltliche Überlassung (des Gebrauchs) von Sklaven, die mangels Rechtsfähigkeit der Sklaven als Sachmiete angesehen wurde. Die Dienste der Freien – der Architekten, der Ärzte, Anwälte, Lehrer –, die sogenannten artes liberales, wa-

---

[1] BGH 20.5.1980, BGHZ 77, 157, 161 ff.
[2] Prot. 2131-2154, VI.

ren Gegenstand des unentgeltlichen mandatum. Freie erhielten kein Entgelt, das war ihrer unwürdig, sondern ein Honorar. Trotz der Bedenken der Standesorganisationen der Ärzte und der Anwälte hat das BGB die Unterscheidung in artes liberales und artes illiberales aufgegeben. Das ist die Aussage von § 611 Abs. 2 BGB: „Gegenstand des Dienstvertrags können Dienste jeder Art sein". Die damit gewonnene Einheitlichkeit war aber keine vollständige, denn neben dem Dienstvertragsrecht des BGB blieb das Sonderarbeitsrecht in Kraft: die arbeitsrechtlichen Vorschriften in der Gewerbeordnung und im HGB, in den Berggesetzen und in den Gesindeordnungen. Die Bestimmungen des BGB galten infolgedessen für die freien Dienstverträge und für die Arbeitsverträge, die nicht spezialgesetzlich geregelt waren; für die spezialgesetzlich geregelten Arbeitsverträge enthielten sie ergänzendes Recht. Die Nähe zum Mietrecht zeigt sich noch in einer Reihe paralleler Regelungen:

| Regelung | Mietvertrag | Dienstvertrag |
| --- | --- | --- |
| Fälligkeit der Leistung | §§ 556b Abs. 1, 579 BGB | § 614 BGB |
| Annahmeverzug | § 537 Abs. 2 BGB | § 615 BGB |
| Befristung | § 542 Abs. 2 BGB | § 620 BGB |
| Kündigung | §§ 573c, 580a BGB | § 621 f. BGB |
| Langfristige Verträge | § 544 BGB | § 624 BGB |
| Stillschweigende Verlängerung | § 545 BGB | § 625 BGB |
| Fristlose Kündigung | §§ 543 Abs. 1, 569 BGB | §§ 626 f. BGB |

Tatsächlich sind die beiden Verträge einander strukturell ähnlich: Sie sind Dauerschuldverhältnisse mit typischerweise ganz unterschiedlicher Bedeutung für die beiden Parteien: Mittel zur Kapitalverwertung für die eine, sind sie Existenzgrundlage für die andere. Mit § 613a BGB hat der Gesetzgeber nun auch den Grundsatz „Veräußerung bricht nicht Miete" (§ 566 BGB) in das Arbeitsrecht übernommen: Der Betriebsübergang beendet nicht den Arbeitsvertrag. 7

## b) Begriff und Eigenart des Dienstvertrags

Der Dienstvertrag ist ein gegenseitiger Vertrag, in dem sich der eine Teil, der Dienstverpflichtete, zur Leistung der versprochenen Dienste und der andere, der Dienstberechtigte, zur Gewährung der vereinbarten Vergütung verpflichtet. 8

**aa) Dienste.** Gegenstand des Dienstvertrags können Dienste, d.h. menschliche Bemühungen und Tätigkeiten jeder Art sein. Sie können sich in einer kurzen Dienstleistung erschöpfen oder auf längere Dauer angelegt sein, niederer oder höherer Art (vgl. § 627 Abs. 1 BGB[3]), geistiger oder körperlicher Natur sein, und sie können selbständig oder nach Weisungen des Dienstberechtigten („abhängig") erbracht werden: § 611 BGB umfasst sowohl den freien Dienstvertrag als auch den Arbeitsvertrag (vgl. §§ 621 f. BGB). 9

---

[3] Mot. II S. 455 f.

**Dienste = menschliche Bemühungen und Tätigkeiten jeder Art**

| | | | |
|---|---|---|---|
| **kurzfristig** | Auskunft erteilen, eine Nachhilfestunde geben | **langfristig** | Geschäfte einer GmbH führen, in einem Dauerarbeitsverhältnis tätig sein |
| **höher** | ärztliche Untersuchung, eine Abteilung leiten | **nieder** | reinemachen, kellnern |
| **geistig** | Bilanz erstellen, unterrichten | **körperlich** | Fliesen legen, Waren verpacken |
| **selbständig** | als Rechtsanwalt einen Prozess führen, Nachhilfeunterricht geben | **abhängig** | als Arbeitnehmer (Verkaufsdirektor, Sekretärin, Dreher, Privatschullehrer) tätig sein |

10   Jedes Merkmal kann grundsätzlich mit jedem anderen verbunden werden. Selbständig ausgeübt werden können beispielsweise kurzfristige, niedere Tätigkeiten körperlicher Art, etwa Schuhputzen, aber auch längerfristige geistige Tätigkeiten höherer Art, wie eine laufende Steuerberatung. Manche Merkmale korrelieren allerdings typischerweise miteinander; eine höhere Tätigkeit ist praktisch immer eine geistige, eine abhängige zumeist längerfristig angelegt usw.

11   Gegenstand des Dienstvertrags sind „die Dienste für sich betrachtet oder die Arbeit als solche"[4], ein „**Wirken**"[5], **nicht** wie beim Werkvertrag „**das Werk** (im engeren oder weiteren Sinne) oder das Erzeugnis der Dienste oder der Arbeit. Bei dem Dienstvertrag wird für die Arbeit als solche, bei dem Werkvertrag für das Arbeitsprodukt die Vergütung vorgesehen"[6]. Da der Dienstnehmer seine Dienste und nur seine Dienste schuldet, kann der Dienstgeber keine Normalleistung verlangen, sondern nur die Leistung, die dem Dienstnehmer möglich ist (subjektiver, besser: persönlicher Leistungsmaßstab)[7], und er haftet nicht, wenn die Dienste ohne sein Verschulden nicht zu dem gewünschten Erfolg führen; der Gesetzgeber hat bewusst keine Gewährleistungsvorschriften in das Dienstvertragsrecht aufgenommen[8]. Darin liegt der entscheidende Unterschied zum Werkvertrag[9].

12   **bb) Zeitbestimmtheit.** Die Leistungspflicht wird in aller Regel nach Zeiteinheiten bemessen. Die „Zeitbestimmtheit" wirkt sich u.a. und vor allem bei der Vergütung aus: Überstunden sind grundsätzlich gesondert zu bezahlen; zum Schutz des Dienstverpflichteten, für den ungenutzte Dienstzeit nicht wiederholbare Lebenszeit ist, enthält das Gesetz besondere Gefahrtragungsregeln (vgl. § 615 BGB). Die Bestimmung des Dienstvertrags durch die Zeit führt weiter dazu, dass der Dienstvertrag zumeist ein Dauerschuldverhältnis ist. Das wiederum hat zur Folge, dass

---

[4] Mot. II S. 455, 471.
[5] Staudinger/*Richardi/Fischinger*, vor § 611 BGB Rn. 27.
[6] Mot. II S. 471.
[7] BAG 11.12.2003, NZA 2004, 784; BAG 17.1.2008, NZA 2008, 693; MünchKomm/*Müller-Glöge*, § 611 BGB Rn. 19 f.; Staudinger/*Richardi/Fischinger*, § 611 BGB Rn. 532.
[8] *Beuthien*, ZfA 1972, 73 f.
[9] *Rümelin*, Dienstvertrag und Werkvertrag, 1905, S. 21.

es eines eigenen Beendigungstatbestandes bedarf: Das ist, sofern die Leistung nicht von vornherein befristet ist, die Kündigung. Die Probleme, die bei der Rückabwicklung von Dauerschuldverhältnissen entstehen, führen zu Modifikationen bei Anfechtung und Nichtigkeit; das Rücktrittsrecht ist nach Antritt der Dienste ausgeschlossen.

## 2. Werkvertrag (§§ 631 ff. BGB)

Der Werkvertrag verpflichtet den Unternehmer zur Herstellung des versprochenen Werks (§ 631 Abs. 1 BGB). Gegenstand des Werkvertrags kann sowohl die Herstellung oder Veränderung einer Sache als auch ein anderer durch Arbeit oder Dienstleistung herbeizuführender Erfolg sein (§ 631 Abs. 2 BGB). Leitbild des Gesetzes sind die handwerkliche Herstellung und die Be- und Verarbeitung von Sachen, denen Verträge über anderweitige Erfolge, „insbesondere der Transport von Personen und Sachen sowie sog. immaterielle, wissenschaftliche und künstlerische Schöpfungen" gleichgestellt wurden[10]. Gemeinsam ist allen Verträgen, dass der Unternehmer nicht nur ein Bemühen, sondern ein Arbeitsergebnis, einen **Erfolg** schuldet. Er hat sich im Gegensatz zum Dienstverpflichteten bis zur Abnahme (§ 640 BGB) oder Vollendung des Werks (§ 646 BGB) auf eigene Gefahr darum zu kümmern, dass ein über die bloße Bemühung hinausgehender Erfolg eintritt. Im Zweifelsfall ist zu fragen, wer das **Risiko** für diesen Erfolg tragen soll. Ob jemand für einen Erfolg einstehen will, hängt unter anderem davon ab, inwieweit er durch seine Tätigkeit das Arbeitsergebnis beeinflussen kann. Ein Vertrag, der durch Abhängigkeit von Weisungen des Dienstnehmers gekennzeichnet ist, kann niemals ein Werkvertrag sein. Die Art der Vergütung (Zeitlohn/Stücklohn) und die Dauer des Rechtsverhältnisses (gewisse Dauer/einmalige Leistung) haben allenfalls Bedeutung als Anzeichen[11].

13

|  | Dienstvertrag | Werkvertrag |
| --- | --- | --- |
| Vergütung | nach Zeiteinheit, aber Akkord | nach Erfolg, aber Handwerker (= geleistete Arbeitsstunden plus Materialaufwand) |
| Dauer | auf Dauer, aber ärztliche Untersuchung | einmalig, aber Wartung oder Heizung |

## 3. Gemischter Vertrag (Dienst-/Werkvertrag)

Mitunter werden Dienst- und Werkleistungen miteinander verbunden. Der Zahnarzt, der einen Zahn überkronen will, verspricht die Herstellung einer Krone. Für die ordnungsgemäße Herstellung der Krone haftet er nach Werkvertragsrecht; misslingt die Krone, so hat er keinen Anspruch auf Vergütung. Das Honorar für

14

---

[10] Mot. II S. 470, 506 f.
[11] Zu Vorstehendem *Esser/Weyers*, Schuldrecht II/1, § 27 II 3 b.

die Überkronung kann er dagegen auch verlangen, wenn der Zahn trotz der Behandlung nicht zu retten ist. Für die Heilung kann er nicht garantieren. Bei schuldhaft falscher Behandlung hat der Patient einen Schadensersatzanspruch aus § 280 Abs. 1 BGB, mit dem er gegen den Anspruch aus der Behandlung aufrechnen kann.

### 4. Dienst- und Werkverschaffungsvertrag

15 Der Dienstverschaffungsvertrag ist nicht auf die Leistung eigener, sondern auf die Verschaffung fremder Dienste gerichtet. Der Verpflichtete hat dem Berechtigten zur rechten Zeit und am rechten Ort die Dienste eines leistungsbereiten und zur entsprechenden Leistung fähigen Dritten anzubieten. Die Leistung des Dritten kann in selbständigen Diensten oder in Arbeit bestehen. Die wichtigsten Anwendungsfälle des Dienstverschaffungsvertrags sind die Verträge mit Eigengruppen (Orchester, Baukolonne), die Vermietung von Maschinen mit Bedienungs- und Wartungspersonal, die Schwesterngestellung und die Arbeitnehmerüberlassung (Leiharbeit)[12]. Der Schuldner haftet beim Dienstverschaffungsvertrag nur für die richtige Auswahl, nicht (nach § 278 BGB) für Leistung und Verhalten des Ausgewählten. Beim Werkverschaffungsvertrag verspricht der Unternehmer dem Besteller, ihm das Werk eines Dritten zu verschaffen. Werkverschaffungsverträge sind z.B. der Konzertvertrag, bei dem die Konzertdirektion dem Konzertbesucher das Konzert eines Orchesters verspricht, der Anlagenbauvertrag mit einem Subunternehmer, bei dem der Hauptunternehmer dem Besteller die Leistungen eines Subunternehmers verspricht, und der Versorgungsleistungsvertrag auf einem Flughafen, bei dem sich der Flughafenträger von einer Betreibergesellschaft Werkleistungen an Bodendienstnachfrager zusagen lässt (z.B. Flugzeugschlepp, Gepäckabfertigung an Fluggesellschaften)[13].

### 5. Geschäftsbesorgungsvertrag

16 Der Geschäftsbesorgungsvertrag (§ 675 BGB) ist ein Dienst- oder Werkvertrag, der die selbständige Wahrnehmung fremder Vermögensinteressen zum Gegenstand hat[14]. Mit dem Dienst- und Werkvertrag hat er die Entgeltlichkeit gemeinsam, mit dem Auftrag die Herkunft aus dem unentgeltlichen mandatum und die Regelung der Nebenpflichten, die sich aus der Tätigkeit für einen anderen in dessen Interessenkreis ergeben, vor allem die Pflicht des Geschäftsherrn zum Aufwendungsersatz und des Geschäftsführers zur Herausgabe des Erlangten, aber auch die Auskunfts- und Rechenschaftspflichten. „Eigentlich" müsste der Geschäftsbesorgungsvertrag in der Systematik des BGB in einem eigenen Titel hinter Dienstvertrag und Auftrag geregelt sein. Da er, unentgeltlich ausgeübt, zugleich ein Unterfall des Auftrags ist und da die Vorschriften des Auftrags auf Wahrneh-

---

[12] MünchKomm/*Müller-Glöge*, § 611 BGB Rn. 38; zur Leiharbeit s. unten § 4 Rn. 50a.
[13] *Fikentscher*, Schuldrecht, Rn. 890.
[14] BGH 25.4.1966, BGHZ 45, 223; Beispiele: Anlageberatung, Steuerberatung, Rechtsanwalt, Architekt.

mung fremder Interessen zugeschnitten sind, ist die Regelung im Auftragsrecht zumindest formallogisch nicht sachwidrig. Andererseits gibt es im Dienst- und Werkvertragsrecht auch andere Fälle, in denen der Dienstnehmer oder der Unternehmer im Interesse des Dienstgebers oder des Bestellers Aufwendungen macht (z.B. Benutzung des eigenen Kraftfahrzeugs für Dienstfahrten) oder Gegenstände erlangt, die dem Dienstgeber oder Besteller zustehen (z.B. Sachen des Arbeitgebers oder von Lieferanten oder Kunden). Da hierfür Regelungen im Dienst- und Werkvertragsrecht fehlen, wenden Rechtsprechung und h.L. die in § 675 genannten Vorschriften des Auftragsrechts, vor allem § 670 BGB, entsprechend an[15].

## 6. Gesellschafts- und vereinsrechtliche Dienstleistungen

Gesellschafter und Vereinsmitglieder können Dienstleistungen für eine Gesellschaft oder für einen Verein aufgrund des Gesellschaftsvertrags bzw. ihrer Mitgliedschaft oder aufgrund eines Dienstvertrags erbringen[16]. Gesellschafts- oder vereinsrechtliche Leistungen können der Förderung der Gesellschaft oder des Vereins dienen; bei Personengesellschaften und Vereinen kann der Beitrag auch in Diensten bestehen[17]. Ein Gesellschafter oder ein Vereinsmitglied kann aber auch in einem Arbeitsverhältnis zu der Gesellschaft oder dem Verein stehen; das gilt allerdings nicht für vertretungsberechtigte Organmitglieder[18]. Praktisch kommen Arbeitsverhältnisse vor allem bei Kommanditisten vor[19].

17

## 7. Auftrag

Nach BGB ist der Dienstvertrag notwendigerweise entgeltlich, das unentgeltliche Gegenstück ist der Auftrag. Der BGH hält die Vergütung im Gegensatz zur h.L. beim Dienstvertrag nicht für wesensnotwendig. So soll der – nach Standesbrauch übliche – unentgeltliche Behandlungsvertrag zwischen Ärzten Dienstvertrag, nicht Auftrag sein[20]. Beim Arbeitsvertrag nahm bisher auch das BAG an, dass es einen unentgeltlichen Typus gebe. Neuerdings sieht § 611a Abs. 2 BGB ausdrücklich die Verpflichtung zur „Zahlung der vereinbarten Vergütung" vor[21]. Die Annahme eines unentgeltlichen Dienstvertrags läuft der Systematik des BGB zuwider. Das mandatum, auf das der Auftrag zurückgeht, umfasste gerade die Verträge der Angehörigen freier Berufe. Der mit der Einordnung in das Dienstvertragsrecht be-

18

---

[15] Vgl. BAG GS 10.11.1961, AP Nr. 2 zu § 611 BGB Gefährdungshaftung des Arbeitgebers; zur gesamten Problematik MünchKomm/*Müller-Glöge*, § 611 BGB Rn. 32 f.

[16] Zur Abgrenzung BAG 22.3.1995, AP Nr. 21 zu § 5 ArbGG 1979; BAG 26.9.2002, AP Nr. 83 zu § 2 ArbGG 1979 (Scientology); *Wank/Maties*, NZA 2007, 353; *Mestwerdt*, NZA 2014, 281.

[17] Z.B. bei Rot-Kreuz-Schwester BAG 3.6.1975, AP Nr. 1 zu § 5 BetrVG 1972 Rotes Kreuz; BAG 6.7.1995, NZA 1996, 33; *Beuthien*, FS 25 Jahre BAG, 1979, S. 1 ff.; *Fleck*, FS Hilger/Stumpf, 1983, 187 ff.

[18] ErfK/*Preis*, § 611 BGB Rn. 137.

[19] MünchKomm/*Müller-Glöge*, § 611 BGB Rn. 28.

[20] BGH 7.6.1977, NJW 1977, 2120; Palandt/*Weidenkaff*, Einf. vor § 611 BGB Rn. 18.

[21] BAG 29.8.2012, NZA 2012, 1433 m.w.N.

zweckte Erfolg ließe sich auch dadurch erreichen, dass man die Schutzbestimmungen des Dienstvertragsrechts auf den Beauftragten, der wie ein Dienstehmer tätig wird, entsprechend anwendete[22]. Da kaum jemand für längere Zeit oder in größerem Umfang unentgeltlich tätig wird, spielt das Problem in der Praxis keine große Rolle.

19 Eine wichtige Frage aus dem Grenzbereich zwischen Dienstvertrags- und Auftragsrecht regelt § 612 Abs. 1 BGB. Ist eine Dienstleistung den Umständen nach nur gegen eine Vergütung zu erwarten, so gilt eine Vergütung als stillschweigend vereinbart. Das Gesetz entscheidet damit zugunsten des Dienstvertrags und verhindert zugleich bei Dissens die Nichtigkeit des Vertrags (s. § 7 Rn. 3).

### 8. Gefälligkeitsverhältnis

20 Unentgeltliche Dienste können nicht nur im Rahmen eines Auftrags, sondern auch im Rahmen eines Gefälligkeitsverhältnisses erbracht werden. Auftrag und Gefälligkeitsverhältnis unterscheiden sich durch ihre Verbindlichkeit voneinander. Der Auftrag ist ein Vertrag, und zwar wegen seiner Unentgeltlichkeit ein Gefälligkeitsvertrag, das Gefälligkeitsverhältnis eine unverbindliche, fremdnützige Abrede, die auf einem außerrechtlichen Geltungsgrund wie Freundschaft, Kollegialität oder Nachbarschaft beruht. Ob eine rechtliche Bindung vorliegt, ist daraus zu erschließen, wie sich das Verhalten der Beteiligten unter Würdigung aller Umstände einem objektiven Beobachter darstellt. Entscheidend sind die wirtschaftliche und rechtliche Bedeutung der Angelegenheit, vor allem für den Begünstigten, Art, Grund und Zweck der Gefälligkeit und die Interessenlage[23]. Ist die Leistung den Umständen nach nur gegen eine Vergütung zu erwarten, so kommt es nach Ansicht des BAG nach § 612 Abs. 1 BGB immer zu einem Vertrag[24]. § 612 Abs. 1 BGB regelt danach also nicht nur die Frage: Dienstvertrag oder Auftrag, sondern auch die Frage: Vertrag oder Gefälligkeitsverhältnis.

## III. Arbeitsvertrag

### 1. Begriff

21 Durch den Arbeitsvertrag wird der Arbeitnehmer im Dienst eines anderen zur Leistung weisungsgebundener, fremdbestimmter Arbeit in persönlicher Abhängigkeit verpflichtet (§ 611a Abs. 1 S. 1 BGB)[25]. Diese Definition, die der Gesetz-

---

[22] So schon Mot. II S. 459.
[23] Zu Vorstehendem Palandt/*Grüneberg*, Einl. vor § 241 BGB Rn. 7.
[24] BAG 30.8.1973, 28.9.1977, AP Nr. 28, 29 zu § 612 BGB.
[25] Kein Arbeitsvertrag ist eine Rahmenvereinbarung, die nur die Bedingungen für künftig abzuschließende Arbeitsverträge enthält, selbst aber noch keine Verpflichtung zur Arbeitsleistung begründet, BAG 15.2.2012, NZA 2012, 733.

geber mit Wirkung vom 1.4.2017 in das BGB eingefügt hat[26], entspricht der bisherigen Rechtsprechung des BAG.

### a) Der Arbeitsvertrag: Unterfall des Dienstvertrags

Der Arbeitsvertrag ist ein Unterfall des Dienstvertrags. Das zeigen formal die Regelung des Arbeitsvertrags in dem Untertitel „Dienstvertrag" wie die Formulierung in § 621 BGB („bei einem Dienstverhältnis, das kein Arbeitsverhältnis ist"). Das ergibt sich aber auch aus logischen Erwägungen. Der Arbeitsvertrag ist ein Vertrag über eine Tätigkeit. Verträge über Tätigkeiten kennt das BGB als Dienstvertrag, als Werkvertrag und als Auftrag. Der Auftrag scheidet aus, weil er unentgeltlich, der Arbeitsvertrag ein entgeltlicher Vertrag ist. Ausscheiden muss aber auch der Werkvertrag. Der Werkvertrag ist auf einen Erfolg gerichtet. Einen Erfolg kann nicht garantieren, wer nach Weisungen eines anderen arbeitet. Damit bleibt nur der Dienstvertrag. Zur Abgrenzung von („freiem") Dienstvertrag und Arbeitsvertrag nennt der Gesetzgeber gleich drei Kriterien: die Weisungsgebundenheit und die Fremdbestimmtheit der Leistung sowie die persönliche Abhängigkeit (§ 611a Abs. 1 S. 1 BGB). Entscheidendes Kriterium, das den Dienstvertrag zum Arbeitsvertrag macht, ist die Weisungsgebundenheit. Auch Fremdbestimmtheit und persönliche Abhängigkeit laufen letzten Endes auf Weisungsgebundenheit hinaus. 22

### b) Weisungsgebundenheit

Im Arbeitsvertrag räumt der Arbeitnehmer dem Arbeitgeber das Recht ein, die Leistungspflicht, die im allgemeinen nur rahmenmäßig umschrieben ist („kaufmännischer Angestellter", „Sachbearbeiter Italien"), nach seinen Bedürfnissen zu konkretisieren. Er verspricht ihm zu helfen; die Gesetze bezeichnen den Arbeitnehmer deshalb zu Recht als Gehilfen (§ 59 HGB; bis 2003 §§ 121, 133g GewO). Damit erkennt der Arbeitnehmer zugleich das Recht des Arbeitgebers an, das Unternehmen zu organisieren und zu leiten. Der Arbeitgeber hat das **Organisations- und Leitungsrecht**[27], nicht nur, wie die Rechtsprechung sagt, die Organisations- und Leitungsmacht. Mit Abschluss des Arbeitsvertrags unterstellt der Arbeitnehmer sich der Leitung des Arbeitgebers. Er überträgt ihm ein umfassendes Leistungsbestimmungsrecht bezüglich Inhalt, Durchführung, Ort und Zeit der Arbeit (§ 611a Abs. 1 S. 2 BGB), eben das Weisungsrecht (s. § 6 Rn. 7 ff.) Der Sprachgebrauch des Gesetzgebers in § 611a Abs. 1 S. 1 BGB ist allerdings ungenau: Nicht die Arbeit ist weisungsgebunden, sondern der Arbeitnehmer. Eine „an sich weisungsgebundene Arbeit" gibt es nicht. Weisungsgebunden ist immer der Vertragspartner. 23

Der Gesetzgeber umreißt die Weisungsgebundenheit und damit die Arbeitnehmereigenschaft noch durch eine zweite Bestimmung: „Weisungsgebunden ist, wer nicht im Wesentlichen frei seine Tätigkeit gestalten und seine Arbeitszeit bestim- 24

---

[26] Durch G. v. 21.2.2017, BGBl. I S. 258.
[27] *Maschmann*, Arbeitsverträge und Verträge mit Selbständigen, S. 170 ff.

men kann" (§ 611a Abs. 1 S. 3 BGB). Hier wird in negativer Form die Definition des Selbständigen in § 84 Abs. 1 S. 2 HGB ("... nicht ...") aufgegriffen. Inhaltlich heißt das nichts anderes als „Persönlich abhängig ist, wer nicht selbständig ist" (s. unten Rn. 28). Man kann darüber streiten, ob die Kriterien des § 84 Abs. 1 S. 2 HGB noch genügend trennscharf sind. Die Arbeit ist heute weithin durch Zeitsouveränität und Autonomie bei der Tätigkeit gekennzeichnet. Auch wenn der Arbeitgeber keinen oder nur beschränkt davon Gebrauch macht, geblieben ist das Recht, Weisungen zu erteilen.

25 **Beispiele:** Der Arbeitgeber kann der Sekretärin sagen, was sie zuerst zu tun hat: Post öffnen, schreiben, Telefonate vermitteln; er kann die Anordnung der Reihenfolge wieder ändern oder Anweisungen zum Inhalt geben, etwa zur Gestaltung der Briefe. Der Mandant kann den Rechtsanwalt dagegen nicht anhalten, zuerst im Kommentar nachzusehen, sodann den Gegner anzurufen oder das Gericht, und schließlich einen Schriftsatz mit einem bestimmten Inhalt aufzusetzen. Theoretisch kann er sich mit ihm darüber einigen, dass er so verfährt, aber diese Einigung wäre ein Vertrag von gleich zu gleich, keine Anordnung in einem Arbeitsverhältnis.

26 Das Weisungsrecht muss sich nicht auf alle Einzelheiten der Arbeitsleistung beziehen; für Dienste höherer Art (vgl. § 627 BGB) beispielsweise ist eine fachliche Weisungsgebundenheit nicht immer typisch. Die Art der Tätigkeit könne es mit sich bringen, so das BAG, dass dem Dienstverpflichteten ein hohes Maß an Gestaltungsfreiheit, Eigeninitiative und fachlicher Selbständigkeit verbleibt[28]. Nicht entscheidend ist auch, wie der Arbeitgeber die Weisungen ausübt: durch Einzelweisungen, Richtlinien oder allgemeine Anordnungen[29] oder durch die Schaffung organisatorischer Zwänge, denen sich der Arbeitnehmer aus Rechtsgründen fügen muss. Tatsächliche Zwänge zur Übernahme von Aufträgen oder von Aufträgen in einer bestimmten Form, etwa weil sonst nicht mit Anschlussaufträgen zu rechnen ist, genügen dagegen nicht. Es kommt darauf an, dass der Arbeitgeber innerhalb eines bestimmten zeitlichen Rahmens über die Arbeitsleistung des Arbeitnehmers verfügen darf[30].

### c) Fremdbestimmtheit

27 Der Gesetzgeber spricht – wiederum ungenau – von fremdbestimmter Arbeit. Fremdbestimmt, nämlich für einen anderen bestimmt, sind auch die Dienste, die jemand im Rahmen eines Dienstvertrags leistet. Der Gesetzgeber meint etwas anderes: nämlich dass der Arbeitnehmer bei der Dienstleistung fremder Bestimmung unterliegt. Da die Fremdbestimmung durch Weisungen ausgeübt wird, bringt das Kriterium keinen zusätzlichen Erkenntnisgewinn.

---

[28] BAG 9.6.1993, DB 1994, 787; BAG 22.11.2016, NZA 2017, 581 (ärztlicher Klinikdirektor).
[29] Vgl. BAG 12.9.1996, BB 1996, 2690.
[30] BAG 29.1.1992, NZA 1992, 894, 895, BAG 21.11.2017, 9 AZR 117/17.

## d) Persönliche Abhängigkeit[31]

Dieses Kriterium hat 1891 bereits das Reichsversicherungsamt, Vorgänger des Bundessozialgerichts und der Deutschen Rentenversicherung Bund, verwandt, um die versicherungspflichtigen Arbeitnehmer – die damals noch nicht so hießen – von den selbständigen Gewerbetreibenden abzugrenzen[32]. Da das Reichsversicherungsamt einen Teil der Selbständigen, die „Hausindustriellen", eine Teilgruppe der heute sog. Arbeitnehmerähnlichen, der Versicherungspflicht unterwarf, brauchte es ein Kriterium, um diese Gruppe von den versicherungsfreien Selbständigen abzugrenzen. Es fand dieses Kriterium in der wirtschaftlichen Abhängigkeit. Die persönliche Abhängigkeit ist der Gegenbegriff dazu. Der Arbeitnehmer ist immer persönlich abhängig, der Arbeitnehmerähnliche nie (sonst würde er zum Arbeitnehmer). Der Arbeitnehmerähnliche ist immer wirtschaftlich abhängig, der Arbeitnehmer muss es nicht sein (auch ein reicher Erbe kann sich in einem Unternehmen verdingen)[33]. Die persönliche Abhängigkeit folgt aus der Weisungsgebundenheit bei der Tätigkeit[34]. Auch persönliche Abhängigkeit und Weisungsgebundenheit meinen also dasselbe.

**28**

## e) Eingliederung in eine fremde Organisation

Auf dieses von der Rechtsprechung zusätzlich zur Weisungsgebundenheit gern benutzte Kriterium[35] hat der Gesetzgeber in der Schlussfassung des Gesetzes zu Recht verzichtet. Bereits *Hueck* und *Jacobi* hatten darauf aufmerksam gemacht, dass das Merkmal der Eingliederung zwar die Abgrenzung in Einzelfällen erleichtern kann, letztlich aber doch „auf die Unterordnung unter die Weisungen des Arbeitgebers zurück[führt]"[36]. Im selben Sinne hat das BAG entschieden: Die Eingliederung zeige sich insbesondere darin, dass der Beschäftigte einem Weisungsrecht des Arbeitgebers unterliege[37]. In einem Unternehmen arbeiten vielfach Arbeitnehmer eben dieses Unternehmens, Leiharbeitnehmer, Mitarbeiter sogenannter Fremdfirmen und freie Mitarbeiter nebeneinander. Der Tätigkeit in den Räumen und mit den Betriebsmitteln des Vertragspartners kommt deshalb allenfalls bei der Gesamtwürdigung (§ 611a Abs. 1 S. 4 BGB) eine gewisse Indizwirkung zu[38].

**29**

---

[31] BAG 28.2.1962, AP Nr. 1 zu § 611 BGB Abhängigkeit; aus jüngster Zeit z.B. BAG 30.11.1994, AP Nr. 74 zu § 611 BGB Abhängigkeit; BAG 26.7.1995, AP Nr. 79 zu § 611 BGB Abhängigkeit; aus dem Schrifttum vgl. *Hromadka*, NZA 1997, 569, 572 m.w.N.
[32] AN 1891, S. 181 f. Nr. 77.
[33] MünchKomm/*Müller-Glöge*, § 611 BGB Rn. 186.
[34] *Maschmann*, Arbeitsverträge und Verträge mit Selbständigen, S. 171.
[35] S. nur BAG 25.9.2013, NZA 2013, 1348: „Maß der Eingliederung in einen bestellerseitig organisierten Produktionsprozess"; in der Literatur *Molitor*, Arbeitnehmer und Betrieb, 1928, S. 6 f.
[36] So *Hueck/Nipperdey*, Arbeitsrecht I, § 9 III 3 Anm. 22; ähnlich *Jacobi*, Grundlehren des Arbeitsrechts, 1927, S. 51 f.
[37] BAG 16.7.1997, AP Nr. 4 zu § 611 BGB Zeitungsträger.
[38] BAG 13.11.1991, NZA 1992, 1125, 1128; BAG 21.11.2017, 9 AZR 117/17.

## 2. Weisungsgebundenheit

### a) Ausgangspunkt

30 § 611a BGB „verdankt" seine Existenz der „Flucht in den Werkvertrag"[39]. Aus Gründen der Flexibilität, aus Kostengründen, aber auch, weil es sich nicht lohnt, für nur zeitweise anfallende Spezialtätigkeiten eigenes Personal vorzuhalten, werden Arbeiten im Werkvertrag an Fremdunternehmen vergeben. Bei Fremdunternehmen, die eigene Mitarbeiter beschäftigen („Subunternehmer", „Fremdfirma"), stellt sich die Frage nach der Abgrenzung von Werkvertrag und Arbeitnehmerüberlassung, bei Ein-Mann-Unternehmern („freier Mitarbeiter") die nach der Abgrenzung von Werkvertrag und Arbeitsvertrag. Was für den Werkvertrag gilt, gilt mutatis mutandis auch für den Dienstvertrag.

31 Zur Abgrenzung des Werksvertrags vom Arbeitsvertrag wäre der neue § 611a BGB nicht erforderlich gewesen. Da der Arbeitsvertrag ein Unterfall des Dienstvertrags ist, ergab sich die Abgrenzung bereits aus dem Gesetz: Nach dem Arbeitsvertrag wird immer nur eine Dienstleistung geschuldet, nie ein Werk; der Arbeitnehmer könnte für das Gelingen des Werks wegen seiner Weisungsabhängigkeit gar nicht einstehen. Dennoch kann man § 611a BGB nicht nur zur Abgrenzung des Arbeitsvertrags vom (freien) Dienstvertrag, sondern auch vom Werkvertrag benutzen. Beide Verträge sind Verträge mit Selbständigen. Wird (persönliche) Abhängigkeit festgestellt, kann kein Dienst- oder Werkvertrag vorliegen. Bei der Abgrenzung über das Weisungsrecht ist allerdings Vorsicht geboten. Sowohl der Dienstgeber[40] als auch der Besteller (§ 645 Abs. 1 S. 1 BGB) können (An)Weisungen erteilen. Diese Weisungen müssen sich aber immer im Rahmen des Dienst- oder Werkvertrags halten, und sie dürfen sich nur auf die Ausführung der vereinbarten Tätigkeit beziehen; die Weisungen dürfen nur tätigkeits- bzw. ablaufbezogen sein[41]. Inhalt und Umfang des Werks oder der Dienstleistung dürfen nicht erst durch Weisungen bestimmt werden. Das erfordert eine genaue Umschreibung der Dienstleistung oder des Werks im Vertrag. Entscheidend für die Abgrenzung ist letzten Endes, wer den Arbeitsprozess steuert: der Auftragnehmer oder der Auftraggeber[42].

### b) Praktische Handhabung

32 Tätigkeiten können grundsätzlich sowohl in der Form des Dienstvertrags als auch in der des Arbeitsvertrags erbracht werden (z.B. Lehrtätigkeit, Entwicklung von Software)[43]. Den Parteien steht es frei, ob sie sich für einen selbständigen Dienstvertrag oder für einen Arbeitsvertrag entscheiden. Was sie nicht können, ist eine abhängige Tätigkeit zu vereinbaren und darauf die Dienstvertragsregeln anzuwenden. Sobald sie sich dazu entschließen, dass der eine dem anderen bei dessen Unternehmungen hilft, d.h. dass er dem anderen ein umfassendes Weisungsrecht einräumt, liegt ein Arbeitsvertrag vor, gleichgültig, wie sie den Vertrag bezeichnen[44].

---

[39] *Maschmann*, NZA 2013, 1304 (Überschrift).
[40] BAG 18.1.2012 - NZA-RR 2012, 455, 459.
[41] BAG 13.12.2016 - NZA 2017, 525, 527, 528.
[42] *Maschmann*, NZA 2013, 1304, 1308 m.w.N.
[43] Einschränkend BAG 9.6.2010, NZA 2010, 877; vgl auch BAG 21.11.2017, 9 AZR 117/17.
[44] BAG 16.7.1997, AP Nr. 4 zu § 611 BGB Zeitungsausträger; BAG 15.2.2012, NZA 2012, 731.

Es besteht also kein Rechtsformzwang in dem Sinne, dass nur der eine oder der andere Vertragstypus vereinbart werden könnte. Die Parteien können lediglich, wenn sie sich für Gehilfenschaft entschieden haben, die zwingenden arbeitsrechtlichen Vorschriften nicht abbedingen[45].

Weicht die tatsächliche Durchführung des Vertrags von der Vereinbarung ab, so ist diese maßgebend (§ 611a Abs. 1 S. 6 BGB). Denn aus der praktischen Handhabung der Vertragsbeziehung lassen sich am ehesten Schlüsse daraus ziehen, von welchen Rechten und Pflichten die Parteien in Wirklichkeit ausgegangen sind[46]. Die bloße Aufforderung, der vereinbarten Leistungspflicht nachzukommen, ist keine für ein Arbeitsverhältnis typische Weisung. Erforderlich ist, dass der Vertragspartner vertraglich nicht festgelegte Einzelheiten der Dienst- oder Werkleistung näher bestimmt[47]. **33**

Für die Einordnung als Dienstvertrag oder als Arbeitsvertrag kommt es auch auf die **Eigenart der Tätigkeit** an (§ 611a Abs. 1 S. 3 BGB). Gegen persönliche Abhängigkeit sprechen die Seltenheit oder die kurze Dauer der Einsätze und – entgegen dem Anschein – die weitgehende Bestimmung der zu erbringenden Dienstleistung bereits im Vertrag selbst[48]. Dagegen kann die Arbeitnehmereigenschaft nicht mit der Begründung verneint werden, es handele sich um eine Nebentätigkeit[49]. Bei untergeordneten einfachen Tätigkeiten ist eine Eingliederung in eine fremde Arbeitsorganisation eher anzunehmen als bei qualifizierten[50]. **34**

Schließlich ist eine **Gesamtwürdigung aller Umstände** vorzunehmen (§ 611a Abs. 1 S. 4 BGB). Der Gesetzgeber spielt damit auf die Indizienlehre an, die das BAG entwickelt und die der Referentenentwurf[51] übernommen hatte: mangelnde Freiheit, die Arbeitszeit oder die geschuldete Leistung zu gestalten oder den Arbeitsort zu bestimmen; Erbringung der Leistung überwiegend in den Räumen oder mit den Mitteln eines anderen und/oder in Zusammenarbeit mit Personen, die von einem anderen eingesetzt oder beauftragt sind; Tätigkeit überwiegend für einen anderen; keine eigene betriebliche Organisation, um die geschuldete Leistung zu erbringen. Keine Indizwirkung haben die Vereinbarungen über die Modalitäten des Entgelts, über Entgeltfortzahlung bei Krankheit, ein Wettbewerbsverbot usw. Diese Regelungen können darauf beruhen, dass Selbständigen Leistungen zukommen sollen, wie sie nach dem Arbeitsrecht Arbeitnehmern zustehen – Vereinbarungen mit Vorstandsmitgliedern oder Geschäftsführern etwa über Urlaub sind nicht die Ausnahme, sondern die Regel –, oder sie können umgekehrt darauf zurückgehen, dass Arbeitnehmern Leistungen entzogen werden sollen, oder sie kön- **35**

---

[45] *Maschmann*, Arbeitsverträge und Verträge mit Selbständigen, S. 221.
[46] BAG 24.6.1992, NZA 1993, 174, 175; BAG 15.2.2012, NZA 2012, 731, 733
[47] BAG 13.11.1991, NZA 1992, 1125, 1127; BAG 21.11.2017, 9 AZR 117/17.
[48] BAG 13.11.1991, NZA 1992, 1125, 1128.
[49] BAG 16.3.1972, AP Nr. 10 zu § 611 BGB Lehrer, Dozenten.
[50] BAG 16.7.1997, AP Nr. 4 zu § 611 BGB Zeitungsträger.
[51] § 611a Abs. 2 Referentenentwurf v. 16.11.2015.

nen schlicht auf unzutreffender Rechtsanwendung beruhen. Das gilt auch für die Abführung von Sozialversicherungsbeiträgen und Steuern[52].

### c) Alternative Abgrenzungskriterien

36 In der Literatur wurde teilweise dem Kriterium der Weisungsgebundenheit die Kennzeichnungskraft bestritten. Das Arbeitsrecht diene nicht dem Ausgleich der Weisungsabhängigkeit. Das Merkmal sei deshalb dysfunktional, der Arbeitnehmerbegriff teleologisch zu bestimmen. Schutzbedürftig und damit Arbeitnehmer sei, wer von einem anderen wirtschaftlich abhänge, genauer: wer eine auf Dauer angelegte Arbeit nur für einen Auftraggeber in eigener Person, ohne Mitarbeiter, im wesentlichen ohne eigenes Kapital und Organisation verrichte, sofern er nicht das Unternehmerrisiko freiwillig übernommen habe, am Markt auftrete und wenn unternehmerische Chancen und Risiken ausgewogen seien[53]. Mit dieser Umschreibung werden die arbeitnehmerähnlichen Selbständigen in den Begriff des Arbeitnehmers einbezogen.

37 Richtig ist, dass die wirtschaftliche Abhängigkeit der Fabrikarbeiter von ihrem Arbeitgeber ursprünglich einmal die Tätigkeit des Gesetzgebers ausgelöst hat. Der Gesetzgeber hat aber jeden Fabrikarbeiter geschützt, gleichgültig, ob er wirtschaftlich abhängig war oder nicht. Mit dem Merkmal der persönlichen Abhängigkeit kennzeichnet der Gesetzgeber den, der in einer bestimmten Weise tätig und damit typischerweise wirtschaftlich abhängig ist[54]; zugleich grenzt er ihn damit von dem – heute so genannten – Arbeitnehmerähnlichen ab.

38 Die arbeitnehmerähnlichen Selbständigen brauchen, auch wenn man sie nicht zu Arbeitnehmern „macht", keineswegs eines angemessenen Schutzes zu entbehren. Geholfen werden muss ihnen aber in erster Linie mit den Mitteln des Zivilrechts, etwa mit Hilfe der **Vertragskontrolle** (§§ 138, 307 ff. BGB). Hier haben die Arbeitsgerichte (§ 5 Abs. 1 Satz 2 ArbGG) ihre Möglichkeiten sicher noch nicht ausgeschöpft. Zum Schutz gegen existenzielle Not kommt auch eine Einbeziehung in die Sozialversicherung in Betracht. Mit der Einbeziehung in die Rentenversicherung (§ 2 Abs. 1 Nr. 9 SGB VI) hat der Gesetzgeber einen ersten Schritt getan.

38a Der **EuGH** sieht das wesentliche Merkmal des Arbeitsvertrags ebenso wie das BAG und jetzt § 611a BGB darin, dass eine Person während einer bestimmten Zeit für eine andere **nach deren Weisungen Leistungen erbringt**, für die sie als Gegenleistung eine Vergütung erhält. Ein Dienstleister verliere seine Eigenschaft als unabhängiger Wirtschaftsteilnehmer und damit als Unternehmer, wenn er sein Verhalten auf dem Markt nicht selbstständig bestimmt, sondern vollkommen ab-

---

[52] BAG 30.11.1984, AP Nr. 43 zu § 611 BGB Lehrer, Dozenten.
[53] *Wank*, DB 1992, 90, 91.
[54] Mit der weiteren Folge, dass er typischerweise auf die Anwendung arbeitsrechtlicher Vorschriften angewiesen ist; BAG 12.9.1996, DB 1997, 1037.

hängig von seinem Auftraggeber ist, weil er keines der finanziellen und wirtschaftlichen Risiken aus dessen Geschäftstätigkeit trägt und als Organ in sein Unternehmen eingegliedert ist[55]. Die Begriffsbestimmung des EuGH gilt unmittelbar nur für das Unionsrecht. Das nationale Recht ist davon betroffen, wenn es Unionsrecht umsetzt, weil es dann im Lichte des Unionsrechts, d.h. nach der Interpretation des EuGH, auszulegen ist.

### 3. Arbeitsvertrag als Verbrauchervertrag?

Nach Inkrafttreten der **Schuldrechtsreform** wurde lebhaft diskutiert, ob der Arbeitnehmer als Verbraucher anzusehen ist. Verbraucher ist jede natürliche Person, die ein Rechtsgeschäft zu einem Zweck abschließt, der überwiegend[56] weder ihrer gewerblichen noch ihrer beruflichen Tätigkeit zugerechnet werden kann (§ 13 BGB). Der Gesetzgeber hat bewusst nicht die Definition der § 13 BGB zugrundeliegenden EG-Richtlinie übernommen, nach der jede berufliche Tätigkeit, auch eine abhängige Tätigkeit, ausreicht[57]. Damit sollte aber nicht der Arbeitsvertrag dem Verbraucherschutzrecht unterstellt werden. Der Gesetzgeber hatte ganz anderes im Sinn: „Der Lehrer, der sich einen Computer anschafft, um damit Klassenarbeiten zu entwerfen, oder der Angestellte, der eine Kaffeemaschine für sein Büro kauft", soll – anders als ein Selbständiger – den Verbraucherschutz genießen[58]. Im übrigen ist nach allgemeinem Sprachverständnis Verbraucher der, der Waren oder Dienstleistungen eines Unternehmers zum Verbrauch erwirbt. Im Arbeitsvertrag ist es genau umgekehrt. Der Arbeitnehmer „verkauft" dem Unternehmer seine Dienste.

39

Dennoch hat das BAG den Arbeitnehmer zum Verbraucher erklärt[59]. Der Wortlaut des § 13 BGB erfasse auch den Arbeitnehmer bei Abschluss des Arbeitsvertrags; „Verbraucher" sei nur ein rechtstechnischer Oberbegriff. Ein konsumtiver Zweck, wie er für Kauf- und Darlehensverträge typisch sei, werde nicht verlangt. Der Gesetzgeber habe sich von dem allgemeinen Sprachgebrauch gelöst und eine eigene umfassende Begriffsbestimmung gewählt. Ob das Verbraucherrecht anwendbar sei, ergebe sich aus dem Zusammenhang der Normen, die auf die Eigenschaft als Verbraucher abstellten. Für § 310 Abs. 3 BGB sei das zu bejahen. Da nach § 310 Abs. 3 Nr. 1 BGB Allgemeine Geschäftsbedingungen als vom Unternehmer gestellt gelten, wenn sie nicht vom Verbraucher in den Vertrag eingeführt wurden, und da nach § 310 Abs. 3 Nr. 2 BGB eine Inhaltskontrolle vorformulierter Geschäftsbedingungen auch dann stattfindet, wenn diese nur zur einmaligen Verwendung bestimmt sind und soweit der Verbraucher aufgrund der Vorformulierung auf ihren Inhalt keinen Einfluss nehmen konnte, unterliegen praktisch alle Klauseln in Arbeitsverträgen einer AGB-Kontrolle.

40

---

[55] EuGH 4.12.2014, NZA 2015, 55 - FNV Informatie en Media.
[56] „Überwiegend" wurde mit Wirkung ab 13.6.2014 durch das G zur Umsetzung der Verbraucherrechterichtlinie v. 20.9.2013, BGBl. I S. 3642, eingefügt.
[57] Richtlinie 93/13/EWG v. 5.4.1993, ABl. EG Nr. L 95, S. 29.
[58] BT-Drs. 14/6040, S. 243.
[59] BAG 25.5.2005, NZA 2005, 1111, 1115 f.; so auch BVerfG 23.11.2006, NZA 2007, 85, 86.

# § 2 Grundlagen des Arbeitsrechts

## I. Begriff und Gliederung

Arbeitsrecht ist die Gesamtheit der Normen über Arbeitsverhältnisse und ähnliche Rechtsverhältnisse. Es regelt die Rechtsbeziehungen zwischen Arbeitnehmern und Arbeitgebern (Individualarbeitsrecht), das Recht der Organisationen der Arbeitnehmer und der Arbeitgeber und deren Rechtsbeziehungen zueinander und zu den Arbeitsvertragsparteien (Kollektivarbeitsrecht) sowie das Recht der Entscheidung von Arbeitsstreitigkeiten (Schlichtung und Arbeitsgerichtsbarkeit); hinzu kommen Vorschriften für arbeitnehmerähnliche Selbständige. 1

| Individualarbeitsrecht | Kollektivarbeitsrecht | Arbeitsgerichtsbarkeit |
|---|---|---|
| Arbeitsvertragsrecht<br><br>Arbeitsschutzrecht<br>- technischer Arbeitsschutz<br>- sozialer Arbeitsschutz | Tarifrecht<br>- Koalitionsrecht<br>- Tarifvertragsrecht<br>- Schlichtungsrecht<br>- Arbeitskampfrecht<br>Mitbestimmungsrecht<br>- Recht der Unternehmens-<br>  mitbestimmung<br>- Betriebsverfassungsrecht<br>- Personalvertretungsrecht | Arbeitsgerichte<br>Landesarbeitsgerichte<br>Bundesarbeitsgericht |

Das **Individualarbeitsrecht** zerfällt in das Arbeitsvertragsrecht und in das Arbeitsschutzrecht. Das Arbeitsschutzrecht dient dem Schutz der Rechtsgüter der Arbeitnehmer, insbesondere von Leben, Gesundheit und Eigentum, durch Mindeststandards im technischen (technischer Arbeitsschutz) und durch Mindest- und Höchstbedingungen im sozialen Bereich (sozialer Arbeitsschutz). 2

Das **Kollektivarbeitsrecht** besteht aus dem Tarifrecht und dem Mitbestimmungsrecht im weiteren Sinne. Zum Tarifrecht zählen das Koalitionsrecht, d.h. das Recht der Arbeitgeberverbände und der Gewerkschaften, das Tarifvertragsrecht, das Schlichtungsrecht und das Arbeitskampfrecht. Das Mitbestimmungsrecht umfasst das Recht der Unternehmensmitbestimmung, das die Arbeitnehmervertretung in den Organen größerer Kapitalgesellschaften regelt, das Betriebsverfassungsrecht, das Recht der Belegschaftsvertretungen in Unternehmen und Betrieben des privaten Rechts, und das Personalvertretungsrecht, das Recht der Belegschaftsvertretungen im öffentlichen Dienst. Die Arbeitsgerichtsbarkeit setzt sich zusammen aus den Arbeitsgerichten, den Landesarbeitsgerichten und dem Bundesarbeitsgericht. 3

## II. Aufgabe des Arbeitsrechts

4  Arbeitsrecht ist – wie jedes Recht – Ordnungsrecht[1]. Es dient dem gerechten Ausgleich der Interessen von Arbeitgeber und Arbeitnehmer. Häufig wird Arbeitsrecht als Arbeitnehmerschutzrecht bezeichnet. Das ist richtig und doch nicht ganz richtig: richtig, wenn man allein auf die Sondervorschriften des Arbeitsrechts abstellt, nicht richtig, wenn man die sonstigen Bestimmungen, vor allem des BGB, einbezieht, die erst zusammen mit den Arbeitsrechtsnormen die Arbeitsrechtsordnung bilden. Die Gesamtheit der arbeitsrechtlichen Sondervorschriften dient der Einschränkung der Vertragsfreiheit des Arbeitgebers zugunsten des Arbeitnehmers. Die Vertragsfreiheit ist sozusagen die Vorgabe für den Arbeitgeber, die ihm – aus tatsächlichen Gründen – typischerweise ein Übergewicht verschafft, das das Recht zu neutralisieren versucht.

5  Gegenstand arbeitsrechtlicher Bemühungen war bis vor einigen Jahren der einzelne Arbeitnehmer in seinem konkreten Arbeitsverhältnis. Erst in jüngerer Zeit, im Gefolge der Beschäftigungskrise, hat sich allmählich die Erkenntnis durchgesetzt, dass ein Arbeitsverhältnis nicht isoliert gesehen werden kann, dass das Arbeitsrecht vielmehr Teil der Gesamtrechtsordnung ist, das man nicht beliebig ohne Rückwirkungen auf Wirtschaft und Gesellschaft verändern kann[2]. Arbeitsrecht setzt die Nachfrage nach Arbeitskräften voraus. Die Bereitschaft zur Beschäftigung von Arbeitnehmern sinkt, je höher die Kosten sind, die sie verursachen, und je stärker Arbeitgeber in ihrer Dispositionsfreiheit eingeschränkt werden. Das Arbeitsrecht entscheidet deshalb mit über die Bereitschaft, Unternehmer zu werden oder in Deutschland zu investieren, über die Zahl der Arbeitslosen, über die Höhe der Steuern und damit über die Möglichkeit sozialer Umverteilung, über den Wohlstand der Gesellschaft und letztlich sogar über die Gesellschaftsordnung: Die Leistungsgesellschaft beruht auf der Wertschätzung der Arbeit.

6  Punktuelles Eingreifen in den Regelkreis des Marktes kann darüber hinaus zu Verwerfungen bei einzelnen Arbeitnehmergruppen führen: Verursachen bestimmte Arbeitnehmer Kosten, die über dem Marktpreis liegen, oder ist bei ihnen die Dispositionsfreiheit stärker eingeschränkt als bei anderen, so sinkt naturgemäß die Bereitschaft, sie zu beschäftigen: so insbesondere bei Frauen generell, bei Schwangeren, Schwerbehinderten, Ungelernten und Älteren. Der Gesetzgeber oder an seiner Stelle die Rechtsprechung muss Vorkehrungen treffen, ihnen den Arbeitsplatz zu erhalten und, als nächsten Schritt, ihnen einen Arbeitsplatz zu verschaffen: durch Diskriminierungsverbote (Frauen), Verbot der Frage nach Schwangerschaft, Pflichtquoten (Schwerbehinderte). Die Gruppen, deren Preis über dem Marktlohn liegt und für die es an Vorkehrungen zur Verschaffung eines Arbeitsplatzes fehlt – vor allem die Ungelernten und die älteren Arbeitnehmer –, finden sich überproportional in den Arbeitslosenstatistiken wieder.

---

[1] *Waltermann*, Arbeitsrecht, § 2 Rn. 18.
[2] Vgl. z.B. Sachverständigenrat zur Begutachtung der gesamtwirtschaftlichen Entwicklung, Jahresgutachten 1997/98, S. 182.

## II. Aufgabe des Arbeitsrechts

Bei einer Umstrukturierung des Arbeitsrechts geht es darum, Regelkreise herzustellen, die die Freiheit des Arbeitgebers und den Schutz des Arbeitnehmers zu einem Ausgleich bringen, der zugleich den Interessen der Allgemeinheit gerecht wird, und Verwerfungen zu beseitigen, die sich aus dem Schutz besonders schutzbedürftiger Personengruppen ergeben; das kann beispielsweise durch die Verlagerung von Aufgaben auf die Sozialversicherung und/oder auf den Staat geschehen. Jede Umstrukturierung greift in Besitzstände ein und stößt auf den Widerstand der Betroffenen. Übereinstimmung sollte wenigstens insoweit herrschen, dass es nicht „unsozial" ist, wenn das Recht nicht den Blick auf den einzelnen Arbeitnehmer verengt, sondern wenn es das Gemeinwohl zu seiner Richtschnur macht und auf den größtmöglichen Nutzen der größtmöglichen Zahl nicht nur der Arbeitnehmer, sondern aller Betroffenen abstellt. 7

Ist Objekt der Arbeiterfrage ursprünglich der Fabrikarbeiter, dessen „Erwerbstätigkeit durch das Dienstverhältnis vollständig oder hauptsächlich in Anspruch genommen wird"[3] und der gegen ein Entgelt tätig wird, das ihm keine Vorsorge für Zeiten der Untätigkeit (Krankheit, Unfall, Invalidität, Alter, Arbeitslosigkeit) erlaubt, d.h. jemand, der von seinem Arbeitgeber wirtschaftlich abhängt, dann muss man sich fragen, ob der gesamte Schutz des Arbeitsrechts auch den Arbeitnehmern zugute kommen muss, die für die Wechselfälle des Lebens selbst vorsorgen können (Angestellte oberhalb einer bestimmten Gehaltsgrenze) oder die die Mittel für ihren Lebensunterhalt nicht aus dem Arbeitsverhältnis beziehen, etwa Arbeitnehmer in kurzfristigen oder geringfügigen Arbeitsverhältnissen, insbesondere wenn sie in Nebentätigkeit beschäftigt sind. Bereits das geltende Recht stuft ab. De lege ferenda wird zu überlegen sein, ob nicht eine noch stärkere Differenzierung im Arbeits- und Sozialversicherungsrecht im Sinne eines gleitenden Übergangs von den besonders schutzbedürftigen Personengruppen bis hin zu den „kleinen" Selbständigen angebracht ist. 8

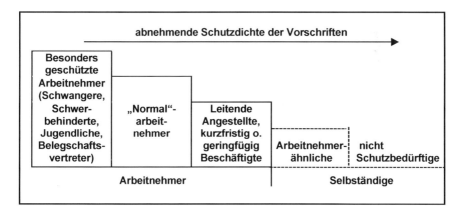

---
[3] § 622 BGB i.d.F. v. 18.8.1896.

## III. Rechtsquellen und Gestaltungsfaktoren des Arbeitsrechts

### 1. Überblick

9 Ein Problem im Arbeitsrecht ist das Fehlen einer alle Teilbereiche regelnden Gesamtkodifikation, vergleichbar dem BGB für das Allgemeine Privatrecht oder dem SGB für das Sozialrecht. Trotz zahlreicher Anläufe ist es bis heute nicht gelungen, ein Arbeitsgesetzbuch zu erlassen. Selbst der Versuch, wenigstens das Individualarbeitsrecht in einem einzigen Arbeitsvertragsgesetz einheitlich zu regeln, ist gescheitert. In zentralen Fragen bestehen Meinungsverschiedenheiten zwischen Gewerkschaften und Arbeitgebern, die der Gesetzgeber bislang nicht zu überbrücken vermochte (s. unten Rn. 40). Die Vielzahl der unkoordiniert nebeneinanderstehenden Gesetze erschwert den Zugang zum Arbeitsrecht erheblich. Hinzukommen Kollektiv- und Individualverträge, betriebliche Übungen, der allgemeine Gleichbehandlungsgrundsatz und das Weisungsrecht des Arbeitgebers. Trotz dieser hohen Regelungsdichte spielt auch die Rechtsprechung eine große Rolle. Sie konkretisiert nicht nur die arbeitsrechtlichen Vorschriften, sondern sie hat auch die Befugnis zur Rechtsfortbildung (§ 45 Abs. 4 ArbGG). Als die Regelungsdichte noch nicht so groß war wie heute, hatte die Arbeitsgerichtsbarkeit manche Lücke füllen müssen. Zu Recht hat deshalb *Gamillscheg*[4] das BAG einmal als den eigentlichen Herrn des Arbeitsrechts bezeichnet. Das war aber als Zustandsbeschreibung gedacht, nicht als Aufforderung, sich auch in Zukunft als „Ersatzgesetzgeber" zu verstehen.

10 Hinsichtlich der Gesetze gilt im Arbeitsrecht gegenüber anderen Rechtsgebieten nichts Besonderes. Es gibt Gesetze auf drei Ebenen, nämlich in der Europäischen Union (EU), in der Bundesrepublik Deutschland und in den Bundesländern. In der EU unterscheidet man primäres und sekundäres Unionsrecht. Primäres Recht ist das in den Unionsverträgen, vor allem im EU-Vertrag (EUV), im Vertrag über die Arbeitsweise der EU (AEUV) und in der Charta der Grundrechte der Europäischen Union (GRC) enthaltene Recht. Sekundäres Recht sind die aufgrund der Unionsverträge von Rat, Kommission und Europäischem Parlament erlassenen EU-Richtlinien und EU-Verordnungen. In Bund und Ländern sind es die klassischen Rechtsquellen: Grundgesetz, Gesetze und Verordnungen einerseits, Länderverfassungen, Landesgesetze und Landesverordnungen andererseits. Hinzu kommen die Unfallverhütungsvorschriften der Berufsgenossenschaften als autonomes Satzungsrecht[5].

---

[4] AcP 164 (1964), S. 388.
[5] *Herschel*, RdA 1964, 7, 11; Becker/Franke/Molkentin/*Zakrzewski*, § 15 SGB VII Rn. 1, 6.

## 2. Europäische Union (EU)

### a) Entwicklung

**aa) Anfangsphase.** Die EU hatte ursprünglich als Wirtschaftsgemeinschaft begonnen („Europäische Wirtschaftsgemeinschaft" = „EWG"), Sozialpolitik war kein eigenes Ziel. Die Hebung der Lebenshaltung, die Art. 2 EWGV u.a. nannte, wurde ganz in liberalem Geist als Folge guten Wirtschaftens erwartet. Die wenigen Bestimmungen, die sich im EWG-Vertrag vom 25.3.1957 mit der Problematik der Arbeit befassten, dienten nicht primär sozialem Schutz, sondern zu allererst wirtschaftlichen Zielen. Das gilt für die Freizügigkeit der Arbeitnehmer mit dem Verbot der Diskriminierung bei Beschäftigung und Arbeitsbedingungen nach der Staatsangehörigkeit (Art. 48 ff. EWGV, jetzt Art. 45 ff. AEUV), für Niederlassungsfreiheit (Art. 52 ff. EWGV, jetzt Art. 49 ff. AEUV) und freien Dienstleistungsverkehr (Art. 59 ff. EWGV, jetzt Art. 56 ff. AEUV) ebenso wie für den Europäischen Sozialfonds (Art. 123 ff. EWGV, jetzt Art. 162 ff. AEUV) und die beiden einzigen einigermaßen konkreten Arbeitsrechtsbestimmungen im EWG-Vertrag: den Grundsatz „gleiches Entgelt für Männer und Frauen bei gleicher Arbeit" (Art. 119 EWGV, jetzt Art. 157 AEUV) und das Bestreben, die Gleichwertigkeit der Ordnungen über die bezahlte Freizeit beizubehalten (Art. 120 EWGV, jetzt Art. 158 AEUV). Im übrigen hieß es unter dem Titel „Sozialpolitik" in Art. 117 EWGV (jetzt Art. 151 AEUV) lediglich, die Mitgliedstaaten seien sich über die Notwendigkeit einig, auf eine Verbesserung der Lebens- und Arbeitsbedingungen der Arbeitskräfte hinzuwirken und dadurch auf dem Wege des Fortschritts eine Angleichung zu ermöglichen.

11

**bb) Verstärkung der Sozialpolitik.** Erst 1972 trat die Sozialpolitik gleichwertig neben die Wirtschafts- und Währungspolitik. In der Schlusserklärung der Pariser Gipfelkonferenz betonten die Staats- und Regierungschefs, „dass für sie energischen Maßnahmen im sozialen Bereich die gleiche Bedeutung zukommt wie der Verwirklichung der Wirtschafts- und Währungsunion"[6]. Rechtsfolgen für den EG-Vertrag (EGV) erlangte diese neue Einstellung 1986 in der Einheitlichen Europäischen Akte (EEA)[7]. Seitdem konnte der Rat mit qualifizierter Mehrheit Maßnahmen zur Angleichung der Rechts- und Verwaltungsvorschriften der Mitgliedstaaten erlassen, soweit sie der Schaffung und der Entwicklung des Binnenmarktes dienten (Art. 100a EGV[8], jetzt Art. 114 AEUV). Für das Arbeits- und Sozialrecht blieb es – mit Ausnahme von Maßnahmen zur Verbesserung insbesondere der Arbeitsumwelt, „um die Sicherheit und die Gesundheit der Arbeitnehmer zu schützen" (Art. 118a EGV, jetzt Art. 154 AEUV) – beim Einstimmigkeitsgrundsatz. In der realistischen Erkenntnis, dass die Angleichung der Arbeitsbedingungen nicht allein durch den Gesetzgeber erreicht werden kann, wurde Art. 118b EGV (jetzt Art. 155 AEUV) eingefügt: „Die Kommission bemüht sich darum, den Dialog zwischen den

12

---

[6] 6. EG-Gesamtbericht 1972, S. 12; Bull. EG 1/1973 Ziff. 2212.
[7] Vom 28.2.1986, BGBl. II S. 1104.
[8] EG-Vertrag i. d. F. d. EEA v. 17./28.2.1986, ABl. Abs. L 169 v. 29.6.1987.

Sozialpartnern auf europäischer Ebene zu entwickeln, der, wenn diese es für wünschenswert halten, zu vertraglichen Beziehungen führen kann." Im Gefolge der Neuordnung kam es 1989 zur Gemeinschaftscharta der sozialen Grundrechte der Arbeitnehmer[9], die eine Reihe – rechtlich allerdings unverbindlicher[10] – sozialer Schutzpositionen enthielt, wie etwa gerechtes Entgelt für jede Beschäftigung, Schutz von Kindern und Jugendlichen, älteren und behinderten Arbeitnehmern, Unterrichtung, Anhörung und Mitwirkung der Arbeitnehmer, Koalitionsfreiheit. Die Gemeinschaftscharta wurde ihrerseits Grundlage für ein umfangreiches Aktionsprogramm[11]. Im Bereich des Arbeitsschutzrechts ergoss sich daraufhin eine Flut von Richtlinien über die Mitgliedstaaten[12]. Die beiden wichtigsten waren die „Maschinenrichtlinie" und die „Arbeitsschutz-Rahmenrichtlinie", zu der zahlreiche Einzelrichtlinien ergingen[13].

13  cc) **Vertrag von Maastricht.** Eine weitere Phase begann 1992 mit dem Vertrag von Maastricht, der die rechtliche Grundlage für die EU bildete[14]. Der Unionsvertrag räumte dem „sozialen Fortschritt und Zusammenhalt" den gleichen Stellenwert ein wie den wirtschaftlichen Zielen der Union (Art. B EUV, jetzt Art. 3 Abs. 3 EUV). Das zeitgleich abgeschlossene Abkommen über die Sozialpolitik[15] weitete die arbeitsrechtlichen Zuständigkeiten der EG erheblich aus, galt aber nicht für Großbritannien und Irland.

14  dd) Der **Vertrag von Amsterdam** überführte 1997 das Abkommen über die Sozialpolitik in den EG-Vertrag und machte es damit für alle Mitgliedstaaten verbindlich. Zugleich erhielten die Vorschriften des EGV, die jetzt nur noch mit dem Zusatz „EG" zitiert wurden, eine neue Nummerierung. In Art. 136 EG (jetzt Art. 151 AEUV) wurden konkrete arbeits- und sozialpolitische Ziele als solche der Gemeinschaftspolitik benannt. Bei allen Maßnahmen soll jedoch sowohl der Vielfalt der einzelstaatlichen Gepflogenheiten als auch der Wettbewerbsfähigkeit der Wirtschaft und der Gemeinschaft Rechnung getragen werden. Ein beschäftigungspolitisches Mandat erhielt die Gemeinschaft nicht.

14a  ee) Mit dem am 26.2.2001 unterzeichneten **Vertrag von Nizza**[16] wurden dringende Strukturprobleme der EU behoben, insbesondere die Ablösung des Einstimmig-

---

[9]  Vom 9.12.1989, KOM (89) 248 endg. Die EG-Sozialcharta ist nicht zu verwechseln mit der Europäischen Sozialcharta (ESC) vom 18.10.1961 (BGBl. II 1964, S. 1262), die als „soziales Gegenstück" zur EMRK von 13 Mitgliedstaaten des Europarates unterzeichnet wurde. Die ESC ist im Gegensatz zur EG-Sozialcharta rechtsverbindlich, stellt jedoch kein unmittelbar anwendbares Recht dar, vgl. BVerfG 2.3.1993, AuR 1993, 150.
[10]  Der EuGH will die EG-Sozialcharta aber bei der Auslegung von verbindlichen Rechtsakten mit berücksichtigen, vgl. EuGH 13.12.1989, Slg. 1989, 4407, 4421.
[11]  Aktionsprogramm der Kommission vom 29.11.1989, KOM (89) 568 endg. = BR-Drs. 717/89.
[12]  Dazu *Maschmann*, ZSR 1994, 595 ff.
[13]  Überblick bei *Krimphove*, Europäisches Arbeitsrecht, S. 220.
[14]  Vom 7.2.1992, ABl. EG 1992 Abs. C 191/90; BGBl. 1992 II S. 1251 ff.
[15]  Vgl. Protokoll Abs. 14 zum Vertrag von Maastricht, abgedr. in RdA 1993, 234.
[16]  ABl. EG Nr. C 80, S. 1; dazu *Borchmann*, EuZW 2001, 170; *Fischer*, Der Vertrag von Nizza (2001); *Sack*, EuZW 2001, 77; *Theatro*, EuZW 2001, 129.

III. Rechtsquellen und Gestaltungsfaktoren des Arbeitsrechts    23

keits- durch das Mehrheitsprinzip bei wichtigen Entscheidungen, die Neuordnung von Größe und Zusammensetzung der Kommission und der Stimmengewichtung im Rat und eine Reform des europäischen Gerichtssystems. Nur so waren die **Osterweiterung der EU** auf 25 Mitgliedstaaten zum 1.5.2004 und der Beitritt Rumäniens und Bulgariens am 1.1.2007 und Kroatiens am 1.7.2013 möglich.

**ff)** Nachdem die Umsetzung des **Vertrages über eine Verfassung für Europa (VVE)**[17], der zum 1.11.2006 in Kraft treten sollte, an den in einigen Mitgliedstaaten erforderlichen Referenden scheiterte, wurde am 13.12.2007 der **Vertrag von Lissabon**[18] unterzeichnet, der wegen zweier Referenden in Irland erst zum 1.12.2009 Geltung erlangte[19]. Mit ihm trat die EU an die Stelle der EG (Art. 1 EUV) und erhielt eigene Rechtspersönlichkeit (Art. 47 EUV). Zugleich wurde die intergouvernementale Zusammenarbeit in den Bereichen Außen- und Sicherheitspolitik bzw. Polizei und Strafjustiz in die EU überführt, womit deren „Säulen-Struktur" endete. Grundlage der EU ist seit Ende 2009 aber nicht der VVE, sondern eine (behutsame) Weiterentwicklung der zuvor geltenden Verträge über die Gründung der Europäischen Union (EUV) und der Europäischen Gemeinschaft, wobei letzterer nun unter der Bezeichnung **„Vertrag über die Arbeitsweise der Europäischen Union (AEUV)"** firmiert.    14b

**gg)** Gleichrangig neben EUV und AEUV ist die **Charta der Grundrechte der Europäischen Union (GRC)** getreten (vgl. Art. 6 Abs. 1 EUV). Sie war vor dem 1.12.2009 durch den Vertrag von Nizza als unverbindlicher Katalog verkündet worden[20]. Ihre Gliederung folgt den Grundsätzen der französischen Revolution: Garantie der Menschenwürde (Titel I), der Freiheit (Titel II), der Gleichheit (Titel III) und der „Solidarität" (Titel IV).    14c

Insbesondere der Titel IV enthält eine Reihe für das Arbeitsrecht zentraler Rechtspositionen, die in den Rang von Grundrechten erhoben wurden: Recht auf Unterrichtung und Anhörung der Arbeitnehmer in Unternehmen (Art. 27 GRC), Recht auf Kollektivverhandlungen und Kollektivmaßnahmen (Art. 28 GRC), Recht auf Zugang zu einem Arbeitsvermittlungsdienst (Art. 29 GRC), Schutz vor ungerechtfertigter Entlassung (Art. 30 GRC)[21], Recht auf gesunde, sichere und würdige Arbeitsbedingungen (Art. 31 Abs. 1 GRC), Recht auf eine Begrenzung der Höchstarbeitszeit, auf tägliche und wöchentliche Ruhezeiten sowie auf bezahlten Jahresurlaub (Art. 31 Abs. 2 GRC), Verbot der Kinderarbeit und Schutz der Jugendlichen am Arbeitsplatz (Art. 32 GRC), Schutz vor Entlassung wegen Schwangerschaft sowie Anspruch auf Mutterschafts- und Elternurlaub (Art. 33 Abs. 2 GRC). Von arbeitsrechtlicher Bedeutung sind auch die freiheitsrechtlichen Regelungen in Titel II, vor allem das Recht, zu arbeiten und einen frei gewählten oder angenommenen Beruf auszuüben (Art. 15 Abs. 1 GRC), und zwar in jedem Mitgliedstaat der EU (Art. 15 Abs. 2 GRC), sowie die Anerkennung der unternehmerischen Freiheit (Art. 16 GRC) und der Koalitionsfreiheit (Art. 12 Abs. 1 GRC).    14d

---

[17] ABl. EG Nr. C 310, S. 1.
[18] ABl. EG Nr. C 306, S. 1; dazu *Oppermann*, DVBl 2008, 473.
[19] Vgl. Bek. v. 13.11.2009, BGBl. II S. 1223.
[20] Dazu *Hanau*, NZA 2010, 1; *Sagan/Willemsen*, NZA 2011, 258.
[21] Daraus leitet das BAG 22.1.2014, NZA 2014, 483, einen Schutz vor willkürlicher Befristung ab.

Schon jetzt haben Auswirkungen auf das Arbeitsrecht das Diskriminierungsverbot des Art. 21 GRC, das noch weit über den Diskriminierungsschutz des deutschen AGG (s. § 5 Rn. 7 ff.) hinausgeht, und das Grundrecht auf Gleichbehandlung von Frauen und Männern in Art. 23 GRC. Bei der Auslegung der GRC sind die ursprünglich vom Präsidium des Verfassungskonvents formulierten Erläuterungen[22] „gebührend zu berücksichtigen"[23].

**14e** Die GRC gilt für alle Organe und Einrichtungen der EU (Art. 51 Abs. 1 GRC); nach ihr bemisst sich die Rechtmäßigkeit von Sekundärrecht (Verordnungen, Richtlinien), die grundrechtskonform in ihrem Lichte auszulegen sind[24] Für die Mitgliedstaaten gilt die GRC, wenn sie EU-Recht durchführen, d.h. wenn sie EU-Recht umsetzen oder wenn eine Vorschrift des Unionsrechts auf einen Sachverhalt anwendbar ist[25]. Dabei soll es genügen, dass Mitgliedstaaten Sachverhalte regeln, die in den Anwendungsbereich einer Richtlinie fallen[26]. Ob die Grundrechte der GRC auch unmittelbar in Privatrechtsverhältnissen gelten, ist bislang nicht abschließend entschieden[27]. Immerhin hat der EuGH das Verbot der Altersdiskriminierung in Art. 21 GRC als fundamentales Prinzip des primären Unionsrechts eingestuft, dem unmittelbarer Vorrang vor deutschen Arbeitsgesetzen zukomme[28]. Denselben Vorrang hat der EuGH für das Recht auf den bezahlten Mindesturlaub angenommen (Art. 31 Abs. 2 GRC); dieses sei aber kein Unionsgrundrecht mit Drittwirkung, sondern ein wichtiger Grundsatz des EU-Rechts, der allerdings im Sekundärrecht wurzele[29]. Alle Grundrechte der GRC können nur im Rahmen der in den Verträgen festgelegten Bedingungen und Grenzen ausgeübt werden (Art. 52 Abs. 2 GRC). Einschränkungen sind nur durch Gesetz erlaubt; hierbei muss der Grundsatz der Verhältnismäßigkeit gewahrt sein (Art. 52 Abs. 1 GRC). In keinem Fall darf die Anwendung der GRC zu einer Erweiterung der Zuständigkeiten der EU führen (Art. 51 Abs. 2 GRC, Art. 6 Abs. 1 Satz 2 EUV).

**14f** Neben der GRC stehen die – häufig inhaltsgleichen – Grundrechte der Europäischen Menschenrechtskonvention (EMRK), die im Gegensatz zu den Vorschriften der GRC nicht unmittelbar anwendbar sind[30]. Allerdings sind die EMRK und die zu ihr ergangene Rechtsprechung bei der Auslegung der Grundrechte und rechtsstaatlichen Grundsätze des Grundgesetzes als Auslegungshilfe heranzuziehen. Diese „völkerrechtsfreundliche Auslegung" darf allerdings nicht zu einer Beschränkung des durch das Grundgesetz gewährleisteten Grundrechtsschutzes führen (vgl. Art. 53 EMRK)[31].

---

[22] ABl. C 2007 Abs. 303 S. 17 ff.
[23] Auch der EuGH 26.2.2013, EuZW 2013, 302 - Åkerberg Fransson, beruft sich auf sie.
[24] BAG 22.1.2014, NZA 2014, 483, 486.
[25] EuGH 26.2.2013, NZA 2013, 498 - Åkerberg Fransson; EuGH 15.1.2014, NZA 2014, 193, 195 - GGT; *Bauer/Arnold*, NJW 2008, 3377, 3379; *Thüsing*, RdA 2010, 187.
[26] EuGH 19.1.2010, NZA 2010, 85 - Kücükdeveci.
[27] Für Art. 21 GRC hat der EuGH dies bejaht (EuGH 19.1.2010, NZA 2010, 85 - Kücükdeveci), für Art. 27 GRC jedoch verneint (EuGH 15.1.2014, NZA 2014, 193 – CGT).
[28] EuGH 22.11.2005, NZA 2005, 1345 - Mangold; EuGH 19.1.2010, NZA 2010, 85 - Kücükdeveci.
[29] EuGH 20.1.2009, NZA 2009, 135 - Schultz-Hoff; BAG 23.3.2010, NZA 2010, 810, 818.
[30] EuGH 26.2.2013, NZA 2013, 498 - Åkerberg Fransson; BAG 10.11.2012, NZA 2013, 448.
[31] BVerfG 4.5.2011, NJW 2011, 1931; BAG 20.11.2012, NZA 2013, 448, 465.

## b) Zuständigkeiten

**aa) Grundsatz.** Im Bereich des Arbeitsrechts hat die EU keine ausschließliche Zuständigkeit. Ihre Kompetenz konkurriert mit der der Mitgliedstaaten. Auch der AEUV hält am „Grundsatz der begrenzten Einzelermächtigung" fest (vgl. Art. 5 Abs. 1 Satz 2, Abs. 3 EUV). Wollen die Organe der EU Rechtsakte mit Wirkung für die Mitgliedstaaten und deren Bürger erlassen, so benötigen sie eine ausdrückliche Ermächtigungsnorm im „primären Unionsrecht"[32], d.h. im EUV oder im AEUV. Die EU hat keine „Kompetenz-Kompetenz". Sie hat keine Befugnis, die ihr von den Mitgliedstaaten übertragene Zuständigkeit zu erweitern.

15

**bb) Das Subsidiaritätsprinzip** begrenzt die Rechtsetzung (Art. 5 Abs. 1, 3 EUV). Die EU darf arbeitsrechtlich nur tätig werden, soweit das Ziel eines Rechtsaktes wegen seines Umfangs oder seiner Auswirkungen von den Mitgliedstaaten selbst nicht ausreichend erreicht werden kann und daher besser auf der Ebene der EU verfolgt wird. Das Subsidiaritätsprinzip gilt für das „Ob" und das „Wie", d.h. die Art und Weise der Rechtsetzung.

16

Zur Anwendung des Subsidiaritätsprinzips enthält der EUV das rechtlich verbindliche Zusatzprotokoll Abs. 2 (vgl. Art. 5 Abs. 3, 51 EUV). Rechtsakte der EU sind nur gerechtfertigt, wenn beide Bedingungen des Subsidiaritätsprinzips erfüllt sind: nicht ausreichende Zielerreichung auf der Ebene der Mitgliedstaaten und bessere Erfüllung durch die Union[33]. Dabei muss die Feststellung, dass ein gesetzgeberisches Ziel besser auf der Unionsebene erreicht werden kann, auf qualitativen oder – soweit möglich – auf quantitativen Kriterien beruhen (Art. 5 Prot. Abs. 2). An das Subsidiaritätsprinzip sind alle an der Rechtsetzung beteiligten Unionsorgane gebunden (Art. 1 Prot. Abs. 2); seine Einhaltung wird vom EuGH überwacht (Art. 8 Prot. Abs. 2). Soweit eine in Art. 7 Prot. Abs. 2 genauer bestimmte Anzahl von Parlamenten die Nichteinhaltung des Subsidiaritätsprinzips rügt, muss die Kommission einen geplanten Rechtssetzungsakt darauf hin überprüfen und darf sich nur begründet über die Einwände hinwegsetzen. Auch das BVerfG hat in seiner „Maastricht-Entscheidung"[34] eine Kontrollzuständigkeit für sich beansprucht; freilich will es seine Rechtsprechung nur in einem „Kooperationsverhältnis" zum EuGH ausüben[35]. In der „Lissabon-Entscheidung"[36] hat es seine schon zuvor geäußerte Absicht bekräftigt, die Einhaltung der Grundsätze der beschränkten Einzelermächtigung und der Subsidiarität europarechtsfreundlich (vgl. Art. 4 Abs. 3 EUV) zu überprüfen; allein „ausbrechende Rechtsakte" der EU-Organe werde es beanstanden. In seinem

17

---

[32] BVerfGE 89, 155.
[33] Was ausreichend, was besser ist, unterliegt einem erheblichen Beurteilungsspielraum von Rat und Kommission; das Subsidiaritätsprinzip wird daher von vielen als – zumindest im Kern – nicht justitiabel angesehen, vgl. nur *Konzen*, EuZW 1995, 45 m.w.N.
[34] BVerfGE 89, 155; Kontrollmaßstab sind dabei Art. 20, 23, 38, und 79 Abs. 3 GG.
[35] BVerfGE 73, 339; 89, 155, 175; dazu auch *Grimm*, RdA 1996, 66 ff.
[36] BVerfG 30.6.2009, NJW 2009, 2267.

Honeywell-Beschluss[37] hat das BVerfG seine „ultra-vires"-Kontrolle noch weiter zurückgenommen. Grundgesetzwidrig sei der Rechtsakt eines EU-Organs nur dann, wenn das Organ offensichtlich kompetenzwidrig gehandelt habe und der angegriffene Akt das Kompetenzgefüge „strukturell bedeutsam" zulasten der Mitgliedstaaten verschiebe. Das hat es – wenig verwunderlich – bei der Mangold-Entscheidung des EuGH[38] verneint[39]. In dieser hatte der EuGH einen Anwendungsvorrang des primärrechtlich hergeleiteten Grundsatzes des Verbots der Altersdiskriminierung vor dem einfachen deutschen Gesetzesrecht statuiert und daraufhin alle deutschen Gerichte verpflichtet, die vom Deutschen Bundestag ordnungsgemäß erlassene Vorschrift des § 14 Abs. 3 TzBfG 2000 nicht mehr anzuwenden, obwohl die Befugnis, deutsche Gesetze für unanwendbar zu erklären, an sich nur dem BVerfG zusteht.

18 **cc) Arbeitsrechtliche Zuständigkeiten.** Art. 153 AEUV enthält die wichtigsten arbeitsrechtlichen Kompetenzen in einer Dreierstufung:

19 Mit **qualifizierter Mehrheit** (Art. 16 Abs. 3-4 EUV, Art. 238 Abs. 3 AEUV) kann der Rat Richtlinien (Art. 153 Abs. 2 UA 1 lit. b AEUV) zu folgenden Punkten beschließen:

– Verbesserung insbesondere der Arbeitsumwelt zum Schutz der Gesundheit und der Sicherheit der Arbeitnehmer
– Arbeitsbedingungen
– Unterrichtung und Anhörung der Arbeitnehmer
– berufliche Eingliederung der aus dem Arbeitsmarkt ausgegrenzten Personen
– Chancengleichheit von Männern und Frauen auf dem Arbeitsmarkt und Gleichbehandlung am Arbeitsplatz.

20 **Einstimmig** sind Beschlüsse möglich zu folgenden Fragen:

– Soziale Sicherheit und sozialer Schutz der Arbeitnehmer
– Schutz der Arbeitnehmer bei Beendigung des Arbeitsvertrags
– Vertretung und kollektive Wahrnehmung der Arbeitnehmer- und Arbeitgeberinteressen einschließlich der Mitbestimmung, soweit nicht der nationale Gesetzgeber zuständig ist
– Beschäftigungsbedingungen der Staatsangehörigen dritter Länder, die sich rechtmäßig im Gebiet der Union aufhalten (Art. 153 Abs. 2 UA 3 AEUV).

---

[37] BVerfG 6.7.2010, NZA 2010, 995.
[38] EuGH 22.11.2005, NZA 2005, 1345.
[39] BVerfG 6.7.2010, NZA 2010, 995. Die Verfassungsbeschwerde selbst war gegen das BAG-Urteil vom 26.4.2006 (NZA 2006, 1162) gerichtet, das die auf § 14 Abs. 3 TzBfG gestützte Befristung eines von der Firma Honeywell geschlossenen Arbeitsvertrags nach den Vorgaben der Mangold-Entscheidung des EuGH für unwirksam befand.

Dem **nationalen Gesetzgeber** vorbehalten bleiben    21
- das Arbeitsentgelt
- das Koalitionsrecht
- das Streikrecht und das Aussperrungsrecht (Art. 153 Abs. 5 AEUV).

Berührt ein Rechtsakt der EU mehrere Kompetenztitel, so ist auf den Schwerpunkt    22
der Regelung abzustellen[40]. Richtlinien nach Art. 153 Abs. 2 UA 1 lit. b AEUV sollen nur schrittweise anwendbare Mindestvorschriften enthalten. Die Mitgliedstaaten sind daher nicht gehindert, „im Alleingang" strengeres nationales Recht beizubehalten oder zu schaffen (Art. 153 Abs. 4, 2. Spiegelstrich AEUV), wenn dieses unionsrechtskonform ist, d.h. niemanden wegen seiner Staatsangehörigkeit diskriminiert (Art. 18 AEUV) und zu keinen unzulässigen Einfuhrbeschränkungen (Art. 34, 36 AEUV) führt. Richtlinien nach Art. 153 AEUV dürfen weder das Recht der Mitgliedstaaten zur Bestimmung der Grundprinzipien ihrer jeweiligen Systeme der sozialen Sicherheit berühren noch das finanzielle Gleichgewicht dieser Systeme beeinträchtigen (Art. 153 Abs. 4, 1. Spiegelstrich AEUV). Dass die Richtlinien keine verwaltungsmäßigen, finanziellen oder rechtlichen Auflagen enthalten sollen, die der Gründung und der Entwicklung von kleinen und mittleren Unternehmen entgegenstehen (Art. 153 Abs. 2 UA 1 lit. b Satz 2 AEUV), ist ein bloßer Programmsatz. Die Mitgliedstaaten können den Sozialpartnern die Umsetzung von Richtlinien übertragen, etwa durch Vereinbarung von Tarifverträgen (Art. 153 Abs. 3 AEUV). Diese Befugnis läuft für das deutsche Recht allerdings weitgehend leer[41], weil in Deutschland anders als in vielen europäischen Nachbarländern nur wenige Tarifverträge allgemeinverbindlich sind und daher die von Art. 153 Abs. 3 AEUV geforderte gleichmäßige und „flächendeckende" Durchführung der Richtlinien nicht erreicht werden kann.

**dd) Weitere arbeitsrechtliche Kompetenzen** ergeben sich aus Art. 19 Abs. 1 AEUV (Vor-    23
kehrungen zum Schutz vor Diskriminierungen), Art. 155 Abs. 2 AEUV (Allgemeinverbindlicherklärung von auf Unionsebene geschlossenen Tarifverträgen), Art. 157 Abs. 3 AEUV (Grundsatz des gleichen Entgelts für Männer und Frauen), aber auch aus Art. 45 f. AEUV (Freizügigkeit der Arbeitnehmer) und Art. 48 AEUV (Soziale Sicherheit von Wanderarbeitnehmern). Nach Art. 166 AEUV kann die Union zwar auch für den Bereich der beruflichen Bildung eine Zuständigkeit für sich in Anspruch nehmen; Maßnahmen zur Harmonisierung der Rechts- und Verwaltungsvorschriften der Mitgliedstaaten sind aber ausdrücklich ausgeschlossen (Art. 166 Abs. 4 AEUV). Arbeitsrechtliche Folgewirkungen können schließlich Rechtsakte aus dem allgemeinen Kompetenztitel zum Binnenmarkt (Art. 114 AEUV) und zur Schließung von Vertragslücken (Art. 352 AEUV) haben.

**ee) Resümee.** Insgesamt gesehen verfügt die EU im Bereich des Arbeitsrechts über    24
weitreichende Kompetenzen. Schranken ziehen das Subsidiaritätsprinzip (Art. 5 Abs. 1, 3 EUV) und der Grundsatz der Verhältnismäßigkeit (Art. 5 Abs. 1, 4 AEUV).

---

[40] EuGH 11.6.1991, Slg. 1991 I, 2867.
[41] Allg. hierzu *Konzen*, EuZW 1995, 39 ff.

„Hausgut" der Mitgliedstaaten bleibt das Koalitions- und Tarifvertragsrecht einschließlich des Arbeitskampfrechts. Zu beachten ist freilich, dass die EU die Tätigkeit der Mitgliedstaaten zur Erreichung der in Art. 151 AEUV genannten Ziele nur unterstützen und ergänzen will (Art. 153 Abs. 1 AEUV). Damit wäre eine umfassende Regelung des Arbeitsrechts auf Unionsebene nicht zu vereinbaren.

### c) Mittel der Rechtsetzung

25   Mittel der Rechtsetzung durch die EU sind Verordnungen und Richtlinien. Sie unterscheiden sich hinsichtlich ihres Adressatenkreises und ihrer Wirkung:

26   aa) **Verordnungen** gelten allgemein, d.h. generell und abstrakt für eine unbestimmte Vielzahl von Sachverhalten. Sie sind in allen ihren Teilen verbindlich und gelten ohne weiteres in jedem Mitgliedstaat (Art. 288 Abs. 2 AEUV). Der Bürger wird aus ihnen unmittelbar berechtigt oder verpflichtet. Arbeits- und sozialrechtliche EU-Verordnungen betreffen insbesondere die Freizügigkeit der Arbeitnehmer innerhalb der EU, das Recht, nach Beendigung einer Beschäftigung im Hoheitsgebiet eines Mitgliedstaates zu verbleiben, die Anwendung der Systeme der sozialen Sicherheit für Wanderarbeitnehmer und Grenzgänger, jeweils mit ihren Familien, und den Arbeitsschutz.

27   bb) **Richtlinien** sind nur für die Mitgliedstaaten und auch nur hinsichtlich des Zieles verbindlich (Art. 288 Abs. 3 AEUV). Sie bezwecken eine Harmonisierung der nationalen Rechte. Richtlinien müssen, um für die Bürger in einem Mitgliedstaat unmittelbar verbindlich zu werden, erst in nationales Recht umgesetzt werden. Zu einer Reihe arbeitsrechtlicher Fragen sind Richtlinien ergangen, die der nationale Gesetzgeber mittlerweile vollständig in deutsches Recht überführt hat.

27a  cc) **Delegierte Rechtsakte** werden von der Kommission zur Ergänzung von Verordnungen oder Richtlinien erlassen (Art. 290 AEUV). Sie stellen keine formellen Gesetzgebungsakte i.S.d. Art. 289 Abs. 3 AEUV dar, begründen aber verbindliches Recht. Der Sache nach handelt es sich um exekutive Rechtsetzung durch die Kommission, vergleichbar mit dem Erlass von Rechtsverordnungen durch die Exekutive in Deutschland nach Art. 80 GG. Die Ermächtigung zum Erlass delegierter Rechtsakte kann nur in einem formellen Gesetzgebungsakt, also einer Verordnung oder Richtlinie, erteilt werden. Darin müssen zugleich die Ziele, der Inhalt, der Geltungsbereich und die Dauer der Befugnisübertragung festgelegt werden (Art. 290 Abs. 1 UA 2 AEUV).

## Wichtige arbeitsrechtliche Richtlinien der EU und ihre Umsetzung in deutsches Recht

| Richtlinie | Nr. und Fundstelle | novelliert durch RL | Umsetzung |
|---|---|---|---|
| Gleiches Entgelt für Männer und Frauen | 75/117/EWG v. 19.2.1975, ABl. 1975, Nr. L 45, S. 19 | 2006/54/EG v. 5.7.2006, ABl. 2006 Nr. L 204, S. 23 | AGG |
| Gleichbehandlung von Männern und Frauen hinsichtlich des Zugangs zur Beschäftigung, zur Berufsbildung und zum beruflichen Aufstieg sowie in Bezug auf die Arbeitsbedingungen | 76/207/EWG vom 9.2.1976 ABl. 1976, Nr. L 39, S. 40 | 2006/54/EG v. 5.7.2006, ABl. 2006 Nr. L 204, S. 23 | AGG |
| Wahrung von Ansprüchen der Arbeitnehmer beim Übergang von Unternehmen, Betrieben und Betriebsteilen | 77/187/EWG v. 14.2.1977 ABl. 1977, Nr. L 61, S. 26 | 2001/23/EG v. 12.3.2001, ABl. 2001 Nr. L 82, S. 16 | § 613a BGB, § 324 UmwG, §§ 21a, b BetrVG |
| Schutz der Arbeitnehmer bei Zahlungsunfähigkeit des Arbeitgebers | 80/987/EWG v. 20.10.1980 ABl. 1980, Nr. L 283, S. 23 | 2002/74/EG v. 23.9.2002, ABl. 2002, Nr. L 270, S. 10 | §§ 183 ff. SGB III §§ 7 ff. BetrAVG |
| Arbeitsschutz-Rahmenrichtlinie (zahlreiche Einzelrichtlinien zur Ausfüllung der Rahmenrichtlinie) | 89/391 v. 12.6.1989 ABl. 1989, Nr. L 183, S. 1 | | ArbSchG |
| Maschinenrichtlinie | 89/392/EWG v. 14.6.1989 ABl. 1989, Nr. L 183, S. 9 | | GSG und Verordnungen dazu |
| Sicherheit und Gesundheitsschutz von Arbeitnehmern mit befristetem Arbeitsverhältnis oder Leiharbeitsverhältnis | 91/383/EWG v. 25.6.1991 ABl. 1991, Nr. L 206, S.19 | | AÜG, ArbSchG |
| Pflichten des Arbeitgebers zur Unterrichtung der Arbeitnehmer über die für ihren Arbeitsvertrag oder ihr Arbeitsverhältnis geltenden Bedingungen | 91/553/EWG v. 14.10.1991 ABl. 1991, Nr. L 288, S. 32 | | NachweisG |
| Mutterschutz | 92/85/EWG v. 19.10.1992, ABl. 1992, Nr. L 348, S. 1 | | MuSchG |
| Arbeitszeit | 93/104/EG v. 23.11.1993, ABl. 1993, Nr. L 307, S. 18 | 2003/88/EG v. 4.11.2003, ABl. 2003, Nr. L 299, S. 9. | ArbZG |
| Jugendarbeitsschutz | 94/33/EG v. 22.6.1994, ABl. 1994, Nr. L 216, S. 12 | | JArbSchG |

## Wichtige arbeitsrechtliche Richtlinien der EU und ihre Umsetzung in deutsches Recht

| Richtlinie | Nr. und Fundstelle | novelliert durch RL | Umsetzung |
|---|---|---|---|
| Einsetzung eines Europäischen Betriebsrats in gemeinschaftsweit operierenden Unternehmen und Unternehmensgruppen | 94/45/EG v. 22.9.1994 ABl. 1994, Nr. L 254, S. 64 | 2009/38/EG v. 6.5.2009 ABl. 2009 Nr. L 122, S. 28 | EBRG |
| Rahmenvereinbarung (UNICE, CEEP und EGB) über Elternurlaub | 96/34/EG v. 3.6.1996 ABl. 1998, Nr. L 14, S. 9 | | BEEG |
| Entsendung von Arbeitnehmern im Rahmen der Erbringung von Dienstleistungen | 96/71/EG v. 16.12.1996 ABl. 1997, Nr. L 18, S. 1 | | Arbeitnehmer-Entsendegesetz |
| Beweislast bei Diskriminierung aufgrund des Geschlechts | 97/80/EG v. 15.12.1997 ABl. 1998, Nr. L 14, S. 6 | 2006/54/EG v. 5.7.2006, ABl. 2006 Nr. L 204, S. 23 | § 22 AGG |
| Rahmenvereinbarung (UNICE, CEEP und EGB) über Teilzeitarbeit | 97/81/EG v. 15.12.1997 ABl. 1998, Nr. L 14, S. 9 | | TzBfG |
| Massenentlassungen | 98/59/EG v. 20.7.1998, ABl. 1998, Nr. L 225, S. 16 | | §§ 17 ff. KSchG |
| Rahmenvereinbarung (UNICE, CEEP und EGB) über befristete Arbeitsverträge | 1999/70/EG v. 28.6.1999 ABl. 1999, Nr. L 175, S. 43 | | TzBfG |
| Anwendung des Gleichbehandlungsgrundsatzes ohne Unterschied der Rasse oder ethnischen Herkunft | 2000/43/EG v. 29.6.2000 ABl. 2000, Nr. L 180, S. 22 | | AGG |
| Allgemeiner Rahmen für die Verwirklichung der Gleichbehandlung in Beschäftigung und Beruf | 2000/78/EG v. 27.11.2000 ABl. 2000, Nr. L 303, S. 16 | | AGG |
| Ergänzung des Statuts der Europäischen Gesellschaft hinsichtlich der Beteiligung der Arbeitnehmer | 2001/86 v. 8.10.2001, ABl. 2001, Nr. L 294, S. 22 | | SE-BeteiligungsG (SEBG) |
| Unterrichtung und Anhörung | 2002/14/EG v. 11.3.2002, ABl. 2002, Nr. L 80, S. 29 | | BetrVG |
| Betriebliche Altersversorgung | 2003/41/EG v. 3.6.2003, ABl. 2003, Nr. L 235, S. 10 | | §§ 112 ff. VAG |
| Ergänzung des Statuts der Europäischen Genossenschaft hinsichtlich der Beteiligung der Arbeitnehmer | 2003/72/EG v. 22.7.2003 ABl. 2003, Nr. L 207 | | SCE-BeteiligungsG (SCEBG) |
| Arbeitszeitgestaltung | 2003/88/EG v. 18.11.2003, ABl. 2003, Nr. L 299, S. 9 | | ArbZG |

**(1) Umsetzung der Richtlinien.** Zur Umsetzung in innerstaatliches Recht sind die  28
Mitgliedstaaten nach Art. 4 Abs. 3 EUV verpflichtet. Sie können zwar weitgehend
frei über die Form und die Mittel der Umsetzung bestimmen; das in der Richtlinie
bestimmte Ziel muss aber hinreichend effektiv erreicht werden[42]. Die innerstaatlichen Vorschriften müssen den Erfordernissen der Rechtssicherheit und Rechtsklarheit genügen; schlichte Verwaltungspraktiken, die jederzeit von den Behörden geändert werden können, genügen nicht[43]. Die meisten Richtlinien sind heute so konkret, dass sie nur buchstabengetreu („1 zu 1") umgesetzt werden können. Rechtstechnisch geschieht das durch Änderung des Wortlauts eines Paragrafen in einem bestehenden Gesetz oder durch die Anfügung eines neuen Absatzes oder durch Einfügung von neuen Bestimmungen (zumeist gekennzeichnet durch a) oder b), siehe z.B. 613a BGB). Zuweilen müssen Gesetze auch komplett neu erlassen werden (z.B. AGG).

In jeder Richtlinie wird den Mitgliedstaaten eine Frist gesetzt, innerhalb der sie die  29
Regelungen in nationales Recht umzusetzen haben. Bereits vor dem Ablauf der Frist
dürfen die Mitgliedstaaten keine Vorschriften mehr erlassen, die das in der Richtlinie vorgegebene Ziel ernstlich in Frage stellen (**„Vorwirkung von Richtlinien"**)[44]. Wird die Frist versäumt, entfaltet die Richtlinie zwischen Bürger und Staat eine **„vertikale Drittwirkung"**, wenn ihr Inhalt so genau formuliert ist, dass der Bürger daraus unmittelbar, d.h. ohne einen Umsetzungsspielraum für den nationalen Gesetzgeber, Rechte für sich ableiten kann („self-executing"-Charakter der Richtlinie)[45]. Das gilt auch, wenn der Staat als Arbeitgeber auftritt[46]. Die bei ihm Beschäftigten können sich dann unmittelbar auf eine nicht oder nicht ordnungsgemäß umgesetzte Richtlinie berufen[47]. Dagegen hat der EuGH eine **„horizontale Drittwirkung"** in Arbeitsverhältnissen außerhalb des öffentlichen Dienstes stets verneint[48]. Hier gilt deutsches Arbeitsrecht, das ein deutsches Gericht selbst dann anwenden muss, wenn es richtlinienwidrig ist[49]. Anders ist es laut EuGH nur bei **„allgemeinen Grundsätzen des Unionsrechts"**, die aufgrund ihres Anwendungsvorrangs entgegenstehendes deutsches Recht verdrängen und damit auch unmittelbare Wirkung in Privatrechtsverhältnissen entfalten. Einen derartigen Grundsatz hat der EuGH z.B. im Verbot der Altersdiskriminierung (Art. 21 GRC) gesehen, gegen das § 14 Abs. 3 TzBfG 2000[50] und § 622 Abs. 2 Satz 2 BGB[51] verstoßen. Deutsche Gerichte dürfen diese Vorschriften nicht mehr anwenden.

---

[42] EuGH 22.4.1997, DB 1997, 983 - Nils Draehmpaehl.
[43] EuGH 15.10.1986, Slg. 1986 I, 2945 ff. - Kommission/Italien.
[44] EuGH 22.11.2005, NZA 2005, 1345 - Mangold; EuGH 15.4.2008, NZA 2008, 581 - Impact.
[45] EuGH 5.10.2004, NZA 2004, 1145 - Pfeifer.
[46] EuGH 4.12.1997, NZA 1998, 137 - Kampelmann.
[47] Vgl. z.B. BAG 23.3.2010, NZA 2010, 810, 818.
[48] EuGH 5.10.2004, NZA 2004, 1145 - Pfeifer; EuGH 7.6.2007, EuZW 2007, 545 - Carp.
[49] EuGH 26.9.1996, EuZW 1997, 318 - Arcaro; EuGH 24.1.2012, NZA 2012, 139 - Dominguez; BAG 16.10.2008, NZA 2009, 378, 384.
[50] EuGH 22.11.2004, NZA 2005, 1345 - Mangold.
[51] EuGH 19.1.2010, NZA 2010, 85 - Kücükdeveci.

**30** **(2) Richtlinienkonforme Auslegung.** Gesetze, die eine EU-Richtlinie in deutsches Recht umsetzen, müssen richtlinienkonform ausgelegt werden. Sie sind so zu interpretieren, dass die Ziele einer Richtlinie so effektiv wie möglich erreicht werden[52]. Dabei spielt es keine Rolle, ob das deutsche Gesetz vor oder nach Erlass einer Richtlinie erlassen wurde[53]; die Umsetzungsfrist muss aber bereits abgelaufen sein[54]. Die richtlinienkonforme Auslegung kann im Ergebnis sogar zulasten des Bürgers gehen[55]. Die Verpflichtung zur richtlinienkonformen Auslegung beruht unionsrechtlich auf Art. 4 Abs. 3 EUV und Art. 288 Abs. 3 AEUV, die von den Mitgliedstaaten geeignete Maßnahmen zur Erfüllung der Verträge und der auf sie gestützten Rechtsakte verlangen. Darüber hinaus besteht nach deutschem Recht die Vermutung, dass der Gesetzgeber seinen Normen einen mit den unionsrechtlichen Vorgaben konformen Inhalt geben will[56]. Wie die Richtlinien zu interpretieren sind, bestimmt europaeinheitlich der EuGH, den die deutschen Arbeitsgerichte in einem bei ihnen anhängigen Verfahren um Vorabentscheidung bitten können oder müssen (s. im einzelnen Art. 267 AEUV).

**31** Die richtlinienkonforme Auslegung darf allerdings **nicht „contra legem"** erfolgen[57]. Darunter versteht man normalerweise das Verbot, einer nach Wortlaut und Sinn eindeutigen Vorschrift eine entgegengesetzte oder grundlegend neue Bedeutung beizumessen[58]. Das BAG begreift das Verbot eher funktional und lässt eine richtlinienkonforme Auslegung sogar gegen den eindeutigen Wortlaut einer Vorschrift zu, wenn damit nicht der erkennbare Wille des Gesetzgebers missachtet wird[59]. Um einer Richtlinie Geltung zu verschaffen, ist auch eine **richtlinienkonforme Fortbildung deutschen Rechts zulässig**[60], etwa im Wege der **teleologischen Reduktion**.

**Beispiel:** Nach Ansicht des EuGH[61] verfällt der letztlich auf Art. 7 RL 2003/88 EG beruhende gesetzliche Mindesturlaub auch dann nicht, wenn ihn der Arbeitnehmer wegen krankheitsbedingter Arbeitsunfähigkeit nicht mehr im laufenden Kalenderjahr in Anspruch nehmen konnte. Nach deutschem Recht ist der gesetzliche Mindesturlaub jedoch strikt an das Kalenderjahr gebunden; § 7 Abs. 3 BUrlG lässt ihn spätestens am 31.3. des Folgejahrs entfallen. An sich verstößt diese Vorschrift gegen Art. 7 RL 2003/88 EG. Der in ihr enthaltene, zu weit geratene Ausschlusstatbestand lässt sich aber teleologisch reduzieren. Es liegt eine verdeckte Regelungslücke im Sinne einer planwidrigen Unvollständigkeit vor, weil der Gesetzgeber –

---

[52] EuGH 5.10.2004, NJW 2004, 3547 - Pfeifer; EuGH 4.7.2006, NJW 2006, 2465 - Adeneler; dazu instruktiv *Herresthal*, JuS 2014, 289.
[53] EuGH 13.11.1990, Slg. 1990, S. 4135 - Marleasing Rn. 8.
[54] EuGH 5.10.2004, NJW 2004, 3547 - Pfeifer; EuGH 4.7.2006, NJW 2006, 2465 - Adeneler.
[55] EuGH 5.10.2004, NJW 2004, 3547 - Pfeiffer; EuGH 15.1.2014, NZA 2014, 193 - GGT.
[56] *Jarass*, EuR 1991, 217; ErfK/*Wißmann*, Vorbem. AEUV Rn. 37.
[57] EuGH 24.1.2012, NZA 2012, 139 - Dominguez.
[58] BAG 18.2.2003, NZA 2003, 742.
[59] BAG 24.3.2009, NZA 2009, 539, 544.
[60] Das kann sogar *gegen* den ausdrücklich erklärten Willen des Gesetzgebers geschehen, wenn dieser der *irrigen* Ansicht war, eine richtlinienkonforme Vorschrift geschaffen zu haben, vgl. BGH 26.11.2008, NJW 2009, 427; BGH 21.11.2011, NJW 2012, 1073.
[61] EuGH 20.1.2009, NZA 2009, 135 - Schultz-Hoff; mittlerweile revidiert durch EuGH 22.11.2011, NZA 2011, 1333 - KHS: Urlaubsansprüche Langzeiterkrankter können nach 15 Monaten verfallen.

wie sich aus den Gesetzesmaterialien ergibt – den Fall einer krankheitsbedingten Arbeitsunfähigkeit nicht bedacht hatte. Nichts spricht gegen die Annahme, dass auch der deutsche Gesetzgeber einen Anspruch auf bezahlten Jahresurlaub aus Art. 7 RL 2003/88 EG jedem Arbeitnehmer unabhängig von seinem Gesundheitszustand gewähren wollte. Der Ausschlusstatbestand des § 7 Abs. 3 BUrlG kann deshalb für diese Fälle nicht gelten.

**Vertrauensschutz.** Ändert sich die Rechtsprechung von EuGH und BAG zur Auslegung von Richtlinien, dürfen die Bürger auf die bisherige Rechtslage vertrauen, wenn sich eine solche Änderung nicht im Rahmen der vorhersehbaren Entwicklung hält[62]. Höchstrichterliche Entscheidungen erzeugen zwar keine dem Gesetzesrecht vergleichbaren Rechtsbindungen, sondern stellen nur die Rechtslage in einem konkreten Fall fest; gleichwohl müssen die Gerichte bei einer Rechtsprechungsänderung einen Schutz vor Rückwirkung in Betracht ziehen[63]. Deshalb nehmen EuGH und BAG in ihren Urteilen regelmäßig auch zu der Frage Stellung, ob die neue Rechtslage erst mit Verkündung ihrer Entscheidung gilt[64] oder bereits früher, z.B. ab der Einleitung eines Vorabentscheidungsverfahrens[65]. Zur zeitlichen Begrenzung der Unanwendbarkeit einer gegen Primärrecht der EU verstoßenden nationalen Norm ist allein der EuGH zuständig. Hat der EuGH in einer die Unanwendbarkeit einer nationalen Norm aussprechenden Entscheidung die zeitliche Wirkung des Unanwendbarkeitsausspruchs nicht eingeschränkt, dürfen die nationalen Gerichte die mit dem Unionsrecht unvereinbare nationale Norm nicht zugunsten der auf ihre Gültigkeit vertrauenden Arbeitsvertragspartei anwenden[66].

31a

### d) Verfahren der Rechtsetzung

Um dem seit langem beklagten „demokratischen Defizit" der Gemeinschaft bzw. Union entgegenzuwirken – die maßgeblichen Rechtsakte der Gemeinschaft bzw. Union wurden nicht von einem durch direkte Wahlen legitimierten europäischen Gesetzgeber erlassen, sondern vom Rat, dessen Mitglieder von den Regierungen der Mitgliedstaaten entsandt wurden –, wurde 1992 für die Mehrzahl der Rechtsakte der Gemeinschaft das „Verfahren der Mitentscheidung" eingeführt, durch das das Letztentscheidungsrecht des Rates zugunsten eines echten Vetorechts des Europäischen Parlaments aufgegeben wurde. Im AEUV heißt dieses Verfahren jetzt „ordentliches Gesetzgebungsverfahren" (vgl. Art. 294 AEUV).

32

Das Initiativrecht zum Erlass arbeitsrechtlicher Verordnungen und Richtlinien liegt bei der Kommission (Art. 294 Abs. 2 AEUV). Vor der Unterbreitung von Vorschlägen im Bereich der Sozialpolitik, zu der nach unionsrechtlicher Terminologie auch das Arbeitsrecht gehört, hat sie die Sozialpartner zu der Frage anzuhören, wie eine Unionsaktion ggf. ausgerichtet sein sollte (Art. 154 Abs. 2 AEUV). Hält die Kommission eine Unionsmaßnahme für zweckmäßig, so hört sie die Sozialpartner zum Inhalt des in Aussicht genommenen Vorschlags an (Art. 154 Abs. 3 AEUV). Die Sozialpartner können dabei der Kommission mitteilen, dass sie das angestrebte Ziel selbst verfolgen wollen (Art. 154 Abs. 4 AEUV). Als Mittel kommen

33

---

[62] BAG 24.3.2009, NZA 2009, 548.
[63] BAG 23.3.2006, NZA 2006, 971; BAG 26.4.2006, NZA 2006, 1162.
[64] So im Fall Junk, BAG 23.3.2006, NZA 2006, 971, zur Massenentlassungsrichtlinie.
[65] So im Fall Schulz-Hoff, vgl. BAG 24.3.2009, NZA 2009, 548, 545 ff.
[66] BAG 26.4.2006, NZA 2006, 1162 – Mangold.

Tarifverträge auf der Ebene der Union in Betracht (Art. 155 Abs. 1 AEUV). Da dies den auf europäischer Ebene auftretenden Spitzenverbänden der Sozialpartner aus eigenem, mitgliedstaatlichem Recht im Regelfall nicht möglich ist, können sie gemeinsam einen Beschluss des Rates zur Durchführung eines auf Unionsebene abgeschlossenen Tarifvertrages beantragen (Art. 155 Abs. 2 AEUV). Das Verfahren nach Art. 155 AEUV darf nicht länger als 9 Monate dauern, es sei denn, die betroffenen Sozialpartner und die Kommission beschließen gemeinsam eine Verlängerung (Art. 154 Abs. 4 AEUV). Eine ohne die Anhörung der Sozialpartner erlassene Richtlinie ist rechtsfehlerhaft, aber wirksam.

### 3. Bundesrepublik Deutschland

#### a) Grundgesetz

34 **aa) Überblick.** Das Grundgesetz enthält im Gegensatz zur Weimarer Reichsverfassung (Art. 151 ff.) keinen eigenen Abschnitt über die Arbeits- und Wirtschaftsverfassung. Es beschränkt sich auf die Gewährung von Grundrechten (Art. 1-19 GG), auf die Festlegung des Sozialstaatsprinzips (Art. 20 Abs. 1, 28 GG) und auf staatsorganisatorische Bestimmungen (Art. 74 Abs. 12, 73 Abs. 8 GG). Diese Bestimmungen, „ohne die nach der Konzeption des Grundgesetzes ein Leben in menschlicher Würde nicht möglich wäre"[67], stecken den Rahmen für die Gestaltungsfreiheit des Gesetzgebers ab. Sie bilden die Grundlage für eine – in den Einzelheiten offene – soziale Marktwirtschaft[68].

35 **bb) Grundrechte.** Zentrales Grundrecht ist das Recht, Beruf, Arbeitsplatz und Ausbildungsstätte frei zu wählen (Art. 12 GG)[69]. Dieses Grundrecht schützt das Recht, eine selbständige oder unselbständige Tätigkeit aufzunehmen, d.h. die Gewerbefreiheit und die Freiheit, als Arbeitnehmer tätig zu sein, und es schützt die Arbeitsvertragsfreiheit, d.h. die Freiheit, Arbeitsverträge als Arbeitgeber oder Arbeitnehmer abzuschließen, sie inhaltlich nach eigenen Vorstellungen auszugestalten und wieder zu beenden[70]. Dagegen gibt Art. 12 GG weder einen Anspruch auf Bereitstellung eines Arbeitsplatzes noch eine Bestandsgarantie für den einmal gewählten Arbeitsplatz[71]. Eingriffe des Gesetzgebers in den Schutzbereich des Art. 12 GG müssen verhältnismäßig sein (Übermaßverbot). Zur Konkretisierung der Verhältnismäßigkeit kann man sich an der Dreistufenlehre des Bundesverfassungsgerichts[72] orientieren. Die Freiheit der Berufsausübung kann aus vernünftigen Erwägungen des Gemeinwohls beschränkt werden. Die Freiheit der Berufswahl, zu der auch die Wahl des Arbeitsplatzes gehört, darf nur eingeschränkt werden, soweit der Schutz besonders wichtiger Gemeinschaftsgüter es zwingend erfordert. Subjektive Voraussetzungen (insbesondere Vor- und Ausbildung) dürfen zu dem angestrebten Zweck der ordnungsgemäßen Erfüllung der Berufstätigkeit nicht außer Verhältnis stehen; objektive Voraussetzungen werden „im allgemeinen nur die Abwehr nachweisbarer

---

[67] BVerfGE 50, 290, 338.
[68] Vgl. MünchArbR/*Richardi*, § 6 Rn. 5, 14 ff.
[69] Sehr instruktiv zur Auslegung *Seewald*, NZS 1997, 345, 346 ff.
[70] *Boemke*, NZA 1993, 532 ff.; *Papier*, RdA 1989, 137, 139.
[71] BVerfG 27.1.1998, AP Nr. 17 zu § 23 KSchG 1969.
[72] BVerfGE 7, 377, 405 ff.

III. Rechtsquellen und Gestaltungsfaktoren des Arbeitsrechts     35

oder höchstwahrscheinlicher schwerer Gefahren für ein überragend wichtiges Gemeinschaftsgut rechtfertigen können"[73].

Art. 12 GG ist für den Arbeitsvertrag lex specialis zu Art. 2 Abs. 1 GG[74]. Art. 14 GG hat für das Arbeitsverhältnis Bedeutung durch die Gewährleistung des Rechts, das Eigentum privatnützig zu verwerten, und damit durch seine Auswirkung auf die Wirtschaftsverfassung[75]. Art. 12 GG wird ergänzt durch Art. 9 Abs. 3 GG, der „das Recht, zur Wahrung und Förderung der Arbeits- und Wirtschaftsbedingungen Vereinigungen zu bilden, für jedermann und für alle Berufe gewährleistet." Nach Auffassung des BVerfG ist damit nicht nur die individuelle Koalitionsfreiheit garantiert, d.h. das Recht des Einzelnen, eine Koalition zu gründen, ihr beizutreten, in ihr zu verbleiben, sich in ihr zu betätigen (positive Koalitionsfreiheit)[76] oder ihr fernzubleiben (negative Koalitionsfreiheit)[77], sondern auch die kollektive Koalitionsfreiheit, d.h. Bestand und Betätigung der Koalitionen[78].  35a

Schon seit längerem begreift man die Grundrechte nicht mehr allein in ihrer klassischen Funktion als Eingriffsabwehrrechte. Aus ihnen können sich auch Schutzpflichten ergeben, die es dem Staat gebieten, den Einzelnen davor zu bewahren, dass andere Privatpersonen seine grundrechtlich geschützten Rechtspositionen verletzen[79]. Zur wirksamen Erfüllung von Schutzpflichten muss der Staat ausreichende Maßnahmen normativer und tatsächlicher Art ergreifen, will er nicht gegen das „Untermaßverbot" verstoßen[80]. Da das nicht selten wiederum mit Grundrechtseingriffen verbunden ist, etwa durch eine Beschränkung der Vertragsfreiheit, stellt sich das Problem praktischer Konkordanz. Die kollidierenden Grundrechtspositionen sind in ihrer Wechselwirkung zu erfassen und so zu begrenzen, dass sie für alle Beteiligten möglichst weitgehend wirksam werden. Dabei kommt dem Gesetzgeber ein weiter Gestaltungsspielraum zu, der erst dann überschritten ist, wenn die Grundrechtsposition des einen der des anderen in einer Weise untergeordnet wird, dass angesichts von Bedeutung und Tragweite des „geopferten" Grundrechts nicht mehr von einem angemessenen Ausgleich die Rede sein kann[81].  36

Art. 12 GG und die übrigen Grundrechte binden Gesetzgebung, vollziehende Gewalt und Rechtsprechung (Art. 1 Abs. 3 GG). Das BAG hat darüber hinaus die Geltung einer ganzen Reihe von Grundrechten, vor allem der Art. 1 Abs. 1 GG, Art. 2 Abs. 1 GG, Art. 3 GG, Art. 4 Abs. 1 GG, Art. 5 Abs. 1 Satz 1 u. 2 GG, Art. 6 Abs. 1, 4, 5 GG, auch im Arbeitsverhältnis angenommen. Es hat damit nicht nur die Rechtsmacht des Arbeitgebers beschnitten, sondern es hat daraus für den Arbeitnehmer sogar positiv Rechte hergeleitet, wie etwa den Beschäftigungsanspruch[82].  37

---

[73] BVerfGE 7, 377, 405 ff.
[74] BVerfGE 77, 84, 118; 77, 308, 339; *Papier*, RdA 1989, 137, 138; *Söllner*, RdA 1989, 144, 149.
[75] BVerfGE 30, 292, 334 f.; 65, 237, 248; Maunz/Dürig/*Papier*, Art. 14 GG Rn. 228 ff.
[76] BVerfGE 19, 303, 312; 50, 290, 367; 51, 77, 87; 84, 212, 224; 93, 352, 357.
[77] BVerfGE 20, 312, 321 f.; 44, 352; 50, 290, 367; 55, 7, 21; 73, 261, 270.
[78] BVerfGE 4, 96, 101 f., 106; 17, 319, 333; 28, 295, 304; 50, 290, 367.
[79] BVerfGE 39, 1; 84, 133; 85, 360; 88, 203; 92, 140.
[80] BVerfGE 88, 203, 254.
[81] BVerfGE 81, 242, 255; 89, 214, 232 ff.; BVerfG, 27.1.1998, AP Nr. 17 zu § 23 KSchG 1969.
[82] BAG 10.11.1955, 13.9.1967, 19.8.1976, 26.5.1977, AP Nr. 2-5 zu § 611 BGB Beschäftigungsanspruch.

Diese „Lehre von der unmittelbaren Drittwirkung der Grundrechte" geht auf den ersten Präsidenten des BAG, *Hans Carl Nipperdey*, zurück, der sie mit der Funktion der Grundrechte als „Ordnungssätze und Grundsatznormen für die gesamte Rechtsordnung" erklärt hatte[83].

**37a** Für den Tarifvertrag folgerte das BAG die unmittelbare Geltung aus Art. 1 Abs. 3 GG, da Tarifverträge Gesetze im materiellen Sinne seien[84]. Inzwischen hat sich das BAG für Arbeitsverträge[85] und Betriebsvereinbarungen[86] der Ansicht des Bundesverfassungsgerichts von der mittelbaren Drittwirkung der Grundrechte angeschlossen; für Tarifverträge sind die Senate unterschiedlicher Meinung[87]. Auch das BVerfG geht davon aus, dass das Grundgesetz in seinem Grundrechtsabschnitt – früher sagte es: „eine objektive Wertordnung"[88], heute: – „Elemente einer objektiven Ordnung"[89] aufgerichtet hat, die als verfassungsrechtliche Grundentscheidung für alle Bereiche des Rechts Geltung hätten und damit auch das Privatrecht beeinflussten. Diese Ordnung entfalte sich über „die wertausfüllungsfähigen und wertausfüllungsbedürftigen Begriffe und Klauseln des Privatrechts" (sog. Lehre von der mittelbaren Drittwirkung, Begründer *Günter Dürig*[90]), d.h. vor allem bei der Vertragskontrolle nach §§ 138, 242, 307 Abs. 1 BGB und bei der Ermessenskontrolle im Rahmen des § 315 BGB.

**38** **cc) Das Sozialstaatsprinzip** als Staatszielbestimmung[91] stellt dem Gesetzgeber die Aufgabe, im Rahmen einer gerechten Sozialordnung[92] das Arbeitsrecht den Anforderungen der Zeit entsprechend zu gestalten[93], wobei ihm ein weiter Spielraum zukommt[94]. Das Sozialstaatsprinzip enthält keine Ermächtigung für den Richter, Gesetze wegen Verstoßes gegen Art. 20 Abs. 1 GG zu verwerfen oder neue Ansprüche zu schaffen. Seine Bedeutung für die Rechtsfindung liegt darin, dass es bei der Auslegung von Generalklauseln, bei mehreren möglichen Auslegungen (verfassungskonforme Auslegung) und bei der Schließung von Gesetzeslücken zu berücksichtigen ist[95].

---

[83] *Enneccerus/Nipperdey*, AT des Bürgerlichen Rechts, 15. Aufl. 1959, S. 93.
[84] BAG 15.1.1955, AP Nr. 4 zu Art. 3 GG.
[85] BAG GS 27.2.1985, AP Nr. 14 zu § 611 BGB Beschäftigungspflicht.
[86] BAG GS 7.11.1989, AP Nr. 46 zu § 77 BetrVG 1972.
[87] BAG 3. Senat, 4.4.2000, RdA 2001, 110 ff: unmittelbare Bindung; 4. Senat 30.8.2000, DB 2001, 885: keine Bindung; 7. Senat. 25.2.1998, 11.3.1998, AP Nr. 11, 12 zu § 1 TVG Tarifverträge Luftfahrt: keine unmittelbare Bindung, sondern Prüfung am einfachen Recht und Prüfung dieses Rechts auf Grundrechtskonformität; dazu *Dietrich*, RdA 2001, 112 ff.
[88] BVerfGE 7, 198, 205.
[89] BVerfGE 50, 290, 337; 73, 261, 269; 81, 242, 254.
[90] *Dürig*, FS H. Nawiasky, 1956, S. 157 ff; Maunz/Dürig/*Herdegen*, Art. 1 Abs. 3 GG Rn. 59 ff.
[91] MünchArbR/*Richardi*, § 6 Rn. 7.
[92] BVerfGE 69, 272, 314.
[93] Moll/*Moll/Altenburg*, MAH Arbeitsrecht, § 1 Rn. 14.
[94] BVerfGE 5, 85, 198; 59, 231, 263.
[95] *Waltermann*, Arbeitsrecht, § 6 Rn. 91.

III. Rechtsquellen und Gestaltungsfaktoren des Arbeitsrechts 37

**dd) Kompetenznormen.** Das „Arbeitsrecht einschließlich der Betriebsverfassung, 39 des Arbeitsschutzes „... gehört zu dem Bereich der konkurrierenden Gesetzgebung (Art. 74 Abs. 12 GG i.V.m. Art. 72 Abs. 1, 2 GG), in dem der Bund das an keine weiteren Voraussetzungen gebundene Gesetzgebungsrecht hat[96]. Die Länder haben die Befugnis zur Gesetzgebung im Arbeitsrecht nur, solange und soweit der Bund von seinem Gesetzgebungsrecht keinen Gebrauch macht.

## b) Gesetze

**aa) Kein Arbeitsgesetzbuch.** Die Zahl der arbeitsrechtlichen (Bundes-) Gesetze ist 40 Legion. Trotz dreier Anläufe (1923, 1938, 1977)[97] ist es nicht gelungen, ein Arbeitsgesetzbuch zu schaffen. Auch der Auftrag des Einigungsvertrags, „das Arbeitsvertragsrecht ... möglichst bald neu zu kodifizieren" (Art. 30 Abs. 1 Abs. 1 EV), harrt noch der Erledigung. Keinen Erfolg hatte der Entwurf eines ArbVG 92 von Professoren aus Ost und West[98], den der 59. Deutsche Juristentag 1992 als Grundlage für ein Arbeitsvertragsgesetz empfohlen hatte[99] und den die Länder Sachsen[100] und Brandenburg[101] mit leichten Modifikationen in den Bundesrat eingebracht hatten. Dasselbe gilt für den Entwurf, den *Henssler* und *Preis* im Auftrag der Bertelsmann Stiftung erstellt haben[102].

**bb) BGB.** Kernstück des Arbeitsrechts ist deshalb nach wie vor das BGB. Der 41 Dienstvertrag umfasst sowohl den Vertrag der Selbständigen – der Ärzte, Anwälte, Steuerberater, Dienstleistungsunternehmen (Bewachung, Beratung usw.), aber auch der Vorstandsmitglieder und Geschäftsführer von juristischen Personen – als auch den Vertrag der Unselbständigen, d.h. der abhängig Tätigen, und das sind die Arbeitnehmer (vgl. §§ 621 f. BGB).

Das Dienstvertragsrecht bestand ursprünglich aus ganzen 20 Paragrafen; auch heute sind es 42 nur drei mehr. Das hat zwei Gründe. Zum einen liegt das an der „Klammermethode" des BGB. Die Vorschriften über den Dienstvertrag als Teil des Besonderen Schuldrechts sind durch die Bestimmungen des Allgemeinen Teils und des Allgemeinen Teils des Schuldrechts zu ergänzen. Da die allgemeinen Vorschriften bekanntlich im wesentlichen aus dem Kaufrecht abstrahiert wurden, enthält das Dienstvertragsrecht im Ergebnis nur die Abweichungen davon.

---

[96] *Löwisch*, Arbeitsrecht, Rn. 98.
[97] Abgedr. bei *Ramm* (Hg.), Entwürfe zu einem Deutschen Arbeitsvertragsgesetz, 1992.
[98] Arbeitsvertragsgesetz (ArbVG 92), Gutachten D zum 59. DJT, 1992.
[99] Verhandlungen des 59. DJT (1992), Bd. II, P 201.
[100] Entwurf eines ArbVG des Freistaats Sachsen, BR-Drs. 293/95.
[101] Entwurf eines G zur Bereinigung des Arbeitsrechts des Landes Brandenburg, BR-Drucks. 671/96.
[102] Abgedr. in NZA Beilage 1/2007.

**43 Beispiele:** § 326 Abs. 1 Satz 1 BGB aus dem Recht des gegenseitigen (Schuld-)Vertrags bei Bummelei des Arbeitnehmers, § 311 Abs. 1 BGB aus dem Recht des (Schuld-)Vertrags für die gerade bei Dauerschuldverhältnissen häufigen Anpassungen „im gegenseitigen Einvernehmen", § 241 Abs. 2 BGB aus dem Recht des Schuldverhältnisses für die früher und bisweilen noch heute sogenannte Treue- und Fürsorgepflicht, § 151 BGB aus dem Vertragsrecht für die Annahme eines Angebots auf Gehaltserhöhung; § 130 BGB aus dem Recht der Willenserklärung für den Zugang der Kündigung; § 119 BGB aus dem Recht des Rechtsgeschäfts für die Anfechtung des Arbeitsvertrags, § 113 BGB für die (partielle) Geschäftsfähigkeit.

**44** Zum anderen ging das BGB nach dem Vorbild des Sächsischen BGB von 1863[103] und des Dresdner Entwurfs zum Obligationenrecht von 1866[104] von der Weitergeltung der – teilweise partikularen – Sondergesetze über Dienstverhältnisse – Gewerbeordnung, HGB, Gesindeordnungen, Berggesetze usw. – aus und beschränkte sich auf die für alle Dienstverhältnisse für geeignet gehaltenen Grundsätze[105]. Die meisten Vorschriften des Dienstvertragsrechts gelten sowohl für freie (selbständige) Dienstverträge als auch für Arbeitsverträge, einige aber nur oder doch typischerweise für den einen oder den anderen Typus.

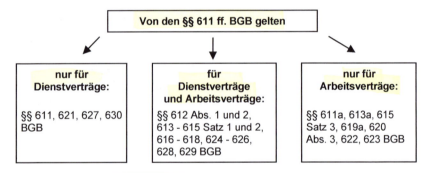

**45 cc) Handelsgesetzbuch/Gewerbeordnung.** Von den arbeitsrechtlichen Gesetzen aus der Zeit vor Inkrafttreten des BGB sind noch zwei in Kraft: die Gewerbeordnung, die 1869 als Gewerbeordnung des Norddeutschen Bundes auf der Grundlage der Preußischen Gewerbeordnung von 1845 entstanden war[106] und das HGB von 1897, das auf das ADHGB (des Deutschen Bundes) von 1861 zurückgeht[107]. Das HGB gilt für die Handlungsgehilfen (§§ 59 ff. HGB) – das sind die kaufmännischen Angestellten einschließlich der Büroangestellten im Handel –, die Gewerbeordnung galt bis 2003 für die Arbeiter und technischen Angestellten im Gewerbe (§§ 105 ff., 133e, 133g GewO) sowie für die Handlungsgehilfen, soweit das HGB keine Rege-

---

[103] Bürgerliches Gesetzbuch für das Königreich Sachsen vom 2.1.1863, in Kraft getreten am 1.3.1865.
[104] Entw. eines f.d.dt. Bundesstaaten gemeinsamen Gesetzes über Schuldverhältnisse von 1866.
[105] *Struckmann*, Kommissar des Bundesrats, in: Beratung des Entwurfs des BGB, S. 326; zum landesrechtlichen Gesinderecht vgl. Art 95 EGBGB.
[106] I.d.F.v. 1.1.1987, BGBl. I S. 425.
[107] V. 10.5.1897, RGBl. S. 219.

lung enthielt (§ 154 Abs. 1 Abs. 2 GewO). Seit 2002 enthält die GewO einige arbeitsrechtliche Normen, die für alle Arbeitnehmer gelten, gleichgültig, ob sie im Gewerbe beschäftigt sind oder nicht (§ 6 Abs. 2 GewO).

Von den ursprünglichen Regelungen ist nicht viel übriggeblieben. Das HGB enthält vor allem noch Vorschriften über die Provision (§§ 65, 87 ff. HGB) und über das Wettbewerbsverbot (§§ 60 f., 74 ff. HGB). In der Gewerbeordnung finden sich vor allem Vorschriften zur Vertragsfreiheit, zum Weisungsrecht und zum Zeugnisrecht aller Arbeitnehmer sowie zum Wettbewerbsrecht der Arbeitnehmer, die nicht Handlungsgehilfen sind (§§ 105 ff. GewO). **46**

**dd) Anknüpfung an den Status.** Beseitigt wurde auch ein weiteres Einteilungsmerkmal, nämlich das nach dem Status als Arbeiter oder Angestellter. Das letzte Sondergesetz für Arbeiter, das Lohnfortzahlungsgesetz im Krankheitsfall, ist im Entgeltfortzahlungsgesetz aufgegangen. Einige wenige Sondervorschriften gibt es für leitende Angestellte, die der Gesetzgeber als Untergruppe der Angestellten betrachtet: vor allem im Kündigungsschutzgesetz (§ 14 Abs. 2 KSchG), im Arbeitszeitgesetz (§ 18 Abs. 1 Abs. 1 ArbZG) und in den Mitbestimmungsgesetzen (§§ 5 Abs. 3, 4, 105, 107 BetrVG, SprAuG, § 3 Abs. 1 Abs. 2 MitbestG). **47**

**ee) Gesetze für besondere Sachgebiete und für besonders schutzbedürftige Arbeitnehmer.** Heute schafft der Gesetzgeber im allgemeinen Regelungen für alle Arbeitnehmer. Dabei arbeitet er mit zwei Kriterien. Er erlässt Gesetze für besondere Sachgebiete und Gesetze für besonders schutzbedürftige Arbeitnehmer. Zur ersten Gruppe gehören etwa das Entgeltfortzahlungsgesetz und das Kündigungsschutzgesetz, zur zweiten das Mutterschutzgesetz und das Jugendarbeitsschutzgesetz. **48**

**ff) Suche nach der richtigen Gesetzesvorschrift.** Bei der Vielzahl von Gesetzen und Einteilungskriterien stellt sich die Frage, wie man die richtige Vorschrift findet. Dabei kann man folgendermaßen prüfen: **49**

1. Ist der Dienstverpflichtete Arbeitnehmer?
2. Ist der Arbeitnehmer „normaler" Arbeitnehmer oder leitender Angestellter?
3. Gibt es eine einschlägige Norm im Bürgerlichen Gesetzbuch (BGB),
4. im Handelsgesetzbuch (HGB) oder in der Gewerbeordnung (GewO),
5. in einem der Gesetze über einzelne Sachgebiete:
   Nachweisgesetz (NachwG)
   Allgemeines Gleichbehandlungsgesetz (AGG)
   Teilzeit- und Befristungsgesetz (TzBfG)
   Altersteilzeitgesetz (AltersteilzeitG)
   Entgeltfortzahlungsgesetz (EfzG)
   Bundesurlaubsgesetz (BUrlG)
   Kündigungsschutzgesetz (KSchG)
   Gesetz zur Verbesserung der betrieblichen Altersversorgung (BetrAVG)
   Arbeitsschutzgesetz (ArbSchG)
   Arbeitssicherheitsgesetz (ASiG)
   Arbeitszeitgesetz (ArbZG)
6. in einem der Gesetze für besonders geschützte Arbeitnehmer
   Arbeitsplatzschutzgesetz (ArbPlSchG)
   Mutterschutzgesetz (MuSchG)
   Bundeselterngeld- und Elternzeitgesetz (BEEG)
   Jugendarbeitsschutzgesetz (JArbSchG)
   SGB IX (Schwerbehindertenrecht)
   Arbeitnehmerüberlassungsgesetz (AÜG)
   Berufsbildungsgesetz (BBiG)?

50 **gg) Beispiel für das Zusammenspiel der Gesetze:** Vorarbeiter Hammer, der zu 60 % schwerbehindert ist, hat über Ostern zwei Wochen Urlaub genommen. Er möchte wissen, wie viel Urlaub ihm nach dem Gesetz noch bis zum Jahresende zusteht. In § 3 Abs. 1 BUrlG heißt es: „Der Urlaub beträgt jährlich mindestens 24 Werktage." In § 208 SGB IX heißt es: „Schwerbehinderte Menschen haben Anspruch auf einen bezahlten zusätzlichen Urlaub von fünf Arbeitstagen im Urlaubsjahr ...".

**Lösung:** Hammer hat nach dem Bundesurlaubsgesetz Anspruch auf mindestens 24 Werktage Urlaub. Hinzu kommt der Zusatzurlaub für Schwerbehinderte von fünf Arbeitstagen. Als Werktage gelten alle Kalendertage, die nicht Sonn- oder gesetzliche Feiertage sind (§ 3 Abs. 2 BUrlG), als Arbeitstage die Tage, an denen der Arbeitnehmer nach seinem Vertrag zu arbeiten hat. Bei der Fünf-Tage-Woche entsprechen sechs Werktage fünf Arbeitstagen. Demnach hat Hammer Anspruch auf fünf Wochen Urlaub. Nach dem Gesetz stehen ihm also weitere drei Wochen zu. Mit der Klärung der Gesetzeslage ist der Fall meistens noch nicht gelöst. Häufig enthalten Tarifvertrag, Betriebsvereinbarung und/oder Arbeitsvertrag ergänzende oder abweichende Bestimmungen. Es ist dann zu prüfen, wie diese sich zu den gesetzlichen Regelungen verhalten. S. dazu die Fortsetzung des Beispiels unten bei Rn. 75.

### c) Verordnungen

51 Verordnungen gibt es im Arbeitsrecht vor allem zum technischen Arbeitsschutz, etwa die Arbeitsstättenverordnung. Von Bedeutung sind auch die Wahlordnungen zum Betriebsverfassungsgesetz und zu den Mitbestimmungsgesetzen.

## 4. Bundesländer

Die Länder haben im Bereich des Arbeitsrechts die Gesetzgebungsbefugnis nur, "solange und soweit der Bund von seinem Gesetzgebungsrecht keinen Gebrauch macht" (Art. 72 Abs. 1 GG). Landesgesetzliche Regelungen spielen im Arbeitsrecht keine große Rolle. Erwähnenswert sind außer den Vorschriften zur Arbeit in den meisten Landesverfassungen[108] lediglich die Gesetze über den Bildungsurlaub in allen Bundesländern bis auf Bayern und Sachsen[109]. Mittelbare Bedeutung kommt darüber hinaus den Feiertagsregelungen der Länder zu[110].

52

## 5. Gewerkschaften und Tarifvertrag

### a) Funktion der Gewerkschaften

Zweite Schutzmacht der Arbeitnehmer neben und nach dem Gesetzgeber sind die Gewerkschaften. Sie sind sozusagen die kollektive Selbsthilfeorganisation zur Schaffung und Wahrung angemessener Arbeitsbedingungen. Ihre Hauptfunktion ist das Aushandeln des „gerechten" Lohns, das in einer Marktwirtschaft den Teilnehmern am Markt selbst zukommt, die Verbesserung und Verfeinerung gesetzlicher Mindeststandards und die Anpassung gesetzlicher Regelungen an die Bedürfnisse der Branche und der Unternehmen. Zu diesem Zweck hat der Gesetzgeber eine Reihe von Regelungen tarifdispositiv gestaltet, d.h. er gestattet eine Abweichung zugunsten und zulasten der Arbeitnehmer durch Tarifvertrag (z.B. § 622 Abs. 4 Satz 1 BGB, § 4 Abs. 4 Satz 1 EfzG, § 13 Abs. 1 Satz 1 BUrlG, §§ 7, 12 ArbZG). Regelungsmittel ist der Tarifvertrag, Mittel, angemessene Tarifbedingungen zu erreichen, der Arbeitskampf. Gegenspieler und Vertragspartner der Gewerkschaften sind die Arbeitgeber und die Arbeitgeberverbände, zu denen sich die Arbeitgeber zusammengeschlossen haben, um ihrerseits das durch den Zusammenschluss der Arbeitnehmer in Gewerkschaften gestörte Gleichgewicht wiederherzustellen.

53

### b) Begriff und Wirkung des Tarifvertrags

Der Tarifvertrag ist der schriftliche Vertrag zwischen einem oder mehreren Arbeitgebern oder Arbeitgeberverbänden und einer oder mehreren Gewerkschaften zur Regelung von arbeitsrechtlichen Rechten und Pflichten der Tarifvertragsparteien und zur Festsetzung von Rechtsnormen über Inhalt, Abschluss und Beendigung von Arbeitsverhältnissen sowie über betriebliche und betriebsverfassungsrechtliche Fragen und gemeinsame Einrichtungen der Vertragsparteien (vgl. §§ 1, 2 Abs. 1, 4 Abs. 2 TVG)[111]. Die Normen, die das Arbeitsverhältnis betreffen, gelten unmittelbar und zwingend zwischen den beiderseits Tarifgebundenen, d.h. dem Arbeitgeber,

54

---

[108] Die einschlägigen Vorschriften finden sich in der Textsammlung Nipperdey I, Arbeitsrecht.
[109] Wortlaut bei Nipperdey I, Arbeitsrecht, Rn. 137a ff.
[110] Zusammenstellung bei *Marschner*, AR-Blattei (SD) Feiertage, Rn. 6 ff.; Gesetze abgedr. bei Nipperdey I, Arbeitsrecht, Rn. 253 ff.
[111] *Hueck/Nipperdey*, Arbeitsrecht II/1, S. 207 f.

der den Tarifvertrag abgeschlossen hat oder der dem tarifschließenden Arbeitgeberverband angehört, und dem Arbeitnehmer, der Mitglied der tarifschließenden Gewerkschaft ist (§ 4 Abs. 1 i.V.m. § 3 Abs. 1 TVG).

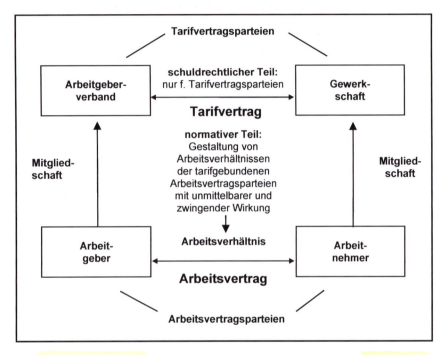

55  Die fehlende Tarifbindung einer oder beider Parteien kann durch Allgemeinverbindlicherklärung eines Tarifvertrags durch den Bundesminister für Arbeit und Soziales (oder den zuständigen Landesarbeitsminister, § 5 TVG) oder durch eine Rechtsverordnung nach § 7 AEntG überwunden werden. Der Arbeitgeber ist ohne Allgemeinverbindlicherklärung nicht verpflichtet, gewerkschaftlich nicht organisierte Arbeitnehmer mit gewerkschaftlich organisierten gleichzubehandeln[112]. Eine Gleichbehandlung kann aber vereinbart werden, und sie wird – durch Bezugnahme auf den Tarifvertrag – häufig vereinbart. Die Tarifregelungen gelten dann zwar nicht kraft Tarifrechts, wohl aber kraft Vertragsrechts. Die Einzelheiten gehören in das Tarifvertragsrecht (s. Arbeitsrecht Band 2, § 13).

### c) Tarifvertrag und Tarifpolitik

56  Kernstück tarifvertraglicher Regelungen ist das Entgelt, d.h. – aus Arbeitnehmersicht – die Gegenleistung. Der Tarifvertrag kann darüber hinaus grundsätzlich alles regeln, was durch Arbeitsvertrag geregelt werden kann[113]. Ausgenommen ist die Hauptleistung des Arbeitnehmers, die Tätigkeit. Dazu gehört auch die Arbeitszeit;

---

[112] BAG 20.7.1960, AP Nr. 7 zu § 4 TVG.
[113] BAG 22.5.1985, AP Nr. 6 und 7 zu § 1 TVG Tarifverträge: Bundesbahn; BAG 9.4.1991, AP Nr. 1 zu § 77 BetrVG 1972 Tarifvorbehalt.

III. Rechtsquellen und Gestaltungsfaktoren des Arbeitsrechts

sie bestimmt den Umfang der Arbeit („zeitbestimmt"). Der Tarifvertrag soll gestörte Vertragsfreiheit wiederherstellen, nicht die Vertragsfreiheit aufheben oder beschränken[114]. Was die Tarifpartner im einzelnen regeln, liegt bei ihnen. Die Tarifpolitik ist unterschiedlich von Branche zu Branche, und sie hängt natürlich von den wirtschaftlichen und gesellschaftlichen Rahmenbedingungen und damit letztlich auch vom Zeitgeist ab[115]. In der Metallindustrie mit ihren vielen sehr heterogenen Unternehmen beispielsweise sind umfassende Regelwerke üblich, während die chemische Industrie mit relativ wenigen, großen und – zumindest in der Vergangenheit – gut verdienenden Unternehmen Wert legt auf Raum für die betriebliche Sozialpolitik.

## 6. Mitbestimmung

### a) Organe

Drittes Schutzmittel der Arbeitnehmer ist die Mitbestimmung durch gewählte Vertreter in den Organen größerer Kapitalgesellschaften (sog. Mitbestimmung im Unternehmen) und durch Belegschaftsvertretungen (sog. Mitbestimmung im Betrieb): Betriebsräte für die (nicht leitenden) Arbeitnehmer und Sprecherausschüsse für die leitenden Angestellten in der Privatwirtschaft, Personalräte und Richterräte im öffentlichen Dienst. Während die Arbeitnehmervertreter im Aufsichtsrat an der Willensbildung dieser Gremien mitwirken, der Arbeitsdirektor die Belange der Belegschaft in die Willensbildung des Vertretungsorgans einbringen soll, tragen die Belegschaftsvertretungen die Vorstellungen und Wünsche der Arbeitnehmer von außen an die Unternehmens- und Behördenleitungen heran.

57

Der Gesetzgeber hat den Belegschaftsvertretungen abgestufte Beteiligungsrechte in wirtschaftlichen (§§ 106 ff. BetrVG), technisch-organisatorischen (§§ 90 f. BetrVG), personellen (§§ 92 ff. BetrVG) und sozialen (§§ 87 ff. BetrVG) Angelegenheiten gegeben: von der Unterrichtung über Anhörung und Beratung bis hin zu Vetorechten und echter Mitentscheidung.

58

### b) Ausübung der Mitbestimmung

Die Mitbestimmung wird ausgeübt durch Zustimmung (vgl. §§ 99 Abs. 1 Satz 1, 102 Abs. 6 BetrVG), Regelungsabreden oder Betriebsvereinbarungen (§ 77 BetrVG), bei leitenden Angestellten durch (Sprecher-)Vereinbarungen und Richtlinien (§ 28 SprAuG). Die Zustimmung ist ein einseitiges Rechtsgeschäft, die Regelungsabrede (Betriebsabsprache), (Betriebs- und Sprecher)Vereinbarungen sind Verträge zwischen Arbeitgeber und Betriebsrat/Sprecherausschuss. Während die Regelungsabrede nur inter partes, d.h. schuldrechtlich wirkt, sind Betriebs- und Sprechervereinbarungen ebenso wie der Tarifvertrag Normenverträge. Die Vorschriften, die das Arbeitsverhältnis betreffen, gelten unmittelbar (und zwingend) für den Arbeitgeber und die Arbeitnehmer – bei der Betriebsvereinbarung: für alle Arbeitnehmer mit

59

---

[114] *Hromadka*, DB 1992, 1042, 1047 m.w.N.; a.A. BAG 17.6.1997, DB 1998, 86.
[115] Eine Übersicht über die Tarifentwicklung findet sich im WSI-Tarifarchiv der Hans-Böckler-Stiftung, die jährlich ein statistisches Taschenbuch herausgibt, das online bezogen werden kann.

Ausnahme der leitenden Angestellten (§ 77 Abs. 4 Satz 1 BetrVG), bei einer Sprechervereinbarung: für die leitenden Angestellten (§ 28 Abs. 2 Satz 1 SprAuG) –, die in den Geltungsbereich der Vereinbarung fallen. Gleichgültig ist, ob sie gewerkschaftlich organisiert sind oder nicht. Auch die Normen von Betriebs- und Sprechervereinbarungen können durch Arbeitsvertrag auf die jeweils andere Gruppe ausgedehnt werden.

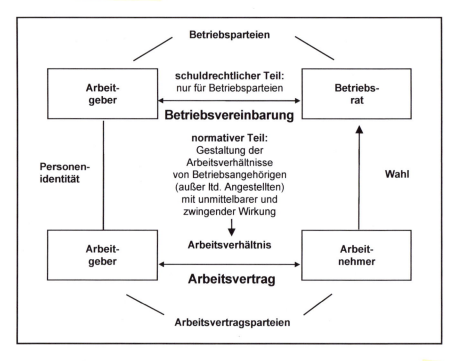

60  Betriebsvereinbarungen regeln hauptsächlich zwei große Bereiche: Fragen der betrieblichen Ordnung und Sozialleistungen. Betriebsvereinbarungen sind das typische und klassische Instrument zur Wahrnehmung der Mitbestimmung.

61  Während Betriebsvereinbarungen darüber entscheiden, ob Arbeitnehmer einen Anspruch haben oder zu einem Verhalten verpflichtet sind, bestimmt sich die Frage, ob der Arbeitgeber allein handeln darf oder ob er den Betriebsrat oder den Sprecherausschuss zu beteiligen hat, nach dem Betriebsverfassungsgesetz und dem Sprecherausschussgesetz. Es genügt nicht, dass der Arbeitgeber die Betriebsvereinbarungen beachtet; er muss im Rahmen des Betriebsverfassungsrechts auch die zuständige Belegschaftsvertretung beteiligen. Insofern hat das Betriebsverfassungsrecht (und das Personalvertretungsrecht) eine andere Struktur als das Tarifrecht.

## 7. Das Zusammenspiel der Regelungsinstrumente

### a) Überblick

Außer der Fülle von Bestimmungen ist es das Neben- und Miteinander dieser Schutzeinrichtungen, die das Arbeitsrecht für den Außenstehenden schwierig macht. Normalerweise hat man es nur mit zwei Rechtsquellen, Gesetz und Vertrag, zu tun. Im Arbeitsrecht gibt es deren vier: zusätzlich zu Gesetz und Vertrag den Tarifvertrag und die Betriebsvereinbarung; hinzu kommt die Mitbestimmung. Alles in allem handelt es sich aber um ein – jedenfalls in den Grundzügen – sinnvoll aufeinander abgestimmtes System, das dem Arbeitnehmer größtmöglichen Schutz bei größtmöglicher Rücksicht auf die Erfordernisse des Arbeitgebers und damit auf die Bedürfnisse der Wirtschaft und des öffentlichen Dienstes und letztlich der Allgemeinheit gewährt.

Grundsatz ist auch im Arbeitsrecht die Vertragsfreiheit in den beiden Formen der Abschluss- und der Inhaltsfreiheit. Die Besonderheit im Arbeitsrecht besteht darin, dass es zum Schutz des – vermutet – schwächeren Arbeitnehmers mehr Vorschriften gibt und dass von diesen mehr zwingend sind als in anderen Rechtsgebieten, und zwar in aller Regel einseitig zwingend zugunsten des Arbeitnehmers. Der Tarifvertrag stockt auf diesen Mindeststandard auf und differenziert dabei im allgemeinen nach Branchen, in geringerem Umfang auch nach Unternehmen („Haustarifvertrag"). Besonderheiten der Betriebe (und Unternehmen) tragen Betriebs- und Sprechervereinbarungen Rechnung. Während Tarifverträge erkämpft werden können, gilt für die Betriebspartner die Friedenspflicht (§ 74 Abs. 2 Satz 1 BetrVG); im Streitfall entscheidet eine Schlichtungsstelle, die sog. Einigungsstelle (§ 76 BetrVG). Damit scheiden Arbeitskämpfe um betriebliche Arbeitsbedingungen aus; die unmittelbare Konfrontation von Arbeitgeber und Belegschaft und deren Repräsentanten wird vermieden.

### b) Rechtsquellenlehre

Die Frage, was gilt, wenn zwei oder mehr Rechtsquellen – Gesetz, Tarifvertrag, Betriebsvereinbarung, Arbeitsvertrag – dieselbe Angelegenheit regeln, ist Gegenstand der sog. Rechtsquellenlehre.

Nach deren Grundsätzen entscheidet sich beispielsweise im obigen Fall, wie viel Urlaub Hammer zusteht, wenn sein – uralter – Arbeitsvertrag 20 Werktage vorsieht, der einschlägige Tarifvertrag sechs Wochen und eine Betriebsvereinbarung bei zehnjähriger Betriebszugehörigkeit einen und bei 25jähriger Betriebszugehörigkeit zwei Arbeitstage.

Die Rechtsquellenlehre gehört zu den schwierigsten und umstrittensten Materien im Arbeitsrecht. Sie geht von zwei Grundregeln aus:

67 **aa) Rangprinzip.** Die Rechtsquelle, die aufgrund ihres Zustandekommens die größere Richtigkeitsgewähr und damit den größeren Schutz bietet, hat gegenüber der jeweils schwächeren sozusagen die Kompetenzkompetenz. Sie bestimmt, ob eine schwächere Rechtsquelle geschaffen werden kann und wenn ja, mit welchem Inhalt. Das ergibt folgende Rangordnung:

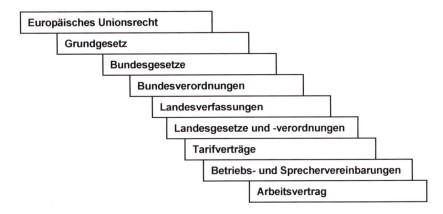

68 Da die Rechtsquellen dem Schutz des Arbeitnehmers dienen, kann die jeweils rangniedere Rechtsquelle grundsätzlich zu seinen Gunsten von der ranghöheren abweichen (sog. Günstigkeitsprinzip)[116], und da die jeweils ranghöheren (= stärkeren) „Schutzmächte" die Kompetenzkompetenz haben, können sie dem rangniederen Rechtsetzer Abweichungen zuungunsten des Arbeitnehmers gestatten (sog. Öffnungsklausel)[117]. Beim Gesetzesrecht pflegt man diese Erscheinung mit einem anderen Namen zu bezeichnen: Gesetze, von denen Tarifverträge, Betriebsvereinbarungen und Arbeitsverträge zugunsten und zuungunsten der Arbeitnehmer abweichen können, sind dispositiv. Offen ist, inwieweit durch Allgemeine Arbeitsbedingungen abgewichen werden kann; auch dispositive Normen haben häufig einen beträchtlichen Gerechtigkeitsgehalt (vgl. §§ 615 f. BGB)[118]. Von manchen Bestimmungen[119] und von manchem Richterrecht[120] kann zuungunsten der Arbeitnehmer durch Tarifvertrag abgewichen werden; dieses Recht ist tarifdispositiv. Betriebsvereinbarungsdispositive Gesetze gibt es zurzeit nicht.

---

[116] Für den Tarifvertrag § 4 Abs. 5 TVG; für die Betriebsvereinbarung BAG GS 16.9.1986, AP Nr. 17 zu § 77 BetrVG 1972; für die Sprechervereinbarung § 28 Abs. 2 Satz 2 SprAuG.
[117] Für den Tarifvertrag § 4 Abs. 3 TVG; für die Betriebsvereinbarung vgl. *Fitting*, § 77 BetrVG Rn. 117; für die Sprechervereinbarung vgl. § 28 Abs. 2 S. 1 SprAuG.
[118] Vgl. *Preis*, Vertragsgestaltung im Arbeitsrecht, 1993, S. 303 f.; *M. Wolf*, RdA 1988, 270, 274.
[119] § 622 Abs. 4 BGB, § 13 Abs. 1 BUrlG, § 17 Abs. 3 BetrAVG, §§ 13 Abs. 4, 14 Abs. 2 S. 3 TzBfG, § 3 Abs. 4 EfzG, §§ 7, 12 ArbZG, § 21a JArbSchG, § 6 Abs. 3 Abs. 2 FahrpersonalVO, §§ 100a, 104, 140 SeemG, § 1 Abs. 1 und 3 AÜG, §§ 48 Abs. 2, 101 Abs. 1, 2 ArbGG.
[120] Vgl. *Löwisch/Rieble*, § 1 TVG Rn. 952 f. Zur Zulässigkeit tarifdispositiven Rechts *Hromadka*, in: FS Kissel, 1994, S. 417, 418 ff.

## III. Rechtsquellen und Gestaltungsfaktoren des Arbeitsrechts

Das Verhältnis zwischen Tarifvertrag auf der einen und Betriebsvereinbarung/Sprechervereinbarung und Arbeitsvertrag auf der anderen Seite ist schwerer zu bestimmen. „Arbeitsentgelte und sonstige Arbeitsbedingungen, die tariflich geregelt sind, können nicht Gegenstand einer Betriebsvereinbarung sein, sofern der Tarifvertrag das nicht ausdrücklich zulässt" (§ 77 Abs. 3 BetrVG). Das Günstigkeitsprinzip gilt insoweit nicht. Damit soll die Tarifautonomie geschützt werden – genauer: die Gewerkschaften gegen die Betriebsräte, die besonders nach dem 1. Weltkrieg eine Konkurrenz zu werden drohten –, indem den Betriebsräten die wichtigste Selbstdarstellungsmöglichkeit genommen wird[121]. Im Verhältnis des Tarifvertrags zum Arbeitsvertrag bleibt es beim Günstigkeitsprinzip. Letzteres gilt auch für das Verhältnis von Betriebsvereinbarung und Sprechervereinbarung zum Arbeitsvertrag. Bei Sozialleistungen nimmt die Rechtsprechung allerdings unter bestimmten Voraussetzungen einen kollektiven Günstigkeitsvergleich vor[122]. **69**

**bb) Zeitkollisionsregel.** Folgen mehrere gleichartige Rechtsquellen zeitlich aufeinander, so ist durch Auslegung zu ermitteln, ob sie nebeneinander gelten oder einander ablösen sollen. In der Regel wird die Ablösung gewollt sein („lex posterior derogat legi priori"). Die Zeitkollisionsregel wird vielfach auch als Ordnungsprinzip bezeichnet. **70**

### c) Rechtsfindung bei mehreren Rechtsquellen

Die Suche nach der einschlägigen Vorschrift ist also mit dem Auffinden der Gesetzesbestimmung nicht zu Ende. Es ist weiter zu prüfen, ob Vorschriften im Tarifvertrag, in einer Betriebs- oder Sprechervereinbarung oder im Arbeitsvertrag in Betracht kommen. Dabei ist zunächst zu fragen, ob die Vorschrift auf den konkreten Fall überhaupt anwendbar ist, sodann, wie sie sich zu eventuellen anderen einschlägigen Vorschriften in anderen Rechtsquellen verhält: **71**

**aa) Tarifvertrag**

1. Gibt es für den Betrieb, in dem der Arbeitnehmer arbeitet, einen Tarifvertrag, d.h. hat der Unternehmer für den Betrieb einen Tarifvertrag abgeschlossen oder ist er Mitglied eines Arbeitgeberverbandes, der einen Tarifvertrag abgeschlossen hat, in dessen räumlichen und fachlichen Geltungsbereich der Betrieb fällt? Wenn nein, ist der Tarifvertrag für allgemeinverbindlich erklärt (§ 5 TVG) oder gibt es eine Rechtsverordnung nach § 7 AEntG? **72**
2. Ist der Arbeitnehmer Mitglied der tarifschließenden Gewerkschaft? Wenn nein, ist der Tarifvertrag für allgemeinverbindlich erklärt, oder nimmt der Arbeitsvertrag die tarifvertraglichen Regelungen in Bezug?
3. Gilt der Tarifvertrag für die Arbeitnehmergruppe, der der Arbeitnehmer angehört (persönlicher Geltungsbereich)?
4. Enthält der Tarifvertrag einschlägige Regelungen?

---

[121] Hromadka, DB 1987, 1991, 1993 m.w.N.; a.A. Ehmann/Schmidt, NZA 1995, 193 ff.
[122] BAG GS 16.9.1986, AP Nr. 17 zu § 77 BetrVG; dazu Hromadka, NZA 1987, Beil. 3, S. 2, 4 ff.

5. Sind sie günstiger als die gesetzlichen Regelungen, oder enthält das Gesetz eine Öffnungsklausel? (Diese Frage prüfen bereits die Tarifvertragsparteien; sie wird sich also in der Praxis nur stellen, wenn das Gesetz nach Abschluss des Tarifvertrags geändert wurde.)

**73 bb) Betriebsvereinbarung/Sprechervereinbarung**
1. Wird der Arbeitnehmer vom Betriebsrat vertreten, d.h. ist er kein leitender Angestellter?
2. Wird der Arbeitnehmer vom Sprecherausschuss vertreten, d.h. ist er leitender Angestellter?
3. Enthält eine Betriebsvereinbarung oder eine Sprechervereinbarung einschlägige Regelungen?
4. Sind sie günstiger als die gesetzlichen Regelungen?
5. Falls der Tarifvertrag einschlägige Regelungen enthält: Hat er eine Öffnungsklausel? (Fragen 3 und 4 prüfen bereits die Betriebspartner. Mitunter setzen sie sich aber über § 77 Abs. 3 BetrVG hinweg).

**74 cc) Arbeitsvertrag.** Enthält der Arbeitsvertrag eine Regelung, und ist sie gegebenenfalls günstiger als die nach Gesetz und/oder Tarifvertrag und/oder Betriebsvereinbarung bzw. Sprechervereinbarung?

**75 Beispielsfall** (Lösung von oben Rn. 65): Kraft Gesetzes hat Hammer einen Erholungsurlaub von mindestens 20 Arbeitstagen und einen Zusatzurlaub für Schwerbehinderte von fünf Arbeitstagen (s. oben Rn. 50). Von dieser Regelung kann zugunsten des Arbeitnehmers abgewichen werden („... mindestens ..."). Das ist durch den Tarifvertrag geschehen. Die 24 Werktage wurden auf sechs Wochen aufgestockt. Der Zusatzurlaub für Schwerbehinderte wird dadurch nicht berührt. Das folgt daraus, dass sich der Tarifvertrag nur mit dem allgemeinen Urlaubsanspruch befasst; eine „Urlaubsnivellierung" durch „Aufsaugung" des Zusatzurlaubs ist nicht beabsichtigt. Die Betriebsvereinbarung über den Zusatzurlaub bei längerer Dienstzeit ist wirksam. Zwar ist der Urlaub im Tarifvertrag geregelt, und man könnte meinen, dass eine Betriebsvereinbarung damit nach § 77 Abs. 3 BetrVG „gesperrt" sei. Nach der Rechtsprechung bleiben Vereinbarungen über die Materie jedoch zulässig, wenn an andere tatbestandliche Voraussetzungen angeknüpft wird[123]. Sonst könnte es beispielsweise keine Betriebsvereinbarungen über Gratifikationen geben, denn das laufende Entgelt ist im Tarifvertrag geregelt, und alles, was der Arbeitgeber als Gegenleistung für die Arbeit gewährt, ist Entgelt. Hier dient der tarifliche Urlaub ganz allgemein der Erholung, der Zusatzurlaub nach einer bestimmten Betriebszugehörigkeit zumindest auch der Entlohnung für „treue Dienste". Damit knüpft er an andere Voraussetzungen an, und die Betriebsvereinbarung ist gültig. Dem Urlaubsanspruch von 30 + 5 Arbeitstagen ist also ein weiterer Urlaubstag hinzuzurechnen. Die ungünstigere Regelung im Arbeitsvertrag steht dem nicht entgegen. Sie wird durch die günstigeren Regelungen in Gesetz, Tarifvertrag und Betriebsvereinbarung verdrängt. Hammer hat also Anspruch auf 36 Arbeitstage Urlaub.

---

[123] BAG 24.3.1992, BB 1992, 2074.

## d) Bedeutung der Rechtsquellen in der Praxis

In der Praxis spielt der Tarifvertrag die Hauptrolle. Er enthält im allgemeinen die konkreten Arbeitsbedingungen. Vielfach werden in Tarifverträgen auch wichtige Gesetzesbestimmungen, etwa die Kündigungsfristen, mit abgedruckt, so dass Führungskräfte und Betriebsräte sich ohne Rückgriff auf Gesetze aus dem Tarifvertrag über die wichtigsten Rechtsfragen des Betriebsalltags informieren können. 76

Betriebsvereinbarungen betreffen, wie gesagt, zumeist Sozialleistungen und Ordnungsfragen. Eine große Rolle bis in die jüngste Vergangenheit hat die Arbeitsordnung gespielt, die zusammenfassend Verhalten und einen Teil der Arbeitsbedingungen geregelt hat[124]. Gesetzgebung und Rechtsprechung haben sie weithin überholt und damit entwertet. Nicht ganz selten werden Betriebsvereinbarungen trotz der Regelungssperre des § 77 Abs. 3 BetrVG auch über tariflich geregelte Fragen abgeschlossen; das Anliegen des Gesetzes – Schutz der Tarifautonomie – ist den Betriebspartnern nicht ohne weiteres zu vermitteln. Im Streitfall stellen sich dann schwierige Rechtsfragen[125]. 77

Der Arbeitsvertrag hat vor allem Bedeutung hinsichtlich der essentialia negotii, wobei die Vergütungsvereinbarung zumeist schon im nächsten Jahr überholt ist und bezüglich der Arbeitszeit häufig auf die betriebsübliche oder auf die tarifliche verwiesen wird, außerdem wegen einiger Sondervereinbarungen, die mit zunehmender Hierarchie umfangreicher werden, und wegen der Bezugnahme auf den Tarifvertrag. Gerichte und Praxis beschäftigen vor allem zwei Rechtsprobleme: die Inhaltskontrolle und die Anpassung an die weitere Entwicklung. Bei einer Vielzahl betrieblicher Entscheidungen sind Beteiligungsrechte mitzubedenken, von der Einstellung von Mitarbeitern über die Gestaltung von Arbeitsplätzen, die Anordnung von Überstunden und die Änderung von Entgeltsystemen bis hin zu Betriebsänderungen. Unterbleibt die Einschaltung der Belegschaftsvertretung, so drohen Unterlassungsklage[126], Geldbuße[127] und unter Umständen die Unwirksamkeit der individualrechtlichen Maßnahme[128]. 78

## 8. Weitere Rechtsquellen?

### a) Gesamtzusage

Unter einer Gesamtzusage versteht man das in allgemeiner Form gehaltene Versprechen des Arbeitgebers an alle Arbeitnehmer des Betriebs oder doch an eine nach abstrakten Merkmalen umschriebene Gruppe, bestimmte Leistungen zu gewähren 79

---

[124] Dazu *Hromadka*, ZfA 1979, 203.
[125] Vgl. BAG 23.8.1989, AP Nr. 42 zu § 77 BetrVG m. Anm. *Hromadka*; 24.1.1996, AP Nr. 8 zu § 77 BetrVG Tarifvorbehalt.
[126] BAG 3.5.1994, NZA 1995, 40.
[127] § 121 BetrVG; § 36 SprAuG.
[128] Theorie der Wirksamkeitsvoraussetzung, dazu zuletzt BAG 22.6.2010, NZA 2010, 1243.

(s. im einzelnen § 5 Rn. 199 f.). Diese Zusage sollte nach einer – allerdings vereinzelt gebliebenen – Entscheidung des BAG eine Bindung des Arbeitgebers bewirken[129]. Nach dem Gesetz zur Ordnung der nationalen Arbeit konnte der Arbeitgeber tatsächlich Betriebsordnungen mit normativer Kraft erlassen[130]. Diese Rechtslage ist überholt. An die Stelle der einseitig erlassenen Betriebsordnung ist wieder der Arbeitsvertrag getreten. Die gewünschte Bindung lässt sich ohne weiteres rechtsgeschäftlich erreichen[131]. Eine eigene Rechtsquelle ist die Gesamtzusage somit nicht. Leider wird der Ausdruck Gesamtzusage sowohl für eine normativ wirkende Zusage an die Belegschaft als auch für ein rechtsgeschäftliches Angebot, das nach § 151 BGB angenommen wird, verwendet[132]. Aus den Umständen ist zu erschließen, ob das eine oder das andere gemeint ist.

### b) Betriebliche Übung

80  Seit Ende der 20er Jahre des 20. Jh.[133] geht die Rechtsprechung davon aus, dass Ansprüche aus betrieblicher Übung entstehen können. Voraussetzung sei ein wiederholtes, vorbehaltloses, gleichförmiges Verhalten des Arbeitgebers, aus der die Arbeitnehmer schließen könnten, dass der Arbeitgeber sich binden wolle[134]. Bei Gratifikationen, d.h. freiwilligen Leistungen, zu denen der Arbeitgeber nicht schon aufgrund einer anderen Rechtsquelle verpflichtet ist, lässt die Rechtsprechung eine dreimalige Gewährung genügen[135]. Im übrigen nimmt sie eine Würdigung der Gesamtumstände vor: Bei materiellen Leistungen entsteht ein Anspruch eher als bei immateriellen, bei höheren Leistungen schneller als bei geringeren, in der Privatwirtschaft eher als im öffentlichen Dienst[136]. Zu den Einzelheiten s. § 5 Rn. 180 ff.

### c) Allgemeiner Gleichbehandlungsgrundsatz

81  Zu einer Quasi-Rechtsquelle hat die Rechtsprechung auch den allgemeinen Gleichbehandlungsgrundsatz gemacht. Dem Arbeitgeber ist es verwehrt, bei der Aufstellung einer allgemeinen Regel oder ihrem Vollzug[137] nach sachwidrigen Kriterien Gruppen zu bilden oder einzelne Arbeitnehmer ohne rechtfertigenden Grund schlechter zu behandeln als andere; Besserstellungen sind zulässig[138].

---

[129] BAG 12.3.1963, AP Nr. 90 zu § 242 BGB Ruhegehalt im Anschluss an *Hilger*, Das Betriebliche Ruhegehalt, 1959, S. 51 ff., 70.
[130] § 26 AOG v. 20.1.1934, RGBl. I S. 45. Die Betriebsordnungen galten als autonome Satzungen, vgl. *Hueck/Nipperdey/Dietz*, AOG, 4. Aufl. 1943, § 26 Rn. 36.
[131] BAG 20.8.2014, NZA 2014, 1333.
[132] BAG 23.9.2009, AP Nr. 36 zu § 157 BGB m.w.N.
[133] RAG 15.6.1929, RAGE 4, 65, 66.
[134] St. Rspr., vgl. BAG 24.3.2010, AP Nr. 90 zu § 242 BGB Betriebliche Übung.
[135] BAG 18.3.2009, NZA 2009, 601.
[136] S. im einzelnen *Seitz*, Wann entsteht eine betriebliche Übung?, Diss. Mannheim 2009.
[137] BAG 12.10.2011, NZA 2012, 680; BAG 14.12.2011, NZA 2012, 618.
[138] BAG 12.6.1996, NZA 1997, 191; BAG 17.3.2010, NZA 2010, 696.

Der Sache nach nimmt die Rechtsprechung damit eine Inhaltskontrolle vor, die in mancher **82** Hinsicht über die §§ 307 ff. BGB hinausgeht: Kontrolliert werden auch Hauptleistungen, und es werden nicht nur unangemessene Klauseln für unwirksam erklärt, sondern auch und gerade dann Ansprüche geschaffen, wenn die Parteien nichts vereinbart haben. Mit Hilfe des Gleichbehandlungsgrundsatzes hat das BAG in großem Ausmaß betriebliche Leistungen umverteilt: von Männern auf Frauen, von Angestellten auf Arbeiter und von Vollzeitbeschäftigten auf Teilzeitkräfte. Da der Grundsatz der Vertragsfreiheit Vorrang vor dem Grundsatz der Gleichbehandlung hat, können Arbeitgeber und Arbeitnehmer für konkrete Fälle eine Ungleichbehandlung vereinbaren[139]. Zu Einzelheiten s. § 7 Rn. 160 ff.

In der Klausur empfiehlt es sich, als Anspruchsgrundlage den Arbeitsvertrag **83** (§ 611a BGB) in Verbindung mit dem Gleichbehandlungsgrundsatz zu nennen. Einer rechtlichen Begründung bedarf der Gleichbehandlungsgrundsatz heute nicht mehr. Zu prüfen ist er aufgrund seiner Subsidiarität aber nur, wenn nicht schon ein Anspruch auf einer anderen Rechtsgrundlage festgestellt werden kann.

### d) Weisungsrecht

Im Arbeitsvertrag sagt der Arbeitnehmer dem Arbeitgeber zu, ihm durch mehr oder **84** minder genau umrissene Dienste zu helfen. Damit erkennt er zugleich das Recht des Arbeitgebers an, das Unternehmen zu organisieren und zu leiten, und er überträgt ihm die Befugnis, die Arbeitsleistung zu konkretisieren[140]. Die Konkretisierung geschieht durch Weisungen[141]. Das Recht, Weisungen zu erteilen, ist das Weisungsrecht (§ 611a Abs. 1 S. 2 BGB, § 106 GewO). Hält es sich im Rahmen der Vereinbarungen, wird es als allgemeines Weisungsrecht bezeichnet; erweitert es die Befugnisse des Arbeitgebers, spricht man von einem „erweiterten Weisungsrecht"[142]. Die Dienstpflicht hat der Arbeitnehmer mit dem (selbständigen) Dienstverpflichteten gemeinsam, die Einräumung des Weisungsrechts an den Arbeitgeber macht ihn zum Arbeitnehmer. Das Weisungsrecht wird teilweise als eigene Rechtsquelle angesehen[143]. Der Sache nach ist es ein Leistungsbestimmungsrecht. Zu Einzelheiten s. § 6 Rn. 6 ff.

---

[139] BAG 4.5.1962, 17.3.2010, AP Nr. 32, 211 zu § 242 BGB Gleichbehandlung.
[140] *Maschmann*, Arbeitsverträge und Verträge mit Selbständigen, S. 171 ff.
[141] BAG 27.3.1980, 29.8.1991, 23.1.1992, 19.4.2007, AP Nr. 38, 39, 42, 77 zu § 611 BGB Direktionsrecht.
[142] *Hromadka*, DB 1995, 1609; vgl. auch BAG 19.4.2007, AP Nr. 77 zu § 611 BGB Direktionsrecht.
[143] *Adomeit*, Rechtsquellenfragen im Arbeitsrecht, S. 70 f.

# § 3 Arbeitnehmer und Arbeitgeber

## I. Arbeitnehmer und arbeitnehmerähnliche Personen

### 1. Arbeitnehmer

Arbeitnehmer ist, wer im Dienste eines anderen – des Arbeitgebers – zur Leistung weisungsgebundener, fremdbestimmter Arbeit in persönlicher Abhängigkeit (§ 611a Abs. 1 S. 1 BGB) verpflichtet ist[1]. Der **EuGH** umschreibt den Arbeitnehmer – inhaltlich übereinstimmend – als eine Person, die „während einer bestimmten Zeit für eine andere nach deren Weisung Leistungen erbringt, für die sie als Gegenleistung eine Vergütung erhält." Wer diese Voraussetzungen erfüllt, soll Arbeitnehmer sein, auch wenn sein Vertrag nach nationalem Recht kein Arbeitsvertrag ist, wie im allgemeinen bei Fremdgeschäftsführern einer GmbH[2]. Das gilt allerdings nur, wenn europäisches Recht nicht auf den Arbeitnehmerbegriff des nationalen Rechts verweist.

1

Keine Arbeitnehmer sind sog. **Ein-Euro-Jobber.** Arbeitsgelegenheiten zur Praxiserprobung nach § 16d Abs. 1 Satz 1 SGB II oder mit Mehraufwandsentschädigung nach § 16d Abs. 7 Satz 1 SGB II begründen von Rechtssätzen des öffentlichen Rechts geprägte Rechtsverhältnisse und keine Arbeitsverhältnisse § 16d Abs. 7 Satz 2 SGB II[3]. Kein Arbeitsverhältnis wird auch durch die Ausübung unentgeltlicher ehrenamtlicher Tätigkeit begründet[4].

1a

Die Arbeitnehmereigenschaft ist kein Status, der einem Menschen ein für alle Mal anhaftet. Der Begriff des Arbeitnehmers ist vom Arbeitsvertrag her zu bestimmen, genau wie der des Käufers vom Kaufvertrag her (s. § 1 Rn. 21 ff.). Wenn die Gesetze an den Begriff des Arbeitnehmers anknüpfen, dann geschieht das aus rechtstechnischen Gründen, nämlich zur Vereinfachung. Der Gesetzgeber müsste sonst beispielsweise statt: „Jeder Arbeitnehmer hat in jedem Kalenderjahr Anspruch auf bezahlten Erholungsurlaub" (§ 1 BUrlG) sagen: „Wer im Dienste eines anderen zur Leistung weisungsgebundener, fremdbestimmter Arbeit in persönlicher Abhängigkeit verpflichtet ist, hat in jedem Kalenderjahr Anspruch auf bezahlten Erholungsurlaub". Das würde die Verständlichkeit nicht eben fördern.

2

---

[1] So schon bisher die st. Rspr., s. nur BAG 25.9.2013, NZA 2013, 1348. Zum Begriff des Beschäftigten *Richardi*, NZA 2010, 1101.
[2] EuGH 11.11.2010, NZA 2011, 143 – Danosa; EuGH 19.7.2017, NZA 2017, 1247 – Abercrombie & Fitch.
[3] BAG 7.12.2006, NZA 2007, 1422, 1423; BAG 19.3.2008, NZA 2008, 760.
[4] BAG 29.8.2012, NZA 2012, 1433.

© Springer-Verlag Berlin Heidelberg 2018
W. Hromadka, F. Maschmann, *Arbeitsrecht Band 1*, Springer-Lehrbuch,
https://doi.org/10.1007/978-3-662-56490-5_3

## 2. Gesetzliche Gliederung der Arbeitnehmer

### a) Übersicht

**3** Arbeitsrechtliche Vorschriften umschreiben Arbeitnehmer, wenn überhaupt, schlicht als Arbeiter und Angestellte (z.B. § 2 Satz 1 BUrlG, § 2 Abs. 2 ArbZG, § 1 Abs. 2 EfzG, § 5 Abs. 1 BetrVG). Einige Gesetze enthalten Sonderregelungen für die leitenden Angestellten. Die Unterscheidung Arbeiter/Angestellte ist die historisch ältere; sie ist seit 2005 überholt. Die – politisch umstrittene – Unterscheidung nach leitenden und nicht leitenden Angestellten hat weder im Recht noch in der Praxis die Bedeutung, wie sie die zwischen Arbeitern und Angestellten einmal gehabt hat.

**4** Beiden Unterscheidungen ist gemeinsam, dass sie je zu ihrer Zeit den Unterschied zwischen „oben" und „unten" in den Betrieben widerspiegeln. Bei den Angestellten war das sehr deutlich in der Umschreibung des BGB, das Sondervorschriften schuf für die „mit festen Bezügen zur Leistung von Diensten höherer Art Angestellten[5]", bei den leitenden Angestellten ergibt es sich unmittelbar aus dem Begriff (§ 5 Abs. 3, 2 BetrVG). Zu Angestellten waren – grob gesagt – die geworden, die im 19. Jahrhundert bei ihrer Arbeit schreiben und rechnen können mussten. Das waren die Angehörigen des Bürgertums und des Kleinbürgertums. Schreiben und Rechnen war bis weit in das Jahrhundert hinein eine rare Kunst. Das Ziel des preußischen Volksschulgesetzes von 1717 lautete noch: Lesen, ein Anfang im Schreiben, die vier Grundrechenarten und die Hauptstücke des Katechismus. Wer mehr Bildung wollte, musste dafür teuer bezahlen. Angehörige des „Arbeiterstandes" konnten das nicht. Die Grundlage für das Monopol des Bürgertums und für die Gleichsetzung von Schreibarbeit und höherer Tätigkeit musste mit der Verbreitung der Volksbildung brüchig werden. Ihre Funktion als Oberschicht der Arbeitnehmer büßten die Angestellten spätestens in dem Augenblick ein, als es den Angestelltenverbänden gelang, alle mit kaufmännischen und Bürotätigkeiten Beschäftigten in die Angestelltenversicherung einzubeziehen[6]. Dennoch erhielt sich das Gruppenbewusstsein und ist bis heute nicht ganz erloschen. Da die Angestelltentätigkeiten nicht mehr generell über den Arbeitertätigkeiten lagen, musste ein neues einigendes Band gefunden werden, und das fand man in der geistigen Tätigkeit, als welche man die Schreibarbeit deutete. Die Geringschätzung der körperlichen Arbeit seit der Antike[7] erhielt überdies die Einschätzung nach „oben" und „unten" lebendig. Seit 1986 gibt es mehr Arbeitnehmer mit Angestellten- als mit Arbeitertätigkeiten[8]:

| Jahr | 1960 | 1970 | 1980 | 1990 | 2000 | 2009 | 2016 |
|---|---|---|---|---|---|---|---|
| Angestellte | 22,6 % | 29,6 % | 37,2 % | 43,3 % | 46,6 % | 57,0 % | 62,5 % |
| Arbeiter | 50,2 % | 47,4 % | 42,3 % | 37,4 % | 40,5 % | 26,1 % | 18,5 % |

Damit wurde die rechtliche Besserstellung unhaltbar. Nur eine Minderheit kann Privilegien genießen, nicht die Mehrheit.

---

[5] § 622 BGB i.d.F. v. 18.8.1896.
[6] Vgl. § 1 Abs. 2 AVG v. 20.12.1911.
[7] Dazu *Hromadka*, in: Beschäftigung als Kernproblem in Gegenwart und Zukunft – Lösungsansätze in Staat und Wirtschaft (Hg. der Rektor der Universität Passau), 1995, S. 13.
[8] Stat. Bundesamt, Fachserie 1 Reihe 4.1, 2016, Bevölkerung und Erwerbstätigkeit 2016, S. 18.

Die Organisationen der leitenden Angestellten setzten der Unterscheidung nach geistiger und körperlicher Tätigkeit bereits 1919[9] die in ausführende und führende Tätigkeit gegenüber:

| Arbeiter | Angestellte | leitende Angestellte |
|---|---|---|
| körperlich | geistig | |
| ausführend | | führend |

Sie sahen sich als die neue Oberschicht der Arbeitnehmer, als Funktionselite oder, wie sie später sagten, als Faktor Disposition neben den Faktoren Kapital und Arbeit, wobei sie unter Disposition die eigentlich unternehmerische Tätigkeit verstanden.

### b) Angestellte/Arbeiter

Die Abgrenzung der Angestellten von den Arbeitern setzte bei den Angestellten an. Die Angestellten waren es, die sich von den Arbeitern abzuheben wünschten. Im Kampf um eine eigene, gegenüber den Arbeitern bessere Sozialversicherung konstituierten sie sich als Gruppe. Das Angestelltenversicherungsgesetz (AVG) von 1911, das ihre Wünsche erfüllte, brachte die erste und einzige gesetzliche Umschreibung (§ 1 Abs. 2 AVG, später § 133 Abs. 2 SGB VI).

Das BAG stellte auf die Verkehrsanschauung ab[10]. Danach war Angestellter, wer eine Tätigkeit überwiegend geistiger, Arbeiter, wer eine Tätigkeit überwiegend körperlicher Art verrichtete. Dabei half die Kontrollüberlegung, ob die Tätigkeit im 19. Jahrhundert, d.h. vor Arbeitsteilung und Automatisierung, mit Schreibarbeit verbunden war oder nicht. Für das staatliche Arbeitsrecht ist die Unterscheidung seit 2005 obsolet. Sie spielt nur noch bei einigen Tarifverträgen eine Rolle.

### c) Leitende Angestellte

Zur Definition der leitenden Angestellten gibt es zwei Ansätze. Der eine geht von der geringeren Schutzbedürftigkeit der leitenden Angestellten aus und führt zur Herausnahme aus Schutzgesetzen. Hier kann der Gesetzgeber einfach am Gehalt ansetzen. Diesen Ansatz hat er um die Wende vom 19. zum 20. Jahrhundert verfolgt[11], später aber wieder aufgegeben. Der zweite hat seinen Ursprung im Betriebsverfassungsrecht. Er geht von der Funktion aus. Leitende Angestellte haben zum Betriebsrat weder aktives noch passives Wahlrecht. Der Arbeitgeber soll nicht durch seine Vertrauten den Betriebsrat beherrschen, und umgekehrt soll ihm eine Mannschaft bleiben, damit er das Unternehmen „ohne Gegnerschaft im eigenen Lager" leiten kann[12]. Darauf baut der heutige Begriff des leitenden Angestellten auf. Im Laufe der Zeit hat er manche Brüche und Verwerfungen erfahren.

---

[9] *Hromadka*, Das Recht der leitenden Angestellten, 1979, S. 129.
[10] BAG 4.8.1993, NZA 1994, 39, 40 f.
[11] Vgl. insbes. *Hromadka*, Das Recht der leitenden Angestellten, 1979, S. 101 ff.
[12] *Hromadka*, BB 1990, 57, 58.

15 Definiert sind die leitenden Angestellten jetzt in § 5 Abs. 3 Satz 2 BetrVG. Leitender Angestellter ist, wer nach Arbeitsvertrag und Stellung im Unternehmen oder im Betrieb

- zur selbständigen Einstellung und Entlassung von im Betrieb oder in der Betriebsabteilung beschäftigten Arbeitnehmern berechtigt ist (Nr. 1) oder
- Generalvollmacht oder Prokura hat und die Prokura auch im Verhältnis zum Arbeitgeber nicht unbedeutend ist (Nr. 2) oder
- regelmäßig sonstige Aufgaben wahrnimmt, die für den Bestand und die Entwicklung des Unternehmens oder eines Betriebs von Bedeutung sind und deren Erfüllung besondere Erfahrungen und Kenntnisse voraussetzt, wenn er dabei entweder die Entscheidungen im wesentlichen frei von Weisungen trifft oder sie maßgeblich beeinflusst; dies kann auch bei Vorgaben insbesondere aufgrund von Rechtsvorschriften, Plänen oder Richtlinien sowie bei Zusammenarbeit mit anderen leitenden Angestellten gegeben sein (Nr. 3).

16 Die Definition versteht man am besten, wenn man ihre Entstehungsgeschichte nachverfolgt. 1920 erhielten die Betriebsräte Beteiligungsrechte in personellen, sozialen und wirtschaftlichen Angelegenheiten. Personelle Angelegenheiten meinte im wesentlichen Abschluss und Beendigung von Arbeitsverträgen, soziale Angelegenheiten die Festlegung der Arbeitsbedingungen und wirtschaftliche Angelegenheiten die unternehmerischen Entscheidungen. Aus der Betriebsverfassung herausgenommen werden sollten die Vertrauten des Arbeitgebers/Unternehmers, d.h. seine Vertreter. Diese Arbeitgebervertreter – soweit die personellen und sozialen Angelegenheiten und damit die Arbeitsverträge betroffen waren – und Unternehmervertreter – soweit es um wirtschaftliche Angelegenheiten und d.h. um unternehmerische Entscheidungen ging – galt es zu definieren. Der Gesetzgeber umriss die Arbeitgebervertretung mit Einstellungs- und Entlassungsbefugnis und die Unternehmervertretung mit Prokura und Generalvollmacht (gemeint war: Generalhandlungsvollmacht).

| personelle Angelegenheiten | Arbeitgebervertreter | Einstellungs- und Entlassungsbefugnis |
|---|---|---|
| soziale Angelegenheiten | | |
| wirtschaftliche Angelegenheiten | Unternehmervertreter | Prokura und Generalvollmacht |

1952, als das Betriebsverfassungsgesetz beraten wurde, war die Einstellung der Arbeitnehmer weitgehend bei der Personalabteilung zentralisiert worden, und die Vollmachten hatten vor allem in den neu hinzugekommenen oder ausgebauten Bereichen, insbesondere in Forschung und Entwicklung, viel von ihrer Bedeutung verloren. Viele Angestellte nahmen unternehmerisch gleich wichtige Aufgaben wahr wie Bevollmächtigte. Überdies hatte die Zahl der Handlungsbevollmächtigten beträchtlich zugenommen. Der Gesetzgeber drehte deshalb den Wortlaut der Nr. 2 um (Generalvollmacht und Prokura statt Prokura und Generalvollmacht) und setzte damit die (wenigen) Generalbevollmächtigten an die Stelle der Generalhandlungsbevollmächtigten. Zugleich nahm er eine neue Gruppe auf, die Unternehmervertreter im funktionalen Sinne. Zur Definition dieser Gruppe, die sich als Oberschicht der Arbeitnehmer sah, benutzte der Gesetzgeber vier der fünf wesentlichen Kriterien, nach der sich in einer Leistungsgesellschaft eine Schicht definiert (vgl. § 4 II c BetrVG 1952), und teilweise finden sich diese Merkmale heute noch in § 5 Abs. 3, 4 BetrVG: 17

| Leistung | Aufgaben, die für Bestand und Entwicklung des Unternehmens oder eines Betriebs von Bedeutung sind |
|---|---|
| Berufsbildung | besondere Erfahrungen und Kenntnisse |
| Einkommen | Jahresentgelt, das für leitende Angestellte üblich ist; Jahresentgelt, das das Dreifache der Bezugsgröße nach § 18 SGB IV überschreitet |
| Macht | gehört einer Leitungsebene an, auf der in dem Unternehmen überwiegend leitende Angestellte vertreten sind. |

Nicht in die Definition aufgenommen hat der Gesetzgeber das Ansehen; die Rechtsprechung hat das Prestige aber teilweise als Indiz verwendet. Hineinverwoben in die Definition hat der Gesetzgeber das Merkmal der Weisung, das bekanntlich den in persönlicher Abhängigkeit Dienste Leistenden zum Arbeitnehmer macht. Auch der leitende Angestellte ist als Arbeitnehmer weisungsabhängig, aber er ist doch dem Selbständigen näher: Tatsächlich trifft er seine Entscheidungen im wesentlichen frei von Weisungen, oder er beeinflusst sie maßgeblich. Die Auslegung hat trotz der Bemühungen des Gesetzgebers zu vielen Schwierigkeiten geführt. Eine Schicht kann man nicht definieren, sondern nur typisieren. Die Praxis hat sich weitgehend durch einvernehmliche Regelungen (Absprachen zwischen Arbeitgeber, Betriebsrat und Sprecherausschuss) geholfen. 18

Im einzelnen gilt: Leitender Angestellter ist, wer bei **eigenem Entscheidungsspielraum** an der **Unternehmensleitung** teilhat[13]. Er muss nach seinem Arbeitsvertrag berechtigt sein, diese Funktion wahrzunehmen, und er muss sie tatsächlich ausüben. 19

---

[13] *Hromadka*, BB 1990, 57, 58; Begr. BT-Drs. 11/2503, S. 30.

20 **Einstellungs- und Entlassungsberechtigung** nach Nr. 1 hat, wer intern die Entscheidung über die Einstellung von Bewerbern trifft und wer den Arbeitsvertrag und die Kündigung oder den Aufhebungsvertrag mit unterzeichnen darf. Es schadet nicht, dass andere Stellen, etwa die Personalabteilung, beratend mitwirken und mit unterschreiben. Die dem Angestellten unterstellten Mitarbeiter müssen ein für das Unternehmen bedeutsames Aufgabengebiet betreuen. Die unternehmerische Bedeutung kann sich aus der Zahl der Arbeitnehmer ergeben, auf die sich die Einstellungs- und Entlassungsbefugnis bezieht, oder, bei einer geringen Zahl, daraus dass die unterstellten Arbeitnehmer hochqualifizierte Tätigkeiten mit eigenem Entscheidungsspielraum ausüben oder einen herausgehobenen Geschäftsbereich betreuen[14]. Unter Nr. 1 fällt im allgemeinen der Personalleiter, nicht selten auch der Leiter des Betriebs („Werksleiter").

21 **Generalvollmacht** ist eine umfassende bürgerlich-rechtliche Vollmacht, die nur in wenigen Unternehmen und auch hier nur wenigen Personen auf der Ebene unterhalb des Vertretungsorgans verliehen wird. **Prokura** ist die Vollmacht nach §§ 48 ff. HGB. Honorarprokura und Zeichnungsbefugnis ohne entsprechendes Aufgabengebiet reichen nicht aus, auch nicht Prokura in einer Stabsfunktion[15]. Handlungsbevollmächtigte (§§ 54 ff. HGB) sind nicht automatisch leitende Angestellte; sie können es nach Nr. 3 sein.

22 **Sonstige Aufgaben mit Bedeutung für Bestand und Entwicklung** sind Tätigkeiten, die mit einem nicht unbeträchtlichen Einfluss auf die wirtschaftliche, technische, kaufmännische, organisatorische, personelle oder wissenschaftliche Führung des Betriebs oder des Unternehmens verbunden sind, also die höheren Angestelltentätigkeiten. Die Bedeutung der Tätigkeit richtet sich nach der Struktur des Unternehmens. In High-Tech-Unternehmen haben Forschung und Entwicklung besondere Bedeutung, in Unternehmen, die Massenartikel herstellen, Marketing, Vertrieb und vielleicht die Anwendungstechnik. Das Anforderungsprofil bestimmt, ob besondere Erfahrungen und Kenntnisse erforderlich sind; wer eine wichtige Tätigkeit ausübt, hat diese Erfahrungen und Kenntnisse im allgemeinen. Die Tätigkeit muss im Normalfall ohne verbindliche Weisungen wahrgenommen werden; der Angestellte muss selbst über Ziele und Wege in seinem Zuständigkeitsbereich bestimmen können, oder er muss Entscheidungen so vorbereiten, dass der Entscheidungsträger das Ergebnis der Überlegungen nicht unbeachtet lassen kann. Die Aufgaben dürfen nicht nur gelegentlich anfallen. Es genügt die dauernde latente Notwendigkeit, unternehmerische Entscheidungen vorzubereiten, zu treffen oder in der Durchführung zu überwachen, wenn sie sich immer wieder konkretisiert[16].

---

[14] BAG 10.10.2007, NZA 2008, 664.
[15] BAG 25.3.2009, NZA 2009, 1296.
[16] Zu Vorstehendem *Hromadka*, BB 1990, 57, 60 ff. m.w.N.

Bleiben trotz der sorgfältigen Umschreibung in § 5 Abs. 3 BetrVG noch Zweifel, so ist auf die Auslegungsregeln des Abs. 4 zurückzugreifen. Notfalls muss das ArbG entscheiden. Wer leitender Angestellter ist, ist eine Rechtsfrage; der Arbeitgeber kann niemanden zum leitenden Angestellten „ernennen"; eine Ernennung wäre nichts anderes als die – unverbindliche – Äußerung einer Rechtsansicht. **23**

### d) Das Recht der Arbeiter und der Angestellten

Die gesetzlichen Regelungen für Arbeiter und Angestellte unterschieden sich durchweg in einem und nur in einem: durch die größere oder geringere Stetigkeit. Angestellte hatten im 19. Jahrhundert i.d.R. auf längere Zeit (1 bis 5 Jahre) befristete Verträge, die Kündigungsfristen betrugen zumeist 6 Wochen zum Vierteljahresende, bei Krankheit wurde für 6 Wochen das Gehalt fortgezahlt, und im Alter erhielten sie nicht selten eine kleine Pension. Daran orientierte sich der Gesetzgeber: HGB, Gewerbeordnung, Berggesetze und später das BGB sahen eine sechswöchige Kündigungsfrist vor und eine Gehaltsfortzahlung für 6 Wochen. Arbeiter wurden zunächst im Wochen-, später im Tage- und schließlich sogar im Stundenlohn oder im Akkord bezahlt; ihre Kündigungsfristen betrugen häufig 14 Tage oder eine Woche, später war der sog. Kündigungsausschluss üblich; eine Lohnfortzahlung bei Krankheit gab es nicht – Krankheit war im Gegenteil ein Kündigungsgrund –, ebensowenig eine Altersversorgung. Anliegen der Sozialversicherungsgesetze aus den 80er Jahren des 19. Jahrhunderts war es, hier einen gewissen Ausgleich zu schaffen. **24**

Die Angleichung der Arbeitsbedingungen von Arbeitern und Angestellten begann nach 1930. 1994 beseitigte der Gesetzgeber die letzten Unterschiede in den materiellen Arbeitsbedingungen[17]. Das BVerfG hatte eine Reihe von ihnen für verfassungswidrig erklärt und den Gesetzgeber zur Änderung aufgerufen[18]. Durch die BetrVG-Novelle vom 23. Juli 2001[19] wurden auch die Gruppenrechte in den Mitbestimmungsgesetzen beseitigt. Zum 1.10.2005 fiel die letzte gesetzliche Regelung, die zur Unterscheidung nach Arbeitern und Angestellten zwang, nämlich die über die Gliederung der Rentenversicherung in die Bundesversicherungsanstalt für Angestellte (BfA) und in die Landesversicherungsanstalten für Arbeiter (LVA). Seitdem ist die Deutsche Rentenversicherung für beide zuständig (§§ 125 ff. SGB VI)[20]. **25**

### e) Das Recht der leitenden Angestellten

Leitende Angestellte haben Sonderrechte, vor allem im Mitbestimmungsrecht. Sie können „Sprecherausschüsse" wählen (SprAuG) und haben bei der Aufsichtsratswahl in Großunternehmen eigene Vertreter (§ 15 Abs. 1 Satz 2, Abs. 2 Satz 2 Nr. 2 MitbestG). Im Arbeitsschutzrecht sind sie ausgenommen von den Arbeitszeitvorschriften (§ 18 Abs. 1 Nr. 1 ArbZG), und im Kündigungsrecht genießen diejenigen **26**

---

[17] Gesetz über die Zahlung des Arbeitsentgelts an Feiertagen und im Krankheitsfall (EfzG) v. 26.5.1994, BGBl. I S. 1014, 1065; ArbZG v. 6.6.1994, BGBl. I S. 1170.
[18] Für unterschiedliche Kündigungsfristen: BVerfG 16.11.1982, 30.5.1990, AP Nr. 16, 28 zu § 622 BGB. Für Nachtarbeitsverbot von Arbeiterinnen: BVerfG 28.1.1992, NZA 1992, 270, 272.
[19] BGBl. I S. 1852.
[20] Zur Geschichte der Angestellten *Hromadka*, RdA 2015, 65 ff.

von ihnen, die Arbeitnehmer einstellen oder entlassen dürfen (vgl. § 5 Abs. 3 Satz 2 Nr. 1 BetrVG), nur einen Abfindungsschutz (§ 14 Abs. 2 KSchG). Ausgenommen von den Vorschriften des ArbZG sind auch **Chefärzte** (§ 18 Abs. 1 Nr. 1 ArbZG). Ob sie leitende Angestellte sind, richtet sich nach den Umständen des Einzelfalls. Die Entscheidungsfreiheit im ärztlichen Bereich betrifft nicht ohne weiteres eine unternehmerische Aufgabenstellung[21].

### 3. Tarifliche Gliederung der Arbeitnehmer

*a) Überblick*

27  Die Tarifpraxis unterscheidet zwischen sog. tariflich geführten und außertariflichen Mitarbeitern (AT-Angestellten). Als tariflich geführte Mitarbeiter werden Arbeitnehmer bezeichnet, die dem persönlichen Geltungsbereich des Tarifvertrags unterfallen, und zwar gleichgültig, ob sie tarifgebunden sind oder nicht (vgl. §§ 3 Abs. 1, 4 Abs. 1 TVG). AT-Angestellte stehen außerhalb des Tarifvertrags. Anstelle tariflicher Regelungen gibt es vor allem in größeren Unternehmen Betriebsvereinbarungen über das Entgelt von AT-Angestellten („Gehaltsgruppen, Gehaltsbänder"). Die Betriebsvereinbarungen gehen zumeist auf die Initiative der Betriebsräte zurück, die beim Entgeltsystem auch der AT-Angestellten – mit Ausnahme der leitenden Angestellten – ein Mitbestimmungsrecht haben (§ 87 Abs. 1 Nr. 10 BetrVG).

*b) Tariflich geführte Mitarbeiter*

28  Der klassische Tarifvertrag unterteilte nach Arbeitern und Angestellten. Bis in die 80er Jahre des 20. Jahrhunderts wurden zumeist getrennte Tarifverträge abgeschlossen. Mittlerweile ist der gemeinsame Tarifvertrag die Regel. Nach der Rechtsprechung verstößt eine unterschiedliche Behandlung von Arbeitern und Angestellten – von wenigen Ausnahmen abgesehen – gegen den Gleichbehandlungsgrundsatz.

*c) AT-Angestellte*

29  AT-Angestellte sind Angestellte, die die Tarifvertragsparteien wegen ihrer besonders qualifizierten Tätigkeit und ihres höheren Einkommens nicht in den persönlichen Geltungsbereich des Tarifvertrags einbeziehen (§ 4 Abs. 1 TVG). Die Tarifverträge stellen für die Herausnahme zumeist drei Kriterien auf:

– eine Tätigkeit, die über der höchsten im Tarifvertrag beschriebenen Tätigkeit liegt,
– eine Vergütung, die insgesamt gesehen die höchste im Tarifvertrag vorgesehene Vergütung überschreitet,
– die Vereinbarung der AT-Stellung im Arbeitsvertrag.

---

[21] BAG 5.5.2010, NZA 2010, 955.

Die vertragliche Vereinbarung sichert dem AT-Angestellten ein Entgelt zu, das über dem höchsten Tarifentgelt liegt. Mitunter sehen Tarifverträge darüber hinaus einen bestimmten Mindestabstand zwischen dem höchsten Tarifentgelt und dem niedrigsten AT-Entgelt vor[22].

**30**

Entscheidende Bedeutung hatte die AT-Stellung in der Weimarer Zeit. Damals konnten durch Tarifvertrag Höchstarbeitsbedingungen festgelegt werden[23]. Die Herausnahme aus dem Tarifvertrag erlaubte eine höhere Vergütung. Heute hat die AT-Stellung eher die Funktion eines Statussymbols. Derselbe Erfolg ließe sich erreichen durch Eingruppierung in die höchste Tarifgruppe und Zahlung einer übertariflichen Zulage.

**31**

Die Begriffe AT-Angestellter und leitender Angestellter decken sich nicht. Der eine entstammt dem Tarifrecht, der andere dem Betriebsverfassungsrecht. Im allgemeinen nehmen die Tarifverträge leitende Angestellte generell aus ihrem persönlichen Geltungsbereich aus. Notwendig ist das nicht. In der Praxis sind aber fast alle leitenden Angestellten AT-Angestellte. Umgekehrt gilt das nicht. Das Zahlenverhältnis dürfte etwa bei 3:1 zugunsten der AT-Angestellten liegen.

**32**

## 4. Arbeitnehmerähnliche Personen

### a) Begriff

Arbeitnehmerähnliche Personen sind nach der Rechtsprechung Erwerbstätige, die in persönlicher Unabhängigkeit, aber wirtschaftlicher Abhängigkeit von einem anderen für diesen tätig sind. Wirtschaftliche Abhängigkeit sei regelmäßig gegeben, wenn der Beschäftigte auf die Verwertung seiner Arbeitskraft und die Einkünfte aus der Tätigkeit für den Vertragspartner zur Sicherung seiner Existenzgrundlage angewiesen sei[24]. § 2 Satz 1 BUrlG, § 5 Abs. 1 Satz 2 ArbGG umschreiben sie – sehr unvollkommen – als „Personen, die wegen ihrer wirtschaftlichen Unselbständigkeit als arbeitnehmerähnliche Personen anzusehen sind".

**33**

| | Selbständige | | Arbeitnehmer |
|---|---|---|---|
| | „echte" | arbeitnehmerähnliche | |
| **wirtschaftlich abhängig** | nein | ja | typischerweise, aber nicht notwendig |
| **persönlich abhängig** | nein | nein | ja |

---

[22] D. Franke, Der außertarifliche Angestellte, 1991, S. 4 ff. m. Bsp.
[23] Nikisch, DB 1963, 1254.
[24] BAG 21.2.2007, NZA 2007, 699, 700.

34 Die arbeitnehmerähnlichen Personen üben ihre Tätigkeit in persönlicher Unabhängigkeit aus; ihr Auftraggeber kann ihnen keine Weisungen geben. Sie sind folglich Selbständige, und man würde ihrer Stellung besser gerecht, wenn man sie nicht als arbeitnehmerähnliche Personen, sondern als arbeitnehmerähnliche Selbständige bezeichnen würde. Das Rechtsverhältnis mit dem Auftraggeber ist ein Dienst- oder Werkvertrag, ein Werklieferungs- oder Kaufvertrag, ein Franchising- oder sonstiger Vertrag. Das Tätigkeitsbild entspricht aber dem eines Arbeitnehmers, und zwar dem des klassischen Industriearbeiters, der vollzeitig zu einem Entgelt für einen Arbeitgeber tätig ist, aus dem er keine Rücklagen für die Wechselfälle des Lebens bilden kann, und der damit das Objekt der Arbeiterfrage war und der später Leitbild des Arbeitsrechtsgesetzgebers wurde. Arbeitnehmerähnliche sind in Person und ohne Mithilfe anderer tätig und können keine Ersparnisse bilden für beschäftigungslose Zeiten (Urlaub, Krankheit, Arbeitslosigkeit).

35 Die Rechtsprechung umschreibt arbeitnehmerähnliche Personen als Selbständige, die von ihrem Auftraggeber in wesentlich geringerem Maße persönlich abhängig sind als Arbeitnehmer, die von ihm aber wirtschaftlich abhängen und die ihrer gesamten sozialen Stellung nach einem Arbeitnehmer vergleichbar sozial schutzbedürftig sind[25]. Sie folgt damit § 12a TVG. Diese Definition trifft – wörtlich genommen – allerdings auch kleine Händler, die nach herkömmlichem Verständnis nicht zu den arbeitnehmerähnlichen Personen gehören. Das liegt daran, dass ihr das Merkmal der arbeitnehmerähnlichen Tätigkeit allenfalls indirekt – „vergleichbar einem Arbeitnehmer" – entnommen werden kann; sprachlich bezieht sich dieser Satzteil nur auf das „schutzbedürftig". Soziale Schutzbedürftigkeit liegt vor, wenn das Maß der Abhängigkeit nach der Verkehrsanschauung einen Grad erreicht, wie er im allgemeinen nur in einem Arbeitsverhältnis vorkommt, und wenn die geleisteten Dienste nach ihrer sozialen Typik denen eines Arbeitnehmers vergleichbar sind[26].

36 Für die Arbeitnehmerähnlichen gibt es nur wenige arbeitsrechtliche Bestimmungen: Ihre Arbeitsbedingungen können durch Tarifvertrag geregelt werden (§ 12a TVG)[27]. Sie haben Anspruch auf bezahlten Urlaub (§ 2 Satz 2 BUrlG) und genießen Arbeitsschutz (§ 2 Abs. 2 Nr. 3 ArbSchG) und Schutz vor Benachteiligungen nach dem AGG (§ 6 Abs. 1 Satz 1 Nr. 3 AGG). Für Klagen gegen ihre Auftraggeber sind die Arbeitsgerichte zuständig (§ 5 Abs. 1 Satz 2 ArbGG)[28]; die Arbeitsgerichte haben allerdings, soweit Arbeitsrecht nicht gilt, nach bürgerlichem oder Handelsrecht zu entscheiden. Das Sozialrecht unterwirft sie der Rentenversicherungspflicht, wenn sie im Zusammenhang mit ihrer selbständigen Tätigkeit regelmäßig keinen versicherungspflichtigen Arbeitnehmer beschäftigen, dessen Arbeitsentgelt aus diesem

---

[25] BAG 16.7.1997, NZA 1997, 1126, 1127; zu Recht und Begriff der Arbeitnehmerähnlichen *Hromadka*, NZA 1997, 1249 ff.; unter rechtspolitischem Aspekt *ders.*, in: FS Söllner (2000), 461 ff.; *ders.*, NZA 2007, 838 und § 3 Abs. 2 Diskussionsentwurf eines Arbeitsvertragsgesetzes, Stand 2007, NZA Beil. 1/2007.
[26] BAG 2.10.1990, AP Nr. 1 zu § 12a TVG; BAG 30.8.2000, NZA 2000, 1359.
[27] Ausnahme: Einfirmenvertreter, § 12a Abs. 4 TVG; Sonderregelung für Heimarbeiter: § 17 HAG.
[28] Für Einfirmenvertreter allerdings nur, wenn sie im Durchschnitt nicht mehr als 1000 € im Monat verdienen (§ 5 Abs. 3 ArbGG).

Beschäftigungsverhältnis regelmäßig 450 € im Monat übersteigt, und wenn sie auf Dauer und im wesentlichen nur für einen Auftraggeber tätig sind (§ 2 S. 1 Nr. 9 SGB VI).

### b) Heimarbeiter, Hausgewerbetreibende

Einen wesentlich stärkeren Schutz genießt die Teilgruppe der Heimarbeiter und der Hausgewerbetreibenden. Zwar hat der Gesetzgeber sie nicht generell in das Arbeitsrecht einbezogen, er hat sie aber in einer Reihe arbeitsrechtlicher Gesetze den Arbeitnehmern gleichgestellt[29]. Das HAG enthält umfassende Vorschriften zum Arbeitsschutz, zu Entgelt und Entgeltschutz und zur Kündigung. Darüber hinaus hat die Rechtsprechung eine Reihe arbeitsrechtlicher Vorschriften und Grundsätze für entsprechend anwendbar erklärt[30]. 37

**Heimarbeiter** ist, wer in selbstgewählter Arbeitsstätte (eigener Wohnung oder selbstgewählter Betriebsstätte) 38

– allein oder mit seinen Familienangehörigen
– im Auftrag von Gewerbetreibenden oder Zwischenmeistern
– erwerbstätig arbeitet,
– jedoch die Verwertung der Arbeitsergebnisse dem unmittelbar oder mittelbar auftraggebenden Gewerbetreibenden überlässt,
– und zwar auch, wenn er die Roh- und Hilfsstoffe selbst beschafft.

**Hausgewerbetreibender** ist, wer in selbstgewählter Arbeitsstätte (eigener Wohnung oder selbstgewählter Betriebsstätte) 39

– mit nicht mehr als zwei fremden Hilfskräften oder Heimarbeitern,
– im Auftrag von Gewerbetreibenden oder Zwischenmeistern,
– Waren herstellt, bearbeitet oder verpackt,
– wobei er selbst wesentlich am Stück mitarbeitet,
– jedoch die Verwertung des Arbeitsergebnisses dem unmittelbar oder mittelbar auftraggebenden Gewerbetreibenden überlässt,
– und zwar auch, wenn er die Roh- und Hilfsstoffe selbst beschafft
– oder wenn er vorübergehend für den Absatzmarkt arbeitet.

---

[29] Schaub/*Vogelsang*, ArbR-Hdb, § 163 Rn. 9 f.
[30] BAG 20.4.1956, AP Nr. 6 zu § 611 BGB Urlaubsrecht; BAG 19.6.1957, AP Nr. 12 zu § 242 BGB Gleichbehandlung.

**40** Heimarbeiter und Hausgewerbetreibende unterscheiden sich nicht ihrer Rechtsnatur nach voneinander. Beide sind kleine Selbständige, die für einen anderen in wirtschaftlicher Abhängigkeit und persönlicher Selbständigkeit tätig werden. Gegenstand der Heimarbeit kann jedoch jede Tätigkeit sein, die auf Dauer angelegt ist und zum Lebensunterhalt beitragen soll[31], Gegenstand der Tätigkeit eines Hausgewerbetreibenden nur die Herstellung, Bearbeitung und Verpackung von Waren (vgl. aber § 1 Abs. 2c HAG). Der Hausgewerbetreibende kann bis zu zwei Hilfskräfte beschäftigen, der Heimarbeiter nur Familienangehörige; beide müssen selbst „am Stück" mitarbeiten, bloßes Einrichten von Maschinen reicht nicht aus[32]. Sowohl Heimarbeiter als auch Hausgewerbetreibende dürfen in geringem Umfang (etwa 10 %) für den Absatzmarkt arbeiten[33]. Auftraggeber kann jede natürliche oder juristische Person und jede Personengesamtheit sein, nicht aber Angehörige der freien Berufe oder von Berufen der Urproduktion (§ 2 Abs. 1 Satz 1, Abs. 2 Satz 1 HAG).

### c) Einfirmenvertreter

**41** Einfirmenvertreter ist ein Handels- oder Versicherungsvertreter, der vertraglich nicht für weitere Unternehmer tätig werden darf oder dem dies nach Art und Umfang der von ihm verlangten Tätigkeit nicht möglich ist (vgl. § 92a HGB).

**42** Für Einfirmenvertreter kann der Bundesminister der Justiz durch Rechtsverordnung „die untere Grenze der vertraglichen Leistungen des Unternehmers festsetzen", „um die notwendigen sozialen und wirtschaftlichen Bedürfnisse dieser Handelsvertreter oder einer bestimmten Gruppe von ihnen sicherzustellen" (§ 92a HGB). Insbesondere können Mindestprovisionen oder feste Bezüge in einer Mindesthöhe, die Pflicht zur Gewährung von Erholungsurlaub, zur Zahlung einer Vergütung bei unverschuldeter Dienstversäumnis und zur Erteilung eines Zeugnisses festgesetzt werden[34]. Eine Rechtsverordnung ist allerdings bislang mangels Bedürfnisses nicht ergangen[35]. Die Rechtsprechung gibt dem Einfirmenvertreter einen Zeugnisanspruch, die Literatur erlegt dem Unternehmer „gewisse Fürsorgepflichten" auf[36]. Für Einfirmenvertreter, die im Durchschnitt der letzten sechs Monate des Vertragsverhältnisses bei hauptberuflicher Tätigkeit nicht mehr als 1000 € verdient haben, sind die Arbeitsgerichte zuständig (§ 5 Abs. 3 ArbGG).

---

[31] MünchArbR/*Heenen*, § 315 Rn. 6, BAG 12.7.1988, AP Nr. 10 zu § 2 HAG.
[32] Schaub/*Vogelsang*, ArbR-Hdb, § 163 Rn. 4 f.
[33] MünchArbR/*Heenen*, § 315 Rn. 13.
[34] Begr. BT-Drs. 1/3856, S. 41.
[35] Antwort der Bundesregierung auf eine parlamentarische Anfrage, DB 1985, 855.
[36] Schaub/*Vogelsang*, ArbR-Hdb, § 11 Rn. 5.

## d) Freie Mitarbeiter

§ 12a TVG erklärt das Tarifrecht für entsprechend anwendbar auf Personen, die wirtschaftlich abhängig und vergleichbar einem Arbeitnehmer sozial schutzbedürftig sind (arbeitnehmerähnliche Personen), wenn sie aufgrund von Dienst- oder Werkverträgen für andere Personen tätig sind, die geschuldeten Leistungen persönlich und im wesentlichen ohne Mitarbeit von Arbeitnehmern erbringen und 43

– überwiegend für eine Person tätig sind oder

– ihnen von einer Person im Durchschnitt mehr als die Hälfte des Entgelts zusteht, das ihnen für ihre Erwerbstätigkeit insgesamt zusteht (§ 12a Abs. 1 Nr. 1 TVG). Bei Personen, die künstlerische, schriftstellerische oder journalistische Leistungen erbringen, sowie bei Personen, die an der Erbringung, insbesondere der technischen Gestaltung solcher Leistungen unmittelbar mitwirken, genügt es, wenn ihnen von einer Person im Durchschnitt mindestens ein Drittel des Entgelts zusteht, das ihnen für ihre Erwerbstätigkeit insgesamt zusteht (§ 12a Abs. 1, 3 TVG).

Die Vorschrift ist, wie Absatz 3 zeigt, in erster Linie für die freien Mitarbeiter bei den Medien gedacht. Ihnen gewährt die Rechtsprechung bei Beendigung ihres Auftrags eine Auslauffrist, sofern es sich um ein Dauerrechtsverhältnis gehandelt hat[37]. Im übrigen hat sie freien Mitarbeitern nicht durch analoge Anwendung von Heimarbeitsvorschriften oder durch Vertragskontrolle geholfen, sondern dadurch, dass sie nicht wenige von ihnen zu Arbeitnehmern erklärt hat[38]. Für die freien Mitarbeiter der Medien gibt es eine Reihe von Tarifverträgen, die die geringere Sicherheit durch bessere Dotierung ausgleichen[39]. 44

## II. Arbeitgeber

### 1. Begriff

Vertragspartner des Arbeitnehmers ist der Arbeitgeber, nicht der Selbständige, der ihm häufig gegenübergestellt wird. Zwar ist der Arbeitgeber i.d.R. ein Selbständiger, d.h. jemand, der sich am Wirtschaftsmarkt betätigt, notwendig ist das aber nicht: Arbeitgeber ist auch die Hausfrau, die eine Zugehfrau beschäftigt, und der Polier, der sich samt seiner Kolonne als Arbeitnehmer verdingt. Umgekehrt beschäftigt nicht jeder Selbständige Arbeitnehmer. Überdies: Auch ein „Selbständiger" kann – sozusagen nebenher – in einem (Teilzeit-) Arbeitsverhältnis stehen, und ein Arbeitnehmer kann sich nach Dienstschluss als Selbständiger betätigen, z.B. Versicherungen vermitteln. Ja, ein Arbeitnehmer kann sogar für dasselbe Unterneh- 45

---

[37] BAG 8.6.1967, 7.1.1971, AP Nr. 6, 8 zu § 611 BGB Abhängigkeit.
[38] *Otto*, Anm. zu BAG 2.10.1990, AP Nr. 1 zu § 12a TVG; *Reuter*, in: FS Hilger/Stumpf, 1983, S. 573, 581 f.; *Wank*, Arbeitnehmer und Selbständige, 1988, S. 314 f.
[39] Vgl. bspw. BAG 21.8.1998, AP Nr. 55 zu § 612 BGB.

men als Selbständiger tätig sein. Die Begriffe Arbeitnehmer und Selbständiger kann man deshalb nur für eine grobe Kennzeichnung verwenden, wie etwa für Zwecke der Statistik.

**Erwerbstätige in % (2016)**[40]

| Selbständige | mithelfende Familienangehörige | Beamte | Arbeitnehmer |
|---|---|---|---|
| 10,3 | 0,4 | 5,1 | 84,1 |

46 Für eine rechtliche Abgrenzung sind sie untauglich. Zu fragen ist nicht, ob jemand Arbeitnehmer, arbeitnehmerähnlicher oder „echter" Selbständiger ist, sondern ob er seine Tätigkeit in dem konkreten Rechtsverhältnis nach Weisungen des Vertragspartners zu erbringen hat oder nicht, und wenn nicht, ob er bei einer Tätigkeit, die der eines Arbeitnehmers vergleichbar ist, von seinem Auftraggeber wirtschaftlich abhängt. Entscheidend ist die Rolle in dem konkreten Vertrag, nicht ein abstrakter Status.

47 Arbeitgeber ist, wem ein anderer Dienste nach seinen Weisungen zusagt. Vielfach heißt es: Arbeitgeber ist, wer mindestens einen Arbeitnehmer beschäftigt (vgl. § 2 Abs. 3 ArbSchG). Diese Definition ist nicht falsch, aber nichtssagend.

48 Arbeitgeber kann eine natürliche oder juristische Person oder eine Personengesellschaft sein. Häufig ist der Arbeitgeber zugleich Unternehmer. Je nach seiner Funktion bezeichnet ihn dann mitunter dasselbe Gesetz teils als Arbeitgeber, teils als Unternehmer: als Arbeitgeber, wenn es um den Arbeitsvertrag geht, als Unternehmer, wenn die wirtschaftliche Tätigkeit im Vordergrund steht (vgl. §§ 92 ff. BetrVG einerseits, §§ 106 ff., 111 ff. BetrVG andererseits).

## 2. Betrieb

49 Der Betrieb ist die organisatorische Einheit, innerhalb der ein Unternehmer allein oder mit seinen Arbeitnehmern mit Hilfe von technischen und immateriellen Mitteln bestimmte arbeitstechnische Zwecke fortgesetzt verfolgt, die sich nicht in der Befriedigung von Eigenbedarf erschöpfen[41]. Man kann den Betrieb schlagwortartig als arbeitstechnisch-organisatorische Einheit umreißen.

---

[40] Stat. Bundesamt, Mikrozensus Deutschland Erwerbstätige.
[41] BAG 23.9.1982, 29.5.1991, AP Nr. 3, 5 zu § 4 BetrVG 1972.

Einheit der Organisation ist anzunehmen, wenn die in einer Betriebsstätte vorhan- 50
denen Betriebsmittel für den oder die arbeitstechnischen Zwecke zusammengefasst,
geordnet und gezielt eingesetzt werden und der Einsatz der menschlichen Arbeitskraft von einem einheitlichen Leitungsorgan gesteuert wird. Erforderlich ist also
eine einheitliche Leitung oder, wie die Rechtsprechung mitunter sagt, ein einheitlicher Leitungsapparat[42]. Folgerichtig nimmt die Rechtsprechung an, dass ein Betriebsübergang i.S.d. § 613a BGB zu dem Zeitpunkt stattfindet, zu dem der Erwerber die Leitungsmacht ausüben kann[43]. In Betriebsstätten, in denen Arbeitnehmer
beschäftigt werden – und nur diese haben für das Arbeitsrecht Bedeutung –, kommt
es darauf an, dass von der Leitung die wesentlichen personellen und sozialen Angelegenheiten entschieden werden[44].

**Beispiel:** Der klassische Betrieb ist das „Werk" (in der Praxis werden als Betriebe häufig
Produktionsanlagen und/oder Produktions- und/oder Verwaltungsabteilungen innerhalb eines Werks bezeichnet); Betriebe können aber auch Verwaltungen, Büros, Praxen, landwirt-
schaftliche Güter sein. Kein Betrieb ist der Haushalt; er dient der Befriedigung von Eigenbedarf.

Unerheblich ist, ob ein oder mehrere arbeitstechnische Zwecke verfolgt werden[45]. 51
Das Kriterium des arbeitstechnischen Zwecks soll nur den Betriebsbegriff vom Un-
ternehmensbegriff abgrenzen. Es soll die Einheit in ihrem gegenständlich-fassbaren
Aspekt bezeichnen als Ort des Wirtschaftens und der Herstellung oder Bearbeitung
von Waren oder der Erbringung von Dienstleistungen.

Ein wichtiges Indiz für die Eigenschaft als Betrieb ist die räumliche Einheit. Aller- 52
dings ist die räumliche Einheit weder notwendige noch ausreichende Voraussetzung. Auf demselben Gelände kann es zwei Betriebe geben, beispielsweise die für
alle Betriebe des Unternehmens zuständige Hauptverwaltung und eine Produktions-
stätte[46]. Umgekehrt können beispielsweise zwei oder auch mehr Filialen einen Betrieb bilden, wenn sie unter einer einheitlichen Leitung stehen[47].

## 3. Unternehmen

Unternehmen ist die organisatorische Einheit, mit der ein Unternehmer seine wirt- 53
schaftlichen oder ideellen Ziele verfolgt[48]. Ein Unternehmen setzt einen einheitlichen Rechtsträger voraus. Der Rechtsträger kann eine natürliche oder eine juristische Person oder eine Personengesellschaft sein. Bei Gesellschaften ist der
Rechtsträger identisch mit dem Unternehmen; eine Gesellschaft kann nur ein

---

[42] BAG 25.9.1986, 14.9.1988, AP Nr. 7, 9 zu § 1 BetrVG 1972.
[43] BAG 27.4.1995, AP Nr. 128 zu § 613a BGB m.w.N.
[44] BAG 29.5.1991, AP Nr. 5 zu § 4 BetrVG 1972.
[45] BAG 22.4.1987, AP Nr. 82 zu § 1 TVG Tarifverträge: Bau.
[46] BAG 23.9.1982, AP Nr. 3 zu § 4 BetrVG 1972.
[47] LAG Baden-Württemberg 26.3.1996, DB 1996, 2084.
[48] BAG 7.8.1986, AP Nr. 5 zu § 1 BetrVG 1972; BAG 5.3.1987, AP Nr. 30 zu § 15 KSchG 1969.

Unternehmen haben[49]. Eine natürliche Person kann dagegen mehrere Unternehmen besitzen, etwa ein Kopiergeschäft und ein Café; entscheidend ist, ob diese organisatorisch zusammengefasst sind oder nicht. Schlagwortartig kann man das Unternehmen als rechtlich-wirtschaftliche Einheit umschreiben. Den Unternehmen ist für die Anwendbarkeit arbeitsrechtlicher Gesetze die freiberufliche Tätigkeit gleichgestellt[50].

### 4. Unternehmen und Betrieb

54 Unternehmen und Betrieb sind identisch, wenn das Unternehmen nur aus **einem Betrieb** besteht. Die Begriffe Unternehmen und Betrieb bezeichnen nur zwei Aspekte derselben Einheit: einmal den rechtlich-wirtschaftlichen, das andere Mal den arbeitstechnisch-gegenständlichen.

55 Ein Unternehmen kann aus **mehreren Betrieben** bestehen, beispielsweise aus mehreren Werken oder Filialen unter jeweils eigener Leitung. Zwei Unternehmen können auch einen gemeinsamen Betrieb haben. Voraussetzung ist, dass sie sich zumindest zu einer BGB-Gesellschaft zusammenschließen[51] und eine gemeinsame Leitung für den Betrieb bilden; das kann auch durch schlüssiges Verhalten geschehen[52]. Ein **gemeinsamer Betrieb** wird vermutet, wenn zur Verfolgung arbeitstechnischer Zwecke die Betriebsmittel sowie die Arbeitnehmer von den Unternehmen gemeinsam eingesetzt werden oder die Spaltung eines Unternehmens zur Folge hat, dass von einem Betrieb ein oder mehrere Betriebsteile einem an der Spaltung beteiligten anderen Unternehmen zugeordnet werden, ohne dass sich dabei die Organisation des betroffenen Betriebs wesentlich ändert (§ 1 Abs. 2 BetrVG).

### 5. Konzern

56 Konzern ist die Zusammenfassung mehrerer rechtlich selbständiger Unternehmen unter einheitlicher Leitung, Unterordnungskonzern die Zusammenfassung eines herrschenden und eines oder mehrerer abhängiger Unternehmen, Gleichordnungskonzern die Zusammenfassung sonstiger Unternehmen (§ 18 Abs. 1 Satz 1, Abs. 2 AktG).

57 Ein herrschendes Unternehmen pflegt man als Muttergesellschaft, ein abhängiges als Tochtergesellschaft zu bezeichnen, die unter einheitlicher Leitung zusammengefassten Unternehmen insgesamt als Konzernunternehmen (vgl. § 18 AktG). Auf die Rechtsform kommt es nicht an. Die einheitliche Leitung kann beruhen auf Mehrheitsbesitz (§§ 18 Abs. 1, 17 AktG), Beherrschungsvertrag (§§ 18 Abs. 1, 291 AktG), Eingliederung (§§ 18 Abs. 1, 319 AktG) oder faktischer Abhängigkeit[53].

---

[49] BAG 13.6.1985, AP Nr. 10 zu § 1 KSchG 1969.
[50] MünchArbR/*Richardi*, § 22 Rn. 17.
[51] LAG Schleswig-Holstein 16.8.1984, DB 1985, 47.
[52] BAG 18.1.1990, DB 1991, 500.
[53] *Fitting*, § 54 BetrVG Rn. 19 m.w.N.

Hat ein abhängiges Unternehmen (Tochtergesellschaft) gegenüber Unternehmen, die von diesem abhängig sind (Enkelgesellschaft), wesentliche Leitungsaufgaben zur eigenständigen Ausübung, macht also das herrschende Unternehmen (Muttergesellschaft) von seiner Leitungskompetenz zwar im wesentlichen Umfang, aber doch nur teilweise Gebrauch (z.B. durch Richtlinienkompetenz), dann bilden auch Tochtergesellschaft und Enkelgesellschaft einen Konzern („Konzern im Konzern", mehrstufiger Konzern)[54]. **58**

## 6. Unternehmensgruppe

Unternehmensgruppe ist die Zusammenfassung mehrerer rechtlich selbständiger Unternehmen, die einer einheitlichen Leitung unterworfen werden können. Das herrschende Unternehmen leitet die anderen Unternehmen nicht, es könnte aber auf das oder die abhängige(n) Unternehmen unmittelbar oder mittelbar einen beherrschenden Einfluss ausüben (vgl. §§ 17 Abs. 1 AktG, 6 Abs. 1 EBRG). Die Unternehmensgruppe ist ein **potentieller Konzern**[55]. Ein beherrschender Einfluss wird nach § 6 Abs. 2 Satz 1 EBRG vermutet, wenn ein Unternehmen in Bezug auf ein anderes Unternehmen unmittelbar oder mittelbar **59**

- mehr als die Hälfte der Mitglieder des Verwaltungs-, Leitungs- oder Aufsichtsorgans des anderen Unternehmens bestellen kann oder
- über die Mehrheit der mit den Anteilen am anderen Unternehmen verbundenen Stimmrechte verfügt oder
- die Mehrheit des gezeichneten Kapitals dieses Unternehmens besitzt.

## 7. Abteilung

Abteilungen sind organisatorische Einheiten innerhalb eines Betriebs mit eigenem arbeitstechnischem (Teil-) Zweck, z.B. Rechtsabteilung, Finanzwesen. **60**

## III. Der personelle Aufbau des Unternehmens

### 1. Die Gliederung des Unternehmens

Jedes Unternehmen ist doppelt gegliedert: horizontal nach Funktionen (Einkauf, Verkauf, Produktion, Forschung und Entwicklung usw.) und vertikal nach Leitungsebenen (Hierarchie). **61**

---

[54] *Fitting*, § 54 BetrVG Rn. 32.
[55] *Hromadka*, DB 1995, 1125.

62 In wie viele Funktionsbereiche ein Unternehmen gegliedert ist, hängt von seiner Größe, seinem Tätigkeitsbereich und seiner Philosophie ab. Zentralfunktionen in Industrieunternehmen sind Produktion und Vertrieb, in forschungsintensiven Unternehmen kommen Forschung und Entwicklung hinzu; in Dienstleistungsunternehmen sind es die Dienstleistungen und der Vertrieb. Üblich war bis vor kurzem die Matrixorganisation, d.h. eine Gliederung nach Produktgruppen oder Dienstleistungen einerseits (Bereiche) und Dienstleistungen für das Unternehmen andererseits (koordinierende Ressorts, wie Einkauf, Verkauf, Personal- und Sozialwesen, Finanzwesen, Controlling).

63 Neuerdings geht der Trend stärker zur Bildung von Ergebniseinheiten („business units"), d.h. zu einer Gliederung nach Produkten oder Produktgruppen und Dienstleistungen, in die die bisherigen koordinierenden Ressorts – ganz oder teilweise – als Hilfsfunktionen eingegliedert werden. Damit entstehen innerhalb des Unternehmens, häufig über die Betriebsgrenzen hinweg, Einheiten, die, ohne rechtlich selbständig zu sein, wie eigene Unternehmen wirtschaften. Sie kaufen ein, beschaffen Personal, verkaufen und sind für ihr Ergebnis verantwortlich. Auf diese Weise soll verhindert werden, dass die koordinierenden Ressorts fernab vom Markt ein Eigenleben führen, dass auch die Mitarbeiter außerhalb des Vertriebs näher an den Kunden herangeführt werden und dass das Bewusstsein der Verantwortung für das Ergebnis gestärkt wird. Teilweise geht man noch einen Schritt weiter und verselbständigt einzelne Betriebe, wie z.B. die Kantine, die Reinigung, den Fuhrpark oder den Vertrieb auch rechtlich. Hier ist Triebfeder vielfach der Wunsch, in den fachlichen Geltungsbereich eines der für diese Tätigkeit einschlägigen – billigeren – Tarifvertrags zu gelangen und dadurch mit Unternehmen, die nur in diesem Bereich tätig sind, konkurrenzfähig zu werden.

64 Die unterschiedlichen Funktionen spielen im Recht kaum eine Rolle. Lediglich im Vertretungsorgan mitbestimmter Großunternehmen muss ein sog. Arbeitsdirektor die Belange des Personals wahrnehmen (§ 33 MitbestG, § 13 MontanMitbestG). Der Arbeitsdirektor ist entgegen seinem Namen ein Mitglied des Vorstands oder der Geschäftsführung, das hauptamtlich oder neben einem anderen Bereich für das Personalwesen zuständig ist.

### 2. Leitungsebenen

#### a) Bedeutung

65 Größe, Betätigungsbereich und Philosophie (Zentralisierung/Dezentralisierung) des Unternehmens entscheiden auch über die Leitungstiefe. Die Leitungstiefe ist unterschiedlich in den einzelnen Funktionsbereichen. So kann es beispielsweise im Großunternehmen im Produktionsbereich sechs oder sieben Leitungsebenen geben, während es etwa im Bereich Marketing zwei oder drei sind. Die Leitungsebenen über die Bereiche hinweg sind also von der Wertigkeit her nicht ohne weiteres vergleichbar. In jüngerer Zeit geht die Tendenz zur Verlagerung von Aufgaben und Verantwortung nach unten und damit zur Verringerung der Leitungstiefe.

III. Der personelle Aufbau des Unternehmens

Oberste Leitungsebene ist die Unternehmensleitung (= Geschäftsleitung, Firmen- **66** leitung). Das ist bei einem Unternehmen, das von einem Einzelkaufmann betrieben wird, der Unternehmer, bei einer AG oder KGaA der Vorstand, bei einer GmbH, bei einer OHG oder KG die Geschäftsführung. Für die Ebenen darunter gibt es keine festen Bezeichnungen. Teilweise werden zur Abgrenzung funktionale Kriterien verwendet, teilweise Vollmachten (Prokura, Handlungsvollmacht).

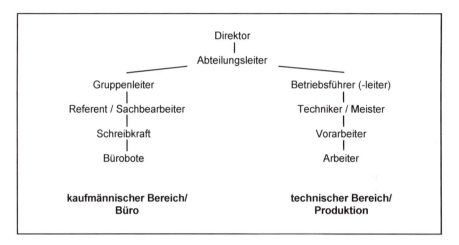

Auch die Leitungsebene spielt im Recht kaum eine Rolle. Kann nicht mit Sicherheit **67** festgestellt werden, ob ein Arbeitnehmer Aufgaben nach § 5 Abs. 3 Satz 2 Nr. 3 BetrVG wahrnimmt, dann kann es darauf ankommen, ob auf derselben Leitungsebene überwiegend leitende Angestellte beschäftigt sind (§ 5 Abs. 4 Nr. 2 BetrVG).

### b) Vertretungsmacht

Die Vertretungsmacht ist nicht notwendig an Hierarchiestufen geknüpft, wenn sie **68** auch in etwa mit ihnen korreliert oder sogar zur Kennzeichnung von Hierarchiestufen herangezogen wird. Insgesamt sind vier Ebenen zu unterscheiden:
– gesetzliche Vertretungsmacht (Vorstand, Geschäftsführung)
– Generalvollmacht
– Prokura (ppa.)
– Handlungsvollmacht („i.V.", „i.A.")
  – Generalhandlungsvollmacht
  – Arthandlungsvollmacht
  – Spezialhandlungsvollmacht.

**69 aa) Gesetzliche Vertretungsmacht.** Der (Einzel)Kaufmann benötigt keine Vertretungsmacht. Er handelt selbst. Sein Unternehmen – und grundsätzlich nur sein Unternehmen – verpflichtet er, wenn sein Wille, im Namen des Unternehmens zu handeln, hinreichend zum Ausdruck kommt und für den anderen Teil erkennbar ist[56]. Für Kapitalgesellschaften handeln ihre vertretungsberechtigten Organe (Vorstand bei der AG, Geschäftsführung bei der GmbH). Soll das Unternehmen vertreten werden, müssen sie mit einem Firmenzusatz zeichnen.

**70 bb) Generalvollmacht.** Die Generalvollmacht ist in Deutschland selten. Am ehesten findet sie sich bei Banken und Versicherungen. Sie kommt aus dem angloamerikanischen Rechtskreis. Generalbevollmächtigte stehen im Rang unmittelbar unter dem gesetzlichen Vertretungsorgan.

**71** Die Generalvollmacht ist die umfassendste Vollmacht im Rechtsverkehr. Der Generalbevollmächtigte hat, wenn nichts anderes bestimmt ist, dieselben Befugnisse wie der Vollmachtgeber. Dementsprechend kann er auch entweder mit seinem Namen und einem Zusatz, der das Vertretungsverhältnis andeutet, oder mit dem des Vertretenen zeichnen[57]. Die Generalvollmacht ist eine bürgerlich-rechtliche Vollmacht (§§ 167 ff. BGB)[58]. Sie kann formlos und sogar durch schlüssiges Verhalten erteilt werden (§ 167 Abs. 2 BGB). I.d.R. haben Generalbevollmächtigte zugleich Prokura; dann wird die Prokura eingetragen[59]. Der Generalbevollmächtigte wird in einer Reihe von Gesetzen erwähnt: Er ist leitender Angestellter i.S.d. Betriebsverfassungs- (§ 5 Abs. 3 Nr. 2 BetrVG) und damit auch des Mitbestimmungs- (§ 3 Abs. 1 Nr. 2 MitbestG) und des Arbeitszeitgesetzes (§ 18 Abs. 1 Nr. 1 ArbZG). Im Arbeits- und Sozialgerichtsverfahren kann er ehrenamtlicher Beisitzer aus Kreisen der Arbeitgeber sein (§ 16 Abs. 4 Nr. 4 SGG), ebenso bei der Schiedsstelle beim Patentamt (§ 7 Abs. 2 Nr. 2 zweite DVO zum ArbNErfG).

**72 cc) Prokura.** Prokura (§§ 48 ff. HGB) ist die wichtigste Vollmacht im Wirtschaftsleben. Den Prokuristen bezeichnete man früher gern als „alter ego" des Prinzipals.

**73 (1) Erteilung.** Prokura wird vom Geschäftsinhaber oder von seinem gesetzlichen Vertreter erteilt (§ 48 Abs. 1 HGB). Bei der GmbH ist ein Gesellschafterbeschluss erforderlich (§§ 46 Nr. 7, 47 Abs. 1 GmbHG), bei der AG verleiht Prokura der Vorstand (§ 78 AktG). Die Prokura kann formlos erteilt werden (§ 167 Abs. 2 BGB); der Gesetzgeber verlangt nur, dass die Erteilung ausdrücklich geschieht (§ 48 Abs. 1 HGB). Üblich ist die Aushändigung einer Urkunde, häufig verbunden mit einem neuen Anstellungsvertrag. Die Prokura beginnt mit dem in der Urkunde genannten Datum; wenn nichts angegeben ist, wirkt sie sofort (§ 130 Abs. 1 BGB) und nicht etwa erst mit der Eintragung im Handelsregister[60]. Die Prokura ist vom

---

[56] BGH 13.10.1994, NJW 1995, 43 ff.
[57] *Dietrich*, DB 1974, 2141.
[58] GK-HGB/*Schmidt*, Vor §§ 48-58 HGB Rn. 29.
[59] Vgl. Ebenroth/Boujong/Joost/Strohn/*Weber*, Vor §§ 48-58 HGB Rn. 7.
[60] GK-HGB/*Schmidt*, § 48 HGB Rn. 20 f.

Geschäftsinhaber zur Eintragung in das Handelsregister anzumelden (§ 53 Abs. 1 Satz 1 HGB). Sie ist die einzige eintragungsfähige Vollmacht[61]. Für Entstehung und Fortdauer der Prokura ist die Eintragung ohne Bedeutung. Die Bedeutung der Eintragung liegt im Verhältnis zu Geschäftspartnern: Ist die Prokura eingetragen und bekannt gemacht, dann muss sie jeder gegen sich gelten lassen (§ 15 Abs. 2 Satz 1 HGB).

**(2) Umfang.** Die Prokura ist eine Vollmacht i.S.d. §§ 167 ff. BGB mit typisiertem Inhalt. Sie ermächtigt zu allen Arten von gerichtlichen und außergerichtlichen Geschäften und Rechtshandlungen, die der Betrieb eines – d.h. irgendeines, nicht des gerade betriebenen – Handelsgewerbes mit sich bringt (§ 49 Abs. 1 HGB). Ausgenommen sind 74

- die Unterzeichnung des Jahresabschlusses (§ 245 HGB),
- die Erteilung und Übertragung von Prokura (§§ 48 Abs. 1, 52 Abs. 2 HGB) und
- die Veräußerung und Belastung von Grundstücken (§ 49 Abs. 2 HGB).

Dieser weite Umfang der Prokura liegt kraft Gesetzes fest (§ 49 Abs. 1 HGB). Eine Beschränkung wirkt nur im Innenverhältnis. Dritten gegenüber ist sie unwirksam (§ 50 Abs. 1 HGB). Davon gibt es lediglich zwei Ausnahmen: die Gesamtprokura (§ 48 Abs. 2 HGB) und die Niederlassungsprokura (§ 50 Abs. 3 HGB).

**(3) Zeichnung.** Der Prokurist kann schriftlich oder mündlich Geschäfte für den Unternehmer abschließen. Gibt er schriftliche Erklärungen ab, so hat er die Firma „zu zeichnen". Das hat dadurch zu geschehen, dass er der Firma seinen Namen mit einem die Prokura andeutenden Zusatz beifügt (X AG ppa. Müller, vgl. § 51 HGB). Die Rechtsprechung ist hinsichtlich der Form sehr großzügig. Sie lässt es genügen, wenn sich aus den Umständen irgendwie ergibt, dass er die Firma verpflichten will (z.B. Müller auf einem Firmenbriefbogen, vgl. § 164 Abs. 1 Satz 2 BGB). Zulässig ist es auch, mit dem Namen des Firmeninhabers zu unterschreiben. 75

**(4) Widerruf.** Die Prokura kann jederzeit formlos widerrufen werden, und zwar selbst dann, wenn sich der Geschäftsinhaber im Arbeitsvertrag zur Erteilung der Prokura verpflichtet hat (§ 52 Abs. 1 HGB)[62]. Die Prokura erlischt ohne Widerruf mit Beendigung des Arbeitsvertrags. Dritten gegenüber bleibt sie bestehen, bis sie im Handelsregister gelöscht ist (§§ 53 Abs. 2, 15 Abs. 2 S. 1 HGB). Der Prokurist ist nicht berechtigt, die Prokura niederzulegen[63]. Notfalls muss er das Arbeitsverhältnis kündigen; dann erlischt die Prokura von selbst (§ 168 BGB). 76

---

[61] Ebenroth/Boujong/Joost/Strohn/*Schaub*, § 8 HGB Rn. 79.
[62] BAG 26.8.1986, DB 1987, 51 f.
[63] *Gift*, Zweifelsfragen zur Rechtsstellung der außertariflichen und leitenden Angestellten, 1978, S. 66 ff.; GK-HGB/*Schmidt*, § 52 HGB Rn. 14.

77 **(5) Arbeitsrechtliche Stellung.** Vor allem in arbeitsrechtlichen Gesetzen gibt es eine Reihe von Sondervorschriften für Prokuristen. Sie sind leitende Angestellte i.S.d. § 5 Abs. 3 Satz 2 Nr. 2 BetrVG, sofern sie nicht zu den sog. Titular- (Ehren) oder Zeichnungsprokuristen („um immer einen Zeichnungsberechtigten zur Hand zu haben") rechnen. Prokuristen können nicht Aufsichtsratsmitglieder auf Anteilseignerseite sein (§ 105 Abs. 1 AktG), sondern nur auf Arbeitnehmerseite als leitende Angestellte in den Aufsichtsrat gewählt werden, es sei denn, dass sie dem zur gesetzlichen Vertretung des Unternehmens befugten Organ unmittelbar unterstellt und zur Ausübung der Prokura für den gesamten Geschäftsbereich des Organs ermächtigt sind (§ 105 Abs. 1 AktG, § 6 Abs. 2 MitbestG). Für Prokuristen gibt es im allgemeinen keine Beschränkungen in der Arbeitszeit (§ 18 Abs. 1 Nr. 1 ArbZG i.V.m. § 5 Abs. 3 Satz 2 Nr. 2 BetrVG). Prokuristen können zu ehrenamtlichen Richtern der Arbeitgeber an Arbeitsgerichten (§ 22 Abs. 2 Nr. 2 ArbGG) und an Sozialgerichten (§ 16 Abs. 4 Nr. 4 SGG) bestellt werden.

78 **dd) Handlungsvollmacht.** Handlungsvollmacht ist jede Vollmacht, die ein Kaufmann im Rahmen seines Handelsgewerbes erteilt, mit Ausnahme von Generalvollmacht[64] und Prokura (§ 54 Abs. 1 HGB).

79 **(1) Erteilung.** Die Handlungsvollmacht ist eine Vollmacht i.S.d. BGB (§ 166 Abs. 2 BGB). Sie kann formlos erteilt werden (§ 167 Abs. 2 BGB). Nach der Rechtsprechung reicht es aus, wenn einem Mitarbeiter eine Stellung übertragen wird, die nach der Verkehrsanschauung typischerweise mit Handlungsvollmacht verbunden ist (z.B. Schalterangestellter einer Bank)[65].

80 **(2) Umfang.** Das Gesetz unterscheidet nach dem Umfang der Vertretungsmacht drei Arten von Handlungsvollmacht:

- die **Generalhandlungsvollmacht** (alle Rechtsgeschäfte und Rechtshandlungen, die der Betrieb eines derartigen Handelsgewerbes gewöhnlich mit sich bringt),
- die **Artvollmacht** (z.B. Rechtsgeschäfte im Einkauf und/oder bis zu 50.000 €) und
- die **Spezialvollmacht** (z.B. einen Vertrag aushandeln oder tanken oder Briefmarken kaufen).

81 Der Handlungsbevollmächtigte ist nicht ermächtigt zur Veräußerung und Belastung von Grundstücken, zur Eingehung von Wechselverbindlichkeiten, zur Aufnahme von Darlehen und zur Prozessführung, es sei denn, ihm ist die Befugnis dazu besonders erteilt (§ 54 Abs. 2 HGB). Der Vertretene kann die Handlungsvollmacht beschränken. Anders als bei der Prokura muss ein Dritter solche Beschränkungen gegen sich gelten lassen, wenn er sie kannte oder kennen musste (§ 54 Abs. 3 HGB).

---

[64] GK-HGB/*Schmidt*, § 54 HGB Rn. 2.
[65] RAG 8.12.1914, RGZ 86, 86, 89.

III. Der personelle Aufbau des Unternehmens 75

(3) **Zeichnung.** Der Handlungsbevollmächtigte hat mit einem das Vollmachtsverhältnis ausdrückenden Zusatz zu zeichnen; er hat sich jedes eine Prokura andeutenden Zusatzes zu enthalten (§ 57 HGB). Üblicherweise zeichnen Handlungsbevollmächtigte mit dem Zusatz i.V. oder i.A. vor ihrem Namen; häufig wird die Firma hinzugefügt (z.B. i.V. Müller, X-GmbH). Wirksam ist aber auch die bloße Unterschrift mit eigenem Namen auf Firmenpapier oder die Unterschrift mit der Firma des Inhabers[66]. Rechtlich besteht zwischen i.V. und i.A. kein Unterschied. Handlungsbevollmächtigte, die mit i.v. zeichnen dürfen, stehen in der Hierarchie aber in aller Regel höher als Handlungsbevollmächtigte mit i.A., ihr Aufgabengebiet ist im allgemeinen größer und ihre Vertretungsmacht dementsprechend weiter. Häufig sind sie Abteilungsleiter, während Handlungsbevollmächtigte mit i.A. zumeist Sachbearbeiter auf einem bestimmten, zumeist eng umgrenzten Gebiet sind. Vielfach wird durch die Beifügung von i.A. lediglich angezeigt, dass der Mitarbeiter eine fremde Erklärung weitergibt[67]; soll sein Handeln als Vertretung gewertet werden, muss aus den Gesamtumständen erkennbar sein, dass er für den Arbeitgeber gehandelt hat[68]. Die Praxis bezeichnet in aller Regel nur Bevollmächtigte, die mit i.V. zeichnen dürfen, als Handlungsbevollmächtigte. 82

(4) **Arbeitsrechtliche Stellung.** Gesetze enthalten nur zwei Sonderregelungen für Handlungsbevollmächtigte: „Zum gesamten Geschäftsbetrieb ermächtigte Handlungsbevollmächtigte" (§ 54 Abs. 1, Alt. 1 HGB) können nicht als Anteilseignervertreter in den Aufsichtsrat bestellt werden (§ 105 Abs. 1 AktG); die Aktiengesellschaft darf ihnen Kredite nur mit Zustimmung des Aufsichtsrats gewähren (§ 89 Abs. 2 AktG). Handlungsbevollmächtigte sind nicht in dieser Eigenschaft leitende Angestellte. Sie können aber nach allgemeinen Grundsätzen leitende Angestellte sein. Nicht selten wird die Handlungsvollmacht in den Unternehmen als Kriterium für die Abgrenzung des Kreises der Führungskräfte (leitende Mitarbeiter) benutzt. Keine Frage der Vertretungsmacht ist die „Vertretung" des Arbeitgebers gegenüber den Betriebsverfassungsorganen. Natürlich bedarf es zum Abschluss von Betriebsvereinbarungen und Regelungsabreden einer Vollmacht; sofern der Unterzeichner nicht bereits Vollmacht hat – so der Normalfall –, liegt in der Beauftragung die Erteilung einer Einzelhandlungsvollmacht. Das Betriebsverfassungsgesetz stellt – im Gegensatz zum Personalvertretungsgesetz (§ 7 BPersVG) – an den „Vertreter" des Arbeitgebers aber keine besonderen Anforderungen. Das BAG verlangt[69], dass er die entsprechende Sachkunde hat, die beim Bericht über die wirtschaftliche Lage des Unternehmens in der Betriebsversammlung natürlich anders beschaffen ist als bei der Unterrichtung über ein neues elektronisches Zugangssystem zum Werk. 83

---

[66] GK-HGB/*Schmidt*, § 57 HGB Rn. 1.
[67] BAG 13.12.2007, NZA 2008, 403, 404.
[68] BAG 17.4.2017 - 7 AZR 446/15.
[69] BAG 11.12.1991, DB 1992, 1732.

## IV. Personal- und Sozialpolitik

### 1. Adressaten

#### a) Gesetzliche Vertreter

84  Gesellschafter, Vorstandsmitglieder und Geschäftsführer sind keine Arbeitnehmer. Soweit sie nicht aufgrund gesellschaftsrechtlicher Stellung arbeiten (geschäftsführender Gesellschafter), liegt ihrer Tätigkeit in aller Regel ein Dienstvertrag zugrunde. Der Dienstvertrag wird beim ersten Mal im allgemeinen auf 3 Jahre, später auf 5 Jahre, in vorgerücktem Lebensalter (ab 50, 55, 60 ...) wiederum auf 3 Jahre abgeschlossen. Die Gehälter setzen sich zumeist aus einem (monatlich zahlbaren) Fixum und einer gewinnabhängigen Tantieme zusammen; der Entgeltteil, der als Tantieme gezahlt wird, ist prozentual im allgemeinen wesentlich größer als bei Arbeitnehmern. Arbeitsrechtliche Vorschriften sind auf den Dienstvertrag grundsätzlich nicht anwendbar; Vorstandsmitglieder haben also z.B. keinen Kündigungsschutz nach dem Kündigungsschutzgesetz (vgl. § 14 Abs. 1 KSchG). Aber natürlich werden im Vertrag Bedingungen vereinbart, die das Vorstandsmitglied oder den Geschäftsführer nicht schlechter stellen als die Arbeitnehmer (Urlaub, Gehaltsfortzahlung bei Krankheit, Altersversorgung, Firmenwohnung, Dienstwagen usw.). Den Kündigungsschutz ersetzen großzügig bemessene Abfindungsregelungen.

#### b) Außertarifliche Angestellte (AT-Angestellte)

85  Nachdem die Unterscheidung nach Arbeitern und Angestellten überholt – und verfassungsrechtlich unzulässig – ist, verläuft die wichtigste Scheidelinie in der Belegschaft jetzt zwischen AT-Angestellten und tariflich geführten Mitarbeitern. Von AT-Mitarbeitern wird nicht nur qualifiziertere Arbeit, sondern auch ein größerer Einsatz erwartet. Zwar ist die Vorstellung, sie würden sozusagen ihre ganze Person in den Dienst des Unternehmens stellen und aktiv ständig daran mitarbeiten, die Unternehmensziele zu verwirklichen, für viele AT-Angestellte – und nicht nur im unteren, sog. „tarifnahen" Bereich – nicht (mehr) realistisch. Kleinliches Auf-die-Uhr-Schauen und Handaufhalten für jede Sonderleistung wird aber als mit ihrer Stellung unvereinbar angesehen. Umgekehrt „revanchiert" sich das Unternehmen mit einem Gehalt, das so bemessen ist, dass auch Überstunden und Sonderleistungen, soweit sie nicht ganz außergewöhnlich sind, mit abgegolten werden: „Es ist alles im Gehalt". Bei Kurzarbeit wird nicht selten das Gehalt voll weitergezahlt; zumindest wird das Kurzarbeitergeld aufgestockt.

86  Da AT-Angestellte als Führungskräfte stärkeren Einfluss auf das Unternehmensergebnis haben, ist i.d.R. ein größerer Teil ihres Entgelts als bei den übrigen Arbeitnehmern – allerdings kleiner als bei Mitgliedern der Unternehmensleitung – erfolgsabhängig (1 bis 3 Monatsgehälter). Im übrigen erhalten sie – abgesehen von der Überstundenvergütung – mindestens dieselben Leistungen wie andere Arbeitnehmer. Bessergestellt sind sie zumeist bei der Entgeltfortzahlung im Krankheitsfall und in der Altersversorgung. Auch die Kündigungsfristen sind im allgemeinen länger (zum Teil 6 Monate zum Jahresende oder – sinnvoller – 6 Monate oder 1 Jahr zum Monats- oder Vierteljahresende). Auf Tarifverträge nimmt der Arbeitsver-

trag naturgemäß nicht Bezug. Durch die Klausel in manchen Tarifverträgen, dass ein bestimmter Mindestabstand zum Tarifentgelt einzuhalten ist (s. oben Rn. 30), soll sichergestellt werden, dass die Arbeitsbedingungen im Ganzen gesehen über denen in der obersten Tarifgruppe liegen.

Nicht selten wird der AT-Bereich nochmals – in größeren Unternehmen auch mehrfach – unterteilt. So kann es Sonderregelungen geben für Direktoren und Prokuristen sowie für diesen Gleichgestellte (= Mitarbeiter in Positionen, die gleichwertig, aber nicht mit Prokura verbunden sind). Zumeist erhalten sie nochmals bessere Leistungen, häufig „benefits" wie Dienstwagen, Firmenwohnung, günstigere Darlehen usw. bis hin zu Briefpapier mit eigenem Namen und Visitenkarten. **87**

Knüpfen materielle Sonderleistungen zumeist an die AT-Stellung an, so werden immaterielle häufig an einen engeren Führungskräftekreis, etwa den der leitenden Mitarbeiter (leitende Angestellte plus ihnen Gleichgestellte, Untergrenze ist etwa die Handlungsvollmacht) erbracht. Hier geht es um zusätzliche Informationen über das Unternehmen. **88**

### c) Leitende Angestellte

Kein eigener Adressatenkreis für die betriebliche Sozialpolitik sind im allgemeinen die leitenden Angestellten, sofern sie sich nicht zufällig – wie in manchen Tarifbereichen – mit den AT-Angestellten decken. Die Stellung als leitender Angestellter ist zu sehr auf die Betriebsverfassung bezogen, als dass sie sich als Anknüpfungspunkt für die betriebliche Sozialpolitik eignen könnte. Außerdem ist die Entscheidung über die Abgrenzung dieses Personenkreises der Unternehmensleitung entzogen. Gerichte könnten letzten Endes darüber entscheiden, wer welche betrieblichen Leistungen erhält. **89**

## 2. Instrumente der Personalarbeit

### a) Informationen

Das wichtigste Hilfsmittel der Personalabteilung bei ihrer Arbeit sind – außer Kontakten und der nötigen finanziellen Ausstattung – Informationen: über die Lage auf dem Wirtschafts- und Arbeitsmarkt, über die Situation im Unternehmen und über die Mitarbeiter. Vor allem die Informationen über die Letzteren haben Gesetzgebung und Rechtsprechung immer wieder beschäftigt. Alle Informationen zielen letztlich darauf ab, den richtigen Mitarbeiter für den richtigen Platz zu finden und ihn so zu behandeln, insbesondere so zu entlohnen, dass er die bestmögliche Leistung erbringt. **90**

### b) Personalplanung

**aa) Arten.** Zumindest größere Unternehmen pflegen systematisch zu planen und diese Planung jährlich fortzuschreiben. Die Fachabteilungen sammeln Daten über den Markt, über neue Produkte und Entwicklungen und leiten daraus ihre Ziele für das kommende Jahr ab. Daten und Ziele werden in einer Zentralstelle – der betriebswirtschaftlichen Abteilung, dem Geschäftsführungsbüro oder wie immer sie heißt – **91**

zusammengetragen und miteinander verknüpft. Die Unternehmensleitung trifft daraus – in Zusammenarbeit mit den Fachabteilungen – die Entscheidungen über die Unternehmensziele des folgenden Jahres, die Fachabteilungen haben diese Ziele zu erreichen.

Stehen die Ziele fest, so kann die Personalplanung gemacht werden (vgl. § 106 BetrVG: Unterrichtung über die wirtschaftlichen Angelegenheiten des Unternehmens und „die sich daraus ergebenden Auswirkungen auf die Personalplanung"). In Zusammenarbeit mit den Fachabteilungen wird ermittelt, wie viele Mitarbeiter („quantitative Personalplanung") mit welcher Qualifikation („qualitative Personalplanung") wann und an welcher Stelle benötigt werden und wie diese Mitarbeiter beschafft („Beschaffungsplanung") oder wie Überhänge abgebaut werden können („Abbauplanung", vgl. § 92 Abs. 1 BetrVG). Besonderes Augenmerk richten die Unternehmen in jüngerer Zeit aufgrund der demographischen Entwicklung auf die älteren Mitarbeiter. Deren Potential gilt es zu erhalten durch Weiterbildung, Gesundheitsvorsorge und eine altersgerechte Arbeitsplatzgestaltung.

92   **bb) Methoden und Hilfsmittel.** Zur Information über die Tätigkeiten im Unternehmen stehen im Idealfall mehrere Instrumente zur Verfügung. Das Organigramm als einfachstes Hilfsmittel gibt einen Überblick über die wichtigsten Funktionen im Unternehmen und zeigt, wie sie besetzt sind. Der Stellenplan schreibt sozusagen das Organigramm bis auf die letzte Stelle im Unternehmen fort. Ergänzt wird er durch Stellenbeschreibungen, die die im Stellenplan nur schlagwortartig umrissenen Tätigkeiten im Einzelnen aufschlüsseln. Aus dem Stellenbesetzungsplan ergibt sich der augenblickliche Stelleninhaber. Zumeist werden neben dem Namen die für die Personalplanung wichtigsten Daten mit angegeben: Alter, Dienstalter, Eingruppierung (Gehalt), Ausbildung, zusätzliche Kenntnisse.

93   Die Verbindung zwischen den unternehmensbezogenen Stellenplänen und -beschreibungen zum (künftigen) Stelleninhaber schlagen die Anforderungsprofile. Aus ihnen ergibt sich, wie der ideale Stelleninhaber aussieht: Ausbildung, Erfahrung, zusätzliche Kenntnisse und Fähigkeiten, Alter usw.

94   Die Daten über den künftigen Mitarbeiter werden bei der Bewerbung ermittelt: durch Fragen, durch Einsicht in Unterlagen, unter Umständen auch durch Prüfungen und Tests. Soweit die Daten für das Arbeitsverhältnis Bedeutung haben, werden sie gespeichert; schriftliche Unterlagen werden i.d.R. zur Personalakte zusammengefasst, ausgewählte Daten vielfach in mehr oder weniger umfangreichen Personalinformationssystemen gespeichert. Die elektronische Speicherung hat den Vorteil und – aus der Sicht des Mitarbeiters – vielleicht auch den Nachteil, schnelleren Zugriffs und besserer Verknüpfbarkeit. Das BAG hat Personalinformationssysteme deshalb der Mitbestimmung des Betriebsrats unterworfen (§ 87 Abs. 1 Nr. 6 BetrVG)[70].

---

[70] BAG 11.3.1986, AP Nr. 14 zu § 87 BetrVG 1972 Überwachung.

## c) Vergütung

**aa) Marktgehalt und innerbetriebliche Entgeltgerechtigkeit.** Geld motiviert 95
nicht – jedenfalls nicht auf Dauer – zu besonderen Leistungen; das „falsche" Entgelt
ist aber leistungsschädlich. Die Entgeltfindung muss sich am externen und internen
Arbeitsmarkt ausrichten. Das Unternehmen muss Bewerbern (mindestens) das zahlen, was vergleichbare Arbeitskräfte bei vergleichbarer Tätigkeit am Ort erhalten.
Im Grundsatz gilt das auch für vorhandene Mitarbeiter. Allerdings spielen vor allem
bei längerer Betriebszugehörigkeit auch andere Faktoren – Arbeitsplatzsicherheit,
Betriebsklima – eine Rolle; die Schwelle, ab der ein Wechsel in ein anderes Unternehmen ins Auge gefasst wird, dürfte bei etwa 15 % Unterschied zum Marktgehalt
liegen.

Das Marktgehalt wird durch sog. Gehaltsvergleiche, d.h. durch Vergleiche mit den 96
Gehältern in anderen Unternehmen ermittelt. Vielfach werden Informationen unmittelbar im Erfahrungsaustausch mit anderen Personalleitern gesammelt; der Erfahrungsaustausch wird zumeist durch die zuständigen Arbeitgeberverbände, aber
auch durch darauf spezialisierte Beratungsgesellschaften organisiert. Diese Gesellschaften bieten auch vergleichende Untersuchungen an.

Ebenso wichtig ist die interne (innerbetriebliche) Entgeltgerechtigkeit, d.h. das rich- 97
tige Verhältnis der Gehälter der Arbeitnehmer eines Betriebs (bei engem Kontakt
von Mitarbeitern eines Unternehmens, vor allem bei leitenden Angestellten und Außendienstmitarbeitern) zueinander. Auch dieses Verhältnis wird letztlich durch Vergleich festgelegt, wobei das Entgelt in mehrere Bestandteile zerlegt wird:

– das Arbeitswertentgelt,
– die persönliche Zulage
– und Sonstiges.

**bb) Vergütungsphilosophie.** Wie der Entgeltaufbau oder – noch umfassender – 98
das Sozialleistungspaket insgesamt aussieht, hängt von Tradition, Philosophie und
Arbeitsmarktbedingungen des Unternehmens ab. Das gilt für die Abstufung der
Gehälter nach Belegschaftsgruppen ebenso wie für das Verhältnis von festen Entgeltbestandteilen zu variablen, von monatlich zahlbaren zu jährlich oder zu anderen
Stichtagen zu entrichtenden, von Entgelt zu geldwerten Leistungen (verbilligte Mieten, Mittagessen, Warenbezug)[71]. Manche Unternehmen sind stolz auf ihre hohen
Gehälter, andere auf ihre Altersversorgung, dritte auf ihre Belegschaftsaktien. Eine
gewisse Individualität wird gepflegt unter dem Stichwort Corporate Identity. Den
Versuch, eine gleichmäßige Inanspruchnahme von Sozialleistungen zu sichern

---

[71] Die Tendenz geht heute zu einer Aufspaltung der Bezüge in ein monatlich zahlbares Fixum und in eine – zumeist – jährlich zahlbare Variable, deren Höhe teils von der persönlichen Leistung, teils von dem Unternehmensergebnis abhängt. Der Anteil der Variablen und innerhalb der Variablen der des ergebnisabhängigen Betrags steigt mit der Stellung in der Hierarchie.

(Mittagessen, Schwimmbad, unternehmenseigene Kuren), unternehmen Menüsysteme, die dem Arbeitnehmer einen bestimmten Betrag für Sozialleistungen pro Jahr einräumen.

99 **cc) Rechtliche Gestaltung der Vergütung.** Von den Usancen in der Branche und im Unternehmen hängt es auch ab, welcher rechtstechnischen Mittel man sich zur Regelung von Arbeitsbedingungen bedient.

100 **(1) Tarifverträge.** In manchen Wirtschaftszweigen geht die Tarifpolitik dahin, die Arbeitsbedingungen möglichst vollständig tariflich zu erfassen. Damit soll Forderungen von Betriebsräten von vornherein vorgebeugt werden. In anderen Branchen mit vorwiegend größeren, gutgehenden Unternehmen wird dagegen der betrieblichen Sozialpolitik ein größerer Spielraum belassen. Die beiden Modelle berühren zugleich die Grundsatzfrage, ob es „richtig" ist, möglichst viel zu tarifieren, d.h. mit den Tarifbedingungen möglichst nahe an den Effektivbedingungen zu bleiben (Tarifjargon: „die Schere schließen"), oder ob die Tarifverträge nicht lediglich Mindestbedingungen für die Branche enthalten sollen. Im ersten Fall stellt sich dann für schlechtergehende Unternehmen die Frage nach Öffnungsklauseln, im zweiten können die Unternehmen den verbleibenden Spielraum zur eigenen Gestaltung nutzen. Müssen Arbeitsbedingungen verschlechtert werden, sind im ersten Fall die Tarifparteien gefordert – das ist sozialpolitisch nicht unproblematisch –, im zweiten können (und müssen) die Unternehmen die Änderung selbst bewerkstelligen (Stichwort: Abbau von Sozialleistungen). Gleichgültig, wie sich die Tarifvertragsparteien entscheiden, die Gewährung (und den Entzug) übertariflicher Leistungen können sie nicht verhindern. Durch übertarifliche Leistungen werden Leistung und Gegenleistung im konkreten Arbeitsverhältnis austariert.

101 Tarifverträge können zwischen einer Gewerkschaft und einem Arbeitgeberverband oder zwischen einer Gewerkschaft und einem einzelnen Arbeitgeber abgeschlossen werden. Im ersten Fall spricht man von einem Verbandstarifvertrag, neuerdings auch von einem Flächentarifvertrag, im zweiten von einem Haus-, Unternehmens- oder Firmentarifvertrag. Die Verbandstarifverträge haben in Deutschland sehr viel größere Bedeutung als die Firmentarifverträge. Allerdings geht der Trend eher in die andere Richtung. Das größte Unternehmen mit einem Haustarifvertrag ist VW.

102 Die Arbeitsbedingungen sind zumeist in mehreren Tarifverträgen geregelt: im Entgelttarifvertrag die Höhe des Entgelts, im Entgeltrahmentarifvertrag vor allem die Definitionen der Tarifgruppen, im Manteltarifvertrag die übrigen Arbeitsbedingungen, wie Arbeitszeit, Urlaub, Freistellungen, und in Tarifverträgen über Spezialmaterien vermögenswirksame Leistungen oder das Schlichtungsverfahren („Schlichtungsabkommen"). Die Gesamtheit der Tarifverträge, die zwischen einer Gewerkschaft und einem Arbeitgeber oder Arbeitgeberverband für ein Unternehmen oder eine Branche bestehen, bezeichnet man als Tarifwerk.

**(2) Betriebsvereinbarungen.** Für die Regelung in Betriebsvereinbarungen sind zwei gegenläufige Überlegungen maßgeblich: zum einen Bedürfnis und Notwendigkeit, dem Betriebsrat Möglichkeiten der Selbstdarstellung einzuräumen, sowie die Möglichkeit einfacherer Kündbarkeit; zum anderen die Sorge, den unmittelbaren Kontakt zum Mitarbeiter mit individuellen Steuerungsmöglichkeiten zulasten mehr oder weniger anonymer, gleichmacherischer Ordnungen aufzugeben mit der Folge, dass der Mitarbeiter vielleicht nur noch den Anspruch, nicht aber die Gegenseitigkeit der Leistungen sieht. Die Zahl der Betriebsvereinbarungen steigt im Verhältnis zur Unternehmensgröße. Selten sind es mehr als ein Dutzend. Die Vereinbarungen betreffen hauptsächlich betriebliche Sozialleistungen (Jahresprämie, Altersversorgung, Jubiläen) und Ordnungsfragen (Arbeitsordnung, Gleitzeitregelung, Kontrollen). Das Gegenstück für leitende Angestellte sind sog. **Sprecher(ausschuss)vereinbarungen**, die mit deren Vertretung, dem Sprecherausschuss abgeschlossen werden. 103

**(3) Arbeitsverträge.** Zumindest in mittleren und größeren Unternehmen ist es üblich, schriftliche Arbeitsverträge abzuschließen. Obwohl viele Verträge Schriftformklauseln enthalten, hält man sich bei Vertragsänderungen nur selten daran. Die – zumeist jährlichen – Regulierungen (= Gehaltserhöhungen) werden im allgemeinen nur von einem Schreiben der Unternehmensleitung begleitet. Die Zuweisung anderer Aufgaben – auch an einem anderen Ort – erfolgt häufig formlos. Schriftliche Änderungsverträge werden am ehesten abgeschlossen bei Beförderungen, die mit erheblich anderen Leistungen verbunden sind, und bei Versetzungen auf einen geringerwertigen Arbeitsplatz. Die Verträge nehmen nicht selten Bezug auf andere – zumeist umfangreiche und für alle oder doch für ganze Gruppen von Arbeitnehmern geltende – Regelungen, etwa auf Versorgungsordnungen. Durch die Bezugnahme werden sie Bestandteil des Vertrags. Auch ihre Änderung unterliegt dann den Regeln über die Änderung von Verträgen. Viele Verträge nehmen Bezug auf Tarifverträge und Betriebsvereinbarungen. Die Bezugnahme kann konstitutiv oder deklaratorisch gemeint sein. Im ersten Fall wird die Kollektivregelung Teil des Arbeitsvertrags, im zweiten ist sie nur ein rechtlich bedeutungsloser Hinweis. Bei mündlichen oder schriftlichen Zusagen der Unternehmensleitung, etwa anlässlich einer Betriebsversammlung oder eines Arbeitskampfes oder durch Aushang am Schwarzen Brett, kann man im allgemeinen von einem Verzicht auf den Zugang der Annahmeerklärung ausgehen (§ 151 BGB). 104

### d) Motivation

So wichtig die materiellen Arbeitsbedingungen sind: Geld allein kann – jedenfalls auf Dauer – nicht ausreichend motivieren. 105

Die richtige Entgeltpolitik ist deshalb nur ein – wenn auch wichtiger – Baustein in der betrieblichen Sozialpolitik. Nach *Herzberg* ist Entgelt kein Motivator, sondern ein „Hygienefaktor". Entgelt spornt nicht – oder allenfalls kurzfristig – zu höheren Leistungen an, sondern führt, wenn es nicht den Erwartungen entspricht, zu Unzu- 106 friedenheit. Motivatoren sind Leistung, Anerkennung, die Arbeit selbst, Verantwortung und die Möglichkeit voranzukommen[72]. Die Unternehmen machen deshalb große Anstrengungen, um das Interesse an der Arbeit und am Ergebnis zu erhöhen. Delegation von Verantwortung, eine Wiederanreicherung extrem geteilter Arbeit, Versuche, Führung und Zusammenarbeit zu verbessern, sind Schritte in diese Richtung und werfen neue arbeitsrechtliche Fragen auf, zeigen aber auch die Grenzen des Arbeitsrechts. Recht ist – wie überall – nicht mehr und nicht weniger als das „ethische Minimum".

---

[72] *Herzberg/Mausner/Snydermann*, The motivation to work, 2. Aufl. 1967.

# § 4 Arbeitsvertragsformen

## I. Arbeitsverhältnis auf unbestimmte Dauer

Das Arbeitsverhältnis auf unbestimmte Dauer gilt als Normalfall. Tatsächlich sind die meisten Arbeitsverhältnisse auf das Erreichen der Regelaltersgrenze für den Bezug der Altersrente (§§ 35 Satz 2, 235 SGB VI) befristet. Diese Befristung ist in aller Regel als Höchstbefristung gemeint. Die Arbeitsverhältnisse sind wie unbefristete zu behandeln, d.h. sie sind ordentlich kündbar (vgl. § 15 Abs. 3 TzBfG). Der Parteiwille kommt zumeist auch dadurch zum Ausdruck, dass Kündigungsfristen vereinbart werden oder dass auf gesetzliche oder tarifliche Kündigungsvorschriften verwiesen wird. 1

Ein dauerndes Arbeitsverhältnis (§§ 617, 629 BGB) liegt vor, wenn das Arbeitsverhältnis entweder auf längere Zeit abgeschlossen ist (= befristetes Arbeitsverhältnis) oder wenn die Parteien bei Vereinbarung eines unbefristeten Arbeitsverhältnisses mit einer längeren Dauer rechnen. 2

Welche Bedeutung die Zusage einer Dauerstellung hat, ist unter Berücksichtigung aller Umstände des konkreten Falls zu ermitteln. Gibt ein Arbeitnehmer aufgrund einer solchen Zusage einen sicheren Arbeitsplatz auf, so kann darin der Verzicht auf die sechsmonatige Wartefrist des § 1 Abs. 1 KSchG liegen[1]. Ähnliches gilt für die Zusage einer Lebensstellung oder einer Lebensaufgabe. Je nach den Umständen kann das einfach das Inaussichtstellen eines sicheren Arbeitsplatzes bedeuten – so der Normalfall –, aber auch die Vereinbarung einer Mindestdauer oder einer längeren Kündigungsfrist oder des Ausschlusses der ordentlichen Kündigung[2]. Zumeist wird sich aus der Kündigungsregelung im Vertrag erschließen lassen, was gemeint ist. 3

## II. Befristete und bedingte Arbeitsverträge

### 1. Allgemeines

Befristete Dienstverhältnisse waren für den BGB-Gesetzgeber der Normalfall (vgl. § 620 BGB). Sie boten dem Dienstnehmer mehr Schutz als unbefristete, weil während der Laufzeit die ordentliche Kündigung ausgeschlossen war, soweit die Parteien nichts anderes vereinbart hatten (§ 620 Abs. 2 BGB). Das änderte sich mit Einführung des Kündigungsschutzes. Nunmehr war das unbefristete Arbeitsverhältnis für den Arbeitnehmer das sicherere. Mit Hilfe des befristeten Arbeitsvertrags 4

---

[1] BAG 8.6.1977, AP Nr. 1 zu § 1 KSchG 1969.
[2] MünchArbR/*Richardi/Buchner*, § 33 Rn. 50.

konnte der Kündigungsschutz umgangen werden, und davon wurde nicht selten Gebrauch gemacht. Hierauf beruht das Phänomen der sogenannten **Kettenarbeitsverträge**. Damit es nicht zu Kündigungsschutz kam, wurden ganz nach Bedarf unter Umständen über Jahre hinweg befristete Arbeitsverhältnisse aneinandergereiht. Das BAG bereitete dieser Praxis ein Ende, indem es in den Fällen, in denen eine Umgehung des Kündigungsschutzes in Betracht kam, für die Befristung – und ursprünglich auch für deren Dauer – sowie für eine Bedingung einen sachlichen Grund verlangte[3]; bei einer Bedingung sollten für den Sachgrund erhöhte Anforderungen gelten. Der Gesetzgeber hat diese Rechtsprechung akzeptiert, aus arbeitsmarktpolitischen Gründen aber Verträge ohne sachlichen Grund bis zur Dauer von zwei Jahren zugelassen. 1999 schlossen die Europäischen Sozialpartner dann ein Abkommen über befristete Arbeitsverhältnisse, das der europäische Gesetzgeber in Form einer Richtlinie sanktionierte[4]. Darin haben die Sozialpartner bekräftigt, dass sie unbefristete Arbeitsverträge zwar als die übliche Form des Beschäftigungsverhältnisses ansehen, befristete Arbeitsverträge aber für bestimmte Branchen, Berufe und Tätigkeiten charakteristisch sind und den Bedürfnissen der Arbeitsvertragsparteien entsprechen können[5]. Der deutsche Gesetzgeber hat die Richtlinie Ende 2000 im Teilzeit- und Befristungsgesetz (TzBfG)[6] in nationales Recht umgesetzt.

## 2. Grundsatz

5 Das TzBfG kehrt das bisherige Regel-Ausnahme-Verhältnis um. Seit 2001 bedarf jeder befristete und bedingte Arbeitsvertrag eines sachlichen Grundes, auch wenn der Kündigungsschutz nicht umgangen werden kann (§§ 14 Abs. 1, 21 TzBfG), d.h. auch in den ersten sechs Monaten des Arbeitsverhältnisses und in Betrieben mit zehn oder weniger Beschäftigten[7]. Für höchstens zwei Jahre kann ein befristeter Arbeitsvertrag ohne Sachgrund abgeschlossen werden, allerdings binnen drei Jahren[8] nur einmal mit demselben Arbeitgeber (§ 14 Abs. 2 TzBfG). Die Höchstdauer verlängert sich auf vier Jahre in neugegründeten Unternehmen (§ 14 Abs. 2a TzBfG) und auf fünf Jahre für Verträge mit Arbeitnehmern ab vollendetem 52. Lebensjahr (§ 14 Abs. 3 TzBfG).

5a § 14 TzBfG betrifft nur die Befristung des gesamten Arbeitsvertrags; **die Befristung einzelner Arbeitsbedingungen**[9] – etwa die vorübergehende Aufstockung der Arbeitszeit eines Teilzeitbeschäftigten – richtet sich, soweit sie einer Vertragsänderung bedarf, nach den §§ 307 ff. BGB[10]. Sie kann zulässig sein, wenn die Befristung des Arbeitsvertrags im ganzen

---

[3] BAG GS 12.10.1960, AP Nr. 16 zu § 620 BGB Befristeter Arbeitsvertrag.
[4] RL über befristete Arbeitsverträge 1999/70/EG, ABl. 1999 Nr. L 175, S. 43.
[5] Ziff. 6 und 8 der Erwägungsgründe der RL 1999/70/EG.
[6] V. 21.12.2000, BGBl. I 2000, S. 1966.
[7] BAG 3.11.2003, NZA 2005, 218, 219 ff.
[8] BAG 6.4.2011, NZA 2011, 905.
[9] *Lunk/Leder*, NZA 2008, 504; *Maschmann*, RdA 2005, 212; *Preis/Bender*, NZA-RR 2005, 337; *Willemsen/Jansen*, RdA 2010, 1; *Wimmer*, Befristung einzelner Arbeitsbedingungen, Diss. Mannheim 2008.
[10] BAG 8.8.2007, AP Nr. 41 zu § 14 TzBfG m. Anm. *Maschmann*.

wirksam wäre und wenn sie nicht ausnahmsweise als unangemessen erscheint[11]. Bei einer befristeten Erhöhung der Arbeitszeit in einem erheblichen Umfang (50 %) ist die Befristung nur dann nicht unangemessen, wenn Umstände vorliegen, die auch die Befristung eines gesondert im Umfang der Arbeitszeiterhöhung geschlossenen zusätzlichen Arbeitsvertrags nach § 14 Abs. 1 TzBfG rechtfertigen würden[12].

Das Gesetz regelt nur Verträge, die unter einem Endtermin oder unter einer auflösenden Bedingung stehen. Verträge mit Anfangstermin und unter aufschiebender Bedingung („wenn der Betriebsrat zustimmt" oder „wenn die ärztliche Untersuchung positiv ausfällt") sind ohne weiteres zulässig. Soweit im folgenden von Befristung und Bedingung gesprochen wird, ist immer ein Endtermin oder eine auflösende Bedingung gemeint. Die Regelungen für Befristungen und Bedingungen sind im wesentlichen gleich. Gesetzestechnisch wird die Gleichstellung dadurch erreicht, dass § 21 TzBfG die Vorschriften über die Befristung auf Bedingungen für entsprechend anwendbar erklärt. Die Ausführungen über die befristeten Arbeitsverträge gelten deshalb auch für den auflösend bedingten Arbeitsvertrag, wenn nichts anderes gesagt wird (vgl. insbesondere unten Rn. 11). Da das Gesetz einige Unterschiede zwischen dem kalendermäßig befristeten Arbeitsvertrag einerseits und dem zweckbefristeten und bedingten Arbeitsvertrag andererseits macht, bedarf es der Abgrenzung zwischen diesen drei Typen. 6

### 3. Befristung und Bedingung

#### a) Befristung

Befristet ist ein Arbeitsvertrag, wenn er auf bestimmte Zeit geschlossen ist (§ 3 Abs. 1 TzBfG). Auf bestimmte Zeit ist er geschlossen, wenn seine Dauer 7

– kalendermäßig bestimmt („bis 31.5.") oder bestimmbar („ab 1.6. für vier Wochen") ist („**kalendermäßig befristeter Arbeitsvertrag**", Zeitbefristung, § 3 Abs. 1 Satz 2 Alt. 1 TzBfG) oder

– sich aus Art (Showgeschäft), Zweck (Urlaubs- oder Krankheitsvertretung) oder Beschaffenheit (Forschungsprojekt) der Arbeitsleistung ergibt („**zweckbefristeter Arbeitsvertrag**", Zweckbefristung, § 3 Abs. 1 Satz 2 Alt. 2 TzBfG).

#### b) Bedingung

Bedingt ist ein Arbeitsvertrag, wenn seine Beendigung von einem ungewissen künftigen Ereignis abhängt, das nicht rechtliche Voraussetzung für den Eintritt der Bedingung (sog. **Rechtsbedingung**) ist[13]. Voraussetzung für die Beendigung eines Arbeitsvertrags ist immer, dass er zum vorhergesehenen Endtermin noch besteht. Bei der Höchstpersönlichkeit des Arbeitsvertrags (§ 613 Satz 1 BGB) setzt das voraus, 8

---

[11] St. Rspr., vgl. BAG 27.7.2005, NZA 2006, 40; BAG 2.9.2009, NZA 2009, 1253.
[12] BAG 15.12.2011, NZA 2012, 674.
[13] Keller, Pandekten, 2. Aufl., bearb. v. Lewis, I, 1866, § 51.

dass der Arbeitnehmer noch lebt und das Unternehmen oder zumindest ein Rechtsnachfolger noch existiert. Eine **„eigentliche" Bedingung** zeichnet sich demgegenüber dadurch aus, dass das Rechtsgeschäft auch ohne diese Bedingung bestehen könnte[14]. Eine Altersgrenze 65 beispielsweise ist deshalb ein Endtermin und keine auflösende Bedingung[15].

9 Befristung und Bedingung unterscheiden sich dadurch voneinander, dass das künftige Ereignis, von dem die Beendigung des Arbeitsvertrags abhängt, aus Sicht der Parteien gewiss oder ungewiss ist[16]. Gleichgültig ist, ob der Zeitpunkt, zu dem dieses Ereignis eintreten soll, selbst wieder bestimmt oder unbestimmt ist. Ist zweifelhaft, ob der Eintritt eines Ereignisses gewiss ist oder nicht, zum Beispiel ob ein Arbeitnehmer wieder arbeitsfähig wird, so stellt die Rechtsprechung auf die **Prognose** des Arbeitgebers ab, die allerdings durch konkrete Anhaltspunkte („greifbare Tatsachen") gestützt werden muss[17].

|  | **Eintritt eines Ereignisses** | |
|---|---|---|
|  | Ob | Wann |
| **Befristung** | gewiss (certus an) | gewiss (certus quando) ungewiss (incertus quando) |
| **Bedingung** | ungewiss (incertus an) | gewiss (certus quando) ungewiss (incertus quando) |

### 4. Sachliche Gründe

#### a) Gesetzliche Beispielsfälle: Befristung

10 Die Befristung eines Arbeitsvertrags ist zulässig, wenn sie durch einen sachlichen Grund gerechtfertigt ist (§ 14 Abs. 1 Satz 1 TzBfG). Das Gesetz definiert nicht, was ein sachlicher Grund ist. Es konkretisiert diesen unbestimmten Rechtsbegriff vielmehr durch acht Beispielsfälle und bleibt darüber hinaus für weitere Fälle offen („insbesondere", § 14 Abs. 1 Satz 2 TzBfG). Ein sachlicher Grund liegt insbesondere vor, wenn[18]

**1. der betriebliche Bedarf an der Arbeitsleistung nur vorübergehend besteht.** Es muss sich um einen Bedarf handeln, dessen Wegfall mit hinreichender Sicherheit

---

[14] Zu Vorstehendem *Hromadka*, NJW 1994, 911 f.
[15] So jetzt auch das BAG 19.11.2003, NZA 2004, 1336 m.w.N.
[16] Zur Abgrenzung BAG 29.6.2011, NZA 2011, 1346.
[17] BAG 12.9.1996, AP Nr. 182 zu § 620 BGB Befristeter Arbeitsvertrag.
[18] Vgl. im einzelnen *Bruns*, NZA-RR 2010, 495; *Greiner/Preis*, RdA 2010, 148.

zu erwarten ist, sei es, dass das Arbeitsvolumen im Bereich der Daueraufgaben vorübergehend ansteigt, sei es, dass für einen begrenzten Zeitraum eine Zusatzaufgabe oder ein Projekt übernommen wird, sei es, dass sich der Arbeitskräftebedarf – etwa wegen Rationalisierung – künftig verringert. Der Arbeitgeber hat bei Abschluss des Vertrags eine Prognose anzustellen, der konkrete Anhaltspunkte zugrunde liegen müssen[19]. Der Bedarf verringert sich nicht, wenn der Arbeitgeber Arbeiten in Zukunft von Leiharbeitnehmern verrichten lassen will[20] oder wenn der Betrieb auf einen anderen Inhaber übergeht, weil dieser in alle bestehenden Arbeitsverhältnisse eintritt (§ 613a BGB)[21]. Ein Grund für eine Befristung liegt auch nicht vor, wenn dem Arbeitnehmer Daueraufgaben übertragen werden, die von dem beschäftigten Stammpersonal wegen unzureichender Personalausstattung nicht erledigt werden können[22]. Die bloße Unsicherheit über die Entwicklung des Arbeitskräftebedarfs genügt nicht. Eine solche Unsicherheit gehört zum unternehmerischen Risiko des Arbeitgebers, das er nicht durch befristete Verträge auf die Arbeitnehmer abwälzen darf[23]. Unschädlich ist es, wenn der befristete Vertrag nicht für die gesamte Dauer des prognostizierten Mehrbedarfs abgeschlossen wird. Dasselbe gilt, wenn der Arbeitnehmer nach Abschluss eines konkreten Projekts anderweitig weiterbeschäftigt werden kann und der Arbeitgeber das bei Vertragsschluss erkennen konnte[24].

**2. die Befristung im Anschluss an eine Ausbildung oder ein Studium erfolgt**, um den Übergang des Arbeitnehmers in eine Anschlussbeschäftigung zu erleichtern. Damit soll vor allem eine weitere befristete Beschäftigung eines ehemaligen Werkstudenten bei demselben Arbeitgeber ermöglicht werden, die wegen des Anschlussverbots (§ 14 Abs. 2 Satz 2 TzBfG) erst nach drei Jahren wieder sachgrundlos erfolgen kann[25]. Nur der erste Arbeitsvertrag nach der Ausbildung oder dem Studium kann auf § 14 Abs. 1 Satz 2 Nr. 2 TzBfG gestützt werden; eine Verlängerung ist nicht möglich[26].

**3. der Arbeitnehmer zur Vertretung eines anderen Arbeitnehmers beschäftigt wird.** Nicht erforderlich ist, dass der Vertreter die Arbeit des Vertretenen übernimmt. Der Arbeitgeber kann die Arbeit des Vertretenen einer bei ihm beschäftigten geeigneten Stammkraft übertragen und dem Vertreter deren Arbeit zuweisen[27]. Die Aushilfskraft muss aber zumindest mittelbarer Vertreter des zu vertretenden Arbeitnehmers sein. Es genügt nicht, die freiwerdenden Mittel für die Verrichtung ganz anderer Arbeiten zu verwenden[28]. Der Arbeitgeber müsste rechtlich und tatsächlich

---

[19] Zum Vorst. BAG 14.12.2016, NZA 2017, 711 (Saisonbetrieb).
[20] BAG 15.2.2007, NZA 2007, 566.
[21] BAG 30.10.2008, NZA 2009, 723.
[22] BAG 14.12.2016, NZA 2017, 711.
[23] BAG 4.12.2013, NZA 2014, 480.
[24] BAG 25.8.2004, NZA 2005, 357.
[25] Vgl. Begr. RegE., BT-Drs. 14/4374, zu Art. 1 § 14 S. 19.
[26] BAG 10.10.2007, NZA 2008, 295, 297.
[27] BAG 15.2.2006, NZA 2006, 781.
[28] BAG 25.8.2004, NZA 2005, 472 f.

in der Lage sein, dem Vertretenen – gedanklich – die Aufgaben des Vertreters zuzuweisen; eine kurze Einarbeitungszeit schadet nicht[29]. Ein Vertretungsbedarf kann auch durch die vorübergehende Abordnung einer Stammkraft entstehen[30]. Ein ständiger Vertretungsbedarf steht dem Vorliegen eines Sachgrunds i.S.v. Nr. 3 nicht entgegen. Der Abschluss befristeter Verträge darf aber **nicht missbräuchlich sein**[31], d.h. er darf nicht zur Umgehung des Bestandsschutzes einzelner Arbeitnehmer zweckentfremdet werden (§ 242 BGB)[32]. Bei der Prüfung, ob eine missbräuchliche Gestaltung vorliegt, sind alle Umstände des Einzelfalls und namentlich die Gesamtdauer und die Zahl der mit derselben Person zur Verrichtung der gleichen Arbeit geschlossenen aufeinanderfolgenden befristeten Verträge zu berücksichtigen. Werden die Grenzen des § 14 Abs. 2 Satz 1 TzBfG (Höchstdauer von zwei Jahren bei höchstens dreimaliger Verlängerung) alternativ oder insbesondere kumulativ um ein Mehrfaches überschritten, ist eine umfassende Missbrauchskontrolle geboten. So ist es in der Regel, wenn die Gesamtdauer des befristeten Arbeitsverhältnisses 8 Jahre überschreitet oder wenn 12 Verlängerungen vereinbart werden oder wenn die Gesamtdauer 6 Jahre überschreitet und mehr als 9 Verlängerungen vereinbart werden. Werden die Grenzen in besonders gravierendem Ausmaß überschritten, kann eine missbräuchliche Ausnutzung indiziert sein. Davon ist in der Regel auszugehen, wenn die Gesamtdauer des Arbeitsverhältnisses 10 Jahre überschreitet oder wenn mehr als 15 Verlängerungen vereinbart wurden oder wenn mehr als 12 Verlängerungen bei einer Gesamtdauer von mehr als 8 Jahren vorliegen[33]. Die Gefahr eines Gestaltungsmissbrauchs liegt näher, wenn trotz voraussichtlich langen Vertretungsbedarfs in rascher Folge mit demselben Arbeitnehmer eine Vielzahl kurzfristiger Arbeitsverhältnisse vereinbart wird, als wenn die vereinbarte Befristungsdauer nicht hinter dem prognostizierten Vertretungsbedarf zurückbleibt[34]. Unterbrechungen können gegen eine missbräuchliche Inanspruchnahme des Sachgrunds der Vertretung sprechen. Erhebliche Unterbrechungen – jedenfalls von zwei Jahren – schließen die Annahme „aufeinanderfolgender Arbeitsverträge" aus. Zu berücksichtigen sind nur die Dauer des Vertragsverhältnisses und die Zahl der Verlängerungen nach der Unterbrechung[35]. Unwirksam ist die Befristung bei einer Dauervertretung, d.h. wenn der Arbeitnehmer von vornherein nicht nur zur Vertretung eines bestimmten Arbeitnehmers eingestellt wird, sondern wenn schon bei Vertragsschluss beabsichtigt ist, ihn für eine bei Vertragsschluss noch nicht absehbare

---

[29] BAG 14.4.2010, NZA 2010, 942; BAG 6.11.2013, NZA 2014, 430; BAG 11.2.2015, NZA 2015, 617; BAG 24.8.2016, NZA 2017, 307.
[30] Zu den besonderen Anforderungen an den Sachgrund bei einer Abordnungsvertretung s. BAG 12.4.2017, NZA 2017, 1253.
[31] EuGH 26.1.2012, NZA 2012, 135 - Kücük m. Anm. *Maschmann*, BB 2012, 1098; BAG 24.8.2016, NZA 2017, 307.
[32] BAG 19.2.2014, NZA 2014, 1296 (Os.).
[33] BAG 26.10.2016, NZA 2017, 383.
[34] Zu Vorstehendem BAG 18.7.2012, NZA 2012, 1351, 1359; BAG 10.7.2013, NZA 2014, 26; unter besonderen Umständen können auch 10 Befristungen mit einer Gesamtdauer von 15 Jahren zulässig sein, BAG 29.4.2015, NZA 2015, 928.
[35] BAG 21.3.2017, NZA 2017, 706.

Vielzahl von Fällen auf Dauer zu beschäftigen[36]. In einem solchen Fall ist ggf. ein „Springer" einzustellen. Kehrt der Vertretene wider Erwarten nicht zurück, so bleibt der Bedarf bestehen, und der Vertreter hat, wenn er geeignet ist, einen unbefristeten Vertrag[37].

**4. die Eigenart der Arbeitsleistung die Befristung rechtfertigt.** Hier ist vor allem an Arbeitsverhältnisse mit programmgestaltenden Mitarbeitern von Funk und Fernsehen[38] und mit Solisten (Schauspieler, Sänger usw.), aber auch an Lizenzspieler in der 1. Fußballbundesliga[39] zu denken.

**5. die Befristung zur Erprobung erfolgt (s. unten Rn. 23).**

**6. in der Person des Arbeitnehmers liegende Gründe die Befristung rechtfertigen.** Das können sein

- **soziale Gründe**: damit ein Arbeitnehmer Berufserfahrung sammeln kann oder um seine Vermittlungschancen auf dem Arbeitsmarkt zu verbessern. Der „soziale Überbrückungszweck" muss der ausschlaggebende Sachgrund sein; er fehlt, wenn betriebliche Interessen im Vordergrund stehen[40].
- Gründe, die dem Arbeitnehmer **objektiv** (befristete Aufenthalts- oder Arbeitserlaubnis) **oder nach** seiner **Lebensplanung** (bis zur Aufnahme eines Studiums oder bis zum Umzug) **nicht** erlauben, **über einen bestimmten Termin hinaus tätig** zu werden.
- **der Wunsch des Arbeitnehmers**; dieser Wunsch muss sich auf die Befristung beziehen, nicht auf den Vertrag: Es kommt darauf an, ob der Arbeitnehmer auch bei Angebot eines unbefristeten Vertrags nur einen befristeten vereinbart hätte[41].

**7. der Arbeitnehmer aus Haushaltsmitteln vergütet wird**, die haushaltsrechtlich für eine befristete Beschäftigung bestimmt sind, und er entsprechend beschäftigt wird (betrifft den öffentlichen Dienst[42]). Die Rechtsvorschrift muss Haushaltsmittel für eine konkrete Aufgabe von vorübergehender Dauer vorsehen, und der Arbeitnehmer muss überwiegend entsprechend dieser Zwecksetzung beschäftigt werden[43]. Ein an einer Stelle im Haushaltsplan angebrachter kw („künftig wegfallend")-Vermerk genügt nicht[44].

---

[36] BAG 18.7.2012, NZA 2012, 1351.
[37] BAG 26.6.1996, DB 1996, 2289; BAG 24.9.1997, DB 1998, 679.
[38] BAG 26.7.2006, NZA 2007, 147; BAG 4.12.2013, NZA 2014, 1018.
[39] BAG 16.1.2018, 7 AZR 312/16; LAG Rheinland-Pfalz, 17.2.2016, NZA 2016, 699.
[40] BAG 21.1.2009, NZA 2009, 727.
[41] BAG 11.2.2015, NZA 2015, 1066; widersprüchlich BAG 18.1.2017, NZA 2017, 849: Freie Wahl zwischen Fortsetzung des Arbeitsverhältnisses zu unveränderten Bedingungen und befristetem Arbeitsvertrag mit günstigeren Bedingungen reicht für nachträgliche Befristung nicht aus.
[42] BAG 9.3.2011, NZA 2011, 911; BAG 13.2.2013, NZA 2013, 777; ausf. *Roth*, Die Haushalts- und Vertretungsbefristung im allgemeinen öffentlichen Dienst, Diss. Mannheim 2012.
[43] St. Rspr., BAG 16.20.2008, NZA 2009, 676; BAG 17.3.2010, NZA 2010, 633 m.w.N.
[44] BAG 2.9.2009, AP Nr. 14 zu § 14 TzBfG Haushalt m. Anm. *Maschmann*.

**8. die Befristung auf einem gerichtlichen Vergleich beruht.** Vorausgesetzt wird neben einem Streit über den Fortbestand des bestehenden Arbeitsverhältnisses eine verantwortliche Mitwirkung des Gerichts, damit die Schutzinteressen des Arbeitnehmers berücksichtigt werden können. Das ist bei einem Vergleich nach § 278 Abs. 6 S. 1 Alt. 2 ZPO der Fall, nicht aber bei einem Vergleich nach Alt. 1, bei dem sich die Mitwirkung des Gerichts im wesentlichen auf Protokollierung beschränkt[45].

10a Ob das Ende des Vertrags durch einen festen Termin bestimmt wird, wie etwa beim Schlussverkauf, oder ob es aus dem Zweck folgt, wie bei der Einführung eines EDV-Systems, ist gleichgültig. Gleichgültig ist auch, ob der Arbeitnehmer für die gesamte Dauer des Schlussverkaufs eingestellt wird oder nur für einige Tage; allerdings darf das Arbeitsverhältnis nicht für eine längere Zeit abgeschlossen werden, als der Bedarf besteht[46]. Hinzurechnen wird man allerdings die erforderliche Einarbeitungszeit (vgl. § 21 Abs. 2 BEEG). Die absolute Dauer der Befristung ist kein Problem. Es kommen durchaus Befristungen von mehreren Jahren in Betracht. Zulässig sind auch wiederholte Befristungen (Beispiel: Der Arbeitnehmer ist länger krank, als ursprünglich erwartet). Ob sich mit zunehmender Zahl und Dauer der Verträge die Anforderungen an den Sachgrund erhöhen, ist offen[47]. Sachgründe, die in Tarifverträgen geregelt sind, müssen wegen § 22 TzBfG den in § 14 Abs. 1 TzBfG zum Ausdruck kommenden Wertungsmaßstäben entsprechen[48].

### b) Gesetzliche Beispielsfälle: Bedingung

11 Da die Vorschriften über befristete Arbeitsverträge für bedingte entsprechend gelten (§ 21 TzBfG), können grundsätzlich alle Gründe, die eine Befristung erlauben, auch eine Bedingung rechtfertigen. Generell wird man sagen können, dass eine Bedingung immer dann gerechtfertigt ist, wenn eine Zweckbefristung zulässig wäre: Ein und dasselbe Ereignis – Genesung des vertretenen Mitarbeiters – kann Zweckbefristung oder Bedingung sein, je nachdem, ob der Arbeitgeber es als gewiss oder ungewiss einschätzt[49]. Allerdings besteht bei der Bedingung besonderer Anlass zu prüfen, ob Anhaltspunkte dafür vorliegen, dass das Ereignis möglicherweise eintritt. Die allgemeine Ungewissheit beispielsweise, dass sich die wirtschaftliche Lage wieder verschlechtert, oder die generelle Gefahr, dass die Aufenthaltserlaubnis entzogen wird oder dass ein Fußballverein die Lizenz verliert[50], reicht nicht aus. Damit könnte der Unternehmer sein Risiko praktisch unbegrenzt auf den Arbeitnehmer verlagern.

---

[45] BAG 12.11.2014, NZA 2015, 379; BAG 14.1.2015, NZA 2016, 39; 8.6.2016, NZA 2016, 1485; BAG 21.3.2017, NZA 2017, 706 (Ausnahme: Das Gericht hat den Vergleich selbst vorgeschlagen).
[46] BAG 11.2.2004, NZA 2004, 978.
[47] Bislang verneinend BAG 25.3.2009, NZA 2010, 34; zweifelnd BAG 17.11.2010, NZA 2011, 34.
[48] BAG 9.12.2009, NZA 2010, 495.
[49] Der Arbeitgeber darf – solange sich ihm keine erheblichen Zweifel aufdrängen müssen – bei Krankheits- und Urlaubsvertretung davon ausgehen, dass die zu vertretende Stammkraft zurückkehrt, vgl. BAG 2.7.2003, AP Nr. 254 zu § 620 BGB Befristeter Arbeitsvertrag.
[50] Vgl. BAG 9.7.1981, AP Nr. 4 zu § 620 BGB Bedingung.

## c) Sonstige Sachgründe

Mangels gesetzlicher Definition des Sachgrunds bleibt offen, welche sonstigen Gründe geeignet sind, eine Befristung zu rechtfertigen. Der Gesetzgeber[51] wollte weder die in Sondergesetzen geregelten Gründe, wie Vertretung bei Elternzeit (§ 21 BEEG), noch die übrigen bisher anerkannten Befristungsgründe, noch Sachgründe, die sich aus neuen Entwicklungen ergeben, ausschließen.

12

Offen bleibt auch, wo die **Grenzen** bei den gesetzlich anerkannten Sachgründen liegen. Hier wird man auf die ratio der Sachgrundrechtsprechung zurückzugreifen haben. Die Sachgrundrechtsprechung diente seinerzeit dazu, eine „Aushöhlung" des Kündigungsschutzes zu verhindern. Mit dem Erfordernis des Sachgrunds nahm das BAG eine teleologische Reduktion des nach Einführung des Kündigungsschutzes zu weit gewordenen § 620 BGB vor. Zwar sprach das Gericht immer davon, dass es den Vertrag auf Umgehung des Kündigungsschutzes prüfe. Tatsächlich führte es aber eine Vertragskontrolle durch: Sonst wären Sachgründe wie „Wunsch des Arbeitnehmers" oder „gerichtlicher Vergleich" nicht in Frage gekommen[52].

12a

Da der Gesetzgeber die Rechtsprechung des BAG rezipiert hat, wird man Gründe als geeignet anerkennen müssen, wenn

12b

– die **Abweichung** vom Normaltypus nur **gering** ist: Abhängigkeit eines Vertrags von einer ärztlichen Untersuchung[53] oder von der Zustimmung des Betriebsrats[54]; beide Ereignisse wären als aufschiebende Bedingungen ohne weiteres zulässig.

– die Befristung **nicht unangemessen** ist. Unangemessen ist sie nicht, wenn die Weiterbeschäftigung bei Eintritt des Ereignisses auf Dauer unmöglich wird[55] und der Arbeitgeber nicht das Unternehmerrisiko auf den Arbeitnehmer überbürdet und das Ereignis nicht – durch Entscheidung oder Beurteilung – vom Arbeitgeber herbeigeführt werden kann[56]. Gründe im Verhalten des Arbeitnehmers (rechtzeitige Rückkehr aus dem Urlaub, kein Rückfall bei Alkoholmissbrauch) kommen deshalb als auflösende Bedingungen grundsätzlich nicht in Betracht.

– eine an sich unangemessene Befristung anderweitig **kompensiert** wird, etwa durch einen Weiterbeschäftigungsanspruch oder durch einen Anspruch auf Altersversorgung oder – bei leitenden Angestellten i.S.v. § 14 Abs. 2 KSchG – durch einen Anspruch auf Abfindung[57].

---

[51] Begr. RegE, BT-Drs. 14/4374; zu Art. 1 § 14 siehe S. 18, zu § 23 siehe S. 22.
[52] Zu Vorstehendem *Hromadka*, BB 2001, 621, 626 f. m.w.N.
[53] LAG Niedersachsen 26.2.1980, BB 1980, 1799.
[54] BAG 17.2.1983, BB 1984, 59.
[55] BAG 25.8.1999, AP Nr. 24 zu § 620 BGB Bedingung.
[56] BAG 4.12.1991, BB 1992, 709.
[57] BAG 25.8.1999, AP Nr. 24 zu § 620 BGB Bedingung.

**12c** Als **sonstige Sachgründe** hat das BAG z.B. anerkannt: geplante anderweitige Besetzung des Arbeitsplatzes, wenn der Arbeitgeber bereits gegenüber demjenigen, der als Dauerbesetzung vorgesehen ist, vertraglich gebunden ist[58]; Aus- und Weiterbildung eines Arbeitnehmers, wenn durch die Beschäftigung Kenntnisse und Erfahrungen vermittelt werden, die durch die übliche Berufstätigkeit nicht erworben werden können („Trainee-Programme")[59]; Ausscheiden eines Mitarbeiters mit einer Wiedereinstellungszusage, wenn mit Wiedereinstellung in absehbarer Zeit ernsthaft zu rechnen ist[60]; personelle Kontinuität der Betriebsratstätigkeit[61].

### d) Insbesondere: Altersgrenze

**13** Eine Altersgrenze, die auf die Regelaltersgrenze in der gesetzlichen Rentenversicherung (§§ 35 S. 2, 235 SGB VI) abstellt, ist grundsätzlich zulässig[62]. Auf diesen Zeitpunkt ist das staatliche Altersversorgungssystem abgestellt, spätestens von diesem Zeitpunkt an erhält der Arbeitnehmer Rente. Zudem hat eine feste Altersgrenze für beide Vertragsparteien Vorteile: Dem Arbeitgeber erleichtert sie die Personalplanung; der Arbeitnehmer erhält bessere Aufstiegschancen. Deshalb ist auch die unmittelbare Benachteiligung wegen des Lebensalters (§ 3 Abs. 1 AGG), die mit einer Altersgrenzenregelung verbunden ist, nach § 10 S. 1 AGG gerechtfertigt[63]. Das gilt nach der Rechtsprechung selbst dann, wenn die Rente so niedrig ist, dass sie zum Lebensunterhalt nicht genügt[64]. Dem aus Altersgründen Ausgeschiedenen stehe es frei, sich auf seine bisherige oder eine andere Stelle zu bewerben; seine Bewerbung dürfe nicht allein aus Altersgründen zurückgewiesen werden[65]. Im übrigen können die Vertragsparteien den Beendigungszeitpunkt während des Arbeitsverhältnisses – ggf. auch mehrmals – hinausschieben (§ 41 S. 3 SGB VI). Eine Altersgrenze kann auch durch Betriebsvereinbarung eingeführt werden. Aus Gründen des Vertrauensschutzes muss eine solche Vereinbarung allerdings für die bei Inkrafttreten bereits rentennahen Arbeitnehmer Übergangsregelungen vorsehen[66]. Eine Vereinbarung über eine Befristung auf einen Zeitpunkt, zu dem der Arbeitnehmer vor Erreichen der Regelaltersgrenze eine Rente wegen Alters beantragen kann, gilt dem Arbeitnehmer gegenüber als auf das Erreichen der Regelaltersgrenze abgeschlossen, es sei denn, dass die Vereinbarung innerhalb der letzten drei Jahre vor diesem Zeitpunkt getroffen oder von dem Arbeitnehmer bestätigt worden ist (§ 41 S. 2 SGB VI). Altersgrenzen, die auf einen anderen Zeitpunkt abstellen, sind nur zulässig, wenn anerkennenswerte betriebliche Gründe oder Gründe in der Person des Arbeitnehmers bestehen und eine ausreichende Altersversorgung sichergestellt ist. Das ist weder bei den Flugbegleitern in der Kabine eines Flugzeugs[67] noch beim

---

[58] BAG 9.12.2009, NZA 2010, 495.
[59] BAG 22.4.2009, NZA 2009, 1099.
[60] BAG 2.6.2010, NZA 2010, 1172.
[61] BAG 20.1.2016, NZA 2016, 755.
[62] St. Rspr., vgl. BAG 18.1.2017, NZA 2017, 849 m.w.N.: Die gesetzliche Rente kann nicht durch eine Ausgleichszahlung oder eine betriebliche Altersversorgung ersetzt werden.
[63] EuGH 16.10.2007, NZA 2007, 1219 - Palacios; BAG 18.6.2008, NZA 2008, 1302; EuGH 18.12.2010, NZA 2011, 29 - Georgiev.
[64] EuGH 12.10.2010, NZA 2010, 1167 - Rosenbladt m. Anm. *Maschmann*, EuZA 2011, 372.
[65] EuGH 12.10.2010, NZA 2010, 1167; BAG 8.12.2010, NZA 2011, 586, 592.
[66] BAG 21.2.2017, NZA 2017, 738.
[67] BAG 16.1.2008, NZA 2009, 378; BAG 23.6.2010, NZA 2010, 1248.

Cockpitpersonal[68] der Fall (§ 7 Abs. 1 i.V.m. § 1 AGG). Mit den (wenigen) leitenden Angestellten im Sinne des § 14 Abs. 2 KSchG soll eine Altersgrenze vor Erreichen der Regelaltersgrenze vereinbart werden können, wenn ihnen eine Abfindung in der Größenordnung des § 9 KSchG zugesagt wird[69].

Nach FCL.065 Buchst. B des Anhangs der VO (EU) Nr. 1178/2011 darf der Inhaber einer Pilotenlizenz, der das Alter von 65 Jahren erreicht hat, zur Gewährleistung der Luftsicherheit nicht als **Pilot** eines Luftfahrzeugs im gewerblichen Luftverkehr tätig sein. Diese Regelung verstößt nach Ansicht des EuGH weder gegen das Verbot der Altersdiskriminierung (Art. 21 Abs. 1 GRC), noch stellt sie eine nach Art. 15 Abs. 1 GRC unzulässige Einschränkung der Berufsausübungsfreiheit dar (Art. 52 Abs. 1 GRC). Verkehrspiloten müssten über angemessene körperliche Fähigkeiten verfügen, da körperliche Schwächen in diesem Beruf beträchtliche Konsequenzen haben könnten und diese Fähigkeiten mit zunehmendem Alter unbestreitbar abnähmen. Den Piloten bleibe es unbenommen, Leer- oder Überführungsflüge im Gewerbebetrieb eines Luftverkehrsunternehmen durchzuführen, bei denen weder Fluggäste noch Fracht noch Post befördert würden, oder – ohne Mitglied der Flugbesatzung zu sein – als Ausbilder und/oder Prüfer an Bord eines Luftfahrzeugs tätig zu sein[70].

**13a**

## 5. Sachgrundlose Befristung

Eine kalendermäßige Befristung – nicht eine Zweckbefristung oder eine Bedingung – ist für die Dauer von höchstens **zwei Jahren ohne Sachgrund** zulässig (§ 14 Abs. 2 S. 1 TzBfG)[71]. Einzige Voraussetzung ist nach dem Wortlaut des § 14 Abs. 2 S. 2 TzBfG, dass vorher noch kein wie auch immer geartetes Arbeitsverhältnis mit demselben Arbeitgeber[72] bestanden hat. Das BAG hat dieses Anschlussverbot durch „verfassungsorientierte Auslegung" teleologisch reduziert[73]. Schädlich seien nur solche Vorbeschäftigungen, die nicht mehr als drei Jahre zurücklägen, da nur dann die Gefahr von „Kettenbefristungen" bestehe, die das TzBfG vermeiden wolle. Diese Entscheidung ist im Schrifttum auf massive Kritik gestoßen[74]; das BAG habe die Grenzen richterlicher Rechtsfortbildung überschritten; Untergerichte verweigern offen die Gefolgschaft[75].

**14**

---

[68] BAG 18.1.2012, NZA 2012, 575.
[69] MünchArbR/*Wank*, § 95 Rn. 97.
[70] EuGH 5.7.2017, NZA 2017, 897 - Werner Fries.
[71] Zur Vereinbarkeit der Vorschrift mit europäischem Recht BAG 22.1.2014, NZA 2014, 483.
[72] Nicht „derselbe Arbeitgeber" sind Verleiher und Entleiher, BAG 9.2.2011, NZA 2011, 791, oder zwei Konzernunternehmen, BAG 9.3.2011, NZA 2011, 1147.
[73] BAG 6.4.2011, NZA 2011, 905; BAG 21.9.2011, NZA 2012, 255; anders zuvor BAG 6.11.2003 AP Nr. 7 zu § 14 TzBfG m. abl. Anm. *Maschmann*.
[74] Vgl. nur *Höpfner*, NZA 2011, 893; *Wedel* AuR 2014, 31.
[75] LAG Baden-Württemberg 26.9.2013, ZIP 2014, 181; LAG Baden-Württemberg 21.2.2014, 7 Sa 64/13.

**14a** Ein anderes Vertragsverhältnis wie etwa eine berufsvorbereitende Beschäftigung als Praktikant[76], ein Berufsausbildungsverhältnis[77], ein Beamtenverhältnis[78] oder ein Heimarbeitsverhältnis[79] schadet nicht, ebenso nicht die Beschäftigung bei einem Verleiher, der den Arbeitnehmer anschließend an einen befristeten Vertrag an den vormaligen Arbeitgeber „ausleiht"[80], jedenfalls soweit diese Gestaltung nicht die Grenze zum Rechtsmissbrauch überschreitet, etwa wenn mehrere rechtlich oder tatsächlich verbundene Vertragsarbeitgeber in bewusstem und gewolltem Zusammenwirken aufeinanderfolgende befristete Arbeitsverträge nur deshalb abschließen, um entgegen § 14 Abs. 2 S. 1 TzBfG sachgrundlose Befristungen aneinanderreihen zu können[81].

**14b** Bis zu der Gesamtdauer von zwei Jahren kann der Vertrag **dreimal verlängert** werden (§ 14 Abs. 2 TzBfG). Das BAG folgert aus dem Wort „Verlängerung", dass die Vereinbarung noch während der Laufzeit des zu verlängernden Vertrags zu treffen ist und dass lediglich die Vertragsdauer geändert werden darf[82]. Nicht ausgeschlossen sei eine Änderung der übrigen Vertragsbedingungen während der Laufzeit eines befristeten Vertrags. Unschädlich sei es auch, wenn die Vertragsbedingungen an die zur Zeit der Verlängerung geltende Rechtslage angepasst würden (z.B. an eine Tariferhöhung)[83]. Tarifvertraglich kann die Anzahl der Verlängerungen und/oder die Höchstdauer der Befristung abweichend vom Gesetz geregelt werden (§ 14 Abs. 2 S. 3 TzBfG)[84].

**14c** In **neu gegründeten Unternehmen** können in den ersten vier Jahren nach der Gründung Arbeitsverträge sogar bis zur Dauer von **vier Jahren** sachgrundlos befristet und bis zu dieser Gesamtdauer **beliebig verlängert** werden. Das gilt nicht bei Neugründungen im Zuge von rechtlichen Umstrukturierungen (§ 14 Abs. 2a TzBfG). Arbeitsverträge mit Arbeitnehmern, die das **52. Lebensjahr** vollendet haben und die mindestens vier Monate beschäftigungslos gewesen sind, Transferkurzarbeitergeld (§ 111 SGB III) bezogen oder an einer öffentlich geförderten Beschäftigungsmaßnahme teilgenommen haben, können ohne sachlichen Grund bis zu einer Dauer von 5 Jahren befristet werden[85]; bis zu dieser Dauer ist auch eine mehrfache Verlängerung zulässig (§ 14 Abs. 3 TzBfG).

---

[76] BAG 19.10.2005, NZA 2006, 154.
[77] BAG 21.9.2011, NZA 2012, 255.
[78] BAG 24.2.2016, NZA 2016, 758.
[79] BAG 24.8.2016, NZA 2017, 244.
[80] BAG 18.10.2006, NZA 2007, 443.
[81] Dazu BAG 9.3.2011, NZA 2011, 1147; BAG 15.5.2013, NZA 2013, 1214; BAG 24.6.2015, NZA 2015, 1507.
[82] BAG 16.1.2008, NZA 2008, 701; weiterführend *Bauer*, NZA 2011, 241.
[83] BAG 18.1.2006, NZA 2006, 605, 606; BAG 23.8.2006, NZA 2007, 204 m. Anm. *Bauer*.
[84] Zu den Grenzen BAG 26.10.2016, NZA 2017, 463: höchstens 6 Jahre und 9 Verlängerungen; BAG 15.8.2012, AP Nr. 104 zu § 14 TzBfG m. Anm. *Maschmann*.
[85] Jedenfalls die erstmalige Befristung ist mit Unionsrecht und deutschem Verfassungsrecht vereinbar, BAG 28.5.2014, NZA 2015, 1131.

## II. Befristete und bedingte Arbeitsverträge

Wird die Möglichkeit sachgrundloser Befristung nach § 14 Abs. 2 TzBfG missbräuchlich ausgenutzt, so kann der unredliche Vertragspartner sich nicht auf die Befristung berufen. Eine solche missbräuchliche, d.h. mit § 242 BGB nicht zu vereinbarende Ausnutzung kann vorliegen, wenn mehrere rechtlich und tatsächlich verbundene Vertragsarbeitgeber in bewusstem und gewolltem Zusammenwirken aufeinanderfolgende befristete Arbeitsverträge mit einem Arbeitnehmer ausschließlich deshalb schließen, um § 14 Abs. 2 TzBfG zu umgehen[86].

**14d**

| Mehrere befristete Arbeitsverträge | | |
|---|---|---|
| zuerst | danach | Zulässigkeit |
| ohne Sachgrund | ohne Sachgrund | unzulässig<br>1. Ausnahme: Verlängerung (höchstens dreimal) bis zu einer Gesamtdauer von 2 Jahren; in neugegründeten Unternehmen mehrfache Verlängerung bis zu einer Gesamtdauer von 4 Jahren<br>2. Ausnahme: Karenzzeit von mind. 3 Jahren |
| mit Sachgrund | ohne Sachgrund | unzulässig<br>Ausnahme: Karenzzeit von mind. 3 Jahren |
| ohne Sachgrund | mit Sachgrund | zulässig |
| mit Sachgrund | mit Sachgrund | zulässig |

### 6. Form

Die Befristung eines Arbeitsvertrags bedarf der Schriftform (§ 14 Abs. 4 TzBfG), ebenso dessen Verlängerung. Zur Wahrung der Schriftform reicht es aus, dass der Arbeitnehmer das vom Arbeitgeber unterzeichnete Angebot auf Abschluss eines befristeten Arbeitsvertrags auf demselben Schriftstück, mit oder ohne den Zusatz „einverstanden", unterschreibt. Damit wird der Klarstellungs-, Beweis- und Warnfunktion des Schriftformerfordernisses ausreichend Rechnung getragen[87]. Der Vertrag selbst kann mündlich abgeschlossen werden. Bei einem zweckbefristeten Vertrag ist die Vereinbarung über den Zweck formbedürftig[88]. Der Befristungsgrund braucht – soweit Sondervorschriften wie § 2 Abs. 4 WissZeitVG nichts anderes bestimmen – nicht angegeben zu werden[89]. Die Parteien können sich später grundsätzlich auf die Rechtsgrundlage stützen, die die Befristung rechtfertigt[90].

**15**

---

[86] BAG 4.12.2013, NZA 2014, 426 (hier auch zur Darlegungs- und Beweislast), zur unionsrechtlichen Zulässigkeit dieser Rechtsprechung BAG 19.3.2014, NZA 2014, 840.
[87] BAG 26.7.2006, NZA 2006, 1402, 1403.
[88] BAG 21.12.2005, NZA 2006, 321.
[89] BAG 3.9.2003, AP Nr. 4 zu § 14 TzBfG; BAG 23.6.2004, BB 2004, 2643.
[90] BAG 29.6.2011, NZA 2011, 1151; BAG 13.2.2013, NZA 2013, 777.

**15a** Vereinbaren die Parteien mündlich eine Befristung des Arbeitsvertrags und halten sie die mündliche Vereinbarung nach Vertragsbeginn in einem schriftlichen Vertrag fest, so wird die Unwirksamkeit der Befristung grundsätzlich nicht geheilt[91]. Etwas anderes gilt ausnahmsweise dann, wenn die Parteien nicht nur das Vereinbarte schriftlich niederlegen, sondern eine eigenständige rechtsgestaltende Regelung treffen wollen, wenn also beispielsweise die schriftliche von der mündlichen Befristungsabrede abweicht[92]. Hat der Arbeitgeber den Abschluss des befristeten Arbeitsvertrags von der Einhaltung des Schriftformerfordernisses abhängig gemacht, kann der Arbeitnehmer ein ihm vorliegendes schriftliches Vertragsangebot nicht konkludent durch die Arbeitsaufnahme, sondern nur durch die Unterzeichnung der Vertragsurkunde annehmen. Nimmt der Arbeitnehmer vor diesem Zeitpunkt die Arbeit auf, so entsteht nur ein faktisches Arbeitsverhältnis[93]. Der Vorbehalt ist unwirksam, wenn der Arbeitgeber erklärt, der Arbeitsvertrag solle erst mit Unterzeichnung durch ihn zustande kommen, ohne dass er dem Arbeitnehmer ein schriftliches Angebot auf Abschluss eines befristeten Arbeitsvertrags unterbreitet und wenn er die Leistung des Arbeitnehmers trotzdem schon vorher annimmt[94].

### 7. Folge einer unwirksamen Befristung

**16** Ist die Befristung rechtsunwirksam, so gilt der befristete Arbeitsvertrag als auf unbestimmte Zeit geschlossen. Er kann vom Arbeitgeber frühestens zum vereinbarten Ende ordentlich gekündigt werden, sofern nicht einzelvertraglich oder im anwendbaren Tarifvertrag eine frühere Kündigungsmöglichkeit vereinbart ist. Ist die Befristung nur wegen des Mangels der Schriftform unwirksam[95], so kann der Arbeitsvertrag von beiden Parteien vor dem vereinbarten Ende ordentlich gekündigt werden (§ 16 TzBfG). Allerdings ist nach 6 Monaten der Kündigungsschutz (§ 1 Abs. 1 KSchG) zu beachten.

### 8. Rechte und Pflichten

**17** Arbeitnehmer im befristeten Vertrag haben dieselben Rechte und Pflichten wie Arbeitnehmer im unbefristeten Vertrag. Sie dürfen wegen der Befristung **nicht schlechter behandelt** werden als vergleichbare unbefristet beschäftigte Arbeitnehmer, es sei denn, dass sachliche Gründe eine unterschiedliche Behandlung rechtfertigen (§ 4 Abs. 2 S. 1 TzBfG). Sie haben also grundsätzlich – pro rata temporis – Anspruch auf dieselben Leistungen wie vollzeitbeschäftigte Arbeitnehmer[96]. Der Arbeitgeber hat Sorge zu tragen, dass sie an angemessenen Aus- und Weiterbildungsmaßnahmen teilnehmen können (§ 19 TzBfG). Außerdem hat er sie über offene unbefristete Stellen zu informieren (§ 18 TzBfG, s. auch § 99 Abs. 2 Nr. 3 BetrVG).

---

[91] BAG 16.5.2008, NZA 2008, 1184.
[92] BAG 13.6.2007, NZA 2008, 108, 109 f.
[93] BAG 4.11.2015, NZA 2016, 547.
[94] BAG 15.2.2017, NZA 2017, 908.
[95] Vgl. z.B. BAG 16.5.2008, NZA 2008, 1184.
[96] Ausführlich dazu *Hromadka*, BB 2001, 674, 675.

## 9. Kündigung eines befristeten Arbeitsvertrags

Ein befristeter Arbeitsvertrag ist **ordentlich** nur kündbar, wenn das einzelvertraglich oder im anwendbaren Tarifvertrag vereinbart ist (§ 15 Abs. 3 TzBfG). Ausnahmsweise kann er schon vor dem vereinbarten Ende gekündigt werden, wenn die Befristung mangels Schriftform unwirksam ist. Ist die Befristung aus einem anderen Grund unwirksam, so kann der Arbeitnehmer das Arbeitsverhältnis von Anfang an kündigen, der Arbeitgeber erst zum vereinbarten Ende (§ 16 TzBfG). Ist das Arbeitsverhältnis für die Lebenszeit einer Person oder für längere Zeit als fünf Jahre eingegangen, so kann es von dem Arbeitnehmer nach Ablauf von fünf Jahren mit sechsmonatiger Frist gekündigt werden (§ 15 Abs. 4 S. 1 TzBfG). Im übrigen gelten für die Kündigungsfristen die allgemeinen Regeln (§ 622 BGB). Unberührt bleibt die Möglichkeit der **außerordentlichen** Kündigung aus wichtigem Grund (§ 626 BGB).

18

## 10. Beendigung durch Fristablauf, Zweckerreichung oder Eintritt der Bedingung

Ist keine Kündigung vereinbart oder ist von der Kündigungsmöglichkeit kein Gebrauch gemacht worden, so endet der befristete Arbeitsvertrag mit Ablauf der vereinbarten Zeit oder mit Zweckerreichung, der bedingte mit Eintritt der Bedingung. Der zweckbefristete und der bedingte Vertrag enden jedoch frühestens zwei Wochen nach Zugang der schriftlichen Unterrichtung des Arbeitnehmers durch den Arbeitgeber über den Zeitpunkt der Zweckerreichung oder des Bedingungseintritts (§ 15 Abs. 1, 2, § 21 TzBfG). Unterrichtet der Arbeitgeber den Arbeitnehmer also spätestens 14 Tage vor dem betreffenden Zeitpunkt, dann bleibt es bei dem vereinbarten Ende; bei späterer Unterrichtung verlängert sich das Arbeitsverhältnis um eine entsprechende Auslauffrist.

19

## 11. Verlängerung des Arbeitsverhältnisses

Wird das Arbeitsverhältnis nach Ablauf der Zeit, für die es eingegangen ist, oder nach Zweckerreichung mit Wissen des Arbeitgebers fortgesetzt, so gilt es als auf unbestimmte Zeit verlängert, wenn der Arbeitgeber nicht unverzüglich widerspricht (§ 15 Abs. 5 TzBfG); ein Widerspruch liegt auch darin, dass der Arbeitgeber die Verlängerung von einer schriftlichen Vereinbarung abhängig macht[97]. Fortsetzung bedeutet tatsächliche Fortführung im unmittelbaren Anschluss an den befristeten Arbeitsvertrag; nicht ausreichend ist eine versehentliche Entgeltfortzahlung bei Arbeitsbefreiung[98]. Das Arbeitsverhältnis gilt auch dann als auf unbestimmte Zeit verlängert, wenn dem Arbeitnehmer die Zweckerreichung oder der Eintritt der Bedingung nicht unverzüglich mitgeteilt wird (§ 15 Abs. 5 TzBfG). Mündliche Unterrichtung dürfte ausreichen (vgl. § 15 Abs. 2 einerseits und Abs. 5 andererseits). Bei

20

---

[97] BAG 7.10.2015, NZA 2016, 358.
[98] BAG 14.5.1998, NZA 1999, 482.

einer Kombination von Zweckbefristung oder auflösender Bedingung und Höchstbefristung („für die Zeit der Erkrankung von …, höchstens aber bis …") ist die Fiktionswirkung nach Sinn und Zweck der §§ 21, 15 Abs. 5 TzBfG auf den nur befristeten Fortbestand des Arbeitsverhältnisses beschränkt[99].

## 12. Anrufung des Arbeitsgerichts

21 Will der Arbeitnehmer geltend machen, dass die Befristung eines Arbeitsvertrags unwirksam ist, so muss er spätestens[100] innerhalb von drei Wochen nach dem vereinbarten Ende Klage beim Arbeitsgericht auf Feststellung erheben, dass das Arbeitsverhältnis aufgrund der Befristung nicht beendet ist[101]. Versäumt der Arbeitnehmer die Klagefrist, so gilt die Befristung als von Anfang an wirksam (§ 17 TzBfG i.V.m. § 7 KSchG). Bei mehreren hintereinandergeschalteten Arbeitsverträgen geht die Rechtsprechung, soweit in einem nachfolgenden Vertrag nichts anderes vereinbart ist, davon aus, dass die Parteien mit dem Abschluss des letzten Vertrags ihre bisherige Rechtsbeziehung aufheben, und zwar auch für den Fall, dass infolge unwirksamer Befristung ein unbefristetes Arbeitsverhältnis entstanden sein sollte[102]. Stellt ein Arbeits- oder ein Landesarbeitsgericht fest, dass ein befristetes Arbeitsverhältnis durch eine Befristungsabrede nicht beendet wurde, ist der Arbeitgeber auf Grund des allgemeinen Weiterbeschäftigungsanspruchs (s. § 10 Rn. 350 ff.) grundsätzlich auch dann für die weitere Dauer des Rechtsstreits zur Beschäftigung verpflichtet, wenn der Arbeitnehmer eine Verurteilung zur Weiterbeschäftigung nicht beantragt hatte[103].

## 13. Mitbestimmung des Betriebsrats

22 Die Einstellung eines befristet beschäftigten Arbeitnehmers bedarf der Zustimmung des Betriebsrats, auch wenn es sich nur um ganz kurzfristige Tätigkeiten handelt (§ 99 BetrVG). Ob die Befristung mit oder ohne Sachgrund erfolgen soll, muss dem Betriebsrat nicht mitgeteilt werden; nichts anderes ergibt sich aus § 80 Abs. 2 Satz 1 HS 1 BetrVG[104]. Der Betriebsrat darf die Zustimmung nicht deshalb verweigern, weil er die Befristung für unzulässig hält[105]. Beim Auslaufen des befristeten Arbeitsverhältnisses braucht der Betriebsrat nicht angehört zu werden. Soll ein befristetes Arbeitsverhältnis fortgesetzt oder ein neues befristetes Arbeitsverhältnis begründet werden, so ist wieder die Zustimmung des Betriebsrats erforderlich. Etwas anderes gilt bei der Festanstellung nach einem befristeten Probearbeitsverhältnis, wenn der Betriebsrat schon vorher darauf hingewiesen wurde[106]. Der Betriebsrat kann die Zustimmung zu einer unbefristeten Einstellung verweigern, wenn ein gleich geeigneter

---

[99] BAG 29.6.2011, NZA 2011, 1346.
[100] Die Klage kann lange vor Vertragsende erhoben werden, vgl. BAG 2.6.2010, NZA 2010, 1172.
[101] Zum Klageantrag im einzelnen BAG 16.4.2003, AP Nr. 2 zu § 17 TzBfG.
[102] BAG 24.8.2011, NZA 2012, 385; BAG 12.4.2017, NZA 2017, 1253.
[103] BAG 22.7.2014, NZA 2014, 1330.
[104] BAG 27.10.2010, NZA 2011, 418.
[105] BAG 16.7.1985, DB 1986, 124.
[106] BAG 7.8.1990, DB 1991, 46.

befristet Beschäftigter nicht berücksichtigt wird, ohne dass dies aus betrieblichen oder persönlichen Gründen berechtigt ist (§ 99 Abs. 2 Nr. 3 BetrVG). Über die Anzahl der befristet beschäftigten Arbeitnehmer und ihren Anteil an der Gesamtbelegschaft des Betriebs und des Unternehmens ist der Betriebsrat zu informieren (§ 20 TzBfG).

## III. Probearbeitsverhältnis

### 1. Allgemeines

Die Probezeit dient dazu, „dem Arbeitnehmer vor Augen zu halten, dass er sich erst noch bewähren müsse, wenn er Aussicht haben wolle, bei seinem Dienstherrn weiter auf Dauer beschäftigt zu werden"[107]. Die zulässige Dauer der Probezeit richtet sich in erster Linie nach der Art der Aufgabe, sodann aber auch nach den persönlichen Umständen des Probanden. Für eine einfache Tätigkeit („ungelernt") sind in der Regel sechs Wochen bis drei Monate angemessen, für eine „normale" Tätigkeit drei bis sechs Monate[108], für besonders qualifizierte (künstlerische oder wissenschaftliche Aufgaben) auch eine längere Zeit; ein Jahr wird nur in seltenen Ausnahmefällen überschritten werden dürfen[109]. 23

### 2. Formen

Die Probezeit gibt es in zwei Varianten: als Teil eines unbefristeten Arbeitsverhältnisses und als befristetes Arbeitsverhältnis. 24

#### a) Unbefristetes Arbeitsverhältnis

Normalfall ist die Vereinbarung einer Probezeit im Rahmen eines unbefristeten Arbeitsverhältnisses. Auswirkungen der Probezeit sind in dreifacher Hinsicht denkbar: 25

aa) **Kündigungsfrist.** Wenn nichts anderes vereinbart ist, gilt während der Probezeit, längstens aber für die Dauer von sechs Monaten, eine Kündigungsfrist von zwei Wochen (§ 622 Abs. 3 BGB). Eine kürzere Frist kann durch Tarifvertrag, im Geltungsbereich eines solchen Tarifvertrags auch durch Arbeitsvertrag vereinbart werden (§ 622 Abs. 4 BGB). 26

---

[107] BAG 29.7.1958, AP Nr. 3 zu § 620 BGB Probearbeitsverhältnis.
[108] BAG 2.6.2010, NZA 2010, 1293 m.w.N.
[109] BAG 7.5.1980, AP Nr. 36 zu § 611 BGB Abhängigkeit; BAG 15.3.1966, AP Nr. 28 zu § 620 BGB Befristeter Arbeitsvertrag.

**27 bb) Kündigungsgrund.** Die Vereinbarung einer Probezeit hat grundsätzlich keine Auswirkungen auf die Frage, ob gekündigt werden kann. Der Kündigungsschutz setzt nach sechs Monaten ein, gleichgültig, ob eine Probezeit vereinbart wurde oder nicht (§ 1 Abs. 1 KSchG). Für die Einhaltung der Sechs-Monats-Frist ist der Zugang der Kündigung entscheidend. Die Frist selbst kann später ablaufen. Ist eine Probezeit von mehr als sechs Monaten vereinbart, so kann das „Nichtbestehen" bei der Prüfung der Sozialrechtfertigung (§ 1 Abs. 2 KSchG) berücksichtigt werden. Mutterschutz beginnt ohne Rücksicht auf eine Probezeit mit Abschluss des Arbeitsvertrags (§ 17 MuSchG). Der Schwerbehindertenschutz setzt nach sechs Monaten ein; vorher ist das Integrationsamt lediglich zu unterrichten (§ 173 Abs. 1 Nr. 1, Abs. 4 SGB IX) und die Schwerbehindertenvertretung anzuhören (§ 178 Abs. 2 S. 1, 3 SGB IX).

**28 cc) Anhörung des Betriebsrats** Der Betriebsrat ist vor jeder Kündigung zu hören (§ 102 Abs. 1 S. 1 BetrVG). Soll ein Schwerbehinderter gekündigt werden, ist zusätzlich die Schwerbehindertenvertretung anzuhören (§ 178 Abs. 2 S. 1, 3 SGB IX).

**29 dd) „Festanstellung".** In der Praxis spricht man davon, dass der Arbeitnehmer mit bestandener Probezeit „festangestellt" oder „übernommen" werde. Rechtlich handelt es sich bei einer vorgeschalteten Probezeit schlicht um die Fortsetzung des Arbeitsverhältnisses. Die erleichterte Kündigungsmöglichkeit besteht – auch bei kürzerer Probezeit – bis zum Ablauf von sechs Monaten.

### b) Befristetes Probearbeitsverhältnis

**30** Ausnahmsweise werden befristete Probearbeitsverhältnisse vereinbart. Die Vereinbarung der Befristung bedarf der Schriftform (§ 14 Abs. 4 TzBfG); elektronische Form genügt (§ 126 Abs. 3 BGB). Die Erprobung ist ein sachlicher Grund für eine Befristung (§ 14 Abs. 1 S. 1 Nr. 5 TzBfG)[110]. Eine ordentliche Kündigung ist wie bei allen befristeten Verträgen nur zulässig, wenn sie vereinbart ist (§ 15 Abs. 3 TzBfG). Streitig ist, ob bei Bedarf das Probearbeitsverhältnis verlängert oder ein zweites angeschlossen werden kann. Man wird eine Verlängerung dann für zulässig halten dürfen, wenn die Gründe für die Verlängerung sich aus objektiven Umständen (Schwierigkeit der Aufgabe) oder aus der Person des Arbeitnehmers (längere Krankheit) ergeben, nicht dagegen, wenn sie vom Arbeitgeber zu vertreten sind (keine Zeit, sich um den Probanden zu kümmern). Bei einem Probearbeitsverhältnis von mehr als sechs Monaten setzt mit Ablauf der sechs Monate Kündigungsschutz ein; mit Ablauf der Probezeit endet das Probearbeitsverhältnis aber von selbst. Im allgemeinen wird danach ein unbefristeter Arbeitsvertrag abgeschlossen. Eine Verpflichtung dazu besteht jedoch selbst dann nicht, wenn der Arbeitnehmer sich bewährt hat. Ausnahmsweise gilt etwas anderes, wenn die Berufung auf die Befristung aus sachfremden Gründen erfolgt.

---

[110] Der Befristungsgrund muss nicht eigens angegeben werden BAG 23.6.2004, BB 2004, 2643.

**Beispiel:** Der Arbeitgeber teilt der Arbeitnehmerin mit, dass sie „die Probezeit bestanden habe", weigert sich aber, einen unbefristeten Arbeitsvertrag abzuschließen, weil sie inzwischen schwanger ist[111].

Die Zustimmung des **Betriebsrats** zum Abschluss des Probearbeitsvertrags (§ 99 BetrVG) gilt auch als Zustimmung zum Abschluss des anschließenden unbefristeten Arbeitsvertrags; einer erneuten Beteiligung bedarf es nicht[112]. **31**

### c) Einfühlungsverhältnis, Praktikum

**aa)** Weder Probezeit noch Probearbeitsverhältnis liegen vor bei einem **„Einfühlungsverhältnis"**, für das die fehlende Verpflichtung zur Arbeitsleistung und die fehlende Weisungsbefugnis des Arbeitgebers charakteristisch sind[113]. Will der Arbeitgeber einen Bewerber erproben, muss er ihn in den Arbeitsablauf eingliedern und ihm Arbeiten zuweisen. Das ist allein auf der Grundlage eines Arbeitsvertrags möglich[114]. Einfühlungsverhältnisse dürfen deshalb nur wenige Tage dauern. **31a**

**bb)** Demgegenüber ist ein **Praktikant** in aller Regel vorübergehend in einem Betrieb praktisch tätig, um sich die zur Vorbereitung auf einen – meist akademischen – Beruf notwendigen praktischen Kenntnisse und Erfahrungen anzueignen[115]. Ein Praktikum ist ein „anderes Vertragsverhältnis" i.S.d. § 26 BBiG, weil bei ihm – anders als beim Berufsausbildungsverhältnis (vgl. § 1 Abs. 3, §§ 4 ff. BBiG) – keine systematische Berufsausbildung erfolgt (vgl. auch § 22 Abs. 1 S. 3 MiLoG). Vielmehr wird das Praktikum häufig Teil einer Gesamtausbildung sein; nicht selten wird es für die Zulassung zu Studium oder Beruf benötigt[116]. Ist es als Pflichtpraktikum Teil der (Hoch-)Schulausbildung, gilt § 26 BBiG nicht, weil dem Bund die Gesetzgebungskompetenz zur Regelung des (Hoch-)Schulrechts fehlt. Praktikanten haben – wie Auszubildende – einen Anspruch auf eine angemessene Vergütung; § 26 BBiG verweist auf den insoweit einschlägigen § 17 BBiG. Einen Anspruch auf den gesetzlichen Mindestlohn haben sie nur unter den Voraussetzungen des § 22 Abs. 1 MiLoG. Stets muss bei einem Praktikum der Ausbildungszweck im Vordergrund stehen. Überwiegen die für den Betrieb erbrachten Leistungen und Arbeitsergebnisse, liegt in Wahrheit ein Arbeitsverhältnis vor, das entsprechend zu vergüten ist; eine monatliche Vergütung von 375 € für eine Diplom-Ingenieurin ist unter diesen Umständen sittenwidrig[117]. **31b**

---

[111] BAG 16.3.1989, AP Nr. 8 zu § 1 BeschFG.
[112] BAG 7.8.1990, AP Nr. 82 zu § 99 BetrVG.
[113] LAG Hamm 24.5.1989, NZA 1990, 66; LAG Sachsen 5.3.2004, 2 Sa 386/03; LAG Rheinland-Pfalz 24.5.2007, 2 Sa 87/07; *Barth*, BB 2009, 2646; *Löw*, RdA 2007, 124; *Maties*, RdA 2007, 135.
[114] ArbG Weiden 7.5.2008, AuR 2008, 455.
[115] BAG 13.3.2003, 6 AZR 564/01; LAG Baden-Württemberg 8.2.2008, NZA 2008, 768.
[116] BAG 19.6.1974, AP Nr. 3 zu § 3 BAT; *Seeger*, Generation Praktikum, Diss. Mannheim 2011.
[117] LAG Baden-Württemberg 8.2.2008, NZA 2008, 768.

**31c** Wer einen Praktikanten einstellt, hat unverzüglich nach Abschluss des Praktikumsvertrags, spätestens vor Aufnahme der Praktikantentätigkeit, die wesentlichen Vertragsbedingungen schriftlich niederzulegen, die Niederschrift zu unterzeichnen und dem Praktikanten auszuhändigen. In die Niederschrift sind mindestens aufzunehmen: Der Name und die Anschrift der Vertragsparteien, die mit dem Praktikum verfolgten Lern- und Ausbildungsziele, Beginn und Dauer des Praktikums, Dauer der regelmäßigen täglichen Praktikumszeit, Zahlung und Höhe der Vergütung, Dauer des Urlaubs, sowie ein in allgemeiner Form gehaltener Hinweis auf die Tarifverträge, Betriebs- oder Dienstvereinbarungen, die auf das Praktikumsverhältnis anzuwenden sind (§ 2 Abs. 1a NachwG).

## IV. Aushilfsarbeitsverhältnis

**32** Aushilfsarbeitsverhältnisse dienen der Befriedigung eines zeitweiligen Ersatz- oder Zusatzbedarfs. Auch Aushilfsarbeitsverhältnisse können befristet oder unbefristet abgeschlossen werden. Der Normalfall ist das befristete Aushilfsarbeitsverhältnis. Für beide – das befristete und das unbefristete Aushilfsarbeitsverhältnis – gelten die allgemeinen Regeln mit geringen Modifikationen:

**32a** (1) Ein Aushilfsvertrag kann **formlos** abgeschlossen werden; eine Befristung bedarf zu ihrer Wirksamkeit aber der Schriftform (§ 14 Abs. 4 TzBfG).

**33** (2) Ein vorübergehender quantifizierbarer Bedarf ist ein **sachlicher Grund** für die befristete Einstellung als Aushilfe (§ 14 Abs. 1 S. 2 Nr. 1, 3 TzBfG). Ein Aushilfsvertrag kann auch verlängert oder es können nacheinander mehrere Aushilfsverträge abgeschlossen werden. Voraussetzung ist nur, dass jeweils konkrete Anhaltspunkte für die Prognose zum künftigen Wegfall des Bedarfs vorliegen[118]. Ein sachlicher Grund fehlt allerdings bei einem ständigen Bedarf nach einer Aushilfe, d.h. nach jemandem, der fortwährend (wegen Urlaubs, Krankheit, Mutterschaft usw.) abwesende Arbeitnehmer vertritt (Daueraushilfe, sog. Springer)[119].

**34** (3) Ein befristeter Aushilfsarbeitsvertrag ist ordentlich nur **kündbar**, wenn das vereinbart ist (§ 15 Abs. 3 TzBfG). Die Kündigungsfrist kann bei Aushilfsarbeitsverhältnissen bis zu drei Monaten und bei länger dauernden in den ersten drei Monaten bis auf Null abgekürzt werden (§ 622 Abs. 5 S. 1 Nr. 1 BGB). Zulässig ist in diesen Fällen also die Vereinbarung einer ordentlichen fristlosen Kündigung. Ein Aushilfsarbeitsverhältnis mit Frauen in Mutterschutz ist jedoch vom ersten Tag an nur mit Zustimmung der zuständigen Stelle kündbar (§ 17 Abs. 1, 2 MuSchG), ein Aushilfsarbeitsverhältnis mit Schwerbehinderten dagegen in den ersten sechs Monaten ohne weiteres, danach mit Zustimmung des Integrationsamtes (§§ 168, 173 Abs. 1 Nr. 1 SGB IX).

**35** (4) Anspruch auf **Urlaub** besteht nur in Aushilfsarbeitsverhältnissen, die mindestens einen Monat (nicht: einen Kalendermonat) dauern (§ 5 Abs. 1 BUrlG).

---

[118] BAG 11.11.1998, NZA 1999, 1211.
[119] Vgl. BAG 17.11.2010, NZA 2011, 34.

**(5)** Der Anspruch auf **Entgeltfortzahlung** bei krankheitsbedingter Arbeitsunfähigkeit entsteht erst nach vierwöchiger ununterbrochener Dauer des Arbeitsverhältnisses (§ 3 Abs. 3 EfzG). Bei sonstiger Arbeitsverhinderung aus persönlichen Gründen (z.B. dringender Arztbesuch während der Arbeitszeit) besteht der Entgeltfortzahlungsanspruch auch in den ersten vier Wochen; § 616 BGB ist allerdings abdingbar.

36

## V. Nebentätigkeit

Eine Nebentätigkeit kann in einem Arbeitsverhältnis ausgeübt werden oder in einer Tätigkeit als Selbständiger; die Rechtsbeziehungen zu dem/den Vertragspartner/n richten sich im letzteren Fall nach bürgerlichem oder – ausnahmsweise – Handelsrecht (Dienstvertrag, Werkvertrag usw.). Ob und inwieweit eine Nebentätigkeit erlaubt ist, bestimmt sich nach dem Arbeitsvertrag. Zum Anspruch auf Genehmigung s. unten Rn. 78. In einem Nebentätigkeitsarbeitsverhältnis gelten die allgemeinen Grundsätze. Das betrifft auch das Entgelt. Die Ansicht, es könne ein geringeres Entgelt vereinbart werden als im Hauptarbeitsverhältnis, hat das BAG aufgegeben[120]. Auch beim Kündigungsschutz gibt es keine Abweichungen[121].

37

## VI. Teilzeitarbeit

### 1. Begriff

Teilzeitbeschäftigt sind die Arbeitnehmer, deren regelmäßige Wochenarbeitszeit kürzer ist als die regelmäßige Wochenarbeitszeit vergleichbarer vollzeitbeschäftigter Arbeitnehmer des Betriebs (§ 2 Abs. 1 S. 1 TzBfG). Gilt für den Betrieb ein „Arbeitszeitkorridor", ist also beispielsweise in einem Tarifvertrag eine Arbeitszeit zwischen 35 und 40 Stunden vereinbart, dann ist jede Arbeit unterhalb der 35 Stunden Teilzeitarbeit. Ist keine regelmäßige Wochenarbeitszeit vereinbart, so ist auf die Arbeitszeit abzustellen, die im Durchschnitt eines Jahres oder eines sonstigen zwischen einer Woche und einem Jahr liegenden Zeitraums regelmäßig zu leisten ist. Vergleichbar sind vollzeitbeschäftigte Arbeitnehmer mit derselben Art von Arbeitsverhältnissen und der gleichen oder einer ähnlichen Tätigkeit im selben Betrieb; gibt es in dem Betrieb keinen vollzeitbeschäftigten Arbeitnehmer, so ist auf den anwendbaren Tarifvertrag abzustellen, hilfsweise auf den Wirtschaftszweig (vgl. § 2 Abs. 1 S. 2-4 TzBfG). Auf den Umfang der Verkürzung kommt es nicht an.

38

---

[120] BAG 25.1.1989, 16.6.1993, AP Nr. 2, 26 zu § 2 BeschFG 1985.
[121] BAG 13.3.1987, AP Nr. 37 zu § 1 KSchG 1969 Betriebsbedingte Kündigung.

## 2. Rechte und Pflichten

39  Teilzeitbeschäftigte Arbeitnehmer dürfen wegen der Teilzeitarbeit **nicht schlechter behandelt** werden als vergleichbare vollzeitbeschäftigte Arbeitnehmer, es sei denn, dass sachliche Gründe eine unterschiedliche Behandlung rechtfertigen. Sie haben grundsätzlich pro rata Anspruch auf dieselben Leistungen (Entgelt, Gratifikationen, Urlaub, Jubiläumsgeld, Altersversorgung) wie Vollzeitkräfte (§ 4 Abs. 1 TzBfG). Hängen Leistungen oder sonstige Vorteile von der Dienstzeit ab, dann gilt die Teilzeitarbeit grundsätzlich als volle Dienstzeit[122]. Sachliche Gründe für eine Ungleichbehandlung sind beispielsweise Arbeitsleistung, Qualifikation, Berufserfahrung, Arbeitsplatzanforderungen, aber auch eine geringere Belastung oder eine geringere Erfahrung infolge der verkürzten Arbeitszeit. So ist es beispielsweise zulässig, Vollzeitkräfte zu 50 % ihrer Arbeitszeit an Bildschirmen zu beschäftigen und Teilzeitkräfte zu 75 %[123], oder eine längere Frist für eine Beförderung vorzusehen, die an die Erfahrung anknüpft, wenn das Erfahrungswissen nach Ablauf der Zeit bei Vollzeitbeschäftigten regelmäßig nicht unwesentlich höher ist[124]. Überstundenvergütung ist erst dann zu zahlen, wenn auch Vollzeitarbeitnehmer sie erhalten[125]. Ein absolutes Verbot, neben der Teilzeitarbeit einer weiteren Beschäftigung nachzugehen, ist nichtig[126].

39a  Die **rechtlichen Unterschiede** halten sich in Grenzen. Ob Teilzeitarbeitnehmer zu Überstunden verpflichtet sind, richtet sich nach dem Arbeitsvertrag. Fehlt eine Vereinbarung, so ist bei der ergänzenden Vertragsauslegung vor allem auf den Grund für die Teilzeitarbeit abzustellen (Teilzeitarbeit wegen Kindesbetreuung einerseits oder mangels Vollzeitarbeitsplatzes andererseits). Tätigkeiten, die zu einer Arbeitsverhinderung aus persönlichen Gründen führen (z.B. Arztbesuch), sind, wie bei Vollzeitbeschäftigten, grundsätzlich in die Freizeit zu legen. Teilzeitbeschäftigte werden eher Gelegenheit dazu haben, so dass ein Entgeltfortzahlungsanspruch nach § 616 BGB häufig ausscheiden wird. Einige Sonderregelungen im Sozialversicherungs- und im Steuerrecht gibt es für Teilzeitkräfte, deren Entgelt eine Höchstgrenze nicht übersteigt, sog. 450-€-Jobs (s. § 7 Rn. 104).

## 3. Stellenausschreibung, Information über freie Arbeitsplätze

40  Um die Teilzeitarbeit zu fördern (§ 1 TzBfG), hat der Arbeitgeber Arbeitsplätze, die er innerhalb oder außerhalb des Betriebs ausschreibt, auch als Teilzeitarbeitsplätze auszuschreiben, wenn sie sich dafür eignen (§ 7 Abs. 1 TzBfG). Er muss Arbeitnehmer, die ihm den Wunsch nach einer Veränderung der Dauer oder der Lage ihrer Arbeitszeit angezeigt haben, über entsprechende offene Stellen informieren (§ 7 Abs. 2 TzBfG).

---

[122] EuGH 15.12.1994, AP Nr. 7 zu § 611 BGB Teilzeit.
[123] BAG 9.2.1989, DB 1989, 1424.
[124] BAG 2.12.1992, DB 1993, 586.
[125] BAG 5.11.2003, NZA 2005, 222, 224.
[126] BAG 18.11.1988, NZA 1989, 389.

## 4. Verringerung der Arbeitszeit

In Betrieben mit in der Regel mehr als 15 Arbeitnehmern können Arbeitnehmer, deren Arbeitsverhältnis länger als sechs Monate bestanden hat, verlangen, dass ihre vertragliche Arbeitszeit verringert wird (§ 8 Abs. 1, 7 TzBfG). Das gilt sowohl für Vollzeit- als auch für Teilzeitbeschäftigte[127]. Bei der Durchsetzung des **Anspruchs auf Teilzeitarbeit** geht das Gesetz von folgendem Verfahren aus (§ 8 Abs. 2-6 TzBfG): Der Arbeitnehmer macht die gewünschte Verkürzung der Arbeitszeit – formlos – spätestens 3 Monate vor deren Beginn geltend, und er sagt, wann er künftig arbeiten möchte (§ 8 Abs. 2 TzBfG). Der Antrag des Arbeitnehmers auf Verringerung der Arbeitszeit muss als Vertragsantrag i.S.d. § 145 BGB so formuliert sein, dass er mit einem einfachen „Ja" angenommen werden kann[128]. Allerdings kann der Arbeitnehmer dem Arbeitgeber ein Leistungsbestimmungsrecht zur Festlegung der Arbeitszeit einräumen[129]. Ein Antrag auf eine befristete Verringerung der Arbeitszeit ist kein Antrag i.S.d. § 8 TzBfG[130]; verlangt werden kann nur eine unbefristete Verlängerung[131]. Einen besonderen Verteilungswunsch muss der Arbeitnehmer nicht äußern („soll"). Legt er aber Wert auf eine bestimmte Arbeitszeit, hat er sich spätestens im Erörterungsgespräch zu erklären[132]. Ein bestimmter Verteilungswunsch lässt sich nur durchsetzen, wenn zugleich eine zumindest geringfügige Verkürzung der Arbeitszeit verlangt wird[133]. Arbeitgeber und Arbeitnehmer beraten sodann mit dem Ziel einer einvernehmlichen Lösung. Gelingt eine Einigung nicht und stehen keine betrieblichen Gründe entgegen, so hat der Arbeitgeber der gewünschten Verringerung der Arbeitszeit zuzustimmen und die Verteilung entsprechend den Wünschen des Arbeitnehmers festzulegen. Rational nachvollziehbare Gründe genügen; dringende betriebliche Gründe sind nicht erforderlich. Die Gründe müssen jedoch „hinreichend gewichtig" sein[134]. Die subjektive Vorstellung des Arbeitgebers von der „richtigen" Arbeitszeit reicht nicht. Das Gesetz selbst nennt als Beispiele („insbesondere") eine wesentliche Beeinträchtigung der Organisation, des Ablaufs oder der Sicherheit im Betrieb und die Verursachung unverhältnismäßiger Kosten (§ 8 Abs. 4 S. 2 TzBfG). Bei der Prüfung, ob betriebliche Gründe entgegenstehen, ist nicht nur auf den Arbeitsplatz abzustellen, den der Arbeitnehmer gerade innehat, sondern auf alle freien Arbeitsplätze, die der Arbeitgeber ihm zuweisen kann[135]. Auf das Gewicht der vom Arbeitnehmer geltend gemachten Gründe kommt es nicht an[136].

**41**

---

[127] BAG 13.11.2012, NZA 2013, 373.
[128] BAG 18.5.2004, NZA 2005, 108, 111.
[129] BAG 16.10.2007, NZA 2008, 289, 291.
[130] BAG 12.9.2006, NZA 2007, 253, 254.
[131] BAG 10.12.2014, NZA 2015, 811. Ein Gesetzgebungsverfahren, das auf Schaffung eines Anspruchs auf befristete Arbeitszeitverkürzung zielte, wurde am 23.5.2017 abgebrochen.
[132] BAG 23.11.2004, NZA 2005, 769 .
[133] BAG 18.2.2003, AP Nr. 8 zu § 14 TzBfG; allerdings ist es missbräuchlich, wenn ein Arbeitnehmer eine Verringerung der Arbeitszeit um 3,29 % nutzen will, um eine blockweise Freistellung zwischen den Jahren durchzusetzen, BAG 11.6.2013, NZA 2013, 1074.
[134] BAG 18.2.2003, 30.9.2003, 14.10.2003, 9.12.2003, AP Nr. 2, 5, 6, 8 zu § 8 TzBfG.
[135] BAG 13.11.2012, NZA 2013, 373.
[136] BAG 15.8.2006, NZA 2007, 259, 262; BAG 16.10.2007, NZA 2008, 289, 291 f.

**41a** Ob dem Wunsch nach Verringerung und Verteilung der Arbeitszeit[137] hinreichend gewichtige betriebliche Gründe entgegenstehen, prüft die Rechtsprechung[138] **in drei Schritten:**

**41b** – In einem **ersten Schritt ist** das vom Arbeitgeber aufgestellte und durchgeführte **Organisationskonzept** festzustellen, mit dem die unternehmerische Aufgabenstellung im Betrieb verwirklicht werden soll und das der Arbeitszeitregelung zu Grunde liegt. Dazu gehören z.B. die Festlegung der Belegschaftsstärke und damit das Kontingent an Arbeitsstunden und die Verteilung der Aufgaben auf die Mitarbeiter oder das Ziel, möglichst jeden Kunden von demselben Mitarbeiter betreuen zu lassen. Das Konzept unterliegt nur einer Missbrauchskontrolle. Die Darlegung, Arbeitsabläufe bestmöglich und effektiv gestalten zu wollen, genügt nicht[139]. Anders ist es, wenn die unternehmerische Aufgabenstellung einen einheitlichen künstlerischen Marktauftritt von Verlagsprodukten verlangt und dieser nach dem Organisationskonzept des Arbeitgebers nur durch einen Vollzeitarbeitnehmer verwirklicht werden kann[140]. Voll überprüfbar ist, ob das behauptete Modell tatsächlich durchgeführt wird und nicht nur zur Abwehr des Verringerungsantrags des Arbeitnehmers „vorgeschoben" wird[141].

**41c** – In einem **zweiten Schritt** wird geprüft, inwieweit die vom **Organisationskonzept** bedingte Arbeitszeitregelung dem **Teilzeitwunsch entgegensteht**. Dabei ist auch der Frage nachzugehen, ob sich Arbeitszeitregelung und Teilzeitwunsch durch eine dem Arbeitgeber zumutbare Änderung von betrieblichen Abläufen oder des Personaleinsatzes in Einklang bringen lassen. Dabei kommt es vor allem darauf an, ob es dem Arbeitgeber möglich ist, eine Ersatzkraft für die ausfallende Arbeitszeit zu finden[142]. Das kann ein vorhandener Teilzeitmitarbeiter sein, der bereit ist, die Stunden mit zu übernehmen, oder ein Bewerber von außerhalb. Um festzustellen, ob sich ein Bewerber findet, muss der Arbeitgeber bei der Agentur für Arbeit nachfragen und den Arbeitsplatz inner- und außerbetrieblich ausschreiben, es sei denn, dass die Suche keine Aussicht auf Erfolg verspricht[143]. Der Arbeitnehmer kann nur eine Verringerung „seiner" Arbeitszeit verlangen. Er kann also nicht verlangen, dass der Arbeitgeber eine Vollzeitkraft einstellt und dafür Überstunden bei anderen Arbeitnehmern abbaut. Er kann den Arbeitgeber auch nicht darauf verweisen, dass er den Ausfall durch Überstunden, Leiharbeit oder Vergabe an eine Fremdfirma ausgleicht. Unerheblich ist, welche Gründe der Arbeitnehmer für sein Verlangen hat[144].

**41d** – Im **dritten Schritt** ist zu prüfen, ob die in § 8 Abs. 4 S. 2 TzBfG genannten betrieblichen Belange oder das betriebliche Organisationskonzept und die ihr zugrundeliegende unternehmerische Aufgabenstellung wesentlich beeinträchtigt werden.

**41e** Eine **wesentliche Beeinträchtigung des Organisationskonzepts** liegt nicht vor, wenn der Arbeitgeber Kunden zwar möglichst immer von demselben Arbeitnehmer betreut sehen möchte, die Öffnungszeit aber 62 Stunden beträgt bei einer Normalarbeitszeit von 37,5 Stun-

---

[137] BAG 16.3.2004, NZA 2004, 1047.
[138] BAG 21.6.2005, NZA 2006, 316; BAG 15.8.2006, NZA 2007, 259, 261; BAG 13.11.2012, NZA 2013, 373; BAG 20.1.2015, NZA 2015, 816.
[139] BAG 18.5.2004, NZA 2005, 108, 113.
[140] BAG 13.10.2009, NZA 2010, 339.
[141] BAG 30.9.2003, AP Nr. 5 zu § 8 TzBfG.
[142] Begr. RegE, BT-Drs. 14/4374, zu Art. 1 § 8 IV, S. 17.
[143] BAG 27.4.2004, NZA 2004, 1225.
[144] BAG 21.5.2005, NZA 2006, 316.

den und er damit sein Konzept bei Vollzeitarbeit nicht verwirklichen kann[145]. Anders, wenn die Abwicklung von Projekten mit 6 bis 35 Wochen Dauer die ganztägige Anwesenheit der Sachbearbeiter erfordert[146]. Zu einer wesentlichen Beeinträchtigung der Arbeitsorganisation kommt es auch, wenn ein Arbeitnehmer nur noch montags bis donnerstags von 8.45 Uhr bis 15.00 Uhr arbeiten möchte und das Geschäft nach 16.00 Uhr und samstags am stärksten ist[147] oder wenn die Verkürzung der Arbeitszeit eines Pharmareferenten zu einer Verringerung des Betreuungsaufwands für die Kunden führt[148] oder wenn die Verkürzung das im Betrieb praktizierte Arbeitszeitsystem so erheblich stört, dass der Anspruchsteller oder ein mittelbar betroffener Kollege nicht mehr mit der gesamten Arbeitszeit eingesetzt werden kann[149]. Hat die Arbeitszeitverteilung eines einzelnen Arbeitnehmers Auswirkungen auf das kollektive System der Verteilung der betriebsüblichen Arbeitszeit, kann eine Betriebsvereinbarung oder Regelungsabrede einem Verkürzungswunsch entgegenstehen[150].

**Unverhältnismäßige Kosten** fallen an, wenn ein zusätzlicher teurer PC-Arbeitsplatz eingerichtet oder ein weiterer Dienstwagen angeschafft werden muss oder wenn eine Bezirkskundenberaterin, die statt 39 nur noch 10 Stunden arbeiten möchte, 5 Stunden zur eigenen Information benötigt[151] oder ein Pharmareferent bei der gewünschten Arbeitszeitverkürzung statt 9 % jetzt 40 % seiner Arbeitszeit für die Fortbildung braucht[152]. Hinnehmen muss der Arbeitgeber dagegen im allgemeinen zusätzliche Kosten, die mit der Personalverwaltung zusammenhängen, und Kosten, die durch die Einarbeitung einer Ersatzkraft anfallen[153]. **41f**

Der Arbeitgeber hat dem Arbeitnehmer seine Entscheidung spätestens einen Monat vor dem Beginn der gewünschten Verringerung schriftlich mitzuteilen. Kommt es zu keiner Einigung über die Verringerung, den Umfang und/oder über die Verteilung der Arbeitszeit, so wird die Arbeitszeit entsprechend dem Wunsch des Arbeitnehmers verringert und auf die von ihm gewünschten Tage festgelegt, wenn die Mitteilung unterbleibt oder zu spät oder nicht formgerecht erfolgt (§ 8 Abs. 5 S. 2, 3 TzBfG). Das Schweigen des Arbeitgebers gilt also als Zustimmung. Diese Zustimmung kann der Arbeitgeber nicht dadurch beseitigen, dass er eine Änderungskündigung ausspricht, die er auf Tatsachen stützt, welche er dem Teilzeitverlangen des Arbeitnehmers hätte entgegensetzen können[154]. Macht der Arbeitnehmer den Teilzeitwunsch von einer bestimmten Lage der Arbeitszeit abhängig, die der Arbeitgeber nicht akzeptiert, kann das Änderungsangebot nur im ganzen abgelehnt werden. Lässt sich der Arbeitgeber auf keine Diskussionen ein, verstößt er zwar gegen seine Verhandlungsobliegenheit (§ 8 Abs. 3 Satz 2 TzBfG); es wird jedoch weder seine Zustimmung fingiert, noch verwirkt er das Recht, den Teilzeitwunsch abzulehnen[155]. **41g**

---

[145] BAG 30.9.2003, NZA 2004, 382.
[146] ArbG Freiburg 4.9.2001, NZA 2002, 216.
[147] LAG Berlin 26.9.2002, SPA 2/2003, S. 4.
[148] BAG 21.6.2005, NZA 2006, 316.
[149] BAG 13.11.2007, NZA 2008, 314.
[150] BAG 16.12.2008, NZA 2009, 565; BAG 18.8.2009, NZA 2009, 1207.
[151] LAG Düsseldorf 19.4.2002, EzA-SD 15/2002 S. 9.
[152] BAG 21.6.2005, NZA 2006, 316.
[153] BAG 23.11.2004, NZA 2005, 769.
[154] BAG 20.1.2015, NZA 2015, 805.
[155] BAG 18.2.2003, AP Nr. 1 zu § 8 TzBfG.

**41h** Lehnt der Arbeitgeber die Verringerung der Arbeitszeit oder die vom Arbeitnehmer gewünschte Verteilung der Arbeitszeit form- und fristgerecht ab, so bleibt dem Arbeitnehmer nur der Weg der **Klage** (§ 894 ZPO). Der Arbeitnehmer hat kein Leistungsbestimmungsrecht, kraft dessen er einseitig die Arbeitszeit verkürzen und/oder die Arbeitsleistung zu der gewünschten Zeit erbringen könnte. Rechtsdogmatisch ist der Wunsch des Arbeitnehmers auf Arbeitszeitverkürzung ein Angebot auf Abschluss eines Änderungsvertrags (§ 311 Abs. 1 BGB), das der Arbeitgeber annehmen muss, wenn nicht betriebliche Gründe entgegenstehen. Das Gesetz statuiert insoweit also einen Kontrahierungszwang[156]. Bezüglich der Lage der Arbeitszeit wird das Weisungsrecht des Arbeitgebers eingeschränkt; der bloße Verteilungswunsch des Arbeitnehmers genügt, sofern dem keine betrieblichen Gründe entgegenstehen.

**41i** Der Arbeitgeber kann die vereinbarte oder kraft Gesetzes festgelegte **Verteilung** der Wochenarbeitszeit **wieder ändern**, wenn das betriebliche Interesse daran das Interesse des Arbeitnehmers an der Beibehaltung erheblich überwiegt und wenn er die Änderung spätestens einen Monat vorher angekündigt hat (§ 8 Abs. 5 S. 4 TzBfG). Das Weisungsrecht des Arbeitgebers bezüglich der Lage der Arbeitszeit wird also bei Arbeitnehmern, denen es gelungen ist, ihren Wunsch nach Verringerung der Arbeitszeit durchzusetzen, noch weiter eingeschränkt. Der Arbeitnehmer kann eine **erneute Verringerung** der Wochenarbeitszeit frühestens nach Ablauf von zwei Jahren verlangen, nachdem der Arbeitgeber einer Verringerung zugestimmt oder sie berechtigt abgelehnt hat (§ 8 Abs. 5 TzBfG).

**41j** Für den Anspruch auf Teilzeitarbeit hat das **holländische Recht** Pate gestanden. Allerdings muss der Arbeitnehmer dort wenigstens ein Jahr lang beschäftigt sein. Das gesetzgeberische Fernziel, über die Schaffung von Teilzeitarbeitsplätzen die Zahl der Arbeitslosen zu verringern, beruht auf der zweifelhaften Annahme eines Arbeitsmarkts mit einer fixen Zahl von Arbeitsplätzen. Der Gesetzgeber nimmt in Kauf, dass der Unternehmer die Freiheit verliert, nach Belieben darüber zu entscheiden, ob er Teilzeit- oder Vollzeitarbeitsplätze einrichtet.

**41k** Eigene Regelungen über Teilzeitarbeit mit abweichenden Anspruchsvoraussetzungen gibt es für Arbeitnehmer in **Elternzeit**[157] (§ 15 Abs. 5 ff. BEEG, s. § 8 Rn. 176) und für **Schwerbehinderte** (§ 164 Abs. 5 S. 3, Abs. 4 S. 3 SGB IX).

### 5. Verlängerung der Arbeitszeit

**42** Der Arbeitgeber hat einen teilzeitbeschäftigten Arbeitnehmer, der ihm den Wunsch nach einer Verlängerung seiner vertraglich vereinbarten Arbeitszeit angezeigt hat, bei der Besetzung eines entsprechenden freien Arbeitsplatzes bei gleicher Eignung bevorzugt zu berücksichtigen, es sei denn, dass dringende betriebliche Gründe oder Arbeitszeitwünsche anderer teilzeitbeschäftigter Arbeitnehmer entgegenstehen (§ 9 TzBfG). Obergrenze des Verlängerungsanspruchs ist die regelmäßige Arbeitszeit

---

[156] Zur Verfassungsmäßigkeit BAG 18.2.2003, AP Nr. 2 zu § 8 TzBfG.
[157] S. im einzelnen BAG 15.4.2008, NZA 2008, 998; BAG 15.12.2009, NZA 2010, 447.

eines Vollzeitbeschäftigten. Ein Vollzeitbeschäftigter hat aus TzBfG § 9 keinen Verlängerungsanspruch[158]. Obwohl nach dem Wortlaut nicht zwingend, hat der Teilzeitbeschäftigte nach der Rechtsprechung Anspruch auf eine verlängerte Arbeitszeit, wenn ein freier Arbeitsplatz mit einer „entsprechenden" Tätigkeit zu besetzen ist[159]. Der Arbeitgeber ist allerdings frei, wie er einen erhöhten Personalbedarf befriedigt: Durch Einrichtung eines neuen Arbeitsplatzes, Verteilung der zusätzlichen Arbeit auf mehrere Teilzeitkräfte usw. Er ist auch frei zu entscheiden, welcher Teilzeitkraft er eine Verlängerung der Arbeitszeit anbietet. Er darf seine Organisationsfreiheit nur nicht benutzen, um § 9 TzBfG zu umgehen. Will er, statt die Arbeitszeiten der aufstockungswilligen Teilzeitkräfte zu verlängern, weitere Teilzeitplätze ohne höhere Arbeitszeit einrichten, dann bedarf es dafür arbeitsplatzbezogener Sachgründe. Im übrigen muss der zu besetzende freie Arbeitsplatz mit dem vom Arbeitnehmer bisher innegehabten vergleichbar sein. Beide Tätigkeiten müssen gleich oder zumindest ähnlich sein, sie müssen dieselben Anforderungen an den Arbeitnehmer stellen. Das BAG verlangt, dass dringende betriebliche Gründe gleichsam zwingend sind[160]. Die Beschäftigungspflicht gegenüber einem Arbeitnehmer, dem sonst betriebsbedingt gekündigt werden müsste, muss § 9 TzBfG aber jedenfalls vorgehen[161]. Eine für die Dauer von mehr als einem Monat vorgesehene Erhöhung der Arbeitszeit von mindestens zehn Stunden pro Woche ist laut BAG eine nach § 99 Abs. 1 BetrVG mitbestimmungspflichtige Einstellung[162].

Arbeitgeber und Arbeitnehmer können eine befristete Verringerung oder Verlängerung der Arbeitszeit vereinbaren. Diese Vereinbarung unterliegt in Allgemeinen Arbeitsbedingungen der Inhaltskontrolle nach § 307 Abs. 1 BGB. Kontrolliert wird nämlich nicht die Verringerung der Arbeitszeit und damit der Umfang der Arbeitsleistung als Hauptleistungspflicht, sondern deren zeitweise Änderung. Prüfungsmaßstab ist nicht § 14 Abs. 1 TzBfG. § 14 Abs. 1 TzBfG regelt die Befristung des Vertrags, nicht die Befristung einer Arbeitsvertragsbedingung; eine derartige Befristung ist auf Angemessenheit zu prüfen. Das Vorliegen eines Sachgrunds i.S.v. § 14 Abs. 1 TzBfG ist jedoch insofern von Bedeutung, als es sich zugunsten des Arbeitgebers auswirkt. **42a**

Ungeachtet dieser Prämissen kommt der zuständige 7. Senat für befristete Verringerungen und befristete Verlängerungen der Arbeitszeit zu unterschiedlichen Ergebnissen. Die befristete Verringerung der Arbeitszeit bewirke keine unangemessene Benachteiligung, die befristete Verlängerung nur dann nicht, wenn ein Sachgrund i.S.d. § 14 Abs. 1 TzBfG vorliege. Der Senat begründet dieses wenig überzeugende Ergebnis mit einem Blick auf das Fristende: Bei einer befristeten Verringerung verlängere sich zu diesem Zeitpunkt die Arbeitszeit mit entsprechender Erhöhung des Entgelts, bei der Beendigung einer befristeten Verlängerung verringere sie sich mit entsprechender Folge für das Entgelt[163]. **42b**

---

[158] BAG 21.6.2011, NZA 2011, 1274.
[159] BAG 8.5.2007, NZA 2007, 1349; BAG 16.9.2008, NZA 2008, 1285.
[160] BAG 16.9.2008, NZA 2008, 1285.
[161] *Rolfs*, RdA 2001, 129, 140.
[162] BAG 9.12.2008, NZA-RR 2009, 260.
[163] Zu Vorstehendem BAG 10.12.2014, NZA 2015, 811.

### 6. Kündigungsverbot

**43** Die Kündigung eines Arbeitsverhältnisses wegen der Weigerung eines Arbeitnehmers, von einem Vollzeit- in ein Teilzeitarbeitsverhältnis oder umgekehrt zu wechseln, ist unwirksam. Das Recht zur Kündigung des Arbeitsverhältnisses aus anderen Gründen bleibt unberührt (§ 11 TzBfG). Zu den anderen Gründen gehören „wirtschaftliche, technische und organisatorische Gründe"[164]. § 11 TzBfG enthält lediglich ein **Maßregelungsverbot**. Eine Änderungskündigung zur Umwandlung von Teilzeit- in Vollzeitarbeit und umgekehrt aus dringenden betrieblichen Erfordernissen bleibt zulässig. Ein dringendes betriebliches Erfordernis wird beispielsweise durch eine – nicht missbräuchliche – Organisationsentscheidung des Unternehmers begründet, Vollzeit- oder Teilzeitkräfte zu beschäftigen[165].

**43a** Der Gesetzgeber hat zwei Formen der Teilzeitarbeit gesondert geregelt: die Anpassung der Arbeitszeit an den Arbeitsanfall und die Arbeitsplatzteilung.

### 7. Anpassung der Arbeitszeit an den Arbeitsanfall

**44** Eine Vereinbarung, dass der Arbeitnehmer seine Arbeitsleistung entsprechend dem Arbeitsanfall zu erbringen hat (§ 12 Abs. 1 S. 1 TzBfG), ist in zwei Fallgestaltungen denkbar: Offen bleiben kann die Dauer der Arbeitszeit oder die Lage. Eine feste Terminologie bezüglich der beiden Varianten hat sich nicht herausgebildet. Vielfach werden beide als KAPOVAZ (kapazitätsorientierte variable Arbeitszeit) bezeichnet oder als Bedarfs- oder Abrufarbeit. Hier soll als Bedarfsarbeit das Arbeitsverhältnis bezeichnet werden, in dem der Arbeitgeber die Dauer der Arbeitszeit bestimmen kann, als Abrufarbeit das Arbeitsverhältnis, in dem ein festes Arbeitszeitkontingent vereinbart ist und der Arbeitgeber (nur) die Lage der Arbeitszeit bestimmen darf. In beiden Fällen geht es um Teilzeitarbeitsverhältnisse[166].

**44a** Die Problematik von Bedarfs- und Abrufarbeit liegt darin, dass sie den Arbeitnehmer hindert, den nicht vertraglich gebundenen Teil seiner Arbeitskraft anderweitig zu verwerten. Bei der Abrufarbeit ist ihm wenigstens ein bestimmtes Entgelt sicher, bei der Bedarfsarbeit nicht einmal das.

**44b** Der Gesetzgeber hat **Bedarfsarbeit** im Anschluss an eine Entscheidung des BAG von 1984[167] gänzlich untersagt. Das BAG hatte – dogmatisch anfechtbar[168] – angenommen, dass diese Art der Teilzeitarbeit § 2 KSchG umgehe. Nach § 12 Abs. 1 S. 2 TzBfG muss im Arbeitsvertrag eine bestimmte wöchentliche und tägliche Dauer der Arbeitszeit festgelegt werden. Geschieht das nicht, so gilt eine wöchentliche Arbeitszeit von zehn Stunden als vereinbart. Wenn eine tägliche Arbeitszeit

---

[164] Amtl. Begr., BT-Drs. 14/4374, zu Art. 1 § 11, S. 18.
[165] *Preis/Gotthardt*, DB 2000, 2065, 2069; *Schiefer*, DB 2000, 2118, 2121.
[166] Für die Anwendbarkeit auch auf Vollzeitarbeitsverhältnisse MünchArbR/*Schüren*, § 41 Rn. 9.
[167] BAG 12.12.1984, AP Nr. 6 zu § 2 KSchG 1969.
[168] *Hromadka*, in: FS Kissel, 1994, S. 417 ff.

nicht festgelegt ist, dann muss der Arbeitgeber die Arbeitsleistung des Arbeitnehmers jeweils für mindestens drei aufeinanderfolgende Stunden in Anspruch nehmen (§ 12 Abs. 1 S. 3 und 4 TzBfG)[169]. Diese Zeit hat der Arbeitgeber stets zu vergüten, ohne Rücksicht darauf, ob er den Arbeitnehmer zur Arbeitsleistung tatsächlich abruft oder abrufen kann (§ 615 S. 1 BGB).

Zulässig ist dagegen **Abrufarbeit**. Allerdings ist der Arbeitnehmer zur Arbeitsleistung nur verpflichtet, wenn der Arbeitgeber ihm die Lage seiner Arbeitszeit jeweils mindestens vier Tage im voraus mitteilt. 44c

## 8. Arbeitsplatzteilung (Job-Sharing)

Arbeitsplatzteilung ist die Vereinbarung des Arbeitgebers mit zwei oder mehr Arbeitnehmern, dass diese sich die Arbeitszeit an einem Arbeitsplatz teilen (§ 13 Abs. 1 S. 1 TzBfG). Die Job-Sharer versprechen dem Arbeitgeber, dass der Arbeitsplatz immer besetzt ist. Der Arbeitgeber überlässt ihnen das Wie. Sein Direktionsrecht bezüglich der Lage der Arbeitszeit ist insoweit eingeschränkt. Vereinbart werden können feste oder wechselnde Arbeitszeiten oder Absprachen von Fall zu Fall. Wie lang die zu teilende Arbeitszeit ist, ist gleichgültig; entscheidend ist, dass die Arbeitszeit der einzelnen Job-Sharer unterhalb der betriebsüblichen Arbeitszeit bleibt, denn bei ihrer Arbeit handelt es sich um Teilzeitarbeit. Das Job-Sharing hat sich bislang in Deutschland nicht so recht durchsetzen können, nicht zuletzt deshalb, weil der Gesetzgeber zwei der aus Arbeitgebersicht attraktivsten, die Arbeitnehmer aber erheblich belastende Punkte zugunsten der letzteren geregelt hat: 45

**a) Bei Ausfall eines Arbeitnehmers** sind die anderen in die Arbeitsplatzteilung einbezogenen Arbeitnehmer zu seiner Vertretung nur verpflichtet, wenn sie der Vertretung im Einzelfall zugestimmt haben. Für den Fall eines dringenden betrieblichen Bedürfnisses kann die Pflicht zur Vertretung auch vorab vereinbart werden; eine Verpflichtung zur Vertretung besteht aber nur, wenn sie im Einzelfall zumutbar ist (§ 13 Abs. 1 S. 1 und 3 TzBfG). Ein dringendes betriebliches Erfordernis liegt vor, wenn ohne die Vertretung erhebliche Störungen im Betriebsablauf auftreten können[170]. 46

**b) Die Kündigung des Arbeitsvertrags** mit einem Job-Sharer wegen Ausscheidens eines anderen aus der Arbeitsplatzteilung ist unwirksam. Der Arbeitgeber kann aber aus betrieblichen Gründen eine Änderungskündigung aussprechen, wenn er aus dem geteilten Arbeitsplatz einen ganzen machen möchte oder wenn er keinen Ersatz für den ausgefallenen Job-Sharer findet oder wenn ein Job-Sharer nur unter Bedingungen zu gewinnen ist, die eine Änderung des Arbeitsvertrags notwendig machen. Das Recht zur – ordentlichen oder außerordentlichen – Kündigung aus anderen Gründen bleibt naturgemäß unberührt (§ 13 Abs. 2 S. 2 TzBfG). 47

---

[169] Zu Vorstehendem BAG 24.9.2014, NZA 2014, 1328.
[170] MünchArbR/*Schüren*, § 41 Rn. 101.

**48** Job-Sharing eignet sich vor allem für Tätigkeiten, bei denen nicht allzu viele Informationen anfallen, die die Job-Sharer einander weitergeben müssen (Schreibbüro einerseits, Sekretariat andererseits). Die Praxis zieht feste Teilzeitarbeitsverhältnisse vor; bei Bedarf werden Überstunden vereinbart. Die Kosten sind dieselben, weil keine Zuschläge anfallen. Darüber hinaus behält der Arbeitgeber das Direktionsrecht bezüglich der Arbeitszeit.

## VII. Telearbeit

**49** Unter Telearbeit („mobiles Arbeiten/mobile working") versteht man eine auf programmgesteuerte Arbeitsmittel gestützte Tätigkeit, die regelmäßig ganz oder teilweise („alternierende Telearbeit") außerhalb der zentralen Arbeitsstätte des Arbeit- oder Auftraggebers an einem Arbeitsplatz ausgeübt wird, der mit der Zentrale durch elektronische Kommunikationsmittel verbunden ist[171]. Die Telearbeit kann in der Wohnung des Telearbeiters, in einem Nachbarschaftsbüro, in einem Satellitenbüro oder ohne ständige Anwesenheit an einem festen Arbeitsplatz („mobiler Telearbeiter") verrichtet werden. Nachbarschaftsbüros sind Räumlichkeiten, die mehrere Arbeit- oder Auftraggeber oder mehrere Telearbeiter gemeinsam unterhalten und die von mehreren Telearbeitern genutzt werden; Satellitenbüros sind Zweigstellen von Unternehmen, die ebenfalls der Benutzung durch Telearbeiter dienen[172]. Telearbeit kann in allen Rechtsformen geleistet werden, in denen Dienste für andere erbracht werden: vor allem in einem Arbeitsvertrag oder in einem Dienst- oder Werkvertrag. Je nach Ausgestaltung kann der Telearbeiter Arbeitnehmer, Heimarbeiter oder ein sonstiger arbeitnehmerähnlicher Selbständiger oder ein „echter" Selbständiger sein; im allgemeinen sind Telearbeiter Arbeitnehmer.

**50** Für Telearbeit gibt es **keine eigenen gesetzlichen Regelungen**. Telearbeitnehmer sind der Sache nach „Außenarbeiter", die schon die Sozialversicherungsgesetze in den 80er Jahren des 19. Jahrhunderts gekannt haben[173]. Die Besonderheiten sind rein tatsächlicher Art; sie ergeben sich daraus, dass die Arbeit nicht oder nur teilweise im Betrieb geleistet wird. Diesen Besonderheiten ist durch entsprechende Gestaltung des Arbeitsvertrags Rechnung zu tragen[174]. Schon seit längerem gibt es auch Tarifverträge für Telearbeiter[175]. Umstritten ist, inwieweit Arbeitsschutzvorschriften anwendbar sind, wenn die Arbeit in der Wohnung des Telearbeitnehmers geleistet wird (vgl. § 3 ArbSchG). Da die Interessenlage in etwa der bei Heimarbeit entspricht, wird man sich an §§ 12, 16 HAG orientieren können. Zur Kontrolle der Einhaltung muss der Arbeitgeber sich entsprechende Rechte im Arbeitsvertrag ausbedingen. Der Zutritt zur Wohnung des Arbeitnehmers ist auch bei vertraglicher Gestattung gegen dessen Willen nur im Klagewege durchsetzbar. Vertreter der staatlichen Aufsichtsbehörden

---

[171] Schaub/*Vogelsang*, ArbR-Hdb, § 164 Rn. 2.
[172] *Preis*, in: Die Zukunft der Medien hat schon begonnen - Rechtlicher Rahmen und neue Teledienste im Digitalzeitalter, 1998, S. 75, 80 ff.; Schaub/*Vogelsang*, ArbR-Hdb, § 164 Rn. 3.
[173] Vgl. § 2 Abs. 1 Nr. 4 KVG v. 15.6.1883; dazu *Hromadka*, NZA 1997, 569, 573.
[174] Muster eines Telearbeitsvertrags bei *Wank*, AuA 1998, 192, 193; Muster einer Betriebsvereinbarung bei *Wank*, Telearbeit, 1997, Rn. 718 ff.
[175] Vgl. den Tarifvertrag zwischen dem AGV:community und verdi vom 15.9.2016 für die Telekommunikations- und IT-Industrie.

haben ein Zutrittsrecht, wenn eine Gefahr im Sinne des Art. 13 Abs. 3 GG vorliegt[176]. Eine Pflicht zur Schaffung eines Telearbeitsplatzes besteht grundsätzlich nicht, auch nicht mittelbar, etwa zur Abwendung einer sonst drohenden personenbedingten Kündigung[177]. Etwas anderes kann bei einem schwerbehinderten Menschen gelten, für den der Arbeitgeber bereits einen funktionsfähigen Telearbeitsplatz in dessen Wohnung eingerichtet hatte; ohne Hinzutreten neuer, gewichtiger Umstände ist es im Zweifel nicht unzumutbar (§ 164 Abs. 4 S. 3 SGB IX), den Arbeitnehmer weiterhin an zwei Werktagen je Woche in Telearbeit zu beschäftigen[178].

## VIII. Leiharbeit (Arbeitnehmerüberlassung)

### 1. Struktur

Durch den Arbeitnehmerüberlassungsvertrag verspricht der Verleiher – häufig ein „Zeitarbeitsunternehmen" –, einen bei ihm angestellten und dazu bereiten (§ 613 S. 2 BGB) und fähigen Arbeitnehmer einem Entleiher vorübergehend zur Arbeit zu überlassen (§ 1 Abs. 1 S. 1 AÜG). Ein „Leih-Arbeitnehmer" wird nicht wie der Mitarbeiter einer Fremdfirma zur Erfüllung einer von dieser versprochenen und von ihr organisierten Dienst- oder Werkleistung tätig. Vielmehr überträgt der Verleiher dem Entleiher für die Dauer der Überlassung den Anspruch auf die Dienste einschließlich des arbeitsvertraglichen Weisungsrechts, so dass der Entleiher den überlassenen „Leih-Arbeitnehmer" nach den Erfordernissen in seinem Betrieb wie einen bei ihm angestellten „Stamm-Arbeitnehmer" einsetzen kann[179].

**50a**

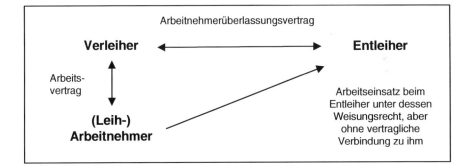

---

[176] Zu Vorst. *Preis*, Die Zukunft der Medien hat schon begonnen - Rechtlicher Rahmen und neue Teledienste im Digitalzeitalter, 1998, S. 75, 104 ff.
[177] LAG Hamm 22.7.2009, 3 Sa 1630/08.
[178] LAG Niedersachsen 6.12.2010, 12 Sa 860/10.
[179] BAG 30.1.1991, DB 1991, 2342; BAG 28.6.2000, BB 2001, 98.

**50b** Damit kommt es aus Sicht des „Leih-Arbeitnehmers" zur Aufspaltung der Arbeitgeberfunktionen. Arbeitsvertragliche Beziehungen bestehen nur zum Verleiher. Er allein schuldet das Entgelt und die Entgeltfortzahlung bei Krankheit, an Feiertagen, während des Urlaubs und für Zeiten, in denen der „Leih-Arbeitnehmer" nicht überlassen werden kann; nur im Verhältnis zu ihm besteht der Bestandsschutz von KSchG und TzBfG. Weisungsgebunden tätig wird der „Leih-Arbeitnehmer" dagegen im wesentlichen beim Entleiher, der ihm zu Schutz und Fürsorge verpflichtet ist.

### 2. Regelungen im Arbeitnehmerüberlassungsgesetz (AÜG)

**50c** Um die mit der Aufspaltung der Arbeitgeberfunktion verbundenen Risiken zu begrenzen, enthält das AÜG umfangreiche Regelungen, mit der zugleich die Vorgaben der Arbeitnehmerüberlassungs-RL 2008/104/EG in deutsches Recht umgesetzt worden sind[180]. Zu den wichtigsten gehören:

- Erlaubnispflicht, wenn Unternehmen im Rahmen ihrer wirtschaftlichen, nicht unbedingt gewerbsmäßigen (d.h. mit Gewinnerzielungsabsicht) verfolgten Tätigkeit Arbeitnehmer Dritten zur Arbeit überlassen (§ 1 Abs. 1 S. 1 AÜG); beim Fehlen sind Arbeitnehmerüberlassungsvertrag und der Arbeitsvertrag zwischen dem Leih-Arbeitnehmer und dem Verleiher unwirksam (§ 9 Nr. 1 AÜG); statt dessen fingiert § 10 Abs. 1 S. 1 AÜG einen Vertrag zwischen dem Entleiher und dem Leih-Arbeitnehmer. Der Leih-Arbeitnehmer kann nach Maßgabe von § 9 Abs. 2 AÜG erklären, dass er am Arbeitsvertrag mit dem Verleiher festhält[181].

- Verbot der dauerhaften Überlassung (vgl. § 1 Abs. 1 S. 4 AÜG); Höchstüberlassungszeit 18 Monate beim selben Arbeitgeber; erneute Überlassung erst nach dreimonatiger Karenzzeit zulässig (vgl. § 1 Abs. 1b AÜG)

- Verbot der Leiharbeit im Baugewerbe nach Maßgabe von § 1b AÜG

- Verbot der verdeckten Leiharbeit: Verleiher und Entleiher haben die Personalgestellung in ihrem Vertrag ausdrücklich als Arbeitnehmerüberlassung zu bezeichnen (§ 1 Abs. 1 S. 5 AÜG)

- Grundsatz der Gleichbehandlung von Leih-Arbeitnehmern mit vergleichbaren Stamm-Arbeitnehmern bei den wesentlichen Arbeitsbedingungen (vor allem beim Entgelt), soweit durch Tarifvertrag nichts anderes bestimmt ist (§ 8 Abs. 1, 2); bei unwirksamem Tarifvertrag richtet sich der Anspruch auf Gleichbehandlung gegen den Verleiher (§ 8 Abs. 1 AÜG)[182]

- Möglichkeit der Bestimmung einer Entgeltuntergrenze für die Leiharbeit auf Vorschlag einer Tarifpartei durch Rechtsverordnung des Bundesarbeitsministeriums (§ 3a AÜG)

---

[180] Es wurde 2017 umfassend novelliert; dazu *Lembke*, NZA 2017, 1; *Thüsing*, DB 2016, 2663.
[181] Dazu *Hamann/Rudnik*, NZA 2017, 22.
[182] BAG 14.12.2010, NZA 2011, 289; BAG 23.3.2011, NZA 2011, 850; *Bayreuther*, NZA 2017, 18.

- Gleicher Zugang der Leih-Arbeitnehmer zu den Gemeinschaftseinrichtungen und -diensten (z.B. Kantine, Betriebskindergarten) des Entleihers wie dessen Stamm-Arbeitnehmer (§ 13b AÜG)
- Mitbestimmung des Betriebsrats bei jeder Beschäftigung von Leih-Arbeitnehmern im Betrieb (§ 14 Abs. 3 AÜG, § 99 BetrVG)
- Aktives (aber nicht passives) Wahlrecht der Leih-Arbeitnehmer (auch) bei den Betriebsratswahlen im Betrieb des Entleihers, wenn die Überlassung voraussichtlich länger als drei Monate dauert (§ 7 S. 2 BetrVG, § 14 Abs. 2 S. 1 AÜG); Berücksichtigung bei den betriebsverfassungsrechtlichen Schwellenwerten im Entleihbetrieb, wie z.B. §§ 9, 38, 111 BetrVG (§ 14 Abs. 2 S. 4 AÜG) sowie bei der Unternehmensmitbestimmung[183].

Die Zahl der Leiharbeitsverhältnisse hat sich in den letzten 15 Jahren verfünffacht; 2016 lag sie bei 991.000. Der Anteil der Leiharbeit an der Gesamtbeschäftigung liegt bei knapp 3 Prozent. In Leiharbeit beschäftigt werden vor allem Jüngere und gering qualifizierte Männer[184].

**50d**

## IX. Ein Mustervertrag

### 1. Allgemeines

#### a) Gewöhnlicher Inhalt von Musterverträgen

Bei aller Unterschiedlichkeit ähneln sich die in Deutschland üblichen Arbeitsverträge doch weitgehend. Das hat mehrere Gründe. Die Struktur des Arbeitsverhältnisses erfordert die Regelung von drei Fragenkomplexen:

**51**

- Wie bei jedem Vertrag müssen Leistung und Gegenleistung festgelegt werden. Das sind Tätigkeit und Entgelt und, weil der Arbeitsvertrag zeitbestimmt ist, Anfang und Ende des Vertrags sowie die in der Regel wöchentliche, zunehmend aber auch jährliche Arbeitszeit.
- Der Arbeitnehmer erbringt die Leistung in Person. Er hilft dem Arbeitgeber in dessen Angelegenheiten und wird dazu häufig in dessen Bereich (Organisation) und mit dessen Mitteln tätig. Das macht die Vereinbarung von Nebenpflichten erforderlich.
- Da das Arbeitsverhältnis als Dauerschuldverhältnis unter Umständen Jahrzehnte währt, müssen Änderungsmöglichkeiten vorgesehen werden. Das geschieht durch den Vorbehalt von Leistungsbestimmungsrechten (Weisungsrecht, Versetzungsklausel, Anrechnungs- und Widerrufsvorbehalt). Umgekehrt muss Vorsorge gegen schleichende Veränderungen getroffen werden; ihnen sollen Schriftformklauseln vorbeugen.

---

[183] *Bungert*, DB 2016, 3022; *Oetker*, NZA 2017, 29.
[184] Vgl. Bundesagentur f. Arbeit, Aktuelle Entwicklungen der Zeitarbeit, Juli 2017, S. 4.

**52** Dafür, dass diese Komplexe nicht nur geregelt, sondern zumeist auch ähnlich geregelt werden, sorgt eine Reihe von Faktoren:
- Die emsige Tätigkeit von Gesetzgeber und Rechtsprechung hat das Arbeitsverhältnis ziemlich verrechtlicht und dadurch die Vertragsfreiheit eingeschränkt.
- Wettbewerbszwänge und die Tätigkeit der Tarifpartner führen wenn nicht zu einer Angleichung, so doch zu einer Annäherung der Arbeitsbedingungen.
- Die Beratungspraxis der (Arbeitgeber-)Verbände und von Dienstleistungsorganisationen, die Informationsdienste dieser Institutionen und der von ihnen organisierte Erfahrungsaustausch unter Personalleitern und Personalreferenten fördern tendenziell gleichartige Regelungen. Dasselbe gilt für Ausbildungsgänge für Tätigkeiten im Personalbereich (Personalkaufmann) und für die Personalzeitschriften.

**53** Individuell vereinbart werden nur wenige Punkte; unbedingt notwendig ist das bei zweien, der Tätigkeit und ihrem Beginn. Der dritte an sich erforderliche Punkt, die Arbeitszeit, wird in der Regel kollektiv oder sogar kollektivrechtlich geregelt. Das Entgelt, das – zumindest in gewissen Grenzen – ebenfalls individuell vereinbart zu werden pflegt, würde mangels Vereinbarung nach § 612 BGB bestimmt. Bei den übrigen Vereinbarungen handelt es sich um Allgemeine Geschäftsbedingungen, die man im Arbeitsrecht Allgemeine Arbeitsbedingungen zu nennen pflegt. Seit der Schuldrechtsmodernisierung unterliegen Allgemeine Arbeitsbedingungen der Inhaltskontrolle (s. dazu § 5 Rn. 104 ff.).

### b) Konstitutive und deklaratorische Vertragsinhalte

**54** Einige Vertragsbedingungen enthalten keine eigene Regelung. Sie geben lediglich die Rechtslage wieder. Die Aufnahme in den Vertragstext dient der Information („Verklarung"). Der Arbeitnehmer soll über die wichtigsten Vertragsbedingungen unterrichtet werden. Zu dieser Information ist der Arbeitgeber ohnedies verpflichtet. Nach §§ 1, 2 NachwG hat er allen Arbeitnehmern, die nicht nur zur Aushilfe für höchstens einen Monat eingestellt sind, spätestens einen Monat nach dem vereinbarten Vertragsbeginn eine Niederschrift mit den wesentlichen Vertragsbedingungen (dazu im einzelnen § 2 Abs. 1 S. 2 NachwG) auszuhändigen.

**55** Ob eine Regelung konstitutiv oder deklaratorisch gemeint ist, ist durch Auslegung zu ermitteln. Nimmt sie einfach auf ein Gesetz oder eine Betriebsvereinbarung Bezug, so wird im allgemeinen eine deklaratorische Regelung gemeint sein, ebenso, wenn lediglich der Wortlaut wiederholt oder sinngemäß wiedergegeben wird. Anders ist es bei Bezugnahme auf einen Tarifvertrag. Während Gesetz und Betriebsvereinbarung ohnehin für alle Arbeitnehmer – die Betriebsvereinbarung mit Ausnahme der leitenden Angestellten – gelten, gilt der Tarifvertrag, sofern er nicht für allgemeinverbindlich erklärt ist (§ 5 TVG), nur für die Arbeitnehmer, die der vertragsschließenden Gewerkschaft angehören (§§ 4 Abs. 1, 3 Abs. 1 TVG). Die Anwendbarkeit der Tarifbestimmungen auf alle Arbeitnehmer lässt sich nur über eine konstitutive Regelung erreichen. Die Regelung muss auch für die gewerkschaftlich organisierten Arbeitnehmer konstitutiv sein, weil nach einem eventuellen Austritt aus der Gewerkschaft geänderte Tarifbedingungen nicht mehr gelten würden (vgl. § 3 Abs. 3 TVG).

## 2. Vertragsbeispiel

1. Herr/Frau ... wird ab ... als ... in der X-GmbH tätig sein. Er/Sie verpflichtet sich, alle ihm/ihr übertragenen Arbeiten sorgfältig und gewissenhaft auszuführen.

2. Die X-GmbH ... ist berechtigt, Herrn/Frau ... aus betrieblichen oder persönlichen Gründen auch eine andere gleichwertige Tätigkeit, die seinen Kenntnissen und Fähigkeiten entspricht, im selben oder in einem anderen Betrieb des Unternehmens in der Bundesrepublik Deutschland zuzuweisen.

3. Über dienstliche Angelegenheiten, die offenkundig der Geheimhaltung bedürfen oder die Herrn/Frau ... gegenüber ausdrücklich als geheimhaltungsbedürftig bezeichnet werden, hat er/sie Stillschweigen zu bewahren. Das gilt auch nach Beendigung des Arbeitsverhältnisses, soweit dadurch das berufliche Fortkommen von Herrn/Frau ... nicht behindert wird.

4. Die Zeit vom ... bis ... gilt als Probezeit. In dieser Zeit kann beiderseits mit einer Frist von ... gekündigt werden.

5. Herr/Frau ... erhält für seine/ihre Tätigkeit ein Gehalt von ... brutto monatlich. Es setzt sich wie folgt zusammen:
    Tarifentgelt Entgeltgruppe E 6        ... €
    übertarifliche Zulage                 ... €
    gesamt                                ... €.

6. Die übertarifliche Zulage kann aus wirtschaftlichen Gründen sowie bei einer Änderung der Tätigkeit oder der Leistung von Herrn/Frau ... widerrufen werden. Sie ist auf Tariferhöhungen anrechenbar.

7. Außerdem erhält Herr/Frau ... eine jährliche Sonderzuwendung entsprechend der „Betriebsvereinbarung über die Jahresprämie" der X-GmbH.

8. Die Bezüge werden bargeldlos gezahlt. Das monatliche Entgelt ist so rechtzeitig zu überweisen, dass es am drittletzten Werktag dem Konto von Herrn/Frau ... gutgeschrieben werden kann.

    Die Höhe der nicht tariflichen Bezüge ist vertraulich zu behandeln.

9. Ansprüche auf Entgelt können nur mit schriftlicher Zustimmung der X-GmbH abgetreten oder verpfändet werden. Herr/Frau ... ist verpflichtet, die Kosten für Verpfändungen und Abtretungen zu tragen.

10. Die Arbeitszeit beträgt ... Stunden wöchentlich.

11. Herr/Frau ... verpflichtet sich, bei Bedarf bis zu ... Überstunden je Woche zu leisten. Er/sie erhält für angeordnete Überstunden ein Entgelt in Höhe von $1/x$ des Bruttomonatsentgelts.

12. Nebentätigkeiten, die die Interessen der X-GmbH beeinträchtigen können, sind der X-GmbH vor der Übernahme mitzuteilen. Nebentätigkeiten, die die Interessen der X-GmbH beeinträchtigen, dürfen nur mit in Textform erteilter Zustimmung der X-GmbH übernommen werden.

**56**

13. Bei unverschuldeter Arbeitsunfähigkeit infolge Krankheit zahlt die X-GmbH das Entgelt entsprechend den gesetzlichen (und tariflichen) Bestimmungen fort. Zur Zeit sind das 100 % des laufenden Entgelts für 6 Wochen. Für die Dauer weiterer ... Wochen erhält Herr/Frau ... den Unterschiedsbetrag zwischen den gesetzlichen Leistungen der Krankenkasse und dem Nettoentgelt.

14. Eine Arbeitsverhinderung ist dem zuständigen Vorgesetzten unverzüglich unter Angabe des Grundes mitzuteilen. Ist Herr/Frau ... wegen Krankheit länger als 3 Tage an der Arbeit verhindert, so hat er spätestens am 4. Tag oder, wenn dieser kein Arbeitstag ist, an dem nächsten darauffolgenden Arbeitstag eine ärztliche Bescheinigung über Beginn und voraussichtliche Dauer der Arbeitsunfähigkeit vorzulegen. Dauert die Arbeitsunfähigkeit länger als in der Bescheinigung angegeben, so ist unverzüglich eine weitere Bescheinigung vorzulegen.

15. Herr/Frau ... erhält eine betriebliche Altersversorgung nach der „Versorgungsordnung der X-GmbH" in der jeweiligen Fassung.

16. Der Urlaub richtet sich nach den gesetzlichen und tariflichen Bestimmungen.

17. Tritt Herr/Frau ... das Arbeitsverhältnis nicht an oder löst er/sie es unter Bruch des Vertrags auf, so hat Herr/Frau ... der X-GmbH eine Vertragsstrafe in Höhe eines Bruttomonatsentgelts zu zahlen. Die Geltendmachung eines weitergehenden Schadens wird dadurch nicht ausgeschlossen.

18. Das Arbeitsverhältnis kann mit einer Frist von ... zum ... gekündigt werden. Die längeren gesetzlichen Fristen gelten auch für Herrn/Frau ... Die Kündigung bedarf der Schriftform.

19. Das Arbeitsverhältnis endet mit Ablauf des Monats, in dem Herr/Frau ...erstmals eine Rente wegen Alters beziehen kann oder in dem ihm der Bescheid eines Rentenversicherungsträgers über die Gewährung einer auf mindestens zwei Jahre befristeten Rente wegen voller Erwerbsminderung zugeht.

20. Ansprüche aus dem Arbeitsverhältnis können nur innerhalb von drei Monaten nach Eintritt der Fälligkeit geltend gemacht werden.

21. Im übrigen gelten die auf die X-GmbH anwendbaren Tarifverträge in der jeweiligen Fassung. Endet die Tarifbindung der X-GmbH, so bleibt es bei den Tarifbedingungen in der bei Beendigung geltenden Fassung. Bei einer Betriebsübernahme sind die Tarifverträge anwendbar, an die der Erwerber gebunden ist oder bei Verbandsmitgliedschaft gebunden wäre.

22. Auf freiwillige Leistungen entsteht auch bei wiederholter Gewährung nur dann und nur insoweit ein Anspruch für die Zukunft, als die X-GmbH sie ausdrücklich zusagt.

## 3. Anmerkungen zu dem Mustervertrag

**Zu Ziff. 1. und 2.** Das Tätigkeitsgebiet kann enger oder weiter umschrieben werden: „als kaufmännischer Angestellter", „als Sachbearbeiter im Vertrieb" oder „im Vertrieb Südosteuropa" oder ganz konkret „im Vertrieb Rumänien" (s. § 6 Rn. 25 ff.). Je weiter die Umschreibung, desto stärker der Kündigungsschutz, desto größer nämlich die Vergleichsgruppe, innerhalb der die Sozialauswahl bei einer betriebsbedingten Kündigung stattzufinden hat (§ 1 Abs. 3 S. 1 KSchG)[185]. Allerdings genügt die erste Variante nicht § 2 Abs. 1 S. 2 Nr. 5 NachwG.   57

Der Arbeitgeber kann dem Arbeitnehmer alle Arbeiten innerhalb des vereinbarten Tätigkeitsgebiets übertragen (vgl. § 106 GewO). Da die Zukunft nicht vorhersehbar ist, pflegt man entweder eine weite Umschreibung zu wählen oder eine Versetzungsklausel zu vereinbaren. Die Klausel kann sich auf eine Änderung der Tätigkeit beschränken, aber auch eine Änderung der organisatorischen Eingliederung (anderer Betrieb) oder sogar des Ortes umfassen (s. § 6 Rn. 92). Der Sache nach hebt eine Versetzungsklausel eine enge Umschreibung des Arbeitsgebiets oder des Einsatzortes wieder auf. Bei der Ausübung der Versetzungsbefugnis hat der Arbeitgeber billiges Ermessen zu wahren.   58

Gleichwertig ist eine Tätigkeit, die ebenfalls nach der vereinbarten Entgeltgruppe zu vergüten ist. Eine offene Frage ist, ob der Arbeitgeber sich vorbehalten kann, dem Arbeitnehmer eine geringerwertige Tätigkeit zu übertragen. Der 9. Senat verneint[186]. Das sei ein so schwerwiegender Eingriff in den gesetzlich gewährleisteten Inhaltsschutz, dass von einer Unangemessenheit i.S.v. § 307 Abs. 2 Nr. 2 BGB auszugehen sei.   59

Der Klarstellung dient auch die Aufnahme der Verpflichtung zu sorgfältiger und gewissenhafter Arbeit. Im Arbeitsrecht gilt wie im gesamten Dienstvertragsrecht, dass die Dienste zu leisten sind, die der Verpflichtete bei angemessener Anspannung seiner geistigen und körperlichen Kräfte ohne Gefährdung seiner Gesundheit zu leisten imstande ist. Für Güte und Menge gilt also ein subjektiver Maßstab (s. § 6 Rn. 81 ff.).   60

**Zu Ziff. 3.** Auch ohne ausdrückliche Vereinbarung hat der Arbeitnehmer Stillschweigen zu bewahren über Betriebs- und Geschäftsgeheimnisse sowie über persönliche Verhältnisse und Verhaltensweisen des Arbeitgebers, wenn dieser durch die Preisgabe geschädigt oder in der öffentlichen Meinung herabgewürdigt würde[187]. Die Grenzen der darüber hinausgehenden Verpflichtung gemäß Ziff. 3 richten sich nach den allgemeinen Vorschriften. Nach Beendigung des Arbeitsverhältnisses kann das Geheimhaltungsinteresse des Arbeitgebers mit dem Interesse des Arbeitnehmers an seinem beruflichen Fortkommen kollidieren. Die Rechtsprechung gibt letzterem den Vorrang. Der Arbeitnehmer darf sein im Arbeitsverhältnis erworbenes Erfahrungswissen einschließlich der Kenntnis von Betriebs- und Geschäftsgeheimnissen einsetzen, sofern er sich nicht durch eine bezahlte und auf höchstens   61

---

[185] BAG 17.2.2000, AP Nr. 46 zu § 1 KSchG Soziale Auswahl.
[186] BAG 9.5.2006, NZA 2007, 145, 147. Gegen die Annahme, dass § 2 KSchG Inhaltsschutz gewähre, *Hromadka,* in: FS Konzen, 2006, 321, 324 ff.
[187] Schaub/*Linck,* ArbR-Hdb, § 53 Rn. 29, 51 ff.

zwei Jahre befristete Wettbewerbsabrede (§§ 74 ff. HGB) zur Enthaltung von Wettbewerb verpflichtet hat[188].

62 **Zu Ziff. 4.** In der Probezeit, längstens aber für die Dauer von sechs Monaten, kann mit einer Frist von zwei Wochen gekündigt werden (§ 622 Abs. 3 BGB). Die Vereinbarung einer längeren Kündigungsfrist ist zulässig, die einer kürzeren nur durch Tarifvertrag (§ 622 Abs. 4 BGB). Ein befristetes Probearbeitsverhältnis ist nur dann kündbar, wenn das vereinbart ist (§ 15 Abs. 3 TzBfG).

63 Die Probezeit hat nichts mit der Frage zu tun, ob überhaupt gekündigt werden kann. Diese Frage beantwortet sich nach dem Kündigungsschutzgesetz. Nach § 1 Abs. 1 KSchG bedarf die Kündigung in den ersten sechs Monaten keines Grunds. Das gilt ohne Rücksicht darauf, ob die Probezeit kürzer oder länger ist. Eine Probezeit von mehr als sechs Monaten hat deshalb nur Sinn, wenn ein befristetes Probearbeitsverhältnis abgeschlossen wird. Dann tritt zwar mit Ablauf der 6-Monats-Frist Kündigungsschutz ein, das Arbeitsverhältnis endet aber mit Ablauf der Frist von selbst. Vor einer Kündigung durch den Arbeitgeber ist der Betriebsrat anzuhören. Das gilt auch in der Probezeit (§ 102 Abs. 1 S. 1 BetrVG: „Der Betriebsrat ist vor jeder Kündigung zu hören").

64 **Zu Ziff. 5.** Kernstück der Gegenleistung ist das laufende, in der Regel monatlich zu zahlende Entgelt, vom BGB Vergütung genannt, bei (den früheren) Angestellten als Gehalt, bei (den früheren) Arbeitern als Lohn, bei Auszubildenden als Ausbildungsvergütung bezeichnet.

65 Das (laufende) Entgelt wird zumeist nach dem Arbeitswert und nach der persönlichen Leistung bemessen. Der Wert der Arbeit kann summarisch (= pauschal) oder analytisch (= durch Zerlegung in ihre einzelnen Bestandteile) ermittelt werden, die persönliche Leistung, d.h. die Art und Weise, in der ein Arbeitnehmer eine Arbeit bestimmten Wertes verrichtet, systematisch (= anhand eines Beurteilungssystems) bewertet oder – vor allem durch Vergleich mit den Leistungen der anderen Arbeitnehmer – frei eingeschätzt werden. Die Tarifverträge bauen häufig auf summarischer Arbeitsbewertung auf. Sie erfassen Tätigkeiten von etwa gleicher Wertigkeit in sogenannten Tarifgruppen (je nach Genauigkeit und Spanne der erfassten Tätigkeiten ca. 5 bis 15).

66 Das Tarifentgelt dient in der Regel der Vergütung der Arbeit bei Normalleistung. Die sogenannten übertariflichen Zulagen, ein laufendes Entgelt, das der Arbeitgeber zusätzlich zum Tarifentgelt zahlt, sollen vor allem das nach dem Arbeitswert bemessene Tarifentgelt verfeinern (Betriebsjargon: zwischen den Tarifgruppen „Zwischenbretter einziehen"), die persönliche Leistung honorieren, sozialen Umständen Rechnung tragen und schließlich den Marktwert vergüten. Sie sind der Puffer im Entgeltsystem, der der Austarierung von Leistung und Gegenleistung und damit der Gerechtigkeit im Einzelfall dient.

---

[188] BAG 19.5.1998, NZA 1999, 200.

## IX. Ein Mustervertrag

Ist nicht – ganz ausnahmsweise – etwas anderes vereinbart, so ist eine Bruttovergütung vereinbart. Der Arbeitnehmer ist nach § 38 Abs. 2 EStG Schuldner der Lohnsteuer und muss im Innenverhältnis seinen Anteil am Gesamtsozialversicherungsbeitrag tragen (§ 28 g SGB IV)[189]. **66a**

**Zu Ziff. 6.** Übertarifliche Zulagen sind grundsätzlich auch ohne Vereinbarung auf Erhöhungen des Tarifentgelts anrechenbar[190]. Zugesagt ist das Gesamtentgelt. Bei einer Erhöhung des Tarifentgelts verschiebt sich nur die Binnenstruktur. Der (allein) durch Arbeitsvertrag zugesagte Anteil verringert sich zulasten des (auch) durch Tarifvertrag Zugesagten. Widerruflichkeit dagegen muss eigens vereinbart werden. Ein jederzeitiger, an keinen Grund gebundener Widerruf kann nach AGB-Recht nicht vereinbart werden. Eine solche Vereinbarung wäre dem Arbeitnehmer nicht zumutbar und intransparent (§§ 307 Abs. 1 S. 2, 308 Nr. 4 BGB). Erforderlich ist ein sachlicher Grund, der näher zu konkretisieren ist (s. § 7 Rn. 66)[191]. **67**

**Zu Ziff. 7.** Zusätzlich zum laufenden Entgelt werden in der Regel Sonderzahlungen (= Gratifikationen) gewährt, d.h. Zahlungen, die zu bestimmten Terminen oder aus bestimmten Anlässen – häufig jährlich – geleistet werden: 13. Monatsgehalt, zusätzliches Urlaubsgeld, Jahresprämie, Weihnachtsgeld, vermögenswirksame Leistungen, Jubiläumsgeld (s. § 7 Rn. 50 ff.). Bei den Sonderzahlungen kann es sich um feste Beträge handeln, sie können aber auch in Abhängigkeit vom laufenden Entgelt, vom Umsatz, vom Gewinn, vom Dienstalter usw. bemessen sein; häufig werden mehrere Anknüpfungspunkte nebeneinander gewählt. Auch Sonderzahlungen sind Entgelt; der Arbeitgeber verschenkt allenfalls zum Geburtstag oder zu einem besonderen Jubiläum ein Buch oder einen Blumenstrauß. **68**

Sonderzahlungen sind häufig im Tarifvertrag oder in einer Betriebsvereinbarung – so hier – geregelt. Betriebsvereinbarungen sind privatrechtliche (Normen-)Verträge zwischen Arbeitgeber und Betriebsrat, die unmittelbar und zwingend für und gegen die Belegschaftsangehörigen (mit Ausnahme der leitenden Angestellten) wirken (§ 77 Abs. 4 BetrVG). Der Hinweis auf die Betriebsvereinbarung dient also nur der Klarstellung. **69**

Auch für Sonderzahlungen werden in der Regel Änderungsmöglichkeiten vorgesehen. Bei Betriebsvereinbarungen ist das nicht nötig, weil sie ohnedies jederzeit mit einer Frist von drei Monaten kündbar sind (§ 77 Abs. 5 BetrVG). Änderungen bedürfen allerdings der Zustimmung des Betriebsrats; bis dahin ist nach der anfechtbaren Rechtsprechung des BAG die bisherige Leistung weiterzugewähren[192]. **70**

**Zu Ziff. 8.** Bargeldlose Zahlung ist heute die Regel. Eine ausdrückliche Vereinbarung empfiehlt sich, solange im Bürgerlichen Recht darüber gestritten wird, ob die Überweisung auf ein Konto des Schuldners Erfüllung oder eine Leistung erfüllungshalber ist, die der Gläubiger sich nicht gefallen zu lassen braucht[193]. **71**

---

[189] BAG 21.12.2016, NZA 2017, 449.
[190] Das gilt auch für Allgemeine Arbeitsbedingungen, BAG 1.3.2006, NZA 2006, 746.
[191] BAG 12.1.2005, NZA 2005, 465,467 f.; dazu *Hanau/Hromadka*, NZA 2005, 73.
[192] BAG GS 3.12.1991, AP Nr. 52 zu § 87 BetrVG 1972 Lohngestaltung.
[193] Palandt/*Grüneberg*, § 362 BGB Rn. 9 f.

72 Arbeitsentgelt ist postnumerando zu zahlen, sofern nichts anderes vereinbart ist (§ 614 BGB). Eine um einige Tage vorgezogene Zahlung ermöglicht es dem Arbeitnehmer, das Geld so rechtzeitig von dem Geldinstitut abzuholen, dass er am letzten des Monats darüber verfügen kann.

73 In Deutschland ist es – anders als zum Beispiel in den USA – üblich, die Bezüge vertraulich zu behandeln und die Arbeitnehmer zur Vertraulichkeit zu verpflichten, wobei häufig die tariflichen Entgeltbestandteile ausgenommen werden. Daran hat das neue EntgTranspG nichts geändert. Die in einem Auskunftsverlangen nach § 11 Abs. 3 EntgTranspG erlangten Informationen dürfen nur zur Geltendmachung von Rechten nach dem EntgTranspG genutzt werden (§ 8 Abs. 2 S. 1 EntgTranspG).

74 Zu Ziff. 9. Verpfändung und Abtretung von Entgelt werden in der Regel von der Zustimmung des Arbeitgebers abhängig gemacht (§ 399 BGB). Wegen des nicht unerheblichen Verwaltungsaufwands werden die Kosten vielfach dem Arbeitnehmer in Rechnung gestellt. Kosten für Pfändungen darf der Arbeitgeber nicht auf den Arbeitnehmer umlegen.

75 Zu Ziff. 10. Die Arbeitszeit wird traditionell in den Tarifverträgen geregelt. Seit die Tarifverträge aber zu differenzierteren Arbeitszeiten übergegangen sind, genügt ein bloßer Hinweis nicht mehr. Streitig ist, ob und inwieweit Tarifverträge die Arbeitszeit überhaupt verbindlich festlegen können (s. Band 2 § 13 Rn. 182).

76 Zu Ziff. 11. Überstunden (= Mehrarbeit) sind die über die vereinbarte regelmäßige Arbeitszeit hinausgehende Arbeitszeit (vgl. § 17 Abs. 3 BBiG). Eine gesetzliche Verpflichtung zur Ableistung von Überstunden gibt es nicht; manche Tarifverträge sehen eine solche Pflicht vor, ziehen zumeist aber auch (ebenfalls nicht unproblematische) Höchstgrenzen (z.B. acht Überstunden wöchentlich). Ohne Vereinbarung ist der Arbeitnehmer deshalb nur in Ausnahmefällen (§ 241 Abs. 2 BGB, vgl. auch § 14 ArbZG) zu Überstunden verpflichtet. Im Interesse der Transparenz sind auch Überstundenvereinbarungen zu konkretisieren. Unwirksam ist z.B. eine Klausel, die den Arbeitnehmer verpflichtet, im monatlichen Durchschnitt 150 Stunden zu arbeiten, weil ihr nicht zu entnehmen ist, innerhalb welchen Zeitraums der Arbeitgeber den Arbeitnehmer mit durchschnittlich 150 Stunden im Monat beschäftigen muss[194].

77 Überstunden sind vergütungspflichtig, wenn die Leistung „den Umständen nach nur gegen eine Vergütung zu erwarten ist" (§ 612 Abs. 1 BGB entspr.[195]). Davon kann man im Tarifbereich grundsätzlich ausgehen. In der Regel wird ein Zuschlag bezahlt, dessen Höhe zumeist tariflich festliegt (z.B. 1. bis 4. Überstunde 25 %, 5. und 6. 40 %, ab der 7. 50 %).

78 Zu Ziff. 12. Die Meldepflicht dient der Prüfung, ob die Interessen des Unternehmens verletzt werden können. Das Unternehmen darf die Zustimmung – ohne weiteres – aber nur versagen, wenn und soweit berechtigte Interessen (Wettbewerb,

---

[194] BAG 21.6.2011, 9 AZR 236/10.
[195] BAG 22.2.2012, NZA 2012, 861.

Beeinträchtigung der Leistung des Arbeitnehmers) tatsächlich verletzt werden[196]. Bei Vollzeitarbeit ist das eher der Fall als bei Teilzeitarbeit, bei Führungskräften eher als bei Arbeitnehmern mit einfacher Tätigkeit. Je kürzer die Arbeitszeit, desto weniger können Nebentätigkeiten untersagt werden.

**Zu Ziff. 13.** Das Gesetz sieht bei krankheitsbedingter Arbeitsunfähigkeit die Fortzahlung des Entgelts für die Dauer von sechs Wochen vor (§§ 3, 4 EfzG). Nach sechs Wochen erhält der Arbeitnehmer Krankengeld in Höhe von 70 % des regelmäßigen Arbeitsentgelts (§ 47 Abs. 1 SGB V). Das Krankengeld ist steuerfrei (§ 3 Nr. 1 EStG), unterliegt aber dem Progressionsvorbehalt (§ 32b Abs. 1 S. 1 Nr. 1b EStG). Um die Einbuße nicht zu groß werden zu lassen, stocken die Unternehmen das Krankengeld deshalb vielfach für eine bestimmte Zeit auf. 79

**Zu Ziff. 14.** Diese Bestimmung ist eine kurzgefasste Wiedergabe von § 5 EfzG. 80

**Zu Ziff. 15.** Leistungen der betrieblichen Altersversorgung stocken den gesetzlichen Rentenanspruch auf. Die betriebliche Altersversorgung ist zumeist in komplizierten Regelwerken enthalten, die teils Betriebsvereinbarungen, häufiger Allgemeine Arbeitsbedingungen sind. Für die Änderung von Versorgungsordnungen hat die Rechtsprechung strenge Regeln entwickelt[197]. 81

**Zu Ziff. 16.** Das Bundesurlaubsgesetz sieht einen Mindesturlaub von 24 Werktagen (= 20 Arbeitstage bei 5-Tage-Woche) vor (§ 3 Abs. 1 BUrlG). Jugendliche erhalten – je nach Alter – mindestens 25-30 Werktage Urlaub (§ 19 Abs. 2 JArbSchG), schwerbehinderte Menschen 5 Arbeitstage zusätzlich (§ 208 SGB IX). Tarifverträge stocken den Urlaub auf, Arbeitsverträge verbessern ihn mitunter nochmals. 82

**Zu Ziff. 17.** Vertragsstrafenklauseln sind zulässig für Vertragsverletzungen, durch die dem Arbeitgeber ein Schaden entsteht, der typischerweise nicht oder nur mit unverhältnismäßigem Aufwand nachweisbar ist. Das trifft vor allem zu für den Fall des Vertragsbruchs und für den Verstoß gegen Wettbewerbsverbote[198] und Verschwiegenheitspflichten. Für den Fall des Vertragsbruchs dürfen allerdings nicht mehr Tagessätze vereinbart werden, als der Kündigungsfrist entspricht[199]. 83

**Zu Ziff. 18.** Die Vorschrift befasst sich mit Form und Frist von Kündigungen. Die Vorfrage, ob das Arbeitsverhältnis gekündigt werden kann, richtet sich für die ordentliche Kündigung nach § 1 KSchG, für die außerordentliche nach § 626 BGB; außerdem ist der Sonderkündigungsschutz zu beachten. 84

---

[196] BAG 21.9.1999, NZA 2000, 273; BAG 24.3.2010, NZA 2010, 693.
[197] BAG 17.3.1987, NZA 1987, 855.
[198] BAG 14.8.2008, DB 2008, 66; vgl. auch BAG 28.10.2010, NZA-RR 2011, 231.
[199] BAG 21.4.2005, NZA 2005, 1053; BAG 23.9.2010, NZA 2011, 89 m.w.N.

85 Die gesetzliche Kündigungsfrist findet sich in § 622 BGB, für schwerbehinderte Menschen in § 169 SGB IX. Die verlängerten Fristen des § 622 Abs. 2 BGB gelten an sich nur für Kündigungen durch den Arbeitgeber; in der Praxis pflegt man sie – wie hier – auf Kündigungen durch den Arbeitnehmer auszudehnen. Das Schriftformerfordernis folgt aus § 623 BGB. Kündigungen sind in der Regel nur zu bestimmten Terminen zulässig: Kündigungen mit gesetzlicher Frist zum 15. oder zum Monatsende, vertragliche häufig erst zum Vierteljahres- oder Jahresende.

86 **Zu Ziff. 19.** Die Altersgrenze setzt dem Arbeitsverhältnis einen Endtermin. Der Sachgrund für die Befristung (§ 14 Abs. 1 TzBfG) liegt in dem Bedürfnis des Arbeitgebers an der Sicherung einer ausgewogenen Personalstruktur und einer sachgerechten und berechenbaren Personalplanung, das dem Bestandsinteresse des Arbeitnehmers vorgeht, wenn dieser durch den Bezug einer Altersrente wirtschaftlich abgesichert ist (s. oben Rn. 13)[200]. Unter diesen Umständen ist die mit der Altersgrenze verbundene unmittelbare Benachteiligung wegen des Alters (§ 3 Abs. 1 AGG) nach § 10 Satz 1 AGG erlaubt.

87 Bislang wurde als Altersgrenze zumeist die Vollendung des 65. Lebensjahrs vereinbart (vgl. § 41 SGB VI). Wegen der sukzessiven Erhöhung des Rentenalters wird jetzt in der Regel statt auf ein bestimmtes Alter auf die Erreichung der Regelaltersgrenze in der gesetzlichen Rentenversicherung §§ 35 S. 2, 235 SGB VI abgestellt. Vereinbarungen in Altverträgen, die auf das 65. Lebensjahr abstellen, sind nach der Anhebung des Regelrentenalters regelmäßig entsprechend auszulegen[201].

88 In der Vereinbarung, dass das Arbeitsverhältnis mit dem Bescheid eines Rentenversicherungsträgers über die Gewährung einer Rente wegen voller Erwerbsminderung (§ 43 SGB VI) für mindestens 2 Jahre endet, liegt eine auflösende Bedingung, für die ebenfalls ein Sachgrund erforderlich ist (§ 21 TzBfG). Wenn eine Kündigung des Arbeitsverhältnisses bei einer Arbeitsunfähigkeit von zwei Jahren zulässig ist[202], dann muss es auch zulässig sein, bei zweijähriger Abwesenheit wegen voller Erwerbsminderung eine auflösende Bedingung zu vereinbaren[203].

89 **Zu Ziff. 20.** Die Verjährungsfrist im Arbeitsverhältnis beträgt drei Jahre (§ 195 BGB). Diese Frist, die in der Praxis als zu lang empfunden wird, kann abgekürzt werden (§ 202 Abs. 1 BGB). Üblicherweise werden aber nicht kürzere Verjährungsfristen vereinbart, sondern Verfallklauseln (= Ausschlussfristen). Ausschlussfristen unterscheiden sich von Verjährungsfristen dadurch, dass sie nicht eine Einrede gewähren, sondern eine Einwendung: Der Anspruch erlischt. Ziff. 20 geht von einem einstufigen Verfahren aus. Der Anspruch muss innerhalb von drei Monaten geltend gemacht werden (je nach Vereinbarung mündlich oder in Textform; die Vereinbarung von Schriftform ist unzulässig). Mitunter wird ein zweistufiges Ver-

---

[200] EuGH 12.10.2010, NZA 2010 1167; BAG 8.12.2010, NZA 2011, 586, 592.
[201] BAG 9.12.2015, NZA 2016, 695.
[202] BAG 29.4.1999, NZA 1999, 978; BAG 12.4.2002, NZA 2002, 1081.
[203] Vgl. BAG 1.12.2004, NZA 2005, 211, 213.

fahren vereinbart. Der Anspruch muss innerhalb einer bestimmten Frist geltend gemacht und innerhalb einer weiteren Frist – zumeist drei bis sechs Monate – eingeklagt werden. Sowohl bei der ein- als auch bei der zweistufigen Verfallklausel beträgt die Mindestfrist in Formularverträgen drei Monate[204] (s. im einzelnen § 7 Rn. 126 ff.).

**Zu Ziff. 21.** In vielen Arbeitsverträgen wird auf die einschlägigen Tarifverträge, d.h. auf die Tarifverträge, in deren fachlichen, persönlichen und räumlichen Geltungsbereich das Arbeitsverhältnis fällt, Bezug genommen. Bezugnahmeklauseln gibt es in drei Varianten (s. Band 2 § 13 Rn. 252 ff.): als Verweisung auf einen bestimmten Tarifvertrag in einer bestimmten Fassung („statische Klausel"), als Verweisung auf einen bestimmten Tarifvertrag in seiner jeweiligen Fassung („kleine dynamische Klausel") und als Verweisung auf den jeweils einschlägigen Tarifvertrag in seiner jeweiligen Fassung („große dynamische Klausel" oder „Tarifwechselklausel"). Schwierigkeiten bereitet besonders die rechtssichere Formulierung der Tarifwechselklausel[205]. 90

Tarifverträge sind heute im allgemeinen umfassende Regelwerke, die für eine Vielzahl von Fragen Lösungen enthalten. An sich gelten sie, sofern sie nicht für allgemeinverbindlich erklärt sind, nur für die gewerkschaftlich organisierten Arbeitnehmer (§ 4 Abs. 1 S. 1, § 3 Abs. 1 TVG). Der Arbeitgeber ist auch nicht verpflichtet, nicht organisierte Arbeitnehmer gleichzubehandeln. Dennoch wird es keinen Arbeitgeber geben, der das nicht täte. Er müsste sonst damit rechnen, dass seine Mitarbeiter in die Gewerkschaft eintreten. Bleibt ihm aber ohnedies nichts anderes übrig, als allen Mitarbeitern die tariflichen Arbeitsbedingungen einzuräumen, dann empfiehlt sich eine Zusage. Die Arbeitnehmer erhalten dadurch Sicherheit. Der Unterschied zu den gewerkschaftlich organisierten Arbeitnehmern liegt nun nur noch darin, dass deren Arbeitsbedingungen zusätzlich auf Tarifrecht beruhen. Vertragliche Arbeitsbedingungen sind, wenn der Arbeitnehmer nicht zustimmt, noch schwerer abzuändern als tarifliche (vgl. §§ 1, 2 KSchG). 91

**Zu Ziff. 22.** Schriftformklauseln, die früher zum Standardrepertoire eines jeden Arbeitsvertrags gehörten, haben keine große Bedeutung mehr. Sie können spätere – auch formlose – Änderungen und Ergänzungen des Arbeitsvertrags nicht verhindern. Immerhin sind sie nicht ganz ohne Bedeutung, denn Urkunden haben die Vermutung der Richtigkeit und Vollständigkeit für sich. Wirksam bleiben sog. doppelte Schriftformklauseln, die sich lediglich gegen betriebliche Übungen wenden (s. § 5 Rn. 177 ff.). 92

Statt einer auf betriebliche Übungen beschränkten doppelten Schriftformklausel kann man einen sog. Freiwilligkeitsvorbehalt vereinbaren. Der Freiwilligkeitsvorbehalt verhindert die Entstehung betrieblicher Übungen (§ 7 Rn. 63). 93

---

[204] BAG 25.5.2005, NZA 2005, 1111, 1113; BAG 28.9.2005, BB 2006, 327, 331.
[205] Vgl. dazu z.B. *Hromadka/Schmitt-Rolfes,* Der unbefristete Arbeitsvertrag, 2006, S. 144 ff.

**94-95** Die früher üblichen und auch heute noch in nicht wenigen Verträgen enthaltenen sog. **salvatorischen Klauseln** sind regelmäßig unwirksam: „Sollte eine Bestimmung dieses Vertrags nichtig oder unwirksam sein, so wird der Vertrag im übrigen in seinem rechtlichen Bestand davon nicht berührt. (Erhaltungsklausel). Anstelle der nichtigen oder unwirksamen Bestimmung soll eine angemessene Regelung gelten, die, soweit rechtlich möglich, dem am nächsten kommt, was die Vertragsparteien gewollt haben oder nach dem Sinn und Zweck dieses Vertrags gewollt hätten, wenn sie bei Abschluss des Vertrags die Nichtigkeit oder Unwirksamkeit bedacht hätten (Ersetzungsklausel)." Mit dieser Klausel wird die Rechtsfolge der Unwirksamkeit abweichend von § 306 BGB geregelt, indem die in § 306 Abs. 2 BGB vorgesehene Geltung des dispositiven Rechts verdrängt wird. Zudem werden die Rechte und Pflichten entgegen § 307 Absatz 1 S. 2 BGB nicht klar und durchschaubar dargestellt. Das benachteiligt den Vertragspartner des Verwenders unangemessen im Sinne von § 307 Abs. 1 BGB[206].

**96** **Sonstiges.** Der Vertragstext regelt die wichtigsten Fragen in der gängigen Art und Weise. Je nach Bedarf kann er verkürzt oder ergänzt werden. So können etwa Bestimmungen hinzukommen über Dienstreisen und Dienstwagen, Zielvereinbarungen und Kurzarbeit, Erfindungen, Urheberrechte (Software!) und Verbesserungsvorschläge oder eine Wettbewerbsabrede. Vollständig wird ein Vertrag das konkrete Arbeitsverhältnis nie erfassen können. Es ist deshalb davon auszugehen, dass die Parteien über die ausdrücklichen Regelungen hinaus alles das zum Inhalt des Arbeitsvertrags machen, was im Betrieb „gilt", sofern es nicht ganz ungewöhnlich ist[207].

---

[206] BAG 28.5.2013, NZA 2013, 1419; BAG 22.3.2017, NZA 2017, 845.
[207] Vgl. BAG 28.5.2008, NZA 2008, 941.

# § 5 Anbahnung, Abschluss und Änderung des Arbeitsvertrags

## I. Anbahnung des Arbeitsvertrags

### 1. Personalsuche

#### a) Personalanforderung

Die Suche nach einem neuen Mitarbeiter oder einer neuen Mitarbeiterin beginnt für den Vorgesetzten in der Regel mit Papierkrieg. Er hat eine „Personalanforderung" an die Personalabteilung zu richten, die im allgemeinen einer Reihe von Genehmigungen bedarf, mitunter bis hin zur Geschäftsführung oder dem Vorstand. Dabei werden neue Planstellen in der Regel genauer geprüft als Ersatzeinstellungen, die Einstellung teurerer und qualifizierter Mitarbeiter kritischer als die von Mitarbeitern mit einfachen, weniger gut dotierten Tätigkeiten. Spätestens wenn die Anforderung genehmigt ist, wird die Personalabteilung eine Tätigkeitsbeschreibung und ein Anforderungsprofil erbitten oder gemeinsam mit dem Vorgesetzten erarbeiten. Tätigkeitsbeschreibung und Anforderungsprofil dienen als Unterlagen für die Personalsuche, vor allem zur Erstellung einer Anzeige oder eines Aushangs im Rahmen der internen Stellenausschreibung.

#### b) Personalsuche

Der Personalabteilung stehen verschiedene Wege zur Personalsuche zur Verfügung. Dabei hat sie als erstes eine Vorentscheidung zu treffen: nämlich ob sie die Stelle intern und/oder extern ausschreiben will.

Die Aussichten, den gewünschten Mitarbeiter extern über die **Agentur für Arbeit** zu finden, sind nicht schlecht. Den Agenturen gelingt es, 75 % der als offen gemeldeten Stellen zu besetzen. Allerdings wird ihnen nur etwa ein Drittel der offenen Stellen gemeldet. Mitunter wird die Personalabteilung auch einen **Personalberater** einschalten. Personalberater sind nicht billig. Im allgemeinen verlangen sie ein Drittel eines Jahresgehalts zuzüglich der Kosten für Anzeigen, Spesen usw. Zumeist sind sie nur im Führungskräftebereich tätig, d.h. bei Arbeitnehmern mit einem Jahresgehalt ab etwa 50.000 €. Die Einschaltung von Personalberatern muss sich schon aus Kostengründen auf Ausnahmefälle beschränken, etwa wenn eine Führungskraft plötzlich ausfällt oder wenn keine Nachwuchsführungskraft aufgebaut werden konnte. Wettbewerbsrechtlich ist es unbedenklich, wenn Personalberater durch Direktansprache am Arbeitsplatz abzuwerben versuchen. Allerdings müssen sie sich auf eine erste kurze

Kontaktaufnahme beschränken[1]. Ein Personalberater, der einem Arbeitnehmer Daten zu dessen Lebenslauf und bisherigen Tätigkeiten vorhält, geht über das für eine erste Kontaktaufnahme Notwendige hinaus[2]. Einstellungen auf Empfehlung eines Mitarbeiters sind zweischneidig. Es besteht immer die Gefahr, dass sich der Auswählende unter einem gewissen Druck sieht, den Vorgeschlagenen einzustellen. Andererseits übernimmt der Empfehlende – ungewollt und manchmal auch unbewusst – eine gewisse Bürgenstellung, auf die man ihn gegebenenfalls hinweisen kann. Eigenbewerbungen deuten auf Initiative hin, die auch im Arbeitsleben als Vorteil geschätzt wird. Findet sich unter den Bewerbern nicht der Wunschkandidat, dann wird man versuchen, auf andere Weise, etwa durch Schaltung von Anzeigen, den Kandidatenkreis zu erweitern.

### c) Interne Stellenausschreibung

4   Der Arbeitgeber muss Stellen, die er besetzen will, an sich nicht intern ausschreiben. Etwas anderes gilt, wenn der Betriebsrat das verlangt. Das Verlangen des Betriebsrats kann sich auf alle Tätigkeiten oder auf bestimmte Arten beziehen (§ 93 BetrVG); eine Beschränkung auf einzelne Tätigkeiten sieht das Gesetz nicht vor. Arbeitgeber und Betriebsrat können Abweichendes vereinbaren. In der Regel wird man die Stellen ausschreiben, für die mit Bewerbern aus dem Betrieb zu rechnen ist. Soweit sich der Arbeitsplatz dafür eignet, hat ihn der Arbeitgeber auch als **Teilzeitarbeitsplatz** auszuschreiben (§ 7 Abs. 1 TzBfG).

5   Die interne Stellenausschreibung schließt nicht aus, dass der Arbeitgeber die Stelle gleichzeitig extern ausschreibt. Allerdings sollte die externe Ausschreibung keine anderen, jedenfalls keine geringeren Anforderungen enthalten als die interne. Bewirbt sich nämlich ein Mitarbeiter aus dem Betrieb und wird seine Bewerbung wegen der höheren Anforderungen in der internen Stellenausschreibung zugunsten eines Bewerbers von außen, der nur die geringeren aus der Stellenanzeige erfüllt, abgelehnt, dann kann der Betriebsrat die Zustimmung zur Einstellung des externen Bewerbers verweigern. Im übrigen ist der Arbeitgeber bei der Festlegung der Anforderungen frei[3].

### d) Externe Stellenausschreibung

6   Die externe Suche nach einem neuen Mitarbeiter erfolgt zumeist durch eine Anzeige in einer Tages- oder Wochenzeitung. Das Stellenangebot in einem Zeitungsinserat ist eine invitatio ad offerendum, da dem Arbeitgeber der Rechtsbindungswille fehlt; die Entscheidung für einen bestimmten Mitarbeiter will und muss er sich bis zum Abschluss des Bewerbungsverfahrens offenhalten. Das Angebot wird regelmäßig vom Arbeitnehmer abgegeben. Wird in einem späteren Einstellungsgespräch, das zum Abschluss eines Arbeitsvertrags führt, nicht mehr über die im Inserat in Aussicht gestellten Arbeitsbedingungen verhandelt, so kann der Arbeitnehmer nicht ohne weiteres davon ausgehen, dass sie zum Inhalt des Arbeitsvertrags geworden sind[4].

---

[1] Näher dazu BGH 9.2.2006, NZA 2006, 500, 501.
[2] BGH 22.11.2007, NZA 2008, 177, 178 f.; BAG 26.9.2012, NZA 2013, 152; zum Headhunting per E-Mail *Ernst*, GRUR 2010, 963; zur Abwerbung unter Einsatz von Social Media LG Heidelberg 23.5.2012, MMR 2012, 607.
[3] BAG 23.2.1988, DB 1988, 1452.
[4] BAG 25.1.2000, NZA 2000, 879.

## 2. Schutz vor Diskriminierungen

### a) Benachteiligungsverbot nach dem AGG

**aa) Grundlagen.** Bereits bei der Stellenausschreibung hat der Arbeitgeber das Allgemeine Gleichbehandlungsgesetz (AGG) zu beachten (§ 11 AGG). Das AGG gilt nicht nur im Arbeitsrecht, sondern auch im allgemeinen Zivilrecht, daher die Bezeichnung als „*Allgemeines* Gleichbehandlungsgesetz". Sein Ziel ist aber weder die Gleichbehandlung aller Mitarbeiter noch der Schutz von Minderheiten vor jeglicher Diskriminierung, sondern die Verhinderung von Nachteilen, die Arbeitnehmer erleiden können, wenn sie gegenüber anderen in einer vergleichbaren Situation aus Gründen der Rasse oder wegen der ethnischen Herkunft, des Geschlechts, der Religion oder Weltanschauung, einer Behinderung, des Alters oder der sexuellen Identität zurückgesetzt werden (§ 1 AGG).

Das AGG setzt mehrere EG-Richtlinien zum Schutz vor Diskriminierungen[5] in deutsches Recht um. Seine Bestimmungen sind daher richtlinienkonform auszulegen. Das gilt auch für das sonstige deutsche Arbeitsrecht, das den Vorgaben des gemeinschaftsrechtlichen Diskriminierungsschutzes entsprechen muss[6].

**bb) Benachteiligung und Diskriminierung.** Das AGG verwendet nur den Begriff der Benachteiligung, nicht aber den der Diskriminierung. Der Unterschied ist bedeutsam. Nur die rechtswidrige, sozial verwerfliche Benachteiligung ist eine Diskriminierung, nur diese wird von § 7 AGG verboten und kann Schadensersatz- und Schmerzensgeldansprüche nach Maßgabe von § 15 AGG auslösen. Gründe, die Benachteiligungen rechtfertigen können, regelt das AGG in den §§ 5, 8, 10 und 20. In einer Klausur muss zunächst die Anwendbarkeit des AGG, sodann die Benachteiligung und schließlich der Rechtfertigungsgrund geprüft werden. Ein ausführliches Aufbauschema zur Lösung von Fällen mit Bezug zum AGG findet sich auf der folgenden Seite.

**cc) Verpönte Merkmale.** Das AGG enthält kein umfassendes Diskriminierungsverbot, sondern schützt nur vor Benachteiligungen wegen der in § 1 AGG abschließend aufgeführten Gründe. Weitere Diskriminierungsverbote enthalten z.B. Art. 9 Abs. 3 S. 2 GG, § 4 TzBfG, §§ 3 Abs. 1 Nr. 3, 9 Nr. 2 AÜG. Sie werden durch das AGG nicht berührt (§ 2 Abs. 3 AGG). Die in § 1 AGG erwähnten Merkmale entstammen Art. 21 GRC, Art. 19 Abs. 1 AEUV:

---

[5] 2000/43/EG, 2000/78/EG, 2002/73/EG und 2004/113/EG.
[6] § 622 Abs. 2 S. 2 BGB hat der EuGH 19.1.2010, NZA 2010, 85 - Kücükdeveci, deshalb für unanwendbar erklärt.

## I. Voraussetzungen des Benachteiligungsverbots nach § 7 AGG

1. **Persönlicher Anwendungsbereich des AGG**
   a) Geschützter Personenkreis: Benachteiligte müssen Beschäftigte sein
      aa) Arbeitnehmer (§ 6 I 1 Nr. 1 AGG), Auszubildende (§ 6 I 1 Nr. 2 AGG)
      bb) arbeitnehmerähnliche Selbständige (§ 6 I 1 Nr. 3 AGG)
      cc) Bewerber und ehemals Beschäftigte (§ 6 I 2 AGG)
      dd) Selbständige und Organmitglieder (Vorstände und Geschäftsführer, (nur bzgl. Zugang zur Erwerbstätigkeit u. berufl. Aufstieg, § 6 III AGG)
      ee) Beamte, Richter, Zivildienstleistende (Anwendung des AGG unter Berücksichtigung ihrer besonderen Rechtsstellung, § 24 AGG)
   b) Verpflichtete
      aa) Arbeitgeber, die Beschäftigte beschäftigen (§ 6 II 1 AGG)
      bb) Entleiher bei Arbeitnehmerüberlassung (§ 6 II 2 AGG)
      cc) Arbeitnehmer (§ 7 III, § 12 III AGG)

2. **Sachlicher Anwendungsbereich (geschützte Anlässe), u.a.**
   a) Einstellung (§ 2 I Nr. 1 AGG)
   b) Arbeitsbedingungen im laufenden Arbeitsverhältnis (§ 2 I Nr. 2 AGG)
   c) Maßnahmen bei Durchführung des Arbeitsverhältnisses (§ 2 I Nr. 2 AGG)
   d) Weiterbildung (§ 2 I Nr. 3 AGG) und berufl. Aufstieg (§ 2 I Nr. 2 AGG)
   e) Beendigung des Arbeitsverhältnisses (§ 2 I Nr. 2 AGG), bei Kündigungen wirkt das AGG über die Bestimmungen über den allgemeinen und besonderen Kündigungsschutz (§ 2 IV AGG)

3. **Benachteiligung wegen eines in § 1 AGG genannten Merkmals**
   a) Benachteiligungsformen (§ 3 AGG): unmittelbare Benachteiligung, mittelbare Benachteiligung, Belästigung, sexuelle Belästigung, Anweisung
   b) wegen eines in § 1 AGG genannten Merkmals: Rasse, ethnische Herkunft, Geschlecht, Religion, Weltanschauung, Behinderung, Alter, sex. Identität
   c) Beweislastverteilung (§ 22 AGG)
   d) Schutz vor Benachteiligung aus anderen Gründen nach Sondervorschriften außerhalb des AGG (§ 2 III 1 AGG), z.B. § 4 TzBfG, § 612a BGB.

4. **Keine Rechtfertigung**
   a) Sachlich erforderliche Gründe bei mittelbarer Benachteiligung (§ 3 II AGG)
   b) Zulässige Benachteiligung wegen beruflicher Anforderungen (§ 8 AGG)
   c) Zulässige Benachteiligung wegen Religion/Weltanschauung (§ 9 AGG)
   d) Zulässige Benachteiligung wegen des Alters (§ 10 AGG)
   e) Zulässige Benachteiligung wegen positiver Maßnahmen (§ 5 AGG)
   f) Rechtfertigungszwang bei verschiedenartiger Benachteiligung (§ 4 AGG)

## II. Rechtsfolgen des Benachteiligungsverbots

1. **Rechtswidrigkeit/Unwirksamkeit einer Maßnahme (§ 7 I AGG)**
2. **Unwirksamkeit einer Vereinbarung (§ 7 II AGG)**
3. **Anspruch auf Beseitigung einer Benachteiligung (§ 1004 I 1 BGB)** (wirkt i.d.R. anspruchsbegründend; kein Einstellungsanspruch, § 15 VI AGG)
4. **Anspruch auf Unterlassung künftiger Benachteiligung (§ 1004 I 2 BGB)**
5. **Anspruch auf Einschreiten gegen Dritte, die diskriminieren** gegen Beschäftigte (§ 12 III AGG) und gegen Betriebsfremde (§ 12 IV AGG)
6. **Leistungsverweigerungsrecht (§ 14 AGG, § 273 BGB)**
7. **Anspruch auf Schadensersatz (§ 15 AGG)**
   a) Vermögensschaden bei (vermutetem) Verschulden (§ 15 I AGG)
   b) Nichtvermögensschaden, verschuldensunabhängig (§ 15 II AGG)
   c) Haftung für Dritte nur nach Maßgabe von § 278 BGB
   d) Haftungserleichterung bei Anwendung von Kollektivverträgen (§ 15 III AGG)
   e) Ausschlussfrist (§ 15 VI AGG, § 61b I ArbGG)
   f) Anspruchsgrundlagen außerhalb AGG: z.B. § 823 I, II BGB (§ 15 V AGG)

## I. Anbahnung des Arbeitsvertrags

- **Rasse.** Der Begriff ist nicht unproblematisch, weil er das Bestehen von „Menschenrassen" nahelegt. Systematisch gehört er zum Oberbegriff „ethnische Herkunft". Gemeint sind biologische Merkmale, wie etwa die Haut- und Haarfarbe oder die Augenform.
- **Ethnische Herkunft.** Hierunter fallen die Abstammung einer Person und ihre Zugehörigkeit zu einer bestimmten Nation oder einer Volksgruppe, die durch gemeinsame Herkunft, Geschichte und Kultur ihrer Mitglieder verbunden ist[7].
- **Geschlecht.** Gemeint ist die Zuordnung zum männlichen oder zum weiblichen Geschlecht[8], nicht die sexuelle Orientierung (Hetero- oder Homosexualität usw.).
- **Religion.** Hierunter wird die mit der Person des Menschen verbundene Gewissheit über bestimmte Aussagen zum Weltganzen sowie zur Herkunft und zum Ziel des menschlichen Lebens verstanden[9]. Das Merkmal zielt auf die Zugehörigkeit zu einer religiösen Gemeinschaft und die Möglichkeit, seine Überzeugungen den Anforderungen der Religion entsprechend zu praktizieren.
- **Weltanschauung.** Gemeint ist die nichtreligiöse Sinndeutung der Welt im ganzen, die von einem vergleichbar umfassenden Geltungsanspruch getragen sein muss wie die Religion. Lebensregeln für Teilfragen (z.B. politische Einstellungen) genügen nicht[10].
- **Behinderung.** Der Begriff ist in § 2 Abs. 1 S. 1 SGB IX definiert. Danach sind Menschen behindert, wenn ihre körperliche Funktion, geistige Fähigkeit oder seelische Gesundheit mit hoher Wahrscheinlichkeit länger als sechs Monate von dem für das Lebensalter typischen Zustand abweicht und daher ihre Teilhabe am Leben in der Gesellschaft beeinträchtigt ist. Nicht erforderlich ist eine Schwerbehinderung oder eine Gleichstellung; eine Behinderung von 10 % genügt. Eine symptomlose HIV-Infektion stellt eine Behinderung dar, solange das soziale Vermeidungsverhalten und die darauf beruhenden Stigmatisierungen andauern[11], Adipositas, wenn sie eine dauerhafte Beeinträchtigung mit Auswirkungen auf die gleichberechtigte Teilnahme am Arbeitsleben zur Folge hat[12]. Eine auf dauerhafte krankheitsbedingte Arbeitsunfähigkeit gestützte Kündigung verstößt nicht ohne weiteres gegen das Verbot der Benachteiligung wegen einer Behinderung[13].
- **Alter.** Der Begriff meint „Lebensalter"[14]. Folglich geht es nicht um den Schutz älterer Arbeitnehmer vor Benachteiligungen, sondern darum, das Lebensalter einer Person künftig nicht mehr als Unterscheidungskriterium heranzuziehen. Für ein derart umfassendes Verbot bestehen allerdings keine einleuchtenden Gründe,

---

[7] ArbG Stuttgart 15.4.2010, NZA-RR 2010, 344: „Ossi" bezeichnet keine Ethnie.
[8] S. im einzelnen *Rolfs/Wessel*, NJW 2009, 3329; zum verfassungsrechtlichen Schutz der geschlechtlichen Identität, vgl. BVerfG 10.10.2017, NJW 2017, 3643.
[9] BAG 22.3.1995, NJW 1996, 143.
[10] ArbG Berlin 30.7.2009, NZA-RR 2010, 70 (Marxismus-Leninismus ist keine Weltanschauung); BAG 20.6.2013, NZA 2014, 21 (Sympathie für ein Land ist keine Weltanschauung).
[11] BAG 19.12.2013, NZA 2014, 372 (ausführlich zum Begriff der Behinderung).
[12] EuGH 18.12.2014, NZA 2015, 13 - FOA; EuGH 18.1.2018, NZA 2018, 159; *Lingscheid*, NZA 2015, 147.
[13] BAG 20.11.2014, NZA 2015, 931.
[14] S. im einzelnen *Preis*, NZA 2010, 1323.

- **Sexuelle Identität.** Gemeint ist die sexuelle Ausrichtung eines Menschen, jedenfalls soweit sie toleriert wird, d.h. Hetero-, Homo-, Bi-, und Transsexualität, nicht aber Pädophilie.

### b) Anwendungsbereich des AGG

11 aa) **Persönlicher Anwendungsbereich.** Das Benachteiligungsverbot nach dem AGG gilt für alle Beschäftigten (§ 6 Abs. 1 AGG). Darunter versteht das Gesetz Arbeitnehmer, Auszubildende sowie arbeitnehmerähnliche Selbständige. Der Schutz besteht bereits in der Bewerbungsphase und reicht über das Ende der Beschäftigung hinaus (§ 6 Abs. 1 S. 2 AGG). Sogar Selbständige und Mitglieder des Vertretungsorgans einer juristischen Person (Vorstände einer AG, Geschäftsführer einer GmbH) können sich auf das AGG berufen, allerdings nur im Hinblick auf den Zugang zur Erwerbstätigkeit sowie hinsichtlich ihres beruflichen Aufstiegs (§ 6 Abs. 3 AGG)[15]. Für Beamte, Richter und Zivildienste gilt das AGG unter Berücksichtigung ihrer besonderen Dienststellung (§ 24 AGG); ihr Schutz erfährt Einschränkungen, soweit die kontinuierliche Wahrnehmung öffentlicher Aufgaben dies erfordert.

12 bb) **An das AGG gebunden** ist der Arbeitgeber, bei Leiharbeit auch der Entleiher, d.h. das Unternehmen, bei dem tatsächlich gearbeitet wird (§ 6 Abs. 2 AGG). Beschäftigte dürfen einander ebenfalls nicht diskriminieren. Für sie gilt das Benachteiligungsverbot als arbeitsvertragliche Nebenpflicht (§ 7 Abs. 3 AGG). Bei Verstößen hat der Arbeitgeber die im Einzelfall notwendigen Maßnahmen zur Unterbindung (Abmahnung, Versetzung, Kündigung usw.) zu ergreifen (§ 12 Abs. 3 AGG); unterlässt er dies, kann er sich schadensersatzpflichtig machen (§ 15 AGG).

13 cc) **Sachlicher Anwendungsbereich.** Der Diskriminierungsschutz besteht umfassend in allen Phasen eines Beschäftigungsverhältnisses: Angefangen vom Bewerbungs- und Einstellungsverfahren, über die Arbeitsbedingungen während der Beschäftigung, für den Berufsaufstieg und die Weiterbildung bis hin zur Beendigung eines Beschäftigungsverhältnisses (s. im einzelnen § 2 Abs. 1 AGG). Unzulässig ist auch die Vereinbarung einer geringeren Vergütung für gleiche oder gleichwertige Arbeit wegen eines in § 1 AGG genannten Grundes (§ 8 Abs. 2 AGG). Der Schutz gilt bei einseitigen Maßnahmen des Arbeitgebers – etwa kraft Direktionsrechts[16] – genauso wie bei individual- und kollektivrechtlichen Vereinbarungen. Zur Anwendbarkeit des AGG bei Kündigungen s. § 10 Rn. 73.

---

[15] BGH 23.4.2012, NZA 2012, 797 m. Anm. *Maschmann*, LMK 2012, 337958: Nichtwiederbestellung eines 52-Jährigen zum Geschäftsführer einer GmbH.
[16] Z.B. Versetzungen in einen „Stellenpool", vgl. BAG 22.1.2009, NZA 2009, 945.

## c) Benachteiligung

**aa) Benachteiligungsformen.** Der Schlüsselbegriff des Diskriminierungsverbots ist die Benachteiligung. Das AGG unterscheidet unmittelbare von mittelbaren Benachteiligungen, fasst darunter aber auch die Belästigung und die sexuelle Belästigung. Während letztere stets unzulässig sind, sind Benachteiligungen nur dann verboten, wenn es an einem vom AGG anerkannten Rechtfertigungsgrund fehlt. Das Vorliegen einer Benachteiligung ist allein anhand objektiver Merkmale zu prüfen; auf ein Verschulden oder gar eine Benachteiligungsabsicht kommt es nicht an[17]. Diese spielen nur dann eine Rolle, wenn der Ersatz von Vermögensschäden verlangt wird (§ 15 Abs. 1 AGG).

14

**bb) Unmittelbare Benachteiligung.** Erfährt eine Person wegen eines in § 1 AGG genannten Merkmals im Vergleich zu einer anderen Person in einer vergleichbaren Situation eine weniger günstigere Behandlung, so wird sie unmittelbar benachteiligt (§ 3 Abs. 1 AGG).

15

Ein Nachteil im Rahmen einer Auswahlentscheidung, insbesondere bei einer Einstellung und Beförderung, liegt bereits vor, wenn der Beschäftigte nicht in die Auswahl einbezogen wird. Die Benachteiligung liegt in der Versagung der Chance. Dass eine ausgeschriebene Stelle bereits vor Eingang einer Bewerbung besetzt wurde, schließt deshalb nicht generell eine Benachteiligung aus. Die Chance auf Einstellung oder Beförderung kann dem Bewerber oder Beschäftigten auch durch eine diskriminierende Gestaltung des Bewerbungsverfahrens genommen werden[18]. Ein objektiv nicht geeigneter Bewerber muss jedoch nicht zu einem Vorstellungsgespräch eingeladen werden. Ein Entschädigungsanspruch entsteht selbst dann nicht, wenn dem Arbeitgeber die mangelnde Eignung nicht bekannt war[19].

15a

Nicht die Zurücksetzung schlechthin macht die Benachteiligung aus, sondern die ungünstigere Behandlung im Vergleich zu einer anderen Person in einer vergleichbaren Situation. Welche Situationen und Personen miteinander vergleichbar sind, bestimmt sich objektiv nach der Verkehrsanschauung[20].

15b

Bei einer Einstellung oder Beförderung waren nach bisheriger Rechtsprechung nur die Personen vergleichbar, die objektiv für die Stelle geeignet waren. Das war damit begründet worden, dass eine Benachteiligung nur angenommen werden könne, wenn eine an sich geeignete Person nicht ausgewählt oder in Betracht gezogen worden ist. § 15 Abs. 2 AGG solle nur vor ungerechtfertigter Benachteiligung schützen, nicht aber eine unredliche Gesinnung eines (potentiellen) Arbeitgebers sanktionieren[21]. Jetzt sieht der 8. Senat Personen grundsätzlich bereits dann in einer vergleichbaren Situation, wenn sie sich auf dieselbe Stelle beworben haben. Gegen das Erfordernis der objektiven Eignung spreche bereits der Umstand, dass § 15 Abs. 2 S. 2 AGG den Entschädigungsanspruch für Personen, die bei benachteiligungsfreier Auswahl nicht eingestellt worden wären, nicht ausschließt, sondern nur der Höhe nach be-

15c

---

[17] BAG 17.8.2010, NZA 2011, 153; BAG 19.8.2010, NZA 2010, 1412; BAG 27.1.2011, NJW 2011, 2070, 2072.
[18] BAG 17.8.2010, NZA 2011, 153; BAG 23.8.2012, NZA 2013, 37.
[19] BAG 14.11.2013, NZA 2014, 489.
[20] BAG 19.8.2010, NZA 2011, 203; *Bauer/Göpfert/Krieger*, § 3 AGG Rn. 12.
[21] Zuletzt BAG 23.1.2014, NZA 2014, 489.

grenzt[22]. Scheinbewerbungen könne mit Hilfe des Missbrauchseinwands (§ 242 BGB) begegnet werden[23]. Missbräuchlich handle ein Bewerber, der sich auf eine Stellenausschreibung nur bewerbe, um eine Entschädigung zu erlangen[24].

16 Der für die Benachteiligung notwendige Vergleich kann mit einer konkret vorhandenen Person geschehen oder, wenn diese fehlt, mit einer gedachten (§ 3 Abs. 1 S. 1 letzte Alt. AGG).

**Beispiel:** Auf die von A ausgeschriebene Stelle bewirbt sich nur die dunkelhäutige B, die nicht eingestellt wird. Hier kann trotz Fehlens einer konkreten Vergleichsperson – niemand wurde eingestellt – eine unmittelbare Benachteiligung wegen der Ethnie vorliegen.

17 Ob jemand wegen eines verpönten Merkmals benachteiligt wurde, ist schwierig nachzuweisen, wenn der Arbeitgeber den Grund für die Ungleichbehandlung verschweigt. Zur Begründung seiner Entscheidungen ist der Arbeitgeber weder nach dem AGG noch nach den zugrundeliegenden Richtlinien noch nach der allgemeinen Rücksichtnahmepflicht (§ 241 Abs. 2 BGB) verpflichtet[25]. Auch muss der Arbeitgeber nicht mitteilen, ob und aufgrund welcher Kriterien er einen anderen Bewerber eingestellt hat. Etwas anderes gilt ausnahmsweise, wenn der abgelehnte Bewerber schlüssig darlegt, dass bereits die Verweigerung eine Benachteiligung begründet oder wenn er zumindest mit der Auskunft eine Diskriminierung nachweisen kann[26]. Damit der Diskriminierungsschutz nicht leerläuft, genügt im Prozess der Nachweis von Indizien, die nach der Lebenserfahrung vermuten lassen, dass die Benachteiligung wegen eines verpönten Merkmals erfolgt ist (§ 22 AGG)[27]. Dabei ist kein zu strenger Maßstab anzulegen[28]; ein zwingender Indizienschluss ist nicht erforderlich[29]. Es genügt, dass die vorgetragenen Tatsachen aus objektiver Sicht mit überwiegender Wahrscheinlichkeit die Annahme rechtfertigen, dass die Benachteiligung wegen dieses Merkmals erfolgt ist. Liegt eine Vermutung für die Benachteiligung vor, trägt der Arbeitgeber die Beweislast dafür, dass kein Verstoß gegen die Bestimmungen zum Schutz vor Benachteiligung vorgelegen hat. Dazu kann er darlegen, dass es ausschließlich andere Gründe als die nach § 1 AGG verpönten waren, die zu der Benachteiligung geführt haben, oder dass ein Rechtfertigungsgrund nach §§ 8 ff. AGG (s. unten Rn. 25) bestand. Wird in einer Stellenausschreibung bspw. eine herausragende Qualifikation verlangt, kann der Arbeitgeber alle Bewerber, die eine bestimmte Examensnote nicht erreicht haben, aus dem weiteren Auswahlverfahren herausnehmen[30].

---

[22] Aber keine Pflicht zur Einladung zu einem Vorstellungsgespräch bei offensichtlich (= unzweifelhaft) fehlender Eignung nach § 165 S. 4 SGB IX, BAG 11.8.2016, NZA 2017, 43.
[23] BAG 19.5.2016, NZA 2016, 1394.
[24] BAG 11.8.2016, NZA 2017, 310.
[25] So m.R. BAG 20.5.2010, NZA 2010, 1006; EuGH 19.4.2012, NZA 2012, 493 - Meister.
[26] BAG 25.4.2013, NZA 2014, 224.
[27] Dazu ausf. *Wörl*, Beweislast nach dem AGG, Diss. Mannheim, 2008.
[28] BAG 17.12.2009, NZA 2010, 383.
[29] BAG 20.5.2010, NZA 2010, 1006; BAG 27.1.2011, NJW 2011, 2070; BAG 24.1.2013, NZA 2013, 896; BAG 20.1.2016, NZA 2016, 681.
[30] Zu Vorstehendem BAG 11.8.2016, NZA 2017, 310.

I. Anbahnung des Arbeitsvertrags 135

Indizien können sich z.B. aus Stellenanzeigen ergeben, die entgegen § 11 AGG **17a**
nicht diskriminierungsfrei formuliert sind[31], aus einem Verstoß gegen die Verfahrensregelungen in § 164 Abs. 1, 165 S. 3 SGB IX, die zur Förderung der Chancen schwerbehinderter Menschen geschaffen wurden[32], aus diskriminierenden Angaben in Absageschreiben oder aus aussagekräftigen Statistiken[33] (s. die Tabelle unten). Eine ungünstigere Behandlung einer Frau wegen ihrer Schwangerschaft oder ihrer Mutterschaft gilt schon nach dem Gesetz als unmittelbare Benachteiligung wegen des Geschlechts (§ 3 Abs. 1 S. 2 AGG). Auch die Verweigerung jeder Information bezüglich der Ablehnung des Bewerbers kann unter Umständen als Indiz gewertet werden[34].

**Indizien für eine Benachteiligung wegen eines nach § 1 AGG verpönten Merkmals**

| Indizwirkung bejaht | Indizwirkung verneint |
| --- | --- |
| – Nichtbeteiligung der Schwerbehindertenvertretung im Bewerbungsverfahren entgegen § 164 Abs. 1 S. 4 SGB IX (BAG 15.2.2005, NZA 2005, 870), auch beim versehentlichen Übersehen eines Bewerberhinweises (BAG 19.6.2008, NZA 2009, 79) oder bei nachträglicher Einladung (BAG 22.8.2013, NZA 2014, 82). | – Bloßes Vorliegen eines Diskriminierungsmerkmals beim Benachteiligten (BAG 22.10.2009, NZA 2010, 280) |
| | – Unternehmen beschäftigt in den oberen Hierarchieebenen deutlich weniger Frauen als im Gesamtunternehmen (BAG 22.7.2010, NZA 2011, 93) |
| – Öffentliche Äußerung eines Arbeitgebers, er werde keine Arbeitnehmer einer bestimmten ethnischen Herkunft einstellen (EuGH 10.7.2008, NZA 2008, 929 - Feryn) | – Nichteinladung zum Vorstellungsgespräch (BAG 20.5.2010, NZA 2010, 1006) |
| – Aufforderung des Arbeitgebers, der Bewerber, solle sich im Hinblick auf eine bestimmte Erkrankung vor Vertragsunterzeichnung röntgen lassen (BAG 17.12.2009, NZA 2010, 383) | – Pauschaler Vortrag, in der IT-Branche würden mehr Männer als Frauen beschäftigt (BAG 20.5.2010, NZA 2010, 1006) |
| | – Vermerk auf zurückgegebenen Bewerbungsunterlagen: „(-) Ossi" und „aus der DDR" (ArbG Stuttgart 15.4.2010, NZA-RR 2010, 344) |
| – Fragen nach näher bezeichneten gesundheitlichen Beeinträchtigungen in einem Bewerbungsgespräch (BAG 17.12.2009, NZA 2010, 383) | – Ausspruch einer unwirksamen krankheitsbedingten Kündigung (BAG 22.10.2009, NZA 2010, 280) |
| – Suche nach „jungen" Bewerbern in einer Stellenanzeige (BAG 19.8.2010, NZA 2010, 1412) | – Unterlassene Einschaltung der Arbeitsagentur gen. § 164 Abs. 1 Satz 1 SGB IX bei der Bewerbung Schwerbehinderter (BAG 19.8.2010, NZA 2011, 200) |
| – Nichteinladung eines Schwerbehinderten zum Vorstellungsgespräch bei öffentlichem Arbeitgeber entgegen § 165 S. 3 SGB IX (BAG 16.2.2012, NZA 2012, 667; BAG 24.1.2013, NZA 2013, 896; BAG 22.8.2013, NZA 2014, 82) | – Stellenausschreibung, die für eine Stelle als Kfz-Mechaniker im Kleinbetrieb die Eigenschaften „flexibel und belastbar" aufführt (LAG Nürnberg 19.2.2008, NZA 2009, 148) |
| | – Besetzung einer Stelle mit einem Mann, nachdem der Arbeitgeber erfahren hat, dass die Bewerberin schwanger ist (BAG 27.1.2011, NZA 2011, 689) |
| – Keine unverzügliche Erörterung einer Besetzungsentscheidung mit allen Beteiligten gem. § 164 Abs. 1 S. 9 SGB IX (BAG 21.2.2013, NZA 2013, 840, 842 f.) | |

---

[31] BAG 5.2.2004, NZA 2004, 540; BAG 19.8.2010, NZA 2010, 1412.
[32] BAG NZA 16.2.2012, NZA 2012, 667; BAG 24.1.2013, NZA 2013, 896; BAG 21.2.2013, NZA 2013, 840; BAG 22.8.2013, NZA 2014, 82; BAG 11.8.2016, NZA 2017, 43.
[33] BAG 22.7.2010, NZA 2011, 93; BAG 27.1.2011, NZA 2011, 689.
[34] EuGH 19.4.2012, NZA 2012, 493 - Meister.

Eine Benachteiligung liegt auch dann vor, wenn in einem Motivbündel, das die Entscheidung beeinflusst hat, ein verpöntes Merkmal als Kriterium enthalten gewesen ist[35]. Dasselbe gilt, wenn der Benachteiligende ein verpöntes Merkmal nur annimmt, das tatsächlich aber gar nicht vorliegt (§ 7 Abs. 1 HS. 2 AGG)[36]. Bei einer Benachteiligung wegen des Alters ist der „gleitende" Charakter dieses Merkmals zu beachten: Jeder Mensch hat ein bestimmtes Lebensalter, das sich kontinuierlich ändert. Eine Altersdiskriminierung liegt nicht bereits darin, dass ein Arbeitnehmer objektiv anders als ein älterer oder jüngerer Kollege behandelt wird. Erforderlich ist vielmehr, dass sich die Differenzierung zwischen unterschiedlich alten Arbeitnehmern für eine bestimmte Altersgruppe negativ auswirkt und diese zurücksetzt[37].

**18**  **cc) Mittelbare Benachteiligung.** Das Benachteiligungsverbot darf nicht durch Vorschieben scheinbar neutraler Kriterien unterlaufen werden[38]. Deshalb unterfallen auch mittelbare Benachteiligungen dem Diskriminierungsschutz (§ 3 Abs. 2 AGG). Bei einer mittelbaren Benachteiligung unterscheidet der Arbeitgeber zwar nicht direkt nach den in § 1 AGG genannten Merkmalen, verwendet aber Kriterien, die bei Personen, die Träger der verpönten Merkmale sind, besonders häufig vorkommen oder fehlen.

**19**  **Beispiele:** A zahlt Teilzeitkräften einen geringeren Stundenlohn als Vollzeitkräften. Das Merkmal „Teilzeitkraft" ist scheinbar neutral, weil es nicht unmittelbar an eines der in § 1 AGG genannten Merkmale anknüpft; da aber 90 % aller Teilzeitbeschäftigen weiblich sind, werden mittelbar Frauen benachteiligt[39]. Das Bestehen eines Sprachtests kann eine mittelbare Benachteiligung wegen der ethnischen Herkunft bedeuten, weil bei Ausländern deutsche Sprachkenntnisse besonders häufig fehlen[40]. Das Abstellen auf die Dauer der Betriebszugehörigkeit („Dienstalter") kann eine mittelbare Benachteiligung wegen des Lebensalters darstellen, weil Jüngere tendenziell geringere Dienstzeiten aufweisen[41].

**20**  Eine mittelbare Benachteiligung liegt schon tatbestandlich nicht vor, wenn die Kriterien, nach denen der Arbeitgeber unterscheidet, zur Erreichung eines rechtmäßigen Ziels erforderlich und angemessen sind. Als rechtmäßige Ziele kommen vor allem betriebliche Notwendigkeiten in Betracht, wie etwa die bestmögliche Erledigung der im Betrieb anfallenden Arbeiten[42].

---

[35] BAG 17.8.2010, NZA 2011, 153; BAG 27.1.2011, NJW 2011, 2070.
[36] BAG 17.12.2009, NZA 2010, 383.
[37] BAG 25.2.2010, NZA 2010, 561.
[38] *Wiedemann/Thüsing*, NZA 2002, 1236.
[39] BAG 13.2.2007, NZA 2007, 860, 861.
[40] BAG 28.1.2010, NZA 2010, 625; BAG 22.6.2011, NZA 2011, 1226; entsprechendes gilt, wenn in einer Stellenausschreibung „Deutsch als Muttersprache" verlangt wird, vgl. BAG 29.6.2017, NZA 2018, 33.
[41] EuGH 3.10.2006, NZA 2006, 1205.
[42] BAG 28.1.2010, NZA 2010, 625; BAG 22.6.2011, NZA 2011, 1226; BAG 15.12.2016, NZA 2017, 715.

**Beispiel:** Die überregional sendende Rundfunkanstalt R sucht für die Stelle eines Nachrich- 21
tensprechers einen deutschen Muttersprachler. Mit dieser Anforderung werden Ausländer
zwar nicht unmittelbar wegen ihrer Ethnie zurückgesetzt, wohl aber mittelbar, weil die überwiegende Mehrzahl von ihnen Deutsch nicht als Muttersprache spricht. Trotzdem liegt darin
keine mittelbare Benachteiligung. Die persönlichen Anforderungen an einen Stellenbewerber
zu bestimmen, unterliegt grundsätzlich der freien Unternehmerentscheidung. Allerdings
müssen die Kriterien erforderlich und angemessen sein. Akzentfreies Deutsch zu sprechen,
ist bei einem Nachrichtensprecher eine sachlich notwendige Anforderung, wenn die Rundfunkanstalt seriöse Nachrichten überregional senden will[43].

**dd) Belästigung.** Eine Belästigung gilt stets als unzulässige Benachteiligung, wenn 22
– aus Sicht eines objektiven Beobachters – unerwünschte Verhaltensweisen bezwecken oder bewirken, dass die Würde der betreffenden Person wegen eines verpönten
Merkmals verletzt wird. Einmalige, geringfügige Eingriffe genügen nicht. Erforderlich ist ein von Einschüchterungen, Anfeindungen, Erniedrigungen, Entwürdigungen oder Beleidigungen gekennzeichnetes Umfeld (§ 3 Abs. 3 AGG)[44]. Dies wird
in der Regel nur durch fortgesetzte Handlungen geschaffen[45]. Die Belästigung entspricht weitgehend dem Begriff des Mobbings (s. dazu § 7 Rn. 93).

**ee) Sexuelle Belästigung.** Ein sexuell bestimmtes Verhalten gilt stets als unzuläs- 23
sige Benachteiligung, wenn ein Bezug zum Beschäftigungsverhältnis i.S.d. § 2
Abs. 1 Nr. 1-4 AGG vorliegt und wenn es unerwünscht ist (§ 3 Abs. 4 AGG). Unerwünscht ist ein Verhalten, wenn für den Handelnden erkennbar ist, dass die
betreffende Person das Verhalten ablehnt. Verpönt sind z.B. sexuell bestimmte
körperliche Berührungen (wobei es auf eine sexuelle Motivation der Berührung
nicht ankommt; es genügt die absichtliche Berührung primärer oder sekundärer Geschlechtsmerkmale eines anderen)[46], Bemerkungen sexuellen Inhalts sowie das unerwünschte Zeigen und sichtbare Anbringen von pornographischen Darstellungen,
soweit damit bezweckt oder bewirkt wird, die Würde einer Person zu verletzen. Der
Arbeitgeber hat gegen Belästigungen und sexuelle Belästigungen einzuschreiten,
wenn er davon erfährt, etwa aufgrund einer Beschwerde nach § 13 AGG (s. dazu
§ 7 Rn. 92). Unterlässt er dies oder sind seine Maßnahmen offensichtlich ungeeignet, darf die Tätigkeit ohne Entgeltverlust eingestellt werden (§ 14 S. 1 AGG).

**ff) Anweisung.** Bereits die Anweisung zu einer Benachteiligung gilt als Benachtei- 24
ligung (§ 3 Abs. 5 AGG). Sie kann nur von einem Anweisungsberechtigten, d.h.
von einem Vorgesetzten, erteilt werden[47]. Keine Rolle spielt, ob der Angewiesene
die Benachteiligung ausführt; die Möglichkeit dazu genügt.

---

[43] MünchKomm/*Thüsing*, § 3 AGG Rn. 51; vgl. weiter BAG 28.1.2010, NZA 2010, 625; BAG 29.6.2017, NZA 2018, 33.
[44] BAG 17.10.2003, NZA 2014, 303, 307 m.w.N.
[45] BAG 24.9.2009, NZA 2010, 387, will hier eine wertende Gesamtschau aller Umstände vornehmen.
[46] BAG 29.6.2017, NZA 2017, 1121.
[47] Däubler/Bertzbach-*Deinert*, § 3 AGG Rn. 85; MünchKomm/*Thüsing*, § 3 AGG Rn. 80.

### d) Rechtfertigungsgründe

25 **aa) Konzept.** Die Benachteiligung wegen eines verpönten Merkmals kann zulässig sein, wenn sie nach den §§ 5, 8-10 AGG gerechtfertigt ist. Bei der mittelbaren Benachteiligung gehört die fehlende Rechtfertigung bereits zum Tatbestand (§ 3 Abs. 2 HS. 2 AGG). Während die §§ 5, 8 AGG Benachteiligungen aus sämtlichen in § 1 AGG genannten Gründen rechtfertigen können, gilt § 9 AGG nur für Benachteiligungen aus Gründen der Religion und der Weltanschauung, § 10 AGG nur für solche wegen des Alters. Wird eine Person aus mehreren in § 1 AGG genannten Gründen benachteiligt, muss für jede Benachteiligung ein Rechtfertigungsgrund vorhanden sein (§ 4 AGG).

26 **bb) Rechtfertigung wegen beruflicher Anforderungen.** Grundsätzlich kann der Arbeitgeber das Anforderungsprofil für eine Stelle frei bestimmen[48] und eine bestimmte Mindestnote oder sonstige besondere Qualifikationen fordern, vor allem wenn es um Führungskräfte geht[49]. Knüpft er dabei unmittelbar an ein verpöntes Merkmal an, muss er mit dieser Anforderung ein rechtmäßiges Ziel verfolgen. Reine Zweckmäßigkeitserwägungen genügen – anders als bei § 3 Abs. 2 AGG – nicht. Vielmehr muss das Vorhandensein oder das Fehlen eines verpönten Merkmals bei einem Bewerber für die Art der auszuübenden Tätigkeit oder die Bedingung ihrer Ausübung eine **wesentliche und entscheidende Anforderung** darstellen (§ 8 Abs. 1 AGG); es muss für den Arbeitgeber gleichsam „unverzichtbar" sein. Das ist der Fall, wenn die konkret vom Arbeitnehmer auszuübende Tätigkeit nach dem vom Arbeitgeber festgelegten Unternehmenskonzept ohne das Merkmal oder ohne Fehlen des Merkmals nicht oder nicht ordnungsgemäß durchgeführt werden kann[50]. Das Merkmal muss für die Tätigkeit prägend sein, wobei unbedeutende, für den Arbeitsplatz nicht charakteristische Aufgaben ohne Belang sind. Andererseits ist nicht erforderlich, dass die Aufgaben, deren Wahrnehmung ein in § 1 AGG genanntes Merkmal erfordern, überwiegend anfallen[51].

---

[48] BAG 28.5.2009, NZA 2009, 1016, 1019; BAG 14.11.2013, NZA 2014, 489.
[49] BAG 24.1.2013, NZA 2013, 498; BAG 14.11.2013, NZA 2014, 489.
[50] BAG 28.5.2009, NZA 2009, 1016; BAG 18.3.2010, NZA 2010, 872.
[51] BAG 28.5.2009, NZA 2009, 1016; BAG 18.3.2010, NZA 2010, 872.

**Beispiele:** Für die Besetzung einer Rolle als Sänger, Tänzer, Schauspieler oder Modell wird das Geschlecht nach der Verkehrsanschauung aus Gründen der Authentizität eine wesentliche und entscheidende Anforderung darstellen[52], für die Stelle eines Gleichstellungsbeauftragten regelmäßig nicht; sie kann von Frauen wie Männern bekleidet werden[53]. Kundenwünsche stellen regelmäßig keine beruflichen Anforderungen dar, die eine Zurückweisung von Bewerbern mit verpönten Merkmalen rechtfertigen (z.B. nicht bedienen lassen von einer Verkäuferin mit einem islamischen Kopftuch)[54]; anders kann es liegen, wenn die Authentizität der Aufgabenwahrnehmung (Jugendboutique) oder das Schamgefühl der Kunden (Pflege von Bewohnern eines Altersheims, Nachtdienste in einem Mädcheninternat[55]) ein bestimmtes Alter oder Geschlecht zwingend verlangen[56].

27

**cc) Religions- und Weltanschauungsgemeinschaften.** Bei diesen ist eine Ungleichbehandlung wegen der Religion oder der Weltanschauung zulässig, soweit diese unter Beachtung des Selbstverständnisses der Gemeinschaft im Hinblick auf ihr Selbstbestimmungsrecht oder nach der Art der Tätigkeit gerechtfertigt ist (§ 9 Abs. 1 AGG). Überdies können die Gemeinschaften von ihren Beschäftigten ein loyales und aufrichtiges Verhalten im Sinne ihres jeweiligen Selbstverständnisses verlangen (§ 9 Abs. 2 AGG)[57]. Keine mittelbare Diskriminierung i.S.v. Art. 2 b der RL 2000/78/EG liegt vor, wenn die Ungleichbehandlung durch ein rechtmäßiges Ziel sachlich gerechtfertigt ist und die Mittel zur Erreichung dieses Ziels angemessen und erforderlich sind. So kann Arbeitnehmern mit Kundenkontakt verboten werden, Zeichen politischer, philosophischer oder religöser Überzeugung sichtbar zu tragen, wenn das Verbot einer Politik der Neutralität dient[58].

28

**dd) Alter.** Für Benachteiligungen aus Altersgründen enthält § 10 AGG einen gegenüber § 8 AGG abgesenkten Rechtfertigungsmaßstab. Diese sind bereits dann zulässig, wenn eine unterschiedliche Behandlung wegen des Alters durch ein legitimes Ziel gerechtfertigt ist und die Mittel zur Zielerreichung angemessen und erforderlich sind. Legitim i.S. dieser Vorschrift sind nur sozialpolitische Ziele, nicht solche, die im Eigeninteresse des Arbeitgebers liegen, wie bspw. Kostensenkung oder Verbesserung der Wettbewerbsfähigkeit[59]. § 10 S. 3 AGG enthält einen – nicht abschließenden – Katalog von Regelbeispielen, bei deren Anwendung aber stets eine Abwägung aller Umstände des Einzelfalls erforderlich ist, um Diskriminierungen auszuschließen[60]. Die Rechtsprechung hat mittlerweile eine umfangreiche Kasuistik entwickelt, für die auf die Kommentare zum AGG verwiesen werden muss.

29

---

[52] *Bauer/Krieger*, § 8 AGG Rn. 30; MünchKomm/*Thüsing*, § 8 AGG Rn. 12.
[53] BAG 12.11.1998, NZA 1999, 371; zu einer Ausnahme s. BAG 18.3.2010, NZA 2010, 872 (Betreuung zugewanderter Musliminnen, die sich wegen ihres Schamgefühls nur Frauen offenbaren).
[54] EuGH 14.3.2017, NZA 2017, 37 - Asma Bougnaoui; BAG 10.10.2002, NZA 2003, 483; vgl. weiter *Brose/Greiner/Preis*, NZA 2011, 369.
[55] BAG 28.5.2009, NZA 2009, 1016.
[56] ErfK/*Schlachter*, § 8 AGG Rn. 1 f; *Wisskirchen*, DB 2006, 1491.
[57] Zur Kündigung eines Chefarztes eines kirchlichen Krankenhauses wegen Wiederverheiratung BAG 8.9.2011, NZA 2012, 443; Kündigung eines Sozialpädagogen in einem kirchlichen Kindergarten wegen Kirchenaustritts BAG 25.4.2013, NZA 2013, 1131 m. Anm. *Pallasch*, RdA 2014, 103.
[58] EuGH 14.3.2017, NZA 2017, 373 - Samira Achbita (Kopftuch tragen).
[59] BAG 20.1.2016, NZA 2017, 681; BAG 22.10.2015, NZA 2016, 1081.
[60] *Bauer/Krieger*, § 10 AGG Rn. 12.

| Altersdiskriminierung | Keine Altersdiskriminierung |
|---|---|
| – Beschränkung des Bewerberkreises in einer innerbetrieblichen Stellenausschreibung auf Arbeitnehmer im ersten Berufsjahr (BAG 18.8.2009, NZA 2010, 222) | – Beendigung des Arbeitsverhältnisses mit Erreichen einer tariflichen Altersgrenze (Vollendung des 65. Lebensjahrs) (EuGH 22.10.2010, NZA 2010, 1167) |
| – Höchstalter (33 Jahre) für die Einstellung von Piloten in einem Tarifvertrag (BAG 8.12.2010, NZA 2011, 751) | – Dienstvereinbarung, die Arbeitnehmer vor altersbedingt steigenden Belastungen infolge von Umsetzungen schützen will (BAG 13.10.2009, NZA 2010, 327) |
| – Nach Lebensaltersstufen gestaffelte Vergütungsordnung im BAT (LAG Hessen 22.4.2009, NZA 2009, 799) | – Ausschluss älterer Arbeitnehmer aus Programm zum freiwilligen Ausscheiden aus dem Betrieb gegen Zahlung einer Abfindung (BAG 25.2.2010, NZA 2010, 561) |
| – Vorenthalten einer Entlassungsentschädigung wegen möglicher Altersrente (EuGH 12.10.2010, NZA 2010, 1341) | – Ausschluss rentennaher Arbeitnehmer aus Sozialplänen bei einer Betriebsstilllegung (BAG 23.3.2010, NZA 2010, 744) |
| – § 622 II 2 BGB (EuGH 19.1.2010, NZA 2010, 85) | – Berücksichtigung des Lebensalters bei der Sozialauswahl nach § 1 III KSchG (BAG 5.11.2009, NZA 2010, 457) |
| – § 14 III TzBfG 2000 (EuGH 22.11.2005, NZA 2005, 1345) | |
| – Stellenausschreibung mit Bewerbungskriterium "Young Professionell" (BAG 24.1.2013, NZA 2013, 498, 501) | |

30 **ee) Positive Maßnahmen.** Ungeachtet der bereits erwähnten Rechtfertigungsgründe ist eine unterschiedliche Behandlung auch dann zulässig, wenn durch geeignete und angemessene Maßnahmen bestehende Nachteile wegen eines in § 1 AGG genannten Grundes verhindert oder ausgeglichen werden sollen (§ 5 AGG).

31 **Beispiel:** Förder- oder Gleichstellungspläne können vorsehen, dass bei gleicher Qualifikation von Bewerbern vorrangig Frauen zu berücksichtigen sind, solange sie in einem Betrieb unterrepräsentiert sind oder bis eine bestimmte **„Frauenquote"** erreicht ist. Darin liegt eine unmittelbare Benachteiligung von männlichen Bewerbern, die aber durch den Förderplan als „positive Maßnahme" gerechtfertigt sein kann, wenn damit Nachteile, die Frauen in der Lebenswirklichkeit erleiden, ausgeglichen werden sollen. Freilich muss die Quotenregel selbst geeignet und angemessen sein. Daran fehlt es bei Regelungen, die Frauen bei Einstellungen und Beförderungen einen absoluten und unbedingten Vorrang vor ihren männlichen Kollegen einräumen[61].

### e) Rechtsfolgen

32 **aa) Primäre Rechtsfolgen.** Die rechtswidrige Benachteiligung von Beschäftigten aus den in § 1 AGG genannten Gründen ist unzulässig (§ 7 Abs. 1 AGG), entsprechende Willenserklärungen (z.B. Anweisungen kraft Direktionsrechts, Kündigungen) sind unwirksam (§ 134 BGB). Tatsächliche Maßnahmen (z.B. Belästigungen) sind zu unterlassen (§ 1004 Abs. 1 S. 2 BGB analog). Einen Anspruch auf Begründung eines Beschäftigungsverhältnisses bei einem diskriminierenden Bewerbungsverfahren schließt § 15 Abs. 6 AGG allerdings ebenso aus wie einen Anspruch auf Beförderung. Dagegen steht § 15 Abs. 6 AGG dem unbefristeten Fortbestand eines Arbeitsverhältnisses bei diskriminierender Befristungsdauer nicht entgegen. Hier ist

---

[61] EuGH 17.10.1994, NZA 1995, 1095 - Kalanke.

die Auswahlfreiheit des Arbeitgebers nicht beeinträchtigt[62]. Diskriminierte haben das Recht, sich bei den zuständigen Stellen im Betrieb (z.B. beim Vorgesetzten, bei der Personalabteilung, beim Betriebsrat) zu beschweren (§ 13 Abs. 1 S. 1 AGG). Der Beschwerde ist nachzugehen, das Ergebnis der Überprüfung ist mitzuteilen (§ 13 Abs. 1 S. 2 AGG).

**bb) Diskriminierende Vereinbarungen.** Bestimmungen in individual- oder kollektivrechtlichen Vereinbarungen, die gegen das Benachteiligungsverbot verstoßen, sind ebenfalls unwirksam (§ 7 Abs. 2 AGG)[63]. Im übrigen bleibt die Vereinbarung – entgegen § 139 BGB – wirksam[64].

Wie die **entstehende Lücke im Vertrag** zu schließen ist, sagt das AGG nicht. Es verbietet nur die Ungleichbehandlung. Da die notwendige Gleichbehandlung aber nicht dadurch herstellbar ist, dass den Begünstigten eine vertraglich gewährte Leistung aus Gründen der Gleichbehandlung wieder entzogen werden darf, kommt es im Regelfall für die Vergangenheit zu einer Angleichung nach oben[65]. Gleichheitswidrig gewährte kürzere Arbeitszeiten, längere Urlaubsansprüche, höhere Entgeltleistungen stehen dann allen Benachteiligten zu[66]. Für die Zukunft kann die bloße Nichtanwendung der Regelung genügen. Das kann mittelbar zu einer Anpassung nach oben, bei Entfall einer begünstigenden Regelung aber auch zu einer Anpassung nach unten führen[67].

**cc) Sekundäre Rechtsfolgen.** Hat der Arbeitgeber den Verstoß gegen das Benachteiligungsverbot zu vertreten, muss er den dadurch entstehenden **Schaden** ersetzen (§ 15 Abs. 1 S. 1 AGG). Der Arbeitgeber haftet für eigenes Verschulden, d.h. für Vorsatz und Fahrlässigkeit (§ 276 BGB) und für das Verschulden seiner verfassungsmäßigen Vertreter (§ 31 BGB) und Erfüllungsgehilfen (§ 278 BGB)[68]. Sein Verschulden wird vermutet (§ 15 Abs. 1 S. 2 AGG). Der Arbeitgeber kann sich exkulpieren, etwa durch den Nachweis, die Mitarbeiter intensiv zum Thema Diskriminierungsschutz geschult zu haben (vgl. § 12 Abs. 2 AGG). Verlangt ein abgelehnter Bewerber Schadensersatz, so obliegt ihm die Darlegungs- und Beweislast dafür, dass er bei einer benachteiligungsfreien Auswahl den begehrten Arbeitsplatz erhalten hätte; § 22 AGG gilt hierfür nicht[69]. Der Schaden besteht in der Differenz zwischen der tatsächlich erhaltenen Vergütung und der auf der höherwertigen Stelle gezahlten; ob der Anspruch zeitlich begrenzt ist, ist offen[70].

---

[62] BAG 6.4.2011, NZA 2011, 970.
[63] BAG 13.10.2009, NZA 2010, 327.
[64] *Bauer/Krieger*, § 7 AGG Rn. 23 ff.; ErfK/*Schlachter*, § 7 AGG Rn. 6.
[65] MünchKomm/*Thüsing*, § 7 AGG Rn. 13 ff; a.A. *Bauer/Göpfert/Krieger*, § 7 AGG Rn. 25 ff.
[66] EuGH 13.12.1989, NZA 1991, 59; EuGH 27.6.1990, NZA 1990, 771; LAG Hessen 22.4.2009, NZA 2009, 799.
[67] BAG 18.2.2016, NZA 2016, 709.
[68] BAG 17.12.2009, NZA 2010, 383.
[69] BAG 19.8.2010, NZA 2010, 1412; BAG 20.6.2013, NZA 2014, 21.
[70] Die h.L. verneint, vgl. ErfK/*Schlachter*, § 15 AGG Rn. 4; *Bauer/Evers*, NZA 2006, 893, 894; a.A. LAG Berlin-Brandenburg 26.11.2008, NZA 2009, 43.

**36** § 15 Abs. 1 AGG betrifft nur den Vermögensschaden (z.B. frustrierte Aufwendungen bei vergeblicher Bewerbung). Wegen eines **Nichtvermögensschadens** kann nach Maßgabe von § 15 Abs. 2 AGG eine angemessene Entschädigung in Geld verlangt werden. Der Anspruch ist verschuldensunabhängig. Das verpönte Merkmal muss aber kausal für die Benachteiligung sein; das ist nicht der Fall, wenn der Arbeitgeber es bei der diskriminierenden Maßnahme nicht kennt[71]. Die Höhe der Entschädigung ist im Streitfall vom Gericht nach billigem Ermessen festzulegen. Sie soll abschreckende Wirkung haben. Wäre ein Bewerber auch bei einer diskriminierungsfreien Auswahl nicht eingestellt worden, ist der Anspruch auf **drei Monatsgehälter** beschränkt (§ 15 Abs. 2 S. 2 AGG)[72]. Die Benachteiligung war dann zwar nicht kausal, der Arbeitgeber haftet aber für ein benachteiligungsfreies Bewerbungsverfahren[73]. Die Beschränkung gilt nur für Einstellungen, nicht bei Beförderungen[74]. Aus § 15 Abs. 2 S. 2 AGG folgt allerdings nicht, dass die angemessene Entschädigung drei Monatsverdienste oder mehr betragen muss; maßgeblich sind die Umstände des Einzelfalls[75]. Entschädigungsansprüche nach § 15 Abs. 2 AGG können wegen Verstoßes gegen das Verbot des Rechtsmissbrauchs nach § 242 BGB ausgeschlossen sein, wenn eine Bewerbung allein deshalb erfolgt, um Entschädigungsansprüche zu erlangen[76]. Schadensersatz- und Entschädigungsansprüche müssen **binnen zwei Monaten schriftlich** geltend gemacht werden[77], soweit tarifvertraglich nichts anderes bestimmt ist. Die Frist beginnt in Bewerbungsfällen mit dem Zugang der Ablehnung, sonst, sobald der Diskriminierte Kenntnis von der Benachteiligung erlangt (§ 15 Abs. 4 AGG)[78]. Es genügt die Kenntnis von einem Indiz, aus dem er die Vermutung seiner Benachteiligung herleitet[79]. **Eine Klage auf Entschädigung** muss innerhalb von **drei Monaten,** nachdem der Anspruch schriftlich geltend gemacht worden ist, erhoben werden (§ 61b Abs. 1 ArbGG). Ansprüche aus anderen Rechtsgrundlagen – etwa aus Deliktrecht – werden durch das AGG nicht ausgeschlossen (§ 15 Abs. 5 AGG). Wegen einer Verletzung des allgemeinen Persönlichkeitsrechts kann Schadensersatz nur in schweren Fällen verlangt werden. Die Ablehnung eines Bewerbers muss zu einer „Herabwürdigung" seiner Person geführt haben[80].

**36a** Im Stellenbesetzungsverfahren kann nur benachteiligt werden, wer sich subjektiv ernsthaft bewirbt. Wer nicht ernsthaft an der Stelle interessiert ist, sondern in Wirklichkeit nur eine Entschädigung anstrebt, verhält sich rechtsmissbräuchlich[81]; er strebt keinen „Zugang zur Beschäftigung oder zu abhängiger Erwerbstätigkeit" an[82]. Zweifel an der Ernsthaftigkeit können bestehen, wenn der Bewerber, auch für ihn erkennbar, objektiv für die Stelle nicht in Betracht kommt[83]. Das gilt aber nur bei einem krassen Missverhältnis zwischen Anforderungsprofil der zu vergebenden Stelle und Qualifikation des Bewerbers. Es schadet auch

---

[71] BAG 17.10.2013, NZA 2014, 303.
[72] Dafür trägt der Arbeitgeber die Darlegungs- u. Beweislast. BAG 17.8.2010, NZA 2011, 153, 158.
[73] BAG 5.2.2004, NZA 2004, 540.
[74] BAG 17.8.2010, NZA 2011, 153, 158.
[75] BAG 17.8.2010, NZA 2011, 153, 158.
[76] BAG 23.8.2012, NZA 2013, 37.
[77] Die Schriftform wird auch durch (rechtzeitige) Erhebung der Klage gewahrt. § 167 ZPO findet entsprechende Anwendung, vgl. BAG 22.5.2014, NZA 2014, 924.
[78] Schweigen oder sonstiges Untätigbleiben des Arbeitgebers genügt nicht, um die Frist in Lauf zu setzen, BAG 29.6.2017, NZA 2018, 33.
[79] BAG 15.3.2012, NZA 2012, 910.
[80] BAG 24.9.2009, NZA 2010, 159.
[81] BAG 17.8.2010, NZA 2011, 153, 158; BAG 19.8.2010, NZA 2011, 203.
[82] EuGH 28.7.2016, NZA 2016, 1014 - Kratzer.
[83] BAG 17.12.2009, NZA 2010, 383; BAG 24.1.2013, NZA 2013, 498.

I. Anbahnung des Arbeitsvertrags 143

nicht, dass sich jemand mehrfach um eine Stelle beworben und bei gescheiterten Bewerbungen mehrmals Prozesse geführt hat[84].

### 3. Bewerberauswahl

#### a) Bewerbungsunterlagen

Bewerbungen auf eine Stellenanzeige erfolgen zumeist durch Übersendung persönlicher Unterlagen. Neben dem – tunlichst lückenlosen – Lebenslauf des Bewerbers kommt den Zeugnissen überragende Bedeutung zu (s. § 10 Rn. 418 ff.). Mit der Übersendung entsteht ein Anbahnungsverhältnis i.S.d. § 311 Abs. 2 BGB, mit dem entsprechende Obhutspflichten verbunden sind. Sämtliche Dokumente sind vom Arbeitgeber sorgfältig aufzubewahren und nach Abschluss des Bewerbungsverfahrens zurückzugeben[85]. Werden Unterlagen geknickt oder befleckt, kann der Bewerber Schadensersatz verlangen (§§ 280 Abs. 1, 311 Abs. 2, 241 Abs. 2 BGB). Die Unterlagen sind zusammen mit den Papieren, die der Arbeitgeber über die Person des Bewerbers erstellt hat (Personalfragebögen, Testergebnisse)[86], vor der Einstellung dem Betriebsrat vorzulegen (§ 99 Abs. 1 Satz 1 BetrVG).

**37**

#### b) Vorstellungsgespräch

Nach Sichtung der Unterlagen wird der Arbeitgeber mit geeigneten Bewerbern ein Auswahlgespräch führen. Die Fahrtkosten hierfür trägt der Bewerber grundsätzlich selbst[87]. Anders liegt es, wenn der Arbeitgeber jemanden zur Vorstellung auffordert. In diesem Fall hat der Bewerber einen Anspruch auf Kostenübernahme nach § 670 BGB[88]. Will der Arbeitgeber den Anspruch ausschließen, so muss er dies ausdrücklich bei der Aufforderung zur Vorstellung bekanntgeben[89]. Ersatzfähig sind nur die Kosten, die der Bewerber den Umständen nach für erforderlich halten darf. Ist der Arbeitnehmer bei einem anderen Arbeitgeber beschäftigt, so kann er von diesem Freistellung (§ 629 BGB) und Fortzahlung der Bezüge (§ 616 BGB) verlangen. Will er seinen Arbeitgeber nichts von der Bewerbung wissen lassen, muss er Urlaub nehmen.

**38**

#### c) Fragerecht des Arbeitgebers

**aa) Informationsinteresse des Arbeitgebers.** Der Arbeitgeber kann grundsätzlich frei entscheiden, welchen Bewerber er einstellt. Zum Recht auf freie Auswahl gehört es, sich von der Eignung des künftigen Vertragspartners ein zutreffendes Bild zu machen, um das mit dem Vertragsschluss verbundene Risiko richtig abzuschätzen. Erhebt, verarbeitet oder nutzt der Arbeitgeber personenbezogene Daten

**39**

---

[84] BAG 19.8.2010, NZA 2011, 200, 201; BAG 13.10.2011, AP Nr. 9 zu § 15 AGG.
[85] ErfK/*Preis*, § 611 BGB Rn. 265; Küttner/*Poeche*, Bewerbung Rn. 3.
[86] BAG 12.12.2004, NZA 2005, 827.
[87] Die Arbeitsagentur kann nach § 45 SGB III einen Zuschuss gewähren.
[88] BAG 24.2.1977, AP Nr. 8 zu § 196 BGB.
[89] ArbG Kempten 12.3.1994, BB 1994, 1504.

eines Bewerbers[90] – gleichviel, ob dies automatisiert durch Einsatz eines PCs oder einer DV-Anlage geschieht[91] –, gilt § 26 Abs. 1 S. 1 BDSG. Dieser erlaubt die Datenerhebung und -verwendung nur, soweit sie für die Entscheidung über die Begründung eines Beschäftigungsverhältnisses erforderlich ist. Der Arbeitgeber muss ein berechtigtes, billigenswertes und schutzwürdiges Interesse an der Beantwortung seiner Frage haben, das so stark ist, dass das Interesse des Arbeitnehmers dahinter zurücktritt[92]. Grundsätzlich sind nur solche Fragen zulässig, die in einem sachlichen Zusammenhang mit den Pflichten des Arbeitnehmers aus dem Arbeitsverhältnis stehen[93]. Zweck der Fragen muss sein, die Eignung des Bewerbers richtig zu beurteilen:

40 – **die fachliche Qualifikation** für die in Aussicht genommene Tätigkeit; hierzu dienen Fragen über Schulausbildung und -abschlüsse, Studiengang, Prüfungen, Sprachkenntnisse, Berufsausbildung, berufsqualifizierende Tätigkeiten, beruflichen Werdegang und die letzte Tätigkeit;

41 – **die körperliche und gesundheitliche Verfassung**, um die Arbeitsaufgabe zum Zeitpunkt des Beginns des Arbeitsverhältnisses und auf absehbare Zeit wahrnehmen zu können;

42 – **sonstige persönliche Eigenschaften**, soweit sie Voraussetzung für die zu erbringende Arbeitsleistung im Sinne der unternehmerischen Zielsetzung sind; hierzu dienen Fragen nach Vorstrafen, Vermögensverhältnissen, und nach der Verfügbarkeit (kein Wettbewerbsverbot, s. § 10 Rn. 433 ff.).

43 Eine Frage ist umso eher zulässig, je mehr sie die erforderliche fachliche Qualifikation für die in Aussicht genommene Stelle betrifft. Je weniger eine Frage mit der fachlichen Qualifikation des Bewerbers zusammenhängt, desto größer muss das Risiko sein, das der Arbeitgeber eingeht, wenn die Frage offenbleibt. Der Arbeitgeber darf keine Fragen stellen, bei denen es um Risiken geht, die die Rechtsordnung ihm zuweist, beispielsweise die mit der Beschäftigung einer Schwangeren verbundenen Einschränkungen.

44 **bb) Entgegenstehende Interessen des Arbeitnehmers.** Dem Informationsanspruch des Arbeitgebers steht das Interesse des Arbeitnehmers entgegen, nicht durch Fragen diskriminiert oder über Gebühr ausgeforscht zu werden. Von Merkmalen, die nach § 1 AGG oder sonstigen Diskriminierungsverboten (z.B. Art. 9 Abs. 3 GG) verpönt sind, darf der Arbeitgeber seine Auswahlentscheidung nicht abhängig machen. Fragen, die das allgemeine Persönlichkeitsrecht des Bewerbers verletzen, dürfen ebenfalls nicht gestellt werden. Auf eine unzulässige Frage braucht der Bewerber nicht oder nicht wahrheitsgemäß zu antworten[94].

---

[90] Die Begriffe sind in Art. 4 DS-GVO legaldefiniert, vgl. dort.
[91] Vgl. § 26 Abs. 7 BDSG; das BDSG ist insoweit „technologieneutral" ausgestaltet.
[92] BAG 18.10.2000, 16.12.2004, AP Nr. 59, 64 zu § 123 BGB; BAG 15.11.2012, NZA 2013, 429.
[93] *Zöllner*, Daten- und Informationsschutz im Arbeitsverhältnis, S. 33 ff.
[94] BAG 11.11.1993, 18.10.2000, AP Nr. 38, 59 zu § 123 BGB.

### cc) Zulässigkeit einzelner Fragen[95].

- **Alter:** Zulässig nur, soweit § 10 AGG eine Differenzierung erlaubt. Die Frage ist zumeist überflüssig, da sich das Alter häufig aus vorgelegten Dokumenten, Lebenslauf und Aussehen ergibt. 45

- **Aufenthaltstitel/Arbeitserlaubnis:** Die Frage kann ausländische Bewerber wegen ihrer ethnischen Herkunft benachteiligen; sie ist trotzdem zulässig, weil der Arbeitgeber einen ausländischen Bewerber ohne erforderliche Erlaubnis nicht beschäftigen darf (§ 4 Abs. 3 AufenthG). 46

- **Behinderung:** zulässig nur, wenn eine bestimmte körperliche Funktion, geistige Fähigkeit oder seelische Gesundheit eine wesentliche und entscheidende berufliche Anforderung ist (§ 8 Abs. 1 AGG)[96]. 47

- **Ermittlungsverfahren:** zulässig, wenn es Zweifel an der persönlichen Eignung begründen kann[97]. Unspezifizierte Fragen nach eingestellten Ermittlungsverfahren sind grundsätzlich nicht von einem berechtigten Interesse des Arbeitgebers gedeckt[98]. 48

- **Gewerkschaftszugehörigkeit:** wegen Art. 9 Abs. 3 GG grundsätzlich unzulässig[99]. 49

- **Krankheit:** zulässig, wenn durch die Krankheit die Eignung für die vorgesehene Tätigkeit auf Dauer oder in periodisch wiederkehrenden Abständen eingeschränkt ist, die Krankheit den pünktlichen Arbeitsantritt zu verhindern droht oder es sich um eine ansteckende Krankheit handelt, die zwar nicht die Leistungsfähigkeit beeinträchtigt, aber Kollegen und Kunden gefährden kann[100]; bei HIV-Erkrankung ist das nur ausnahmsweise der Fall. Durch das AGG wird das Fragerecht nicht eingeschränkt, da es nur vor behinderungs-, nicht vor krankheitsbedingten Benachteiligungen schützt[101]. 50

- **Schwangerschaft:** unzulässig, selbst dann, wenn sich nur Frauen um eine Stelle bewerben oder wenn der Bewerberin aufgrund mutterschutzrechtlicher Vorschriften (z.B. §§ 3 ff. MuSchG) die konkret in Aussicht gestellte Tätigkeit verboten ist und die Frage deshalb objektiv ihrem gesundheitlichen Schutz oder dem des ungeborenen Kindes dient[102] oder wenn die Schwangere als Ersatz für eine Schwangere eingestellt werden soll und das Arbeitsverhältnis infolge der Schwangerschaft überhaupt nicht realisiert werden kann[103]. 51

---

[95] Vgl. Küttner/*Kreitner*, Auskunftspflichten Arbeitnehmer; *Wisskirchen/Bissels*, NZA 2007, 169.
[96] *Joussen*, NZA 2007, 174; vgl. auch BAG 17.12.2009, NZA 2010, 383.
[97] BAG 20.5.1999, NZA 1999, 975; BAG 6.9.2012, NZA 2013, 1087, 1089.
[98] BAG 15.11.2012, NZA 2013, 429, 432.
[99] BAG 28.3.2000, NZA 2000, 1294; Schaub/*Linck*, ArbR-Hdb, § 26 Rn. 24.
[100] BAG 7.6.1984, 1.8.1985, AP Nr. 26, 30 zu § 123 BGB.
[101] EuGH 11.7.2006, NZA 2006, 839.
[102] BAG 6.2.2003, NZA 2003, 848; anders zuvor BAG 1.7.1993, AP Nr. 36 zu § 123 BGB.
[103] EuGH 4.10.2001, NZA 2001, 1241; anders zuvor BAG 15.10.1992, AP Nr. 8 zu § 611a BGB.

52 – **Vorstrafen:** zulässig, wenn für die konkrete Arbeitsleistung von Bedeutung (Kassierer, Einkäufer, Lagerverwalter: Vermögensdelikte; Fahrer: Verkehrsdelikte; Ausbilder: Sittlichkeitsdelikte) und Strafe im Zentralregister noch nicht getilgt (§ 51 BZRG)[104].

53 – **Vermögensverhältnisse:** zulässig nur bei Führungskräften und Arbeitnehmern in Vertrauensstellung[105].

54 – **Zugehörigkeit zu einer Religions- bzw. Weltanschauungsgemeinschaft:** zulässig nur, soweit der Arbeitgeber selbst eine geschützte Gemeinschaft ist (§ 9 AGG).

### d) Aufklärungspflicht des Bewerbers

55 **aa) Grundsatz.** Wer einen Vertrag schließt, muss sich selbst ein Bild über die damit verbundenen Chancen und Risiken verschaffen[106]. Was für ihn wichtig ist, kann und wird er bei seinem Verhandlungspartner erfragen. Der Verhandlungspartner darf davon ausgehen, dass er nach bedeutsamen Umständen ausdrücklich gefragt wird. Ungefragt braucht er deshalb grundsätzlich nichts, vor allem nichts Negatives über seine Person oder sein Unternehmen zu offenbaren. Allerdings enthält die (vor-)vertragliche Rücksichtnahmepflicht (§§ 311 Abs. 2, 241 Abs. 2 BGB) auch eine Aufklärungspflicht dahin, dass die eine Partei die andere unaufgefordert über die Umstände informieren muss, die dieser unbekannt, aber für ihre Entscheidungen im Zusammenhang mit dem Zustandekommen oder der Durchführung des Arbeitsverhältnisses bedeutsam sind. Dementsprechend dürfen Umstände, die die vollständige Durchführung des Rechtsverhältnisses in Frage stellen können, nicht verschwiegen werden[107].

56 **bb)** Der **Bewerber** muss auch ohne Befragen offenbaren, dass er die für ihn vorgesehenen Aufgaben nicht nur zeitweilig oder auf längere Dauer nicht erfüllen kann und dass deshalb die Durchführung des Arbeitsverhältnisses unmöglich oder für den Arbeitgeber unzumutbar ist. Entsprechendes gilt, wenn der Bewerber seinen Dienst nicht zum vereinbarten Termin antreten kann. Aus welchem Grund der Bewerber verhindert ist, spielt keine Rolle[108]. Eine Ausnahme gilt nur für die Schwangerschaft. Sie ist niemals zu offenbaren[109].

57 **Beispiele:** schlechter Gesundheitszustand, ansteckende Krankheit (wenn Belegschaftsmitglieder konkret gefährdet werden können), fehlende behördliche Erlaubnisse (Fahrerlaubnis, Fluglizenz), behördliches Beschäftigungsverbot, fehlende Verfügbarkeit wegen Bestehens

---

[104] BAG 20.5.1999, NZA 1999, 975; BAG 20.3.2014, NZA 2014, 1131.
[105] Vgl. auch BAG 4.11.1981, EzA § 1 KSchG 1969 Verhaltensbedingte Kündigung Nr. 9.
[106] BGH 13.7.1988, NJW 1989, 764; BAG 6.9.2012, NZA 2013, 1087.
[107] BAG 14.7.2005, NZA 2005, 1298, 1300; BAG 6.9.2012, NZA 2013, 1087.
[108] BAG 28.3.1974, AP Nr. 3 zu § 119 BGB; BAG 18.8.1987, AP Nr. 32 zu § 123 BGB.
[109] EuGH 3.2.2000, AP Nr. 18 zu § 611a BGB.

eines Wettbewerbsverbots, Antritts einer Freiheitsstrafe oder Ableistung einer Dienstpflicht[110]. Darüber hinaus verpflichtet die Rechtsprechung den Bewerber, im Bewerbungsschreiben eine (Schwer)Behinderung und ggf. eine Gleichstellung anzugeben[111].

### e) Sonstige Auswahlinstrumente

**aa) Fragebögen.** Fragebögen dienen der systematischen Erfassung der wichtigsten Daten des Bewerbers, die für das Arbeitsverhältnis von Bedeutung sind. Zugleich ermöglichen sie einen schnellen Vergleich mit den Unterlagen anderer Bewerber. Fragebögen dürfen nur solche Fragen enthalten, die der Bewerber auch in einem Vorstellungsgespräch beantworten müsste. Um sicherzustellen, dass keine unzulässigen Fragen aufgenommen werden, hat der Betriebsrat ein Mitbestimmungsrecht (§ 94 Abs. 1 BetrVG).

58

**bb) Tests, graphologische Gutachten.** Tests sind zulässig, wenn und soweit mit ihnen die Eignung des Bewerbers für die vorgesehene Tätigkeit festgestellt werden kann und sie ihn nicht unangemessen ausforschen[112]. Erforderlich ist die Einwilligung, die auch konkludent durch die Teilnahme am Test erteilt werden kann. Dem Bewerber muss erläutert werden, was mit dem Test erkundet werden soll und wie das Verfahren abläuft. Der Test muss wissenschaftlich anerkannt sein und unter fachkundiger Leitung durchgeführt werden. In Frage kommen vor allem Arbeitsproben, Leistungstests, Assessment-Center, analytische Intelligenztests, bei Führungskräften auch Persönlichkeitstests. Graphologische Gutachten sind zulässig, wenn der Bewerber damit einverstanden ist. Der Bewerber stimmt nach herrschender, aber problematischer Meinung konkludent zu, wenn er auf Anforderung des Arbeitgebers handgeschriebene Unterlagen (Anschreiben oder Lebenslauf) einsendet[113].

59

**cc) Einstellungsuntersuchungen.** Der Arbeitgeber kann den Abschluss des Arbeitsvertrags von einer ärztlichen Eignungsuntersuchung abhängig machen[114]. Das Ergebnis der Untersuchung kann auch als auflösende Bedingung in den Arbeitsvertrag aufgenommen werden. Bei Jugendlichen ist eine Einstellungsuntersuchung gesetzlich vorgeschrieben (§ 32 Abs. 1 JArbSchG). Solange die ärztliche Bescheinigung fehlt, besteht ein Beschäftigungsverbot. Die Untersuchung bedarf der Einwilligung des Bewerbers. Darin entbindet der Bewerber zugleich den Arzt von seiner Schweigepflicht, soweit er dem Arbeitgeber mitzuteilen hat, ob er den Bewerber für die vorgesehene Tätigkeit für geeignet hält. Hält der Arzt den Bewerber für eingeschränkt geeignet, darf er die Einschränkungen nur insoweit mitteilen, als der Bewerber sie auf Befragen des Arbeitgebers offenbaren müsste. **Genetische Untersuchungen** und Analysen sind vor und nach Begründung des Beschäftigungsverhältnisses grundsätzlich verboten (§ 19 GenDG) und stehen unter Androhung eines Bußgeldes von bis zu 50.000 € (§ 26 Abs. 1 S. 1 Nr. 8, Abs. 2 GenDG). Flankiert wird diese Vorschrift von

60

---

[110] Vgl. MünchArbR/*Buchner*, § 30 Rn. 361; MünchArbR/*Richardi/Buchner*, § 31 Rn. 18 f.
[111] BAG 26.9.2013, NZA 2014, 258.
[112] BVerwG 20.12.1963, NJW 1964, 604.
[113] BAG 16.9.1982, NJW 1984, 446.
[114] LAG Berlin 16.7.1990, DB 1990, 2223; a.A. ArbG Hamburg 22.10.1990, BB 1991, 554.

einem arbeitsrechtsrechtlichen Benachteiligungsverbot wegen genetischer Eigenschaften, d.h. ererbter oder während der Befruchtung oder bis zur Geburt erworbener, vom Menschen stammender Erbinformationen (§ 3 Nr. 4 GenDG).

61 dd) „**Background-Checks**"[115] sollen ein umfassendes Bild über den Charakter, die Fähigkeiten, die Zuverlässigkeit und den sozialen und wirtschaftlichen Hintergrund von Bewerbern liefern. Die Integrität eines Bewerbers wird häufig durch Vorlage polizeilicher Führungszeugnisse oder Schufa-Eigenauskünfte überprüft. Sie dürfen nur verlangt werden, soweit die darin enthaltenen Angaben vom Fragerecht des Arbeitgebers gedeckt sind, was bei Führungszeugnissen selten möglich ist, weil sie Informationen über sämtliche rechtskräftigen strafrechtlichen Verurteilungen (vgl. § 32 Abs. 1 i.V.m. §§ 4 bis 16 BZRG) enthalten und damit auch über nicht tätigkeitsbezogene Vorstrafen, die nicht erfragt werden dürfen. Im Übrigen gilt, dass Bewerberdaten grundsätzlich unmittelbar bei ihm selbst zu erheben sind (vgl. Art. 13 DS-GVO). Damit soll das Grundrecht auf informationelle Selbstbestimmung (Art. 8 Abs. 1 GRC) gewährleistet werden, also die Befugnis, frei darüber zu entscheiden, welche Daten der potenzielle Arbeitgeber erhalten soll. Werden Bewerberdaten bei einem Dritten erhoben, ist der Bewerber darüber zuvor zu informieren und seine Einwilligung einzuholen. Art. 14 Abs. 1 und 2 DS-GVO enthalten hierzu detaillierte Vorgaben. Sie gelten auch für Auskünfte beim früheren Arbeitgeber. Gestattet der Bewerber die Erkundigung, so muss der bisherige Arbeitgeber dem neuen Arbeitgeber Auskünfte erteilen, wenn ihn die Auskunftserteilung nicht unbillig belastet und wenn der Bewerber daran ein berechtigtes Interesse hat[116]. Informationen, die sich der Arbeitgeber im Internet über den Bewerber durch allgemein zugängliche Suchmaschinen („Google") verschaffen kann, dürfen verwendet werden, soweit das für die Einstellungsentscheidung erforderlich ist (§ 26 Abs. 1 S. 1 BDSG). Allerdings muss der Arbeitgeber den Bewerber über die Quelle der erhobenen Daten informieren und darüber, ob es sich um eine öffentliche Quelle handelt (Art. 14 Abs. 2 lit. f DS-GVO). Die Unterrichtung kann allgemein gehalten werden. Sie hat innerhalb einer angemessenen Frist zu erfolgen, spätestens jedoch innerhalb eines Monats nach Erlangung der Daten (Art. 14 Abs. 3 lit. a DS-GVO).

## II. Abschluss des Arbeitsvertrags

### 1. Vertragsschluss

#### a) Allgemeine Grundsätze

62 aa) **Arbeitsvertrag.** Der Arbeitsvertrag kommt wie jeder andere schuldrechtliche Vertrag durch Angebot und Annahme zustande (vgl. § 151 S. 1 HS. 1 BGB). Mit Abschluss des Vertrags entsteht das Arbeitsverhältnis, ein Dauerschuldverhältnis zwischen Arbeitgeber und Arbeitnehmer. Dem Arbeitsvertrag kann ein **Vorvertrag** vorausgehen[117].

---

[115] Hohenstatt/Stamer/Hinrichs, NZA 2006, 1065; Thum/Szczesny, BB 2007, 2405.
[116] BAG 25.10.1957, 5.8.1976, AP Nr. 1, 10 zu § 630 BGB.
[117] Zur AGB-Kontrolle des Vorvertrags BAG 27.7.2005, NZA 2006, 539, 540 f.

**bb) Vertragsschluss.** Angebot und Annahme sind Willenserklärungen, die auf den 63
Abschluss eines Vertrags zielen. Eine wirksame Willenserklärung liegt bereits dann
vor, wenn bewusst der Tatbestand einer Erklärung gesetzt wird, die (objektiv) auf
den Willen zur rechtlichen Bindung an das Erklärte schließen lässt[118]. Ob sich der
Erklärende bewusst ist, dass er mit seiner Erklärung eine rechtliche Bindung eingeht, ist unerheblich, wenn er bei Anwendung pflichtgemäßer Sorgfalt erkennen
konnte, dass ein Dritter auf einen Geschäftswillen schließen konnte (sog. Erklärungsfahrlässigkeit). Auch bei fehlendem Erklärungsbewusstsein liegt also eine
Willenserklärung vor, wenn der bewusst, d.h. mit Handlungswillen gesetzte objektive Erklärungstatbestand – die ausdrückliche oder stillschweigende Erklärung –
dem Erklärenden zugerechnet werden kann. Der Erklärende kann dann allerdings
entsprechend § 119 Abs. 1 Alt. 2 BGB anfechten. Weiß der Dritte, dass dem Erklärenden das Erklärungsbewusstsein fehlt, so ist er nicht schutzwürdig. In diesem
Falle liegt keine Willenserklärung vor, eine Anfechtung ist weder möglich noch
erforderlich.

**cc)** Überwunden ist die früher vertretene **Eingliederungstheorie**, nach der das Arbeitsverhältnis nicht rechtsgeschäftlich durch den Arbeitsvertrag begründet werden 64
sollte, sondern rein tatsächlich durch die Eingliederung des Arbeitnehmers in den
Betrieb[119]. Diese Ansicht lässt sich mit der geltenden Rechtsgeschäftslehre nicht vereinbaren. Ebenso verfehlt ist die Annahme eines **„faktischen Arbeitsverhältnisses"**[120], wonach die rechtliche Geltung des Arbeitsverhältnisses maßgeblich auf der
rein tatsächlichen Erbringung der Arbeitsleistung im Betrieb und nicht auf einer
Willensübereinstimmung der Vertragsparteien beruhen soll. Die Ergebnisse, die
diese Lehren erzielen wollten, namentlich die Beschränkung der Nichtigkeitsfolgen
bei mangelhaften Arbeitsverträgen, lassen sich auch anders und in Übereinstimmung mit der Rechtsgeschäftslehre erreichen[121].

Nichts zu tun mit der Eingliederungstheorie hat die Frage der **Betriebszugehörigkeit** eines 65
Arbeitnehmers[122]. Sie hat Bedeutung für die Zahl der in der Regel in einem Betrieb beschäftigten Arbeitnehmer (wichtig etwa für die Anwendbarkeit des KSchG oder des BetrVG), für
die Mitbestimmung (Welcher Betriebsrat ist für den Arbeitnehmer zuständig?) und für eine
Versetzung des Arbeitnehmers. Die Betriebszugehörigkeit wird in der Regel durch die Einstellung begründet. Mit ihr ist die Zuweisung eines Arbeitsbereichs innerhalb der Arbeitsorganisation eines Unternehmens verbunden. Denkbar ist, dass ein Arbeitnehmer mehreren Betrieben angehört.

---

[118] BGH 7.6.1984, BGHZ 91, 327; BGH 2.11.1989, BGHZ 109, 177; BGH 29.11.1994, NJW 1995, 953; BAG 26.3.1997, NZA 1997, 1007.
[119] Vgl. *Nikisch*, Arbeitsrecht I, § 19 IV.
[120] Zurückgehend auf *Haupt*, Über faktische Vertragsverhältnisse, 1943, S. 19 f.; vgl. auch BAG 16.9.1982, 29.8.1984, EzA § 123 BGB Nr. 22, 25; *Küchenhoff*, RdA 1958, 121; *Lehmann*, NJW 1958, 1; *Simitis*, Die faktischen Vertragsverhältnisse, 1957, S. 394.
[121] MünchArbR/*Richardi/Buchner*, § 34 Rn. 40.
[122] S. im einzelnen *Boemke*, AR-Blattei SD, Betriebszugehörigkeit; *von Stebut*, FS Kissel, 1994, S. 1135 ff.

## b) Geschäftsfähigkeit

66 **aa)** Arbeitgeber und Arbeitnehmer müssen bei Abschluss des Arbeitsvertrags geschäftsfähig sein. Da das BGB vom Grundsatz der Geschäftsfähigkeit ausgeht, muss, wer sich auf Geschäftsunfähigkeit beruft, darlegen und beweisen, dass eine der Ausnahmen der §§ 104 ff. BGB vorliegt.

67 **Beispiel:** A wird von B eingestellt. Nach einem Monat verlangt A seinen Lohn, der ihm von B mit der Begründung verweigert wird, er, B, sei im Augenblick des Vertragsschlusses derart „durcheinander" gewesen, dass er die Bedeutung der Erklärung nicht erkannt habe (§ 105 Abs. 2 BGB). Ob das der Fall war, lässt sich nicht mehr aufklären. Zwar hat A den Abschluss eines Arbeitsvertrags als wesentliche Voraussetzung seines Zahlungsanspruchs darzulegen und zu beweisen; die Geschäftsfähigkeit von A und B wird aber vom BGB vermutet. Beruft sich B auf „Bewusstlosigkeit", so muss er sie darlegen und beweisen. Gelingt ihm das nicht, bleibt es bei der gesetzlichen Vermutung der Geschäftsfähigkeit.

68 Das BGB unterscheidet zwischen Geschäftsunfähigkeit, beschränkter Geschäftsfähigkeit und voller Geschäftsfähigkeit. Die Willenserklärungen **Geschäftsunfähiger** sind unheilbar nichtig (§ 105 Abs. 1 BGB). Ein Arbeitsvertrag, den ein Geschäftsunfähiger schließt, bleibt auch dann unwirksam, wenn er später von seinem gesetzlichen Vertreter genehmigt wird. Der gesetzliche Vertreter muss im Namen des Geschäftsunfähigen eine neue Vereinbarung treffen. Will der gesetzliche Vertreter mit einem von ihm vertretenen Geschäftsunfähigen einen Arbeitsvertrag schließen, muss wegen des Verbots des Selbstkontrahierens (§ 181 BGB) für den Geschäftsunfähigen ein Ergänzungspfleger tätig werden (§ 1909 Abs. 1 BGB).

**Beispiel:** Der 5jährige A erbt von seinem Großvater G ein einzelkaufmännisches Unternehmen. G hat testamentarisch bestimmt, dass die Eltern des A das Vermögen nicht verwalten sollen. Der Vater des A möchte in diesem Unternehmen beschäftigt werden.

69 **bb) Minderjährige**, die zwar das siebte, jedoch nicht das 18. Lebensjahr vollendet haben, sind in ihrer Geschäftsfähigkeit nach Maßgabe der §§ 107 ff. BGB beschränkt. Dasselbe gilt grundsätzlich für Betreute (§§ 1896 ff. BGB), wenn und soweit das Betreuungsgericht einen Einwilligungsvorbehalt angeordnet hat (§ 1903 Abs. 1 S. 2, Abs. 3 BGB). Nach § 107 BGB bedürfen Minderjährige der Einwilligung ihres gesetzlichen Vertreters, d.h. der Eltern (§§ 1626 Abs. 1, 1629 BGB) oder des Vormunds (§ 1793 Abs. 1 S. 1 BGB), wenn sie durch eine Willenserklärung nicht lediglich einen rechtlichen Vorteil erlangen. Das gilt auch für den Arbeitsvertrag. Die §§ 112, 113 BGB erlauben dem gesetzlichen Vertreter, dem Minderjährigen eine partielle Geschäftsfähigkeit einzuräumen. Der Minderjährige gilt dann insoweit als unbeschränkt geschäftsfähig, die Vertretungsmacht des gesetzlichen Vertreters ruht für diesen Bereich[123].

---

[123] Palandt/*Ellenberger*, § 112 BGB Rn. 1.

**(1) Minderjähriger als Arbeitgeber.** Gemäß § 112 Abs. 1 BGB kann der gesetzliche Vertreter mit Genehmigung des Familiengerichts einen Minderjährigen zum selbständigen Betrieb eines Erwerbsgeschäfts ermächtigen. **Erwerbsgeschäft** im Sinne des § 112 BGB ist jede erlaubte, selbständige, berufsmäßig ausgeübte und auf Gewinn gerichtete Tätigkeit. Die Ermächtigung des gesetzlichen Vertreters ist eine formfreie, an den Minderjährigen zu richtende Willenserklärung[124]. Liegt diese Ermächtigung vor, so ist der Minderjährige für solche Rechtsgeschäfte unbeschränkt geschäftsfähig, die der konkrete Geschäftsbetrieb mit sich bringt. Zustimmungsfrei ist regelmäßig auch der Abschluss von Arbeitsverträgen. Der Minderjährige darf jedoch keine Rechtsgeschäfte schließen, zu denen seine Eltern der Genehmigung des Familiengerichts bedürfen (§§ 112 Abs. 1 S. 2, 1643, 1821 f. BGB). Aus Gründen der Verkehrssicherheit kann der gesetzliche Vertreter die Ermächtigung nur mit Zustimmung des Familiengerichts zurücknehmen (§ 112 Abs. 2 BGB).

70

**(2) Minderjähriger als Arbeitnehmer.** Der gesetzliche Vertreter kann den Minderjährigen auch ermächtigen, in Dienst oder Arbeit zu treten (§ 113 BGB). Das kann formlos und daher auch durch schlüssiges Verhalten geschehen. Es genügt aber nicht, dass der gesetzliche Vertreter die Dienste des Minderjährigen resignierend duldet[125]. Soll der Arbeitsvertrag den Minderjährigen länger als ein Jahr nach Vollendung des 18. Lebensjahres binden, ist die Genehmigung des Familiengerichts erforderlich, weil der Minderjährige zu einer wiederkehrenden Leistung verpflichtet wird (§§ 1822 Nr. 5, 1643 Abs. 1 BGB). Der Minderjährige darf Arbeitsverhältnisse nicht nur eingehen, sondern auch wieder aufheben (§ 113 Abs. 1 S. 1). Der gesetzliche Vertreter kann die Ermächtigung ausdrücklich oder konkludent einschränken (§ 113 Abs. 2 BGB), insbesondere kann er sie auf ein einziges, konkretes Arbeitsverhältnis beschränken. Die für einen einzelnen Fall erteilte Ermächtigung gilt allerdings im Zweifel als Ermächtigung zur Eingehung von Arbeitsverhältnissen derselben Art (§ 113 Abs. 4 BGB). Durch die Ermächtigung wird der Minderjährige teilgeschäftsfähig. Er kann alle Geschäfte abschließen, die mit der Eingehung, Abwicklung und Beendigung des Arbeitsverhältnisses üblicherweise verbunden sind. Der Minderjährige darf etwa einer Gewerkschaft beitreten[126] oder ein Gehaltskonto bei einer Bank einrichten[127]. Dem mutmaßlichen Willen der gesetzlichen Vertreter entspricht es allerdings nicht, den Minderjährigen atypischen Risiken auszusetzen. Die Ermächtigung umfasst deshalb nicht außergewöhnliche Geschäfte, die für ihn nachteilig sein können[128]. Über das Gehalt verfügen kann er nur insoweit, als das zur Erfüllung des Arbeitsverhältnisses notwendig ist. Eine darüber hinausgehende Verfügungsbefugnis kann sich aus § 110 BGB ergeben.

71

---

[124] Palandt/*Ellenberger*, § 112 BGB Rn. 2.
[125] BAG 19.7.1974, AP Nr. 6 zu § 113 BGB.
[126] LG Essen 18.3.1965, AP Nr. 3 zu § 113 BGB; LG Düsseldorf, DB 1966, 587.
[127] *Hagemeister*, JuS 1992, 842; Palandt/*Ellenberger*, § 113 BGB Rn. 4; *Vortmann*, WM 1994, 967.
[128] BAG 8.6.1999, NZA 2000, 34.

72 Von § 113 BGB nicht umfasst ist der Abschluss eines **Berufsausbildungsvertrags**[129]. Auf das Ausbildungsverhältnis sind die für den Arbeitsvertrag geltenden Rechtsvorschriften nur insoweit anzuwenden, als sich aus seinem Wesen und Zweck nichts anderes ergibt (§ 10 Abs. 2 BBiG). Bei einem Berufsausbildungsverhältnis steht nicht der Gelderwerb, sondern der Erwerb beruflicher Kenntnisse im Vordergrund. Für den Abschluss eines Berufsausbildungsvertrags bleibt es bei § 107 BGB; der Minderjährige benötigt die Zustimmung seiner gesetzlichen Vertreter. Er soll nicht ohne seine gesetzlichen Vertreter entscheiden können, für welchen Beruf und in welchem Unternehmen er ausgebildet wird. Zugleich wird vermieden, dass der Minderjährige das Ausbildungsverhältnis selbst auflöst, wenn es zu Schwierigkeiten kommt[130]. Wird der Minderjährige von seinen Eltern ausgebildet, so sind sie vom Verbot des Insichgeschäfts (§ 181 BGB) befreit (§ 10 Abs. 3 BBiG).

### c) Vertretung

73 Die nicht geschäftsfähige Arbeitsvertragspartei muss sich durch ihren gesetzlichen Vertreter vertreten lassen. Das sind:

| Vertragspartei | Gesetzlicher Vertreter | Vorschrift |
| --- | --- | --- |
| Minderjähriger | Eltern bzw. Vormund | §§ 1626, 1629 / § 1793 BGB |
| Betreuter | Betreuer | § 1902 BGB |
| Offene Handelsgesellschaft | Gesellschafter | § 125 Abs. 1 HGB |
| Kommanditgesellschaft | Komplementäre | §§ 161 Abs. 1, 125, 170 HGB |
| GmbH | Geschäftsführer | § 35 GmbHG |
| Aktiengesellschaft | Vorstand | § 78 AktG |

Zur rechtsgeschäftlichen Vertretungsmacht, insbesondere des Arbeitgebers, s. § 3 Rn. 68 ff.; zur Vorlage der (Original-)Vollmacht bei Kündigungen s. § 10 Rn. 64.

### d) Form

74 aa) **Formfreiheit.** Für den Abschluss des Arbeitsvertrags besteht grundsätzlich Formfreiheit. Der Arbeitsvertrag kann also auch mündlich oder durch schlüssiges Verhalten zustandekommen.

75 bb) **Einschränkungen**[131]. Ordnet das Gesetz die Schriftform des Arbeitsvertrags an, so muss der Vertrag von beiden Parteien eigenhändig unterschrieben werden (§ 126 Abs. 1, Abs. 2 S. 1 BGB). Bei einem Vertragswerk ist die Schriftform auch dann gewahrt, wenn nur ein Schriftstück unterzeichnet und die Zusammengehörigkeit mit dem oder den anderen in geeigneter Weise zweifelsfrei kenntlich gemacht wird (bspw. fortlaufende Paginierung oder Numerierung der einzelnen Bestimmungen, „Auflockerungsrechtsprechung")[132]. Gibt es, wie im Regelfall, mehrere Vertragsurkunden – eine für den Arbeitnehmer, eine weitere für den Arbeitgeber – so genügt es, wenn jeder die für den anderen bestimmte Urkunde unterzeichnet (§ 126 Abs. 2

---

[129] LAG Düsseldorf 27.1.1955, AP Nr. 1 zu § 21 HandwO.
[130] BeckOK/*Bamberger/Roth*, § 113 BGB Rn. 9.
[131] S. ausführlich *Kliemt*, Formerfordernisse im Arbeitsverhältnis, 1995.
[132] Instruktiv BAG 4.11.2015, NZA 2016, 547.

S. 2 BGB). Das Schriftformgebot kann sich auch aus einem Tarifvertrag ergeben, nicht jedoch aus einer Betriebsvereinbarung, da sie keine normative Wirkung für Personen hat, die noch nicht dem Betrieb angehören.

Die Schriftform kann, soweit gesetzlich oder tarifvertraglich nichts anderes bestimmt ist, durch die **elektronische Form** ersetzt werden (§ 126 Abs. 3 BGB)[133]. In diesem Fall muss der Absender der Erklärung seinen Namen hinzufügen und das von ihm verwendete elektronische Dokument – etwa eine E-Mail – mit einer qualifizierten elektronischen Signatur nach dem Signaturgesetz (SiG)[134] versehen  75a

Die elektronische Signierung ersetzt die eigenhändige Unterschrift und dient damit der Identifizierung des Erklärenden. Zugleich stellt sie sicher, dass der einmal signierte Text nicht nachträglich verändert werden kann. Aufgrund des hohen Sicherheitsstandards spricht ein Beweis des ersten Anscheins für die Echtheit einer solchen Erklärung; dieser lässt sich nur durch Tatsachen erschüttern, die ernstliche Zweifel daran begründen, dass die Erklärung mit dem Willen des Signaturschlüssel-Inhabers abgegeben worden ist (§ 371a ZPO). Elektronische Dokumente unterfallen dem Beweis durch Augenschein; Beweisantritt und Herausgabepflicht bestimmen sich nach den Vorschriften über den Urkundenbeweis (§ 371 Abs. 1 S. 2 ZPO). Im übrigen gelten die allgemeinen Vorschriften. Elektronische Dokumente, die telekommunikativ übermittelt werden, sind als abgegeben anzusehen, wenn der Erklärende den letzten von ihm auszuführenden Schritt vollzogen hat, um die Erklärung auf den elektronischen Weg zu bringen (z.B. Auslösung des Sendebefehls im E-Mail-Programm). Der Zugang erfolgt, wenn das Dokument in den Machtbereich des Empfängers gelangt ist und wenn und sobald die Möglichkeit der Kenntnisnahme besteht; das erfordert die Speicherung in einer Empfangsvorrichtung („elektronischer Briefkasten" usw.). Wo das allgemeine Datennetz endet und der Machtbereich des Empfängers beginnt, bestimmt sich nach dem jeweils eingesetzten Kommunikationsmittel. Vertippt sich der Erklärende am PC, kann wegen Erklärungsirrtums (§ 119 BGB) angefochten werden. Dasselbe gilt für automatisierte, mit einem Computerprogramm erzeugte Erklärungen. Der Einsatz von Programmen beruht auf einer Willensentscheidung des Anlagebetreibers; er muss sich deshalb die Ergebnisse als eigene Willenserklärungen zurechnen lassen. Nach § 120 BGB kann angefochten werden, wenn das Dokument bei der Übermittlung verfälscht wurde, sei es aufgrund technischer Defekte des Übertragungsmediums, sei es aufgrund äußerer Eingriffe in den Datenstrom, etwa durch einen Hacker[135].  75b

Statt der Schriftform kann durch Gesetz oder Tarifvertrag für eine Erklärung auch die **„Textform"** vorgeschrieben werden (§ 126b BGB[136]). Textform verlangt eine lesbare Erklärung, in der die Person des Erklärenden genannt ist, auf einem dauerhaften Datenträger. Zur Lesbarkeit genügt es, wenn sich die Erklärung in einem elektronischen Dokument befindet und mit Hilfe von Anzeigeprogrammen lesbar ist[137]. Ein dauerhafter Datenträger ist jedes Medium, das es dem Empfänger ermöglicht, eine auf dem Datenträger befindliche, an ihn persönlich gerichtete Erklärung  75c

---

[133] Vgl. G zur Anpassung der Formvorschriften des Privatrechts und anderer Vorschriften an den modernen Rechtsgeschäftsverkehr vom 13.7.2001, BGBl. I 2001, S. 1542.
[134] S. § 2 Nr. 3 SiG v. 16.5.2001, BGBl. I 2001, S. 876.
[135] Zu Vorst. Begr. RegE., BT-Drs. 14/4987, S. 11.
[136] Zur Neufassung des § 126b BGB *Wendehorst*, NJW 2011, 577 f.
[137] BT-Drs. 17/12637, S. 44.

so aufzubewahren oder zu speichern, dass sie ihm während eines für ihren Zweck angemessenen Zeitraums zugänglich ist, und das geeignet ist, die Erklärung unverändert wiederzugeben. Diese Voraussetzung ist insbesondere bei Papier, Vorrichtungen zur Speicherung digitaler Daten (USB-Stick, CD-ROM, Speicherkarten, Festplatten) und auch E-Mails erfüllt, bei der Zurverfügungstellung einer Erklärung auf einer herkömmlichen Internetseite dagegen regelmäßig nicht[138]. Die Textform kann durch „höherwertige" Formen (Schriftform, elektronische Form, notarielle Beurkundung usw.) ersetzt werden. Das Erfordernis der Textform ist für Erklärungen gedacht, die bislang zwar der Schriftform unterlagen, bei denen jedoch auf das verkehrserschwerende Erfordernis einer eigenhändigen Unterschrift verzichtet werden kann, weil sie der reinen Information und Dokumentation des Empfängers dienen. Zumeist wird es sich um „massenhaft" abzugebende Erklärungen handeln, die sich aus Kosten- und Rationalisierungsgründen nicht einzeln unterzeichnen lassen[139].

76 Die **Rechtsfolgen** eines Verstoßes gegen das Schriftformerfordernis hängen davon ab, ob das Formerfordernis konstitutiver oder deklaratorischer Natur ist. Das ist durch Auslegung zu ermitteln. Gewillkürte, d.h. vereinbarte Formvorschriften sind nach § 125 Satz 2 BGB im Zweifel konstitutiv. Konstitutive Schriftformklauseln sind im Arbeitsrecht aber die Ausnahme, weil Verstöße die Nichtigkeit der Vereinbarung zur Folge haben und damit dem Schutzgedanken des Arbeitsrechts zuwiderlaufen.

77 **Deklaratorische Schriftformgebote** dienen der Beweiserleichterung. Die Parteien haben einen Anspruch auf eine Vertragsurkunde; das mündlich Vereinbarte gilt aber auch ohne Einhaltung der Schriftform.

**Beispiele:** Nach § 11 Abs. 1 BBiG ist der wesentliche Inhalt eines Berufsausbildungsvertrags schriftlich niederzulegen und zu unterzeichnen. Der Mangel der Form führt jedoch nicht zur Nichtigkeit des Vertrags. Auch die meisten Schriftformklauseln in Tarifverträgen sind deklaratorischer Natur[140]. Anders verhält es sich mit § 2 Abs. 3 TVöD, nach dem arbeitsvertragliche Nebenabreden nur bei schriftlicher Vereinbarung wirksam sind. Damit soll im öffentlichen Dienst die Entstehung betrieblicher Übungen verhindert werden[141].

---

[138] Vgl. EuGH 5.7.2012, NJW 2012, 2637; davon geht auch der Gesetzgeber aus, vgl. BT-Drs. 17/12637, S. 44.
[139] Vgl. *Begr.* RegE. BT-Drucks. 14/4987, S. 18 ff.
[140] *Zöllner/Loritz/Hergenröder*, Arbeitsrecht, § 14 III 3.
[141] BAG 9.12.1981, AP Nr. 8 zu § 4 BAT.

cc) **Nachweis der für das Arbeitsverhältnis wesentlichen Bedingungen**[142]. Ein **78** deklaratorisches Schriftformgebot enthält auch das Nachweisgesetz (NachwG), mit dem der Gesetzgeber 1995 eine EG-Richtlinie[143] in deutsches Recht umgesetzt hat. Danach muss der Arbeitgeber spätestens einen Monat nach dem vereinbarten Beginn des Arbeitsverhältnisses die wesentlichen Vertragsbedingungen schriftlich festhalten, die Niederschrift unterzeichnen und dem Arbeitnehmer aushändigen (§ 2 Abs. 1 S. 1 NachwG). Der Nachweis in elektronischer Form ist ausgeschlossen (§ 2 Abs. 1 S. 2 NachwG). Zu den wesentlichen Angaben gehören

– der Name und die Anschrift der Vertragsparteien
– der Zeitpunkt des Beginns des Arbeitsverhältnisses
– bei befristeten Arbeitsverhältnissen: die vorhersehbare Dauer des Arbeitsverhältnisses
– der Arbeitsort oder, falls der Arbeitnehmer nicht nur an einem bestimmten Arbeitsort tätig sein soll, ein Hinweis darauf, dass er an verschiedenen Orten beschäftigt werden kann
– eine kurze Charakterisierung oder Beschreibung der vom Arbeitnehmer zu leistenden Tätigkeit
– die Zusammensetzung und die Höhe des Arbeitsentgelts einschließlich der Zuschläge, der Zulagen, Prämien und Sonderzahlungen sowie anderer Bestandteile des Arbeitsentgelts und deren Fälligkeit
– die vereinbarte Arbeitszeit
– die Dauer des jährlichen Erholungsurlaubs
– die Fristen für die Kündigung des Arbeitsverhältnisses
– ein in allgemeiner Form gehaltener Hinweis auf die Tarifverträge, Betriebs- und Dienstvereinbarungen, die auf das Arbeitsverhältnis anzuwenden sind.

Der Nachweis dient lediglich der **Dokumentation** des Vertragsinhalts. Der Arbeitsvertrag **79** ist auch ohne den Nachweis gültig, der Arbeitnehmer kann den Nachweis aber vor dem Arbeitsgericht einklagen[144]. Weicht der Nachweis von den nur mündlich vereinbarten Arbeitsbedingungen ab, gilt das mündlich Vereinbarte. Die Mitteilung über die wesentlichen Arbeitsbedingungen hat nach Ansicht des EuGH[145] – bei richtlinienkonformer Auslegung des NachwG – die Vermutung der Richtigkeit für sich. Der Arbeitgeber könne jedoch das Gegenteil beweisen, nämlich dass die in der Mitteilung enthaltenen Informationen als solche falsch oder durch Tatsachen widerlegt seien.

---

[142] S. hierzu *Preis*, NZA 1997, 10 ff.; *Schwarze*, ZfA 1997, 43 ff.; *Wank*, RdA 1996, 21 ff.
[143] Richtlinie 91/533/EWG v. 14.10.1991, ABl. 1991, Nr. L 288, S. 32.
[144] *Preis*, NZA 1997, 10 f.
[145] EuGH 4.12.1997, NZA 1998, 137 – Kampelmann.

80 Die Verpflichtung zu einem Nachweis entfällt, wenn und soweit dem Arbeitnehmer ein schriftlicher Arbeitsvertrag ausgehändigt worden ist, der mindestens die vom NachwG geforderten Angaben enthält (§ 2 Abs. 4 NachwG). Um durch das Formerfordernis kein zusätzliches Beschäftigungshindernis zu schaffen, entfällt die Nachweisverpflichtung bei Arbeitnehmern, die nur zu vorübergehender Aushilfe von höchstens einem Monat eingestellt werden (§ 1 NachwG). Für Praktikanten enthält § 2 Abs. 1a NachwG eine Sonderregelung (s. § 4 Rn. 31c).

81 **dd) Arbeitsvertragliche Formerfordernisse.** Von großer praktischer Bedeutung sind Formerfordernisse, die der Arbeitsvertrag selbst aufstellt. Ein schriftlich abgeschlossener Arbeitsvertrag hat die Vermutung der Richtigkeit und der Vollständigkeit für sich[146]. Wer das Gegenteil behauptet, muss darlegen und beweisen, dass mündliche Nebenabreden getroffen worden sind. Möglich ist auch die Vereinbarung der Textform. Darunter ist im Zweifel die Form des § 126b BGB zu verstehen (s. oben Rn. 77c). Haben die Parteien die Schriftform vereinbart oder ein tarifvertragliches Schriftformgebot in Bezug genommen, so genügt zur Wahrung der Form die telekommunikative Übermittlung, soweit nicht ein anderer Wille anzunehmen ist (§ 127 Abs. 2 BGB). Sieht also beispielsweise eine Ausschlussklausel die schriftliche Geltendmachung von Ansprüchen vor, so kann die Frist auch durch Telefax gewahrt werden. Zur Abdingbarkeit von Schriftformklauseln und zu ihrer Wirksamkeit in Allgemeinen Arbeitsbedingungen s. unten Rn. 177 ff.

### e) Mitbestimmung des Betriebsrats

81a In Unternehmen mit mehr als 20 wahlberechtigten Arbeitnehmern hat der Betriebsrat bei der Einstellung ein Mitbestimmungsrecht (§ 99 Abs 1 BetrVG). Er kann aus den in § 99 Abs. 2 BetrVG genannten Gründen seine Zustimmung verweigern. Einstellung bedeutet Abschluss des Arbeitsvertrags oder Aufnahme der Tätigkeit, je nachdem, was früher liegt. Der Arbeitgeber kann beim Arbeitsgericht beantragen, die Zustimmung zu ersetzen (§ 99 Abs. 4 BetrVG). Er ist dem Arbeitnehmer aus § 241 Abs. 2 BGB aber grundsätzlich nicht verpflichtet, ein Zustimmungsersetzungsverfahren durchzuführen[147]. Zu den Einzelheiten des Mitbestimmungsrechts s. Band 2 § 16 Rn. 528 ff.

## 2. Abschlussge- und -verbote

### a) Vertragsfreiheit

82 Für den Abschluss von Arbeitsverträgen gilt der Grundsatz der Vertragsfreiheit. Er ist grundrechtlich durch Art. 12 Abs. 1 GG geschützt[148]. Die Parteien können frei bestimmen, ob und mit wem sie Arbeitsverträge abschließen. Dieser Grundsatz wird

---

[146] BAG 9.2.1995, NZA 1996, 249, 250.
[147] BAG 21.2.2017 NZA 2017, 740, dort auch zu Ausnahmen (Selbstbindung, Kollusion der Betriebspartner, Schwerbehinderte wegen § 164 Abs. 4 S. 1 Nr. 1 SGB IX).
[148] Hierzu *Boemke*, NJW 1993, 2083; *Buchner*, NZA 1991, 577; *Herrmann*, ZfA 1996, 19 ff.; *Zöllner*, Gutachten für den 52. DJT 1978, Teil D, S. 95 ff.

durch gesetzliche Einstellungspflichten und -hindernisse durchbrochen. Sie schreiben dem Arbeitgeber vor oder verbieten es ihm, bestimmte Personen einzustellen oder zu beschäftigen. Auch tarifvertragliche, betriebliche oder arbeitsvertragliche Regelungen können die Abschlussfreiheit einschränken.

### b) Einstellungspflichten und -ansprüche

**aa) Grundsätze.** Eine Einstellungspflicht begründet einen Kontrahierungszwang; sie gebietet dem Verpflichteten den Abschluss eines Arbeitsvertrags. Der Arbeitsvertrag kommt aber nur dann zustande, wenn sich die Beteiligten einig sind. Davon zu unterscheiden ist die **gesetzliche Begründung eines Arbeits- oder Beschäftigungsverhältnisses.** Hier spielt der übereinstimmende Wille der Parteien keine Rolle. Sind die tatbestandlichen Voraussetzungen der einschlägigen Norm erfüllt, entsteht ein Arbeits- oder Beschäftigungsverhältnis.

**Beispiele:** Kraft Gesetzes kommt es nach § 10 Abs. 1 AÜG zu einem Arbeitsverhältnis zwischen dem Leiharbeitnehmer und dem Entleiher, wenn der Verleiher nicht über die nach § 1 AÜG erforderliche Erlaubnis zur Arbeitnehmerüberlassung verfügt. – Hat der Betriebsrat der Kündigung eines Arbeitsverhältnisses form- und fristgerecht widersprochen, so hat der Arbeitnehmer einen Anspruch auf Weiterbeschäftigung bis zum Ende des Kündigungsschutzprozesses (§ 102 Abs. 5 BetrVG). Dasselbe gilt in einem betriebsratslosen Betrieb, wenn die Kündigung des Arbeitsverhältnisses offensichtlich unwirksam ist (s. § 10 Rn. 350 ff.). – Kraft Gesetzes gehen bei einem Betriebsinhaberwechsel die Arbeitsverhältnisse auf den Betriebserwerber über (§ 613a Abs. 1 S. 1 BGB). Zwar werden dabei keine neuen Arbeitsverhältnisse begründet; der Übergang der Arbeitsverhältnisse erfolgt aber ohne den Willen der Beteiligten, gegebenenfalls auch gegen den Willen des Betriebserwerbers; der Arbeitnehmer seinerseits hat ein Widerspruchsrecht (§ 613a Abs. 6 BGB; s. dazu Band 2, § 19).

Einstellungspflichten richten sich, wie der Name schon sagt, nur gegen den Arbeitgeber. Eine Verpflichtung des Arbeitnehmers, mit einem bestimmten Arbeitgeber einen Arbeitsvertrag zu schließen, wäre wegen Verstoßes gegen Art. 12 Abs. 2 GG (Verbot des Arbeitszwangs) unwirksam[149]. Einer Einstellungspflicht des Arbeitgebers muss nicht unbedingt ein Einstellungsanspruch des Arbeitnehmers gegenüberstehen. In manchen Fällen führt der Verstoß gegen eine Einstellungspflicht nur dazu, dass der Arbeitgeber eine Ausgleichsabgabe (vgl. § 160 SGB IX) oder ein Bußgeld (z.B. § 238 Abs. 1 Nr. 1 SGB IX) zu zahlen hat.

Kein Einstellungsanspruch lässt sich unmittelbar aus Art. 12 Abs. 1 GG herleiten. Ein „Recht auf Arbeit" im Sinne eines gegen einen beliebigen Arbeitgeber gerichteten Anspruchs gibt es nicht[150]. Art. 12 Abs. 1 GG ist in erster Linie als ein gegen den Staat gerichtetes Abwehrrecht zu verstehen, das Eingriffe in die Berufswahl- und -ausübungsfreiheit davon abhängig macht, dass die formellen und materiellen verfassungsrechtlichen Erfordernisse beachtet werden[151]. Ein „Recht auf Arbeit", wie es in den Verfassungen einiger Bundesländer (Art. 166 Abs. 2 BayVerf; Art. 12 Abs. 1 Satz 1 BlnVerf; Art. 8 BremVerf.; Art. 24 Abs. 1

---

[149] MünchArbR/*Buchner*, § 30 Rn. 17; *Zöllner*, Gutachten für den 52. DJT, Teil D, S. 103.
[150] *Hromadka*, in: Kramer/Spangenberger (Hg.), Gemeinsam für die Zukunft, 1984, S. 381 ff.
[151] Zur Schutzgebotsfunktion der Grundrechte im Arbeitsverhältnis s. § 2 Rn. 36.

VerfNRW) verankert ist, gilt nur nach Maßgabe des Art. 12 Abs. 1 GG (Art. 28 Abs. 1, 3 GG). Der Sache nach handelt es sich um Staatszielbestimmungen oder Einrichtungsgarantien, die zwar den Staat zur Förderung der Beschäftigung verpflichten, dem Arbeitnehmer aber keinen Anspruch einräumen (vgl. z.B. Art. 48 Abs. 1 BrbgVerf, Art. 17 Abs. 1 MVVerf)[152].

87  Eine besondere Art der Einstellungspflichten bilden die **Wiedereinstellungspflichten**. Sie verpflichten zum Abschluss eines neuen Arbeitsvertrags nach Beendigung eines Arbeitsverhältnisses (s. § 10 Rn. 358 ff.).

**bb) Gesetzliche Einstellungspflichten.** Sie bestehen zugunsten besonders schutzbedürftiger Personengruppen.

88  (1) **Schwerbehinderte Menschen.** Arbeitgeber, die über mindestens 20 Arbeitsplätze verfügen, sind verpflichtet, auf mindestens 5 % ihrer Arbeitsplätze schwerbehinderte Menschen zu beschäftigen (§ 154 SGB IX). Sie haben zu prüfen, ob die Arbeitsplätze mit Schwerbehinderten besetzt werden können (§ 164 Abs. 1 S. 1 SGB IX). Daraus erwächst einem arbeitsuchenden Schwerbehinderten zwar kein Einstellungsanspruch[153]. Nach Ansicht des BAG kann ein schwerbehinderter Mensch, dessen Arbeitsplatz wegfällt, aber verlangen, dass ein Arbeitgeber, dem ein freier Arbeitsplatz zur Verfügung steht, auf dem eine den Fähigkeiten und Kenntnissen des Arbeitnehmers entsprechende Beschäftigung möglich ist, mit dem schwerbehinderten Menschen einen Arbeitsvertrag über diese Arbeitsaufgabe abschließt[154]. Einen gesetzlichen Wiedereinstellungsanspruch gewährt dagegen § 174 Abs. 6 SGB IX, wenn dem schwerbehinderten Menschen aus Anlass eines (rechtmäßigen) Streiks oder einer Aussperrung fristlos gekündigt wurde. Auf einfach-behinderte Menschen sind diese Bestimmungen des SGB IX nicht entsprechend anwendbar[155].

89  (2) **Jugend- und Auszubildendenvertreter.** Verlangt ein Mitglied der Jugend- und Auszubildendenvertretung innerhalb der letzten drei Monate vor Beendigung seines Ausbildungsverhältnisses schriftlich die Weiterbeschäftigung, so gilt im Anschluss an die Ausbildung ein Arbeitsverhältnis als auf unbestimmte Zeit begründet (§ 78a Abs. 2 BetrVG). § 78a Abs. 2 BetrVG enthält nicht nur einen Kontrahierungszwang, sondern er gibt dem Jugendvertreter das Recht, allein durch seine auf Weiterbeschäftigung gerichtete Willenserklärung ein Arbeitsverhältnis zu begründen[156]. Damit soll der Gefahr vorgebeugt werden, dass ein Jugendvertreter, der während seiner Ausbildung nur in einem befristeten Rechtsverhältnis zum Arbeitgeber steht, wegen seiner Amtstätigkeit nicht in ein unbefristetes Arbeitsverhältnis übernommen wird. Der Arbeitgeber kann allerdings geltend machen, dass ihm die Weiterbeschäftigung des Jugendvertreters unzumutbar ist, sei es, weil kein freier Arbeitsplatz zur Verfügung steht, sei es, weil schwerwiegende Gründe in der Person des Jugendvertreters, die nichts mit seiner Amtsführung zu tun haben, einer weiteren Beschäftigung entgegenstehen. In diesem Fall muss der Arbeitgeber bis zum Ablauf von zwei Wochen nach Beendigung des Berufsausbildungsverhältnisses beim Arbeitsgericht die Feststellung beantragen, dass ein Arbeitsverhältnis nicht begründet worden ist, oder auf Auflösung eines bereits begründeten Arbeitsverhältnisses klagen (§ 78a Abs. 4 BetrVG).

---

[152] Vgl. *Isensee*, FS BVerwG, 1978, S. 350.
[153] BAG 1.8.1985, AP Nr. 30 zu § 123 BGB.
[154] BAG 28.4.1998, NZA 1999, 152 ff.
[155] BAG 27.1.2011, NZA 2011, 737, 740.
[156] *Fitting*, § 78a BetrVG Rn. 29; GK-BetrVG/*Oetker*, § 78a BetrVG Rn. 68.

**(3) Öffentlicher Dienst.** Nach Art. 33 Abs. 2 GG hat jeder Deutsche nach seiner Eignung, Befähigung und fachlichen Leistung gleichen Zugang zu jedem öffentlichen Amt. Art. 33 Abs. 2 GG bindet alle öffentlich-rechtlich organisierten Arbeitgeber (Körperschaften, Anstalten, Stiftungen); er gilt zugunsten von Beamten und Arbeitnehmern. Art. 33 Abs. 2 GG begründet die Verpflichtung, den Einstellungsbewerber ausschließlich nach den in der Vorschrift genannten Kriterien zu beurteilen. Die Verpflichtung wird zu einem Anspruch, wenn sich nach den Verhältnissen im Einzelfall jede andere Entscheidung als die Einstellung eines bestimmten Bewerbers als rechtswidrig oder ermessensfehlerhaft erweist, d.h. bei einer Ermessensreduzierung auf Null[157]. Der Einstellungsanspruch kann aber nur solange realisiert werden, wie der Arbeitsplatz nicht anderweitig besetzt ist[158] und das Stellenbesetzungsverfahren nicht aus einem sachlich nachvollziehbaren Grund abgebrochen wird[159]. Eignung meint sowohl die fachlichen Voraussetzungen und formellen Qualifikationen (z.B. Staatsprüfungen) als auch die körperliche und die gesundheitliche Geeignetheit des Bewerbers[160]. Die Auswahl darf auf Bewerber mit den besten Examensnoten beschränkt werden[161]. Inwieweit die Verfassungstreue des Bewerbers zur erforderlichen Eignung zählt, ist streitig[162].

90

**(4) Benachteiligungsverbot.** Bei Verstößen gegen das Benachteiligungsverbot nach § 7 Abs. 1 AGG haben abgelehnte Bewerber keinen Anspruch auf Einstellung (§ 15 Abs. 6 AGG), sondern nur auf Schadensersatz- bzw. Entschädigung (§ 15 Abs. 1, 2 AGG).

91

**(5) Quotenregelungen.** Einstellungsansprüche können sich aus „Quotenregelungen" zur Förderung benachteiligter Arbeitnehmergruppen (Frauen, Behinderte) ergeben. Diese entfalten zwar selbst benachteiligende Wirkung – nämlich gegenüber den nicht geförderten Gruppen –; sie können aber als „positive Maßnahmen" nach § 5 AGG gerechtfertigt sein (s. oben Rn. 30 f.).

92

**cc) Individualvertragliche Einstellungspflichten.** Ein einklagbarer Einstellungsanspruch kann sich aus einem mit dem Bewerber ausdrücklich oder konkludent geschlossenen Vorvertrag ergeben. Kein Anspruch entsteht aus der Verletzung einer Verhaltenspflicht aus dem arbeitsvertraglichen Anbahnungsverhältnis; §§ 280 Abs. 1, 311 Abs. 2, 241 Abs. 2 BGB verpflichten insoweit nur zum Ersatz des negativen Interesses. Wird einem befristet eingestellten Arbeitnehmer für den Fall seiner Bewährung die unbefristete Fortsetzung des Arbeitsverhältnisses in Aussicht gestellt, so hat der Arbeitnehmer, wenn er den Anforderungen genügt, einen Anspruch auf Abschluss eines unbefristeten Arbeitsvertrags[163]. Vertragliche Einstellungspflichten können sich auch aufgrund einer nachwirkenden Pflicht aus einem bereits beendeten Arbeitsvertrag **(culpa post pactum finitum)** ergeben[164].

93

---

[157] BAG 31.3.1976, AP Nr. 2 zu Art. 33 Abs. 2 GG; ErfK/*Preis*, § 611 BGB Rn. 319.
[158] Maunz/Dürig/*Badura*, Art. 33 GG Rn. 38.
[159] BAG 17.8.2010, NZA 2011, 516, 518.
[160] Maunz/Dürig/*Badura*, Art. 33 GG Rn. 30.
[161] BAG 24.1.2013, NZA 2013, 489, 504.
[162] Vgl. BAG 31.3.1976, 20.7.1977, 16.12.1982, AP Nr. 2, 3, 19 zu Art. 33 Abs. 2 GG.
[163] BAG 26.4.1995, NZA 1996, 87, 89.
[164] BAG 15.3.1984, AP Nr. 2 zu § 1 KSchG 1969 Soziale Auswahl.

**94 Beispiel**: Der Arbeitgeber hat einem Arbeitnehmer wegen des Verdachts einer strafbaren Handlung gekündigt. Später stellt sich die Unschuld des Arbeitnehmers heraus. Hier erwächst dem Arbeitnehmer ein Anspruch auf (Wieder-)Einstellung, sofern der Arbeitsplatz nicht inzwischen besetzt wurde[165]. Dasselbe gilt nach einer betriebsbedingten Kündigung, wenn der Kündigungsgrund vor Ablauf der Kündigungsfrist wegfällt, etwa weil der Arbeitgeber den Betrieb nicht stilllegt, sondern veräußert[166].

**95 dd) Kollektivvertragliche Einstellungspflichten.** Schließlich können auch Tarifverträge Einstellungspflichten vorsehen (vgl. § 1 Abs. 1 TVG). So geben Maßregelungsverbote in Tarifverträgen Arbeitnehmern, deren Arbeitsverhältnis im Zusammenhang mit einem Arbeitskampf beendet wurde, mitunter einen Einstellungsanspruch. Keinen Anspruch, sondern eine bloße Pflicht des Arbeitgebers begründen Tarifklauseln, die ihm aufgeben, eine bestimmte Anzahl älterer Arbeitnehmer zu beschäftigen[167]. Wiedereinstellungspflichten können auch durch Betriebsvereinbarung begründet werden, etwa in einem Sozialplan (§ 112 BetrVG).

### c) Einstellungshindernisse

**96 aa) Zwecke.** Die meisten Vorschriften, die Einstellungshindernisse begründen, betreffen Arbeitnehmer, die der Gesetzgeber aus Gründen in ihrer Person für besonders schutzbedürftig hält. Dazu gehören Kinder und Jugendliche, Schwangere und Schwerbehinderte. Sie werden durch die Vorschriften des JArbSchG, des MuSchG und des SGB IX geschützt. Schutzvorschriften zugunsten von Frauen hat der Gesetzgeber vollständig beseitigt[168]. Einstellungshindernisse können auch dem Schutze Dritter oder der Allgemeinheit dienen.

**Beispiele**: Beschäftigungsverbot für ausländische Arbeitnehmer ohne den notwendigen Aufenthaltstitel (§ 4 Abs. 3 AufenthG), Verbot der Schwarzarbeit (§ 1 Abs. 2 Nr. 1, § 2 SchwarzArbG), Verbot der Beschäftigung von Personen mit ansteckenden Krankheiten in Lebensmittelbetrieben (§ 31 InfektionsschutzG).

**97 bb) Abschluss- und Beschäftigungsverbote.** Im Hinblick auf die Rechtsfolgen von Normen, die Einstellungshindernisse begründen, ist zwischen Abschluss- und Beschäftigungsverboten zu unterscheiden. Der Verstoß gegen ein **Abschlussverbot** führt zur Nichtigkeit eines Arbeitsvertrags; Verträge, die gegen ein Abschlussverbot verstoßen, dürfen die Parteien nicht nur nicht schließen, sie können es auch nicht. **Beschäftigungsverbote** untersagen den tatsächlichen Einsatz des Arbeitnehmers. Wird der Arbeitnehmer trotzdem tätig, so stehen ihm sämtliche Ansprüche aus dem Arbeitsverhältnis zu, denn der Arbeitsvertrag ist wirksam.

---

[165] BAG 13.7.1956, AP Nr. 3 zu § 611 BGB Fürsorgepflicht.
[166] BAG 27.2.1997, 4.12.1997, AP Nr. 1, 4 zu § 1 KSchG Wiedereinstellung.
[167] Vgl. hierzu *Buchner*, RdA 1966, 208 f.; *Löwisch/Rieble*, § 1 TVG Rn. 92 ff.
[168] Das letzte Frauen betreffende Beschäftigungsverbot – das Verbot der Beschäftigung von Frauen unter Tage (§ 64a BBergG) – wurde 2009 aufgehoben, vgl. Art. 16a MEG III, BGBl. I S. 550.

Ob sich ein gesetzliches Verbot nur gegen die tatsächliche Beschäftigung oder gegen den **98** Abschluss eines Arbeitsvertrags richtet, ist durch Auslegung zu ermitteln. In manchen Fällen regelt die Verbotsnorm die Rechtsfolge eines Verstoßes selbst (z.B. § 9 Nr. 1 AÜG). Ansonsten ist § 134 BGB heranzuziehen. Danach ist ein Rechtsgeschäft, das gegen ein gesetzliches Verbot verstößt, nichtig, wenn sich nicht aus dem Gesetz ein anderes ergibt. Zu prüfen ist, ob nach dem Schutzzweck des Gesetzes bereits ein Beschäftigungsverbot genügt, um dem Anliegen des Gesetzgebers ausreichend Rechnung zu tragen oder ob darüber hinaus auch der Abschluss des verbotswidrigen Arbeitsvertrags unterbunden werden muss[169]. Knüpft ein Einstellungshindernis an einer persönlichen Eigenschaft des Arbeitnehmers an, die nur zeitweise besteht, oder an einem Mangel, der sich beheben lässt, spricht viel für ein bloßes Beschäftigungshindernis. Ob sich die Arbeitsvertragsparteien bewusst sind, dass sie gegen ein Verbotsgesetz verstoßen, spielt im Regelfall keine Rolle.

**Beispiele für Abschlussverbote:** §§ 2 Abs. 1, 5 Abs. 1 JArbSchuG (Verbot von Kinderarbeit); §§ 2, 10 Bundesärzteordnung (Unwirksamkeit eines Arbeitsvertrags mit einer Person als Arzt ohne Approbation)[170]; § 31 InfektionsschutzG (Unwirksamkeit von Arbeitsverträgen mit Bewerbern, die an bestimmten ansteckenden Krankheiten leiden, wenn sie in Lebensmittelbetrieben beschäftigt werden sollen; bloßes Beschäftigungsverbot, wenn sie erst nach Vertragsschluss erkranken); § 4 Abs. 2 BBiG (Ausbildung in einem anerkannten Handwerksberuf nur in einem Berufsausbildungs- oder Arbeitsverhältnis, jedoch nicht auf der Grundlage eines „Anlernvertrags")[171]. **99**

**Beispiele für Beschäftigungsverbote:** Beschäftigungsverbot für ausländische Arbeitnehmer **100** ohne Aufenthaltstitel (§ 4 Abs. 3 AufenthG); die meisten Verbote im JArbSchG und im MuSchG.

**cc) Unterlassungspflichten aus anderen Arbeitsverträgen.** Das bloße Bestehen **101** eines anderen Arbeitsvertrags hindert den Abschluss eines weiteren Arbeitsvertrags grundsätzlich nicht. Zu Einstellungshindernissen können aber Unterlassungspflichten werden, an die ein Bewerber aufgrund eines anderen Arbeitsvertrags gebunden ist. Solche Unterlassungspflichten wirken zwar nicht absolut, d.h. der Arbeitnehmer kann trotzdem wirksam einen neuen oder einen weiteren Arbeitsvertrag abschließen. Unterlassungspflichten können aber die Erfüllbarkeit der Verpflichtungen aus diesem Arbeitsvertrag beeinträchtigen oder zu einer Schadensersatzpflicht gegenüber dem bisherigen Arbeitgeber führen[172].

**Beispiele:** gesetzliches Wettbewerbsverbot (§ 60 HGB), wenn ein Handlungsgehilfe neben **102** seinem bestehenden Arbeitsverhältnis einen weiteren Arbeitsvertrag mit einem Arbeitgeber schließen will, der im selben Handelszweig tätig ist wie der Arbeitgeber des ersten Arbeitsvertrags; vertragliches Wettbewerbsverbot (§ 74 HGB) nach Beendigung eines Arbeitsverhältnisses; beamtenrechtliche Nebentätigkeitsvorschriften (§ 99 BBG); Verbot der Erwerbsarbeit während des Erholungsurlaubs (§ 8 BUrlG).

---

[169] MünchArbR/*Buchner*, § 30 Rn. 49; MünchArbR/*Richardi/Buchner*, § 34 Rn. 2, 3.
[170] BAG 3.11.2004, AP Nr. 25 zu § 134 BGB.
[171] BAG 27.7.2010, DB 2011, 943.
[172] Vgl. etwa BAG 25.2.1988, AP Nr. 3 zu § 8 BUrlG bei einem Verstoß gegen § 8 BUrlG.

## 3. Vertragskontrolle

**103** Nach dem Grundsatz der Vertragsfreiheit können die Parteien auch den Inhalt des Arbeitsvertrags frei bestimmen (§ 105 S. 1 GewO). Die Inhaltsfreiheit ist aber durch zwingendes Gesetzes- (und Richter-) Recht, durch Tarifverträge und durch Mitbestimmungsrechte der Belegschaftsvertretungen vielfältig eingeschränkt. Der Vertrag insgesamt oder einzelne Arbeitsbedingungen können deshalb wegen Verstoßes gegen ein Gesetz (§ 134 BGB), unter Umständen auch wegen Verstoßes gegen einen Tarifvertrag oder gegen eine Betriebsvereinbarung oder wegen Missachtung des Mitbestimmungsrechts nichtig sein. Dasselbe gilt, wenn der Vertrag oder einzelne seiner Bestimmungen sittenwidrig sind (§ 138 BGB).

**104** Allgemeine Arbeitsbedingungen unterliegen darüber hinaus der Kontrolle des AGB-Rechts (§§ 305 ff. BGB). Sie werden daraufhin überprüft, ob „sie den Vertragspartner des Verwenders entgegen den Geboten von Treu und Glauben unangemessen benachteiligen" (§ 307 Abs. 1 S. 1 BGB). Die Terminologie zu den verschiedenen Arten der Kontrolle ist nicht ganz einheitlich:

**Kontrolle von Rechtsgeschäften: Terminologie**

| Art der Kontrolle | Inhalt der Kontrolle |
|---|---|
| Rechtskontrolle i.w.S. | Prüfung von Rechtsgeschäften auf Wirksamkeit |
| Rechtskontrolle i.e.S. | Prüfung von Rechtsgeschäften auf Wirksamkeit an §§ 134, 138 BGB |
| Vertragskontrolle | Wirksamkeitsprüfung von Vertragsbedingungen (§§ 134, 138, 242, 307 ff., 612a BGB, § 7 AGG usw.) |
| Angemessenheitskontrolle (BAG früher: abstrakte Billigkeitskontrolle) | Wirksamkeitsprüfung des Vertragsinhalts am Maßstab von Treu und Glauben (§§ 307 ff., 242 BGB) |
| Billigkeitskontrolle (BAG: konkrete Billigkeitskontrolle) | Prüfung von Leistungsbestimmungen auf Gerechtigkeit im Einzelfall |
| Ausübungskontrolle | Prüfung der Rechtsausübung auf billiges Ermessen (§ 315 BGB, § 106 GewO) |

## Vertragskontrolle: Arten und Inhalt

| Art der Kontrolle | Rechtsnatur | Anwendungsbereich | Voraussetzungen | Maßstab | Rechtsfolgen |
|---|---|---|---|---|---|
| **Sittenwidrigkeitskontrolle** | Rechtskontrolle unter Berücksichtigung aller Umstände des Einzelfalles | Haupt- und Nebenpflichten | § 138 BGB; BVerfG: strukturelle Unterlegenheit und Folgen des Vertrags ungewöhnlich belastend | gute Sitten | Unwirksamkeit des Vertrags oder einer Klausel, bei Teilunwirksamkeit des Vertrages § 139 BGB |
| **Angemessenheitskontrolle** | Rechtskontrolle an generellem Maßstab | Nebenpflichten | strukturelles Ungleichgewicht (= Versagen der Ordnungsfunktion des Privatrechts in einem abgrenzbaren Bereich) | Angemessenheit (= sachgerechter Interessenausgleich = keine unangemessene Abweichung vom dispositiven Recht oder „Leitbild") | Unwirksamkeit der Klausel, Folge: § 306 BGB |
| **Billigkeitskontrolle** | Vertragshilfe an individuellem Maßstab | Leistungsbestimmung, typischerweise bezüglich der Hauptpflichten | Leistungsbestimmungsrecht | billiges Ermessen (= Berücksichtigung aller Umstände des Einzelfalles) | Vertragsgestaltung |

**105** Im folgenden werden die Begriffe in dieser Bedeutung benutzt: **Vertragskontrolle** ist die Rechtskontrolle von Vertragsbedingungen; der Sache nach handelt es sich um eine Inhaltskontrolle (i.w.S). **Rechtskontrolle** meint die Prüfung an allen in Frage kommenden Normen (§§ 134, 138, 242, 307 ff., 612a BGB, §§ 2, 7 AGG usw.) einschließlich des Richterrechts[173]. **Sittenwidrigkeitskontrolle** ist die Kontrolle am Maßstab des § 138 BGB, **Angemessenheitskontrolle** die am Maßstab der §§ 242, 307 ff. BGB. **Billigkeitskontrolle** ist die Prüfung einer Leistungsbestimmung am Maßstab billigen Ermessens (§ 315 BGB, § 106 GewO); sie zielt auf Gerechtigkeit im Einzelfall. Im Gegensatz zur Sittenwidrigkeits- und Angemessenheitskontrolle ist sie nicht Wirksamkeitsprüfung, sondern Ausübungskontrolle. Die **Ausübungskontrolle** ist der Wirksamkeitskontrolle nachgelagert; geprüft wird, ob von einem wirksam vereinbarten Recht in zulässiger Weise Gebrauch gemacht wird. In der Literatur wird aus dem Begriff der Rechtskontrolle nicht selten die Kontrolle auf Angemessenheit ausgeklammert; Rechtskontrolle umfasst dann die Prüfung vor allem an §§ 134, 138 BGB. Inhaltskontrolle wird vielfach mit Angemessenheitskontrolle gleichgesetzt; sie schließt naturgemäß die Prüfung an den §§ 134, 138 BGB mit ein. Das BAG bezeichnete die Angemessenheitskontrolle früher im allgemeinen (nicht sehr glücklich) als (abstrakte) Billigkeitskontrolle und die Billigkeitskontrolle als konkrete Billigkeitskontrolle[174].

### 4. Sittenwidrigkeitskontrolle

#### a) Allgemeines

**106** Ein Rechtsgeschäft ist sittenwidrig, wenn es gegen das Anstandsgefühl aller billig und gerecht Denkenden verstößt[175]. § 138 BGB verweist damit auf die anerkannten, für den gesellschaftlichen und wirtschaftlichen Verkehr unentbehrlichen moralischen Anschauungen (sozialethische Grundsätze) und die der Rechtsordnung immanenten Werte und Prinzipien (rechtsethische Grundsätze), vor allem auf das im Grundgesetz verkörperte Wertesystem („mittelbare Drittwirkung der Grundrechte")[176].

**107** Die Sittenwidrigkeit kann sich aus dem Inhalt des Geschäfts ergeben oder aus seinem Gesamtcharakter. Im ersten Fall verstößt das Geschäft an sich gegen die guten Sitten, im zweiten ergibt sich die Sittenwidrigkeit aus der Verbindung von Inhalt, Beweggründen und Zweck[177]. Bewusstsein der Sittenwidrigkeit und Schädigungsabsicht sind nicht erforderlich; es genügt, wenn der Handelnde die Tatsachen kennt, aus denen sich die Sittenwidrigkeit ergibt. Dem steht es gleich, wenn er sich der Kenntnis einer erheblichen Tatsache bewusst oder grob fahrlässig verschließt[178]. Zu der ersten Gruppe zählen im Arbeitsrecht die Vereinbarungen, bei denen bereits die Tätigkeit gegen die guten Sitten verstößt (Anstellung zur Begehung von Straftaten,

---

[173] So zutreffend BAG 17.6.1997, AP Nr. 2 zu § 74b HGB.
[174] Zum Verhältnis von Treu und Glauben und Billigkeit, Inhalts- und Billigkeitskontrolle, abstrakter und konkreter Billigkeitskontrolle vgl. BAG 8.12.1981, AP Nr. 1 zu § 1 BetrAVG Ablösung; krit. dazu *Preis*, Vertragsgestaltung, S. 182 ff. m.w.N.
[175] Palandt/*Ellenberger*, § 138 BGB Rn. 2; BAG 1.4.1976, AP Nr. 34 zu § 138 BGB.
[176] *Neuner/Wolf*, AT BGB, § 46 Rn. 7 ff.
[177] *Neuner/Wolf*, AT BGB, § 46 Rn. 21 ff.; Palandt/*Ellenberger*, § 138 BGB Rn. 7 ff.
[178] Palandt/*Ellenberger*, § 138 BGB Rn. 8.

unter Verstoß gegen gesetzliche Verbote, zur Unzucht), zur zweiten vor allem Vereinbarungen, die zu einem auffälligen Missverhältnis von Leistung und Gegenleistung, zur Abwälzung des Unternehmerrisikos auf den Arbeitnehmer und zu einer übermäßigen Freiheitsbeschränkung des Arbeitnehmers führen[179].

Bei der Feststellung, ob ein **auffälliges Missverhältnis von Leistung und Gegenleistung** vorliegt, ist nach der Rechtsprechung des BAG[180] vom objektiven Wert der Leistung auszugehen. Ausgangspunkt ist die üblicherweise gezahlte Vergütung im betreffenden Wirtschaftszweig und in der betreffenden Wirtschaftsregion[181]. In der Regel ist das der Tariflohn, sofern dort üblicherweise der Tariflohn gezahlt wird. Üblich ist der Tariflohn, wenn mehr als 50 % der Arbeitgeber eines Wirtschaftsgebiets tarifgebunden sind oder wenn die organisierten Arbeitgeber mehr als 50 % der Arbeitnehmer eines Wirtschaftsgebiets beschäftigen. Liegt die verkehrsübliche Vergütung darunter, so ist von dem allgemeinen Lohnniveau im Wirtschaftsgebiet auszugehen. Ohne Bedeutung für die Feststellung des Missverhältnisses ist der Abstand zwischen Arbeitslohn und Sozialhilfesatz oder Pfändungsfreibetrag[182]. Ob ein Missverhältnis besteht, hängt vom Wert der Arbeit ab, nicht von einer wirtschaftlichen Bedürfnislage. Ein auffälliges Missverhältnis liegt vor, wenn es einem Kundigen ohne weiteres ins Auge springt. Erreicht die Vergütung nicht einmal zwei Drittel eines in dem betreffenden Wirtschaftszweig üblicherweise gezahlten Tariflohns, liegt nach Ansicht des BAG – ebenso wie nach der des BGH[183] – eine ganz erhebliche, ohne weiteres ins Auge fallende und regelmäßig nicht hinnehmbare Abweichung vor, für die es einer spezifischen Begründung bedarf. Verglichen wird die regelmäßig gezahlte Vergütung mit dem regelmäßigen Tariflohn, d.h. ohne Zulagen und unregelmäßige Zusatzleistungen. Enthält der Arbeitgeber dem Arbeitnehmer in Verkennung der Rechtslage Vergütung für Mehrarbeit oder Sonderformen der Arbeit vor, so macht das eine sittengemäße Vergütung für die in der Normalarbeitszeit geleistete Arbeit nicht sittenwidrig. Der Arbeitnehmer hat ggf. einen Anspruch aus § 612 Abs. 1 BGB[184]. Besondere Umstände können die Beurteilung der sittenwidrigen Ausbeutung ebenso wie die Bestimmung des Werts der Arbeitsleistung beeinflussen[185]. Eine Rolle dürfte auch die absolute Höhe des Entgelts spielen[186].

## b) Wucher

Wichtigster Unterfall der Sittenwidrigkeit ist der Wucher[187]. Er verlangt neben dem auffälligen Missverhältnis zwischen Leistung und Gegenleistung die Ausbeutung der Zwangslage, der Unerfahrenheit, des Mangels an Urteilsvermögen oder der erheblichen Willensschwäche des anderen (§ 138 Abs. 2 BGB).

108

109

---

[179] Vgl. Schaub/Linck, ArbR-Hdb, § 34 Rn. 2 ff.; MünchArbR/Richardi/Buchner, § 34 Rn. 9 ff.
[180] BAG 22.4.2009, NZA 2009, 837; BAG 18.4.2012, NZA 2012, 978; BAG 16.5.2012, NZA 2012, 974; BAG 17.12.2014, NZA 2015, 608 (angestellter Anwalt).
[181] Nicht der gesetzliche Mindestlohn, BAG 18.11.2015, NZA 2016, 494.
[182] BAG 25.3.2004, NZA 2004, 971.
[183] BGH 22.4.1997, NZA 1997, 1167.
[184] BAG 18.11.2015, NZA 2016, 487.
[185] Beispiel: BAG 26.6.2006, NZA 2006, 1354.
[186] *Hanau*, EWiR, 2002, 419, 420.
[187] Zur Rechtsprechung zum Lohnwucher *Böggemann*, NZA 2011, 493.

110 Eine Zwangslage ist gegeben, wenn der Arbeitnehmer aufgrund wirtschaftlicher Bedrängnis oder Umstände anderer Art zwingend auf das Arbeitsverhältnis angewiesen ist[188]. Arbeitslosigkeit allein genügt nicht, wenn Arbeitslosengeld gewährt wird[189]. Der subjektive Tatbestand der Ausbeutung liegt vor, wenn der Wucherer die Zwangslage kennt und wenn er sie sich zunutze macht. Eine übermäßige Beschränkung der wirtschaftlichen Freiheit kann beispielsweise gesehen werden in der Verpflichtung zu einer Transferentschädigung für einen jugendlichen Amateurspieler[190], in der Verpflichtung zur Einnahme empfängnisverhütender Mittel[191] oder in der Vereinbarung einer Zölibatsklausel[192].

### c) Wucherähnliches Rechtsgeschäft

111 Beim wucherähnlichen Geschäft (§ 138 Abs. 1 BGB) müssen zu dem auffälligen Missverhältnis zwischen Leistung und Gegenleistung weitere sittenwidrige Umstände wie z.B. eine verwerfliche Gesinnung des durch den Vertrag objektiv Begünstigten hinzutreten. Liegt ein auffälliges Missverhältnis vor, weil der Wert der Arbeitsleistung den Wert der Gegenleistung um mehr als 50 %, aber weniger als 100 % übersteigt, bedarf es zur Annahme der Nichtigkeit der Vergütungsabrede zusätzlicher Umstände, aus denen geschlossen werden kann, der Arbeitgeber habe die Not oder einen anderen den Arbeitnehmer hemmenden Umstand in verwerflicher Weise zu seinem Vorteil ausgenutzt. Ist der Wert einer Arbeitsleistung (mindestens) doppelt so hoch wie der Wert der Gegenleistung, gestattet dieses besonders grobe Missverhältnis den tatsächlichen Schluss auf eine verwerfliche Gesinnung des Begünstigten i.S.v. § 138 Abs. 1 BGB. Zwar bedarf es noch der Behauptung der verwerflichen Gesinnung, es genügt aber die Berufung auf die tatsächliche Vermutung[193].

### d) Rechtsfolgen

112 Ein Rechtsgeschäft, das gegen die guten Sitten verstößt, ist nichtig (§ 138 BGB). Der Grundsatz der Nichtigkeit des gesamten Vertrags ist eingeschränkt, soweit der beabsichtigte Schutz des Arbeitnehmers in sein Gegenteil verkehrt würde. Ein Arbeitsvertrag ist deshalb im allgemeinen nur dann nichtig, wenn die Tätigkeit selbst gegen die guten Sitten verstößt. In den übrigen Fällen wird er entgegen § 139 BGB aufrechterhalten. An die Stelle einer sittenwidrigen Vereinbarung über die Vergütung tritt nach § 612 Abs. 2 BGB die übliche Vergütung (s. § 7 Rn. 7). Andere sittenwidrige Vertragsbedingungen sind im Zweifel unwirksam; eine Rückführung auf das gerade noch Zulässige kommt grundsätzlich nicht in Betracht[194]. Unterschreitet eine Vergütungsvereinbarung den gesetzlichen Mindestlohn, ist sie unwirksam (§ 3 S. 1 MiLoG). Der Arbeitnehmer hat dann Anspruch auf den gesetzlichen Mindestlohn (§ 1 Abs. 1 MiLoG); der Arbeitgeber verhält sich ordnungswidrig und macht sich bußgeldpflichtig (§§ 20, 21 Abs. 1 Nr. 9 MiLoG).

---

[188] BT-Drs. 7/3441; vgl. auch BGH 8.7.1982, NJW 1982, 2767.
[189] MünchArbR/*Richardi/Buchner*, § 34 Rn. 15.
[190] LAG Rheinland-Pfalz 16.12.1987, LAGE Nr. 2 zu § 138 BGB.
[191] LAG Hamm 14.10.1969, DB 1969, 2353.
[192] BAG 10.5.1957, AP Nr. 1 zu Art. 6 Abs. 1 GG Ehe und Familie.
[193] BAG 16.5.2012, NZA 2012, 971; BAG 18.11.2015, NZA 2016, 487 und 494.
[194] BAG 14.6.1995, AP Nr. 176 zu § 611 BGB Gratifikation.

## 5. Angemessenheitskontrolle

### a) Entwicklung

**aa) Rechtslage bis zum Schuldrechts-Modernisierungsgesetz.** Bis zur Schuldrechtsreform war das Arbeitsrecht von der Vertragskontrolle nach dem AGB-Gesetz ausgenommen (§ 23 AGBG). Die Rechtsprechung kontrollierte trotzdem. Sie hat auf Gesetzesumgehung, Sittenwidrigkeit und Billigkeit geprüft, sie hat ausgelegt und eine Drittwirkung der Grundrechte angenommen[195], um nur die wichtigsten Punkte zu nennen. Rechtsgrundlage waren ihr vor allem die §§ 134, 242 und 315 BGB; teilweise hat sie die Rechtsgrundlage aber auch dahinstehen lassen. Lediglich eine Analogie zu den Vorschriften des AGBG hat sie mit Rücksicht auf die eindeutige Regelung in § 23 AGBG ausgespart. 113

**bb) Mit dem Schuldrechts-Modernisierungsgesetz,** das die Aufnahme der Vorschriften des AGBG in das BGB brachte (§§ 305 ff. BGB), wurde die Bereichsausnahme für das Arbeitsrecht gestrichen. Das Schutzniveau im Arbeitsrecht, so die Bundesregierung, solle nicht hinter dem im Zivilrecht zurückbleiben[196]. Allerdings müssten bei der Inhaltskontrolle die im Arbeitsrecht geltenden Besonderheiten berücksichtigt werden (§ 310 Abs. 4 S. 2 BGB). 114

Inzwischen ist eine Reihe von Entscheidungen zu den §§ 305 ff. BGB ergangen. Das BAG geht einen Mittelweg zwischen der bisherigen Rechtsprechung und dem, was manche Vertreter der Wissenschaft fordern. Das schließt nicht aus, dass praktisch alle Vertragsklauseln neu zu beurteilen sind und dass Arbeitsverträge jetzt sehr viel stärker die Interessen beider Vertragsteile berücksichtigen müssen als in der Vergangenheit. 115

---

[195] Vgl. dazu *Fastrich*, Inhaltskontrolle, S. 164 ff.
[196] BT-Drs. 14/6857, S. 53; BT-Drs. 14/7052, S. 189.

**Kontrolle von AGB in Arbeitsverträgen ("Allgemeine Arbeitsbedingungen")**

I. Eröffnung der Inhaltskontrolle
1. **Arbeitsvertrag (§ 310 IV 2 BGB)**
   nicht: Tarifvertrag, Betriebsvereinbarung, Dienstvereinbarung (§ 310 IV 1 BGB)
2. **Allgemeine Geschäftsbedingungen (§ 305 I 1 BGB);
   im Arbeitsrecht Allgemeine Arbeitsbedingungen genannt**
   a) für eine Vielzahl von Verträgen
   b) vorformuliert (= einseitig vom Arbeitgeber gestellt)
   c) alternativ § 310 III Nr. 2 BGB:
      §§ 305-309 BGB gelten bei einem Verbrauchervertrag schon bei einmaliger Verwendung, wenn Verbraucher wegen Vorformulierung keinen Einfluss auf den Inhalt nehmen konnte
      aa) Arbeitnehmer = Verbraucher i.S.d § 13 BGB (s. § 1 Rn. 39)
      bb) Arbeitgeber = Unternehmer i.S.d § 14 BGB
      cc) nicht zwischen den Vertragsparteien im einzelnen ausgehandelt
3. **Schranken der Inhaltskontrolle nach §§ 307 ff.**
   a) keine Kontrolle der Hauptleistungspflichten auf Unangemessenheit
      aa) nicht kontrollfähig: Art und Umfang der Tätigkeit, Entgelt als solches
      bb) kontrollfähig: Nebenbestimmungen zu den Hauptleistungspflichten
         (z.B. Versetzungsklauseln, Freiwilligkeits- und Widerrufsvorbehalte)
      cc) Transparenzkontrolle auch der Hauptleistung (§§ 307 III 2, 307 I 2 BGB)
   b) AGB weichen von Rechtsvorschriften ab oder ergänzen diese
      aa) Gesetze und richterrechtlich entwickelte Grundsätze
      bb) Tarifverträge und Betriebsvereinbarungen (§ 310 IV 3 BGB)

II. Überprüfung auf Unangemessenheit
1. **Klauselverbote ohne Wertungsmöglichkeit (§ 309 BGB)**
2. **Klauselverbote mit Wertungsmöglichkeit (§ 308 BGB)**
3. **Generalklausel (§ 307 BGB)**
   a) Verstoß gegen das Leitbild des Vertrags (§ 307 II Nr. 1 BGB)
   b) Verstoß gegen Kardinalpflichten des Vertrags (§ 307 II Nr. 2 BGB)
   c) unangemessene Benachteiligung (§ 307 I BGB)
   d) Intransparenz (§§ 307 III 2, 307 I 2 BGB)
4. **Maßstäbe für die Inhaltskontrolle**
   a) abstrakt-generell bezogen auf die jeweiligen Verkehrskreise
   b) unter Berücksichtigung der im Arbeitsrecht geltenden Besonderheiten
      (§ 310 IV 2 HS. 1 BGB)
   c) unter Berücksichtigung der den Vertragsschluss begleitenden Umstände
      (§ 310 III Nr. 3 BGB)

III. Rechtsfolgen bei Verstoß gegen Klauselverbot od. unangem. Benachteiligung
1. Unwirksamkeit der Klausel (§ 309 BGB, § 308 BGB, § 307 I, II BGB)
2. keine geltungserhaltende Reduktion oder ergänzende Vertragsauslegung
3. Vertrauensschutz für Altverträge (geschlossen vor dem 1.1.2002)
4. Vertrag im übrigen wirksam (§ 306 I BGB)
5. an die Stelle der unwirksamen Klausel tritt das dispositive Recht bzw. das Richterrecht (§ 306 II BGB)
6. Unwirksamkeit des Gesamtvertrags, falls Festhalten an dem durch das dispositive Recht ergänzten Vertrag für eine Vertragspartei eine unzumutbare Härte darstellen würde (§ 306 III BGB)

## b) Gegenstand der AGB-Kontrolle

Der AGB-Kontrolle unterliegen Allgemeine Geschäftsbedingungen (AGB), im Arbeitsrecht vielfach Allgemeine Arbeitsbedingungen genannt. AGB sind „alle für eine Vielzahl von Verträgen vorformulierten Vertragsbedingungen, die eine Vertragspartei (Verwender) der anderen Vertragspartei bei Abschluss eines Vertrags stellt" (§ 305 Abs. 1 S. 1 BGB). Das gilt auch für mündlich oder durch betriebliche Übung begründete Vertragsbedingungen[197]. AGB liegen nicht vor, soweit die Vertragsbedingungen zwischen den Parteien im einzelnen ausgehandelt sind (§ 305 Abs. 1 S. 3 BGB). 116

**Vertragsbedingungen sind vorformuliert,** wenn sie für eine mehrfache Verwendung aufgeschrieben oder auf andere Weise, etwa in einem Computer, fixiert sind. Da der Verwender die Vertragsbedingungen nicht selbst vorformuliert haben muss, genügt die Benutzung des Vertragsmusters, beispielsweise das eines Arbeitgeberverbands. Eine Vielzahl nimmt die Rechtsprechung bei drei Verwendungen an; anwendbar ist AGB-Recht aber schon im ersten Fall. Da das BAG den **Arbeitsvertrag** als **Verbrauchervertrag** ansieht (Legaldefinition in § 310 Abs. 3 HS. 1 BGB; zur Begründung s. § 1 Rn. 39 f.), finden die §§ 305-309 BGB auf vorformulierte Vertragsbedingungen auch dann Anwendung, wenn diese nur zur einmaligen Verwendung bestimmt sind und soweit der Verbraucher aufgrund der Vorformulierung auf ihren Inhalt keinen Einfluss nehmen konnte (§ 310 Abs. 3 Nr. 2 BGB). Gestellt sind AGB, wenn der Verwender ihre Einbeziehung in den Vertrag verlangt. Beim Arbeitsvertrag genügt es, wenn sie durch den Arbeitgeber in den Vertrag eingeführt werden (§ 310 Abs. 3 Nr. 1 BGB). 117

Schätzungsweise 90 % der Arbeitsverträge[198] sind Musterverträge. Damit ist der größte Teil der Arbeitsverträge kontrollfähig. Da die Rechtsprechung den Arbeitsvertrag als Verbrauchervertrag ansieht, unterliegt praktisch auch der gesamte Rest der Angemessenheitskontrolle. Kontrollfrei bleiben hauptsächlich noch die Vertragsbedingungen, die zwischen den Vertragsparteien im einzelnen ausgehandelt werden (§ 305 Abs. 1 S. 3 BGB; s. auch § 310 Abs. 3 Nr. 2 BGB). „Aushandeln" ist mehr als Verhandeln. Änderungsbereitschaft genügt aber. Es schadet nicht, wenn der Arbeitnehmer sich aus Sachgründen für den Vorschlag des Arbeitgebers entscheidet[199]. 118

## c) Individualvereinbarung

**aa) Kontrollfähigkeit.** Bisher hat das BAG nicht nur AGB, sondern auch Individualvereinbarungen auf Angemessenheit geprüft. Das individuelle Arbeitsrecht sei „– wie nicht näher erläutert werden muss – durch eine strukturelle Unterlegenheit des einzelnen Arbeitnehmers gegenüber dem einzelnen Arbeitgeber gekennzeich- 119

---

[197] BAG 16.5.2012, NZA 2012, 908.
[198] *Preis*, Vertragsgestaltung, S. 56.
[199] BGH 3.11.1999, NJW 2000, 1110, 1111.

net, die durch kollektivrechtliche Regelungen wie Tarifverträge und Betriebsvereinbarungen nicht beseitigt wird"[200]. Nachdem das Schuldrechtsmodernisierungsgesetz nur Allgemeine Arbeitsbedingungen der AGB-Kontrolle unterwirft, liegt der Gegenschluss nahe, dass Individualvereinbarungen kontrollfrei bleiben sollen. Mit diesem Schluss würde man die Entscheidung des Gesetzgebers aber überinterpretieren. Da die Stellung des Arbeitnehmers nicht verschlechtert werden sollte[201], kann man eher davon ausgehen, dass eine Änderung der bisherigen Rechtslage nicht beabsichtigt war. Dafür spricht auch, dass die Kontrollbedürftigkeit im typischen Anwendungsbereich von Individualvereinbarungen – in kleinen Unternehmen – eher größer ist als in größeren mit eigener Personalabteilung und eigenem Betriebsrat, der, auch wenn er bei Vertragsbedingungen kein Mitbestimmungsrecht hat, im Zweifel darauf besteht, dass Auswüchse unterbleiben[202]. Auch in Zukunft wird man also Individualvereinbarungen an § 242 BGB kontrollieren können, „wenn der Inhalt ungewöhnlich belastend und als Interessenausgleich offensichtlich unangemessen ist"[203].

**120** Die Bedeutung des Meinungsstreits sollte nicht überschätzt werden. Betrachtet man den Arbeitsvertrag nämlich mit dem BAG als Verbrauchervertrag, so finden die Unklarheitenregel, die Vorschriften über die Inhaltskontrolle und über die Folgen bei Unangemessenheit auf vorformulierte Vertragsbedingungen auch dann Anwendung, wenn diese nur zur einmaligen Verwendung bestimmt sind, soweit der Arbeitnehmer aufgrund der Vorformulierung auf ihren Inhalt keinen Einfluss nehmen konnte. Da der Arbeitsvertrag in aller Regel vom Arbeitgeber vorgelegt wird, unterliegen praktisch alle Arbeitsverträge der Kontrolle, gleichgültig ob ihr Inhalt ungewöhnlich belastend oder als Interessenausgleich offensichtlich unangemessen ist oder nicht.

**121** **bb) Vorrang der Individualabrede.** Individuelle Vertragsabreden haben Vorrang vor AGB (§ 305b BGB). Gemeint sind im Unterschied zu den Individualvereinbarungen im Sinne des § 305 Abs. 1 S. 3 BGB Abreden, die AGB widersprechen. Gleichgültig ist, ob diese Abreden mündlich – auch konkludent – oder schriftlich getroffen werden – bei mündlichen Vereinbarungen hat der Vertragspartner des Verwenders natürlich ein Beweisproblem – gleichgültig, ob die Parteien eine Änderung der AGB beabsichtigten oder sich der Kollision überhaupt bewusst waren, gleichgültig schließlich, ob der Vertrag eine Schriftformklausel enthält oder nicht[204]. Durch eine Schriftformklausel kann das AGB-Recht nicht abbedungen werden.

### *d) Einbeziehungskontrolle*

**122** **aa) Keine Einbeziehungskontrolle.** § 305 Abs. 2, 3 BGB, der die Einbeziehung von AGB in den Vertrag regelt, ist auf Arbeitsverträge nicht anwendbar (§ 310

---

[200] BAG 16.3.1994, NZA 1994, 937.
[201] BT-Drs. 14/6857, S. 53; BT-Drs. 14/7052, S. 189.
[202] Der Betriebsrat kann Vorlage der Musterverträge verlangen, BAG 16.11.2005, NZA 2006, 1004 ff.
[203] Zum alten Recht dafür BAG 16.3.1994, NZA 1994, 937; *Fastrich*, Inhaltskontrolle, S. 187; dagegen *Preis*, Vertragsgestaltung, S. 253 ff.; zum neuen Recht dafür bei den Hauptleistungspflichten BAG 25.5.2005, NZA 2005, 1111, 1115 (sehr problematisch).
[204] BAG 25.4.2007, NZA 2007, 801, 802 f.

Abs. 4 S. 2 HS. 2 BGB). Insoweit gelten arbeitsrechtliche Besonderheiten; gemeint ist das Nachweisgesetz²⁰⁵. Die Einhaltung des Nachweisgesetzes wird damit aber nicht zur Wirksamkeitsvoraussetzung für die dort genannten Vertragsbedingungen.

**bb) Überraschende Klauseln.** Bestimmungen in AGB, die nach den Umständen, insbesondere nach dem äußeren Erscheinungsbild des Vertrags, so ungewöhnlich sind, dass der Vertragspartner des Verwenders mit ihnen nicht zu rechnen braucht, werden nicht Vertragsbestandteil (§ 305c Abs. 1 BGB). Damit soll der Vertragspartner des Verwenders, der das „Kleingedruckte" im allgemeinen nicht liest, vor Klauseln geschützt werden, denen ein Überrumpelungs- oder Übertölpelungseffekt innewohnt. Das Nichtlesen soll nur dann zu seinen Lasten gehen, wenn er eine Klausel als üblich erwarten musste. Ungewöhnlich ist eine Klausel, wenn zwischen den durch die Umstände bei Vertragsschluss begründeten Erwartungen und dem tatsächlichen Vertragsinhalt ein deutlicher Widerspruch besteht²⁰⁶, wenn sie mit dem Leitbild des Vertrags unvereinbar ist, erheblich vom dispositiven Recht oder von den üblichen Vertragsbedingungen abweicht, im Widerspruch zu den Vertragsverhandlungen steht oder mit dem äußeren Erscheinungsbild des Vertrags unvereinbar ist²⁰⁷. Das Überraschungsmoment ist umso eher zu bejahen, je belastender die Klausel ist²⁰⁸. Klauseln im eigentlichen Arbeitsvertrag werden nicht oft wegen Verstoßes gegen § 305c Abs. 1 BGB unwirksam sein²⁰⁹. Eher kommt das bei Anlagen in Frage, vor allem bei umfangreichen, vom Arbeitgeber formulierten „Ordnungen" (Altersversorgung usw.). Auch dann kann der Überraschungseffekt ausgeschlossen sein, wenn der Arbeitgeber dem Arbeitnehmer ausreichend Zeit für die Lektüre und gegebenenfalls für die Einholung von Rechtsrat lässt²¹⁰.

**123**

**cc) Unklarheitenregel.** Die Anwendung der Unklarheitenregel – „im Zweifel gegen den Verwender" (§ 305c Abs. 2 BGB) – setzt voraus, dass eine Klausel wirksam in den Vertrag einbezogen ist und dass bei Anwendung der üblichen Auslegungsmethoden ein unbehebbarer Zweifel verbleibt²¹¹. Die Auslegung muss mindestens zwei Ergebnisse als vertretbar erscheinen lassen, und keines darf den Vorzug verdienen. Die Zweifel müssen erheblich sein. Die entfernte Möglichkeit, zu einem anderen Ergebnis zu kommen, genügt nicht²¹². Bleiben mindestens zwei gleichrangige Auslegungsergebnisse, dann ist zunächst die arbeitnehmerfeindlichste Auslegung zu wählen, da die Klausel in diesem Fall eventuell unwirksam ist; bleibt sie wirksam, dann ist die arbeitnehmerfreundlichste zu wählen²¹³.

**124**

---

²⁰⁵ BT-Drs. 14/6857, S. 54.
²⁰⁶ BGH 21.11.1991, NJW 1992, 1234, 1235; BAG 28.5.2009, NZA 2009, 1337.
²⁰⁷ BGHZ 101, 29, 33.
²⁰⁸ BAG 2.6.2003, NZA 2004, 96, 98; BAG 28.5.2009, NZA 2009, 1337.
²⁰⁹ Beispiele in BAG 23.9.2003, 3 AZR 551/02, n.v.; BAG 31.8.2005, NZA 2006, 324, 326.
²¹⁰ BAG 17.6.1997, AP Nr. 2 zu § 74b HGB: knapp 2 Wochen.
²¹¹ BGH 4.7.1990, NJW 1990, 3016.
²¹² BAG 29.6.2011, NZA 2011, 1346.
²¹³ Palandt/*Grüneberg*, § 305c BGB Rn. 18; i. E. auch BAG 18.5.2010, NZA 2010, 935.

## e) Inhaltskontrolle

**125** **aa) Grundsatz.** Steht fest, dass eine Klausel wirksam in den Vertrag einbezogen ist, dann ist sie darauf zu prüfen, ob sie nicht den Vertragspartner des Verwenders entgegen den Geboten von Treu und Glauben unangemessen benachteiligt (§ 307 Abs. 1 S. 1 BGB). Eine unangemessene Benachteiligung ist im Zweifel anzunehmen, wenn eine Bestimmung mit wesentlichen Grundgedanken der gesetzlichen Regelung, von der abgewichen wird, nicht zu vereinbaren ist oder wesentliche Rechte oder Pflichten, die sich aus der Natur des Vertrags ergeben, so einschränkt, dass die Erreichung des Vertragszwecks gefährdet ist (§ 307 Abs. 2 BGB). Eine unangemessene Benachteiligung kann sich auch daraus ergeben, dass die Bestimmung nicht klar und verständlich ist (§ 307 Abs. 1 S. 2 BGB). Ohne weiteres unwirksam sind die in den §§ 308 f. BGB ausgeführten Klauseln. In den Fällen des § 308 BGB (Klauseln mit Wertungsmöglichkeit) und des § 309 BGB (Klauseln ohne Wertungsmöglichkeit) wird die Unangemessenheit unwiderleglich vermutet. Sie sind leges speciales zu § 307 BGB.

**126** **bb) Schranken der Inhaltskontrolle.** Einer Inhaltskontrolle unterliegen nur Bestimmungen, durch die von Rechtsvorschriften abweichende oder diese ergänzende Regelungen vereinbart werden. § 307 Abs. 3 S. 1 BGB beschränkt die Kontrolle auf risikoumverteilende („von Rechtsvorschriften abweichende") und auf spezialisierende („Rechtsvorschriften ergänzende") Regelungen. Zu den Rechtsvorschriften gehören neben dem dispositiven Gesetzesrecht auch anerkannte ungeschriebene Rechtsgrundsätze und Prinzipien sowie die Gesamtheit der wesentlichen Rechte und Pflichten, die sich aus der Natur des Vertrags ergeben, wie etwa das Vertragsleitbild aus § 779 BGB, wonach eine Ungewissheit über die Rechtslage oder ein Rechtsverhältnis durch gegenseitiges Nachgeben zu beseitigen ist[214]. Da es Gesetzesbestimmungen – von wenigen Ausnahmen abgesehen (z.B. § 17 BBiG[215]) – nur zu Nebenpflichten gibt, bleiben Leistung und Gegenleistung grundsätzlich kontrollfrei. Für das Äquivalenzverhältnis gibt es keine rechtlichen Maßstäbe; über das Verhältnis von Preis und Leistung kann in einer Marktwirtschaft nicht der Gesetzgeber oder der Richter entscheiden. Die Schranke der Vertragsfreiheit ziehen §§ 134 und 138 BGB. Nicht kontrollfähig sind auch Tarifverträge und Betriebsvereinbarungen, die insgesamt in den Arbeitsvertrag einbezogen werden (§ 310 Abs. 4 S. 3 BGB, sog. Globalverweisungen)[216]. Hier setzt der Gesetzgeber auf die Verhandlungsmacht von Gewerkschaften und Betriebsräten.

---

[214] BAG 15.11.2016, NZA 2017, 1058.
[215] BAG 16.5.2017, NZA 2017, 1129.
[216] BAG 1.12.2004, NZA 2006, 211, 213.

Kontrollfrei sind die Regelungen zu Tätigkeit, Entgelt und Arbeitszeit[217]; die Dauer der Arbeitszeit bestimmt den Umfang der Leistung die der Arbeitnehmer verspricht. Zu den kontrollfreien Vergütungsregelungen zählen alle Klauseln, die das Entgelt konkret festlegen[218]; in der Regel geschieht das durch ziffernmäßige Angabe oder durch Verknüpfung mit ziffernmäßigen Angaben (z.B. 13. Monatsgehalt, x % eines 13. Monatsgehalts). Kontrollfähig sind leistungs- und gegenleistungsnahe Klauseln, wie vor allem die im Arbeitsrecht häufigen Änderungsvorbehalte (Versetzungsklauseln, Widerrufsvorbehalte, aber auch Freiwilligkeitsvorbehalte)[219]; Leitbild ist der zu festen Konditionen abgeschlossene Vertrag.

**127**

**cc) Allgemeine Inhaltskontrolle.** Als unangemessen ist eine Benachteiligung anzusehen, bei der durch die Vertragsgestaltung das Gleichgewicht der Rechte und Pflichten erheblich gestört und die vertragliche Risikoverteilung zulasten des Arbeitnehmers erheblich beeinträchtigt wird[220]. Die Prüfung ist in drei Schritten vorzunehmen:

**128**

(1) **Benachteiligung von nicht unerheblichem Gewicht.** In einem ersten Schritt ist zu fragen, ob eine Benachteiligung des Arbeitnehmers von nicht unerheblichem Gewicht vorliegt[221]. Unerhebliche Abweichungen von der gesetzlichen oder vertraglichen Regelung sind zulässig. Die Parteien werden nicht zur Vereinbarung angemessener Bedingungen angehalten; verhindert werden sollen unangemessene Bedingungen.

**128a**

(2) **Unangemessenheit.** Ist die Benachteiligung nicht unerheblich, so ist die eigentliche Prüfung auf Unangemessenheit vorzunehmen. Unangemessen ist jede Beeinträchtigung eines rechtlich anerkannten Interesses des Arbeitnehmers, die nicht durch begründete und billigenswerte Interessen des Arbeitgebers gerechtfertigt ist oder durch gleichwertige Vorteile ausgeglichen wird. Die Feststellung einer unangemessenen Benachteiligung setzt eine wechselseitige Berücksichtigung und Bewertung rechtlich anzuerkennender Interessen des Vertragspartners voraus. Bei diesem Vorgang sind auch grundrechtlich geschützte Rechtspositionen zu beachten. Es bedarf einer umfassenden Würdigung der beiden Positionen unter Berücksichtigung des Grundsatzes von Treu und Glauben[222].

**128b**

(3) **Kompensation/Summierung.** Ob eine Klausel den Vertragspartner unangemessen benachteiligt, kann nur durch Würdigung des gesamten Vertragsinhalts entschieden werden. Klauseln, die je für sich einer Inhaltskontrolle standhielten, können sich in ihrer Wirkung summieren. Umgekehrt können Klauseln, die eine erhebliche Benachteiligung zur Folge haben, durch begünstigende Regelungen kompensiert werden[223].

**128c**

---

[217] BAG 17.10.2012, NZA 2012, 266.
[218] BGHZ 116, 117, 119; BGH 24.9.1998, NJW 1999, 864.
[219] BGH 15.7.1997, NJW 1997, 2752; BGH 18.5.1999, NJW 1999, 2276, 2277; BAG 27.7.2005, NZA 2006, 40, 45.
[220] BGH 6.11.1998, NJW 1999, 635.
[221] BGHZ 22, 90, 100; BGH 5.5.1986, NJW 1986, 2428, 2429.
[222] BAG 4.3.2004, NZA 2004, 727, 732 f.; BAG 27.7.2010, NZA 2010, 1237.
[223] BGH 3.11.1999, NJW 2000, 1110, 1112 f. m.w.N.; BAG 28.5.2009, NZA 2009, 1337.

128d **dd) Genereller, typisierender Maßstab.** Zur Beurteilung der Unangemessenheit ist ein genereller, typisierender, vom Einzelfall losgelöster Maßstab anzulegen. Dabei sind Art und Gegenstand, Zweck und besondere Eigenart des jeweiligen Geschäfts zu berücksichtigen. Es ist zu prüfen, ob der Klauselinhalt bei der in Rede stehenden Art des Rechtsgeschäfts generell unter Berücksichtigung der typischen Interessen der beteiligten Verkehrskreise eine unangemessene Benachteiligung des Vertragspartners ergibt. Werden AGB für verschiedene Arten von Geschäften oder gegenüber verschiedenen Verkehrskreisen verwendet, deren Interessen, Verhältnisse und Schutzbedürfnisse generell unterschiedlich gelagert sind, so kann die Abwägung zu gruppentypisch unterschiedlichen Ergebnissen führen. Sie ist in den Vertrags- oder Fallgruppen vorzunehmen, wie sie durch die an dem Sachgegenstand orientierte typische Interessenlage gebildet werden[224]. Umstände, die allein den konkreten Vertragspartnern bekannt sind oder die den besonderen Einzelfall kennzeichnen, dürfen bei der Auslegung Allgemeiner Geschäftsbedingungen nicht herangezogen werden. Heranzuziehen sind dagegen Umstände, die den Abschluss einer jeden vergleichbaren vertraglichen Abrede begleiten[225].

128e **ee) Besonderheiten des Arbeitsrechts.** Bei der Anwendung auf Arbeitsverträge sind die im Arbeitsrecht geltenden Besonderheiten angemessen zu berücksichtigen (§ 310 Abs. 4 S. 2 BGB). Streitig ist, welches die Besonderheiten des Arbeitsrechts sind[226]. Die Äußerungen dazu im Gesetzgebungsverfahren sind wenig erhellend. Das BAG hat der Vorschrift inzwischen gewisse Konturen gegeben: Die Berücksichtigung arbeitsrechtlicher Besonderheiten beschränkt sich nicht auf spezielle Gegebenheiten innerhalb einzelner Arbeitsverhältnisse oder auf rechtlich besonders ausgestaltete Arbeitsverhältnisse, wie die im kirchlichen Bereich, in Tendenzunternehmen oder auf befristete Verträge. Die arbeitsrechtlichen Besonderheiten sind vielmehr bei der Klauselkontrolle in jedem Arbeitsverhältnis zu berücksichtigen. § 310 Abs. 4 S. 2 i.V.m. S. 1 BGB bezieht sich auf den gesamten Abschnitt 2, also auf die §§ 305-310 BGB. Nicht erforderlich ist, dass eine Norm ausschließlich auf Arbeitsverhältnisse anwendbar ist. Es genügt eine Regelung, die vor allem im Arbeitsrecht von den Grundsätzen des Bürgerlichen Rechts und des Prozessrechts abweicht[227]. Zu berücksichtigen sind sowohl rechtliche als auch tatsächliche Besonderheiten[228]. Das BAG hat bisher in vier Fällen „arbeitsrechtliche Besonderheiten" anerkannt: bei Vertragsstrafen[229], bei Ausschlussfristen[230], bei der Anrechnung übertariflicher Zulagen auf Tariflohnerhöhungen[231] und bei Versetzungsklauseln[232].

---

[224] BAG 4.3.2004, NZA 2004, 727, 733; BAG 27.7.2010, NZA 2010, 1237.
[225] BAG 15.11.2016, NZA 2017, 1058.
[226] Vgl. die Zusammenstellung in BAG 4.3.2004, NZA 2004, 727, 731.
[227] Zu Vorstehendem BAG 4.3.2004, NZA 2004, 727, 731 ff.
[228] BAG 25.5.2005, NZA 2005, 1111, 1114.
[229] BAG 4.3.2004, NZA 2004, 727.
[230] BAG 4.3.2004, NZA 2004, 728, 732; BAG 25.5.2005, NZA 2005, 1111, 1113; BAG 28.9.2005, BB 2006, 327, 330.
[231] BAG 1.3.2006, NZA 2006, 746, 749.
[232] BAG 11.4.2006, NZA 2006, 1149, 1152.

**ff) Transparenzgebot.** Eine unangemessene Benachteiligung kann sich auch daraus ergeben, dass eine Bestimmung nicht klar und verständlich ist (§ 307 Abs. 1 S. 2 BGB). Das Transparenzgebot gilt nicht nur für konstitutive Nebenabreden, sondern auch für Abreden über die Hauptleistungspflichten – Tätigkeit, Entgelt und Arbeitszeit –, für deklaratorische Nebenabreden, d.h. für Bestimmungen, die Rechtsvorschriften einschließlich der Rechtsgrundsätze und der Regeln des Richterrechts nur wiederholen (§ 307 Abs. 3 S. 2 BGB) und für in Bezug genommene Tarifverträge, Betriebs- und Dienstvereinbarungen (§ 310 Abs. 4 S. 3 BGB).

**128f**

Klar und verständlich sind Klauseln, wenn sie so gestaltet sind, dass der rechtsunkundige Durchschnittsangehörige der betreffenden Gruppe die benachteiligende Wirkung ohne Einholung von Rechtsrat erkennen kann[233]. Dabei dürfen die Anforderungen jedoch nicht überspannt werden. Unmögliches oder Unzumutbares kann nicht verlangt werden[234]. Abzustellen ist auf den aufmerksamen und sorgfältigen Vertragspartner[235].

**128g**

Das Transparenzgebot findet sich vor allem in drei Ausprägungen: Im Verständlichkeitsgebot, im Bestimmtheitsgebot und im Täuschungsverbot[236]. Das **Verständlichkeitsgebot** kann verletzt werden durch undurchschaubare Regelungen, beispielsweise in Altersversorgungs- oder Provisionsordnungen. Unbestimmte Rechtsbegriffe aus der Rechts- (und Tarif-)sprache, wie etwa der „wichtige Grund", dürfen grundsätzlich übernommen werden[237]; bei der „Zumutbarkeit" hat der BGH allerdings Bedenken[238]. Der **Bestimmtheitsgrundsatz** verlangt eine so genaue Umschreibung von Voraussetzungen und Rechtsfolgen der Vertragsregeln, dass für den Verwender keine vermeidbaren Unklarheiten und Beurteilungsspielräume entstehen. Sinn des Transparenzgebots ist es, der Gefahr vorzubeugen, dass der Vertragspartner des Klauselverwenders von der Durchsetzung bestehender Rechte abgehalten wird[239]. In dieser Gefahr liegt eine unangemessene Benachteiligung i.S.v. § 307 Abs. 1 BGB[240]. Bei den gerade im Arbeitsrecht so bedeutsamen Leistungsbestimmungsrechten beispielsweise sind Anlass, Umfang und Grenzen festzulegen[241]. Das **Täuschungsverbot**, das verletzt ist, wenn ein Verwender dem Vertragspartner etwa vorspiegelt, er verliere bei einem bestimmten Verhalten seine gesetzlichen Rechte oder er habe unter bestimmten Umständen bestimmte Ansprüche[242], wird im Arbeitsrecht dagegen keine große Rolle spielen.

**128h**

---

[233] BGH 27.9.2000, NJW 2001, 292, 296; BAG 25.5.2005, NZA 2005, 1111, 1113.
[234] BAG 27.7.2010, NZA 2010, 1237.
[235] Palandt/*Grüneberg*, § 307 BGB Rn. 23.
[236] Palandt/*Grüneberg*, § 307 BGB Rn. 25 ff.
[237] BGH 2.2.1994, NJW 1994, 1004, 1005.
[238] BGHZ 86, 284, 295.
[239] BAG 24.9.2008, 20.4.2011, NZA 2009, 154; NZA 2011, 917.
[240] BAG 29.6.2011, NZA 2011, 1346.
[241] BGH 19.10.1999, NJW 2000, 651, 652; BAG 12.1.2005, NZA 2005, 465.
[242] Palandt/*Grüneberg*, § 307 BGB Rn. 27 m.w.N.

128i  **gg) Rechtsfolgen bei Unwirksamkeit.** Eine unangemessene Klausel ist unwirksam (§ 307 Abs. 1 S. 1, § 308 Eingangssatz, § 309 Eingangssatz BGB). Eine geltungserhaltende Reduktion, wie sie das BAG vor der Schuldrechtsreform vorgenommen hatte, sieht das AGB-Recht nicht vor (§ 306 Abs. 2 BGB), obwohl es im Arbeitsrecht kaum dispositives Gesetzesrecht gibt, an dem die Klauseln gemessen werden können. Das BAG hat sie dementsprechend abgelehnt[243]. Es ist Ziel des Gesetzes, auf einen angemessenen Inhalt der in der Praxis verwendeten Allgemeinen Geschäftsbedingungen hinzuwirken. Dem Verwendungsgegner soll die Möglichkeit sachgerechter Information über die ihm aus dem vorformulierten Vertrag erwachsenden Rechte und Pflichten verschafft werden.

129  Dieses Ziel ließe sich nicht erreichen, wenn jeder Verwender von AGB zunächst einmal ungefährdet bis zur Grenze dessen gehen könnte, was zu seinen Gunsten in gerade noch vertretbarer Weise angeführt werden kann. Damit liefe sein Vertragspartner Gefahr, in der Vertragsabwicklungspraxis mit überzogenen Klauseln konfrontiert zu werden. Erst in einem Prozess würde er den Umfang seiner Rechte und Pflichten zuverlässig erfahren. Wer die Möglichkeit nutzen kann, die ihm der Grundsatz der Vertragsfreiheit für die Aufstellung von AGB eröffnet, muss auch das vollständige Risiko einer Klauselunwirksamkeit tragen[244].

130  Ist eine Klausel unwirksam, so bleibt der Vertrag im übrigen entgegen § 139 BGB wirksam (§ 306 Abs. 1 BGB). Das gilt auch für Teile einer Klausel, wenn die restliche Regelung nach dem **„blue-pencil-test"** (der unwirksame Teil wird gestrichen) verständlich und wirksam bleibt[245]. An die Stelle der unwirksamen Klausel tritt die gesetzliche Vorschrift; zu den „gesetzlichen" Vorschriften zählen auch die von Rechtsprechung und Rechtslehre herausgebildeten Rechtsgrundsätze[246]. Fehlen auch solche Grundsätze, so ist eine ergänzende Vertragsauslegung vorzunehmen, wenn das Festhalten am Vertrag ohne eine solche für eine Partei eine unzumutbare Härte darstellen und deshalb zur Unwirksamkeit des Vertrags nach § 306 Abs. 3 BGB führen würde. Eine unzumutbare Härte liegt vor, wenn durch den Wegfall der AGB das Vertragsgleichgewicht grundlegend gestört wird[247]. Ziel der ergänzenden Vertragsauslegung ist es weder, dem ursprünglichen Ziel des Verwenders in möglichst weitem Umfang zur Durchsetzung zu verhelfen, noch dem Vertragspartner Vorteile zu verschaffen, die das Vertragsgefüge völlig einseitig zu seinen Gunsten verschieben[248]. Zu ermitteln ist vielmehr, was die Parteien redlicherweise vereinbart hätten, wenn ihnen die Unwirksamkeit der Klausel bekannt gewesen wäre. Soweit irgend möglich sind die Lücken in der Weise auszufüllen, dass die Grundzüge des konkreten Vertrags „zu Ende gedacht" werden. Dabei hat die Auslegung nach einem objektiv-generalisierenden Maßstab zu erfolgen, der am selben Interesse der typischerweise beteiligten Verkehrskreise ausgerichtet sein muss[249].

---

[243] BAG 24.8.2016, NZA 2016, 1539 m.w.N.
[244] BGHZ 84, 109.
[245] BAG 21.4.2005, NZA 2005, 1053, 1055.
[246] BGH 14.5.1996, NJW 1996, 2092, 2093.
[247] BAG 10.5.2016, BeckRS 2016, 73355; BAG 21.2.2017, NZA 2017, 723; *Stoffels*, S. 262 ff.
[248] Däubler/Bonin/Deinert/*Bonin*, § 306 BGB Rn. 25.
[249] BAG 21.2.2017, NZA 2017, 723.

**hh) Übergangsregelung.** Das neue Recht gilt seit 1.1.2003 sowohl für neu abgeschlossene Verträge als auch für Altverträge. In Altverträgen halten viele Klauseln, insbesondere Leistungsbestimmungsrechte, dem neuen Recht nicht Stand. Der 5. Senat des BAG hat bisher, wenn eine Klausel nur am Transparenzgebot scheiterte, eine ergänzende Vertragsauslegung vorgenommen[250]. Andere Senate betrachten solche Klauseln jetzt als unwirksam, verwehren es dem Arbeitnehmer aber, sich auf die Unwirksamkeit zu berufen, wenn der Arbeitgeber ihm bis zum 31.12.2002 eine entsprechende Vertragsänderung angeboten hat. Darauf soll es nach Ansicht des 5. Senats aber nicht ankommen[251]. 131

## 6. Ausübungskontrolle

### a) Begriff und Inhalt

Ausübungskontrolle ist die Überprüfung von Leistungsbestimmungen, die der Berechtigte aufgrund eines gesetzlichen oder vertraglichen Leistungsbestimmungsrechts vornimmt. Bei einem vertraglichen Leistungsbestimmungsrecht geht ihr logisch die Prüfung auf wirksame Vereinbarung voraus. 132

Der Kontrollmaßstab richtet sich nach der Vereinbarung. Im Zweifel ist die Bestimmung nach billigem Ermessen zu treffen (§ 315 Abs. 1 BGB, „Billigkeitskontrolle")[252]. Dabei sind die wesentlichen Umstände des Falls abzuwägen und die beiderseitigen Interessen angemessen zu berücksichtigen[253]. Vereinbart werden können auch freies oder einfaches Ermessen und Belieben, nicht jedoch Willkür[254]. Die Rechtsprechung geht im Arbeitsrecht grundsätzlich vom Maßstab billigen Ermessens aus[255]. Für die Erteilung von Weisungen sieht § 106 S. 1 BGB das ausdrücklich vor. 133

### b) Kontrolle von Leistungsbestimmungsrechten

Die Rechtsprechung hat Leistungsbestimmungsrechte des Arbeitgebers statt an §§ 138, 242 BGB bislang unter dem Gesichtspunkt der Umgehung des Kündigungsschutzes geprüft. Der Arbeitgeber könne sich nicht die Änderung wesentlicher Elemente des Arbeitsverhältnisses, wesentlicher, das Arbeitsverhältnis prägender Bestandteile vorbehalten[256]. Mit Blick auf Arbeit und Entgelt, Leistung und Gegenleistung hat das BAG formuliert, der Arbeitgeber könne sich keine Änderungen vorbehalten, durch die das Verhältnis von Leistung und Gegenleistung grundlegend gestört werde[257]. Mit Blick auf die Arbeitszeit hat es erklärt, der Bestand des Arbeitsverhältnisses dürfe nicht gleichsam als Ganzes geändert und praktisch ein 134

---

[250] BAG 12.1.2005, NZA 2005, 465, 468.
[251] BAG 20.4.2011, NZA 2011, 796.
[252] BAG 12.1.2005, NZA 2005, 465; BAG 20.4.2011, NZA 2011, 796.
[253] St. Rspr., vgl. BAG 19.1.2011, NZA 2011, 631, 633 m.w.N.
[254] Palandt/*Grüneberg*, § 315 BGB Rn. 5.
[255] S. vor allem BAG 27.3.1980, AP Nr. 26 zu § 611 BGB Direktionsrecht; and. neuerdings BAG 30.8.2000, DB 2001, 1312 f.
[256] BAG 7.10.1982, AP Nr. 5 zu § 620 BGB Teilkündigung.
[257] BAG 27.1.1966, AP Nr. 20 zu § 611 BGB Direktionsrecht.

neues begründet werden²⁵⁸. Vereinbart werden könnten dagegen der Widerruf einzelner, nicht wesentlicher Zusatzbestimmungen²⁵⁹ oder ein Änderungsvorbehalt für einen verhältnismäßig kleinen Teil der Gesamtbezüge²⁶⁰. Das „Aus" kam in zwei Fällen: In dem einen hatte ein Arbeitgeber einem Außendienstmitarbeiter eine Provision „zugesagt", die sich nicht nur ohne Verschulden des Mitarbeiters, sondern auch noch durch Einwirkung des Arbeitgebers auf Null reduzieren konnte²⁶¹. Im anderen hatte eine Stadt mit teilzeitbeschäftigten Lehrern in ihrer Musikschule vereinbart, dass sie die Stundenzahl von Fall zu Fall festlegen konnte²⁶². Die Vereinbarung von Voraussetzungen, unter denen das Leistungsbestimmungsrecht ausgeübt werden kann („aus betrieblichen oder persönlichen Gründen", „aus dringenden betrieblichen Gründen"), hat die Rechtsprechung nicht verlangt²⁶³. Dafür hat sie eine zum Teil recht strenge Ausübungskontrolle vorgenommen.

**135** In AGB unterliegen Leistungsbestimmungsrechte, die dem Verwender das Recht einräumen, die Hauptleistungspflichten einzuschränken, zu verändern, auszugestalten oder zu modifizieren, der Inhaltskontrolle nach §§ 307 ff. BGB. Sie weichen zwar nicht, wie das BAG²⁶⁴ meint, vom Grundsatz des „pacta sunt servanda" ab – die Leistungsbestimmung ist vereinbart –, wohl aber von dem Grundsatz einer bestimmten Vertragsgestaltung²⁶⁵. Sowohl bezüglich des Umfangs von Vorbehalten als auch bezüglich der Voraussetzungen für eine Änderung ist zu berücksichtigen, dass Dauerschuldverhältnisse, die unter Umständen viele Jahre währen, viel stärker der Anpassung bedürfen als Verträge, die sich auf einen einmaligen Austausch von Leistungen beschränken (vgl. § 308 Nr. 3, § 309 Nr. 1 BGB). Die Ausübungskontrolle erlaubt eine Feinabstimmung der Interessen.

**135a** Einer Kontrolle nach §§ 307 ff. BGB unterliegt auch die **Befristung von Arbeitsbedingungen**. Ein Sachgrund i.S.v. § 14 Abs. 1 TzBfG ist nicht erforderlich. Umstände, die den Vertrag insgesamt rechtfertigen könnten, können sich aber bei der Interessenabwägung zugunsten des Arbeitgebers auswirken²⁶⁶. Die Rechtsprechung prüft in einem ersten Schritt, ob die Änderung billigem Ermessen entspricht, und in einem zweiten, ob das auch für die Befristung gilt. Diese doppelte Billigkeitsprüfung wendet sie auch auf die befristete Übertragung einer **höherwertigen Tätigkeit** an. Die Prüfung scheitere nicht an der Kontrollfreiheit des Umfangs der Hauptleistungen. Gegenstand der Inhaltskontrolle sei nicht die Tätigkeit und die damit verbundene höhere Vergütung, sondern deren zeitliche Einschränkung durch die Befristung²⁶⁷. Entspricht die Übertragung nicht billigem Ermessen, bestimmt das Gericht, dass die Übertragung als von Anfang an oder ab einem anderen Zeitpunkt auf Dauer erklärt gilt²⁶⁸.

---

²⁵⁸ BAG 12.12.1984, AP Nr. 6 zu § 2 KSchG 1969.
²⁵⁹ BAG 27.3.1980, AP Nr. 26 zu § 611 BGB Direktionsrecht.
²⁶⁰ BAG 7.1.1971, AP Nr. 12 zu § 315 BGB.
²⁶¹ LAG Hamm 16.10.1989, ZIP 1990, 880.
²⁶² BAG 12.12.1984, AP Nr. 6 zu § 2 KSchG 1969.
²⁶³ Das beanstandet v.a. *Preis*, AuR 1994, 139, 149.
²⁶⁴ BAG 25.4.2007, NZA 2007, 853 f.
²⁶⁵ *Hromadka*, in: FS Konzen, 2006, S. 321 ff. m.w.N.
²⁶⁶ BAG 24.2.2016, NZA 2016, 814.
²⁶⁷ BAG 7.10.2015, NZA 2016, 441; BAG 24.2.2016, NZA 2016, 814.
²⁶⁸ BAG 27.1.2016, NZA 2016, 903.

Für die befristete **Erhöhung der Arbeitszeit** in erheblichem Umfang – in der Regel um 25 % eines entsprechenden Vollzeitvolumens – fordert das BAG zur Annahme einer nicht unangemessenen Benachteiligung einen Sachgrund i.S.v. § 14 Abs. 1 TzBfG. Die gesetzliche Wertung, dass der unbefristete Arbeitsvertrag der Regelfall sein solle, um dem Arbeitnehmer ein dauerhaftes Einkommen zu sichern und zu einer längerfristigen Lebensplanung beizutragen, gelte auch für eine derartige Aufstockung der Arbeitszeit[269].

**Kontrolle von Vereinbarungen über Leistungsbestimmungsrechte**

1. **Angemessenheitskontrolle (§ 307 I, II, §§ 308, 309 BGB)**
   Kann das Leistungsbestimmungsrecht in diesem Umfang vereinbart werden?
   Sind die vereinbarten Voraussetzungen für die Ausübung zulässig?

2. **Transparenzkontrolle (§ 307 I 2 BGB)**
   Ist die Vereinbarung so wenig klar und verständlich, dass der Vertragspartner von der Geltendmachung seiner Rechte abgehalten wird?

3. **Ausübungskontrolle (§ 315 BGB)**
   Liegen bei der Ausübung des Leistungsbestimmungsrechts die zulässigerweise vereinbarten Voraussetzungen vor?
   Wahrt der Arbeitgeber bei der Ausübung billiges Ermessen?

## 7. Mängel des Arbeitsvertrags

Der Arbeitsvertrag kann wie jeder andere privatrechtliche Vertrag an Mängeln leiden. Manche Mängel führen zur Nichtigkeit; der Vertrag ist dann unwirksam. Willensmängel berechtigen zur Anfechtung. Besonderheiten gegenüber dem allgemeinen Zivilrecht bestehen, soweit die Unwirksamkeit des Arbeitsvertrags nicht mit den Prinzipien des Arbeitnehmerschutzes zu vereinbaren ist. **136**

### a) Nichtigkeit

**aa) Tatbestände.** Für Arbeitsverträge gelten dieselben Nichtigkeitsgründe wie für sonstige Rechtsgeschäfte. An folgende Tatbestände ist dabei vor allem zu denken: **137**

---

[269] BAG 23.3.2016, NZA 2016, 881.

> I. Tatbestände der Nichtigkeit
>   1. Geschäftsunfähigkeit (§ 105 I BGB)
>   2. Verstoß gegen konstitutives Formerfordernis (§ 125 S. 1 BGB)
>   3. Verstoß gegen ein gesetzliches Verbot (§ 134 BGB)
>   4. Verstoß gegen die guten Sitten (§ 138 I BGB)
>   5. Wucher (§ 138 II BGB)
> II. Rechtsfolgen
>   1. Grundsatz: Unwirksamkeit des Arbeitsvertrags ex tunc
>   2. Arbeitsrechtliche Begrenzung der Unwirksamkeitsfolge:
>      Lehre vom fehlerhaften Arbeitsverhältnis
>      Voraussetzungen
>      a) Fehlerhafter Vertragsschluss
>      b) Invollzugsetzung des Arbeitsverhältnisses
>      c) Fehlen eines besonders schweren Mangels, der im Widerspruch zu den Grundauffassungen der geltenden Rechtsordnung steht.
>      Folgen
>      a) Für die Vergangenheit wird ein fehlerhaftes Arbeitsverhältnis so behandelt, als ob der Fehler nicht vorhanden wäre.
>      b) Für die Zukunft kann ein fehlerhaftes Arbeitsverhältnis jederzeit durch einseitige Erklärung beendet werden.
>   3. Arbeitsrechtliche Begrenzung der Unwirksamkeitsfolge bei Teilnichtigkeit: keine Geltung des § 139 BGB

138 **(1) Geschäftsunfähigkeit.** Die Willenserklärung eines Geschäftsunfähigen ist unwirksam (§ 105 Abs. 1 BGB); sie kann auch nicht genehmigt werden. Die Willenserklärung eines beschränkt Geschäftsfähigen, die ohne die erforderliche Einwilligung des gesetzlichen Vertreters abgegeben wurde, ist schwebend unwirksam und hängt von dessen Genehmigung ab (§ 177 Abs. 1 BGB); wird sie verweigert, ist die Willenserklärung ebenfalls endgültig unwirksam.

139 **(2) Verstoß gegen konstitutive Formvorschrift.** Der Verstoß führt nach § 125 Satz 1 BGB zur Nichtigkeit. Die Berufung auf § 125 BGB kann nach Treu und Glauben (§ 242 BGB) versagt sein, wenn eine Partei die andere von der Wahrung der Form abgehalten hat, um sich später auf den Formmangel berufen zu können[270].

140 **(3) Verstoß gegen ein gesetzliches Verbot.** Nur der Verstoß gegen ein Abschluss- oder Durchführungsverbot führt nach § 134 BGB zur Nichtigkeit, nicht die Nichtbeachtung eines Beschäftigungsverbots (s. oben Rn. 97).

141 **(4) Verstoß gegen die guten Sitten.** S. oben Rn. 106 ff.

142 **(5) Wucher.** S. oben Rn. 108 ff.

---

[270] BGH 21.3.1969, NJW 1969, 1169; Schaub/*Linck*, ArbR-Hdb, § 32 Rn. 59 f.

## bb) Rechtsfolgen.

**(1) Problematik.** Führt ein Mangel zur Nichtigkeit, so ist der Arbeitsvertrag von Anfang an (ex tunc) unwirksam, ohne dass es weiterer Erklärungen oder Handlungen bedarf. Aus einem unwirksamen Arbeitsvertrag ist niemand verpflichtet oder berechtigt. Haben die Arbeitsvertragsparteien nach Abschluss des unwirksamen Arbeitsvertrags keine Leistungen ausgetauscht, bestehen keine Probleme. Wird jedoch das Arbeitsverhältnis in Vollzug gesetzt, so werden die Leistungen (Dienste oder Entgelt) von den Parteien ohne rechtlichen Grund erbracht. An sich müssten die ausgetauschten Leistungen nach § 812 Abs. 1 S. 1 Alt. 1 BGB rückabgewickelt werden. Der Arbeitnehmer müsste die Vergütung zurückzahlen, obwohl er sie zumeist für seinen Lebensunterhalt verbraucht haben wird. Der Arbeitgeber müsste die vom Arbeitnehmer geleisteten Dienste herausgeben; da er dazu nicht in der Lage ist, wäre er nach § 818 Abs. 2 BGB zum Wertersatz verpflichtet, soweit er nicht entreichert ist, § 818 Abs. 3 BGB. Ob und in welchem Umfang der Arbeitgeber noch bereichert ist, weil er eigene Aufwendungen für die Dienste erspart hat, lässt sich aber häufig nur sehr schwer feststellen. Die h.M. ist sich deshalb einig, dass eine bereicherungsrechtliche Rückabwicklung bei unwirksamen Arbeitsverträgen den Besonderheiten des Arbeitsrechts nicht gerecht wird. Darum wird die Nichtigkeitsfolge eines fehlerhaften Arbeitsvertrags begrenzt. Das ist der Kern der **Lehre vom fehlerhaften Arbeitsvertrag**[271].

**(2) Voraussetzungen der Lehre vom fehlerhaften Arbeitsvertrag:**

Die Parteien müssen eine **arbeitsvertragliche Vereinbarung** getroffen haben, die einen Fehler enthält, der normalerweise zur Nichtigkeit führt. Erforderlich ist also eine Vereinbarung, die ohne den Fehler zu einem wirksamen Arbeitsvertrag geführt hätte. Bei bloß tatsächlicher Tätigkeit kann die Lehre nicht angewandt werden[272].

**Beispiel:** Wird der Arbeitnehmer im Verlaufe eines Kündigungsschutzprozesses nach einer außerordentlichen Kündigung oder nach dem Ablauf der Kündigungsfrist vom Arbeitgeber weiterbeschäftigt, weil er hierzu vom Arbeitsgericht verurteilt wurde, und stellt sich später die Wirksamkeit der Kündigung heraus, so erfolgt die Rückabwicklung der Leistungen, die die Arbeitsvertragsparteien nach Beendigung des Arbeitsverhältnisses ausgetauscht haben, nicht nach der Lehre vom fehlerhaften Arbeitsvertrag, sondern über das Bereicherungsrecht. Hier fehlt es an einer Vereinbarung, die auf den Abschluss eines Arbeitsvertrags gerichtet ist.

Das **Arbeitsverhältnis** muss **in Vollzug gesetzt** worden sein. Dazu muss grundsätzlich die Arbeit tatsächlich aufgenommen werden. Das kann bereits der Fall sein, wenn der Arbeitnehmer am Arbeitsplatz erschienen ist und Informationsmaterial für seine Tätigkeit erhalten hat[273].

---

[271] BAG 15.11.1957, AP Nr. 2 zu § 125 BGB; BAG 3.11.2004, NZA 2005, 1409; BAG 27.7.2010, DB 2011, 943; *Zöllner/Loritz/Hergenröder*, Arbeitsrecht, § 14 II 1b.
[272] BAG 10.3.1987, 17.1.1991, 12.2.1992, AP Nr. 1, 8, 9 zu § 611 BGB Weiterbeschäftigung; MünchArbR/*Richardi/Buchner*, § 34 Rn. 40.
[273] BAG 18.4.1968, AP Nr. 32 zu § 63 HGB.

147 Bei dem Mangel, der dem Arbeitsvertrag anhaftet, darf es sich **nicht** um einen **besonders schweren Mangel** handeln, etwa weil der Inhalt des Vertrags gegen die guten Sitten oder gegen ein Strafgesetz verstößt[274]. Die Parteien sind dann wieder auf das Bereicherungsrecht verwiesen, wobei die Ansprüche im Einzelfall wegen § 817 S. 2 BGB ausgeschlossen sein können (Beispiel: Leistungen als „falscher Arzt"). Die Lehre vom fehlerhaften Arbeitsverhältnis darf auch nicht in Kollision zum Minderjährigenrecht geraten.

148 Hierbei ist allerdings zu unterscheiden: War der Minderjährige Arbeitnehmer, so ist er bei Unwirksamkeit des Arbeitsvertrags zu keinen Diensten verpflichtet. Hat er in der Vergangenheit trotzdem gearbeitet, kann der Arbeitgeber die Zahlung der Vergütung nicht wegen der Nichtigkeit des Arbeitsvertrags verweigern. Die Nichtigkeitsfolge soll den nicht oder beschränkt Geschäftsfähigen gerade schützen und nicht benachteiligen. War der Minderjährige Arbeitgeber, muss der Nichtigkeitsgrund der mangelnden Geschäftsfähigkeit zu seinen Gunsten auch für die Vergangenheit berücksichtigt werden. Der Arbeitnehmer ist auf das Bereicherungsrecht verwiesen. Der Schutz des Minderjährigen hat Vorrang vor seinen Interessen[275].

**(3) Rechtsfolgen der Lehre vom fehlerhaften Arbeitsvertrag:**

149 **Für die Vergangenheit** wird der fehlerhafte Arbeitsvertrag so behandelt, als wäre er fehlerfrei zustande gekommen. Die Nichtigkeit kann nicht ex tunc geltend gemacht werden. Eine Rückabwicklung der in der Vergangenheit erbrachten Leistungen scheidet aus[276].

150 **Für die Zukunft** kann sich jede Partei zu jeder Zeit durch einseitige Erklärung von der Vereinbarung lösen. Kündigungsschutzvorschriften sind weder unmittelbar noch entsprechend anzuwenden. Es bestehen auch keine Mitbestimmungsrechte des Betriebsrats[277].

151 **cc) Teilnichtigkeit.** Wenn nicht der gesamte Vertrag nichtig ist, sondern nur einzelne Klauseln, so ist nach allgemeinem Zivilrecht im Zweifel der gesamte Vertrag nichtig (§ 139 BGB). Wäre § 139 BGB auch im Arbeitsrecht anzuwenden, so hätte der Verstoß einer einzigen Arbeitsvertragsbestimmung gegen zwingendes Schutzrecht die Unwirksamkeit des Arbeitsvertrags zur Folge.

**Beispiel:** Im Arbeitsvertrag wird vereinbart, dass der Arbeitnehmer keinen Urlaub und keine Entgeltfortzahlung im Krankheitsfalle erhält. Eine solche Vereinbarung verstößt gegen die zwingenden Vorschriften der §§ 1, 3 BUrlG und §§ 3, 12 EfzG. Sie sind gemäß § 134 BGB nichtig.

---

[274] BAG 3.11.2004, NZA 2005, 1409, 1410; BAG 18.3.2009, NZA 2009, 663, 665; im einzelnen MünchArbR/*Richardi/Buchner*, § 34 Rn. 49 ff.
[275] *Brox/Rüthers/Henssler*, Arbeitsrecht, Rn. 175 f.
[276] BAG 27.7.2010, DB 2011, 943.
[277] *Zöllner/Loritz/Hergenröder*, Arbeitsrecht, § 14 II 1b.

Der Arbeitnehmer würde zwar durch das zwingende Recht vor unangemessenen  **152**
Arbeitsbedingungen geschützt, der Verstoß würde ihm aber seinen Vertrag nehmen.
Um diese Rechtsfolge zu verhindern, wendet man bei Arbeitsverträgen § 139 BGB
nicht an[278]. Die Teilnichtigkeit des Arbeitsvertrags führt nicht zur Gesamtunwirksamkeit. Die unwirksamen Teile werden durch zwingendes oder dispositives Recht
ersetzt. Im übrigen wird der Arbeitsvertrag als vollwirksam behandelt[279]. Für vorformulierte Arbeitsverträge, bei denen einzelne Klauseln nach §§ 307 ff. BGB unwirksam sind, ergibt sich diese Rechtsfolge aus § 306 Abs. 1, 2 BGB.

**Beispiele:** Im obigen Beispielsfall tritt an die Stelle der unwirksamen Vereinbarung über den  **153**
Urlaub die gesetzliche Bestimmung über den Mindesturlaub (24 Werktage), an die Stelle der
unwirksamen Vereinbarung über die Entgeltfortzahlung im Krankheitsfall die gesetzliche
Regelung (Fortzahlung bis zu 6 Wochen). Ist eine Vergütungsvereinbarung wegen Lohnwuchers (§ 138 Abs. 2 BGB) nichtig, so bleibt der Vertrag wirksam. Geschuldet ist der übliche
Lohn (§ 612 Abs. 2 BGB). Das ist im Regelfall die tarifliche Vergütung[280].

### b) Anfechtung

**aa) Voraussetzungen.** Bei Willensmängeln kann der Arbeitsvertrag angefochten  **154**
werden. Möglich ist auch die Anfechtung einzelner Vereinbarungen im Arbeitsvertrag, wenn sich der Willensmangel darauf beschränkt, der Arbeitsvertrag auch ohne
den angefochtenen Teil sinnvoll ist und die Gültigkeit des Restgeschäfts dem mutmaßlichen Willen der Parteien entspricht[281]. Es gelten die Regeln über die Anfechtung zivilrechtlicher Verträge[282]. Sind die Voraussetzungen für eine Anfechtung
nicht erfüllt, ist an eine Aufhebung des Vertrags wegen schuldhafter Verletzung
einer vorvertraglichen Verpflichtung zu denken (§ 280 Abs. 1 BGB)[283]. Vgl. zunächst die Voraussetzungen im Schaukasten.

---

[278] St. Rspr., vgl. z.B. BAG 28.1.2004, NZA 2004, 656.
[279] Schaub/*Linck*, ArbR-Hdb, § 34 Rn. 20 m.w.N.; ErfK/*Preis*, § 611 BGB Rn. 342.
[280] BAG 27.10.1960, AP Nr. 21 zu § 611 BGB Ärzte, Gehaltsansprüche; BAG 25.1.1989, 26.9.1990, 15.11.1990, AP Nr. 2, 9, 11 zu § 2 BeschFG 1985; BAG 27.7.2010, DB 2011, 943.
[281] RGZ 146, 239; BGH 5.11.1982, BB 1983, 927.
[282] BAG 15.12.1957, 22.9.1961, AP Nr. 2, 15 zu § 123 BGB; BAG 28.3.1974, 14.12.1979, AP Nr. 3, 4 zu § 119 BGB.
[283] BGH 31.1.1962, NJW 1962, 1189.

> I. **Voraussetzungen**
> 1. **Anfechtungserklärung gegenüber dem Anfechtungsgegner (§ 143 I BGB)**
> 2. **Anfechtungsgrund**
>    a) Inhalts- oder Erklärungsirrtum (§ 119 I BGB)
>    b) Irrtum über verkehrswesentliche Eigenschaften (§ 119 II BGB)
>    c) Arglistige Täuschung (§ 123 I BGB)
>       aa) rechtswidrige Täuschung durch positives Tun; nicht, wenn auf eine unzulässige Frage des Arbeitgebers die Unwahrheit gesagt wird
>       bb) Täuschung durch Unterlassen, soweit Offenbarungspflicht besteht
>       cc) Arglist (= Vorsatz)
>       dd) Kausalität zwischen täuschungsbedingtem Irrtum und Vertragsschluss (auch noch bei Anfechtungserklärung)
>    d) widerrechtliche Drohung
>    e) beachte: Anfechtungsgründe schließen einander nicht aus; daher grundsätzlich alle Gründe, soweit sie in Betracht kommen, prüfen
> 3. **Anfechtungsfrist**
>    a) bei Irrtum unverzüglich nach Kenntnisnahme (§ 121 BGB)
>       BAG: entsprechende Anwendung der zweiwöchigen Ausschlussfrist des § 626 II BGB
>    b) bei Täuschung: binnen eines Jahres nach Kenntnisnahme (§ 124 BGB), längstens zehn Jahre
> 4. **Kein Ausschluss bei Bestätigung (§ 144 BGB)**
>
> II. **Rechtsfolgen**
> 1. **Grundsatz: Unwirksamkeit des Arbeitsvertrags ex tunc (§ 142 I BGB)**
> 2. **Arbeitsrechtliche Begrenzung der Unwirksamkeitsfolge**
>    a) keine Rückwirkung bei bereits in Vollzug gesetztem Arbeitsverhältnis
>    b) Gegenausnahme bei § 123 BGB
> 3. **Schadensersatzpflicht des Anfechtenden nach § 122 BGB oder nach §§ 280 I, 241 II, 311 II BGB**

**155** **(1) Anfechtungserklärung.** Die Anfechtungserklärung ist eine empfangsbedürftige Willenserklärung. Da mit der Anfechtung ein Gestaltungsrecht ausgeübt wird, durch das der Anfechtende ohne ein Zutun des Anfechtungsgegners unmittelbar die Rechtslage ändern kann, ist die Anfechtungserklärung grundsätzlich unwiderruflich und bedingungsfeindlich[284]. Eine bestimmte Form muss – anders als bei der Kündigung (§ 623 BGB) – nicht eingehalten werden. Die Anfechtung kann ausdrücklich erklärt werden, sie kann sich aber auch konkludent aus dem Verhalten des Anfechtungsberechtigten ergeben. Dabei muss deutlich werden, dass das Geschäft wegen eines Willensmangels nicht gelten soll[285].

---

[284] Palandt/*Ellenberger*, § 143 BGB Rn. 2.
[285] BGHZ 88, 245; BGH 15.12.1987, NJW-RR 1988, 566.

Da der Anfechtende weder ausdrücklich das Wort „anfechten" benutzen noch einen Anfech- **156**
tungsgrund nennen muss, kann zuweilen unklar sein, ob eine Anfechtung oder eine Kündigung erklärt ist. Diese Unklarheit ergibt sich nicht zuletzt daraus, dass die Anfechtung eines in Vollzug gesetzten Arbeitsvertrags dieselbe Wirkung wie eine außerordentliche Kündigung hat: Das Arbeitsverhältnis wird für die Zukunft beendet. Trotzdem besteht zwischen Anfechtung und Kündigung ein wichtiger Unterschied[286]. Der Grund für eine Anfechtung liegt in einem Willensmangel zur Zeit des Vertragsschlusses. Niemand soll gegen seinen Willen an einer Erklärung festgehalten werden, bei der unbewusst objektiv etwas erklärt wurde, was subjektiv nicht gewollt war, oder zu deren Abgabe der Erklärende durch Täuschung oder äußeren Zwang veranlasst worden ist. Demgegenüber soll bei einer Kündigung ein Rechtsverhältnis, das fehlerfrei zustande gekommen ist, für die Zukunft beseitigt werden, weil sich nach Abschluss des Vertrags die Voraussetzungen geändert haben oder eine Fortsetzung des Vertragsverhältnisses nicht mehr gewollt ist. Anfechtung und Kündigung sind deshalb wesensverschiedene Gestaltungsrechte, die einander nicht ausschließen[287]. Ob eine Anfechtung oder eine Kündigung erklärt wurde, ist nach den Umständen des Einzelfalls zu bestimmen. Entscheidend ist der objektive Erklärungswert. Dabei spielt es keine Rolle, wie der Erklärende seine Erklärung verstanden wissen wollte oder wie der Erklärungsempfänger die Erklärung tatsächlich verstanden hat. Maßgeblich ist, wie der Erklärungsempfänger die Erklärung nach Treu und Glauben unter Berücksichtigung der Verkehrssitte (objektiv) verstehen musste. Eine Umdeutung (§ 140 BGB) einer außerordentlichen Kündigung in eine Anfechtungserklärung ist nicht möglich[288].

**(2a) Anfechtungsgrund: Inhalts- oder Erklärungsirrtum.** Der Arbeitsvertrag kann **157**
nach § 119 Abs. 1 BGB angefochten werden, wenn der Anfechtende über den Inhalt seiner Erklärung im Irrtum war oder wenn er sich bei der Erklärungshandlung geirrt – verlesen, verschrieben, versprochen – hat[289]. Eine Anfechtung entsprechend § 119 Abs. 1 BGB soll in Betracht kommen, wenn jemand eine Willenserklärung ohne Erklärungsbewusstsein abgegeben hat, sofern er bei gehöriger Sorgfalt hätte erkennen können, dass der Erklärungsempfänger auf die Verbindlichkeit der Erklärung vertraut[290].

**(2b) Anfechtungsgrund: verkehrswesentliche Eigenschaft.** Hierbei geht es um die **158**
verkehrswesentlichen Eigenschaften des Vertragspartners (§ 119 Abs. 2 BGB). Eigenschaften einer Person sind neben den auf ihrer natürlichen Beschaffenheit beruhenden Merkmalen auch ihre tatsächlichen oder rechtlichen Verhältnisse und Beziehungen zur Umwelt, soweit sie nach der Verkehrsauffassung von Bedeutung sind und in der Person selbst ihren Grund haben, von ihr ausgehen oder sie unmittelbar kennzeichnen[291]. Das können sein: Sachkunde, Vertrauenswürdigkeit, Zuverlässigkeit, Vorstrafen, politische Belastungen[292]. Vorübergehende Erscheinungen sind ebenso wenig Eigenschaften im Sinne des § 119 Abs. 2 BGB wie

---

[286] *Picker*, ZfA 1981, 1 ff.
[287] BAG 5.12.1957, 21.2.1991, AP Nr. 2, 35 zu § 123 BGB; BAG 28.3.1974, AP Nr. 3 zu § 119 BGB.
[288] RGZ 105, 208; BAG 14.10.1975, NJW 1976, 592.
[289] Palandt/*Ellenberger*, § 119 BGB Rn. 10; MünchArbR/*Richardi/Buchner*, § 34 Rn. 22.
[290] BGHZ 91, 324, 327.
[291] RGZ 149, 238; BGHZ 16, 57; 34, 41; 70, 48; 88, 245.
[292] Schaub/*Linck*, ArbR-Hdb, § 34 Rn. 34 ff.

erst zukünftige Umstände²⁹³. Verkehrswesentlich ist eine Eigenschaft, wenn sie nach den objektiven Anschauungen des Rechtsverkehrs den Arbeitnehmer für die Erfüllung der arbeitsvertraglich vereinbarten Verpflichtungen als ungeeignet erscheinen lässt²⁹⁴.

**159** **Beispiele²⁹⁵: Vorstrafen** sind verkehrswesentliche Eigenschaften, wenn sie einschlägig und im Bundeszentralregister verzeichnet sind; **Krankheit** ist eine verkehrswesentliche Eigenschaft, wenn sie nicht nur vorübergehend besteht und den Arbeitnehmer außer Stande setzt, die vertraglich übernommenen Arbeiten zu erfüllen; **Schwangerschaft** ist keine verkehrswesentliche Eigenschaft, weil es sich um einen nur vorübergehenden Zustand handelt; **Zugehörigkeit zu einer Religionsgemeinschaft, Gewerkschaft, Partei usw.** ist keine verkehrswesentliche Eigenschaft, wenn die Erfüllung der konkreten arbeitsvertraglichen Verpflichtungen davon nicht abhängt.

**160** **(2c) Anfechtungsgrund: arglistige Täuschung.** Eine arglistige Täuschung kann durch Tun oder durch Unterlassen begangen werden.

**161** **Täuschung durch Tun.** Täuschung ist jedes Verhalten, durch das beim Getäuschten eine unrichtige Vorstellung erregt, bestärkt oder aufrechterhalten wird²⁹⁶. Beantwortet ein Bewerber bei einem Einstellungsgespräch eine zulässige Frage des Arbeitgebers bewusst falsch, so wird der Arbeitgeber getäuscht. Eine Täuschung ist jedoch nicht widerrechtlich – und damit nicht arglistig –, wenn der Arbeitnehmer auf eine unzulässige Frage des Arbeitgebers die Unwahrheit sagt²⁹⁷. Zur Zulässigkeit der Fragen s. oben Rn. 43 ff.

**162** **Täuschung durch Unterlassen.** Trifft den Bewerber eine Offenbarungspflicht, so muss er auch ohne konkrete Frage Auskunft geben. Verschweigt er einen für die Erfüllbarkeit seiner arbeitsvertraglichen Verpflichtungen wesentlichen Punkt, kann der Arbeitgeber wegen Täuschung anfechten²⁹⁸.

**163** Die **Täuschung muss kausal** gewesen sein für den Abschluss des Arbeitsvertrags. Das ist sie beispielsweise nicht, wenn eine Behinderung offenkundig ist²⁹⁹, oder wenn der Arbeitgeber erklärt, er hätte den Bewerber auch dann eingestellt, wenn er eine unzulässige Frage wahrheitsgemäß beantwortet hätte, der Arbeitgeber seine Anfechtung aber darauf stützt, dass der Bewerber ihn über seine Ehrlichkeit getäuscht habe³⁰⁰. Eine arglistige Täuschung nach Abschluss des Arbeitsvertrags kann die Anfechtung nicht mehr begründen³⁰¹.

**164** Eine Anfechtung ist nach Treu und Glauben auch dann ausgeschlossen, wenn der Anfechtungsgrund im Zeitpunkt der Anfechtungserklärung seine Bedeutung für die Fortsetzung des Arbeitsverhältnisses verloren hat³⁰².

---

[293] BAG 22.9.1961, AP Nr. 15 zu § 123 BGB; BAG 8.9.1988, AP Nr. 1 zu § 8 MuSchG 1968.
[294] BAG 21.2.1991, AP Nr. 35 zu § 123 BGB; ähnlich BAG 6.9.2012, NZA 2013, 1087.
[295] MünchArbR/*Richardi/Buchner*, § 34 Rn. 23.
[296] BAG 5.10.1995, AP Nr. 40 zu § 123 BGB.
[297] BAG 7.6.1984, EzA § 123 BGB Nr. 24; BAG 7.7.2011, NZA 2012, 34, 35.
[298] BAG 6.9.2012, NZA 2013, 1087.
[299] BAG 18.10.2000, DB 2001, 707.
[300] BAG 7.7.2011, NZA 2012, 34, 35.
[301] Schaub/*Linck*, ArbR-Hdb, § 34 Rn. 37 ff.
[302] BAG 12.2.1980, 18.9.1987, AP Nr. 17, 32 zu § 123 BGB.

**Beispiel:** Der einschlägig Vorbestrafte V verneint in einem Vorstellungsgespräch seine im Bundeszentralregister noch nicht getilgte Vorstrafe. Er wird eingestellt und arbeitet mehrere Jahre ohne jegliche Beanstandung. Als der Arbeitgeber A durch Zufall von der Vorstrafe erfährt, ficht er den Arbeitsvertrag wegen arglistiger Täuschung an. Zwar hat hier V den A arglistig getäuscht, weil er auf dessen zulässige Frage die Unwahrheit gesagt hat und es – so steht zu vermuten – anderenfalls nicht zum Abschluss des Arbeitsvertrags gekommen wäre. A verhält sich jedoch treuwidrig, weil widersprüchlich (§ 242 BGB), wenn er die Arbeitsleistung des V jahrelang ohne Beanstandung entgegennimmt, dann aber ohne jeden Anlass die Anfechtung erklärt. Wirkt sich dagegen eine Täuschung im Arbeitsverhältnis weiter aus, kann neben der Anfechtung auch eine Kündigung gerechtfertigt sein[303].

**Arglistig** ist die Täuschung, wenn sie vorsätzlich zu dem Zweck vorgenommen wird, den Willen des Getäuschten zu beeinflussen. Es genügt bedingter Vorsatz, also das Bewusstsein, dass die Täuschung den anderen zu der Erklärung bestimmen könnte. Arglist liegt daher auch vor, wenn der Täuschende weiß, dass seine Angaben unrichtig sind, und wenn er mit der Möglichkeit rechnet und es billigend in Kauf nimmt, dass der Gegner durch die Täuschung in seiner Entscheidung beeinflusst wird. Dem Täuschenden muss bewusst sein, dass der Arbeitgeber bei Kenntnis der wahren Sachlage den Arbeitsvertrag nicht oder aber zu anderen Bedingungen abgeschlossen hätte[304]. **165**

**(3) Anfechtungsfrist.** Bei einem Irrtum hat die Anfechtung unverzüglich nach Kenntnis des Anfechtungsgrunds zu erfolgen (§ 121 Abs. 1 BGB). Die Rechtsprechung wendet die für die Erklärung einer außerordentlichen Kündigung geltende Frist des § 626 Abs. 2 BGB analog auf die Frist des § 121 Abs. 1 BGB an. Die Anfechtung wegen Irrtums sei nur dann unverzüglich, wenn sie innerhalb von zwei Wochen nach Kenntnis der für die Anfechtung maßgebenden Tatsachen erfolge[305]. Im Einzelfall kann die Frist auch kürzer sein. Bei einer arglistigen Täuschung muss die Anfechtung innerhalb eines Jahres nach Entdeckung der Täuschung erklärt werden (§ 124 Abs. 1 BGB)[306]. **166**

**bb) Rechtsfolgen.** Die Anfechtung beseitigt den Arbeitsvertrag rückwirkend (§ 142 Abs. 1 BGB). Ist der Vertrag in Vollzug gesetzt worden, wirkt die Anfechtung wegen der Schwierigkeit der Rückabwicklung ex nunc[307]. Es gilt insoweit dasselbe wie bei Nichtigkeit. Davon macht das BAG[308] eine Ausnahme, wenn das Arbeitsverhältnis – aus welchen Gründen auch immer (z.B. wegen krankheitsbedingter Arbeitsunfähigkeit des Arbeitnehmers) – zwischenzeitlich wieder außer Funktion gesetzt worden ist; dann soll die Anfechtung auf den Zeitpunkt der Außerfunktionssetzung des Arbeitsvertrags zurückwirken, weil in dieser Zeit keine Rückabwicklungs- **167**

---

[303] BAG 7.7.2011, NZA 2012, 34, 35.
[304] BAG 5.10.1995, AP Nr. 40 zu § 123 BGB.
[305] BAG 14.12.1979, AP Nr. 4 zu § 119 BGB; BAG 21.2.1991, AP Nr. 35 zu § 123 BGB.
[306] BAG 19.5.1983, AP Nr. 25 zu § 123 BGB.
[307] BAG 16.9.1982, 29.8.1984, AP Nr. 24, 27 zu § 123 BGB.
[308] BAG 3.12.1998, NZA 1999, 584.

schwierigkeiten auftreten. Ähnliches gilt, wenn die Anfechtung wegen einer arglistigen Täuschung erfolgt[309]. In diesem Fall wirkt die Anfechtung ex tunc, wenn der Arbeitnehmer nicht gearbeitet hat, aber beispielsweise aufgrund des EfzG ein Vergütungsanspruch entstünde[310]. Dasselbe gilt, wenn die Arbeitsleistung für den Arbeitgeber vollkommen wertlos war[311]. Die Lauterkeit im rechtsgeschäftlichen Verkehr als Elementarvoraussetzung für die Privatautonomie hat dann Vorrang vor dem arbeitsrechtlichen Schutzprinzip[312].

168 Die Möglichkeit zur Anfechtung schließt das Recht zur außerordentlichen Kündigung nicht aus. Beide Rechte bestehen nebeneinander. Die Anfechtung setzt zwar voraus, dass der Anfechtungsgrund schon bei Vertragsschluss vorgelegen hat, während die Kündigung dazu dient, ein durch nachträglich eintretende Umstände belastetes oder sinnlos gewordenes Arbeitsverhältnis zu beenden. Denkbar ist aber, dass ein Anfechtungsgrund so stark nachwirkt, dass dem Arbeitgeber die Fortsetzung des Arbeitsverhältnisses unzumutbar ist[313].

## III. Änderung des Arbeitsvertrags

169 Die Zahl der Vertragsänderungen im Dauerschuldverhältnis Arbeitsvertrag ist Legion. In aller Regel gibt den Anstoß der Arbeitgeber. Er bittet den Arbeitnehmer, eine Arbeit zu übernehmen, zu der er nicht verpflichtet ist, oder er teilt ihm mit, dass für die Provision neue Richtlinien gelten, dass eine Zulage „widerrufen" werden müsse oder dass er die Altersversorgung nicht mehr in der bisherigen Form aufrechterhalten könne. Die Änderung erfolgt i.d.R. durch (Arbeits-)Vertrag, ggf. in Gestalt der betrieblichen Übung, bei Allgemeinen Arbeitsbedingungen unter bestimmten Voraussetzungen auch durch Betriebsvereinbarung (s. Band 2 § 16 Rn. 389).

### 1. Änderungsvertrag

#### a) Abschluss

170 **aa) Grundsatz.** Für den Änderungsvertrag gelten die allgemeinen Grundsätze des § 311 Abs. 1 BGB. Der Arbeitgeber unterbreitet ausdrücklich oder schlüssig ein Angebot auf Änderung der Arbeitsbedingungen. Stimmt der Arbeitnehmer ausdrücklich zu, dann hat es damit grundsätzlich sein Bewenden. Allenfalls stellt sich dann die Frage der Inhaltskontrolle[314]. Lehnt der Arbeitnehmer ab, bleibt dem Arbeitgeber nur die Änderungskündigung.

---

[309] BAG 18.4.1968, AP Nr. 32 zu § 63 HGB.
[310] BAG 3.12.1998, NZA 1999, 584.
[311] *Picker*, ZfA 1981, 58; MünchArbR/*Richardi/Buchner*, § 34 Rn. 43.
[312] *Ramm*, AuR 1963, 106 f.; *Mayer-Maly*, Anm. zu BAG, AP Nr. 32 zu § 63 HGB.
[313] BAG 6.9.2012, NZA 2013, 1087.
[314] Zur Inhaltskontrolle von Änderungsverträgen *Wank*, in: Hromadka (Hg.), Änderung von Arbeitsbedingungen, 1990, S. 64 ff.

### III. Änderung des Arbeitsvertrags

**bb) Konkludente Annahme des Änderungsangebots.** Häufig kommt es nicht zu einer ausdrücklichen Annahme. Der Arbeitnehmer widerspricht nicht, sondern arbeitet einfach weiter. Es fragt sich, wie dieses Verhalten zu bewerten ist. **Schweigen** stellt in der Regel keine Willenserklärung dar, also auch nicht die Annahme eines Angebots zu einer Vertragsänderung[315]. Schweigen kann aber ein **beredtes Schweigen** sein; auch ohne Worte können Zeichen gesetzt werden, die eine bestimmte rechtsgeschäftliche Bedeutung haben[316]. Dann müssen aber Anhaltspunkte da sein, aus denen der Erklärende nach Treu und Glauben schließen darf, dass der Andere seinen abweichenden Willen äußert und der Vertragsänderung widerspricht, wenn er ihr nicht zustimmen will. 171

Im **widerspruchslosen Weiterarbeiten** in Kenntnis des Angebots einer Vertragsänderung liegt nach der Rechtsprechung dann eine Zustimmung vor, wenn sich die Änderung unmittelbar im Arbeitsverhältnis auswirkt und der Arbeitnehmer deshalb umgehend feststellen kann, welchen Einfluss sie auf seine Rechte und Pflichten hat[317]. Das kann er im allgemeinen nicht, solange die Folgen der Änderung noch gar nicht hervortreten[318]. 172

**Beispiele:** Der Arbeitgeber entzieht dem Akkordanten einer Maurerkolonne die Fugen- und Putzarbeiten. Dieser führt die Maurerarbeiten trotzdem weiter aus. Hier sind die Folgen unmittelbar spürbar. Anders bei der Änderung einer Jubiläums- oder Ruhegeldregelung. Hier wirkt sich die Änderung erst bei dem Jubiläum oder mit der Pensionierung aus. 173

Ob der Arbeitnehmer der widerspruchslosen Weiterarbeit den Erklärungswert „Annahme" beimisst oder nicht oder ob er sich gar insgeheim anderes vorbehält, ist ohne Bedeutung. Nach der Rechtsprechung sowohl des BAG als auch des BGH ist ein **Erklärungsbewusstsein nicht erforderlich** (s. unten Rn. 187); es genügt, dass der Arbeitgeber die Weiterarbeit als Annahme verstanden hat und verstehen konnte und dass der Arbeitnehmer das erkannt hat und hätte vermeiden können. Ein geheimer Vorbehalt wäre nach § 116 BGB unbeachtlich. 174

Ist ein Angebot für den Erklärungsempfänger **rechtlich lediglich vorteilhaft**, so kann auf einen Annahmewillen bereits dann geschlossen werden, wenn er das Angebot nicht durch eine nach außen erkennbare Willensäußerung ablehnt (Rechtsgedanke des § 516 Abs. 2 BGB)[319]. 174a

#### b) Bestimmtheits- und Transparenzgebot

Das Änderungsangebot des Arbeitgebers muss bestimmt und es muss klar und deutlich sein. Bedient sich der Arbeitgeber Allgemeiner Arbeitsbedingungen, so müssen diese hinreichend transparent sein[320]. 175

---

[315] BAG 30.7.1985, AP Nr. 13 zu § 65 HGB.
[316] Palandt/*Ellenberger*, Einf. vor § 116 BGB Rn. 7.
[317] BAG 8.7.1960, 20.5.1975, AP Nr. 2, 4 zu § 305 BGB.
[318] BAG 30.7.1985, AP Nr. 13 zu § 65 HGB.
[319] BGH 12.10.1999, BB 2000, 67.
[320] BAG 30.7.1985, AP Nr. 13 zu § 65 HGB.

176 Daran fehlt es, wenn der Arbeitnehmer nicht ohne weiteres erkennen kann, welche Bestimmungen verändert werden sollen und wie die Änderung seine Stellung beeinflussen würde. Beiläufige oder in umfangreichen Texten nicht unterscheidbare Klauseln können nicht aufgrund bloßen Schweigens und widerspruchslosen Weiterarbeitens zum Inhalt eines neuen Arbeitsvertrags werden. Der Arbeitgeber kann nicht davon ausgehen, dass der Arbeitnehmer in mühsamer Heimarbeit herauszufinden versucht, ob ihm ein neues Angebot gemacht wurde und worin es besteht. Holt der Arbeitgeber keine ausdrückliche Zustimmungserklärung ein, so muss er sicherstellen, dass seine Mitarbeiter die vorgesehenen Änderungen klar erkennen können und so Gelegenheit erhalten, sich über die Möglichkeit der Annahme oder Ablehnung schlüssig zu werden. Das kann entweder im Anschreiben oder im Vertragstext, z.B. durch drucktechnische Hervorhebung, geschehen. Etwas anderes gilt, wenn der Arbeitnehmer mit einer entsprechenden Vertragsänderung rechnen musste[321].

### *c) Form*

177 Viele Arbeitsverträge enthalten die Klausel, dass Ergänzungen und Änderungen der Schriftform bedürfen. Daran hält sich in der Praxis kaum jemand, daran kann man sich auch kaum halten. Theoretisch verstößt schon die „Zusage" einer Gehaltserhöhung gegen § 125 BGB, weil es an der schriftlichen Annahmeerklärung fehlt. An sich müsste die Gehaltserhöhung nichtig sein und in letzter Konsequenz müsste der Arbeitgeber noch nach 25 Jahren wieder zum Einstiegsgehalt zurückkehren können. Schon die Vorstellung ist absurd. Die Rechtsprechung musste deshalb helfen. Sie nimmt an, dass eine Schriftformklausel auch mündlich abbedungen werden kann, und zwar sogar stillschweigend. Ein ausdrücklicher Wille, die mündlich getroffene Vereinbarung solle ungeachtet der Schriftformklausel gelten, sei nicht erforderlich; es genüge, dass die Parteien die Maßgeblichkeit der mündlichen Vereinbarung übereinstimmend wollten. Dabei brauchten sie an die Schriftform nicht einmal zu denken[322]. Zwar widerspricht die mündliche Abdingbarkeit dem von den Vertragsparteien mit der Schriftformklausel intendierten Zweck – dem Schutz vor übereilten Änderungsverträgen, schleichenden Vertragsänderungen und der beweiskräftigen Feststellung von Änderungen[323] –, und von § 125 BGB bleibt nicht viel übrig. Die Parteien sind aber autonom hinsichtlich ihres Vertrags, und das wird man auch für die Schriftformklausel anzunehmen haben. Die Schriftformklausel behält im übrigen, auch wenn sie nicht zur Unwirksamkeit von Vertragsänderungen führt, eine nicht unbeträchtliche Bedeutung. Für das förmlich Vereinbarte gilt die Vermutung der Richtigkeit und Vollständigkeit[324]; die Partei, die formlose Änderungen und Ergänzungen behauptet, muss das beweisen[325].

---

[321] Zu Vorstehendem BAG 30.7.1985, AP Nr. 13 zu § 65 HGB.
[322] BAG 14.6.1995, AP Nr. 1 zu § 611 BGB Personalrabatt.
[323] BAG 10.1.1989, AP Nr. 5 zu § 1 BetrAVG Hinterbliebenenversorgung.
[324] BAG 9.2.1995, NZA 1996, 249, 250; *Preis*, NZA 1997, 12.
[325] Palandt/*Ellenberger*, § 125 BGB Rn. 20.

III. Änderung des Arbeitsvertrags 191

Anders verhält es sich dagegen bei einer Schriftformklausel, die nicht nur Vertragsänderungen von der Schriftform abhängig macht, sondern auch die Änderungen der Schriftformklausel ihrerseits einer besonderen Form unterstellt, indem sie die mündliche Aufhebung der Klausel ausdrücklich ausschließt. Eine so formulierte doppelte Schriftformklausel kann dann nicht durch eine die Schriftform nicht wahrende Vereinbarung abbedungen werden[326]. In der Verwendung gerade der doppelten Schriftformklausel wird nämlich deutlich, dass die Vertragsparteien auf die Wirksamkeit ihrer Klausel besonderen Wert legen. **178**

Für Allgemeine Arbeitsbedingungen gilt das allerdings nur eingeschränkt. Eine Schriftformklausel, die dazu dient, nach Vertragsschluss getroffene Individualvereinbarungen zu unterlaufen, ist unwirksam, weil sie bei dem Vertragspartner den Eindruck erweckt, eine mündliche Abrede sei entgegen § 305b BGB unwirksam (307 Abs. 1 S. 1 BGB). Diese Irreführung benachteiligt den Vertragspartner unangemessen (§ 307 Abs. 1 S. 1 BGB). Infolge der unzutreffenden Belehrung über die Rechtslage kann der Arbeitnehmer davon abgehalten werden, sich auf seine Rechte zu berufen. Etwas anderes gilt nur dann, wenn sie sich auf betriebliche Übungen beschränkt und ausdrückliche mündliche Abreden ausnimmt. Betriebliche Übungen sind nämlich nach der Rechtsprechung keine Individualabreden[327]. **178a**

Ändert sich eine nach § 2 Abs. 1 NachwG nachweispflichtige Arbeitsbedingung, so muss sie dem Arbeitnehmer spätestens einen Monat nach der Änderung schriftlich mitgeteilt werden; das gilt nicht bei einer Änderung der gesetzlichen, tariflichen oder betrieblichen Regelungen, denen das Arbeitsverhältnis unterfällt (§ 3 NachwG). **179**

## 2. Betriebliche Übung

### a) Bedeutung

**aa) Begriff.** Im Arbeitsverhältnis kommt es nicht selten zu Übungen, die sich zumeist im rechtsfreien Raum abspielen, die mitunter aber auch dem Arbeitsvertrag zuwiderlaufen. Die Rechtsprechung legt diesen Übungen unter dem Stichwort „betriebliche Übung" teilweise rechtliche Bedeutung bei. Unter einer betrieblichen Übung versteht sie die regelmäßige Wiederholung bestimmter Verhaltensweisen des Arbeitgebers, aus denen die Arbeitnehmer oder die Arbeitnehmer einer bestimmten Gruppe schließen können, ihnen solle eine Leistung oder Vergünstigung auf Dauer eingeräumt werden[328]. Der Sache nach geht es um die allgemeinere Frage, wann ein andauerndes oder wiederholtes Verhalten des Arbeitgebers rechtliche Wirkungen hat. **180**

**Beispiele:** Entzug einer Funktion, Heranziehung zu bestimmten Leistungen von Zeit zu Zeit, Gewährung von Sonderzahlungen.

---

[326] BAG 24.6.2003, AP Nr. 63 zu § 242 BGB Betriebliche Übung im Anschluss an BGHZ 66, 378 für Vereinbarungen unter Kaufleuten.
[327] BAG 20.5.2008, NZA 2008, 1233.
[328] St. Rspr., vgl. BAG 8.12.2010, NZA 2011, 628, 629 m.w.N.

181 **bb) Arten.** Bei einer betrieblichen Übung sind von dem Verhalten des Arbeitgebers alle Arbeitnehmer des Unternehmens oder des Betriebs oder Gruppen von Arbeitnehmern betroffen. Gewährt der Arbeitgeber einzelnen Arbeitnehmern Leistungen oder Vergünstigungen, so kann in diesem Verhalten ein konkludentes Angebot liegen, das der Arbeitnehmer nach § 151 BGB annimmt[329]. Hier kann man in Anlehnung an die betriebliche Übung von einer **Individualübung** sprechen. Wird durch schlüssiges Verhalten das Weisungsrecht des Arbeitgebers eingeschränkt, so pflegt man von einer **Konkretisierung** des Arbeitsvertrags zu reden (z.B. Einschränkung einer Versetzungsklausel)[330]. Gegenstand einer betrieblichen Übung kann grundsätzlich alles sein, was in Allgemeinen Arbeitsbedingungen regelbar ist, also insbesondere die Gewährung von Gratifikationen und Zulagen oder die Arbeitsbefreiung aus bestimmten Anlässen[331].

182 Je mehr jedoch eine Regelung das Funktionieren des Betriebs in seiner Gesamtheit betrifft – etwa die Frage, ob und in welcher Form in Wechselschicht gearbeitet wird –, desto weniger können die Arbeitnehmer annehmen, der Arbeitgeber wolle sich mit einem bestimmten Verhalten ihnen gegenüber individualvertraglich binden. Die Regelung kollektiver Tatbestände kann sinnvollerweise nur betriebseinheitlich erfolgen; sie kann nicht vom Zustandekommen und vom Fortbestand einer Vielzahl einzelvertraglicher Abreden abhängen[332].

### b) Rechtliche Konstruktion

183 **aa) Überblick.** Da sich aus dreimaliger vorbehaltloser Zahlung einer Gratifikation – dem Ausgangs- und Grundfall der betrieblichen Übung – nur schwer ein Anspruch auf künftige Weitergewährung begründen lässt, wurden verschiedene rechtliche Konstruktionen entwickelt, um den Arbeitgeber auch für die Zukunft zu binden[333]. Kaum mehr vertreten werden die Theorien von einer Konkretisierung der Fürsorgepflicht, vom betrieblichen Gewohnheitsrecht[334], von der Bindung des Arbeitgebers an eine selbst gesetzte Norm[335] und von einer Gesamtzusage aus einseitiger Verpflichtungserklärung[336]. Heute streiten miteinander die Vertragstheorie[337] und die Vertrauenshaftungstheorie[338]. Beide haben ihre Vor- und Nachteile. Die Unterschiede in den für erforderlich gehaltenen Voraussetzungen und den Wirkungen sind im Ergebnis gering.

---

[329] BAG 14.9.2011, NZA 2012, 81.
[330] BAG 21.4.2010, NZA 2010, 808.
[331] BAG 21.1.1997, NZA 1997, 1009, 1012.
[332] Zu Vorstehendem BAG 21.1.1997, NZA 1997, 1009.
[333] Überblick bei *Hromadka*, NZA 1984, 241 ff.; *Singer*, ZfA 1993, 487 ff.
[334] Vgl. *Gamillscheg*, FS Hilger/Stumpf, 1983, S. 243 ff.
[335] *Bötticher*, RdA 1953, 161 ff.; *ders.*, RdA 1957, 317 ff.
[336] *Hilger*, Das betriebliche Ruhegeld, 1959, S. 51 ff. und im Anschluss daran BAG 12.3.1963, AP Nr. 90 zu § 242 BGB Ruhegehalt.
[337] BAG 6.9.1994, 16.4.1997, AP Nr. 45, 53 zu § 242 BGB Betriebliche Übung.
[338] *Canaris*, Vertrauenshaftung im Deutschen Privatrecht, 1971, S. 372 ff.; *Hromadka*, NZA 1984, 241, 244; *Joost*, RdA 1989, 7, 11 f.; MünchArbR/*Richardi*, § 8 Rn. 13.

**(1) Die Vertragstheorie** sieht in dem andauernden oder wiederholten Verhalten des Arbeitgebers – allein oder in Verbindung mit sonstigen Umständen – eine schlüssige Willenserklärung, und zwar ein Angebot auf Beibehaltung oder Fortsetzung des Verhaltens in der Zukunft. Die Annahme erfolgt nach § 151 BGB (s. oben Rn. 171 ff.).

**184**

**(2) Die Vertrauenshaftungstheorie** sieht in dem Verhalten des Arbeitgebers einen Vertrauenstatbestand, der den Arbeitgeber für die Zukunft nach Treu und Glauben wegen des Verbots des venire contra factum proprium bindet. In Parallele zur Verwirkung wird von einer **Erwirkung** gesprochen.

**185**

**bb) Vor- und Nachteile der Theorien.** Die Vertragstheorie hat den Vorteil, dass sie auch dem Arbeitnehmer nachteilige betriebliche Übungen erklären kann. Ihr Nachteil liegt darin, dass sie zumindest teilweise mit Fiktionen arbeitet. In aller Regel schließen Arbeitnehmer aus einem ständigen Verhalten des Arbeitgebers nicht, dass er sich binden will, sondern dass er (infolge der Rechtsprechung) gebunden ist, d.h. nicht auf einen Bindungswillen, sondern auf eine Bindung. Bei einem Irrtum über die Bindungswirkung seines Verhaltens müsste der Arbeitgeber nach § 119 Abs. 1 Alt. 2 BGB anfechten können; diese Folgerung zieht das BAG nicht[339]. Das ist verständlich, denn damit entfiele das Institut der betrieblichen Übung. Allerdings begibt sich das BAG damit der Rechtfertigung für die betriebliche Übung als Willenserklärung ohne Erklärungsbewusstsein: Eine autonome Gestaltung in Selbstbestimmung liegt – so der BGH – nur vor[340], wenn der „Erklärende" die Wahl hat anzufechten und das Interesse zu ersetzen oder bei seiner Erklärung stehenzubleiben und die – vielleicht günstigere – Gegenleistung zu nehmen. Die Vertrauenshaftungstheorie vermag den Ausschluss der Irrtumsanfechtung zu erklären. Sie versagt aber nach allgemeiner Meinung bei für den Arbeitnehmer nachteiligen Übungen[341]; hier muss dann auf die Vertragstheorie zurückgegriffen werden.

**186**

Eine weitere Schwäche der Vertragstheorie, nämlich die Annahme einer Willenserklärung ohne Erklärungsbewusstsein, hat die Rechtsprechung dadurch beseitigt, dass sie unter bestimmten Voraussetzungen Erklärungsfahrlässigkeit genügen lässt. Indem sie auf das Erklärungsbewusstsein verzichtet, wenn der Empfänger das Erklärungsverhalten nach Treu und Glauben und mit Rücksicht auf die Verkehrssitte als Willenserklärung auffassen durfte und wenn der Erklärende dies bei der Anwendung der im Verkehr erforderlichen Sorgfalt hätte erkennen und vermeiden können[342], hat sie ein Stück Vertrauensschutz in die Willenserklärung mit hineingenommen.

**187**

---

[339] Im Gegensatz zum BGH, vgl. BGHZ 91, 327.
[340] BGH 7.6.1984, NJW 1984, 2279.
[341] *Walker*, JuS 2007, 1, 4.
[342] BGHZ 91, 324, 327; 109, 177; BAG 4.9.1985, SAE 1986, 281 m. Anm. *Hromadka*; BGH 29.11.1994, NJW 1995, 953.

| BGH<br>objektiver Erklärungstatbestand | Lehre vom Vertrauenstatbestand<br>Rechtsscheintatbestand |
|---|---|
| Handlungswille<br>Erklärungsbewusstsein oder Erklärungsfahrlässigkeit:<br>– Hat der Empfänger die Erklärung (hier: die Übung) als Willenserklärung verstanden?<br>– Durfte eine Äußerung (Handlung, hier: die wiederholte Leistung) nach Treu und Glauben als Willenserklärung verstanden werden?<br>– Hätte der Erklärende bei Anwendung der im Verkehr erforderlichen Sorgfalt erkennen und vermeiden können, dass seine Äußerung als Willenserklärung aufgefasst wurde? | Willentlich<br><br>– Wie schwerwiegend sind die Folgen der Enttäuschung der Erwartung für den Empfänger (Schutzbedürftigkeit)?<br>– Inwieweit durfte der Empfänger nach den Umständen auf eine Fortsetzung der Übung vertrauen (Schutzwürdigkeit)?<br>– Was hat der Leistende getan, das Vertrauen zu erwecken und aufrechtzuerhalten (Zurechenbarkeit)? |

188 Folgt man der Vertragstheorie, so ist zu fragen, ob aus einem bestimmten Verhalten auf einen Verpflichtungswillen des Arbeitgebers geschlossen werden kann; folgt man der Vertrauenshaftungstheorie, so ist darauf abzustellen, ob der Arbeitnehmer auf Fortsetzung des Verhaltens des Arbeitgebers vertrauen darf. Beide Theorien tun sich schwer, aus bloßem Zeitablauf oder aus bloßer Wiederholung eine Bindung zu begründen. Für die Vertragstheorie ist das Zeitmoment ein Anzeichen unter vielen für einen Bindungswillen; die Vertrauenshaftungstheorie verlangt neben dem Zeitmoment ein Umstandsmoment. Die Bindung bei Gratifikationen nach dreimaliger Zahlung[343], d.h. eine Bindung durch ein bloßes wiederholtes Tun, ist nach beiden Ansichten kaum zu vertreten und nur gewohnheitsrechtlich zu erklären.

189 Bei Leistungen, die den Lebensstandard des Arbeitnehmers prägen, ist eine Bindung nach der Rechtsprechung eher zu bejahen als bei bloßen Annehmlichkeiten[344]. Bei Entgelt entstehen Ansprüche aus betrieblicher Übung eher als bei freien Tagen[345] und umso schneller, je höher das Entgelt ist. Ein Anspruch aus betrieblicher Übung kann auch bei übertariflichen Zulagen entstehen[346]. Zurückhaltung ist aber bei laufendem Entgelt geboten. Die Arbeitnehmer können im Normalfall nicht davon ausgehen, dass der Arbeitgeber darauf verzichten will, derartige Leistungen an veränderte Umstände anzupassen[347]. Aus den Umständen ist auch zu erschließen, welchen konkreten Umfang der Verpflichtungswille/die Verpflichtung des Arbeitgebers hat, d.h. unter welchen Voraussetzungen und für welche Zeit die Leistung zu erbringen ist und ob und unter welchen Voraussetzungen sie widerrufen werden

---

[343] BAG 28.2.1996, AP Nr. 192 zu § 611 BGB Gratifikation.
[344] Vgl. hierzu BAG 16.4.1997, AP Nr. 53 zu § 242 BGB Betriebliche Übung.
[345] Vgl. BAG 12.1.1994, DB 1994, 2034; BAG 6.9.1994, DB 1995, 152.
[346] BAG 29.8.2012, NZA 2013, 40.
[347] BAG 4.9.1985, DB 1986, 1627; BAG 22.9.1992, DB 1993, 380.

kann³⁴⁸. Keine betriebliche Übung entsteht, wenn der Arbeitgeber Leistungen erbringt, zu denen er sich, für die Arbeitnehmer erkennbar, irrtümlich etwa aufgrund Tarifvertrags oder einer Betriebsvereinbarung verpflichtet glaubt³⁴⁹.

Die Wirkung einer betrieblichen Übung tritt auch gegenüber Arbeitnehmern ein, die zwar unter der Geltung der Übung im Betrieb gearbeitet, selbst jedoch die Leistung oder Vergünstigung noch nicht erhalten haben, weil sie die nach der Übung vorausgesetzten Bedingungen noch nicht erfüllt haben. Eine Mitteilung über die anderen Arbeitnehmern gewährten Vergünstigungen ist ebenso wenig erforderlich wie eine allgemeine Veröffentlichung im Betrieb. Nach Ansicht des BAG ist von dem allgemeinen Erfahrungssatz auszugehen, dass derartige Leistungen und Vergünstigungen allgemein bekannt werden³⁵⁰. **189a**

### c) Ausschluss der Bindung

Die rechtliche Bindung an ein wiederholtes, gleichförmiges Verhalten lässt sich durch einen Freiwilligkeitsvorbehalt oder durch eine doppelte Schriftformklausel vermeiden. **190**

**aa) Freiwilligkeitsvorbehalt.** Der Arbeitgeber kann die Entstehung eines Anspruchs aus betrieblicher Übung ausschließen. Nach der Vertragstheorie folgt dieses Recht daraus, dass der Arbeitgeber frei ist, ob er eine Bindung eingeht; für die Vertreter der Vertrauenshaftungstheorie entsteht kein Vertrauenstatbestand. Der Ausschluss geschieht durch einen (Freiwilligkeits-)Vorbehalt (s. § 7 Rn. 63 ff.)³⁵¹. Dieser muss nicht jedes Mal ausdrücklich erklärt werden. Eine generelle Klausel im Arbeitsvertrag, dass aus der rein tatsächlichen Gewährung freiwilliger Leistungen kein Anspruch entsteht, genügt³⁵². Ein – wirksamer – stillschweigender Ausschluss kann darin liegen, dass der Arbeitgeber die Leistung erkennbar jeweils nur zu einer bestimmten Zeit oder für eine bestimmte Zeit gewährt³⁵³. Dasselbe gilt, wenn der Arbeitgeber in seinem Ankündigungsschreiben darauf hinweist, dass er die Gratifikation wegen guter Leistung gewährt oder wenn er Leistungen aufgrund einer nichtigen Betriebsvereinbarung erbringt³⁵⁴. Unwirksam ist ein Vorbehalt, der erst nach Eintritt der Bindung erklärt wird. **191**

Im **öffentlichen Dienst** müssen die Arbeitnehmer sogar davon ausgehen, dass der Arbeitgeber nur die Leistungen gewähren will, zu denen er rechtlich verpflichtet ist. Der öffentliche Arbeitgeber ist durch Anweisungen vorgesetzter Dienststellen, Verwaltungsrichtlinien, Verordnungen und gesetzliche Regelungen anders gebunden als der private Arbeitgeber³⁵⁵. Ohne besondere Anhaltspunkte muss der Arbeitnehmer selbst bei langjähriger Gewährung von Vergünstigungen, die den Rahmen rechtlicher Verpflichtungen überschreiten, stets damit **192**

---

[348] BAG 28.2.1996, AP Nr. 192 zu § 611 BGB Gratifikation; BAG 16.4.1997, AP Nr. 53 zu § 242 BGB Betriebliche Übung.
[349] BAG 17.3.2010, BAGE 133, 337; BAG 29.8.2012, NZA 2013, 40.
[350] BAG 15.5.2012, NZA 2012, 1279.
[351] BAG 12.1.1994, 16.4.1997, AP Nr. 43, 53 zu § 242 BGB Betriebliche Übung.
[352] BAG 18.3.2009, NZA 2009, 535; zweifelnd BAG 14.9.2011, NZA 2012, 81.
[353] BAG 28.2.1996, AP Nr. 192 zu § 611 BGB Gratifikation.
[354] Zu Vorstehendem BAG 15.5.2012, NZA 2012, 1279.
[355] BAG 16.7.1996, NZA 1997, 664, 666 m.w.N.; BAG 15.5.2012, NZA 2012, 1279.

rechnen, dass eine fehlerhafte Rechtsanwendung korrigiert wird, und zwar durch schlichte Einstellung der Zahlung[356].

193 **bb) Schriftform.** Da betriebliche Übungen nach der Vertragstheorie konkludente Vereinbarungen in einer Mehrzahl von Fällen sind, unterliegen sie den Regeln des AGB-Rechts. Nach der Rechtsprechung können betriebliche Übungen durch eine doppelte Schriftformklausel verhindert werden, wenn die Klausel sich auf betriebliche Übungen beschränkt[357]. (Ausdrückliche und konkludente) Individualabreden müssen also ebenso ausgenommen werden wie leistungsbezogenes Entgelt (s. oben Rn. 178a).

194 **Formulierungsbeispiel:** Änderungen und Ergänzungen dieses Vertrags bedürfen der Schriftform; das gilt auch für diese Klausel. Ausgenommen sind individuelle Vereinbarungen und Vereinbarungen über leistungsbezogenes Entgelt (oder: Ausgenommen sind Vereinbarungen, die nicht in einer bloßen Gewährung wiederholter und gleichförmiger Leistungen oder Vergünstigungen durch den Arbeitgeber bestehen).

### d) Betriebliche Übung und Neueintretende

195 Mit Neueintretenden werden grundsätzlich die Bedingungen vereinbart, die zur Zeit des Vertragsschlusses im Betrieb gelten, sofern es sich nicht um ganz außergewöhnliche Bedingungen handelt, d.h. um Bedingungen, mit denen der Bewerber nicht zu rechnen braucht (§§ 133, 157 BGB)[358]. Auch ohne ausdrückliche Vereinbarung gelten für Neueintretende also die betrieblichen Übungen, und zwar in dem Zustand, in dem sie sich gerade befinden. Haben die anderen Arbeitnehmer bereits einen Anspruch für die Zukunft, so erwirbt der Neueintretende diesen Anspruch mit Vertragsschluss; erwerben sie ihn später, so erwirbt er ihn zu diesem Zeitpunkt, gleichgültig wie lange er dann dem Betrieb angehört[359]. Eine Schriftformklausel schließt den Anspruch aus, wenn der Arbeitgeber im Betrieb bekanntgemacht hat, dass er die Übung ab einem bestimmten Stichtag gegenüber Neueintretenden nicht fortsetzen will. Fehlt es an einer Bekanntmachung, so bedarf es einer individuellen Vereinbarung.

196 Ein Anspruch von Neueintretenden auf Leistungen, die die anderen Arbeitnehmer in vergleichbarer Lage aufgrund betrieblicher Übung erhalten, aufgrund des Gleichbehandlungsgrundsatzes wird kaum einmal in Betracht kommen. Wird keine ausdrückliche Regelung getroffen, dann hat der Neueintretende, wie gesagt, bereits kraft konkludenter Vereinbarung Anspruch darauf. Eine Pflicht zur Gleichbehandlung als zweite Anspruchsgrundlage scheidet aus, weil dieser Anspruch subsidiär ist, also voraussetzt, dass noch kein Anspruch auf anderer Rechtsgrundlage besteht.

---

[356] St. Rspr., vgl. z.B. BAG 29.9.2004, NZA-RR 2005, 501.
[357] BAG 20.5.2008, NZA 2008 1233.
[358] BAG 5.7.1968, 5.2.1971, AP Nr. 6, 10 zu § 242 BGB Betriebliche Übung.
[359] BAG 15.5.2012, NZA 2012, 1279.

## III. Änderung des Arbeitsvertrags

### e) Beseitigung der Bindung

Die Bindung an eine betriebliche Übung entfällt nicht einfach durch eine Änderung des Verhaltens. Da eine betriebliche Übung zu einer Änderung des Arbeitsvertrags führt, entfällt ihre Bindungswirkung nur durch eine erneute Änderung des Arbeitsvertrags. Dafür gelten die allgemeinen Regeln (§ 311 Abs. 1 BGB). Erforderlich ist also entweder das Einverständnis des Arbeitnehmers oder eine Änderungskündigung; eine „abändernde" betriebliche Übung erkennt die Rechtsprechung nicht (mehr) an[360]. Vorweg ist allerdings zu fragen, ob die betriebliche Übung nicht (zweck-)befristet war oder einen Widerrufsvorbehalt enthält; hier ist die Rechtsprechung allerdings – zu Unrecht[361] – sehr zurückhaltend. Geht man von einer Vertrauenshaftung aus, so richtet sich die Beendigung nach dem Umfang des schutzwerten Vertrauens.

197

### f) Lösungstechnischer Hinweis

Bei der Prüfung des Anspruchs auf eine Leistung des Arbeitgebers empfiehlt es sich – immer vorausgesetzt, dass Anhaltspunkte für das eine oder das andere vorliegen –, folgendermaßen vorzugehen:

198

1. Besteht ein Anspruch auf die Leistung aufgrund ausdrücklicher Vereinbarung?
2. Besteht ein Anspruch auf die Leistung aufgrund konkludenter Vereinbarung oder aufgrund eines Vertrauenstatbestands? Die konkludente Vereinbarung kann
   - bereits bei Abschluss des Arbeitsvertrags getroffen worden sein (z.B. über das, was im Betrieb gilt) oder
   - später, beispielsweise durch dreimalige vorbehaltlose Gewährung.

Falsch wäre es zu schreiben: „Arbeitnehmer A könnte einen Anspruch gegen Arbeitgeber B aus Vertrag haben", einen solchen Anspruch zu verneinen, und dann fortzufahren: „In Betracht kommt (aber) ein Anspruch aus betrieblicher Übung." Anspruchsgrundlage ist in jedem Fall der Vertrag (§ 611a BGB).

### 3. Gesamtzusage

Eine Gesamtzusage ist die an alle Arbeitnehmer des Betriebs oder einen nach abstrakten Merkmalen bestimmten Teil von ihnen in allgemeiner Form gerichtete ausdrückliche Erklärung des Arbeitgebers, bestimmte Leistungen erbringen zu wollen. Gesamtzusagen werden bereits dann wirksam, wenn sie gegenüber den Arbeitnehmern in einer Form verlautbart werden, die den einzelnen Arbeitnehmer typischerweise in die Lage versetzt, von der Erklärung Kenntnis zu nehmen. Auf konkrete Kenntnis kommt es nicht an[362]. Eine ausdrückliche Annahme des in der Erklärung enthaltenen Antrags i.S.v. § 145 BGB wird nicht erwartet und ist auch nicht

199

---

[360] BAG 18.3.2009, NZA 2009, 2475.
[361] *Hromadka*, NZA 2011, 65, 68 ff.
[362] *Adomeit*, Rechtsquellenfragen im Arbeitsrecht, S. 112 ff.; MünchArbR/*Richardi*, § 7 Rn. 44; *Söllner*, Leistungsbestimmung, S. 32 ff.; *Zöllner/Loritz/Hergenröder*, Arbeitsrecht, § 6 I 6e.

erforderlich. Das in der Zusage liegende Angebot wird – so das BAG[363] – gemäß § 151 BGB angenommen und ergänzender Inhalt des Arbeitsvertrags. Diese Formulierung ist missverständlich. Die Erklärung nach § 151 BGB ist eine nicht empfangsbedürftige Willensäußerung. § 151 BGB ersetzt nicht die Betätigung des Annahmewillens, sondern nur dessen Erklärung gegenüber dem Antragsteller, wenn eine derartige Erklärung nach der Verkehrssitte nicht zu erwarten ist oder der Antragende auf sie verzichtet hat. Eine solche Verkehrssitte kann im allgemeinen bei unentgeltlichen Zuwendungen und bei lediglich vorteilhaften Rechtsgeschäften angenommen werden (vgl. § 516 Abs. 2 S. 2 BGB). Auch dann muss aber der Annahmewille eindeutig nach außen betätigt werden[364].

200 Eine Gesamtzusage beschränkt sich nicht auf die zum Zeitpunkt der Erklärung beschäftigten Arbeitnehmer. Sie wird regelmäßig auch gegenüber später in den Betrieb eintretenden Mitarbeitern abgegeben und diesen bekannt. Der Zeitpunkt, zu dem der Antrag erlischt, bestimmt sich nach dem aus dem Antrag oder den Umständen zu erkennenden Willen des Antragenden (§ 151 S. 2 BGB). Geht es nicht um eine einmalige Leistung, sondern erklärt sich der Arbeitgeber auf Dauer zu leisten bereit, so spricht das für die Fortgeltung des Antrags bis zu einer gegenteiligen Erklärung. Die Zusage hat für alle Arbeitnehmer den gleichen Inhalt und die gleiche Bedeutung, solange sie nicht geändert oder zurückgenommen wird[365].

---

[363] BAG 20.8.2014, NZA 2014, 1333.
[364] Zu Vorstehendem BAG 27.1.2016, NZA 2016, 691; krit. *Raab*, FS Lindacher 2017, S. 301, 309.
[365] BAG 20.8.2014, NZA 2014, 1333.

# § 6 Pflichten des Arbeitnehmers

## I. Arbeitspflicht als Hauptpflicht

### 1. Schuldner und Gläubiger

#### a) Schuldner

**aa) Grundsätze.** Die Arbeitspflicht ist die den Arbeitsvertrag kennzeichnende Hauptleistungspflicht (§ 611a Abs. 1 S. 1 BGB). Schuldner der Arbeitspflicht ist der Arbeitnehmer. Durch den Arbeitsvertrag verspricht er dem Arbeitgeber die Leistung von Diensten nach dessen Weisungen. Er hat diese Dienste im Zweifel, d.h. wenn nichts anderes vereinbart ist, **persönlich** zu leisten (§ 613 S. 1 BGB). Daraus ergeben sich zwei wichtige Konsequenzen. Zum einen ist der Arbeitnehmer nicht berechtigt, seine Dienste durch einen anderen ausführen zu lassen, etwa indem er mit einem Kollegen die Schicht tauscht[1]. Die Heranziehung von Dritten ohne Zustimmung des Arbeitgebers ist eine Vertragsverletzung, die diesen zu Sanktionen berechtigt (s. unten Rn. 119 ff.). Zum anderen ist der Arbeitnehmer nicht verpflichtet, für eine Ersatzkraft zu sorgen, wenn er außer Stande ist, selbst zu arbeiten. Deshalb tritt objektive Unmöglichkeit ein, wenn der Arbeitnehmer die Arbeit nicht verrichten kann, und er wird von seinen vertraglichen Verpflichtungen frei (§ 275 Abs. 1 BGB), verliert jedoch zugleich den Anspruch auf die Gegenleistung (§ 326 Abs. 1 S. 1 BGB). Der Grundsatz „ohne Arbeit kein Lohn" ist allerdings durch Ausnahmen, vor allem bei Urlaub, bei krankheitsbedingter Arbeitsunfähigkeit und bei sonstiger Arbeitsverhinderung aus persönlichen Gründen sowie bei Annahmeverzug und Annahmeunmöglichkeit des Arbeitgebers praktisch in sein Gegenteil verkehrt.

1

Wegen der Verpflichtung zu persönlicher Dienstleistung **endet das Arbeitsverhältnis im Zweifel mit dem Tode des Arbeitnehmers**. Diese Rechtsfolge spricht das BGB zwar nicht beim Arbeitsvertrag, sondern nur beim Auftrag ausdrücklich aus (vgl. § 673 S. 1 BGB), sie gilt aber stets, wenn jemand persönliche Dienste zusagt. Die Erben sind in aller Regel weder verpflichtet noch berechtigt, die Verpflichtungen aus dem Arbeitsvertrag weiter zu erfüllen. Wegen der Erbenhaftung (§§ 1922, 1967 BGB) müssen sie jedoch für nachvertragliche Verpflichtungen einstehen, etwa für die Herausgabe von Arbeitsmaterial oder von Unterlagen des Arbeitgebers. In die bereits entstandenen, aber noch nicht abgewickelten Ansprüche aus dem Arbeitsverhältnis treten die Erben nach § 1922 BGB insoweit ein, als sich aus der Höchstpersönlichkeit der Ansprüche nichts anderes ergibt.

2

---

[1] LAG Düsseldorf 16.5.1967, NJW 1967, 2177.

**Beispiele:** Der Anspruch auf Urlaub ist höchstpersönlich und damit unvererblich[2]; anders der Anspruch auf bereits erarbeitetes, aber noch nicht ausgezahltes Arbeitsentgelt oder auf Urlaubsabgeltung.

3   bb) **Ausnahmen.** Die Arbeitsvertragsparteien können von der Regelung des § 613 S. 1 BGB abweichen. Sie können ausdrücklich oder stillschweigend vereinbaren, dass der Arbeitnehmer berechtigt oder verpflichtet ist, zur Erfüllung seiner Arbeitsleistung Dritte hinzuzuziehen. Der Arbeitnehmer ist dann gehalten, auf den Dritten so einzuwirken, dass dieser die versprochenen Dienste ordnungsgemäß erbringt[3]. Er haftet für ihn als seinen Erfüllungsgehilfen nach § 278 BGB[4]. Der Dritte kann sich ebenfalls zu einer Arbeitsleistung verpflichten. Verpflichtet er sich unmittelbar gegenüber dem Arbeitgeber, so kommt mit diesem ein Arbeitsvertrag zustande. Verpflichtet er sich gegenüber dem Arbeitnehmer, so wird ein sogenanntes **mittelbares Arbeitsverhältnis** begründet[5]. In diesem ist der Dritte nur dem Arbeitnehmer, der Arbeitnehmer nur dem Arbeitgeber zur Leistung von Diensten verpflichtet. Vertragliche Beziehungen zwischen dem Arbeitgeber und dem Dritten entstehen nicht, den Arbeitgeber treffen aber gewisse Pflichten[6].

### *b) Gläubiger*

4   aa) **Grundsätze.** Gläubiger der Arbeitspflicht ist der Arbeitgeber. Davon zu unterscheiden ist die Frage, wo und bei wem die versprochenen Dienste zu leisten sind. § 613 S. 2 BGB stellt – wiederum als Zweifelsregel und in Ausnahme zu § 398 BGB – den Grundsatz auf, dass der Anspruch auf die Dienste nicht übertragbar ist. Folglich hat der Arbeitnehmer die Arbeitspflicht bei seinem Arbeitgeber zu erfüllen. Der Arbeitnehmer muss jedoch nicht unbedingt für die Person des Arbeitgebers oder für seinen Betrieb arbeiten. Vielmehr kann er gehalten sein, seine Dienste im Unternehmen oder im Betrieb eines Dritten zu erbringen, etwa als Mitarbeiter eines Unternehmensberaters oder als Monteur im Außendienst. In diesen Fällen ändert sich nur der Ort der Arbeitsleistung, der Arbeitgeber bleibt Gläubiger der Leistung. Dass der Anspruch auf die Dienste im Zweifel nicht übertragbar ist, bedeutet nicht, dass der Anspruch unvererblich wäre. Vielmehr geht beim Tode des Arbeitgebers das Arbeitsverhältnis grundsätzlich auf die Erben über[7]. Das hat das Gesetz zwar wiederum nur für den Auftrag ausdrücklich geregelt (§ 672 S. 1 BGB); dieselbe Rechtsfolge gilt aber für den Arbeitsvertrag. Der Erbe, der nach § 1922 BGB in den Arbeitsvertrag eintritt, wird ohne weiteres Gläubiger der Arbeitspflicht. Er hat aber die Möglichkeit, das Arbeitsverhältnis ordentlich oder außerordentlich zu kündigen[8]. Nur wenn die versprochene Arbeitspflicht ausschließlich oder überwiegend für

---

[2] Anders für Urlaubsabgeltungsansprüche EuGH 12.6.2014, NZA 2014, 651 sowie § 8 Rn. 162.
[3] MünchKomm/*Müller-Glöge*, § 613 BGB Rn. 15.
[4] LAG Düsseldorf 16.5.1967, NJW 1967, 2177.
[5] MünchKomm/*Müller-Glöge*, § 613 BGB Rn. 19.
[6] BAG 9.4.1957, 8.8.1958, AP Nr. 2, 3 zu § 611 BGB Mittelbares Arbeitsverhältnis.
[7] ErfK/*Preis*, § 613 Rn. 11.
[8] BAG 2.5.1958, AP Nr. 20 zu § 626 BGB.

die Person des Arbeitgebers zu erbringen ist (z.B. als Krankenschwester oder Privatsekretär), erlischt das Arbeitsverhältnis mit dem Tod des Arbeitgebers, weil es zwecklos geworden ist (vgl. § 15 Abs. 2 TzBfG)[9].

**bb) Beschäftigung bei Dritten.** Erbringt der Arbeitnehmer seine Dienste bei einem Dritten, so können sich daraus für den Dritten Rechte und Pflichten ergeben: ein beschränktes Weisungsrecht und Schutz- und Fürsorgepflichten[10]. Einen eigenen Anspruch auf die Arbeitsleistung hat der Dritte allerdings nur, wenn die Arbeitsvertragsparteien einen echten Vertrag zugunsten Dritter geschlossen haben (§ 328 BGB). Auch in diesem Fall bleibt der Arbeitgeber Vertragspartner des Arbeitnehmers und haftet weiterhin für die Lohnansprüche. Darf der Arbeitgeber den Arbeitnehmer nach dem Arbeitsvertrag vorübergehend einem anderen Arbeitgeber zur Verfügung stellen, so liegt ein **echtes, nicht gewerbliches Leiharbeitsverhältnis** vor. Ist der Arbeitnehmer von vornherein zu dem Zwecke eingestellt worden, nicht für den Arbeitgeber, sondern für einen Dritten zu arbeiten, so ist ein **unechtes oder gewerbsmäßiges Leiharbeitsverhältnis** gegeben, für das das Arbeitnehmerüberlassungsgesetz (AÜG) eine Reihe von Sonderregelungen trifft (s. § 4 Rn. 50a ff.). 5

## 2. Allgemeine Festlegung der Arbeitspflicht durch den Arbeitsvertrag, Konkretisierung durch den Arbeitgeber

### a) Arbeitsvertrag als Grundlage

Der Inhalt der Arbeitspflicht ergibt sich in erster Linie aus dem Arbeitsvertrag. Im Arbeitsvertrag treffen Arbeitgeber und Arbeitnehmer üblicherweise Vereinbarungen über Inhalt, Umfang und Ort der Arbeitspflicht. Auf die Arbeitspflicht wirken auch die höherrangigen Rechtsquellen – Gesetz, Tarifvertrag und Betriebsvereinbarung – ein, sei es, dass sie einzelne Punkte zwingend regeln oder bestimmte Vereinbarungen verbieten, sei es, dass sie – durch dispositives Recht – die Arbeitspflicht gestalten, wenn es an arbeitsvertraglichen Regelungen fehlt. Im Arbeitsvertrag werden aber nicht alle Einzelheiten der Arbeitspflicht festgelegt. Sie näher zu bestimmen, ist die Funktion des Weisungsrechts (§ 106 GewO). 6

### b) Allgemeines Weisungsrecht des Arbeitgebers

**aa) Begriff, Gegenstand und Formen.** Die Weisung des Arbeitgebers konkretisiert die vereinbarte Arbeitspflicht und begründet damit die konkreten Arbeitspflichten. Der Annahme einer Gehorsamspflicht des Arbeitnehmers (so bis 2003 noch § 121 GewO) bedarf es nicht. Der Arbeitgeber darf bestimmen, welche Art von Leistungen der Arbeitnehmer zu erbringen hat. Er darf also entweder Rufbereitschaft oder Bereitschaftsdienst anordnen oder die in einem Dienstplan im voraus getroffene Anordnung ändern[11]. Das Weisungsrecht bezieht sich **nur auf die Arbeitspflicht,** nicht auf die vom Arbeitgeber geschuldete Gegenleistung, das Entgelt (vgl. § 106 S. 1 GewO). Der Arbeitgeber kann seine eigene Leistungspflicht nicht 7

---

[9] MünchKomm/*Müller-Glöge*, § 613 BGB Rn. 22.
[10] BAG 9.4.1957, 8.8.1958, AP Nr. 2, 3 zu § 611 BGB Mittelbares Arbeitsverhältnis.
[11] BAG 25.4.2007, NZA 2007, 1108, 1109.

einseitig festlegen, erst recht nicht mindern. Will er „Flexibilität beim Entgelt", so muss er sich einen Änderungsvorbehalt (Freiwilligkeits-, Widerrufs-, Anrechnungsvorbehalt) einräumen lassen (s. § 7 Rn. 62 ff.). Dasselbe gilt grundsätzlich für die Dauer der Arbeitszeit, die den Umfang der vom Arbeitnehmer zu erbringenden Dienste festlegt[12]. Die Dauer kann allerdings nur bei der Vollzeitarbeit flexibel gestaltet werden, nicht bei der Teilzeitarbeit (s. § 4 Rn. 44 ff.).

8 Außer zur unmittelbaren Ausführung der Arbeit, d.h. zum Inhalt der Arbeit und zu ihrer Durchführung, kann der Arbeitgeber Weisungen auch zum arbeitsbegleitenden Verhalten geben (§ 106 S. 2 GewO). Weisungen zum arbeitsbegleitenden Verhalten sollen die reibungslose Zusammenarbeit, das ungestörte Zusammenleben der Arbeitnehmer im Betrieb sowie den Schutz der Betriebs- und Arbeitsmittel und der geschäftlichen Interessen des Arbeitgebers gewährleisten[13].

**Beispiele:** Alkohol- oder Rauchverbot im Betrieb, Kleiderordnung, Weisungen zur Benutzung von Arbeitsschutzmitteln, Regelung des Zugangs zum Betrieb, Torkontrollen, Mitbringen von Personen und Aufenthalt im Betrieb, Fotografieren im Betrieb.

In diesem Rahmen kann der Arbeitgeber den Arbeitnehmer auch zur Teilnahme an Gesprächen verpflichten, in denen er Weisungen vorbereiten, erteilen oder ihre Nichteinhaltung beanstanden will, nicht aber, um den Arbeitnehmer zu einer Vertragsänderung zu bewegen[14].

9 Die Weisungen können individuell-konkret erteilt werden, d.h. in einem Einzelfall an eine bestimmte Person, oder generell-abstrakt, d.h. für eine unbestimmte Vielzahl von Fällen an einen zumindest bestimmbaren Adressatenkreis; das kann z.B. durch Organisationspläne, Dienstanweisungen oder Grundsätze über Führung und Zusammenarbeit geschehen. Generelle Regelungen werden, soweit es im Betrieb einen Betriebsrat gibt, häufig durch Betriebsvereinbarung getroffen.

10 Aufgrund des Weisungsrechts kann der Arbeitgeber nicht nur **erstmalig die Arbeitspflicht konkretisieren**, indem er beispielsweise dem Arbeitnehmer bei der Einstellung einen konkreten Arbeitsplatz und eine konkrete Arbeitsaufgabe zuweist. Er kann auch später durch andere Weisungen den Inhalt der Arbeitspflicht ändern. So kann er dem Arbeitnehmer die zugewiesene Aufgabe wieder entziehen und ihm eine andere Aufgabe oder einen anderen Arbeitsplatz „zuweisen". Voraussetzung ist nur, dass er sich im Rahmen des Vereinbarten hält.

---

[12] BAG 7.12.2005, NZA 2006, 423, 427 f.
[13] *Birk*, Arbeitsrechtliche Leitungsmacht, S. 322 ff., 344 ff.; *Mayer-Maly*, AuR 1968, 1 ff.
[14] BAG 23.6.2009, NZA 2009, 1011.

## I. Arbeitspflicht als Hauptpflicht

**bb) Rechtliche Grundlage und Charakterisierung.** Das Recht, Weisungen zur Ausführung der vertraglich geschuldeten Arbeitsleistung zu erteilen, ergibt sich aus dem Arbeitsvertrag[15]; § 106 S. 1 GewO schreibt also nur fest, was ohnehin gilt. Weisungen zum Verhalten im Betrieb und zum Umgang mit den Betriebs- und Arbeitsmitteln können daneben auch auf der Eigentümer- oder Besitzerstellung des Arbeitgebers beruhen; in diesen Fällen macht der Arbeitgeber zugleich von seinem gegenüber jedermann und nicht nur gegenüber den Arbeitnehmern bestehenden Hausrecht Gebrauch[16]. Rechtlich ist das Weisungsrecht ein **einseitiges Leistungsbestimmungsrecht**. Fehlt es, liegt in Wahrheit kein Arbeitsverhältnis, sondern das Dienstverhältnis eines Selbständigen vor. Durch Vereinbarung lassen sich die Befugnisse zur einseitigen Leistungsbestimmung erweitern; dann erhält der Arbeitgeber ein besonderes oder „erweitertes Weisungsrecht"[17]. Ausgeübt wird das Weisungsrecht durch einseitige empfangsbedürftige Willenserklärung; für deren Wirksamkeit gelten die Regeln des Allgemeinen Teils des BGB[18]. Für den Zugang von Erklärungen gegenüber der gesamten Belegschaft oder einer Belegschaftsgruppe genügt die Bekanntmachung in betriebsüblicher Form, z.B. durch Aushang am Schwarzen Brett. Abwesenden Mitarbeitern geht die Erklärung allerdings erst zu, wenn sie von ihr Kenntnis nehmen konnten, d.h. i.d.R. nach Rückkehr in den Betrieb[19].

11

Die Weisung **ändert die Arbeitsbedingungen unmittelbar**; einer Zustimmung des Arbeitnehmers bedarf es nicht. Das Weisungsrecht ist ein **Gestaltungsrecht**. Anders als die sonstigen Gestaltungsrechte (z.B. Anfechtung, Kündigung, Rücktritt) erschöpft es sich aber nicht in einer einmaligen Ausübung, sondern der Arbeitgeber kann grundsätzlich jederzeit neue Weisungen erteilen. *Bötticher* spricht deshalb von einem „Muttergestaltungsrecht"[20].

12

**cc) Grenzen.** Mit dem allgemeinen Weisungsrecht ist dem Arbeitgeber eine umfassende Leitungsmacht eingeräumt. Grenzen des Weisungsrechts ergeben sich aus zwingenden gesetzlichen Bestimmungen, den Mitbestimmungsrechten des Betriebsrats und dem Arbeitsvertrag. Bei der Ausübung hat der Arbeitgeber billiges Ermessen zu wahren (§ 106 S. 1 GewO).

13

**(1) Höherrangige Rechtsquellen.** Konkretisiert der Arbeitgeber mit den Weisungen die vertragliche Arbeitspflicht, so hat er alle zwingenden Vorschriften zu beachten, die dem Arbeitsvertrag in der Hierarchie der Normen vorgehen, d.h. Gesetze, Verordnungen, Tarifverträge und Betriebsvereinbarungen.

14

---

[15] BAG 14.12.1961, AP Nr. 17 zu § 611 BGB Direktionsrecht.
[16] *Birk*, Arbeitsrechtliche Leitungsmacht, S. 25 ff.
[17] *Hromadka*, DB 1995, 2601, 2606.
[18] *Söllner*, Einseitige Leistungsbestimmung, S. 23 ff., 113 ff.
[19] Schaub/*Linck*, ArbR-Hdb, § 45 Rn. 13.
[20] *Bötticher*, Gestaltung und Unterwerfung im Privatrecht, 1964, S. 6.

**Beispiel:** Der Arbeitgeber kann einer werdenden Mutter keine Arbeit zuweisen, bei der nach ärztlichem Zeugnis ihre Gesundheit oder die ihres Kindes gefährdet ist (§ 16 Abs. 2 MuSchG). Weisungen, die gegen § 7 Abs. 1 AGG verstoßen, sind unzulässig, z.B. die Anordnung gegenüber einem muslimischen Verkäufer, in der Spirituosenabteilung eines Kaufhauses tätig zu werden, wenn ihm dies aus religiösen Gründen untersagt ist[21], nicht aber das Verbot des Kopftuchtragens einer angestellten muslimischen Lehrerin, wenn das einschlägige Schulgesetz Lehrern religiöse Bekundungen untersagt, die den Schulfrieden bedrohen[22]; entsprechendes gilt für Erzieherinnen in einer Kindertagesstätte[23].

15 **(2) Mitbestimmungsrechte des Betriebsrats.** Besteht in einem Betrieb ein Betriebsrat, so hat dieser u.a. bei Fragen der Ordnung des Betriebs, bei der Lage der Arbeitszeit und bei der Anordnung von Überstunden und Kurzarbeit mitzubestimmen (§ 87 Abs. 1 Nr. 1, 2, 3 BetrVG). Weisungen, die unter Missachtung dieser Mitbestimmungsrechte ergehen, sind unwirksam („Theorie der Wirksamkeitsvoraussetzung")[24].

16 **(3) Arbeitsvertrag.** Wichtigste Grenze für die Ausübung des Weisungsrechts sind die im Arbeitsvertrag konkret getroffenen Vereinbarungen über Inhalt, Ort und Zeit der Arbeit[25]. Den im Arbeitsvertrag vorgegebenen **Rahmen** darf der Arbeitgeber **nur konkretisierend ausfüllen, nicht aber überschreiten**[26]. Lediglich in Notfällen kann der Arbeitgeber vom Arbeitnehmer verlangen, dass er alle zumutbaren Arbeiten verrichtet (§ 14 ArbZG).

**Beispiele:** Wer als Sachbearbeiter eingestellt ist, darf nicht mit Reinigungsaufgaben betraut werden; wer ausschließlich für einen Betrieb in München arbeiten soll, dem kann nicht eine Tätigkeit in Köln zugewiesen werden; wer eine Halbtagsstelle angenommen hat, dem kann zumindest nicht dauerhaft aufgegeben werden, Überstunden zu leisten.

17 Je detaillierter die Parteien im Arbeitsvertrag die Arbeitspflicht geregelt haben, desto geringer ist der Spielraum für das Weisungsrecht. Allerdings können die Parteien die Vereinbarungen zur Arbeitspflicht jederzeit **einvernehmlich ändern** (§ 311 Abs. 1 BGB). Das kann auch konkludent geschehen (s. § 5 Rn. 170 ff.).

18 **(4) Billiges Ermessen.** Der Arbeitgeber hat das Weisungsrecht nach billigem Ermessen auszuüben; dabei hat er auch auf Behinderungen des Arbeitnehmers Rücksicht zu nehmen (§ 106 S. 1, 3 GewO). Billiges Ermessen bei der Ausübung eines einseitigen Leistungsbestimmungsrechts verlangt, dass der Bestimmende die

---

[21] BAG 24.2.2011, NZA 2011, 1087.
[22] BAG 20.8.2009, NZA 2010, 227; BAG 20.12.2009, NZA-RR 2010, 383.
[23] BAG 12.8.2010, NZA-RR 2011, 162.
[24] BAG GS 3.12.1991, AP Nr. 51, 52 zu § 87 BetrVG 1972; BAG GS 3.5.1994, AP Nr. 23 zu § 23 BetrVG 1972; str., vgl. *Bommermann*, Theorie der Wirksamkeitsvoraussetzung, 1992; *H. Hanau*, Individualautonomie und Mitbestimmung in sozialen Angelegenheiten, 1994, S. 185 ff.; *Richardi*, Betriebsverfassungsrechtliche Mitbestimmung und Einzelarbeitsvertrag, 1986.
[25] Zur Auslegung des Arbeitsvertrags durch die Rechtsprechung *Busemann*, NZA 2015, 705 ff.
[26] BAG 20.1.1960, 14.12.1961, 14.7.1965, AP Nr. 8, 17, 19 zu § 611 BGB Direktionsrecht.

## I. Arbeitspflicht als Hauptpflicht

wesentlichen Umstände des Einzelfalls abwägt und die Interessen beider Seiten angemessen berücksichtigt[27]. Dazu gehören die Vorteile aus einer Regelung, die Risikoverteilung zwischen den Vertragsparteien, die beiderseitigen Bedürfnisse, außervertragliche Vor- und Nachteile, Vermögens- und Einkommensverhältnisse sowie soziale Lebensverhältnisse, wie familiäre Pflichten und Unterhaltsverpflichtungen[28]. Erhebliches Gewicht kommt einer willkürfreien unternehmerischen Entscheidung zu[29]. Da der Begriff des „billigen Ermessens" eine wertausfüllungsfähige und -bedürftige Generalklausel des Zivilrechts darstellt, wirken über diese Vorschrift die in den Grundrechten enthaltenen objektiven Wertentscheidungen auf das Arbeitsverhältnis ein[30]. Allerdings kann sich auch der Arbeitgeber auf Grundrechte (vor allem Art. 12 Abs. 1 GG) berufen, wenn er eine Weisung erteilt.

**Beispiel:** Der Arbeitgeber muss bei Weisungen Gewissensentscheidungen seiner Mitarbeiter respektieren (Art. 4 Abs. 1 GG). Er darf deshalb einen Drucker, der anerkannter Kriegsdienstverweigerer ist, nicht anweisen, kriegsverherrlichende Schriften herzustellen. Kann er ihm keine andere Arbeit geben oder ist auch in Zukunft nicht auszuschließen, dass der Arbeitnehmer immer wieder in einen unvermeidbaren Gewissenskonflikt gerät, kann aus personenbedingten Gründen gekündigt werden, insbesondere wenn dem Arbeitnehmer schon bei der Einstellung klar war, dass Gewissenskonflikte auftreten würden[31].

Weisungen, die sich zum Nachteil des Arbeitnehmers auswirken, müssen verhältnismäßig sein[32]. Unzulässig sind Weisungen, die zu einer unberechtigten **Maßregelung** des Arbeitnehmers führen (§ 612a BGB[33]) oder die aus sonstigen zu missbilligenden Motiven erfolgen. Weisungen entsprechen billigem Ermessen, wenn es für sie einen sachlichen Grund gibt und wenn die zugewiesene Tätigkeit dem Arbeitnehmer persönlich zumutbar ist. Dabei spielen die Ausbildung, der körperliche Zustand, das Alter und die bisherige Tätigkeit des Arbeitnehmers ebenso eine Rolle wie die betrieblichen Notwendigkeiten. Der Maßstab für „billiges Ermessen" bei einer Weisung kann nicht höher liegen als bei einer Änderungskündigung. Denn mit dem Weisungsrecht wird lediglich eine bereits bestehende Vertragspflicht konkretisiert, durch eine Änderungskündigung aber der Abschluss eines neuen Vertrags mit anderen Arbeitsbedingungen erzwungen[34]. Bei einer Auswahlentscheidung zwi-

19

---

[27] BAG 29.8.1991, AP Nr. 38 zu § 611 BGB Direktionsrecht; BAG 28.11.1989, AP Nr. 6 zu § 88 BetrVG 1972; weitere Kriterien bei *von Hoyningen-Huene*, Die Billigkeit im Arbeitsrecht, S. 122 f.; vgl. auch *Leßmann*, DB 1992, 1137 ff.
[28] BAG 17.8.2011, NZA 2012, 265.
[29] BAG 13.6.2012, NZA 2012, 1154.
[30] BAG 20.12.1984, AP Nr. 27 zu § 611 BGB Direktionsrecht; BAG 24.5.1989, AP Nr. 1 zu § 611 BGB Gewissensfreiheit.
[31] BAG 20.12.1984, AP Nr. 27 zu § 611 BGB Direktionsrecht; vgl. weiter BAG 24.2.2011, NZA 2011, 1087.
[32] BAG 13.5.1992, AP Nr. 31 zu §§ 22, 23 BAT Lehrer.
[33] Zum Maßregelungsverbot BAG 14.12.2011, NZA 2012, 618.
[34] *Hromadka*, RdA 1992, 239 ff. m.w.N.

schen mehreren Arbeitnehmern sind die Grundsätze für die Sozialauswahl unanwendbar; der Arbeitgeber kann auch eigene Interessen einstellen[35]. Ob eine einseitige Leistungsbestimmung billigem Ermessen entspricht, kann durch das Arbeitsgericht überprüft werden. Da der Arbeitgeber bei seinen Weisungen einen gewissen Beurteilungs- und Ermessensspielraum hat, hat das Gericht nur darüber zu befinden, ob dieser Spielraum eingehalten wurde. Die Zweckmäßigkeit einer Weisung unterliegt keiner gerichtlichen Kontrolle.

20 **dd) Erlöschen.** Das Weisungsrecht bleibt grundsätzlich während der gesamten Dauer des Arbeitsverhältnisses bestehen. Es erlischt weder durch das einmalige Ausüben noch durch das bloße Nichtausüben noch durch das Ausüben in einer bestimmten Art und Weise[36]. Der Zweck des Weisungsrechts liegt nicht zuletzt gerade darin, die Arbeitsleistung immer wieder den Bedürfnissen und den Entwicklungen anzupassen, die beim Abschluss des Arbeitsvertrags von niemandem vorausgesehen werden können.

**Beispiele für zulässige Weisungen:**[37] Verbot des Radiohörens nach 20jähriger Duldung, wenn sich die Umstände ändern; Beschäftigung einer Verkäuferin nach 8jährigem Einsatz in der Kinderabteilung nunmehr in der Herrenabteilung; Widerruf einer Vorarbeiterfunktion nach 7 Jahren; Einführung von Wechselschichtarbeit statt fester Arbeitszeiten in Normalschicht nach 7 Jahren.

21 Das Weisungsrecht kann **einvernehmlich** durch die Arbeitsvertragsparteien **beschränkt oder aufgehoben** werden. Erforderlich ist hierzu eine ausdrückliche oder schlüssige Vertragsänderung. Eine **schlüssige Vertragsänderung** ist anzunehmen, wenn Umstände den Schluss rechtfertigen, dass der Arbeitgeber künftig von seinem Weisungsrecht keinen oder nur noch einen eingeschränkten Gebrauch machen will und sich der Arbeitnehmer darauf einlässt. Der reine Zeitablauf genügt hierzu nicht. Vielmehr müssen Umstände vorliegen, die den Schluss rechtfertigen, dass der Arbeitgeber das Weisungsrecht nicht mehr oder nur noch in einer bestimmten Art und Weise ausüben will[38]. In diesem Fall hat der Arbeitgeber die im Arbeitsvertrag nur abstrakt-rahmenmäßig beschriebene Arbeitspflicht konkretisiert und ist daran auch für die Zukunft gebunden (**„Konkretisierung der Arbeitspflicht"**).

**Beispiele:**[39] Ein Arbeitnehmer fragt den Personalsachbearbeiter, ob er noch mit einer Versetzung rechnen müsse oder ob er bauen könne; bei einer entsprechenden Auskunft kann er davon ausgehen, dass er nicht mehr versetzt wird. Unterzieht sich ein Arbeitnehmer auf Anraten seines Arbeitgebers einer Fortbildung, die erhebliche Kosten und Zeitaufwand verlangt, um eine bestimmte Tätigkeit zu erhalten, dann darf er annehmen, dass er diese Tätigkeit nicht wieder gegen eine andere eintauschen muss, bei der er die Ausbildung nicht gebraucht hätte[40].

---

[35] BAG 23.9.2004, NZA 2005, 359, 361.
[36] BAG 7.12.2000, NZA 2001, 780, 781 ff.; *Hromadka*, DB 1995, 1609, 1613 f.
[37] Vgl. MünchArbR/*Reichold*, § 36 Rn. 20 ff.; *Hromadka*, DB 1995, 1609, 1614 m.w.N.
[38] BAG 7.12.2000, NZA 2001, 780 ff. m.w.N.
[39] *Hromadka*, DB 1995, 1609, 1614 m.w.N.
[40] S. dazu den Fall BAG 16.3.2010, NZA 2010, 1028.

Umgekehrt kann es die **Rücksichtnahmepflicht** (§ 241 Abs. 2 BGB) gebieten, dass der Arbeitgeber erneut von seinem Direktionsrecht Gebrauch macht und dem Arbeitnehmer **einen „leidensgerechten" Arbeitsplatz zuweist,** wenn dieser seine bisherige Arbeit nicht mehr verrichten kann und er dem Arbeitgeber mitteilt, wie er sich eine störungsfreie Weiterbeschäftigung vorstellt. Seinem Umsetzungsverlangen hat der Arbeitgeber regelmäßig zu entsprechen, wenn keine betrieblichen Belange oder Rücksichtnahmepflichten gegenüber anderen Mitarbeitern entgegenstehen[41]. Das soll laut BAG sogar dann gelten, wenn der leidensgerechte Arbeitsplatz mit einem Kollegen besetzt ist, dem der Arbeitgeber kraft Direktionsrechts und unter Beachtung billigen Ermessens einen anderen Arbeitsplatz zuweisen kann.   **21a**

**ee) Rechtsfolgen.** Zu unterscheiden ist zwischen rechtmäßigen und rechtswidrigen Weisungen.   **22**

**(1) Rechtmäßigen Weisungen** hat der Arbeitnehmer nachzukommen. Weigert er sich, so verletzt er den Arbeitsvertrag, und der Arbeitgeber ist zu Sanktionen berechtigt[42]. Der Arbeitnehmer muss die Weisung auch dann befolgen, wenn er der Meinung ist, sie sei unzweckmäßig, selbst wenn dem offenkundig so ist; ggf. muss er den Arbeitgeber darauf hinweisen.   **23**

**(2) Rechtswidrige Weisungen** braucht der Arbeitnehmer nicht zu befolgen[43]. Überschreitet der Arbeitgeber das Weisungsrecht, verlangt er die Erfüllung einer nicht bestehenden Arbeitspflicht. Der Arbeitnehmer kann und muss den Arbeitgeber auf die Überschreitung aufmerksam machen, damit er eine neue, rechtmäßige Weisung erteilen kann[44]. Beharrt der Arbeitgeber auf seiner Weisung, behält der Arbeitnehmer, der nur zu den geschuldeten und erlaubten Diensten bereit ist, den Anspruch auf die Gegenleistung, weil der Arbeitgeber in Annahmeverzug gerät (§ 615 Satz 1 BGB[45]). Umstritten ist, ob der Arbeitnehmer einer nur unbilligen Weisung nachkommen muss[46]; das BAG hatte das früher bejaht[47]. Verlangt der Arbeitgeber eine zwar nicht verbotene, aber vertraglich auch nicht geschuldete Leistung und kommt der Arbeitnehmer der durch den Arbeitsvertrag nicht gedeckten Weisung nach, so kann das konkludent zum Abschluss eines Änderungsvertrags führen[48].   **24**

---

[41] BAG 19.5.2010, NZA 2010, 1119; zu den Grenzen *Mückl/Hiebert*, NZA 2010, 1259 ff.; i.E. ebenso BAG 9.4.2014, NZA 2014, 719.
[42] BAG 17.3.1988, AP Nr. 99 zu § 626 BGB.
[43] BAG 8.10.1962, AP Nr. 18 zu § 611 BGB Direktionsrecht.
[44] MünchArbR/*Reichold*, § 36 Rn. 29.
[45] BAG 24.5.1989, AP Nr. 1 zu § 611 BGB Gewissensfreiheit.
[46] *Hromadka*, NZA 2016, 601 ff. m.w.N.
[47] BAG 22.2.2012, NZA 2012, 858.
[48] BAG 30.7.1985, AP Nr. 13 zu § 65 HGB; s. auch BAG 25.11.2009, NZA 2010, 283.

**24a  Unbillige Weisungen.** Der 5. Senat des BAG[49] hatte 2012 entschieden, dass eine nur unbillige Weisung den Arbeitnehmer so lange binde, bis ein Gericht rechtskräftig die Unbilligkeit der Weisung festgestellt habe (§ 315 Abs. 3 S. 2 BGB). Die unbillige Weisung sei nicht nichtig, sondern nur unverbindlich (§ 315 Abs. 3 S. 1 BGB). Der 10. Senat[50] stellt jetzt (mit Zustimmung des 5. Senats unter neuem Vorsitz) eine unbillige Weisung der rechtswidrigen Weisung gleich. Der Arbeitnehmer brauche sie – auch nicht vorläufig – zu befolgen. Mit einer unbilligen Weisung überschreite der Arbeitgeber die Grenzen seines Weisungsrechts. Das Weisungsrecht solle in einem „eher partnerschaftlichen Miteinander" ausgeübt werden; eine sanktionsbewehrte Bindung des Arbeitnehmers an eine unbillige Weisung sei damit nicht vereinbar. Zudem werde dadurch das Risiko einer unwirksamen Weisung auf den Arbeitnehmer abgewälzt. Aus § 275 Abs. 3 BGB, der ein Leistungsverweigerungsrecht des Arbeitnehmers (nur) bei Unzumutbarkeit der Leistung vorsieht, könne nicht der (Umkehr)-Schluss gezogen werden, dass im Bereich des § 106 GewO unbillige Weisungen wirksam seien. Eine vorläufige Leistungspflicht ergebe sich auch nicht aus einem Vergleich mit der Situation bei einer Änderungskündigung. Dort habe der Arbeitnehmer den neuen Bedingungen – wenn auch unter Vorbehalt – zugestimmt.

**24b**  Die Rechtsprechung pflegt im Zusammenhang mit Weisungen in aller Regel § 315 BGB (entsprechend) zu zitieren[51]. § 315 BGB ist auf Weisungen aber nicht anwendbar. § 106 GewO geht § 315 Abs. 1 BGB vor. Weisungen sind nicht nur im Zweifel, sondern immer nach billigem Ermessen zu erteilen. § 315 Abs. 2 BGB enthält für Weisungen eine Selbstverständlichkeit. § 275 Abs. 3 BGB ist lex specialis zu § 315 Abs. 3 S. 1 BGB. Die Anwendung von § 315 Abs. 3 S. 2 BGB auf Weisungen verstößt gegen Art. 12 Abs. 1 GG. Das Gericht kann nur feststellen, ob eine Weisung der Billigkeit entspricht; es kann dem Arbeitgeber aber nicht eine Weisung aufgeben, die es für billig hält[52].

### 3. Inhalt der zu leistenden Arbeit

#### a) Festlegung im Arbeitsvertrag

**25**  Den Inhalt der zu leistenden Arbeit bestimmen die Parteien im Arbeitsvertrag (vgl. § 2 Abs. 1 S. 2 Nr. 5 NachwG). Der Rahmen kann – ähnlich wie bei einer Gattungsschuld – enger oder weiter gesteckt werden. Die geschuldete Tätigkeit kann nur allgemein umschrieben oder konkret vereinbart sein:

**Beispiele:**

(1) „Sie sind als kaufmännischer Angestellter tätig."

(2) „Sie sind als Sachbearbeiter im Vertrieb tätig."

(3) „Sie sind als Sachbearbeiter im Vertrieb Südeuropa tätig".

Im Beispiel 1 hat sich der Arbeitnehmer zu allen kaufmännischen Tätigkeiten verpflichtet, gleichgültig in welchem Ressort (Einkauf, Verkauf, Personalwesen, Finanzbuchhaltung, Revision) und in welcher Abteilung. Im Beispiel 2 beschränkt

---

[49] BAG 22.2.2012, NZA 2012, 861; zust. *Hromadka*, RdA 2015, 59 ff.; *Schmitz-Scholemann*, JbArbR 2013, 53, 86.
[50] BAG 14.6.2017, NZA 2017, 1185; ebenso die h.L., ErfK/*Preis*, § 106 GewO Rn. 7a m.w.N.
[51] Zuletzt wieder BAG 14.6.2017, NZA 2017, 1185 a.A. *Hromadka*, FS Hoyningen-Huene, 2014, S. 145 ff.; *Preis*, NZA 2015 1, 5.
[52] Zu Vorstehendem *Hromadka*, FS Wank, S. 145, 150 ff.

sich der Einsatz auf den Vertrieb; Tätigkeiten z.B. in der Finanzbuchhaltung oder in der Öffentlichkeitsarbeit kommen nicht in Betracht. Im Beispiel 3 kann der Arbeitnehmer nur in der Abteilung Vertrieb Südeuropa beschäftigt werden, nicht aber in anderen Vertriebsabteilungen und erst recht nicht in anderen Ressorts.

Erweiterungen, Einschränkungen oder eine Konkretisierung der vertraglichen Festlegung können sich ergeben aus dem Berufsbild, aus der tariflichen Eingruppierung, aus einem Organisationsplan oder aus der Stellenbeschreibung, die dem Arbeitsvertrag beigefügt ist, oder einfach aus der Übung in der Branche, im Beruf, im Betrieb oder am Ort[53]. 26

Bei enger Umschreibung im Arbeitsvertrag sind **Versetzungsklauseln** üblich (s. das Beispiel in § 4 Rn. 56 Ziff. 2). Versetzungsklauseln geben dem Arbeitgeber ein Leistungsbestimmungsrecht, mit dessen Hilfe er von einzelvertraglichen Festlegungen abweichen kann. Der Sache nach sind sie Änderungsvorbehalte; der Arbeitgeber erhält ein erweitertes Weisungsrecht. Von ihrem Umfang hängt es ab, inwieweit eine Änderung der Tätigkeit in Betracht kommt. Wird eine Versetzung beispielsweise nur aus betrieblichen Gründen vorbehalten, so kann einem Arbeitnehmer bei Krankheit keine andere Arbeit, die er trotz seiner Erkrankung noch verrichten könnte, übertragen werden. In Allgemeinen Arbeitsbedingungen muss der Arbeitgeber darauf hinweisen, dass er dem Arbeitnehmer nur eine gleichwertige andere Arbeit zuweisen kann[54]. Der Angabe eines Grundes für die Versetzung bedarf es dagegen nicht. Die Aufzählung aller in einer möglicherweise fernen Zukunft einmal in Betracht kommenden Gründe stößt auf Schwierigkeiten, und die Zusammenfassung unter einem Oberbegriff wie „sachlicher Grund" führt zu Leerformeln, die zu nicht mehr Klarheit führen würden[55]. 27

Zur geschuldeten Tätigkeit gehören auch die **üblichen Nebenarbeiten**, selbst wenn das nicht ausdrücklich vereinbart ist. Voraussetzung ist, dass die Nebenarbeiten in einem inneren, unmittelbaren Zusammenhang mit der Haupttätigkeit stehen („Zusammenhangstätigkeiten")[56]. Im Zweifel ist auf das Berufsbild und die Branchenüblichkeit abzustellen. 28

**Beispiele:**[57] Kraftfahrer sind verpflichtet, kleinere Reparaturen sowie Wartungs- und Pflegearbeiten an den ihnen überlassenen Fahrzeugen durchzuführen; Verkäufer müssen die Verkaufsauslagen in Ordnung halten; Facharbeiter müssen ihre Maschinen säubern und instand halten; Sekretärinnen müssen Besucher empfangen und bewirten; angestellte Lehrer müssen Klassenfahrten durchführen.

---

[53] BAG 14.7.1965, AP Nr. 19 zu § 611 BGB Direktionsrecht; BAG 23.9.1981, AP Nr. 22 zu § 611 BGB Lehrer, Dozenten; MünchArbR/*Reichold*, § 36 Rn. 14, 16.
[54] BAG 25.8.2010, NZA 2010, 1355.
[55] BAG 11.4.2006, NZA 2006, 1149, 1152.
[56] BAG 23.9.1981, AP Nr. 22 zu § 611 BGB Lehrer, Dozenten; BAG 21.2.1990, AP Nr. 7 zu §§ 22, 23 BAT Krankenkassen.
[57] MünchArbR/*Reichold*, § 36 Rn. 22; *Hromadka*, DB 1995, 2601, 2602 m.w.N.

## b) Vorübergehende Zuweisung einer anderer Tätigkeit

**29** **aa) Vertretungen.** Unter bestimmten Umständen kann der Arbeitnehmer verpflichtet sein, vorübergehend eine andere als die bisherige oder die vertraglich geschuldete Tätigkeit zu erbringen. Das gilt vor allem für Vertretungen bei Urlaub, Krankheit, Mutterschaft oder der Ableistung einer gesetzlichen Dienstpflicht, gleichgültig ob dabei gleich-, höher- oder geringerwertige Aufgaben zu erledigen sind[58]. Wer einen verhinderten Kollegen vertritt, geht im allgemeinen davon aus, dass im Falle seiner eigenen urlaubs- oder krankheitsbedingten Abwesenheit die von ihm zu verrichtenden Dienste von den anderen Arbeitnehmern mit erledigt werden. Ist ein Arbeitnehmer als „Springer" eingestellt, so besteht seine Arbeitsaufgabe in der Vertretung verhinderter Kollegen. Bei der vorübergehenden Zuweisung anderer Tätigkeiten hat der Arbeitgeber billiges Ermessen zu wahren. Er muss darauf achten, dass der Arbeitnehmer fachlich und persönlich in der Lage ist den Kollegen zu vertreten, und dass ihm die Vertretung auch zumutbar ist. Daran kann es fehlen, wenn dem Arbeitnehmer eine erhebliche Mehrbelastung aufgebürdet wird oder wenn ein Angestellter die Dienste eines Hilfsarbeiters ausführen soll[59]. Billiges Ermessen verlangt weiterhin, dass die Mitarbeiter gleichmäßig zu Vertretungen herangezogen werden. Die Vergütung bleibt bei einer Vertretung grundsätzlich unverändert, auch wenn die vorübergehend zugewiesene Tätigkeit einen anderen Wert hat als die bisher ausgeübte. Bei der Übernahme einer höherwertigen Tätigkeit wird man ein höheres Entgelt jedenfalls dann als vereinbart anzusehen haben, wenn es sich um eine nicht nur ganz geringfügig höherwertige Tätigkeit handelt, der Zeitraum nicht ganz unbedeutend ist und der Arbeitnehmer die Arbeit auch tatsächlich voll ausführt[60]. Einzelheiten hierzu sind häufig in Tarifverträgen geregelt.

**29a** **bb) Schwangerschaft.** Der Arbeitgeber darf der von einem Beschäftigungsverbot betroffenen schwangeren Arbeitnehmerin eine zumutbare Ersatztätigkeit zuweisen[61]. Eine Flugbegleiterin, die ihrer vertraglichen Tätigkeit wegen § 11 Abs. 5 Nr. 5 MuSchG nicht mehr nachgehen kann, kann also – auch ohne Versetzungsklausel – verpflichtet sein, in dieser Zeit Bürotätigkeit zu leisten[62].

**30** **cc) Notfälle.** Urlaubs- und Krankheitsvertretungen fallen im Betriebsalltag regelmäßig an. Der Arbeitgeber kann diese Arbeitsausfälle zumindest in gewissem Umfange voraussehen und meist rechtzeitig für Ersatz sorgen. Anders liegt es bei Notfällen, die durch außergewöhnliche, unvorhersehbare und deshalb nicht planbare Ereignisse veranlasst werden. Sie treten unabhängig vom Willen des Arbeitgebers ein[63]. Hier müssen die Arbeitnehmer vorübergehend andere Tätigkeiten ausführen, wenn die Folgen des Notfalls nicht auf andere Weise zu beseitigen sind, insbesondere wenn Rohstoffe oder Lebensmittel zu verderben oder Arbeitsergebnisse zu

---

[58] BAG 10.2.1988, AP Nr. 12 zu § 33 BAT.
[59] Schaub/*Linck*, ArbR-Hdb, § 45 Rn. 32.
[60] *Hromadka*, DB 1995, 2601, 2603.
[61] BAG 21.4.1999, NZA 1999, 1044; BAG 15.11.2000, NZA 2001, 386.
[62] BAG 21.4.1999, NZA 1999, 1044.
[63] BAG 3.12.1980, AP Nr. 4 zu § 615 BGB Böswilligkeit.

## I. Arbeitspflicht als Hauptpflicht

misslingen drohen (vgl. § 14 Abs. 1 ArbZG). Beispielsweise kann der Arbeitgeber bei Feuer, Sturmschäden oder Hochwasser verlangen, dass alle Arbeitnehmer bei den Rettungs- und Aufräumungsarbeiten mit anfassen. Grenze ist die Zumutbarkeit.

**Nicht zu den Notfällen** zählen voraussehbare betriebliche Engpässe, wie Auftragsspitzen, Organisationsmängel oder Transportprobleme[64]. Dagegen kann sich ein sorgfältig planender Arbeitgeber wappnen. Ebensowenig liegt ein Notfall vor, wenn ein Teil der Belegschaft streikt und daher Arbeit liegen bleibt. Diese Arbeit („Streikbrecherarbeit") darf der Arbeitgeber Arbeitswilligen, zu deren Aufgabengebiet diese Arbeit nicht gehört, nicht einseitig zuweisen[65]. 31

### c) Dauerhafte Zuweisung einer anderen Tätigkeit

**aa)** Von einer dauerhaften Zuweisung einer anderen Tätigkeit ist auszugehen, wenn der Arbeitgeber beim Erlass einer Weisung zum Ausdruck gebracht hat, dass der Arbeitnehmer voraussichtlich nicht mehr zu seiner bisherigen Tätigkeit zurückkehren oder dass er bis auf weiteres mit anderen Aufgaben betraut wird[66]. Die Zuweisung einer anderen Tätigkeit auf Dauer oder doch zumindest auf längere oder unbestimmte Zeit bezeichnet man als Versetzung, bei einer geringfügigen Änderung in der betrieblichen Praxis auch als Umsetzung. Der Begriff der Versetzung stammt aus dem Beamtenrecht; er hat im Individualarbeitsrecht – anders als im Betriebsverfassungsrecht (§ 95 Abs. 3 BetrVG) – keinen fest umrissenen Inhalt. 32

Entscheidend ist immer der **Wert der neu zugewiesenen Tätigkeit**. Grundsätzlich können dem Arbeitnehmer nur solche anderen Arbeiten zugewiesen werden, die denselben Arbeitswert wie die im Arbeitsvertrag vereinbarten oder die bisher ausgeübten Tätigkeiten haben. Der Arbeitswert steht nämlich in einem „konstanten Proportionsverhältnis" zum Arbeitsentgelt[67]. Eine Arbeit von einem bestimmten Wert zieht ein bestimmtes Entgelt nach sich, ein bestimmtes Entgelt definiert umgekehrt den Arbeitswert. Der (relative) Arbeitswert einer Tätigkeit ergibt sich aus einem wertenden Vergleich zwischen den verschiedenen Aufgaben, bei dem alle Vor- und Nachteile, das Berufsbild und die verkehrsmäßige Anschauung, das „Prestige" der Tätigkeit, zu berücksichtigen sind. Gleichwertige Tätigkeiten sind insbesondere solche, für die nach einem Tarifvertrag dasselbe zu bezahlen ist, weil sie nach abstrakten Merkmalen oder aufgrund konkreter Beispiele in einer Entgeltgruppe zusammengefasst sind. 33

---

[64] BAG 3.12.1980, AP Nr. 4 zu § 615 BGB Böswilligkeit; MünchArbR/*Reichold*, § 36 Rn. 23.
[65] BAG 25.7.1957, AP Nr. 3 zu § 615 BGB; BAG 10.9.1985, AP Nr. 86 zu Art. 9 GG Arbeitskampf.
[66] *Birk*, AR-Blattei (D), Direktionsrecht I, C I 1 b aa.
[67] *Söllner*, Einseitige Leistungsbestimmung, S. 51 ff., 91.

34 **bb) Geringerwertige Tätigkeiten** können außer in Not- und Ausnahmefällen nicht zugewiesen werden, und zwar selbst dann nicht, wenn das Entgelt unverändert belassen wird[68]. In Allgemeinen Arbeitsbedingungen genügt im allgemeinen nicht einmal ein ausdrücklicher Vorbehalt in einer Versetzungsklausel[69]. Zulässig ist lediglich die Zuweisung geringerwertiger Nebentätigkeiten[70]. **Höherwertige Tätigkeiten** können zugewiesen werden, soweit dadurch der Arbeitnehmer nicht überfordert wird. Problematisch ist in diesen Fällen weniger die Zuweisung der neuen als vielmehr die Rückkehr zur alten Tätigkeit. Sie ist möglich, solange das Weisungsrecht nicht erloschen ist. Soll der höherwertige Dienstposten nur vorübergehend zugewiesen werden, muss es billigem Ermessen entsprechen, dem Arbeitnehmer die höherwertige Stelle nicht auf Dauer zuzuweisen[71]. Das kann bei Vertretungen der Fall sein oder wenn sich der Arbeitnehmer auf dem höherwertigen Dienstposten erst noch bewähren soll.

## 4. Umfang

### a) Vertragliche Grundlage

35 **aa)** Der Arbeitnehmer schuldet keinen Erfolg, sondern nach Zeit bemessene Dienste. Der **Umfang** der Dienste wird von zwei Faktoren bestimmt: von der **Dauer der Arbeitszeit** und von der **Intensität der Arbeit**[72]. Vertraglich vereinbart wird zumeist nur die Arbeitszeit (vgl. § 2 Abs. 1 S. 2 Nr. 7 NachwG). Das kann im Arbeitsvertrag und nach der Rechtsprechung auch in einer Kollektivvereinbarung geschehen.

36 **bb)** Voraussetzung für die Geltung einer **tarifvertraglichen Arbeitszeitregelung** ist, dass ein Tarifvertrag, in dessen Geltungsbereich das Arbeitsverhältnis fällt, besteht, an den die Arbeitsvertragsparteien gebunden sind: sei es durch ihre Mitgliedschaft in den Verbänden, die den Tarifvertrag geschlossen haben, sei es durch Allgemeinverbindlicherklärung des Tarifvertrags, sei es durch eine Klausel im Arbeitsvertrag, die auf den einschlägigen Tarifvertrag verweist.

37 Manche tarifvertragliche Arbeitszeitregelung versteht sich als zwingende Festlegung einer **Höchstarbeitszeit**, die von den Arbeitsvertragsparteien nicht überschritten werden darf. Solche Regelungen sind nur dann zulässig, wenn sie dem Schutz des Arbeitnehmers vor Überanstrengung oder dem Schutz der Sonn- und Feiertagsruhe dienen; ansonsten bedeuten sie eine verfassungswidrige Beschränkung der Berufsausübungsfreiheit (Art. 12 Abs. 1 GG; str., dazu Band 2, § 13 Rn. 181 f., 291 ff.).

---

[68] BAG 16.10.2013, NZA 2014, 264.
[69] BAG (9. Senat) 9.5.2006, NZA 2007, 145; BAG (10. Senat) 25.8.2010, NZA 2010, 1355.
[70] BAG 26.4.1985, AP Nr. 48 zu § 611 BGB Lehrer, Dozenten; BAG 29.8.1991, AP Nr. 39 zu § 611 BGB Direktionsrecht.
[71] BAG 17.4.2002, NZA 2003, 159.
[72] MünchArbR/*Blomeyer*, 2. Aufl., § 48 Rn. 65; *Zöllner/Loritz/Hergenröder*, Arbeitsrecht, § 15 III 2.

**cc)** Regelungen über die Dauer der **Arbeitszeit in Betriebsvereinbarungen** sind 38
eher selten. Ist die Arbeitszeit in einem einschlägigen Tarifvertrag geregelt, so
können die Betriebsparteien keine Regelung in einer Betriebsvereinbarung treffen
(§ 77 Abs. 3 S. 1 BetrVG). Die Tarifvertragsparteien können aber den Abschluss
ergänzender Betriebsvereinbarungen zulassen (§ 77 Abs. 3 S. 2 BetrVG) oder den
Betriebsparteien die Festlegung der im Tarifvertrag nicht näher bestimmten Arbeitszeit übertragen, beispielsweise die Bestimmung der Arbeitszeit für bestimmte
Personengruppen innerhalb eines vom Tarifvertrag vorgegebenen Rahmens[73]. Auch
die Betriebsparteien können keine Höchstarbeitszeiten festlegen[74].

**dd)** Der richtige Ort für die Regelung der Arbeitszeit ist der **Arbeitsvertrag**. Die 39
Arbeitszeit ist nicht irgendeine Arbeitsbedingung. Nach ihr richtet sich der Umfang
der Arbeitspflicht; der Arbeitsvertrag ist, wie gesagt, ein zeitbestimmter Vertrag.
Die Arbeitszeit ist beim Arbeitsvertrag dasselbe wie etwa beim Kaufvertrag die
Größe oder die Menge der Kaufsache. Die Vereinbarung kann ausdrücklich oder
konkludent getroffen werden. Häufig verweisen die Arbeitsverträge auf die tarifliche oder auf die betriebliche Arbeitszeit. Mit der tariflichen ist die im Tarifvertrag
geregelte, mit der betrieblichen die in einer Betriebsvereinbarung geregelte oder die
betriebsübliche Arbeitszeit gemeint. Betriebsüblich ist im Zweifel wiederum die tarifliche Arbeitszeit. Haben die Parteien nichts geregelt, gilt im Zweifel ein Vollzeitarbeitsverhältnis als vereinbart[75]. Fehlt bei einem Teilzeitarbeitsverhältnis eine Regelung über den Umfang, so entscheidet das „gelebte Rechtsverhältnis"[76].

---

[73] BAG 18.8.1987, AP Nr. 23 zu § 77 BetrVG 1972.
[74] Str.; wie hier *Richardi*, NZA 1985, 173 f.; *ders.*, ZfA 1990, 221 ff., 230 ff.; *ders.*, ZfA 1992, 320 ff.;
a.A. *Buchner*, RdA 1990, 3; *Däubler*, Tarifvertragsrecht, Rn. 705; *Zöllner*, ZfA 1988, 276.
[75] BAG 21.6.2011, NZA 2011, 1274.
[76] BAG 2.11.2016, NZA 2017, 187.

## b) Arbeitszeitrechtliche Grundbegriffe

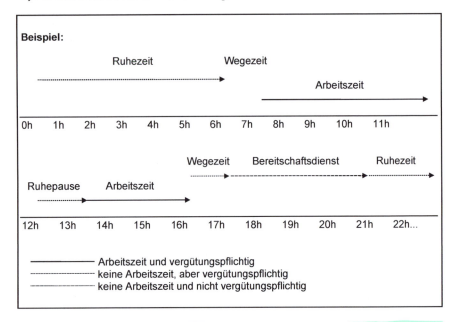

**40** **aa) Arbeitszeit** ist die Zeit vom Beginn bis zum Ende der Arbeit ohne die Ruhepausen (§ 2 Abs. 1 ArbZG). Es ist die Zeitspanne, während der der Arbeitnehmer dem Arbeitgeber seine Arbeitskraft zur Verfügung stellen muss und für die er die Vergütung erhält. Dabei spielt es keine Rolle, ob ihm tatsächlich Arbeit zugewiesen wird. Beginn und Ende der Arbeitszeit werden häufig durch Tarifvertrag oder Betriebsvereinbarung geregelt. Je nach Vereinbarung kann die Arbeitszeit beginnen mit dem Betreten des Betriebs, der Betätigung einer Stechuhr, dem Erreichen des Arbeitsplatzes, dem Anlegen vorgeschriebener Arbeitskleidung oder der Aufnahme der tatsächlichen Arbeit. Das An- und Ablegen der Dienstkleidung in den Betriebsräumen des Arbeitgebers gehört zur Arbeitszeit, wenn es ausschließlich „fremdnützig" geschieht. Davon geht die Rechtsprechung aus, wenn die Dienstkleidung besonders auffällig ist und der Arbeitnehmer im öffentlichen Raum deshalb ohne weiteres als Angehöriger seines Arbeitgebers erkannt werden kann oder sich einem bestimmten Berufszweig oder einer bestimmten Branche zuordnen lässt (z.B. weißer Kittel im Pflegebereich). Dann rechnet sogar das Zurücklegen des Wegs von der Umkleide- zur Arbeitsstelle zur Arbeitszeit. Anderes gilt, wenn es dem Arbeitnehmer gestattet ist, eine an sich besonders auffällige Dienstkleidung außerhalb der Arbeitszeit zu tragen, und er sich entscheidet, diese nicht im Betrieb an- und abzulegen. Erforderlich ist aber nur die Zeit, die für das Umkleiden und den Weg zur und von der Umkleidestelle im Rahmen der objektiven Gegebenheiten unter Ausschöpfung der persönlichen Leistungsfähigkeit benötigt wird[77].

---

[77] BAG 6.9.2017, NZA 2018, 180 m.w.N.

## Arbeitszeitrechtliche Begriffe von A - Z

- **Arbeitsbereitschaft** ist die Zeit wacher Achtsamkeit im Zustand der Entspannung im Betrieb oder an einem sonst vom Arbeitgeber bestimmten Ort in der Nähe des Betriebs.
- **Arbeitstage** sind Kalendertage, an denen nach dem Arbeitsvertrag Arbeit zu leisten ist.
- **Arbeitszeit** ist die Zeit vom Beginn bis zum Ende der Arbeit ohne die Ruhepausen. Im Bergbau unter Tage zählen die Ruhepausen zur Arbeitszeit (§ 2 I ArbZG).
- **Bereitschaftsdienst** ist die Zeit, in der der Arbeitnehmer sich im Betrieb oder an einem sonst vom Arbeitgeber bestimmten Ort aufzuhalten hat, um, sobald es notwendig ist, die Arbeit aufzunehmen, ohne dass er ständig den Arbeitsablauf verfolgen müsste.
- **Betriebspausen** sind Unterbrechungen der Arbeit aus technischen oder organisatorischen Gründen.
- **Mehrarbeit** s. Überstunden.
- **Nachtarbeit** i.S.d. ArbZG ist jede Arbeit, die mehr als 2 Stunden der Nachtzeit umfasst (§ 2 IV ArbZG).
- **Nachtarbeitnehmer** i.S.d. ArbZG sind Arbeitnehmer, die aufgrund ihrer Arbeitszeitgestaltung normalerweise Nachtarbeit in Wechselschicht zu leisten haben oder Nachtarbeit an mindestens 48 Tagen im Kalenderjahr leisten (§ 2 V ArbZG).
- **Nachtzeit** i.S.d. ArbZG ist die Zeit von 23.00 bis 6.00 Uhr, in Bäckereien und Konditoreien die Zeit von 22.00 bis 5.00 Uhr (§ 2 III ArbZG).
- **Rufbereitschaft** ist die Zeit, in der der Arbeitnehmer sich an einem von ihm selbst bestimmten Ort außerhalb des Betriebs aufhält, um, sobald es notwendig ist, die Arbeit aufzunehmen, ohne dass er ständig den Arbeitsablauf verfolgen müsste.
- **Ruhepausen** sind im voraus feststehende Zeiten der Arbeitsunterbrechung von mindestens 15 Minuten Dauer, in denen der Arbeitnehmer sich auch nicht zur Arbeitsleistung bereitzuhalten hat (vgl. § 4 ArbZG).
- **Ruhezeit** ist die Zeit nach Beendigung der täglichen Arbeitszeit, in der der Arbeitnehmer weder Arbeit noch Arbeitsbereitschaft leistet (vgl. § 5 I ArbZG).
- **Schichtzeit** ist die tägliche Arbeitszeit unter Hinzurechnung der Ruhepausen (§ 4 II JArbSchG).
- **Überstunden** (= Mehrarbeit) sind Arbeitszeiten, die vorübergehend die vereinbarte regelmäßige Arbeitszeit überschreiten (vgl. § 10 III BBiG).
- **Wegezeit** ist die Zeit, die für den Weg von der Wohnung zur Arbeitsstätte und zurück benötigt wird.
- **Werktage** sind alle Kalendertage, die nicht Sonn- oder gesetzliche Feiertage sind (§ 3 II BUrlG).

41 **bb)** Nicht zur Arbeitszeit gehört die **Wegezeit**. Das ist die Zeit, die der Arbeitnehmer für den Weg von seiner Wohnung zum Betrieb und zurück benötigt[78]. Für die Wegezeit besteht kein Anspruch auf Vergütung; ein Wegeunfall gilt aber als Arbeitsunfall (§ 8 Abs. 2 Nr. 1 SGB VII). Das Risiko, den Arbeitsplatz nicht oder nicht rechtzeitig zu erreichen, das sog. Wegerisiko, trägt der Arbeitnehmer (s. § 8 Rn. 116). Zeiten für Wege, die der Arbeitnehmer innerhalb des Betriebs oder vom Betrieb zu einer außerhalb gelegenen Arbeitsstätte zurücklegen muss, gehören zur Arbeitszeit.

42 **cc)** Nicht zur Arbeitszeit rechnet auch die **Ruhezeit**. Das ist die Zeit zwischen dem Ende der täglichen Arbeitszeit und dem Wiederbeginn der Arbeit (§ 5 Abs. 1 ArbZG). In dieser Zeit soll sich der Arbeitnehmer von der geleisteten Arbeit erholen und neue Kräfte sammeln. Er darf deshalb weder vom Arbeitgeber zu einer Arbeit herangezogen werden noch selbst seine Dienste anbieten. Der Arbeitgeber darf ihm auch nicht Akten mit nach Hause geben, die in der Ruhezeit bearbeitet werden sollen. Offen ist, ob und, wenn ja, unter welchen Umständen das Lesen und Beantworten betrieblicher E-Mails als Unterbrechung der Ruhezeit zu werten ist.

43 **dd)** Keine Arbeitszeit sind schließlich die **Ruhepausen**. Das sind die im voraus feststehenden Unterbrechungen der täglichen Arbeitszeit, in denen der Arbeitnehmer – von Notfällen abgesehen – nicht zur Leistung von Arbeit herangezogen werden darf[79]. In dieser Zeit braucht er sich auch zu keiner Arbeitsleistung bereitzuhalten; er kann den Arbeitsplatz verlassen und selbst bestimmen, wo und wie er die Zeit verbringt. Mit Ruhepausen nicht zu verwechseln sind **Betriebspausen**. Bei ihnen handelt es sich um Unterbrechungen der Arbeit aus technischen oder organisatorischen Gründen, beispielsweise weil Maschinen zeitweise stillstehen[80]. Da der Arbeitnehmer während dieser Zeit dem Arbeitgeber weiter zur Verfügung stehen muss, rechnen Betriebspausen, selbst wenn sie regelmäßig wiederkehren und im voraus festliegen, zur vergütungspflichtigen Arbeitszeit.

44 **ee)** Muss der Arbeitnehmer nicht ständig seine volle Tätigkeit entfalten, aber an der Arbeitsstelle anwesend sein, um jederzeit in den Arbeitsprozess eingreifen zu können, liegt **Arbeitsbereitschaft** vor. Typisch für die Arbeitsbereitschaft ist, dass nicht von vornherein feststeht, wann der Wechsel zwischen vollem und vermindertem Arbeitseinsatz erfolgt[81]. Arbeitsbereitschaft zählt grundsätzlich zur Arbeitszeit. Sie kann aber geringer entlohnt werden, weil der Arbeitnehmer im Vergleich zur Vollarbeit geringer belastet wird und sich zwischenzeitlich entspannen kann.

---

[78] BAG 8.12.1960, 26.8.1960, AP Nr. 1, 2 zu § 611 BGB Wegezeit.
[79] BAG 23.9.1992, AP Nr. 6 zu § 3 AZO.
[80] BAG 23.11.1960, AP Nr. 6 zu § 12 AZO.
[81] BAG 10.1.1991, AP Nr. 4 zu § 18 MTB II; BAG 19.12.1991, AP Nr. 1 zu § 67 BMT - G II.

**ff) Bereitschaftsdienst** ist demgegenüber gegeben, wenn sich der Arbeitnehmer an **45** einer vom Arbeitgeber bestimmten Stelle innerhalb oder außerhalb des Betriebs aufhalten muss, um, sobald es notwendig ist, seine Arbeit aufzunehmen, ohne dass er ständig den Arbeitsablauf verfolgen müsste. In der Verwendung seiner Bereitschaftszeit ist der Arbeitnehmer grundsätzlich frei. Dasselbe gilt für die **Rufbereitschaft**. Hier hat der Arbeitnehmer dem Arbeitgeber anzugeben, wo oder wie (Handy, Piepser) er ihn erreichen kann, und er muss sich ebenfalls auf Abruf zur Arbeit bereithalten[82]. Bereitschaftsdienst zählt zur Arbeitszeit[83], Rufbereitschaft nicht; beide sind aber vergütungspflichtig. Es muss mindestens der Mindestlohn nach § 1 Abs. 1 MiLoG gewährt werden, und zwar in ungeschmälerter Höhe[84].

## c) Arbeitszeitschutz

**aa) Grundlagen.** Während der (Individual- oder Kollektiv-)Vertrag die Frage regelt, wie lange der Arbeitnehmer arbeiten muss, ergibt sich die Antwort auf die Frage, wie lange der Arbeitnehmer arbeiten darf, aus dem öffentlich-rechtlichen Arbeitszeitschutzrecht. Der **allgemeine Arbeitszeitschutz** bestimmt sich nach dem Arbeitszeitgesetz (ArbZG) vom 6.6.1994[85]. Das Gesetz will die Sicherheit und den Gesundheitsschutz der Arbeitnehmer bei der Arbeitszeitgestaltung gewährleisten und die Rahmenbedingungen für flexible Arbeitszeiten verbessern (§ 1 ArbZG). Daneben besteht ein **besonderer Arbeitszeitschutz** für schutzbedürftige Personengruppen, wie Kinder, Jugendliche und Frauen im Mutterschutz, sowie für bestimmte Betriebe (Seeschiffe, Einzelhandel, Bäckereien und Konditoreien).

**46**

Der öffentlich-rechtliche Arbeitszeitschutz wird durch staatliche Behörden – i.d.R. **47** die Gewerbeaufsichtsämter der Länder – überwacht (§ 17 ArbZG). Gesetzesverstöße können durch Geldbußen oder Strafen geahndet werden (§§ 22, 23 ArbZG). Vereinbarungen, die gegen zwingendes Arbeitszeitschutzrecht verstoßen, sind nichtig (§ 134 BGB). Dasselbe gilt für Weisungen des Arbeitgebers. Der Arbeitnehmer braucht ihnen nicht nachzukommen, weil der Arbeitgeber damit eine Leistung verlangt, die der Arbeitnehmer nicht schuldet. Der Arbeitnehmer kann und muss sich also nicht auf §§ 273, 320 BGB berufen. Von vielen Vorschriften des Arbeitszeitrechts kann durch Tarifvertrag oder aufgrund eines Tarifvertrags durch Betriebsvereinbarung abgewichen werden. Damit soll es den Tarifvertragsparteien und den Betriebsparteien ermöglicht werden, sachgerechtere Regelungen zu vereinbaren. In Bereichen, in denen üblicherweise keine entsprechenden Tarifverträge abgeschlossen werden, kann die Gewerbeaufsicht Ausnahmen bewilligen (Einzelheiten s. § 7 ArbZG).

---

[82] Zu Vorstehendem BAG 24.10.2000, NZA 2001, 449.
[83] EuGH 9.9.2003, NZA 2003, 1019 - Jaeger; BAG 5.6.2003, NZA 2004, 164.
[84] BAG 29.6.2016, NZA 2016, 1332, 1334; BAG 11.10.2017, NZA 2018, 32.
[85] BGBl. I S. 1170.

48 **bb) Geltungsbereich des ArbZG.** Persönlich anwendbar ist das ArbZG im Grundsatz auf alle Arbeitnehmer über 18 Jahre (vgl. §§ 3 Satz 1, 18 Abs. 2 ArbZG); für die Beschäftigung von Personen unter 18 Jahren, d.h. für Kinder und Jugendliche, gelten die §§ 8-18, 20-21b JArbSchG. Betrieblich-fachlich ist das ArbZG auf alle Betriebe und Verwaltungen anwendbar (zu Ausnahmen vgl. §§ 19 ff. ArbZG).

49 Das ArbZG gilt nicht für leitende Angestellte i.S.d. § 5 Abs. 3 BetrVG, Chefärzte, Leiter von öffentlichen Dienststellen und deren Vertreter, Arbeitnehmer im öffentlichen Dienst, die zu selbständigen Entscheidungen in Personalangelegenheiten befugt sind, Arbeitnehmer, die in häuslicher Gemeinschaft mit den ihnen anvertrauten Personen zusammenleben und sie eigenverantwortlich erziehen, pflegen oder betreuen, sowie für Personen im liturgischen Bereich der Kirchen und Religionsgemeinschaften und Seeleute[86] (§ 18 Abs. 1, 3 ArbZG).

50 **cc) Gesetzliche Arbeitszeit.** Die werktägliche Arbeitszeit der Arbeitnehmer darf acht Stunden nicht überschreiten (§ 3 Satz 1 ArbZG). Als Werktage gelten alle Kalendertage, die nicht Sonn- oder gesetzliche Feiertage sind (vgl. § 3 Abs. 2 BUrlG). Daraus ergibt sich eine wöchentliche Arbeitszeit von 48 Stunden. Ohne besondere Gründe ist es möglich, eine Arbeitszeit von bis zu zehn Stunden täglich zu vereinbaren, wenn innerhalb von sechs Kalendermonaten oder innerhalb von 24 Wochen im Durchschnitt eine Arbeitszeit von acht Stunden werktäglich nicht überschritten wird (§ 3 Satz 2 ArbZG). Die Summe der von einem Arbeitnehmer innerhalb eines Zeitraums von 24 Wochen geleisteten Arbeit darf also nicht größer als 1152 Stunden sein (6 Tage/Woche x 8 Stunden/Tag x 24 Wochen). Wird im Betrieb nur von Montag bis Freitag gearbeitet, lässt sich eine über den Acht-Stunden-Tag hinausgehende Mehrarbeit bereits durch die Nichtarbeit am Samstag ausgleichen, weil der Samstag als Werktag gilt (§ 3 Abs. 2 BUrlG). Länger als zehn Stunden darf aber auch dann nicht gearbeitet werden. Die Vereinbarung einer über die gesetzliche hinausgehenden Arbeitszeit ist insoweit nichtig (§ 134 BGB i.V.m. 3 ArbZG); dennoch geleistete Arbeit ist zu vergüten (§ 612 Abs. 1 BGB)[87].

51 Wie die 1152 Stunden auf die Werktage verteilt werden, ist Sache des Arbeitgebers, sofern die Frage nicht vertraglich geregelt ist. Der Betriebsrat hat dabei ein erzwingbares Mitbestimmungsrecht nach § 87 Abs. 1 Nr. 2 BetrVG. Der Ausgleichszeitraum der sechs Monate oder 24 Wochen soll den Betrieben flexible Arbeitszeiten, insbesondere für neue Arbeitszeitmodelle, ermöglichen[88]. Der Ausgleichszeitraum kann verkürzt werden; eine Verlängerung kommt nur unter den Voraussetzungen des § 7 ArbZG in Betracht. Für Arbeiten, die über acht Stunden je Tag hinausgehen, sieht das ArbZG keine besonderen Zuschläge vor; geschuldet ist die vertragliche Vergütung.

---

[86] Für letztere gelten die §§ 84-91, 96-100a, 103, 104, 140 SeemG.
[87] BAG 24.8.2016, NZA 2017, 58.
[88] Begr. RegE, vgl. BR-Drucks. 626/93, S. 45.

## I. Arbeitspflicht als Hauptpflicht

**dd) Gesetzliche Ruhepausen.** Die Arbeit ist durch im voraus feststehende Ruhepausen zu unterbrechen, und zwar

52

| bei einer Arbeitszeit von | Ruhepause mindestens |
|---|---|
| bis zu 6 Stunden | keine Ruhepause |
| 6 Stunden bis 9 Stunden | 30 Minuten |
| mehr als 9 Stunden | 45 Minuten |

Länger als sechs Stunden hintereinander dürfen Arbeitnehmer nicht ohne Ruhepause beschäftigt werden (vgl. § 4 ArbZG). Die Pausen können in Zeitabschnitte von jeweils mindestens 15 Minuten aufgeteilt werden. Es genügt, wenn Beginn und Dauer zu Beginn der täglichen Arbeitszeit mitgeteilt werden; ob auch eine spontan angesetzte Pause den gesetzlichen Anforderungen entspricht, ist offen[89].

**ee) Gesetzliche Ruhezeiten.** Nach Beendigung der täglichen Arbeitszeit muss dem Arbeitnehmer eine ununterbrochene Ruhezeit von mindestens elf Stunden gewährt werden. Die gesetzliche Ruhezeit kann auf zehn Stunden verkürzt werden

53

- in Krankenhäusern und anderen Einrichtungen des Pflegebereichs
- in Gaststätten und anderen Einrichtungen zur Bewirtung und Beherbergung
- in Verkehrsbetrieben
- beim Rundfunk
- in der Landwirtschaft und in der Tierhaltung,

wenn jede Verkürzung der Ruhezeit innerhalb eines Kalendermonats oder innerhalb von vier Wochen durch Verlängerung einer anderen Ruhezeit auf mindestens zwölf Stunden ausgeglichen wird (§ 5 Abs. 1, 2 ArbZG).

**ff) Nachtarbeit.** Etwa 10 % der Arbeitnehmer sind von Nachtarbeit betroffen[90]. § 6 ArbZG enthält umfangreiche Regelungen, um die Belastungen durch Nachtarbeit zu begrenzen. Unter Nachtarbeit versteht das Gesetz jede Arbeit, die mehr als zwei Stunden der Nachtzeit, d.h. der Zeit von 23 bis 6 Uhr, umfasst (§ 2 Abs. 3, 4 ArbZG). Der Beginn der siebenstündigen Nachtzeit kann durch Tarifvertrag oder aufgrund eines Tarifvertrags durch Betriebsvereinbarung auf die Zeit zwischen 22.00 und 24.00 Uhr festgelegt werden (§ 7 Abs. 1 Satz 1 Nr. 5 ArbZG). Der Schutz des § 6 ArbZG gilt aber nur für **„Nachtarbeitnehmer"**. Nachtarbeitnehmer ist, wer aufgrund seiner Arbeitszeitgestaltung normalerweise Nachtarbeit in Wechselschicht leisten muss oder wer an mindestens 48 Tagen im Kalenderjahr Nachtarbeit zu leisten hat (§ 2 Abs. 5 ArbZG).

54

---

[89] BAG 25.2.2015, NZA 2015, 494.
[90] *Zöllner/Loritz/Hergenröder*, Arbeitsrecht, § 2 Rn. 25; vgl. auch BT-Drs. 13/2581.

55 Die werktägliche Arbeitszeit der Nachtarbeitnehmer beträgt acht Stunden. Eine Verlängerung auf bis zu zehn Stunden ist nur erlaubt, wenn innerhalb eines Kalendermonats oder innerhalb von vier Wochen im Durchschnitt acht Stunden je Tag nicht überschritten werden (§ 6 Abs. 2 ArbZG).

56 Die Arbeitszeitregelungen für Nachtarbeiter werden durch **weitere Vorschriften zum Arbeits- und Gesundheitsschutz** flankiert:
 - Die Arbeitszeit der Nachtarbeitnehmer ist nach den gesicherten arbeitswissenschaftlichen Erkenntnissen über die menschengerechte Gestaltung der Arbeit festzulegen (§ 6 Abs. 1 ArbZG).
 - Nachtarbeitnehmer sind berechtigt, sich auf Kosten des Arbeitgebers vor Beginn der Beschäftigung und danach in regelmäßigen Zeitabständen arbeitsmedizinisch untersuchen zu lassen (§ 6 Abs. 3 ArbZG).
 - Der Arbeitgeber hat Nachtarbeitnehmern, soweit keine tarifvertraglichen Ausgleichsregelungen bestehen, für die während der Nachtzeit geleisteten Arbeitsstunden eine angemessene Zahl bezahlter freier Tage oder einen angemessenen Zuschlag auf das Arbeitsentgelt für die Nachtzeit zu gewähren (§ 6 Abs. 5 ArbZG). Angemessen ist, soweit nicht besondere Umstände für einen höheren (Art der Tätigkeit oder Umfang der Nachtarbeit) oder geringeren (z.B. Bereitschaftsdienst) Ausgleich vorliegen, ein Zuschlag von 25 %, bei Dauernachtarbeit von 30 % auf den Bruttostundenlohn bzw. die Gewährung einer entsprechenden Anzahl freier Tage[91].
 - Nachtarbeitnehmer haben Anspruch auf gleichen Zugang zur betrieblichen Weiterbildung und zu aufstiegsfördernden Maßnahmen wie die übrigen Arbeitnehmer (§ 6 Abs. 6 ArbZG).

57 Schließlich hat der Nachtarbeitnehmer **Anspruch auf Umsetzung** auf einen für ihn geeigneten Tagesarbeitsplatz, wenn
 - ihn die weitere Verrichtung von Nachtarbeit in seiner Gesundheit gefährdet oder
 - in seinem Haushalt ein Kind unter zwölf Jahren lebt, das nicht von einer anderen im Haushalt lebenden Person betreut werden kann, oder
 - er einen schwerpflegebedürftigen Angehörigen zu versorgen hat, der nicht von einem anderen im Haushalt lebenden Angehörigen versorgt werden kann (§ 6 Abs. 4 ArbZG).

---

[91] BAG 9.12.2015, NZA 2016, 426 und 1021.

I. Arbeitspflicht als Hauptpflicht

Der Anspruch besteht nur, wenn ein freier Tagesarbeitsplatz im selben Betrieb des 58
Arbeitgebers vorhanden ist[92]; das muss der Arbeitnehmer darlegen und notfalls beweisen[93]. Er besteht nicht, wenn ihm dringende betriebliche Erfordernisse entgegenstehen[94]. Das kann der Fall sein, wenn auf den Arbeitnehmer wegen seiner besonderen Kenntnisse oder wegen seiner Funktion in der Nachtschicht nicht verzichtet werden kann; hierfür ist der Arbeitgeber darlegungs- und beweispflichtig[95]. Entscheidend ist die Abwägung aller Umstände des Einzelfalls, wobei der Grundsatz der Verhältnismäßigkeit zu beachten ist. Der Betriebsrat kann dem Arbeitgeber unverbindliche Vorschläge für eine Umsetzung unterbreiten. Die Umsetzung von der Nacht- in die Tagschicht und umgekehrt stellt eine Versetzung i.S.d. § 95 Abs. 3 BetrVG dar, wenn sich außer der Arbeitszeit auch der Arbeitsbereich ändert. Dann hat der Arbeitgeber die Zustimmung des Betriebsrats nach § 99 BetrVG einzuholen[96]. Ändert sich nur die Arbeitszeit, hat der Betriebsrat nach § 87 Abs. 1 Nr. 2 BetrVG mitzubestimmen, wenn ein kollektiver Tatbestand vorliegt.

gg) **Sonn- und Feiertagsruhe.** An Sonntagen und gesetzlichen Feiertagen dürfen 59
Arbeitnehmer grundsätzlich nicht beschäftigt werden (§ 9 Abs. 1 ArbZG). Von diesem Verbot nimmt § 10 ArbZG eine Reihe von Bereichen aus. Das sind insbesondere Not- und Rettungsdienste, Feuerwehr, Polizei, Gerichte und Behörden, Bundeswehr und Zivilschutz, Krankenhäuser, Pflege- und Altenheime, Gaststätten, Hotels, Theater, Museen, Kinos, Sport- und Freizeiteinrichtungen, Rundfunk, Presse, Märkte, Messen, Ausstellungen, Volksfeste, Verkehrs- und Transportbetriebe, Energie- und Wasserversorgung, Landwirtschaft und Tierhaltung, Bewachung, Reinigungs- und Instandhaltungsarbeiten und die Aufrechterhaltung von Datennetzen und Rechnersystemen.

Darüber hinaus können durch Rechtsverordnung **weitere generelle Ausnahmen** 60
von der Sonn- und Feiertagsruhe zugelassen werden (§ 13 Abs. 1, 2 ArbZG). Außerdem können bzw. sollen die für den Vollzug des Arbeitsschutzrechts zuständigen staatlichen Behörden **im Einzelfall Ausnahmen** von der Sonn- und Feiertagsruhe bewilligen (§ 13 Abs. 3, 4 ArbZG). Ist bei einer weitgehenden Ausnutzung der gesetzlich zulässigen wöchentlichen Betriebszeiten (144 Wochenstunden) und bei längeren Betriebszeiten im Ausland die Konkurrenzfähigkeit unzumutbar beeinträchtigt, dann müssen sie Sonn- und Feiertagsarbeit genehmigen, wenn die Beschäftigung dadurch gesichert werden kann (§ 13 Abs. 5 ArbZG).

Mindestens 15 Sonntage im Jahr müssen beschäftigungsfrei bleiben. Einem Arbeit- 61
nehmer, der Sonntagsarbeit leistet, muss innerhalb von zwei Wochen ein Ersatzruhetag gewährt werden, einem Arbeitnehmer, der an einem auf einen Werktag fallenden Feiertag arbeitet, ein Ersatzruhetag innerhalb von acht Wochen (§ 11

---

[92] *Neumann/Biebl*, § 6 ArbZG Rn. 22; KassArbR/*Schliemann*, 2.5 Rn. 381 m.w.N.
[93] *Dobberahn*, ArbZRG Rn. 90; ErfK/*Wank*, § 6 ArbZG Rn. 12.
[94] Hierzu ausf. *Diller*, NJW 1994, 2727; *Erasmy*, NZA 1994, 1110; *Zmarzlik/Anzinger*, § 6 ArbZG Rn. 43 f.
[95] *Roggendorff*, § 6 ArbZG Rn. 36; KassArbR/*Schliemann*, 2.5 Rn. 396 m.w.N.
[96] BAG 19.2.1991, 16.7.1991, 23.11.1993, AP Nr. 25, 28, 33 zu § 95 BetrVG.

ArbZG). Von diesen Vorschriften kann durch Tarifvertrag nach Maßgabe des § 12 ArbZG abgewichen werden. Eine gesetzliche Verpflichtung, für Sonn- und Feiertagsarbeit Zuschläge zu zahlen, besteht nicht. Sie kann sich aber aus einem Tarifvertrag, einer Betriebsvereinbarung oder dem Arbeitsvertrag ergeben. Haben die Arbeitsvertragsparteien nichts vereinbart, so ist ein Zuschlag geschuldet, wenn er üblich ist (§ 612 Abs. 2 BGB).

62 **hh) Ausnahmen in besonderen Fällen.** In Notfällen und in außergewöhnlichen Fällen, die unabhängig vom Willen der Betroffenen eintreten und deren Folgen nicht auf andere Weise zu beseitigen sind, darf nach § 14 Abs. 1 ArbZG von den zwingenden Arbeitszeitvorschriften – auch vom Verbot der Sonn- und Feiertagsarbeit – abgewichen werden. § 14 Abs. 2 ArbZG lässt Abweichungen von den meisten Vorschriften zu, wenn eine verhältnismäßig geringe Zahl von Arbeitnehmern vorübergehend mit Arbeiten beschäftigt wird, deren Nichterledigung das Ergebnis der Arbeiten gefährden oder einen unverhältnismäßigen Schaden zur Folge haben würde, falls dem Arbeitgeber andere Vorkehrungen nicht zugemutet werden können. Dasselbe gilt bei Forschung und Lehre, bei unaufschiebbaren Vor- und Abschlussarbeiten sowie bei unaufschiebbaren Arbeiten zur Behandlung, Pflege und Betreuung von Personen oder Tieren an einzelnen Tagen.

**ii) Besonderer Arbeitszeitschutz.**

63 (1) Für **Jugendliche** (Personen, die 15, aber noch nicht 18 Jahre alt sind) gelten folgende Besonderheiten:

– Höchstarbeitszeit täglich acht Stunden, wöchentlich 40 Stunden

– 5-Tage-Woche; Beschäftigung an Samstagen, Sonn- und Feiertagen nur unter engen Voraussetzungen

– mindestens 30 Minuten Ruhepausen bei einer Arbeitszeit von 4-6 Stunden, mindestens 60 Minuten bei einer Arbeitszeit von mehr als 6 Stunden

– Ruhezeit von mindestens 12 Stunden

– Nachtruhe grundsätzlich von 20-6 Uhr (zu Einzelheiten §§ 2, 8-13 JArbSchG).

63a (2) Für **werdende und stillende Mütter** gelten folgende Besonderheiten:

– Höchstarbeitszeit 8,5 Stunden täglich oder 90 Stunden in der Doppelwoche

– Nachtruhe von 20-6 Uhr

– keine Sonn- und Feiertagsarbeit (zu Einzelheiten § 6 MuSchG)

– für stillende Mütter: Stillzeit (§ 7 Abs. 2 MuSchG).

63b Ab 1.1.2018 sind Abweichungen bei Mehrarbeit, Nachtruhe und Sonn- und Feiertagsarbeit zulässig bei ausdrücklichem Einverständnis der Frau, ärztlicher Unbedenklichkeitsbescheinigung und Ausschluss einer unverantwortbaren Gefährdung[97].

---

[97] Im einzelnen *Bayreuther*, NZA 2017, 1145 ff.

## d) Vorübergehende Änderung der Arbeitszeitdauer

Die Änderung der Arbeitszeitdauer ist vorübergehend, wenn feststeht, dass der Arbeitnehmer später zur regelmäßigen Arbeitszeit zurückkehren wird. Sowohl bei der vorübergehenden Verlängerung als auch bei der vorübergehenden Verkürzung der regelmäßigen Arbeitszeit hat der Betriebsrat ein erzwingbares Mitbestimmungsrecht (§ 87 Abs. 1 Nr. 3 BetrVG). **64**

**aa) Vorübergehende Verlängerung.** Die vorübergehende Verlängerung der vereinbarten regelmäßigen Arbeitszeit führt zu **Überstunden** (vgl. § 17 Abs. 3 BBiG), vielfach auch Mehrarbeit oder Überarbeit genannt. **65**

Überstunden können ausdrücklich oder konkludent angeordnet werden. Eine konkludente Anordnung von Überstunden kann sich daraus ergeben, dass der Arbeitgeber dem Arbeitnehmer Tätigkeiten zuweist, die er nur erfüllen kann, wenn er die vereinbarte Arbeitszeit überschreitet, und wenn der Arbeitgeber die Erwartung alsbaldiger Erledigung zum Ausdruck bringt[98]. **66**

Ob und inwieweit der Arbeitnehmer verpflichtet ist, Überstunden zu leisten, richtet sich nach der Vereinbarung. Arbeitsverträge enthalten nur selten Überstundenregelungen, Betriebsvereinbarungen schon eher. Zumeist ist die Frage tariflich geregelt. Für Nichtorganisierte gilt die tarifliche Regelung im allgemeinen über eine Bezugnahmeklausel im Arbeitsvertrag. Fehlt eine Bezugnahmeklausel, kann sich die Verpflichtung, Überstunden zu leisten, auch aus einer betrieblichen Übung ergeben (s. § 5 Rn. 180 ff.). Offen ist, ob die Voraussetzungen, unter denen die Ableistung von Überstunden verlangt werden kann, im Arbeitsvertrag anzugeben sind (§ 307 Abs. 1 Satz 2 BGB) und ob die Anordnungsbefugnis einer Angemessenheitskontrolle (§ 307 Abs. 1 BGB) unterliegt[99]. Das ist zu bejahen. Die Befugnis, Überstunden anzuordnen, rechnet nicht zu der insoweit kontrollfreien Hauptleistung, sondern stellt eine diese ausgestaltende Abrede dar[100]. **67**

Selbst bei längerfristiger Ableistung von Überstunden kann der Arbeitnehmer nicht verlangen, auf Dauer mit einer höheren Stundenzahl und einer entsprechend höheren Vergütung zu arbeiten[101]. Schwerbehinderte Arbeitnehmer sind auf ihr Verlangen von Mehrarbeit freizustellen; als Mehrarbeit gilt hier jede über 8 Stunden werktäglich hinausgehende Arbeitszeit (§ 207 SGB IX)[102]. Teilzeitkräfte sind grundsätzlich nicht zu Überstunden verpflichtet, wenn die Teilzeitvereinbarung gerade auf ihren Wunsch nach einer bestimmten Arbeitszeit zurückgeht; anderes kann aber vereinbart werden (s. § 4 Rn. 39a). Unabhängig davon wird der Arbeitgeber Überstunden für Voll- wie für Teilzeitkräfte in Notfällen und in außergewöhnlichen Fällen im Rahmen des Zumutbaren anordnen können (vgl. § 14 ArbZG)[103]. **67a**

---

[98] BAG 17.4.1957, 2.12.1959, AP Nr. 1, 2 zu § 2 TOA; BAG 28.11.1973, AP Nr. 2 zu § 17 BAT.
[99] BAG 16.5.2012, NZA 2012, 908.
[100] *Reichold/Ludwig* Anm. zu BAG AP BGB § 307 Nr. 47; *Schramm/Kuhnke* NZA 2012, 127.
[101] BAG 22.4.2009, NZA 2010, 120.
[102] BAG 21.11.2006, NZA 2007, 446, 447.
[103] MünchArbR/*Reichold*, § 36 Rn. 66; Staudinger/*Richardi/Fischinger*, § 611 BGB Rn. 553.

68 Die **Ausübung** des Rechts, Überstunden anzuordnen, unterliegt **billigem Ermessen** (§ 106 S. 1 GewO). Billiges Ermessen verlangt eine **Interessenabwägung** zwischen den Erfordernissen des Unternehmens (z.B. hohe Vertragsstrafe, wenn ein Auftrag nicht rechtzeitig erledigt wird) und den Belangen des Arbeitnehmers (z.B. Kind muss vom Kindergarten abgeholt werden). Betriebliche Notwendigkeit und Dauer der Überstunden müssen in einem **angemessenen Verhältnis** zueinander stehen (z.B. Verlust eines Auftrags droht, wenn ein Brief nicht rechtzeitig hinausgeht). Beruht die Notwendigkeit auf einem Verschulden des Arbeitgebers, so ist das grundsätzlich zu seinen Lasten zu berücksichtigen. Billiges Ermessen verlangt auch, dass die **Arbeitnehmer gleichmäßig** zur Leistung von Überstunden **herangezogen werden**.

69 Die **Vergütung von Überstunden** richtet sich nach der Vereinbarung. Diese Vereinbarung ist eine – nicht nach § 307 Abs. 1 Satz 1 BGB kontrollfähige – Hauptleistungsabrede[104]. Arbeitgeber und Arbeitnehmer können etwa vereinbaren, dass 20 Überstunden monatlich „mit drin" sind[105] oder dass gelegentliche geringfügige Überschreitungen der regelmäßigen täglichen Arbeitszeit mit dem Monatsgehalt abgegolten sind[106]. Unzulässig, weil intransparent, ist jedoch eine Klausel, nach der „erforderliche Überstunden mit dem Monatsgehalt abgegolten sind", wenn sich der Umfang der ohne zusätzliche Vergütung zu leistenden Überstunden nicht hinreichend deutlich aus dem Arbeitsvertrag ergibt[107]. Fehlt es an einer ausdrücklichen Vereinbarung oder ist diese unwirksam, so sind Überstunden zu vergüten, wenn dies den Umständen nach zu erwarten ist (§ 612 Abs. 1 BGB entsprechend)[108]. Einen allgemeinen Rechtsgrundsatz, dass jede Mehrarbeitszeit und jede dienstliche Anwesenheit über die vereinbarte Arbeitszeit hinaus zu vergüten ist, gibt es nicht. Die Vergütungserwartung ist stets unter Berücksichtigung der Verkehrssitte, der Art, des Umfangs und der Dauer der Dienstleistung sowie der Stellung der Beteiligten zueinander festzustellen. Sie kann sich vor allem daraus ergeben, dass im betreffenden Wirtschaftsbereich Tarifverträge gelten, die für vergleichbare Arbeiten eine Vergütung von Überstunden vorsehen[109]. Während im Tarifbereich – von geringfügigen Überschreitungen der Arbeitszeit (etwa eine Stunde pro Woche) abgesehen – eine Vergütung i.d.R. erwartet werden kann, wird das bei Diensten höherer Art oder bei einer „deutlich herausgehobenen, die Beitragsbemessungsgrenze der gesetzlichen Rentenversicherung überschreitenden Vergütung" vielfach anders sein. Darlegungs- und beweispflichtig für eine Vergütungserwartung ist der Arbeitnehmer[110]. Auszubildende haben stets einen Anspruch auf Vergütung von Überstunden (§ 17 Abs. 3 BBiG). Der Arbeitnehmer kann nicht von sich aus Überstunden leisten und

---

[104] BAG 16.5.2012, NZA 2012, 908 (offengelassen für den Fall der Kombination mit einer Abrede über die Befugnis des Arbeitgebers, Überstunden anzuordnen).
[105] BAG 16.5.2012, NZA 2012, 908.
[106] *Zöllner/Loritz/Hergenröder*, Arbeitsrecht, § 16 II 3.
[107] BAG 1.9.2010, NZA 2011, 575; BAG 17.8.2011, NZA 2011, 1335.
[108] BAG 28.9.2005, NZA 2006, 149, 151; BAG 22.2.2012, NZA 2012, 861.
[109] BAG 17.8.2011, NZA 2011, 1335; BAG 22.2.2012, NZA 2012, 861.
[110] Zu Vorstehendem BAG 27.6.2012, NZA 2012, 1147; s. auch BAG 21.9.2011, NZA 2012, 145.

## I. Arbeitspflicht als Hauptpflicht

später dafür eine Vergütung verlangen[111], sondern nur dann, wenn diese zuvor angeordnet oder später gebilligt worden sind[112]. Der Arbeitnehmer, der eine Vergütung begehrt, hat im einzelnen darzulegen, an welchen Tagen und zu welchen Tageszeiten er über die übliche Arbeitszeit hinaus gearbeitet hat. Der Arbeitgeber kann einem solchen Vortrag nur substantiiert entgegentreten; ein Bestreiten mit Nichtwissen genügt nicht[113]. Steht fest, dass der Arbeitnehmer Überstunden geleistet hat, kann er seiner Darlegungs- und Beweislast aber nicht in jeder Hinsicht genügen, so darf das Gericht nach § 287 ZPO schätzen[114].

Ob ein **Überstundenzuschlag** zu zahlen ist, richtet sich nach Arbeitsvertrag, Betriebsvereinbarung oder Tarifvertrag. Ein gesetzlicher Anspruch besteht nicht (mehr). Zuschläge sind jedenfalls dann zu zahlen, wenn sie üblich sind (§ 612 Abs. 2 BGB). Statt in Geld können Überstunden auch durch Freizeit ausgeglichen werden; das setzt aber eine entsprechende Vereinbarung voraus[115]. 70

Bei der Anordnung von Überstunden hat der **Betriebsrat ein erzwingbares Mitbestimmungsrecht** nach § 87 Abs. 1 Nr. 3 BetrVG. Das Mitbestimmungsrecht setzt einen **kollektiven Tatbestand** voraus. Dieser liegt vor, wenn die Arbeitszeit aus betrieblichen Gründen verändert werden soll und Regelungsfragen auftreten, die die kollektiven Interessen der Arbeitnehmer betreffen[116]. Indiz dafür ist die Zahl der von der Überstundenanordnung betroffenen Arbeitnehmer[117]. Ein kollektiver Tatbestand kann aber auch vorliegen, wenn nur ein einzelner Arbeitnehmer zu Überstunden verpflichtet werden soll, dann nämlich, wenn auch ein anderer Arbeitnehmer die Überstunden leisten könnte. In diesem Fall geht es um die Wahrung der innerbetrieblichen Gerechtigkeit, konkret: eine gerechte Verteilung von Lasten und Vorteilen auf alle Arbeitnehmer. Ein Mitbestimmungsrecht besteht nur dann nicht, wenn lediglich ein bestimmter Arbeitnehmer die Mehrarbeit verrichten kann[118]. 71

Der Betriebsrat hat mitzubestimmen bei der Frage, ob und in welchem Umfang Überstunden zu leisten sind und welche Arbeitnehmer die Überstunden konkret leisten sollen. Die Dringlichkeit oder Vorhersehbarkeit der Überstunden spielt dabei keine Rolle[119]. Das Mitbestimmungsrecht besteht nicht nur bei einer ausdrücklichen Anordnung, sondern auch, wenn der Arbeitgeber freiwillig geleistete Überstunden duldet[120]. Das Mitbestimmungsrecht kann in jedem Einzelfall ausgeübt werden. Möglich sind aber auch Rahmenvereinbarungen, die dem Arbeitgeber gestatten, unter bestimmten Voraussetzungen im Einzelfall ohne nochmalige Beteiligung des 72

---

[111] BAG 4.5.1994, EzA § 611 BGB Mehrarbeit Nr. 5.
[112] BAG 17.4.2002, NZA 2002, 1340; BAG 25.5.2005, NZA 2005, 1432.
[113] BAG 17.4.2002, NZA 2002, 1340.
[114] BAG 25.3.2015, NZA 2015, 1002.
[115] BAG 18.9.2001, NZA 2002, 268.
[116] BAG 21.12.1982, 27.11.1990, AP Nr. 9, 41 zu § 87 BetrVG 1972 Arbeitszeit.
[117] BAG 10.6.1986, 16.7.1991, AP Nr. 18, 44 zu § 87 BetrVG 1972 Arbeitszeit.
[118] BAG 21.12.1982, 27.11.1990, AP Nr. 9, 41 zu § 87 BetrVG 1972 Arbeitszeit.
[119] BAG 18.11.1980, 21.12.1982, AP Nr. 3, 9 zu § 87 BetrVG 1972 Arbeitszeit.
[120] BAG 27.11.1990, 16.7.1991, AP Nr. 41, 44 zu § 87 BetrVG 1972 Arbeitszeit.

Betriebsrats Überstunden anzuordnen[121]. Kein Mitbestimmungsrecht besteht in Notfällen[122] sowie bei der Rückkehr zur betriebsüblichen Arbeitszeit[123].

73  bb) **Vorübergehende Verkürzung.** Die vorübergehende Verkürzung der Arbeitszeit führt zu **Kurzarbeit.** Dabei werden die vertraglichen Hauptleistungspflichten für die ausfallende Arbeitszeit suspendiert; der Arbeitnehmer muss in dieser Zeit nicht arbeiten und der Arbeitgeber braucht keine Vergütung zu zahlen. Die arbeitsvertraglichen Nebenpflichten bleiben bestehen, soweit sie sich nicht auf die Arbeitsleistung als solche beziehen. Ursache für die Kurzarbeit können wirtschaftliche oder betriebliche Schwierigkeiten sein, die zu einem Arbeitsmangel führen. Arbeitsmangel berechtigt den Arbeitgeber aber nicht, Kurzarbeit einfach anzuordnen[124]. Der Arbeitnehmer hat Anspruch darauf, die vereinbarte Arbeitszeit abzuleisten. Kann er nicht beschäftigt werden, kommt der Arbeitgeber in Annahmeverzug und muss die Vergütung weiterzahlen (§ 615 Satz 1 BGB)[125].

74  Die **Befugnis**, einseitig Kurzarbeit anzuordnen, kann sich ergeben aus

– einem **Tarifvertrag**, der die Einführung von Kurzarbeit gestattet, sei es durch Betriebsvereinbarung, sei es durch Anordnung des Arbeitgebers. Häufig stellen Tarifverträge besondere Voraussetzungen auf, unter denen die Anordnung von Kurzarbeit zulässig ist, beispielsweise die Einhaltung einer Ankündigungsfrist.

– einer **Betriebsvereinbarung.** Davon geht jedenfalls die Rechtsprechung aus[126]. In der Lehre wird diese Ansicht zunehmend bezweifelt, da dem Betriebsrat für einen Eingriff in vertragliche Rechte die Legitimation fehle. Er könne nur insoweit mitbestimmen, als der Arbeitgeber bestimmen könne[127]. Für den Fall der Kurzarbeit wird man aber wohl schon von einer gewohnheitsrechtlichen Regelungsbefugnis ausgehen können[128].

– einer Vereinbarung im **Arbeitsvertrag**[129]. Dabei ist vor allem an Klauseln zu denken, die einen Tarifvertrag insgesamt in Bezug nehmen und damit auch auf eine tarifvertragliche Kurzarbeitsregelung verweisen.

---

[121] BAG 10.3.1992, AP Nr. 1 zu § 77 BetrVG 1972 Regelungsabrede.
[122] BAG 19.2.1991, AP Nr. 42 zu § 87 BetrVG 1972 Arbeitszeit.
[123] BAG 21.11.1978, AP Nr. 2 zu § 87 BetrVG 1972 Arbeitszeit.
[124] BAG 12.10.1994, AP Nr. 63 zu § 87 BetrVG 1972.
[125] BAG 14.2.1991, AP Nr. 4 zu § 615 BGB Kurzarbeit.
[126] BAG 16.12.2008, NZA 2009, 689 m.w.N.
[127] *Söllner*, Leistungsbestimmung, S. 54 f., 66 ff., 116 f.; *Käppler*, FS Kissel, 1994, S. 475, 481 f.; *Waltermann*, Rechtssetzung durch Betriebsvereinbarung, 1996, S. 177 ff.
[128] Vgl. nur *Otto*, NZA 1992, 97, 108.
[129] Zu entsprechenden Klauseln *K. Müller*, ArbRAktuell 2010, 209.

Verfügt der Arbeitgeber über keine der genannten Ermächtigungsgrundlagen, so 75
scheidet eine einseitige Verkürzung der vertraglichen Arbeitszeit aus. Der Arbeitgeber kann dann nur einvernehmlich mit dem Arbeitnehmer die Kurzarbeit einführen, d.h. durch einen ausdrücklich oder stillschweigend abzuschließenden Änderungsvertrag[130]. Wird die Zustimmung verweigert, so ist der Arbeitgeber auf eine Änderungskündigung angewiesen, die er, wenn ein wichtiger Grund vorliegt, auch ohne Einhaltung einer Kündigungsfrist erklären kann.

Der **Betriebsrat** hat bei der Einführung von Kurzarbeit ein erzwingbares Mitbe- 76
stimmungsrecht, und zwar sowohl beim Ob als auch beim Wie (§ 87 Abs. 1 Nr. 3 BetrVG)[131]. Seine Zustimmung ist Wirksamkeitsvoraussetzung. Führt der Arbeitgeber ohne Zustimmung des Betriebsrats Kurzarbeit ein, so gerät er in Annahmeverzug. Verweigert der Betriebsrat die Zustimmung, muss der Arbeitgeber die betriebliche Einigungsstelle anrufen. Dasselbe Recht steht umgekehrt dem Betriebsrat zu, wenn er beispielsweise durch Einführung von Kurzarbeit Kündigungen verhindern will.

Unter bestimmten Voraussetzungen gewährt die Arbeitslosenversicherung bei vo- 77
rübergehendem Arbeitsausfall **Kurzarbeitergeld** (Einzelheiten §§ 95 ff. SGB III). Das Kurzarbeitergeld beträgt für Arbeitnehmer, die mindestens ein Kind i.S.d. Einkommensteuerrechts haben, 67 %, für die übrigen 60 % des Nettoeinkommens, das sie in der Ausfallzeit erzielt hätten (vgl. §§ 105 f. SGB III). Das Kurzarbeitergeld wird **nicht gewährt**, wenn der Arbeitsausfall Folge eines **Arbeitskampfs** ist, der sozusagen stellvertretend für die arbeitswilligen Arbeitnehmer mitgeführt wird, sofern durch die Gewährung das Kräftegleichgewicht der kämpfenden Tarifvertragsparteien verschoben werden kann (§§ 100 Abs. 1, 160 SGB III, im einzelnen s. Bd. 2 § 14 Rn. 193 ff.). Damit soll verhindert werden, dass der Staat über die Arbeitslosenversicherung zum Nachteil der Arbeitgeber in einen laufenden Arbeitskampf eingreift[132].

---

[130] BAG 15.12.1961, 10.7.1969, AP Nr. 1, 2 zu § 615 BGB Kurzarbeit.
[131] Kein Mitbestimmungsrecht besteht bei der Rückkehr zur betriebsüblichen Arbeitszeit, vgl. BAG 25.10.1977, 21.11.1978, AP Nr. 1, 2 zu § 87 BetrVG 1972.
[132] Zur Verfassungsmäßigkeit BVerfG 4.7.1995, AP Nr. 4 zu § 116 AFG.

### e) Änderung der Arbeitszeit auf Dauer

78 Eine dauerhafte Änderung der Arbeitszeit kann der Arbeitgeber nicht einseitig im Wege seines allgemeinen Weisungsrechts anordnen[133]. Bei Vollzeitarbeit kann er sich aber im Arbeitsvertrag eine Änderung vorbehalten, bei Teilzeitarbeit wegen § 12 Abs. 1 Satz 2 TzBfG nicht. Eine – auch längerdauernde – Überschreitung der vereinbarten Arbeitszeit führt für sich genommen nicht zu einer Änderung der vertraglichen Regelung. Zu dem Zeitablauf müssen besondere Umstände hinzutreten, aufgrund derer der Arbeitnehmer erkennen kann und vertrauen darf, dass er nicht in anderer Weise eingesetzt werden soll[134].

79 Ob eine Änderung der Arbeitszeit durch Tarifvertrag oder Betriebsvereinbarung zulässig ist, ist streitig[135]. Die h.L. verneint. Dem ist zuzustimmen. Bei der Dauer der Arbeitszeit geht es um den Umfang des Leistungsversprechens; dessen Grenzen bestimmt das Arbeitszeitrecht. Lässt man die Vereinbarung von Höchstarbeitsgrenzen in Tarifverträgen zu, dann stellt sich die Frage der Abweichung nach dem Günstigkeitsprinzip (§ 4 Abs. 3 TVG). Manche sehen eine Arbeitszeitverkürzung bei vollem Lohnausgleich als günstiger an, andere die Einräumung eines Wahlrechts zwischen tariflicher und individuell vereinbarter Arbeitszeit. Einzelheiten gehören in das kollektive Arbeitsrecht (s. Bd. 2 § 13 Rn. 182, 291 ff.).

### f) KAPOVAZ

80 Die kapazitätsorientierte variable Arbeitszeit (**KAPOVAZ**), genauer: bedarfsorientierte variable Arbeitszeit[136], dient der Anpassung der Arbeitszeit an den Arbeitsanfall. Mit ihr sollen Arbeitsschwankungen aufgefangen und damit Zusatzkosten, die durch Überstunden oder Kurzarbeit, Einstellung oder Entlassungen entstehen, vermieden werden. Zulässig ist sie nur als **Abrufarbeit**, nicht aber als Bedarfsarbeit. Die Arbeitsvertragsparteien müssen eine bestimmte Dauer der Arbeitszeit vereinbaren, können dem Arbeitgeber aber die Möglichkeit einräumen, die Lage der Arbeitszeit zu bestimmen. Zu Einzelheiten s. § 4 Rn. 44 ff.

### g) Intensität der Arbeit

81 **aa) Bedeutung.** Der Umfang der Arbeit hängt auch von der Intensität ab, mit der sie geleistet werden muss. Die Arbeitsmenge kann vertraglich geregelt werden[137]. Das geschieht etwa bei der Vereinbarung eines Zeitakkords. Der Arbeitnehmer hat dann innerhalb einer vorgegebenen Normalzeit („Vorgabezeit") eine festgelegte Zahl von Produkten herzustellen. Zumeist fehlen ausdrückliche Regelungen. Die Intensität kann sich dann aus den konkreten betrieblichen Umständen ergeben, etwa

---

[133] BAG 12.12.1984, AP Nr. 6 zu § 2 KSchG 1969.
[134] BAG 21.6.2011, NZA 2011, 1274.
[135] Vgl. BAG 12.2.1986, 17.3.1988, AP Nr. 7, 11 zu § 15 BAT.
[136] MünchArbR/*Matthes*, § 244 Rn. 34, 35.
[137] MünchArbR/*Reichold*, § 36 Rn. 43; *Maschmann*, Mit Leistung aus der Krise, 2010, S. 27 ff.

bei Fließbandarbeit aus der Vorgabe eines konstanten Arbeitstempos, das der Arbeitnehmer einzuhalten hat[138].

**bb) Bestimmungsfaktoren.** Haben die Parteien nichts vereinbart, so bemisst sich die geschuldete Arbeitsintensität **nach dem Leistungsvermögen** des Arbeitnehmers[139]. Der Arbeitnehmer hat in der vorgegebenen Arbeitszeit unter angemessener Anspannung seiner Kräfte und Fähigkeiten ständig zu arbeiten[140], soweit er sich dadurch nicht gesundheitlich schädigt; er muss keinen Raubbau an seiner Gesundheit treiben. „Er muss tun, was er soll, und zwar so gut, wie er kann"[141]. 82

Da sich die Arbeitsintensität nach subjektiven Maßstäben bestimmt, hat der Arbeitnehmer je nach Leistungsfähigkeit mehr oder weniger als die Normalleistung zu erbringen. Ein konstitutions- oder fähigkeitsbedingtes Mehr gibt dem Arbeitnehmer keinen Anspruch auf höhere Vergütung, soweit das nicht vertraglich vereinbart ist[142]. Umgekehrt berechtigt ein Weniger den Arbeitgeber nicht zur Kürzung des Entgelts. Erst bei erheblichen Minderleistungen kommt eine personenbedingte Kündigung[143] in Betracht oder, wenn die Leistungsfähigkeit bereits bei Vertragsschluss fehlte, eine Anfechtung nach § 119 Abs. 2 BGB. Leistet der Arbeitnehmer weniger als er subjektiv könnte und folglich auch müsste, so verletzt er seinen Arbeitsvertrag; das berechtigt den Arbeitgeber zu entsprechenden Sanktionen. Zu einer vorübergehend intensiveren Arbeitsleistung ist der Arbeitnehmer auch ohne ausdrückliche Vereinbarung verpflichtet, beispielsweise bei Urlaubs- und Krankheitsvertretung, Anfahren eines neuen Betriebs oder beim Aufbau einer neuen Produktlinie, aber auch in Notfällen. 83

### 5. Zeitliche Lage

#### a) Grundsätze

Vom Umfang der geschuldeten Arbeit ist die zeitliche Lage der Arbeit zu unterscheiden. Bei der zeitlichen Lage geht es um den Beginn und das Ende der täglichen Arbeitszeit, um die Pausen und um die Verteilung der Arbeitszeit auf die einzelnen Wochentage. Die zeitliche Lage richtet sich nach dem Arbeitsvertrag. Ist eine bestimmte Arbeitszeit ausdrücklich oder stillschweigend vereinbart – wie nicht selten bei Teilzeitkräften –, so hat es damit sein Bewenden. Der Arbeitgeber kann sie auch nicht unter Berufung auf § 8 Abs. 5 Satz 4 TzBfG einseitig ändern; eine Änderung nach dieser Vorschrift setzt voraus, dass der Vereinbarung eine Geltendmachung nach § 8 Abs. 2 TzBfG vorausging[144]. Ist nichts vereinbart, kann der Arbeitgeber die 84

---

[138] MünchArbR/*Blomeyer*, 2. Aufl., § 48 Rn. 74.
[139] BAG 17.7.1979, AP Nr. 3 zu § 11 MuSchG 1968.
[140] BAG 11.12.2003, AP Nr. 48 zu § 1 KSchG 1969 Verhaltensbedingte Kündigung.
[141] BAG 11.12.2003, AP Nr. 48 zu § 1 KSchG 1969 Verhaltensbedingte Kündigung.
[142] MünchArbR/*Blomeyer*, 2. Aufl., § 48 Rn. 69; vgl. auch ErfK/*Preis*, § 611 BGB Rn. 643.
[143] BAG 11.12.2003, AP Nr. 48 zu § 1 KSchG 1969 Verhaltensbedingte Kündigung.
[144] BAG 17.7.2007, NZA 2008, 118, 120.

Lage der Arbeitszeit nach billigem Ermessen bestimmen (§ 106 Satz 1 GewO). Dieses Leistungsbestimmungsrecht geht nach der Rechtsprechung sehr weit. Der Arbeitgeber kann beispielsweise statt fester Arbeitszeiten gleitende Arbeitszeit oder Wechselschicht einführen oder einzelne Arbeitnehmer einer anderen Schicht zuweisen[145]. Das Leistungsbestimmungsrecht geht auch nicht dadurch verloren, dass es über längere Zeit nicht ausgeübt wird. Etwas anderes gilt nur dann, wenn der Arbeitnehmer aus dem Verhalten des Arbeitgebers auf eine dauerhafte Beibehaltung der betrieblichen Arbeitszeitregelung schließen darf oder wenn ihm ausdrücklich eine bestimmte Arbeitszeit zugesichert wurde. Eine Änderung der Arbeitszeit ist dann nur noch durch Änderungsvertrag oder, wenn der Arbeitnehmer sein Einverständnis verweigert, durch eine Änderungskündigung möglich.

85 Bei der Bestimmung der zeitlichen Lage hat der Arbeitgeber das zwingende Arbeitszeitschutzrecht zu beachten, insbesondere die Vorschriften über die höchstzulässige Arbeitszeit, die Ruhepausen, die Ruhezeiten und die Nachtarbeit. Einen allgemeinen Grundsatz, dass jeder Arbeitnehmer von Montag bis Freitag beschäftigt werden müsse, gibt es nicht[146].

### *b) Gleitzeit*

86 aa) **Begriff.** Bei Gleitzeit ist der Arbeitnehmer nicht an einen starren Anfangs- oder Endpunkt seiner Arbeitszeit gebunden, sondern kann innerhalb gewisser Grenzen selbst über Beginn und Ende seiner Arbeit bestimmen. Außerdem kann er i.d.R. Arbeitszeit ansparen oder nachholen. Der Arbeitnehmer gewinnt dadurch ein Stück „Zeitsouveränität". Für den Arbeitgeber hat die Gleitzeit den Vorteil, dass Dienstbefreiungen für Behördengänge oder Arztbesuche, die nach § 616 BGB zu bezahlen sind, bis zu einem gewissen Grad entfallen und das Pünktlichkeitsrisiko weitgehend verlagert wird. Die bei Gleitzeit bislang im allgemeinen für erforderlich gehaltenen Zeitkontrollen werden teilweise wieder aufgegeben. Arbeitszeit, die über die Grenze des § 3 ArbZG hinausgeht, ist aufzuzeichnen (§ 16 Abs. 2 ArbZG).

87 bb) **Regelungsinhalte.** In Vereinbarungen über Gleitzeit wird zumeist Folgendes geregelt[147]:

– Normalarbeitszeit

– Gleitspanne am Vor- und Nachmittag, innerhalb der die Arbeit begonnen und beendet werden kann

– Kernarbeitszeit, innerhalb der alle Arbeitnehmer grundsätzlich am Arbeitsplatz sein müssen

---

[145] BAG 10.12.2014, NZA 2015, 483; *Hromadka*, DB 1995, 2601, 2603 m.w.N.
[146] BAG 16.4.2014, NZA 2014, 1262.
[147] Schaub/Neef/Schrader/*Schaub*, Arbeitsrechtliche Formularsammlung, § 45 Rn. 12 ff.

- Zeitguthaben und Zeitrückstände, die innerhalb einer bestimmten Frist höchstens bestehen dürfen
- Zeitraum, innerhalb der Zeitguthaben und Zeitrückstände auszugleichen sind
- Kontrolle der Arbeitszeit

### c) Mitbestimmung des Betriebsrats

Der Betriebsrat hat über die zeitliche Lage der Arbeit mitzubestimmen (§ 87 Abs. 1 Nr. 2 BetrVG). Kein Mitbestimmungsrecht hat er bei der Dauer der Arbeit[148]. Das Mitbestimmungsrecht bei der zeitlichen Lage betrifft u.a. die Entscheidung, an wie vielen und an welchen Tagen gearbeitet wird, ob eine starre oder eine variable Arbeitszeit gelten soll, ob Arbeit auf Abruf geleistet werden soll und ob es ein Jobsharing gibt; ferner, wann die Arbeit beginnt und wann sie endet, wann und welche Ruhepausen einzulegen sind, ob Schichtarbeit eingeführt, geändert oder abgebaut wird und nach welchen Grundsätzen Arbeitnehmer zur Schichtarbeit eingeteilt werden können, ob Bereitschaftsdienste geleistet werden müssen und wann Telearbeit beginnt und endet; mitbestimmungspflichtig ist auch die Aufstellung von Dienst- und Schichtplänen sowie die Zuordnung der einzelnen Arbeitnehmer zu einem mitbestimmten Dienstplan[149]. Voraussetzung ist allerdings immer ein kollektiver Tatbestand (s. oben Rn. 71). Der Betriebsrat hat ein Initiativrecht.

88

## 6. Ort

### a) Bestimmung des Leistungsorts

**aa) Arbeitsvertragliche Regelung.** An welchem Ort und in welcher organisatorischen Einheit der Arbeitnehmer seine Dienste zu leisten hat, bestimmt sich nach dem Arbeitsvertrag (vgl. § 2 Abs. 1 Nr. 4 NachwG). Der Arbeitsvertrag kann auf den Betrieb abstellen oder auf das Unternehmen oder auf den Konzern, auf einen bestimmten Ort, auf das Bundesgebiet oder auf bestimmte Länder. Konzernweite Versetzungsklauseln ermöglichen nur eine vorübergehende Tätigkeit in einem anderen Konzernunternehmen, keine Versetzung auf Dauer, weil damit der Arbeitgeber wechselt und folglich der Kündigungsschutz umgangen werde[150]. Inwieweit eine Tätigkeit im Ausland vereinbart werden kann, hängt von den Umständen des Einzelfalls ab (Land, Berufsbild, Stellung in der Hierarchie, Unternehmensstruktur). Der Angabe eines Grundes für eine Versetzung bedarf es auch in Allgemeinen Arbeitsbedingungen nicht[151].

89

---

[148] BAG 13.10.1987, 28.9.1988, AP Nr. 24, 29 zu § 87 BetrVG 1972 Arbeitszeit.
[149] BAG 22.8.2017, NZA 2018, 191.
[150] *Maschmann*, RdA 1996, 24 ff. m.w.N.; a.A. BAG 21.1.1999, AP Nr. 9 zu § 1 KSchG 1969 Konzern.
[151] Vgl. BAG 11.4.2006, NZA 2006, 1149, 1152.

90 Haben die Parteien keinen Leistungsort vereinbart, so bestimmt ihn der Arbeitgeber nach billigem Ermessen (§ 106 Satz 1 GewO)[152]. Er kann dem Arbeitnehmer eine seinem Arbeitsvertrag entsprechende Tätigkeit auch in einem anderen Betrieb an einem anderen Ort innerhalb der Bundesrepublik zuweisen[153].

91 **bb) Konkretisierung.** Den durch den Arbeitsvertrag oder die Umstände bestimmten Arbeitsort kann der Arbeitgeber durch Weisung konkretisieren (§ 106 Satz 1 GewO). Innerhalb des Betriebs kann er dem Arbeitnehmer einen konkreten Arbeitsplatz zuweisen, und er kann diese Leistungsbestimmung auch wieder ändern. Der Arbeitgeber kann den Arbeitnehmer auch von einem Betriebsteil in einen anderen Betriebsteil umsetzen, beispielsweise von einer Filiale in eine andere. Dabei hat der Arbeitgeber billiges Ermessen zu wahren. Bei der Versetzung in eine andere Filiale sind beispielsweise die Verkehrsbedingungen, die Wegezeiten und die Fahrtkosten zu berücksichtigen. Dem steht auf der anderen Seite etwa das Interesse gegenüber, Entlassungen zu vermeiden, Auftragsspitzen abzufangen oder Reibereien in der Belegschaft, für die der Versetzte verantwortlich ist, abzustellen.

### b) Änderung des Leistungsorts

92 **aa) Versetzung.** Ist der Arbeitnehmer für einen bestimmten Betrieb eingestellt, kann ihn der Arbeitgeber grundsätzlich nicht kraft seines allgemeinen Weisungsrechts in einen anderen Betrieb des Unternehmens versetzen, auch wenn der andere Betrieb am selben Ort liegt[154]. Solche Weisungen sind nur möglich, wenn sich der Arbeitgeber die Versetzung im Arbeitsvertrag ausbedungen hat[155]. Versetzungsklauseln in Allgemeinen Arbeitsbedingungen unterliegen als Nebenabreden der Angemessenheits- und der Transparenzkontrolle nach § 307 Abs. 1 BGB[156]. In der Rechtsprechung[157] und in der Literatur[158] wird weithin angenommen, dass Versetzungsklauseln, die inhaltlich der Regelung in § 106 Satz 1 GewO entsprechen, nur auf Transparenz zu prüfen seien, weil sie nicht vom Gesetz abwichen (§ 307 Abs. 3 BGB)[159]. Diese Annahme geht davon aus, dass § 106 GewO – in sehr umfassender Weise[160] – den Umfang des Weisungsrechts regelt. Das ist aber nicht der Fall; der Umfang des Weisungsrechts wird durch den Vertrag vorgegeben (§ 105 Satz 1 GewO). Der Arbeitgeber verliert sein Versetzungsrecht auch dann nicht, wenn er es über längere Zeit hinweg nicht ausübt. Soll sich die Arbeitspflicht auf einen

---

[152] BAG 22.9.2016, NZA 2016, 1461.
[153] BAG 11.4.2006, NZA 2006, 1149, 1150.
[154] *Zöllner/Loritz/Hergenröder*, Arbeitsrecht, § 15 IV 1.
[155] BT-Drs. 14/8796 S. 24.
[156] Zu Vorstehendem *Hromadka*, NZA 2012, 233 ff.; *ders.*, FS Wank, S. 145 ff.
[157] BAG 19.1.2011, NZA 2011, 631; BAG 17.8.2011, NZA 2012, 265; BAG 1.3.2012, NZA 2012, 1154; offengelassen in BAG 18.10.2012, AP Nr. 23 zu § 106 GewO.
[158] ErfK/*Preis*, § 106 GewO Rn. 4; *Preis/Genenger*, NZA 2008, 969, 970 f.; *Däubler/Bonin/Deinert*, § 307 BGB Rn. 193.
[159] BAG 26.1.2012, NZA 2012, 856.
[160] Z.B. *Preis*, Arbeitsvertrag II D 30 Rz. 10, „eine bundesweit unbeschränkte örtliche Versetzungsmöglichkeit".

bestimmten Betrieb oder Ort konkretisieren, müssen zum Zeitablauf besondere Umstände hinzukommen, aus denen der Arbeitnehmer schließen darf, dass er mit einer Versetzung in einen anderen Betrieb oder Ort nicht mehr rechnen muss[161]. Behält sich der Arbeitgeber gegenüber einem Außendienstmitarbeiter die Zuweisung eines anderen Verkaufsgebiets vor, ist damit im Zweifel auch die Beschäftigung an einem anderen Arbeitsort gemeint[162]. Fehlt es an einem Vorbehalt, ist der Arbeitgeber auf das Einverständnis des Arbeitnehmers angewiesen; weigert sich der Arbeitnehmer, bleibt nur eine Änderungskündigung.

**bb) Mitbestimmung des Betriebsrats.** Eine zustimmungspflichtige Versetzung liegt vor, wenn dem Arbeitnehmer ein anderer Arbeitsbereich zugewiesen wird und diese Zuweisung entweder länger als einen Monat dauert oder aber mit einer erheblichen Änderung der Umstände verbunden ist, unter denen die Arbeit zu verrichten ist (§ 95 Abs. 3 BetrVG). Arbeitsbereich ist der konkrete Arbeitsplatz und seine Beziehung zur betrieblichen Umgebung in räumlicher, technischer und organisatorischer Hinsicht[163]. Ein anderer Arbeitsbereich wird nach der Rechtsprechung zugewiesen, wenn der Arbeitnehmer seine Arbeitsleistung in einer anderen geografischen Gemeinde erbringen soll[164] oder wenn sich der Inhalt der Arbeitsaufgabe oder die Unterstellung so ändert, dass das Gesamtbild der Tätigkeit ein ganz anderes wird[165]. Keine mitbestimmungspflichtige Versetzung liegt vor, wenn Arbeitnehmer nach der Eigenart ihres Arbeitsverhältnisses üblicherweise nicht ständig an einem bestimmten Arbeitsplatz beschäftigt werden (§ 95 Abs. 3 Satz 2 BetrVG). Zu denken ist an Bauarbeiter, Kundendienstmonteure, Pharmareferenten usw.

93

### c) Betriebsverlegung

**aa) Folgepflicht.** Da die Arbeitspflicht für gewöhnlich nicht an einen bestimmten geografischen Ort gebunden ist, sondern an einen bestimmten Betrieb, muss der Arbeitnehmer folgen, wenn der gesamte Betrieb oder ein Betriebsteil verlegt wird. Das gilt zumindest dann, wenn der Arbeitnehmer durch die Betriebsverlegung seinen bisherigen Lebenskreis nicht verlassen muss, d.h., wenn der Betrieb an einen anderen Platz innerhalb derselben politischen Gemeinde oder in ihrer unmittelbaren Nachbarschaft verlegt wird. Ausschlaggebend sind dabei die Verkehrsverbindungen[166]. Entstehen dem Arbeitnehmer durch die Veränderung des Arbeitsortes Kosten, ist der Arbeitgeber zum Ersatz verpflichtet (§ 670 BGB analog)[167].

94

---

[161] BAG 17.8.2011, NZA 2012, 265 (15 Jahre); BAG 13.6.2012, NZA 2012, 1154 (14 Jahre).
[162] BAG 19.1.2011, NZA 2011, 631.
[163] BAG 19.2.1991, 23.11.1993, AP Nr. 25, 33 zu § 95 BetrVG 1972.
[164] BAG 28.9.1988, AP Nr. 55 zu § 99 BetrVG 1972; BAG 8.8.1989, AP Nr. 18 zu § 95 BetrVG 1972.
[165] BAG 10.4.1984, DB 1984, 2198; BAG 8.8.1989, DB 1990, 537.
[166] Zu Vorstehendem Schaub/*Linck*, ArbR-Hdb, § 45 Rn. 28 m.w.N.
[167] BAG 17.10.1960, AP Nr. 1 zu § 22 TOA; BAG 21.3.1973, AP Nr. 4 zu § 44 BAT.

95　**bb) Mitbestimmungsrecht des Betriebsrats.** In Unternehmen mit i.d.R. mehr als 20 wahlberechtigten Arbeitnehmern hat der Arbeitgeber den Betriebsrat über die geplante Verlegung rechtzeitig und umfassend zu unterrichten und mit ihm darüber zu beraten (§ 111 Satz 1, 3 Nr. 2 BetrVG). Zwischen den Betriebsparteien ist ein Interessenausgleich zu vereinbaren, in dem die wegen der Betriebsverlegung erforderlichen personellen Maßnahmen festgelegt werden. Zur Milderung der wirtschaftlichen Nachteile, die den Arbeitnehmern durch die Betriebsverlegung entstehen, ist ein Sozialplan aufzustellen (§ 112 Abs. 1 BetrVG). Erzwingen kann der Betriebsrat nur den Sozialplan, nicht den Interessenausgleich (vgl. § 112 Abs. 4 BetrVG).

## II. Nebenpflichten des Arbeitnehmers

### 1. Allgemeines

#### a) Begriff

96　**aa) Abgrenzung.** Der Begriff der Nebenpflichten wird nicht einheitlich verwendet. Im allgemeinen bezeichnet man damit diejenigen Pflichten, die nicht zur Hauptleistungspflicht gehören[168]. Allerdings ist auch der Begriff der Hauptleistungspflicht nicht ganz eindeutig[169]. Zum einen werden darunter diejenigen Leistungspflichten verstanden, die für den jeweiligen Vertragstyp charakteristisch sind – beim Kauf die Lieferung der Kaufsache, bei der Miete die entgeltliche Gebrauchsüberlassung usw. –, zum anderen meint man damit die im Synallagma stehenden Pflichten, wobei es Sache der Parteien ist, darüber zu entscheiden, welche Pflichten zum Synallagma gerechnet werden sollen. Nach beiden Ansichten ist die Arbeitspflicht arbeitsvertragliche Hauptleistungspflicht, denn sie macht das Wesen des Arbeitsvertrags aus. Nebenpflichten des Arbeitnehmers sind alle nicht unmittelbar die Arbeitspflicht betreffenden Pflichten des Arbeitnehmers aus dem Arbeitsverhältnis[170]. Dazu gehört vor allem die Pflicht zur Rücksichtnahme auf die Rechte, Rechtsgüter und Interessen des anderen Teils, § 241 Abs. 2 BGB (s. im einzelnen Rn. 106 ff.).

97　**bb) Systematisierungen.** Arbeitsvertragliche Nebenpflichten lassen sich im wesentlichen nach fünf Gesichtspunkten unterscheiden:

98　– Nach der Verhaltensrichtung unterscheidet man zwischen **Handlungs- und Unterlassungspflichten.** Die Zahl der Handlungspflichten ist gering. Sie verlangen dem Arbeitnehmer ein positives Tun ab, etwa das Gebot, dem Arbeitgeber Schäden an einer Arbeitsschutzeinrichtung anzuzeigen (§ 16 Abs. 1 ArbSchG). Weitaus bedeutsamer sind Unterlassungspflichten. Sie verbieten dem Arbeitnehmer ein bestimmtes Verhalten, beispielsweise, dem Arbeitgeber ohne seine Einwilligung Wettbewerb zu machen (§ 60 HGB).

---

[168] Vgl. statt aller MünchArbR/*Reichold*, § 47 Rn. 1.
[169] Vgl. *Canaris/Grigoleit*, Schuldrecht I, § 2 I; *Medicus/Lorenz*, Schuldrecht I, Rn. 108 ff.
[170] Vgl. auch MünchArbR/*Reichold*, § 47 Rn. 1; Schaub/*Linck*, ArbR-Hdb, § 53 Rn. 3 f.; *Zöllner/Loritz/Hergenröder*, Arbeitsrecht, § 14.

– Nach der Nähe zu den vertraglichen Hauptleistungspflichten kann man zwischen **99**
**selbständigen und unselbständigen Nebenpflichten** unterscheiden. Unselbständige Nebenpflichten sichern die Erfüllung und Abwicklung der vertraglichen Hauptleistungspflichten, ohne dass ihnen ein Eigenwert zukäme. Zu ihnen gehört z.B. die Pflicht, dem Arbeitgeber die krankheitsbedingte Arbeitsunfähigkeit mitzuteilen und eine Arbeitsunfähigkeitsbescheinigung vorzulegen (§ 5 Abs. 1 EfzG). Wegen ihrer Nähe zu den Hauptleistungspflichten werden diese Leistungspflichten zuweilen auch als Nebenleistungspflichten bezeichnet[171]. Dagegen sind selbständige Nebenpflichten von der ordnungsmäßigen Erfüllung der versprochenen Dienste unabhängig. Zumeist handelt es sich um Schutzpflichten zugunsten von Rechtsgütern des Arbeitgebers, etwa das Gebot zur Leistung zusätzlicher Arbeit in Notfällen, um eine dringende Gefahr für die Betriebsmittel oder die Arbeitsergebnisse abzuwenden.

– Nach der **Klagbarkeit** unterscheidet man zwischen Nebenpflichten, deren Erfüllung eingeklagt werden kann, und Nebenpflichten, die nicht selbständig eingefordert werden können, bei denen aber die Nichterfüllung zur Geltendmachung von Schadensersatzansprüchen berechtigt. Nicht selbständig einklagbar ist grundsätzlich die Einhaltung von Schutzpflichten, obwohl es sich um selbständige Nebenpflichten handelt. Beispiel einer einklagbaren Nebenpflicht ist das Verbot unzulässigen Wettbewerbs (§ 60 HGB). **100**

– Nach dem **Zeitpunkt ihrer Entstehung** kann zwischen Nebenpflichten unterschieden werden, die den Arbeitnehmer vor Abschluss des Arbeitsvertrags, während des Arbeitsverhältnisses und nach dessen Beendigung treffen. Vorvertragliche Nebenpflichten entstehen aufgrund des Anbahnungsverhältnisses (§ 311 Abs. 2 Nr. 2 BGB). Nachvertragliche Nebenpflichten sind auch dann noch zu beachten, wenn die Hauptpflicht, die Leistung von Diensten, erfüllt ist. **101**

– Schließlich können nach der **Rechtsgrundlage** gesetzliche, tarifliche, auf Betriebsvereinbarung beruhende und arbeitsvertragliche Nebenpflichten unterschieden werden. **102**

### b) Rechtsgrundlagen

**aa) Gesetzliche Nebenpflichten** gibt es vor allem im technischen Arbeitsschutz. **103**
Die Arbeitnehmer haben die Pflicht, Maschinen, Geräte, Werkzeuge, Arbeitsstoffe, Transportmittel und sonstige Arbeitsmittel sowie Schutzvorrichtungen und persönliche Schutzausrüstungen bestimmungsgemäß zu verwenden (§ 15 Abs. 2 ArbSchG). Sie haben dem Arbeitgeber jede von ihnen festgestellte unmittelbare erhebliche Gefahr für die Sicherheit und Gesundheit sowie jeden an den Schutzsystemen festgestellten Defekt unverzüglich zu melden (§ 16 Abs. 1 ArbSchG). Sonstige gesetzliche Nebenpflichten können dem Schutz des Arbeitgebers (z.B. §§ 17 UWG, §§ 60 ff. HGB, § 299 StGB), dem Schutz anderer Arbeitnehmer (z.B. § 3 Abs. 3, 4, § 7 Abs. 3 AGG), dem Schutz des Arbeitnehmers selbst oder dem Schutz dritter Personen dienen.

---

[171] MünchArbR/*Reichold*, § 47 Rn. 12; *Weber*, RdA 1980, 298 ff.

**104 bb) Kollektivvertragliche Nebenpflichten.** Durch Tarifvertrag ist grundsätzlich regelbar, was auch im Arbeitsvertrag vereinbart werden kann. Geregelt werden können also auch Nebenpflichten, die beispielsweise dem Schutz berechtigter Interessen der anderen Partei dienen, wie etwa ein Nebentätigkeitsverbot. Nach der Rechtsprechung gilt dasselbe für Betriebsvereinbarungen[172].

**105 cc) Arbeitsvertragliche Nebenpflichten.** Nach dem Grundsatz der Vertragsfreiheit können die Arbeitsvertragsparteien nicht nur die Hauptleistungspflichten, sondern auch die Nebenpflichten einvernehmlich regeln. Das kann ausdrücklich oder konkludent, beim Abschluss des Arbeitsvertrags oder später erfolgen. Mitunter entsteht eine Nebenpflicht auch durch betriebliche Übung.

**106 dd) Insbesondere: Nebenpflichten aus § 241 Abs. 2 BGB.** Die Vertragsparteien haben nach § 241 Abs. 2 BGB bei der Erfüllung ihrer Hauptleistungspflichten Rücksicht zu nehmen auf die berechtigten Interessen des anderen Teils. Aus dieser allgemeinen Pflicht zur Rücksichtnahme ergeben sich Aufklärungs-, Anzeige-, Mitwirkungs- und Schutzpflichten, deren Inhalt und Umfang sich nicht zuletzt nach der Art des jeweiligen Schuldverhältnisses richten. Für das Arbeitsverhältnis kommt der allgemeinen Pflicht zur Rücksichtnahme eine besondere Bedeutung zu, weil es sich nicht in einem einmaligen Austausch von Leistung und Gegenleistung erschöpft und weil der Arbeitnehmer seine Dienste persönlich zu leisten hat (§ 613 Satz 1 BGB).

**107** Die Pflicht des Arbeitnehmers zur Rücksichtnahme auf die berechtigten Interessen des Arbeitgebers bezeichnet man gewöhnlich als **Treuepflicht**, die entsprechende Verpflichtung des Arbeitgebers als **Fürsorgepflicht**. Die Treuepflicht hat nichts zu tun mit einer „persönlichen Gefolgschaftstreue" oder mit Pflichten aus einem „personenrechtlichen Gemeinschaftsverhältnis", wie bis in die sechziger Jahre hinein angenommen wurde[173]. Die Treuepflicht ist vielmehr eine allgemeine Nebenpflicht zur Rücksichtnahme, die sich im Arbeitsverhältnis nicht anders als bei den übrigen vertraglichen Schuldverhältnissen aus § 241 Abs. 2 BGB ergibt[174].

**108** Inhalt und Grenzen der Pflicht zur Rücksichtnahme müssen für jedes Arbeitsverhältnis im einzelnen bestimmt werden. Früher wurde angenommen, der Arbeitnehmer müsse die Interessen des Arbeitgebers nach besten Kräften wahrnehmen und alles unterlassen, was sie schädigt[175]. Damit wird die Treuepflicht jedoch überspannt[176]. Der Umfang der Treuepflicht richtet sich nach der Stellung des Arbeitnehmers im Betrieb. Von Führungskräften kann der Arbeitgeber mehr verlangen als

---

[172] BAG GS 16.9.1986, AP Nr. 17 zu § 77 BetrVG 1972.
[173] *Wiedemann*, Das Arbeitsverhältnis als Austausch- und Gemeinschaftsverhältnis, 1966, S. 33 ff.
[174] MünchArbR/*Reichold*, § 47 Rn. 3; Staudinger/*Richardi/Fischinger*, § 611 BGB Rn. 612.
[175] *Hueck/Nipperdey*, Arbeitsrecht I, S. 242.
[176] Staudinger/*Richardi/Fischinger*, § 611 BGB Rn. 614; *Zöllner/Loritz/Hergenröder*, Arbeitsrecht, § 16 III.

von Arbeitnehmern ohne entsprechende Funktion, von langjährig im Betrieb Beschäftigten mehr als von Aushilfskräften oder Auszubildenden. In Tendenzbetrieben, die einen grundrechtlich besonders geschützten Zweck verfolgen (z.B. Parteien, Gewerkschaften, Kirchen), verlangt die Treuepflicht die Respektierung dieses Zwecks[177]. Eine Tätigkeit im öffentlichen Dienst verlangt Loyalität gegenüber dem Dienstherrn und Treue zur Verfassung[178].

Der Gesetzgeber hat einzelne Nebenpflichten ausdrücklich normiert; die Regelung ist nicht abschließend. Einen Numerus clausus von Nebenpflichten kann es schon wegen der Vielgestaltigkeit der Arbeitswelt nicht geben. Die folgende Darstellung muss sich auf einige wichtige Nebenpflichten beschränken. **109**

## 2. Handlungspflichten

### a) Grundsätze

Der Arbeitnehmer hat alles zu tun, was von ihm billigerweise verlangt werden kann, damit die vertraglichen Hauptleistungspflichten erfüllt werden können (**Nebenleistungspflichten**). Er ist verpflichtet, alles ihm Mögliche und Zumutbare zu unternehmen, damit Störungen oder Schäden vom Arbeitgeber abgewendet werden oder ein bereits eingetretener Schaden sich nicht vergrößert (**Schutzpflichten**)[179]. **110**

### b) Nebenleistungspflichten

Dazu gehören die **111**

– Pflicht, auf Verlangen den Stand der Arbeiten mitzuteilen, über ihre Durchführung Auskunft zu geben, zur Rücksprache beim Vorgesetzten zu erscheinen, gegebenenfalls Rechenschaft zu legen[180]

– Pflicht, aus dringendem betrieblichem Anlass während einer krankheitsbedingten Arbeitsunfähigkeit mit dem Arbeitgeber ein kurzes Gespräch zu führen, um ihn über wichtige betriebliche Abläufe oder Vorgänge zu informieren, ohne deren Kenntnis die Fortführung der Geschäfte erheblich erschwert oder unmöglich wäre[181]

---

[177] Schaub/*Linck*, ArbR-Hdb, § 53 Rn. 10.
[178] BAG 12.5.2011, 2 AZR 479/09; MünchArbR/*Buchner*, § 30 Rn. 332; Staudinger/*Richardi/Fischinger*, § 611 BGB Rn. 514 ff.
[179] BAG 28.8.2008, NZA 2009, 193, 194; MünchKomm/*Müller-Glöge*, § 611 BGB Rn. 1082.
[180] Vgl. BAG 23.6.2009, NZA 2009, 1011.
[181] BAG 2.11.2016, NZA 2017, 183.

- Pflicht, sich als Arbeitnehmer fortzubilden[182] oder als nicht der deutschen Sprache Mächtiger Deutschkurse zu besuchen, falls dies für die konkrete Tätigkeit erforderlich und dem Arbeitnehmer zumutbar ist[183]
- Pflicht zur Herausgabe von im Rahmen des Arbeitsverhältnisses erlangten Gegenständen (§ 667 BGB entsprechend)[184]
- Pflicht zur Anzeige von persönlichen Umständen, die dem Arbeitnehmer die Erfüllung der Arbeitspflicht unmöglich machen oder zumindest erschweren (Krankheit, Schwangerschaft, Behinderung, Einberufung zur Ableistung einer gesetzlichen Dienstpflicht)
- Pflicht zur Mitteilung von Erfindungen, Mustern, Modellen und Verbesserungsvorschlägen
- Pflicht zur Beantragung und Nutzung einer elektronischen Signaturkarte, wenn dies für die Erbringung der Arbeitsleistung erforderlich und dem Arbeitnehmer zumutbar ist[185].

### c) Einzelne Schutzpflichten

112 Hierzu zählen die

- Pflicht, jede unmittelbare erhebliche Gefahr für die Sicherheit und Gesundheit sowie jeden an den Schutzsystemen festgestellten Defekt unverzüglich zu melden (§ 16 Abs. 1 ArbSchG)
- Pflicht zur Anzeige von Störungen und Schäden im Arbeitsbereich des Arbeitnehmers[186], etwa bei Materialfehlern, Maschinen- oder Geräteschäden, Störungen in der Energieversorgung
- Pflicht zur Anzeige von Störungen in fremdem Pflichtenbereich, soweit der Arbeitnehmer, vor allem als Vorgesetzter oder Angehöriger des Werkschutzes, mit entsprechenden Aufsichts- oder Kontrollaufgaben betraut ist[187]; ansonsten im allgemeinen nur bei schweren Pflichtverletzungen[188]
- Pflicht, in Notfällen zur Abwendung dringender Gefahren für Betriebsmittel oder Arbeitsergebnisse über das im Arbeitsvertrag bestimmte Maß hinaus Dienste zu leisten (vgl. § 14 ArbZG).

---

[182] BAG 18.3.2009, NZA 2009, 611 für eine gesetzliche Fortbildungspflicht als Rettungssanitäter.
[183] BAG 28.1.2010, NZA 2010, 625; BAG 22.6.2011, NZA 2011, 1226.
[184] BAG 11.4.2006, NZA 2006, 1089, 1091: Bonusmeilen; BAG 21.8.2014, NZA 2015, 94.
[185] BAG 25.9.2013, NZA 2014, 41.
[186] BAG 28.8.2008, NZA 2009, 193, 194; MünchKomm/*Müller-Glöge*, § 611 BGB Rn. 1082.
[187] MünchArbR/*Blomeyer*, 2. Aufl., § 54 Rn. 8 f.; *Hueck/Nipperdey*, Arbeitsrecht I, S. 243.
[188] Vgl. BAG 23.2.1989, BB 1989, 649, 650; Erman/*Edenfeld*, § 611 BGB Rn. 493.

## 3. Unterlassungspflichten

### a) Grundsätze

Der Arbeitnehmer ist verpflichtet, alles zu unterlassen, was die Erreichung der 113
arbeitsvertraglichen Ziele gefährden oder vereiteln könnte oder was den mit dem
Arbeitsverhältnis zusammenhängenden berechtigten und schutzwürdigen Interessen des Arbeitgebers zuwiderläuft[189]. So ist es ihm verboten, Arbeitskollegen zu einer Pflichtverletzung oder zu einem Vertragsbruch anzustiften[190], den Betriebsfrieden durch politische Propaganda[191] oder verletzende Äußerungen oder durch sexuelle Belästigung von Mitarbeitern (vgl. § 3 Abs. 3, 4, § 7 Abs. 3 AGG) zu stören oder Dritten Betriebsgeheimnisse zu offenbaren[192]. Art und Umfang der Unterlassungspflichten bestimmen sich nach der Stellung im Betrieb und nach den betrieblichen Notwendigkeiten. Dabei bedarf es im allgemeinen einer Abwägung zwischen den beiderseitigen Interessen, zumal sich beide Arbeitsvertragsparteien häufig auf Grundrechte (Art. 5, 12 GG) berufen können. Bei außerdienstlichem Verhalten wird die Interessenabwägung allerdings nur selten zugunsten des Arbeitgebers ausgehen[193].

**Beispiele:** Ein Aushilfsarbeiter darf sich am Abend betrunken in der Öffentlichkeit zeigen, der Prokurist einer größeren Firma, vor allem in einer kleineren Stadt oder auf dem Lande, nicht. Ein Bankangestellter darf sich in seiner Freizeit politisch engagieren und dabei die „dunklen Machenschaften" der Banken an den Pranger stellen, nicht dagegen der Filialdirektor. Junge Arbeitnehmer brauchen nicht auf den Besuch einer Diskothek am Wochenende zu verzichten, auch wenn sie am Montag danach weniger leistungsfähig sind. Ein Angestellter darf im Urlaub Ski fahren, auch wenn er sich dabei das Bein brechen kann und dann möglicherweise wochenlang arbeitsunfähig ist.

### b) Einzelne Unterlassungspflichten

**aa) Verschwiegenheitspflicht.** Dem Arbeitnehmer ist es verboten, Geschäfts- und 114
Betriebsgeheimnisse Dritten mitzuteilen. Unter Geschäfts- und Betriebsgeheimnissen versteht man Tatsachen im Zusammenhang mit einem Geschäftsbetrieb, die nur einem eng begrenzten Personenkreis bekannt und nicht offenkundig sind, wenn sie nach dem Willen des Arbeitgebers aufgrund eines berechtigten wirtschaftlichen Interesses geheim gehalten werden sollen[194]. Darunter fallen technisches Knowhow, Kunden- und Preislisten, Warenbezugsquellen, Bilanzen, Inventurlisten, Zahlungsfähigkeit und Kreditwürdigkeit des Arbeitgebers[195]. Offenbart der Arbeitnehmer diese Geheimnisse unbefugt zu Zwecken des Wettbewerbs, aus Eigennutz oder um den Arbeitgeber zu schädigen, macht er sich strafbar (§ 17 Abs. 1 UWG) und schadensersatzpflichtig (§ 9 UWG). Einer gesetzlichen Verschwiegenheitspflicht un-

---

[189] Vgl. Staudinger/*Richardi/Fischinger*, § 611 BGB Rn. 608 ff.
[190] Vgl. MünchArbR/*Reichold*, § 48 Rn. 59, § 49 Rn. 42.
[191] BAG 9.12.1982, AP Nr. 73 zu § 626 BGB („Anti-Strauß"-Plakette).
[192] BAG 16.3.1982, AP Nr. 1 zu § 611 BGB Betriebsgeheimnis.
[193] MünchArbR/*Reichold*, § 49 Rn. 47; MünchKomm/*Müller-Glöge*, § 611 BGB Rn. 1079.
[194] LAG Köln 18.12.1987, LAGE Nr. 1 zu § 611 BGB Betriebsgeheimnis.
[195] Schaub/*Linck*, ArbR-Hdb, § 53 Rn. 52 ff.

terliegen Mitglieder des Betriebsrats (§ 79 Abs. 1 BetrVG), der Jugend- und Auszubildendenvertretung (§ 79 Abs. 2 BetrVG), der Schwerbehindertenvertretung (§ 179 Abs. 7 SGB IX) und der Personalvertretung (z.B. § 10 BPersVG); auch diese Verschwiegenheitspflicht ist strafbewehrt (vgl. § 120 BetrVG).

115 **bb) Pflicht zur Unterlassung ruf- und kreditschädigender Mitteilungen an Dritte.** Solche Mitteilungen muss der Arbeitnehmer selbst dann unterlassen, wenn die Tatsachen wahr sind[196]. Das Recht auf freie Meinungsäußerung (Art. 5 Abs. 1 GG) ist aber nur insoweit eingeschränkt, als dadurch nicht berechtigte Interessen des Arbeitnehmers selbst, seiner Kollegen, Dritter oder der Allgemeinheit gefährdet oder gar verletzt werden. Der Grundsatz der Verhältnismäßigkeit gebietet es, Missstände möglichst betriebsintern zu lösen[197]. Nur wenn es auf diese Weise zu keiner Abhilfe kommt, darf der Arbeitnehmer eine Anzeige bei der zuständigen Behörde erstatten[198]. Auch dann muss er den durch die Offenbarung der Mängel entstehenden Schaden für den Arbeitgeber möglichst gering halten. Leichtfertige oder in Schädigungsabsicht erstattete Anzeigen sind in jedem Fall unzulässig[199]. Der Arbeitnehmer darf grundsätzlich auch nicht die „Flucht in die Öffentlichkeit" antreten, etwa durch ein Fernseh- oder Rundfunkinterview oder eine leichtfertige Anzeige bei der Staatsanwaltschaft[200]. Geschieht dies trotzdem, kommt eine (außer-)ordentliche verhaltensbedingte Kündigung in Betracht. Bei der erforderlichen Interessenabwägung kommt es nach Ansicht des Europäischen Gerichtshofs für Menschenrechte (EGMR) darauf an, ob an der Information ein öffentliches Interesse besteht und ob sie fundiert ist. Eine Strafanzeige wegen Missständen am Arbeitsplatz kann gerechtfertigt sein, wenn vernünftigerweise nicht erwartet werden kann, dass innerbetriebliche Beschwerden zu einer Untersuchung und Abhilfe führen[201].

116 Ausnahmen von diesen Grundsätzen hat der Gesetzgeber ausdrücklich geregelt. So sind Beschäftigte, die aufgrund konkreter Anhaltspunkte der Auffassung sind, dass die vom Arbeitgeber getroffenen Maßnahmen und bereitgestellten Mittel nicht ausreichen, um die Sicherheit und den Gesundheitsschutz bei der Arbeit zu gewährleisten, nach § 17 Abs. 2 ArbSchG befugt, sich an die zuständige Behörde zu wenden, wenn der Arbeitgeber entsprechenden Beschwerden nicht abhilft (s. § 7 Rn. 130).

---

[196] *Zöllner/Loritz/Hergenröder*, Arbeitsrecht, § 16 I 2.
[197] *Preis/Reinfeld*, AuR 1989, 361 ff.; *Graser*, Whistleblowing, 2000; *Müller*, NZA 2002, 424.
[198] EGMR 21.7.2011, NZA 2011, 1269 - Heinisch; BAG 3.7.2003, AP Nr. 45 zu § 1 KSchG Verhaltensbedingte Kündigung; vgl. auch BVerfG 2.7.2001, AP Nr. 160 zu § 626 BGB.
[199] MünchArbR/*Reichold*, § 48 Rn. 51.
[200] BAG 3.7.2003, AP Nr. 45 zu § 1 KSchG Verhaltensbedingte Kündigung.
[201] EGMR 21.7.2011, NZA 2011, 1269 - Heinisch.

## II. Nebenpflichten des Arbeitnehmers

**cc) Verbot der Annahme von Schmiergeldern.** Schmiergelder sind unzulässige Zuwendungen von geldwerten Geschenken oder anderen Vorteilen, durch die ein Dritter einen Arbeitnehmer zu einem bestimmten Verhalten veranlassen oder für ein bereits erfolgtes Verhalten belohnen will[202]. Keine Schmiergelder sind Trinkgelder oder übliche, kleinere Gelegenheitsgeschenke, wie beispielsweise Kalender oder Kugelschreiber mit Werbeschriftzügen[203]. Die Grenzen werden in der Praxis durch firmeninterne „**Ethik-Richtlinien**" gezogen, deren Erlass der betrieblichen Mitbestimmung unterliegen kann[204]. Schmiergelder sind an den Arbeitgeber herauszugeben, sei es nach § 667 BGB[205] oder nach §§ 687 Abs. 2 Satz 1, 681, 667 BGB[206]. Führt die Annahme von Schmiergeld zu einer unlauteren, d.h. wettbewerbswidrigen Bevorzugung eines Lieferanten, macht sich der Arbeitnehmer nach § 299 Abs. 1 StGB strafbar.

117

**dd) Handlungsgehilfen** unterliegen nach § 60 Abs. 1 HGB einem **Wettbewerbsverbot**. Will ein Handlungsgehilfe selbst ein Handelsgewerbe betreiben oder will er in dem Handelszweig, in dem sich sein Arbeitgeber betätigt, für eigene oder fremde Rechnung Geschäfte machen, so benötigt er die – ausdrückliche oder konkludente – Einwilligung seines Arbeitgebers[207]. Für Arbeitnehmer, die keine Handlungsgehilfen sind, ergibt sich aus der allgemeinen Rücksichtnahmepflicht (§ 241 Abs. 2 BGB) das Verbot, dem Arbeitgeber in seinem Geschäftszweig Konkurrenz zu machen[208]. Der Arbeitnehmer darf im Marktbereich seines Arbeitgebers ohne dessen Einwilligung Dienste und Leistungen Dritten nicht anbieten. Das gilt auch dann, wenn sicher ist, dass der Arbeitgeber den vom Arbeitnehmer betreuten Bereich oder die betreffenden Kunden nicht erreichen wird[209]. Während die frühere Rechtsprechung jede Arbeit bei der Konkurrenz für unzulässig erachtete, soweit ihr nicht ausnahmsweise von vornherein jegliche unterstützende Wirkung fehlte[210], sollen nun nur unmittelbare Konkurrenztätigkeiten verboten sein, nicht aber Hilfsarbeiten ohne Wettbewerbsbezug. Berechtigte Arbeitgeberbelange sind z.B. nicht beeinträchtigt, wenn ein 15 Stunden in der Woche beschäftigter Zeitungszusteller bei einem Konkurrenzunternehmen Zeitungen im Umfang von sechs Wochenstunden austrägt[211]. Die Verpflichtung zur Unterlassung von Wettbewerb besteht während der gesamten rechtlichen Dauer des Arbeitsverhältnisses, also auch während einer vereinbarten Freistellung bis zum Ablauf der Kündigungsfrist. Ein Verstoß gegen das Konkurrenzverbot ist schon dann hinreichend schlüssig vorgetragen, wenn der Arbeitnehmer in dieser Zeit Verträge mit Kunden des Arbeitgebers abgeschlossen

118

---

[202] Vgl. MünchArbR/*Reichold* § 48 Rn. 49; *Zöllner/Loritz/Hergenröder*, Arbeitsrecht, § 16 I 3.
[203] Staudinger/*Richardi/Fischinger*, § 611 BGB Rn. 509.
[204] BAG 22.7.2008, NZA 2008, 1248; dazu *Wagner*, Ethikrichtlinien, 2009.
[205] RGZ 99, 31; 146, 208; 164, 103; BGH 7.1.1963, AP Nr. 2 zu § 687 BGB.
[206] BAG 14.7.1961, 22.8.1966, 15.4.1970, 26.2.1971, AP Nr. 1, 3, 4, 5 zu § 687 BGB.
[207] BAG 15.2.1962, AP Nr. 1 zu § 61 HGB; Schaub/*Vogelsang*, ArbR-Hdb, § 55 Rn. 7.
[208] BAG 24.3.2010, NZA 2010, 693, 694.
[209] BAG 16.1.2013, NZA 2013, 748, 749.
[210] BAG 16.8.1990, NZA 1991, 141; BAG 24.6.1999, BB 2000, 728.
[211] BAG 24.3.2010, NZA 2010, 693.

hat[212]. Verboten ist auch die Begründung eines neuen Arbeitsverhältnisses mit einem Konkurrenzunternehmen[213]. Die Verpflichtung zur Unterlassung von Wettbewerb endet mit der Beendigung des Arbeitsverhältnisses[214]. Ein über diesen Zeitpunkt hinaus wirkendes **nachvertragliches Wettbewerbsverbot** muss zwischen den Arbeitsvertragsparteien ausdrücklich vereinbart werden (s. § 10 Rn. 433 ff.).

## III. Rechte des Arbeitgebers bei Pflichtverletzung des Arbeitnehmers

### 1. Arten der Pflichtverletzung

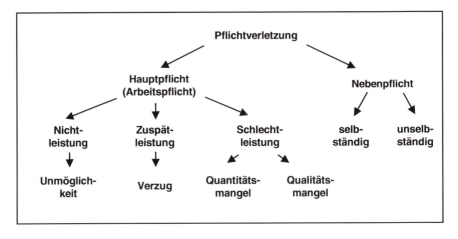

#### a) Verletzung der Arbeitspflicht

119 Gewöhnlich unterscheidet man zwischen der Nichtleistung der Arbeit und der Schlechtleistung. Von einem Arbeitsvertragsbruch ist die Rede, wenn sich der Arbeitnehmer endgültig rechtswidrig vom Arbeitsvertrag löst[215].

120 **aa) Nichtleistung.** Zur Nichtleistung rechnen alle Fälle der vertragswidrigen Nichterfüllung der Arbeitspflicht: Der Arbeitnehmer erscheint nicht zur Arbeit, nimmt sie verspätet auf, überzieht die Pausen, beendet die Arbeit vorzeitig oder verlässt den Arbeitsplatz zwischenzeitlich. Die Nichtleistung der Dienste ist vertragswidrig, wenn der Arbeitnehmer nicht kraft Gesetzes oder durch Vereinbarung von der Arbeitspflicht befreit ist.

---

[212] BAG 16.1.2013, NZA 2013, 748, 749.
[213] BAG 17.10.2012, NZA 2013, 207, 208.
[214] BAG 19.2.1959, AP Nr. 10 zu § 74 HGB.
[215] *Stoffels*, Der Vertragsbruch des Arbeitnehmers, 1993.

III. Rechte des Arbeitgebers bei Pflichtverletzung des Arbeitnehmers

Ob die Nichterfüllung der Arbeitspflicht rechtlich als **Verzug** oder als (teilweise oder vollständige) **Unmöglichkeit** zu beurteilen ist, hängt davon ab, ob die unterbliebene Arbeitsleistung noch zu einem späteren Zeitpunkt **nachholbar** ist – dann Verzug – oder nicht – dann Unmöglichkeit (s. § 8 Rn. 1 ff.). **121**

Anders liegt es, wenn der Arbeitnehmer selbst die Lage der Arbeitszeit bestimmen darf, wie beispielsweise während der Gleitphase bei gleitender Arbeitszeit. In einem späteren Arbeitsbeginn oder in einem früheren Arbeitsende liegt schon deshalb keine Nichtleistung, weil der Arbeitnehmer im Rahmen der Gleitzeitvereinbarung, die zumeist eine Betriebsvereinbarung ist, die Lage seiner Arbeitszeit selbst bestimmen kann; die Arbeit muss dann eben zu anderer Zeit geleistet werden. **122**

**bb) Schlechtleistung** liegt vor, wenn der Arbeitnehmer zwar zur vereinbarten Arbeitszeit arbeitet, seine Leistungen aber aus Gründen, die in seiner Person liegen, quantitativ und/oder qualitativ mangelhaft sind[216]. Bei **Quantitätsmängeln** arbeitet der Arbeitnehmer nicht mit der gehörigen Intensität, d.h. er erbringt weniger Dienste, als er unter seinen persönlichen Umständen zu leisten vermöchte (Langsamarbeit, Bummelei, Dienst nach Vorschrift, passive Resistenz usw.). Bei **Qualitätsmängeln** arbeitet der Arbeitnehmer nicht mit der gehörigen Anspannung seiner geistigen und körperlichen Kräfte, sodass das Ergebnis der Arbeit mit Mängeln behaftet ist (Herstellung von Werkstücken, die die Qualitätsstandards nicht erfüllen; Erteilung einer falschen Auskunft an einen Kunden; Verlesen, Verschreiben, Verrechnen usw.)[217]. **123**

Ob eine Leistung als Schlechtleistung anzusehen ist, beurteilt sich nach den vertraglichen Vereinbarungen der Parteien. Ist die Arbeitsleistung im Vertrag, wie meistens, der Menge und der Qualität nach nicht oder nicht näher beschrieben, so richtet sich der Inhalt des Leistungsversprechens nach dem persönlichen, subjektiven Leistungsvermögen des Arbeitnehmers. **Der Arbeitnehmer muss tun, was er soll, so gut, wie er kann**[218]. Die Leistungspflicht ist nicht starr, sondern dynamisch. Sie orientiert sich nicht an einer „objektiven Normalleistung", sondern an der individuellen Leistungsfähigkeit des Arbeitnehmers[219]. **124**

Ob der Arbeitnehmer unter angemessener Ausschöpfung seiner persönlichen Leistungsfähigkeit arbeitet, ist häufig schwer erkennbar und noch viel weniger beweisbar. Unterdurchschnittliche Leistungen bedeuten auch nicht zwangsläufig Leistungszurückhaltung. In einer Vergleichsgruppe ist stets ein Gruppenmitglied das „Schlusslicht": sei es, dass die anderen Mitglieder besonders leistungsstark sind oder sich überfordern, sei es dass der Gruppenschwächste besonders leistungsschwach ist. **125**

---

[216] *Maschmann*, NZA 2006, Beil. 6, S. 13 ff.
[217] BAG 17.1.2008, NZA 2008, 693; LAG München 3.3.2011, AuA 2011, 487.
[218] BAG 11.12.2003, NZA 2004, 784; BAG 17.1.2008, NZA 2008, 693.
[219] BAG 17.1.2008, NZA 2008, 693; *Brune*, AR-Blattei SD 1420 (Schlechtleistung) Rn. 13 ff. m.w.N.; a.A. *Hunold*, BB 2003, 2345, 2346.

**126** In Kündigungsschutzprozessen wegen Minder- und Schlechtleistungen trägt die Rechtsprechung der „Beweisnot" des Arbeitgebers durch eine **Abstufung der Darlegungs- und Beweislast** Rechnung[220]. Der Arbeitgeber hat das zu den Leistungsmängeln vorzutragen, was er wissen kann. Kennt er lediglich die objektiv messbaren Arbeitsergebnisse, so genügt er seiner Darlegungslast, wenn er Tatsachen vorträgt, aus denen ersichtlich ist, dass die Leistungen über längere Zeit hinweg deutlich hinter denen vergleichbarer Arbeitnehmer zurückbleiben. Bei einer Schlechtleistung muss er die längerfristige deutliche Überschreitung der durchschnittlichen Fehlerquote je nach tatsächlicher Fehlerzahl, Art, Schwere und Folgen der fehlerhaften Arbeitsleistung darlegen[221]. Der Arbeitnehmer kann dann die Richtigkeit oder Aussagekraft des Zahlenwerks bestreiten oder darlegen, warum er mit seiner deutlich unterdurchschnittlichen Leistung dennoch seine persönliche Leistungsfähigkeit ausschöpft. Hier können altersbedingte Leistungsdefizite, Beeinträchtigungen durch Krankheit, aber auch betriebliche Umstände eine Rolle spielen. Legt der Arbeitnehmer derartige Umstände plausibel dar, so ist es Sache des Arbeitgebers, sie zu widerlegen. Trägt der Arbeitnehmer derartige Umstände nicht vor, so gilt das schlüssige Vorbringen des Arbeitgebers als zugestanden (§ 138 Abs. 3 ZPO). Es ist dann davon auszugehen, dass der Arbeitnehmer seine Leistungsfähigkeit nicht ausschöpft. Im Regelfall wird sich der Arbeitgeber auf Durchschnittswerte berufen. Das ist zulässig, wenn jeder Arbeitnehmer in etwa die gleiche Chance hat, durchschnittliche Leistungserfolge zu erzielen und die Streuung zwischen höchstem und niedrigstem Leistungswert nicht allzu groß ist[222].

### b) Verletzung von Nebenpflichten

**127** Die Schlechtleistung der Arbeit ist nicht zu verwechseln mit der Verletzung einer Nebenpflicht, insbesondere der Verpflichtung zur Rücksichtnahme auf die berechtigten Interessen, Rechte und Rechtsgüter des Arbeitgebers nach § 241 Abs. 2 BGB.

---

[220] BAG 11.12.2003, NZA 2004, 784; BAG 3.6.2004, NZA 2004, 1380; BAG 17.1.2008, NZA 2008, 693.
[221] BAG 17.1.2008, NZA 2008, 693.
[222] BAG 27.11.2008, NZA 2009, 842.

## 2. Überblick über die Rechte des Arbeitgebers

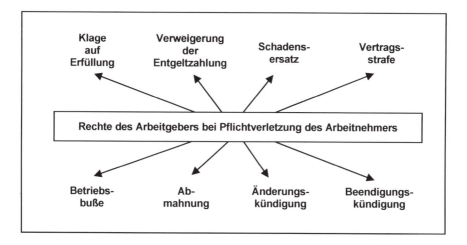

## 3. Anspruch und Klage auf Erfüllung

### a) Bei Verletzung der Arbeitspflicht

**aa) Nichtleistung.** Der Anspruch auf Erfüllung der Arbeitspflicht besteht nur, soweit die Arbeitsleistung nicht unmöglich geworden ist. Unmögliches zu leisten, kann die Rechtsordnung nicht verlangen (impossibilium nulla est obligatio) und sie verlangt es nicht. § 275 Abs. 1 BGB ordnet deshalb das Freiwerden von der Leistungspflicht an. Hat der Arbeitnehmer die Unmöglichkeit schuldhaft herbeigeführt, macht er sich schadensersatzpflichtig (§ 280 Abs. 1 BGB); an die Stelle der primären Leistungspflicht tritt eine sekundäre, auf Schadensausgleich (§ 251 Abs. 1 BGB) gerichtete Verpflichtung[223]. Da die Arbeitspflicht Fixschuld ist, tritt bei nicht rechtzeitiger Erfüllung Unmöglichkeit ein. Der Arbeitgeber verliert den Erfüllungsanspruch und kann auch keine Nachholung der Arbeit verlangen: Kennzeichen der Unmöglichkeit ist gerade die Nicht-Nachholbarkeit. Davon unberührt bleibt der Anspruch auf **Erfüllung der Arbeitspflicht in der Zukunft**.

128

Diesen Anspruch kann der Arbeitgeber im Wege der Leistungsklage[224] oder – bei besonderer Eilbedürftigkeit – im Wege des einstweiligen Rechtsschutzes[225] geltend machen. Der Rechtsweg zu den Gerichten der Arbeitsgerichtsbarkeit ist nach § 2 Abs. 1 Nr. 3a ArbGG (bürgerliche Rechtsstreitigkeit zwischen Arbeitnehmern und Arbeitgebern aus dem Arbeitsverhältnis) eröffnet. Vollstrecken lässt sich ein Urteil,

129

---

[223] *Canaris/Grigoleit*, Schuldrecht I, § 22 I; *Medicus/Lorenz*, Schuldrecht I, § 36 Rn. 428.
[224] BAG 2.12.1965, AP Nr. 27 zu § 620 BGB Befristeter Arbeitsvertrag.
[225] Str., vgl. Staudinger/*Richardi*, § 611 BGB Rn. 431; a.A. MünchArbR/*Blomeyer*, 2. Aufl. § 50 Rn. 3 m.w.N.

das den Arbeitnehmer zur persönlichen Erbringung der geschuldeten Dienste verpflichtet, wegen § 888 Abs. 3 ZPO, der über § 62 Abs. 2 Satz 2 ArbGG auch für das arbeitsgerichtliche Verfahren gilt, allerdings nicht. Trotzdem besteht für die Klage auf Leistung der Dienste das Rechtsschutzinteresse, denn das Urteil klärt die Rechtslage und verdeutlicht dem Arbeitnehmer seine Pflichten[226]. Überdies kann der Arbeitgeber mit der Leistungsklage einen Antrag auf Entschädigung für den Fall verbinden, dass der Arbeitnehmer die Dienste nicht innerhalb einer bestimmten Frist erbringt (§ 61 Abs. 2 Satz 1 ArbGG).

130 **bb) Schlechtleistung.** Wie die Schlechtleistung dogmatisch zu behandeln ist, ist streitig.

131 Arbeitet der Arbeitnehmer weniger, als er könnte und wozu er folglich nach dem Arbeitsvertrag verpflichtet ist („Quantitätsmangel"), so kann darin eine teilweise Nichterfüllung liegen. Allerdings lassen sich teilweise Arbeitsleistung und volle Arbeitsleistung kaum eindeutig voneinander abgrenzen, sofern der Arbeitnehmer nicht gerade eigenmächtig Pausen einlegt; auch dann scheiden ganz kurzfristige Unterbrechungen, die zu einem normalen Arbeitsrhythmus gehören, aus. Eine teilweise Nichterfüllung liegt aber beispielsweise vor, wenn ein Akkordarbeiter, der sein „Soll" erfüllt hat, mit der Arbeit aussetzt, um nicht über eine bestimmte Produktmenge hinauszukommen, etwa weil ihm Zusatzstücke nicht bezahlt werden oder weil er eine Heraufsetzung der „Norm" befürchtet; unabhängig vom Vergütungssystem ist jeder Arbeitnehmer verpflichtet, unter Anspannung seiner Kräfte während der gesamten Arbeitszeit Dienste zu leisten (s. § 7 Rn. 23). Mit der teilweisen Nichtleistung der Arbeit tritt Teilunmöglichkeit ein. Der Arbeitgeber verliert den Anspruch auf Erfüllung. Er kann aber das Entgelt kürzen (§ 326 Abs. 1 Satz 1 BGB) und bei Verschulden Schadensersatz verlangen (§§ 275 Abs. 4, 280 Abs. 1, Abs. 3, 283 BGB).

132 Für Quantitätsmängel, die keine teilweise Nichterfüllung darstellen – der Arbeitnehmer arbeitet zu langsam – sowie für **Qualitätsmängel** – das Arbeitsergebnis ist fehlerhaft – fehlt im Dienstvertragsrecht eine dem Recht des Werkvertrags entsprechende Gewährleistungsregel. Anders als beim Werkvertrag (§§ 634 Nr. 1, 635 BGB) gibt es beim Dienstvertrag keine Nachbesserungspflicht. Der Arbeitnehmer schuldet nur eine nach der Zeit bemessene Dienstleistung; für den Erfolg oder die Fehlerfreiheit seiner Dienste hat er nicht einzustehen. Er hat vertraglich das Risiko des Gelingens nicht übernommen; wegen seiner Weisungsabhängigkeit kann er ein bestimmtes Arbeitsergebnis auch nicht garantieren. Dieser Unterschied zum Werkvertragsrecht wirkt sich im Gewährleistungsrecht aus.

133 Allerdings haftet der Arbeitnehmer wie jeder andere Schuldner nach den allgemeinen Vorschriften, und damit auch wegen Pflichtverletzung (§ 280 Abs. 1 BGB). Voraussetzung ist, dass er schuldhaft gehandelt hat, etwa durch eine ihm vorwerf-

---

[226] MünchArbR/*Reichold*, § 38 Rn. 1; *Zöllner/Loritz/Hergenröder*, Arbeitsrecht, § 15 V.

III. Rechte des Arbeitgebers bei Pflichtverletzung des Arbeitnehmers 247

bare Missachtung „professioneller Standards". Der Schaden ist im Wege der Naturalrestitution zu ersetzen, der Schädiger muss den Schaden durch eigenes Handeln ausgleichen (§ 249 Satz 1 BGB), soweit das möglich ist (§ 251 Abs. 1 BGB) und vom Geschädigten verlangt wird (§ 249 Satz 2 BGB). Auf diesem Umweg kann der Arbeitgeber eine Mängelbeseitigung verlangen; erzwingen kann er sie wegen § 888 Abs. 3 ZPO allerdings nicht.

### b) Bei Verletzung von Nebenpflichten

Auf Erfüllung von Nebenpflichten kann nur geklagt werden, wenn diese als selbständige Pflichten bestehen[227]. Praktisch bedeutsam sind Verstöße gegen Unterlassungspflichten, etwa gegen Wettbewerbsverbote, gegen das Verbot der Annahme von Schmiergeldern oder gegen die Pflicht zur Verschwiegenheit[228]. Der Arbeitgeber kann auf **Unterlassung** klagen, wenn die Gefahr einer Beeinträchtigung besteht (§ 1004 Abs. 1 Satz 2 BGB analog). Eine solche Gefahr kann sich als Wiederholungsgefahr aufgrund bereits geschehener Beeinträchtigungen ergeben, sie kann aber auch bereits bei einer drohenden Erstbegehung vorliegen[229]. Der Unterlassungsanspruch kann im Wege des vorläufigen Rechtsschutzes durch eine einstweilige Verfügung (§ 935 ZPO) gesichert werden[230]. Für die Durchsetzung im Wege der Zwangsvollstreckung ist nicht § 888 ZPO mit der Einschränkung in Abs. 3, sondern § 890 ZPO maßgeblich.

134

## 4. Verweigerung der Entgeltzahlung

### a) Bei Verletzung der Arbeitspflicht

aa) **Nichtleistung.** Ob und inwieweit der Arbeitgeber die Zahlung der vereinbarten Vergütung verweigern darf, wenn der Arbeitnehmer die versprochenen Dienste nicht leistet, bestimmt sich nach den §§ 320 ff. BGB; Arbeitspflicht und Entgeltzahlungspflicht sind die beiden synallagmatischen Hauptleistungspflichten des Arbeitsvertrags. Entscheidend ist, ob die Arbeitspflicht noch besteht oder unmöglich geworden ist, und wer gegebenenfalls für die Unmöglichkeit der Arbeitspflicht verantwortlich ist (s. im einzelnen § 8 Rn. 1 ff.).

135

bb) **Schlechtleistung.** Soweit die Schlechtleistung als teilweise Nichterfüllung anzusehen ist, kann der Arbeitgeber die Vergütung nach § 326 Abs. 1 Satz 1 BGB verweigern. Bei Qualitätsmängeln ist er zur Lohnminderung nicht berechtigt, weil der Arbeitnehmer nicht für das Ergebnis seiner Arbeit einzustehen hat. Der Arbeitgeber kann zwar für sein gutes Geld auch gute Arbeit verlangen; dieses Äquivalenzinteresse wird jedoch nicht durch ein Recht zur Minderung der Arbeitsvergütung geschützt. Eine den kauf-, miet- oder werkvertraglichen Minderungsvorschriften entsprechende Regelung ist dem Dienstvertragsrecht fremd. Der Arbeitgeber muss vielmehr durch Anreize (leistungsförderndes Arbeitsklima,

136

---

[227] MünchArbR/*Reichold*, § 50 Rn. 2.
[228] BAG 25.4.1989, AP Nr. 7 zu § 611 BGB Betriebsgeheimnis.
[229] BayObLG, NJW-RR 1987, 1040; OLG Zweibrücken, NJW 1992, 1242.
[230] LAG Düsseldorf 1.3.1972, DB 1972, 878.

Prämien usw.) oder durch Sanktionen (Kontrollen, Abmahnungen) zu der vergütungsgerechten Leistung kommen. Notfalls bleibt nur die Kündigung.

137 Etwas anderes gilt, wenn das **Integritätsinteresse** des Arbeitgebers beeinträchtigt wird, also wenn der Arbeitnehmer schuldhaft Rechte oder Rechtsgüter des Arbeitgebers verletzt und diesem dadurch einen Schaden zufügt. In diesem Fall haftet der Arbeitnehmer nach §§ 280 Abs. 1, 241 Abs. 2 BGB auf Schadensersatz. Ist dieser auf Geldersatz gerichtet (§ 249 Satz 2 oder § 251 Abs. 1 BGB), so kann der Arbeitgeber den Schadensersatzanspruch gegen den Entgeltzahlungsanspruch des Arbeitnehmers aufrechnen:

```
                Schadensersatzanspruch aus §§ 280 I, 241 II BGB
                ─────────────────────────────────────────────►
                fällig, einredefrei, auf Geldleistung gerichtet

  Arbeitgeber                                          Arbeitnehmer

                Entgeltzahlungsanspruch aus Arbeitsvertrag
                ◄─────────────────────────────────────────────
                erfüllbar, einredefrei, auf Geldleistung gerichtet
```

138 Die Aufrechnung erfolgt durch einseitige Erklärung des Arbeitgebers gegenüber dem Arbeitnehmer (§ 388 Satz 1 BGB). Sie bewirkt, dass die Forderungen in Höhe des Betrags, in dem sie sich decken, erlöschen (§ 389 BGB). Bei verschuldeter Schlechtleistung führt das im Ergebnis zu einer Minderung des Anspruchs auf die Gegenleistung, das Entgelt. Eine Aufrechnung ist allerdings unzulässig (§ 394 Satz 1 BGB), soweit die Vergütung des Arbeitnehmers unpfändbar ist (vgl. §§ 850-850i ZPO, s. im einzelnen § 7 Rn. 60 ff.).

### b) Bei Verletzung von Nebenpflichten

139 aa) Der Arbeitgeber kann die **Einrede des nichterfüllten Vertrags** selbst für die Nebenpflichten nicht erheben, deren ausschließlicher Zweck darin liegt, die Erfüllbarkeit der Hauptleistung zu garantieren (Bsp.: Verstoß von Kraftfahrern oder Flugkapitänen gegen das Alkoholverbot, Beschädigung von arbeitsnotwendigen Betriebsmitteln). § 320 BGB gilt nur für die synallagmatischen Pflichten des Arbeitsvertrags.

140 bb) Dem Arbeitgeber steht aber das **Zurückbehaltungsrecht** nach § 273 Abs. 1 BGB zu, wenn er gegen den Arbeitnehmer einen fälligen Anspruch hat; dieser Anspruch muss nicht auf eine Geldleistung gerichtet sein[231] (Bsp.: Pflicht, in Notfällen andere oder Mehrarbeit zu leisten). Ist er auf eine Geldleistung gerichtet, so ist der

---

[231] Palandt/*Grüneberg*, § 273 BGB Rn. 4.

für die Aufrechnung geltende § 394 Satz 1 BGB auf das Zurückbehaltungsrecht entsprechend anzuwenden, d.h. der Arbeitgeber darf die Entgeltzahlung im Rahmen der Pfändungsfreigrenzen der §§ 850-850i ZPO zurückhalten. Der Arbeitnehmer ist für seinen laufenden Lebensunterhalt auf ein stetiges Arbeitseinkommen angewiesen; der Arbeitgeber darf ihm den Lohn weder auf Dauer noch auf Zeit verweigern.

Ein spezielles Leistungsverweigerungsrecht bei der Verletzung einer Nebenpflicht enthält § 7 Abs. 1 EfzG. Danach ist der Arbeitgeber berechtigt, die Fortzahlung des Arbeitsentgelts im Krankheitsfalle zu verweigern, solange der Arbeitnehmer eine ärztliche Bescheinigung über seine Arbeitsunfähigkeit nach § 5 Abs. 1 EfzG schuldhaft nicht vorlegt. Bringt der Arbeitnehmer die Arbeitsunfähigkeitsbescheinigung später bei, muss der Arbeitgeber die Vergütung auch für die Zeit vor der Überbringung zahlen. **141**

Das Zurückbehaltungsrecht kann der Arbeitgeber grundsätzlich auch dann ausüben, wenn sein Anspruch auf ein Unterlassen gerichtet ist. Das gilt nach der Rechtsprechung allerdings dann nicht, wenn es um das Unterlassen unerlaubter Wettbewerbstätigkeit oder unzulässiger Erwerbsarbeit während eines Erholungsurlaubs (§ 8 BUrlG) geht. In diesen Fällen ist der Arbeitgeber auf andere Sanktionen angewiesen. **142**

**cc)** Hat der Arbeitgeber wegen einer Nebenpflichtverletzung einen Anspruch aus § 280 Abs. 1 BGB, so kann er mit seinem Schadensersatzanspruch gegen den Entgeltzahlungsanspruch in den Grenzen der §§ 394 BGB, 850a ff. ZPO aufrechnen. **143**

## 5. Schadensersatz

### a) Anspruchsgrundlage

Führt die Pflichtverletzung des Arbeitnehmers beim Arbeitgeber zu einem Schaden, so hat er ihn bei schuldhaftem Handeln zu ersetzen (§ 280 Abs. 1 BGB). Um welche Pflichtverletzung es sich handelt (Nichtleistung, Zuspätleistung, Schlechterfüllung, Verletzung von Nebenpflichten), spielt dabei keine Rolle. Geschah die Pflichtverletzung im Zusammenhang mit einer betrieblichen Tätigkeit und nicht nur „bei Gelegenheit", kann seine Haftung nach der Lehre vom **„innerbetrieblichen Schadensausgleich"** ausgeschlossen oder beschränkt sein (s. § 9 Rn. 25 ff.). Daraus ergibt sich folgendes Prüfungsschema: **144**

> **Voraussetzungen des Schadensersatzanspruchs nach § 280 I BGB**
> 1. Bestehen eines vertraglichen Schuldverhältnisses bei der Pflichtverletzung
> 2. Pflichtverletzung
>    - Störung der vertraglichen Leistungspflicht (§ 241 I BGB)
>      (Nichtleistung, Zuspätleistung, Schlechterfüllung) oder
>    - Verletzung einer Nebenpflicht aus dem Schuldverhältnis (§ 241 II BGB)
> 3. Verschulden
>    - Vorsatz oder Fahrlässigkeit, § 276 BGB
>    - keine Vermutung nach § 280 I 2 BGB, sondern Nachweis (§ 619a BGB)
> 4. Schaden
>    - einfacher Schaden neben der Leistung (es bleibt bei § 280)
>    - Verzögerungsschaden (nur wenn zusätzlich § 286 BGB erfüllt ist)
>    - Nichterfüllungsschaden statt der Leistung (nur wenn zusätzlich § 281, § 282 oder § 283 BGB erfüllt ist)
> 5. Zurechnungszusammenhang zwischen Schaden und Pflichtverletzung
> 6. Haftungserleichterungen zugunsten des Arbeitnehmers bei betrieblich veranlasster Tätigkeit

145 Wird **Schadensersatz neben der Leistung** verlangt – der Arbeitnehmer hat Arbeitsgerät zerstört, dessen Ersatz der Arbeitgeber fordert –, bleibt es bei § 280 Abs. 1 BGB als Anspruchsgrundlage.

145a Liegt der Schaden in einem **reinen Verzögerungsschaden** – der neu eingestellte Arbeitnehmer tritt die Stelle nicht termingerecht an – und entstehen dem Arbeitgeber deshalb Kosten, etwa für Telefongespräche oder das „Vertrösten" von Kunden, müssen zusätzlich die **Voraussetzungen des Verzugs** (§ 286 BGB) erfüllt sein (§ 280 Abs. 2 BGB). Die für den Verzug erforderliche Mahnung (§ 286 Abs. 1 Satz 1 BGB) wird regelmäßig entbehrlich sein, weil kalendermäßig bestimmt ist, wann der Arbeitnehmer zu arbeiten hat (§ 286 Abs. 2 Nr. 1 BGB). Dass der Arbeitnehmer den Verzug verschuldet hat, wird vermutet (§ 286 Abs. 4 BGB).

145b Begehrt der Arbeitgeber **Schadensersatz statt der Leistung,** sind – je nach Fallgestaltung – die weiteren Voraussetzungen des § 281, des § 282 oder des § 283 BGB zu prüfen. Wegen des Fixschuldcharakters der Arbeitspflicht kommt § 283 BGB in Betracht, wenn der Arbeitnehmer der Arbeit unentschuldigt fernbleibt und dem Arbeitgeber deshalb Kosten für eine Ersatzkraft entstehen. Unmöglichkeit ist gegeben, wenn sich die versprochene Arbeitsleistung – wie regelmäßig der Fall – nicht später nachholen lässt.

### b) Schaden

146 aa) **Grundsätze.** Der schuldhaft handelnde Arbeitnehmer hat – soweit seine Haftung nicht eingeschränkt ist oder gar entfällt – den Arbeitgeber so zu stellen, wie dieser bei pflichtgemäß erfüllter Arbeitspflicht oder bei ordnungsgemäß beachteter

III. Rechte des Arbeitgebers bei Pflichtverletzung des Arbeitnehmers     251

Nebenpflicht stünde (§ 249 Satz 1 BGB). Ist die Herstellung dieses oder eines wirtschaftlich vergleichbaren Zustands nicht mehr möglich, was im Arbeitsverhältnis häufig der Fall ist, oder ist sie für den Arbeitnehmer unzumutbar, so hat er Geldersatz zu leisten (§ 251 BGB). Der Umfang des Schadens ist dabei nach der Differenzmethode zu bestimmen, deren Ergebnisse aber teilweise normativer Korrektur bedürfen (Berücksichtigung eines normativen Schadens, Vorteilsausgleichung).

**bb) Vermögensschäden** sind beispielsweise die Kosten der Reparatur oder des Stillstands einer beschädigten Maschine, Konventionalstrafen, die wegen eines nicht oder verspätet erfüllten Auftrags verwirkt werden, Kosten der Nachbesserung von mangelhaften Werkstücken durch Überstunden anderer Arbeitnehmer oder der Einstellung einer Ersatzkraft für den verletzten Arbeitnehmer[232].   147

Fraglich ist, ob auch dann ein Schaden besteht, wenn weder eine Ersatzkraft eingestellt wird, noch Überstunden zu leisten sind, weil der Ausfall der Arbeitskraft durch die Kollegen aufgefangen wird. Bei strikter Anwendung der Differenzmethode wäre das zu verneinen. Die Lehre vom „normativen Schaden" korrigiert dieses Ergebnis[233]. Die zusätzliche Arbeitsleistung soll nicht dem schuldhaft handelnden Arbeitnehmer zugute kommen; der „Vorteil" gebührt nicht ihm, sondern dem Arbeitgeber. Deshalb kann der Arbeitgeber auch die Vergütung für die Arbeitnehmer verlangen, die die ausgefallene Arbeit in irgendeiner Form übernehmen mussten, ohne dass es darauf ankommt, ob die Arbeit tatsächlich ausgeführt wurde[234]. Dasselbe gilt, wenn der Arbeitgeber den Arbeitsausfall durch eigene Arbeit ausgleicht. Zu ersetzen ist in diesem Fall, was dem Arbeitgeber entgangen ist, wenn er seine Arbeitskraft hätte anderweitig nutzen können (§ 252 BGB). Das ist zuweilen schwierig zu bestimmen. Die Rechtsprechung stellt auf den wirtschaftlichen Nutzen der vom Arbeitgeber anstelle des Arbeitnehmers erbrachten Arbeitsleistung ab. Dazu unterstellt sie, dass der Arbeitgeber ausgefallene Arbeit selbst erledigt hätte, und berechnet den Schaden nicht nach dem Stundenentgelt, das der Arbeitnehmer erhalten hätte, sondern nach einem der Arbeit des Arbeitgebers angemessenen Stundensatz[235].   148

## 6. Vertragsstrafe

### a) Begriff

Der Arbeitgeber kann sich für den Fall, dass der Arbeitnehmer seine Arbeitspflicht nicht oder schlecht erfüllt oder eine auf die Arbeitspflicht bezogene Nebenpflicht missachtet, die Zahlung einer Geldsumme als Vertragsstrafe versprechen lassen[236].   149

---

[232] LAG Schleswig-Holstein 13.4.1972, BB 1972, 1229; LAG Berlin 27.9.1973, DB 1974, 638.
[233] MünchArbR/*Blomeyer*, 2. Aufl., § 57 Rn. 32; *Neuner*, AcP 133 (1933), 277, 290.
[234] BAG 24.4.1970, AP Nr. 5 zu § 60 HGB.
[235] BAG 24.8.1967, AP Nr. 7 zu § 249 BGB.
[236] Vgl. BAG 18.9.1991, EzA § 339 BGB Nr. 7; BAG 23.9.2010, NZA 2011, 89.

Die Vertragsstrafe darf nicht mit der **Betriebsbuße** verwechselt werden[237]. Durch die Betriebsbuße werden nicht Verletzungen der Arbeitspflicht, sondern Verstöße gegen die betriebliche Ordnung geahndet[238]. Eine ähnliche Wirkung wie die Vertragsstrafe hat die Vereinbarung eines **pauschalierten Schadensersatzes**. Eine solche Vereinbarung stellt aber kein Druckmittel zur Erfüllung der Arbeitspflicht dar, sondern sie dient der vereinfachten Durchsetzung eines bestehenden Schadensersatzanspruchs[239].

### b) Zulässigkeit und Grenzen

150 aa) **Rechtsgrundlage.** Vertragsstrafeversprechen sind auch im Arbeitsrecht grundsätzlich zulässig (§§ 339 ff. BGB)[240]. Zumeist beziehen sie sich auf den Nichtantritt der Arbeit und/oder einen späteren Vertragsbruch, in selteneren Fällen auf schwere Vertragsverletzungen. Das Vertragsstrafeversprechen kann auf einem Tarifvertrag, nach Ansicht des BAG auch auf einer Betriebsvereinbarung[241] beruhen. Regelmäßig wird es im Arbeitsvertrag vereinbart. Im Gegensatz zur Betriebsbuße unterliegt die Vereinbarung einer Vertragsstrafe nicht der Mitbestimmung des Betriebsrats.

151 bb) **Grenzen.** Vertragsstrafeversprechen müssen die zwingenden gesetzlichen Bestimmungen (z.B. § 138 BGB, § 5 Abs. 2 Nr. 2 BBiG) beachten. Der Arbeitgeber muss ein berechtigtes Interesse an der Sicherung der Pflicht haben, die Strafe darf in keinem unangemessenen Verhältnis zum Arbeitseinkommen stehen, und sie darf das Kündigungsrecht des Arbeitnehmers nicht unzumutbar erschweren[242]. Ob die Höhe der Vertragsstrafe angemessen ist, kann vom Arbeitsgericht überprüft werden; notfalls kann es die Strafe herabsetzen (§ 343 BGB).

151a Vorformulierte Abreden über Vertragsstrafen unterliegen der Inhaltskontrolle gemäß §§ 307 ff. BGB[243]; hierbei gilt ein strenger Maßstab[244]. An sich sind solche Vereinbarungen nach § 309 Nr. 6 BGB unzulässig; jedoch müssen die im Arbeitsrecht geltenden Besonderheiten angemessen berücksichtigt werden (§ 310 Abs. 4 Satz 2 HS. 1 BGB). Eine solche Besonderheit liegt darin, dass sich der Anspruch auf die Arbeitsleistung wegen § 888 Abs. 3 ZPO nicht vollstrecken lässt. Da dem Arbeitgeber als Behelf gegen einen vertragsbrüchigen Arbeitnehmer nur die Vertragsstrafe bleibt, kann diese nicht schon wegen § 309 Nr. 6 BGB unwirksam sein; sie darf den Arbeitnehmer aber nicht unangemessen benachteiligen (§ 307 Abs. 1 BGB). Das ist bei einer Vertragsstrafe in Höhe eines Monatsgehalts regelmäßig

---

[237] Zur Abgrenzung von einer Betriebsbußenregelung vgl. BAG 5.2.1986, AP Nr. 12 zu § 339 BGB; BAG 17.10.1989, NZA 1990, 193.
[238] BAG 30.1.1979, 19.7.1983, AP Nr. 2, 5 zu § 87 BetrVG 1972 Betriebsbuße.
[239] BGH, NJW 1968, 149; BGH, NJW 1970, 29; LAG Berlin 19.5.1980, AP Nr. 8 zu § 339 BGB.
[240] BAG 4.3.2004, NZA 2004, 727.
[241] BAG 6.8.1991, AP Nr. 52 zu § 77 BetrVG 1972; a.A. *Walker*, FS Kissel, S. 1212 ff.
[242] BAG 11.3.1971, AP Nr. 9 zu § 622 BGB; MünchArbR/*Reichold*, § 39 Rn. 52.
[243] BAG 23.9.2010, NZA 2011, 89; BAG 23.1.2014, NZA 2014, 777.
[244] BAG 23.1.2014, NZA 2014, 777.

III. Rechte des Arbeitgebers bei Pflichtverletzung des Arbeitnehmers 253

nicht der Fall. Eine Strafe von einem Monatsgehalt ist aber zu hoch, wenn ein Arbeitnehmer eine Stelle nicht antritt und die Kündigungsfrist in der Probezeit nur zwei Wochen beträgt. In diesem Fall kommt auch keine geltungserhaltende Reduktion der Strafe auf eine angemessene Höhe in Betracht; die Abrede bleibt unwirksam[245]. Unwirksam ist auch eine Vertragsstrafe für alle „schuldhaften Pflichtverletzungen", die den Arbeitgeber zu einer fristlosen Kündigung berechtigen. Eine solche Klausel ist nicht bestimmt genug, und sie würde unzulässig in vielen Fällen „zur bloßen Schöpfung neuer, vom Sachinteresse des Verwenders losgelöster Geldforderungen" führen[246]. Wird eine Strafe für den Fall der vorzeitigen „Beendigung des Vertrags" versprochen, so ist darunter regelmäßig die rechtliche Beendigung zu verstehen und nicht die bloße Nichtleistung der vertraglich geschuldeten Leistung. Wird sie für den Fall der Beendigung durch den Arbeitnehmer vereinbart, greift sie nicht bei einer Kündigung durch den Arbeitgeber, selbst wenn sie durch ein grob vertragswidriges Verhalten des Arbeitnehmers veranlasst ist[247].

## 7. Betriebsbuße

### a) Begriff

Betriebsbußen dienen der Ahndung von Verstößen gegen die betriebliche Ordnung. 152
Sie können nur dann verhängt werden, wenn sich Arbeitnehmer gemeinschaftswidrig verhalten, d.h. wenn sie gegen verbindliche Verhaltensregeln zur Sicherung des ungestörten Arbeitsablaufs oder des reibungslosen Zusammenlebens und Zusammenwirkens im Betrieb verstoßen[248]. Die Betriebsbuße hat Strafcharakter, denn sie enthält ein Unwerturteil über ein Fehlverhalten[249]. Formen der Betriebsbuße sind:

– **Verwarnung** (bei geringeren Verstößen)

– **Verweis**, häufig mit Kündigungsandrohung (für schwerere oder wiederholte leichtere Verstöße) und

– **Geldbuße**.

### b) Zulässigkeit und Grenzen

**aa) Rechtsgrundlage.** Die Verhängung von Betriebsbußen setzt das Bestehen einer 153
ordnungsgemäß bekannt gemachten Bußordnung voraus. Bußordnungen werden in aller Regel durch Betriebsvereinbarung geschaffen, sie können aber auch auf Tarifvertrag (Regelung betrieblicher Fragen, § 1 Abs. 1 TVG) beruhen. Das Weisungsrecht des Arbeitgebers genügt als Rechtsgrundlage nicht[250]. Die Tatbestände, bei

---

[245] Zu Vorstehendem BAG 4.3.2004, NZA 2004, 727; BAG 23.9.2010, NZA 2011, 89; BAG 17.3.2016, NZA 2016, 945.
[246] BAG 21.4.2005, NZA 2005, 1053, 1055 f.; vgl. auch BAG 14.8.2007, NZA 2008, 170.
[247] BAG 23.1.2014, 8 AZR 130/13.
[248] BAG 23.9.1975, AP Nr. 1 zu § 87 BetrVG 1972 Betriebsbuße.
[249] BAG 30.1.1979, 17.10.1989, AP Nr. 2, 12 zu § 87 BetrVG 1972 Betriebsbuße.
[250] Zu Vorstehendem BAG 17.10.1989, AP Nr. 12 zu § 87 BetrVG 1972 Betriebsbuße.

deren Verwirklichung die Betriebsbuße droht, müssen abstrakt formuliert und eindeutig bestimmt sein. Außerdem müssen die Art und der Umfang der Bußen sowie das Verfahren zur Verhängung geregelt sein[251].

**Beispiele für typische Tatbestände einer Bußordnung:** Rauchen am Arbeitsplatz in feuergefährdeten Betrieben; Dienstzeitversäumnisse; Verstöße gegen das Verbot von Sammlungen oder des Handeltreibens im Betrieb, gegen das Verbot der Verteilung parteipolitischer Schriften, gegen das Gebot, Betriebsmittel und Arbeitsstoffe pfleglich zu behandeln; Stechkartenbetrug; Diebstahl.

154 bb) **Verhängung der Betriebsbuße.** Hierbei muss ein rechtsstaatlichen Grundsätzen entsprechendes, ordnungsgemäßes Verfahren eingehalten werden. Dazu gehört, dass dem Arbeitnehmer rechtliches Gehör gewährt wird und dass er sich durch den Betriebsrat, einen Gewerkschaftssekretär oder einen Rechtsanwalt vertreten lassen darf[252]. Die Verhängung einer Betriebsbuße setzt voraus, dass der Arbeitnehmer rechtswidrig und schuldhaft gegen die Bußordnung verstoßen hat. Dabei gilt das Opportunitätsprinzip. Die Betriebsbuße kann verhängt werden, sie muss es aber nicht. Die Verhängung der Betriebsbuße unterliegt in jeglicher Hinsicht der gerichtlichen Kontrolle[253]. Gegen einen Verweis oder eine Verwarnung ist die Feststellungsklage im Urteilsverfahren die richtige Klageart (§§ 2 Abs. 1 Nr. 3a, Abs. 5, 46 Abs. 2 ArbGG, § 256 ZPO). Die Rechtmäßigkeit einer Geldbuße wird regelmäßig inzident im Rahmen einer Zahlungsklage geprüft, weil der Arbeitgeber sie zumeist in Form eines Lohnabzugs einbehalten wird.

155 Bei der Verhängung der Betriebsbuße hat der **Betriebsrat** ein erzwingbares Mitbestimmungsrecht nach § 87 Abs. 1 Nr. 1 BetrVG[254]. Dieses Mitbestimmungsrecht besteht neben dem Mitbestimmungsrecht bei der Aufstellung der Bußordnung. In größeren Betrieben ist die Verhängung von Betriebsbußen häufig einem gemeinsamen Ausschuss (§ 28 Abs. 3 BetrVG) übertragen. Können sich Betriebsrat und Arbeitgeber nicht einigen, entscheidet die betriebliche Einigungsstelle (§ 76 BetrVG).

156 Die Verhängung von Betriebsbußen, die früher eine große Rolle gespielt hat, ist heute weitgehend **außer Gebrauch** gekommen. Das liegt zum einen daran, dass es unserem Rechtsempfinden widerspricht, wenn Bußen von nichtstaatlichen Stellen verhängt werden, zum anderen an der Mitbestimmungspflicht. Die Stelle der Betriebsbuße hat die Abmahnung eingenommen.

---

[251] BAG 12.9.1967, AP Nr. 1 zu § 56 BetrVG 1952 Betriebsbuße.
[252] BAG 12.9.1967, AP Nr. 1 zu § 56 BetrVG 1952 Betriebsbuße.
[253] BAG 12.9.1967, AP Nr. 1 zu § 56 BetrVG 1952 Betriebsbuße.
[254] BAG 23.9.1975, 17.10.1989, AP Nr. 1, 12 zu § 87 BetrVG 1972 Betriebsbuße.

## 8. Abmahnung

### a) Begriff und notwendiger Inhalt

Mit der Abmahnung beanstandet der Arbeitgeber in einer für den Arbeitnehmer hinreichend deutlich erkennbaren Art und Weise die Verletzung einer Vertragspflicht und verbindet damit den Hinweis, dass im Wiederholungsfall der Inhalt oder der Bestand des Arbeitsverhältnisses gefährdet ist[255]. Das Verhältnismäßigkeitsprinzip verbietet eine Kündigung, wenn mildere Mittel zur Wahrung der Interessen des Arbeitgebers ausreichend sind. Deshalb hat der Arbeitgeber den Arbeitnehmer bei Störungen im Leistungsbereich sowie bei Verstößen gegen die betriebliche Ordnung grundsätzlich abzumahnen, bevor er eine verhaltensbedingte Kündigung ausspricht. Eine fruchtlose Abmahnung rechtfertigt zugleich die Prognose, dass der Arbeitnehmer sich auch in Zukunft nicht vertragsgerecht verhalten wird[256]. Diese Prognose ist Voraussetzung für eine verhaltensbedingte Kündigung.

**157**

Der für die Abmahnung erforderliche Inhalt ergibt sich aus ihren **Funktionen**[257]:

**157a**

- **Hinweisfunktion:** Die Abmahnung soll dem Arbeitnehmer sein pflichtwidriges Verhalten deutlich machen. Die Leistungs- oder Verhaltensmängel müssen hinreichend konkretisiert sein.

- **Ermahnungsfunktion:** Der Arbeitnehmer muss zu einem pflichtgemäßen Verhalten in der Zukunft aufgefordert werden.

- **Warnfunktion:** Dem Arbeitnehmer soll eindringlich vor Augen geführt werden, dass der Arbeitgeber nicht mehr bereit ist, ein bestimmtes Verhalten hinzunehmen.

- **Androhungsfunktion:** Für den Wiederholungsfall droht der Arbeitgeber arbeitsrechtliche Folgen an.

- **Dokumentationsfunktion:** Durch eine schriftliche Abmahnung, die zu den Personalakten des Arbeitnehmers genommen wird, soll das Geschehen festgehalten werden. Das ist etwa von Bedeutung für eine zukünftige Entscheidung über eine Beförderung oder Versetzung, für die Beurteilung in einem Zeugnis und/oder für die Interessenabwägung im Falle einer Kündigung.

Die neuere Rechtsprechung unterscheidet nur zwischen Rüge- und Dokumentationsfunktion (Hinweis auf die vertraglichen Pflichten und deren Verletzung) und Warnfunktion (Aufforderung zu vertragstreuem Verhalten und Androhung von Konsequenzen)[258].

---

[255] BAG 4.3.1981, AP Nr. 1 zu § 77 LPVG Bad.-Württ.; vgl. auch §§ 326, 541, 1234 BGB.
[256] BAG 17.1.1991, AP Nr. 25 zu § 1 KSchG 1969 Verhaltensbedingte Kündigung.
[257] BAG 10.11.1988, AP Nr. 3 zu § 1 KSchG 1969 Abmahnung.
[258] BAG 19.7.2012, NZA 2013, 91.

## b) Voraussetzungen

**158** **aa) Formelle Voraussetzungen.** Die Abmahnung ist keine Willenserklärung, sondern eine **geschäftsähnliche Handlung**, auf die aber die Vorschriften über Willenserklärungen entsprechend angewendet werden[259]. Die Abmahnung muss **hinreichend bestimmt** sein[260]. Eine besondere Form ist nicht erforderlich. Soll sie Beweis für einen späteren Kündigungsprozess sichern, so empfiehlt sich die **Schriftform**.

**159** Vor Erteilung einer Abmahnung ist der Arbeitnehmer anzuhören[261]. Anders als bei der Betriebsbuße hat der Betriebsrat kein Mitbestimmungsrecht[262]. Das gilt selbst dann, wenn der Arbeitgeber wegen einer Vertragsverletzung abmahnt, durch die die Ordnung des Betriebs gestört wurde (§ 87 Abs. 1 Nr. 1 BetrVG). Der Arbeitgeber macht lediglich von einem vertraglichen Recht Gebrauch; er fordert einen konkreten Arbeitnehmer zur Erfüllung seiner arbeitsvertraglichen Verpflichtungen auf. Hat die Abmahnung aber über die bloße Hinweis- und Warnfunktion hinaus den Charakter einer Strafe – liegt der Sache nach also eine Betriebsbuße vor –, ist die Maßnahme mitbestimmungspflichtig[263].

**160** **bb) Abmahnungsberechtigt** sind der Arbeitgeber und die von ihm Bevollmächtigten. Dazu gehören regelmäßig die kündigungsberechtigten Personen und die Mitarbeiter, die nach ihrer Aufgabe befugt sind, Anweisungen zu Ort, Zeit und Art und Weise der Arbeitsleistung zu erteilen, d.h. sowohl die zu Personalentscheidungen befugten Dienstvorgesetzten („Disziplinarvorgesetzter") als auch die Fachvorgesetzten[264].

**161** **cc) Materielle Voraussetzungen.** Abgemahnt werden kann jedes vertragswidrige Verhalten des Arbeitnehmers, gleichgültig ob es sich um die Verletzung der Arbeitspflicht oder um die Nichtbeachtung einer Nebenpflicht handelt.

**Beispiele:** Leistungsmängel, Verstöße gegen die Arbeitsordnung, unentschuldigtes Fehlen oder Zuspätkommen, Vortäuschung einer Krankheit, eigenmächtiger Urlaubsantritt, Ausübung unerlaubter Nebentätigkeit, Trunkenheit bei der Arbeit, private Nutzung des dienstlichen Internetanschlusses, Übertretung von Rauchverboten, beharrliches Nichtbefolgen von Weisungen, Ablehnung, zur Rücksprache zu erscheinen.

**162** Für die Abmahnung selbst gilt das **Verhältnismäßigkeitsprinzip**[265]. Wegen einer geringfügigen Pflichtverletzung darf keine Abmahnung (mit Kündigungsandrohung) ausgesprochen werden. Zulässig ist allenfalls eine **Ermahnung**, mit der der Arbeitgeber vertragsgemäßes Verhalten verlangt, ohne mit weiteren Maßnahmen

---

[259] Schaub/*Linck*, ArbR-Hdb, § 132 Rn. 6.
[260] BAG 10.11.1988, AP Nr. 3 zu § 1 KSchG 1969 Abmahnung.
[261] BAG 21.5.1992, AP Nr. 28 zu § 1 KSchG 1969 Verhaltensbedingte Kündigung.
[262] BAG 17.1.1991, AP Nr. 25 zu § 1 KSchG 1969 Verhaltensbedingte Kündigung.
[263] BAG 7.11.1979, AP Nr. 3 zu § 87 BetrVG 1972 Betriebsbuße.
[264] BAG 18.1.1980, AP Nr. 3 zu § 1 KSchG 1969 Verhaltensbedingte Kündigung.
[265] BAG 13.11.1991, AP Nr. 7 zu § 611 BGB Abmahnung.

zu drohen. Da es für die Abmahnung keine Ausschlussfrist gibt, kann der Arbeitgeber sie auch noch einige Zeit nach dem Pflichtverstoß erklären. Der Arbeitgeber **verwirkt** (§ 242 BGB) jedoch **sein Recht zur Abmahnung**, wenn er durch sein Nichthandeln beim Arbeitnehmer das berechtigte Vertrauen erweckt, er werde wegen der Verfehlung nicht mehr belangt[266]. **Mehrere Abmahnungen** wegen gleichartiger Pflichtverletzungen, **denen keine weiteren Konsequenzen folgen,** können die Warnfunktion der Abmahnungen abschwächen. Der Arbeitgeber muss dann die letzte Abmahnung vor Ausspruch einer Kündigung besonders eindringlich gestalten, um dem Arbeitnehmer klar zu machen, dass weitere derartige Pflichtverletzungen nunmehr zur Kündigung führen werden[267]. Eine unwirksame Kündigung kann als Abmahnung ausgelegt werden[268].

### c) Rechte bei unzulässiger Abmahnung

Eine ungerechtfertigte Abmahnung kann später zu einer falschen Beurteilung des Arbeitnehmers führen und ihn so in seinem beruflichen Fortkommen und damit in der Entwicklung seiner Persönlichkeit beeinträchtigen. Sie verletzt in aller Regel das allgemeine Persönlichkeitsrecht des Arbeitnehmers (Art. 2 Abs. 1, 1 Abs. 1 GG), das als absolutes Recht auch von § 823 Abs. 1 BGB geschützt wird. Das allgemeine Persönlichkeitsrecht, aber auch die Fürsorgepflicht gebieten es, dass der Arbeitgeber unzulässige Abmahnungen zurücknimmt[269]. **163**

Hat der Arbeitgeber die Abmahnung zu den Personalakten genommen, so kann der Arbeitnehmer verlangen, dass eine Gegendarstellung zu den Akten genommen wird (§ 83 Abs. 2 BetrVG, § 26 Abs. 2 Satz 4 SprAuG). Er kann aber auch verlangen, dass der Arbeitgeber eine ungerechtfertigte Abmahnung aus der Personalakte entfernt (§§ 242, 1004 Abs. 1 Satz 1 BGB entsprechend)[270]. Dasselbe gilt, wenn das gerügte Verhalten für das Arbeitsverhältnis in jeder Hinsicht bedeutungslos geworden ist. Eine feste Frist gibt es dafür nicht. Entscheidend ist die Schwere der Pflichtverletzung[271]. Der Arbeitnehmer kann den Anspruch auf Entfernung mit der Leistungsklage verfolgen. Er kann sich aber auch darauf beschränken, in einem eventuellen Kündigungsschutzprozess die Pflichtwidrigkeit zu bestreiten[272]. Der Arbeitgeber muss dann Beweis antreten. Unzulässig ist die Klage auf Feststellung der Rechtswidrigkeit oder Rechtmäßigkeit der Abmahnung, da diese Klage nur die Feststellung von Tatsachen, nicht aber die eines Rechtsverhältnisses i.S.d. § 256 ZPO bezweckt[273]. **164**

---

[266] BAG 18.11.1986, AP Nr. 17 zu § 1 KSchG 1969 Verhaltensbedingte Kündigung.
[267] BAG 15.11.2001, AP Nr. 4 zu § 1 KSchG 1969 Abmahnung.
[268] BAG 31.8.1989, DB 1990, 790.
[269] BAG 27.11.1985, AP Nr. 93 zu § 611 BGB Fürsorgepflicht.
[270] St. Rspr., vgl. BAG 23.6.2009, NZA 2009, 1011; BAG 27.11.2008, NZA 2009, 842; BAG 19.7.2012, NZA 2013, 91.
[271] BAG 19.7.2012, NZA 2013, 91.
[272] BAG 13.3.1987, 13.11.1991, EzA § 611 BGB Abmahnung Nr. 5, 24.
[273] BAG 17.10.1989, AP Nr. 12 zu § 87 BetrVG 1972 Betriebsbuße.

## d) Folgen einer wirksamen Abmahnung

**165** Mit einer Abmahnung verzichtet der Arbeitgeber regelmäßig konkludent auf sein Kündigungsrecht. Er kann dann dem Arbeitnehmer wegen derselben Pflichtwidrigkeit nicht mehr kündigen[274]. Eine – dem Arbeitnehmer nachteilige – Weisung, die er auf die abgemahnte Pflichtwidrigkeit stützt, widerspricht billigem Ermessen[275]. Setzt der Arbeitnehmer allerdings trotz der Abmahnung sein pflichtwidriges Verhalten fort oder begeht er eine neue vergleichbare Pflichtverletzung, dann eröffnet die Abmahnung dem Arbeitgeber den Weg zur Kündigung[276].

### 9. Kündigung und Änderungskündigung

**166** Versagen alle diese Möglichkeiten, dann bleibt als ultima ratio nur die ordentliche oder außerordentliche Kündigung. Vor Ausspruch einer Beendigungskündigung ist eine Änderungskündigung in Betracht zu ziehen. Zur Kündigung s. § 10 Rn. 36 ff., zur Änderungskündigung § 10 Rn. 366 ff.

---

[274] BAG 26.11.2009, NZA 2010, 823; BAG 19.11.2015, NZA 2016, 540.
[275] BAG 16.9.1998, NZA 1999, 384.
[276] BAG 9.6.2011, NZA 2011, 1342.

# § 7 Pflichten des Arbeitgebers

## I. Vergütungspflicht

Die Hauptpflicht des Arbeitgebers besteht darin, die vereinbarte Vergütung zu zahlen (§ 611a Abs. 2 BGB). 1

### 1. Rechtsgrundlagen

Die Vergütungspflicht beruht auf dem Arbeitsvertrag. Die Höhe der Vergütung kann im Vertrag ausdrücklich oder schlüssig geregelt sein; sie kann sich aus einer betrieblichen Übung oder aus einem Verstoß gegen den allgemeinen arbeitsrechtlichen Gleichbehandlungsgrundsatz ergeben, auf einer Kollektivvereinbarung (Tarifvertrag oder Betriebsvereinbarung) oder auf § 612 BGB beruhen. 2

#### a) Arbeitsvertrag

**aa) Vergütungsvereinbarung.** Zumeist wird im Arbeitsvertrag die Vergütung ausdrücklich geregelt. Fehlt es an einer Abrede, wäre der Arbeitsvertrag an sich unwirksam. Für diesen Fall gilt nach § 612 Abs. 1 BGB eine Vergütung als stillschweigend vereinbart, wenn die Dienstleistung den Umständen nach nur gegen eine Vergütung zu erwarten ist. Zu berücksichtigen sind dabei vor allem der Umfang, die Dauer und die Regelmäßigkeit der Dienstleistung. Keine Rolle spielt, ob die Parteien subjektiv von einer Vergütungspflicht ausgehen; entscheidend ist die objektive Sachlage, insbesondere die Verkehrssitte, wobei aber sämtliche Umstände des Einzelfalls zu berücksichtigen sind. Der Dienstleistende hat diese Umstände nachzuweisen. Sache dessen, der die Dienste entgegennimmt, ist es dann darzulegen, warum für die Dienste keine Vergütung geschuldet ist: beispielsweise weil sie aus Gefälligkeit oder unentgeltlich aufgrund eines Auftrages geleistet wurden oder weil sie auf familien- oder gesellschaftsrechtlichen Verpflichtungen beruhen[1]. 3

**bb) Vergütungserwartung.** Nicht selten werden zwischen nahen Angehörigen (Ehegatten, Verlobten, Partnern einer nichtehelichen Lebensgemeinschaft) Dienste geleistet, deren Vergütung nach Auflösung der Beziehung verlangt wird. 4

**Beispiel:** Eine Verlobte arbeitet unentgeltlich im Betrieb ihres künftigen Schwiegervaters, weil die jungen Leute nach der Heirat den Betrieb übernehmen wollen; zu der Heirat kommt es nicht.

---

[1] Schaub/*Vogelsang*, ArbR-Hdb, § 67 Rn. 14.

5   Die Rechtsprechung[2] nimmt eine Vergütungserwartung im Sinne des § 612 Abs. 1 BGB an,

– wenn aufgrund arbeitsvertraglicher Beziehungen die Erwartung besteht, dass in der Zukunft durch Übergabe eines Vermögensgegenstands die in der Vergangenheit geleisteten Dienste abgegolten werden sollen und

– für die geleisteten Dienste entweder keine oder nur eine deutlich unterwertige Bezahlung erfolgt ist und

– ein unmittelbarer Zusammenhang zwischen der unterwertigen oder fehlenden Zahlung und der Erwartung besteht. Einer sicheren Aussicht auf die Zuwendung bedarf es nicht.

6   Der Dienstberechtigte kann nicht die Verjährung des Anspruchs einwenden, da die Vergütung bis zu dem Zeitpunkt, da sich die Vergütungserwartung zerschlägt oder mit Sicherheit nicht mehr erfüllt wird, als gestundet gilt[3].

7   **cc) Vergütungshöhe.** Die Arbeitsvertragsparteien müssen sich über die Höhe der für die Dienste zu entrichtenden Vergütung einigen, da auch diese zu den essentialia negotii des Arbeitsvertrages gehört. Sind beide Arbeitsvertragsparteien tarifgebunden oder nimmt der Arbeitsvertrag einen Tarifvertrag in Bezug, so ergibt sich die Höhe der geschuldeten Vergütung aus dem Tarifvertrag. Ist das nicht der Fall und wurde nichts geregelt, so gilt nach § 612 Abs. 2 BGB beim Bestehen einer Taxe (= einer Vergütungsordnung) die taxmäßige Vergütung, sonst die übliche Vergütung als vereinbart. Üblich ist das Arbeitsentgelt, das für gleiche oder ähnliche Arbeiten am betreffenden Ort oder in der betreffenden Region in gleichen oder ähnlichen Betrieben gezahlt wird. Die übliche Vergütung kann auch der Tariflohn sein[4].

8   **dd) Grenzen der Vereinbarungsbefugnis.** Bei der Vereinbarung der Vergütung müssen die Arbeitsvertragsparteien höherrangiges Recht beachten, insbesondere die Vorschriften über den gesetzlichen Mindestlohn (s. Rn. 74 ff.). Sind sie tarifgebunden, so kann von der tariflichen Vergütung durch Arbeitsvertrag nur zugunsten des Arbeitnehmers abgewichen werden (§ 4 Abs. 1, 3 TVG). Bei einem auffälligen Missverhältnis zwischen Dienstleistung und vereinbarter Vergütung kann die Vergütungsabrede wegen Lohnwuchers unwirksam sein (§ 138 Abs. 2 BGB, s. § 5 Rn. 108 ff.). Ist die Vergütungsvereinbarung unwirksam, bleibt der Arbeitsvertrag im übrigen wirksam. § 139 BGB findet keine Anwendung; es gilt die übliche Vergütung als geschuldet (§ 612 BGB).

---

[2] BAG 24.6.1965, 14.7.1966, 14.5.1969, AP Nr. 23, 24, 25 zu § 612 BGB.
[3] BAG 19.2.1970, 30.9.1971, AP Nr. 26, 27 zu § 612 BGB.
[4] BAG 24.6.1965, AP Nr. 23 zu § 612 BGB; BAG 20.9.1989, DB 1990, 331.

ee) **Diskriminierungsverbot bei der Vergütung.** Für gleiche oder gleichwertige 9
Arbeit darf nicht wegen eines in § 1 AGG genannten Merkmals eine geringere Vergütung vereinbart werden (§ 7 Abs. 1 AGG), insbesondere nicht wegen des Geschlechts (§ 3 Abs. 1 EntgTranspG). Eine Lohndiskriminierung lässt sich auch nicht dadurch rechtfertigen, dass wegen eines in § 1 AGG genannten Grundes besondere Schutzvorschriften gelten, die dem Arbeitgeber besondere Kosten verursachen (§ 8 Abs. 2 AGG). Eine Vergütungsabrede, die gegen § 7 Abs. 1 AGG verstößt, ist unwirksam (§ 7 Abs. 2 AGG). Im Regelfall ist stattdessen die Vergütung zu zahlen, die die Bessergestellten erhalten[5].

Verwendet der Arbeitgeber ein **eigenes Entgeltsystem**, muss es so ausgestaltet sein, 10
dass eine Benachteiligung wegen des Geschlechts ausgeschlossen ist, und zwar sowohl hinsichtlich des Gesamtsystems wie seiner einzelnen Bestandteile (§ 4 Abs. 4 S. 1 EntgTranspG). Der Begriff „Entgeltsystem" ist weit zu verstehen. Gemeint sind damit nicht nur Vergütungsordnungen i.e.S., sondern alle Instrumente, die in irgendeiner Form das Arbeitsentgelt beeinflussen, d.h. auch Bewertungs- und Einstufungssysteme[6]. Sind nämlich schon die Arbeitsbewertungsverfahren nicht geschlechtsneutral, kann auch das darauf aufbauende Entgeltsystem nicht diskriminierungsfrei sein.

Das Gesetz schreibt nicht die Verwendung eines ganz bestimmten Entgelt- bzw. Arbeitsver- 11
wertungsverfahrens vor, sondern beschränkt sich auf gewisse Mindestanforderungen, die zur Gewährleistung eines diskriminierungsfreien Entgeltsystems erfüllt sein müssen (§ 4 Abs. 4 S. 2 EntgTranspG). Danach muss das Entgeltsystem zunächst die Art der zu verrichtenden Tätigkeit objektiv berücksichtigen (Nr. 1). Die verwendeten Differenzierungskriterien müssen alle relevanten Tätigkeitsaspekte richtig und vollständig widerspiegeln. Fehlen bestimmte Aspekte, kann dies eine Entgeltungleichbehandlung nach sich ziehen, wenn diese unvollständige Bewertung überwiegend Tätigkeiten betrifft, die mehrheitlich von Frauen ausgeübt werden. Die verwendeten Differenzierungskriterien müssen auf für weibliche und männliche Beschäftigte gemeinsamen Kriterien beruhen (Nr. 2). „Frauenarbeit" muss nach denselben Differenzierungskriterien bewertet werden wie „Männerarbeit". Kriterien, die sich auf allein den Beschäftigten des einen Geschlechts angepasste Werte stützen, bringen die Gefahr einer Diskriminierung mit sich[7]. Weiterhin müssen die einzelnen Differenzierungskriterien diskriminierungsfrei gewichtet werden (Nr. 3). Das verbietet es, die körperliche Beanspruchung einer Tätigkeit unangemessen hoch zu taxieren, während die psychische Beanspruchung einer gleichwertigen Tätigkeit gering oder gar nicht bewertet wird. Schließlich muss das Entgeltsystem durchschaubar sein (Nr. 4). Nach der Rechtsprechung[8] kann ein betriebliches Entgeltsystem bereits dann (mittelbar) diskriminierend sein, wenn es lediglich im Durchschnitt zu einer deutlich geringeren Entlohnung der mit gleichwertigen Tätigkeiten beschäftigten Gruppe führt, es aber undurchschaubar ist, weil nicht herausgearbeitet werden kann, welches Merkmal diesen Unterschied verursacht.

---

[5] EuGH 27.6.1990, AP Nr. 21 zu Art. 119 EWG-Vertrag; EuGH 7.2.1991, AP Nr. 25 zu § 23a BAT; BAG 23.9.1992, AP Nr. 1 zu § 612 BGB Diskriminierung.
[6] Begr. RegE, BT-Drucks. 18/11133, S. 52.
[7] Vgl. EuGH 1.7.1986, NJW 1987, 1138 - Rumler.
[8] EuGH 17.10.1989, NZA 1990, 772 - Danfoss.

## b) Kollektivvertrag

12 Ein Vergütungsanspruch kann sich auch aus einem Kollektivvertrag ergeben. Der Anspruch auf den Tariflohn setzt voraus, dass beide Arbeitsvertragsparteien an den Tarifvertrag gebunden sind (§ 4 Abs. 1 TVG) oder dass der Tarifvertrag für allgemeinverbindlich erklärt wurde (§ 5 Abs. 4 TVG) oder eine Rechtsverordnung nach § 7 AEntG ergangen ist. Betriebsvereinbarungen gelten für alle Betriebsangehörigen mit Ausnahme der leitenden Angestellten (§ 5 Abs. 3 BetrVG). Sie sind aber nur wirksam, wenn der für den Betrieb einschlägige Tarifvertrag keine Vergütungsregelung enthält (§ 77 Abs. 3 BetrVG).

## c) Gesetz

13 Seit dem 1. Januar 2015 hat grundsätzlich jeder Arbeitnehmer Anspruch auf den **gesetzlichen Mindestlohn** (§ 1 Abs. 1 MiLoG)[9]. Bei der Einführung des MiLoG betrug er 8,50 € brutto je Zeitstunde (§ 1 Abs. 2 S. 1 MiLoG). Zum 1.1.2017 wurde er um 4 % auf 8,84 € erhöht (§ 1 Abs. 2 S. 2, § 11 MiLoG). Die Vereinbarung einer niedrigeren Vergütung ist unwirksam (§ 3 Satz 1 MiLoG). § 1 Abs. 1 und 2 MiLoG sind nicht dispositiv; sie ziehen der Entgeltgestaltung eine äußerste Grenze. Mit der Unwirksamkeitsfolge soll der Mindestlohnanspruch gesichert werden. Betroffen sind einzel- wie kollektivvertragliche Regelungen. § 1 Abs. 1 MiLoG tritt als eigenständige gesetzliche Anspruchsgrundlage neben den arbeits- oder kollektivvertraglichen Entgeltanspruch[10]. Etwas unscharf, aber im Ergebnis zutreffend, ist deshalb die Behauptung, jede Arbeitsvergütung enthalte den Mindestlohn „als Sockelbetrag". Das MiLoG gilt nicht nur im Niedriglohnsektor, sondern – in den Grenzen seines persönlichen Anwendungsbereichs (§ 24) – auch für Arbeitnehmer, deren durch Arbeits- oder Tarifvertrag geregelte Vergütung über dem gesetzlichen Mindestlohn liegt[11]. Bleibt sie dahinter zurück, begründet § 1 Abs. 1 MiLoG einen unabdingbaren Anspruch auf die Differenzvergütung[12]. Zu Einzelheiten s. unten Rn. 74 ff.

## 2. Vergütungsformen

14 Die Vergütung der (ehemaligen) Arbeiter heißt herkömmlich Lohn, die der (ehemaligen) Angestellten Gehalt; der heute übliche Oberbegriff für beide ist Entgelt. Das BGB spricht von Vergütung. Häufig werden die Begriffe Lohn, Gehalt, Entgelt und Vergütung synonym gebraucht; mitunter wird auch von Bezügen gesprochen. Die Formen der Arbeitsvergütung lassen sich nach dem Gegenstand der Vergütung, nach der Art der Bemessung und nach dem Anlass ihrer Gewährung unterscheiden:

---

[9] Zu Einzelheiten s. Begr. RegE, BT-Drucks. 18/1558; vgl. weiter BT-Drucks. 18/2010.
[10] BAG 25.5.2016, NZA 2016, 1327 Rn. 22 f.; BAG 29.6.2016, NZA 2016, 1332 Rn. 18 f.
[11] BAG 21.12.2016, NZA 2017, 378.
[12] BAG 25.5.2016, NZA 2016, 1327 Rn. 24; BAG 21.12.2016, NZA 2017, 378 Rn. 16.

### a) Geldlohn und Naturallohn

Die Arbeitsvergütung kann in Geld **(Geldlohn)** oder in Sachbezügen **(Naturallohn)** 15
zu gewähren sein. § 107 Abs. 1 GewO sieht zunächst vor, dass das Arbeitsentgelt in Euro zu berechnen und auszuzahlen ist. Es kann überwiesen werden, wenn die Parteien dies vereinbart haben. Ferner können die Parteien vereinbaren, dass der Arbeitgeber als Teil des Arbeitsentgelts bestimmte Sachbezüge gewährt. Zulässig ist dies jedoch nur, wenn die Gewährung entweder dem Interesse des Arbeitnehmers oder der Eigenart des Arbeitsverhältnisses entspricht (§ 107 Abs. 2 S. 1 GewO). Sachbezug ist jeder geldwerte Vorteil, den der Arbeitnehmer zur Vergütung seiner Dienste erhält, wie Früchte in der Landwirtschaft, Kohle im Bergbau, Haustrunk bei Brauereien, Kost und Verpflegung, aber auch die Überlassung eines Dienstwagens zur privaten Benutzung oder die Gewährung von Personalrabatten.

Waren dürfen nur zu den durchschnittlichen Selbstkosten auf das Arbeitsentgelt angerechnet 16
werden. Die geleisteten Gegenstände müssen mittlerer Art und Güte sein, soweit nicht ausdrücklich eine andere Vereinbarung getroffen wurde. Der Wert der vereinbarten Sachbezüge oder die Anrechnung der überlassenen Waren auf das Arbeitsentgelt darf die Höhe des pfändbaren Teils des Arbeitsentgelts nicht übersteigen (§ 107 Abs. 2 S. 3-4 GewO). Waren auf Kredit dürfen dem Arbeitnehmer nicht überlassen werden (§ 107 Abs. 2 S. 2 GewO). Denkbar ist auch die die Verschaffung einer Verdienstmöglichkeit, etwa die Befugnis, Trinkgelder anzunehmen. Unter einem Trinkgeld versteht das Gesetz einen Geldbetrag, den ein Dritter ohne rechtliche Verpflichtung dem Arbeitnehmer zusätzlich zu einer dem Arbeitgeber geschuldeten Leistung zahlt (§ 107 Abs. 3 S. 2 GewO). Da Trinkgelder freiwillig geleistet werden, darf sich der Arbeitgeber seiner Zahlungspflicht nicht dadurch entledigen, dass er dem Arbeitnehmer erlaubt, Trinkgelder anzunehmen (§ 107 Abs. 3 S. 2 GewO). Der Arbeitgeber kann sie deshalb auch nicht mit Erfüllungswirkung (§ 362 BGB) auf den gesetzlichen Mindestlohnanspruch (§ 1 Abs. 1 MiLoG) anrechnen.

Als Sachbezug kommt auch die verbilligte Überlassung von Wohnraum in Betracht. 17
Wohnungen können als **„Dienstwohnungen"** (§ 576b BGB) zur besseren Erfüllung der Arbeitsleistung (Hausmeisterwohnung, Wohnung für Betriebsleiter) oder als **„Werkswohnungen"** mit Rücksicht auf das Arbeitsverhältnis als Sozialleistung (§§ 576 f. BGB) überlassen werden. Im ersten Fall erfolgt die Regelung im Arbeitsvertrag, im zweiten in einem gesonderten Mietvertrag. Nicht zum Lohn gehört der Aufwendungsersatz, den der Arbeitgeber dem Arbeitnehmer dafür schuldet, dass er eigenes Vermögen im Interesse des Arbeitgebers einsetzt (s. § 9 Rn. 21 ff.).

### b) Zeitlohn und Leistungslohn

Die Arbeitsvergütung kann sich nach der Dauer der Dienste **(Zeitlohn, Gehalt)** 18
oder nach ihrem Ergebnis **(Leistungslohn)** richten.

19  **aa) Zeitlohn.** Beim Zeitlohn wird für einen bestimmten Zeitraum (Stunde, Tag, Woche, Monat) eine im voraus bestimmte Vergütung geschuldet, die unabhängig von der Menge und der Güte der tatsächlich erbrachten Leistung zu gewähren ist. Die meisten Zeitlohnsysteme einschließlich der meisten Tarifregelungen beruhen auf **summarischer Arbeitsbewertung**. Hierbei werden Tätigkeiten gleichen Wertes nach bestimmten Kriterien, zumeist nach der für die Tätigkeit erforderlichen Qualifikation, in sogenannten Entgeltgruppen zusammengefasst.

> **Beispiel:**
> Lohngruppe 1: keine Ausbildung erforderlich
> Lohngruppe 2: Anlernzeit von 6 Wochen erforderlich
> Lohngruppe 3: Anlernzeit von 3 Monaten erforderlich
> Lohngruppe 4: Ausbildung von 2 Jahren erforderlich
> Lohngruppe 5: Ausbildung von 3 Jahren erforderlich

20  Häufig wird dieses System verfeinert, etwa indem die Erfahrung, vielfach bemessen nach Dienstjahren, die Verantwortung (für Personal, Sachmittel und/oder Vermögenswerte) und/oder bestimmte Belastungen miteinbezogen werden. „Richtbeispiele" erläutern die abstrakten Beschreibungen der einzelnen Entgeltgruppen. Für Anforderungen, die durch die summarische Arbeitsbewertung nicht oder nicht hinreichend erfasst sind, werden häufig gesonderte Zulagen gezahlt: vor allem Funktionszulagen für die Übernahme mit besonderer Verantwortung verbundener Tätigkeiten (Vorarbeiter- oder Ausbilderzulage) und Erschwerniszulagen für die Arbeit unter erschwerten Umständen, aber auch beispielsweise Springerzulagen für Einsetzbarkeit und Einsatz an verschiedenen Arbeitsplätzen. Die vorübergehende Übernahme höherwertiger Tätigkeiten wird nicht selten – jedenfalls wenn die Vertretung längere Zeit andauert – durch Vertreterzulagen abgegolten.

21  Bei der **analytischen Arbeitsbewertung** wird jede Arbeit gedanklich in die einzelnen Bestandteile zerlegt („analysiert"). Nach dem „Genfer Schema" sind das geistiges und körperliches Können, geistige und körperliche Belastung, Verantwortung und Umgebungseinflüsse. Die einzelnen Kriterien werden sodann gewichtet, und es werden ihnen Geldbeträge zugeordnet. Umgebungseinflüsse werden im allgemeinen durch Erschwerniszulagen abgegolten. Analytische Arbeitsbewertungssysteme haben den Vorteil größerer Rationalität; wer hofft, sie könnten sozusagen automatisch Gerechtigkeit bewirken, erwartet allerdings zu viel. Den Vorteil größerer Genauigkeit bezahlen analytische Arbeitsbewertungssysteme mit dem Nachteil eines hohen Aufwands und einer geringeren Flexibilität (Entgeltänderung bei Versetzung). Im AT-Bereich begnügt man sich, soweit der Versuch einer systematischen Gehaltsfindung vorgenommen wird, zumeist mit Bandbreiten. Der Sache nach sind auch diese „Bänder" nichts anderes als einander überlappende Entgeltgruppen.

22  Sowohl summarische als auch analytische Arbeitsbewertungsverfahren müssen sicherstellen, dass bei gleicher oder gleichwertiger Arbeit (§ 4 Abs. 1, 2 EntgTranspG) jede unmittelbare oder mittelbare Benachteiligung wegen des Geschlechts unterbleibt (§ 3 Abs. 1 EntgTranspG). Sie haben daher die in **§ 4 Abs. 4 S. 2 EntgTranspG genannten Mindestanforderungen** zu erfüllen (s. oben Rn. 11). Für tarifvertragliche Entgeltregelungen gilt eine Angemessenheitsvermutung. Tätigkeiten, die aufgrund dieser Regelungen unterschiedlichen Entgeltgruppen zugewiesen werden, werden als nicht gleichwertig angesehen. Das gilt allerdings nur, sofern die Regelungen nicht gegen höherrangiges Recht verstoßen (§ 4 Abs. 5

EntgTranspG). Dazu zählen auch die Gleichheitsgrundrechte des Grundgesetzes als fundamentale Wertentscheidung der rechtsstaatlichen Ordnung[13]. Unionsrechtlich sind die Tarifvertragsparteien überdies an den in den Mitgliedstaaten unmittelbar geltenden Entgeltgleichheitsgrundsatz des Art. 157 AEUV gebunden[14].

**bb) Leistungslohn.** Beim Leistungslohn hängt die Vergütung vom quantitativen oder qualitativen Ergebnis der verrichteten Arbeit ab. Soll die Menge der geleisteten Arbeit besonders vergütet werden, wird für gewöhnlich ein **Akkordlohn** vereinbart; zur Honorierung der Arbeitsqualität bieten sich **Prämien** an. Akkordlohn und Prämien können für die Leistungen eines einzelnen Arbeitnehmers gezahlt werden („**Einzelakkord**") oder für die Gesamtleistung einer Gruppe („**Gruppenakkord**"). 23

**(1) Akkordlohn** gibt es als Geldakkord und als Zeitakkord:

Beim **Geldakkord** wird für eine genau definierte Leistung, etwa die Herstellung oder Bearbeitung eines Werkstücks, eine bestimmte Vergütung geschuldet. Die Vergütung ergibt sich aus folgender Rechnung: 24

| Vergütung | = | Arbeitsmenge | x | Geldfaktor |
|---|---|---|---|---|
| | = | Zahl der Werkstücke | x | Stückpreis |
| 15 € | = | 10 Stück | x | 1,50 € / Stück |

Beim **Zeitakkord** erhält der Arbeitnehmer für eine genau definierte Leistung eine Zeitvorgabe; das ist die Zeit, die ein durchschnittlicher Arbeitnehmer für diese Leistung benötigt. Nach dem Geldfaktor bemisst sich der Verdienst je Zeiteinheit. Die Vergütung ergibt sich dann aus folgender Rechnung: 25

| Vergütung | = | Arbeitsmenge | x | Zeitfaktor | x | Geldfaktor |
|---|---|---|---|---|---|---|
| | = | Zahl der Werkstücke | x | Vorgabezeit | x | Betrag / Min. |
| 15 € | = | 10 Stück | x | 6 Min. / Stück | x | 0,25 € / Min. |

Die Vergütung hängt bei beiden Akkordformen unmittelbar von der erbrachten Leistung ab. Der Vorteil des Zeitakkords gegenüber dem Geldakkord liegt darin, dass bei einer Lohnerhöhung nur der Geldfaktor geändert zu werden braucht und dass bei einer rationalisierungsbedingten Minderung des erforderlichen Zeitaufwands nur der Zeitfaktor geändert werden muss. Die der Vorgabezeit zugrundeliegende Normalleistung ist die Leistung, die ein ausreichend geübter Arbeitnehmer auf Dauer durchschnittlich ohne Gesundheitsschädigung erbringen kann, wenn er die in der Vorgabezeit berücksichtigten Zeiten für persönliche Bedürfnisse und Erholung einhält[15]. Die Normalleistung wird im allgemeinen mit arbeitswissenschaftlichen Methoden bestimmt. Die Vergütung der Akkordarbeiten bei Normalleistung wird als Akkordrichtsatz bezeichnet. Er besteht in der Regel aus dem Grundlohn und einem Zuschlag 26

---

[13] BAG 22.4.2010, NZA 2010, 947; *Dieterich*, FS Schaub, 1998, S. 117 ff. (128 ff.).
[14] EuGH 27.06.1990, NZA 1990, 771 - Kowalska; EuGH 7.2.1991, DB 1991 .660 - Nimz.
[15] *Zöllner/Loritz/Hergenröder*, Arbeitsrecht, § 18 Rn. 49.

(von etwa 15 %), mit dem der Umstand abgegolten werden soll, dass der Arbeitnehmer in Akkord arbeitet.

27 **(2) Prämien** können an alle betriebswirtschaftlich bedeutsamen Bezugsgrößen anknüpfen, die der Arbeitnehmer beeinflussen kann. Mit ihnen wird vor allem die Qualität der Arbeit belohnt. Daneben sind insbesondere Maschinennutzungsprämien üblich, mit denen die optimale Ausnutzung technischer Betriebsmittel erreicht werden soll, Ersparnisprämien, mit denen der Arbeitgeber den sparsamen Einsatz von Roh-, Hilfs- oder Betriebsstoffen honoriert sowie Terminprämien, die den Arbeitnehmer zur pünktlichen Einhaltung von Lieferterminen anhalten sollen. Keine Prämien im Sinne von Leistungslohn sind Anwesenheits- und Treueprämien.

28 **(3) Gemeinsame Regeln für Akkord und Prämie.** Akkord- und Prämienlohn können so ausgestaltet sein, dass sich das Entgelt proportional, unter- oder überproportional zur Bezugsgröße erhöht; die Akkord- oder Prämienlohnkurve kann also linear, degressiv oder progressiv verlaufen. Bei progressiver Akkordlohnkurve wird zu besonders hoher Leistung angereizt; dem steht die Gefahr gegenüber, dass Mensch, Maschine und Güte des Produkts darunter leiden.

29 Der Akkord deckt die Entgeltteile ab, die bei Zeitlohn als Arbeitswertlohn und als Leistungszulage gezahlt werden. Bei der Prämie kann es ebenso sein; die Zulage kann aber auch zusätzlich zu Zeit- oder Akkordlohn gezahlt werden (z.B. anstelle einer Leistungszulage). Gezahlt wird nur entsprechend der Leistung. Das gibt Leistungslöhnern jedoch nicht das Recht, unter Inkaufnahme von Lohnverzicht geringere Leistungen zu erbringen. Auch Leistungslöhner haben unter angemessener Anspannung ihrer Kräfte und Fähigkeiten ständig zu arbeiten[16].

30 Haben die Arbeitsvertragsparteien Zeitlohn vereinbart, muss der Arbeitnehmer nicht gegen seinen Willen im Akkord arbeiten; umgekehrt muss der Arbeitgeber dem Akkordarbeiter Akkordarbeit anbieten; ist ihm das nicht möglich, muss er den Akkorddurchschnitt zahlen.

31 **(4) Grenzen der Akkordarbeit und ähnlicher Arbeiten.** Schwangere (§ 11 Abs. 6 Nr. 1 MuSchG) und Jugendliche (§ 23 Abs. 1 Nr. 1 JArbSchG) dürfen nicht mit Akkordarbeit oder sonstigen Arbeiten beschäftigt werden, bei denen durch ein gesteigertes Arbeitstempo ein höheres Entgelt erzielt werden kann. Fahrpersonal von Kraftfahrzeugen und Straßenbahnen, die am Verkehr auf öffentlichen Straßen teilnehmen, dürfen darüber hinaus nicht nach der zurückgelegten Fahrstrecke oder der Menge der beförderten Güter entlohnt werden (§ 3 FahrpersonalG)[17].

---

[16] BAG 20.3.1969, DB 1969, 1154.
[17] BGBl. I 1976, S. 3046.

# I. Vergütungspflicht

**(5) Mitbestimmung des Betriebsrats.** Der Betriebsrat hat bei der Festsetzung der Akkord- und Prämiensätze und vergleichbarer leistungsbezogener Entgelte einschließlich der Geldfaktoren ein erzwingbares Mitbestimmungsrecht (§ 87 Abs. 1 Nr. 11 BetrVG). Nach Ansicht des BAG erstreckt sich dieses Mitbestimmungsrecht auch auf die Bezugsleistung und damit auf die Lohnhöhe[18].

**cc) Zielvereinbarungen** sind den Arbeitsvertrag ergänzende Abreden zwischen Arbeitgeber und Arbeitnehmer über Arbeitsziele für einen bestimmten Zeitraum – zumeist für ein Jahr –, um deren Erreichung der Arbeitnehmer sich zu bemühen hat[19]. Der Arbeitnehmer braucht Zielvereinbarungen nur abzuschließen, wenn er sich dazu im Arbeitsvertrag oder in einer sonstigen (Rahmen-)Vereinbarung verpflichtet hat. Fehlt eine solche Vereinbarung, so muss der Arbeitgeber sich auf Zielvorgaben beschränken, die er kraft Direktionsrechts bestimmen kann. Sie unterliegen einer Billigkeitskontrolle[20].

Zielvereinbarungen können mit einem finanziellen Leistungsanreiz – in der Regel Bonus genannt – verknüpft werden. Der Bonus ist eine arbeitsleistungsbezogene Sonderzuwendung. Er unterliegt damit den Regeln für das Entgelt im engeren Sinne. Eine Angemessenheitskontrolle (§ 307 BGB) erfolgt nicht; die Vereinbarung muss aber dem Transparenzgebot genügen[21]. Der Bonus ist auch für die Zeiten zu gewähren, für die der Arbeitgeber aufgrund gesetzlicher oder tariflicher Bestimmungen das Entgelt fortzuzahlen hat. Die Bonuszahlung kann nicht davon abhängig gemacht werden, dass das Arbeitsverhältnis am Ende des Geschäftsjahres oder zu einem späteren Zeitpunkt noch besteht (s. unten Rn. 53)[22].

Grenze für die Höhe des Bonus ist die Sittenwidrigkeit. Das Gesamtentgelt darf auch bei Zielverfehlung diese Grenzen nicht unterschreiten (§ 138 BGB). Bei Zielerreichung wird üblicherweise ein Bonus von 100 % vereinbart. Bei Zielverfehlung können Abschläge bis auf Null vorgesehen werden, bei Zielüberschreitung sind Zuschläge – häufig bis auf das Doppelte – üblich. Die Entscheidung über die Zielerreichung und den Grad der Zielerreichung kann in das pflichtgemäße Ermessen des Arbeitgebers (§ 315 Abs. 1 BGB) gestellt werden. Der Arbeitnehmer kann die Entscheidung gerichtlich nachprüfen lassen (§ 315 Abs. 3 BGB). Sieht der Arbeitsvertrag die Zahlung eines Leistungsbonus vor, der sich nach individueller Zielerreichung, Teamverhalten und Erfolg einer Bank richtet, so entspricht eine Leistungsbestimmung auf Null trotz individueller Zielerreichung nur bei Vorliegen besonders gewichtiger, außergewöhnlicher Umstände billigem Ermessen[23]. Unterbleibt in einem Kalenderjahr aus vom Arbeitgeber zu vertretenden Gründen eine Zielvereinbarung, so hat der Arbeitnehmer Anspruch auf Schadensersatz[24]. Der für den Fall der Zielerreichung zugesagte Bonus bildet

---

[18] BAG 14.2.1989, AP Nr. 8 zu § 87 BetrVG 1972 Akkord.
[19] *Hümmerich*, NJW 2006, 2294; *Annuß*, NZA 2007, 290; *Gaul*, DB 2008, 869; *Hanau*, RdA 2008, 127; *Reiserer*, NJW 2008, 609; *Heiden*, DB 2009, 1705; *ders.*, RdA 2009, 264.
[20] BAG 12.12.2007, NZA 2008, 409.
[21] BAG 12.12.2007, NZA 2008, 409, 411.
[22] BAG 6.5.2009, NZA 2009, 783, 784.
[23] BAG 20.3.2013, NZA 2013, 970 (Fortbestand des Arbeitgebers wegen desaströser Verluste nur durch massive staatliche Finanzhilfen).
[24] BAG 10.12.2008, NZA 2009, 256.

die Grundlage für die Schadensermittlung. Ein Mitverschulden des Arbeitnehmers am Nichtzustandekommen der Zielvereinbarung ist angemessen zu berücksichtigen[25]. Den Arbeitgeber trifft kein Verschulden, wenn er dem Arbeitnehmer Ziele vorschlägt, die er hätte erreichen können, aber nicht akzeptiert. Vertragswidrig verhält sich der Arbeitgeber aber, wenn er von einer Zielvereinbarung absieht, weil der Arbeitnehmer die Ziele bislang nicht oder nicht vollständig erreicht hat[26]. Gilt nach der Rahmenvereinbarung eine Zielvereinbarung bis zum Abschluss einer Folgevereinbarung fort, ändert das nichts daran, dass der Arbeitgeber dem Arbeitnehmer für das Folgejahr ein neues Angebot unterbreiten und hierüber mit ihm verhandeln muss[27].

### c) Zusammensetzung des Entgelts

36 **aa) Grundlohn und Zulagen.** Mit dem Grundlohn vergütet der Arbeitgeber die normale Arbeitsleistung. Als Grundlohn bezeichnet man das laufende Entgelt (Lohn, Gehalt) ohne Zulagen und Zuschläge. Nach den Rechtsquellen, auf denen der Grundlohn beruht, unterscheidet man das Tarifentgelt und die übertariflichen Zulagen.

**Beispiel:**

| | |
|---|---|
| Tarifentgelt Gruppe 6 | 3.000 € |
| übertarifliche Zulage | 300 € |
| Gesamtentgelt | 3.300 € |

37 Das **Tarifentgelt** ist das tariflich vereinbarte Entgelt, das für die organisierten Arbeitnehmer kraft Tarifrechts, für die nicht organisierten Arbeitnehmer in aller Regel kraft Arbeitsvertrags gilt. Die **übertarifliche Zulage** ist die Differenz zwischen Tarifentgelt und arbeitsvertraglich vereinbartem Gesamtentgelt.

38 Die übertariflichen Zulagen dienen der Austarierung von Leistung und Gegenleistung im Einzelfall. Sie sind die Variable im Entgeltgefüge. Die Höhe richtet sich nach den betrieblichen Möglichkeiten (Ertrag) und Notwendigkeiten (Zahlung des Marktlohns). In die Bemessung fließen zahlreiche Faktoren ein (Differenzierung der Tarifgruppen, persönliche Leistung, soziale Verhältnisse, Besitzstände).

39 Grundsätzlich ist davon auszugehen, dass die Arbeitsvertragsparteien den Gesamtlohn vereinbaren und dass die Aufteilung in Tariflohn und übertarifliche Zulage lediglich der Information über die Rechtsgrundlagen dient. Verändert sich deshalb das Tarifentgelt, dann verändert sich die übertarifliche Zulage entsprechend. Natürlich kann auch vereinbart werden, dass jeweils eine bestimmte übertarifliche Zulage zum Tarifentgelt zu zahlen ist. Das bedarf aber ausdrücklicher oder schlüssiger Vereinbarung. Eine schlüssige Vereinbarung kann darin liegen, dass mit der übertariflichen Zulage besondere Umstände abgegolten werden sollen.

---

[25] BAG 12.12.2007, NZA 2008, 409; BAG 10.12.2008, NZA 2009, 256.
[26] BAG 10.12.2008, NZA 2009, 256.
[27] BAG 12.5.2010, NZA 2010, 1009.

Anspruchsgrundlage für eine Zulage kann der Arbeitsvertrag oder ein Tarifvertrag **40** sein, an den beide Arbeitsvertragsparteien gebunden sind. Möglich ist auch eine Regelung durch Betriebsvereinbarung, soweit dem nicht § 77 Abs. 3 BetrVG entgegensteht. Sind nebeneinander die Voraussetzungen für mehrere Zulagen erfüllt (z.B. Nachtzulage, Feiertagszuschlag und Überstundenzuschlag), hat der Arbeitnehmer Anspruch auf sämtliche Zulagen, soweit nichts anderes bestimmt ist. Der Effektivlohn ergibt sich aus der Summe von Grundlohn und Zulagen.

Damit der Arbeitnehmer den Überblick über die mitunter recht zahlreichen Be- **41** standteile seines Arbeitsentgelts behält und überprüfen kann, ob sie richtig ermittelt wurden, ist ihm bei Zahlung eine Abrechnung zu erteilen (§ 108 Abs. 1 GewO). Das hat in Textform (§ 126b BGB) zu geschehen. Die Abrechnung muss mindestens Angaben über den Abrechnungszeitraum und die Zusammensetzung des Arbeitsentgelts enthalten. Hinsichtlich der Zusammensetzung sind Angaben über Art und Höhe der Zuschläge, Zulagen, sonstige Vergütungen, aber auch über Abzüge, Abschlagszahlungen sowie Vorschüsse erforderlich.

**bb) Einzelne Zulagen und Zuschläge.**

**(1) Überstundenvergütung.** Überstunden sind, soweit nichts anderes vereinbart **42** ist, mit dem anteiligen Grundlohn zu vergüten. Ein Zuschlag kann nur verlangt werden, wenn das ausdrücklich im Individual- oder Kollektivvertrag vereinbart ist oder wenn es betriebs- oder branchenüblich ist (§ 612 BGB). Voraussetzung für die Bezahlung von Überstunden ist, dass der Arbeitgeber oder eine von ihm bevollmächtigte Person die Überstunden angeordnet hat oder dass sie zur Erledigung der übertragenen Arbeiten notwendig waren und in Kenntnis der Arbeitsleistung gebilligt oder geduldet wurden[28]. Die Darlegungs- und Beweislast hierfür trägt der Arbeitnehmer. Für eine ausdrückliche Anordnung von Überstunden muss er vortragen, wer wann auf welche Weise wie viele Überstunden angeordnet hat, für eine konkludente, dass eine bestimmte angewiesene Arbeit innerhalb der Normalarbeitszeit nicht zu leisten war. Duldung von Überstunden bedeutet, dass der Arbeitgeber in Kenntnis einer Überstundenleistung diese hinnimmt und keine Vorkehrungen trifft, die Leistung von Überstunden fürderhin zu unterbinden[29]. Dem Arbeitgeber kann tariflich oder arbeitsvertraglich ein Wahlrecht eingeräumt sein, die Überstunden durch Freizeit auszugleichen. Wird der Ausgleich innerhalb eines bestimmten Zeitraumes nicht gewährt, hat der Arbeitnehmer Anspruch auf Vergütung[30]. Einen gesetzlichen **Mehrarbeitszuschlag** gibt es bei Überschreiten einer bestimmten Arbeitszeit seit Erlass des ArbZG nicht mehr. Lediglich für Nachtarbeit bestimmt § 6 Abs. 5 ArbZG, dass ein angemessener Zuschlag zu zahlen ist[31]. Die Vergütung kann auch durch eine Pauschale abgegolten werden (s. § 6 Rn. 69).

---

[28] BAG 3.11.2004, NZA 2005, 895; BAG 10.4.2013, NZA 2013, 1100.
[29] BAG 16.5.2012, NZA 2012, 939; BAG 10.4.2013, NZA 2013, 1100.
[30] BAG 20.7.1989, ZTR 1990, 155; BAG 4.5.1994, EzA § 611 BGB Mehrarbeit Nr. 5.
[31] Zur Höhe des Zuschlags und zur Art und Weise der Regelung BAG 31.8.2005, NZA 2006, 324 f.

§ 7 Pflichten des Arbeitgebers

43 **(2) Zuschläge für Arbeiten zu ungünstiger Zeit.** Sie verteuern Sonn- und Feiertagsarbeit, Nachtarbeit und Tätigkeit in Wechselschicht oder in Spätschicht. Die Zuschläge werden zumeist auf tariflicher Grundlage gewährt. Ohne ausdrückliche Vereinbarung besteht ein Anspruch nur, wenn sie betriebs- oder branchenüblich sind (§ 612 BGB).

44 **(3) Erschwerniszulagen.** Sie entgelten Arbeiten unter erschwerten Bedingungen, z.B. Arbeiten, die mit Geräuschen[32], Hitze oder Kälte[33], Feuchtigkeit, Erschütterungen verbunden sind. Erschwerniszulagen sollen lästige Arbeiten abgelten, nicht gefährliche oder (gesundheits-)schädliche Arbeiten[34]. Gefährdungen und erst recht Schädigungen sind zu vermeiden. Die Lästigkeit entsteht häufig dadurch, dass der Arbeitnehmer Arbeitsschutzmittel tragen muss.

45 **(4) Persönliche Zulagen, Leistungszulagen, Sozialzulagen.** Der Ausdruck **persönliche Zulage** hat keinen eindeutigen Inhalt. In der Regel werden damit übertarifliche Zulagen bezeichnet, die aufgrund persönlicher Umstände ohne systematisiertes Verfahren vergeben werden. **Leistungszulagen** dienen der Abgeltung besonderer Leistungen. Auch sie müssen nicht auf einem systematischen Vergabeverfahren (Leistungsbeurteilung, Zielerreichung) beruhen. Im Unterschied zum Leistungslohn wird mit Leistungszulagen die Leistung nicht unmittelbar, sondern nur mittelbar vergütet. Die in der Vergangenheit erbrachte Leistung wird als Bewertungsgrundlage für die Entgeltbemessung in der Zukunft verwendet. **Sozialzulagen** sind mit der Entgeltanhebung in den vergangenen Jahrzehnten und mit dem Ausbau des staatlichen Sozialsystems, aber auch mit der Zunahme der Frauenarbeit und der Abnahme der Kinderzahl praktisch außer Gebrauch gekommen.

### 3. Sonderformen der Vergütung

46 Neben dem Grundlohn, den Zuschlägen und Zulagen werden nicht selten Provisionen, Tantiemen und Sonderzuwendungen unterschiedlichster Art gewährt. Während Provisionen Teil des laufenden Entgelts sind, werden Tantiemen und Sonderzuwendungen in der Regel jährlich, teilweise aber auch nur aus Anlass eines besonderen Ereignisses (z.B. bei 25-jähriger Betriebszugehörigkeit) gezahlt.

---

[32] BAG 14.3.1984, DB 1984, 1732.
[33] BAG 22.4.1987, NZA 1987, 858.
[34] So aber Schaub/*Linck*, ArbR-Hdb, § 69 Rn. 35 ff. m.w.N. aus der Rspr.

## I. Vergütungspflicht

### a) Provision

Mit der Provision honoriert der Arbeitgeber die Vermittlung oder den Abschluss 47
von Geschäften durch den Arbeitnehmer. Provisionen sind vor allem im Außendienst üblich; sie dienen dort als Leistungsanreiz. Die Provision ist ergebnisbezogenes Entgelt, kein Leistungsentgelt im rechtlichen Sinne. Der Erfolg hängt nicht nur von der Leistung ab, sondern ebenso sehr von den Produkten, von der Struktur des Verkaufsbezirks und von der Konjunktur. Dementsprechend pflegt man das Gehalt von Außendienstmitarbeitern in ein Fixum und in eine Variable zu unterteilen. Bei der Festlegung des Verhältnisses von Fixum und Variable sind die Parteien vorbehaltlich des Mitbestimmungsrechts des Betriebsrats nach § 87 Abs. 1 Nr. 10 BetrVG frei. Allerdings ist es mit der Arbeitnehmerstellung unvereinbar, wenn der Arbeitnehmer bei Normalleistung nicht einen Mindestbetrag verdienen kann, der oberhalb der Sittenwidrigkeitsgrenze liegt[35]. Der Gesetzgeber hat den Provisionsanspruch ausführlich für den selbständigen Handelsvertreter geregelt (§§ 87 ff. HGB). Diese Vorschriften gelten nach § 65 HGB weithin auch für den Handlungsgehilfen. Für andere Arbeitnehmergruppen fehlen gesetzliche Vorschriften; die Lehre wendet auf sie, soweit möglich, die §§ 87 ff. HGB analog an[36].

Ein Provisionsanspruch entsteht, wenn ein Arbeitnehmer ein Geschäft vermittelt oder ab- 48
schließt (§ 87 Abs. 1 Satz 1 HGB). Er ist fällig, sobald und soweit der Arbeitgeber oder der Dritte das Geschäft ausgeführt hat (§ 87a Abs. 1 HGB). Steht fest, dass der Dritte nicht leistet, entfällt der Provisionsanspruch (§ 87a Abs. 2 HGB). Der Provisionsanspruch bleibt bestehen, wenn feststeht, dass der Arbeitgeber das Geschäft ganz oder teilweise nicht so ausführt, wie es abgeschlossen worden ist, es sei denn, dass dies auf Umständen beruht, die vom Arbeitgeber nicht zu vertreten sind (§ 87a Abs. 3 HGB).

### b) Tantiemen

Tantiemen sind Vergütungen, durch die der Arbeitnehmer am Gewinn eines Unter- 49
nehmens oder Unternehmensteils beteiligt wird. Anders als bei der Provision geht es nicht um die individuelle Beteiligung an einem konkreten Geschäft, sondern um Beteiligung am Erfolg des Unternehmens im ganzen. Tantiemen werden gezahlt, um Arbeitnehmer für die Entwicklung des Unternehmens zu interessieren. Sie beruhen gewöhnlich auf einer individuellen Vereinbarung, in der auch ihre Höhe geregelt wird. Der tantiemeberechtigte Arbeitnehmer hat Anspruch auf Auskunft und Rechnungslegung (§§ 259, 260 BGB); er kann die Vorlage einer Bilanz verlangen[37]. Fällig wird der Tantiemenanspruch mit der Erstellung der Jahresbilanz.

---

[35] Vgl. BAG 6.12.1988, DB 1989, 984.
[36] Schaub/*Vogelsang*, ArbR-Hdb, § 75 Rn. 9.
[37] BAG 7.7.1960, 7.7.1960, AP Nr. 1, 2 zu § 242 BGB Auskunftspflicht.

## c) Sonderzuwendungen

**50** **aa) Allgemeines.** Sonderzuwendungen sind Leistungen, die der Arbeitgeber neben laufendem Entgelt, Zulagen und Zuschlägen im Zusammenhang mit dem Arbeitsverhältnis gewährt (s. § 4 Rn. 68 ff.). Zweck und Grund können unterschiedlicher Art sein: Bindung an das Unternehmen, Belohnung von Betriebstreue, Beteiligung am Unternehmensergebnis, Belohnung für besondere Leistung, Anreiz zu besonderer Leistung, Vermögensbildung. Welchen Zweck eine Sonderzahlung verfolgt, ist durch Auslegung der Vereinbarungen zu ermitteln.

**51** Auch die rechtliche Ausgestaltung kann unterschiedlich sein: kein Anspruch, Anspruch auf eine einmalige Leistung, Anspruch auf wiederkehrende Leistungen, Anspruch auf Leistung unter bestimmten Voraussetzungen[38]; ebenso die Zahlungsweise: Einmalzahlung, Zahlung zu einem bestimmten Ereignis, jährliche oder halbjährliche Zahlung, monatliche Zahlung. Schließlich kann die Höhe auf unterschiedliche Art bemessen werden: Das Entgelt kann fix sein oder variabel, von bestimmten Umständen abhängen oder vom Arbeitgeber jeweils von Neuem festgesetzt werden[39].

**52** Gemeinsam haben alle Sonderzuwendungen, dass sie Entgelt sind. Sie sind selbst dann **keine Geschenke** des Arbeitgebers, wenn dieser sie so oder als „freiwillige Leistung" bezeichnet. Letzteres bedeutet nur, dass er nicht durch eine gesetzliche, tarifliche oder betriebliche Regelung dazu verpflichtet ist. Welche Regeln für die Sonderzuwendungen im einzelnen gelten, richtet sich nicht nach der Bezeichnung, sondern nach den objektiven Voraussetzungen, unter denen die Leistung gewährt wird.

**53** **bb) Arbeitsleistungsbezogene Sonderzahlungen**, wie etwa ein 13. Monatsgehalt, dienen der Vergütung der geleisteten Dienste. Sie sind Teil des im Austauschverhältnis zur Arbeitsleistung stehenden Entgelts. Arbeitsleistungsbezogene Sonderzahlungen können – jedenfalls in Allgemeinen Arbeitsbedingungen – nicht vom ungekündigten Bestand des Arbeitsverhältnisses zu einem bestimmten Stichtag abhängig gemacht werden[40]. Sie werden pro rata temporis verdient, jedoch erst an dem vereinbarten Stichtag fällig. Tritt der Arbeitnehmer erst im Laufe des Jahres in das Unternehmen ein oder verlässt er es vor dem Stichtag, so hat er Anspruch auf anteilige Zahlung[41].

**Beispiel:** A hat von Mai bis Oktober bei B gearbeitet, der allen Mitarbeitern ohne jede Einschränkung ein 13. Monatsgehalt versprochen hat. Mit Beendigung seines Arbeitsverhältnisses hat A einen zusätzlichen Vergütungsanspruch auf 6/12 eines Monatsgehalts[42].

---

[38] BAG 18.1.2012, NZA 2012, 499 (Ausschüttung einer Dividende).
[39] BAG 29.8.2012, NZA 2013, 148 (Bonus); BAG 16.1.2013, NZA 2013, 1013 (Weihnachtsgeld).
[40] BAG 22.7.2014, NZA 2014, 1136.
[41] BAG 8.11.1978, 24.10.1990, AP Nr. 100, 135 zu § 611 BGB Gratifikation.
[42] BAG 8.11.1978, DB 1979, 505.

# I. Vergütungspflicht

Anspruch auf arbeitsleistungsbezogene Sonderzahlungen besteht nur für Zeiten, in denen der Arbeitnehmer tatsächlich gearbeitet hat, sofern nicht ein Gesetz (§ 3 EfzG, § 1 BUrlG, § 3 Abs. 2, § 3 Abs. 1, 2 MuSchG) oder ein Tarifvertrag oder eine sonstige Regelung etwas anderes vorsieht. Die Sonderzahlung kann also auch ohne ausdrückliche Vereinbarung beispielsweise für Zeiten gekürzt werden, in denen kein Anspruch auf Entgeltfortzahlung im Krankheitsfall mehr besteht (d.h. nach 6 Wochen, § 3 Abs. 1 Satz 1 EfzG) oder in denen der Arbeitnehmer sich in Elternzeit befindet[43]. Entsprechendes gilt für laufend gewährte Sachbezüge, wenn sie – wie z.B. die Überlassung eines Firmenwagens zur privaten Nutzung – Teil des geschuldeten Arbeitsentgelts sind[44].

54

Von einer arbeitsleistungsbezogenen Sonderzahlung geht die Rechtsprechung aus, wenn die Zuwendung an das Erreichen quantitativer oder qualitativer Ziele geknüpft ist, in der Regel auch, wenn die Zahlung einen wesentlichen Teil der Gesamtvergütung ausmacht oder wenn sie erbracht wird, ohne dass weitere Anspruchsvoraussetzungen vereinbart sind, wenn sie vom Betriebsergebnis abhängt oder wenn der Arbeitgeber sie ausdrücklich als Dank für persönlichen Einsatz bezeichnet[45].

55

**cc) Nicht arbeitsleistungsbezogene Sonderzahlungen** (Gratifikationen) sind Zuwendungen, die der Arbeitgeber seinen Mitarbeitern zusätzlich zum arbeitsleistungsbezogenen Entgelt gewährt. Da es sich um freiwillige Leistungen handelt, kann der Arbeitgeber die Voraussetzungen für die Gewährung grundsätzlich frei bestimmen. Allerdings hat der **Betriebsrat** bei der Ausgestaltung ein **erzwingbares Mitbestimmungsrecht** (§ 87 Abs. 1 Nr. 10 BetrVG). Mitbestimmungsfrei sind der Betrag, den der Arbeitgeber insgesamt für die Gratifikation vergeben will (der „Dotierungsrahmen"), der Zweck und der begünstigte Personenkreis[46].

56

**(1)** Mit einer Gratifikation kann der Arbeitgeber die vom Arbeitnehmer in der Vergangenheit bewiesene Betriebstreue belohnen („**Treueprämie**"), zu künftiger Betriebstreue anreizen („**Halteprämie**") oder einen **Beitrag zu erhöhten Aufwendungen** anlässlich bestimmter Ereignisse (Weihnachten, Urlaub) leisten. Der Zweck muss sich klar und deutlich aus der zugrundeliegenden Vereinbarung ergeben. Entsteht der Gratifikationsanspruch erst, wenn der Arbeitnehmer innerhalb eines bestimmten Bezugszeitraums eine bestimmte Zeitdauer dem Betrieb angehört hat und wenn sein Arbeitsverhältnis am Auszahlungstag noch (ungekündigt) besteht, so spricht das für die Belohnung von Betriebstreue. Hängt er davon ab, dass der Arbeitnehmer am Ende des Bezugszeitraums in einem ungekündigten Arbeitsverhältnis steht oder dass er noch bis zu einem bestimmten Stichtag danach dem Betrieb angehört oder ist die Zuwendung zurückzuzahlen, wenn das Arbeitsverhältnis vor dem Ablauf einer zumutbaren Bindungsfrist endet, soll zu künftiger Betriebstreue motiviert werden[47]. In diesem Falle hat der Arbeitnehmer keinen Anspruch, wenn

57

---

[43] BAG 25.11.1998, NZA 1999, 766.
[44] BAG 14.12.2010, NZA 2011, 569.
[45] BAG NZA 13.11.2013, NZA 2014, 368; BAG 13.5.2015, NZA 2015, 992.
[46] St. Rspr., vgl. BAG 30.10.2012, NZA 2013, 522; *Fitting*, § 87 BetrVG Rn. 445 ff.
[47] Zu Vorstehendem BAG 19.5.2015, NZA 2015, 992.

er die Voraussetzung nicht erfüllt, ohne dass es darauf ankäme, warum er das Unternehmen verlässt. Das gilt selbst dann, wenn, wie bei einer betriebsbedingten Kündigung, der Arbeitgeber die maßgebliche Ursache für das Ausscheiden gesetzt hat[48]. Die Zusage eines Weihnachtsgeldes in bestimmter Höhe kann dahin verstanden werden, dass die Zahlung vom Bestand des Arbeitsverhältnisses an Weihnachten abhängen soll[49]. Ist eine Sonderzuwendung zugleich Vergütung für erbrachte Arbeitsleistung (**Sonderzuwendung mit Mischcharakter**), dann kann sie in Allgemeinen Arbeitsbedingungen nicht vom ungekündigten Bestehen des Arbeitsverhältnisses zu einem bestimmten Zeitpunkt – z.B. am 31.12. – abhängig gemacht werden. Die Stichtagsklausel benachteiligt den Arbeitnehmer unangemessen und ist deshalb nach § 307 Abs. 1 S. 1 BGB unwirksam[50]. Sie steht im Widerspruch zu § 611a Abs. 2 BGB, weil sie dem Arbeitnehmer bereits erarbeiteten Lohn entzieht. Außerdem verkürzt sie die nach Art. 12 GG geschützte Berufsfreiheit, weil sie dem Arbeitnehmer eine Kündigung unzulässig erschwert[51].

58 **(2) Anspruchsgrundlagen.** In den meisten Wirtschaftszweigen sind Gratifikationen tariflich geregelt. Fehlen tarifliche Bestimmungen, können Betriebsvereinbarungen darüber abgeschlossen werden (§ 77 Abs. 3 BetrVG). Ein Anspruch kann sich aber auch aus dem Arbeitsvertrag ergeben.

59 Nicht selten beruhen Gratifikationen auf **betrieblichen Übungen**. Bei einer Weihnachtsgratifikation geht die Rechtsprechung davon aus, dass die Arbeitnehmer nach dreimaliger vorbehaltsloser Zahlung annehmen dürfen, der Arbeitgeber wolle sich auch für die Zukunft binden[52]. Der Arbeitgeber kann sich durch einen „Freiwilligkeitsvorbehalt" die Zahlung für die Zukunft ausdrücklich offen halten (s. § 5 Rn. 190). Ein durch betriebliche Übung entstandener Anspruch kann nicht durch abändernde betriebliche Übung wieder beseitigt werden (s. § 5 Rn. 197).

60 Ansprüche auf Sonderzuwendungen können auch aus einem **Verstoß des Arbeitgebers gegen den Gleichbehandlungsgrundsatz** erwachsen[53]. Gewährt der Arbeitgeber allen oder einer bestimmten Gruppe von Arbeitnehmern Gratifikationen, so darf er andere Arbeitnehmer nicht aus unsachlichen Gründen ausnehmen. Willkürlich ist der Ausschluss schon dann, wenn der Arbeitgeber nach Merkmalen unterscheidet, die nach § 1 AGG oder nach anderen Diskriminierungsverboten (z.B. Art. 9 Abs. 3 GG, § 4 TzBfG) verpönt sind[54]. Unzulässig ist eine unterschiedliche Behandlung von Arbeitnehmern im Außendienst, die Trinkgelder kassieren können, und Innendienstmitarbeitern[55] sowie von Mitarbeitern eines von zwei Unternehmen geführten „gemeinsamen Betriebes"[56] und, falls keine sachlichen Gründe für eine

---

[48] BAG 18.1.2012, NZA 2012, 620; BAG 22.7.2014, NZA 2014, 1136.
[49] BAG 30.4.1994, AP Nr. 161 zu § 611 BGB Gratifikation; BAG 10.12.2008, NZA 2009, 322.
[50] BAG 19.5.2015, NZA 2015, 992.
[51] Zu Vorstehendem BAG 18.1.2012, NZA 2012, 561; BAG 14.11.2012, NZA 2013, 1150; BAG 13.11.2013, NZA 2014, 368 (hier auch zu denkbaren Ausnahmen).
[52] BAG 6.3.1956, 4.10.1956, 27.6.1958, AP Nr. 3, 4, 7 zu § 611 BGB Gratifikation.
[53] BAG 27.7.1988, AP Nr. 83 zu § 242 BGB Gleichbehandlung; BAG 10.12.2008, NZA 2009, 258.
[54] BAG 5.3.1980, AP Nr. 44 zu § 242 BGB Gleichbehandlung.
[55] BAG 19.4.1995, AP Nr. 124 zu § 242 BGB Gleichbehandlung.
[56] BAG 19.11.1992, AP Nr. 145 zu § 611 BGB Gratifikation.

## I. Vergütungspflicht

Ungleichbehandlung vorliegen, von Arbeitnehmern verschiedener Betriebe desselben Unternehmens (s. unten Rn. 170 ff.).

**dd) Anwesenheitsprämien** sollen Fehlzeiten eines Arbeitnehmers dadurch verringern helfen, dass die tatsächliche Anwesenheit im Betrieb honoriert wird. Die Zulässigkeit einer solchen Klausel ist heute allgemein anerkannt. Die Ausgestaltung und die spätere Ausübung unterliegen jedoch der richterlichen Kontrolle daraufhin, ob die Interessen beider Vertragsparteien gewahrt sind[57]. Dabei gelten folgende Grundsätze:

– Die Kürzungsbefugnis muss **ausdrücklich** vereinbart werden. Fehlt es an einer Vereinbarung, so hat der Arbeitnehmer auch dann einen Anspruch auf die Sonderzuwendung, wenn er nur ganz unerheblich gearbeitet hat[58].

– Eine Sonderzuwendung darf auch für Zeiten gekürzt werden, in denen der Arbeitnehmer arbeitsunfähig **krank** war (§ 4a Satz 1 EfzG). Das gilt selbst dann, wenn die Krankheit im Zusammenhang mit einer Schwangerschaft steht[59]. Allerdings darf die Kürzung für jeden Fehltag ein Viertel des Arbeitsentgelts, das im Jahresdurchschnitt auf einen Arbeitstag entfällt, nicht überschreiten (§ 4a Satz 2 EfzG).

– Bei **Fehlzeiten aus anderen Gründen** kann die Sonderzuwendung pro Fehltag aufgrund einer einzelvertraglichen Vereinbarung höchstens um 1/60[60] gekürzt werden, aufgrund einer Betriebsvereinbarung höchstens um 1/30[61].

– Sonderzuwendungen können gekürzt werden, wenn die Fehlzeit auf der Teilnahme an einem **Streik** beruht. Allerdings muss die Kürzungsbefugnis allgemein gefasst sein und darf sich nicht auf Fälle der Streikteilnahme beschränken[62].

– Kleingratifikationen unter 100 € dürfen nicht gekürzt werden[63].

Stellt der Arbeitsvertrag für das Entstehen einer Gratifikation nur darauf ab, dass das Arbeitsverhältnis zu einem bestimmten Datum besteht, lässt das Ruhen der Arbeitspflicht – etwa wegen einer Elternzeit – den Anspruch nicht entfallen[64]. Eine Kürzung wegen Mutterschutzes ist unzulässig (§§ 3 Abs. 1 Satz 2, 7 Abs. 2 AGG)[65].

---

[57] BAG 15.2.1990, AP Nr. 15 zu § 611 BGB Anwesenheitsprämie.
[58] BAG 8.12.1993, 16.3.1994, AP Nr. 159, 162 zu § 611 BGB Gratifikation.
[59] BAG 27.7.1994, AP Nr. 164 zu § 611 BGB Gratifikation.
[60] BAG 15.2.1990, AP Nr. 15 zu § 611 BGB Anwesenheitsprämie.
[61] BAG 26.10.1994, AP Nr. 18 zu § 611 BGB Anwesenheitsprämie.
[62] BAG 31.10.1995, 20.12.1995, AP Nr. 140, 141 zu Art. 9 GG Arbeitskampf.
[63] BAG 15.2.1990, AP Nr. 15 zu § 611 BGB Anwesenheitsprämie.
[64] BAG 10.12.2008, NZA 2009, 258.
[65] Zur Kürzung wegen Elternzeit vgl. BAG 2.9.1992, EzA BGB § 611 Gratifikation, Prämie Nr. 95.

62 **ee) Änderungsvorbehalte.** Arbeitsverhältnisse währen oft viele Jahre. In dieser Zeit ändern sich nicht selten die Umstände, die für die Bemessung des Entgelts maßgeblich waren. Im allgemeinen sind die Änderungen nicht so dramatisch, dass es zu einer Änderung der Geschäftsgrundlage kommt. Eine Anpassung wegen Änderung der Geschäftsgrundlage (§ 313 BGB) spielt im Arbeitsrecht schon wegen der ausgefeilten arbeitsrechtsspezifischen Änderungsinstrumente praktisch keine Rolle. Eine einseitige Änderung des Entgelts erlaubt die Rechtsprechung dem Arbeitgeber nur, wenn entweder die Voraussetzungen der Änderungskündigung[66] vorliegen – was selten der Fall ist – oder bei einem entsprechenden Vorbehalt. Diesen gibt es in drei Varianten: als Freiwilligkeitsvorbehalt, als Widerrufsvorbehalt und als Anrechnungsvorbehalt. Mindestens zwei der drei Vorbehalte findet man – in unterschiedlicher Kombination und Formulierung und zumeist in Gestalt von Allgemeinen Arbeitsbedingungen – in so gut wie jedem Arbeitsvertrag. Als Allgemeine Arbeitsbedingungen unterliegen sie sowohl der Transparenz– als auch – wegen der Abweichung von dem Grundsatz, dass Verträge normalerweise zu festen Konditionen geschlossen werden (s. dazu § 5 Rn. 127) – der Angemessenheitskontrolle. Nur der Transparenzkontrolle und nicht der Kontrolle nach § 308 Nr. 4 BGB unterliegen einseitige Leistungsbestimmungsrechte, wenn sie darauf beschränkt sind, dem Arbeitgeber die erstmalige Festlegung seiner Leistung zu ermöglichen (z.B. Bonuszahlungen). Die Leistungsbestimmung muss nach billigem Ermessen erfolgen (§ 315 BGB)[67]. Unzulässig sind Klauseln, die eine **rückwirkende Vertragsänderung** bewirken, wenn sie bereits entstandene Ansprüche beseitigen sollen oder – vermittelt durch die angestrebte Rückwirkung – dafür sorgen, dass die Geltendmachung durch Ausschlussfristen unmöglich gemacht wird[68].

63 **ff) Freiwilligkeitsvorbehalt.** Beim sog. Freiwilligkeitsvorbehalt schließt der Arbeitgeber einen Anspruch auf eine Leistung aus: „Bei dieser Leistung handelt es sich um eine freiwillige Leistung des Arbeitgebers, auf die auch bei wiederholter Gewährung kein Rechtsanspruch entsteht." Die Rechtsprechung lässt Freiwilligkeitsvorbehalte entgegen kritischen Stimmen in der Literatur[69] bei **Sonderzahlungen** zu[70]. Der Arbeitgeber sei frei zu entscheiden, ob, unter welchen Voraussetzungen und in welcher Höhe er zusätzliche Leistungen gewähre. Das BAG sieht Freiwilligkeitsvorbehalte jedoch als Vertragsbedingungen i.S.v. § 305 Abs. 1 BGB an und prüft, wenn sie, wie in aller Regel, Allgemeine Arbeitsbedingungen sind, auf Vereinbarkeit mit dem AGB-Recht. Das ist problematisch. Das AGB-Recht dient der Kontrolle bestehender Vereinbarungen und nicht der Schaffung neuer. Kontrollfähig sind nur „Vertragsbedingungen" (§ 305 BGB); § 308 Nr. 4 BGB, der eine Sonderregelung für Änderungsvorbehalte trifft, setzt eine „versprochene Leistung" voraus.

---

[66] BAG 26.6.2008, NZA 2008, 1182.
[67] BAG 29.8.2012, NZA 2013, 148.
[68] BAG 19.2.2014, DB 2014, 1143.
[69] s. vor allem *Preis*, Vertragsgestaltung, S. 294.
[70] BAG 11.2.2009, NZA 2009, 428; BAG 8.12.2010, NZA 2011, 628.

## I. Vergütungspflicht

Viele Freiwilligkeitsvorbehalte scheitern an der Formulierung. Eine Klausel, in der es lediglich heißt: „Hierbei handelt es sich um eine freiwillige Leistung", ist **intransparent** (§ 307 Abs. 1 Satz 2 BGB)[71]. Freiwillig kann nämlich auch heißen, dass der Arbeitnehmer auf sie noch nicht aus einem anderen Rechtsgrund (Gesetz, Kollektiv- oder Arbeitsvertrag) einen Anspruch hat[72]. Als widersprüchlich (und damit intransparent) betrachtet die Rechtsprechung auch die Formulierung: „Bei dieser Zuwendung handelt es sich um eine freiwillige Leistung, die jederzeit widerrufen werden kann." Ein Widerrufsvorbehalt setzt nämlich die Einräumung eines Anspruchs voraus. In einem Freiwilligkeitsvorbehalt, der alle zukünftigen Leistungen unabhängig von ihrer Art und ihrem Entstehungsgrund erfasst, sieht das BAG einen Verstoß gegen § 307 Abs. 1 Satz 1 und Abs. 2 Nr. 1, 2 BGB. Ein solcher Freiwilligkeitsvorbehalt beziehe unzulässigerweise laufende Leistungen ein und verstoße sowohl gegen den in § 305b BGB bestimmten Vorrang der Individualabrede als auch gegen den Grundsatz, dass vertragliche Regelungen einzuhalten sind[73]. Unwirksam sei auch ein Freiwilligkeitsvorbehalt, der Sonderleistungen nach Voraussetzungen und Höhe genau festlege[74]. Die Vereinbarung schließlich, dass „die Zahlung eines 13. Monatsgehalts eine freiwillige Leistung der Firma ist, die anteilig als Urlaubs- und Weihnachtsgeld gewährt werden kann", begründe nach der Zweifelsregelung des § 305c Abs. 2 BGB einen Anspruch gegen den Arbeitgeber[75]. Nicht erforderlich ist es, dass ein Freiwilligkeitsvorbehalt Voraussetzungen nennt, unter denen die Leistung wieder eingestellt werden kann. Der Arbeitgeber kann die Leistung jederzeit wieder einstellen, ohne dass es dazu einer rechtsgeschäftlichen Erklärung bedürfte. Ein Freiwilligkeitsvorbehalt bei **laufendem Entgelt** ist nach der Rechtsprechung **unangemessen** i.S.d. § 307 Abs. 1 Satz 1 BGB[76]. Dasselbe gelte für leistungsbezogene Sonderleistungen[77]. Ein solcher Vorbehalt weiche von dem Satz ab, dass der Arbeitgeber zur Gewährung der vereinbarten Vergütung verpflichtet sei (§ 611a Abs. 2 BGB).

**gg) Widerrufsvorbehalte** sind grundsätzlich zulässig, weil sie wegen der unsicheren Entwicklung der Verhältnisse als Instrument der Anpassung notwendig sind. Die Wirksamkeit in Allgemeinen Arbeitsbedingungen ist anhand des § 308 Nr. 4 BGB zu prüfen, wobei die Wertungen des § 307 BGB heranzuziehen sind[78]. Die **Zumutbarkeit** i.S.d. § 308 Nr. 4 BGB richtet sich nach der Höhe der Leistung, nach dem verbleibenden Verdienst und nach der Stellung des Arbeitnehmers im Unternehmen. Der widerrufliche Anteil von Leistungen, die im Verhältnis von Leistung und Gegenleistung stehen, darf 25 % des Gesamtverdienstes nicht überschreiten[79]. Hinzukommen können weitere 5 % für Nebenleistungen[80]. Bei leitenden Mitarbeitern wird man einen höheren Anteil vereinbaren dürfen; Untergrenze bei (tarifgebundenen Arbeitnehmern) ist das Tarifentgelt.

---

[71] BAG 23.10.2002, NZA 2003, 557.
[72] BAG 11.4.2000, NZA 2001, 24.
[73] BAG 14.9.2011, NZA 2012, 81.
[74] BAG 20.2.2013, NZA 2013, 1015.
[75] BAG 17.4.2013, NZA 2013, 787.
[76] BAG 25.4.2007, NZA 2007, 853; BAG 13.4.2010, NZA-RR 2010, 457.
[77] BAG 19.3.2014, DB 2014, 1203.
[78] BAG 12.1.2005, NZA 2005, 465, 467; BAG 13.4.2010, NZA-RR 2010, 457, 459.
[79] Zum Vorstehenden BAG 24.1.2017, DB 2017, 1523.
[80] BAG 7.12.2005, NZA 2006, 897 ff.: Fahrkostenerstattung.

**66** Der Widerruf bedarf **eines sachlichen Grundes.** Der Arbeitgeber ist bis zur Grenze der Willkür frei, diesen Grund zu bestimmen. Er muss ihn aber klar und möglichst konkret in der Klausel nennen: wirtschaftliche Gründe, Leistung, Verhalten. Stellt er auf den Grad der Störung ab, muss er ihn ebenfalls angeben (negatives wirtschaftliches Ergebnis der Abteilung, unterdurchschnittliche Leistung). Eine Ankündigungsfrist für die Wirkung des Widerrufs braucht ebenso wenig vereinbart zu werden wie ein Maßstab für die Ausübung; hier kommt ohnedies nur billiges Ermessen (§ 315 BGB) in Betracht[81].

**67** **hh) Anrechnungsvorbehalt.** Eines Anrechnungsvorbehalts für **übertarifliche Leistungen** auf Tariferhöhungen bedarf es – auch in Allgemeinen Arbeitsbedingungen[82] – nicht. Die Anrechnung führt nicht zu einer Verringerung des Entgelts. Bei einer Tariflohnerhöhung unterlässt es der Arbeitgeber lediglich, das vertraglich zugesagte Entgelt um den angerechneten Teil zu erhöhen. Zu der Verpflichtung, auch diesen Teil zu erhöhen, bedürfte es einer Rechtsgrundlage, d.h. einer Zusage, dass er **tariffest** ist. Diese Zusage kann auch schlüssig gegeben werden. Die bloße Gewährung einer übertariflichen Leistung genügt nicht. Das gilt selbst dann, wenn der Arbeitgeber eine übertarifliche Zulage jahrelang vorbehaltlos zahlt und nicht mit Tariflohnerhöhungen verrechnet[83]. Rechnet der Arbeitgeber eine tariffeste Leistung an, so ist das rechtlich ein Widerruf, für den die Grundsätze über den Widerrufsvorbehalt gelten: Der Arbeitgeber muss sich die Anrechnung vorbehalten und er muss sachliche Gründe genannt haben, aus denen sie vorgenommen werden kann. Näheres zur Anrechnung s. Bd. 2 § 13 Rn. 295 ff.

**68** **ii) Leistungsbestimmungsrechte.** Gleichsam zwischen Freiwilligkeits- und Widerrufsvorbehalten stehen Klauseln, in denen sich der Arbeitgeber vorbehält, die Höhe einer fest zugesagten Sonderzahlung nach billigem Ermessen jährlich neu zu bestimmen[84].

**69** Formulierungsbeispiel: „Sie erhalten darüber hinaus einen Leistungsbonus. Dieser richtet sich nach der individuellen Zielerreichung, dem Teamverhalten sowie dem Erfolg der Bank. Er wird jedes Jahr neu für das abgelaufene Jahr festgesetzt. Der Leistungsbonus wird mit dem Maigehalt eines Jahres für das zurückliegende Kalenderjahr gezahlt. Er kann zwischen 0 und 200 % des Basiswertes betragen, der zur Zeit bei 5.400,00 € liegt."

Eine solche Regelung verstößt nicht gegen das Transparenzgebot (§ 307 Abs. 1 Satz 2 BGB). Sie weicht auch nicht vom Gesetz ab und unterliegt daher keiner Inhaltskontrolle (§ 307 Abs. 3 Satz 1 BGB). § 315 BGB sieht gerade die vertragliche Einräumung einseitiger Leistungsbestimmungsrechte vor. Das Gesetz geht davon aus, dass dies einem rechtlichen Bedürfnis des Wirtschaftslebens entsprechen kann und deshalb nicht von vornherein unangemessen ist. Zulässig ist die Klausel aber nur, soweit der Kernbereich des Austauschverhältnisses zwischen Leistung und Gegenleistung durch die Leistungsbestimmung nicht

---

[81] BAG 12.1.2005, NZA 2005, 465, 467.
[82] BAG 1.3.2006, NZA 2006, 746; BAG 27.8.2008, NZA 2009, 49.
[83] BAG 27.8.2008, NZA 2009, 49; BAG 23.9.2009, NZA 2010, 360.
[84] Dazu *Salamon*, NZA 2014, 465; *Lingemann/Pfister/Otte*, NZA 2015, 65.

berührt wird[85]. Entspricht eine Leistungsbestimmung nicht billigem Ermessen, so trifft das Gericht eine Ersatzleistungsbestimmung nach § 315 Abs. 3 S. 2 BGB[86].

**jj) Rückzahlungsklauseln.** Scheidet ein Arbeitnehmer aus dem Betrieb aus, nachdem er eine Gratifikation erhalten hat, die auch zu künftiger Betriebstreue anreizen soll, so verfehlt die Gratifikation zumindest teilweise ihren Zweck. Deshalb werden nicht selten Klauseln vereinbart, nach denen der Arbeitnehmer zur vollständigen oder teilweisen Rückzahlung der Gratifikation für den Fall verpflichtet wird, dass er aus dem Betrieb ausscheidet. Derartige Klauseln sind nur zulässig, wenn die Sonderzahlung keinen Mischcharakter hat, d.h. wenn sie nicht zugleich der Vergütung der Arbeitsleistung dient (§ 307 Abs. 1 Satz 1 BGB, s. oben Rn. 53, 57). 70

In jedem Fall sind Rückzahlungsklauseln wegen der Einschränkung der Berufsfreiheit nach der Rechtsprechung nur dann zulässig, wenn sie den Arbeitnehmer nicht übermäßig lange binden. Dabei stellt das BAG auf das Verhältnis zwischen Höhe der Gratifikation und Länge der Bindungsfrist ab. Als angemessen gelten folgende Relationen: 71

| Höhe der Gratifikation | Rückzahlung bei Ausscheiden des Arbeitnehmers aus dem Betrieb |
| --- | --- |
| bis 100 € | keine Rückzahlungspflicht |
| über 100 € bis zu einem Monatsbezug | Rückzahlung, wenn Ausscheiden vor dem 31.3. des Folgejahres erfolgt |
| mehr als ein Monatsbezug | Rückzahlung, wenn Ausscheiden vor dem 30.6. des Folgejahres erfolgt |

Der Fristlauf beginnt mit der tatsächlichen Auszahlung der Gratifikation[87]. Sieht die Rückzahlungsklausel längere Fristen als die von der Rechtsprechung zugelassenen vor, ist die Bestimmung unwirksam. Die Gratifikationszusage selbst wird davon nicht berührt[88]. Die Rückzahlungspflicht muss für den Arbeitnehmer überschaubar und klar geregelt sein[89]. Unklarheiten gehen zulasten des Arbeitgebers[90]. Unwirksam ist eine Klausel, die den Arbeitnehmer im Ungewissen darüber lässt, wie lange er bei einem Ausscheiden aus dem Betrieb mit Rückzahlungsansprüchen zu rechnen hat[91]. 72

---

[85] BAG 20.3.2013, NZA 2013, 970.
[86] BAG 3.8.2016, NZA 2016, 1334.
[87] BAG 22.2.1968, AP Nr. 64 zu § 611 BGB Gratifikation.
[88] BAG 12.12.1962, AP Nr. 25 zu § 611 BGB Gratifikation.
[89] BAG 10.7.1974, 14.6.1995, AP Nr. 83, 176 zu § 611 BGB Gratifikation.
[90] BAG 14.6.1995, AP Nr. 176 zu § 611 BGB Gratifikation.
[91] BAG 14.6.1995, AP Nr. 176 zu § 611 BGB Gratifikation.

73 **Variable Vergütungen in Kreditinstituten** Für Mitarbeiter in Kreditinstituten gibt es Sonderregeln hinsichtlich der variablen Vergütung (= **Boni**)[92]. Variable Vergütungen müssen in einem angemessenen Verhältnis zum Fixgehalt stehen. Angemessen ist das Verhältnis grundsätzlich dann, wenn die variable Vergütung nicht mehr als 100 %, bei Zustimmung der Eigentümer nicht mehr als 200 % des Fixums ausmacht. Damit soll der Anreiz zu riskanten Geschäften eingeschränkt werden. Zur Förderung der Nachhaltigkeit der Geschäftstätigkeit der Banken ist ein Teil der variablen Vergütung außerdem über mehrere Jahre zu strecken. Wegen der Einzelheiten muss auf die Institutsvergütungsverordnung[93] und auf die Auslegungshilfe der BaFin verwiesen werden.

## 4. Allgemeiner gesetzlicher Mindestlohn nach dem MiLoG

### a) Regelungsziel

74 Mit dem durch das Gesetz zur Stärkung der Tarifautonomie[94] eingeführten Gesetz zur Regelung eines allgemeinen Mindestlohns (MiLoG) sollen Arbeitnehmer branchenübergreifend vor Löhnen bewahrt werden, die so niedrig sind, dass sie nur durch zusätzliche staatliche Leistungen das Niveau existenzsichernder Arbeitsentgelte erreichen. Zugleich sollen ein „unterstes Maß an Austauschgerechtigkeit" definiert und der Lohnunterbietungswettbewerb eingedämmt werden[95].

75 Da die Tarifvertragsparteien in der Vergangenheit außerstande waren, Niedrigstlöhnen entgegenzuwirken, sah sich der Gesetzgeber in der Pflicht. Mit dem MiLoG hat er einen Paradigmenwechsel eingeleitet. Abgesehen davon, dass das MiLoG eine zwingende, nicht tarifdispositive Untergrenze für sämtliche Vergütungsabreden (§ 3 MiLoG) und einen eigenständigen gesetzlichen Anspuch neben dem aus Einzel- und Kollektivvertrag vorsieht (§ 1 Abs. 1 MiLoG), kann die Nichtgewährung des gesetzlichen Mindestlohns mit einem Bußgeld von bis zu 500.000 € geahndet werden (§§ 20, 21 Abs. 1 Nr. 9 MiLoG)[96].

---

[92] Dazu ausf. *Löw/Glück*, NZA 2015, 137.
[93] Neufassung v. 25.7.2017, BGBl. I S. 3042.
[94] Vom 11.8.2014, BGBl I S. 1348.
[95] BT-Drs. 18/1558, S. 1, 27 f. 34.
[96] Zu den Fragen des Vollzugs ausf. *Maschmann* NZA 2014, 929.

## Allgemeiner gesetzlicher Mindestlohn nach dem MiLoG

**I. Anspruchsvoraussetzungen (§ 1 I MiLoG)**
1. **Anwendungsbereich des MiLoG**
   a) sachlich
   Vorrang allgemeinverbindlicher tarifl. Regelungen und von Rechtsverordnungen nach AEntG und AÜG, soweit deren Branchenmindestlöhne den gesetzl. Mindestlohn nicht unterschreiten (§ 1 III MiLoG)
   b) persönlich
   aa) für alle Arbeitnehmer iSd § 611a BGB (§ 22 I 1 MiLOG)
   bb) keine Geltung für Personengruppen nach § 22 II-IV MiLoG
   cc) keine Geltung für Pflichtpraktika und freiwillige Praktika von weniger als 3 Monaten Dauer zur beruflichen oder studienmäßigen Orientierung
   c) räumlich
   für alle Arbeitnehmer, die im Inland beschäftigt werden, selbst wenn der Arbeitgeber seinen Sitz im Ausland hat (§ 20 MiLoG)
2. **Entstehung des Anspruch**
   a) tatsächliche Arbeitsleistung eines Arbeitnehmers
   b) Entgeltzahlung für nicht erbrachte Arbeit nur nach Entgeltfortzahlungsrecht
3. **Höhe**
   a) 8,84 € brutto je Zeitstunde; Erhöhung durch Rechtsverordnung (§ 11 MiLoG)
   b) spätestens monatliche Abrechnung, es sei denn, „verstetigtes Monatseinkommen", wenn der Stundenlohn auf das ganze Jahr berechnet dem Mindestlohn entspricht (zB 40 h/Woche x 4,333 x 8,84 €/h = 1532 €/Monat)
4. **Fälligkeit**
   a) vereinbarte Fälligkeit, sonst § 614 BGB (§ 2 I 1 Nr. 1 MiLoG)
   b) gesetzliche Regelung (§ 2 I 1 Nr. 2 MiLoG)
   c) Sonderregelung für Arbeitszeitkonten (§ 2 II MiLoG)

**II. Erfüllung durch bestimmte Arbeitgeberleistungen**
1. Zweck der Leistung muss „funktional gleichwertig" zum Mindestlohn sein:
   a) nur Vergütung für erbrachte Arbeitsleistung
   b) nicht: Vergütung für „Sonderopfer": Erschwernis-, Schmutzlage usw
2. Leistung muss tatsächlich und unwiderruflich zum Fälligkeitszeitpunkt ausbezahlt werden

**III. Durchsetzbarkeit**
1. Unabdingbarkeit (§ 3 S. 2 MiLoG)
2. kein Eintritt der Verjährung (§§ 194, 195 BGB)

*erhöht 2020 9,50 € Juli 9,*

### b) Anwendungsbereich

76 Das MiLoG gilt grundsätzlich für alle Arbeitnehmer (§ 1 Abs. 1, § 22 Abs. 1 S. 1 MiLoG), nicht jedoch für arbeitnehmerähnliche Personen (s. § 3 Rn. 33 ff.), obwohl diese ähnlich schutzbedürftig sind. Maßgeblich ist der Arbeitnehmerbegriff iSd § 611a BGB (s. § 1 Rn. 21 ff.). Bestimmte Personengruppen hat das MiLoG ausdrücklich ausgenommen. Dazu gehören Personen unter 18 Jahren ohne abgeschlossene Berufsausbildung (§ 22 Abs. 2 MiLoG), Auszubildende (§ 10 BBiG) und ehrenamtlich Tätige (§ 22 Abs. 3 MiLoG) sowie Langzeitarbeitslose i.S.d. § 18 SGB III in den ersten sechs Monaten ihrer Beschäftigung (§ 22 Abs. 4 MiLoG). Ob die in § 22 Abs. 2 MiLoG getroffene Ausnahmeregel wegen ihres altersdiskriminierenden Charakters unionsrechtlich zulässig ist, ist zweifelhaft.

77 Bei Praktikanten (s. § 4 Rn. 31b) differenziert § 22 Abs. 1 S. 2 MiLoG danach, ob sie als Schüler oder Hochschüler im Rahmen eines von der (Hoch-)Schulordnung vorgesehenen Pflichtpraktikums tätig werden oder ein freiwilliges Praktikum absolvieren. Mindestlohnfrei bleiben alle Pflichtpraktika gleich welcher Länge (Nr. 1). Freiwillige Praktika sind mindestlohnfrei, wenn sie nicht länger als drei Monate dauern und entweder zur Orientierung für eine Berufsausbildung bzw. zur Aufnahme eines Studiums dienen (Nr. 2) oder berufsbegleitend zu einer Berufs- oder Hochschulausbildung erfolgen (Nr. 3), wenn nicht zuvor ein solches Praktikumsverhältnis nach Nr. 3 mit demselben Ausbildenden bestanden hat. Freiwillige Praktika, die länger als drei Monate dauern oder nach Abschluss einer Berufsausbildung oder eines Studiums absolviert werden und nicht der Orientierung für einen anderen Beruf oder ein anderes Studium dienen, sind stets mindestlohnpflichtig.

78 Das Konkurrenzverhältnis zwischen gesetzlichen und tariflichen Mindestlöhnen hat das MiLoG zugunsten eines Vorrangs der spezielleren tariflichen Regelungen gelöst. Die Regelungen des AEntG, des AÜG und der auf ihrer Grundlage erlassenen Rechtsverordnungen gehen ihm vor, soweit die Höhe der auf ihrer Grundlage festgesetzten Branchenmindestlöhne die Höhe des Mindestlohns nicht unterschreitet (§ 1 Abs. 3 S. 1 MiLoG).

### c) Berechnung und Fälligkeit des Mindestlohns

79 Der gesetzliche Mindestlohn beträgt ab 1.1.2017 für alle Arbeitnehmer 8,84 € brutto je tatsächlich geleisteter Arbeitsstunde. Monatslöhne auf der Basis einer vorgegebenen Stundenzahl dürfen vereinbart werden, wenn der Arbeitgeber ein „verstetigtes Arbeitsentgelt" unabhängig von der Anzahl der tatsächlich geleisteten Arbeitsstunden zahlt, das oberhalb des Mindestlohns liegt (vgl. § 2 Abs. 2 S. 1 MiLoG). Entscheidend ist, dass der Stundenlohn – auf das ganze Jahr berechnet – dem Mindestlohn entspricht. Bei einer 40 Stundenwoche sind das mindestens 1.532 € brutto monatlich (= 40 x 4,333 x 8,84 €/Stunde)[97]. Leistungslöhne, wie zB Stück- oder Akkordlöhne sind zulässig, wenn dabei sichergestellt ist, dass ein Arbeitnehmer je tatsächlich geleisteter Stunde den Mindestlohn erhält.

---

[97] Der Faktor 4,333 ergibt sich, wenn man 52 Wochen pro Kalenderjahr auf 12 Monate umrechnet.

## I. Vergütungspflicht

Bei „Minijobs" auf der Basis von 450 € pro Monat dürfen – legt man den Mindestlohn von 8,84 € zugrunde – höchstens 50,9 Stunden pro Monat gearbeitet werden, soll die (Neben-) Tätigkeit als geringfügige Beschäftigung nach § 8 Abs. 1 SGB IV sozialversicherungsfrei bleiben. Übersteigt diese die 50,9-Stunden-Grenze, fallen Sozialversicherungsbeiträge an. Das kann im Ergebnis dazu führen, dass der Arbeitnehmer netto weniger als vor Einführung des gesetzlichen Mindestlohns erhält, der Arbeitgeber dafür aber mehr zahlen muss. **80**

Der Mindestlohn ist für alle Stunden, während derer der Arbeitnehmer die gem. § 611a Abs. 1 BGB geschuldete Arbeit erbringt, zu zahlen. § 1 MiLoG differenziert dabei nicht nach dem Grad der tatsächlichen Inanspruchnahme. Deshalb ist auch für Bereitschaftsdienste, bei denen der Arbeitnehmer nicht selbst den Aufenthaltsort bestimmen kann, d.h. bei Arbeitsbereitschaft und Bereitschaftsdienst i.e.S. (s. § 6 Rn. 44 f.) mindestens der Mindestlohn zu zahlen, und zwar in ungeschmälerter Höhe[98]. Der Mindestlohnanspruch besteht jedoch nur für *tatsächlich* geleistete Arbeit[99]. Für die Zeiten, in denen der Arbeitnehmer aufgrund gesetzlicher Entgeltfortzahlungstatbestände von der Pflicht zur Erbringung der Arbeitsleistung befreit ist, gilt § 1 Abs. 1 MiLoG nicht[100]. Der Vergütungsanspruch richtet sich dann allein nach den Normen, die den Vergütungsanspruch aufrechterhalten (EfzG, § 616 BGB, BUrlG usw.)[101]. Ordnen diese aber – wie z.B. § 2 EfzG für die Feiertagsvergütung – das Entgeltausfallprinzip an, d.h. ist dem Arbeitnehmer das Arbeitsentgelt zu zahlen, das er ohne den Arbeitsausfall erhalten hätte, ist mindestens der gesetzliche Mindestlohn zu zahlen[102]. Für den auf europäischem Recht beruhenden gesetzlichen Mindesturlaubsanspruch nach §§ 1, 3 BUrlG entspricht das auch der Rechtsprechung des EuGH[103]. **81**

Der Mindestlohn ist zum Zeitpunkt der (kollektiv- oder einzelvertraglich) vereinbarten Fälligkeit zu zahlen (§ 2 Abs. 1 Nr. 1 MiLoG). Fehlt es an einer entsprechenden Regelung, gilt § 614 BGB. Danach ist der Arbeitnehmer vorleistungspflichtig, die Vergütung ist also erst nach Ablauf des für ihre Berechnung maßgeblichen Zeitabschnitts (Woche, Monat) zu entrichten. Spätestens zu leisten ist der Mindestlohn am letzten Bankarbeitstag in Frankfurt am Main (d.h. Montag bis Freitag mit Ausnahme gesetzlicher Feiertage) des auf die Arbeitsleistung folgenden Monats (§ 2 Abs. 1 Nr. 2 MiLoG). Abreden, die die Zahlungspflicht weiter hinausschieben, sind unwirksam (§ 3 S. 1 MiLoG). Außerdem droht ein Bußgeld (§ 21 Abs. 1 Nr. 9 MiLoG). Arbeitszeitkonten zur Flexibilisierung der Arbeitszeit sind zulässig, wenn sie die Vorgaben des § 2 Abs. 2 MiLoG beachten. **82**

---

[98] BAG 29.6.2016, NZA 2016, 1332, 1333; BAG 11.10.2017, NZA 2018, 32.
[99] BAG 25.5.2016, NZA 2016, 1327, 1329.
[100] BAG 25.5.2016, NZA 2016, 1327, 1329.
[101] Ausf. *Vogelsang/Wensing*, NZA 2016, 141.
[102] BAG 20.9.2017 – 10 AZR 171/16.
[103] EuGH 12.2.2015, NZA 2015, 345 - „Sähköalojen ammattiliitto" Rn. 64 ff.

### d) Erfüllungswirksame Anrechnung von Arbeitgeberleistungen

83 Die Frage, welche Arbeitgeberleistungen erfüllungswirksam iSd § 362 BGB auf den Mindestlohn anrechenbar sind, ist im MiLoG nicht geregelt. Maßgeblich ist hierfür v.a. das EU-Recht. Da der Mindestlohn auch Arbeitnehmern zusteht, die vom Ausland aus vorübergehend nach Deutschland entsandt werden (§ 20 MiLoG), kann die (Nicht-)Anrechenbarkeit bestimmter Arbeitgeberleistungen den freien Personen- und Dienstleistungsverkehr behindern. Die Frage richtet sich nach der Entsenderichtlinie 96/71[104]. Über ihre Auslegung befindet der EuGH[105].

84 Anrechenbar sind zusätzliche Leistungen nach dem **„Prinzip der funktionalen Äquivalenz"** dann, wenn ihr Zweck ausschließlich darin liegt, die Arbeitsleistung des Arbeitnehmers zu entgelten, d.h. wenn sie als funktional gleichwertig zum Mindestlohn anzusehen sind[106]. Sobald der Arbeitgeber mit einer Leistung auch andere Zwecke als die reine Entlohnung der Tätigkeit verfolgt, ist eine Anrechnung ausgeschlossen. Das gilt z.B. für ein Urlaubsgeld. Mit ihm will der Arbeitgeber die Erholung des Arbeitnehmers unterstützen und nicht nur seine Arbeitsleistung vergüten[107]. Ebenso wenig anrechenbar sind Leistungen, mit denen der Arbeitgeber dem Arbeitnehmer Kosten erstattet, die durch die Arbeitsleistung an einem anderen Arbeitsort entstehen, wie z.B. Unterkunft, Verpflegung, Reisekosten[108].

85 Bei **Zulagen** kommt es darauf an, ob damit das Verhältnis zwischen der Tätigkeit des Arbeitnehmers auf der einen und der ihm hierfür erbrachten Gegenleistung auf der anderen Seite verändert wird[109]. Sie können auf den Mindestlohn angerechnet werden, wenn damit die Arbeitsleistung selbst vergütet wird, sie also der "Feinabstimmung" der Vergütung dienen. Das hat die Rechtsprechung[110] angenommen für Wechselschichtzulagen, Funkprämien und Leistungszulagen, nicht jedoch für die nach § 6 Abs. 5 ArbZG vorgesehene Nachtschichtzulage, da mit ihr die besonderen Erschwernisse der Nachtarbeit ausgeglichen werden sollen. Zur Anrechenbarkeit von Trinkgeldern s. oben Rn. 16.

86 Anrechenbar sind Zahlungen überhaupt nur dann, wenn sie regelmäßig, anteilig zum jeweiligen Vergütungszeitraum (täglich, wöchentlich, monatlich), tatsächlich und unwiderruflich erfolgen und der Zahlungsbetrag dem Arbeitnehmer zu dem für den Mindestlohn maßgeblichen Fälligkeitsdatum zur Verfügung gestellt wird[111]. Nicht anrechenbar sind folglich Einmalzahlungen, wie z.B. Urlaubs-, Weihnachts- oder Jubiläumsgelder, noch dazu, wenn sie unter einem Freiwilligkeits-, Widerrufs- oder Rückzahlungsvorbehalt stehen. Das gilt sogar dann, wenn der Vorbehalt unwirksam ist und die Zahlung vorbehaltlos geleistet werden muss.

---

[104] ABl EG 1997 Nr. L 18 S. 1.
[105] BAG 21.12.2016, NZA 2017, 378 unter Hinweis auf EuGH 12.2.2015, NZA 2015, 345.
[106] BAG 18.4.2012, NZA 2013, 386 Rn. 19, 23, 34 f.
[107] BAG 20.9.2017 - 10 AZR 171/16; ArbG Bautzen 25.6.2015, LAGE § 1 MiLoG Nr 1a.
[108] EuGH 14.4.2005, NZA 2005, 573 - Kommission/Deutschland Rn. 29.
[109] EuGH 7.11.2013, NZA 2013, 1359 - Isbir Rn. 38, 40.
[110] BAG 21.1.22016, NZA 2017, 378 Rn. 26 ff.
[111] EuGH 14.4.2005, NZA 2005, 573 - Kommission/Deutschland Rn. 31.

## 5. Entgelttransparenz

### a) Regelungsziel

Trotz des in diversen Vorschriften geregelten Verbots, niemanden bei der Gewährung der Vergütung wegen seines Geschlechts zu benachteiligen (Art. 23 EU-GRC, Art. 157 AEUV, §§ 1, 7 AGG), klafft zwischen männlichen und weiblichen Beschäftigten in der Praxis eine erhebliche **„Entgeltlücke"**. 2016 erhielten Frauen in Deutschland im statistischen Durchschnitt einen um 21 % niedrigen Bruttostundenlohn als ihre männlichen Kollegen[112]. **87**

Hierfür sind strukturelle Faktoren und erwerbsbiografische Unterschiede zwischen Frauen und Männern verantwortlich. Insbesondere bewirken eine geschlechterspezifische Berufswahl, eine geringere Präsenz von Frauen in Führungspositionen, familienbedingte Erwerbsunterbrechungen und länger andauernde Teilzeittätigkeit, die daraus resultierende geringere Berufserfahrung sowie nicht zuletzt die traditionell schlechtere Bezahlung von typischen Frauenberufen, unterschiedliche durchschnittliche Entgelte von Frauen und Männern. Selbst wenn man diese Faktoren statistisch berücksichtigt, bleibt die Bezahlung von Frauen signifikant hinter der von Männern zurück. **88**

Diese Entgeltlücke transparent zu machen und zu schließen, ist das Ziel des Entgelttransparenzgesetzes (EntgTranspG)[113]. Dazu enthält es im wesentlichen drei Instrumente: einen **individuellen Auskunftsanspruch** hinsichtlich der Vergütung von Beschäftigten des anderen Geschlechts, die die gleiche oder eine vergleichbare Tätigkeit wie der Anfragende ausüben (s. unten Rn. 90 ff.), sodann den an den Arbeitgeber gerichteten „Appell" zur Durchführung **betrieblicher Prüfverfahren**, um geschlechtsspezifische Entgeltbenachteiligungen aufzudecken und zu beheben (Rn. 99 ff.), sowie für Arbeitgeber mit i.d.R. mehr als 500 Beschäftigten die Verpflichtung zur Veröffentlichung eines **Berichts zur Gleichstellung und Entgeltgleichheit** im Bundesanzeiger (s. unten Rn. 101). **89**

### b) Individueller Auskunftsanspruch

Um zu überprüfen, ob der Arbeitgeber das Entgeltgleichheitsgebot des § 3 EntgTranspG befolgt, können Beschäftigte in Betrieben mit i.d.R. mehr als 200 Beschäftigten Auskunft über das durchschnittliche monatliche Bruttoentgelt nach § 5 Abs. 1 EntgTranspG sowie über bis zu zwei einzelne Entgeltbestandteile verlangen (§§ 10 Abs. 1, 12 Abs. 1 EntgTranspG). Dazu müssen sie eine gleiche oder gleichwertige Tätigkeit (§ 4 Abs. 1, 2 EntgTranspG) als „Vergleichstätigkeit" benennen, soweit ihnen das möglich und zumutbar ist (§ 10 Abs. 1 S. 2 EntgTranspG). Gleiche Tätigkeit meint, dass Personen an verschiedenen Arbeitsplätzen oder nacheinander an demselben Arbeitsplatz eine identische oder eine gleichartige Arbeit ausführen (§ 4 **90**

---

[112] BT-Drucks. 18/11133, S. 18.
[113] G zur Förderung der Transparenz von Entgeltstrukturen v. 30.6.2017, BGBl. I S. 2152.

Abs. 1 EntgTranspG). Das ist der Fall, wenn sich die Personen bei Bedarf gegeneinander austauschen lassen[114]. Fehlt es daran, kann auch eine nur gleichwertige Tätigkeit angegeben werden, d.h. eine Arbeit in einer „vergleichbaren Situation". Für die Vergleichbarkeit spielen die Art der Arbeit, die Ausbildungsanforderungen und die Arbeitsbedingungen eine Rolle (§ 4 Abs. 2 EntgTranspG). Zur Konkretisierung lassen sich die in Tarifverträgen üblichen Merkmale zur Eingruppierung heranziehen. Der Auskunftsanspruch muss sich auf das Entgelt von Kollegen des anderen Geschlechts beziehen. Verglichen werden können auch nur Personen derselben Beschäftigtengruppe (§ 12 Abs. 2 Nr. 3, § 5 Abs. 2 EntgTranspG). Auszubildende können deshalb ihre Tätigkeit nicht mit Tätigkeiten von Arbeitnehmern, sondern nur im Vergleich zur Tätigkeit anderer Auszubildender überprüfen lassen. Der Auskunftsanspruch entfällt, wenn die Vergleichstätigkeit von weniger als sechs Beschäftigten des jeweils anderen Geschlechts ausgeübt wird (§ 12 Abs. 3 S. 2 EntgTranspG). Außerdem umfasst die Auskunftspflicht nur Entgeltregelungen, die in demselben Betrieb und bei demselben Arbeitgeber angewendet werden (§ 12 Abs. 2 Nr. 1 EntgTranspG). Die Auskunft muss in Textform gefordert werden (§ 10 Abs. 2 S. 1 EntgTranspG). Das Verlangen darf alle zwei Jahre wiederholt werden. Vor Ablauf dieser Frist ist eine erneute Anfrage nur dann statthaft, wenn dargelegt werden kann, dass sich die Voraussetzungen seit dem letzten Verlangen wesentlich geändert haben.

91 Beschäftigte tarifgebundener und tarifanwendender Arbeitgeber wenden sich an den Betriebsrat (§ 14 Abs. 1 EntgTranspG), leitende Angestellte und AT-Angestellte sowie Beschäftigte nicht tarifgebundener oder nicht tarifanwendender Arbeitgeber direkt an diesen (§ 13 Abs. 4, § 15 Abs. 1 EntgTranspG). Dieser ist auch der Ansprechpartner in betriebsratslosen Betrieben (§ 13 Abs. 3 EntgTranspG). Ist an sich der Betriebsrat zuständig, kann dieser verlangen, dass der Arbeitgeber die Auskunft erteilt (§ 14 Abs. 1 S. 4 EntgTranspG). Der Arbeitgeber kann die Erfüllung der Auskunftsverpflichtung auch generell oder in bestimmten Fällen übernehmen, wenn er dies zuvor gegenüber dem Betriebsrat erläutert hat. Die Übernahme kann längstens für die Dauer der Amtszeit des jeweils amtierenden Betriebsrates erfolgen. Die Beschäftigten sind darüber zu informieren, wer die Auskunft erteilt (§ 14 Abs. 2 EntgTranspG). Der um Auskunft Ersuchte hat die andere Betriebspartei hierüber umfassend und rechtzeitig zu informieren, der Betriebsrat in anonymisierter Form (§ 14 Abs. 1 S. 3 EntgTranspG). Soweit der Betriebsrat für die Beantwortung des Auskunftsverlangens zuständig ist, hat der Arbeitgeber dem Betriebsrat auf Verlangen die zur Erfüllung seiner Aufgaben erforderlichen Informationen bereitzustellen (§ 15 Abs. 4 S. 5 EntgTranspG). Daneben hat der Betriebsausschuss (§ 27 BetrVG) oder ein vom Betriebsrat beauftragter Ausschuss (§ 28 BetrVG) das Recht, zur Erfüllung seiner Aufgaben die Listen über die Bruttolöhne und -gehälter i.S.d. § 80 Abs. 2 S. 2 BetrVG einzusehen und auszuwerten (§ 13 Abs. 2 EntgTranspG). Die Entgeltlisten müssen nach Geschlecht aufgeschlüsselt alle Entgeltbestandteile enthalten einschließlich aller übertariflicher Zulagen und solcher Zahlungen, die individuell ausgehandelt und gezahlt werden. Die Entgeltlisten sind so aufzubereiten, dass der Betriebsausschuss im Rahmen seines Einblicksrechts die Auskunft ordnungsgemäß erfüllen kann (§ 13 Abs. 3 EntgTranspG).

---

[114] Begr. RegE, BT-Drucks. 18/11133 S. 58.

## I. Vergütungspflicht

Der in Anspruch Genommene ist verpflichtet, die Information innerhalb von drei Monaten nach Zugang des Auskunftsverlangens zu erteilen, und zwar in Textform (§ 15 Abs. 3 S. 1 EntgTranspG). Unterlässt er dies, führt das bei einer späteren Klage auf Differenzlohn zu einer Beweislastumkehr. Der Arbeitgeber muss dann nämlich darlegen, dass er nicht gegen das Entgeltgleichheitsgebot des § 3 EntgTranspG verstoßen hat. Dies gilt auch, wenn der um Auskunft ersuchte Betriebsrat diese aus Gründen versagt hat, die der Arbeitgeber zu vertreten hat (§ 15 Abs. 4 EntgTranspG). Im Prozess bleibt es dem Arbeitgeber unbenommen, die streitige Entgeltregelung durch objektive Faktoren zu rechtfertigen, die nichts mit einer Diskriminierung aufgrund des Geschlechts zu tun haben.

92

§ 11 EntgTranspG regelt, welche Informationen die Beschäftigten über ihr Entgelt und das einer Vergleichstätigkeit erhalten. Die Auskunft bezieht sich zunächst auf die Kriterien und Verfahren, nach denen das eigene Entgelt des Anfragenden bestimmt wird (§ 11 Abs. 2 EntgTranspG). Darüber hinaus darf nach den Kriterien und Verfahren einer Vergleichstätigkeit gefragt werden. Der Begriff des Entgelts ist dabei umfassend i.S.d. § 5 Abs. 1 EntgTranspG zu verstehen. Beruhen Entgeltbestandteile unmittelbar auf einer gesetzlichen oder tariflichen Regelung[115], genügt es, diese zu benennen und anzugeben, wo die Regelungen einsehbar sind (§ 11 Abs. 2 S. 2 EntgTranspG). Für alle anderen Entgeltbestandteile bedarf es einer konkreten Erläuterung der Kriterien und Verfahren für die Entgeltfindung. Die Auskunftsverpflichtung erstreckt sich sodann auf die Angabe des Entgelts für die angefragte Vergleichstätigkeit (§ 11 Abs. 3 EntgTranspG). Hält der Angefragte die erfragte Vergleichstätigkeit nach den im Betrieb angewendeten Maßstäben weder für gleich noch für gleichwertig, hat er dies anhand dieser Maßstäbe nachvollziehbar zu begründen. Sodann hat er seine Auskunft auf eine seines Erachtens nach gleiche oder gleichwertige Tätigkeit zu beziehen (§ 15 Abs. 4 S. 2-5 EntgTranspG).

93

Das Vergleichsentgelt ist anzugeben als auf „Vollzeitäquivalente hochgerechneter statistischer Median des durchschnittlichen monatlichen Bruttoentgelts sowie der benannten Entgeltbestandteile, jeweils bezogen auf ein Kalenderjahr" (§ 11 Abs. 3 S. 2 EntgTranspG). Dazu muss in einem ersten Schritt das durchschnittliche Bruttoentgelt aller Beschäftigten in der Vergleichsgruppe errechnet werden. Dazu gehören neben dem Grundentgelt alle sonstigen Vergütungen, die unmittelbar oder mittelbar in bar oder in Sachleistungen aufgrund eines Beschäftigungsverhältnisses gewährt werden, wie z.B. Überstundenzuschläge, Einmalzahlungen, Weihnachtsgeld, Zuschüsse zur Kinderbetreuung, kostenlose Nutzung des Werkskindergartens, Überlassung eines Dienstwagens zur Privatnutzung (§ 5 Abs. 1 EntgTranspG). Bei Teilzeitkräften muss das Bruttoentgelt auf Vollzeitkräfte hochgerechnet werden. Bei Personen, die kürzer als ein Kalenderjahr beschäftigt werden, ist das Vergleichsentgelt unter Zugrundelegung des tatsächlichen Beschäftigungszeitraums zu bestimmen.

94

In einem zweiten Schritt muss der statistische Median ermittelt werden. Das ist nicht der Durchschnittswert, sondern der Betrag, der an mittlerer Stelle steht, wenn man die Entgelte der Größe nach sortiert.

95

---

[115] Entsprechendes gilt für Entgeltregeln in Betriebsvereinbarungen, so *Franzen*, NZA 2016, 814, 818.

96 **Beispiel:** Die Bruttoentgelte in einer Vergleichsgruppe von sieben männlichen Beschäftigten betragen bei Arbeitnehmer A 1600 €, bei B 1700 €, bei C 1800 €, bei D 1900 €, bei E 2200 €, bei F 2400 € und G 2500 €. Die Median liegt dann bei 1900 €, weil dieser Wert an mittlerer Stelle steht, wenn man die Bruttoentgelte der Beschäftigten der Größe nach sortiert. Besteht die Vergleichsgruppe nur aus den sechs männlichen Arbeitnehmern A bis F, beträgt der Median 1850 €: der Hälfte der Summe aus 1800 € und 1900 €[116].

97 Freilich besagt der Median nur wenig über mögliche Entgeltdiskriminierungen[117]. Unterstellt man nämlich, dass bei einer Vergleichsgruppe von sieben weiblichen Beschäftigten, die jeweils dasselbe wie ihre sieben männlichen Kollegen verdienen – also auch jeweils zwischen 1600 € und 2500 € –, ist zwar der Median identisch. Fragt jedoch die mit 1600 € am wenigsten verdienende weibliche Beschäftigte nach dem männlichen Median, ruft die Antwort – 1900 € – den Eindruck der Entgeltdiskriminierung hervor, obwohl die weiblichen Beschäftigten tatsächlich dasselbe verdienen wie die männlichen Kollegen. Die Anspruchstellerin befand sich nur zufällig am unteren Vergütungsniveau.

98 Zeigt die erteilte Auskunft, dass die anfragende Person weniger verdient als ihre vergleichbaren Kollegen des anderen Geschlechts, steht es ihr frei, die Entgeltdifferenz nach § 15 Abs. 2 AGG gerichtlich geltend zu machen. Dabei genügt es, dass das Geschlecht Bestandteil eines Motivbündels für die diskriminierende Entgeltregelung ist[118]. Allerdings trägt der Kläger für den Umstand der Diskriminierung die Darlegungs- und Beweislast. Ausreichend ist jedoch der Vortrag von Indizien, die mit überwiegender Wahrscheinlichkeit darauf schließen lassen, dass eine Benachteiligung wegen des Geschlechts erfolgt ist (§ 22 AGG). Zwar lässt die Rechtsprechung hierfür auch Statistiken zu, wenn sie sich konkret auf den betreffenden Arbeitgeber beziehen und aussagekräftig sind, was sein Verhalten gegenüber der Merkmalsträgergruppe anbelangt[119]. Der mitgeteilte Median genügt hierfür allein jedoch nicht, weil er nur das Entgelt in der Mitte der Vergleichsgruppe angibt[120]. Die Beweislast kann sich auf den Arbeitgeber verlagern, wenn weitere Indizien hinzukommen, wie etwa ein völlig undurchschaubares Entlohnungssystem, unklare Berechnungsfaktoren der einzelnen Vergütungsbestandteile oder ein deutlicher Unterschied der Durchschnittsvergütung von Männern und Frauen bei gleicher oder gleichwertiger Arbeit[121]. Dem Arbeitgeber bleibt dann nur der Nachweis, dass die festgestellte unterschiedliche Entlohnung durch objektive Faktoren gerechtfertigt ist, die nichts mit einer Diskriminierung wegen des Geschlechts zu tun haben. Dabei können insbesondere arbeitsmarkt-, leistungs- und arbeitsergebnisbezogene Kriterien ein unterschiedliches Entgelt rechtfertigen, jedoch nur dann, wenn der Grundsatz der Verhältnismäßigkeit gewahrt wurde (§ 3 Abs. 3 S. 2 EntgTranspG).

---

[116] Vgl. *Bauer/Romero*, NZA 2017, 409.
[117] *Bauer/Romero*, NZA 2017, 409, 411.
[118] BAG 21.6.2012, NZA 2012, 1345.
[119] BAG 22.7.2010, NZA 2011, 93, BAG 21.6.2012, NZA 2012, 1345.
[120] *Bauer/Romero*, NZA 2017, 409, 412; *Franzen*, NZA 2017, 814, 816.
[121] *Franzen*, NZA 2017, 814, 817.

## I. Vergütungspflicht

### c) Prüfverfahren und Bericht zur Gleichstellung und Entgeltgleichheit

Private Arbeitgeber mit i.d.R. mehr als 500 Beschäftigten sind darüber hinaus aufgefordert, mithilfe betrieblicher Prüfverfahren (§ 18 EntgTranspG) ihre Entgeltregelungen und die verschiedenen gezahlten Entgeltbestandteile sowie deren Anwendung regelmäßig auf die Einhaltung des Entgeltgleichheitsgebots iSd EntgTranspG zu überprüfen. Verpflichtet ist der Arbeitgeber hierzu zwar nicht[122], und er kann dazu auch nicht vom Betriebsrat gezwungen werden, denn dieser ist nur zu beteiligen (§ 17 Abs. 2 EntgTranspG). Allerdings liegt die Durchführung im wohlverstandenen Eigeninteresse des Arbeitgebers. Das Unterlassen ist nämlich im veröffentlichungspflichten Gleichstellungsbericht (s. unten Rn. 101) zu begründen; außerdem kann es als Indiz für eine Diskriminierung iSd § 22 AGG gelten.

99

Nützen wird das Prüfverfahren nur dann etwas, wenn es bestimmten Standards genügt. Deshalb macht § 18 EntgTranspG gewisse Vorgaben. Prüfverfahren müssen, um aussagekräftig zu sein, aus drei logisch aufeinander aufbauenden Schritten bestehen, nämlich der Bestandsaufnahme, einer Analyse und dem Ergebnisbericht. Zu erfassen und auf die Einhaltung des Entgeltgleichheitsgebots auszuwerten sind die aktuellen Entgeltregelungen, Entgeltbestandteile und Arbeitsbewertungsverfahren. Welche Analysemethoden und Arbeitsbewertungsverfahren hierfür angewendet werden, kann der Arbeitgeber frei entscheiden. Er kann bspw. zunächst nur bestimmte Tätigkeiten überprüfen oder nur einzelne Betriebsteile in die Prüfung einbeziehen. Dabei hat er die betrieblichen Mitbestimmungsrechte zu wahren (§ 87 Abs. 1 Nr. 10 BetrVG) und valide statistische Methoden zu verwenden. Die Daten sind nach Geschlecht aufzuschlüsseln. Dabei ist der Schutz personenbezogener Daten zu wahren. Die Ergebnisse werden zusammengefasst und können betriebsintern veröffentlich werden (§ 18 Abs. 4 EntgTranspG). Ergeben sich daraus geschlechtsspezifische Benachteiligungen hinsichtlich der Vergütung, hat der Arbeitgeber die geeigneten Maßnahmen zu ihrer Beseitigung zu ergreifen (§ 19 EntgTranspG). Unterlässt er dies, kann darin ein Indiz iSd § 22 AGG für eine geschlechtsspezifische Entgeltdiskriminierung liegen.

100

Arbeitgeber mit idR mehr als 500 Beschäftigten, die einen Lagebericht nach §§ 264 und 289 HGB abgeben müssen, haben außerdem einen Bericht zur Gleichstellung und Entgeltgleichheit zu erstellen (§ 21 EntgTranspG). Darin ist anzugeben, welche Maßnahmen zur Förderung der Gleichstellung von Frauen und Männern innerhalb der letzten fünf Jahre ergriffen wurden und welche Wirkungen diese hatten. Ferner sind die Maßnahmen zur Herstellung der Geschlechtergleichheit beim Entgelt zu nennen, wie zB die Durchführung eines betrieblichen Prüfverfahrens nach §§ 17 ff. EntgTranspG. Wurden keine Maßnahmen ergriffen, ist dies zu begründen (§ 21 Abs. 1 S. 2 EntgTranspG). Eine formelhafte Begründung genügt nicht. Vielmehr ist nachvollziehbar darzulegen, warum im Berichtszeitraum die notwendigen Maßnahmen unterblieben sind[123]. Der Bericht muss außerdem nach Geschlecht aufgeschlüsselte Angaben zu der durchschnittlichen Anzahl der insgesamt Beschäftigten sowie der Vollzeit- und Teilzeitbeschäftigten enthalten. Zu erstellen ist er alle drei Jahre, bei tarifgebundenen oder tarifanwendenden Arbeitgebern alle fünf Jahre. Er ist dem Lagebericht als Anlage beizufügen und im Bundesanzeiger zu veröffentlichen (§ 21 Abs. 4 EntgTranspG). Damit sollen „interne und externe Akteure" die Entwicklung des Unternehmens in den Bereichen Gleichstellung und Entgeltgleichheit nachverfolgen können[124].

101

---

[122] Begr. RegE, BT-Drucks. 18/11133, S. 67.
[123] Begr. RegE, BT-Drucks. 18/11133, S. 73.
[124] Begr. RegE, BT-Drucks. 18/11133, S. 74.

## 6. Abzüge

### a) Brutto- und Nettovergütung

102 In aller Regel erhält der Arbeitnehmer nicht die gesamte vom Arbeitgeber geschuldete Vergütung ausgezahlt, sondern einen um Lohnsteuer und Sozialversicherungsbeiträge gekürzten Betrag. Die Vergütung heißt vor dem Abzug Bruttoentgelt, danach Nettoentgelt. Zu dem Abzug ist der Arbeitgeber nach den Vorschriften des öffentlichen Rechts (§§ 38, 41c EStG, § 28g SGB IV) befugt und verpflichtet. Zweck des Verfahrens ist es, Steuern und Sozialversicherungsbeiträge an der Quelle möglichst schnell und kostengünstig abzuschöpfen.

103 Haben sich die Arbeitsvertragsparteien nur auf die Höhe einer bestimmten Vergütung geeinigt, so ist der Bruttolohn gemeint[125], d.h., der Arbeitgeber darf Steuern und Sozialversicherungsbeiträge abziehen, der Arbeitnehmer erhält nur den (niedrigeren) Nettolohn ausgezahlt. Soll der Arbeitgeber die Steuern und Sozialversicherungsbeiträge übernehmen, ist also „Brutto für Netto" gemeint, so bedarf es einer besonderen Nettolohnvereinbarung, für deren Abschluss der Arbeitnehmer darlegungs- und beweispflichtig ist[126]. Der Bruttolohn erhöht sich dann um die vom Arbeitgeber übernommenen Steuern und Sozialversicherungsbeiträge.

104 Von der Nettolohnvereinbarung zu unterscheiden ist die öffentlich-rechtliche Übernahme der Steuerschuld des Arbeitnehmers durch den Arbeitgeber. Sie kommt bei Arbeitnehmern in Betracht, die monatlich weniger als 450 € verdienen. Für sie muss der Arbeitgeber pauschal 20 % Lohnsteuer abführen (§ 40a Abs. 2a EStG).

### b) Lohnsteuer

105 Schuldner der Lohnsteuer ist der Arbeitnehmer (§ 38 Abs. 2 EStG), auch wenn die Steuer vom Arbeitgeber einbehalten und an das Finanzamt abgeführt wird. Der Arbeitgeber haftet aber verschuldensunabhängig für die ordnungsgemäße Einbehaltung und Abführung (§ 38 Abs. 3 EStG). Die Höhe des Betrages kann der Arbeitgeber aus Lohnsteuertabellen ermitteln.

### c) Sozialversicherungsbeiträge

106 Die Beiträge zur gesetzlichen Kranken-, Pflege-, Renten- und Arbeitslosenversicherung werden je zur Hälfte vom Arbeitgeber und vom Arbeitnehmer getragen. Den Beitrag zur Unfallversicherung hat der Arbeitgeber allein aufzubringen. Die Beitragssätze betragen 2018:

---

[125] BAG 24.10.1958, 19.12.1963, AP Nr. 7, 15 zu § 670 BGB.
[126] BAG 19.12.1963, 18.1.1974, AP Nr. 15, 19 zu § 670 BGB.

# I. Vergütungspflicht

| Versicherungszweig | Beitragssatz in % des Bruttolohns |
|---|---|
| Krankenversicherung | 14,60 % |
| Pflegeversicherung | 2,55 % |
| Rentenversicherung | 18,60 % |
| Arbeitslosenversicherung | 3,00 % |
| **Summe** | **38,75 %** |

Den Anteil des Arbeitnehmers für die verschiedenen Zweige der Sozialversicherung hat der Arbeitgeber einzubehalten und als Gesamtsozialversicherungsbeitrag an die für den Arbeitnehmer zuständige gesetzliche Krankenkasse als Einzugsstelle zu zahlen (s. §§ 28d-n SGB IV). **107**

## 7. Entgeltschutz

Der Arbeitslohn ist für die meisten Arbeitnehmer die Existenzgrundlage. Deshalb muss ein Minimum vor dem Zugriff von Gläubigern des Arbeitnehmers, aber auch vor dem Zugriff des Arbeitgebers geschützt werden. Außerdem bedarf der Arbeitnehmer des Schutzes vor Zahlungsunfähigkeit des Arbeitgebers. **108**

### a) Schutz vor Gläubigern des Arbeitnehmers

Gläubiger des Arbeitnehmers können den Vergütungsanspruch im Wege der Forderungspfändung nach §§ 829, 835 ZPO durch das Amtsgericht als Vollstreckungsgericht (§ 828 ZPO) pfänden lassen. §§ 850, 850a und 850b ZPO regeln, welche Teile des Arbeitseinkommens der Pfändung unterworfen sind. Bestimmte Bezüge sind gänzlich unpfändbar (§ 850a ZPO), wie etwa die Weihnachtsvergütung bis zum Betrag der Hälfte des monatlichen Arbeitseinkommens, höchstens aber bis 500 €. Das an sich der Pfändung unterliegende Arbeitseinkommen (zur Berechnung: § 850e ZPO) ist bis zu einer bestimmten Grenze unpfändbar. Die Grenze hängt von den Unterhaltsverpflichtungen des Arbeitnehmers ab (§ 850c ZPO). Pfänden nahe Angehörige des Arbeitnehmers den Lohnanspruch wegen nicht erfüllter gesetzlicher Unterhaltsverpflichtungen, so gelten die Beschränkungen des § 850c ZPO nicht. Der Arbeitnehmer muss mit seinen nahen Angehörigen das Letzte teilen; ihm ist nur so viel zu belassen, wie er für seinen notwendigen Unterhalt und zur Erfüllung seiner sonstigen vor- und gleichrangigen Unterhaltsverpflichtungen benötigt (§ 850d ZPO). Unpfändbare Vergütungsansprüche können nicht an Dritte abgetreten werden (§ 400 BGB); ihnen kann auch keine Einzugsermächtigung erteilt werden[127]. **109**

---

[127] BGHZ 4, 163.

### b) Schutz vor dem Arbeitgeber

**110** Nach § 394 Satz 1 BGB ist die Aufrechnung des Arbeitgebers mit Forderungen gegenüber dem Arbeitnehmer insoweit unwirksam, als der Vergütungsanspruch unpfändbar ist. Allerdings verdient der Arbeitnehmer diesen Aufrechnungsschutz nicht, wenn er den Arbeitgeber vorsätzlich oder sittenwidrig geschädigt hat[128]. Führt die Ausübung eines Zurückbehaltungsrechts zum selben wirtschaftlichen Ergebnis wie eine Aufrechnung, so kann auch sie nur in den Grenzen einer zulässigen Aufrechnung erfolgen.

### c) Sicherung bei Zahlungsunfähigkeit des Arbeitgebers

**111** Ist der Arbeitgeber zahlungsunfähig, d.h. kann er seine fälligen Zahlungspflichten nicht mehr erfüllen oder hat er seine Zahlungen eingestellt (§ 17 InsO), kann die Eröffnung eines Insolvenzverfahrens beantragt werden (§ 13 InsO). Ziel des Verfahrens ist es, die Gläubiger des Arbeitgebers dadurch zu befriedigen, dass sein Geschäftsvermögen verwertet und der Erlös gleichmäßig auf sie verteilt wird (§ 1 Satz 1 InsO). In einem Insolvenzplan kann eine abweichende Regelung insbesondere zum Erhalt des Unternehmens getroffen werden.

**112** Vergütungsansprüche für Dienste, die Arbeitnehmer dem Insolvenzverwalter nach Eröffnung des Insolvenzverfahrens leisten, sind Masseverbindlichkeiten (§ 55 Abs. 1 InsO).

**113** Die Arbeitnehmer genießen jedoch sozialrechtlichen Schutz. Die Arbeitsagenturen haben Insolvenzgeld zu zahlen, wenn der Arbeitgeber Vergütungsansprüche, die innerhalb von drei Monaten vor Eröffnung des Insolvenzverfahrens entstanden sind, nicht erfüllt (§§ 165 ff. SGB III). Gewährt wird es in Höhe des Nettoarbeitsentgelts, das sich ergibt, wenn das auf die monatliche Beitragsbemessungsgrenze (§ 341 Abs. 4 SGB III) begrenzte Bruttoarbeitsentgelt um die gesetzlichen Abzüge vermindert wird (§ 167 Abs. 1 SGB III).

### 8. Auszahlung

#### a) Empfangsberechtigter

**114** Gläubiger der Arbeitsvergütung ist grundsätzlich der Arbeitnehmer. Hat dieser den Vergütungsanspruch einem Dritten – beispielsweise einem Versandhandelsunternehmen – abgetreten (§ 398 BGB), so ist dieser Gläubiger. Der Arbeitgeber kann sich vor einer Inanspruchnahme durch Dritte, die Kosten und Mühen bereitet, schützen, indem er mit dem Arbeitnehmer ein Abtretungsverbot nach § 399 Alt. 2 BGB vereinbart. Das kann auch formularmäßig geschehen[129]. Eine Abtretung, die gegen dieses Verbot verstößt, ist unwirksam[130]. Ist der Arbeitnehmer geschäftsunfähig oder nur beschränkt geschäftsfähig, ist die Vergütung an den gesetzlichen Vertreter zu zahlen, da dem Arbeitnehmer die Empfangszuständigkeit fehlt. Der Minderjährige

---

[128] BAGE 16, 228, 236 f.
[129] BGHZ 51,113; 56, 175, 230; 102, 300; MünchKomm/*Roth*, § 399 BGB Rn. 34.
[130] BGHZ 40, 159; 70, 301; 102, 301.

ist ausnahmsweise selbst empfangszuständig, wenn er nach § 113 BGB ermächtigt ist, in Arbeit zu treten.

### b) Fälligkeit

**aa) Grundsatz.** Nach § 614 Satz 1 BGB ist die Vergütung nach der Leistung der Dienste zu entrichten, d.h. der Arbeitnehmer ist vorleistungspflichtig. Ist die Vergütung nach bestimmten Zeitabschnitten bemessen (Wochen, Monaten), so ist sie nach Ablauf der einzelnen Zeitabschnitte zu entrichten (§ 614 Satz 2 BGB). Von der Vorschrift des § 614 BGB kann durch Tarifvertrag, Betriebsvereinbarung oder Arbeitsvertrag abgewichen werden. Der gesetzliche Mindestlohn nach § 1 Abs. 1 MiLoG ist – auch soweit er nur als „Sockelbetrag" in einer den Betrag von 8,84 € brutto je Arbeitsstunde übersteigenden Vergütung enthalten ist – spätestens am letzten Bankarbeitstag (Frankfurt am Main) des Monats, der auf den Monat folgt, in dem die Arbeitsleistung erbracht wurde, zu bezahlen (§ 2 Abs. 1 Nr. 2 MiLoG).

115

**bb) Vorschüsse und Darlehen.** Vorschüsse sind Geldleistungen auf noch nicht verdienten Lohn, d.h. vorweggenommene Lohntilgungen[131]. Bei ihnen wird die Fälligkeit für die Vergütung kurzzeitig vorverlegt. Einen Anspruch auf Zahlung eines Vorschusses hat der Arbeitnehmer nur, soweit das individual- oder kollektivvertraglich vereinbart ist. In Ausnahmefällen, vor allem, wenn der Arbeitnehmer in eine vorübergehende finanzielle Notlage geraten ist, aus der er sich nicht mehr alleine befreien kann, kann der Arbeitgeber aufgrund seiner Fürsorgepflicht zur Zahlung eines Vorschusses verpflichtet sein. Der Arbeitgeber kann dem Arbeitnehmer auch ein Darlehen gewähren. Der Darlehensvertrag unterliegt der AGB-Kontrolle[132].

116

### c) Zahlungsort

Der Erfüllungsort für den Vergütungsanspruch ergibt sich aus der Vereinbarung, sonst aus den besonderen Umständen des Arbeitsverhältnisses (§ 269 Abs. 1 BGB). Gewöhnlich wird vereinbart, dass der Arbeitgeber die Vergütung auf seine Gefahr und Kosten zu überweisen hat. Ist nichts bestimmt, so hat die Zahlung im Betrieb zu erfolgen. Bei der Bestimmung des Ortes der Auszahlung hat der Betriebsrat ebenso wie bei der Zeit und der Art (bargeldlos oder bar) ein erzwingbares Mitbestimmungsrecht (§ 87 Abs. 1 Nr. 4 BetrVG).

117

### d) Überzahlung von Lohn

Hat der Arbeitgeber irrtümlich eine zu hohe Vergütung ausgezahlt, etwa weil er den Lohn falsch berechnet, die Abzüge zu niedrig bemessen oder den Arbeitnehmer nicht richtig eingruppiert hat, so ist der Arbeitnehmer ungerechtfertigt bereichert und damit nach § 812 Abs. 1 Satz 1 Alt. 1 BGB zur Rückzahlung verpflichtet[133]. Die Rückzahlungspflicht entfällt, wenn der Arbeitnehmer nicht mehr bereichert ist

118

---

[131] Schaub/*Linck*, ArbR-Hdb, § 70 Rn. 12 f.
[132] BAG 23.9.1992, AP Nr. 1 zu § 611 BGB Arbeitnehmerdarlehen.
[133] *Hromadka*, FS Söllner, 1990, S. 105 ff.

(§ 818 Abs. 3 BGB). Das ist der Fall, wenn er den überzahlten Betrag bereits ausgegeben hat, ohne dass hierfür noch ein Gegenwert in seinem Vermögen – etwa die Ersparnis eigener Aufwendungen – vorhanden ist.

119 Nach Ansicht der Rechtsprechung ist ein Arbeitnehmer, auch ohne dass er dies konkret nachweist, nicht mehr als bereichert anzusehen, wenn die monatliche Überzahlung geringfügig ist, d. h. nicht mehr als 10 % des Monatseinkommens beträgt, und wenn er den unteren und mittleren Einkommensgruppen angehört. Unter diesen Umständen sei nach der Lebenserfahrung davon auszugehen, dass der überzahlte Lohn alsbald verbraucht werde[134]. Bei Beziehern von Einkommen über 50.000 €/Jahr könne das nicht angenommen werden; sie müssten den Wegfall der Bereicherung konkret darlegen und beweisen[135].

120 Weiß der Arbeitnehmer, dass der Arbeitgeber irrtümlich eine zu hohe Vergütung gezahlt hat, so ist er bösgläubig und kann sich nicht auf den Wegfall der Bereicherung berufen (§§ 819 Abs. 1, 818 Abs. 4, 292, 276, 989 BGB)[136]. Dasselbe gilt, wenn der Arbeitgeber unter Vorbehalt gezahlt hat (§ 820 BGB). Da § 812 BGB dispositiv ist, kann vereinbart werden, dass der Arbeitnehmer ohne Rücksicht auf den Wegfall der Bereicherung zur Rückzahlung überzahlter Beträge verpflichtet ist[137]. Ob der Einwand der Entreicherung auch durch AGB ausgeschlossen werden kann, ist offen[138]; die vollständige Abkehr vom Leitbild des § 818 Abs. 3 BGB könnte den Arbeitnehmer unangemessen benachteiligen[139]. Der Rückforderungsanspruch wird grundsätzlich im Zeitpunkt der Überzahlung fällig, weil von da an die zu viel gezahlte Summe zurückgefordert werden kann. Auf die Kenntnis des Arbeitgebers von seinem Rückzahlungsanspruch kommt es regelmäßig nicht an. Der Anspruch unterliegt den üblichen Ausschlussfristen[140].

### e) Entgeltabrechnung, Ausgleichsquittung

121 **aa) Entgeltabrechnung und Quittung.** Eine Pflicht zur Entgeltabrechnung kann sich aus Gesetz (§ 108 GewO, § 82 Abs. 2 BetrVG), Tarifvertrag, Betriebsvereinbarung oder einer arbeitsvertraglichen Nebenpflicht ergeben. Aus der Abrechnung müssen die Art der Berechnung, der Betrag des verdienten Entgelts sowie Art und Betrag der Abzüge ersichtlich sein. Der Arbeitnehmer kann den Arbeitgeber auf Erteilung der Abrechnung verklagen und das Urteil nach § 888 ZPO durch Androhung von Zwangsgeld und ggf. sogar von Haft vollstrecken lassen[141].

122 **bb) Ausgleichsklausel, Ausgleichsquittung.** Nach Beendigung des Arbeitsverhältnisses bestätigen die Arbeitsvertragsparteien einander nicht selten in einer Ausgleichsquittung oder in einer Ausgleichsklausel im Rahmen eines Aufhebungsvertrags oder eines Vergleichs, dass sie keine Ansprüche mehr aus dem Arbeitsverhältnis gegeneinander haben. Inhalt und Umfang einer solchen Ausgleichsklausel

---

[134] BAG 18.9.1986, 18.1.1995, AP Nr. 5, 13 zu § 812 BGB; BAG 9.2.2005, NZA 2005, 814, 817.
[135] BAG 12.1.1994, AP Nr. 3 zu § 818 BGB.
[136] Zum Verfall des Entgeltanspruchs BAG 10.3.2005, NZA 2005, 812, 813 f.
[137] BAG 8.2.1964, AP Nr. 2 zu § 611 BGB Lohnrückzahlung.
[138] BAG 13.10.2010, NZA 2011, 219, 220.
[139] Vgl. dazu ErfK/*Preis*, §§ 305-310 BGB Rn. 93 m.w.N.
[140] BAG 19.2.2004, NZA 2004, 1120.
[141] BAG 7.9.2009, NZA 2010, 61.

bzw. Ausgleichsquittung müssen im Wege der Auslegung ermittelt werden[142]. Die Ausgleichvereinbarung bedeutet

- einen **Vergleich**, wenn die gegenseitigen Ansprüche zuvor streitig waren und wenn der Streit im Wege gegenseitigen Nachgebens bereinigt wurde (§ 779 BGB); der Vergleich erstreckt sich jedoch nur auf die Ansprüche, die nach den gemeinsamen Vorstellungen der Parteien Gegenstand des Vergleichs sein sollten[143];
- einen **Erlassvertrag**, wenn die Parteien von dem Bestand einer Forderung ausgehen, diese aber nicht mehr erfüllt werden soll (§ 397 BGB);
- ein **deklaratorisches (negatives) Schuldanerkenntnis**, wenn die Parteien meinen, einander nichts mehr zu schulden. Das ist die Regel bei der Ausgleichsquittung, sofern ihr überhaupt rechtsgeschäftliche Bedeutung zukommt („Die Parteien sind sich einig, dass sämtliche gegenseitigen Ansprüche aus dem Arbeitsverhältnis erledigt sind")[144]. Stellt sich nach der Erteilung der Quittung heraus, dass noch eine Forderung besteht, kann weiterhin Zahlung verlangt werden, wenn der Bestand der Forderung nachgewiesen werden kann[145];
- ein **konstitutives (negatives) Schuldanerkenntnis**, wenn die Parteien alle Ansprüche, die ihnen bekannt sind oder mit deren Bestehen zu rechnen ist, zum Erlöschen bringen wollen (§ 397 Abs. 2 i.V.m. Abs. 1 BGB)[146]. Das ist die Regel bei Ausgleichsklauseln in Aufhebungsverträgen. Als Teil eines Aufhebungsvertrags sind sie Nebenabreden und deshalb in Allgemeinen Geschäftsbedingungen an § 307 Abs. 1 Satz 1 BGB zu messen. Sie benachteiligen den Arbeitnehmer unangemessen, wenn sie einseitig nur dessen Ansprüche erfassen und dafür keine entsprechende Gegenleistung gewähren[147].

Bekennt der Arbeitnehmer bei seinem Ausscheiden schriftlich, keine Ansprüche mehr gegen den Arbeitgeber zu haben, so bezieht sich dies im Zweifel nur auf die Richtigkeit der Lohnberechnung, enthält aber keinen Verzicht auf noch ausstehende Ansprüche, etwa auf Lohnfortzahlung[148]. Dagegen soll die in einem gerichtlichen Vergleich vereinbarte Ausgleichsklausel alle noch nicht erfüllten Ansprüche ausschließen, die nicht unmissverständlich als weiterbestehend bezeichnet werden[149]. Eine Ausgleichsquittung ist im Zweifel eng auszulegen; nicht erfasst werden in der Regel Ansprüche auf Kündigungsschutz, Lohnfortzahlung, Karenzentschädigung, Herausgabe von Geschäftsunterlagen[150], Ruhegehalt und auf ein Zeugnis[151]. Bezieht

123

---

[142] BAG 7.11.2007, NZA 2008, 355; BAG 21.6.2011, NZA 2011, 1338.
[143] BAG 17.4.1970, AP Nr. 32 zu § 133 BGB.
[144] BAG 23.10.2013, NZA 2014, 201.
[145] BAG 7.11.2007, NZA 2008, 355.
[146] BAG 9.6.1998, NZA 1999, 80; BAG 8.3.2006, NZA 2006, 854, 856.
[147] BAG 21.6.2011, NZA 2011, 1338.
[148] BAG 20.8.1980, AP Nr. 3 zu § 9 LohnFG.
[149] BAG 10.5.1978, AP Nr. 25 zu § 794 ZPO.
[150] BAG 14.12.2011, NZA 2012, 501.
[151] Palandt/*Grüneberg*, § 397 BGB Rn. 11 m.w.N.

sich die Ausgleichsklausel auf „alle Ansprüche aus dem Arbeitsverhältnis", gilt sie nicht für Ansprüche, die sich aus anderen, selbständig neben dem Arbeitsvertrag abgeschlossenen Verträgen ergeben, z.B. für Forderungen aus Werkmietverträgen, Kaufverträgen oder Darlehnsverträgen[152]. Unwirksam ist ein Verzicht auf unabdingbare Ansprüche aus Gesetz, Tarifvertrag oder Betriebsvereinbarung. Die Ausgleichsvereinbarung ist als Rechtsgeschäft nach §§ 119 ff. BGB anfechtbar.

## 9. Einreden und Einwendungen gegen den Vergütungsanspruch

### a) Verjährung

124 Ansprüche auf Arbeitsvergütung verjähren innerhalb von drei Jahren, beginnend mit dem Ende des Jahres, in dem der Anspruch fällig geworden ist, wenn der Arbeitnehmer die Umstände, die den Anspruch begründen, kennt oder grob fahrlässig nicht kennt (§§ 195, 199 Abs. 1 BGB). Nach Eintritt der Verjährung ist der Arbeitgeber berechtigt, die Leistung dauernd zu verweigern (§ 214 Abs. 1 BGB). Diese (peremptorische) Einrede wird in einem Gerichtsverfahren nur berücksichtigt, wenn sie vom Schuldner innerhalb oder außerhalb des Verfahrens erhoben worden ist. Hat der Schuldner die Einrede erhoben, dann hat das Gericht die Verjährung zu berücksichtigen, ohne dass es darauf ankäme, ob der Gläubiger oder der Schuldner die Tatsache vorträgt.

### b) Verwirkung

125 Verwirkung ist illoyale Verspätung. Ein Recht erlischt, wenn es der Berechtigte längere Zeit nicht ausgeübt hat, der Gegner nach dem Verhalten des Berechtigten damit rechnen durfte, dass das Recht nicht mehr geltend gemacht wird, und er sich hierauf eingerichtet hat. Zum Zeitablauf müssen also noch weitere Umstände hinzutreten, die die Geltendmachung als treuwidrig, nämlich als Verstoß gegen das Verbot des „venire contra factum proprium" erscheinen lassen (§ 242 BGB)[153]. Muss der Verpflichtete davon ausgehen, dass der Berechtigte von seinen Ansprüchen nichts weiß, kann er nicht darauf vertrauen, jener werde seine Rechte nicht mehr geltend machen. Das gilt vor allem, wenn die Unkenntnis auf seinem eigenen Verhalten beruht, wie typischerweise bei der Verwendung einer unwirksamen AGB-Klausel[154]. Dagegen reichen Beweisschwierigkeiten durch Zeitablauf oder ein Bedürfnis nach zeitnaher Klärung nicht aus. Das Institut der Verwirkung hat Ausnahmecharakter. Eine Verkürzung der kurzen Verjährungsfrist nach §§ 195, 199 BGB kann nur unter ganz besonderen Umständen angenommen werden[155]. Während die Verjährung dem Schuldner ein Leistungsverweigerungsrecht gibt, das dem Anspruch nur dann entgegensteht, wenn es ausgeübt wird, erlischt das Recht im Fall der Verwirkung von selbst. Ansprüche aus Tarifvertrag und aus Betriebsvereinbarung können nicht verwirkt werden (§ 4 Abs. 4 Satz 2 TVG, § 77 Abs. 4 Satz 3 BetrVG).

---

[152] BAG 19.1.2011, NZA 2011, 1159 m.w.N.; BAG 18.7.2012, NZA 2012, 1351.
[153] BAG 12.12.2006, NZA 2007, 396, 398; BAG 14.2.2007, NZA 2007, 690, 691.
[154] BAG 22.2.2012, NZA 2012, 861.
[155] BAG 11.12.2014, NZA 2015, 808.

## c) Ausschluss- oder Verfallfristen

Unter Ausschluss- oder Verfallfristen werden Fristen verstanden, nach deren Ablauf ein Recht erlischt, wenn es nicht vorher geltend gemacht worden ist[156]. Ausschlussfristen dienen der Rechtssicherheit. Der Schuldner soll sich darauf verlassen können, dass der Gläubiger nach Fristablauf keine Ansprüche mehr erheben kann, der Nichtschuldner soll vor einem Beweisnotstand bewahrt werden[157].

126

Ausschlussfristen sind im Arbeitsleben üblich. Die meisten Tarifverträge enthalten Verfallklauseln (s. Bd. 2 § 13 Rn. 309 ff.), ebenso viele Arbeitsverträge und manche Betriebsvereinbarungen. Es gibt ein- und zweistufige Klauseln. Zweistufige Ausschlussfristen verlangen zunächst die schriftliche Geltendmachung des Anspruchs (1. Stufe) und – sofern das Verlangen fruchtlos bleibt – nach einer weiteren Frist eine entsprechende Klage (2. Stufe). Die Zweistufigkeit soll den Gläubiger vor einer allzu raschen gerichtlichen Geltendmachung bewahren, da das zu einer erheblichen Belastung des Arbeitsverhältnisses führen kann.

127

Die Rechtsprechung lässt unter Hinweis darauf, dass der Arbeitnehmer seine Rechte häufig auch sonst sehr rasch geltend machen[158] und gegebenenfalls einklagen muss[159], kurze Ausschlussfristen zu: Geltendmachung des Anspruchs innerhalb eines Monats nach Fälligkeit und, wenn der Arbeitgeber ablehnt oder sich nicht innerhalb von zwei Wochen äußert, gerichtliche Geltendmachung innerhalb eines weiteren Monats. In Allgemeinen Arbeitsbedingungen[160] und in Betriebsvereinbarungen[161] beträgt die Mindestfrist für ein- wie für zweistufige Klauseln einheitlich 3 Monate. Fällig i.S.d. Ausschlussfrist ist ein Anspruch, wenn der Gläubiger ihn annähernd beziffern kann. Fälligkeit liegt nicht vor, wenn es dem Gläubiger praktisch unmöglich ist, den Anspruch mit seinem Entstehen geltend zu machen, insbesondere wenn die rechtsbegründenden Tatsachen in der Sphäre des Schuldners liegen[162]. Der Gläubiger muss den Anspruch hinreichend bestimmt geltend machen. Dazu genügt es, dass der zugrundeliegende tatsächliche Sachverhalt stichwortartig geschildert und die Höhe der Forderung wenigstens annähernd angegeben wird[163]. Keine Geltendmachung ist der Hinweis des Gläubigers, er behalte sich die Verfolgung von Ansprüchen vor, oder die Aufforderung, die bisherige Nichterfüllung zu überdenken oder zu überprüfen[164].

128

---

[156] Statt aller *Wiedemann/Wank*, § 4 TVG Rn. 713.
[157] BAG 7.2.1995, EzA § 4 TVG Ausschlussfristen Nr. 112.
[158] z.B. § 626 Abs. 2 BGB, § 22 Abs. 4 BBiG, § 12 S. 1 KSchG, § 9 Abs. 1 S. 1 MuSchG, 15 Abs. 4 AGG.
[159] z.B. §§ 4, 7, 13 Abs. 1 S. 2 KSchG, § 17 TzBfG, § 61b Abs. 1, § 111 Abs. 2 S. 3 ArbGG.
[160] BAG 25.5.2005, NZA 2005, 1112; BAG 1.3.2006, NZA 2006, 783; BAG 28.11.2007, NZA 2008, 293.
[161] BAG 12.12.2006, NZA 2007, 453.
[162] BAG 1.3.2006, NZA 2006, 783, 784.
[163] BAG 16.3.1966, 8.1.1970, 17.10.1974, AP Nr. 33, 43, 55 zu § 4 TVG Ausschlussfristen.
[164] BAG 18.4.2012, NZA 2012, 1171.

129 Mit Ablauf der Frist verfällt der Anspruch, und zwar auch dann, wenn er auf zwingendem Gesetzesrecht beruht[165], weil eine Ausschlussfrist nicht das Recht, sondern nur die Dauer seiner Geltendmachung beschränkt[166]. Im übrigen beruhen gesetzliche Ansprüche im Arbeitsrecht nicht allein auf dem Gesetz sondern auch auf dem durch das Gesetz gestalteten Arbeitsvertrag. Anders ist es bei Ansprüchen aus Tarifvertrag (§ 4 Abs. 4 Satz 3 TVG) und Betriebsvereinbarung (§ 77 Abs. 4 Satz 4 BetrVG). Ausschlussfristen sind vom Gericht von Amts wegen zu beachten, der Schuldner muss sich – anders als bei der Verjährung – nicht darauf berufen.

## II. Nebenpflichten des Arbeitgebers

### 1. Allgemeines

#### a) Begriff und Struktur

130 Die Nebenpflichten des Arbeitgebers werden zumeist unter dem Oberbegriff der „Fürsorgepflicht" zusammengefasst. Eine Reihe von Nebenpflichten beruht auf dem Umstand, dass sich der Arbeitnehmer mit seiner Eingliederung in den Betrieb in einen (Gefahren-)Bereich begibt, in dem er Umständen ausgesetzt ist, die nur der Arbeitgeber als Inhaber der Organisations- und Leitungsgewalt beherrschen kann. Gefahren können insbesondere Leben, Gesundheit, Persönlichkeit und Vermögen des Arbeitnehmers bedrohen. Andere Nebenpflichten sind eng mit der Hauptleistungspflicht des Arbeitgebers – der Vergütungspflicht – verknüpft, wie etwa Auskunfts-, Rechenschafts- und Aufklärungspflichten. Schließlich ist es dem Arbeitgeber verboten zu diskriminieren. Nebenpflichten können Handlungs- oder Unterlassungspflichten sein; teilweise ist die Erfüllung einklagbar. Nichterfüllung oder nicht gehörige Erfüllung können den Arbeitgeber schadensersatzpflichtig machen oder dem Arbeitnehmer das Recht geben, die eigene Leistung zurückzubehalten. Nebenpflichten können bereits bei der Anbahnung des Arbeitsverhältnisses und auch noch nach dessen Beendigung entstehen.

#### b) Rechtsgrundlagen

131 Nebenpflichten des Arbeitgebers können auf **Gesetz, Tarifvertrag, Betriebsvereinbarung und Arbeitsvertrag** beruhen. Die bedeutsamsten Nebenpflichten hat der Gesetzgeber mittlerweile selbst geregelt.

132 Eine abschließende, konkrete Festlegung sämtlicher Nebenpflichten ist nicht möglich. Die Risiken, denen Arbeitnehmer ausgesetzt sein können, sind zu unterschiedlich und sie ändern sich im Laufe der Zeit. Nicht zuletzt deshalb hat man auf die **„Fürsorgepflicht"** als Generalklausel zurückgegriffen, ohne jedoch über deren dogmatische Grundlage einig zu sein. Die **frühere Lehre** wollte die Fürsorgepflicht aus dem **personenrechtlichen Gemeinschaftsverhältnis** herleiten, das das Arbeitsverhältnis angeblich prägt[167]. Dass der Arbeitnehmer

---

[165] BAG 24.3.1988, NZA 1989, 101.
[166] St. Rspr. seit BAG 23.11.1954, AP Nr. 1 zu § 4 TVG Ausschlussfristen.
[167] *Hueck/Nipperdey*, Arbeitsrecht I, S. 241 f.; *Nikisch*, Arbeitsrecht I, S. 445 f.; *Wiedemann*, Das Arbeitsverhältnis als Austausch- und Gemeinschaftsverhältnis, 1966, S. 36.

seine Dienste persönlich leisten muss, rechtfertigt indes weder die Annahme einer „personen*rechtlichen*" Prägung, noch lässt sich damit die These stützen, die Arbeitsvertragsparteien seien ein Gemeinschaftsverhältnis mit im wesentlichen gleichgerichteten Interessen eingegangen. Richtiger **Ansatzpunkt ist vielmehr § 241 Abs. 2 BGB,** der von den Parteien bei einem Dauerschuldverhältnis gesteigerte Rücksichtnahme auf die berechtigten Interessen des anderen Teiles verlangt.

### c) Grenzen und Beschränkbarkeit

**133** Inhalt und Grenzen der Nebenpflichten des Arbeitgebers ergeben sich aus den gesetzlichen, tariflichen und betrieblichen Vorschriften. Inhalt und Grenzen der Fürsorgepflicht als allgemeiner Rücksichtnahmepflicht bestimmen sich nach der Verkehrsanschauung. Die Fürsorgepflicht hindert den Arbeitgeber nicht, seine eigenen berechtigten Interessen mit rechtlich zulässigen Mitteln zu verfolgen, also etwa den Betrieb stillzulegen oder Rationalisierungsmaßnahmen durchzuführen und die erforderlichen Kündigungen auszusprechen.

## 2. Schutz von Leben und Gesundheit des Arbeitnehmers

### a) Allgemeines

**134** Die wichtigste Nebenpflicht des Arbeitgebers ist es, den Arbeitnehmer vor Gefahren zu schützen, die sich aus der „Arbeitsumwelt", d.h. aus der Arbeitsstätte, den Arbeitsmitteln, den Arbeitsstoffen und dem Arbeitsablauf, für sein Leben und seine Gesundheit ergeben, soweit ihm das zumutbar ist; ein absoluter Schutz vor jedem denkbaren Risiko kann nicht verlangt werden. § 618 Abs. 1 BGB spricht diese Nebenpflicht ausdrücklich aus; sie ist unabdingbar und unbeschränkbar (§ 619 BGB). Welche Pflichten den Arbeitgeber im einzelnen treffen, ist in den zahlreichen, kaum mehr zu überblickenden Vorschriften zum sog. **technischen Arbeitsschutz** geregelt.

**135** Das technische Arbeitsschutzrecht beruht unionsrechtlich auf Richtlinien nach Art. 153 Abs. 1 AEUV sowie auf deutschen Gesetzen, Verordnungen und Verwaltungsvorschriften (z.B. ArbSchG, ArbeitsstättenVO, VO über persönliche Schutzausrüstungen). Daneben haben die Träger der gesetzlichen Unfallversicherung – das sind vor allem die Berufsgenossenschaften – nach § 15 SGB VII Unfallverhütungsvorschriften als autonomes Satzungsrecht erlassen, die nach § 21 SGB VII von den Unternehmern und den versicherten Arbeitnehmern zu beachten sind. Die staatlichen und berufsgenossenschaftlichen Vorschriften werden konkretisiert durch allgemein anerkannte Regeln der Technik (z.B. DIN-Normen, VDE-Bestimmungen, MAK-Werte) und durch gesicherte arbeitswissenschaftliche Erkenntnisse. Diese Regeln sind zwar nicht selbst Rechtsnormen – sie geben nur den Stand der Technik wieder –, ihnen kommt aber mittelbar Verbindlichkeit zu, weil sich die staatlichen und berufsgenossenschaftlichen Vorschriften auf sie beziehen. Den technischen Arbeitsschutz regeln daneben Vorschriften, die nicht nur der Abwehr spezifischer Gefahren der Arbeitsumwelt dienen, sondern auch dem allgemeinen Verbraucherschutz, wie etwa das GerätesicherheitsG, oder dem Umweltschutz, wie etwa die GefahrstoffVO. Die Einhaltung des technischen Arbeitsschutzrechts wird von den Gewerbeaufsichtsämtern der Bundesländer sowie von den Technischen Aufsichtsbeamten der Berufsgenossenschaften und der übrigen Träger der gesetzlichen Unfallversicherung überwacht, die nach § 21 Abs. 3-5 ArbSchG zusammenzuarbeiten haben („duales Arbeitsschutzsystem"). Zusätzlich wurde Ende 2008 die **Nationale Arbeitsschutzkonferenz (NAK)** gegründet. Sie besteht aus je drei Vertretern des Bundes, der Länder und der Unfallversicherungsträger sowie je aus drei in beratender Funktion von den Spitzenorganisationen der Arbeitgeber und der Arbeitnehmer entsandten Vertretern (§ 20b ArbSchG). Die NAK soll eine gemeinsame deutsche Arbeitsschutzstrategie entwickeln, steuern und fortschreiben[168] sowie einmal jährlich ein Arbeitsschutzforum veranstalten. Die Geschäfte der NAK führt die Bundesanstalt für Arbeitsschutz und Arbeitsmedizin.

### b) Verpflichtungen des Arbeitgebers nach dem Arbeitsschutzgesetz

136 **aa) Regelungsgehalt.** Das 1996 erlassene Arbeitsschutzgesetz (ArbSchG) ist ein Rahmengesetz, das für alle Beschäftigten (Arbeitnehmer, Auszubildende, Arbeitnehmerähnliche, Beamte, Richter und Soldaten, nicht dagegen für Angestellte in privaten Haushalten und für Seeleute) ein einheitlich geltendes Arbeitsschutzrecht geschaffen hat. Zugleich dient es der Umsetzung der EG-Rahmenrichtlinie zum Arbeitsschutz[169]. Als Rahmengesetz wird es von den spezielleren staatlichen und autonomen Vorschriften, wie etwa der ArbeitsstättenVO und der GefahrstoffVO konkretisiert, deren Geltung es unberührt gelassen hat (§ 1 Abs. 3 Satz 1 ArbSchG). Ziel des Gesetzes ist es, die Sicherheit und den Gesundheitsschutz der Beschäftigten bei der Arbeit durch Maßnahmen des Arbeitsschutzes zu sichern und zu verbessern (§ 1 Abs. 1 Satz 1 ArbSchG).

137 Da es der Arbeitgeber ist, der über die Organisation und den Ablauf der Arbeit bestimmt, richtet sich das ArbSchG vorrangig an ihn (§ 3 Abs. 1 Satz 1 ArbSchG) und an die sonstigen nach § 13 Abs. 1 ArbSchG verantwortlichen Personen, insbesondere an Betriebsleiter. Der Arbeitgeber kann darüber hinaus zuverlässige und fachkundige Personen schriftlich damit beauftragen, die ihm nach dem ArbSchG obliegenden Aufgaben in eigener Verantwortung wahrzunehmen (§ 13 Abs. 2 ArbSchG). Alle Beschäftigten sind verpflichtet, den Weisungen des Arbeitgebers zur Sicherheit bei der Arbeit Folge zu leisten (§ 15 Abs. 1 ArbSchG). Sie haben Arbeitsmittel, Arbeitsstoffe und persönliche Schutzvorrichtungen bestimmungsgemäß zu verwenden (§ 15 Abs. 2 ArbSchG) und dem Arbeitgeber oder dem zuständigen Vorgesetzten unmittelbare Gefahren für Sicherheit und Gesundheit zu melden (§ 16 Abs. 1 ArbSchG).

138 **bb) Einzelne Verpflichtungen des Arbeitgebers.** Die Grundpflichten ergeben sich aus § 3 ArbSchG. Der Arbeitgeber ist nicht nur verpflichtet, die erforderlichen Maßnahmen des Arbeitsschutzes zu treffen, sondern er hat diese auch auf ihre Wirksamkeit zu überprüfen und den sich ändernden Gegebenheiten anzupassen. Dabei hat er die in § 4 ArbSchG niedergelegten allgemeinen Grundsätze des Arbeitsschutzes zu berücksichtigen. Der Arbeitgeber muss die mit einer bestimmten Tätigkeit verbundene Gefährdung jeweils konkret ermitteln und hierbei bestimmen, welche Schutzmaßnahmen im einzelnen erforderlich sind (§ 5 ArbSchG). In Betrieben mit mehr als zehn Beschäftigten hat er das Ergebnis auch schriftlich niederzulegen (§ 6 ArbSchG). Können Arbeiten nur bei Beachtung bestimmter Schutzmaßnahmen

---

[168] Zu den Inhalten s. § 20a Abs. 2 ArbSchG.
[169] *Wlotzke*, NZA 1996, 1017, 1018 f.

ohne gesundheitliche Beeinträchtigung verrichtet werden, muss der Arbeitgeber darauf achten, dass der Arbeitnehmer körperlich und geistig in der Lage ist, die entsprechenden Schutzvorschriften einzuhalten (§ 7 ArbSchG). Davon unberührt bleibt die allgemeine Unterweisungspflicht nach § 12 ArbSchG. Unterlässt der Arbeitgeber eine erforderliche Aufklärung, dann genügt es, wenn der Arbeitnehmer einen ordnungswidrigen Zustand nachweist. Das Verschulden des Arbeitgebers wird ebenso vermutet wie die Kausalität (Vermutung aufklärungsgerechten Verhaltens)[170].

Die Vorschriften des technischen Arbeitsschutzes gehören zum öffentlichen Recht. Sie begründen Pflichten des Arbeitgebers gegenüber den Arbeitsschutzbehörden. Einzelne Normen wirken über § 618 Abs. 1 BGB in das Arbeitsverhältnis hinein und schaffen privatrechtliche Ansprüche, deren Erfüllung der Arbeitnehmer als arbeitsvertragliche Nebenpflicht vom Arbeitgeber verlangen kann. Eine derartige „Doppelwirkung" entfaltet eine öffentlich-rechtliche Arbeitsschutzvorschrift, wenn sie auch den Schutz des einzelnen Arbeitnehmers bezweckt. Das hat die Rechtsprechung z.B. für § 5 Abs. 1 ArbSchG bejaht. Danach kann der Arbeitnehmer verlangen, dass der Arbeitgeber Gefährdungen und Belastungen seines Arbeitsplatzes förmlich beurteilt[171]. Entsprechendes gilt für § 5 ArbStättVO, aus dem die Rechtsprechung einen individualrechtlichen Anspruch auf Gewährung eines tabakrauchfreien Arbeitsplatzes herleitet[172]. Bei der Ausgestaltung der Verfahren zur Gefährdungsbeurteilung hat der Betriebsrat nach § 87 Abs. 1 Nr. 7 BetrVG mitzubestimmen[173].

**139**

Damit die dem Arbeitsschutz und der Unfallverhütung dienenden Vorschriften den besonderen Betriebsverhältnissen entsprechend angewandt und durchgesetzt werden, muss der Arbeitgeber **Betriebsärzte** und **Fachkräfte für Arbeitssicherheit** (Sicherheitsingenieure, -techniker, -meister) bestellen, die ihn bei diesen Aufgaben unterstützen sollen. In Betrieben mit mehr als 20 Beschäftigten hat er einen **Arbeitsschutzausschuss** zu bilden. Einzelheiten regelt das sog. Arbeitssicherheitsgesetz (ASiG)[174]. Betriebsärzte und Fachkräfte für Arbeitssicherheit haben mit dem Betriebsrat zusammenzuarbeiten, der sich ebenfalls für die Durchführung der Vorschriften über den Arbeitsschutz und die Unfallverhütung einzusetzen hat (vgl. § 89 BetrVG, § 9 ASiG). Überdies besteht ein erzwingbares Mitbestimmungsrecht nach § 87 Abs. 1 Nr. 7 BetrVG bei betrieblichen Regelungen über die dem Arbeitgeber auferlegten Verpflichtungen, die Beschäftigten über Sicherheit und Gesundheitsschutz bei der Arbeit zu unterweisen[175]. Allerdings widerspricht es dem Gebot der vertrauensvollen Zusammenarbeit, wenn die Belegschafsvertretung mittels Frage-

**140**

---

[170] BAG 14.12.2006, NZA 2007, 262, 264.
[171] BAG 12.8.2008, NZA 2009, 102.
[172] BAG 19.5.2009, NZA 2009, 775.
[173] BAG 28.3.2017, NZA 2017, 1132, 1135 ff.
[174] Gesetz über Betriebsärzte, Sicherheitsingenieure und andere Fachkräfte für Arbeitssicherheit vom 12.12.1973, BGBl. I S. 1885 i.d.F.v. 25.9.1996, BGBl. I S. 1476.
[175] BAG 8.11.2011, DB 2012, 1213.

bogenaktion die Erforderlichkeit von Maßnahmen zur Verbesserung des Gesundheitsschutzes am Arbeitsplatz ermittelt, während der Arbeitgeber seinerseits eine Gefährdungsanalyse gemäß § 5 Abs. 1 ArbSchG vorbereitet[176].

### 3. Schutz der Persönlichkeit

#### a) Allgemeines

141 aa) **Inhalt.** Der Arbeitgeber hat das allgemeine Persönlichkeitsrecht seiner Arbeitnehmer zu achten[177] und vor Angriffen Dritter – etwa von Vorgesetzten und Kollegen des Arbeitnehmers – zu schützen. Das allgemeine Persönlichkeitsrecht als das einheitliche, umfassende subjektive Recht auf Achtung und Entfaltung der Persönlichkeit[178] schützt den einzelnen nicht nur vor Herabsetzung seiner Würde und seines „sozialen Geltungsanspruchs", sondern auch vor unbefugter Erlangung und Verbreitung von Erkenntnissen aus der Individual-, Privat- und Intimsphäre[179].

142 bb) **Dogmatische Grundlagen.** Verfassungsrechtlich ist das allgemeine Persönlichkeitsrecht durch Art. 1 Abs. 1, 2 Abs. 1 GG gewährleistet; einfachrechtlich werden seine speziellen Ausprägungen durch Sondergesetze (z.B. BDSG, §§ 22, 23 KunstUrhG) abgesichert. Im Deliktsrecht wird es als „sonstiges Recht" von § 823 Abs. 1 BGB geschützt. Eine arbeitsrechtliche Anerkennung hat das Persönlichkeitsrecht 1972 mit der Novellierung des BetrVG erfahren, als der Gesetzgeber den Arbeitgeber und den Betriebsrat verpflichtete, die freie Entfaltung der Persönlichkeit der im Betrieb beschäftigten Arbeitnehmer zu schützen und zu fördern (§ 75 Abs. 2 BetrVG). Dass der Arbeitgeber das Persönlichkeitsrecht zu wahren habe, hat die Rechtsprechung schon 1955 angenommen, als sie ihn verpflichtete, die Arbeitnehmer nicht nur zu entlohnen, sondern auch tatsächlich zu beschäftigen[180]. Damals stützte sie ihre Ansicht noch auf die Annahme, das Arbeitsverhältnis sei ein personenrechtliches Gemeinschaftsverhältnis, das die gesamte Person des Arbeitnehmers erfasse und damit sein Leben und seine Persönlichkeit gestalte. Heute wird die Beachtung des allgemeinen Persönlichkeitsrechts als arbeitsvertragliche Nebenpflicht des Arbeitgebers (§ 241 Abs. 2 BGB) angesehen[181].

143 cc) **Umfang und Grenzen.** Als Abwehrrecht gewährt das Persönlichkeitsrecht dem Arbeitnehmer einen Anspruch gegen den Arbeitgeber, rechtswidrige Eingriffe in die Persönlichkeitssphäre zu unterlassen. Als Schutzgebot verpflichtet es den Arbeitgeber, die freie Persönlichkeitsentfaltung zu gewährleisten[182]. Nicht selten wird das Persönlichkeitsrecht des Arbeitnehmers mit den ebenfalls geschützten betrieb-

---

[176] BVerwG 6.8.2012, NZA-RR 2013, 53.
[177] St. Rspr., vgl. nur BAG 20.6.2013, NZA 2014, 143; BAG 15.4.2014, NZA 2014, 551.
[178] So BGHZ 13, 334.
[179] Vgl. nur *Larenz/Canaris*, Schuldrecht II/2, § 80 III 1a.
[180] BAG 10.11.1955, AP Nr. 2 zu § 611 BGB Beschäftigungspflicht.
[181] BAG GS 27.2.1985, AP Nr. 14 zu § 611 BGB Beschäftigungspflicht; BAG 16.5.2007, NZA 2007, 1154, 1160.
[182] BAG 20.6.2013, NZA 2014, 143; BAG 15.4.2014, NZA 2014, 551.

## II. Nebenpflichten des Arbeitgebers

lichen Interessen des Arbeitgebers (Art. 12, 14 GG) kollidieren. Der Interessenkonflikt ist durch eine Güterabwägung unter Berücksichtigung des Grundsatzes der Verhältnismäßigkeit zu lösen. Dabei ist aufseiten des Arbeitnehmers zu berücksichtigen, in welche Sphäre seiner Persönlichkeit eingegriffen wird, wie schwer der Eingriff ist, welche Folgen er hat und wie er sich selbst vor dem Eingriff verhalten hat; aufseiten des Arbeitgebers kommt es auf den Zweck der Maßnahme an und darauf, ob er sich bei der Verfolgung eines an sich zulässigen Zieles darauf beschränkt, in das Persönlichkeitsrecht nur soweit einzugreifen, wie dies erforderlich und angemessen ist[183].

### b) Einzelfälle

**aa)** Ein besonders schwerer Verstoß gegen das allgemeine Persönlichkeitsrecht sind **sexuelle Belästigungen am Arbeitsplatz** (vgl. § 3 Abs. 4 AGG). Sie stellen schwere arbeitsvertragliche Nebenpflichtverletzungen (§ 7 Abs. 3 AGG) und unerlaubte Handlungen im Sinne des § 823 Abs. 1 BGB dar. Der Arbeitgeber hat die Mitarbeiter vor derartigen Angriffen zu bewahren (§ 12 Abs. 1 AGG). Betroffene haben das Recht, sich bei den zuständigen Stellen innerhalb des Betriebes zu beschweren (§ 13 Abs. 1 AGG). Der Arbeitgeber hat die Beschwerde zu prüfen und die geeigneten Maßnahmen zu treffen, um die Fortsetzung der Belästigung zu unterbinden, etwa durch Abmahnung, Versetzung oder Kündigung (§ 12 Abs. 3 AGG). Kommt der Arbeitgeber seiner Schutzpflicht nicht oder nicht genügend nach, dürfen Belästigte, soweit erforderlich, ihre Tätigkeit ohne Verlust des Entgelts einstellen (§ 14 AGG). Darüber hinaus können sie gegen den Täter Strafanzeige erstatten und ein Schmerzensgeld verlangen (§ 15 Abs. 2 AGG); dabei kommt ihnen die Beweislastregelung in § 22 AGG zugute. **144**

**bb) Mobbing** ist das systematische Anfeinden, Schikanieren oder Diskriminieren von Arbeitnehmern untereinander oder durch Vorgesetzte (vgl. § 3 Abs. 3 AGG). Wesensmerkmal dieser Form der Persönlichkeitsrechtsverletzung ist die systematische, sich aus vielen einzelnen Handlungen zusammensetzende Verletzungshandlung, wobei den einzelnen Handlungen bei isolierter Betrachtung eine rechtliche Bedeutung oft nicht zukommt. Den Arbeitgeber trifft die Nebenpflicht, seine Arbeitnehmer vor Mobbing durch Vorgesetzte und Kollegen zu schützen. Er muss die im Einzelfall geeigneten, erforderlichen und angemessenen Maßnahmen zur Unterbindung des Mobbings ergreifen – Abmahnung, Umsetzung, Versetzung, Kündigung –, die ihm zumutbar sind (§ 12 Abs. 3 AGG analog). Dabei hat er einen Ermessensspielraum[184]. Das erfordert allerdings kein Eingreifen bei Meinungsverschiedenheiten über Sachfragen wie Weisungen, Beurteilungen oder Bewertung von Arbeitsergebnissen, solange sie sich im Rahmen des sozial Üblichen halten. Angesichts dessen, dass der Umgang von Arbeitnehmern untereinander und mit Vorgesetzten im Arbeitsalltag zwangsweise mit Konflikten verbunden ist, können **145**

---

[183] BAG 29.6.2004, NZA 2004, 1278; BAG 26.8.2008, NZA 2008, 1187.
[184] BAG 25.10.2007, NZA 2007, 223, 226.

keine überspannten Anforderungen an Inhalt und Reichweite der Schutzpflicht gestellt werden. Reaktionen auf Provokationen des „Gemobbten" sind in die Prüfung nicht mit einzubeziehen[185].

**146** Mobbing ist kein Rechtsbegriff und damit keine Anspruchsgrundlage für Ansprüche des „gemobbten" Arbeitnehmers gegenüber dem Arbeitgeber, Vorgesetzten oder Kollegen. Es muss im Einzelfall geprüft werden, ob der in Anspruch Genommene arbeitsvertragliche Pflichten (§ 241 Abs. 2 BGB, § 3 Abs. 2 i.Vm. § 7 Abs. 3 AGG) verletzt oder eine unerlaubte Handlung begangen hat (§§ 823 Abs. 1, 2, 826 BGB). Dabei ist zu beachten, dass möglicherweise einzelne Handlungen oder Verhaltensweisen für sich allein betrachtet kein Rechtsgut verletzen, die Gesamtschau jedoch wegen der zugrunde liegenden Zielrichtung und Systematik durchaus zu einer Vertrags- oder Rechtsgutsverletzung führen kann[186]. Der Arbeitgeber haftet überdies nach § 15 Abs. 1, 2 AGG und muss sich Belästigungen und sonstige Verstöße gegen das Diskriminierungsverbot (§ 7 Abs. 1 AGG), die von ihm als Erfüllungsgehilfen eingesetzte Vorgesetzte oder Mitarbeiter begehen, nach § 278 BGB zurechnen lassen, sofern diese in innerem sachlichen Zusammenhang mit ihren dienstlichen Aufgaben handeln[187]. Vorgesetzte, die im Rahmen ihrer Weisungsbefugnis Schutzpflichten verletzen, können sich auf eine Haftungsprivilegierung nicht berufen. Sonst käme dem Arbeitgeber, der nach § 278 BGB das Verschulden des Vorgesetzten in gleichem Umfang wie eigenes zu vertreten hat, letztlich die im Interesse des Arbeitnehmers geltende Haftungsprivilegierung selbst zugute[188].

**147** cc) Das Persönlichkeitsrecht kann auch durch die **Überwachung des Arbeitnehmers am Arbeitsplatz** verletzt werden[189]. Zwar muss der Arbeitgeber in gewissem Umfange kontrollieren können, ob der Arbeitnehmer seine Verpflichtungen ordnungsgemäß erfüllt; eine systematische, ständige Überwachung durch technische Einrichtungen ist jedoch nur in Ausnahmefällen erlaubt[190]. Zulässig bleibt die Überwachung des Betriebs aus Sicherheitsgründen (z.B. bei Banken und in Kaufhäusern), die sich nicht vorrangig gegen den Arbeitnehmer richtet[191]. Bei der Einführung und Anwendung von technischen Einrichtungen, die dazu bestimmt sind, das Verhalten oder die Leistung der Arbeitnehmer zu überwachen, hat der Betriebsrat ein erzwingbares Mitbestimmungsrecht (§ 87 Abs. 1 Nr. 6 BetrVG). Unzulässig ist das Abhören oder Mitschneiden dienstlicher und privater Gespräche[192]; der Arbeitgeber darf aber kontrollieren, ob es sich um ein Dienst- oder ein Privatgespräch handelt. Zulässig sind auch **Tor- und Taschenkontrollen**[193], die der Personenkontrolle und der Überprüfung mitgeführter Gegenstände dienen; auch hier hat der Betriebsrat ein erzwingbares Mitbestimmungsrecht (§ 87 Abs. 1 Nr. 1 BetrVG). Sie müssen aber hinsichtlich Anlass (z.B. Verlust von 250.000 €) und Durchführung

---

[185] BAG 16.5.2007, NZA 2007, 1154, 1159 ff.
[186] BAG 25.10.2007, NZA 2008, 223; LAG Hamm 11.2.2008, NZA-RR 2009, 7.
[187] BAG 25.10.2007, NZA 2008, 223, 227.
[188] BAG 25.10.2007, NZA 2007, 223, 225, 227 f.
[189] *Maschmann*, FS Hromadka, 2008, S. 233 ff.
[190] BAG 27.3.2003, NZA 2003, 1193; BAG 29.6.2004, NZA 2004, 1278.
[191] BAG 7.10.1987, EzA § 611 BGB Persönlichkeitsrecht Nr. 6.
[192] BAG 27.5.1986, EzA § 87 BetrVG 1972 Kontrolleinrichtung Nr. 16.
[193] BAG 13.12.2007, NZA 2008, 1008; BAG 15.4.2014, NZA 2014, 551.

## II. Nebenpflichten des Arbeitgebers

verhältnismäßig sein. Das ist der Fall, wenn die Kontrolle den Diebstahl kleinräumiger Produktionsgegenstände verhindern soll, sie nur an 30 Tagen im Jahr erfolgt und die zu Kontrollierenden durch einen Zufallsgenerator ausgewählt werden[194]. Auch eine **Schrankkontrolle** ist möglich. Zwar müssen Arbeitnehmer darauf vertrauen können, dass die von ihnen genutzten Spinde nicht ohne ihr Einverständnis geöffnet und durchsucht werden. Eine Duldungspflicht aus § 241 Abs. 2 BGB besteht aber dann, wenn konkrete Anhaltspunkte für eine Straftat vorliegen, der Arbeitnehmer zu dem anhand objektiver Kriterien bestimmten Kreis der Verdächtigen zählt, der Arbeitgeber über keine ebenso effektiven, aber weniger belastenden Aufklärungsmöglichkeiten verfügt und die Art und Weise der Öffnung verhältnismäßig bleibt, z.B. nur in Anwesenheit des Arbeitnehmers erfolgt[195]. Die Zulässigkeit einer **Videoüberwachung** öffentlich zugänglicher Räume (z.B. von Verkaufsräumen) richtet sich nach § 4 BDSG[196]. Sie muss grundsätzlich offen erfolgen (vgl. § 4 Abs. 2 BDSG). Eine heimliche Videoüberwachung ist ausnahmsweise dann erlaubt, wenn sie das einzige Mittel zur Überführung von Arbeitnehmern darstellt, die der Begehung von Straftaten konkret verdächtig sind[197]. Befinden sich die zu überwachenden Arbeitsplätze in nicht öffentlich zugänglichen Räumen (z.B. Büros, Lagerräumen), gilt § 26 Abs. 1 BDSG. Die Beobachtung muss erforderlich und angemessen sein; das schließt eine dauerhafte Überwachung zur Leistungskontrolle oder zwecks Abschreckung aus. Heimliche Aufnahmen sind nur zulässig, wenn der konkrete Verdacht einer strafbaren Handlung oder einer anderen schweren Verfehlung zu Lasten des Arbeitgebers besteht und weniger einschneidende Mittel zur Aufklärung des Verdachts ausgeschöpft sind[198]. Der Verdacht muss sich gegen einen zumindest räumlich oder funktional abgrenzbaren Kreis von Arbeitnehmern richten. Der Verdacht muss nicht dringend sein; ein einfacher, durch konkrete Tatsachen belegter „Anfangsverdacht" reicht aus[199].

**148** Ähnliche Überlegungen gelten, wenn der Arbeitgeber durch den Einsatz eines **Software-Keyloggers** verdeckt überprüfen will, ob der Arbeitnehmer seinen Dienst-PC vorschriftsgemäß benutzt. Ein Computerprogramm, mit dem sämtliche Tastatureingaben des Arbeitnehmers protokolliert werden können, darf zum Zwecke der Mitarbeiterkontrolle nur dann eingesetzt werden, wenn ein auf einen bestimmten Arbeitnehmer bezogener, durch konkrete Tatsachen begründeter Verdacht einer Straftat oder einer anderen schwerwiegenden Pflichtverletzung besteht Bundesarbeitsgericht. Eine Überwachung „ins Blaue hinein" verletzt das Grundecht auf informationelle Selbstbestimmung[200]. Kontrollmaßnahmen, die weniger intensiv in das allgemeine Persönlichkeitsrecht des Betroffenen eingreifen, können nach § 26 Abs. 1 S. 1 BDSG auch ohne das Vorliegen eines durch Tatsachen begründeten Anfangsverdachts zulässig sein. Dies gilt vor allem für nach abstrakten Kriterien durchgeführte, keinen Arbeitnehmer besonders unter Verdacht stellende offene Überwachungsmaßnahmen, die der Verhinderung von Pflichtverletzungen dienen sollen. Die vorübergehende Speicherung und

---

[194] BAG 9.7.2013, NZA 2013, 1433; BAG 15.4.2014, NZA 2014, 551.
[195] BAG 20.6.2013, NZA 2014, 143.
[196] Vgl. im einzelnen BAG 26.8.2008, NZA 2008, 1187; BAG 16.12.2010, NZA 2011, 571.
[197] BAG 21.6.2012, NZA 2012, 1025, 1029 m.w.N.
[198] BAG 27.3.2003, NZA 2003, 1193; BAG 29.6.2003, NZA 2004, 1278.
[199] BAG 20.10.2016, NZA 2017, 443.
[200] BAG 27.7.2017, NZA 2017, 1327.

stichprobenartige Kontrolle der Verlaufsdaten eines Internetbrowsers kann zulässig sein, um die Einhaltung des Verbots oder einer Beschränkung der Privatnutzung von IT-Einrichtungen des Arbeitgebers zu kontrollieren[201]. Chat-Protokolle, die der Arbeitgeber von der Internetkommunikation seiner Beschäftigten erstellt, sind nur zulässig, wenn er diese vorab über die Möglichkeit von Kontrollen sowie über deren Art, Anlass und Ausmaß informiert. Die Kontrolle darf nicht grundlos geschehen und muss das mildeste Überwachungsmittel darstellen[202].

149 **Beweismittel**, die persönlichkeitswidrig erlangt wurden, sind nicht in jedem Fall prozessual unverwertbar[203]. Werden die betreffenden Tatsachen von der Gegenseite nicht bestritten, muss sie das Gericht berücksichtigen, da es kein „Sachvortragsverwertungsverbot" gibt. Allerdings ist der Arbeitnehmer nicht gezwungen, die betreffenden Tatsachen – gegebenenfalls bewusst wahrheitswidrig – zu bestreiten. Ein Verwertungsverbot besteht nur, wenn dies der Schutzzweck der bei der Informationsgewinnung verletzten Norm zwingend verlangt. Das ist zu bejahen, wenn das Gericht durch die Berücksichtigung der betreffenden Tatsachen den Verstoß gegen die Persönlichkeitsrechte unzulässig „perpetuieren" würde[204]. Unverwertbar sind Beweismittel z.B. dann, wenn ein Arbeitgeber eine Überwachungsmaßnahme anlasslos und verdachtsunabhängig „ins Blaue hinein" veranlasst[205].

150 **cc) Datenschutz.** Das Recht auf informationelle Selbstbestimmung (Art. 1 Abs. 1, 2 Abs. 1 GG) gewährleistet jedem Grundrechtsträger die Befugnis, grundsätzlich selbst über die Preisgabe und Verwendung seiner persönlichen Daten zu bestimmen[206]. Es verlangt den Schutz des Einzelnen gegen unbegrenzte Erhebung, Speicherung, Verwendung und Weitergabe seiner persönlichen Daten. Der Gesetzgeber ist seiner Schutzpflicht u.a. durch Erlass des Bundesdatenschutzgesetzes (BDSG) nachgekommen. Dieses gilt auch für nicht-öffentliche Stellen, d.h. auch für private Arbeitgeber, sofern sie personenbezogene Daten von Arbeitnehmern für Zwecke des Beschäftigungsverhältnisses erheben, verarbeiten oder nutzen (§ 26 Abs. 1 BDSG). Im EU-Recht enthält Art. 8 GRC ein Grundrecht auf Datenschutz. Personenbezogene Daten dürfen nur nach Treu und Glauben und allein für festgelegte Zwecke verarbeitet werden. Erforderlich ist ferner die Einwilligung des Betroffenen oder eine gesetzliche Verarbeitungsgrundlage (Art. 8 Abs. 2 GRC). Letztere hat die EU mit der DS-GVO[207] geschaffen. Hinsichtlich des Schutzes von Beschäftigtendaten enthält Art. 88 DS-GVO allerdings nur eine Öffnungsklausel für eigene Vorschriften der Mitgliedstaaten[208]. Mit § 26 BDSG hat der deutsche Gesetzgeber eine entsprechende Bestimmung erlassen. Sie ermöglicht es, die Einzelheiten durch Kol-

---

[201] BAG 27.7.2017, NZA 2017, 1327.
[202] EGMR (Große Kammer) 5.9.2017, Rs. 61496/08 - Barbulescu gegen Rumänien.
[203] BAG 13.12.2007, NZA 2008, 1008; BAG 26.12.2010, NZA 2011, 571; BAG 21.6.2012, NZA 2012, 1025, 1029 m.w.N.; BAG 9.7.2013, NZA 2013, 1433; BAG 15.4.2014, NZA 2014, 551.
[204] BAG 16.12.2010, NZA 2011, 571.
[205] BAG 27.7.2017, NZA 2017, 1327 Rn. 41.
[206] BVerfGE 65, 1.
[207] EU-Datenschutz-Grundverordnung 2016/679, ABl. L EU 119 v. 4.5.2016, S. 1.
[208] *Düwell/Brink*, NZA 2016, 665; *Kort*, DB 2016, 771; *Maschmann*, DB 2016, 2488.

lektivvereinbarung, d.h. vor allem durch Betriebs- und Dienstvereinbarungen zu regeln (§ 26 Abs. 4 BDSG). Wegen Einzelheiten muss auf die Spezialliteratur verwiesen werden[209].

**dd) Beschäftigungspflicht.** Aus dem allgemeinen Persönlichkeitsrecht hat der Arbeitnehmer den Anspruch, vom Arbeitgeber nicht nur bezahlt, sondern auch tatsächlich beschäftigt zu werden. Dieses Recht steht allen Arbeitnehmern zu, nicht nur denen, die ein besonderes Interesse an der tatsächlichen Verrichtung ihrer Arbeit haben, wie etwa Journalisten, Schauspieler, Piloten oder Wissenschaftler. Die tatsächliche Beschäftigung soll es ermöglichen, Fähigkeiten und Fertigkeiten zu erhalten und zu erweitern und die in der Arbeit liegende Chance zur Entfaltung der Persönlichkeit zu nutzen[210]. Schwerbehinderte Arbeitnehmer haben darüber hinaus Anspruch auf eine Beschäftigung, bei der sie ihre Fähigkeiten und Kenntnisse möglichst voll verwerten und weiterentwickeln können (§ 164 Abs. 4 Satz 1 Nr. 1 SGB IX)[211]. Der Beschäftigungsanspruch entfällt, wenn ihm schutzwerte Interessen des Arbeitgebers entgegenstehen, wie etwa die Stilllegung einer Betriebsabteilung, Auftragsmangel, der Verdacht einer strafbaren Handlung, ein Beschäftigungsverbot[212] oder Streitigkeiten mit Arbeitskollegen oder Vorgesetzten[213]. Eine Verletzung der Beschäftigungspflicht gibt dem Arbeitnehmer keinen Schadensersatzanspruch; er behält vielmehr nach § 615 S. 1 BGB unter den Voraussetzungen der §§ 293 ff. BGB seinen Entgeltanspruch[214]. Vom Beschäftigungsanspruch ist der **allgemeine Weiterbeschäftigungsanspruch** zu unterscheiden, der den Arbeitgeber verpflichtet, einen gekündigten Arbeitnehmer bis zum Ende eines Rechtsstreits über die Wirksamkeit einer Kündigung weiter zu beschäftigen (s. § 10 Rn. 347 ff.).

151

### 4. Schutz eingebrachter Sachen

Den Arbeitgeber trifft eine **Obhuts- und Verwahrungspflicht** für Gegenstände, die Arbeitnehmer notwendigerweise mit in den Betrieb nehmen. Dazu gehören vor allem Straßen- und Arbeitskleidung, Fahrkarten und kleinere Geldbeträge, nicht aber wertvoller Schmuck. Der Arbeitgeber muss im Rahmen des ihm technisch Möglichen und wirtschaftlich Zumutbaren dafür sorgen, dass solche Gegenstände sicher aufbewahrt werden können. Stellt der Arbeitgeber seinen Mitarbeitern einen Parkplatz zur Verfügung, muss er diesen verkehrssicher halten. Der Arbeitgeber kann sich von seiner Obhutspflicht bis zur Grenze des Vorsatzes freizeichnen. Die Freizeichnung kann auch durch eine arbeitsvertragliche Einheitsregelung[215] erfolgen oder durch eine Betriebsvereinbarung[216], durch die er die Zurverfügungstellung des

152

---

[209] *Düwell*, NZA 2017, 1081; *Gola*, BB 2017 1462; *Kort*, ZD 2017, 319; *Wybitul*, NZA 2017, 413.
[210] BAG GS 27.2.1985, AP Nr. 14 zu § 611 BGB Beschäftigungspflicht.
[211] Dazu näher BAG 14.3.2006, NZA 2006, 1214, 1216.
[212] Nur wenn sich dies eindeutig aus der Norm ergibt, vgl. BAG 18.3.2009, NZA 2009, 611.
[213] ErfK/*Preis* § 611 BGB Rn. 563; *Zöllner/Loritz/Hergenröder*, Arbeitsrecht, § 19 II 1.
[214] BAG 24.6.2015, NZA 2016, 108.
[215] BAG 28.9.1989, AP Nr. 5 zu § 611 BGB Parkplatz.
[216] Nach Ansicht des BAG 11.9.1957, AP Nr. 26 zu § 611 BGB Fürsorgepflicht, kann eine Betriebsvereinbarung allerdings nicht lediglich den Haftungsausschluss regeln.

Parkplatzes regelt. Verletzt der Arbeitgeber schuldhaft die Obhuts- und Verwahrungspflicht, haftet er dem Arbeitnehmer nach §§ 280 Abs. 1, 241 Abs. 2 BGB. Davon zu unterscheiden ist die – verschuldensunabhängige – Gefährdungshaftung für Sachschäden, die der Arbeitnehmer bei der Verrichtung seiner Dienste erleidet, entsprechend § 670 BGB (s. § 9 Rn. 2 ff.); auch diese Ersatzpflicht ist eine arbeitsvertragliche Nebenpflicht.

**5. Schutz von Vermögensinteressen**

153 Den Arbeitgeber trifft eine Reihe von Pflichten zum Schutz von Vermögensinteressen des Arbeitnehmers. Dazu gehören beispielsweise die Anmeldung des Arbeitnehmers bei den zuständigen Trägern der Sozialversicherung, die Berechnung und Abführung von Sozialversicherungsbeiträgen und Lohnsteuer, die Aufklärung über steuer- und sozialversicherungsrechtliche Auswirkungen von Änderungs- und Aufhebungsverträgen und die Freistellung des Arbeitnehmers von Haftungsansprüchen Dritter nach den Grundsätzen des innerbetrieblichen Schadensausgleichs.

## III. Gleichbehandlungsgrundsatz und Diskriminierungsverbote

### 1. Grundlagen

#### a) Abgrenzung

154 Der Arbeitgeber darf einen Arbeitnehmer gegenüber anderen Arbeitnehmern in einer vergleichbaren Situation nicht benachteiligen, wenn es dafür keinen von der Rechtsordnung anerkannten Rechtfertigungsgrund gibt. Dieses Benachteiligungsverbot tritt in zwei Spielarten auf. Als **allgemeiner Gleichbehandlungsgrundsatz** verbietet es dem Arbeitgeber, wenn er selbst eine Regel aufstellt oder vollzieht, einzelne Arbeitnehmer oder Gruppen von Arbeitnehmern willkürlich schlechter zu behandeln als andere Arbeitnehmer in vergleichbarer Lage.

**Beispiel:** Der Arbeitgeber zahlt allen Arbeitnehmern, die unter bestimmten erschwerenden Bedingungen arbeiten (Hitze, Lärm, Nässe), aufgrund einer von ihm selbst aufgestellten Zulagenregelung ohne Anerkennung einer Rechtspflicht eine Erschwerniszulage. Diese Zulage kann er streichen. Er kann die Zulage aber nicht einem einzelnen Arbeitnehmer versagen, weil er mit dessen Leistung oder Verhalten unzufrieden ist.

155 Als **Diskriminierungsverbot** untersagt es dem Arbeitgeber, Arbeitnehmer bei Vereinbarungen oder einseitigen Maßnahmen aus Gründen zu benachteiligen, die die Rechtsordnung nicht zulässt.

**Beispiele:** Der Arbeitgeber stellt einen Moslem oder ein Gewerkschaftsmitglied nicht ein, kündigt einem Homosexuellen wegen seiner sexuellen Ausrichtung, kürzt eine Gratifikation, weil sich ein Mitarbeiter über ihn bei der Gewerbeaufsicht beschwert hat, vereinbart mit einer Teilzeitkraft einen geringeren Stundenlohn als mit einer Vollzeitkraft.

III. Gleichbehandlungsgrundsatz und Diskriminierungsverbote

Gemeinsam ist den Benachteiligungsverboten, dass sie die Zurücksetzung von Arbeitnehmern untersagen. Unterschiedlich sind jedoch die Voraussetzungen. Der Gleichbehandlungsgrundsatz verlangt vom Arbeitgeber, sich „regelgetreu" zu verhalten, wenn er selbst eine Regel aufgestellt hat. Eine Regel aufstellen muss er nicht. Hat er jedoch eine Regel begründet, darf er niemand dadurch benachteiligen, dass er ihm in vergleichbarer Lage die Vorteile der Regel versagt. Der Gleichbehandlungsgrundsatz hat insoweit kollektiven Charakter[217]; die Belegschaft im ganzen oder Gruppen müssen von der Regel betroffen sein: sei es bei der Aufstellung der Regel – der Arbeitgeber zahlt nur Mitgliedern des örtlichen Sportvereins ein Weihnachtsgeld –, sei es bei ihrer Durchführung – alle Arbeitnehmer erhalten ein Weihnachtsgeld, nur A nicht. 156

Diskriminierungsverbote gelten demgegenüber bereits dann, wenn ein einzelner Arbeitnehmer gegenüber einem anderen in vergleichbarer Lage benachteiligt wird. Erst recht gilt es, wenn der Arbeitgeber ganze Gruppen von Arbeitnehmern aus Gründen, die die Rechtsordnung nicht zulässt, benachteiligt. Da Diskriminierungsverbote die unternehmerische Freiheit stärker beschneiden als der Gleichbehandlungsgrundsatz, bei dem es dem Arbeitgeber immerhin freisteht, keine Regel aufzustellen, müssen sie ausdrücklich gesetzlich geregelt sein. Das wichtigste Diskriminierungsverbot enthält § 7 AGG. Zu weiteren Verboten s. oben Rn. 119 ff. 157

Benachteiligungsverbote sollen nur die Schlechterstellung von Arbeitnehmern verhindern, nicht ihre Begünstigung. Ausnahmsweise kann aber auch die Begünstigung verboten sein. 158

**Beispiel:** Der Arbeitgeber zahlt einem Betriebsratsmitglied wegen „guter Betriebsratsarbeit" eine Zulage. Die Zahlung verstößt gegen das Begünstigungsverbot in § 78 Satz 2 BetrVG. Das Verbot soll die Belegschaftsvertretung vor unzulässiger Einflussnahme durch den Arbeitgeber sichern. Ein Arbeitgeber, der sich einen Betriebsrat „kauft", macht sich überdies strafbar (§ 119 Abs. 1 Nr. 3 BetrVG).

### b) Gerechtfertigte Benachteiligungen

Die meisten Benachteiligungsverbote gelten nicht absolut, sondern lassen Zurücksetzungen unter gewissen Bedingungen zu. Beim Gleichbehandlungsgrundsatz ist die Benachteiligung zumeist schon dann erlaubt, wenn ein irgendwie einleuchtender Grund für die Ungleichbehandlung vorliegt, d.h. die Zurücksetzung nicht rein willkürlich erfolgt. Es dürfen nur keine absolut verbotenen Gründe zur Rechtfertigung herangezogen werden. Die Anforderungen an den Sachgrund steigen, wenn es sich um mittelbare Benachteiligungen (§ 3 Abs. 2 AGG) aus Gründen handelt, nach denen § 1 AGG nicht mehr differenziert werden darf: Werden scheinbar neutrale Merkmale verwendet, die aber bei Personen besonders häufig vorkommen, welche sich auf § 1 AGG berufen können, muss diese Differenzierung zur Erreichung des mit der unterschiedlichen Behandlung von Arbeitnehmern erstrebten Ziels er- 159

---

[217] *Zöllner/Loritz/Hergenröder*, Arbeitsrecht, § 20 III 2.

forderlich und angemessen sein (§ 3 Abs. 2 AGG). Das ist keine reine Willkürkontrolle, sondern eine Prüfung auf Verhältnismäßigkeit der Unterscheidung. Werden Arbeitnehmer unmittelbar aus in § 1 AGG genannten Gründen gegenüber anderen benachteiligt, so ist das nur dann zulässig, wenn der Grund für die Zurücksetzung in einer für den Arbeitgeber wesentlichen und entscheidenden beruflichen Anforderung liegt (§ 8 Abs. 1 AGG). Dafür trägt der Arbeitgeber die Beweislast. Überhaupt keinen Grund für die Rechtfertigung einer Benachteiligung gibt es, wenn Arbeitnehmer damit gemaßregelt werden sollen. Das ist der Fall, wenn sie gegenüber anderen zurückgesetzt werden, weil sie in zulässiger Weise von ihren Rechten Gebrauch gemacht haben (§ 612a BGB, § 16 AGG). Ein Verstoß gegen das Maßregelungsverbot kann Schadensersatzansprüche zur Folge haben (§ 15 Abs. 6 AGG entspr.)[218].

## 2. Gleichbehandlungsgrundsatz

160 Der (arbeitsrechtliche) Gleichbehandlungsgrundsatz verwehrt es dem Arbeitgeber, „einzelne oder Gruppen von Arbeitnehmern ohne sachlichen Grund von allgemeinen begünstigenden Regelungen auszunehmen oder sie schlechter zu stellen"[219].

### a) Dogmatische Grundlage

161 **aa) Entwicklung.** Die dogmatische Grundlage des Gleichbehandlungsgrundsatzes ist streitig. Das Reichsarbeitsgericht, das den Gleichbehandlungsgrundsatz seit 1938 seiner Rechtsprechung zugrunde legte, erblickte sie in „konkreten Ordnungen", die „aus dem Gemeinschaftsleben im ... Betrieb, aus der darin wurzelnden gegenseitigen Treu- und Fürsorgepflicht des Betriebsführers erwachsen" sind[220]. Bereits die damals herrschende Lehre lehnte es ab, in konkreten Ordnungen, d.h. in tatsächlichen Handhabungen, eine Rechtsquelle zu sehen[221]. Sie erblickte die Rechtsgrundlage für den Gleichbehandlungsgrundsatz, den sie als „notwendigen Grundsatz der Betriebsgemeinschaft" erachtete, vielmehr in der **Fürsorgepflicht**[222]. L. Raiser unternahm es 1948, ihn aus einem **überpositiven**, unmittelbar aus der Gerechtigkeitsidee zu entwickelnden **Rechtssatz** herzuleiten, der immer dann Anwendung finden müsse, wenn ein Träger sozialer oder wirtschaftlicher Macht die Rechtsstellung von Gruppengliedern zueinander bestimme oder den Mitgliedern Güter zuteile. Der Gleichbehandlungsgrundsatz war ihm für Kollektive in der „modernen, rationalisierten, entpersönlichten Massenwelt" der Ersatz für die moralisch gebändigte Machtausübung in „echten, sittlich begründeten Autoritätsverhältnissen ..., wie sie etwa zwischen Eltern und Kindern, Lehrern und Schülern, Herrn und

---

[218] BAG 21.9.2011, NZA 2011, 317.
[219] BAG 26.10.1994, NZA 1995, 307, 308.
[220] RAG 19.1.1938, ARS 33, 172, 176.
[221] *Reuss/Siebert*, Die konkrete Ordnung des Betriebs, 2. Aufl. 1941, S. 58 ff.
[222] Hueck/Nipperdey/*Dietz*, AOG, 4. Aufl. 1943, § 2 Rn. 17a; Staudinger/*Nipperdey*, 11. Aufl. 1958, Vorb. 8, 13 zu § 617 BGB.

### III. Gleichbehandlungsgrundsatz und Diskriminierungsverbote

Knecht bestehen"[223]. *Bötticher* sah die Bindung des Arbeitgebers an den Gleichbehandlungsgrundsatz als Ausfluss der iustitia commutativa darin, dass er ein Gruppenleben ordne und sich durch Aufstellung von Regeln als **Normsetzer** geriere[224]. *G. Hueck*, der sich mit der Frage am intensivsten beschäftigt hat, leitet ihn „aus dem Gerechtigkeitsprinzip aufgrund des Bestehens privater Gemeinschaftsverhältnisse" her[225], im Arbeitsrecht speziell „aus der Einordnung des einzelnen Arbeitsverhältnisses in die Gesamtheit der **Betriebsgemeinschaft**". Der personenrechtliche – durch gegenseitige Treuepflichten geprägte – Charakter des Arbeitsverhältnisses stelle die Beziehung her zwischen dem einzelnen Arbeitnehmer, der nur mit dem Arbeitgeber verbunden sei, und der Gesamtheit aller anderen im Betriebe tätigen Personen, der Betriebsgemeinschaft[226]. Die heute h.L. sieht den Geltungsgrund im **Gewohnheitsrecht**[227], die Rechtsprechung gibt keine Begründung mehr.

**bb) Stellungnahme.** Der Gleichbehandlungsgrundsatz dient der **Verteilungsgerechtigkeit in einer Gemeinschaft**, d.h. in einer rechtlich anerkannten Gruppe, wie es die Belegschaft ist. Die Belegschaftsangehörigen haben Rechtsbeziehungen zwar nur je für sich zum Arbeitgeber, in einem arbeitsteiligen Prozess wirken sie aber an der Erreichung des Unternehmensziels zusammen. Ihr schützenswertes Interesse ist deshalb nicht nur auf Gerechtigkeit in dem jeweiligen Austauschverhältnis gerichtet (iustitia commutativa), sondern auch auf Gerechtigkeit bei Maßnahmen des Arbeitgebers, die ihre Stellung in diesem arbeitsteiligen Prozess betreffen (iustitia distributiva). Da eine Verpflichtung des Arbeitgebers zur Gleichbehandlung einen Eingriff in die Vertragsfreiheit bedeutet, bedarf es dafür einer Rechtsgrundlage. Einen positiven Rechtsgrundsatz gibt es nicht. Art. 3 GG wendet sich nicht an den Bürger. Will man nicht auf einen überpositiven Rechtsgrundsatz zurückgreifen, dann kann man die Rechtsgrundlage nur in einem **strukturellen Ungleichgewicht** zwischen Arbeitgeber und Arbeitnehmer sehen. Dieses Ungleichgewicht beruht auf der tatsächlichen und rechtlichen Überlegenheit des Arbeitgebers, der sozusagen auf der inneren Linie steht. Der Arbeitgeber kann insbesondere Vergünstigungen gewähren und durch Gestaltungsrechte in Vertragsbedingungen eingreifen. Er kann durch selektive Ausübung seiner Rechte und Möglichkeiten einzelne Arbeitnehmer oder Gruppen von ihnen ungleich „behandeln" und damit die einen gegenüber den anderen schlechter stellen. Zwar hat der Arbeitnehmer keinen Anspruch auf Beibehaltung der Stellung im Belegschaftsgefüge, die er mit Vertragsschluss erworben hat. Er kann aber mit Recht erwarten, dass er wenigstens bei allgemeinen Maßnahmen nicht willkürlich schlechter gestellt wird als andere in vergleichbarer Lage.

162

---

[223] *L. Raiser*, ZHR 111 (1948), 75 ff., 90 f., 94.
[224] *Bötticher*, RdA 1953, 161, 162 f.; RdA 1957, 317 ff.
[225] *G. Hueck*, Der Grundsatz der gleichmäßigen Behandlung im Privatrecht, 1958, S. 172.
[226] *G. Hueck*, Der Grundsatz der gleichmäßigen Behandlung im Privatrecht, 1958, S. 137, 233 f.
[227] BAG 12.10.2011, NZA 2012, 680; ErfK/*Preis*, § 611 BGB Rn. 574.

*b) Voraussetzungen*

**163**

I. **Voraussetzungen des Gleichbehandlungsgrundsatzes (GlbGrds)**
 1. **Vorrang der Vertragsfreiheit, Subsidiarität des GlbGrds**
 2. **Anwendungsbereich**
   a) rechtliche oder tatsächliche Arbeitsbedingungen,
   b) die der einseitigen Gestaltungsmacht des Arbeitgebers unterliegen,
     aa) Rechtsmacht (z.B. Organisation, Weisungsrecht, Leistungsbestimmung)
     bb) Tatsächliche Macht (z.b. Gewährung/Entzug von Leistungen)
   c) bei denen der Arbeitgeber eine Regel aufstellen kann
     (§ 305 Abs. 1 BGB: „Vertragsbedingungen, die eine Vertragspartei der anderen Vertragspartei bei Abschluss des Vertrags stellt")
 3. **Aufstellung einer Regel durch den Arbeitgeber**
   a) Regel: abstrakt-generelle Richtlinie für eine Mehrzahl von Fällen
   b) ausdrücklich aufgestellt (z.b. Gratifikationsordnung) oder
   c) Sachlüssig dem Handeln zugrunde gelegt (schlichte Leistungsgewährung)
 4. **Innerhalb einer Gemeinschaft**
   a) Bezugspunkt: Unternehmen (str.), da GlbGrds kompetenzbezogen
   b) Differenzierung nach unterschiedlichen Betrieben möglich
 5. **Bei den Arbeitsbedingungen**
   a) nicht bei der Begründung eines Arbeitsverhältnisses
   b) s., ob bei der Beendigung eines Arbeitsverhältnisses
 6. **Benachteiligung eines oder mehrerer Arbeitnehmer**
   a) bei der Aufstellung der Regel (benachteiligende Gruppenbildung)
   b) bei der Durchführung der Regel (benachteiligende Herausnahme Einzelner)
 7. **Ohne sachlichen Grund**
   a) sachlich gerechtfertigt ist jeder vernünftige Grund, der sich aus der Natur der Sache, dem Zweck der Leistung oder aus sonst sachlich einleuchtenden Gründen ergibt
   b) Beachtung der Diskriminierungsverbote (s. unten Rn. 179 ff.)
II. **Rechtsfolgen des Gleichbehandlungsgrundsatzes**
 1. Anspruch auf Beseitigung der Benachteiligung: „Wie" bleibt AG überlassen
 2. Anspruch auf Gewährung einer vorenthaltenen Vergünstigung, wenn sie den Begünstigten aus Rechtsgründen nicht wieder entzogen werden kann.

**164** **aa) Vorrang der Vertragsfreiheit.** Der Gleichbehandlungsgrundsatz schränkt die Handlungs- und Vertragsfreiheit des Arbeitgebers ein. Er darf deshalb nicht weiter gehen, als zum Schutz der Arbeitnehmer erforderlich. Infolgedessen ist er **abdingbar**. Inwieweit der einzelne Arbeitnehmer allerdings auf Einhaltung des Gleichbehandlungsgrundsatzes verzichten kann, ist streitig[228]. Fraglich ist vor allem, ob bei bestehendem Arbeitsverhältnis bloßes Einverständnis genügt oder ob nicht eine „freie" Willensentscheidung Voraussetzung ist. Zwar braucht der Arbeitnehmer nur „nein" zu sagen, wenn ihm eine Ungleichbehandlung angesonnen wird, tatsächlich kann er sich das aber in den wenigsten Fällen leisten. Zu weit geht es allerdings, wenn für Stichtagsregelungen ein sachlicher Grund verlangt wird[229]. Der Arbeitge-

---

[228] BeckOK/*Joussen*, § 611 BGB Rn. 272 m.w.N.
[229] So BAG 21.3.2001, NZA 2001, 785 ff.

III. Gleichbehandlungsgrundsatz und Diskriminierungsverbote

ber kann nicht gezwungen werden, Vergünstigungen, die er seiner Belegschaft irgendwann einmal eingeräumt hat, auch allen künftigen Bewerbern zu gewähren. Nicht abdingbar ist der Gleichbehandlungsgrundsatz als ganzer (§ 138 BGB).

Nicht zu verwechseln mit der Abdingbarkeit ist die **Subsidiarität** des Gleichbehandlungsgrundsatzes. Ein Anspruch „aus" dem Gleichbehandlungsgrundsatz kommt nur in Betracht, wenn der Arbeitnehmer nicht bereits einen Anspruch aus einem anderen Rechtsgrund hat. 165

**Beispiel:** Ein Arbeitgeber zahlt seit vielen Jahren allen seinen Mitarbeitern eine Weihnachtsgratifikation in Höhe eines Monatsgehalts, ohne dass das im Arbeitsvertrag ausdrücklich vereinbart wäre. Im Jahr 2018 nimmt er *Müller* davon aus, weil er sich über ihn – zu Recht oder zu Unrecht – geärgert hat. *Müller* hat Anspruch auf die Weihnachtsgratifikation aufgrund der betrieblichen Übung. Anders wäre es, wenn der Arbeitgeber die Weihnachtsgratifikation erst zweimal gezahlt hätte und wenn er sie *Müller* beim dritten Mal verweigern wollte. Hier ist noch keine betriebliche Übung entstanden. *Müller* hat Anspruch „aus" dem Gleichbehandlungsgrundsatz.

**bb) Anwendungsbereich.** Der Anwendungsbereich des Gleichbehandlungsgrundsatzes erstreckt sich auf **alle** rechtlichen und tatsächlichen **Arbeitsbedingungen**, bei denen der Arbeitgeber die Möglichkeit hat, die Arbeitnehmer (gleich oder ungleich) zu „behandeln" (vgl. § 305 Abs. 1 Satz 1 BGB: „stellen"). Im Gegensatz zur Angemessenheitskontrolle (vgl. § 307 Abs. 3 Satz 1 BGB) bezieht er sich auch auf die Hauptleistungspflichten[230]. Ob die Möglichkeit zur „Behandlung" auf Rechtsmacht (Organisationsgewalt, Gestaltungsrechte, vor allem Weisungsrecht, Änderungsvorbehalt und Versetzungsklausel, Widerrufsrecht) oder auf tatsächlicher Macht (Gewährung und Erhöhung von Leistungen) beruht, ist gleichgültig. Gleichgültig ist auch, wie sie erfolgt: durch einseitigen Rechtsakt (Ausübung von Leistungsbestimmungsrechten, vgl. § 315 BGB), durch zweiseitigen Rechtsakt (Änderungsvertrag, vgl. § 311 BGB) oder durch Realakt (Gestaltung des Arbeitsplatzes)[231]. 166

Wichtigster Anwendungsbereich ist das Entgelt, und zwar die Gewährung von Leistungen, auf die kein Anspruch besteht (sog. freiwillige Leistungen) und die Erhöhung von Leistungen, auf die der Arbeitnehmer ebenfalls keinen Anspruch hat („Regulierung" der übertariflichen Zulage oder des AT-Gehalts). Daneben ist der Gleichbehandlungsgrundsatz vor allem bei der Ausübung von Leistungsbestimmungsrechten von Bedeutung, insbesondere bei der Aufstellung und Durchführung von Ordnungs- und Verhaltensvorschriften. Der Gleichbehandlungsgrundsatz wird nicht dadurch verletzt, dass der Arbeitgeber ein Vergütungssystem mit verschiedenen Komponenten und Faktoren einführt und für einzelne Arbeitnehmergruppen zusätzliche Leistungen gewährt, um bestehende erhebliche Vergütungsunterschiede abzumildern oder auszugleichen[232]. Eine Verletzung ist auch nicht darin zu sehen, dass einer Gruppe von Arbeitnehmern eine Sonderzahlung vorenthalten wird, die ausschließlich dem 167

---

[230] Vgl. z.B. BAG 15.7.2009, NZA 2009, 1202; BAG 17.3.2010, NZA 2010, 696.
[231] *G. Hueck*, Der Grundsatz der gleichmäßigen Behandlung im Privatrecht, S. 227; *Wiedemann*, Das Arbeitsverhältnis als Austausch- und Gemeinschaftsverhältnis, 1966, S. 94.
[232] BAG 12.10.2011, NZA 2012, 680.

Ausgleich von Nachteilen der Arbeitnehmer dient, die mit dem Arbeitgeber ungünstigere Arbeitsbedingungen vereinbart haben[233].

168 **cc) Allgemeine Regelung.** Die Anwendung des Gleichbehandlungsgrundsatzes setzt voraus, dass der Arbeitgeber ausdrücklich oder durch schlüssiges Verhalten eine Regel aufstellt. Eine Regel ist eine Richtlinie; sie knüpft an allgemeinen Merkmalen an (abstrakt) und beansprucht Geltung für eine Mehrzahl von Fällen (generell). Auf diese Regel „beruft sich der Übergangene und beklagt sich darüber, dass sie nicht eingehalten sei"[234]. Eine absolute Gleichbehandlungspflicht („gleicher Lohn bei gleicher Arbeit") gibt es nicht[235]. Man käme sonst zu einer Kontrolle der Austauschgerechtigkeit[236], die mit einer Marktwirtschaft unvereinbar ist und die Lohnfindung in den Gerichtssaal verlagern würde[237]. Aus diesem Grund reicht auch die Besserstellung einer im Verhältnis zur Gesamtzahl sehr geringen Zahl von Arbeitnehmern (5 %) jedenfalls bei der Vergütung nicht aus[238].

**Beispiel** für eine ausdrückliche Regel: Weihnachtsgratifikation für alle AT-Angestellten; für eine schlüssig aufgestellte Regel: Ausgleich für Kaufkraftverlust bei allgemeiner Erhöhung der AT-Gehälter um einen bestimmten Mindestbetrag, so jedenfalls das BAG[239].

169 Der Arbeitgeber ist **frei, ob** er **eine Regel** aufstellt oder nicht. Entschließt er sich zur Aufstellung einer Regel, dann ist er grundsätzlich auch frei bei deren Ausgestaltung. Das gilt auch für die Bestimmung des Personenkreises, für den die Regel gelten soll. Allerdings darf er dabei nicht gegen zwingendes Recht verstoßen – vor allem hat er die Diskriminierungsverbote zu beachten –, und er darf keine Kriterien verwenden, die, gemessen an der Funktion des Arbeitsverhältnisses (Beitrag zum Unternehmensziel durch weisungsabhängige Dienste in einer hierarchisch aufgebauten arbeitsteiligen Organisation, Mittel zur Bestreitung des Lebensunterhalts), zu einer willkürlichen Differenzierung führen (z.B. Leistungen nur an Mitglieder des örtlichen Sportvereins, anders Leistungen an tariflich geführte Mitarbeiter oder an AT-Angestellte). Der Arbeitgeber darf in die Regel keine Ausnahmen einfügen, die eine ungerechtfertigte Schlechterstellung einzelner Arbeitnehmer zur Folge haben.

170 **dd) Durch den Arbeitgeber.** Der Gleichbehandlungsgrundsatz ist nur anwendbar, wenn die Regel vom Arbeitgeber herrührt, nicht, wenn der Arbeitgeber ausschließlich normative oder vertragliche Verpflichtungen erfüllt[240]. Der Arbeitgeber ist nicht verpflichtet, Ungleichbehandlungen auszugleichen, die von Dritten herrühren oder

---

[233] BAG 13.4.2011, NZA 2011, 1047, 1048.
[234] *Bötticher*, RdA 1953, 161, 162.
[235] BAG 28.2.1962, 19.8.1992, AP Nr. 31, 102 zu § 242 BGB Gleichbehandlung.
[236] *Bötticher*, RdA 1953, 161, 165.
[237] *Fastrich*, RdA 2000, 65 f. m.w.N.
[238] BAG 14.6.2006, NZA 2007, 221, 223.
[239] BAG 11.9.1985, AP Nr. 76 zu § 242 BGB Gleichbehandlung m. krit. Anm. *Hromadka*.
[240] BAG 21.9.2011, NZA 2012, 32.

### III. Gleichbehandlungsgrundsatz und Diskriminierungsverbote

durch den Arbeitnehmer selbst verursacht sind, der beispielsweise einer Vertragsänderung nicht zugestimmt hat[241]. In diesen Fällen ist vielmehr die gesetzliche oder tarifliche Bestimmung selbst an höherrangigem Recht zu prüfen.

**Beispiele:** Tarifbestimmungen gelten nur für die in der vertragschließenden Gewerkschaft organisierten Arbeitnehmer (§§ 4 Abs. 1, 3 Abs. 1 TVG). Mit dem Betriebsrat abgeschlossene Sozialpläne gelten nicht für leitende Angestellte (§ 5 Abs. 3 BetrVG).

**ee) Innerhalb einer Gemeinschaft.** Ursprünglich sind Rechtsprechung und h.L. davon ausgegangen, dass der Gleichbehandlungsgrundsatz nur innerhalb eines **Betriebs** und lediglich in Ausnahmefällen, etwa bei einer unternehmensübergreifenden Personalpolitik für Führungskräfte, unternehmensweit gelte. Das war folgerichtig, wenn man seine Rechtfertigung in der Betriebsgemeinschaft sah. Nunmehr geht das BAG[242] davon aus, dass der Gleichbehandlungsgrundsatz seinem Wesen nach kompetenzbezogen ist und sich deshalb auf den Bereich bezieht, auf den sich die gebundene Regelungskompetenz erstreckt. Das ist das **Unternehmen**. Der Arbeitgeber, der mit dem Unternehmensträger identisch sei, sei für das Unternehmen in seiner Gesamtheit verantwortlich[243]. Diese Begründung trägt nicht[244]. Entscheidend ist, ob auch unter den Arbeitnehmern im Unternehmen eine Gemeinschaft besteht. Das wird man bejahen können, wenn auch in schwächerem Ausmaß als für den Betrieb. **171**

Die praktische Bedeutung des Paradigmenwechsels sollte nicht überschätzt werden – so das BAG selbst; sie besteht im wesentlichen in einer Umkehr der Beweislast. Für eine Differenzierung nach Betrieben wird es nämlich häufig „billigenswerte Gründe" geben (Struktur, wirtschaftliche Lage, Situation in der Region, geltende Tarifverträge)[245]. **172**

**Beispiel:** Der Arbeitgeber kann nicht verpflichtet werden, die in seinem Unternehmen geltenden Arbeitsbedingungen auf einen neu erworbenen Betrieb auszudehnen[246]. Das könnte für diesen Betrieb das „Aus" bedeuten. Dasselbe gilt für neue Betriebsteile[247].

Der Gleichbehandlungsgrundsatz gilt **nicht im Konzern**[248]; die Konzernunternehmen sind rechtlich selbständig (vgl. § 18 AktG). **173**

Keine Anwendung findet der Gleichbehandlungsgrundsatz als Gebot der austeilenden Gerechtigkeit bei gemeinschaftsbezogenen Maßnahmen nach ganz h.L. auch bei der Begründung der Gemeinschaft[249]. Eine Verpflichtung des Arbeitgebers zur Gleichbehandlung bei **174**

---

[241] BAG 14.12.2011, NZA 2012, 618.
[242] BAG 17.11.1998, NZA 1999, 606.
[243] BAG 26.4.1966, AP Nr. 117 zu § 1 TVG Auslegung.
[244] *Richardi*, Anm. zu AP Nr. 162 zu § 242 BGB Gleichbehandlung.
[245] BAG 3.12.2008, NZA 2009, 367; *Zöllner/Loritz/Hergenröder*, Arbeitsrecht, § 20 III 1.
[246] BAG 15.3.1979, 30.8.1979, EzA § 613a BGB Nr. 22, 23.
[247] BAG 31.8.2005, NZA 2006, 265; BAG 14.3.2007, NZA 2007, 862.
[248] BAG 20.8.1986, AP Nr. 6 zu § 1 TVG Tarifverträge: Seniorität.
[249] *G. Hueck*, Der Grundsatz der gleichmäßigen Behandlung im Privatrecht, S. 62 f.; *Wiedemann*, Arbeitsverhältnis als Austausch- und Gemeinschaftsverhältnis, 1966, S. 96 ff.

der **Einstellung** bedarf deshalb einer eigenen Rechtsgrundlage[250], nämlich eines Diskriminierungsverbots (vgl. §§ 2 Abs. 1 Nr. 1, 7 Abs. 1 AGG). Ob der Gleichbehandlungsgrundsatz bei der **Beendigung** des Arbeitsverhältnisses gilt, ist streitig. Es wird im allgemeinen die Beurteilung einfließen, ob ein rechtfertigender oder wichtiger Grund vorliegt[251].

175 **ff) Schlechterstellung.** Hat der Arbeitgeber eine Regel aufgestellt, so darf er einzelne Arbeitnehmer oder Gruppen von ihnen in vergleichbarer Lage nicht willkürlich davon ausnehmen und schlechter stellen. Die benachteiligten Arbeitnehmer haben Anspruch auf Gleichbehandlung. Das setzt allerdings voraus, dass die Regel nicht bereits selbst einen Anspruch gewährt. Dann haben sie Anspruch auf Gleichbehandlung bereits aufgrund der Regelung. Der Gleichbehandlungsgrundsatz hat sein Hauptanwendungsgebiet deshalb – wie gesagt – bei freiwilligen Leistungen, die ohne Rechtsanspruch gewährt werden, und bei der Ausübung von Leistungsbestimmungsrechten. Eine Leistungsbestimmung – etwa der Widerruf einer Sonderzuwendung –, die gegen den Gleichbehandlungsgrundsatz verstößt, entspricht nicht billigem Ermessen[252]. Zu beachten ist jedoch, dass der Arbeitgeber für die Gewährung freiwilliger Leistungen auch mehrere Voraussetzungen aufstellen kann; beispielsweise für eine Gratifikation nicht nur den Bestand des Arbeitsverhältnisses, sondern auch tatsächliche Arbeitsleistung und die Erzielung eines bestimmten Ergebnisses.

176 **Willkürverbot.** Verboten ist nur die willkürliche Schlechterstellung. Willkürlich handelt der Arbeitgeber, der einen Arbeitnehmer grundlos oder aus einem Grund schlechter behandelt, der, am Zweck der Maßnahme gemessen, nicht sachlich gerechtfertigt ist[253].

**Beispiele:** Der Arbeitgeber zahlt ein – freiwilliges – Weihnachtsgeld und kürzt es bei einem Arbeitnehmer, weil dieser sich nie an betrieblichen Feiern beteiligt. Er nimmt bei Verlassen des Werks bei einem Arbeitnehmer eine Taschenkontrolle vor, weil er sich über dessen Arbeitsweise geärgert hat.

177 Der Arbeitgeber muss also einen sachlichen, einen billigenswerten Grund für die Differenzierung haben[254]. Hierfür trägt er die Darlegungs- und Beweislast. Er hat die Gründe für die Differenzierung offenzulegen und so substantiiert darzutun, dass die Beurteilung möglich ist, ob die Gruppenbildung sachlichen Kriterien entspricht[255]. Dass der Gleichbehandlungsgrundsatz lediglich eine Willkürkontrolle erlaubt, folgt schon daraus, dass die Austauschgerechtigkeit jedem einzelnen Arbeitsverhältnis bereits mithilfe der allgemeinen Vertragskontrolle sichergestellt wird. Das hat seinen Grund aber auch darin, dass über den Gleichbehandlungsgrundsatz

---

[250] Anders aber BAG 11.11.2008, NZA 2009, 450: Geltung auch ohne besondere Rechtsgrundlage; wieder anders BAG 13.8.2008, NZA 2009, 27 bei Verlängerung eines befristeten Arbeitsvertrags.
[251] APS/*Preis*, Grundlagen J Rn. 58 f.; *Zöllner/Loritz/Hergenröder*, Arbeitsrecht, § 20 III 3e.
[252] *Wiedemann*, Das Arbeitsverhältnis als Austausch- und Gemeinschaftsverhältnis, 1966, S. 98 ff.
[253] BAG 17.2.1998, NZA 1998, 762 ff.; *Fastrich*, RdA 2000, 65, 71.
[254] BAG 17.3.2010, NZA 2010, 696.
[255] BAG 27.7.2010, NZA 2010, 1369; BAG 23.2.2011, NZA 2011, 693, 694.

III. Gleichbehandlungsgrundsatz und Diskriminierungsverbote 317

auch Hauptleistungspflichten kontrolliert werden, die von der allgemeinen Vertragskontrolle ausgenommen sind. Schließlich darf nicht außer Betracht bleiben, dass es dem Arbeitgeber nicht verwehrt ist, keine Regel aufzustellen. Niemand hindert ihn beispielsweise – individualrechtlich (anders betriebsverfassungsrechtlich: § 87 Abs. 1 Nr. 10 BetrVG) –, übertarifliche Zulagen ohne System zu vergeben.

**Beispiele für zulässige Ungleichbehandlungen:**

— **Stichtagsregelungen** zur Abgrenzung des begünstigten Personenkreises, wenn sich die Wahl des Zeitpunkts am zu regelnden Sachverhalt orientiert und die Interessenlage der Betroffenen angemessen erfasst[256]. Der Arbeitgeber ist angesichts der sich ständig ändernden Wirtschaftslage nicht verpflichtet, einmal gewährte Leistungen auch bei allen künftigen Arbeitsverhältnissen einzuführen[257].
— **Herstellung einheitlicher Arbeitsbedingungen** nach einem Betriebsübergang durch Ausgleich von Nachteilen der Stammbelegschaft zur Angleichung an die Bedingungen der übernommenen Belegschaft[258], wobei es keine Rolle spielt, ob der Arbeitgeber die Unterschiede ganz oder nur teilweise ausgleicht[259].
— **Einführung eines Vergütungssystems** mit unterschiedlichen Faktoren und Komponenten und Gewährung zusätzlicher Leistungen für einzelne Arbeitnehmergruppen unter bestimmten Voraussetzungen, um bestehende erhebliche Vergütungsunterschiede auszugleichen oder abzumildern[260].
— **Sonderzahlung zum Ausgleich von Nachteilen** nur an solche Arbeitnehmer, die mit dem Arbeitgeber ungünstigere Arbeitsbedingungen vereinbart haben, soweit diese nicht zu einer „**Überkompensation**" führt[261]. Ob das der Fall ist, bemisst sich nach einem Gesamtvergleich: Gegenüberzustellen ist das Arbeitsentgelt, das der auf Gleichbehandlung klagende Arbeitnehmer im maßgeblichen Zeitraum aufgrund der für ihn geltenden arbeitsvertraglichen Regelungen tatsächlich verdient hat, und dasjenige Arbeitsentgelt, das er erhalten hätte, wenn er zu den Konditionen der begünstigten Arbeitnehmer gearbeitet hätte. Rechtsfolge einer Überkompensation ist, dass im Umfang der Überkompensation der sachliche Grund des Ausgleichs von Unterschieden nicht trägt[262].
— **Bindung bestimmter Arbeitnehmergruppen an den Betrieb** durch Gewährung erhöhter Sonderzahlungen[263], wenn ihre im Betrieb benötigten Kenntnisse und Fähigkeiten auf dem Arbeitsmarkt nicht oder nur schwer zu finden sind oder sie für ihre Einsetzbarkeit eine längere interne Ausbildung durchlaufen müssen
— **Reaktion auf akuten Arbeitskräftemangel** durch finanzielle Anreize, um schwer vermittelbare Arbeitsplätze zu besetzen[264].
— **Ausschluss von Elternzeitlern** mit ruhendem Arbeitsverhältnis von einer freiwillig gezahlten Weihnachtsgratifikation[265].

---

[256] BAG 15.11.2011, NZA 2012, 218.
[257] BAG 11.6.2002, NZA 2003, 570.
[258] BAG 14.3.2007, NZA 2007, 862.
[259] BAG 15.7.2009, NZA 2009, 1202.
[260] BAG 12.10.2011, NZA 2012, 680.
[261] BAG 13.4.2011, DB 2011, 1923.
[262] BAG 3.9.2014, NZA 2015, 222; vgl. weiter *Lingemann/Chakrabarti*, RdA 2016, 114.
[263] BAG 19.3.2003, NZA 2003, 724.
[264] BAG 21.3.2001, NZA 2001, 782.
[265] BAG 12.1.2000, NZA 2000, 944; vgl. weiter BAG 10.12.2008, NZA 2009, 258.

> **Beispiele für sachfremde Ungleichbehandlungen:**
>
> — **Ausschluss von einer Sonderzuwendung**, die Anwesenheit und Betriebstreue prämiert, weil Arbeitnehmer eine vom Arbeitgeber angetragene Verschlechterung der Arbeitsbedingungen ablehnen[266].
> — **Ausschluss studentischer Hilfskräfte** von einer Sonderzuwendung, die sonst allen Bediensteten einer Hochschule unabhängig von der Art ihrer jeweiligen Tätigkeit gezahlt wird[267].
> — **Geringerer Stundenlohn gegenüber einer Vollzeitkraft** für eine Studentin, die neben ihrem Studium als Teilzeitkraft beschäftigt wird[268]: weder der Status eines Studenten noch die größere zeitliche Flexibilität bei der Festlegung der Arbeitseinsätze stellen einen Sachgrund dar
> — **Prämie für Nichtteilnahme an einem Streik**, wenn damit nicht ausschließlich die besonderen Belastungen ausgeglichen werden sollen, die mit jeder Streikarbeit verbunden sind[269].
> — **Höheres Weihnachtsgeld für Angestellte**, ohne dass ein konkretes Bedürfnis besteht, sie damit stärker als Arbeiter an den Betrieb zu binden[270].

### c) Rechtsfolge

178 Der Gleichbehandlungsgrundsatz gibt dem Arbeitnehmer keinen Anspruch auf ein bestimmtes Tun des Arbeitgebers. Er verbietet dem Arbeitgeber lediglich eine sachwidrige Ungleichbehandlung von Arbeitnehmern. Wie die Ungleichbehandlung beseitigt wird, bleibt dem Arbeitgeber überlassen. Er kann beispielsweise darauf verzichten, eine Gratifikation, bei der er eine willkürliche Ungleichbehandlung vorgesehen hatte, einzuführen, oder eine Gratifikation, auf die für die Zukunft (noch) kein Anspruch besteht, weiterzuführen; er kann den vorgesehenen Betrag so umverteilen, dass auch die übergangenen Arbeitnehmer die Leistung erhalten, oder er kann die Mittel aufstocken. Hat der Arbeitgeber einer Gruppe eine Leistung bereits gewährt oder hat er sich ihr gegenüber bereits rechtlich gebunden, dann bleibt ihm allerdings nichts anderes übrig, als den übergangenen Arbeitnehmern die Leistung ebenfalls zu gewähren[271], da er unter Berufung auf den Gleichbehandlungsgrundsatz keine Änderungskündigung zur Lohnsenkung erklären darf[272]. In Frage kommt allenfalls ein Schutz vor finanzieller Überforderung bei Ausdehnung von Leistungen auf Großgruppen, wie von Vollzeitbeschäftigten auf Teilzeitbeschäftigte oder von Männern auf Frauen.

---

[266] BAG 30.7.2008, NZA 2008, 1412.
[267] BAG 6.10.1993, NZA 1994, 257.
[268] BAG 25.4.2001, NZA 2002, 1211.
[269] BAG 28.7.1992, NZA 1993, 267.
[270] BAG 12.10.2005, NZA 2005, 1418.
[271] BAG 27.7.2010, NZA 2010, 1369; BAG 17.3.2010, NZA 2010, 696.
[272] BAG 16.5.2000, AP Nr. 59 zu § 2 KSchG 1969.

III. Gleichbehandlungsgrundsatz und Diskriminierungsverbote 319

## 3. Diskriminierungsverbote

### a) Grundsatz

Diskriminierungsverbote verbieten dem Arbeitgeber – meist aus sozialpolitischen – 179
Gründen, Arbeitnehmer gegenüber anderen Arbeitnehmern in vergleichbarer Lage
zu benachteiligen, und zwar häufig selbst dann, wenn aus wirtschaftlichen Gründen
eine Ungleichbehandlung sinnvoll wäre.

**Beispiele:** Der Arbeitgeber muss Frauen und Teilzeitbeschäftigten gleiches Entgelt für gleiche Arbeit zahlen, auch wenn Frauen oder Teilzeitkräfte auf dem Arbeitsmarkt zu günstigeren Konditionen beschäftigt werden könnten. Er muss das Entgelt bei Schwangerschaft, Krankheit, personenbedingter Arbeitsunfähigkeit usw. fortzahlen, obwohl er dafür keine Leistung erhält.

Vom Gleichbehandlungsgrundsatz **unterscheiden** sich die Diskriminierungsverbote vor allem in **dreierlei Hinsicht**: 180

- Sie sind nicht auf das bestehende Arbeitsverhältnis beschränkt, sondern sie können auch die Einstellung betreffen (z.B. § 2 Abs. 1 Nr. 1 AGG).
- Sie setzen keine Regel voraus. Sie gelten beispielsweise auch für die individuelle Entgeltvereinbarung (§ 7 Abs. 2 AGG) und bei Maßnahmen, die nur einen einzigen Arbeitnehmer betreffen (§ 612a BGB).
- Sie sind regelmäßig unabdingbar[273].

Wer gegenüber wem, bei welchen Maßnahmen und mit welcher Rechtsfolge nicht 181
benachteiligt werden darf, ergibt sich aus der jeweiligen gesetzlichen Regelung.
Manchmal sind dort auch Ausnahmen vom Benachteiligungsverbot oder Gründe
für eine zulässige Zurücksetzung geregelt. Die meisten Diskriminierungsverbote
knüpfen an persönlichen Eigenschaften oder Verhältnissen an oder an Funktionen,
die im öffentlichen Interesse ausgeübt werden. Im folgenden können nur einige wenige Fälle beispielhaft genannt werden[274].

### b) Beispiele

**AGG.** Die wichtigsten Diskriminierungsverbote enthält § 7 Abs. 1 AGG[275]. Wegen 182
welcher Merkmale Arbeitnehmer nicht benachteiligt werden dürfen, zählt § 1 AGG
abschließend auf. Das AGG lässt Gesetze, die vor anderen Benachteiligungen
schützen, unberührt (§ 2 Abs. 3 AGG). Aus den in §§ 5, 8-10 AGG genannten Gründen können Benachteiligungen gerechtfertigt sein (s. § 5 Rn. 25 ff.).

---

[273] *Fastrich*, RdA 2000, 65, 68.
[274] Näheres bei *Fastrich*, RdA 2000, 65, 75 ff.
[275] Zur analogen Anwendung des 2. Abschnitts des AGG auf den Geschäftsführer einer GmbH unter bestimmten Voraussetzungen BAG, 23.4.2012, NZA 2012, 797.

**183 Staatsangehörigkeit.** Art. 45 AEUV, der unmittelbar im Arbeitsverhältnis gilt[276], verbietet jede auf der Staatsangehörigkeit beruhende unterschiedliche Behandlung der Arbeitnehmer der Mitgliedstaaten in Bezug auf Beschäftigung, Entlohnung und sonstige Arbeitsbedingungen. Die Vorschrift schützt allerdings nur Bürger aus den Mitgliedstaaten der EU.

**184 Gewerkschaftszugehörigkeit.** Alle Abreden, die das Recht auf koalitionsmäßige Betätigung einschränken und zu behindern suchen, sind nichtig, hierauf gerichtete Maßnahmen rechtswidrig (Art. 9 Abs. 3 GG). Nichtorganisierte Arbeitnehmer dürfen also gegenüber organisierten bei Entgeltvereinbarungen, bei der Ausübung von Leistungsbestimmungsrechten usw. nicht begünstigt werden. Kein Verstoß gegen Art. 9 Abs. 3 GG liegt vor, wenn der Arbeitgeber nur den gewerkschaftlich Organisierten die tariflichen Arbeitsbedingungen gewährt oder wenn in Tarifverträgen Sonderleistungen nur für Gewerkschaftsmitglieder vereinbart werden[277] (zu diesen sog. Differenzierungsklauseln s. Bd. 2 § 13 Rn. 176 f.).

**185 Teilzeit- und befristet beschäftigte Arbeitnehmer.** Der Arbeitgeber darf einen teilzeitbeschäftigten Arbeitnehmer und einen befristet beschäftigten Arbeitnehmer nicht wegen der Teilzeit oder wegen der Befristung schlechter behandeln als einen vergleichbaren vollzeitbeschäftigten oder unbefristet beschäftigten Arbeitnehmer (§ 4 TzBfG; s. § 4 Rn. 17 ff., 39).

**186 Betriebsrat.** Das Entgelt von Mitgliedern des Betriebsrats darf nicht geringer bemessen werden als das Entgelt vergleichbarer Arbeitnehmer mit betriebsüblicher beruflicher Entwicklung. Das gilt auch für allgemeine Zuwendungen des Arbeitgebers. Mitglieder des Betriebsrats dürfen nur mit Tätigkeiten beschäftigt werden, die denen vergleichbarer Arbeitnehmer gleichwertig sind (§ 37 Abs. 4, 5 BetrVG). Die Vorschrift über das Entgelt hat besondere Bedeutung für freigestellte Betriebsratsmitglieder, die über die Tätigkeit für teilfreigestellte Betriebsratsmitglieder (§ 38 Abs. 1 BetrVG). S. weiter Bd. 2 § 16 Rn. 234, 270 ff.

---

[276] EuGH 6.6.2000, NZA-RR 2001, 20.
[277] BAG 21.8.2013, NZA-RR 2014, 201; BAG 21.5.2014, NZA 2015, 115.

## IV. Rechte des Arbeitnehmers bei Pflichtverletzungen des Arbeitgebers

### 1. Anspruch und Klage auf Erfüllung

#### a) Nichterfüllung der Vergütungspflicht

Erfüllt der Arbeitgeber seine Vergütungspflicht nicht oder nicht gehörig, kann der Arbeitnehmer vor dem Arbeitsgericht Lohnzahlungsklage erheben (§ 2 Abs. 1 Nr. 3 a ArbGG). **187**

Da der Arbeitgeber, wenn nichts anderes vereinbart ist, einen Bruttobetrag schuldet (s. oben Rn. 103), ist der **Bruttolohn** einzuklagen. Der auf Bruttolohn lautende Titel ist, unabhängig von der Pflicht des Arbeitgebers, Steuern und Sozialversicherungsbeiträge abzuführen, vollstreckbar[278]. Hat der Arbeitgeber die abzuführenden Beträge nicht weitergeleitet oder kann er die Zahlung nicht nachweisen, treibt der Gerichtsvollzieher den gesamten Bruttobetrag bei und unterrichtet das zuständige Finanzamt (§ 86 GVO). Es ist dann Sache des Arbeitnehmers, Steuern und Sozialversicherungsbeiträge abzuführen. Kann der Arbeitgeber durch Urkunden nachweisen, dass er Steuern und Sozialversicherungsbeiträge bereits abgeführt hat, kann er insoweit nach § 775 Nr. 5 ZPO die Einstellung der Zwangsvollstreckung verlangen. Die Erhebung einer **Nettolohnklage** ist bei einer Bruttolohnvereinbarung unzulässig, wenn das Gericht Steuern und Sozialversicherungsbeiträge erst errechnen muss, um die Begründetheit des Klagebegehrens festzustellen. **Verzugszinsen** wegen verspäteter Zahlung können nach Ansicht der Rechtsprechung **vom Bruttolohn** verlangt werden. Das folge bereits aus dem Wortlaut des § 288 BGB. Er sehe einen pauschalierten Schadensersatz vor; ob tatsächlich ein Schaden entstehe, sei unbeachtlich[279]. **188**

#### b) Nichterfüllung von Nebenpflichten

Erfüllt der Arbeitgeber eine selbständig einklagbare Nebenpflicht nicht oder nicht gehörig, so kann der Arbeitnehmer vor dem Arbeitsgericht Leistungsklage erheben oder eine einstweilige Verfügung beantragen (§ 62 Abs. 2 ArbGG, §§ 935 ff. ZPO). Das gilt insbesondere bei der Missachtung von Schutzpflichten für Leben und Gesundheit (§ 618 BGB). Die Nichteinhaltung öffentlich-rechtlicher Arbeitsschutzvorschriften bedeutet häufig auch eine Verletzung arbeitsvertraglicher Nebenpflichten, da diese durch das öffentlich-rechtliche Arbeitsschutzrecht konkretisiert werden (s. oben Rn. 134 ff.). **189**

---

[278] BAG 29.8.1984, EzA § 123 BGB Nr. 25.
[279] BAG GS 7.3.2001, AP Nr. 4 zu § 288 BGB.

190 In der Praxis wird kaum je auf Einhaltung von Nebenpflichten geklagt. Besteht im Betrieb ein Betriebsrat, so hat dieser darüber zu wachen, dass die zugunsten der Arbeitnehmer geltenden Vorschriften durchgeführt werden (§ 80 Abs. 1 Nr. 1 BetrVG). Der Betriebsrat hat das Recht, die mangelhafte Beachtung der Vorschriften beim Arbeitgeber zu beanstanden und auf Abhilfe zu drängen (§ 80 Abs. 1 Nr. 2 BetrVG). Er kann dagegen nicht – etwa im Wege des Beschlussverfahrens – auf Einhaltung der Vorschriften klagen oder die arbeitsvertraglichen Erfüllungsansprüche der Arbeitnehmer geltend machen[280]. Seit 1996 haben Beschäftigte, die aufgrund konkreter Anhaltspunkte der Auffassung sind, dass die vom Arbeitgeber zum Schutz von Sicherheit und Gesundheit der Arbeitnehmer getroffenen Maßnahmen ungenügend sind, das gesetzlich verbriefte Recht, sich an die zuständigen Arbeitsschutzbehörden (Gewerbeaufsichtsämter, Berufsgenossenschaften) zu wenden, wenn der Arbeitgeber auf ihre Beschwerden hin keine Abhilfe schafft (§ 17 Abs. 2 Satz 1 ArbSchG). Dasselbe gilt, wenn die zulässigen Grenzwerte von Gefahrstoffkonzentrationen in der Luft überschritten werden und der Arbeitgeber nichts dagegen unternimmt (§ 21 Nr. 6 GefahrstoffVO). Unabhängig davon dürfen sie dem Arbeitgeber jederzeit Vorschläge zu Fragen des Arbeitsschutzes machen (§ 17 Abs. 1 ArbSchG) oder sich im Falle von Verstößen gegen das Benachteiligungsverbot bei den zuständigen Stellen im Betrieb beschweren (§ 13 AGG)[281].

191 Verletzt der Arbeitgeber die Gleichbehandlungspflicht, kann der Arbeitnehmer auf ein positives Tun klagen (etwa Zahlung einer Weihnachtsgratifikation, die ihm aus sachlich nicht gerechtfertigten Gründen verweigert wird) oder auf Unterlassen (etwa Verbot, zur Ableistung von Überstunden nur bestimmte Personen heranzuziehen).

## 2. Zurückbehaltungsrecht

### a) Nichterfüllung der Vergütungspflicht

192 Zahlt der Arbeitgeber die geschuldete Vergütung nicht, so kann der Arbeitnehmer die Einrede des nicht erfüllten Vertrages (§ 320 Abs. 1 BGB) erheben und seine Arbeitsleistung zurückhalten. Die Vergütungspflicht gehört zu den synallagmatischen Hauptleistungspflichten des Arbeitsvertrages, auf die die §§ 320 ff. BGB Anwendung finden. Zwar ist der Arbeitnehmer nach § 614 Satz 1 BGB vorleistungspflichtig, jedoch nur für eine Vergütungsperiode, bei monatlicher Lohnzahlung also für einen Monat (§ 614 Satz 2 BGB). Für den Zeitraum, für den er sich zu Recht auf § 320 BGB beruft, behält er nach § 615 BGB seine Ansprüche. Machen mehrere Arbeitnehmer gleichzeitig von ihrem Zurückbehaltungsrecht Gebrauch, müssen sie deutlich machen, dass es ihnen um die Durchsetzung bestehender Ansprüche geht und nicht um die Begründung neuer, da sonst eine unzulässige – weil nicht gewerkschaftlich organisierte – Arbeitskampfmaßnahme vorliegt.

---

[280] BAG 10.6.1986, 24.2.1987, AP Nr. 26, 28 zu § 80 BetrVG; BAG 17.10.1989, AP Nr. 53 zu § 112 BetrVG; BAG 5.5.1992, AP Nr. 97 zu § 99 BetrVG.

[281] Bei der Einrichtung der Beschwerdestelle hat der Betriebsrat nur über Verfahrensfragen, nicht aber über die personelle Besetzung mitzubestimmen, vgl. BAG 21.7.2009, NZA 2009, 1049.

## b) Nichterfüllung von Nebenpflichten

Erfüllt der Arbeitgeber eine Nebenpflicht nicht oder nicht gehörig, so kann der Arbeitnehmer seine Arbeitsleistung nach § 273 Abs. 1 BGB zurückhalten. Zwar kann der Arbeitgeber das Zurückbehaltungsrecht durch Zahlung einer Sicherheitsleistung abwenden (§ 273 Abs. 3 BGB); diese Abwendungsbefugnis besteht jedoch nicht, wenn er Nebenpflichten zum Schutze von Leben, Gesundheit und Persönlichkeit des Arbeitnehmers missachtet hat; § 618 BGB geht insoweit vor. **193**

Eine Reihe neuerer arbeitsschutzrechtlicher Vorschriften sieht für den Fall der Nichterfüllung ausdrücklich Zurückbehaltungsrechte der betroffenen Arbeitnehmer vor. So darf ein Arbeitnehmer, der am Arbeitsplatz sexuell oder aus einem in § 1 AGG genannten Grund belästigt wird, seine Tätigkeit ohne Verlust der Vergütung einstellen, wenn der Arbeitgeber keine oder nur ungenügende Maßnahmen trifft, um die Belästigungen zu unterbinden (§ 14 AGG). Dasselbe gilt, wenn wegen der Überschreitung der Grenzwerte für Gefahrstoffkonzentrationen eine unmittelbare Gefahr für Leben oder Gesundheit droht (§ 21 Nr. 6 GefahrstoffVO). **194**

### 3. Schadensersatzanspruch

#### a) Nichterfüllung der Vergütungspflicht

Erfüllt der Arbeitgeber seine Vergütungspflicht nicht ordentlich, so hat er dem Arbeitnehmer den dadurch entstehenden (Verzögerungs-)Schaden zu ersetzen (§§ 280 Abs. 1, Abs. 2, 286 BGB). Da für die Lohnzahlung eine Zeit nach dem Kalender bestimmt ist (§ 286 Abs. 2 Nr. 1 BGB), bedarf es keiner Mahnung. Das Verschulden des Arbeitgebers wird vermutet (§ 286 Abs. 4 BGB). Den Arbeitnehmer kann allerdings ein Mitverschulden (§ 254 BGB) treffen, wenn er es unterlässt, den Arbeitgeber auf den Fehler aufmerksam zu machen. **195**

#### b) Nichterfüllung von Nebenpflichten

Verletzt der Arbeitgeber schuldhaft eine Schutzpflicht und erleidet der Arbeitnehmer dadurch einen Schaden, so haftet der Arbeitgeber nach §§ 280 Abs. 1, 241 Abs. 2 BGB oder wegen unerlaubter Handlung (§ 823 BGB). Verletzt ein Kollege, der als Erfüllungsgehilfe des Arbeitgebers tätig wird, eine Schutzpflicht, wird dessen Verschulden dem Arbeitgeber nach § 278 BGB zugerechnet. Daneben kommt eine Haftung des Arbeitgebers nach § 831 Abs. 1 Satz 1 BGB in Betracht, da der Kollege den Weisungen des Arbeitgebers unterliegt und daher dessen Verrichtungsgehilfe ist. Freilich muss die Verletzungshandlung mit der Verrichtung der Dienste in einem inneren, sachlich-zeitlichen Zusammenhang stehen und nicht nur „bei Gelegenheit" der Arbeitsleistung erfolgt sein. Der Arbeitgeber kann sich nach § 831 Abs. 1 Satz 2 BGB exkulpieren, wenn er das seinerseits Erforderliche zur Verhinderung der unerlaubten Handlung getan hat. Bei einem Arbeitsunfall ist die Haftung für Personenschäden grundsätzlich ausgeschlossen; der geschädigte Arbeitnehmer erhält stattdessen die Leistungen der gesetzlichen Unfallversicherung (s. § 9 Rn. 8 ff.). **196**

197 Bei einer schweren schuldhaften **Verletzung des allgemeinen Persönlichkeitsrechts** hat der Arbeitnehmer Anspruch auf ein angemessenes **Schmerzensgeld**, wenn anders kein befriedigender Ausgleich geschaffen werden kann und wegen der Schwere der Schuld eine besondere Genugtuung erforderlich ist[282]. Eine schwere Persönlichkeitsverletzung (Recht am eigenen Bild) liegt bspw. in heimlichen Bildaufnahmen und Videoaufzeichnungen durch einen Privatdetektiv im Rahmen einer rechtswidrigen Observation (s. § 8 R. 97)[283]. Sondervorschriften gelten bei Verstößen gegen das Diskriminierungsverbot (s. § 5 Rn. 8, 36 ff.). Zur verschuldensunabhängigen Gefährdungshaftung des Arbeitgebers analog § 670 BGB s. § 9 Rn. 2 ff.

### 4. Außerordentliche Kündigung

198 Bei schweren Pflichtverletzungen kann der Arbeitnehmer das Arbeitsverhältnis ohne Einhaltung einer Kündigungsfrist oder eines Kündigungstermins kündigen, wenn ihm die Verrichtung seiner Dienste bis zum Ablauf der Kündigungsfrist auch bei Berücksichtigung der berechtigten Interessen des Arbeitgebers nicht zugemutet werden kann (§ 626 Abs. 1 BGB). Die Kündigung muss binnen zwei Wochen ab Kenntnis von der Pflichtverletzung erklärt werden (§ 626 Abs. 2 BGB). Der Arbeitgeber ist dem Arbeitnehmer dann zum Ersatz des durch die Aufhebung des Arbeitsverhältnisses entstehenden Schadens verpflichtet (§ 628 Abs. 2 BGB).

---

[282] BGH 26.1.1971, NJW 1971, 698; BAG 18.12.1984, EzA § 611 BGB Persönlichkeitsrecht Nr. 2.
[283] BAG 19.2.2015, NZA 2015, 994 (1.000 €: Aufnahmen im öffentlichen Raum, Weitergabe nur an Auftraggeber).

# § 8 Leistungsstörungen und Entgeltfortzahlung

## I. Verzug und Unmöglichkeit

Unmöglichkeit liegt vor, wenn die geschuldete Leistung nicht (mehr) erbracht werden kann, Verzug, wenn sie verspätet erbracht oder angenommen wird. Die **Nachholbarkeit** ist also das Unterscheidungsmerkmal. Welche Leistung geschuldet wird, richtet sich nach der Parteivereinbarung.

Beim Kauf ist entscheidend die Lieferung eines bestimmten Gegenstandes; die Leistungsumstände, vor allem der Zeitpunkt, spielen in der Regel keine so wichtige Rolle, dass mit Nichteinhaltung der Vertrag stehen und fallen müsste. Es gibt aber Ausnahmen, wie das absolute Fixgeschäft. Bei ihm ist die Einhaltung der Leistungszeit nach dem Zweck des Vertrags und der Interessenlage für den Gläubiger derart wesentlich, dass eine verspätete Leistung keine Erfüllung mehr darstellt[1]. Bei Dauerschuldverhältnissen – Miete, Pacht, Leihe, Verwahrung, Dienstvertrag usw. – wird die Leistung häufig schon durch bloßes Verstreichen der Zeit unmöglich. Ein Wohnungsmietvertrag für die Zeit ab 1. März kann am 1. April nicht mehr rückwirkend erfüllt werden. Dasselbe gilt für Arbeitsverträge, wenn die Arbeitszeit sich mit der Betriebsöffnungszeit deckt, was aber häufig nicht der Fall ist.

Vielfach könnte der Arbeitgeber die Leistung durchaus sinnvoll auch später noch verwerten, sodass die Definition des absoluten Fixgeschäfts nicht erfüllt ist. Dennoch wird man auch hier in der Regel von einem **absoluten Fixgeschäft** auszugehen haben[2]. Die klassische Definition ist auf Kauf- und Werkverträge und da wieder auf den Schuldnerverzug zugeschnitten. Bei diesen Verträgen spielt die Zeit nur ausnahmsweise eine Rolle, und wenn, dann für den Gläubiger. Anders bei Dauerschuldverhältnissen. Hier können beide Parteien ein wesentliches Interesse daran haben, dass die Leistung zu einer bestimmten Zeit erbracht wird. Beim Dienstvertrag wird das Interesse des Schuldners an einer Leistung zu einer bestimmten Zeit

---

[1] Palandt/*Grüneberg*, § 271 BGB Rn. 17; Bsp. aus der Rspr.: BGH 21.3.1974, NJW 1974, 1046, 1047, Charterflug zu bestimmtem Zeitpunkt; BGH 10.12.1986, BGHZ 99, 182, Miete einer Stadthalle für eine Veranstaltung.

[2] So schon bei der Beratung zum BGB: „regelmäßig die Eigenschaft einer Art von Fixgeschäft", *Jakobs/Schubert*, Die Beratung des BGB, §§ 443-651, 1980, S 770; S auch Mot. II S 461. Anschaulich *Picker*, JZ 1985, 693, 699 f.: Speziesschuld. Die h.L. nimmt absolute Fixschuld an, die neuere Lehre in Ausnahmefällen relative Fixschuld (§ 323 Abs. 2 Nr. 2 BGB), vgl. MünchArbR/*Reichold*, § 36 Rn. 61, 94 m.w.N.

das des Gläubigers sogar in der Regel überwiegen. Der Dienstherr oder der Arbeitgeber wird die Arbeit vielfach auch zu anderer Zeit einplanen können; dem Dienst- oder Arbeitnehmer kann man mangels anderweitiger Anhaltspunkte nicht unterstellen, dass er seinem Vertragspartner das Recht einräumen will, die Arbeitszeit nach Bedarf festzulegen (vgl. § 12 Abs. 2 TzBfG)³. Auch bei Teilzeit und bei versetzter Arbeitszeit ist also im Normalfall von Unmöglichkeit auszugehen. Natürlich kann anderes vereinbart werden. Es ist ein Unterschied, ob eine Reinigungskraft zu ihrem Lebensunterhalt auf möglichst viele „Aufträge" angewiesen ist oder ob sie von Zeit zu Zeit zur Aufbesserung des Taschengelds putzt. Im ersten Fall wird mit Verstreichen der Zeit die Leistung unmöglich, im zweiten wird regelmäßig Nachholbarkeit anzunehmen sein. Bei Gleitzeit oder variabler Arbeitszeit (s. § 6 Rn. 86 f.) stellt sich die Frage von Unmöglichkeit oder Verzug nicht, solange sich Arbeitnehmer und Arbeitgeber innerhalb des vereinbarten Zeitrahmens halten.

4  So wichtig die Abgrenzung von Verzug und Unmöglichkeit ist, praktisch spielt sie im Arbeitsrecht so gut wie keine Rolle. Die Rechtsfolgen sind in beiden Fällen (fast) dieselben. Der Gesetzgeber hat nämlich die Annahmeunmöglichkeit, d.h. die Unmöglichkeit, die aus Gründen in der Sphäre des Gläubigers herrührt, den Regeln des Gläubigerverzugs unterstellt. Obwohl in den weitaus meisten Fällen Unmöglichkeit vorliegt, wird hier aus didaktischen Gründen zuerst der Verzug besprochen.

## II. Annahmeverzug

### 1. Allgemeines

5  Kommt der Arbeitgeber mit der Annahme der Dienste in Verzug, so kann der Arbeitnehmer für die infolge des Verzugs nicht geleistete Arbeit die vereinbarte Vergütung verlangen, ohne zur Nachleistung verpflichtet zu sein (§ 615 Satz 1 BGB). Der Arbeitgeber kommt in Annahmeverzug, wenn er die ordnungsgemäß, d.h. nach §§ 293 ff. BGB angebotene Arbeit nicht annimmt.

6  § 615 BGB ist keine Anspruchsgrundlage. Anspruchsgrundlage für die Vergütung ist der Arbeitsvertrag. § 615 BGB bestimmt lediglich, dass der Arbeitnehmer nicht nacharbeiten muss. Für den Fall des Annahmeverzugs enthält § 615 BGB insofern eine Ausnahme von den allgemeinen Verzugsvorschriften: Obwohl nachgearbeitet werden könnte, obwohl die Leistung also noch erbracht werden kann, ist der Arbeitnehmer nicht zur Nachleistung verpflichtet. In Umkehrung zu dem Satz „ohne Arbeit kein Lohn" sagt § 615 BGB „Lohn auch ohne Arbeit". Auch wer eigentlich nachleisten könnte, verliert, wenn die Leistung nicht zur vereinbarten Zeit abgerufen wird, Lebenszeit, die er sinnvoll hätte gestalten können. Ob eine Pflicht zur Nacharbeit besteht, richtet sich nach dem Vertrag. Im Arbeitsrecht sind diese Fälle noch seltener als im übrigen Dienstvertragsrecht. In Frage kommen am ehesten geringfügige Tätigkeiten, bei denen es dem Arbeitnehmer nicht entscheidend darauf ankommt, wann er tätig wird.

---

³ Zur Bedeutung des Parteiwillens für den Fixschuldcharakter *Rückert*, ZfA 1983, 1, 8 f.; v.a. Fn. 28.

## 2. Voraussetzungen

Voraussetzungen für den Annahmeverzug sind Leistungsvermögen und Leistungsbereitschaft des Arbeitnehmers, ein vertragsgemäßes Angebot und die Nichtannahme der Leistung durch den Arbeitgeber; Verschulden ist nicht erforderlich.

### a) Unvermögen des Schuldners

Der Arbeitgeber kommt nicht in Verzug, wenn der Arbeitnehmer zur Zeit des Angebots außer Stande ist, die Leistung zu bewirken (§ 297 BGB)[4]. Dasselbe gilt, wenn ein Angebot überflüssig ist, weil zur Bewirkung der Leistung eine Handlung des Arbeitgebers erforderlich ist (§ 295 BGB), falls der Arbeitnehmer zu der für die Handlung bestimmten Zeit (§ 296 BGB) nicht leisten kann (§ 297 BGB), etwa weil er zur Leistungszeit arbeitsunfähig krank ist; für diese Zeit kann der Arbeitnehmer aber einen Anspruch auf Entgeltfortzahlung aus §§ 3 f. EfzG haben (s. unten Rn. 59 ff.). Nicht nur **Leistungsunvermögen** schließt Gläubigerverzug aus, sondern auch **fehlender Leistungswille**[5]. Ein leistungsunwilliger Schuldner setzt sich außer Stande, die geschuldete Leistung zu erbringen[6]. Er muss deswegen nach Ausspruch einer Kündigung seinen wieder gefassten Leistungswillen kundtun; dazu ist regelmäßig – im Rahmen des Zumutbaren – ein tatsächliches Angebot erforderlich (§ 294 BGB)[7].

### b) Vertragsgemäßes Angebot

Der Arbeitnehmer muss die Leistung so, wie sie nach dem Vertrag geschuldet ist, anbieten. Das setzt im Regelfall ein tatsächliches Angebot voraus (§ 294 BGB). Die Leistung muss also zur rechten Zeit, am rechten Ort und in der rechten Weise angeboten werden[8]. Der Arbeitnehmer muss sich bei Arbeitsbeginn an der vereinbarten Stelle (s. § 6 Rn. 89 ff.) einfinden und zur Aufnahme der vereinbarten Arbeit bereit sein.

Ein wörtliches Angebot genügt, wenn der Arbeitgeber erklärt hat, dass er die Leistung nicht annehmen werde (§ 295 BGB), d.h. wenn er beispielsweise zu erkennen gegeben hat, dass wegen Auftragsmangels oder wegen einer Betriebsstörung nicht gearbeitet werden kann, oder wenn er einen Arbeitnehmer „freigestellt", d.h. von der Arbeitspflicht suspendiert, oder wenn er ihm gekündigt hat. Die Rechtsprechung hat in diesen Fällen ursprünglich ein solches wörtliches Angebot verlangt, musste aber zu nicht immer zweifelsfreien Hilfskonstruktionen greifen. In der Praxis kommt kein Arbeitnehmer auf den Gedanken, seine Arbeitskraft noch einmal anzubieten, wenn der Arbeitgeber die Annahme bereits abgelehnt hat. Deshalb hat das

---

[4] Bsp. in BAG 21.10.2015, NZA 2016, 688; zum Annahmeverzug bei einer Leistungseinschränkung BAG 19.5.2010, NZA 2010, 1119; durch verschuldetes Hausverbot bei einem Kunden BAG 28.9.2016, NZA 2017, 124.
[5] BAG 17.8.2011, NZA-RR 2012, 342; BAG 22.2.2012, NZA 2012, 858.
[6] BAG 13.7.2005, NZA 2005, 1348.
[7] BAG 22.2.2012, NZA 2012, 858.
[8] BAG 19.5.2010, NZA 2010, 1119; BAG 17.7.2012, NZA 2012, 1432 (Streikteilnahme); ErfK/*Preis*, § 615 BGB Rn. 18.

BAG beispielsweise in der Kündigungsschutzklage ein Angebot gesehen, das dem Arbeitgeber mit Zustellung der Klage zugehe. Das hatte zur Folge, dass bei unwirksamer Kündigung erst ab diesem Zeitpunkt ein Anspruch auf Verzugslohn entstand. Das BAG hat diese Rechtsprechung für den Fall der Kündigung nunmehr aufgegeben. Es nimmt jetzt an, dass zur Bewirkung der Arbeitsleistung eine Handlung des Arbeitgebers erforderlich sei (§ 295 Alt. 2 BGB). Der Leistungsvollzug hänge davon ab, dass der Arbeitgeber dem Arbeitnehmer einen funktionsfähigen Arbeitsplatz zur Verfügung stelle und dass er ihm die Arbeit zuweise[9]. Damit eröffnet das Gericht die Anwendbarkeit des § 296 BGB. Ist nämlich eine Mitwirkungshandlung des Gläubigers erforderlich und ist für diese Handlung eine Zeit nach dem Kalender bestimmt, dann bedarf es auch des wörtlichen Angebots nur, wenn der Gläubiger die Handlung rechtzeitig vornimmt. Der Arbeitgeber hat dem Arbeitnehmer Tag für Tag den Arbeitsplatz bereitzuhalten; tut er das nicht, weil er in der Meinung, zu Recht gekündigt zu haben, den Arbeitnehmer nicht zur Arbeit zulässt, so gerät er auch ohne Angebot in Verzug. Das müsste an sich auch bei unberechtigter Einführung von Kurzarbeit oder bei rechtswidriger Aussperrung gelten. Im ungekündigten Arbeitsverhältnis verlangt das BAG aber nach wie vor ein tatsächliches Angebot[10]. Die Rechtsprechung ist deshalb zu Recht kritisiert worden. Besser scheint es, die Lösung bei einer unwirksamen Kündigung über § 242 BGB zu suchen (widersprüchliches Verhalten)[11]. Der Arbeitgeber kommt nicht in Annahmeverzug, wenn der Arbeitnehmer eine ihm ordnungsgemäß zugewiesene Arbeit ablehnt und stattdessen eine andere, vertragsgemäße Arbeit anbietet, weil es Sache des Arbeitgebers und nicht des Arbeitnehmers ist, die im Arbeitsvertrag nur rahmenmäßig versprochene Tätigkeit zu konkretisieren; das gilt selbst dann, wenn der Arbeitgeber aus § 241 Abs. 2 BGB verpflichtet ist, einem eingeschränkt leistungsfähigen Mitarbeiter einen „leidensgerechten Arbeitsplatz" zuzuweisen[12].

### c) Nichtannahme der Leistung

11 Dritte Voraussetzung ist die Nichtannahme der Leistung. Dabei kommt es nicht darauf an, ob der Arbeitgeber die Leistung nicht annehmen kann oder nicht annehmen will und ob ihn ein Verschulden trifft oder nicht. Die Annahme ist ein Realakt; Erfüllung tritt nach der herrschenden Theorie der realen Leistungsbewirkung als objektive Folge der Leistung ein[13]. Trotzdem verlangt die Rechtsprechung nach einer Kündigung, dass der Arbeitgeber die Leistung als Erfüllung des gekündigten (!) Arbeitsverhältnisses annimmt[14]. Der Arbeitgeber, der den Arbeitnehmer nur gezwungenermaßen aufgrund einer gerichtlichen Entscheidung beschäftigt oder der ihm

---

[9] BAG 9.8.1984, AP Nr. 34 zu § 615 BGB; BAG 19.1.1999, NZA 1999, 926.
[10] BAG 29.10.1992, EzA Nr. 77 zu § 615 BGB; BAG 16.4.2013, NZA 2013, 849, 850.
[11] MünchKomm/*Ernst*, § 295 BGB Rn. 6.
[12] BAG 19.5.2010 NZA 2010, 1119, 1120 f.; teilw. abw. BAG 27.8.2008, NZA 2008, 1410.
[13] BAG 3.3.1993, NJW 1993, 2397, 2398; Palandt/*Grüneberg*, § 362 BGB Rn. 1.
[14] BAG 14.11.1985, AP Nr. 39 zu § 615 BGB.

nur zur Überbrückung der Ungewissheit über die Wirksamkeit der Kündigung einen befristeten oder bedingten Vertrag anbietet, gerät in Annahmeverzug[15].

Der Arbeitgeber kommt nicht in Verzug, wenn er ausnahmsweise berechtigt ist, die Leistung abzulehnen. Das ist dann der Fall, wenn ihm die Beschäftigung unter Berücksichtigung der dem Arbeitnehmer zuzurechnenden Umstände nicht zuzumuten ist, insbesondere wenn bei Annahme der angebotenen Dienste Leib, Leben, Freiheit, Gesundheit, Ehre oder Eigentum des Arbeitgebers, seiner Angehörigen oder anderer Betriebsangehöriger unmittelbar und nachhaltig gefährdet werden[16] oder wenn ein Beschäftigungsverbot besteht[17]. 12

### 3. Rechtsfolge

Der Arbeitnehmer kann die vereinbarte Vergütung verlangen, ohne zur Nachleistung verpflichtet zu sein (§ 615 Satz 1 BGB). Die erste Folge entspricht den allgemeinen Regeln, die zweite ist, wie gesagt, eine Besonderheit des Dienstvertragsrechts. Der Arbeitnehmer muss sich aber den Wert dessen anrechnen lassen, was er infolge des Unterbleibens der Arbeitsleistung erspart oder durch anderweitige Verwertung seiner Dienste erwirbt oder zu erwerben böswillig unterlässt (§ 615 Satz 2 BGB). Zwischenverdienst ist im Umfang der geschuldeten, aber infolge des Annahmeverzugs nicht erbrachten Arbeitszeit anzurechnen[18]. Böswillig handelt, wer trotz Kenntnis aller objektiven Umstände (Arbeitsmöglichkeit, Zumutbarkeit, Kenntnis der nachteiligen Folgen für den Arbeitgeber) vorsätzlich untätig bleibt oder die Aufnahme der Arbeit bewusst verhindert[19]. Den Arbeitnehmer trifft nach Ansicht des BAG keine Obliegenheit zur Arbeitssuche, etwa durch Meldung bei der Arbeitsagentur[20]. Er darf aber nicht untätig bleiben, wenn sich ihm eine realistische Arbeitsmöglichkeit bietet[21]. Will der Arbeitgeber sein Entgeltrisiko mindern, dann muss er die hierfür erforderlichen Handlungen selbst vornehmen; er muss den Arbeitnehmer also beispielsweise für die Dauer des Kündigungsrechtsstreits zu zumutbaren Bedingungen[22] weiterbeschäftigen oder ihn über Stellenangebote informieren. Der Arbeitnehmer unterlässt böswillig anderweitigen Erwerb, wenn er eine zumutbare Arbeit beim bisherigen Arbeitgeber ablehnt[23]. 13

---

[15] Staudinger/*Richardi/Fischinger*, § 615 BGB Rn. 103 f.
[16] BAG GS 26.4.1956, EzA Nr. 1 zu § 615 BGB; BAG 16.4.2014, NZA 2014, 1082 („ungewöhnlich schwerer Verstoß gegen allgemeine Verhaltenspflichten").
[17] Vgl. BAG 18.3.2009, NZA 2009, 611, 612 m.w.N.
[18] BAG 24.2.2016, NZA 2016, 687.
[19] BAG 22.2.2000, NZA 2000, 817.
[20] BAG 16.5.2000, NZA 2001, 26; a.A. Staudinger/*Richardi/Fischinger*, § 615 BGB Rn. 173.
[21] BAG 22.3.2017, NZA 2017, 988.
[22] BAG 7.2.2007, NZA 2007, 561, 562.
[23] BAG 17.11.2011, NZA 2012, 260.

14 Erspart werden können vor allem Fahrtkosten. Anzurechnen ist alles, aber auch nur das, was der Arbeitnehmer durch – selbständige oder unselbständige – Tätigkeit anstelle der geschuldeten erwirbt; bei unwirksamer Kündigung gehören dazu auch öffentlich-rechtliche Leistungen (§ 11 Nr. 3 KSchG). Nicht anzurechnen ist ein Nebenverdienst, den er auch ohne den Annahmeverzug hätte erzielen können. Dagegen sind Leistungen anzurechnen, die der eigene Arbeitgeber erbringt, wenn er den Arbeitnehmer nach einer Kündigung nicht vertragsgemäß, sondern nur tatsächlich oder aufgrund eines befristeten oder bedingten Arbeitsverhältnisses beschäftigt[24]. Für die Anrechenbarkeit ist auf den gesamten Zeitrahmen abzustellen, nicht nur auf den, in dem der Erwerb getätigt wurde[25].

## III. Unmöglichkeit

15 In aller Regel führt Nichtleistung der Arbeit zur Unmöglichkeit. Der Unmöglichkeit steht die Unzumutbarkeit gleich (§ 275 Abs. 3 BGB), die im Arbeitsverhältnis eine beträchtliche Rolle spielt. In den meisten Fällen der persönlichen Arbeitsverhinderung, auch der krankheitsbedingten Arbeitsunfähigkeit, ist die Arbeitsleistung nicht physisch unmöglich, sondern unzumutbar.

### 1. Leistungspflicht

16 Unmöglichkeit lässt die Leistungspflicht entfallen. Gleichgültig ist, ob die Leistung objektiv oder subjektiv unmöglich wird oder beides (§ 275 Abs. 1 BGB), und gleichgültig, ob die Unmöglichkeit verschuldet ist (§ 280 Abs. 1 BGB) oder nicht (§ 275 Abs. 1 BGB). Das Verschulden ist nur für die Gegenleistungspflicht und für Schadensersatzansprüche von Bedeutung.

### 2. Gegenleistungspflicht

17 Für die Gegenleistungspflicht unterscheidet das Gesetz danach, ob die Unmöglichkeit vom Schuldner, vom Gläubiger oder von keinem von beiden zu vertreten ist. „Zu vertreten" ist nicht gleichzusetzen mit „verschuldet". Außer eigenem Verschulden müssen Gläubiger und Schuldner sich auch bestimmte andere Umstände zurechnen lassen, wie etwa das Verschulden von Erfüllungsgehilfen (§ 278 Satz 1 BGB).

#### a) Vom Arbeitnehmer zu vertretende Unmöglichkeit

18 Der Arbeitnehmer hat die Unmöglichkeit zu vertreten, wenn er schuldhaft seine vertragliche Arbeitspflicht nicht erfüllt.

---

[24] BAG 14.11.1985, AP Nr. 39 zu § 615 BGB; *Preis/Hamacher* Jura 1998, 16.
[25] BAG 22.11.2005, NZA 2006, 736, 738; BAG 16.5.2012, NZA 2012, 971.

**Beispiele:** Nichtantritt der Arbeit, unentschuldigtes Fehlen, zu spät kommen, Überziehen der Pausen, zu früh weggehen, Vertragsbruch, eigenmächtiger Urlaubsantritt, krankfeiern, Teilnahme an rechtswidrigem Streik.

Der Arbeitgeber kann in diesem Fall Schadensersatz statt der Leistung verlangen (§§ 275 Abs. 4, 280 Abs. 1, Abs. 3, 283 BGB), das Entgelt für die versäumte Zeit einbehalten (§ 326 Abs. 1 Satz 1 BGB), abmahnen oder, wenn die entsprechenden Voraussetzungen vorliegen, kündigen und gegebenenfalls Schadensersatz nach § 628 Abs. 2 BGB verlangen.    **19**

**aa) Schadensersatz statt der Leistung.** Mindestschaden ist die Vergütung. Auch über §§ 275 Abs. 4, 280 Abs. 1, Abs. 3, 283 BGB wird der Arbeitgeber also von der Vergütungspflicht frei. Darüber hinaus kann er Ersatz seines Schadens verlangen, etwa Überstundenvergütung für Mitarbeiter, die die Arbeit miterledigen, Leasingkosten für eine stillstehende Maschine oder entgangenen Gewinn (§§ 249, 251 Abs. 1, 252 BGB). Nicht verlangen kann er Nachleistung; das widerspräche der Fixschuldabrede[26].    **20**

**bb) Ohne Arbeit kein Lohn.** In der Praxis ist es üblich, lediglich die Vergütung zu kürzen, und auch das nur bei nicht ganz unerheblicher Fehlzeit, nicht bei einigen Minuten. Im allgemeinen entscheiden sich Arbeitgeber also für eine Lösung nach § 326 Abs. 1 Satz 1 BGB. Ist die Vergütung bereits ausgezahlt, so kann sie nach § 812 Abs. 1 Satz 1 Alt. 1 BGB zurückgefordert werden. Der Einwand nach § 818 Abs. 3 BGB kommt wegen § 819 Abs. 1 BGB nicht in Betracht. Bleibt das Arbeitsverhältnis bestehen, so wird das Entgelt in der Regel gegen den nächsten Entgeltanspruch aufgerechnet. Dabei ist das Aufrechnungsverbot nach § 394 BGB, §§ 850 ff. ZPO zu beachten.    **21**

**cc) Abmahnung, Kündigung.** Als dritte Möglichkeit sieht § 326 Abs. 5 BGB bei unmöglicher Leistung den Rücktritt vom Vertrag nach § 323 BGB vor. Der Rücktritt wird dem Arbeitsvertrag als Dauerschuldverhältnis nicht gerecht. Die erbrachten Teilleistungen stellen die je zu ihrer Zeit geschuldeten Leistungen dar; sie werden durch die jetzige Nichtleistung nicht berührt. Eine Rückabwicklung ist beim Arbeitsvertrag also nicht nur technisch schwierig, sie ist auch nicht gerechtfertigt. Es stellt sich aber die Frage, welche Auswirkungen die Nichtleistung für die Zukunft des Arbeitsvertrags hat. Unter Umständen kann eine Kündigung angezeigt sein. Hat der Arbeitnehmer die Kündigung durch sein vertragswidriges Verhalten veranlasst und haben die bisherigen Leistungen für den Arbeitgeber keinen Wert – der Arbeitnehmer hat sich beispielsweise in eine Materie eingearbeitet –, so entfällt ausnahmsweise der Vergütungsanspruch (§ 628 Abs. 1 Satz 2 BGB).    **22**

---

[26] *Beuthien*, RdA 1972, 20, 23.

### b) Vom Arbeitgeber zu vertretende Unmöglichkeit

**23** Der Schuldner behält den Anspruch auf die Gegenleistung, wenn der Gläubiger die Unmöglichkeit zu vertreten hat. Er muss sich allerdings dasjenige anrechnen lassen, was er infolge der Befreiung von der Leistung erspart oder durch anderweitige Verwendung seiner Arbeitskraft erwirbt oder zu erwerben böswillig unterlässt (§ 326 Abs. 2 Satz 2 BGB).

**24** Dem Wortlaut nach gilt das auch für den Arbeitsvertrag. Die Voraussetzungen des § 326 Abs. 2 BGB wären also immer dann erfüllt, wenn der Arbeitgeber den Arbeitnehmer vertragswidrig nicht beschäftigt und wenn ihn daran ein Verschulden trifft oder wenn er sich das Verschulden eines anderen zurechnen lassen muss[27]. § 615 BGB regelt jedoch, wie sogleich zu zeigen sein wird, auch den Fall der Annahmeunmöglichkeit. Da es für Annahmeunmöglichkeit ebenso wie für Annahmeverzug nicht auf Verschulden ankommt – es genügt die nackte Tatsache der Nichtannahme der angebotenen Leistung[28] –, wird der Fall des § 326 Abs. 2 BGB von § 615 BGB mit umfasst. Das erspart im Arbeitsverhältnis die Verschuldensprüfung, die gerade bei Rechtsirrtümern schwierig sein kann. Man denke etwa an Suspendierungen von der Arbeit, Kündigungen oder Aussperrungen, wenn deren Voraussetzungen nicht vorliegen, oder die Unmöglichkeit zu arbeiten, weil andere Mitarbeiter falsch disponiert haben.

**25** Nach § 326 Abs. 2 Satz 1 Alt. 2 BGB behält der Schuldner auch dann den Anspruch auf die Gegenleistung, wenn die Leistung während des Annahmeverzugs unmöglich wird. Beruht die Unmöglichkeit der Arbeitsleistung auf Grund ihres Fixschuldcharakters allein auf dem Zeitablauf, so erhält § 615 S. 1 BGB den Vergütungsanspruch des Arbeitnehmers aufrecht. Liegt kein Annahmeverzug vor, dann kann der Vergütungsanspruch nach der Rechtsprechung des BAG nach § 326 Abs. 2 S. 1 Alt. 2 BGB erhalten bleiben[29].

### c) Weder vom Arbeitnehmer noch vom Arbeitgeber zu vertretende Unmöglichkeit

**26 aa) Fallgruppen.** Nach § 326 Abs. 1 Satz 1 BGB entfällt die Gegenleistungspflicht, wenn die Arbeitspflicht unmöglich wird und wenn keine von beiden Parteien die Unmöglichkeit zu vertreten hat: „Ohne Arbeit kein Lohn". So sehr das Gesetz den Grundsatz hochhält, so sehr weicht es im Ergebnis davon ab. Tatsächlich bleiben nur wenige Fälle übrig, in denen der Arbeitnehmer das Entgeltrisiko trägt. Das BGB unterscheidet drei Fallgruppen:

– den Fall, dass das Leistungshindernis aus der Sphäre des Arbeitgebers herrührt,

– den Fall, dass das Leistungshindernis aus der Sphäre des Arbeitnehmers herrührt, und

– den Fall, dass es weder aus der Sphäre des Arbeitgebers noch aus der des Arbeitnehmers herrührt.

---

[27] BAG 19.8.2015, NZA 2015, 1460.
[28] Vgl. Mot. II S 69.
[29] BAG 23.9.2015, NZA 2016, 293.

III. Unmöglichkeit

Der erste Fall ist in § 615 BGB geregelt, der zweite in § 616 BGB und in einer Reihe von Sondergesetzen (EfzG, BUrlG, MuSchG usw.), der dritte ist nach § 326 Abs. 1 Satz 1 BGB zu lösen. Hier geht es zunächst um § 615 BGB, d.h. um Leistungshindernisse aus der Sphäre des Arbeitgebers. 27

**bb) Leistungshindernisse aus der Sphäre des Arbeitgebers.** § 615 BGB spricht davon, dass der Dienstberechtigte „mit der Annahme der Dienste in Verzug" kommt. Bei unbefangener Betrachtung hat die Vorschrift mit Unmöglichkeit nichts zu tun. Diese Meinung war auch bis in die 80er Jahre herrschend und ihr hängt die Rechtsprechung noch heute an[30]; dasselbe gilt für den Gesetzgeber des Schuldrechtsmodernisierungsgesetzes. *Picker* hat aber anhand der Materialien zum BGB nachgewiesen, dass § 615 BGB nicht nur den Annahmeverzug regelt, sondern auch die Annahmeunmöglichkeit, d.h. den Fall, dass die Leistung unmöglich wird, weil der Arbeitgeber sie nicht annimmt, obwohl der Arbeitnehmer sie ordnungsgemäß angeboten hat[31]. 28

Mit § 615 BGB wollten die Verfasser des BGB den für die Sachmiete geltenden Grundsatz auf den Dienstvertrag übertragen, wonach der Mieter nicht dadurch von der Entrichtung des Mietzinses befreit wird, dass er durch einen in seiner Person liegenden Grund an der Ausübung des ihm zustehenden Gebrauchsrechts verhindert wird (§ 537 Satz 1 BGB). Eine analoge Fassung wie bei der Miete verbot sich aber, weil der Dienstverpflichtete nicht nur zur Bereithaltung der Dienste, sondern zur Erbringung verpflichtet ist. Da man eine Fiktion, dass die Bereithaltung als Erfüllung gelte, nicht für passend hielt, nannte man sogleich die Folgen, nämlich dass der Verpflichtete Anspruch auf die vereinbarte Vergütung hat, ohne zur Nachleistung verpflichtet zu sein. Dieses Recht hänge davon ab, „dass er zur Vorleistung fertig und bereit war und dass er sich rechtzeitig und ordnungsgemäß zur Erfüllung erboten habe"[32]. Da diese Voraussetzungen mit denen des Annahmeverzugs zusammenfallen, glaubte man, dass das Gesetz nur an Einfachheit und Verständlichkeit gewinne, wenn man den Anspruch des Arbeitnehmers von den Erfordernissen des Annahmeverzugs des Arbeitgebers abhängig mache[33]. 29

In der Tat wird man nur bei dieser Auslegung der Vorschrift des § 615 BGB gerecht: Nimmt man an, dass der § 615 BGB den Annahmeverzug regelt und sieht man in der Dienstleistungspflicht im Normalfall eine Fixschuld, dann hat § 615 BGB kaum einen Anwendungsbereich. Außerdem kommt es zu einem Wertungswiderspruch: Derjenige, der von Zeit zu Zeit einmal Dienste leistet, behält den Anspruch auf die Gegenleistung; der, der einem anderen seine gesamte Arbeitskraft zur Verfügung stellt (und der deshalb im allgemeinen auf die Vergütung sehr viel mehr angewiesen ist), verliert sie. 30

---

[30] BAG 23.9.2015, NZA 2016, 293.
[31] *Picker*, JZ 1979, 283, 290 ff.; gute Darstellung der Entstehungsgeschichte auch bei Staudinger/*Richardi/Fischinger*, § 615 BGB Rn. 3 ff.
[32] *Jakobs/Schubert*, Die Beratung des BGB, S 769.
[33] Mot. II S 463.

**31** § 615 BGB hat also eine Doppelfunktion. Bei Annahmeverzug befreit er den Dienstverpflichteten von der Pflicht zur Nachholung; insoweit ist er eine Ausnahme von den allgemeinen Gläubigerverzugsregeln. Bei Annahmeunmöglichkeit erhält er dem Dienstverpflichteten den Anspruch auf die Gegenleistung; insoweit ist er eine Ausnahme zu § 326 Abs. 1 Satz 1 BGB. Liegen die Voraussetzungen des Annahmeverzugs vor, dann ist es im Dienstvertragsrecht gleichgültig, ob die Leistung nachholbar ist oder nicht, die Lösung ergibt sich immer aus § 615 BGB. Die schwierige Frage, ob eine absolute Fixschuld vereinbart war oder nicht, kann offenbleiben. Nicht geklärt werden muss auch die Frage, ob den Arbeitgeber an der Nichtannahme ein Verschulden trifft, ob er also beispielsweise fahrlässig nicht erkannt hat, dass die Voraussetzungen für eine Kündigung oder für eine Aussperrung nicht vorlagen. Die Voraussetzungen, unter denen der Arbeitgeber in Annahmeunmöglichkeit gerät, sind dieselben wie für den Annahmeverzug. Auf sie sei verwiesen (s. oben Rn. 7 ff.).

**31a** Die Regelung des § 615 BGB ist dispositiv[34]. Sollen Entgeltansprüche bei Annahmeverzug durch Allgemeine Arbeitsbedingungen ausgeschlossen werden, muss dies klar und deutlich geschehen; die Klausel, dass nur für tatsächlich geleistete Arbeit gezahlt wird, genügt nicht[35]. Bei Abrufarbeit darf der Ausschluss von § 615 BGB nicht zu einer Umgehung der zwingenden Vorschriften des § 12 TzBfG führen. Insbesondere darf der Arbeitgeber auf diesem Wege das Risiko eines witterungsbedingten Arbeitsausfalls nicht auf den Arbeitnehmer verlagern, ohne ihm einen angemessenen Ausgleich zu gewähren[36].

### d) Die Rechtsprechung des BAG (einschließlich Betriebsrisikolehre)

**32** Trotz der klaren gesetzlichen Regelung kam es schon kurz nach Inkrafttreten des BGB zu einer lebhaften Diskussion über die Frage, wer bei einer Betriebsstörung die Vergütungsgefahr (sog. Substratsgefahr) zu tragen habe. Gemeinsam ist den Lösungsversuchen, dass sie an der Abgrenzung Unmöglichkeit/Verzug ansetzten[37].

**33** Einige (wenige) Autoren weisen das Entgeltrisiko dem Arbeitnehmer zu. Bei einer Betriebsstörung werde die Erbringung der Arbeitsleistung unmöglich; deshalb sei § 323 BGB – der Vorläufer von § 326 Abs. 1 Satz 1 BGB – anzuwenden und nicht § 615 BGB[38]. Die meisten sahen es mit unterschiedlicher Begründung beim Arbeitgeber: Sei es dem Arbeitgeber nicht möglich, die Leistung des Arbeitnehmers anzunehmen, so könne er Annahmeverzug „nicht mit der Motivierung ablehnen, dass der Schuldner infolge dieser Umstände nicht in der Erfüllungsmöglichkeit war"[39]. Der Dienstberechtigte müsse „Arbeitskraft, die mit ihrer Nichtverwendung auch für den Schuldner dahin sei", bezahlen, wenn er nicht in der Lage sei, „die ihm nach dem Vertrag obliegende Mitwirkungshandlung seinerseits zu vollbringen, d.h. dem

---

[34] BAG 7.12.2005, NZA 2006, 423; BAG 10.1.2007, NZA 2007, 384.
[35] BAG 9.7.2008, NZA 2008, 1407, 1409.
[36] BAG 9.7.2008, NZA 2008, 1407, 1409; anders aber BAG 10.1.2007, NZA 2007, 384.
[37] Picker, JZ 1979, 285.
[38] Rümelin, Dienstvertrag und Werkvertrag, 1905, S 81; Titze, Die Unmöglichkeit der Leistung nach deutschem Recht, 1924, S 24 f.
[39] Boer, GruchBeitr 54, 1910, S 493, 514 ff.; Kohler, ArchBürgR 13, 1897, S 149, 200 f.

## III. Unmöglichkeit

Dienstpflichtigen das Substrat seiner Arbeitsbetätigung zur Verfügung zu stellen"[40]. Unmöglichkeit liege nur dann vor, "wenn die nach dem Vertrage dem Schuldner obliegende Leistung derart unmöglich [sei], dass auch unter der Voraussetzung der bereits erfolgten vertragsmäßigen Mitwirkung des Gläubigers eine Erfüllung unmöglich sein würde"[41] (sog. Abstrahierungsformel). Ähnlich *Oertmann*: Unter Leistung sei "nur der dem Schuldner obliegende Anteil an der Leistungshandlung zu verstehen"[42]. Das BGB belasse dem Schuldner den Anspruch auf die Gegenleistung, wenn die Unmöglichkeit während des Annahmeverzugs eintrete (§ 324 Abs. 2 BGB a.F., jetzt § 326 Abs. 2 Satz 1 Alt. 2 BGB). Das müsse erst recht gelten, "wenn die Unmöglichkeit in einem Akt durch den Annahmeverzug entstanden ist. Dem zeitlichen muss das logische prius des Verzuges sinngemäß gleichgestellt werden"[43].

Das Reichsarbeitsgericht[44] nahm in Weiterentwicklung der Rechtsprechung des Reichsgerichts im Kieler Straßenbahnerfall von 1923 – s. dazu Bd. 2 § 14 Rn. 122 ff. im Zusammenhang mit der Lehre vom Arbeitskampfrisiko – an, "dass die Lösung der Frage nicht allein und auch nicht in erster Linie aus den §§ 323 (a.F.) und 615 BGB, sondern aus dem modernen Arbeitsrecht und den modernen Arbeitsverhältnissen zu entnehmen ist." 34

Der Arbeiter stehe dem Arbeitgeber und dem Betriebe nicht mehr als Einzelarbeiter gegenüber, sondern als "organisches Mitglied des Betriebs, indem er zunächst in die Arbeitnehmerschaft, durch sie in eine Verbundenheit mit dem Betriebe selbst und auf diese Weise mittelbar auch mit dem Arbeitgeber, dem Unternehmer, eintritt". Das Betriebsrätegesetz, insbesondere § 66, habe die Rechte der Arbeitnehmerschaft erweitert. "Mit der Mitwirkung bei der Leitung des Betriebs Hand in Hand geht ohne weiteres die Mittragung der Gefahren desselben." Aus § 323 BGB (a.F.) könne "nur der allgemeine Rechtsgedanke entnommen werden, dass die Folgen von Ereignissen, die eine Betriebsstörung verursachen, den treffen, der diese Ereignisse zu vertreten hat. Zu vertreten hat aber jeder Teil nicht nur sein Verschulden, sondern auch alles, was in den Kreis der von ihm zu tragenden Gefahr fällt": Der Arbeitgeber hat Ereignisse zu vertreten, die die "Führung" des Betriebs betreffen. "Er wird u.a. dafür einzustehen haben, dass rechtzeitig ausreichende Betriebsstoffe beschafft werden, er wird auch Störungen, die im allgemeinen oder unter den besonderen Verhältnissen des Betriebs öfters vorzukommen pflegen, tragen müssen, insofern er sie, wenn auch nicht vermeiden, so doch von vornherein in Rechnung stellen kann. „... die Gefahr solcher Ereignisse, die auf dem Verhalten der Arbeitnehmerschaft selbst beruhen, [muss] von den Arbeitnehmern, auch soweit sie an ihnen nicht beteiligt sind, getragen werden ...". Ebenfalls von den Arbeitnehmern zu vertreten seien Ereignisse, die den (physischen) Bestand des Betriebs beeinträchtigten und Betriebsstörungen, die durch ihre Folgen den Bestand des Betriebs gefährdeten. 35

---

[40] *Trautmann*, GruchBeitr 59, 1915, S 434, 452.
[41] *Trautmann*, GruchBeitr 59, 1915, S 434, 450.
[42] *Oertmann*, AcP 116, 1918, S 1, 23. Wäre das richtig, träte Erfüllung ein; so m.R. *Rückert*, ZfA 1983, 1, 6 f.
[43] *Oertmann*, AcP 116, 1918, S 1, 11.
[44] RAG 20.6.1928, ARS 3, 116, 120.

36  Damit war die Betriebsrisikolehre geboren, die seitdem in ständiger Rechtsprechung vertreten wird und die der Gesetzgeber des Schuldrechtsmodernisierungsgesetzes jetzt ohne Rücksicht auf die neueren Erkenntnisse der Wissenschaft in § 615 Satz 3 BGB kodifiziert hat. Auch das BAG[45] nimmt an, dass das BGB für den Fall der Betriebsstörung keine Lösung enthalte und dass die Lücke durch die Betriebsrisikolehre zu schließen sei. Der Arbeitgeber, der das Unternehmen organisiere und leite, der die Verantwortung trage und die Erträge ziehe, müsse seinen Arbeitnehmern für die Funktionsfähigkeit des Betriebs einstehen. Zu den Betriebsstörungen, die den Entgeltanspruch des Arbeitnehmers bestehen lassen, sollen vor allem die Unterbrechung der Strom- oder Gasversorgung, der Mangel an Energie oder Rohstoffen, der Brand der Fabrik, Überschwemmung nach einer Hochwasserkatastrophe[46], Schäden an einer Maschine, übermäßiger Frost, Erkrankung eines unentbehrlichen Mitarbeiters[47] gehören, aber auch ein behördlich verhängtes Flugverbot wegen Aschewolken infolge eines Vulkanausbruchs[48]. Entsprechendes nimmt das BAG an, wenn ein Baustoffhändler entscheidet, dass sich das Geschäft wegen schlechter Witterung nicht lohnt und den Betrieb deshalb vorübergehend einstellt. „Annahmeunmöglichkeit" besteht laut BAG auch dann, wenn die Aufrechterhaltung der Arbeit für den Arbeitgeber zwar technisch-organisatorisch, aber nicht wirtschaftlich sinnvoll möglich ist; die Unzumutbarkeit der Arbeitsleistung stehe dann der Unmöglichkeit gleich[49].

37  Nach der Rechtsprechung des BAG verbleiben für § 615 Satz 1 BGB nur zwei Anwendungsbereiche: der „echte" Annahmeverzug, nämlich der Fall, dass der Arbeitgeber eine nachholbare Leistung nicht annimmt und die Annahmeunwilligkeit, d.h. der Fall, dass der Arbeitgeber die ordnungsgemäß angebotene Leistung nicht annehmen will[50].

38  Der erste Fall ist selten. Im zweiten tritt ebenso, wie wenn der Gläubiger die Leistung nicht annehmen kann, Unmöglichkeit ein. Bei konsequenter Lösung nach dem Kriterium der Nachholbarkeit müsste das BAG – je nachdem, ob Verschulden vorliegt oder nicht – zur Anwendung von § 326 Abs. 2 Satz 1 Alt. 1 BGB oder § 326 Abs. 1 Satz 1 BGB kommen. § 326 Abs. 2 Satz 1 Alt. 1 BGB scheidet im allgemeinen aus, weil der Schuldner bei schwieriger und zweifelhafter Rechtslage auf die ihm günstigere Auffassung vertrauen darf[51]. Zumeist ist also von beiderseits unverschuldeter Unmöglichkeit auszugehen (§ 326 Abs. 1 Satz 1 BGB). § 615 BGB liefe praktisch leer[52]. Tatsächlich behandelt das BAG die Fälle der Nichtannahme der Leistung bei unwirksamer Kündigung, Suspendierung, Kurzarbeit oder Aussperrung nach § 615 BGB. Diese unterschiedliche Behandlung widerspricht eindeutig dem, was der

---

[45] BAG 8.2.1957, 25.7.1957, AP Nr. 2, 3 zu § 615 BGB Betriebsrisiko; krit. dazu *Picker*, JZ 1979, 285, 286; vgl. weiter BAG 9.7.2008, NZA 2008, 1407.
[46] *Gräf/Rögele*, NZA 2013, 1120 (auch zum Verhältnis von Betriebs- und Wegerisiko).
[47] MünchArbR/*Boewer*, § 69 Rn. 1, 56; MünchArbR/*Reichold*, § 37 Rn. 12.
[48] Vgl. im einzelnen *Buchner*, NZA 2010, 1124; *Forst*, BB 2010, 1213; *Gutzeit*, NZA 2010, 618.
[49] BAG 9.7.2008, NZA 2008, 1407, 1409.
[50] So auch ein Gutteil der Lehre, vgl. die Nachw. bei *Picker*, JZ 1985, 693, 701.
[51] BAG 11.6.1997, DB 1998, 87, 88.
[52] MünchArbR/*Boewer*, § 69 Rn. 1; MünchArbR/*Reichold*, § 37 Rn. 11; Staudinger/*Richardi/Fischinger*, § 615 BGB Rn. 32.

BGB-Gesetzgeber gewollt hat. Für ihn sollte es gerade keinen Unterschied machen, ob der Dienstberechtigte die Dienste „nicht annehmen will oder, wenn auch ohne seine Schuld, nicht annehmen kann"[53].

Während das BAG die Betriebsrisikolehre für den Fall der Betriebsstörungen nach wie vor vertritt, hat es die Lehre vom Arbeitskampfrisiko herausgelöst und verselbständigt. Der zweite Ausnahmefall, die Existenzgefährdung eines Betriebs, ist bisher nur Gegenstand von „obiter dicta" gewesen[54]. Der Sache nach geht es dabei um das Verwendungsrisiko, das der Gläubiger zu tragen hat[55]. In der Literatur wird der Arbeitgeber deshalb zu Recht auf das dafür vorgesehene Instrumentarium verwiesen: Kurzarbeit und notfalls Kündigung von Arbeitsverträgen[56]. **39-58**

**Zusammenfassende Übersicht**

| Leistungsstörungen | Rechtsprechung | Neuere Lehre |
| --- | --- | --- |
| Von niemandem zu vertretende Unmöglichkeit | | |
| - Gläubiger kann Leistung nicht annehmen | § 615 S. 1 BGB | § 615 S. 1 BGB |
| -- aus Gründen in seiner Person | | |
| -- aus Gründen im Substrat (Betriebsstörung) | Betriebsrisiko § 615 S. 3 BGB | § 615 S. 1 BGB |
| - Gläubiger will die Leistung nicht annehmen -- keine Verwendung (Wirtschaftsrisiko) | § 615 S. 1 BGB | § 615 S. 1 BGB |
| -- sonstige Gründe (unwirksame Kündigung, Kurzarbeit, Aussperrung) | § 615 S. 1 BGB | § 615 S. 1 BGB |
| Vom Gläubiger zu vertretende Unmöglichkeit | § 326 II BGB | § 615 S. 1 BGB |
| Gläubigerverzug | § 615 S. 1 BGB | § 615 S. 1 BGB |

# IV. Entgeltfortzahlung im Krankheitsfall

## 1. Allgemeines

### a) Rechtstatsachen und Rechtsentwicklung

**aa) Rechtstatsachen.** Wegen Krankheit gingen im Jahre 2017 je Arbeitnehmer 17,4 Arbeitstage verloren. Der Krankenstand schwankt mit der Konjunktur. Er hängt ab von der Stellung des Arbeitnehmers in der Hierarchie. AT-Angestellte sind wesentlich seltener krank als sonstige Angestellte, Angestellte insgesamt weniger als Arbeiter. Jüngere Arbeitnehmer fehlen etwa gleich lang wie ältere; sie sind öfter krank **59**

---

[53] Mot. II S 462; zum Ganzen Staudinger/*Richardi/Fischinger*, § 615 BGB Rn. 29 ff.
[54] BAG 8.2.1957, 30.5.1963, AP Nr. 2, 15 zu § 615 BGB Betriebsrisiko.
[55] Krit. bereits *Hueck*, Anm. zu RAG 20.6.1928, ARS 3, 116, 125.
[56] MünchArbR/*Boewer*, § 69 Rn. 59, 60.

als ältere, ältere fehlen dafür länger. Wer unkündbar ist, fehlt häufiger, als wem gekündigt werden kann. Die häufigsten Krankheitsursachen waren 2014 Rückenbeschwerden, psychische Störungen, Erkältungen und Verletzungen. 47,5 % der Fehltage entfielen auf Langzeiterkrankungen von mehr als 6 Wochen[57]. Die meisten Fehlzeiten gibt es im Februar und im März; unter den Wochentagen führt der Freitag. Etwa 60 % der Entgeltfortzahlungskosten haben die Arbeitgeber aufzubringen, 40 % die Krankenkassen[58].

60 **bb) Rechtsentwicklung.** Bis 1994 war das Entgeltfortzahlungsrecht für jede Arbeitnehmergruppe gesondert geregelt. Für Arbeiter galt das LfzG, für kaufmännische Angestellte § 63 HGB, für technische Angestellte § 133c GewO, für sonstige Angestellte § 616 Abs. 2 BGB a.F. Trotz dieser Rechtszersplitterung waren die Regelungen einander sehr ähnlich. Seit dem 1.7.1994 gilt einheitlich für alle Arbeitnehmer[59] das Entgeltfortzahlungsgesetz (EfzG), das bereits mehrfach geändert wurde. Dabei waren die Absenkung des Entgeltfortzahlungsanspruchs von 100 auf 80 % des regelmäßigen Arbeitsentgelts und die Wiederanhebung auf 100 % am bedeutsamsten.

### b) Grundlinien der Regelung

61 **aa) Grundsatz.** Kann der Arbeitnehmer krankheitsbedingt seine Arbeit nicht verrichten, ohne dass ihn daran ein Verschulden trifft, so muss ihm der Arbeitgeber für die Zeit von 6 Wochen die Vergütung fortzahlen (§ 3 Abs. 1 EfzG).

62 Nach diesen 6 Wochen – aber auch dann, wenn sonstige Voraussetzungen des Entgeltfortzahlungsanspruchs nicht erfüllt sind – erhält der Arbeitnehmer für längstens 78 Wochen von der für ihn zuständigen gesetzlichen Krankenkasse ein Krankengeld in Höhe von 70 % des erzielten regelmäßigen Arbeitsentgelts (§§ 44 ff. SGB V). Beruht die Arbeitsunfähigkeit auf einem Arbeitsunfall, werden ihm die Leistungen der gesetzlichen Unfallversicherung gewährt (z.B. Verletztengeld, §§ 45 ff. SGB VII).

63 Ist der Arbeitnehmer wegen Krankheit auf nicht absehbare Zeit außer Stande, unter den üblichen Bedingungen des Arbeitsmarktes mindestens 6 bzw. 3 Stunden täglich erwerbstätig zu sein, so hat er unter den Voraussetzungen des § 43 SGB VI bis zur Vollendung des 67. Lebensjahres (Regelaltersgrenze nach § 35 SGB VI) Anspruch auf eine Rente wegen teilweiser bzw. vollständiger Erwerbsminderung. Zuständig sind die Träger der gesetzlichen Rentenversicherung (Regional- und Bundesträger, §§ 125 ff. SGB VI). Wer erwerbsgemindert ist, muss nicht notwendig arbeitsunfähig sein (s. unten Rn. 70). Bei Pflegebedürftigkeit besteht Anspruch auf Leistungen der sozialen Pflegeversicherung nach dem SGB XI[60]. Im folgenden wird nur die arbeitsrechtliche Entgeltfortzahlung bei krankheitsbedingter Arbeitsunfähigkeit behandelt.

---

[57] Zu Vorstehendem iwd v. 25.2.2016.
[58] S. im einzelnen BKK-Gesundheitsreport 2017 S 10 ff.; verfügbar über die Homepage der BKK.
[59] Ausnahme: Für Besatzungsmitglieder auf Kauffahrteischiffen gelten die §§ 48, 52a SeemG.
[60] Hierzu *Maschmann*, NZS 1995, 109 ff.

## IV. Entgeltfortzahlung im Krankheitsfall

**bb) Rechtsnatur des Entgeltfortzahlungsanspruchs.** § 3 Abs. 1 EfzG begründet einen gesetzlichen Vergütungsanspruch gegen den Arbeitgeber für den Fall, dass dem Arbeitnehmer die Arbeitsleistung wegen Krankheit unmöglich oder unzumutbar wird (§ 275 Abs. 1, 3 BGB) und er deshalb den arbeitsvertraglichen Vergütungsanspruch verliert (§ 326 Abs. 1 Satz 1 BGB). § 3 Abs. 1 EfzG hält dabei nicht den wegen § 326 Abs. 1 Satz 1 BGB erloschenen arbeitsvertraglichen Anspruch aufrecht – anders die frühere Regelung –, sondern schafft einen neuen, eigenständigen Vergütungsanspruch, dessen Höhe sich nach § 4 EfzG bemisst. Deshalb ist als Anspruchsgrundlage für den Entgeltfortzahlungsanspruch nur § 3 Abs. 1 EfzG zu zitieren. Der Arbeitsvertrag ist lediglich bei der Prüfung der Anspruchsvoraussetzungen – Arbeitnehmereigenschaft – zu erwähnen. **64**

**cc) Abdingbarkeit.** Fragen der Entgeltfortzahlung im Krankheitsfall sind in beinahe allen Tarifverträgen und in vielen Arbeitsverträgen geregelt. Die Vorschriften des EfzG sind einseitig zwingend; zu Ungunsten der Arbeitnehmer und der nach § 10 EfzG berechtigten Personen kann weder einzel- noch kollektivvertraglich abgewichen werden (§ 12 EfzG). Durch Tarifvertrag kann lediglich eine andere Bemessungsgrundlage für das fortzuzahlende Entgelt vereinbart werden (§ 4 Abs. 4 EfzG). Hierzu gehören sowohl die Berechnungsgrundlage als auch die Berechnungsmethode[61]. Diese müssen klar geregelt sein[62]. **65**

### dd) Prüfungsschema

---

**1. Anspruchsberechtigter Personenkreis (§ 1 EfzG)**
**2. Krankheitsbedingte Arbeitsunfähigkeit (§ 3 I 1 EfzG)**
  a) Krankheit
  b) Arbeitsunfähigkeit
  c) Krankheit alleinige Ursache für die Arbeitsunfähigkeit
  d) Kein Verschulden
  e) Kein Rechtsmissbrauch (§ 242 BGB)
  f) Besonderheiten bei wiederholter Arbeitsunfähigkeit (§ 3 I 2 EfzG)
**3. Erfüllen der Wartezeit (§ 3 III EfzG)**
**4. Kein (zeitweiliges) Leistungsverweigerungsrecht des Arbeitgebers (§ 7 EfzG)**
  a) Erfüllen der Anzeigepflicht (§ 5 I EfzG)
  b) Erfüllen der Nachweispflicht (§ 5 II EfzG)
**5. Höhe des Entgeltfortzahlungsanspruchs (§ 4 EfzG)**
**6. Beginn und Ende des Entgeltfortzahlungsanspruchs**

---

[61] St. Rspr., BAG 24.3.2004, NZA 2004, 1042; BAG 18.11.2009, NZA 2009, 984.
[62] BAG 20.1.2010, NZA 2010, 455.

## 2. Materiell-rechtliche Anspruchsvoraussetzungen

### a) Anspruchsberechtigter Personenkreis

66 **aa) Grundsatz.** Anspruchsberechtigt sind grundsätzlich alle Arbeitnehmer und die zu ihrer Berufsbildung Beschäftigten (§ 1 EfzG). Heimarbeiter im Sinne des § 1 Abs. 1 HAG haben einen Anspruch auf Zahlung eines Zuschlags zum laufenden Arbeitsentgelt, damit sie für den Krankheitsfall Rücklagen bilden können (§ 10 EfzG).

67 **bb) Geltung für alle Arbeitnehmer.** Anspruch auf Entgeltfortzahlung haben nicht nur Arbeitnehmer in unbefristetem Vollzeitarbeitsverhältnis, sondern auch Teilzeitkräfte und kurzfristig Beschäftigte, wenn ihr Arbeitsverhältnis länger als 4 Wochen besteht (vgl. § 3 Abs. 3 EfzG). Entgelt ist auch fortzuzahlen, wenn das Arbeitsverhältnis fehlerhaft begründet wurde[63]. Dasselbe gilt bei gekündigten Arbeitsverhältnissen bis zum Ablauf der Kündigungsfrist. Wird der Arbeitnehmer während eines Kündigungsrechtsstreits weiterbeschäftigt, so behält er den Entgeltfortzahlungsanspruch nur, wenn die Weiterbeschäftigung einvernehmlich erfolgt, d.h. wenn Arbeitgeber und Arbeitnehmer entweder die Fortsetzung des alten Arbeitsverhältnisses bis zur rechtskräftigen Abweisung der Klage oder ein neues Arbeitsverhältnis für diesen Zeitraum vereinbart haben. Beschäftigt der Arbeitgeber den Arbeitnehmer dagegen nur, um einer drohenden Zwangsvollstreckung zu entgehen, so gilt § 3 EfzG nicht.

68 **cc) Geltung für sonstige Personen.** Zu den „zu ihrer Berufsbildung Beschäftigten" im Sinne des § 1 EfzG gehören neben den Auszubildenden auch Anlernlinge, Praktikanten und Volontäre (vgl. § 26 BBiG) sowie Teilnehmer an Maßnahmen der beruflichen Fortbildung und Umschulung[64] mit einem Anspruch auf Arbeitsentgelt[65].

### b) Krankheitsbedingte Arbeitsunfähigkeit

69 **aa) Krankheit.** Krankheit ist jeder regelwidrige körperliche oder geistige Zustand, der einer Heilbehandlung bedarf[66]. Regelwidrig ist ein körperlicher oder geistiger Zustand dann, wenn er nach allgemeiner Erfahrung unter Berücksichtigung eines natürlichen Verlaufs des Lebensgangs nicht bei jedem anderen Menschen gleichen Alters und Geschlechts zu erwarten ist[67]. Was regelwidrig ist, bestimmt sich nach dem Stand der Wissenschaft. Ohne Bedeutung für die Entstehung des Entgeltfortzahlungsanspruchs sind Ursache, Behandlungs- und Heilungsfähigkeit der Krankheit[68]. Krankhaft sind auch Trunk- und Drogensucht[69]. Dagegen stellen weder eine

---

[63] BAG 18.4.1968, AP Nr. 32 zu § 63 HGB.
[64] BAG 20.8.2003, AP Nr. 20 zu § 3 EfzG.
[65] ErfK/*Reinhard*, § 1 EfzG Rn. 3; AR/*Vossen*, § 3 EfzG Rn. 3.
[66] BAG 1.6.1983, 7.8.1991, AP Nr. 52, 94 zu § 1 LohnFG m.w.N.
[67] BAG 7.12.2005, AP Nr. 34 zu § 1 TVG Tarifverträge: Lufthansa.
[68] ErfK/*Reinhard*, § 3 EfzG Rn. 6 f.; Schaub/*Linck*, ArbR-Hdb, § 98 Rn. 10 f.
[69] BAG 5.4.1976, 1.6.1983, 7.8.1991, AP Nr. 40, 52, 94 zu § 1 LohnFG.

normal verlaufende Schwangerschaft[70] noch das altersbedingte Nachlassen der Leistungsfähigkeit Krankheiten dar[71].

**bb) Arbeitsunfähigkeit.** Krankheit allein löst den Entgeltfortzahlungsanspruch nicht aus. Wer einen Schnupfen hat, muss noch lange nicht arbeitsunfähig sein. Krankheitsbedingte Arbeitsunfähigkeit liegt nur vor, wenn der Arbeitnehmer objektiv außer Stande ist, die ihm nach dem Arbeitsvertrag obliegende Arbeit zu verrichten, oder wenn er die Arbeit nur unter der Gefahr aufnehmen oder fortsetzen könnte, dass sich sein Gesundheitszustand in absehbar naher Zeit verschlimmert[72]. Arbeitsunfähig krank ist ferner, wer wegen der Ansteckungsgefahr für Dritte nicht weiterarbeiten darf[73]. Ob ein Arbeitnehmer arbeitsunfähig ist, beurteilt sich konkret nach der Person des Arbeitnehmers und der von ihm zu verrichtenden Tätigkeit[74]. Nicht notwendig arbeitsunfähig ist, wer erwerbsgemindert ist, und zwar selbst dann nicht, wenn er eine Rente wegen voller Erwerbsminderung bezieht. Die Bewilligung einer derartigen Rente besagt nur etwas über den zeitlichen Umfang der verbliebenen Leistungsfähigkeit des Versicherten (nicht mehr als 3, in Ausnahmefällen 6 Stunden täglich) unter den üblichen Bedingungen auf dem allgemeinen Arbeitsmarkt[75]. 70

**Beispiele:** Verstaucht sich ein Arbeiter, der an einer Maschine steht, oder eine Verkäuferin, die hinter einer Theke bedient, den Fuß, so sind sie im allgemeinen arbeitsunfähig, nicht dagegen ein Angestellter, der seine Arbeit sitzend am Schreibtisch verrichtet. Heiserkeit bedeutet für einen Sänger regelmäßig Arbeitsunfähigkeit, für einen Schlosser nur ausnahmsweise. 71

Keine Arbeitsunfähigkeit liegt vor, wenn der Arbeitnehmer trotz Krankheit eine Arbeit verrichten kann, die der Arbeitgeber ihm nach Arbeitsvertrag oder Tarifvertrag zuzuweisen berechtigt ist, oder wenn ein Arzt einen Arbeitsplatzwechsel aus gesundheitlichen Gründen dringend empfiehlt[76]. Arbeitsunfähig krank ist auch nicht, wer sich während der Arbeitszeit zum Arzt begibt, um sich wegen einer Erkrankung behandeln zu lassen, die selbst nicht unmittelbar die Fähigkeit zur Verrichtung der geschuldeten Arbeit beeinträchtigt[77], oder wer aus gesundheitlichen Gründen den Weg zur Arbeit nicht zurücklegen kann. Ein Vergütungsanspruch kann sich aber aus § 616 BGB ergeben[78]. 72

---

[70] BAG 17.10.2013, NZA 2014, 303, 306.
[71] BAG 7.12.2005, AP Nr. 34 zu § 1 TVG Tarifverträge: Lufthansa.
[72] St. Rspr., vgl. BAG 23.1.2008, NZA 2008, 595, 596 m.w.N.
[73] BAG 26.4.1978, AP Nr. 6 zu § 6 LohnFG.
[74] BAG 29.1.1992, NZA 1992, 643; Schaub/*Linck*, ArbR-Hdb, § 98 Rn. 15 f.
[75] BAG 13.5.2015, NZA 2015, 1249.
[76] BAG 17.2.1998, NZA 1999, 33.
[77] ErfK/*Reinhard*, § 3 EfzG Rn. 10, MünchArbR/*Schlachter*, § 73 Rn. 15.
[78] BAG 29.2.1984, EzA § 616 BGB Nr. 27.

73 Nicht selten führt eine Krankheit dazu, dass ein Arbeitnehmer die geschuldete Arbeit nur teilweise erbringen kann, sei es, dass er Arbeit nur in zeitlich verringertem Umfang zu leisten vermag, sei es, dass er nicht mehr die geschuldeten Arbeiten verrichten kann. Die Rechtsprechung erkennt eine solche **teilweise Arbeitsunfähigkeit** nicht an[79]. Die für die Feststellung der Arbeitsunfähigkeit maßgebliche geschuldete Arbeitsleistung sei eine nach Inhalt, Umfang und Schwierigkeit unteilbare Einheit[80]. Eine teilweise Arbeitsunfähigkeit führt auch dann nicht zu einem Entgeltfortzahlungsanspruch, wenn die Arbeitsvertragsparteien die an sich geschuldete Arbeitsleistung einvernehmlich vorübergehend auf eine Tätigkeit beschränken, die der Arbeitnehmer nach Art und Umfang verrichten kann, ohne dabei den Heilungsverlauf zu beeinträchtigen[81].

74 Zur Rehabilitation nach längerer Erkrankung kann zwischen Arbeitgeber und Arbeitnehmer eine stufenweise Wiederaufnahme der Tätigkeit vereinbart werden, wenn der behandelnde Arzt das für sinnvoll hält und auf der Arbeitsunfähigkeitsbescheinigung vermerkt (§ 74 SGB V). Schwerbehinderte Arbeitnehmer können nach § 164 Abs. 4 Satz 1 Nr. 1 SGB IX die Beschäftigung zur stufenweisen Wiedereingliederung verlangen[82]. Durch die Vereinbarung wird ein **Wiedereingliederungsverhältnis** begründet, das als Rechtsverhältnis „sui generis" zum fortbestehenden Arbeitsverhältnis hinzutritt. Der Arbeitnehmer gilt während der Wiedereingliederung als arbeitsunfähig, d.h. er erhält weiter Krankengeld. Da er in dem Wiedereingliederungsverhältnis nicht die geschuldete Arbeitsleistung erbringt, hat er Anspruch auf eine Vergütung, beispielsweise auf eine Aufstockung des Krankengeldes, nur, wenn das mit dem Arbeitgeber vereinbart ist[83].

75 **cc) Kausalität.** Die krankheitsbedingte Arbeitsunfähigkeit muss die **alleinige Ursache** der Arbeitsverhinderung sein. Daran fehlt es, wenn der Betroffene – wäre er gesund gewesen – aus anderen Gründen nicht gearbeitet und damit seinen Vergütungsanspruch verloren hätte. Das bedeutet aber nicht, dass alle hypothetischen Geschehensabläufe zu berücksichtigen sind. Vielmehr muss es sich um reale Ursachen handeln, die im konkreten Fall zum Ausfall der Arbeit geführt haben[84]. Das ist vor allem beim Ruhen des Arbeitsverhältnisses zu bejahen (Mutterschutzurlaub, Elternzeit, unbezahlter Urlaub, Teilnahme an einem rechtmäßigen Arbeitskampf). Zur krankheitsbedingten Arbeitsunfähigkeit an Feiertagen s. unten Rn. 104, während des Erholungsurlaubs s. unten Rn. 143.

---

[79] BAG 29.1.1992, NZA 1992, 643; BAG 13.6.2006, NZA 2007, 91.
[80] LAG Rheinland-Pfalz 4.11.1991, LAGE § 1 LohnFG Nr. 32.
[81] BAG 25.10.1973, EzA § 616 BGB Nr. 7.
[82] BAG 13.6.2006, NZA 2007, 91, 92 ff.
[83] Zu Vorstehendem BAG 24.9.2014, NZA 2014, 1407.
[84] St. Rspr., vgl. BAG 24.3.2004, NZA 2004, 872 m.w.N.

**dd) Kein Verschulden.** Den Arbeitnehmer darf an der Arbeitsunfähigkeit kein Verschulden treffen. Gemeint ist ein „Verschulden gegen sich selbst", d.h. ein gröblicher Verstoß gegen das von einem verständigen Menschen im eigenen Interesse zu erwartende Verhalten[85]. Das ist kein Verschulden im Sinne von Vorsatz oder Fahrlässigkeit nach § 276 BGB – den Arbeitnehmer trifft keine Pflicht, sich gesund zu halten –, sondern die Verletzung einer Obliegenheit.

76

Es wäre unbillig, den Arbeitgeber mit dem Entgeltfortzahlungsanspruch zu belasten, wenn der Arbeitnehmer die Arbeitsunfähigkeit durch besonders leichtfertiges, grob fahrlässiges oder gar vorsätzliches Verhalten verursacht hat. Bei der Beurteilung sind die gesamten Umstände des Einzelfalles zu berücksichtigen.

77

**Beispiele**[86]: **Erkältungs- und Infektionskrankheiten** – auch AIDS – erleidet der Arbeitnehmer im allgemeinen unverschuldet. Er braucht sich nicht gesundheitsbewusst zu verhalten. Auch das Entstehen von **Alkoholabhängigkeit** sieht die Rechtsprechung wegen der „multifaktoriellen Genese" nicht als verschuldet an. Das gelte regelmäßig auch für einen Rückfall nach einer erfolgreichen Therapie; gesicherte wissenschaftliche Erkenntnisse dazu gebe es aber nicht. Die Frage müsse regelmäßig durch ein Gutachten geklärt werden[87]. Für die **Abhängigkeit von Drogen und Tabletten** kommt es auf die Umstände des Einzelfalls an[88]. Bei **Arbeitsunfällen** kommt es maßgeblich darauf an, ob gröblich gegen Weisungen des Arbeitgebers oder gegen Unfallverhütungsvorschriften verstoßen wurde. Bei **Verkehrsunfällen** ist darauf abzustellen, ob der Arbeitnehmer Verkehrsvorschriften grob fahrlässig verletzt und dadurch sein Leben und seine Gesundheit leichtfertig aufs Spiel gesetzt hat. Bei **Sportunfällen** kommt ein Verschulden in dreierlei Hinsicht in Betracht. Schuldhaft ist das Betreiben einer an sich **gefährlichen Sportart**, bei der das Verletzungsrisiko objektiv so groß ist, dass es auch ein gut ausgebildeter Sportler bei Beachtung aller Regeln nicht vermeiden kann. Das hat die Rechtsprechung bislang lediglich beim Kickboxen angenommen[89]. Ein Verschulden kommt weiter in Betracht, wenn eine an sich ungefährliche Sportart die **Kräfte und Fähigkeiten des Arbeitnehmers deutlich übersteigt** und dadurch eine Verletzung eintritt. Schließlich handelt schuldhaft, wer in besonders grober Weise und leichtsinnig gegen die **anerkannten Regeln einer Sportart verstößt**. Schuldhaft handelt auch, wer sich nach einer Erkrankung genesungswidrig verhält und damit den Heilungsprozess verzögert. Die Rechtsprechung sieht in einem solchen Verhalten sogar eine Vertragsverletzung, die den Arbeitnehmer bei Verschulden – jetzt im Sinne von § 276 BGB – zum Schadensersatz verpflichtet (§ 280 Abs. 1 BGB); dabei geht es vor allem um den Ersatz von Detektivkosten (s. unten Rn. 97)[90]. Das ist inkonsequent: wer nicht verpflichtet ist, gesund zu bleiben, kann auch nicht verpflichtet sein, gesund zu werden.

78

---

[85] BAG 11.11.1987, 7.8.1991, 27.5.1992, EzA § 1 LohnFG Nr. 88, 120, 123.
[86] Kasuistik bei ErfK/*Reinhard*, § 3 EfzG Rn. 25 ff.; AR/*Vossen*, § 3 EfzG Rn. 29 ff.
[87] BAG 18.3.2015, NZA 2015, 801.
[88] ErfK/*Reinhard*, § 3 EfzG Rn. 27.
[89] ArbG Hagen 15.9.1989, NZA 1990, 311; *Gerauer*, NZA 1994, 496 zum Bungee-Springen.
[90] BAG 17.9.1998, NZA 1998, 1334; LAG Rheinland-Pfalz 15.6.1999, NZA 2000, 260 ff.

79 Als unverschuldete Arbeitsunfähigkeit gilt auch eine Arbeitsverhinderung infolge einer nicht rechtswidrigen Sterilisation oder eines nicht rechtswidrigen Abbruchs der Schwangerschaft (§ 3 Abs. 2 EfzG)[91], nicht dagegen eine willentlich und vorhersehbar herbeigeführte Arbeitsunfähigkeit durch In-vitro-Fertilisation[92]. Die Vorschriften über die Entgeltfortzahlung gelten entsprechend bei bestimmten Maßnahmen der medizinischen Vorsorge und der Rehabilitation (§ 9 EfzG)[93].

80 **ee) Kein Rechtsmissbrauch.** Auch wenn die oben dargestellten Voraussetzungen erfüllt sind, kann die Geltendmachung des Entgeltfortzahlungsanspruchs in Ausnahmefällen rechtsmissbräuchlich sein, etwa wenn sich der Arbeitnehmer das Arbeitsverhältnis erschlichen hat, um in den Genuss von Entgeltfortzahlungsansprüchen zu gelangen, oder wenn die Arbeitsunfähigkeit auf eine Nebentätigkeit zurückzuführen ist[94]. Häufig wird in solchen Fällen ein Verschulden vorliegen.

81 **ff) Wartezeit.** Der Entgeltfortzahlungsanspruch entsteht erst nach vierwöchiger ununterbrochener Dauer des Arbeitsverhältnisses (§ 3 Abs. 3 EfzG). Maßgeblich ist der rechtliche Bestand des Arbeitsverhältnisses. Die Frist beginnt mit dem Tag, an dem der Arbeitnehmer die Arbeit antreten soll, nicht mit der tatsächlichen Arbeitsaufnahme[95]. Nach Ablauf der 4 Wochen hat der Arbeitnehmer Anspruch auf Entgeltfortzahlung für die restliche Dauer der Krankheit, längstens für 6 Wochen. Krankheitszeiten während der Wartezeit werden nicht eingerechnet, umgekehrt entsteht aber auch kein rückwirkender Anspruch[96].

**Beispiel:** Der Arbeitsvertrag wird am 20. März abgeschlossen, Arbeitsbeginn soll der 1. April sein. Der Arbeitnehmer erhält Entgeltfortzahlung ab 29. April, gleichgültig, ob er am 22. März oder am 20. April erkrankt, und zwar für die restliche Zeit der Arbeitsunfähigkeit, höchstens für 6 Wochen, d.h. bis zum 10. Juni.

---

[91] Hierzu BAG 14.12.1994, AP Nr. 1 zu § 1 EntgeltFG.
[92] BAG 26.10.2016, NZA 2017, 240.
[93] Zu § 9 Abs. 1 S. 1 EfzG s. BAG 25.5.2016, NZA 2016, 1028.
[94] Vgl. ErfK/*Reinhard*, § 3 EfzG Rn. 3.
[95] ErfK/*Reinhard*, § 3 EfzG Rn. 33.
[96] BAG 26.5.1999, NZA 1999, 1273.

## 3. Dauer des Entgeltfortzahlungsanspruchs

### a) Normalfall: 6 Wochen

Der Arbeitnehmer hat Anspruch auf Entgeltfortzahlung bei Krankheit für die Dauer der Arbeitsunfähigkeit, höchstens für 6 Wochen (§ 3 Abs. 1 Satz 1 EfzG). Der Tag, an dem der Arbeitnehmer erkrankt, wird in die 6 Wochen nur eingerechnet, wenn die Arbeitsunfähigkeit bereits vor der Arbeitsaufnahme eintritt[97]. Kündigt der Arbeitgeber das Arbeitsverhältnis aus Anlass der Arbeitsunfähigkeit (z.B. mit der kurzen Kündigungsfrist des § 622 Abs. 3 BGB in der Probezeit), so behält der Arbeitnehmer den Anspruch auf Entgeltfortzahlung für die Dauer von 6 Wochen, auch wenn diese Frist erst nach Ablauf der Kündigungsfrist endet (§ 8 Abs. 1 Satz 1 EfzG). Das gilt selbst dann, wenn das Arbeitsverhältnis durch die Kündigung noch innerhalb der Wartezeit des § 3 Abs. 3 EfzG aufgelöst wird[98].

**82**

### b) Wiederholte Arbeitsunfähigkeit

Erkrankt der Arbeitnehmer erneut, so hat er wiederum für 6 Wochen Anspruch auf Entgeltfortzahlung. Davon gelten, um den Arbeitgeber vor unzumutbarer Belastung zu schützen, zwei Ausnahmen: Tritt die zweite Erkrankung schon während der ersten auf (Arbeitnehmer bricht sich das Bein während einer Arbeitsunfähigkeit wegen Grippe), dann werden beide Krankheiten zusammengerechnet; der Arbeitnehmer hat also Anspruch auf Entgeltfortzahlung nur für insgesamt 6 Wochen. Erkrankt der Arbeitnehmer nochmals an derselben Krankheit, z.B. Allergie, Rheuma, Rückfall bei Grippe oder Lungenentzündung (sog. Fortsetzungserkrankung), so hat er ebenfalls nur für insgesamt 6 Wochen Anspruch auf Entgeltfortzahlung[99].

**83**

Davon gibt es zwei Rückausnahmen: Der 6-Wochen-Zeitraum beginnt erneut, wenn zwischen dem Ende der letzten Arbeitsunfähigkeit wegen dieser Krankheit und dem Beginn der nächsten ein Zeitraum von 6 Monaten oder zwischen dem Beginn der ersten Arbeitsunfähigkeit und dem der letzten ein Zeitraum von einem Jahr liegt (§ 3 Abs. 1 Satz 2 EfzG).

**84**

---

[97] BAG 21.9.1971, AP Nr. 6 zu § 1 LfzG.
[98] BAG 26.5.1999, NZA 1999, 1273.
[99] Zu Vorst. BAG 25.5.2016, NZA 2016, 1076; zum Zusammentreffen von Krankheit und Kur i.S.v. § 9 Abs. 1 EfzG vgl. BAG 10.9.2014, NZA 2014, 1139.

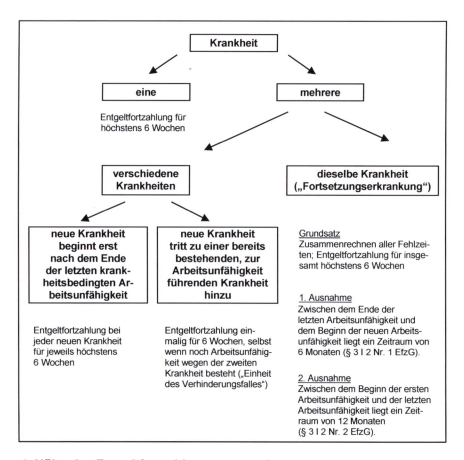

### 4. Höhe des Entgeltfortzahlungsanspruchs

85 Sind die Voraussetzungen des § 3 EfzG erfüllt, hat der Arbeitnehmer Anspruch auf das Arbeitsentgelt, das ihm bei der für ihn maßgebenden regelmäßigen Arbeitszeit zusteht (§ 4 Abs. 1 EfzG). Dabei gilt das (modifizierte) Entgeltausfallprinzip, d.h. der erkrankte Arbeitnehmer soll die Vergütung erhalten, die er als gesunder Arbeitnehmer erzielt hätte. Bezieht der Arbeitnehmer ein vom Arbeitsergebnis abhängiges Leistungsentgelt, so ist Bemessungsgrundlage, was der Arbeitnehmer während der Zeit seiner Arbeitsunfähigkeit durchschnittlich verdient hätte (§ 4 Abs. 1a Satz 2 EfzG). Zusätzlich für Überstunden gezahltes Arbeitsentgelt und Leistungen für Aufwendungen des Arbeitnehmers, die während der Arbeitsunfähigkeit nicht entstehen (z.B. Schmutzzulagen, Trennungsentschädigungen), gehören nicht zu dem für die Berechnung maßgeblichen Arbeitsentgelt (§ 4 Abs. 1a Satz 1 EfzG)[100].

---

[100] ErfK/*Reinhard*, § 4 EfzG Rn. 12; Schaub/*Linck*, ArbR-Hdb, § 98 Rn. 71.

Vor allem für Führungskräfte wird häufig der Fortzahlungszeitraum durch Arbeitsvertrag verlängert. Nicht selten wird auch durch Tarifvertrag oder Arbeitsvertrag das Krankengeld für eine bestimmte Zeit aufgestockt. **86**

### 5. Formelle Voraussetzungen und Kontrolle der Arbeitsunfähigkeit

#### a) Anzeigepflichten

**aa) Erkrankung im Inland.** Der Arbeitnehmer ist verpflichtet, dem Arbeitgeber **87** die Arbeitsunfähigkeit und deren voraussichtliche Dauer unverzüglich (formlos) mitzuteilen (§ 5 Abs. 1 Satz 1 EfzG). Da der Arbeitgeber auch dann rechtzeitig disponieren muss, wenn der Arbeitnehmer für eine längere Zeit, als dem Arbeitgeber mitgeteilt, fehlt, hat er auch das Fortbestehen seiner Erkrankung unverzüglich anzuzeigen[101]. Unverzüglich, d.h. ohne schuldhaftes Zögern (§ 121 BGB), ist die Anzeige im allgemeinen nur dann, wenn sie den Arbeitgeber am ersten Tag der Erkrankung vor Arbeitsbeginn erreicht[102]. Da die Anzeigeverpflichtung zugleich eine (nicht einklagbare) arbeitsvertragliche Nebenpflicht darstellt, kann ihre nicht gehörige Erfüllung die üblichen Sanktionen (s. § 6 Rn. 128 ff.) nach sich ziehen.

**bb) Erkrankung im Ausland.** Befindet sich der Arbeitnehmer bei Beginn der Arbeitsunfähigkeit im Ausland, so hat er dem Arbeitgeber auf dessen Kosten zusätzlich die Adresse am Aufenthaltsort schnellstmöglich mitzuteilen (§ 5 Abs. 2 Satz 1, 2 EfzG). Damit soll der Arbeitgeber die Möglichkeit erhalten, noch vor Ort die Arbeitsunfähigkeit prüfen zu lassen (Art. 18 Abs. 5 EWG-VO 574/72). Nach EU-Recht ist er nämlich an eine Arbeitsunfähigkeitsbescheinigung gebunden, die ein Kassenarzt in einem Mitgliedstaat der EU ausgestellt hat, sofern ihm nicht der Nachweis gelingt, dass keine Arbeitsunfähigkeit vorgelegen hat[103]. Ist der Arbeitnehmer bei einer gesetzlichen Krankenkasse versichert, so hat er auch dieser die im Ausland eingetretene Arbeitsunfähigkeit und deren voraussichtliche Dauer unverzüglich anzuzeigen (§ 5 Abs. 2 Satz 3 EfzG), soweit durch zwischenstaatliche Sozialversicherungsabkommen oder die Krankenkassen selbst (§ 5 Abs. 2 Satz 5 EfzG) nichts Abweichendes bestimmt ist. Kehrt der erkrankte Arbeitnehmer ins Inland zurück, so hat er auch das dem Arbeitgeber und seiner Krankenkasse unverzüglich mitzuteilen (§ 5 Abs. 2 Satz 7 EfzG). **88**

#### b) Nachweispflichten

**aa) Grundsatz.** Dauert die Arbeitsunfähigkeit länger als drei Kalendertage, so hat **89** der Arbeitnehmer spätestens am vierten Tag der Arbeitsunfähigkeit – sofern es sich um einen Arbeitstag handelt, an dem im Betrieb gearbeitet wird[104] – eine ärztliche

---

[101] BAG 7.2.1988, 16.8.1991, EzA § 1 KSchG Verhaltensbedingte Kündigung Nr. 26, 41.
[102] BAG 31.8.1989, NZA 1990, 433; Schaub/*Linck*, ArbR-Hdb, § 98 Rn. 96.
[103] EuGH 3.6.1992, 2.5.1996, AP Nr. 1, 2 zu Art. 18 EWG-Verordnung Nr. 574/72; EuGH 6.2.2018, C-359/16 – Ömer Altun; BAG 19.2.1997, AP Nr. 4 zu § 3 EntgeltFG.
[104] Zur Berechnung der Frist KassArbR/*Vossen*, 2.2 Rn. 178 ff.

Bescheinigung über das Bestehen der Arbeitsunfähigkeit sowie deren voraussichtliche Dauer vorzulegen (vgl. § 5 Abs. 1 Satz 2 EfzG). Das gilt grundsätzlich auch im Fall der **Auslandserkrankung**[105].

90  Der Arbeitgeber kann das Attest auch schon früher, d.h. bereits am ersten Tag der Arbeitsunfähigkeit verlangen (§ 5 Abs. 1 Satz 3 EfzG). Die Entscheidung darüber steht in seinem freien Ermessen; sie darf nur nicht willkürlich oder schikanös sein oder gegen den Gleichbehandlungsgrundsatz oder gegen ein Diskriminierungsverbot verstoßen[106]. Die Anforderungsbefugnis kann einzel- oder kollektivvertraglich beschränkt oder ausgeschlossen sein (vgl. § 12 EfzG). Nach Ansicht des BAG hat der Betriebsrat ein Mitbestimmungsrecht nach § 87 Abs. 1 Nr. 1 BetrVG, wenn der Arbeitgeber generell vom ersten Tag an Arbeitsunfähigkeitsbescheinigungen verlangt[107]. Bei fortbestehender Arbeitsunfähigkeit ist eine Folgebescheinigung erforderlich (§ 5 Abs. 1 Satz 4 EfzG), für die dasselbe wie für die Erstbescheinigung gilt[108].

91  Solange der Arbeitnehmer das ärztliche Attest schuldhaft nicht vorlegt, kann der Arbeitgeber die Entgeltfortzahlung verweigern (§ 7 Abs. 1 Nr. 1 EfzG); nach Vorlage ist das Entgelt rückwirkend ab dem Beginn der Arbeitsunfähigkeit zu zahlen. § 7 Abs. 1 EfzG enthält nur ein **zeitweiliges Leistungsverweigerungsrecht**[109]; die Bescheinigung hat keine anspruchsbegründende Wirkung. Da auch die Nachweispflicht eine arbeitsvertragliche Nebenpflicht ist, kann die nicht gehörige Erfüllung unter Umständen ein wichtiger Grund für eine außerordentliche Kündigung sein[110].

92  **bb) Beweiswert einer ärztlichen Arbeitsunfähigkeitsbescheinigung.** Als Gläubiger des Entgeltfortzahlungsanspruchs hat der Arbeitnehmer die krankheitsbedingte Arbeitsunfähigkeit nachzuweisen. Dazu steht ihm meist nur die Arbeitsunfähigkeitsbescheinigung zur Verfügung. Diese ist zwar eine reine Privaturkunde (§ 416 ZPO), doch spricht, wenn sie ordnungsgemäß ausgestellt wurde, nach der Lebenserfahrung eine Vermutung dafür, dass der Arbeitnehmer tatsächlich arbeitsunfähig krank war[111]. Will der Arbeitgeber das Attest nicht gegen sich gelten lassen, so hat er nach den Grundsätzen des Anscheinsbeweises Umstände darzulegen und notfalls zu beweisen, die Anlass zu ernsthaften Zweifeln an der behaupteten Arbeitsunfähigkeit geben[112].

**Beispiele:** Rückdatierung oder fehlende Unterschrift auf der Arbeitsunfähigkeitsbescheinigung, Ausstellung durch einen Arzt, der durch leichtfertiges Krankschreiben auffällig geworden ist (vgl. § 275 Abs. 1 Satz 1 SGB V), Ankündigung einer Krankheit, falls einem Urlaubs- oder Versetzungswunsch nicht entsprochen wird, Antreffen des Arbeitnehmers bei einer für

---

[105] BAG 20.2.1985, AP Nr. 4 zu § 3 LohnFG.
[106] BAG 14.11.2012, NZA 2012, 322.
[107] BAG 25.1.2000, NZA 2000, 665.
[108] BAG 29.8.1980, EzA § 6 LohnFG Nr. 13 zu § 3 Abs. 1 S 2 LohnFG.
[109] BAG 19.2.1997, AP Nr. 4 zu § 3 EntgeltFG m. teilw. krit. Anm. *Schmitt*.
[110] BAG 15.1.1986, AP Nr. 93 zu § 626 BGB.
[111] BAG 1.10.1997, NZA 1998, 369, 371; BAG 17.6.2003, NZA 2004, 564, 567.
[112] BAG 19.2.1997, AP Nr. 4 zu § 3 EntgeltFG m.w.N.

Arbeitsunfähige schlechthin ungeeigneten Tätigkeit (z.B. ganztägige Mitarbeit beim Bau des eigenen Hauses)[113].

Ist es dem Arbeitgeber gelungen, den Beweiswert des Attestes zu erschüttern, so muss der Arbeitnehmer den Nachweis seiner Arbeitsunfähigkeit mit anderen zulässigen Beweismitteln führen, etwa der Aussage des behandelnden Arztes[114]. Das Arbeitsgericht hat dann nach § 46 Abs. 2 Satz 1 ArbGG, § 286 ZPO unter Berücksichtigung des gesamten Inhalts der Verhandlungen nach freier Überzeugung zu entscheiden, ob der Arbeitnehmer arbeitsunfähig krank war[115]. **93**

Der in einem Mitgliedstaat der EU von einem Arzt ausgestellten Arbeitsunfähigkeitsbescheinigung misst die Rechtsprechung grundsätzlich denselben Beweiswert zu. Der Arbeitgeber sei wegen Art. 18 EWG-VO 574/72 tatsächlich wie rechtlich an die ärztlichen Feststellungen über Eintritt und Dauer der Arbeitsunfähigkeit gebunden, sofern er den Arbeitnehmer nicht an Ort und Stelle durch einen Arzt seiner Wahl untersuchen lasse (Art. 18 Abs. 3 EWG-VO 574/72). Es sei ihm jedoch nicht verwehrt, den Nachweis zu erbringen, dass der Arbeitnehmer die Arbeitsunfähigkeitsbescheinigung missbräuchlich oder betrügerisch erlangt hat. Anders als bei inländischen Arbeitsunfähigkeitsbescheinigungen soll es wegen der grundsätzlichen Bindungswirkung des Art. 18 EWG-VO 574/72 nicht genügen, dass der Arbeitgeber Umstände beweist, die bloß zu ernsthaften Zweifeln an der krankheitsbedingten Arbeitsunfähigkeit Anlass geben[116]. **94**

Dieses „Privileg" gilt aber nur, wenn die Bescheinigung erkennen lässt, dass dem Arzt der Unterschied zwischen Krankheit und Arbeitsunfähigkeit bewusst war und er eine entsprechende Beurteilung vorgenommen hat[117]. **95**

## c) Kontrollmöglichkeiten

### aa) Einschaltung des Medizinischen Dienstes der Krankenversicherung.
**96** Schreibt der Arzt einen Arbeitnehmer krank, so meldet er den Befund und die voraussichtliche Dauer der Arbeitsunfähigkeit der zuständigen Krankenkasse; er vermerkt dies auf dem für den Arbeitgeber bestimmten Attest (§ 5 Abs. 1 Satz 5 EfzG). Nach Erhalt der ärztlichen Mitteilung ist die Krankenkasse von Amts wegen verpflichtet, unverzüglich zu prüfen, ob der Medizinische Dienst der Krankenversicherung eingeschaltet werden muss, um Zweifel an der tatsächlichen Arbeitsunfähigkeit des Arbeitnehmers zu beseitigen (§ 275 Abs. 1 Nr. 3b SGB V). Zweifel bestehen insbesondere dann, wenn versicherte Arbeitnehmer auffällig häufig oder auffällig häufig nur für kurze Dauer arbeitsunfähig sind oder der Beginn der Arbeitsunfähigkeit nicht selten auf einen Arbeitstag am Beginn oder am Ende der Woche fällt oder wenn die Arbeitsunfähigkeit von einem Arzt festgestellt worden ist, der durch die Häufigkeit der von ihm ausgestellten Bescheinigungen auffällig ge-

---

[113] Schaub/*Linck*, ArbR-Hdb, § 98 Rn. 132 f.; *Treber*, § 5 EfzG Rn. 54 ff.
[114] BAG 15.7.1992, EzA § 3 LohnFG Nr. 17.
[115] BAG 19.2.1997, AP Nr. 3 zu Art. 18 EWG-Verordnung Nr. 574/72.
[116] BAG 19.2.1997, AP Nr. 3 zu Art. 18 EWG-Verordnung Nr. 574/72; anders nun aber EuGH 6.2.2018, C-359/16 – Ömer Altun.
[117] BAG 17.6.2003, NZA 2004, 564, 567 m.w.N.

worden ist (§ 275 Abs. 1a Satz 1 SGB V)[118]. Der Arbeitgeber hat das Recht, von der Krankenkasse die Einholung eines Gutachtens des Medizinischen Dienstes zu verlangen. Die Krankenkasse kann das Ansinnen nur zurückweisen, wenn sich die medizinischen Voraussetzungen der Arbeitsunfähigkeit eindeutig aus den ärztlichen Unterlagen ergeben (§ 275 Abs. 1a Satz 3, 4 SGB V). Weigert sich der Arbeitnehmer, sich durch den Medizinischen Dienst untersuchen zu lassen, so erschüttert dies in aller Regel die Richtigkeitsvermutung des ärztlichen Attestes[119].

97 **bb) Sonstige Möglichkeiten.** Da manchen Arbeitgebern die Kontrollen durch den Medizinischen Dienst nicht ausreichend erscheinen, lassen sie durch den Vorgesetzten, einen Mitarbeiter der Personalabteilung und/oder ein Betriebsratsmitglied Kontrollbesuche durchführen. Der Arbeitnehmer braucht ungebetene Besucher nicht zu empfangen. Abgesehen davon hat er nicht die Pflicht, sich während einer Krankheit zu Hause aufzuhalten. Grundsätzlich zulässig ist die Überwachung durch einen Detektiv. Voraussetzung sind begründete Zweifel an der Richtigkeit des Attests[120]. Die Kosten für den Detektiv hat der Arbeitnehmer dem Arbeitgeber im notwendigen Umfang (§ 254 BGB) zu erstatten, wenn er eines vorsätzlichen Verstoßes gegen eine Vertragspflicht überführt wird (§ 280 BGB)[121]. Das gleiche gilt, wenn die ermittelten Tatsachen einen derart schwerwiegenden Verdacht einer vorsätzlichen Vertragspflichtverletzung begründen, dass eine Verdachtskündigung gerechtfertigt wäre[122]. Steht zum Zeitpunkt der Beauftragung aufgrund einer vorhergehenden Observierung bereits fest, dass der Arbeitnehmer eine vertragswidrige Konkurrenztätigkeit ausgeübt hat, haftet der Arbeitnehmer nicht, wenn die Überwachung weder etwas zur Beseitigung der Vertragsstörung noch zur Schadensverhütung leisten konnte[123]. Im Wege des Kostenfestsetzungsverfahrens nach den § 103 ff. ZPO können Detektivkosten nur dann geltend gemacht werden, wenn es sich bei ihnen um prozessuale Vorkosten handelt; dazu müssen sie in unmittelbarer Beziehung zu einem konkret bevorstehenden Rechtsstreit stehen und seiner Vorbereitung dienen[124].

## 6. Forderungsübergang bei Dritthaftung

98 Hat ein Dritter die krankheitsbedingte Arbeitsunfähigkeit verursacht, so können Schadensersatzansprüche aus Deliktsrecht (§§ 823 ff. BGB) oder Gefährdungshaftung (§ 7 StVG) in Betracht kommen. Zwar erleidet der Arbeitnehmer wegen der Entgeltfortzahlung keinen Verdienstausfall. Das kann und darf den Schädiger aber nicht entlasten. Bei der gebotenen normativen Betrachtungsweise ist deshalb dem Arbeitnehmer sehr wohl ein Schaden entstanden. Um zu verhindern, dass der ver-

---

[118] ErfK/*Reinhard*, § 5 EfzG Rn. 15.
[119] ErfK/*Reinhard*, § 3 EfzG Rn. 32.
[120] BAG 19.2.2015, NZA 2015, 994; BAG 29.6.2017, NZA 2017, 1179.
[121] BAG 17.9.1998, NZA 1998, 1334; BAG 26.9.2013, NZA 2014, 301.
[122] BAG 26.9.2013, NZA 2014, 301.
[123] BAG 28.10.2010, NZA-RR 2011, 231.
[124] BAG 28.5.2009, NZA 2009, 1300.

letzte Arbeitnehmer nunmehr zwei Ansprüche geltend machen kann – den Entgeltfortzahlungsanspruch gegen den Arbeitgeber und den Schadensersatzanspruch gegen den Schädiger –, lässt § 6 EfzG für den Fall, dass der Arbeitgeber das Entgelt bei Krankheit fortzahlt, den Schadensersatzanspruch gegen den Dritten auf den Arbeitgeber übergehen (Legalzession)[125].

Der Schadensersatzanspruch geht jedoch nur insoweit auf den Arbeitgeber über, als dieser die Vergütung fortzahlt. Im übrigen verbleibt er beim Arbeitnehmer. Dieser kann sich wegen eines Schmerzensgeldes und wegen des Ersatzes von Sachschäden weiter an den Schädiger halten. Trifft den Arbeitnehmer ein Mitverschulden an der Entstehung des Schadens oder ist das Betriebsrisiko des von ihm gelenkten Unfallfahrzeuges anspruchsmindernd zu berücksichtigen, so muss sich dies auch der Arbeitgeber, auf den der Schadensersatzanspruch übergegangen ist, entgegenhalten lassen. Hat ein Kollege den Arbeitnehmer geschädigt, so scheitert die Legalzession, wenn der Schadensersatzanspruch nach § 105 Abs. 1 SGB VII ausgeschlossen ist. Verhindert der Arbeitnehmer schuldhaft den Übergang des Schadensersatzanspruchs gegen einen Dritten auf den Arbeitgeber, so kann dieser die Fortzahlung des Arbeitsentgelts verweigern (§ 7 EfzG).

99

## V. Entgeltzahlung an Feiertagen

Das EfzG regelt außer der Entgeltfortzahlung im Krankheitsfall auch die Entgeltzahlung an Feiertagen (§ 2 EfzG). Vorläufer war das Gesetz zur Regelung der Lohnzahlung an Feiertagen[126], das nur für Arbeiter galt. Für Angestellte hatte kein Regelungsbedürfnis bestanden, weil sie ohne Rücksicht auf Feiertage gleichbleibende Monatsgehälter erhielten (und erhalten). § 2 EfzG hält nicht den wegen § 326 Abs. 1 Satz 1 BGB erloschenen arbeitsvertraglichen Anspruch aufrecht, sondern ist selbst Anspruchsgrundlage[127].

100

### 1. Voraussetzungen des Entgeltzahlungsanspruchs

#### a) Prüfungsschema

1. Bestehen eines Arbeitsverhältnisses
2. Gesetzlicher Feiertag nach deutschem Recht am Ort der Arbeitsleistung
3. Kausalität zwischen Arbeitsausfall und Feiertag
4. Kein Ausschluss des Anspruchs
5. Höhe des Entgelts

---

[125] BAG 13.8.2013, NZA 2014, 91 (anteiliges Urlaubsentgelt).
[126] Vom 2.8.1951, BGBl. I S 479 i.d.F. vom 18.12.1975, BGBl. I S 3091.
[127] AR/*Vossen*, § 2 EfzG Rn. 2.

## b) Voraussetzungen im einzelnen

**101 aa) Bestehen eines Arbeitsverhältnisses.** Der Anspruch auf Feiertagsbezahlung setzt das Bestehen eines Arbeitsverhältnisses voraus. § 2 EfzG gilt auch für befristete und gekündigte Arbeitsverhältnisse, nicht dagegen für Heimarbeiter und sonstige arbeitnehmerähnliche Personen.

**102 bb) Gesetzlicher Feiertag.** Feiertag ist ein jährlich wiederkehrender kirchlicher oder weltlicher Gedenktag, an dem nicht gearbeitet wird. Welche Feiertage zu den gesetzlichen Feiertagen im Sinne des § 2 EfzG gehören, regeln die Feiertagsgesetze der einzelnen Bundesländer[128]. Auf bundesgesetzlicher Grundlage beruht der Tag der Deutschen Einheit (3.10.)[129]. Für die Frage, ob die Arbeit feiertagsbedingt ausfällt, kommt es auf den Ort der Arbeitsleistung an, nicht auf den Wohnort oder den Sitz des Betriebs. Bei einem Auslandseinsatz gilt § 2 EfZG nicht, weil die Vorschrift an die gesetzlichen Feiertage nach deutschem Recht anknüpft[130]. Aus demselben Grund können ausländische Arbeitnehmer keine Ansprüche herleiten, wenn sie an einem Tag arbeiten müssen, der zwar in ihrer Heimat, nicht aber in Deutschland ein Feiertag ist. Darin liegt keine Diskriminierung i.S.v. § 7 Abs. 1 AGG[131]. Der Arbeitgeber kann aber zur Freistellung ohne Entgeltfortzahlung verpflichtet sein[132].

**103 cc) Kausalität.** Der Feiertag muss die alleinige Ursache des Arbeitsausfalles sein. Hätte der Arbeitnehmer ohne den gesetzlichen Feiertag bereits aus anderen Gründen nicht gearbeitet, entfällt der Anspruch.

**104** Ist der Arbeitnehmer an einem Feiertag **krank**, so ist weder der Feiertag noch die Krankheit alleinige Ursache der Arbeitsverhinderung. Deshalb steht dem Arbeitnehmer an sich weder Entgeltfortzahlung im Krankheitsfalle noch Feiertagsentgelt zu. Aus § 4 Abs. 2 EfzG ergibt sich aber, dass der Arbeitnehmer in diesem Fall das Feiertagsentgelt erhalten soll[133]. Fällt ein gesetzlicher Feiertag in die Zeit des **bezahlten Erholungsurlaubs**, so gilt der Tag nicht als Urlaubs-, sondern als Feiertag (§ 3 Abs. 2 BUrlG). Anders ist es, wenn der Arbeitnehmer bei einem **rollierenden Arbeitszeitsystem** wöchentlich einen im voraus fest bestimmten Tag frei hat. Fällt dieser arbeitsfreie Tag auf einen Feiertag, so entfällt der Anspruch auf Feiertagsentgeltzahlung, weil der Feiertag nicht die einzige Ursache für den Arbeitsausfall ist[134]. Zur Feiertagsentgeltzahlung bei **Kurzarbeit** vgl. § 2 Abs. 2 EfzG. Eine zu Ungunsten des Arbeitnehmers von § 2 Abs. 1 EfzG abweichende tarifliche Bestimmung

---

[128] Vgl. die Übersicht in der dtv-Textsammlung Arbeitsgesetze (Nr. 18b).
[129] Kap. I Art. 2 Abs. 2 Einigungsvertrag i.V.m. Gesetz vom 23.9.1990, BGBl. II 1990, S. 885, 890.
[130] ErfK/*Reinhard*, § 2 EfzG Rn. 6; *Schmitt*, § 2 EfzG Rn. 31; AR/*Vossen*, § 2 EfzG Rn. 6.
[131] MünchArbR/*Boewer*, § 71 Rn. 4.
[132] Schaub/*Linck*, ArbR-Hdb, § 3 Rn. 25; zur Frage, unter welchen Voraussetzungen Moslems rituelle Gebete während der Arbeitszeit verrichten dürfen, LAG Hamm 26.2.2002, NZA 2002, 1090.
[133] BAG 1.12.2004, NZA 2005, 1315; BAG 14.1.2009, NZA-RR 2009, 580 m.w.N.
[134] St. Rspr., vgl. BAG 8.12.2010, DB 2011, 657.

über den Ursachenzusammenhang von Feiertag und Arbeitsausfall verstößt gegen § 12 EfzG und ist unwirksam[135].

**dd) Ausschluss des Anspruchs.** Arbeitnehmer, die am letzten Arbeitstag (nicht: Kalendertag!) vor oder am ersten Arbeitstag nach einem Feiertag unentschuldigt der Arbeit fernbleiben, haben nach § 2 Abs. 3 EfzG keinen Anspruch auf Bezahlung für den Feiertag. Dasselbe gilt bei teilweisem Fernbleiben, wenn die Arbeitsversäumnis nicht unerheblich ist, d.h. nicht weniger als die Hälfte der individuellen Arbeitszeit des Betroffenen beträgt. Unentschuldigt ist die Arbeitsversäumnis, wenn sie objektiv auf einer Vertragsverletzung beruht und den Arbeitnehmer subjektiv ein Verschulden trifft oder wenn der Arbeitnehmer dem Arbeitgeber nicht unverzüglich den Entschuldigungsgrund mitteilt[136]. **105**

## 2. Rechtsfolgen

### a) Höhe der fortzuzahlenden Vergütung

Die Höhe der fortzuzahlenden Vergütung richtet sich nach dem Entgeltausfallprinzip. Der Arbeitgeber hat dem Arbeitnehmer das Arbeitsentgelt zu zahlen, das er ohne den feiertagsbedingten Arbeitsausfall erhalten hätte (§ 2 Abs. 1 EfzG). Zum Feiertagsentgelt gehören neben der laufenden Grundvergütung auch Zulagen und Zuschläge, soweit damit nicht Aufwendungen abgegolten werden, die dem Arbeitnehmer nur bei tatsächlicher Arbeitsleistung entstehen[137]. Hätte der Arbeitnehmer ohne den Feiertag Überstunden leisten müssen, sind diese bei der Bemessung des Anspruchs zu berücksichtigen[138]. **106**

### b) Verzicht

Auf den Feiertagsentgeltanspruch kann nicht im voraus verzichtet werden. Ein entsprechender Erlassvertrag (§ 397 Abs. 1 BGB) verstößt gegen § 12 EfzG. Ob während eines bestehenden Arbeitsverhältnisses auf entstandene Ansprüche verzichtet werden kann, ist streitig[139]. Dagegen sprechen Wortlaut und Schutzzweck der Norm, dafür die Überlegung, dass der Arbeitnehmer auf sein laufendes Entgelt ohne weiteres verzichten kann und dass der Feiertagsentgeltanspruch nur die Fortzahlung eben dieser Vergütung gewährleisten will. Unstreitig ist, dass nach Beendigung des Arbeitsverhältnisses auf rückständige Entgeltfortzahlungsansprüche verzichtet werden kann[140], etwa in einer Ausgleichsquittung. **107**

---

[135] BAG 15.5.2013, NZA 2013, 974, 975.
[136] Zu Vorst. BAG 28.10.1966, AP Nr. 23 zu § 1 FeiertagsLG.
[137] Vgl. ErfK/*Reinhard*, § 2 EfzG Rn. 14.
[138] BAG 23.9.1960, 30.1.1985, AP Nr. 12, 47 zu § 1 FeiertagsLG.
[139] Bejahend BAG 28.11.1979, AP Nr. 10 zu § 6 LohnFG; ErfK/*Reinhard*, § 12 EfzG Rn. 5.
[140] BAG 11.6.1976, 23.9.1960, AP Nr. 2, 12 zu § 9 LohnFG.

## VI. Sonstige vorübergehende Arbeitsverhinderung aus persönlichen Gründen

### 1. Allgemeines

#### a) Grundsatz

108 Nach § 616 Satz 1 BGB verliert der Arbeitnehmer den Anspruch auf die Arbeitsleistung nicht dadurch, dass er für eine verhältnismäßig nicht erhebliche Zeit durch einen in seiner Person liegenden Grund ohne sein Verschulden an der Dienstleistung verhindert ist.

**Beispiele:** Hochzeit, Niederkunft der Ehefrau, unaufschiebbarer Arzttermin, Ladung zu Gerichten und Behörden, Wartepflicht und Hilfeleistung nach einem Verkehrsunfall.

109 Anders als bei § 615 BGB stammt das Leistungshindernis bei § 616 BGB nicht aus der Sphäre des Arbeitgebers, sondern aus der des Arbeitnehmers. Ebenso wie § 615 BGB stellt auch § 616 Satz 1 BGB für sich allein keine Anspruchsgrundlage dar. Vielmehr erhalten beide Vorschriften den Vergütungsanspruch aus dem Arbeitsvertrag aufrecht. Als Anspruchsgrundlage ist daher der Arbeitsvertrag (§ 611a BGB) mitzuzitieren.

#### b) Prüfungsschema

> 1. Anwendbarkeit des § 616 BGB
> 2. Bestehen eines Arbeits- oder Dienstverhältnisses
> 3. Arbeitsverhinderung
>    a) Unmöglichkeit oder
>    b) Unzumutbarkeit der Arbeitsleistung
> 4. Leistungshindernis allein in der Person des Arbeitnehmers
> 5. Kausalität
> 6. Kein Verschulden des Arbeitnehmers
> 7. Verhinderung für eine verhältnismäßig nicht erhebliche Zeit
> 8. Höhe der Vergütung nach dem Entgeltausfallprinzip

## 2. Voraussetzungen im einzelnen

### a) Anwendbarkeit

**aa) Subsidiarität.** § 616 BGB gilt für alle Arbeitnehmer, soweit die Vorschrift nicht durch eine speziellere Regelung verdrängt wird. **110**
Speziellere Regelungen sind für den Fall der persönlichen Arbeitsverhinderung z.B. wegen
- eines Feiertags § 2 EfzG
- einer krankheitsbedingten Arbeitsunfähigkeit § 3 EfzG
- der Erkrankung eines Kindes des Arbeitnehmers § 45 SGB V
- einer Schwangerschaft oder Mutterschaft §§ 3-8, 11-12 MuSchG
- der Wahrnehmung eines Betriebsratsamts § 37 Abs. 2 BetrVG
- der Wahrnehmung eines Personalratsamts § 46 Abs. 2 BPersVG
- der ärztlichen Untersuchung eines jugendlichen Arbeitnehmers § 43 JArbSchG
- einer Musterung § 14 ArbPlatzSchG.

Für Auszubildende enthält § 19 Abs. 1 Nr. 2b BBiG eine Sonderregelung.

Wegen seiner dispositiven Natur gehen dem § 616 BGB auch tarifliche und arbeitsvertragliche Regelungen vor. Die meisten Manteltarifverträge enthalten detaillierte Regelungen, die § 616 BGB teils abschließend, teils nach Verhinderungsgrund und zulässiger Dauer der Arbeitsversäumnis konkretisieren. **111**

**bb) Bestehen eines Arbeitsverhältnisses.** § 616 Satz 1 BGB setzt das Bestehen eines Arbeitsvertrags voraus („wird des Anspruchs auf die Vergütung nicht verlustig"). **112**

§ 616 Satz 1 BGB ist auch anzuwenden, wenn der Arbeitgeber den Arbeitnehmer nach Ablauf der Kündigungsfrist aufgrund einer Vereinbarung oder in Erfüllung des betriebsverfassungsrechtlichen Weiterbeschäftigungsanspruchs (§ 102 Abs. 5 BetrVG) bis zum Ausgang eines Kündigungsrechtsstreits weiterbeschäftigt[141], nicht dagegen, wenn er nur eine drohende Zwangsvollstreckung abwenden will. Bei einem fehlerhaft begründeten Arbeitsverhältnis gilt § 616 Satz 1 BGB, bis sich eine Vertragspartei auf den Mangel des Arbeitsvertrags beruft[142]. **113**

---

[141] MünchArbR/*Boewer*, § 70 Rn. 9 m.w.N.
[142] BAG 16.9.1982, AP Nr. 24 zu § 123 BGB.

## b) Arbeitsverhinderung

114 Der Arbeitnehmer muss an der Arbeitsleistung vorübergehend verhindert sein. Verhindert ist er, wenn ihm die Arbeitsleistung tatsächlich unmöglich ist (§ 275 Abs. 1 BGB; Bsp.: Arbeitnehmer kann wegen eines Lawinenabganges an seinem Urlaubsort den Betrieb nicht rechtzeitig erreichen). Verhindert ist er aber auch, wenn ihm die Verrichtung seiner Dienste unzumutbar ist (§ 275 Abs. 3 BGB), insbesondere, wenn seine Leistungspflicht mit anderen sittlichen oder rechtlichen Pflichten kollidiert. Überwiegt das Interesse des Arbeitnehmers, so ist seine Inanspruchnahme treuwidrig. Unzumutbarkeit setzt aber regelmäßig Unvermeidbarkeit der Arbeitsverhinderung voraus. Ein Anspruch auf Entgeltfortzahlung entsteht nicht, wenn der Arbeitnehmer seine berechtigten Interessen außerhalb der Arbeitszeit wahrnehmen kann (z.B. TÜV-Fahrzeugabnahme, Geburtstagsfeier, Arzttermin nach Feierabend). Bei Gleitzeit kommt es darauf an, ob die Angelegenheit in der Kernzeit erledigt werden muss. Bei einer akuten Notwendigkeit, die Pflege naher Angehöriger zu organisieren oder sie selbst zu übernehmen, darf der Arbeitnehmer der Arbeit bis zu zehn Arbeitstage fernbleiben (§ 2 Abs. 1 PflegeZG). Die Pflicht zur Entgeltfortzahlung richtet sich – soweit vertraglich nichts anderes geregelt ist – nach § 616 BGB[143].

## c) Aus einem in der Person des Arbeitnehmers liegenden Grund

115 **aa) Persönliches Leistungshindernis.** Der Arbeitnehmer muss aus einem in seiner Person liegenden Grund an der Dienstleistung verhindert sein. Das heißt nicht, dass das Leistungshindernis aus Eigenschaften des Arbeitnehmers herrühren muss; entscheidend ist, dass es überwiegend aus seiner Sphäre stammt.

**Beispiele:** Unaufschiebbarer Arzttermin, wenn Arbeitnehmer nicht arbeitsunfähig krank ist, Heirat, Geburt, Goldene Hochzeit der Eltern, Todesfall naher Angehöriger, Tätigkeit als ehrenamtlicher Richter, unschuldig erlittene Untersuchungshaft.

116 Keine Vergütung schuldet der Arbeitgeber bei Arbeitsausfall wegen „allgemeiner" oder „objektiver" Leistungshindernisse. Zwar muss er immer damit rechnen, dass ein Mitarbeiter gelegentlich seinen Dienst nicht verrichten kann. Mit Risiken, die nicht den Einzelnen, sondern unbeschränkt viele treffen, soll er aber nicht belastet werden. Das hat zur Folge, dass der Arbeitnehmer im allgemeinen das **Wegerisiko** trägt, d.h. die Gefahr, den Arbeitsort ohne eigenes Verschulden nicht oder nicht pünktlich zu erreichen[144].

**Beispiele:** Schlechte Witterung, Fahrverbot, Straßensperre, Verkehrsstau, Demonstration, Streik im öffentlichen Personenverkehr, politische Unruhen, Smogalarm, Flugverbot wegen eines Vulkanausbruchs; anders, wenn das Auto des Arbeitnehmers nicht anspringt oder wenn seine Straßenbahn ausfällt.

---

[143] AR/*Böck*, § 2 PflegeZG Rn. 11; Schaub/*Linck*, ArbR-Hdb, § 107 Rn. 37.
[144] MünchArbR/*Boewer*, § 69 Rn. 57 m.w.N; Staudinger/*Oetker*, § 616 BGB Rn. 76.

**bb) Kausalität.** Das in der Person des Arbeitnehmers liegende Leistungshindernis muss die alleinige Ursache der Arbeitsverhinderung sein[145]. Beruht der Arbeitsausfall bereits auf anderen Gründen – die Arbeitspflicht ist wegen eines Arbeitskampfes suspendiert, der Arbeitnehmer ist wegen Erholungsurlaubs von der Arbeit freigestellt usw. –, so entsteht kein Anspruch aus § 616 Satz 1 BGB.

### d) Kein Verschulden

Der Anspruch auf Fortzahlung der Vergütung entfällt, wenn der Arbeitnehmer an der Arbeitsverhinderung schuld ist. Der Verschuldensbegriff entspricht dem der Entgeltfortzahlung bei Krankheit (s. oben Rn. 76). Gemeint ist ein Verschulden gegen sich selbst, d.h. ein grober Verstoß gegen das von einem verständigen Menschen im eigenen Interesse zu erwartende Verhalten[146]. Das Verschulden muss sich auf den Verhinderungsgrund als solchen beziehen, nicht auf seine Vermeidbarkeit[147].

### e) Verhinderung für eine verhältnismäßig nicht erhebliche Zeit

Das Leistungshindernis darf nur für eine verhältnismäßig nicht erhebliche Zeit bestehen. Entscheidend ist das Verhältnis der Verhinderungszeit zur Gesamtdauer des Arbeitsverhältnisses. Je länger der Arbeitnehmer dem Unternehmen angehört, desto größer ist die Zeitspanne, für die er eine Vergütung erwarten kann. Als Faustregel kann bei Bestehen des Arbeitsverhältnisses bis zu 6, 12 und mehr als 12 Monaten ein Zeitraum von 3 Tagen, 1 und 2 Wochen angesehen werden[148]. Bei längerer Verhinderung entfällt der Vergütungsanspruch ganz. Es besteht dann auch kein Teilanspruch für die als unerheblich anzusehende Zeit[149]. Verhinderungen aus unterschiedlichen Anlässen werden grundsätzlich nicht zusammengerechnet[150].

### f) Anzeige- und Nachweispflicht

Der Anspruch auf Entgeltfortzahlung ist nicht davon abhängig, dass der Arbeitnehmer den Arbeitgeber über das Leistungshindernis informiert. Er muss dem Arbeitgeber aber unverzüglich den Grund und die Dauer der Arbeitsverhinderung mitteilen. Unterlässt er dies schuldhaft, so setzt er sich den üblichen Sanktionen aus. Der Arbeitnehmer ist für den Verhinderungsgrund nachweispflichtig; bis zur Erbringung des Nachweises kann der Arbeitgeber die Entgeltzahlung verweigern (§ 273 BGB).

---

[145] *Gräf/Rögele*, NZA 2013, 1120, zum Zusammentreffen von Betriebs- und Wegerisiko.
[146] BAG 11.11.1987, NZA 1988, 197; Staudinger/*Oetker*, § 616 BGB Rn. 109.
[147] Str.; wie hier MünchArbR/*Boewer*, § 70 Rn. 16 m.w.N.
[148] Erman/*Belling*, § 616 BGB Rn. 48; krit. Schaub/*Linck*, ArbR-Hdb., § 97 Rn. 18.
[149] BAG GS 18.12.1959, AP Nr. 22 zu § 616 BGB.
[150] MünchArbR/*Boewer*, § 70 Rn. 20 m.w.N.; Schaub/*Linck*, ArbR-Hdb., § 97 Rn. 18.

## 3. Rechtsfolgen

**121** Sind die Voraussetzungen des § 616 Satz 1 BGB erfüllt, hat der Arbeitgeber die Vergütung fortzuzahlen, die der Arbeitnehmer erhalten hätte (Entgeltausfallprinzip). Das ist bei zeitbestimmter Vergütung das bisherige Stunden-, Wochen- oder Monatsentgelt einschließlich einer etwaigen Überstundenvergütung, bei Leistungslohn das nach dem regelmäßigen Lauf der Dinge verdiente Entgelt einschließlich der Zulagen. Der Arbeitnehmer muss sich jedoch den Betrag anrechnen lassen, welcher ihm für die Zeit der Verhinderung aus einer aufgrund gesetzlicher Verpflichtung bestehenden Kranken- oder Unfallversicherung zukommt (§ 616 Satz 2 BGB). Andere Einkünfte sind nach h.M. anrechnungsfrei[151].

**Beispiele:** Leistungen aus der gesetzlichen Rentenversicherung oder einer privaten Kranken- oder Unfallversicherung, Entschädigung als Zeuge, Sachverständiger, ehrenamtlicher Richter, Abgeordneter.

**122** Der Arbeitnehmer ist grundsätzlich nicht zur Nachleistung der Dienste verpflichtet. Seine Leistung wird unmöglich, wenn sie nicht zu der vereinbarten Zeit erbracht wird. Mit der Unmöglichkeit erlischt die primäre Leistungspflicht.

## VII. Erholungsurlaub

### 1. Allgemeines

#### a) Grundfragen

**123** **aa) Grundsatz.** Jeder Arbeitnehmer hat in jedem Kalenderjahr Anspruch auf einen bezahlten Erholungsurlaub von mindestens 24 Werktagen (§§ 1, 3 Abs. 1 BUrlG).

**123a** Die Vorschriften des BUrlG setzen Art. 7 der Arbeitszeit-Richtlinie 2003/88/EG um, der die Mitgliedstaaten der EU verpflichtet, einen bezahlten jährlichen Mindesturlaub von 4 Wochen vorzusehen. Der Anspruch auf bezahlten Mindesturlaub ist nach Ansicht des EuGH[152] ein besonders bedeutsamer Grundsatz des EU-Rechts, der bei der Auslegung und Anwendung des nationalen Rechts strikt zu beachten ist und der seit Inkrafttreten des Lissabon-Vertrags auch grundrechtlich geschützt wird (Art. 31 Abs. 2 GRC, Art. 6 EUV). Ob es sich bei ihm um einen direkt in privaten Arbeitsverhältnissen geltenden Grundsatz des primären EU-Rechts handelt, ist offen[153]. Wäre das zu bejahen, dürfte entgegenstehendes deutsches Mindesturlaubsrecht nicht angewendet werden. Das ist bei § 7 Abs. 3, 4 BUrlG – jedenfalls so, wie ihn der EuGH[154] und in seinem Gefolge das BAG interpretieren[155], – derzeit nicht der Fall (s. unten Rn. 156 ff.).

---

[151] Soergel/*Kraft*, § 616 Rn. 46; Staudinger/*Oetker*, § 616 BGB Rn. 124.
[152] EuGH 20.1.2009, NZA 2009, 135 - Schultz-Hoff; EuGH 10.9.2009, NZA 2009, 1133 - Pereda.
[153] ErfK/*Gallner*, § 7 BUrlG Rn. 39d.
[154] EuGH 20.1.2009, NZA 2009, 135 - Schultz-Hoff.
[155] Vgl. nur BAG 24.3.2009, NZA 2009, 538; BAG 23.3.2010, NZA 2010, 810.

## VII. Erholungsurlaub

**bb) Inhalt und Rechtsnatur des Urlaubsanspruchs.** Das BAG geht seit 1982 in ständiger Rechtsprechung[156] davon aus, dass der Urlaubsanspruch lediglich auf die Beseitigung der Arbeitspflicht gerichtet ist. Es begreift den Urlaubsanspruch als „Urlaubserteilungsanspruch". Den Arbeitgeber treffe die arbeitsvertragliche Nebenpflicht, den Arbeitnehmer für die Zeit des Urlaubs von der Arbeit freizustellen. Die Vergütungspflicht werde durch den Urlaubsanspruch nicht berührt. Zwar falle die Arbeit für die Dauer des Urlaubs aus; § 1 BUrlG erhalte jedoch den wegen § 326 Abs. 1 Satz 1 BGB an sich entfallenden arbeitsvertraglichen Vergütungsanspruch weiter aufrecht. Dagegen betrachtet die wohl noch h.L[157]. den Urlaubsanspruch als einheitlichen Anspruch, der aus zwei Elementen besteht: der Freizeitgewährung und der Fortzahlung der Vergütung für die Urlaubszeit; er betreffe grundsätzlich beide Hauptleistungspflichten, die Arbeits- und die Vergütungspflicht. Die h.L. behandelt die angeblich eine Einheit bildenden Urlaubselemente dann allerdings doch uneinheitlich[158]. Nur der Anspruch auf Freizeitgewährung sei wegen seiner „Höchstpersönlichkeit" unübertragbar, unbelastbar und unpfändbar; dagegen könne der Anspruch auf die Urlaubsvergütung vom Arbeitnehmer abgetreten und von dessen Gläubigern gepfändet werden. Dieses Ergebnis, zu dem auch die Rechtsprechung gelangt, ist sicher zutreffend.

124

Betrifft der Urlaubsanspruch nämlich vorrangig die Beseitigung der Arbeitspflicht, so muss er schon deswegen unabtretbar sein, weil die Arbeitspflicht in aller Regel nicht übertragbar ist: Der Arbeitnehmer hat seine Dienste im Zweifel persönlich zu leisten (§ 613 Satz 1 BGB). Lässt der Urlaubsanspruch den Vergütungsanspruch unberührt, so ist er, jedenfalls grundsätzlich, abtretbar und in den Grenzen der §§ 850 ff. ZPO pfändbar. Stirbt der Arbeitnehmer vor dem Urlaubsantritt, geht der Anspruch auf die Urlaubsvergütung nicht auf die Erben über[159], da mit dem Tode des Arbeitnehmers das Arbeitsverhältnis und mit ihm die Hauptleistungspflichten enden. Der Arbeitsausfall, für den § 1 BUrlG den Vergütungsanspruch aufrechterhält, beruht dann nicht auf dem Urlaub, sondern auf dem Tod des Arbeitnehmers. Der Urlaubsanspruch verwandelt sich in diesem Fall aber nach neuester Rechtsprechung des EuGH in einen Urlaubsabgeltungsanspruch, der von den Erben des Arbeitnehmers geltend gemacht werden kann[160]. Anderes nimmt die Rechtsprechung für den Schadensersatzanspruch an, der dem Arbeitnehmer zusteht, wenn ihm der Arbeitgeber die Urlaubserteilung verweigert hat (s. unten Rn. 160 f.)[161]. Ob das auch für den gesetzlichen Mindesturlaub gilt, den der Arbeitnehmer aus von ihm nicht zu vertretenden Gründen – etwa wegen Krankheit – noch nicht antreten konnte (s. unten Rn. 143), ist offen[162].

125

---

[156] BAG 28.1.1982, 8.3.1984, AP Nr. 11, 14 zu § 3 BUrlG Rechtsmißbrauch; BAG 7.7.1988, AP Nr. 23 zu § 11 BUrlG; BAG 14.8.2007, NZA 2008, 473, 474 m.w.N.
[157] GK-BUrlG/*Bleistein*, § 1 BUrlG Rn. 9, 11 f., 74; *Boldt/Röhsler*, § 1 BUrlG Rn. 5; *Neumann/Fenski*, § 1 BUrlG Rn. 68 f.; *Staudinger/Richardi/Fischinger*, § 611 BGB Rn. 1131; a.A. MünchArbR/*Düwell*, § 78 Rn. 1, 2; Schaub/*Linck*, ArbR-Hdb, § 104 Rn. 2.
[158] Konsequent nur *Neumann/Fenski*, § 1 BUrlG Rn. 79.
[159] BAG 18.7.1989, 26.4.1990, AP Nr. 49, 53 zu § 7 BUrlG Abgeltung.
[160] EuGH 12.6.2014, NZA 2014, 651 – Bollacke.
[161] BAG 22.10.1991, DB 1992, 2092.
[162] Bejahend LAG Hamm 22.4.2010, NZA 2011, 106; *Schipper/Polzer*, NZA 2011, 80; a.A. Neumann/*Fenski*, § 7 BUrlG Rn. 115 m.w.N.

**126** Freilich verändert § 11 BUrlG die vertragliche Vergütungspflicht für die Zeit des Urlaubs in zweierlei Hinsicht. Die Höhe der Vergütung bemisst sich im Urlaub nach dem Referenzperiodenprinzip, und das Urlaubsentgelt wird bereits zu Beginn des Urlaubs fällig. Überdies ordnet § 13 Abs. 1 Satz 3 BUrlG die Unverzichtbarkeit des Anspruchs an.

### b) Prüfungsschema

> **Anspruchsgrundlage für Freistellung von der Arbeit und Zahlung des Urlaubsentgelts: § 1 BUrlG**
>
> **1. Anwendbarkeit des BUrlG**
>   a) Persönliche Anwendbarkeit (§ 2 BUrlG)
>   b) Bestehen eines Vertragsverhältnisses
>
> **2. Ablauf der Wartezeit (§ 4 BUrlG)**
>
> **3. Erholungsurlaub alleiniger Grund für den Arbeitsausfall**
>
> **4. Dauer des Erholungsurlaubs**
>   a) Voller (Mindest-) Urlaub (§ 3 BUrlG)
>   b) Zusatzurlaub für besondere Personengruppen (§ 19 JArbSchG, § 208 SGB IX)
>   c) Zusätzlicher (kollektiv- oder arbeitsvertraglicher) Urlaub
>   d) Teilurlaub (§ 5 BUrlG)
>
> **5. Erfüllung des Urlaubsanspruchs (§ 7 BUrlG)**
>   a) Gewährung durch den Arbeitgeber (§ 7 I BUrlG)
>   b) Bestimmungsfaktoren bei der Urlaubserteilung (§ 7 I, II BUrlG)
>   c) Mitbestimmungsrecht des Betriebsrats (§ 87 I Nr. 5 BetrVG)
>
> **6. Erlöschen**
>   a) Befristung auf das Kalenderjahr (§ 7 III 1 BUrlG)
>   b) Übertragung auf das Folgejahr (§ 7 III 2-4 BUrlG)
>   c) Ersatzurlaubsanspruch als Schadensersatz
>      (§§ 280 I, III, 283, 287 S 2, 286 BGB)
>   d) Urlaubsabgeltung bei Beendigung des Arbeitsverhältnisses (§ 7 IV BUrlG)
>   e) Verzicht, Ausschlussfrist (§ 13 I 3 BUrlG)
>
> **7. Höhe der Urlaubsvergütung**
>   a) Urlaubsentgelt nach dem Referenzperiodenprinzip (§ 11 BUrlG)
>   b) Zusätzliches Urlaubsgeld

### 2. Voraussetzungen

#### a) Anwendbarkeit des BUrlG

**127** **aa) Persönliche Anwendbarkeit.** Das BUrlG gilt für Arbeitnehmer, Auszubildende und arbeitnehmerähnliche Personen; für Heimarbeiter trifft § 12 BUrlG eine Sonderregelung.

**bb) Bestehen eines Vertrags.** Der Urlaubsanspruch setzt nur das rechtliche Bestehen eines Vertrags voraus, nicht ob der Arbeitnehmer tatsächlich gearbeitet hat[163] oder ob er erholungsbedürftig ist, was bei einer langen Abwesenheit vom Arbeitsplatz – etwa wegen Krankheit und einer anschließenden Rehabilitationsmaßnahme – durchaus fraglich sein kann. Keine Rolle spielt, ob der Arbeitnehmer oder Arbeitnehmerähnliche Vollzeit- oder Teilzeitbeschäftigter ist, ob er seine Dienste haupt- oder nebenberuflich verrichtet und ob er befristet oder unbefristet beschäftigt ist. Bei Tätigkeit für mehrere Arbeitgeber steht dem Arbeitnehmer in jedem Arbeitsverhältnis Urlaub zu; Leiharbeitnehmer haben Anspruch auf Urlaub gegenüber dem Verleiher, da nur zu ihm ein Arbeitsverhältnis besteht.

**128**

In einem fehlerhaft begründeten, aber in Vollzug gesetzten Arbeitsverhältnis, dessen Unwirksamkeit nicht rückwirkend geltend gemacht werden kann, steht dem Arbeitnehmer der gleiche Urlaubsanspruch zu wie bei einem wirksam geschlossenen Arbeitsvertrag. Bei der Auflösung entsteht analog § 7 Abs. 4 BUrlG ein Urlaubsabgeltungsanspruch. Wird ein gekündigtes Arbeitsverhältnis über den Ablauf der Kündigungsfrist bis zum Ausgang eines gerichtlichen Kündigungsrechtsstreits fortgesetzt, gilt das zur Entgeltfortzahlung im Krankheitsfall Ausgeführte sinngemäß (s. oben Rn. 67).

**129**

## b) Wartezeit

Der volle Urlaubsanspruch wird erstmalig nach sechsmonatigem Bestand des Arbeitsverhältnisses erworben (§ 4 BUrlG); das gilt auch bei mehreren Arbeitsverhältnissen mit demselben Arbeitgeber[164]. Die Wartezeit soll verhindern, dass ein neuer Mitarbeiter ohne eine gewisse Betriebszugehörigkeit sogleich in Urlaub gehen kann. Zudem sollen Doppelurlaubsansprüche, die beim Wechsel des Arbeitsverhältnisses entstehen können, ausgeschlossen werden[165]. Die Arbeitsvertragsparteien können einvernehmlich auf die Einhaltung der Wartezeit verzichten; § 13 Abs. 1 Satz 3 BUrlG steht dem nicht entgegen.

**130**

Die Wartezeit muss in einem Arbeitsverhältnis nur einmal erfüllt sein. In den Folgejahren entsteht der Urlaubsanspruch mit dem ersten Tag des Kalenderjahrs jeweils in voller Höhe[166]. Bei einem Arbeitsvertrag, der nach dem 1.7. beginnt, ist die Wartezeit auf zwei Kalenderjahre verteilt. Beginn und Ende der Wartezeit bestimmen sich nach §§ 187 ff. BGB. Unerheblich ist, ob der Arbeitnehmer während der Wartezeit tatsächlich arbeitet. Selbst die Suspendierung der arbeitsvertraglichen Hauptleistungspflichten schadet nicht[167].

**131**

---

[163] EuGH 20.1.2009, NZA 2009, 135 - Schultz-Hoff. Deshalb Urlaub auch für die Zeit eines Sonderurlaubs, BAG 6.5.2014, NZA 2014, 959.
[164] Zu einer Ausnahme bei ganz kurzfristiger Unterbrechung BAG 20.10.2015, NZA 2016, 159.
[165] ErfK/*Gallner*, § 4 BUrlG Rn. 1; Schaub/*Linck*, ArbR-Hdb, § 104 Rn. 21 ff.
[166] GK-BUrlG/*Bleistein*, § 4 Rn. 6; MünchArbR/*Düwell*, § 78 Rn. 28; *Natzel*, § 4 BUrlG Rn. 8; Schaub/*Linck*, ArbR-Hdb, § 104 Rn. 21 ff.
[167] ErfK/*Gallner*, § 4 BUrlG Rn. 5.

132-133   Wartezeitregelungen sind hinsichtlich des vierwöchigen Mindesturlaubs, der auf Art. 7 RL 2003/88/EG beruht, nicht unproblematisch. Keinesfalls dürfen sie zu einer Versagung des Anspruchs führen, falls die Wartezeit nicht vollständig zurückgelegt wurde[168]. Das ist nach dem BUrlG nicht der Fall. Hier erwirbt der Arbeitnehmer bereits mit dem ersten Arbeitstag einen Urlaubsanspruch, der bei vorzeitigem Ausscheiden zu einem Teilurlaubsanspruch wird (vgl. § 5 BurlG).

### 3. Dauer des Erholungsurlaubs

#### a) Urlaubsdauer nach Werktagen

134   **aa) Mindesturlaub.** Der gesetzliche Mindesturlaub beträgt kalenderjährlich 24 Werktage (§ 3 Abs. 1 BUrlG). Dabei geht das Gesetz von einer 6-Tage-Woche (Mo-Sa) aus (§ 3 Abs. 2 BUrlG). Ist die Arbeitszeit auf weniger Arbeitstage verteilt, werden die Werktage nach folgender Formel in Urlaubstage umgerechnet:

$$\frac{\text{Urlaubsanspruch in Werktagen (24)}}{\text{Werktage (6)}} \times \text{Arbeitstage/Woche} = \text{Urlaubstage}$$

135   Bei einer 5-Tage-Woche hat der Arbeitnehmer also einen gesetzlichen Mindestanspruch auf 24 : 6 x 5 = 20 Urlaubstage, bei einer 4-Tage-Woche auf 24 : 6 x 4 = 16 Urlaubstage, bei einer 7-Tage-Woche (z.B. in der Gastronomie) auf 24 : 6 x 7 = 28 Urlaubstage usw. Teilzeitbeschäftigte haben Anspruch auf Erholungsurlaub entsprechend ihrer im Vergleich zu Vollzeitbeschäftigten geleisteten Arbeit[169]. Der Anspruch eines Kurzarbeiters darf pro rata temporis berechnet werden[170].

136   **bb) Erholungsurlaub für besondere Arbeitnehmergruppen.** Jugendliche Arbeitnehmer erhalten Erholungsurlaub nach Maßgabe des § 19 JArbSchG; dabei ist gleichgültig, ob sie sich in einem Berufsausbildungsverhältnis befinden oder nicht.

**Urlaub für jugendliche Arbeitnehmer**

| Der Erholungsurlaub beträgt jährlich mindestens | wenn der Jugendliche zu Beginn des Kalenderjahres noch nicht älter ist als |
|---|---|
| 30 Werktage | 16 Jahre |
| 27 Werktage | 17 Jahre |
| 25 Werktage | 18 Jahre. |

137   **Schwerbehinderte Menschen** haben Anspruch auf einen bezahlten zusätzlichen Erholungsurlaub von 5 Arbeitstagen im Urlaubsjahr (§ 208 SGB IX). Dieser Urlaub stockt nicht nur den gesetzlichen Mindesturlaub auf, sondern auch den Urlaub nach Arbeits- oder Kollektivvertrag[171].

---

[168] Vgl. EuGH 26.6.2001, NZA 2001, 827 - BECTU.
[169] BAG 19.1.1993, BB 1993, 1148.
[170] EuGH 8.11.2012, NZA 2012, 1273, 1274 - Heimann.
[171] BAG 24.10.2006, NZA 2007, 330, 331.

cc) **Vertraglicher Urlaub.** Tarifverträge und Arbeitsverträge stocken den Erho- 138
lungsurlaub in der Regel auf, zumeist auf 6 Wochen (= 36 Werktage). Mitunter
werden überdies aus bestimmtem Anlass (z.B. bei 25- oder 40-jährigem Jubiläum)
oder an bestimmte Personengruppen (z.B. Mitarbeiter über 50, 58 oder 60)[172] zusätzliche Urlaubstage gewährt. Voraussetzungen, Berechnung und Erfüllung dieses
Urlaubs können von den Vertragsparteien abweichend vom BUrlG geregelt werden;
dem steht weder nationales noch EU-Recht entgegen[173]. § 13 Abs. 1 Satz 1 BUrlG
gilt nur für den gesetzlichen Mindesturlaub. Ist für den vertraglichen Urlaub nichts
bestimmt, sind die Vertragsparteien im Zweifel von den Regelungen des BUrlG
ausgegangen[174], wenn keine deutlichen Anhaltspunkte für eine gegenteilige Rege-
lungsabsicht bestehen[175]. Vorformulierte Klauseln über den vertraglichen Zusatzurlaub unterliegen keiner Angemessenheitskontrolle nach § 307 Abs. 1 Satz 1 BGB;
sie müssen aber klar und verständlich formuliert sein (§ 307 Abs. 1 Satz 2 BGB)[176].

Bestehen gesetzliche und vertragliche Urlaubsansprüche nebeneinander, entscheidet der Ar- 138a
beitgeber, welchen er mit einer Freistellung erfüllt[177]. Fehlt es an einer Tilgungsbestimmung,
gilt § 366 Abs. 1 BGB[178]. Da der gesetzliche Mindesturlaubsanspruch nach der neueren
Rechtsprechung von EuGH und BAG unverfallbar ist, wenn ihn der Arbeitnehmer aus von
ihm nicht zu vertretenden Gründen nicht antreten kann (s. unten Rn. 143), ist er als sicherer
als der vertragliche Mehrurlaub anzusehen; er wird deshalb im Zweifel erst nachrangig getilgt[179].

### b) Teilurlaub

Hat ein Arbeitnehmer wegen Nichterfüllung der Wartezeit keinen vollen Urlaubs- 139
anspruch, so kann er 1/12 des Jahresurlaubs für jeden vollen Monat des Bestehens
des Arbeitsverhältnisses beanspruchen (§ 5 Abs. 1 lit. a BUrlG). Beginnt das Arbeitsverhältnis nach dem 30.6., so steht ihm im Eintrittsjahr kein Urlaub zu; dafür
erhält er im Folgejahr zusätzlich zum regulären Urlaub 1/12 des Jahresurlaubs für
jeden vollen Monat der Unternehmenszugehörigkeit im abgelaufenen Jahr. Dieser
Urlaub erlischt nicht mit Ablauf des Eintrittsjahres (§ 7 Abs. 3 Satz 1 BUrlG); vielmehr kann der Arbeitnehmer die Übertragung auf das Folgejahr verlangen (§ 7
Abs. 3 Satz 4 BUrlG). Teilurlaub steht dem Arbeitnehmer auch dann zu, wenn das
Arbeitsverhältnis vor erfüllter Wartezeit endet (§ 5 Abs. 1 lit. b BUrlG) oder wenn
er nach erfüllter Wartezeit in der ersten Hälfte eines Kalenderjahres ausscheidet (§ 5

---

[172] Jedenfalls ab 58, wohl aber bereits ab 50 kein Verstoß gegen das Verbot der Altersdiskriminierung, BAG 21.10.2014, NZA 2015, 297.
[173] BAG 5.8.2014, NZA 2015, 625.
[174] BAG 18.10.1990, AP Nr. 56 zu § 7 BUrlG.
[175] BAG 24.3.2009, NZA 2009, 538, 546; BAG 23.3.2010, NZA 2010, 810, 815; BAG 4.5.2010, NZA 2010, 1011, 1013; BAG 16.12.2014, NZA 2015, 827.
[176] BAG 24.3.2009, NZA 2009, 538, 547.
[177] BAG 1.10.1991, NZA 1992, 1078.
[178] Beruht der Anspruch auf Erholungsurlaub allerdings nur auf verschiedenen Rechtsgrundlagen, so handelt es sich um eine einheitliche Forderung, auf die § 366 BGB keine Anwendung findet, BAG 7.8.2012, NZA 2013, 104, 105.
[179] *Polzer*, Urlaubsanspruch, Diss. Mannheim, S. 189; a.A. BAG 5.9.2002, NZA 2003, 726, 730.

Abs. 1 lit. c BUrlG). Scheidet ein Arbeitnehmer zum 30.6. aus einem Unternehmen aus und tritt er zum 1.7. eine neue Stelle an, so erwirbt er jeweils (nur) einen Teilurlaubsanspruch[180].

### c) Urlaub und Arbeitsausfall aus anderen Gründen

140 Trifft der Erholungsurlaub mit anderen Gründen für einen Arbeitsausfall zusammen, so fragt sich, ob die ausgefallene Zeit auf den Urlaub angerechnet wird.

141 **aa) Sonntage und gesetzliche Feiertage** sind nach § 9 ArbZG grundsätzlich arbeitsfrei. Sie kommen schon wegen § 3 Abs. 2 BUrlG nicht als Urlaubstage in Betracht. Fällt daher in den Mindesturlaub ein gesetzlicher Feiertag, so gilt dieser nicht als Urlaubstag. Der Arbeitnehmer hat Anspruch auf Feiertagsentgeltzahlung nach § 2 EfzG[181].

142 **bb) Arbeitsfreie Werktage bei einem rollierenden Arbeitszeitsystem** sind ebenfalls nicht auf den Urlaubsanspruch anzurechnen[182]. An einem arbeitsfreien Werktag besteht keine Arbeitspflicht. Ebenfalls keine Arbeitspflicht besteht nach Einführung von **„Kurzarbeit Null"**. Sie macht dem Arbeitgeber die Erfüllung des Urlaubsanspruchs unmöglich. Handelt der Arbeitgeber schuldhaft, etwa weil er Arbeitnehmer nicht von der Kurzarbeit ausnimmt, denen er bereits zuvor Urlaub erteilt hatte, tritt an die Stelle des Urlaubsanspruchs ein Ersatzurlaubsanspruch in Gestalt eines Schadensersatzanspruchs statt der Leistung gemäß §§ 280 Abs. 1, 3, 283 BGB (s. unten Rn. 160)[183].

143 **cc) Bei Erkrankung während des Urlaubs** werden die durch ärztliches Attest nachgewiesenen Tage der Arbeitsunfähigkeit nicht auf den Erholungsurlaub angerechnet (§ 9 BUrlG). Der Urlaub verlängert sich aber nicht von selbst; der Arbeitnehmer muss ihn geltend machen, der Arbeitgeber insoweit neu erteilen (s. unten Rn. 155). Da die maßgebliche Ursache für die Arbeitsverhinderung die Krankheit und nicht der Urlaub ist, besteht Anspruch auf Entgeltfortzahlung im Krankheitsfall[184].

144 **dd) Freistellung aus sonstigen persönlichen Gründen.** Fällt in die Zeit des Erholungsurlaubs ein sonstiges Ereignis, für das der Arbeitnehmer aufgrund gesetzlicher oder tariflicher Vorschriften aus persönlichen Gründen von der Arbeit freizustellen wäre, so hat er keinen Anspruch auf Nachurlaub. Ein allgemeiner Rechtssatz, nach dem der Arbeitgeber verpflichtet wäre, eine Vereitelung des Urlaubs aus anderen persönlichen Gründen als der Krankheit durch eine Nachgewährung auszugleichen, besteht nicht. Solche Störungen liegen in der Risikosphäre des Arbeitnehmers[185]. In Einzelfällen entscheidet die Rechtsprechung freilich anders. Beispielsweise sind

---

[180] BAG 17.11.2015, NZA 2016, 309.
[181] Anders, wenn der Arbeitnehmer auch an Sonn- und Feiertagen arbeiten muss, vgl. BAG 14.5.1964, AP Nr. 94 zu § 611 BGB Urlaubsrecht; BAG 15.1.2013, NZA 2013, 1091, 1093.
[182] BAG 27.1.1987, AP Nr. 30 zu § 13 BUrlG.
[183] BAG 16.12.2008, NZA 2009, 689, 692 m.w.N.
[184] BAG 9.8.1994, AP Nr. 19 zu § 7 BUrlG.
[185] BAG 9.8.1994, AP Nr. 19 zu § 7 BUrlG.

VII. Erholungsurlaub

Zeiten eines mutterschutzrechtlichen Beschäftigungsverbots[186] oder Tage, an denen ehrenamtliche Helfer des Technischen Hilfswerks (THW) zu einem Einsatz herangezogen werden[187], nicht auf den Urlaubsanspruch anzurechnen sein.

### 4. Erfüllung

#### a) Fälligkeit

Der Urlaubsanspruch entsteht erstmals nach Ablauf der sechsmonatigen Wartefrist (§ 4 BUrlG) und danach jeweils mit Beginn des Kalenderjahres; er wird zugleich mit diesem Zeitpunkt fällig[188]. Der Arbeitnehmer kann den Erholungsurlaub aber nicht einfach nehmen. Der Urlaub ist vielmehr vom Arbeitgeber zeitlich festzulegen und durch bezahlte Freistellung von der Arbeit zu gewähren (vgl. den Wortlaut in § 7 Abs. 2 Satz 1, Abs. 3 Satz 1 BUrlG). **145**

#### b) Urlaubserteilung durch den Arbeitgeber

**aa) Rechtsnatur.** Früher wurde vielfach angenommen, die Urlaubserteilung erfolge durch Weisung[189]. Mithilfe des Weisungsrechts konkretisiert der Arbeitgeber als Gläubiger aber nur die im Arbeitsvertrag nicht näher bestimmte Leistung des Arbeitnehmers. Die Erteilung des Urlaubs obliegt ihm als Schuldner der gesetzlichen Urlaubspflicht[190]. Aber auch damit übt er ein einseitiges Leistungsbestimmungsrecht aus. **146**

Die Urlaubserteilung hat rechtsgestaltende Wirkung, weil dadurch die Arbeitspflicht für die Dauer des Urlaubs unmittelbar entfällt. Sie ist eine empfangsbedürftige Willenserklärung[191], für die die §§ 104 ff. BGB gelten. Als rechtsgestaltende Erklärung ist sie grundsätzlich bedingungsfeindlich und unwiderruflich. Urlaub kann auch schlüssig erteilt werden[192]. Davon ist auszugehen, wenn sich der Arbeitnehmer in eine Urlaubsliste eingetragen und der Arbeitgeber binnen angemessener Frist (etwa 1 Monat) keine Einwände erhoben hat[193]. Von der (einseitigen) Urlaubserteilung durch den Arbeitgeber ist die einvernehmliche, d.h. vertragliche Festlegung und Änderung des Urlaubstermins zu unterscheiden. Sie ist jederzeit möglich. Der „Widerruf" des erteilten Urlaubs oder der „Rückruf" aus einem bereits angetretenen Urlaub ist das Angebot zur Änderung einer bereits erfolgten Urlaubserteilung. Der Arbeitnehmer kann aufgrund einer arbeitsvertraglichen Nebenpflicht gehalten sein, ein solches Angebot anzunehmen. Ein „Widerruf" ist nur bei unvorhergesehenen Ereignissen möglich, ein „Rückruf" nur in zwingenden Notfällen, die einen anderen Ausweg nicht zulassen[194]. Der Arbeitgeber hat dann dem Arbeitnehmer die Kosten zu erstatten, die ihm bei einem zulässigen Rückruf entstehen (§ 670 BGB entsprechend)[195]. Eine Vereinbarung, bei betrieblichen **147**

---

[186] BAG 9.8.2016, NZA 2016, 1392.
[187] BAG 10.5.2005, NZA 2006, 439.
[188] BAG 28.11.1990, AP Nr. 18 zu § 7 BUrlG Übertragung.
[189] BAG 12.10.1961, 14.5.1964, AP Nr. 84, 94 zu § 611 BGB Urlaubsrecht.
[190] BAG 16.1.2008, NZA 2009, 689, 691 f.; MünchArbR/*Düwell*, § 77 Rn. 2.
[191] BAG 24.3.2009, NZA 2009, 538, 540 m.w.N.; ErfK/*Gallner*, § 7 BUrlG Rn. 4.
[192] LAG Berlin 5.12.1994, BB 1995, 679; a.A. BAG 27.8.1964, DB 1965, 747.
[193] AR/*Gutzeit*, § 7 BUrlG Rn. 15; Schaub/*Linck*, ArbR-Hdb, § 104 Rn. 77.
[194] BAG 19.12.1991, RzK I 6a Nr. 82.
[195] LAG Frankfurt/M. 5.4.1956, DB 1956, 647.

Schwierigkeiten den Urlaub abzubrechen, ist unwirksam[196]. Durch eine jederzeit widerrufliche Freistellung von der Arbeit kann der Arbeitgeber den Urlaubsanspruch nicht erfüllen, weil dann der Arbeitnehmer gehindert ist, den Urlaub uneingeschränkt selbstbestimmt zu nutzen[197].

148 Kommt eine (bezahlte) Freistellung auch aus anderen Gründen in Betracht – etwa nach Ausspruch einer Kündigung bis zum Ablauf der Kündigungsfrist –, so muss der Arbeitgeber deutlich machen, dass er den Arbeitnehmer von der Arbeitspflicht befreit, um damit den Urlaubsanspruch zu erfüllen. Unklarheiten gehen zu seinen Lasten[198]. Die Erklärung des Arbeitgebers, der Arbeitnehmer könne zu Hause bleiben oder sei von der Arbeitspflicht entbunden, genügt jedenfalls nicht[199]. Durch eine Freistellungserklärung für den Zeitraum nach einer fristlosen Kündigung gewährt der Arbeitgeber nur dann wirksam Urlaub, wenn er dem Arbeitnehmer die Urlaubsvergütung vor Antritt des Urlaubs zahlt oder vorbehaltlos zusagt[200].

149 **bb) Bestimmungsfaktoren.** Bei der zeitlichen Festlegung des Urlaubs hat der Arbeitgeber die Urlaubswünsche des Arbeitnehmers zu berücksichtigen. Verlangt der Arbeitnehmer Urlaub zu einer bestimmten Zeit, kann ihn der Arbeitgeber nur verweigern, wenn dringende betriebliche Belange oder Urlaubswünsche anderer Arbeitnehmer, die unter sozialen Gesichtspunkten den Vorrang verdienen, entgegenstehen (§ 7 Abs. 1 Satz 1 BUrlG)[201]; das gilt allerdings nicht für den Übertragungszeitraum des Folgejahres (§ 7 Abs. 3 Satz 3 BUrlG)[202].

150 **Dringende betriebliche Erfordernisse** können sein: personelle Engpässe in Saison- und Kampagnezeiten, eine unvorhersehbare Nachfrage, der Ausfall anderer Arbeitnehmer; eine Störung des regelmäßigen Betriebsablaufs durch die urlaubsbedingte Abwesenheit des Arbeitnehmers genügt nicht[203]. Nach Ansicht des BAG kann auch die rechtswirksame Einführung von Betriebsferien dem individuellen Urlaubswunsch eines Arbeitnehmers entgegenstehen[204]. **Soziale Gesichtspunkte**, die den Vorrang vor Urlaubswünschen anderer Arbeitnehmer begründen, können sein: Ferien schulpflichtiger Kinder, Urlaub von Familienangehörigen, Alter, Dauer der Betriebszugehörigkeit, Nichtberücksichtigung von Urlaubswünschen im Vorjahr. Der Arbeitgeber muss in jedem Fall sorgfältig abwägen, welchen Interessen der Vorrang gebührt.

---

[196] BAG 20.6.2000, NZA 2001, 100.
[197] BAG 19.5.2009, NZA 2009, 1212 m.w.N.
[198] BAG 25.1.1994, AP Nr. 16 zu § 7 BUrlG; BAG 17.5.2011, NZA 2011, 1032.
[199] BAG 24.3.2009, NZA 2009, 538.
[200] BAG 10.2.2015, NZA 2015, 998; BAG 19.1.2016, NZA 2016, 1144.
[201] Die Rechtsprechung nimmt insoweit ein Leistungsverweigerungsrecht des Arbeitgebers an, vgl. BAG 10.3.1987, AP Nr. 34 zu § 7 BUrlG Abgeltung.
[202] BAG 10.3.1987, AP Nr. 34 zu § 7 BUrlG Abgeltung.
[203] ErfK/*Gallner*, § 7 BUrlG Rn. 18; AR/*Gutzeit*, § 7 BUrlG Rn. 20 f.
[204] BAG 28.7.1981, AP Nr. 2 zu § 87 BetrVG 1972 Urlaub.

Hat der Arbeitnehmer keinen Wunsch geäußert, darf der Arbeitgeber den Urlaubs- **151** zeitpunkt frei bestimmen[205]. Die Bestimmung ist wirksam, wenn der Arbeitnehmer auf die Erklärung des Arbeitgebers hin keinen anderen Zeitpunkt verlangt[206]. Gewährt der Arbeitgeber den Urlaub zu einer anderen als der vom Arbeitnehmer gewünschten Zeit, ohne dass ein nach § 7 Abs. 1 Satz 1 HS 2 BUrlG anerkannter Versagungsgrund vorliegt, so ist die Urlaubsbestimmung für den Arbeitnehmer nicht verbindlich; er kann den Urlaubsantritt verweigern[207]. Der Arbeitgeber muss den Urlaub ohne weiteres gewähren, wenn ihn der Arbeitnehmer im Anschluss an eine Maßnahme der medizinischen Vorsorge oder Rehabilitation („Genesungskur") verlangt (§ 7 Abs. 1 Satz 2 BUrlG).

Der Arbeitnehmer benötigt hinreichend Zeit zur Erholung, nach medizinischen Er- **152** kenntnissen mindestens drei Wochen. Deshalb bestimmt § 7 Abs. 2 Satz 1 BUrlG, dass der Urlaub grundsätzlich zusammenhängend zu gewähren ist. Der Urlaub darf nur dann aufgeteilt werden, wenn dies aus dringenden betrieblichen oder in der Person des Arbeitnehmers liegenden Gründen erforderlich ist. Selbst dann muss einer der Urlaubsteile mindestens 12 aufeinanderfolgende Werktage umfassen (§ 7 Abs. 2 Satz 2 BUrlG). Verstößt der Arbeitgeber gegen dieses Gebot, ist die Urlaubserteilung unwirksam. Das gilt auch bei einvernehmlicher Festlegung des Urlaubs[208].

### c) Mitbestimmung des Betriebsrats

Der Betriebsrat hat ein erzwingbares Mitbestimmungsrecht bei der Aufstellung all- **153** gemeiner Urlaubsgrundsätze und des Urlaubsplans sowie bei der Festsetzung der zeitlichen Lage des Urlaubs für einzelne Arbeitnehmer, wenn zwischen dem Arbeitgeber und den beteiligten Arbeitnehmern kein Einverständnis erzielt wird (§ 87 Abs. 1 Nr. 5 BetrVG).

**Allgemeine Urlaubsgrundsätze** sind Richtlinien, nach denen dem einzelnen Arbeitnehmer **154** Urlaub zu gewähren ist, nicht gewährt werden darf oder nicht gewährt werden soll[209]. Der **Urlaubsplan** enthält das vorläufige Programm über die Verteilung des Urlaubs der einzelnen Arbeitnehmer des Betriebs auf das Urlaubsjahr[210]. Das Mitbestimmungsrecht nach § 87 Abs. 1 Nr. 5 BetrVG bezieht sich nur auf die zeitliche Lage des Urlaubs, nicht auf die Dauer. Mitbestimmungsfrei sind auch die Höhe des Urlaubsentgelts und die Gewährung eines zusätzlichen Urlaubsgelds[211]. Die Anordnung von Betriebsferien ist stets mitbestimmungspflichtig. Unterlässt es der Arbeitgeber, den Betriebsrat gehörig zu beteiligen, ist die Anordnung von Betriebsferien unwirksam[212].

---

[205] BAG 22.9.1992, AP Nr. 13 zu § 7 BUrlG.
[206] BAG 23.1.2001, NZA 2001, 597; BAG 19.5.2009, NZA 2009, 1211.
[207] GK-BUrlG/*Bachmann*, § 7 BUrlG Rn. 55; *Leinemann*, NZA 1985, 137, 142.
[208] BAG 29.7.1965, AP Nr. 1 zu § 7 BUrlG; ErfK/*Gallner*, § 7 BUrlG Rn. 25.
[209] BAG 14.1.1992, EzA § 13 BUrlG Nr. 52.
[210] Richardi/*Richardi*, § 87 BetrVG Rn. 448 ff.; *Fitting*, § 87 BetrVG Rn. 201.
[211] BAG 14.1.1992, EzA § 13 BUrlG Nr. 52.
[212] BAG 26.10.1956, 12.10.1961, AP Nr. 15, 84 zu § 611 BGB Urlaubsrecht; BAG 24.1.1966, AP Nr. 2 zu § 7 BUrlG Betriebsferien.

### d) Urlaubsverweigerung und Selbstbeurlaubung

155 Verweigert der Arbeitgeber den Urlaub grundlos, darf ihn der Arbeitnehmer nicht im Wege der Selbsthilfe (§ 229 BGB) durchsetzen. Die Rechtsprechung erkennt ein Selbstbeurlaubungsrecht des Arbeitnehmers nicht an[213]. Stattdessen verweist sie ihn auf den Rechtsweg. Der Arbeitnehmer hat Leistungsklage auf Urlaubserteilung zu erheben. Notfalls muss er im Wege des einstweiligen Rechtsschutzes (§ 935 ZPO) vorgehen. Dem Arbeitnehmer ist es auch verwehrt, den Urlaubsanspruch durch Zurückhalten der Arbeitsleistung durchzusetzen, da § 7 Abs. 1, 2 BUrlG insoweit als Spezialregelungen vorgehen[214]. Bleibt die Geltendmachung erfolglos, steht ihm allerdings ein Schadensersatzanspruch nach §§ 280 Abs. 1, Abs. 3, 283 BGB zu. Eigenmächtiger Urlaubsantritt und eigenmächtige Verlängerung sind in der Regel schwere Verletzungen arbeitsvertraglicher Pflichten und damit ein wichtiger Grund für eine außerordentliche Kündigung[215]. Die zweiwöchige Kündigungserklärungsfrist (§ 626 Abs. 2 BGB) beginnt nicht vor der Wiederaufnahme der Arbeit, da erst dann die eigenmächtige Abwesenheit beendet ist[216]. Daneben kann der Arbeitgeber Schadensersatzansprüche wegen Pflichtverletzung (§§ 280 Abs. 1, 3, 283 BGB) geltend machen.

### 5. Erfüllungshindernisse

#### a) Befristung des Urlaubs auf das Kalenderjahr

156 Um zu gewährleisten, dass der Arbeitnehmer den gesetzlichen Mindesturlaub in einem einigermaßen regelmäßigen Rhythmus nimmt und ihn nicht „hortet", ist der Urlaubsanspruch auf das laufende Kalenderjahr befristet (§ 7 Abs. 3 Satz 1 BUrlG)[217]. Wird der Urlaub im jeweiligen Kalenderjahr nicht gewährt oder nicht genommen, so ist im Grundsatz davon auszugehen, dass der Anspruch erlischt, sofern er nicht nach § 7 Abs. 3 Sätze 2-4 BUrlG wirksam auf das Folgejahr übertragen worden ist. Das setzt allerdings voraus, dass der Urlaub auch tatsächlich in Anspruch genommen werden konnte. Daran fehlt es, wenn der Arbeitnehmer bis zum Ende des Urlaubsjahrs und/oder des Übertragungszeitraums arbeitsunfähig erkrankt war[218]. Nicht abschließend geklärt ist die Frage, ob der Arbeitgeber verpflichtet ist, dem Arbeitnehmer die bezahlte Freistellung gleichsam „aufzuzwingen", um so den Anspruchsverlust am Ende des Bezugszeitraums zu verhindern[219].

---

[213] BAG 20.1.1994, NZA 1994, 548; BAG 16.3.2000, NZA 2000, 1332.
[214] ErfK/*Gallner*, § 7 BUrlG Rn. 9; *Leinemann/Linck* § 7 BUrlG Rn. 22.
[215] BAG 16.3.2000, NZA 2000, 1332.
[216] BAG 25.2.1983, AP Nr. 14 zu § 626 BGB Ausschlußfrist.
[217] BAG 28.11.1990, AP Nr. 18 zu § 7 BUrlG Übertragung.
[218] EuGH 20.1.2009, NZA 2009, 135, 138 - Schultz-Hoff; BAG 24.3.2009, NZA 2009, 538.
[219] Das BAG hat deshalb den EuGH angerufen, vgl. BAG 13.12.2016, NZA 2017, 271.

## VII. Erholungsurlaub

### b) Übertragung auf das Folgejahr

Eine Übertragung von Erholungsurlaub auf das Folgejahr ist grundsätzlich nur dann statthaft, wenn dringende betriebliche oder in der Person des Arbeitnehmers liegende Gründe dies rechtfertigen (§ 7 Abs. 3 Satz 2 BUrlG). 157

Als **dringende betriebliche Gründe** kommen dieselben Gründe in Betracht, die nach § 7 Abs. 1 BUrlG die Nichtberücksichtigung der Urlaubswünsche des Arbeitnehmers gestatten (s. oben Rn. 150) oder ausnahmsweise eine Abweichung von dem Gebot, den Urlaub zusammenhängend zu gewähren (§ 7 Abs. 2 BUrlG), rechtfertigen[220]. **Persönliche Gründe des Arbeitnehmers** können beispielsweise die krankheitsbedingte Arbeitsunfähigkeit, die Erkrankung naher Angehöriger oder die Ferien schulpflichtiger Kinder sein. Nicht ausreichend ist der bloße Wunsch auf Übertragung des Urlaubs[221]. 158

Liegen die Voraussetzungen des § 7 Abs. 3 Satz 2 BUrlG vor, so geht der Urlaubsanspruch ohne weiteres kraft Gesetzes auf das Folgejahr über[222]. Im Folgejahr muss dann der Urlaub innerhalb der ersten drei Monate gewährt und genommen – und nicht nur angetreten – werden; der nicht rechtzeitig genommene Urlaub verfällt (§ 7 Abs. 3 Satz 3 BUrlG). Eine Ausnahme gilt auf Grund unionsrechtskonformer Auslegung des § 7 Abs. 3 S. 3 BUrlG (teleologische Reduktion) im Lichte des Art. 7 RL 2003/88 EG[223], wenn der Arbeitnehmer den Urlaub wegen krankheitsbedingter Arbeitsunfähigkeit nicht rechtzeitig nehmen kann. In diesem Fall verfällt der Urlaub erst zum darauffolgenden 31.3., d.h. 15 Monate nach dem Urlaubsjahr[224]. Die Arbeitsvertragsparteien können (natürlich) vereinbaren, dass ein verfallener Urlaubsanspruch nachgewährt oder abgegolten[225] wird. Die Nachgewährung bedeutet die Vereinbarung eines über den gesetzlichen Mindesturlaub hinausgehenden Urlaubs[226]. 159

### c) Ersatzurlaubsanspruch

Mit Ablauf des Urlaubsjahres oder des Übertragungszeitraumes wird dem Arbeitgeber die Gewährung des Urlaubs aus rechtlichen Gründen unmöglich. Hat er dies nicht zu vertreten – etwa weil der Arbeitnehmer keinen Urlaub geltend gemacht hat[227] –, so wird er von der Pflicht zur Erteilung des Urlaubs frei (§ 275 Abs. 1 BGB). Hat der Arbeitgeber den rechtzeitig verlangten Urlaub nicht gewährt, wandelt sich der im Verzugszeitraum verfallene Urlaubsanspruch gemäß § 275 Abs. 1 und 4, § 280 Abs. 1 und 3, § 283 S. 1, § 286 Abs. 1 S. 1, § 287 S. 2 und § 249 Abs. 1 BGB in einen Schadensersatzanspruch um, der i.S.d. Naturalrestitution die Gewährung von Ersatzurlaub zum Inhalt hat. Ein Schadensersatz in Geld (§ 251 160

---

[220] ErfK/*Gallner*, § 7 BUrlG Rn 61; AR/*Gutzeit*, § 7 BUrlG Rn. 30.
[221] BAG 24.11.1987, AP Nr. 41 zu § 7 BUrlG Abgeltung.
[222] BAG 25.8.1987, 23.6.1988, AP Nr. 15, 16 zu § 7 BUrlG Übertragung.
[223] EuGH 20.1.2009, NZA 2009, 135 - Schultz-Hoff; EuGH 2011, NZA 22.11.2011, 1333 KHS.
[224] BAG 7.8.2012, NZA 2012, 1216.
[225] BAG 18.10.2011, NZA 2012, 143, 144.
[226] BAG 25.8.1987, AP Nr. 36 zu § 7 BUrlG Abgeltung.
[227] Ob Urlaub dann „zwangsweise" zu gewähren ist, ist offen, BAG 13.12.2016, NZA 2017, 271.

Abs. 1 BGB) wegen des verfallenen Urlaubs scheidet vor der rechtlichen Beendigung des Arbeitsverhältnisses aus. Das wäre faktisch eine nicht zulässige Abgeltung von Urlaub während des bestehenden Arbeitsverhältnisses. Kann Ersatzurlaub durch den Wegfall der Arbeitspflicht nicht gewährt werden, so ist der Urlaub nach § 7 Abs. 4 BUrlG abzugelten. Es liegt keine Unmöglichkeit i.S.v. § 251 Abs. 1 BGB vor, sondern ein durch das BUrlG geregelter Fall des Leistungsstörungsrechts[228].

161 Die Aufforderung an den Arbeitgeber, den Urlaub festzusetzen, muss inhaltlich eindeutig, unbedingt und hinreichend bestimmt sein[229]. Die Geltendmachung muss so rechtzeitig erfolgen, dass es dem Arbeitgeber möglich ist, den Urlaub noch vor Ablauf der gesetzlichen Frist in vollem Umfang zu gewähren; der Arbeitnehmer darf also nicht arbeitsunfähig krank sein[230]. Ob der Arbeitgeber den Arbeitnehmer darauf hinzuweisen hat, dass der Urlaubsanspruch bei nicht rechtzeitiger Geltendmachung erlischt, ist offen[231]. Für den Ersatzurlaubsanspruch gelten die Fristen der §§ 1, 7 Abs. 1, 3 BUrlG nicht[232]. Kann der Ersatzurlaubsanspruch wegen Beendigung des Arbeitsverhältnisses nicht mehr gewährt werden, ist er wie der Urlaubsanspruch, an dessen Stelle er im Wege der Naturalrestitution tritt, nach den Vorgaben des § 7 Abs. 4 BUrlG abzugelten[233].

### d) Urlaubsabgeltung bei Beendigung des Arbeitsverhältnisses

162 **aa) Grundsatz.** Kann der Urlaub wegen der Beendigung des Arbeitsverhältnisses ganz oder teilweise nicht mehr gewährt werden, so ist er nach § 7 Abs. 4 BUrlG abzugelten. Der Abgeltungsanspruch ist ein reiner Zahlungsanspruch. Anders als nach der früher vom BAG vertretenen Surrogatstheorie[234] ist er nicht an dieselben Voraussetzungen gebunden wie der Urlaubsanspruch. Er setzt also nicht voraus, dass der Urlaubsanspruch, wenn das Arbeitsverhältnis noch bestünde, durch Freistellung erfüllt werden könnte. Art und Grund der Beendigung (Kündigung, Fristablauf, Aufhebungsvertrag) spielen dabei keine Rolle[235]. Hiervon macht das BAG eine Ausnahme in den Fällen, in denen das Arbeitsverhältnis durch den **Tod des Arbeitnehmers** endet[236]. Da durch den Tod die höchstpersönliche Leistungspflicht (§ 613 S. 1 BGB) erlischt, gehen zugleich alle Ansprüche auf Befreiung von dieser Arbeitspflicht unter. Der Urlaubsanspruch könne sich folglich nicht mehr in einen Abgeltungsanspruch gemäß § 7 Abs. 4 BUrlG umwandeln. Dies gelte auch, wenn der Urlaubsanspruch zum Zeitpunkt des Todes bereits rechtshängig war[237]. Anders

---

[228] BAG 16.5.2017, NZA 2017, 1056.
[229] BAG 26.6.1986, AP Nr. 6 zu § 44 SchwbG.
[230] BAG 7.11.1985, AP Nr. 8 zu § 7 BUrlG Übertragung.
[231] BAG 13.12.2016, NZA 2017, 271.
[232] BAG 11.4.2006, NZA 2007, 56; AR/*Gutzeit*, § 7 BUrlG Rn. 46.
[233] BAG 16.5.2017, NZA 2017, 1056 unter Aufgabe von BAG 11.4.2006, NZA 2007, 56.
[234] Aufgegeben durch BAG 19.6.2012, NZA 2012, 1087.
[235] BAG 18.10.1990, AP Nr. 56 zu § 7 BUrlG Abgeltung; BAG 22.9.2015, NZA 2016, 37; zu der früheren Rspr. des BAG und zu der Rspr. des EuGH zum Abgeltungsanspruch beim Tod des Arbeitnehmers s. Voraufl.; zu der Rspr. des EuGH s. auch BVerfG 15.5.2014, NZA 2014, 838.
[236] BAG 30.9.2011, NZA 2012, 326; BAG 12.3.2013, NZA 2013, 678.
[237] BAG 12.3.2013, NZA 2013, 678.

sei es nur, wenn der Arbeitnehmer erst nach dem Ausscheiden aus dem Arbeitsverhältnis verstirbt. Dann falle der bereits entstandene Anspruch gemäß § 1922 BGB Abs. 1 BGB in den Nachlass[238]. Durch Urteil vom 12.6.2014 hat der EuGH entschieden, dass Art. 7 der Richtlinie 2003/88 dieser Rechtsprechung entgegensteht[239]. Zur Begründung verweist der EuGH auf den Wortlaut von Art. 7 Abs. 2 der Richtlinie, welcher das Entstehen eines Abgeltungsanspruchs nur daran knüpft, dass das Arbeitsverhältnis beendet ist und der Arbeitnehmer nicht den gesamten Jahresurlaub genommen hat, sowie auf die praktische Wirksamkeit (effet utile) des Anspruchs auf bezahlten Jahresurlaub. Vor diesem Hintergrund dürfe ein unwägbares Ereignis nicht rückwirkend zum vollständigen Verlust des Anspruchs führen. Es entstehe mit dem Tod des Arbeitnehmers vielmehr ein Abgeltungsanspruch in dessen Vermögen, welcher gemäß § 1922 Abs. 1 BGB auf seine Erben übergeht. Die Entstehung des Abgeltungsanspruchs kann der Arbeitgeber auch nicht davon abhängig machen, dass ein entsprechender Antrag gestellt wird. Das BAG hält trotz der Entscheidung des EuGH an seiner Ansicht fest[240]. Der Urlaubsanspruch verfolge einen Erholungszweck, der in der Person des verstorbenen Arbeitnehmers nicht mehr erreicht werden könne. Die Auslegung des EuGH führe dazu, dass nicht der Arbeitnehmer, sondern seine Erben geschützt würden. Der 9. Senat hat die Frage nun noch einmal dem EuGH vorgelegt und fragt an, ob er sein Verständnis zum europäischen Urlaubsrecht nicht überdenken wolle.

**bb) Einzelheiten.** Zunächst ist zu prüfen, ob im Zeitpunkt der Beendigung des Arbeitsverhältnisses noch Urlaubsansprüche bestehen: entweder aus dem laufenden Urlaubsjahr oder übertragene aus dem Vorjahr. Da der Urlaubsanspruch nach neuerer Rechtsprechung ein reiner Geldanspruch ist, kommt es darauf, ob der Urlaubsabgeltungsanspruch, bestünde das Arbeitsverhältnis fort, erfüllbar wäre, nicht (mehr) an[241]. Der Urlaub ist deshalb grundsätzlich auch dann abzugelten, wenn der während des Urlaubsjahres ausgeschiedene Arbeitnehmer seinen Anspruch erstmals nach Ablauf des Urlaubsjahres geltend macht; ein Verfall nach § 7 Abs. 3 BUrlG tritt nicht ein[242]. Allerdings kann der Anspruch einer tariflichen Ausschlussfrist unterliegen; die Frist beginnt mit der Beendigung des Arbeitsverhältnisses[243]. Kein Abgeltungsanspruch entsteht, wenn der Arbeitnehmer nach Ablauf des Übertragungszeitraums ausscheidet und der nicht genommene Urlaub wegen Fristablaufs erlischt[244]. Die Höhe des Abgeltungsanspruchs entspricht dem Arbeitsentgelt, das der Arbeitnehmer erhalten hätte, wenn er urlaubsbedingt freigestellt worden wäre. Für die Berechnung gilt § 11 BUrlG[245]. Ein Ersatzurlaubsanspruch hat Vorrang vor dem Urlaubsabgeltungsanspruch[246].

163

---

[238] BAG 20.9.2011, NZA 2012, 326.
[239] EuGH 12.6.2014, NZA 2014, 651 - Bollake.
[240] BAG 18.10.2016, NZA 2017, 207.
[241] BAG 19.6.2012, NZA 2012, 1087.
[242] BAG 19.6.2012, NZA 2012, 1087, 1088 f.
[243] BAG 8.4.2014, NZA 2014, 852.
[244] BAG 12.3.2013, NZA 2014, 51, 52.
[245] BAG 31.5.1990, AP Nr. 54 zu § 7 BUrlG Abgeltung.
[246] BAG 26.6.1986, AP Nr. 6 zu § 44 SchwbG.

164 Bei bestehendem Arbeitsverhältnis ist eine Abgeltung des gesetzlichen Mindesturlaubs nicht zulässig[247]. Der Arbeitnehmer darf sich den Erholungsanspruch nicht abkaufen lassen. Das entspricht auch dem EU-Recht[248]. Ist das Arbeitsverhältnis gekündigt, so ist dem Arbeitnehmer, soweit möglich, während der Kündigungsfrist Urlaub zu gewähren[249]. Dabei muss der Arbeitgeber deutlich machen, dass mit der Freistellung zugleich der noch bestehende Urlaubsanspruch erfüllt wird[250]. Eine nachträgliche „Anrechnung" auf die Freistellung genügt nicht. Widerspricht der Arbeitnehmer der Urlaubserteilung innerhalb der Kündigungsfrist, so ist das kein Urlaubswunsch, den der Arbeitgeber nach § 7 Abs. 1 BUrlG zu berücksichtigen hätte.

### 6. Vergütung während des Urlaubs

165 Bei der Vergütung, die dem Arbeitnehmer während des Urlaubs zusteht, ist zwischen dem Urlaubsentgelt und einem zusätzlichen Urlaubsgeld zu unterscheiden.

#### a) Urlaubsentgelt

166 Urlaubsentgelt ist die fortzuzahlende Vergütung für die Zeit der urlaubsbedingten Freistellung von der Arbeit[251]. Anspruchsgrundlage hierfür ist § 1 BUrlG. Die Vorschrift begründet keine besondere Urlaubsentlohnung, sondern hält den wegen der Nichtleistung der Arbeit an sich entfallenden (§ 326 Abs. 1 Satz 1 BGB) vertraglichen Anspruch aufrecht. Die Höhe des Urlaubsentgelts bemisst sich nach dem Referenzperiodenprinzip. Entscheidend ist nicht, was der Arbeitnehmer verdient hätte, wenn er nicht im Urlaub gewesen wäre (Entgeltausfallprinzip), sondern die Vergütung, die er durchschnittlich in den letzten 13 Wochen vor dem Beginn des Urlaubs erhalten hat (§ 11 Abs. 1 Satz 1 BUrlG, zu Einzelheiten s. Sätze 2-4). Das Entgelt für Überstunden, die in diesem Zeitraum geleistet wurden, fließt zwar nicht in die Berechnung ein; Überstunden, die während des Urlaubs geleistet worden wären, sind aber mit dem Durchschnittsentgelt zu vergüten[252]. Durch Tarifvertrag kann eine andere Berechnungsmethode vereinbart werden, etwa das Entgeltausfallprinzip[253] (§ 13 Abs. 1 Satz 1 BUrlG). Das Urlaubsentgelt ist vor Antritt des Urlaubs auszuzahlen (§ 11 Abs. 2 BUrlG).

#### b) Zusätzliches Urlaubsgeld

167 Aus Tarifvertrag, Betriebsvereinbarung oder Arbeitsvertrag kann sich ein Anspruch auf ein zusätzliches, über das Urlaubsentgelt hinausgehendes Urlaubsgeld ergeben. Das Urlaubsgeld ist Lohn im Sinne des § 87 Abs. 1 Nr. 10 BetrVG. Es ist unpfändbar (§ 850a Nr. 2 ZPO).

---

[247] BAG 29.11.1984, 22.10.1987, AP Nr. 22, 38 zu § 7 BUrlG Abgeltung; BAG 20.4.2012, NZA 2012, 982.
[248] Vgl. insoweit Art. 7 Abs. 2 RL 2003/88 EG.
[249] BAG 14.5.1986, AP Nr. 26 zu § 7 BUrlG Abgeltung.
[250] BAG 24.3.2009, NZA 2009, 538; BAG 17.5.2011, NZA 2011, 1032.
[251] BAG 24.11.1992, EzA § 11 BUrlG Nr. 33.
[252] BAG 9.11.1999, SAE 2001, 91.
[253] BAG 19.9.1985, AP Nr. 21 zu § 13 BUrlG.

## 7. Verzicht, Ausschlussfrist

Das BUrlG ist zugunsten der Arbeitnehmer zwingendes Recht (§ 13 Abs. 1 Satz 3 BUrlG); es ist aber mit Ausnahme der §§ 1, 2, 3 Abs. 1 tarifdispositiv (§ 13 Abs. 1 Satz 1 BUrlG). **168**

### a) Verzicht

Auf den gesetzlichen Mindesturlaub, d.h. den Anspruch auf Arbeitsbefreiung für 4 Wochen und Urlaubsentgelt, kann nicht verzichtet werden[254]; der Arbeitgeber kann den Urlaub – außer im Fall des § 7 Abs. 4 BUrlG – auch nicht abgelten. Unterzeichnet der Arbeitnehmer daher bei Beendigung des Arbeitsverhältnisses eine Ausgleichsquittung, so erfasst diese weder den Urlaubs- noch den Urlaubsentgeltanspruch. Dasselbe gilt für einen Vergleich, den die Arbeitsvertragsparteien gerichtlich oder außergerichtlich schließen[255]. Zulässig ist dagegen der sog. Tatsachenvergleich, in dem sich die Parteien über das Bestehen tatsächlicher Umstände einigen, von denen der Urlaubsanspruch seinem Grund oder seiner Höhe nach abhängt[256]. Da das BAG den Abgeltungsanspruch nach Aufgabe der Surrogatstheorie als reinen Geldanspruch betrachtet, kann nach Beendigung des Arbeitsverhältnisses wirksam auf ihn verzichtet werden[257]. Möglich ist auch der Verzicht auf den Ersatzurlaubsanspruch. Einem Verzicht auf tarifliche Urlaubsansprüche steht § 4 Abs. 4 Satz 1 TVG entgegen, einem Verzicht auf Ansprüche aus einer Betriebsvereinbarung § 77 Abs. 4 Satz 2 BetrVG. Zulässig ist also nur ein Verzicht auf (zusätzlichen) vertraglichen Urlaub. **169**

### b) Ausschlussfristen

Kollektiv- oder arbeitsvertragliche Ausschlussfristen erfassen für gewöhnlich nicht die Urlaubsansprüche. Führt die Auslegung zu einem anderen Ergebnis, so sind sie insoweit unwirksam, als sie den Zeitraum für die Ausübung des gesetzlichen Urlaubs- und Urlaubsabgeltungsanspruchs verkürzen (§ 13 Abs. 1 Satz 3 BUrlG):[258] Anderes gilt für den gesetzlichen Mindesturlaub übersteigende kollektiv- und einzelvertragliche Ansprüche sowie für den Ersatzurlaubsanspruch[259]. **170**

---

[254] BAG 21.7.1978, 31.5.1990, AP Nr. 5, 13 zu § 13 BUrlG Unabdingbarkeit.
[255] BAG 21.7.1978, 31.5.1990, AP Nr. 5, 13 zu § 13 BUrlG Unabdingbarkeit.
[256] *Neumann/Fenski*, § 13 BUrlG Rn. 77.
[257] BAG 14.5.2013, NZA 2013, 1098, 1099.
[258] BAG 23.4.1996, AP Nr. 6 zu § 17 BErzGG.
[259] BAG 22.10.1991, AP Nr. 1 zu § 47 SchwbG 1986.

## 8. Verbot der Erwerbsarbeit während des Erholungsurlaubs

### a) Tatbestand des Verbots

171 Während des gesetzlichen Urlaubs darf der Arbeitnehmer keine dem Urlaubszweck widersprechende Erwerbstätigkeit leisten (§ 8 BUrlG). Das gilt auch für einen Urlaub, der nach Ausspruch einer Kündigung in der Kündigungsfrist erteilt wird[260]. Der gesetzliche Urlaub dient der Erholung des Arbeitnehmers, der sich körperlich, geistig und seelisch regenerieren soll[261].

172 Erwerbsarbeit ist jede in der Absicht des Erwerbs von Geld oder geldwerten Gütern für andere verrichtete Tätigkeit[262]. Ohne Erwerbsabsicht arbeitet der Arbeitnehmer, wenn er aus Liebhaberei, zur Gefälligkeit, aus Gemeinsinn oder aufgrund familienrechtlicher oder öffentlich-rechtlicher Pflichten tätig wird, selbst wenn er hierfür ein Entgelt erhält[263]. Zulässig ist auch die Tätigkeit des Arbeitnehmers für sich selbst, etwa zur Errichtung eines Eigenheims. Eine entgeltliche Tätigkeit ist nicht urlaubszweckwidrig, wenn sie nicht annähernd denselben zeitlichen Umfang hat wie die infolge des Urlaubs suspendierte Arbeitspflicht[264]. Tätigkeiten, die dem körperlichen oder geistigen Ausgleich dienen – ein Büroangestellter hilft im Urlaub auf dem Bauernhof, ein Facharbeiter betätigt sich als Reiseleiter – sind nicht urlaubszweckwidrig.

### b) Verstoß gegen das Verbot

173 Die Beachtung des Verbots der Erwerbsarbeit während des Erholungsurlaubs ist eine arbeitsvertragliche Nebenpflicht. Verstößt der Arbeitnehmer dagegen, kann der Arbeitgeber entsprechend § 1004 Abs. 1 Satz 2 BGB Unterlassung verlangen und diese gerichtlich durchsetzen, notfalls im Wege der einstweiligen Verfügung. Nach entsprechender Abmahnung kommt auch eine verhaltensbedingte Kündigung in Betracht[265]. Dagegen kann der Arbeitgeber weder den Urlaub widerrufen noch die Vergütung zurückfordern. Einer Leistungskondiktion nach § 812 Abs. 1 Satz 1 Alt. 1 BGB steht entgegen, dass der rechtliche Grund für die Zahlung der Urlaubsvergütung durch die Erwerbstätigkeit nicht entfällt[266]. Die „condictio ob rem" (§ 812 Abs. 1 Satz 2 Alt. 2 BGB) scheidet aus, weil der Zweck des Urlaubs durch das BUrlG bestimmt wird und nicht durch die Arbeitsvertragsparteien. Der mit einem Dritten entgegen § 8 BUrlG geschlossene Vertrag ist wirksam; die Vorschrift ist kein gesetzliches Verbot im Sinne des § 134 BGB[267].

---

[260] BAG 19.7.1973, 25.2.1988, AP Nr. 1, 3 zu § 8 BUrlG.
[261] BAG 11.1.1966, AP Nr. 1 zu § 1 BUrlG Nachurlaub.
[262] ErfK/*Gallner*, § 8 BUrlG Rn. 2.
[263] BAG 20.10.1983, AP Nr. 5 zu § 47 BAT.
[264] Vgl. ErfK/*Gallner*, § 8 BUrlG Rn. 2; AR/*Gutzeit*, § 8 BUrlG Rn. 6.
[265] BAG 25.2.1988, AP Nr. 3 zu § 8 BUrlG.
[266] Zu vorstehendem BAG 25.2.1988, AP Nr. 3 zu § 8 BUrlG; anders noch BAG 19.7.1973, AP Nr. 1 zu § 8 BUrlG.
[267] BAG 25.2.1988, AP Nr. 3 zu § 8 BUrlG.

## VIII. Urlaub aus sonstigen Gründen

Außer durch Erholungsurlaub kann der Arbeitnehmer durch Elternzeit, Bildungsurlaub, Sonderurlaub, Pflegezeit oder Familienpflegezeit von der Arbeitspflicht befreit sein.

**174**

### 1. Elternzeit

Die Elternzeit nach §§ 15 ff. BEEG soll es Eltern ermöglichen, ihr Kind bis zum vollendeten dritten Lebensjahr ganztägig selbst zu betreuen. Während der Elternzeit ruhen die arbeitsvertraglichen Hauptleistungspflichten. Der Arbeitnehmer kann unter den Voraussetzungen der §§ 1 ff. BEEG bei der zuständigen Behörde ein Elterngeld in Höhe von 67 % seines bisherigen Einkommens bis zu einem Höchstbetrag von 1800 € monatlich, mindestens aber 300 € beantragen. Elterngeld kann in der Zeit vom Tag der Geburt bis zur Vollendung des 14. Lebensmonats des Kindes bezogen werden. Die Eltern haben insgesamt Anspruch auf 12 Monatsbeträge, für 14, wenn auch der andere Elternteil für die weiteren 2 Monate Elternzeit nimmt.

**175**

Anspruch auf Elternzeit hat, wer als Arbeitnehmer mit einem Kind, für das ihm die Personensorge zusteht, in einem Haushalt lebt und dieses Kind selbst betreut und erzieht (zu den übrigen Fällen s. § 15 Abs. 1 BEEG). Dabei spielt es keine Rolle, ob der Arbeitnehmer ein Elterngeld erhält oder erhalten kann. Die Elternzeit kann, auch anteilig, von jedem Elternteil allein oder von beiden Elternteilen gemeinsam genommen werden, ist jedoch auf bis zu drei Jahre für jedes Kind begrenzt (§ 15 Abs. 2, 3 BEEG). Die Zeit der Mutterschutzfrist nach § 3 Abs. 2 MuSchG wird auf diese Begrenzung angerechnet (§ 15 Abs. 2 Satz 2 BEEG). Der Anspruch auf Elternzeit kann vertraglich weder ausgeschlossen noch beschränkt werden (§ 15 Abs. 2 S. 6 BEEG); der Arbeitnehmer entscheidet aber, ob er die Elternzeit tatsächlich nehmen will. Seine Entscheidung muss er spätestens sieben Wochen vor Beginn schriftlich dem Arbeitgeber mitteilen; gleichzeitig muss er erklären, für welche Zeiten innerhalb von 2 Jahren Elternzeit genommen werden soll (§ 16 Abs. 1 S. 1 BEEG). Es ist auch zulässig, weniger als die vorgesehenen drei Jahre Elternzeit zu nehmen. Die Elternzeit kann auf 2 Zeitabschnitte verteilt werden, eine Verteilung auf weitere Zeitabschnitte bedarf der Zustimmung des Arbeitgebers (§ 16 Abs. 1 S. 5 BEEG). Während der Elternzeit ist Erwerbstätigkeit zulässig, wenn die vereinbarte wöchentliche Arbeitszeit für jeden Elternteil, der eine Elternzeit nimmt, nicht mehr als 30 Stunden beträgt (§ 15 Abs. 4 S. 1 BEEG). Will der Arbeitnehmer in dieser Zeit selbständig oder bei einem anderen Arbeitgeber tätig werden, so benötigt er die Zustimmung seines Arbeitgebers. Die Zustimmung kann dieser nur binnen vier Wochen schriftlich aus dringenden betrieblichen Gründen verweigern (§ 15 Abs. 4 Satz 3, 4 BEEG). Erklärt er sich nicht frist- oder formgerecht, entfällt das Zustimmungserfordernis[268]. Unabhängig davon kann der Arbeitnehmer von seinem Arbeitgeber, wenn das Arbeitsverhältnis länger als 6 Monate bestanden hat und der Arbeitgeber mehr als 15 Arbeitnehmer beschäftigt, zweimal für mindestens jeweils 2 Monate eine Verringerung der wöchentlichen Arbeitszeit auf 15 bis 30 Stunden verlangen, sofern dem nicht dringende betriebliche Gründe – etwa die Einstellung einer Vollzeitvertretung für die Dauer der Elternzeit[269] – entgegenstehen[270].

**176**

---

[268] BAG 26.6.1997, AP Nr. 22 zu § 15 BErzGG.
[269] BAG 19.4.2005, NZA 2005, 1354-1358.
[270] BAG 19.2.2013, NZA 2013, 907, 908. Die Arbeitszeitverringerung kann auch noch während der Elternzeit verlangt werden, BAG 9.5.2006, NZA 2006, 1413, 1415 f.

Den Anspruch muss der Arbeitnehmer mindestens 7 Wochen vorher schriftlich mitteilen. Er kann vor dem Arbeitsgericht Klage erheben, wenn der Arbeitgeber ihn innerhalb von 4 Wochen schriftlich ablehnt (§ 15 Abs. 6, 7 BEEG). Dem Arbeitnehmer steht auch in der Elternzeit Erholungsurlaub zu, da § 1 BUrlG nur an das Bestehen des Arbeitsverhältnisses anknüpft. Der Arbeitgeber kann den Erholungsurlaub aber für jeden vollen Kalendermonat, für den der Arbeitnehmer Elternzeit nimmt, um 1/12 kürzen, es sei denn, der Arbeitnehmer leistet trotz der Elternzeit eine Teilzeitarbeit (§ 17 Abs. 1 BEEG). Das gilt auch für den Zusatzurlaub nach § 208 SGB IX[271].

**177** Sobald der Arbeitnehmer Elternzeit verlangt, darf der Arbeitgeber das Arbeitsverhältnis bis zum Ablauf der Elternzeit grundsätzlich nicht kündigen. Lediglich in besonderen Fällen ist eine Kündigung mit Zustimmung der für den Arbeitsschutz zuständigen obersten Landesbehörde oder der von ihr bestimmten Stelle – das sind zumeist die Gewerbeaufsichtsämter – möglich (§ 18 Abs. 1 BEEG). Dasselbe gilt, wenn der Arbeitnehmer bei seinem Arbeitgeber Teilzeitarbeit leistet (§ 18 Abs. 2 BEEG)[272]. Um den Arbeitsausfall zu überbrücken, kann der Arbeitgeber für die Dauer der Elternzeit und für notwendige Zeiten einer Einarbeitung eine Aushilfe mit befristetem Vertrag einstellen (§ 21 Abs. 1 BEEG). Die Dauer der Befristung muss nach dem Kalender bestimmt oder bestimmbar (bis 31. März oder ab 1. März für 1 Jahr) oder durch die Vertretung während der Elternzeit (zweck-) bestimmt sein (§ 21 Abs. 3 BEEG). Das befristete Arbeitsverhältnis kann, sofern nicht zulässigerweise etwas anderes vereinbart ist, mit einer Frist von 3 Wochen – frühestens zum Ende der Elternzeit – gekündigt werden, wenn die Elternzeit ohne Zustimmung des Arbeitgebers vorzeitig endet (§ 21 Abs. 4 BEEG).

### 2. Bildungsurlaub

**178** Bildungsurlaub ist die bezahlte Freistellung des Arbeitnehmers von der Arbeit zum Zwecke seiner beruflichen oder politischen Weiterbildung. Eine bundeseinheitliche Regelung des Bildungsurlaubs fehlt. Anspruch auf Bildungsurlaub gibt es in allen Bundesländern bis auf Bayern und Sachsen. Die berufliche Weiterbildung von Arbeitnehmern ist heute notwendiger denn je. Nach Ansicht des BVerfG liegt es aber auch im Interesse des Allgemeinwohls, „das Verständnis der Arbeitnehmer für gesellschaftliche, soziale und politische Zusammenhänge zu verbessern, um damit die in einem demokratischen Gemeinwesen anzustrebende Mitsprache und Mitverantwortung in Staat, Gesellschaft und Beruf zu fördern"[273]. Das rechtfertigt es jedoch nicht, dem Arbeitgeber die Kosten für den Arbeitsausfall aufzuerlegen.

---

[271] BAG 17.5.2011, DB 2012, 182.
[272] Anders, wenn er bei einem anderen Arbeitgeber in Teilzeit arbeitet, BAG 2.2.2006, NZA 2006, 678.
[273] BVerfG 15.12.1987, AP Nr. 62 zu Art. 12 GG.

## 3. Sonderurlaub

**179** Als (unbezahlter) Sonderurlaub oder unbezahlte Freistellung wird die (gesetzlich nicht geregelte) zeitweilige unbezahlte Arbeitsbefreiung auf Wunsch eines Arbeitnehmers bezeichnet. Die Terminologie schwankt. In Anlehnung an die kurzfristige Freistellung aus persönlichen Gründen, wie sie im Rahmen des § 616 BGB die meisten Tarifverträge vorsehen, wird bei kürzeren Arbeitsbefreiungen häufig von Freistellung, in Anlehnung an den längerfristigen Urlaub, bei längeren eher von unbezahltem Urlaub oder von Sonderurlaub gesprochen.

**180** Ein Anspruch auf unbezahlte Freistellung kann sich aus Tarifvertrag, Betriebsvereinbarung oder Arbeitsvertrag ergeben. Ausdrückliche vertragliche Ansprüche sind selten. Fehlt es an einem vertraglichen Anspruch, so steht die Gewährung unbezahlten Urlaubs grundsätzlich im Ermessen des Arbeitgebers. Ein Anspruch wird nur ausnahmsweise bestehen, wenn es besondere persönliche Bedürfnisse des Arbeitnehmers verlangen. Dabei kommt es auch auf die Dauer der begehrten Freistellung an. Bei der Interessenabwägung ist zu berücksichtigen, dass die praktisch bedeutsamsten Fälle mittlerweile gesetzlich geregelt sind. Die Literatur nennt als Beispielsfälle eine längere Auslandsreise zum Antritt einer Erbschaft und den Besuch nahestehender kranker Verwandter im Ausland[274]. Vergnügungsreisen, Arbeitsunlust und Familienfeiern sind keine ausreichenden Gründe. Arbeitgeber und Arbeitnehmer bleibt es unbenommen, auch in diesen und anderen Fällen eine unbezahlte Freistellung zu vereinbaren. Bei unbezahlter Freistellung ruhen die Arbeits- und die Vergütungspflicht. Erkrankt der Arbeitnehmer während des Sonderurlaubs, so hat er keinen Anspruch auf Entgeltfortzahlung. Der Arbeitgeber ist auch nicht verpflichtet, den Sonderurlaub rückgängig zu machen, wenn der Arbeitnehmer erkrankt und ihn deshalb nicht in der gewünschten Weise nutzen kann. Für Feiertage während des Sonderurlaubs besteht kein Anspruch auf Feiertagsvergütung.

## 4. Kurzzeitige Arbeitsverhinderung wegen Pflege und Pflegezeit

**181** Das Pflegezeitgesetz (PflegeZG)[275] will es Beschäftigten[276] ermöglichen, ihre Berufstätigkeit mit der häuslichen Pflege naher Angehöriger zu vereinbaren (§ 1 PflegeZG). Zu diesem Zweck gewährt ihnen § 2 Abs. 1 PflegeZG das Recht, **bis zu zehn Arbeitstage der Arbeit fernzubleiben**, wenn dies erforderlich ist, um für einen pflegebedürftigen nahen Angehörigen in **einer akut aufgetretenen Pflegesituation** eine bedarfsgerechte Pflege zu organisieren oder eine pflegerische Versorgung in dieser Zeit sicherzustellen. Die Fortzahlung der Vergütung richtet sich nach § 616 BGB oder einer einschlägigen tarifvertraglichen, betrieblichen oder arbeitsvertraglichen Bestimmung (§ 2 Abs. 3 PflegeZG). Als **nahe Angehörige** gelten Großeltern, Eltern, Schwiegereltern, Ehegatten, Lebenspartner, Partner einer eheähnlichen Gemeinschaft, Geschwister und Kinder (§ 7 Abs. 3 PflegeZG). **Pflegebedürftig** ist, wer wegen einer körperlichen, geistigen oder seelischen Krankheit oder Behinderung für die gewöhnlichen und regelmäßig wiederkehrenden Verrichtungen im Ablauf des täglichen Lebens auf Dauer, voraussichtlich für mindestens

---

[274] *Von Hoyningen-Huene*, NJW 1981, 713 ff.
[275] Art. 3 Pflege-WeiterentwicklungsG v. 28.5.2008, BGBl. I S 874, 896.
[276] Zum Begriff s. § 7 Abs. 1 PflegeZG.

6 Monate, in erheblichem oder höherem Maße der Hilfe bedarf (§ 7 Abs. 4 PflegeZG, §§ 14, 15 SGB XI).

**182** In Betrieben mit in der Regel mehr als 15 Beschäftigten haben Beschäftigte darüber hinaus Anspruch auf Gewährung einer **längstens sechsmonatigen Pflegezeit**, in der sie zur häuslichen Pflege naher Angehöriger ganz oder teilweise von der Arbeit freizustellen sind (§ 3 Abs. 1 PflegeZG). Der Anspruch muss spätestens 10 Arbeitstage vor Beginn der Pflegezeit schriftlich beim Arbeitgeber angekündigt werden. Gleichzeitig ist zu erklären, für welchen Zeitraum und in welchem Umfang die Freistellung in Anspruch genommen werden soll. Wird eine teilweise Freistellung beantragt, ist auch die gewünschte Verteilung der Arbeitszeit anzugeben (§ 3 Abs. 3 PflegeZG). Der Arbeitgeber hat den Wünschen zu entsprechen, es sei denn, dass dringende betriebliche Gründe entgegenstehen (§ 3 Abs. 4 PflegeZG). § 3 PflegeZG räumt dem Beschäftigten ein einseitiges Gestaltungsrecht ein. Durch die Erklärung, Pflegezeit in Anspruch zu nehmen, treten unmittelbar die gesetzlichen Rechtsfolgen der Pflegezeit ein, ohne dass es noch eines weiteren Handelns des Arbeitgebers bedürfte. Hat der Arbeitnehmer die sechsmonatige Pflegezeit in Anspruch genommen, ist er gehindert, von seinem Recht erneut Gebrauch zu machen, sofern sich die Pflegezeit auf denselben Angehörigen bezieht. Ob er die Pflegezeit im Wege einer einmaligen Erklärung auf mehrere getrennte Zeitabschnitte verteilen kann, ist offen[277]. Die Pflegebedürftigkeit ist durch Vorlage einer Bescheinigung der Pflegekasse oder des Medizinischen Dienstes der Krankenversicherung nachzuweisen (§ 3 Abs. 2 PflegeZG). Während der Pflegezeit entfällt der Vergütungsanspruch, nicht aber der Sozialversicherungsschutz. Die Beiträge zur Arbeitslosen-, Kranken- und Pflegeversicherung für diese Zeit übernimmt die Pflegekasse. In der gesetzlichen Rentensicherung gilt die Pflegezeit als Pflichtbeitragszeit, soweit die häusliche Pflege mindestens 14 Stunden wöchentlich beträgt und der Pflegebedürftige Leistungen aus der Pflegeversicherung erhält.

**183** Der Arbeitgeber darf das Arbeitsverhältnis von der Ankündigung bis zur Beendigung der kurzzeitigen Arbeitsverhinderung nach § 2 PflegeZG oder der Pflegezeit nach § 3 PflegeZG **nicht kündigen** (§ 5 Abs. 1 PflegeZG). Lediglich in besonderen Fällen ist – wie bei der Elternzeit – eine Kündigung mit Zustimmung der für den Arbeitsschutz zuständigen obersten Landesbehörde oder der von ihr bestimmten Stelle zulässig (§ 5 Abs. 2 PflegeZG). Um den Arbeitsausfall zu überbrücken, kann der Arbeitgeber eine Ersatzkraft mit befristetem Vertrag einstellen (§ 6 PflegeZG). Die Regelung ist im wesentlichen § 21 BEEG nachgebildet (s. oben Rn. 177).

### 5. Familienpflegezeit

**184** Dauert die Pflegebedürftigkeit länger als 6 Monate, kommt eine Familienpflegezeit nach dem FamilienpflegezeitG (FPfZG) in Betracht, das strukturelle Ähnlichkeit mit dem AltersteilzeitG aufweist[278]. Arbeitgeber und Arbeitnehmer können vereinbaren, dass ein Arbeitnehmer seine Arbeitszeit während eines Zeitraums von höchstens 2 Jahren unter Aufstockung des Entgelts auf bis zu 15 Stunden pro Woche reduziert, um einen nahen Angehörigen in häuslicher Umgebung zu pflegen (§§ 2 f. FPfZG). Erreicht die Aufstockung mindestens die Hälfte des Verdienstausfalls, so

---

[277] BAG 15.11.2011, NZA 2012, 323.
[278] *Glatzel*, NJW 2012, 1175; *Götting/Neumann*, NZA 2012, 119; *Liebscher/Kühler*, ArbR 2012, 392; *Krause*, AiB 2013, 54.

kann dieser Betrag durch das eigens dafür neu geschaffene Bundesamt für Familie und zivilgesellschaftliche Aufgaben (BAFzA) über ein zinsloses Bundesdarlehen übernommen werden. Der Arbeitgeber hat das Darlehen nach Beendigung der Familienpflegezeit an das BAFzA zurücküberweisen (§ 3 Abs. 1 FPfZG). Der Arbeitnehmer erhält für den gleichen Zeitraum, während dessen er vorher ein erhöhtes Entgelt bezogen hatte, („Nachpflegephase") ein entsprechend reduziertes Entgelt.

**Beispiel:** Ein vollzeitbeschäftigter Arbeitnehmer reduziert seine bisherige wöchentliche Arbeitszeit für ein Jahr auf 50 %, erhält jedoch während der Pflegephase 75 % seiner vorherigen Vergütung. Danach arbeitet er ein Jahr lang wieder mit voller Stundenzahl, bezieht in dieser Nachpflegephase aber weiterhin nur 75 % seiner Vergütung.

Ein Rechtsanspruch auf die Gewährung von Familienpflegezeit besteht nicht[279]. Vielmehr ist die Zustimmung des Arbeitgebers erforderlich; eine schriftliche Vereinbarung zwischen den Parteien ist Grundlage der Stundenreduzierung („Familienpflegezeitvereinbarung"). Sie muss den in § 3 Abs. 1 Nr. 1 FPfZG bestimmten Inhalt aufweisen. Sowohl in der Pflege- als auch in der Nachpflegephase besteht ein besonderer Kündigungsschutz (§ 9 Abs. 2 FPfZG). Um das Risiko einer Berufs- und Erwerbsunfähigkeit in der Nachpflegephase zu verringern, muss der Beschäftigte, der die Familienpflegezeit in Anspruch nimmt, eine Versicherung abschließen (zu Einzelheiten § 4 FPfZG)[280]. Die Versicherung endet mit dem letzten Tag der Lohnrückzahlungsphase der Familienpflegezeit. Durch die Beitragszahlungen aus dem reduzierten Gehalt und den Leistungen der Pflegeversicherung in der Familienpflegezeit bleiben die Rentenansprüche etwa auf dem Niveau der Vollbeschäftigung.

---

[279] ErfK/*Gallner* FPfZG Rn. 1; *Göttling/Neumann*, NZA 2012, 119; *Schiefer/Worzalla*, DB 2012, 516, 523; *Sasse*, DB 2011, 2660; AR/*Klose* § 1 FPfZG Rn. 1.

[280] Zu weiteren Störfällen ErfK/*Gallner* FPfZG Rn. 10 ff.

# § 9 Haftung im Arbeitsverhältnis

## I. Haftung des Arbeitgebers

### 1. Haftung für Sachschäden

#### a) Verschuldenshaftung

Der Arbeitgeber haftet für schuldhaft verursachte Sachschäden nach den allgemeinen Grundsätzen, d.h. nach § 280 Abs. 1 BGB oder wegen unerlaubter Handlung. Darüber hinaus haftet er für Arbeitnehmer und sonstige Personen, derer er sich als Erfüllungs- oder Verrichtungsgehilfen bedient[1]. Grundsätzlich können auch im Arbeitsverhältnis Haftungsbeschränkungen vereinbart werden. Ein Haftungsausschluss für Vorsatz ist aber stets (§ 276 Abs. 3 BGB), für grobe Fahrlässigkeit meist und für einfache Fahrlässigkeit häufig unzulässig (§§ 138, 242 BGB)[2]. 1

#### b) Verschuldensunabhängiger Ersatz betrieblich veranlasster Schäden des Arbeitnehmers („Eigenschäden")

**aa) Grundsatz.** Auch ohne ein Verschulden des Arbeitgebers kann der Arbeitnehmer verlangen, dass ihm ein Schaden ersetzt wird, wenn er nicht seinem privaten Lebensbereich, sondern dem Betätigungsbereich des Arbeitgebers zuzurechnen ist und wenn er ihn nicht selbst tragen muss, weil er dafür eine adäquate Vergütung erhält[3]. Voraussetzung ist also, dass es sich um einen betrieblich veranlassten Sonderschaden („Eigenschaden") handelt. 2

**Beispiel:** Der Arbeitnehmer benutzt für Dienstfahrten auf Weisung oder mit Billigung des Arbeitgebers seinen Privatwagen. Bei einem Unfall außerhalb des Betriebsgeländes wird das Fahrzeug beschädigt[4].

Die dogmatische Begründung für diesen Anspruch fällt nicht leicht, zumal der Gesetzgeber die Fälle einer verschuldensunabhängigen (Gefährdungs-)Haftung im Privatrecht abschließend geregelt hat. Die Rechtsprechung zieht **§ 670 BGB analog** heran[5]. Nach dieser Vorschrift hat der Auftraggeber dem Beauftragten die für die 3

---

[1] BAG 23.11.2006, NZA 2007, 870, 871.
[2] MünchArbR/*Blomeyer*, 2. Aufl., § 96 Rn. 59; BeckOK/*Fuchs*, § 611 BGB Rn. 100.
[3] BAG GS 10.11.1961, AP Nr. 2 zu § 611 BGB Gefährdungshaftung des Arbeitgebers; BAG 22.6.2011, NZA 2012, 91.
[4] BAG 23.11.2006, NZA 2007, 870; BAG 28.10.2010, NZA 2011, 406.
[5] St. Rspr., vgl. BAG 28.10.2010, NZA 2011, 406, 408 m.w.N.; BAG 22.6.2011, NZA 2012, 91, 92.

Geschäftsbesorgung erforderlichen Aufwendungen zu ersetzen. Da § 670 BGB einen allgemeinen Rechtsgedanken enthält, muss die Norm auch im Arbeitsrecht Anwendung finden, wobei sie mangels Auftrags nur entsprechend angewandt werden kann. Dass im Rahmen von § 670 BGB nicht nur für Aufwendungen im Sinne von freiwilligen Vermögensopfern gehaftet wird[6], sondern auch für Schäden, die sich aus einer mit dem Auftrag verbundenen typischen Gefahr ergeben, entspricht seit langem der allgemeinen zivilrechtlichen Dogmatik[7]. Der Sache nach geht es um die richtige Verteilung von Risiken, die mit einer Geschäftsbesorgung verbunden sind („Risikohaftung bei Tätigkeit im fremden Interessenbereich"[8]). Schäden, die auf einem tätigkeitsspezifischen Risiko beruhen, müssen dem Arbeitgeber auferlegt werden, wenn er als Geschäftsherr dieses Risiko besser beherrscht als der Arbeitnehmer. Ein etwaiges Mitverschulden des Arbeitnehmers wirkt sich anspruchsmindernd aus (§ 254 BGB entsprechend)[9].

#### bb) Anspruchsvoraussetzungen im Einzelnen

4 **(1) Betriebliche Veranlassung des Schadens.** Der Schaden darf nicht nur gelegentlich bei der betrieblichen Tätigkeit eingetreten sein; er muss mit ihr innerlich zusammenhängen. Die betriebliche Tätigkeit muss bei wertender Betrachtung die wesentliche Schadensursache sein. Dabei kommt es weder darauf an, ob die Arbeit besonders gefährlich war, noch darauf, ob sich die Arbeitsvertragsparteien möglicher Risiken bewusst waren. Ebenso wenig ist von Belang, ob der Arbeitgeber den Arbeitnehmer zur schadenstiftenden Tätigkeit ausdrücklich angewiesen oder ob sie der Arbeitnehmer von sich aus übernommen hat. Dagegen soll der Ersatzanspruch ausgeschlossen sein, wenn der Arbeitnehmer sein Vorgehen den Umständen nach nicht für erforderlich halten durfte[10].

5 **(2) Sonderschaden.** Der Arbeitgeber hat nur das Risiko seiner betrieblichen Organisation zu tragen, nicht das allgemeine Lebensrisiko seiner Mitarbeiter. „Arbeitsadäquate" Sachschäden, mit denen nach Art und Natur des Betriebs oder der Arbeit zu rechnen ist und die notwendig, üblicherweise oder regelmäßig entstehen – die Sekretärin zieht sich beim Bücken eine Laufmasche zu –, muss der Arbeitnehmer selbst tragen; sie sind regelmäßig mit der laufenden Vergütung abgegolten[11]. Ersatzfähig sind nur solche Schäden, mit denen der Arbeitnehmer nicht ohne weiteres zu rechnen braucht, weil sie nicht zu den üblichen Begleiterscheinungen der Berufsausübung rechnen[12]. Hierzu gehören vor allem Unfallschäden am Fahrzeug

---

[6] BAG 12.3.2013, NZA 2013, 1086.
[7] BGHZ 38, 270, 277; andere stellen auf § 110 HGB ab, vgl. Palandt/*Sprau*, § 670 BGB Rn. 11.
[8] *Canaris*, RdA 1966, 41, 49.
[9] § 254 BGB ist entsprechend anzuwenden, weil der Anspruch des Arbeitnehmers ein Aufwendungs- und kein Schadensersatzanspruch ist.
[10] BAG 14.11.1991, AP Nr. 10 zu § 611 BGB Gefährdungshaftung des Arbeitgebers; BAG 22.6.2011, NZA 2012, 91, 93.
[11] BAG GS 10.11.1961, AP Nr. 2 zu § 611 BGB Gefährdungshaftung des Arbeitgebers.
[12] BAG 16.3.1995, AP Nr. 12 zu § 611 BGB Gefährdungshaftung des Arbeitgebers.

des Arbeitnehmers, wenn dieses mit Billigung des Arbeitgebers in dessen Betätigungsbereich eingesetzt wird, d.h. wenn sonst der Arbeitgeber einen eigenen Wagen hätte einsetzen und dessen Unfallgefahr tragen müssen oder wenn der Arbeitgeber den Arbeitnehmer auffordert, das eigene Fahrzeug zu benutzen[13].

**(3) Keine Abgeltung.** Betrieblich veranlasste Sonderschäden hat der Arbeitgeber dann nicht zu ersetzen, wenn sie bereits durch eine besondere Vergütung abgegolten sind. Unfallschäden an einem Fahrzeug des Arbeitnehmers können dadurch abgegolten sein, dass der Arbeitgeber eine Kilometerpauschale zahlt. Allerdings soll eine Kilometerpauschale in Höhe des Steuersatzes nur die Rückstufung in der Haftpflichtversicherung[14], nicht aber das allgemeine Unfallrisiko abdecken[15].

**(4) Berücksichtigung eines etwaigen Mitverschuldens des Arbeitnehmers.** Der Arbeitnehmer muss sich eigenes Mitverschulden auf seinen Ersatzanspruch entsprechend § 254 BGB anrechnen lassen. Damit wird dem Umstand Rechnung getragen, dass es sich bei der verschuldensunabhängigen Haftung für Arbeitnehmereigenschäden letztlich um einen Schadensausgleich nach Risikogesichtspunkten handelt. Folgerichtig berücksichtigt die Rechtsprechung die Grundsätze über den innerbetrieblichen Schadensausgleich: Bei geringem Verschulden des Arbeitnehmers muss der Arbeitgeber grundsätzlich vollen Ersatz leisten; bei normaler Schuld wird der Schaden anteilig unter Berücksichtigung der Gesamtumstände des Einzelfalls nach Billigkeitsgrundsätzen und Zumutbarkeitsgesichtspunkten verteilt; bei grob fahrlässiger Schadensmitverursachung entfällt der Ersatzanspruch im allgemeinen ganz[16]. Den Arbeitnehmer trifft die Darlegungs- und Beweislast dafür, dass er nicht schuldhaft gehandelt hat, da er nur dann seine (unfreiwilligen) Aufwendungen für erforderlich halten durfte[17].

## 2. Haftung für Personenschäden

### a) Haftungsablösung durch Versicherungsschutz bei Arbeitsunfällen

**aa) Grundsatz.** Wird der Arbeitnehmer bei einem Arbeitsunfall verletzt, für den der Arbeitgeber an sich aus § 280 Abs. 1 BGB oder wegen unerlaubter Handlung haften müsste, hat der Arbeitnehmer keinen Anspruch auf Ersatz des **Personenschadens** (§ 104 Abs. 1 SGB VII). Dafür erhält er die Leistungen der gesetzlichen Unfallversicherung, bei der jeder Arbeitnehmer schon mit der rein tatsächlichen Ausführung seiner Arbeit versichert ist. Die Träger der gesetzlichen Unfallversicherung gewähren u.a. Verletztengeld (§§ 45 ff. SGB VII) und Verletztenrente (§§ 56 ff. SGB VII). Diese werden allein durch die Beiträge der Arbeitgeber finanziert, die bei den UV-Trägern (zwangsweise) Mitglieder sind. Der Sache nach ist

---

[13] BAG 23.11.2006, NZA 2007, 870; BAG 28.10.2010, NZA 2011, 406; BAG 22.6.2011, NZA 2012, 91, 92.
[14] BAG 30.4.1992, AP Nr. 11 zu § 611 BGB Gefährdungshaftung des Arbeitgebers.
[15] LAG Frankfurt 13.11.1983, LAGE Nr. 5 zu § 670 BGB.
[16] BAG 23.11.2006, NZA 2007, 870, 871; BAG 28.10.2010, NZA 2011, 406, 408.
[17] BAG 28.10.2010, NZA 2011, 406, 409 m.w.N.

die Unfallversicherung deshalb eine Unternehmens-Haftpflichtversicherung gegen Personenschäden bei Arbeitsunfällen im Betrieb und bei Wegeunfällen.

9 **bb) Sinn und Zweck.** Die „Haftungsablösung durch Versicherungsschutz" befreit den Geschädigten vom Nachweis der Verantwortlichkeit des Arbeitgebers und verschafft ihm einen zahlungsfähigen Schuldner. Das dient dem Betriebsfrieden[18], denn den Arbeitsvertragsparteien bleiben Auseinandersetzungen um den Schadensersatz erspart. Die Träger der gesetzlichen Unfallversicherung können jedoch unter bestimmten Voraussetzungen Regress beim Schädiger nehmen.

### b) Voraussetzungen der Haftungsbeschränkung

10 **aa) Arbeitsunfall.** Der Versicherte – das sind außer den beim Arbeitgeber selbst beschäftigten Arbeitnehmern (§ 2 Abs. 1 Nr. 1 SGB VII) auch Personen, die wie ein beim Arbeitgeber beschäftigter Arbeitnehmer tätig werden (z.B. Leiharbeitnehmer[19], Fahrer eines Lieferanten, der beim Ausladen im Betrieb des Arbeitgebers verunglückt, § 2 Abs. 2 SGB VII) – muss einen Arbeitsunfall erlitten haben. Arbeitsunfälle sind Unfälle von Versicherten infolge einer den Versicherungsschutz begründenden Tätigkeit. Unfälle sind zeitlich begrenzte, von außen auf den Körper einwirkende Ereignisse, die zu einem Gesundheitsschaden oder zum Tod führen (§ 8 Abs. 1 SGB VII). Daraus ergibt sich der für den Arbeitsunfall typische dreigliedrige Aufbau:

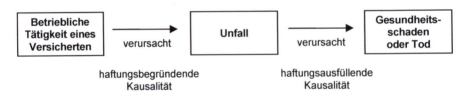

11 **Zeitlich begrenzt** sind nicht nur plötzliche Ereignisse, sondern alle Vorgänge bis zur Dauer von einer Arbeitsschicht[20]. Zu den von außen einwirkenden Ereignissen zählen auch Überanstrengung und Überarbeitung oder der Fußboden, auf den der Stolpernde aufschlägt; von innen wirkt dagegen ein Anfallleiden. Gesundheitsschäden sind alle regelwidrigen körperlichen, geistigen oder seelischen Zustände, auch in der Gestalt der Verschlimmerung eines bestehenden Leidens[21]. Als Gesundheitsschaden gilt ferner die Beschädigung oder der Verlust von Hilfsmitteln, wie Prothesen, Brillen oder Hörapparaten (§§ 8 Abs. 3, 31 SGB VII), wenn sie mit der Einwirkung auf den Körper zusammenhängen (z.B. Bruch der Brille bei einem Sturz).

---

[18] BGHZ 24, 247, 248; *Maschmann*, SGb 1998, 55 m.w.N.
[19] LAG Bln-Bbg 30.7.2013, DB 2013, 2686.
[20] Das Merkmal dient der Abgrenzung von Arbeitsunfall und Berufskrankheit, BSGE 15, 112, 113.
[21] ErfK/*Rolfs*, § 8 SGB VII Rn. 1.

Das Unfallgeschehen und die betriebliche Tätigkeit dürfen nicht nur räumlich oder  **11a**
zeitlich zusammenhängen. Der Unfall des Versicherten muss vielmehr in einem **inneren Zusammenhang mit der versicherten Tätigkeit** stehen[22]. Versichert sind alle Tätigkeiten, die dem Unternehmen bei vernünftiger Betrachtungsweise dienlich sind, selbst wenn der Versicherte einer Fehleinschätzung unterliegt oder sein Handeln schädliche Folgen[23]. Verbotswidriges Handeln schadet solange nicht (§ 7 Abs. 2 SGB VII), wie der Unfall nicht absichtlich herbeigeführt wurde[24]. Nicht versichert sind **„eigenwirtschaftliche Tätigkeiten"**[25] sowie Unfälle, die der Geschädigte im Zustand der Volltrunkenheit oder bei handgreiflichen Auseinandersetzungen erleidet[26]. Dem Arbeitsunfall gleichgestellt ist die Berufskrankheit (§ 7 Abs. 1 SGB VII). Das ist eine Krankheit, die der Arbeitnehmer infolge einer betrieblichen Tätigkeit erleidet, wenn sie durch Rechtsverordnung als Berufskrankheit anerkannt ist (§ 9 SGB VII).

**bb) Keine „Haftungsentsperrung".** In zwei Fällen (§ 104 Abs. 1 Satz 1 SGB VII)  **12**
ist die Haftungsbeschränkung wieder „entsperrt", d.h. der Arbeitgeber haftet, wenn er den Arbeitsunfall schuldhaft herbeigeführt hat:

**(1) Bei Vorsatz des Arbeitgebers;** das ist, versicherungsrechtlich betrachtet, kon-  **13**
sequent, denn die gesetzliche Unfallversicherung soll gegen zukünftige ungewisse Ereignisse schützen, nicht aber gegen bewusst herbeigeführte. Vorsatz in Bezug auf die schädigende Handlung – etwa die Verletzung einer Unfallverhütungsvorschrift – genügt nicht; der Vorsatz muss die Herbeiführung und den Umfang des Schadens umfassen[27]. Bedingter Vorsatz genügt. Dafür trägt der Arbeitnehmer, der den Arbeitgeber in Anspruch nimmt, die Darlegungs- und Beweislast[28].

**(2) Bei Unfällen auf nicht betrieblich bedingten Wegen,** selbst wenn sie nach § 8  **14**
Abs. 2 Nr. 1-4 SGB VII unter Versicherungsschutz stehen. Ist jemand bei einem Unfall im Straßenverkehr verletzt worden, so verbietet es schon der Grundsatz der Gleichbehandlung aller Verkehrsteilnehmer, danach zu unterscheiden, ob der Verletzte in der gesetzlichen Unfallversicherung versichert ist oder nicht[29]. Es ist nicht einzusehen, warum sich ein Verkehrsteilnehmer eine Haftungsbeschränkung entgegenhalten lassen muss, wenn er zufällig durch seinen Arbeitgeber geschädigt wird. Der Arbeitgeber haftet auch dann, wenn er aus betrieblichen Gründen unterwegs ist.

---

[22] Schaub/*Koch*, ArbR-Hdb, § 61 Rn. 17.
[23] BSG 11.5.1995, EzA § 548 RVO Nr. 1.
[24] BSG 30.1.1970, BSGE 30, 278, 281.
[25] Zum Begriff *Schlegel*, in: Schulin (Hg.), Handbuch des Sozialversicherungsrechts II, Unfallversicherungsrecht, § 14 Rn. 101.
[26] Vgl. BSG 19.6.1975, SGb 1975, 401.
[27] BAG 10.10.2002, NZA 2003, 436; BAG 19.2.2009, NZA-RR 2010, 123, 127; BGH 8.3.2012, NZS 2012, 546.
[28] BAG 19.2.2009, NZA-RR 2010, 123, 127; LAG Berlin-Brandenburg, 1.6.2010, 12 Sa 320/10.
[29] *M. Fuchs*, FS Gitter, 1995, S. 253, 255; *Lepa*, VersR 1985, 8, 12 f.

15 Die Entsperrung der Haftungsbeschränkung endet dort, wo der von § 8 Abs. 2 Nr. 1-4 SGB VII beschriebene Weg aufhört und der Betriebsweg beginnt. Der Betriebsweg beginnt mit dem Passieren des Werkstors bzw. der Außentür der Arbeitsstätte[30]. Betriebswege sind auch Wege, die durch Anordnung des Arbeitgebers zur dienstlichen oder betrieblichen Aufgabe erklärt worden sind[31], wie etwa Botengänge, Montageeinsätze bei Kunden, Lieferfahrten oder Dienst- und Geschäftsreisen.

16 **Beispiel:** Der Arbeitgeber nimmt einen Mitarbeiter auf einer Dienstfahrt zu einem Kunden oder Lieferanten im eigenen Auto mit. Verursacht er dabei fahrlässig einen Verkehrsunfall, so haftet er dem Mitarbeiter nicht (§ 104 Abs. 1 SGB VII), da beide einen Betriebsweg zurücklegen[32]. Dasselbe gilt, wenn der Arbeitgeber den Transport der Arbeitnehmer zum Betrieb oder von dort nach Hause organisiert, etwa durch einen Pendelverkehr mit Werksbussen[33].

### c) Rechtsfolgen der Haftungsbeschränkung

17 **aa) Reichweite der Haftungsbeschränkung.** Die Haftungsbeschränkung erfasst **sämtliche** durch die Verletzung der Person entstandenen **Vermögensschäden**. Dazu rechnen die Heilungs- und Therapiekosten, Erwerbsausfall und Gewinnentgang, bei den Angehörigen deren Aufwendungen für Pflege und Besuch des Verletzten, bei den Hinterbliebenen Beerdigungskosten und entgangener Unterhalt[34]. Der Geschädigte kann auch kein **Schmerzensgeld** verlangen, obwohl die Unfallversicherungsträger keine entsprechenden Leistungen erbringen, es sei denn, er ist vorsätzlich verletzt worden. Der Ausschluss ist gerechtfertigt, weil der Arbeitnehmer durch den Versicherungsträger immer abgesichert ist und weil das Verletztengeld vielfach über den reinen Schadensersatz hinausgeht[35]. Auch die Angehörigen oder Hinterbliebenen des Arbeitnehmers können keinen Ersatz vom Arbeitgeber verlangen. Ist die Haftung des Arbeitgebers nicht beschränkt, etwa weil er den Arbeitsunfall vorsätzlich oder auf einem nicht der betrieblichen Sphäre zuzurechnenden Weg verursacht hat, so erhält der Arbeitnehmer die Leistungen der gesetzlichen Unfallversicherung; daneben kann er den Arbeitgeber auf Zahlung von Schadensersatz und Schmerzensgeld in Anspruch nehmen.

18 Allerdings mindern die Leistungen der gesetzlichen Unfallversicherung die Ansprüche des Geschädigten (§ 104 Abs. 3 SGB VII). Der Geschädigte kann also nur Ersatz der „Schadensspitzen" fordern, beispielsweise die Differenz zwischen der normalen und der wegen der Verletzung verminderten Vergütung (§ 4 Abs. 1 EfzG) oder dem Verletztengeld (§§ 45 ff. SGB VII). Der Anspruch auf diese „Schadensspitzen" geht nicht nach § 116 SGB X auf den Unfallversicherungsträger über (§ 104 Abs. 1 Satz 2 SGB VII).

---

[30] Vgl. BAG 17.3.1974, VersR 1974, 1077; BGH 19.1.1988, VersR 1988, 391.
[31] Vgl. BGH 8.5.1973, VersR 1973, 736.
[32] Vgl. BGH 2.3.1971, VersR 1971, 564; VersR 1972, 145 zu § 637 RVO.
[33] Vgl. weiter LAG Schleswig-Holstein, 2.6.2009, LAGE § 104 SGB VII Nr 2.
[34] ErfK/*Rolfs*, § 104 SGB VII Rn. 15.
[35] BVerfG 7.11.1972, BVerfGE 34, 118 ff; BVerfG 27.2.2009, NZA 2009, 509 m.w.N.; BGH 4.6.2009, NJW 2009, 2956.

## bb) Regress.
Der Vorteil, den der geschädigte Arbeitnehmer durch die Leistung eines Sozialversicherungsträgers erhält, darf nicht in jedem Fall dem Arbeitgeber zugute kommen[36]. Deshalb kann der Sozialversicherungsträger den Arbeitgeber unter bestimmten Voraussetzungen in Regress nehmen.

19

Die Ansprüche des Arbeitnehmers gegen den schädigenden Arbeitgeber gehen nicht bereits im Wege der Legalzession nach § 116 SGB X auf den Sozialversicherungsträger über. Der Forderungsübergang nach § 116 SGB X setzt voraus, dass der Geschädigte (noch) einen Anspruch gegen den Schädiger hat. Das ist nicht der Fall, wenn die Haftungsbeschränkung nach § 104 Abs. 1 SGB VII eingreift oder wenn sich der Geschädigte die Leistungen der gesetzlichen Unfallversicherung auf seinen Ersatzanspruch anrechnen lassen muss (§ 104 Abs. 3 SGB VII). Der Sozialleistungsträger ist dann auf den originären Regressanspruch nach § 110 SGB VII verwiesen. Dieser setzt voraus, dass der Arbeitgeber den Versicherungsfall vorsätzlich oder grob fahrlässig herbeigeführt hat. Vorsatz oder grobe Fahrlässigkeit brauchen sich nur auf das den Versicherungsfall verursachende Handeln oder Unterlassen zu beziehen (§ 110 Abs. 1 Satz 3 SGB VII). Nicht erforderlich ist, dass der Schädiger den Schaden vorausgesehen oder gar billigend in Kauf genommen hat[37]. Der Regressanspruch umfasst den Ersatz der Aufwendungen, die dem Sozialversicherungsträger infolge des Versicherungsfalls entstehen. Das können neben den Sach- und Geldleistungen auch die Kosten des Feststellungs- und eines Gerichtsverfahrens sein[38]. Die Sozialversicherungsträger haben die Möglichkeit, nach billigem Ermessen, insbesondere unter Berücksichtigung der wirtschaftlichen Verhältnisse des Schädigers, auf den Ersatzanspruch ganz oder teilweise zu verzichten (§ 110 Abs. 2 SGB VII). Ist unter Berücksichtigung aller Umstände ein solcher Verzicht geboten, ist der Sozialversicherungsträger sogar dazu verpflichtet[39]. Der Regressanspruch erlischt nach Ablauf von drei Jahren seit dem Tage, an dem die Leistungspflicht für den Unfallversicherungsträger bindend festgestellt oder ein entsprechendes Urteil rechtskräftig wurde (§ 113 SGB VII).

20

## 3. Aufwendungsersatz

### a) Begriff und Anspruchsgrundlagen

**aa) Begriff.** Aufwendungen sind freiwillige Vermögensopfer, die der Arbeitnehmer für den Arbeitgeber erbringt, weil er von ihm dazu angewiesen wurde oder die er den Umständen nach für erforderlich halten durfte und die nicht bereits durch die laufende Vergütung abgegolten sind[40]. Der Aufwendungsersatz ist keine Gegenleistung für Dienste, sondern Ausgleich für ein Sonderopfer im Interesse des Arbeitgebers. Zu den Sonderopfern rechnen auch unfreiwillige Vermögenseinbußen (= Schäden), die der Arbeitnehmer infolge betrieblich veranlasster Tätigkeit erleidet[41].

21

---

[36] Vgl. §§ 81, 103 VVG für die privaten Versicherungsträger.
[37] So aber für die frühere Rechtslage BGHZ 75, 218.
[38] ErfK/*Rolfs*, § 110 SGB VII Rn. 7.
[39] BGH, VersR 1971, 1167; VersR 1978, 35; BSG, SGb 1990, 342.
[40] BAG GS 10.11.1991, AP Nr. 2 zu § 611 BGB Gefährdungshaftung des Arbeitgebers; BAG 12.3.2013, NZA 2013, 1086.
[41] BAG 23.11.2006, NZA 2007, 870; BAG 28.10.2010, NZA 2011, 406.

**22** **bb) Anspruchsgrundlagen.** Arbeitsvertragliche Regelungen über Aufwendungsersatz begegnen keinen Bedenken. Sie müssen sich im Rahmen des allgemeinen Rechts halten. Zusagen des Arbeitgebers, dem Arbeitnehmer bei Arbeitsausführung auferlegte Geldstrafen oder -bußen zu übernehmen, sind regelmäßig wegen Verstoßes gegen die guten Sitten nach § 138 BGB nichtig[42]. Wichtigste Rechtsgrundlage in der Praxis ist die Reisekostenordnung, die es in jedem größeren Unternehmen gibt. Ist nichts vereinbart, so hat der Arbeitgeber dem Arbeitnehmer analog § 670 BGB die Aufwendungen zu ersetzen, die dieser in seinem Interesse macht, sofern sie nicht durch die Vergütung abgegolten sind[43]. § 670 BGB enthält, wie bereits erwähnt, einen allgemeingültigen Rechtsgedanken[44]. Für Aufwendungen des Betriebsrats ist § 40 BetrVG lex specialis (s. dazu Bd. 2 § 16 Rn. 222 ff.; 257 ff.).

### *b) Erstattungspflichtige Aufwendungen*

**23** Der Arbeitgeber hat Aufwendungen grundsätzlich nur zu erstatten, wenn sie betrieblich veranlasst sind und der Arbeitsausführung dienen. Ausgaben, die der Arbeitnehmer überwiegend zu persönlichen Zwecken macht, sind nicht erstattungspflichtig[45]; sie müssen von der laufenden Arbeitsvergütung bestritten werden.

**Beispiele**: Erstattungspflichtig sind Fahrtkosten zu auswärtigen Arbeitsstellen und für Dienstfahrten, Reisespesen, Auslagen zur Beschaffung von Handwerkszeug und Schutzkleidung, für das Schulbuch eines angestellten Lehrers[46], für ein häusliches Arbeitszimmer, wenn das Interesse des Arbeitgebers daran so weit überwiegt, dass das des Arbeitnehmers vernachlässigt werden kann[47]. Nicht erstattungspflichtig sind Fahrtkosten zwischen Wohn- und Arbeitsort, Aufwendungen für Arbeitskleidung und Verpflegung. Zu Sehhilfen bei EDV-Arbeit vgl. § 6 Abs. 2 BildschirmarbeitsVO[48].

**24** Zum Ersatz von Kosten der persönlichen Vorstellung eines Stellenbewerbers s. § 5 Rn. 42, zum Ersatz von Eigenschäden s. oben Rn. 2. Hat der Arbeitnehmer einen Anspruch auf Erstattung seiner Aufwendungen, kann er dafür analog §§ 675, 669 BGB einen Vorschuss verlangen[49].

---

[42] BAG 25.1.2001, DB 2001, 1095.
[43] BAG 12.3.2012, NZA 2012, 1086; BAG 12.3.2013, NZA 2013, 1086.
[44] BAG 12.4.2011, NZA 2012, 97.
[45] Vgl. BAG 12.4.2011, NZA 2012, 97, 99; BAG 12.3.2013, NZA 2013, 1086.
[46] BAG 12.3.2013, NZA 2013, 1086.
[47] BAG 12.4.2011, NZA 2012, 97.
[48] V. 4.12.1996, BGBl. I S. 1841.
[49] ErfK/*Preis*, § 611 BGB Rn 561.

## II. Haftung des Arbeitnehmers

### 1. Haftung für Sachschäden

#### a) Haftung gegenüber dem Arbeitgeber

**aa) Grundsatz.** Fügt der Arbeitnehmer dem Arbeitgeber vorsätzlich oder fahrlässig einen Sachschaden zu, so haftet er aus §§ 280 Abs. 1, § 241 Abs. 2 BGB oder nach Deliktsrecht. Es wäre aber unbillig, wenn der Arbeitnehmer stets für den gesamten Schaden einstehen müsste. 25

Zwar ist der Arbeitnehmer verpflichtet, seine Dienste stets sorgfältig zu verrichten, aber selbst einem gewissenhaften Arbeitnehmer kann gelegentlich ein Fehler unterlaufen, der bei Anwendung verkehrserforderlicher Sorgfalt an sich vermeidbar gewesen wäre. Da niemand vor dieser Gefahr gefeit ist – auch nicht der Arbeitgeber, wenn er die Arbeit selbst erledigen würde –, wäre es nicht gerecht, den Arbeitnehmer mit diesem arbeitstypischen Haftungsrisiko allein zu belasten. Es ist auch zu berücksichtigen, dass der Arbeitnehmer seine Dienste innerhalb einer fremdbestimmten Organisation leisten muss und dass er dadurch einem Schadensrisiko ausgesetzt ist, das er nicht beherrschen kann. Der Arbeitgeber ist viel eher in der Lage, auf die organisatorische und technische Ausgestaltung der Arbeitsbedingungen Einfluss zu nehmen, etwa durch Veränderung des Arbeitsablaufs, bessere Überwachung, Sicherheitsvorkehrungen, Bildung finanzieller Rücklagen oder den Abschluss einer Versicherung. Hinzu kommt, dass selbst eine leichte Unaufmerksamkeit zu Schäden führen kann, deren Ersatz den Arbeitnehmer wirtschaftlich überfordert. Ein im Laufe der Zeit unvermeidlicher Fehler des Arbeitnehmers gehört deshalb genauso zur Risikosphäre des Arbeitgebers wie der gelegentliche Ausfall einer Maschine[50]. 26

Folgerichtig gehen Rechtsprechung und Lehre seit langem davon aus, dass der Arbeitnehmer für Sachschäden nicht unbeschränkt haften kann, sondern dass zwischen den Arbeitsvertragsparteien ein **„innerbetrieblicher Schadensausgleich"** zu erfolgen hat[51]. 27

Die Beschränkung der Arbeitnehmerhaftung lässt sich dogmatisch auf verschiedene Weise konstruieren. Das RAG nahm seinerzeit an, die Arbeitsvertragsparteien könnten einen Haftungsausschluss ausdrücklich oder stillschweigend vereinbaren[52]. In der Lehre wurde zum Teil versucht, einen spezifisch arbeitsrechtlichen Fahrlässigkeitsbegriff zu entwickeln oder den allgemeinen Maßstab des § 276 BGB den besonderen Erfordernissen des Arbeitsverhältnisses als eine Dauerschuldbeziehung anzupassen; zum Teil meinte man, die Fürsorgepflicht verbiete die unbegrenzte Inanspruchnahme des Arbeitnehmers[53]. Die neuere Rechtsprechung stellt auf § 254 BGB ab[54]. Danach ist die Ersatzpflicht beschränkt, wenn bei der Schadensent- 28

---

[50] *Dütz/Thüsing*, Arbeitsrecht, Rn. 198.
[51] Vgl. nur BAG 28.10.2010, NZA 2011, 345.
[52] ARS 30, 3; 37, 269.
[53] Vgl. im einzelnen MünchArbR/*Reichold*, § 51 Rn. 19 ff.
[54] BAG 18.1.2007, NZA 2007, 1230.

stehung ein Verschulden des Geschädigten mitgewirkt hat; das kann auch ein Organisationsverschulden sein[55]. Über den Wortlaut des § 254 BGB hinaus kommt eine Haftungsbeschränkung aber auch dann in Betracht, wenn den Geschädigten zwar kein Verschulden trifft, er für den entstandenen Schaden aber aufgrund einer von ihm zu vertretenden Sach- oder Betriebsgefahr mitverantwortlich ist. Nach Ansicht der Rechtsprechung[56] muss sich der Arbeitgeber im Rahmen der Abwägung nach § 254 BGB seine Verantwortung für die Organisation des Betriebs und die Gestaltung der Arbeitsbedingungen in rechtlicher und tatsächlicher Hinsicht zurechnen lassen. Denn kraft seiner Organisationsmacht kann er die Bedingungen für Schadensrisiken schaffen, beibehalten oder verändern. Nach der Neufassung des § 276 BGB durch das Schuldrechtsmodernisierungsgesetz liegt es näher, für die Haftungsbeschränkung statt auf § 254 BGB auf den Inhalt des Schuldverhältnisses abzustellen[57].

29   **bb) Grundlinien des innerbetrieblichen Schadensausgleichs**. Mangels gesetzlicher Regelung[58] musste die Rechtsprechung die Grundlinien der Haftungsbeschränkung im Wege der Rechtsfortbildung selbst bestimmen. Die heutige Rechtslage beruht auf einer Entscheidung des Großen Senats von 1994[59].

30   Bis dahin hatte die Rechtsprechung die Arbeitnehmerhaftung nur bei „gefahr"- oder „schadensgeneigter" Tätigkeit[60] eingeschränkt. Dabei sollte nicht die Art der übertragenen Tätigkeit, sondern die konkrete Situation des Einzelfalls maßgeblich sein. So musste eine an sich gefahrengeneigte Tätigkeit (z.B. Autofahren) im konkreten Fall nicht gefährlich sein (z.B. Autofahrt bei gutem Wetter auf trockener Fahrbahn einer Nebenstraße)[61], wie umgekehrt eine an sich ungefährliche Tätigkeit gefährlich werden konnte (z.B. durch Überlastung des Arbeitnehmers)[62]. Das Merkmal der Gefahrgeneigtheit erwies sich insgesamt als wenig sachgerecht, zumal eine gesteigerte Gefahr an sich eher zu einer Verschärfung als zu einer Milderung der Haftung hätte führen müssen[63]. 1994 wurde sie deshalb aufgegeben[64].

31   Nunmehr verlangt die Rechtsprechung, dass die Tätigkeit, die zu dem Schaden geführt hat, durch den Betrieb veranlasst ist und aufgrund eines Arbeitsverhältnisses geleistet wurde. Die Tätigkeit muss dem Arbeitnehmer also – unmittelbar durch den Arbeitsvertrag oder durch Weisung – übertragen worden sein, oder er muss im Interesse des Betriebs eine Tätigkeit ausgeführt haben, die innerlich mit dem Betrieb zusammenhängt; bei wertender Betrachtung muss die Verfolgung betrieblicher Zwecke die entscheidende Schadensursache sein[65]. Mit dieser Einschränkung soll

---

[55] BAG 18.6.1970, EzA § 611 BGB Arbeitnehmerhaftung Nr. 1.
[56] BAG GS 27.9.1994, AP Nr. 103 zu § 611 BGB Haftung des Arbeitnehmers.
[57] Palandt/*Grüneberg*, § 276 BGB Rn. 44; a.A. *Richardi*, NZA 2002, 1004, 1012.
[58] Zu den bislang vergeblichen Bemühungen vgl. MünchArbR/*Reichold*, § 51 Rn. 21 ff.
[59] BAG GS 27.9.1994, AP Nr. 103 zu § 611 BGB Haftung des Arbeitnehmers.
[60] Grundlegend BAG GS 25.9.1957, AP Nr. 4 zu §§ 898, 899 RVO.
[61] BAG 3.3.1960, AP Nr. 22 zu § 611 BGB Haftung des Arbeitnehmers.
[62] BAG 26.11.1969, 3.2.1970, AP Nr. 50, 53 zu § 611 BGB Haftung des Arbeitnehmers.
[63] *Mayer-Maly*, FS Hilger/Stumpf, 1983, S. 467.
[64] Zuvor bereits GemS OGB 16.12.1993, NJW 1994, 856.
[65] BAG 21.10.1983, NZA 1984, 2488.

verhindert werden, dass der Arbeitgeber mit dem allgemeinen Lebensrisiko des Arbeitnehmers belastet wird. Für die Abgrenzung zwischen betrieblich und privat veranlasster Tätigkeit kann auf die Rechtsprechung zu §§ 104, 105 SGB VII (früher §§ 636, 637 RVO) zurückgegriffen werden. Der betriebliche Charakter der Tätigkeit geht nicht dadurch verloren, dass der Arbeitnehmer bei Durchführung der Tätigkeit grob fahrlässig handelt[66].

**Beispiele:** Eine nicht betrieblich, sondern privat veranlasste Tätigkeit liegt vor, wenn der Arbeitnehmer ein ihm vom Arbeitgeber überlassenes Fahrzeug für eine Fahrt zum oder vom Arbeitsplatz benutzt und dabei beschädigt[67] oder wenn er bei Gelegenheit einer betrieblich veranlassten Tätigkeit eine Straftat verübt[68].

Der Umfang der Haftungsbeschränkung bestimmt sich nach dem Grad des Verschuldens, mit dem der Arbeitnehmer den Schaden angerichtet hat[69]: **32**

– Bei **leichtester Fahrlässigkeit** haftet der Arbeitnehmer nicht; das gilt selbst dann, wenn den Arbeitgeber keinerlei Organisationsverschulden trifft.
– Bei **normaler Fahrlässigkeit** (mitunter auch „leichte" oder „mittlere" Fahrlässigkeit genannt) wird der Schaden im allgemeinen zwischen Arbeitgeber und Arbeitnehmer geteilt.
– Bei **grober Fahrlässigkeit** hat der Arbeitnehmer in aller Regel den gesamten Schaden zu tragen; ausnahmsweise kann die Haftung beschränkt sein, wenn zwischen dem Verdienst und dem Schadensrisiko ein deutliches Missverhältnis besteht[70].
– Bei **besonders grober (gröbster) Fahrlässigkeit** und bei **Vorsatz** hat der Arbeitnehmer immer den gesamten Schaden zu tragen.

**cc) Einzelheiten.** Der **Vorsatz** muss sich auf die Rechtsguts- oder Vertragsverletzung beziehen. Vorsatz bezüglich einer Pflichtverletzung reicht nicht aus. Wer Vorsatz „nur" hinsichtlich der Pflichtverletzung hat, also beispielsweise eine Schutzvorkehrung an einer Maschine entfernt, im übrigen aber hofft, es werde schon gut gehen, handelt fahrlässig und im allgemeinen grob fahrlässig; vorsätzlich würde er nur handeln, wenn er zumindest in Kauf nähme, dass jemand verletzt wird oder Sachen beschädigt werden[71]. **32a**

---

[66] BAG 28.10.2010, NZA 2011, 345, 347 m.w.N.
[67] LAG Köln 24.6.1994, NZA 1995, 1163.
[68] BAG 16.3.1995, AP Nr. 12 zu § 611 BGB Gefährdungshaftung des Arbeitgebers.
[69] BAG GS 27.9.1994, NZA 1994, 1084; BAG 28.10.2010, NZA 2011, 345.
[70] BAG 22.5.1997, NZA 1997, 1280 m.w.N.; BAG 28.10.2010, NZA 2011, 345, 348.
[71] BAG 18.1.2007, NZA 2007, 1230; BAG 28.10.2010, NZA 2011, 406, 409 m.w.N.

33 **Besonders grobe (gröbste) Fahrlässigkeit** hat das BAG in einem Fall angenommen, in dem eine Ärztin gleich mehrere Sicherheitsmaßnahmen missachtete, die bei einer Bluttransfusion zu beachten waren, mit der Folge, dass die Patientin verstarb[72].

34 **Grobe Fahrlässigkeit** liegt vor, wenn die verkehrserforderliche Sorgfalt in besonders schwerem Maße verletzt wird, d.h. wenn schon einfachste, ganz naheliegende Überlegungen nicht angestellt werden, die im konkreten Fall jedem hätten einleuchten müssen[73]. Dabei kommt es – anders als bei einfacher Fahrlässigkeit – nicht nur darauf an, ob – objektiv – die Gefahr für einen Angehörigen des jeweiligen Verkehrskreises in der jeweiligen Situation erkennbar und der Erfolg vorhersehbar und vermeidbar war, sondern ob – subjektiv – der Schädigende nach seinen individuellen Fähigkeiten die objektiv gebotene Sorgfalt erkennen und erbringen konnte[74]. Grob fahrlässig handelt im allgemeinen, wer Ge- oder Verbote missachtet, die der Verhütung eines Schadens dienen, und dadurch einen Schaden herbeiführt.

**Beispiele**[75]: Autofahren nach Alkoholgenuss, Überfahren einer roten Ampel oder eines Stoppschilds, riskantes Überholen, Einschlafen am Steuer, Nichtausführen der Verkaufsorder eines Kunden durch einen angestellten Wertpapierhändler[76], weisungswidrige Betätigung eines Notausschalter durch eine Putzhilfe und dadurch verursachter Stillstand eines teuren Röntgengeräts[77]. Grobe Fahrlässigkeit wurde dagegen verneint, wenn sich eine Kassiererin vertippt[78] oder wenn eine Stewardess vergisst, ihren Reisepass bei sich zu führen und wenn deshalb eine Einreisestrafe fällig wird[79]. Schuld verschärfend wirkt sich im allgemeinen die Nichtbefolgung einer Weisung des Arbeitgebers aus.

35 Die grundsätzlich unbeschränkte Haftung des Arbeitnehmers bei grober Fahrlässigkeit ist ausnahmsweise beschränkt, wenn der Ersatz des vollen Schadens den Arbeitnehmer wirtschaftlich ruinieren würde, d.h. wenn Verdienst und Schadenshöhe in einem deutlichen Missverhältnis zueinander stehen[80], oder wenn der Arbeitgeber durch eigenes Verhalten das Schadensrisiko erhöht hat.

**Beispiel**: Der Arbeitgeber beauftragt einen Arbeitnehmer mit der Bedienung einer komplizierten Maschine, ohne ihn zuvor ordnungsgemäß eingewiesen zu haben. Nicht ausreichend: Der zu ersetzende Schaden liegt nicht erheblich über einem Bruttomonatsverdienst des Arbeitnehmers[81].

---

[72] BAG 25.9.1997, DB 1998, 476.
[73] BAG 18.1.2007, NZA 2007, 1230; BAG 28.10.2010, NZA 2011, 345.
[74] BAG 18.4.2002, NZA 2003, 37; BAG 18.1.2007, NZA 2007, 1230.
[75] Schaub/*Linck*, ArbR-Hdb, § 59 Rn. 29 ff.
[76] BAG 18.1.2007, NZA 2007, 1230.
[77] BAG 28.10.2010, NZA 2011, 345.
[78] BAG 19.3.1992, EzA § 611 BGB Gefahrgeneigte Arbeit Nr. 26.
[79] BAG 16.2.1995, EzA § 611 BGB Arbeitnehmerhaftung Nr. 60.
[80] Z.B. Schaden 47.000 € bei 320 € Bruttolohn, s. BAG 28.10.2010, NZA 2011, 345.
[81] BAG 12.11.1998, DB 1999, 288.

**Normale (= leichte, mittlere) Fahrlässigkeit** liegt zwischen schwerer Schuld und leichtestem Abirren; der Arbeitnehmer hat die im Verkehr erforderliche Sorgfalt nicht beachtet, ohne dass ihm ein besonders schwerer Vorwurf gemacht werden kann. Ob und in welchem Umfang der Arbeitnehmer bei normaler Fahrlässigkeit an den Schadensfolgen zu beteiligen ist, muss durch eine Abwägung der Gesamtumstände von Schadensanlass und Schadensfolgen nach Billigkeitsgründen und Zumutbarkeitsgesichtspunkten ermittelt werden.

36

Zu den Umständen, denen je nach Lage des Einzelfalls ein unterschiedliches Gewicht zukommen kann, rechnen insbesondere[82]:

37

- **der Grad des dem Arbeitnehmer zu Last fallenden Verschuldens:** Je geringer die Vorwerfbarkeit des Verhaltens – wozu auch die Vorhersehbarkeit des Schadenseintritts zählt –, desto eher entfällt die Haftung und umgekehrt.
- **die Gefahrgeneigtheit der Arbeit:** Sie spielt nur noch für das Wie der Haftungsbeschränkung eine Rolle, nicht mehr für das Ob; je höher das arbeitstypische Haftungsrisiko, umso geringer der Verschuldensgrad.
- **die Höhe des Schadens:** Sie lässt Rückschlüsse auf die Gefahrgeneigtheit zu; hohe Schadenssummen können für mangelnde Vorkehrungen des Arbeitgebers zur Gefahrenabwehr sprechen.
- **ein vom Arbeitgeber einkalkuliertes oder durch Versicherung abdeckbares Risiko:** Zwar ist der Arbeitgeber dem Arbeitnehmer gegenüber zum Abschluss einer Versicherung nicht verpflichtet; ihn trifft aber regelmäßig eine Obliegenheit, den Schaden durch eine entsprechende Versicherung zu begrenzen[83].
- **die Stellung des Arbeitnehmers im Betrieb:** Von Führungspersonal kann mehr erwartet werden als von anderen Mitarbeitern; andererseits ist verantwortliche Tätigkeit regelmäßig gefährlicher als ausführende.
- **die Höhe des Arbeitsentgelts:** Darin kann eine Risikoprämie enthalten sein.
- **das bisherige Verhalten des Arbeitnehmers:** Wer häufiger Fehler macht, muss u.U. schon bei leichteren Schäden haften.
- **u.U. die persönlichen Verhältnisse des Arbeitnehmers**, wie die Dauer seiner Betriebszugehörigkeit, sein Lebensalter, seine Familienverhältnisse, nicht aber seine wirtschaftliche Leistungsfähigkeit schlechthin[84].

**Leichteste Fahrlässigkeit** liegt vor, wenn es trotz sorgfältiger Arbeit zu dem Schaden gekommen ist. In der Hauptsache geht es um die Fälle des „typischen Abirrens", d.h. wenn sich der Arbeitnehmer vergreift, verspricht, vertut[85]. Als besonderer Grad der Fahrlässigkeit ist sie dem BGB unbekannt; ihre rechtliche Anerkennung ist deshalb nicht unumstritten[86].

37a

---

[82] BAG GS 27.9.1994, NZA 1994, 1084; BAG 16.2.1995, NZA 1995, 565.
[83] BAG 12.10.1989, NZA 1990, 97; BAG 28.10.2010, NZA 2011, 345, 348.
[84] BAG 24.11.1987, AP Nr. 92 zu § 611 BGB Haftung des Arbeitnehmers.
[85] ErfK/*Preis*, § 619a BGB Rn. 17.
[86] Vgl. MünchArbR/*Reichold*, § 51 Rn. 41 ff.

**38** Eine **pauschale Begrenzung** der Haftung auf eine **Höchstsumme** (z.B. dreifacher Monatsverdienst) lehnt die Rechtsprechung ab[87]; sie festzulegen sei dem Gesetzgeber vorbehalten. Die Grundsätze des innerbetrieblichen Schadensausgleichs gelten **für alle Arbeitnehmer**, auch für leitende Angestellte, Auszubildende, Leiharbeitnehmer und **für arbeitnehmerähnliche Personen**, da auch sie vergleichbar einem Arbeitnehmer schutzbedürftig sind[88]. Die Haftungsbeschränkung entfällt, wenn eine gesetzlich vorgeschriebene Haftpflichtversicherung des Arbeitnehmers den Schaden übernimmt, da er in diesem Fall nicht unzumutbar persönlich belastet wird[89]. Entsprechendes gilt, wenn der Abschluss einer Berufshaftpflichtversicherung ausbedungen wird, deren Beiträge der Arbeitgeber trägt. Eine freiwillig abgeschlossene private Haftpflichtversicherung beeinflusst die Haftungshöhe dagegen nicht[90]. Hat der Arbeitgeber als Versicherungsnehmer einer Kfz-Haftpflichtversicherung gegenüber dem Versicherer einen Selbstbehalt vereinbart, so kann er diesen dem Arbeitnehmer als mitversicherten Fahrer nicht entgegenhalten, vgl. § 114 Abs. 2 Satz 2 VVG. Anderslautende Vereinbarungen verstoßen gegen ein gesetzliches Verbot (§ 134 BGB)[91].

**39** Die Haftungsbeschränkung gilt **für vertragliche, vorvertragliche und für deliktische** Schadensersatzansprüche[92]. Sie ist jedenfalls dann **abdingbar**, wenn der Arbeitgeber einen finanziellen Risikoausgleich gewährt[93].

**40** Der geschädigte Arbeitgeber hat nach allgemeinen Regeln den Schaden und die Pflichtverletzung des Arbeitnehmers zu beweisen. Die Beweislastumkehr des § 280 Abs. 1 Satz 2 BGB gilt nicht (§ 619a BGB). Kann der Arbeitnehmer die betriebliche Veranlassung seines Tuns nachweisen, so muss der Arbeitgeber die Umstände beweisen, aus denen sich die Fahrlässigkeit ergibt[94]. Gibt der Arbeitnehmer ein deklaratorisches Schuldanerkenntnis ab, so ist er danach mit den Einwänden ausgeschlossen, die ihm zu diesem Zeitpunkt bekannt waren oder mit denen er zumindest rechnete[95].

### b) Haftung gegenüber Dritten

**41** Schädigt der Arbeitnehmer einen **Kollegen** oder **einen betriebsfremden Dritten**, kann er sich **nicht** auf die Grundsätze der Haftungsbeschränkung bei betrieblich veranlasster Tätigkeit berufen; diese gelten nur zwischen den Arbeitsvertragspar-

---

[87] BAG 12.10.1989, NZA 1990, 97; BAG 28.10.2010, NZA 2011, 345, 348.
[88] Str.; wie hier MünchArbR/*Reichold*, § 51 Rn. 64 f.; a.A. Schaub/*Linck*, ArbR-Hdb § 59 Rn. 41.
[89] BAG 28.5.1960, 30.10.1963, AP Nr. 19, 30 zu § 611 BGB Haftung des Arbeitnehmers.
[90] BAG 28.10.2010, NZA 2011, 345, 348.
[91] BAG 13.12.2012, NZA 2013, 622, 624.
[92] BAG 12.5.1960, AP Nr. 16 zu § 611 BGB Haftung des Arbeitnehmers.
[93] Vgl. LAG Düsseldorf 24.11.1965, DB 1966, 80.
[94] BAG 13.3.1968, 20.3.1973, AP Nr. 42, 72 zu § 611 BGB Haftung des Arbeitnehmers.
[95] BAG 22.7.2010, NZA 2011, 743, 745 ff.

teien. Die h.M. billigt ihm jedoch einen **Freistellungsanspruch** gegen den Arbeitgeber zu, soweit er, wären die Grundsätze der Haftungsbeschränkung bei betrieblich veranlasster Tätigkeit anwendbar, nicht für seinen Schaden einzustehen hätte.

Die dogmatische Grundlage für den Freistellungsanspruch ist umstritten. Die Rechtsprechung sieht sie in der Fürsorgepflicht des Arbeitgebers[96]. Die Lehre stellt mitunter auf das vom Arbeitgeber zu tragende Betriebsrisiko oder auf die Betriebsgefahr ab[97]. Überzeugender ist es, § 670 BGB analog i.V.m. § 257 BGB heranzuziehen, da es sich bei der Schädigung eines Dritten in Verrichtung einer betrieblich veranlassten Tätigkeit um einen mit der Arbeitsleistung zusammenhängenden risikotypischen Begleitschaden handelt, für den der Arbeitgeber, wie auch sonst, aufkommen muss[98]. **42**

Der Arbeitnehmer kann den Freistellungsanspruch an den geschädigten Dritten **abtreten**; der Anspruch verwandelt sich dann in einen **Zahlungsanspruch** gegen den Arbeitgeber[99]. Der Dritte kann den Freistellungsanspruch **pfänden** und sich zur Einziehung überweisen lassen[100]. Ist der **Arbeitgeber zahlungsunfähig**, hat der Arbeitnehmer die Schadensersatzansprüche des Dritten allerdings in voller Höhe selbst zu erfüllen, weil er als Gläubiger des Freistellungsanspruchs das Risiko der Insolvenz des Arbeitgebers trägt[101]. Die Vereinbarung einer **Haftungsbeschränkung** zwischen Arbeitgeber und Drittem wirkt auch zugunsten des Arbeitnehmers; sonst könnte sich der Dritte den Freistellungsanspruch abtreten lassen oder ihn pfänden und den Arbeitgeber entgegen der vereinbarten Haftungsbeschränkung in Anspruch nehmen[102]. Für Streitigkeiten zwischen Arbeitnehmern aus unerlaubter Handlung sind die Arbeitsgerichte zuständig, wenn die unerlaubte Handlung in einer inneren Beziehung zum Arbeitsverhältnis steht und nicht andere Umstände, wie etwa familiäre Streitigkeiten, maßgeblich sind (§ 2 Abs. 1 Nr. 9 ArbGG). **43**

### 2. Haftung für Personenschäden

Verursacht der Arbeitnehmer schuldhaft einen Personenschaden[103], so ist er dafür deliktsrechtlich (§ 823 BGB) verantwortlich. Dem Arbeitgeber haftet er daneben aus §§ 280 Abs. 1, 241 Abs. 2 BGB; zu den arbeitsvertraglichen Nebenpflichten gehört es, nicht das Leben und die Gesundheit des Arbeitgebers zu verletzen. Die Haftung für Personenschäden ist jedoch nach Maßgabe des § 105 SGB VII beschränkt. Der Geschädigte erhält dafür die Leistungen der gesetzlichen Unfallversicherung. **44**

---

[96] BAG 23.6.1988, AP Nr. 94 zu § 611 BGB Haftung des Arbeitnehmers.
[97] *Canaris*, RdA 1966, 47.
[98] MünchArbR/*Reichold*, § 52 Rn. 14; *Zöllner/Loritz/Hergenröder*, Arbeitsrecht, § 20 II 2 m.w.N.
[99] BAG 18.1.1966, AP Nr. 37 zu § 611 BGB Haftung des Arbeitnehmers.
[100] BAG 11.2.1969, AP Nr. 45 zu § 611 BGB Haftung des Arbeitnehmers.
[101] BGH 19.9.1989, AP Nr. 99 zu § 611 BGB Haftung des Arbeitnehmers.
[102] BGH 17.2.1986, NJW 1987, 2669.
[103] Zur Definition des Personenschadens BAG 22.4.2004, NZA 2005, 163, 165.

## a) Voraussetzungen der Haftungsbeschränkung

45 **aa) Arbeitsunfall durch eine betriebliche Tätigkeit.** Die Haftungsbeschränkung wirkt nur zugunsten von Personen, die durch eine betriebliche Tätigkeit einen Arbeitsunfall verursacht haben (§ 105 Abs. 1 SGB VII). Unter „betrieblicher Tätigkeit" ist mehr als die bloße Anwesenheit des Schädigers im Betrieb zu verstehen. Entscheidend ist, dass der Arbeitsunfall durch eine Tätigkeit verursacht wurde, die unmittelbar mit dem Zweck des Betriebs zusammenhängt. Die Tätigkeit kann ausdrücklich vom Arbeitgeber zugewiesen worden sein; in Betracht kommt aber auch jede andere dem Betriebsinteresse dienende und damit nach § 8 Abs. 1 Satz 1 SGB VII versicherte Tätigkeit[104]. Ob die Tätigkeit sachgerecht oder fehlerhaft ausgeübt wurde, vorsichtig oder leichtsinnig, den Unfallverhütungsvorschriften entsprechend oder nicht, ist gleichgültig[105], solange der Schädiger bei objektiver Betrachtungsweise aus seiner Sicht im Betriebsinteresse handeln durfte, sein Verhalten unter Berücksichtigung der Verkehrsüblichkeit nicht untypisch ist und keinen Exzess . Das Haftungsprivileg genießen nicht Handlungen, die dem persönlich-privaten Bereich zuzuordnen sind, d.h. die nur bei Gelegenheit der Tätigkeit im Betrieb ausgeübt werden, wie z.B. Spielereien, Neckereien und Raufereien von Auszubildenden[106].

46 Keine betriebliche Tätigkeit ist die Verursachung eines Wegeunfalls (§ 8 Abs. 2 SGB VII). Hier befindet sich der Schädiger außerhalb der betrieblichen Sphäre, die seine Haftungsprivilegierung begründet; die Haftungsbeschränkung ist daher „entsperrt" (§ 105 Abs. 1 Satz 1 HS. 2 Alt. 2 SGB VII). Folglich muss, wer einen Arbeitskollegen im Auto zur Arbeit mitnimmt und schuldhaft einen Unfall verursacht, für den Schaden einstehen, den der Kollege dabei erleidet. Anders, wenn der Arbeitgeber einen Mitarbeiter anweist, einen Kollegen heimzufahren. Kommt es hierbei zu einem Unfall, hat der Mitarbeiter die betriebliche Sphäre noch nicht verlassen, weil er damit beschäftigt ist, eine Weisung seines Arbeitgebers auszuführen. Maßgeblich ist also, ob aus der Sicht des Schädigers eine Teilnahme am „Allgemeinen" oder am „betrieblichen Verkehr" vorliegt[107]. Handelt der Schädiger allerdings vorsätzlich, haftet er unbeschränkt (§ 105 Abs. 1 Satz 1 HS. 2 Alt. 1 SGB VII). Leistungen der gesetzlichen Unfallversicherung muss sich der Geschädigte auf seinen Schadensersatzanspruch anrechnen lassen (§§ 105 Abs. 1 Satz 3, 104 Abs. 3 SGB VII).

47 **bb) Kreis der haftungsprivilegierten Schädiger.** Den Kreis derjenigen, zu deren Gunsten die Haftungsbeschränkung wirkt, beschreibt § 105 Abs. 1 SGB VII mit „Personen". Da der Arbeitsunfall durch eine „betriebliche Tätigkeit" verursacht sein muss, muss der Schädiger entweder als Arbeitnehmer oder zumindest „wie ein im Unfallbetrieb Beschäftigter" tätig geworden sein. Letzterenfalls muss der Schädiger in den Unfallbetrieb i.S.d. § 2 Abs. 2, 1 Nr. 1 SGB VII „eingegliedert" gewesen

---

[104] BAG 14.12.2000, DB 2001, 595; BAG 19.2.2009, NZA-RR 2009, 123.
[105] BAG 9.8.1966, AP Nr. 1 zu § 637 RVO; BGH 29.1.1980, NJW 1980, 1796.
[106] BAG 19.3.2015, NZA 2015, 1057.
[107] Zur Kasuistik s. ErfK/*Rolfs*, § 104 SGB VII Rn. 13.

sein[108]. Dazu genügt es, dass er eine ernstliche, dem Unfallbetrieb dienende Tätigkeit verrichtet hat, die dem wirklichen oder mutmaßlichen Willen des Inhabers entsprach, die ihrer Art nach von Personen hätte verrichtet werden können, welche in einem dem allgemeinen Arbeitsmarkt zuzurechnenden Beschäftigungsverhältnis stehen und welche den Tätigkeiten ähnelt, die von den im Unfallbetrieb Beschäftigten selbst verrichtet werden. Das ist etwa bei Leiharbeitnehmern regelmäßig der Fall.

Die Tätigkeit des Schädigers darf nicht nur „zufällig" im Einflussbereich des Unfallbetriebs liegen; sie muss vielmehr einen inneren Bezug zu ihm aufweisen und ihm dienlich sein. Nicht in den Unfallbetrieb eingegliedert ist deshalb, wer als Schädiger – etwa als betriebsfremder Monteur – nur einen Auftrag seines Stammunternehmens ausführt; ihm kommt das Haftungsprivileg nicht zugute[109]. Dasselbe gilt für den Fahrer eines Busunternehmens, das den Verkehr von Werksbussen betreibt[110].

**cc) Kreis der von der Haftungsbeschränkung betroffenen Geschädigten.** Die Haftungsbeschränkung muss sich nach dem Prinzip „Haftungsablösung durch Versicherungsschutz" nur entgegenhalten lassen, wer nach einem Versicherungsfall (Eintritt eines Arbeitsunfalls oder einer Berufskrankheit) als Versicherter Ansprüche auf Leistungen der gesetzlichen Unfallversicherung hat. Dazu gehört, wer in der gesetzlichen Unfallversicherung kraft Gesetzes oder aufgrund der Satzung des zuständigen Unfallversicherungsträgers oder aber freiwillig versichert ist. Wer das ist oder sein kann, bestimmt sich nach §§ 2 bis 6 SGB VII. Der Geschädigte muss demselben Betrieb wie der Schädiger angehören. Betrieb ist hier nicht, wie das BAG[111] meint, i.S.v. „Unternehmen" zu verstehen, sondern in seiner allgemeinen arbeitsrechtlichen Bedeutung[112].

Der Haftungsausschluss wirkt auch zulasten von Personen, die zwar mit dem Schädiger im selben Betrieb arbeiten, jedoch nach § 4 Abs. 1 Nr. 1 SGB VII versicherungsfrei sind, weil sie nach beamtenrechtlichen Vorschriften Unfallfürsorge erhalten[113] (§ 105 Abs. 1 Satz 2 SGB VII). Das ist nicht nur für Arbeitnehmer im öffentlichen Dienst wichtig, die mit Beamten zusammenarbeiten, sondern auch für die Beschäftigten in den privatisierten Nachfolgeunternehmen von Bundespost und Bundesbahn.

---

[108] So auch Begr. RegE, BT-Drucks. 13/2204, S. 100.
[109] Vgl. BAG 19.2.2009, NZA-RR 2010, 123, 126.
[110] BGH 30.4.2013, NZA 2013, 1218.
[111] Std. Rspr. seit BAG GS 25.9.1957, AP Nr. 4 zu §§ 898, 899 RVO.
[112] Wie hier schon BGH 18.10.1957, NJW 1958, 182.
[113] Z.B. §§ 30 ff. BeamtVG.

**51** Schließlich wirkt der Haftungsausschluss auch zulasten des Arbeitgebers selbst. § 105 Abs. 2 Satz 1 SGB VII bestimmt das ausdrücklich für den nicht unfallversicherten Unternehmer; dasselbe muss erst recht für den unfallversicherten Unternehmer gelten[114].

**52** Zum Ausgleich wird der nicht versicherte Unternehmer wie ein in der gesetzlichen Unfallversicherung Versicherter behandelt, d.h. er erhält deren Geld- und Sachleistungen (§ 105 Abs. 2 Satz 2 SGB VII). Dieser „Versicherungsschutz wegen Haftungsbeschränkung"[115] besteht jedoch nur, soweit die Haftung des Schädigers nicht bereits aus von § 105 Abs. 2 Satz 1 SGB VII unabhängigen Gründen ausgeschlossen ist (§ 105 Abs. 2 Satz 2 a.E. SGB VII). Hat beispielsweise der Schädiger mit dem geschädigten Unternehmer einen Haftungsausschluss vereinbart oder ist seine Haftung nach den arbeitsrechtlichen Grundsätzen der Haftungsbeschränkung bei betrieblich veranlasster Tätigkeit ganz oder teilweise beschränkt, so erhält der Unternehmer auch vom zuständigen Unfallversicherungsträger keine oder nur beschränkte Leistungen[116]. Auf diese Weise wirkt die zivilrechtliche Haftungsbeschränkung im Sozialrecht leistungsrechtlich fort.

### b) Rechtsfolgen der Haftungsbeschränkung

**53** **aa) Reichweite der Haftungsbeschränkung.** Hier gilt das zur Beschränkung der Arbeitgeberhaftung Ausgeführte entsprechend. Der privilegierte Schädiger haftet nicht, auch nicht gegenüber den Angehörigen und Hinterbliebenen des Geschädigten (§ 105 Abs. 1 Satz 1 SGB VII). Ist die Haftungsbeschränkung „entsperrt", muss der Schädiger für sein schadenstiftendes Verhalten einstehen; Leistungen der gesetzlichen Unfallversicherung muss sich der Geschädigte aber auf den Anspruch anrechnen lassen (§§ 105 Abs. 1 Satz 2, 105 Abs. 2 Satz 1, 104 Abs. 3 SGB VII). Der Geschädigte kann also auch hier nur den Ersatz der nicht durch die Leistungen der gesetzlichen Unfallversicherung abgedeckten „Schadensspitzen" verlangen. Der Anspruch auf diese „Schadensspitzen" geht auch nicht nach § 116 SGB X auf die Unfallversicherungsträger über (§§ 104 Abs. 1 Satz 2, 105 Abs. 1 Satz 3 und Abs. 2 Satz 1 SGB VII).

**54** **bb) Regress.** Da für den Sozialversicherungsträger ein Regress aus übergegangenem Recht (§ 116 SGB X) regelmäßig nicht in Betracht kommt, weil auch er sich die Haftungsbeschränkung nach § 105 SGB VII entgegenhalten lassen muss, kann er sich nur nach § 110 SGB VII beim Schädiger schadlos halten.

**55** Zum Regress berechtigt ist auch der Arbeitgeber, wenn er einem Arbeitnehmer, der wegen eines Arbeitsunfalls arbeitsunfähig ist, das Arbeitsentgelt nach § 3 Abs. 1 EfzG fortzahlt. In Höhe der geleisteten Entgeltfortzahlung geht der Anspruch des Arbeitnehmers gegen den Schädiger von Gesetzes wegen auf ihn über (§ 6 Abs. 1 EfzG). Der Arbeitgeber muss sich jedoch die Haftungsbegrenzung des § 105 SGB VII

---

[114] *Maschmann,* SGb 1998, 54, 61 m.w.N.
[115] *Waltermann,* BG 1997, 310, 317.
[116] *D. Otto,* NZV 1996, 473, 476; *Waltermann,* BG 1997, 310, 317.

zugunsten des Schädigers entgegenhalten lassen. Das gilt selbst dann, wenn der Schädiger zwar betriebsfremd, aber wie ein Betriebsangehöriger tätig geworden ist.

**Haftung des Arbeitnehmers bei betrieblich veranlasster Tätigkeit**

|  | gegenüber Arbeitgeber | gegenüber Kollegen | gegenüber Betriebsfremden |
|---|---|---|---|
| **Personenschaden** | nur bei Vorsatz, bei grober Fahrlässigkeit Regress des Sozialversicherungsträgers (nach billigem Ermessen, vor allem bei Missverhältnis zwischen Arbeitsentgelt und verwirklichtem Schadensrisiko, völliger oder teilweiser Verzicht möglich) | nur bei Vorsatz, bei grober Fahrlässigkeit Regress des Sozialversicherungsträgers (nach billigem Ermessen, vor allem bei Missverhältnis zwischen Arbeitsentgelt und verwirklichtem Schadensrisiko, völliger oder teilweiser Verzicht möglich) | bei Vorsatz und Fahrlässigkeit (bei Fahrlässigkeit Freistellungsanspruch gegen den Arbeitgeber, soweit bei einer Beschädigung von Sachen des Arbeitgebers die Haftung ausgeschlossen wäre) |
| **Sachschaden** | bei Vorsatz und gröbster Fahrlässigkeit: voll, bei grober Fahrlässigkeit: grundsätzlich voll (Ausnahme: Miss-verhältnis zwischen Entgelt und verwirklichtem Schadensrisiko), bei normaler Fahrlässigkeit: Schadensteilung, bei leichter Fahrlässigkeit: keine Haftung | bei Vorsatz und Fahrlässigkeit (bei Fahrlässigkeit Freistellungsanspruch gegen den Arbeitgeber, soweit bei einer Beschädigung von Sachen des Arbeitgebers die Haftung ausgeschlossen wäre) | bei Vorsatz und Fahrlässigkeit (bei Fahrlässigkeit Freistellungsanspruch gegen den Arbeitgeber, soweit bei einer Beschädigung von Sachen des Arbeitgebers die Haftung ausgeschlossen wäre) |
| **sonstiger Vermögensschaden** | wie bei Sachschaden (falsche unternehmerische Entscheidung begründet für sich allein kein Verschulden) | nur bei Vorsatz | nur bei Vorsatz |

## 3. Mankohaftung

### a) Begriff

Mankohaftung ist eine besondere Form der Haftung für Vermögensschäden des Arbeitgebers. Manko ist die Differenz zwischen dem Soll- und dem Istbestand eines dem Arbeitnehmer anvertrauten Bestands an Waren oder an Geld[117].

---

[117] MünchArbR/*Reichold*, § 51 Rn. 69; ErfK/*Preis*, § 619a BGB Rn. 28.

**Beispiele:** Kassenfehlbetrag eines Bankkassierers; Fehlbestand des einem Lagerarbeiter anvertrauten Warenlagers; Fehlmenge der einem Monteur zur Verrichtung seiner Dienste übergebenen Werkzeuge.

57 Die Haftung für Fehlbestände kann auf einer Mankoabrede beruhen. Fehlt eine solche Vereinbarung oder ist sie unwirksam, haftet der Arbeitnehmer nach den allgemeinen Grundsätzen.

### b) Haftung bei Mankoabrede

58 **aa) Inhalt.** Durch die Mankoabrede verpflichtet sich der Arbeitnehmer zur Haftung für Fehlbestände oder Fehlbeträge, der Arbeitgeber zur Zahlung des Mankogelds oder einer entsprechend höheren laufenden Vergütung. Eine Mankoabrede kann auch stillschweigend getroffen werden. Allein die Art der Beschäftigung oder die Stellung im Betrieb deutet aber nicht auf eine solche Vereinbarung hin[118].

59 **bb) Grenzen.** Mankoabreden sind nach dem Grundsatz der Vertragsfreiheit zulässig. Sie dürfen aber nicht über die allgemeinen Grundsätze der Arbeitnehmerhaftung hinausgehen. Voraussetzung ist deshalb, dass der Arbeitnehmer nur bis zu der vereinbarten Mankovergütung haften soll und dass er im Ergebnis allein die Chance einer zusätzlichen Vergütung für die erfolgreiche Verwaltung eines Kassen- oder Warenbestands erhält. Die Mankovergütung muss sich also als eine Art Erfolgsprämie darstellen. Unschädlich ist es, wenn die Mankoabrede auch nicht voll beherrschbare Umstände und Risiken wie die Beaufsichtigung von Mitarbeitern oder die Zugriffsmöglichkeit Dritter einschließt[119]. Eine verschuldensunabhängige Haftung bedarf aber einer klaren und eindeutigen Regelung[120]; fehlt diese, haftet der Arbeitnehmer nur, wenn das Manko von ihm verschuldet ist.

### c) Haftung ohne Mankoabrede

60 Fehlt eine Mankoabrede oder ist sie unwirksam, haftet der Arbeitnehmer nach den allgemeinen Grundsätzen, d.h. aus §§ 280 Abs. 1, 241 Abs. 2 BGB oder aus § 823 BGB, sofern nicht ausnahmsweise die Grundsätze der Verwahrung oder des Auftrags anwendbar sind. Die Frage der Anspruchsgrundlage ist bedeutsam für die Beweislastverteilung.

61 Die Grundsätze der **Verwahrung** oder des **Auftrags** wendet die Rechtsprechung[121] an, wenn der Arbeitgeber eine Tatsachenlage geschaffen hat, nach der der Arbeitnehmer, der normalerweise bezüglich der zur Arbeitsleistung überlassenen Sachen Besitzdiener ist (§ 855 BGB), ausnahmsweise Besitz erlangt. Mindestvoraussetzungen dafür seien alleiniger Zugang zu der Sache und deren selbständige Verwaltung.

---

[118] BAG 27.2.1970, 29.1.1985, AP Nr. 54, 87 zu § 611 BGB Haftung des Arbeitnehmers.
[119] Zum Vorst. BAG 2.12.1999, NZA 2000, 715, 716; anders bezüglich der Haftung für Dritte noch BAG 17.9.1999, NZA 1999, 141, 144.
[120] BAG 27.2.1970, AP Nr. 54 zu § 611 BGB Haftung des Arbeitnehmers.
[121] BAG 17.9.1998, NZA 1999, 141, 142 f.; BAG 2.12.1999, NZA 2000, 715, 716.

Der Arbeitnehmer müsse wirtschaftliche Überlegungen anzustellen und Entscheidungen über die Verwendung der Sache zu treffen haben. Nur dann stehe ihm ein eigener Spielraum zu, der es rechtfertige, ihm die Verantwortung für die Herausgabe aufzuerlegen. Das sei beispielsweise der Fall, wenn ihm eigene Vertriebsbemühungen oblägen oder wenn er Preise selbständig kalkulieren müsse. Ein eigener Spielraum fehle bei Ladenverwaltern[122], Kassenangestellten[123], Kundendienstmonteuren[124] und Gehaltsboten[125].

Sind die Grundsätze über die Verwahrung oder über den Auftrag anzuwenden, so braucht der Arbeitgeber bei einem Manko nur nachzuweisen, dass der Arbeitnehmer den entsprechenden Bestand zur alleinigen Verwahrung erhalten hat und dass nur er Zugang hatte. Sache des Arbeitnehmers ist es dann, zumindest eine hinreichende Wahrscheinlichkeit für einen konkreten Geschehensablauf darzutun, aus dem sich ergibt, dass er das Manko, d.h. die Unmöglichkeit der Herausgabe des Geld- oder Warenbestands, weder vorsätzlich noch fahrlässig verursacht hat[126]. **62**

Im Normalfall, wenn dem Arbeitnehmer kein Spielraum zusteht, haftet der Arbeitnehmer für die Vertragspflichtverletzung, die er zu vertreten hat (§ 280 Abs. 1 BGB). Die Haftung ist jedoch auch bei einem Manko durch die Grundsätze über den innerbetrieblichen Schadenausgleich beschränkt[127]. Die Pflichtverletzung ergibt sich bereits daraus, dass der Arbeitnehmer einen Schaden verursacht hat. Der Grad des Verschuldens richtet sich nach dem Ausmaß der Pflichtverletzung. **63**

Die Darlegungs- und Beweislast dafür, dass der Arbeitnehmer seine Pflicht in zu vertretender Weise verletzt hat, trifft den Arbeitgeber (§ 619a BGB). Das BAG[128] hilft dem Arbeitgeber im Sinne einer abgestuften Darlegungslast, indem es dem Arbeitnehmer aufgibt, sich substantiiert zu äußern, wenn er näher am schädigenden Ereignis ist. Indizien für ein haftungsbegründendes Verschulden, wie eine alleinige Kontrolle, seien sorgfältig zu würdigen. Die Darlegungs- und Beweislast für ein mitwirkendes Verschulden trägt der Schädiger. Er kann verlangen, dass der Geschädigte an der Beweisführung mitwirkt, soweit es sich um Umstände aus seiner Sphäre handelt[129]. Dieselben Grundsätze wie für § 280 Abs. 1 BGB gelten auch für die Haftung aus § 823 BGB. **64**

---

[122] BAG 2.12.1999, NZA 2000, 715, 717.
[123] Anders noch BAG 6.6.1984, AP Nr. 1 zu § 11a TV Ang Bundespost.
[124] BAG 29.1.1985, AP Nr. 87 zu § 611 BGB Haftung des Arbeitnehmers.
[125] BAG 22.5.1997, NZA 1997, 1279.
[126] BAG 11.11.1969, 27.2.1970, AP Nr. 49, 54 zu § 611 BGB Haftung des Arbeitnehmers.
[127] BAG 22.5.1997, 17.9.1998, AP Nr. 1, 2 zu § 611 BGB Mankohaftung.
[128] BAG 17.9.1998, 2.12.1999, AP Nr. 2, 3 zu § 611 BGB Mankohaftung.
[129] BAG 21.5.2015, NZA 2015, 1517.

# § 10 Beendigung des Arbeitsverhältnisses

## I. Beendigungsgründe

Das Arbeitsverhältnis ist ein Dauerschuldverhältnis. Es endet nicht schon mit dem einmaligen Austausch von Leistungen, sondern erst, wenn ein Beendigungstatbestand erfüllt ist. Die Beendigung kann Rechtsfolge einer Abrede sein, auf der Ausübung eines Gestaltungsrechts beruhen oder sich aus sonstigen Gründen ergeben.

**Beendigungsgründe**

- Vereinbarte Beendigung
  - bei Vertragsschluss
    - Befristung
    - Bedingung
  - nach Vertragsschluss
    - Aufhebungsvertrag
- Einseitige Beendigung
  - Kündigung
    - ordentliche
    - außerordentliche
  - Anfechtung
  - Lossagung vom faktischen Vertrag
  - Lossagung nach erfolgreichem KSch-Prozess
  - lösende Aussperrung
- Sonstige Beendigungsgründe
  - Tod des Arbeitnehmers
  - gerichtliche Auflösung

**Keine Beendigungsgründe**

- Tod des Arbeitgebers
- Suspendierung der Arbeitspflicht
- Unmöglichkeit der Arbeitsleistung
- Erreichen des Rentenalters
- Erwerbsminderung
- Wegfall der Geschäftsgrundlage
- Betriebsübergang
- Insolvenz des Arbeitgebers

## 1. Beendigung aufgrund einer Vereinbarung

3   Die Parteien können bereits beim Abschluss des Arbeitsvertrags vereinbaren, dass das Arbeitsverhältnis nach Ablauf einer Frist oder beim Eintritt eines Ereignisses endet; dann liegt ein befristetes oder bedingtes Arbeitsverhältnis vor. Sie können ein Arbeitsverhältnis aber auch später durch Vertrag wieder aufheben.

### a) Befristung und Bedingung

4   Das befristete Arbeitsverhältnis (s. § 4 Rn. 4 ff.) endet mit Ablauf der vereinbarten Zeit oder mit Zweckerreichung, der (auflösend) bedingte Arbeitsvertrag mit Eintritt der Bedingung, ohne dass es einer Gestaltungserklärung bedarf und ohne dass der Betriebsrat oder die Schwerbehindertenvertretung zu beteiligen ist (§ 15 Abs. 1 und 2, § 21 TzBfG, zu Einzelheiten s. § 4 Rn. 18).

5   Vorher kann das Arbeitsverhältnis ordentlich nur gekündigt werden, wenn das einzelvertraglich oder im anwendbaren Tarifvertrag vereinbart ist (§ 15 Abs. 3 TzBfG) oder wenn die Befristung oder die Bedingung mangels Schriftform unwirksam ist. Ist die Befristung oder die Bedingung aus einem anderen Grund unwirksam, so kann der Arbeitnehmer das Arbeitsverhältnis vorzeitig kündigen (§ 16 TzBfG). Die außerordentliche Kündigung aus wichtigem Grund (§ 626 BGB) bleibt immer zulässig.

### b) Aufhebungsvertrag

6   **aa) Bedeutung.** In der Praxis ist der Aufhebungsvertrag – der Gesetzgeber nennt ihn abweichend von dem üblichen Sprachgebrauch Auflösungsvertrag (§ 623 BGB) – weithin an die Stelle von Kündigungen durch den Arbeitgeber getreten. Aufhebungsverträge sollen die Ungewissheit einer gerichtlichen Auseinandersetzung vermeiden, Arbeitsverhältnisse, für die kein Kündigungsgrund vorliegt, beenden und – anstelle einer an sich verwirkten verhaltensbedingten Kündigung – dem Arbeitnehmer das Fortkommen erleichtern. Auch viele Kündigungsschutzverfahren enden mit einem Aufhebungsvertrag, und zwar in Gestalt eines das Verfahren beschließenden Vergleichs. Für Aufhebungsverträge gilt weder der allgemeine noch der besondere Kündigungsschutz. Seinem Regelungsgehalt nach ist der Aufhebungsvertrag auf alsbaldige Beendigung des Arbeitsverhältnisses gerichtet. Das bringen die Parteien im allgemeinen durch einen zeitnahen Beendigungszeitpunkt, der sich häufig an den Kündigungsfristen orientiert, zum Ausdruck. Soll der Arbeitnehmer erst eine längere Zeit nach Abschluss des Aufhebungsvertrags aus dem Arbeitsverhältnis ausscheiden, liegt in dieser Abrede keine nachträgliche Befristung (für die dann § 14 TzBfG gelten würde), wenn der Arbeitnehmer nicht mehr zur Arbeit verpflichtet ist und im Aufhebungsvertrag Abwicklungsmodalitäten wie Abfindung, Zeugniserteilung und Rückgabe von Firmeneigentum geregelt werden[1].

---

[1] BAG 15.2.2007, NZA 2007, 614; BAG 14.12.2016, NZA 2017, 634; BAG 18.1.2017, NZA 2017, 849.

## I. Beendigungsgründe

Nicht zu verwechseln mit den Aufhebungsverträgen sind die **Abwicklungsverträge**. Abwicklungsverträge regeln die Folgen einer Kündigung durch den Arbeitgeber, etwa den Verzicht des Arbeitnehmers auf eine Kündigungsschutzklage[2]. Da nicht der Abwicklungsvertrag, sondern die Kündigung das Arbeitsverhältnis beendet, bleiben die kündigungsschutzrechtlichen Bestimmungen anwendbar. Das gilt auch für eine betriebsbedingte Kündigung mit Abfindungsangebot nach § 1a KSchG, bei der der Arbeitnehmer Anspruch auf eine Abfindung hat, wenn er auf die Erhebung einer Kündigungsschutzklage verzichtet (s. unten Rn. 225a).

In der Vergangenheit wurden Abwicklungsverträge vor allem zur Vermeidung von Sperrzeiten vor Bezug von Arbeitslosengeld § 159 Abs. 1 Satz 2 Nr. 1 SGB III geschlossen. Nach Änderung der Rechtsprechung des BSG[3] und der entsprechenden Verwaltungsvorschriften der Bundesagentur für Arbeit zur Durchführung des § 159 SGB III besteht für sie heute kein Bedarf mehr; sie werden sperrzeitenrechtlich wie Aufhebungsverträge behandelt[4].

**bb) Abschluss und Form.** Aufhebungsverträge sind nach dem Grundsatz der Vertragsfreiheit (§ 311 Abs. 1 BGB) grundsätzlich zulässig. Die Herausnahme älterer Arbeitnehmer aus dem Angebot von Aufhebungsverträgen mit „attraktiven Abfindungen" verstößt weder gegen das Diskriminierungsverbot wegen des Alters noch gegen den Gleichbehandlungsgrundsatz[5].

Aufhebungsverträge bedürfen zu ihrer Wirksamkeit der Schriftform (§§ 623, 126 BGB). Die elektronische Form ist ausgeschlossen. Aufhebungsverträge in Gestalt gerichtlicher Vergleiche müssen ordnungsgemäß protokolliert (§ 160 Abs. 3 Nr. 1 ZPO), vorgelesen und genehmigt werden (§ 162 Abs. 1 ZPO). Der schriftliche Abschluss eines Geschäftsführer-Dienstvertrags zur Ablösung eines Arbeitsvertrags wahrt das Schriftformerfordernis[6].

**cc) Inhalt.** Aufhebungsverträge müssen mindestens regeln, dass und wann der Arbeitsvertrag enden soll. Zumeist enthalten sie weitere Abreden über Freistellung, Urlaub, Urlaubsabgeltung, ein nachvertragliches Wettbewerbsverbot, das Zeugnis, den Dienstwagen, die Werkswohnung, Rückforderungsansprüche des Arbeitgebers aufgrund von Aus- und Fortbildungsverträgen, ausstehenden Arbeitslohn und Sondervergütungen, betriebliche Altersversorgung und – besonders wichtig – über Abfindungen. Zu den steuer- und sozialversicherungsrechtlichen Folgen s. unten Rn. 21.

---

[2] Zu den Voraussetzungen eines solchen Verzichts nach § 307 Abs. 1 S. 1 BGB vgl. BAG 24.9.2015, NZA 2016, 352.
[3] BSG 12.7.2006, NZA 2006, 1359.
[4] Durchführungsanweisung der BA zu § 159 SGB III, Stand 7/2017, unter 159.1.2.1.2.
[5] BAG 25.2.2010, NZA 2010, 561.
[6] BAG 3.2.2009, NZA 2009, 669.

12 **dd) Hinweispflichten des Arbeitgebers.** Der Arbeitnehmer muss sich grundsätzlich selbst über die rechtlichen Folgen eines Aufhebungsvertrags vergewissern[7]. Den Arbeitgeber trifft nur unter besonderen Voraussetzungen eine Hinweispflicht (§ 242 BGB), etwa wenn er beim Arbeitnehmer einen Vertrauenstatbestand geschaffen hat oder wenn Folgen zu erwarten sind, mit deren Eintritt nicht unmittelbar durch Abschluss des Aufhebungsvertrags gerechnet werden muss[8]. Unabhängig davon soll der Arbeitgeber den Arbeitnehmer darüber informieren, dass er sich bei der Arbeitsagentur zu melden hat (§§ 2 Abs. 2 Nr. 3, 38 Abs. 1 SGB III)[9]. Unterrichtet der Arbeitgeber den Arbeitnehmer über die rechtlichen Auswirkungen, dann haftet er für die Folgen fehlerhafter Auskünfte[10].

13 Aufzuklären hat der Arbeitgeber, wenn dem Arbeitnehmer wegen des Aufhebungsvertrags der Verlust einer Anwartschaft auf eine Betriebsrente droht[11]. Ob und inwieweit darüber aufzuklären ist, wie sich die einvernehmliche Beendigung des Arbeitsverhältnisses auf den Anspruch auf Arbeitslosenunterstützung auswirkt, lässt sich nur nach Abwägung der gesamten Umstände des Einzelfalles beurteilen[12]. Auf den Verlust des Sonderkündigungsschutzes braucht der Arbeitgeber nicht hinzuweisen. Verletzt der Arbeitgeber die gebotene Aufklärung, so kann er sich nach § 280 Abs. 1 BGB schadensersatzpflichtig machen; der Aufhebungsvertrag bleibt wirksam.

14 **ee) Unwirksamkeit, gerichtliche Inhaltskontrolle.** Verstößt der Aufhebungsvertrag gegen höherrangiges zwingendes Recht, so ist er unwirksam. Eine Angemessenheitskontrolle der Hauptleistungspflichten nach § 307 BGB kommt nicht in Betracht. Der Aufhebungsvertrag enthält keine Regelungen, die von Rechtsvorschriften abweichen oder diese ergänzen (§ 307 Abs. 3 BGB)[13]. Hauptleistungen sind die Beendigung des Arbeitsverhältnisses, der Verzicht auf eine Kündigung und ggf. eine Abfindung. Alle übrigen Klauseln unterliegen in vollem Umfang der Inhaltskontrolle. Eine Klageverzichtsklausel ist unangemessen, wenn eine Drohung mit außerordentlicher Kündigung widerrechtlich war[14]. Abgeltungsklauseln in Aufhebungsverträgen sind nicht ungewöhnlich, „sondern im Gegenteil die Regel"[15].

---

[7] BAG 13.11.1984, NZA 1985, 712; BAG 3.7.1990, DB 1990, 2431.
[8] *Germelmann*, NZA 1997, 241.
[9] Zur (fehlenden) Schadensersatzpflicht des Arbeitgebers BAG 29.9.2005, AP Nr. 2 zu § 2 SGB III.
[10] So jedenfalls LAG Hessen 30.10.2003, AuA 12/2004, 55.
[11] BAG 3.7.1990, DB 1990, 2431.
[12] BAG 10.3.1988, NZA 1988, 837; BAG 14.2.1996, NZA 1996, 811.
[13] BAG 27.11.2003, NZA 2004, 597, 603 f.
[14] BAG 12.3.2015, NZA 2015, 676.
[15] BAG 19.11.2008, NZA 2009, 318.

**ff) Widerruf.** Ein wirksam abgeschlossener Aufhebungsvertrag kann grundsätzlich 15
nicht mehr widerrufen werden (§ 130 Abs. 1 Satz 2 BGB). Anderes gilt nur, wenn
er einen Widerrufsvorbehalt enthält, wie häufig gerichtliche Vergleiche. Zuweilen
sehen auch Tarifverträge den Widerruf von Aufhebungsverträgen innerhalb einer
Bedenkzeit von 1-3 Tagen vor. Kein Widerrufsrecht hat der Arbeitnehmer aus
§§ 355, 312b BGB. §§ 312 ff. BGB wollen den Verbraucher vor psychischem
Druck und Überraschung außerhalb von Geschäftsräumen schützen. Dieser Schutz
ist bei arbeitsrechtlichen Rechtsgeschäften am Arbeitsplatz nicht erforderlich;
§ 312b BGB ist insoweit teleologisch zu reduzieren[16].

**gg) Anfechtung.** Aufhebungsverträge sind nach §§ 119, 123 BGB anfechtbar. Die 16
Beweislast für den Anfechtungsgrund trifft den Anfechtenden.

**(1) Anfechtung wegen Irrtums.** Irrt der Arbeitnehmer über die rechtlichen Folgen 17
eines Aufhebungsvertrags – er meint etwa, sofort Arbeitslosengeld beziehen zu können –, liegt ein unbeachtlicher Motivirrtum vor[17].

**(2) Anfechtung wegen rechtswidriger Drohung.** Nicht selten werden Aufhe- 18
bungsverträge mit der Begründung angefochten, der Arbeitnehmer sei beim Abschluss unter Druck gesetzt worden, sei es durch Androhung einer Kündigung, der
Geltendmachung von Schadensersatzansprüchen oder einer Anzeige bei der Polizei,
sei es dadurch, dass ohne vorherige Ankündigung der sofortige Abschluss eines
Aufhebungsvertrags verlangt wird. Die Drohung mit einer Kündigung ist nach der
Rechtsprechung widerrechtlich, wenn ein verständiger Arbeitgeber eine Kündigung
nicht ernsthaft in Erwägung ziehen durfte. So würde ein verständiger Arbeitgeber
eine verhaltensbedingte Kündigung beispielsweise nicht ernsthaft in Erwägung ziehen, wenn er nicht vorher abgemahnt hätte[18]. In diesem Fall muss er damit rechnen,
dass die angedrohte Kündigung einer arbeitsgerichtlichen Überprüfung mit hoher
Wahrscheinlichkeit nicht standhalten würde[19]. Die Drohung bleibt selbst dann widerrechtlich, wenn dem Arbeitnehmer eine Bedenkzeit eingeräumt wurde[20]. Macht
der Arbeitnehmer die Anfechtung gerichtlich geltend, darf zwar kein fiktiver Kündigungsschutzprozess geführt werden, jedoch ist die Wirksamkeit einer anstelle des
Aufhebungsvertrags ausgesprochenen Kündigung zumindest „überschlägig" zu
prüfen. Keine Drohung liegt in einer Überrumpelung des Arbeitnehmers; es fehlt
an einer Zwangslage, da der Arbeitnehmer den Abschluss des Aufhebungsvertrags
nur zu verweigern braucht[21].

---

[16] *Kamanabrou*, NZA 2016, 919 ff.; i.E. ebenso ErfK/*Müller-Glöge* § 620 BGB Rn. 14.
[17] BAG 10.3.1988, NZA 1988, 837.
[18] BAG 16.1.1992, NZA 1992, 1023.
[19] BAG 15.12.2005, 841, 843 f.
[20] BAG 28.11.2007, NZA 2008, 348, 354.
[21] BAG 30.3.1993, NZA 1994, 209; BAG 14.2.1996, NZA 1996, 811.

19 **(3) Anfechtung wegen arglistiger Täuschung.** Täuschung durch positives Tun liegt beispielsweise vor, wenn der Arbeitgeber vorspiegelt, der Aufhebungsvertrag beeinträchtige nicht den Kündigungsschutz, Täuschung durch Unterlassen, wenn er in dem Bewusstsein, der Arbeitnehmer werde bei gehöriger Information den Abschluss eines Aufhebungsvertrags verweigern, eine Aufklärungspflicht verletzt. Misslingt dem Arbeitnehmer der Arglistnachweis, kann ein Anspruch aus §§ 280 Abs. 1, 241 Abs. 2, 311 Abs. 2 BGB in Betracht kommen. Der Schadensersatzanspruch geht auf Naturalrestitution (§ 249 BGB), d.h. auf Rückgängigmachung des Aufhebungsvertrags[22].

20 **(4) Anfechtungsfrist.** Die Irrtumsanfechtung muss unverzüglich (§ 121 BGB), die Anfechtung wegen arglistiger Täuschung oder widerrechtlicher Drohung binnen eines Jahres nach der Täuschung oder Drohung erklärt werden (§ 124 BGB). Die Jahresfrist ist zu lang. Der Arbeitgeber hat ein berechtigtes Interesse daran, schnell zu erfahren, ob das Arbeitsverhältnis beendet ist. Die Lage ist der bei einer Änderungskündigung vergleichbar. Auch dort droht der Arbeitgeber mit einer Kündigung. Das spricht für eine Analogie zu § 2 KSchG[23].

21 **hh) Steuerliche und sozialversicherungsrechtliche Folgen.** Abfindungen wegen einer vom Arbeitgeber veranlassten oder gerichtlich ausgesprochenen Auflösung des Arbeitsverhältnisses unterliegen seit 2006 in vollem Umfang der Lohnsteuer (§ 2 Abs. 1 Nr. 4, 24 Nr. 1a EStG), für die allerdings die Tarifermäßigung des § 34 Abs. 1, Abs. 2 Nr. 2 EStG gilt. Abfindungen können zum zeitweisen Ruhen des Anspruchs auf Arbeitslosengeld führen, wenn das Arbeitsverhältnis ohne Einhaltung einer der ordentlichen Kündigungsfrist des Arbeitgebers entsprechenden Frist beendet wurde (§ 158 SGB III). Zudem droht dem Arbeitnehmer bei der einvernehmlichen Auflösung des Arbeitsverhältnisses eine zwölfwöchige Sperrzeit vor dem ersten Bezug von Arbeitslosengeld (§ 159 Abs. 1 Nr. 1 SGB III). Eine Sperrzeit wird regelmäßig nicht verhängt, wenn der Weg des § 1a KSchG beschritten wird (s. unten Rn. 225a)[24].

## 2. Einseitige Beendigung

### a) Kündigung

22 Der Hauptfall einer einseitigen Beendigung des Arbeitsverhältnisses ist die Kündigung. Dazu ausführlich s. unten Rn. 36 ff.

### b) Anfechtung

23 Wie jeder andere Vertrag kann auch der Arbeitsvertrag nach §§ 119 ff. BGB angefochten werden. Das Arbeitsverhältnis endet aber, wenn es in Vollzug gesetzt war, nur ex nunc (s. § 5 Rn. 167, 143 ff.); die Anfechtung hat daher im Ergebnis dieselbe Wirkung wie eine außerordentliche Kündigung.

---

[22] Zu den Folgeproblemen *Bauer*, Arbeitsrechtliche Aufhebungsverträge, Rn. 113d.
[23] *Hromadka*, FS Zöllner II, 1998, S. 785 ff.
[24] Durchführungsanweisung der BA zu § 159 SGB III, Stand 04/2011, unter 159.1.2.1.1.

## I. Beendigungsgründe

### c) Lossagung vom fehlerhaften Arbeitsverhältnis

Von einem fehlerhaft begründeten Arbeitsverhältnis, d.h. von einem Arbeitsverhältnis, das auf einem nichtigen Arbeitsvertrag beruht, kann sich jeder Vertragsteil jederzeit für die Zukunft durch einseitige, empfangsbedürftige Willenserklärung lösen. Auf dieses „nicht fristgebundene Lossagungsrecht eigener Art" finden die Kündigungsschutzvorschriften keine Anwendung[25].

24

### d) Lossagung nach erfolgreichem Kündigungsschutzprozess

Nach § 12 Satz 1 KSchG kann ein Arbeitnehmer, der in einem Kündigungsrechtsstreit obsiegt und inzwischen ein neues Arbeitsverhältnis eingegangen ist, binnen einer Woche nach Rechtskraft des Urteils gegenüber dem bisherigen Arbeitgeber die Fortsetzung des Arbeitsverhältnisses verweigern. Mit dem Zugang der Erklärung erlischt das alte Arbeitsverhältnis (§ 12 Satz 2 KSchG). Die Nichtfortsetzungserklärung ist der Sache nach eine außerordentliche Kündigung[26].

25

### e) Lösende Aussperrung

Zur Beendigung des Arbeitsverhältnisses führt weiterhin die lösende Aussperrung. Sie ist eine Arbeitskampfmaßnahme, mit der der Arbeitgeber auf einen lang anhaltenden, intensiven Streik oder eine rechtswidrige Arbeitsniederlegung reagieren kann. Eine lösende Aussperrung kommt weiterhin in Betracht, wenn es dem Arbeitgeber während des Streiks gelingt, den Arbeitsplatz wegzurationalisieren oder neu zu besetzen[27]. Arbeitnehmer, für die Sonderkündigungsvorschriften gelten, dürfen nicht lösend ausgesperrt werden. Durch tarifliche Wiedereinstellungsklauseln kann der Arbeitgeber gehalten sein, mit lösend ausgesperrten Arbeitnehmern neue Arbeitsverträge zu schließen. Dem Recht zur lösenden Aussperrung entspricht die Befugnis zur Abkehr, mit der sich Arbeitnehmer durch einseitige Erklärung fristlos aus dem durch Aussperrung suspendierten Arbeitsverhältnis lösen können[28]; der Sache nach handelt es sich auch dabei um ein Recht zur außerordentlichen Kündigung[29].

26

## 3. Sonstige Beendigungsgründe

### a) Tod des Arbeitnehmers

Wegen der Verpflichtung zu persönlicher Dienstleistung endet das Arbeitsverhältnis mit dem Tod des Arbeitnehmers. Diese Rechtsfolge spricht das BGB zwar nur beim Auftrag aus (§ 673 Satz 1 BGB), sie tritt aber stets ein, wenn jemand Dienste zusagt, die er in Person zu leisten hat (vgl. § 613 Satz 1 BGB).

27

---

[25] KR/*Griebeling*, § 1 KSchG Rn. 47; *von Hoyningen-Huene/Linck*, § 1 KSchG Rn. 71.
[26] *Stahlhacke/Preis/Vossen*, Kündigung, Rn. 23.
[27] BAG 21.4.1971, AP Nr. 43 zu Art 9 GG Arbeitskampf.
[28] BAG 21.4.1971, AP Nr. 43 zu Art 9 GG Arbeitskampf.
[29] MünchKomm/*Hesse*, Vor § 620 BGB Rn. 59.

### b) Gerichtliche Auflösung

28 Das Arbeitsverhältnis kann durch einen Beschluss des Arbeitsgerichts aufgelöst werden, wenn dieses in einem Kündigungsrechtsstreit zu der Überzeugung kommt, dass die Kündigung unwirksam war. Die Entscheidung setzt einen Antrag voraus. Stellt ihn der Arbeitnehmer, ist zu prüfen, ob ihm die Fortsetzung des Arbeitsverhältnisses unzumutbar ist; stellt ihn der Arbeitgeber, ist zu untersuchen, ob Gründe vorliegen, die eine den Betriebszwecken dienliche weitere Zusammenarbeit zwischen den Arbeitsvertragsparteien nicht erwarten lassen; letzteres können Umstände sein, die das persönliche Verhältnis zum Arbeitnehmer, dessen Persönlichkeit, Eignung oder Leistung oder das Verhältnis zu Mitarbeitern betreffen[30]. In jedem Fall hat das Arbeitsgericht den Arbeitgeber zur Zahlung einer angemessenen Abfindung zu verurteilen (§ 9 KSchG). Die Höhe der Abfindung richtet sich nach der Dauer der Betriebszugehörigkeit und dem bisherigen Monatsverdienst des Arbeitnehmers (vgl. im einzelnen § 10 KSchG).

29 Nach § 78a Abs. 4 Nr. 2 BetrVG endet das nach § 78a Abs. 2 oder Abs. 3 BetrVG begründete Arbeitsverhältnis eines Auszubildenden, der Mitglied einer Belegschaftsvertretung ist, mit der Rechtskraft des Urteils, in dem auf Antrag des Arbeitgebers die Unzumutbarkeit der Weiterbeschäftigung festgestellt wird.

### 4. Keine Beendigungsgründe

### a) Tod des Arbeitgebers

30 Der Tod des Arbeitgebers führt grundsätzlich nicht zur Beendigung des Arbeitsverhältnisses. Vielmehr treten seine Erben nach dem Grundsatz der Universalsukzession (§ 1922 BGB) in das Arbeitsverhältnis ein. Hatte der Arbeitgeber gekündigt, so kann der Arbeitnehmer einen bereits begonnenen Kündigungsrechtsstreit nach Maßgabe des § 239 ZPO gegen die Erben fortsetzen[31]. Der Tod kann aber Sachgrund für eine Zweckbefristung sein, etwa wenn das Arbeitsverhältnis auf Pflege oder Betreuung des Arbeitgebers gerichtet ist.

### b) Suspendierung der Arbeitspflichten

31 Das Arbeitsverhältnis endet nicht, wenn die beiderseitigen Pflichten suspendiert sind. Das Arbeitsverhältnis ruht etwa bei Elternzeit, bei einvernehmlicher Freistellung von der Arbeit mit oder ohne Fortzahlung der Bezüge, bei rechtmäßigem Streik und suspendierender Aussperrung.

---

[30] BAG 19.11.2015, NZA 2016, 540.
[31] KR/*Griebeling*, § 1 KSchG Rn. 186.

## c) Unmöglichkeit der Arbeitsleistung

Die Unmöglichkeit oder Unzumutbarkeit der Arbeitsleistung lässt zwar die Arbeitspflicht nach § 275 Abs. 1, 3 BGB erlöschen. Auch dauernde Arbeitsunfähigkeit führt aber nicht automatisch zur Beendigung des Arbeitsverhältnisses[32]. Sie ist jedoch ein Grund für eine personenbedingte Kündigung[33]. **32**

## d) Erreichen des Renteneintrittsalters

Das Erreichen des Renteneintrittsalters lässt das Arbeitsverhältnis unberührt, sofern nichts anderes vereinbart ist. Üblich ist aber die Vereinbarung, dass das Arbeitsverhältnis mit Ablauf des Monats erlischt, in dem der Arbeitnehmer Anspruch auf Zahlung der gesetzlichen Altersrente (§ 36 SGB VI) hat (s. dazu § 4 Rn. 13, 87). **32a**

## e) Erwerbsminderung

Auch der Eintritt voller Erwerbsminderung führt nicht von selbst zum Erlöschen des Arbeitsverhältnisses. In der Regel wird (dauernde) Erwerbsunfähigkeit jedoch als auflösende Bedingung vereinbart (s. § 4 Rn. 88). **32b**

## f) Wegfall der Geschäftsgrundlage

Eine Änderung oder ein Wegfall der Geschäftsgrundlage beendet das Arbeitsverhältnis ebenfalls nicht automatisch. Die Tatbestände, die für eine Störung der Geschäftsgrundlage herangezogen werden können, sind im Rahmen der §§ 1, 2 KSchG zu würdigen. Das Kündigungsrecht ist gegenüber einer Anpassung nach § 313 BGB lex specialis[34] (s. unten Rn. 410a). Nur in extremen Ausnahmefällen (z.B. in Kriegszeiten) ist eine Gestaltungserklärung entbehrlich[35]. **33**

## g) Betriebsübergang

Wird ein Betrieb übernommen, gehen die mit dem alten Betriebsinhaber begründeten Arbeitsverhältnisse auf den neuen Inhaber über (§ 613a Abs. 1 Satz 1 BGB), es sei denn, dass der Arbeitnehmer dem Übergang widerspricht (§ 613a Abs. 6 BGB). Wegen eines Betriebsübergangs darf ein Arbeitsverhältnis nicht gekündigt werden (§ 613a Abs. 4 Satz 1 BGB). Zulässig bleibt eine Kündigung aus anderen Gründen, die zufällig mit dem Betriebsübergang zusammenfallen (§ 613a Abs. 4 Satz 2 BGB); der Betriebsübergang darf nur nicht der Beweggrund, die überwiegende Ursache sein[36]. Zu Einzelheiten s. Arbeitsrecht Band 2, § 19. **34**

---

[32] *Oetker*, Das Dauerschuldverhältnis und seine Beendigung, S. 327 ff.
[33] BAG 28.2.1990, AP Nr. 25 zu § 1 KSchG 1969 Krankheit.
[34] BAG 8.10.2009, NZA 2010, 465; BAG 24.1.2013, NZA 2013, 959; BAG 5.6.2014, NZA 2015, 40.
[35] BAG 24.8.1995, EzA § 242 BGB Geschäftsgrundlage Nr. 5.
[36] BAG 3.9.1998, NZA 1999, 147.

### h) Insolvenz des Arbeitgebers

35 Die Insolvenz des Arbeitgebers lässt den Bestand des Arbeitsverhältnisses unberührt (arg. e § 113 InsO). Insolvent ist der Arbeitgeber bei Zahlungsunfähigkeit, d.h. wenn er nicht in der Lage ist, seine fälligen Zahlungspflichten zu erfüllen, und wenn er die Zahlungen eingestellt hat (§ 17 InsO). In diesem Fall können die Gläubiger das Insolvenzverfahren beantragen (§§ 13 ff. InsO). Mit dessen Eröffnung geht das Recht des Arbeitgebers, das zur Insolvenzmasse gehörende Vermögen zu verwalten und darüber zu verfügen, auf den Insolvenzverwalter über (§ 80 InsO). Das gilt auch für die Arbeitsverhältnisse. Der Insolvenzverwalter kann sie nach Maßgabe der §§ 113, 125-128 InsO kündigen, etwa wenn er den Betrieb stilllegen will. Gelingt es ihm, den Betrieb ganz oder teilweise an einen Dritten zu veräußern, gehen die Arbeitsverhältnisse auf den Erwerber über. § 613a BGB gilt auch in der Insolvenz.

## II. Kündigung

### 1. Allgemeines

#### a) Begriff und Rechtsnatur

36 Kündigung ist die einseitige, empfangsbedürftige Willenserklärung, durch die das Arbeitsverhältnis für die Zukunft sofort oder nach Ablauf einer Frist mit unmittelbarer Wirkung beendet wird. Sie hat rechtsgestaltende Wirkung und steht grundsätzlich beiden Arbeitsvertragsparteien zu, ohne dass das eigens vereinbart werden müsste (§§ 620 Abs. 2, 626 BGB). Das Recht zur Kündigung kann weder ganz ausgeschlossen werden noch unterliegt es – als Gestaltungsrecht – der Verjährung (§ 194 Abs. 1 BGB).

#### b) Arten und Erscheinungsformen

Die Kündigungen lassen sich nach verschiedenen Gesichtspunkten einteilen:

37 **aa) Ordentliche oder außerordentliche Kündigung.** Die ordentliche Kündigung ist das wichtigste Mittel zur einseitigen Beendigung des Arbeitsverhältnisses. Sie ist zumeist an die Einhaltung einer gesetzlichen, tariflichen oder arbeitsvertraglichen Frist gebunden („fristgemäße Kündigung"); notwendig ist das aber nicht („entfristete Kündigung", § 622 Abs. 4 und 5 Satz 1 Nr. 1 BGB). Unterfällt das Arbeitsverhältnis dem KSchG, ist zur Wirksamkeit der Kündigung erforderlich, dass einer der in § 1 Abs. 2 KSchG genannten Kündigungsgründe besteht. Die Wirksamkeit einer außerordentlichen Kündigung setzt voraus, dass dem Kündigenden nicht zugemutet werden kann, das Arbeitsverhältnis bis zum Ablauf der Kündigungsfrist oder bis zu der vereinbarten Beendigung fortzusetzen (§ 626 Abs. 1 BGB). Eine außerordentliche Kündigung wirkt sofort („fristlose Kündigung"); sie kann aber auch mit einer Auslauffrist versehen werden, etwa aus sozialen Gründen[37]. Gerät diese Frist allerdings in die Nähe einer Frist für eine ordentliche Kündigung, so läuft

---

[37] BAG 20.6.2013, NZA 2014, 139.

der Kündigende Gefahr, dass er sich nicht mehr auf Unzumutbarkeit berufen kann. Er muss im übrigen hinreichend deutlich machen, dass er eine außerordentliche Kündigung mit Auslauffrist und keine ordentliche Kündigung erklären wollte[38].

**bb) Beendigungs- oder Änderungskündigung.** Zielt die Kündigung auf die Beendigung des Arbeitsverhältnisses, so handelt es sich um eine Beendigungskündigung. Kündigt der Arbeitgeber das Arbeitsverhältnis und bietet er dem Arbeitnehmer zugleich die Fortsetzung des Arbeitsverhältnisses zu geänderten Arbeitsbedingungen an, so liegt eine Änderungskündigung vor (§ 2 KSchG). Da die Beendigungskündigung der Normalfall ist, ist im allgemeinen die Beendigungskündigung gemeint, wenn lediglich von einer „Kündigung" die Rede ist. Beendigungs- wie Änderungskündigung können ordentlich oder außerordentlich erklärt werden.

**cc) Voll- oder Teilkündigung.** Die Vollkündigung betrifft das Arbeitsverhältnis insgesamt, die Teilkündigung einzelne Arbeitsbedingungen[39]. Anders als bei der Änderungskündigung wird bei der Teilkündigung das Arbeitsverhältnis nicht im ganzen in Frage gestellt, sondern es sollen nur einzelne Bestimmungen herausgekündigt werden. Teilkündigungen sind nach h.M. grundsätzlich unzulässig[40] (Einzelheiten s. unten Rn. 374 ff.).

**dd) Entlassung, Massenentlassung, Eigenkündigung.** Eine Kündigung durch den Arbeitgeber heißt Entlassung; bei einer Kündigung durch den Arbeitnehmer spricht man vielfach von einer Eigenkündigung. Mit Entlassung ist mitunter aber auch die tatsächliche Beendigung des Arbeitsverhältnisses nach Ablauf der Kündigungsfrist gemeint[41]. Eine Massenentlassung liegt vor, wenn der Arbeitgeber eine Vielzahl von betriebsbedingten Kündigungen gleichzeitig oder in einem nahen zeitlichen Zusammenhang ausspricht[42]. Zum Kündigungsschutz bei Massenentlassungen s. unten Rn. 274 ff.

**ee) Weitere Erscheinungsformen.** Bei einer **vorsorglichen Kündigung** behält sich der Kündigende vor, die Kündigung gegebenenfalls rückgängig zu machen. Es handelt sich um eine unbedingte Kündigung, die der Kündigende nur im Einverständnis mit dem Gekündigten zurücknehmen kann. Eine **hilfsweise Kündigung** steht unter der Rechtsbedingung, dass eine andere – in der Regel außerordentliche – Kündigung unwirksam ist. Unterliegt der Arbeitgeber in einem Kündigungsschutzprozess und kündigt er das Arbeitsverhältnis erneut aus denselben Gründen, so spricht man von einer **Wiederholungs- oder Trotzkündigung**. Bei einer **Druckkündigung** wird der Arbeitgeber von dritter Seite zur Entlassung eines Arbeitnehmers gedrängt (Einzelheiten s. unten Rn. 123).

---

[38] BAG 16.7.1959, AP Nr. 31 zu § 626 BGB; BAG 16.11.1979, AP Nr. 1 zu § 154 BGB.
[39] Grundlegend *G. Hueck*, RdA 1968, 201.
[40] BAG 13.03.2007, NZA 2007, 563, 565; für die Lehre s. KR/*Griebeling*, § 1 KSchG Rn. 168 m.w.N.
[41] BAG 13.4.2000, AP Nr. 13 zu § 17 KSchG 1969.
[42] KDZ/*Däubler*, Einl. Rn. 122.

## 2. Kündigungserklärung

### a) Prüfungsschema

> 1. **Auf Beendigung des Arbeitsverhältnisses gerichtete, einseitige, hinreichend bestimmte Erklärung**
> 2. **Schriftform**
>    § 623 BGB, § 22 Abs. 3 BBiG, § 62 Abs. 1 SeemG, § 17 Abs. 2 Satz 2 MuSchG
> 3. **Angabe von Kündigungsgründen**
>    a) kraft Gesetzes: § 17 Abs. 2 Satz 2 MuSchG, § 22 Abs. 3 BBiG
>    b) kraft Kollektiv- oder Individualvertrags
> 4. **Kein rechtzeitiger Widerruf** (§ 130 Abs. 1 Satz 2 BGB)
> 5. **Zugang**
> 6. **Ordnungsgemäße Vertretung des Kündigenden** (§ 164 BGB) und **Nachweis der Bevollmächtigung** (§ 174 BGB)
> 7. **Keine Unwirksamkeit**
>    a) Anfechtung (§ 142 BGB), z.B. wegen Irrtums (§ 119), arglistiger Täuschung oder rechtswidriger Drohung (§ 123 BGB)
>    b) Verstoß gegen ein gesetzliches Verbot (z.B. § 17 MuSchG, § 612a BGB)
>    c) Sittenwidrigkeit (§ 138 BGB), z.B. wegen krassen Verstoßes gegen Grundrechte
>    d) Treuwidrigkeit (§ 242 BGB), z.B. Verwirkung des Kündigungsrechts, Verzeihung, ungehörige Kündigung, offenbar willkürliche oder rechtsmissbräuchliche Kündigung
>    e) Diskriminierende Kündigung (§ 7 Abs. 1 AGG; § 2 IV AGG ist teleologisch zu reduzieren)
>    f) kein kollektiv- oder individualvertragliches Kündigungsverbot
> 8. **Anzeige- und Erlaubnispflicht für Kündigung** (§ 17 Abs. 2 MuSchG usw.)
> 9. **Keine einvernehmliche Rücknahme**

### b) Inhalt

42 **aa) Bestimmtheitsgrundsatz.** Die Kündigung als rechtsgestaltende Erklärung muss so hinreichend bestimmt sein, dass für den Gekündigten keine Zweifel daran bestehen, dass der Kündigende das Arbeitsverhältnis beenden will. Dabei muss der Kündigende nicht unbedingt das Wort „kündigen" benutzen. Es genügt, dass der Wille, sich vom Vertrag zu lösen, deutlich zum Ausdruck kommt[43].

43 Bei Zugang der Kündigung muss für den Empfänger bestimmbar sein, ob eine ordentliche oder eine außerordentliche Kündigung gewollt ist und zu welchem Termin das Arbeitsverhältnis enden soll. Bestehen Zweifel, gilt die Kündigung als ordentliche[44]. Eine außerordentliche Kündigung mit Auslauffrist muss als solche gekennzeichnet sein[45]. Eine unwirksame außerordentliche Kündigung kann in eine ordentliche Kündigung umgedeutet werden (§ 140 BGB). Bei einer ordentlichen Kündigung genügt die Angabe des Kündigungstermins oder der Kündigungsfrist. Ein Hinweis auf die maßgeblichen gesetzlichen oder tariflichen Regelungen reicht aus, wenn der Empfänger dadurch unschwer den Beendigungszeitpunkt ermitteln kann. Auch eine Kündigung „zum nächstzulässigen Termin" ist zulässig, wenn die Kündigungsfrist für ihn zumindest bestimmbar ist[46]. Eine Kündigung mit fehlerhafter Kün-

---

[43] BAG 19.1.1956, AP Nr. 1 zu § 620 BGB Kündigungserklärung.
[44] *Stahlhacke/Preis/Vossen*, Kündigung, Rn. 69.
[45] BAG 19.6.1980, AP Nr. 55 zu § 620 BGB Befristeter Arbeitsvertrag.
[46] BAG 20.6.2013, NZA 2013, 1137; BAG 10.4.2014, NZA 2015, 162; BAG 20.1.2016, NZA 2016, 485.

digungsfrist gilt als Kündigung zum richtigen Kündigungstermin, wenn sie nach ihrem Inhalt und den Begleitumständen entsprechend auszulegen ist[47]. Werden mehrere Termine für die Beendigung des Arbeitsverhältnisses genannt, fehlt es an der nötigen Bestimmtheit[48].

**bb) Bedingungsfeindlichkeit.** Als Gestaltungsgeschäft kann die Kündigung nicht unter einer Bedingung erklärt werden. Dem Gekündigten ist es im allgemeinen nicht zuzumuten, Nachforschungen darüber anzustellen, ob und zu welchem Zeitpunkt ihm gekündigt wurde. Das gilt jedoch nicht für die sog. Potestativbedingung, deren Eintritt ausschließlich vom Willen des Gekündigten abhängt[49]. Zulässig ist daher die Änderungskündigung, die nur für den Fall wirksam sein soll, dass der Arbeitnehmer das Angebot des Arbeitgebers auf Abschluss eines Änderungsvertrags ablehnt. Zulässig ist auch die hilfsweise Kündigung; sie steht unter einer auflösenden Rechtsbedingung (s. oben Rn. 41)[50]. Keine bedingte, sondern eine unbedingte Kündigung ist die vorsorgliche Kündigung, bei der der Arbeitgeber sich vorbehält, sie ggf. „zurückzunehmen".  44

## c) Form

**aa) Schriftform.** Die Kündigung bedarf zu ihrer Wirksamkeit der Schriftform (§ 623 BGB, § 22 Abs. 3 BBiG, § 17 Abs. 2 Satz 2 MuSchG, § 62 Abs. 1 SeemG). Das gilt für die Kündigung des Arbeitgebers wie für die des Arbeitnehmers, für die ordentliche wie für die außerordentliche, für die Beendigungskündigung ebenso wie für die Änderungskündigung. Die Schriftform ist konstitutiv[51]. Eine Kündigung, die der Kündigende (oder sein Vertreter) nicht eigenhändig unterschrieben hat, ist nichtig (§§ 125 Satz 1, 126 Abs. 1 BGB). Eine Fotokopie oder ein Telefax wird dem Schriftformerfordernis des § 126 BGB nicht gerecht[52]. Ebensowenig reicht eine Erklärung in elektronischer Form aus (§ 623 HS. 2 BGB). Die Berufung auf den Formmangel kann wegen Treuwidrigkeit (§ 242 BGB) unwirksam sein, wenn der Erklärungsgegner einen besonderen Grund hatte, auf die Gültigkeit der Erklärung trotz des Formmangels zu vertrauen und der Erklärende sich mit der Berufung auf den Formmangel zu seinem vorhergehenden Verhalten in Widerspruch setzt[53].  45

Haben die Parteien Kündigung durch Einschreibebrief vereinbart, so wollen sie damit den Zugang der Kündigung sichern. Wird der Zugang anderweitig nachgewiesen, so ist eine Verletzung der Übersendungsabrede unschädlich[54]. Für die Kündigung des Arbeitnehmers kann in Allgemeinen Arbeitsbedingungen ein Einschreiben nicht (mehr) vereinbart werden (§ 309 Nr. 13 BGB).  46

---

[47] BAG 15.5.2013, NZA 2013, 1076.
[48] BAG 10.4.2014, NZA 2015, 162.
[49] BAG 15.3.2001, NZA 2001, 1070.
[50] BAG 10.4.2014, NZA 2015, 162.
[51] BAG 16.9.2004, NZA 2005, 162.
[52] BGH 22.4.1996, NJW-RR 1996, 866.
[53] BAG 16.9.2004, NZA 2005, 162.
[54] BAG 20.9.1979, AP Nr. 8 zu § 125 BGB.

47  bb) **Angabe von Kündigungsgründen.** Die Kündigung ist grundsätzlich auch ohne Angabe eines Kündigungsgrundes wirksam[55]. Anderes gilt für den Berufsausbildungsvertrag (§ 22 Abs. 3 BBiG)[56] und die Kündigung einer Schwangeren (§ 17 Abs. 2 Satz 2 MuSchG). Zuweilen ist die Angabe eines Kündigungsgrundes kollektiv- oder individualvertraglich vorgesehen. Die Verletzung der Mitteilungspflicht führt in diesen Fällen nicht zur Unwirksamkeit der Kündigung. Der Gekündigte hat aber Anspruch auf Ersatz der Kosten eines Kündigungsrechtsstreits, der unterblieben wäre, wenn ihm die Kündigungsgründe rechtzeitig mitgeteilt worden wären[57]. Bei einer außerordentlichen Kündigung hat der Kündigende dem anderen Teil auf Verlangen den Kündigungsgrund unverzüglich schriftlich mitzuteilen (§ 626 Abs. 2 Satz 3 BGB).

48  Bei anderen Kündigungen kann sich ein Anspruch auf Mitteilung des Kündigungsgrundes zumindest dann aus einer arbeitsvertraglichen Nebenpflicht ergeben[58], wenn das Arbeitsverhältnis dem KSchG unterfällt und es deshalb nur aus den in § 1 Abs. 2 KSchG angegebenen Gründen gekündigt werden kann.

49  cc) **Nachschieben von Kündigungsgründen im Laufe des Kündigungsschutzprozesses.** Für die Frage, ob Kündigungsgründe, die dem Gekündigten bei der Kündigung nicht mitgeteilt worden sind, noch bis zum Abschluss eines Kündigungsschutzprozesses „nachgeschoben" werden können, ist zwischen Individualarbeitsrecht, Betriebsverfassungsrecht und Prozessrecht zu unterscheiden.

– **Individualrechtlich** können sämtliche Gründe, die dem Kündigenden bei Ausspruch der Kündigung noch nicht bekannt waren, bis zum Ende eines Kündigungsrechtsstreits vorgetragen werden, wenn sie bereits vor Ausspruch der Kündigung entstanden sind, denn im Regelfall ist die Mitteilung der Gründe keine Wirksamkeitsvoraussetzung für die Kündigung[59].

– **Betriebsverfassungsrechtlich** kann der Arbeitgeber Kündigungsgründe oder für den Kündigungssachverhalt wesentliche Umstände, die ihm bei Ausspruch der Kündigung bereits bekannt waren, später nicht mehr nachschieben, wenn er sie dem Betriebsrat nicht zuvor nach § 102 BetrVG mitgeteilt hat[60]. Zulässig sind dagegen die spätere Erläuterung und Ergänzung eines dem Betriebsrat angegebenen Kündigungsgrundes[61]. War dem Arbeitgeber bei Ausspruch der Kündigung ein objektiv vorliegender Kündigungsgrund subjektiv unbekannt, so kann er diesen Grund auch noch später geltend machen, wenn er den Betriebsrat nachträglich dazu angehört hat[62]. S. auch unten Rn. 288 f.

– **Prozessrechtlich** können nur solche Kündigungsgründe berücksichtigt werden, die innerhalb der Fristen des § 61a ArbGG vorgetragen werden.

---

[55] BAG 15.12.1955, AP Nr. 1 zu § 67 HGB; BAG 30.1.1963, AP Nr. 50 zu § 626 BGB.
[56] BAG 22.2.1972, 25.11.1976, AP Nr. 1, 4 zu § 15 BBiG.
[57] BAG 21.3.1959, AP Nr. 55 zu § 1 KSchG.
[58] *Stahlhacke/Preis/Vossen*, Kündigung, Rn. 91; *Zöllner/Loritz/Hergenröder*, Arbeitsrecht, § 23 I 5.
[59] BAG 17.8.1972, 18.1.1980, EzA § 626 BGB Nr. 22, 72; BAG 6.9.2007, NZA 2008, 636; BAG 23.5.2013, NZA 2013, 1416, 1418.
[60] BAG 29.3.1990, AP Nr. 50 zu § 1 KSchG 1969 Betriebsbedingte Kündigung.
[61] BAG 11.4.1985, AP Nr. 39 zu § 102 BetrVG 1972.
[62] BAG 11.4.1985, AP Nr. 39 zu § 102 BetrVG 1972.

## d) Ort und Zeit

**aa) Grundsatz.** Die Kündigung kann grundsätzlich zu jeder Zeit und an jedem Ort folgen. Das Kündigungsschreiben kann am Arbeitsplatz überreicht oder an die Anschrift des Kündigungsempfängers überbracht oder übersandt werden. Im Gegensatz zu anderen Willenserklärungen (§ 193 BGB) kann eine Kündigung auch an Samstagen, Sonn- und Feiertagen zugehen. Eine Kündigung zur Unzeit oder an einem unpassenden Ort ist nur in extremen Ausnahmefällen unwirksam (vgl. § 627 Abs. 2 Satz 2 BGB), nämlich dann, wenn der Arbeitgeber absichtlich oder aufgrund einer auf Missachtung der persönlichen Belange des Arbeitnehmers beruhenden Gedankenlosigkeit einen Zeitpunkt wählt, der den Arbeitnehmer besonders beeinträchtigt[63]. Zugang einer Kündigung am Heiligen Abend genügt dafür nicht[64], wohl aber, wenn sie gegenüber einer Arbeitnehmerin am Vorabend eines Krankenhausaufenthalts erklärt wird, wo sie – dem Arbeitgeber bekannt – einen artifiziellen Abort (= Entfernung der toten Leibesfrucht) vornehmen lassen muss[65].

**50**

**bb) Kündigung vor Dienstantritt.** Die Parteien können vereinbaren, ob der Arbeitsvertrag schon vor Dienstantritt wieder gekündigt werden kann und wann die Kündigungsfrist beginnt. Fehlt es an einer Vereinbarung, so ist der Vertrag ergänzend auszulegen. Haben die Parteien eine Kündigung nicht ausdrücklich ausgeschlossen oder ergibt sich der Ausschluss nicht aus den Umständen – etwa der Vereinbarung einer Vertragsstrafe für den Fall des Nichtantritts der Arbeit –, so kann der Arbeitsvertrag vor dem vereinbarten Dienstantritt gekündigt werden. Die Kündigungsfrist beginnt im Zweifel mit dem Zugang der Kündigungserklärung[66].

**51**

## e) Zugang

Die Kündigung wird, weil es sich um eine empfangsbedürftige Willenserklärung handelt, erst wirksam, wenn sie dem Gekündigten zugeht. Ausdrücklich hat das der Gesetzgeber nur für Willenserklärungen unter Abwesenden geregelt (§ 130 Abs. 1 Satz 1 BGB).

**52**

Entsprechendes gilt aber für Willenserklärungen unter Anwesenden.

**53**

Eine schriftliche Willenserklärung – und das ist die Kündigung (§ 623 BGB) – geht sowohl einem anwesenden als auch einem abwesenden Erklärungsempfänger dann zu, wenn sie so in seinen **Machtbereich** gelangt, dass er unter gewöhnlichen Verhältnissen die **Möglichkeit** hat, von ihrem Inhalt **Kenntnis zu nehmen**[67]. Ob und wann der Gekündigte die Erklärung tatsächlich zur Kenntnis nimmt, spielt keine Rolle.

**54**

---

[63] BAG 5.4.2001, AP Nr. 13 zu § 242 BGB Kündigung.
[64] BAG 14.11.1984, NZA 1986, 97.
[65] BAG 12.12.2013, 8 AZR 838/12.
[66] BAG 25.3.2004, NZA 2004, 1089 f.; BAG 9.2.2006, NZA 2006, 1207, 1210.
[67] St. Rspr. BAG 26.3.2015, NZA 2015, 1183.

55 – Ein Kündigungsschreiben, das einem anwesenden Arbeitnehmer ausgehändigt wird – am Arbeitsplatz oder in seiner Wohnung –, geht unmittelbar mit der **Aushändigung** zu.

56 – Der in den **Briefkasten** eingeworfene Brief geht dem Gekündigten zu, sobald nach der Verkehrsanschauung mit der nächsten Entnahme zu rechnen ist. Ob ein nach den üblichen Postzustellungszeiten eingeworfener Brief noch am selben oder erst am nächsten Tag zugeht, hängt von der Art des Empfängers ab (alleinstehend und berufstätig einerseits, vorübergehend wegen Krankheit zu Hause andererseits), soweit diese Art dem Absender bekannt sein musste[68], aber auch davon, ob der Adressat von dem Einwurf nach den üblichen Zustellzeiten wusste[69]. Eine allgemeine Vermutung, dass ein gewöhnlicher Brief, der der Post zur Beförderung übergeben wird, tatsächlich zugeht, besteht nicht[70].

57 – Ein **Übergabeeinschreiben** geht mit Aushändigung an den Arbeitnehmer zu, bei Einwurf eines Benachrichtigungszettels erst, wenn der Arbeitnehmer den Brief abholt oder wenn er ihn hätte abholen können; letzteres gilt allerdings nur dann, wenn er mit einer Kündigung rechnen musste[71]. Für das **Einwurfeinschreiben** gilt dasselbe wie für den Brief.

58 – Hält sich der Kündigungsempfänger infolge **Urlaubs, Kur oder Krankheit** vorübergehend nicht an seinem gewöhnlichen Aufenthaltsort auf, so geht ein an die Heimatanschrift gerichtetes Kündigungsschreiben selbst dann nach den allgemeinen Regeln zu, wenn dem Arbeitgeber bekannt ist, dass der Arbeitnehmer verreist ist[72]. Nur in besonders gelagerten Ausnahmefällen kann anderes gelten. Sozusagen zum Ausgleich dafür kann der Gekündigte, wenn eine Kündigungsschutzklage urlaubs- oder krankheitsbedingt verfristet ist (s. unten Rn. 299 ff.), nach § 5 KSchG die Zulassung einer verspäteten Klage beantragen[73]. Entsprechendes gilt bei einer Inhaftierung, solange der Kündigungsempfänger seine Wohnung nicht aufgibt[74].

59 – Hat der Arbeitnehmer der Post einen **Nachsendeauftrag** gegeben, so geht die Verzögerung zu seinen Lasten. Schickt der Arbeitgeber die Kündigung an die Urlaubsanschrift, so gelten die allgemeinen Grundsätze.

60 – **Zieht der Arbeitnehmer um**, ohne das dem Arbeitgeber anzuzeigen, so geht eine Verzögerung zu seinen Lasten. Geht ihm die Kündigung gar nicht zu, so muss er sich so behandeln lassen, als wäre sie ihm zum normalen Zeitpunkt zugegangen; der Arbeitgeber muss die Erklärung allerdings unverzüglich wiederholen, wenn er die neue Anschrift erfährt.

61 – Wird die Kündigung einem **Dritten** übergeben, so geht sie dem Gekündigten unmittelbar mit der Entgegennahme zu, wenn der Dritte **Empfangsvertreter** (§ 164 Abs. 3 BGB) ist, wie etwa sein Prozessbevollmächtigter im Kündigungsschutzprozess. Ist der Dritte **Empfangsbote**, geht die Kündigung in dem Zeitpunkt zu, in dem nach dem regelmäßigen Verlauf der Dinge die Weiterleitung an den Gekündigten zu erwarten war[75]. Übermittelt der Empfangsbote die Kündigung verspätet, falsch oder überhaupt nicht, trägt der Erklärungs-

---

[68] BAG 8.12.1983, AP Nr. 12 zu § 130 BGB; BAG 14.11.1984, AP Nr. 88 zu § 626 BGB.
[69] BAG 26.3.2015, NZA 2015, 1183.
[70] BAG 14.7.1960, EzA § 130 BGB Nr. 1.
[71] BAG 7.11.2002, NZA 2003, 719, 723.
[72] BAG 24.6.2004, AP Nr. 22 zu § 620 BGB Kündigungserklärung.
[73] Zu Vorst. BAG 16.3.1988, 2.3.1989, AP Nr. 16, 17 zu § 130 BGB.
[74] LAG Schleswig-Holstein 19.3.2014, 6 Sa 297/13; für die U-Haft BAG 2.3.1989, NZA 1989, 635; BAG 26.3.2015 - 2 AZR 517/14.
[75] BAG 9.6.2011, NZA 2011, 847.

empfänger das Risiko⁷⁶. Empfangsbote ist aber nur, wer vom Gekündigten tatsächlich zur Entgegennahme von Erklärungen bestellt worden ist oder wer nach der Verkehrsanschauung als geeignet und ermächtigt anzusehen ist (z.B. Ehegatten und sonstige in der Wohnung des Gekündigten lebende Familienangehörige, etwa Partner einer nichtehelichen Lebensgemeinschaft, nicht aber Kinder, Nachbarn, Hausmeister oder nicht mit dem Gekündigten zusammenlebende Familienangehörige)⁷⁷. Wird die Erklärung einer anderen Person gegenüber abgegeben, so ist sie **Erklärungsbote**. Die Erklärung geht erst zu, wenn sie richtig übermittelt wird⁷⁸. Die Kündigung gegenüber einem Geschäftsunfähigen oder einer in der Geschäftsfähigkeit beschränkten Person wird erst wirksam, wenn sie dem gesetzlichen Vertreter zugeht (§ 131 Abs. 1, Abs. 2 S. 1 BGB). Dazu genügt nicht, dass sie in dessen Herrschaftsbereich gelangt; sie muss an ihn gerichtet oder zumindest für ihn bestimmt sein⁷⁹.

– **Vereitelt der Erklärungsempfänger** oder sein Vertreter den Zugang der Kündigung bewusst und ohne Grund – der Arbeitnehmer verklebt seinen Briefkasten, um die Kündigung zu verhindern –, so gilt die Kündigung als zugegangen⁸⁰. Dasselbe gilt, wenn der Arbeitnehmer ein Kündigungsschreiben, das ihm zum Zwecke der Übergabe hingereicht wird, nicht annimmt⁸¹. Unterbleibt die Kenntnisnahme aufgrund eines Umstandes, der zum Einflussbereich des Kündigungsempfängers gehört – der Briefkasten ist nicht ordentlich beschriftet, eine neue Anschrift wird nicht mitgeteilt, ein bei der Post niedergelegter Einschreibebrief nicht abgeholt –, so muss sich der Gekündigte nach Treu und Glauben so behandeln lassen, als ob ihm die Kündigung zum normalen Zeitpunkt zugegangen wäre. Der Kündigende muss die Kündigungserklärung allerdings unverzüglich wiederholen⁸². Wer aufgrund bestehender oder angebahnter vertraglicher Beziehungen mit dem Zugang rechtserheblicher Erklärungen zu rechnen hat, muss geeignete Vorkehrungen treffen, dass ihn derartige Erklärungen auch erreichen⁸³. Unterlässt er dies, so wird darin vielfach ein Verstoß gegen die durch die Aufnahme von Vertragsverhandlungen oder den Abschluss eines Vertrags begründeten Sorgfaltspflichten gegenüber seinem Partner liegen. 62

## f) Vertretung

**aa) Grundsatz.** Die Kündigung kann durch einen Vertreter (§ 164 Abs. 1 BGB) und gegenüber einem Vertreter (§ 164 Abs. 3 BGB) erfolgen. Sie muss dann im Namen des Kündigenden erklärt bzw. im Namen des Gekündigten entgegengenommen werden; der Vertreter muss zur Vertretung durch Gesetz oder Rechtsgeschäft (§ 167 BGB) ermächtigt sein. In vielen Unternehmen gilt der Grundsatz der Gesamtvertretung. Zwei Vertretungsberechtigte können das Unternehmen nur gemeinsam vertreten. Für die Kündigung sind es meistens der Fachvorgesetzte und der Personalleiter. Allerdings kann jeder von ihnen seine Vollmacht mündlich oder schriftlich auf den anderen übertragen. Ist in einer größeren Verwaltung die Perso- 63

---

⁷⁶ BAG 13.10.1976, AP Nr. 8 zu § 130 BGB.
⁷⁷ BAG 9.6.2011, NZA 2011, 847.
⁷⁸ Palandt/*Ellenberger*, § 130 BGB Rn. 9 m.w.N.
⁷⁹ BAG 28.10.2010, NZA 2011, 340; BAG 8.12.2011 NZA 2012, 495.
⁸⁰ BAG 4.3.1965, AP Nr. 5 zu § 130 BGB.
⁸¹ BAG 26.3.2015, NZA 2015, 1183.
⁸² BAG 22.9.2005, AP Nr. 24 zu § 130 BGB.
⁸³ BGH 26.11.1997, BGHZ 137, 205 m.w.N.

nalabteilung lediglich für die Sachbearbeitung und für Grundsatzfragen zuständig, während die Federführung in Personalfragen den einzelnen Abteilungsleitern vorbehalten bleibt, so sind gegenüber den Arbeitnehmern ihrer Abteilung die einzelnen Abteilungsleiter, nicht jedoch der Leiter der Personalabteilung kündigungsbefugt[84].

64  Fehlt die Vertretungsmacht, ist die Kündigung unwirksam (§ 180 Satz 1 BGB), es sei denn, dass der Gekündigte die behauptete Vertretungsmacht nicht beanstandet oder mit dem Handeln einverstanden ist und der wahre Kündigungsberechtigte die Kündigung genehmigt (§§ 180 Satz 2, 177 BGB). Unterlässt es der Bevollmächtigte, bei der Kündigung eine ordnungsgemäße Vollmachtsurkunde im Original – Foto- oder Telefaxkopie genügt nicht – vorzulegen[85] und weist der Gekündigte die Kündigung deshalb unverzüglich zurück, so ist die Kündigung nach § 174 Satz 1 BGB unwirksam. Die Zurückweisung ist unter normalen Umständen nicht mehr unverzüglich, wenn sie später als eine Woche nach der tatsächlichen Kenntnis des Empfängers von der Kündigung und der fehlenden Vorlegung der Vollmachtsurkunde erfolgt[86]. Sie ist ausgeschlossen, wenn der Vollmachtgeber den anderen von der Bevollmächtigung in Kenntnis gesetzt hatte (§ 174 Satz 2 BGB). Dazu genügt es, wenn der Arbeitgeber einem Mitarbeiter eine Funktion überträgt, die üblicherweise mit dem Kündigungsrecht verbunden ist (Prokura, Personalleitung, wohl auch Betriebsleitung), sofern diese Übertragung im Betrieb ersichtlich ist oder allgemein oder dem Kündigungsempfänger bekanntgemacht wird[87]. § 174 Satz 1 BGB ist nicht einschlägig, wenn der Gekündigte nur die Kündigungsbefugnis des Kündigenden an sich verneint, nicht aber deren Nachweis durch Vorlage einer wirksamen Vollmachtsurkunde fordert[88]. Beruht die Vertretungsmacht nicht auf der Erteilung einer Vollmacht durch den Vertretenen, sondern auf gesetzlicher Grundlage – etwa auf organschaftlicher Vertretung –, scheidet eine Zurückweisung nach § 174 BGB ebenfalls aus[89].

65  **bb) Prozessvollmacht.** Ist einer Person nach §§ 78 ff. ZPO Prozessvollmacht erteilt worden – etwa für einen Kündigungsprozess –, so berechtigt diese den Bevollmächtigten zu allen den Rechtsstreit betreffenden Prozesshandlungen und zu materiell-rechtlichen Erklärungen, die ihn beenden (§ 81 ZPO), d.h. grundsätzlich auch zur Erklärung und zur Empfangnahme von Kündigungen. Der Umfang einer konkret erteilten Prozessvollmacht hängt jedoch vom Streitgegenstand ab[90]. Wird in einem Arbeitsgerichtsprozess lediglich eine genau bezeichnete Kündigung angegriffen – das ist nach der punktuellen Streitgegenstandstheorie der Regelfall –, so ist der Prozessbevollmächtigte aufgrund seiner Prozessvollmacht weder zur Erklärung noch zur Empfangnahme einer weiteren Kündigung befugt. Eine Kündigung

---

[84] BAG 7.11.2002, AP Nr. 19 zu § 620 BGB Kündigungserklärung.
[85] BAG 18.2.1993, RzK I 2 b Nr. 18.
[86] BAG 8.12.2012, NZA 2012, 495.
[87] BAG 14.4.2011, NZA 2011, 683; BAG 25.9.2014, NZA 2015, 159 = AP Nr. 23 zu § 174 BGB m. Anm. *Hromadka*.
[88] BAG 19.4.2007, AP Nr. 20 zu § 174 BGB.
[89] BAG 10.2.2005, 20.9.2006, AP Nr. 18, 19 zu § 174 BGB.
[90] BAG 27.1.1994, 16.3.1994, AP Nr. 28, 29 zu § 4 KSchG 1969.

## II. Kündigung

in einem Schriftsatz geht dem Vertretenen erst zu, wenn ihm der Schriftsatz zugeht. Betrifft ein Rechtsstreit die Beendigung des Arbeitsverhältnisses schlechthin, ist der Prozessbevollmächtigte auch zur Entgegennahme weiterer Kündigungen befugt[91].

### g) Mängel

Als einseitiges Rechtsgeschäft unterliegt die Kündigung den allgemein für Willenserklärungen geltenden Vorschriften der §§ 104 ff. BGB. Sie ist nichtig, wenn sie rechtswirksam angefochten wurde (§ 142 Abs. 1 BGB), gegen ein gesetzliches Verbot verstößt (§ 134 BGB), sittenwidrig ist (§ 138 BGB), dem Grundsatz von Treu und Glauben widerspricht (§ 242 BGB) oder den zu Kündigenden diskriminiert (§ 7 Abs. 1 AGG). Darüber hinaus können kollektiv- oder individualvertragliche Kündigungsbeschränkungen bestehen. Schließlich sind der allgemeine und der besondere Kündigungsschutz zu beachten. 66

**aa) Anfechtung.** Für die Anfechtung einer Kündigungserklärung gelten keine Besonderheiten. Praktisch bedeutsam ist die Anfechtung einer Kündigung durch den Arbeitnehmer. Der Irrtum einer Schwangeren über die rechtlichen Folgen des § 17 MuSchG (Verbot der Kündigung von Schwangeren) ist ein unbeachtlicher Motivirrtum. Auch die Unkenntnis der Schwangerschaft rechtfertigt keine Anfechtung, weil es an einem Irrtum fehlt[92]. 67

**bb) Verstoß gegen ein gesetzliches Verbot.** Grundsätzlich unwirksam ist ferner die gegen ein gesetzliches Verbot verstoßende Kündigung (§ 134 BGB). Ob ein solcher Verstoß gegeben ist, hat im Rahmen eines Kündigungsprozesses der Arbeitnehmer darzulegen und zu beweisen[93]. Mit Kündigungsverboten wird vor allem der Sonderkündigungsschutz für bestimmte Arbeitnehmergruppen abgesichert (s. unten Rn. 226 ff.), außerdem die diskriminierende Kündigung in der Wartezeit und in Kleinbetrieben (s. unten Rn. 73). Unwirksam ist ferner die Kündigung eines Arbeitsverhältnisses wegen des Übergangs eines Betriebs oder Betriebsteiles auf einen neuen Inhaber; hier ordnet § 613a Abs. 4 Satz 1 BGB unmittelbar die Unwirksamkeit an, so dass sich der Rückgriff auf § 134 BGB erübrigt. 68

**cc) Sittenwidrig** ist eine Kündigung, wenn sie grob gegen das Anstandsgefühl aller billig und gerecht Denkenden verstößt[94]. Der Vorwurf der Sittenwidrigkeit wiegt schwer und kann deshalb nur in besonders krassen Fällen erhoben werden. § 138 BGB verlangt lediglich die Einhaltung eines „ethischen Minimums". Auf § 138 BGB braucht nicht zurückgegriffen zu werden, soweit spezialgesetzliche Regelungen bestehen. 69

---

[91] BAG 21.1.1988, AP Nr. 19 zu § 4 KSchG 1969.
[92] BAG 6.2.1992, EzA § 119 BGB Nr. 16.
[93] BAG 28.9.1972, AP Nr. 2 zu § 134 BGB.
[94] BAG 19.7.1973, AP Nr. 32 zu § 138 BGB; BAG 16.2.1989, EzA § 138 BGB Nr. 23.

70 Eine Kündigung zur **Maßregelung** eines Arbeitnehmers, der von seinen Rechten Gebrauch macht, ist bereits nach § 612a BGB unwirksam. Ob eine Kündigung sittenwidrig ist, beurteilt sich anhand der gesamten Umstände des Einzelfalles[95]. Dabei besteht die Tendenz, den Sittenwidrigkeitsvorwurf nur noch objektiv zu prüfen und auf den Nachweis einer subjektiv verwerflichen Gesinnung zu verzichten[96].

71 **Beispiele:** Kündigung, weil Sekretärin unsittliche Angebote ablehnt; wegen Kandidatur zum Betriebsrat; aus reiner Rachsucht; nicht aber Kündigung eines HIV-Infizierten, für den das KSchG noch nicht gilt und der nach einem Selbstmordversuch lange arbeitsunfähig ist[97].

72 **dd) Treuwidrige Kündigungen.** Im Anwendungsbereich des KSchG stellt dieses die Konkretisierung von § 242 BGB dar. Außerhalb davon, d.h. in Kleinbetrieben (§ 23 Abs. 1 Satz 2, 3 KSchG dazu s. unten Rn. 143) und in der sechsmonatigen Wartezeit (§ 1 Abs. 1 KSchG, dazu s. unten Rn. 141), wo noch kein allgemeiner Kündigungsschutz besteht, darf eine Berufung auf § 242 nicht dazu führen, dass dem Arbeitgeber praktisch die Maßstäbe der Sozialwidrigkeit auferlegt werden. So bedarf es bei verhaltensbedingten Kündigungen beispielsweise grundsätzlich keiner Abmahnung[98]. Verhindert werden sollen lediglich willkürliche und auf sachfremden Motiven beruhende Kündigungen. Erreicht werden soll ein gewisses Maß an sozialer Rücksichtnahme, wenn unter mehreren Arbeitnehmern eine Auswahl zu treffen ist, und die Berücksichtigung von durch langjährige Mitarbeit erworbenem Vertrauen[99]. Der Gesetzgeber hat die grundrechtlich geschützte Position des Arbeitgebers (Art. 2, 12 GG) bewusst und zulässigerweise höher gewichtet als die des Arbeitnehmers. Für § 242 BGB bleibt deshalb nur ein schmaler Bereich. Treuwidrig ist die Kündigung, wenn sich der Kündigende zu seinem früheren Verhalten in Widerspruch setzt (Verbot des „venire contra factum proprium")[100]. So kann das Kündigungsrecht verwirkt sein, wenn der Kündigungsberechtigte trotz Vorliegens eines Kündigungsgrundes nicht gekündigt hat, obwohl ihm dies möglich und zumutbar war, und er dadurch beim anderen Teil das Vertrauen erweckt hat, die Kündigung werde auch weiterhin unterbleiben[101]. Treuwidrig ist die Kündigung auch dann, wenn der Ort, die Zeit oder die Art und Weise „ungehörig" ist oder wenn sie „offenbar willkürlich" ist, weil der Arbeitgeber sich grob rücksichtslos oder missbräuchlich verhält[102]. Kann der Arbeitgeber unter mehreren Arbeitnehmern eine Auswahl treffen, gebietet § 242 BGB i.V.m. dem durch Art. 12 Abs. 1 GG bewirkten verfassungsrechtlichen Schutz des Arbeitsplatzes ein gewisses Maß an sozialer Rücksichtnahme. Auch ein durch langjährige Mitarbeit verdientes Vertrauen in den Fortbestand eines Arbeitsverhältnisses darf nicht unberücksichtigt bleiben[103].

---

[95] BAG 12.10.1954, AP Nr. 5 zu § 3 KSchG.
[96] BAG 10.10.1990, AP Nr. 47 zu § 138 BGB.
[97] BAG 16.2.1989, EzA § 138 BGB Nr. 23.
[98] BAG 23.4.2009, NZA 2009, 1260.
[99] BVerfG 27.1.1998, EzA§ 23 KSchG § 17.
[100] BAG 8.6.1972, EzA § 626 BGB n.F. Nr. 12; BAG 23.9.1976, EzA § 1 KSchG Nr. 35.
[101] LAG Hamm 21.1.1987, BB 1987, 1322; einschränkend aber BAG 9.1.1986, EzA § 626 BGB n.F. Nr. 98 bei Unkenntnis des Arbeitgebers vom Kündigungsgrund.
[102] BAG 23.6.1994, EzA § 242 BGB Nr. 39.
[103] BVerfG 27.1.1998, NZA 1998, 470, 472; BAG 21.2.2001, NZA 2001, 833.

**ee) Diskriminierende Kündigungen.** Nach § 2 Abs. 4 AGG gelten für Kündigungen ausschließlich die Bestimmungen zum allgemeinen und besonderen Kündigungsschutz. Damit soll der Vorrang der speziell auf Kündigungen zugeschnittenen Regelungen gesichert werden. Die Diskriminierungsverbote sollen in das Kündigungsschutzrecht eingepasst, Kohärenz zwischen dem Antidiskriminierungsrecht und dem Kündigungsschutzrecht hergestellt werden. § 7 Abs. 1 AGG ist deshalb bei der Auslegung der unbestimmten Rechtsbegriffe des Kündigungsschutzgesetzes zu beachten; er konkretisiert insoweit den Begriff der Sozialwidrigkeit[104]. Für ordentliche Kündigungen in der Wartezeit und in Kleinbetrieben gibt es keine Bestimmungen i.S. eines allgemeinen Kündigungsschutzes. Ein Konflikt zwischen Kündigungsschutzrecht und Antidiskriminierungsrecht ist folglich ausgeschlossen. Das BAG nimmt deshalb eine teleologische Reduktion des § 2 Abs. 4 AGG vor und wendet in diesen Fällen die Antidiskriminierungsbestimmungen unmittelbar an. Das gilt nicht nur für die Diskriminierungsverbote, sondern auch für die Entschädigungsregelung des § 15 Abs. 2 AGG und die Beweislastregel des § 22 AGG[105]. Ein Entschädigungsanspruch nach § 15 Abs. 2 AGG besteht, wenn die Kündigung an ein nach § 1 AGG verpöntes Merkmal anknüpft und dabei die Persönlichkeitsrechte des Arbeitnehmers über das Normalmaß hinaus verletzt. Dass die Kündigung selbst nach § 134 BGB i.V.m. § 7 Abs. 1 S. 1, 3 AGG unwirksam ist, steht dem nicht entgegen, weil der durch die Kündigung verursachte materielle Schaden bereits im Wege der Naturalrestitution (= Unwirksamkeit der Kündigung) ersetzt wird[106].

73

**ff) Kollektivvertragliche Kündigungsbeschränkungen**[107]. Tarifverträge können Rechtsnormen zur Beendigung des Arbeitsverhältnisses enthalten (§ 1 Abs. 1 TVG). Solche Normen gelten unmittelbar und zwingend, wenn beide Arbeitsvertragsparteien tarifgebunden sind (§ 4 Abs. 1 TVG). Tarifliches Kündigungsrecht muss allerdings mit höherrangigem Recht vereinbar sein. Von zwingendem Gesetzesrecht können auch die Tarifvertragsparteien nicht abweichen.

74

Unzulässig ist deshalb nach ganz h.M. der tarifliche Ausschluss der außerordentlichen Kündigung[108]. § 626 BGB ist zwingend, weil von keiner Partei verlangt werden kann, dass sie an einem unzumutbaren Vertrag festgehalten wird. Unzulässig ist auch jede unzumutbare Erschwerung des Rechts zur außerordentlichen Kündigung[109], wie etwa die abschließende Festlegung von Gründen. Zulässig ist allenfalls eine Konkretisierung des wichtigen Grundes[110]. Vom KSchG kann nicht zum Nachteil des Arbeitnehmers abgewichen werden[111]. Möglich sind aber der Ausschluss der ordentlichen Kündigung – etwa nach langer Betriebszugehörigkeit –, die Verlängerung von Kündigungsfristen und die Erweiterung der Beteiligungsrechte der Belegschaftsvertretung (vgl. § 102 Abs. 5 BetrVG). Unter der „Unkündbarkeit" eines Arbeitnehmers ist also nur das Verbot der ordentlichen Kündigung zu verstehen; das gilt

75

---

[104] BAG 6.11.2008, NZA 2009, 361.
[105] BAG 19.12.2013, NZA 2014, 372; BAG 23.7.2015, NZA 2015, 1380.
[106] BAG 12.12.2013, 8 AZR 838/12 m. krit. Anm. *Bauer*, ArbR 2014, 46.
[107] Hierzu *Löwisch*, DB 1998, 877 ff.
[108] BAG 12.2.1973, AP Nr. 6 zu § 626 BGB Ausschlussfrist.
[109] BAG 18.12.1961, 8.8.1963, AP Nr. 1, 2 zu § 626 BGB Kündigungserschwerung.
[110] KR/*Fischermeier*, § 626 BGB Rn. 66 ff.
[111] BAG 14.5.1987, AP Nr. 5 zu § 1 KSchG Wartezeit.

sowohl für die Beendigungs- als auch für die Änderungskündigung[112]. In Rationalisierungsschutzabkommen wird die betriebsbedingte Kündigung nicht selten modifiziert oder von finanziellen Zuwendungen des Arbeitgebers abhängig gemacht. Mitunter wird ein Kündigungsverbot mit der Pflicht verbunden, den Arbeitnehmer auf einem anderen Arbeitsplatz weiterzubeschäftigen. Muss der Betrieb schließlich doch stillgelegt werden, besteht trotz des Kündigungsverbots im Regelfall das Recht zu einer außerordentlichen Kündigung[113] (s. unten Rn. 113).

76  In **Betriebsvereinbarungen** können Kündigungsverbote wegen der Sperrwirkung des Tarifvertrags (§ 77 Abs. 3 BetrVG) praktisch nicht geregelt werden. In Betracht kommen Richtlinien zur sozialen Auswahl unter mehreren zur Kündigung anstehenden Arbeitnehmern (§ 95 BetrVG, § 1 Abs. 4 KSchG). Wird dagegen verstoßen, kann der Betriebsrat der Kündigung widersprechen (§ 102 Abs. 3 Nr. 2 BetrVG). Auswahlrichtlinien müssen die Grundsätze des § 1 Abs. 3 KSchG und den Diskriminierungsschutz nach dem AGG beachten.

77  gg) Im **Arbeitsvertrag** sind Kündigungsbeschränkungen ohne weiteres zulässig[114]. Allerdings können auch die Arbeitsvertragsparteien die außerordentliche Kündigung weder ausschließen[115] noch unzumutbar erschweren[116]. Ein befristetes Arbeitsverhältnis kann ordentlich nur gekündigt werden, wenn das vereinbart ist (§ 15 Abs. 3 TzBfG) oder wenn die Befristung lediglich mangels Schriftform unwirksam ist (§ 16 Satz 2 TzBfG); anderenfalls kommt nur eine außerordentliche Kündigung in Betracht. Von einer stillschweigenden Vereinbarung ist auszugehen bei der Vereinbarung einer Altersgrenze; sie ist nur eine Höchstbefristung.

### h) Beteiligung von Behörden

78  Manche Vorschriften verbieten die Kündigung nicht schlechthin, sondern binden sie an die vorherige Anzeige oder die Erlaubnis staatlicher Behörden.

- Nach § 17 KSchG anzeigepflichtige **Massenentlassungen** werden nur mit Zustimmung der Agentur für Arbeit wirksam (§ 18 Abs. 1 KSchG).
- Die Kündigung einer **Schwangeren** bedarf nach § 17 Abs. 2 MuSchG der Zustimmung der für den Arbeitsschutz zuständigen Behörde (zumeist das Gewerbeaufsichtsamt).
- Dasselbe gilt für die Kündigung eines Arbeitnehmers in **Elternzeit** (§ 18 Abs. 1 Sätze 2-4, Abs. 2 Satz 1 BEEG).
- Für die Kündigung eines **schwerbehinderten Menschen** ist die Zustimmung des Integrationsamtes erforderlich (§§ 168 ff. SGB IX).

---

[112] BAG 10.3.1982, EzA § 2 KSchG Nr. 3.
[113] BAG 28.3.1985, AP Nr. 86 zu § 626 BGB.
[114] BAG 8.10.1959, AP Nr. 1 zu § 620 BGB Schuldrechtliche Kündigungsbeschränkung.
[115] BAG 22.11.1973, EzA § 626 BGB n.F. Nr. 33.
[116] BAG 18.12.1963, 8.8.1963, AP Nr. 1, 2 zu § 626 BGB Kündigungserschwerung.

Genehmigung und Versagung der Erlaubnis sind in aller Regel Verwaltungsakte (§ 35 VwVfG, § 31 SGB X), die verwaltungs- oder sozialgerichtlich überprüft werden können. **79**

### i) Widerruf, Rücknahme, Verzicht, Verwirkung

**aa) Widerruf.** Die Kündigung wird nicht wirksam, wenn dem Erklärungsempfänger vorher oder gleichzeitig ein Widerruf zugeht (§ 130 Abs. 1 Satz 2 BGB). Ist die Kündigung vor dem Widerruf zugegangen, so kommt der Widerruf selbst dann zu spät, wenn der Gekündigte vor der Kündigung von dem Widerruf erfährt. **80**

**bb) Rücknahme.** Eine wirksam erklärte Kündigung kann nicht mehr einseitig zurückgenommen werden. In Betracht kommt nur eine einvernehmliche Rücknahme[117]. Darin liegt die Vereinbarung, dass das Arbeitsverhältnis zu den ursprünglichen Bedingungen fortgesetzt wird[118]. In der Rücknahme der Kündigung durch den Arbeitgeber liegt regelmäßig ein Angebot zur Fortsetzung des Arbeitsverhältnisses[119]. Das Angebot gilt als angenommen, wenn der Arbeitnehmer widerspruchslos[120] oder unter Bestreiten der Rechtmäßigkeit der Kündigung[121] weiterarbeitet oder wenn er eine bereits erhobene Kündigungsschutzklage zurücknimmt[122]. Es gilt als abgelehnt, wenn er einen Kündigungsrechtsstreit fortsetzt und dabei den Antrag auf Auflösung des Arbeitsverhältnisses nach § 9 Abs. 1 KSchG stellt[123]. **81**

**cc) Stillschweigende Verlängerung.** Wird das Arbeitsverhältnis nach Ablauf der Kündigungsfrist von dem Arbeitnehmer mit Wissen des Arbeitgebers fortgesetzt, so gilt es als auf unbestimmte Zeit verlängert, sofern nicht der Arbeitgeber unverzüglich widerspricht (§ 625 BGB). Die Parteien können vor oder nach Ablauf der Dienstzeit ausdrücklich oder konkludent Abweichendes vereinbaren[124]. **81a**

**dd) Verzicht.** Der Kündigungsberechtigte kann im konkreten Fall auf sein Kündigungsrecht verzichten. Der Verzicht kann ausdrücklich oder konkludent durch empfangsbedürftige Willenserklärung erfolgen. Ein konkludenter Verzicht liegt u.a. in einer Abmahnung wegen des zur Kündigung berechtigenden Sachverhalts[125]. Das gilt auch für eine Abmahnung innerhalb der sechsmonatigen Wartezeit[126]. **82**

---

[117] BAG 19.2.2009, NZA 2009, 980.
[118] BAG 21.2.1957, AP Nr. 22 zu § 1 KSchG; MünchKomm/*Hesse*, Vor § 620 BGB Rn. 126.
[119] BAG 29.1.1981, 19.8.1982, AP Nr. 6, 9 zu § 9 KSchG 1969.
[120] BAG 1.12.1960, 11.8.1988, AP Nr. 1, 5 zu § 625 BGB.
[121] *Stahlhacke/Preis/Vossen*, Kündigung, Rn. 152.
[122] BAG 19.8.1982, AP Nr. 9 zu § 9 KSchG 1969.
[123] BAG 29.1.1981, 19.8.1982, AP Nr. 6, 9 zu § 9 KSchG 1969.
[124] BAG 21.11.2013, NZA 2014, 362.
[125] BAG 6.3.2003, NZA 2003, 1388.
[126] BAG 13.12.2007, NZA 2008, 403.

82a **ee) Verwirkung.** Eine Regelausschlussfrist, innerhalb derer der Arbeitgeber das Kündigungsrecht ausüben muss, gibt es für den Ausspruch einer ordentlichen Kündigung nicht. Für eine solche Kündigung gelten nur die Grundsätze der Verwirkung. Der Arbeitgeber verwirkt das Recht zur ordentlichen Kündigung, wenn er in Kenntnis eines Kündigungsgrundes längere Zeit untätig bleibt, d.h. die Kündigung nicht ausspricht, obwohl ihm dies möglich und zumutbar wäre (sog. Zeitmoment), wenn er dadurch beim Arbeitnehmer das berechtigte Vertrauen erweckt, die Kündigung werde unterbleiben, und wenn der Arbeitnehmer sich deshalb auf den Fortbestand des Arbeitsverhältnisses einrichtet (sog. Vertrauensmoment)[127].

### 3. Ordentliche Kündigung

#### a) Allgemeines

83 Die ordentliche Kündigung des Arbeitsverhältnisses ist an die Einhaltung von Fristen und Terminen gebunden. Das Arbeitsverhältnis endet erst mit Ablauf der – gesetzlichen oder vertraglichen – **Kündigungsfrist**. Kündigungsfristen dienen dem Schutz des Vertragspartners, der sich rechtzeitig auf die Beendigung des Arbeitsverhältnisses einstellen können soll. Der Schutz ist zeitlich begrenzt; einen dauerhaften Schutz genießt das Arbeitsverhältnis erst durch die Bindung der Kündigung an bestimmte Gründe. Sehen Gesetz oder Vertrag einen **Kündigungstermin** vor, so kann die Beendigungswirkung der Kündigung nur zu diesem Zeitpunkt (z.B. Monatsende, Quartalsende, Jahresende) eintreten. Kann ein Arbeitsverhältnis nur mit einer bestimmten Frist zu einem bestimmten Termin gekündigt werden, so muss die Kündigung dem Gekündigten so rechtzeitig zugehen, dass nach dem Zugang die volle Kündigungsfrist gewahrt wird.

**Beispiel:** Kündigung mit einer Frist von einem Monat zum Monatsende: Zugang spätestens am letzten Tag des Vormonats.

84 Die Nichteinhaltung von Kündigungsfristen und -terminen lässt die Wirksamkeit der Kündigung unberührt; sie betrifft nur das Wirksamwerden. Geht eine vorbehaltlos erklärte Kündigung zu spät zu, kann im allgemeinen angenommen werden, dass der Kündigende die Beendigung zumindest zum nächstmöglichen Termin gewollt hat[128]. Dieses Ergebnis beruht nicht auf Umdeutung der Kündigung nach § 140 BGB, sondern auf Auslegung.

---

[127] BAG 15.8.2002, NZA 2003, 795, 795: im konkreten Fall Verfristung nach 1,5 Jahren.
[128] BAG 6.7.2006, AP Nr. 57 zu § 4 KSchG 1969; *Eisemann*, NZA 2011, 601.

## b) Gesetzliche Kündigungsfristen

**aa) Grundlagen.** Vor 1993 waren die Kündigungsfristen für Arbeiter und Angestellte unterschiedlich lang. Durch das Kündigungsfristengesetz vom 7.10.1993[129] wurden die Kündigungsfristen für alle Arbeitnehmer einheitlich in § 622 BGB geregelt. Zu Sonderfällen s. unten Rn. 90 ff. Die Fristen gelten gleichermaßen für Beendigungs- wie für Änderungskündigungen[130]. Sie sind dem Arbeitnehmer vom Arbeitgeber bei der Einstellung schriftlich nachzuweisen (§ 2 Abs. 1 Nr. 9 NachwG).

85

§ 622 BGB unterscheidet zwischen Grundkündigungsfrist (§ 622 Abs. 1 BGB) und verlängerten Kündigungsfristen (§ 622 Abs. 2 BGB).

86

**bb) Grundkündigungsfrist.** Nach § 622 Abs. 1 BGB kann das Arbeitsverhältnis mit einer Frist von 4 Wochen zum 15. oder zum Ende eines Kalendermonats gekündigt werden. Das gilt auch dann, wenn der 15. oder der letzte Tag eines Monats ein Samstag, Sonntag oder gesetzlicher Feiertag ist. § 193 BGB ist auf die Kündigung nicht anwendbar; dem Gekündigten muss die volle Kündigungsfrist verbleiben[131]. Mit 4 Wochen sind 28 Tage und nicht ein Monat gemeint. Ist der 15. oder der letzte Tag eines Monats beispielsweise ein Mittwoch, so muss dem Gekündigten die Kündigung spätestens am Mittwoch 4 Wochen zuvor zugehen (§§ 187 f. BGB). Die vierwöchige Grundkündigungsfrist gilt für die Kündigung durch den Arbeitgeber und durch den Arbeitnehmer. Der Kündigende muss nicht den letzten Tag der Frist abwarten; er kann auch schon vorher kündigen[132].

87

**cc) Verlängerte Kündigungsfristen.** Mit zunehmender Beschäftigungsdauer verlängern sich die gesetzlichen Kündigungsfristen für den Arbeitgeber nach Maßgabe des § 622 Abs. 2 BGB.

88

Für die Kündigung durch den Arbeitnehmer bleibt es bei der Grundkündigungsfrist; im Arbeitsvertrag werden die längeren Fristen aber zumeist auf die Kündigung durch den Arbeitnehmer ausgedehnt. Die verlängerten Kündigungsfristen gelten nicht für die Entlassung von Hausangestellten und -gehilfen, da § 622 Abs. 2 BGB die Beschäftigung in einem Betrieb oder Unternehmen voraussetzt. Zur Berechnung der verlängerten Fristen ist nur auf den rechtlichen Bestand des Arbeitsverhältnisses abzustellen, nicht darauf, ob der Arbeitnehmer tatsächlich gearbeitet hat[133]. Eine kurzfristige Unterbrechung des Arbeitsverhältnisses schadet nicht, wenn zwischen den Arbeitsverhältnissen ein enger sachlicher Zusammenhang bestand und eine trennende Betrachtungsweise treuwidrig wäre und gegen das Gebot der sozialen Gerechtigkeit verstoßen würde[134]. Die Staffelung der Kündigungsfristen nach dem Alter ist zur Erreichung des rechtmäßigen Ziels eines besseren Kündigungsschutzes für be-

89

---

[129] BGBl. I S. 1668; zur Übergangsregelung Art 222 EGBGB.
[130] BAG 12.1.1994, DB 1994, 1191; MünchKomm/*Hesse*, § 622 BGB Rn. 11.
[131] BAG 5.3.1970, AP Nr. 1 zu § 193 BGB; Staudinger/*Preis*, § 622 BGB Rn. 23.
[132] BAG 18.4.1985, AP Nr. 20 zu § 622 BGB.
[133] MünchKomm/*Hesse*, § 622 BGB Rn. 26; *Wank*, NZA 1993, 961, 965.
[134] BAG 6.12.1976, AP Nr. 2 zu § 1 KSchG 1969 Wartezeit.

triebstreue, typischerweise ältere Arbeitnehmer angemessen und erforderlich i.S.d. Art. 2 Abs. 2 Buchst. b Nr. 1 RL 2000/78/EG[135]. Dagegen verstößt § 622 Abs. 2 Satz 2 BGB, nach dem für die verlängerten Kündigungsfristen nur die Beschäftigungs- und Ausbildungszeiten zählen, die der Arbeitnehmer nach Vollendung des 25. Lebensjahres zurückgelegt hat, gegen das Altersdiskriminierungsverbot nach Art. 6 RL 2000/78EG[136] und ist deshalb nicht mehr anwendbar[137].

### dd) Sonderfälle

90 (1) Haben die Parteien eine **Probezeit** vereinbart, so kann das Arbeitsverhältnis von beiden Seiten mit einer Frist von 2 Wochen gekündigt werden (§ 622 Abs. 3 BGB). Dauert die Probezeit länger als 6 Monate, so gilt nach Ablauf von 6 Monaten die vierwöchige Grundkündigungsfrist des § 622 Abs. 1 BGB; zugleich beginnt der allgemeine Kündigungsschutz (§ 1 Abs. 1 KSchG), sofern der Arbeitnehmer nicht in einem Kleinbetrieb (§ 23 Abs. 1 Satz 2 KSchG) beschäftigt ist. In einem befristeten Probearbeitsverhältnis ist § 622 Abs. 3 BGB nur anwendbar, wenn die Parteien die Kündbarkeit vereinbart haben[138].

91 (2) **Berufsausbildungsverhältnisse** können während der Probezeit (§ 20 BBiG) jederzeit ohne Einhalten einer Frist gekündigt werden (§ 22 Abs. 1 BBiG).

92 (3) Befindet sich ein Arbeitnehmer in **Elternzeit**, so kann er das Arbeitsverhältnis zum Ende der Elternzeit nur unter Einhaltung einer dreimonatigen Frist kündigen (§ 19 BEEG).

93 (4) Die gesetzliche Mindestfrist zur Entlassung eines **schwerbehinderten Menschen** beträgt 4 Wochen (§ 169 SGB IX), es sei denn, dass das Arbeitsverhältnis im Zeitpunkt des Zugangs der Kündigungserklärung ohne Unterbrechung noch nicht länger als 6 Monate bestand (§ 173 Abs. 1 Nr. 1 SGB IX).

94 (5) Bei **Insolvenz des Arbeitgebers** kann das Arbeitsverhältnis ohne Rücksicht auf eine vereinbarte Vertragsdauer und einen vereinbarten Ausschluss des Rechts zur ordentlichen Kündigung[139] mit einer Frist von 3 Monaten zum Monatsende gekündigt werden, wenn nicht nach § 622 BGB eine kürzere Frist maßgeblich ist (§ 113 InsO).

### c) Arbeitsvertragliche Kündigungsfristen

95 **aa) Verkürzung der gesetzlichen Kündigungsfristen.** Die vierwöchige Grundkündigungsfrist und die verlängerten Kündigungsfristen des § 622 Abs. 2 BGB sind gesetzliche Mindestkündigungsfristen, die durch die Arbeitsvertragsparteien nicht

---

[135] BAG 18.9.2014, NZA 2014, 1400.
[136] EuGH 19.1.2010, NZA 2010, 85 - Kücükdeveci.
[137] BAG 1.9.2010, NZA 2010, 1409; BAG 9.9.2010, NZA 2011, 343.
[138] BAG 19.6.1980, AP Nr. 55 zu § 620 BGB Befristeter Arbeitsvertrag.
[139] BAG 23.2.2017, NZA 2017, 995: auch schon vor Dienstantritt.

verkürzt werden können. Das gilt auch, wenn sich der Kündigungsschutz durch Einschränkung der Kündigungstermine für die längere Zeit innerhalb eines Kalenderjahres verbessert[140].

Davon gelten folgende Ausnahmen: Nach § 622 Abs. 5 Nr. 1 BGB kann die Grundkündigungsfrist abgekürzt werden, wenn ein Arbeitnehmer zur **vorübergehenden Aushilfe** eingestellt ist. Das Aushilfsarbeitsverhältnis muss jedoch ausdrücklich als solches bezeichnet werden, und der Beschäftigungsbedarf darf objektiv nur vorübergehend bestehen. Vereinbaren die Parteien keine verkürzte Kündigungsfrist oder wird das Aushilfsarbeitsverhältnis über die Zeit von 3 Monaten hinaus fortgesetzt, so gilt die vierwöchige Grundkündigungsfrist. § 622 Abs. 5 Nr. 2 BGB gestattet Arbeitgebern mit in der Regel **nicht mehr als 20 Arbeitnehmern**, von den in § 622 Abs. 1, 2 BGB genannten Kündigungsfristen und -terminen abzuweichen; allerdings muss eine Mindestkündigungsfrist von 4 Wochen eingehalten werden. Durch Tarifvertrag können von § 622 Abs. 1-3 BGB abweichende Regelungen getroffen werden. Nicht tarifgebundene Arbeitsvertragsparteien können die Anwendung der Kündigungsfristen und -termine des einschlägigen Tarifvertrags vereinbaren (§ 622 Abs. 4 Satz 2 BGB). 96

**bb) Verlängerung der gesetzlichen Kündigungsfristen.** Die gesetzlichen Mindestkündigungsfristen können arbeitsvertraglich verlängert werden (§ 622 Abs. 5 Satz 3 BGB). Auch die Zahl der Kündigungstermine kann eingeschränkt werden. Eine äußerste Grenze zieht § 15 Abs. 4 TzBfG. Der Arbeitnehmer kann ein auf Lebenszeit oder auf länger als 5 Jahre eingegangenes Arbeitsverhältnis nach Ablauf von 5 Jahren kündigen; die Kündigungsfrist beträgt 6 Monate. Für die Kündigung des Arbeitsverhältnisses durch den Arbeitnehmer darf keine längere Frist vereinbart werden als für die Kündigung durch den Arbeitgeber (§ 622 Abs. 6 BGB); entsprechendes gilt für Kündigungstermine[141]. Andernfalls muss der Arbeitgeber die vereinbarte längere Frist einhalten (§ 89 Abs. 2 HGB analog)[142]. Aus § 622 Abs. 6 BGB wird der Rechtssatz abgeleitet, dass die Kündigung durch den Arbeitnehmer gegenüber der Kündigung durch den Arbeitgeber nicht unzulässig erschwert werden darf[143]. Wird zulasten des Arbeitnehmers eine längere Frist vereinbart, so tritt nach h.M. an die Stelle der vertraglichen Frist nicht die gesetzliche; vielmehr wird der Arbeitgeber an die Frist gebunden, die eigentlich nur für die Kündigung durch den Arbeitnehmer bestimmt war[144]. 97

---

[140] BAG 29.1.2015, NZA 2015, 673.
[141] KDZ/*Zwanziger*, § 622 BGB Rn. 48 ff.
[142] BAG 2.6.2005, NZA 2006, 1176, 1177.
[143] BAG 6.9.1989, AP Nr. 27 zu § 622 BGB.
[144] BAG 2.6.2005, AP Nr. 63 zu § 620 BGB.

## d) Tarifvertragliche Kündigungsfristen

**98 aa) Grundsatz.** Die gesetzlichen Kündigungsfristen und -termine einschließlich der einzelnen Elemente wie Dauer der Betriebszugehörigkeit oder Berücksichtigung des Lebensalters während der Wartezeit[145] sind **tarifdispositiv**. Sie können zugunsten wie auch zulasten des Arbeitnehmers geändert werden (§ 622 Abs. 4 Satz 1 BGB)[146]. Bei einer Gesetzesänderung, wie bei der Neuregelung durch das Kündigungsfristengesetz, kommt es für die Rechtslage darauf an, ob der Tarifvertrag die Kündigungsfristen konstitutiv, d.h. eigenständig und unabhängig vom Gesetz, regelt oder ob er nur deklaratorisch auf die Gesetzeslage hinweist. Im ersten Fall bleibt es bei den tariflichen Fristen, im zweiten gelten die neuen gesetzlichen[147].

**99** Ob eine Tarifbestimmung deklaratorisch oder konstitutiv gemeint ist, muss durch **Auslegung** ermittelt werden. Nach der Rechtsprechung ist von einer deklaratorischen Bestimmung auszugehen, wenn der Tarifvertrag ohne eigene Regelung auf die gesetzlichen Kündigungsfristen verweist oder wenn er die gesetzlichen Bestimmungen wörtlich oder inhaltlich übernimmt. Von einer konstitutiven Tarifnorm sei auszugehen, wenn die Tarifvertragsparteien eine im Gesetz nicht oder anders enthaltene Regelung träfen oder eine gesetzliche Regelung übernähmen, die sonst nicht für die betroffenen Arbeitsverhältnisse gälte[148]. Möglich ist auch eine Verbindung aus deklaratorischer und konstitutiver Tarifnorm, etwa durch Hinweis auf die gesetzliche Grundkündigungsfrist mit einer vom Gesetzestext abweichenden Regelung der verlängerten Kündigungsfristen[149].

**100 bb) Grenzen.** Tarifliche Kündigungsfristen müssen mit höherrangigem Recht vereinbar sein. Dazu gehört nach Rechtsprechung[150] und h.L.[151] auch der allgemeine Gleichheitssatz des Art. 3 Abs. 1 GG. Regelungen, die bereits dem Gesetzgeber von Verfassungs wegen verboten seien, könnten den Tarifvertragsparteien erst recht nicht erlaubt werden. Richtet sich die Länge einer tariflichen Kündigungsfrist im wesentlichen nach der Zugehörigkeit eines Arbeitnehmers zu einer bestimmten Berufsgruppe oder nach seinem Status, so muss es für die unterschiedliche Behandlung einen sachlichen Grund geben. Zudem müssen Ungleichbehandlung und rechtfertigender Grund in einem angemessenen Verhältnis zueinander stehen[152]. Bei der Frage, welche Kündigungsfrist zweckmäßig ist, genießen die Tarifvertragsparteien wegen der durch Art. 9 Abs. 3 GG gewährleisteten Tarifautonomie einen ähnlich weiten Beurteilungsspielraum wie der Gesetzgeber; ihre Lösung kann nur auf Willkür überprüft werden[153]. Sinn und Zweck der Tariföffnungsklausel in § 622 Abs. 4 BGB ist es gerade, den Tarifparteien eine branchenspezifische Abweichung zu ermöglichen.

---

[145] BAG 23.4.2008, NZA 2008, 960.
[146] Eine Änderung durch Betriebsvereinbarung ist nicht möglich, Staudinger/*Preis,* § 622 BGB Rn. 62; KR/*Spilger,* § 622 BGB Rn. 191 f.
[147] Das gilt freilich nur, wenn das Gesetz auch nach seiner Änderung noch (tarif-)dispositiv ist.
[148] BAG 5.10.1995, 14.2.1996, AP Nr. 48, 50 zu § 622 BGB.
[149] BAG 23.1.1992, AP Nr. 37 zu § 622 BGB.
[150] BAG 2.4.1992, 4.3.1993, 16.9.1993, EzA § 622 BGB Nr. 43, 44, 45.
[151] *Kempen/Zachert,* TVG, Grundl. Rn. 228; *Wiedemann,* TVG, Einl. Rn. 203 ff.
[152] BAG 10.4.1994, AP Nr. 117 zu § 1 TVG Tarifverträge: Metallindustrie.
[153] BAG 2.4.1993, EzA § 622 BGB n.F. Nr. 43.

Sachlich nicht (mehr) gerechtfertigt ist die pauschale Ungleichbehandlung von Arbeitern und **101** Angestellten. Kündigungsfristen für Arbeiter können nur dann kürzer sein, wenn damit dem Bedürfnis nach erhöhter personalwirtschaftlicher Flexibilität in der Produktion Rechnung getragen wird[154], etwa in Betrieben, die von der Mode, der Saison oder dem Wetter abhängig sind. Auch eine stärkere Fluktuation, insbesondere in den ersten 6 Monaten des Arbeitsverhältnisses, soll eine kürzere Grundkündigungsfrist rechtfertigen können[155]. Da die Unterschiede jedoch mit längerer Betriebszugehörigkeit an Gewicht verlieren, müssten zumindest die verlängerten Kündigungsfristen einander entsprechen[156]. Zulässig seien schließlich unterschiedlich lange Kündigungsfristen, wenn dadurch nur eine verhältnismäßig kleine Gruppe von Arbeitnehmern nicht intensiv benachteiligt werde[157]. An die Stelle einer verfassungswidrigen und damit unwirksamen tariflichen Kündigungsfrist treten die Fristen des § 622 BGB[158].

## 4. Außerordentliche Kündigung

### a) Allgemeines

**aa) Begriff.** Nach § 626 Abs. 1 BGB kann das Arbeitsverhältnis aus wichtigem **102** Grund ohne Einhaltung einer Kündigungsfrist gekündigt werden, wenn Tatsachen vorliegen, aufgrund derer dem Kündigenden unter Berücksichtigung aller Umstände des Einzelfalls und unter Abwägung des Interesses beider Vertragsteile die Fortsetzung des Arbeitsverhältnisses bis zum Ablauf der Kündigungsfrist oder bis zu der vereinbarten Beendigung des Arbeitsverhältnisses nicht zugemutet werden kann. Die Zumutbarkeit ist die Grenze jeder Vertragsbindung.

Das Recht, sich fristlos einseitig vom Vertrag zu lösen, kann weder ausgeschlossen[159] noch **103** erschwert werden. Eine unzulässige Kündigungserschwerung kann in der Bindung des Kündigenden an die Zustimmung eines Dritten liegen, und sie kann von Vereinbarungen über Vertragsstrafen, Abfindungen und Rückzahlung von Ausbildungskosten ausgehen. Die außerordentliche Kündigung kann aber auch nicht vertraglich erleichtert werden[160], da sonst die gesetzlichen Mindestkündigungsfristen unterlaufen würden.

**bb) Formen und Begründungszwang.** Die außerordentliche Kündigung wird in **104** aller Regel fristlos erklärt. Sie beendet das Arbeitsverhältnis mit sofortiger Wirkung. Ist sie ausnahmsweise mit einer Auslauffrist verbunden[161], endet das Arbeitsverhältnis erst mit Ablauf dieser Frist. Der Kündigende muss dem anderen Teil auf Verlangen den Kündigungsgrund unverzüglich schriftlich mitteilen (§ 626 Abs. 2 Satz 3 BGB). Die Mitteilung ist keine Wirksamkeitsvoraussetzung; ein Verstoß gegen die Auskunftspflicht begründet allenfalls Schadensersatzpflichten.

---

[154] BAG 4.3.1993, AP Nr. 40 zu § 622 BGB.
[155] BAG 23.1.1992, 2.4.1992, AP Nr. 35, 37, 38 zu § 622 BGB.
[156] BAG 21.3.1991, 29.8.1991, 23.1.1992, 2.4.1992, AP Nr. 29, 32, 36-38 zu § 622 BGB.
[157] BAG 21.3.1991, 23.1.1992, 2.4.1992, AP Nr. 31, 35-38 zu § 622 BGB.
[158] BAG 10.3.1993, EzA § 622 BGB n.F. Nr. 48; BAG 10.3.1994, 2 AZR 220/91 n.v.
[159] BAG 6.11.1956, AP Nr. 14 zu § 626 BGB.
[160] BAG 17.4.1956, AP Nr. 8 zu § 626 BGB; BAG 22.11.1973, EzA § 626 BGB n.F. Nr. 33.
[161] BAG 20.6.2013, NZA 2014, 139.

**105 cc) Prüfungsschema**

> 1. **Erklärung einer außerordentlichen Kündigung**
> 2. **Wichtiger Grund (§ 626 Abs. 1 BGB)**
>    a) Fiktion des wichtigen Grundes (§ 7 KSchG), wenn die Frist zur Erhebung der Kündigungsschutzklage versäumt ist (§ 13 Abs. 1 Satz 2, § 4 KSchG)
>    b) Wichtiger Grund
>       aa) „an sich" geeignete Umstände
>       bb) Stufenverhältnis zwischen ordentlicher und außerordentlicher Kündigung
>    c) Umfassende Interessenabwägung
>       aa) Prognose
>       bb) ultima ratio
>       cc) Übermaßverbot
> 3. **Kündigungserklärungsfrist (§ 626 Abs. 2 BGB)**
>    a) Beginn
>       aa) positive Kenntnis von den maßgebenden Umständen für den wichtigen Grund
>       bb) Kenntnis des Kündigungsberechtigten oder eines Dritten, wenn ihm dessen Wissen über § 166 BGB zugerechnet wird
>    b) Ende
>       aa) 2 Wochen
>       bb) Fristberechnung (§§ 187 ff. BGB)
> 4. **Zustimmung**
>    § 17 Abs. 2 MuSchG (Schwangere), §§ 168, 173, 174 SGB IX (schwerbehinderte Menschen), § 103 BetrVG (Betriebsräte)

### *b) Wichtiger Grund*

**106** **aa) Allgemeines.** Ob ein wichtiger Grund für eine außerordentliche Kündigung vorliegt, beurteilt sich nach objektiven Gesichtspunkten. Das Motiv des Kündigenden spielt keine Rolle[162]. Entscheidend für die Beurteilung ist der Zeitpunkt, zu dem die Kündigung zugeht. Spätere Umstände können die Kündigung nicht rechtfertigen; sie können aber Grundlage einer weiteren Kündigung sein oder die Vorgänge, die zur Kündigung geführt haben, in einem neuen Licht erscheinen lassen[163]. Dagegen können Umstände, die zur Zeit der Kündigung vorlagen, dem Kündigenden aber unbekannt waren, auch noch nach Zugang der Kündigung als Rechtfertigungsgrund verwendet werden; allerdings ist vorher der Betriebsrat anzuhören[164]. Der Arbeitnehmer muss den Mangel des wichtigen Grundes – selbst wenn der Arbeitgeber das Arbeitsverhältnis innerhalb der ersten 6 Monate kündigt, in denen noch kein allgemeiner Kündigungsschutz besteht (§ 1 Abs. 1 KSchG)[165] – binnen 3 Wochen nach Zugang der Kündigung gerichtlich geltend machen (§§ 4, 13 Abs. 1 Satz 2 KSchG), da sonst § 7 KSchG das Vorliegen eines wichtigen Grundes fingiert. Entsprechendes gilt, wenn der Arbeitnehmer die nicht fristgerechte Erklärung der außerordentlichen Kündigung rügen will (§ 626 Abs. 2 BGB).

---

[162] BAG 2.6.1960, AP Nr. 42 zu § 626 BGB; BAG 18.11.1980, EzA § 626 BGB n.F. Nr. 71.
[163] BAG 10.6.2010, NZA 2010, 1227.
[164] BAG 11.4.1985, AP Nr. 39 zu § 102 BetrVG 1972.
[165] BAG 28.6.2007, NZA 2007, 972.

## II. Kündigung

Wird die außerordentliche Kündigung auf **mehrere Gründe** gestützt, ist zunächst zu prüfen, ob einer der Umstände für sich allein eine außerordentliche Kündigung rechtfertigen kann. Ist das zu verneinen, muss aufgrund einer einheitlichen Betrachtungsweise geprüft werden, ob die Umstände in ihrer Gesamtheit dem Kündigenden die Fortsetzung des Arbeitsverhältnisses unzumutbar machen[166]. Ein **nachträglicher Wegfall** des Kündigungsgrundes lässt die Kündigung unberührt[167]. Der Arbeitnehmer kann aber einen Wiedereinstellungsanspruch haben (s. unten Rn. 358 ff.). 107

Ob ein wichtiger Grund für eine außerordentliche Kündigung vorliegt, ist nach der Rechtsprechung des BAG in **zwei Schritten** zu prüfen[168]. Zunächst ist festzustellen, ob ein Sachverhalt unabhängig vom Einzelfall „**an sich**" geeignet ist, einen Kündigungsgrund zu bilden. An sich geeignet sind schwere Verletzungen von Haupt- oder Nebenpflichten (§ 241 Abs. 2 BGB). Ist eine solche Pflichtverletzung festgestellt, erfolgt in einem zweiten Schritt eine **umfassende Interessenabwägung**, bei der sämtliche Umstände des Einzelfalls zu berücksichtigen sind. 108

**bb) „An sich wichtiger Grund".** Bis 1969 gab es „absolute" Kündigungsgründe, die ohne weiteres eine außerordentliche Kündigung rechtfertigten; einer Interessenabwägung bedurfte es nicht. Mit der Neufassung des § 626 BGB durch das Arbeitsrechtliche Bereinigungsgesetz[169] wurden zwar für (fast) alle Arbeitnehmer[170] die absoluten Kündigungsgründe beseitigt; ihnen kommt aber auch heute noch Bedeutung zu, da diese Kündigungsgründe „an sich" geeignet sind, einen wichtigen Grund für eine außerordentliche Kündigung abzugeben[171]. 109

**Beispiele:** Anstellungsbetrug, dauernde oder langfristige Arbeitsunfähigkeit, beharrliche Arbeitsverweigerung[172], nachhaltiger Verstoß gegen Weisungen, erhebliche Verletzung der Pflicht zur Rücksichtnahme[173], Verstoß gegen Nebenpflichten[174], Arbeitsvertragsbruch (nicht: bloßer Abschluss eines Arbeitsvertrags mit einem anderen Arbeitgeber)[175], Arbeitszeitbetrug[176], Krankfeiern[177] oder Drohung mit Krankheit[178], Vermögensdelikte (auch bei geringem oder gar keinem Schaden)[179], Tätlichkeiten oder grobe Beleidigungen des Arbeitgebers, seiner Repräsentanten oder von Arbeitskollegen[180], sexuelle Belästigung[181], Konkur- 110

---

[166] BAG 10.12.1992, EzA § 611 BGB Kirchliche Mitarbeiter.
[167] BAG 15.3.1984, AP Nr. 2 zu § 1 KSchG 1969 Soziale Auswahl.
[168] BAG 17.5.1984, AP Nr. 14 zu § 626 BGB Verdacht strafbarer Handlung.
[169] V. 14.8.1969, BGBl. I S. 1106 ff.
[170] Ausnahme: § 64 Abs. 1 Nr. 1-3, 5 SeemG.
[171] BAG 15.11.1984, EzA § 626 BGB n.F. Nr. 95.
[172] BAG 19.1.2016, NZA 2016, 1144; BAG 20.10.2016, NZA 2016, 1527 (Beeinträchtigung der Arbeitsfähigkeit durch Alkohol oder Drogen).
[173] BAG 12.5.2010, NZA 2010, 1348.
[174] BAG 19.1.2016, NZA 2016, 1144.
[175] BAG 5.11.2009, NZA 2010, 277.
[176] BAG 9.6.2011, NZA 2011, 1027.
[177] BAG 29.6.2017, NZA 2017, 1179.
[178] BAG 12.3.2009, NZA 2009, 779.
[179] BAG 10.6.2010, NZA 2010, 1227.
[180] BAG 7.7.2011, NZA 2011, 1412; BAG 18.12.2014, NZA 2015, 797.
[181] BAG 9.6.2011, NZA 2011, 1342; BAG 20.11.2014, NZA 2015, 294; BAG 29.6.2017, NZA 2017, 1121.

renz bei bestehendem Arbeitsverhältnis[182], Verstoß gegen ein Wettbewerbsverbot[183]; umgekehrt Verzug des Arbeitgebers mit der Gehaltszahlung in erheblichem Umfang oder für längere Zeit, Unterlassen von Arbeitsschutzmaßnahmen und ebenfalls Tätlichkeiten oder grobe Beleidigungen.

111 Es gibt keinen numerus clausus „an sich" wichtiger Kündigungsgründe. Die Rechtsprechung hat lange Zeit nach Störungen im Bereich der Leistung, bei der betrieblichen Verbundenheit der Mitarbeiter, im persönlichen Vertrauen oder im Betrieb und Unternehmen unterschieden[184]. Diese Unterscheidung ist nur von eingeschränktem Wert[185]. In der Literatur unterscheidet man vielfach wie bei der ordentlichen Kündigung nach personen-, verhaltens- und betriebsbedingten Kündigungsgründen[186]. Mitunter wird auch auf das „Stufenverhältnis" zwischen ordentlicher und außerordentlicher Kündigung abgestellt. Zu prüfen sei, ob ein Umstand, der zur ordentlichen Kündigung des Arbeitsverhältnisses genügt, ein solches Gewicht habe, dass ausnahmsweise auch die außerordentliche Kündigung gerechtfertigt erscheine[187]. Kann ein Umstand eine ordentliche Kündigung nicht rechtfertigen, dann ist er natürlich erst recht kein „an sich" geeigneter Grund für eine außerordentliche Kündigung.

112 Die meisten außerordentlichen Kündigungen beruhen auf verhaltensbedingten Gründen. Kündigungsgrund ist ein erheblicher Verstoß gegen Pflichten aus dem Arbeitsverhältnis. Der Pflichtenverstoß setzt nach der Rechtsprechung kein Verschulden voraus (s. dazu unten Rn. 151a); die Frage des Verschuldens ist erst bei der Interessenabwägung zu berücksichtigen[188]. Gründe in der Person (Krankheit, Eignungsmängel usw.) und betriebliche Gründe (selbst Stilllegung und Insolvenz) können nur ausnahmsweise eine außerordentliche Kündigung rechtfertigen[189].

113 Das BAG lässt eine erleichterte außerordentliche Kündigung dann zu, wenn der Arbeitnehmer „**unkündbar**" ist, d.h. wenn Gesetz, Kollektivvertrag oder Arbeitsvertrag die ordentliche Kündigung ausschließen und wenn das Arbeitsverhältnis sinnentleert – der Arbeitnehmer ist auf Dauer arbeitsunfähig[190] oder der Arbeitsplatz ist weggefallen[191] – oder doch schwer gestört ist – die Leistungsfähigkeit ist erheblich eingeschränkt[192]. Bei krankheitsbedingter Leistungsminderung verlangt das BAG ein gravierendes Missverhältnis zwischen Leistung und Gegenleistung[193], bei einer

---

[182] BAG 23.10.2014, NZA 2015, 429; BAG 29.6.2017, NZA 2017, 1179.
[183] BAG 26.6.2008, NZA 2008, 1415.
[184] BAG 6.2.1969, EzA § 626 BGB Nr. 11.
[185] So jetzt m.R. BAG 12.8.1999, NZA 2000, 421, 426.
[186] KDZ/*Däubler*, § 626 BGB Rn. 55 ff., 140 ff., 160 ff.
[187] *Preis*, Prinzipien des Kündigungsrechts bei Arbeitsverhältnissen, S. 478 ff.
[188] BAG 21.1.1999, NZA 1999, 863.
[189] Umfassende Rechtsprechungsübersicht bei Schaub/*Linck*, ArbR-Hdb, § 127 Rn. 60 ff.
[190] BAG 27.11.2003, NZA 2004, 1118; BAG 13.4.2004, NZA 2004, 1271; BAG 26.11.2009, NZA 2010, 628.
[191] BAG 29.3.2007, NZA 2008, 48; BAG 20.6.2013, NZA 2014, 139.
[192] BAG 23.8.1985, AP Nr. 86 zu § 626 BGB.
[193] BAG 20.3.2014, NZA 2014, 1089.

betriebsbedingten, dass der Arbeitgeber den Arbeitnehmer ohne Gegenleistung noch auf Jahre hinaus vergüten müsste[194]. Um den „Unkündbaren" nicht schlechter zu stellen als einen ordentlich kündbaren Arbeitnehmer, verändert das BAG sowohl den Tatbestand als auch die Rechtsfolge des § 626 BGB. Es prüft bei verhaltensbedingten Kündigungen nicht, ob dem Arbeitgeber die Fortsetzung des Arbeitsverhältnisses bis zu dessen Ablauf zumutbar ist, sondern ob es ihm zumutbar ist, das Arbeitsverhältnis bis zum Ablauf der Kündigungsfrist fortzusetzen, die bei ordentlicher Kündbarkeit gelten würde. Und es setzt an die Stelle der Fristlosigkeit eine „Auslauffrist" in der Länge eben dieser Kündigungsfrist. Außerdem berücksichtigt es den besonderen Kündigungsschutz des Arbeitnehmers bei der Interessenabwägung zusätzlich zu dessen Gunsten[195]. Gegen diese Rechtsprechung wird zu Recht eingewandt, dass sie bei unkündbaren Arbeitnehmern Gründe zu wichtigen Gründen macht, die bei ordentlich kündbaren Arbeitnehmern keine wichtigen Gründe wären. Die – im Ergebnis zutreffende – Lösung des BAG, nämlich sinnentleerte oder schwer gestörte Arbeitsverhältnisse zu beenden, muss auf anderem Wege gesucht werden: Durch teleologische Reduktion von Unkündbarkeitsklauseln oder durch ergänzende Vertragsauslegung ist eine ordentliche Kündigung zu ermöglichen[196].

**cc) Umfassende Interessenabwägung.** Auch wenn ein „an sich" wichtiger Kündigungsgrund vorliegt, ist es dem Kündigenden nicht in jedem Fall unzumutbar, am Arbeitsvertrag festgehalten zu werden. Vielmehr ist die Unzumutbarkeit durch Abwägung aller vernünftigerweise in Betracht zu ziehenden Umstände des Einzelfalls festzustellen[197]. Dabei sind der Ultima-ratio-Grundsatz, das Prognoseprinzip und das Übermaßverbot zu beachten[198]. 114

**(1) Ultima-ratio-Grundsatz.** Die außerordentliche Kündigung muss das unausweichlich letzte Mittel – die ultima ratio – sein, um die eingetretene Vertragsstörung zu beseitigen (vgl. § 314 Abs. 2 BGB). Nur wenn alle anderen nach den Umständen des Einzelfalls möglichen, geeigneten und angemessenen Mittel erschöpft sind, die in ihren Wirkungen „milder" sind als eine außerordentliche Kündigung, darf das Arbeitsverhältnis auch außerordentlich gekündigt werden[199]. Mildere Mittel sind insbesondere die Abmahnung, die Versetzung, die einvernehmliche Änderung des Vertrags, die Änderungskündigung und die ordentliche Beendigungskündigung. 115

**(2) Prognoseprinzip.** Die außerordentliche Kündigung will weder den Gekündigten für eine Verfehlung „bestrafen"[200] noch eine in der Vergangenheit eingetretene 116

---

[194] BAG 26.3.2015, NZA 2015, 866.
[195] BAG 18.10.2000, NJW 2001, 1229 ff.
[196] *Bröhl*, Die Orlando-Kündigung, FS Schaub, 1998, S. 55 ff.
[197] St. Rspr. seit BAG 9.12.1954, AP Nr. 1 zu § 123 GewO.
[198] Staudinger/*Preis*, § 626 BGB Rn. 75 ff.
[199] BAG 26.11.2009, NZA 2010, 628.
[200] BAG 17.1.1991, AP Nr. 25 zu § 1 KSchG 1969 Verhaltensbedingte Kündigung.

Leistungsstörung abwickeln[201] (kein Rücktritt!), sondern dem Kündigenden die Möglichkeit geben, sich wegen der **künftigen Auswirkungen** gegenwärtiger oder vergangener Ereignisse sofort vom Arbeitsvertrag zu lösen. § 626 BGB stellt nicht schlechthin auf Unzumutbarkeit ab, sondern auf die Unzumutbarkeit der Fortsetzung des Arbeitsverhältnisses in der Zukunft[202].

**117** Das Prognoseprinzip verlangt eine **zweistufige Prüfung**. Zunächst ist die in der Vergangenheit liegende schwerwiegende Störung des Arbeitsverhältnisses festzustellen. Danach ist zu prüfen, ob das Arbeitsverhältnis auch künftig erheblich beeinträchtigt sein wird (**„Negativprognose"**)[203]. Schwerwiegende Störungen in der Vergangenheit oder eine Abmahnung[204] stützen in aller Regel die Prognose, dass das Arbeitsverhältnis auch in Zukunft nicht störungsfrei verlaufen wird. Der Betroffene kann die Vermutungswirkung jedoch ausräumen, etwa durch eine glaubwürdige Entschuldigung, durch Wiedergutmachung eines Schadens oder – bei Krankheit – durch die Vorlage eines ärztlichen Attests.

**118** (3) **Übermaßverbot.** Die außerordentliche Kündigung muss schließlich auch das angemessene Mittel zur Beseitigung der Störung sein[205]. Sie darf keine übermäßige Reaktion auf die Störung des Arbeitsverhältnisses darstellen. Bei der Abwägung aller in Betracht kommenden Umstände muss das Interesse an der sofortigen Beendigung des Arbeitsverhältnisses das Bestandsschutzinteresse überwiegen[206]. In die Abwägung sind alle, aber auch nur die Umstände einzubeziehen, die konkret mit dem Arbeitsverhältnis zusammenhängen[207]. Aufseiten des Arbeitgebers sind grundsätzlich sämtliche betriebs- und unternehmensbezogenen Interessen zu berücksichtigen (vor allem das Gewicht und die Auswirkungen einer Vertragspflichtverletzung, etwa im Hinblick auf Vertrauensverlust und wirtschaftliche Folgen)[208]. Aufseiten des Arbeitnehmers kommen in Betracht die Dauer des Arbeitsverhältnisses und dessen störungsfreier Verlauf[209], das Alter[210], Ansehensverlust und Sperrfrist beim Arbeitslosengeld[211], Art, Schwere und Folgen des Pflichtverstoßes und das Verschulden, insbesondere auch die Frage der Entschuldbarkeit eines Rechtsirrtums[212]. Unterhaltspflichten können nur im Ausnahmefall berücksichtigt werden[213]. Stehen die Umstände fest, so sind die Einzelinteressen zu gewichten. Dabei sind nicht zuletzt auch verfassungsrechtliche Wertentscheidungen – wie etwa die Glaubens- und Gewissensfreiheit oder die Meinungsfreiheit – zu beachten. Bei gleich

---

[201] *Ascheid*, Kündigungsschutzrecht, Rn. 44.
[202] BAG 12.7.2006, NZA 2006, 980; ErfK/*Müller-Glöge*, § 626 BGB Rn. 19.
[203] BAG 16.8.1991, EzA § 1 KSchG Verhaltensbedingte Kündigung Nr. 41.
[204] BAG 10.6.2010, NZA 2010, 1227.
[205] BAG 12.7.2006, NZA 2006, 980.
[206] KR/*Fischermeier*, § 626 BGB Rn. 239; Staudinger/*Preis*, § 626 BGB Rn. 75.
[207] *Ascheid*, Kündigungsschutzrecht, Rn. 137, 203 ff.
[208] BAG 10.6.2010, NZA 2010, 1227.
[209] BAG 10.6.2010, NZA 2010, 1227.
[210] BAG 22.2.1980, EzA § 1 KSchG Krankheit Nr. 5.
[211] BAG 11.3.1999, NZA 1999, 587, 590.
[212] BAG 14.2.1978, EzA Art 9 GG Arbeitskampf Nr. 22; BAG 14.2.1996, DB 1996, 2134.
[213] BAG 2.3.1989, AP Nr. 101 zu § 626 BGB; problematisch BAG 11.3.1999, NZA 1999, 587, 590: Berücksichtigung unter dem Gesichtspunkt der finanziellen Folgen.

gelagerten Pflichtverletzungen mehrerer Arbeitnehmer darf der Arbeitgeber einzelne Mitarbeiter nicht „herausgreifend" kündigen, wenn es hierfür an sachlichen Gründen mangelt. Erst recht nicht darf dabei an ein nach § 1 AGG verpöntes Diskriminierungsmerkmal angeknüpft werden. Im übrigen ist der Gleichbehandlungsgrundsatz nach h.M. nicht unmittelbar heranzuziehen, weil er mit dem Gebot der umfassenden Abwägung der Umstände des Einzelfalls kollidiert[214]. Dem Arbeitgeber ist es also erlaubt, einem Arbeitnehmer wegen einer Verfehlung zu kündigen und einem anderen wegen derselben Verfehlung nicht, wenn bei ihm aufgrund der Interessenabwägung der „an sich" gegebene Kündigungsgrund nicht für eine außerordentliche Kündigung ausreicht.

**Beispiel:** Zwei Arbeitnehmer verursachen eine Schlägerei im Betrieb; der eine ist noch in der Probezeit, der andere 58 Jahre alt und über 30 Jahre im Unternehmen. 119

### c) Besondere Fallgruppen

**aa) Verdachtskündigung.** Ausnahmsweise kann schon der bloße Verdacht einer 120 strafbaren Handlung mit Bezug auf das Arbeitsverhältnis oder einer anderen schwerwiegenden Vertragsverletzung eine außerordentliche Kündigung rechtfertigen, wenn dem Arbeitsverhältnis dadurch die Vertrauensgrundlage entzogen ist[215]. Da eine schuldhafte Verfehlung nicht wirklich vorliegen muss, handelt es sich bei einer Verdachtskündigung nicht um eine verhaltens-, sondern um eine personenbedingte Kündigung. Steht nach der Überzeugung des Arbeitgebers die Verfehlung fest, so kann er eine „Tatkündigung" aussprechen[216]. Dazu ist er aber selbst bei „erdrückenden" Verdachtsmomenten nicht gehalten, weil stets ein Beweisrisiko verbleibt[217]. Umgekehrt hängt die Wirksamkeit der Verdachtskündigung nicht von der strafgerichtlichen Würdigung ab, sondern von der Beeinträchtigung des für das Arbeitsverhältnis erforderlichen Vertrauens[218]. Der Ausgang des Strafverfahrens ist weder für die Zivil- noch für die Arbeitsgerichte bindend (§ 14 EGZPO). Steht nach Überzeugung des Arbeitsgerichts die Pflichtverletzung fest, so ist es nicht gehindert, die nachgewiesene Pflichtverletzung als Kündigungsgrund anzuerkennen, selbst wenn der Arbeitgeber sich nicht darauf beruft[219].

Um die Kündigung eines Unschuldigen nach Möglichkeit zu verhindern, stellt die h.M. an 121 die Verdachtskündigung zu Recht hohe Anforderungen. Der Verdacht muss sich auf objektive Tatsachen gründen; bloße, auf mehr oder weniger haltbare Verdächtigungen gestützte Vermutungen genügen nicht[220]. Die Pflichtverletzung, derer der Arbeitnehmer verdächtigt

---

[214] BAG 14.10.1965, EzA § 133b GewO Nr. 1.
[215] Std. Rspr., BAG 6.9.2007, NZA 2008, 636; BAG 18.6.2015, NZA 2016, 287.
[216] BAG 26.3.1992, 20.8.1997, AP Nr. 23, 27 zu § 626 BGB Verdacht strafbarer Handlung.
[217] BAG 10.2.2005, NZA 2005, 1056, 1058 m.w.N.
[218] BAG 20.8.1997, AP Nr. 27 zu § 626 BGB Verdacht strafbarer Handlung.
[219] BAG 10.6.2010, NZA 2010, 1227; BAG 21.11.2013, NZA 2014, 243.
[220] BAG 2.3.2017, NZA 2017, 1051.

wird, muss so erhebliche Auswirkungen auf das Arbeitsverhältnis haben, dass sie – ihre Erweislichkeit unterstellt – eine außerordentliche Kündigung rechtfertigen würde[221]. Der Verdacht eines Verstoßes gegen eine Haupt- oder Nebenpflicht und der damit verbundene Vertrauensverlust muss das zur Fortsetzung des Arbeitsverhältnisses notwendige Vertrauen des Arbeitgebers in die Redlichkeit des Arbeitnehmers zerstört und damit zu einer unerträglichen Belastung des Arbeitsverhältnisses geführt haben („Vertrauenskündigung")[222]. Der Tatverdacht ist nur dann dringend, wenn eine große Wahrscheinlichkeit für die Täterschaft spricht[223]. Mathematische Wahrscheinlichkeitsgrade spielen keine Rolle, selbst wenn die Wahrscheinlichkeit für eine Tatbeteiligung kleiner als die gegen eine solche ist[224]. Dass die dem Arbeitnehmer zur Last gelegte Handlung nicht mit letzter Sicherheit erwiesen ist, schließt eine Verdachtskündigung nicht aus, weil es bei ihr nicht darauf ankommt, ob die Tat erwiesen ist, sondern ob die vom Arbeitgeber vorgetragenen Tatsachen den Verdacht rechtfertigen (Schlüssigkeit, Rechtsfrage) und, falls ja, ob sie tatsächlich zutreffen (Tatsachenfrage)[225]. Der Vortrag, die Strafverfolgungsbehörden hätten einen dringenden Tatverdacht bejaht, genügt nicht; der Arbeitgeber muss selbst Indizien darlegen[226]. Vor Ausspruch einer Verdachtskündigung muss der Arbeitgeber alles ihm Zumutbare zur Aufklärung des Sachverhalts unternehmen[227]. Insbesondere hat er den verdächtigen Arbeitnehmer anzuhören[228]; die Anhörung ist Wirksamkeitsvoraussetzung für die Verdachtskündigung. Etwas anderes gilt nur, wenn der Arbeitnehmer von vornherein nicht bereit ist, sich substantiiert zu den konkret unterbreiteten Verdachtsmomenten zu äußern[229]. Zu prüfen ist weiter, ob der Arbeitnehmer auf einen anderen – freien – Arbeitsplatz versetzt werden kann, der keine besonderen Vertrauensbeziehungen zwischen den Arbeitsvertragsparteien voraussetzt[230]. Schließlich müssen alle maßgeblichen Umstände, insbesondere das Gewicht und die Auswirkungen der möglichen Pflichtverletzung, das Verschulden, eine Wiederholungsgefahr, die Dauer des Arbeitsverhältnisses und dessen störungsfreier Verlauf, gegeneinander abgewogen werden. Geht diese Prüfung für den Arbeitnehmer negativ aus, dann kann schon der dringende Verdacht der Entwendung eines Stücks Bienenstich im Wert von 1,00 DM[231] oder des Krankfeierns (Betrug) eine außerordentliche Verdachtskündigung rechtfertigen!

122 Maßgeblicher Zeitpunkt für die Beurteilung der Rechtmäßigkeit ist der Zugang der Kündigung. Be- und Entlastungsvorbringen berücksichtigt das BAG deshalb bis zum Schluss der letzten mündlichen Verhandlung in der Tatsacheninstanz[232]. Die wohl h.L. lehnt diese Rechtsprechung ab[233]. Erweist sich die Unschuld des Arbeitnehmers erst nach Abschluss eines Kündigungsschutzprozesses – oder, wenn man

---

[221] BAG 21.11.2013, NZA 2014, 243.
[222] BAG 26.9.2013, NZA 2014, 301.
[223] BAG 6.9.2007, NZA 2008, 636.
[224] BAG 6.9.2007, NZA 2008, 219.
[225] BAG 10.2.2005, NZA 2005, 1056.
[226] BAG 25.10.2012, NZA 2013, 371.
[227] BAG 13.9.1995, 20.8.1997, AP Nr. 25, 27 zu § 626 BGB Verdacht strafbarer Handlung.
[228] Zu den Voraussetzungen einer ordnungsgemäßen Anhörung BAG 24.5.2012, NZA 2013, 137; BAG 20.3.2014, NZA 2014, 1015.
[229] BAG 13.3.2008, NZA 2008, 809.
[230] KR/*Fischermeier*, § 626 BGB Rn. 232.
[231] BAG 17.5.1984, AP Nr. 14 zu § 626 BGB; weitere Beispiele in BAG 12.8.1999, NZA 2000, 421, 426, deutlich restriktiver aber BAG 10.6.2010, NZA 2010, 1227.
[232] BAG 18.6.2015, NZA 2016, 287; NZA 23.5.2013, NZA 2013, 1416.
[233] APS/*Dörner*, § 626 BGB Rn. 355 ff.; KDZ/*Däubler*, § 626 BGB Rn. 152.

der h.L. folgt, nach Zugang der Kündigung –, kann dem Arbeitnehmer ein Wiedereinstellungsanspruch zustehen[234].

**bb) Druckkündigung.** Bei einer Druckkündigung zwingen Dritte (Mitarbeiter, Betriebsrat, Kunden usw.) den Arbeitgeber durch die Androhung von Nachteilen – etwa indem (massenhafte) Eigenkündigungen oder der Abbruch der Geschäftsbeziehung in Aussicht gestellt werden –, einem Arbeitnehmer zu kündigen[235]. Hat sich der Arbeitnehmer eine Vertragsverletzung zuschulden kommen lassen oder ist seine Person Ursache für eine Störung des Arbeitsverhältnisses, so kann der Arbeitgeber dem Arbeitnehmer verhaltens- oder personenbedingt kündigen. Das Kündigungsverlangen ist hierfür nur der äußere Anlass; der eigentliche Kündigungsgrund liegt in der Sphäre des Arbeitnehmers (unechte Druckkündigung)[236]. Um eine echte Druckkündigung handelt es sich dagegen, wenn der Arbeitgeber dem Arbeitnehmer weder verhaltens- noch personenbedingt kündigen kann, sondern wenn er ihn im Interesse des Betriebs allein wegen der Androhung von Nachteilen[237] entlässt. 123

**Beispiele:** Kunden oder Kollegen verlangen die Kündigung eines HIV-Infizierten, obwohl objektiv keine Ansteckungsgefahr besteht; Mitarbeiter drängen auf Entlassung eines Vorgesetzten mit autoritärem Führungsstil; Bank verlangt für die Abgabe einer zur Fortführung des Betriebs notwendigen Verlustübernahmeerklärung die Kündigung eines Arbeitnehmers[238].

Eine solche Kündigung ist nur in engen Grenzen zulässig. Ist das Kündigungsverlangen an sich unberechtigt, verlangt die Fürsorgepflicht, dass sich der Arbeitgeber zunächst schützend vor seinen Mitarbeiter stellt und alles Zumutbare unternimmt, um die Dritten von ihrem Ansinnen abzubringen. Gelingt das nicht, ist der Arbeitgeber gehalten, den Konflikt durch mildere Mittel zu entschärfen, etwa durch eine Versetzung (auch im Wege der Änderungskündigung)[239]. Nur wenn das nicht möglich oder zumutbar ist und dem Arbeitgeber schwerwiegende betriebliche oder wirtschaftliche Nachteile drohen, ist eine Druckkündigung als ultima ratio zulässig[240]. Die Kündigung muss das einzige praktisch in Betracht kommende Mittel sein, um die Schäden abzuwenden[241]. Einer vorherigen Anhörung des Arbeitnehmers bedarf es hier im Gegensatz zur Verdachtskündigung nicht[242]. Der Arbeitgeber muss aber deutlich machen, dass aus seiner Sicht ein objektiver Anlass für eine Kündigung nicht besteht. Liegen die Ursachen in der Zusammenarbeit im Betrieb, muss der 123a

---

[234] Std. Rspr., vgl. BAG 20.8.1997, AP Nr. 27 zu § 626 BGB Verdacht strafbarer Handlung.
[235] BAG 19.6.1986, AP Nr. 33 zu § 1 KSchG 1969 Betriebsbedingte Kündigung; BAG 4.10.1990, AP Nr. 12 zu § 626 BGB Druckkündigung.
[236] BAG 26.1.1962, 18.9.1975, AP Nr. 8, 10 zu § 626 BGB Druckkündigung.
[237] BAG 18.7.2013, NZA 2014, 109: daher betriebsbedingte Kündigung; a.A. ErfK/*Oetker*, § 1 KSchG Rn. 184: personenbedingte Kündigung (keine Sozialauswahl!).
[238] BAG 18.7.2013, NZA 2014, 109.
[239] BAG 11.2.1960, AP Nr. 6 zu § 626 BGB Druckkündigung.
[240] Str.; wie hier BAG 19.6.1986, AP Nr. 33 zu § 1 KSchG 1969 Betriebsbedingte Kündigung; a.A. Staudinger/*Preis,* § 626 BGB Rn. 235.
[241] BAG 18.7.2013, NZA 2014, 109 m. Darlegung des Streitstands.
[242] BAG 4.10.1990, AP Nr. 12 zu § 626 BGB Druckkündigung.

Arbeitgeber ggf. mit Hilfe seines Weisungsrechts auf die involvierten Mitarbeiter einwirken[243]. Verweigern Beschäftigte die Arbeit, muss er sie auf die Rechtswidrigkeit einer Arbeitsniederlegung hinweisen und für weitere Zuwiderhandlungen arbeitsrechtliche Maßnahmen in Aussicht stellen[244]. Hat der Arbeitgeber die Drucksituation selbst in vorwerfbarer Weise herbeigeführt, ist er dem Arbeitnehmer nach § 280 Abs. 1 BGB schadensersatzpflichtig. Die, die den Druck ausgeübt haben, können bei einem unberechtigten Kündigungsverlangen aus § 826 BGB haften[245].

**123b** Einen besonderen Fall der Druckkündigung behandelt § 104 BetrVG. Danach kann der Betriebsrat die Entlassung oder Versetzung eines Arbeitnehmers verlangen, wenn sich dieser gesetzwidrig verhalten oder grob den Betriebsfrieden gestört hat. Weigert sich der Arbeitgeber, kann der Betriebsrat beim Arbeitsgericht die Verhängung eines Zwangsgeldes beantragen.

### d) Kündigungserklärungsfrist

**124** **aa) Allgemeines.** Die außerordentliche Kündigung muss innerhalb einer Ausschlussfrist von 2 Wochen erklärt werden (§ 626 Abs. 2 Satz 1 BGB). Nach Ablauf dieser Frist gilt die unwiderlegbare Vermutung, dass die Fortsetzung des Arbeitsverhältnisses nicht unzumutbar ist[246]. Das Arbeitsverhältnis kann dann mit gleicher Begründung allenfalls noch ordentlich gekündigt werden[247].

**125** Die Ausschlussfrist dient der Rechtsklarheit und dem Rechtsfrieden; sie ist ein gesetzlich konkretisierter Verwirkungstatbestand. Die Frist schützt den Arbeitnehmer, weil er nach ihrem Ablauf nicht mehr mit einer außerordentlichen Kündigung zu rechnen braucht. Die Einschränkung des Kündigungsrechts des Arbeitgebers ist verfassungsgemäß, weil ihm mit der zweiwöchigen Frist eine angemessene Bedenkzeit verbleibt[248]. Die Ausschlussfrist gilt für jede außerordentliche Kündigung, also sowohl für Beendigungs- wie für Änderungskündigungen[249]. Sie kann vertraglich weder ausgeschlossen noch verkürzt noch verlängert werden[250].

**126** **bb) Fristbeginn.** Die Frist beginnt mit dem Zeitpunkt, in dem der Kündigungsberechtigte von den für die Kündigung maßgebenden Tatsachen Kenntnis erlangt (§ 626 Abs. 2 Satz 2 BGB). Kenntnis bedeutet zuverlässiges und möglichst umfassendes Wissen über die Tatsachen, die für die Kündigungsentscheidung benötigt werden; dazu gehören sowohl die be- als auch die entlastenden Umstände[251]. Selbst

---

[243] BAG 19.7.2016, NZA 2017, 116.
[244] BAG 15.12.2016, NZA 2017, 500.
[245] *Von Hoyningen-Huene/Linck*, § 1 KSchG Rn. 321.
[246] BAG 17.8.1972, EzA § 626 BGB n.F. Nr. 16.
[247] BAG 15.8.2002, NZA 2003, 795, 796.
[248] BAG 28.10.1971, 6.7.1972, AP Nr. 1, 3 zu § 626 BGB Ausschlussfrist.
[249] BAG 25.3.1976, AP Nr. 10 zu § 626 BGB Ausschlussfrist.
[250] BAG 12.2.1973, 12.4.1978, AP Nr. 6, 13 zu § 626 BGB Ausschlussfrist.
[251] BAG 17.3.2005, AP Nr. 46 zu § 626 BGB Ausschlussfrist.

II. Kündigung 441

grob fahrlässige Unkenntnis genügt nicht[252]. Kündigungsgründe, die bei Ausspruch einer Kündigung vorliegen, dem Kündigenden jedoch nicht bekannt sind, können nach Ablauf der Ausschlussfrist noch nachgeschoben werden[253].

Bei **Dauerstörtatbeständen**, d.h. bei andauernd fortbestehenden oder immer wiederholten Kündigungsgründen, beginnt die Ausschlussfrist mit dem Vorfall, der das letzte Glied in der Kette der Umstände bildet, auf die die Kündigung gestützt wird[254]. Keine Dauertatbestände sind abgeschlossene Vorfälle, die – wie etwa eine Straftat – nur mehr im Vertrauensbereich fortwirken[255]. Im Verlauf eines Ermittlungs- und Strafverfahrens gegen den Arbeitnehmer darf der Arbeitgeber zu einem nicht willkürlich gewählten Zeitpunkt – bei Hinzutreten neuer Umstände auch mehrfach – kündigen[256]. **127**

**Beispiele** für Dauerstörtatbestände: Leistungsunvermögen, unentschuldigtes Fehlen, eigenmächtiger Urlaubsantritt, krankheitsbedingte Arbeitsunfähigkeit, häufige Kurzerkrankungen, sobald und solange sie den Schluss auf eine dauerhafte Krankheitsanfälligkeit zulassen und damit eine negative Gesundheitsprognose begründen[257], Wegfall der Beschäftigungsmöglichkeit, häufiges Zuspätkommen, ständige ausländerfeindliche Betätigung.

Der Lauf der Frist ist **gehemmt**, solange der Kündigungsberechtigte die zur Aufklärung des Sachverhalts nach pflichtgemäßem Ermessen notwendig erscheinenden Maßnahmen mit der gebotenen Eile durchführt[258]. Der Arbeitgeber kann den Arbeitnehmer vor der Kündigung **anhören** – allerdings innerhalb einer kurz zu bemessenden Frist (im Regelfall binnen einer Woche)[259] – oder den Ausgang des erstinstanzlichen Strafverfahrens oder den Eintritt der Rechtskraft abwarten[260]. Entschließt er sich zum Abwarten, so kann er später nicht spontan und unvermittelt kündigen, wenn er zuvor trotz hinreichenden Anfangsverdachts von eigenen Ermittlungen abgesehen hat[261]. **128**

**Kündigungsberechtigter** ist, wer befugt ist, im konkreten Fall die Kündigung auszusprechen[262]. Das sind die Vertragsparteien selbst sowie ihre gesetzlichen und bevollmächtigten Vertreter. Bei Gesamtvertretung können zwar nur alle Vertreter gemeinsam kündigen; die Ausschlussfrist läuft jedoch schon dann, wenn auch nur einer von ihnen den Kündigungsgrund kennt[263]. Die Kenntnis eines Dritten muss sich der Kündigungsberechtigte entsprechend § 166 BGB zurechnen lassen, wenn dieser eine herausgehobene Position und Funktion hat sowie in der Lage ist, einen Sachverhalt, der Anhaltspunkte für eine außerordentliche Kündigung bietet, so umfassend zu klären, dass mit seiner Mitteilung der Kündigungsberechtigte die Entscheidung abgewogen treffen kann. Hinzukommen muss weiter, dass die verspä- **129**

---

[252] BAG 16.8.1990, NZA 1991, 141.
[253] BAG 4.6.1997, AP Nr. 5 zu § 626 BGB Nachschieben von Kündigungsgründen.
[254] BAG 22.1.1998, NZA 1998, 708 ff.
[255] BAG 29.7.1993, EzA § 626 BGB Ausschlussfrist Nr. 4.
[256] BAG 22.11.2012, NZA 2013, 665.
[257] BAG 23.1.2014, NZA 2014, 962.
[258] BAG 10.6.1988, 31.3.1993, AP Nr. 27, 32 zu § 626 BGB Ausschlussfrist.
[259] BAG 20.3.2014, NZA 2014, 1015.
[260] BAG 8.6.2000, NZA 2000, 1282, 1288.
[261] BAG 29.7.1993, AP Nr. 31 zu § 626 BGB Ausschlussfrist.
[262] BAG 21.2.2013, NZA-RR 2013, 515.
[263] BAG 20.9.1984, EzA § 626 BGB n.F. Nr. 92.

tet erlangte Kenntnis des Kündigungsberechtigten auf einer unsachgemäßen Organisation des Betriebs oder der Verwaltung beruht, obwohl eine andere betriebliche Organisation sachgemäß und zumutbar gewesen wäre[264]. Dritte in diesem Sinne sind vor allem Betriebs- und Abteilungsleiter. Ihre Stellung lässt erwarten, dass sie den Kündigungsberechtigten informieren[265]. Mängel im internen Informationsfluss gehen zulasten des Arbeitgebers.

130 **cc) Fristende.** Das Fristende berechnet sich nach den allgemeinen Grundsätzen (§§ 187 ff. BGB). Der Tag, an dem der Kündigungsberechtigte den wichtigen Grund erfahren hat, zählt bei der Berechnung nicht mit (§ 187 Abs. 1 BGB). Erfährt der Kündigungsberechtigte ihn z.B. am Montag, endet die Frist am übernächsten Montag (§ 188 Abs. 2 Satz 1 HS. 1 BGB). Endet die Frist an einem Samstag, Sonntag oder gesetzlichen Feiertag, läuft sie erst mit dem Ende des nächsten Werktags ab (§ 193 BGB). Spätestens an diesem Tag muss die Kündigung zugehen.

131 Soll einer Schwangeren außerordentlich gekündigt werden, genügt es, die nach § 17 Abs. 2 MuSchG erforderliche Ausnahmegenehmigung innerhalb der Frist des § 626 Abs. 2 BGB zu beantragen; nach Erlass des Bescheids muss dann aber unverzüglich gekündigt werden[266]. Dasselbe gilt für die Kündigung eines schwerbehinderten Menschen (§ 174 Abs. 2, 5 SGB IX)[267]. Die Ausschlussfrist verlängert sich nicht um die 3 Tage, die § 102 Abs. 2 Satz 3 BetrVG dem Betriebsrat (maximal) für seine Stellungnahme einräumt[268].

132 **dd) Rechtsmissbrauch.** In Ausnahmefällen kann es dem Gekündigten verwehrt sein, sich auf den Ablauf der Ausschlussfrist zu berufen. So wäre eine Berufung auf die Frist ein Rechtsmissbrauch (§ 242 BGB), wenn er selbst die Versäumung veranlasst oder bewirkt hat.

132a **ee) Umdeutung.** Eine unwirksame außerordentliche Kündigung kann nach § 140 BGB in eine ordentliche Kündigung umgedeutet werden, wenn dies dem mutmaßlichen Willen des Kündigenden entspricht und dieser Wille dem Kündigungsempfänger im Zeitpunkt des Kündigungszugangs erkennbar ist[269].

---

[264] BAG 21.2.2013, NZA-RR 2013, 515.
[265] BAG 6.7.1972, 5.5.1977, AP Nr. 3, 11 zu § 626 BGB Ausschlussfrist.
[266] APS/*Rolfs*, § 9 MuSchG Rn. 71; *Stahlhacke/Preis/Vossen*, Kündigung, Rn. 1430.
[267] BAG 21.4.2005, AP Nr. 4 zu § 91 SGB IX; BAG 2.3.2006, AP Nr. 6 zu § 91 SGB IX.
[268] BAG 18.8.1977, AP Nr. 10 zu § 103 BetrVG 1972.
[269] BAG 12.5.2010, NZA 2010, 1348.

## III. Allgemeiner Kündigungsschutz

### 1. Allgemeines

#### a) Grundgedanken

Der allgemeine Kündigungsschutz, d.h. der Kündigungsschutz, den grundsätzlich 133
alle Arbeitnehmer genießen, ist im Kündigungsschutzgesetz (KSchG) geregelt. Das
KSchG beschränkt die Kündigungsfreiheit des Arbeitgebers in Betrieben mit mehr
als zehn – vollzeitbeschäftigten (§ 23 Abs. 1 Satz 2, 3 KSchG) – Arbeitnehmern. Die Entlassung eines Arbeitnehmers, dessen Arbeitsverhältnis länger als
sechs Monate bestanden hat, ist unwirksam, wenn sie sozial ungerechtfertigt ist (§ 1
Abs. 1 KSchG). Sozial ungerechtfertigt ist sie nicht, wenn sie durch Gründe, die in
der Person oder in dem Verhalten des Arbeitnehmers liegen, oder durch dringende
betriebliche Erfordernisse, die einer Weiterbeschäftigung in diesem Betrieb entgegenstehen, bedingt ist (§ 1 Abs. 2 KSchG). Der Arbeitgeber hat diese Gründe darzulegen und gegebenenfalls zu beweisen.

Das KSchG versucht einen Ausgleich zwischen dem Interesse des Arbeitnehmers am Be- 134
stand und dem des Arbeitgebers an der Beendigung des Arbeitsverhältnisses. Beide Interessen sind durch Art. 12 Abs. 1 GG geschützt. Art. 12 Abs. 1 GG verpflichtet den Gesetzgeber,
dafür zu sorgen, dass der Arbeitnehmer seinen Arbeitsplatz nach Möglichkeit behalten kann,
um dort seinen Beruf auszuüben[270]. Er verpflichtet den Gesetzgeber aber auch, Eingriffe in
die Freiheit der unternehmerischen Betätigung und damit auch in das Recht zum Abschluss
und zur Beendigung von Arbeitsverhältnissen zu unterlassen[271]. Der Gesetzgeber hat mit Erlass des KSchG die widerstreitenden Interessen angemessen ausgeglichen, indem er die freie
Kündigungsbefugnis des Arbeitgebers auf unvermeidbare Kündigungen beschränkt hat.

Rechtstechnisch wird der Bestandsschutz im Wege einer nachträglichen Unwirk- 135
samkeitskontrolle durch die Arbeitsgerichte verwirklicht[272]. Bei wirksamer Kündigung endet das Arbeitsverhältnis zwar mit Ablauf der Kündigungsfrist. Ob die
Kündigung aber wirksam war, wird erst im nachhinein durch den Kündigungsschutzprozess festgestellt. Erst mit dessen rechtskräftigem Abschluss steht fest, ob
das Arbeitsverhältnis tatsächlich beendet wurde. Zwischen dem Ablauf der Kündigungsfrist und dem endgültigen Abschluss des Kündigungsrechtsstreits hat der
Arbeitgeber den gekündigten Arbeitnehmer auf dessen Verlangen hin weiterzubeschäftigen, wenn der Betriebsrat der Kündigung widersprochen hat („betriebsverfassungsrechtlicher Weiterbeschäftigungsanspruch", § 102 Abs. 5 BetrVG) oder
wenn die Voraussetzungen des richterrechtlichen „allgemeinen Weiterbeschäftigungsanspruchs"[273] erfüllt sind.

Das KSchG ist in erster Linie ein **Bestandsschutzgesetz** und **kein Abfindungsge-** 136
**setz**. Ziel ist es, dem Arbeitnehmer den Arbeitsplatz zu erhalten. Einen „Abkauf"

---

[270] BVerfGE 84, 133, 146 f.; BVerfG 21.2.1995, EzA Art 20 Einigungsvertrag Nr. 44.
[271] BVerfG 21.2.1995, EzA Art 20 Einigungsvertrag Nr. 44.
[272] BAG 26.5.1977, AP Nr. 5 zu § 611 BGB Beschäftigungspflicht.
[273] Grundlegend BAG GS 27.2.1985, AP Nr. 14 zu § 611 BGB Beschäftigungspflicht.

durch Zahlung einer Abfindung sieht das KSchG nur in 2 Fällen vor. Bei einer betriebsbedingten Kündigung kann der Arbeitgeber dem Arbeitnehmer eine Abfindung in der in § 1a KSchG genannten Höhe unter der Bedingung anbieten, dass er die dreiwöchige Frist zur Erhebung der Kündigungsschutzklage (§ 4 KSchG) klaglos verstreichen lässt, nach deren Ablauf § 7 KSchG die Wirksamkeit einer an sich unwirksamen Kündigung fingiert (s. im einzelnen unten Rn. 225a). § 9 KSchG ermöglicht die Auflösung eines Arbeitsverhältnisses durch das Gericht, wenn die Kündigung zwar unwirksam ist, die Fortsetzung des Arbeitsverhältnisses aber unzumutbar erscheint und eine Partei die Auflösung verlangt (s. oben Rn. 28). In diesem Fall erhält der Arbeitnehmer eine Abfindung nach Maßgabe von § 10 KSchG, obwohl die Kündigung an sich unwirksam ist. Bei Massenentlassungen (vgl. § 17 KSchG) bestehen häufig Abfindungsansprüche aufgrund von Sozialplänen, die von den Betriebsparteien nach den §§ 112, 112a BetrVG aufgestellt werden (s. dazu Bd. 2 § 16 Rn. 621 ff.). Abfindungen werden schließlich häufig zur Vermeidung oder zur Beilegung von Kündigungsschutzprozessen gezahlt; die meisten Kündigungsrechtsstreitigkeiten enden durch Abfindungsvergleich. In diesen Fällen bleibt offen, ob eine Kündigung wirksam war oder gewesen wäre; das Arbeitsverhältnis endet durch Aufhebungsvertrag.

### *b) Abdingbarkeit*

137 **aa) Einseitig zwingende Natur.** Das KSchG ist entsprechend seinem Schutzzweck einseitig zwingendes Recht. Von seinen Bestimmungen kann zugunsten des Arbeitnehmers abgewichen werden[274]. Der allgemeine Kündigungsschutz kann weder ausgeschlossen noch eingeschränkt werden. Unzulässig ist auch die Vereinbarung „absoluter Kündigungsgründe", die ohne Berücksichtigung sämtlicher Umstände des Einzelfalls eine Kündigung rechtfertigen; sie sind allenfalls bei der Interessenabwägung zu berücksichtigen[275].

138 **bb) Verzicht.** Auf den allgemeinen Kündigungsschutz kann nicht im voraus verzichtet werden. Zulässig ist ein Verzicht nach Zugang der Kündigung[276]. Der Verzicht muss eindeutig erkennbar erklärt werden; bloßes Schweigen genügt ebenso wenig wie die Erklärung, keine Rechte mehr aus dem Arbeitsverhältnis zu haben[277]. Wer dagegen erklärt, gegen die Kündigung keine Einwendungen zu erheben, hat auf den allgemeinen Kündigungsschutz verzichtet[278]. Der Verzicht kann auch in einer Ausgleichsvereinbarung erfolgen, und zwar selbst dann, wenn die Kündigungsschutzklage bereits rechtshängig ist[279]. Ein vom Arbeitgeber vorformulierter Klageverzicht ohne eine kompensatorische Gegenleistung (z.B. eine Abfindung, Verzicht auf Schadensersatzansprüche) innerhalb von 3 Wochen nach Kündigungszugang benachteiligt den Arbeitnehmer unangemessen und ist nach § 307 Abs. 1 BGB un-

---

[274] BAG 11.3.1976, AP Nr. 1 zu § 95 BetrVG 1972.
[275] BAG 15.6.1989, 18.1.1990, AP Nr. 18, 19 zu § 1 KSchG 1969 Soziale Auswahl.
[276] BAG 6.9.2007, NZA 2008, 219, 220.
[277] BAG 3.5.1979, AP Nr. 5 zu § 4 KSchG 1969.
[278] BAG 6.4.1977, AP Nr. 4 zu § 4 KSchG 1969.
[279] BAG 29.6.1978, 3.5.1979, AP Nr. 5, 6 zu § 4 KSchG 1969.

wirksam[280]. Mittelbar verzichtet der Arbeitnehmer auf den allgemeinen Kündigungsschutz, wenn er die dreiwöchige Frist zur Erhebung der Kündigungsschutzklage (§ 4 Satz 1 KSchG) verstreichen lässt, da damit die Kündigung als sozial gerechtfertigt gilt (§ 7 KSchG).

### c) Prüfungsschema

1. **Anwendungsbereich des KSchG**
   a) Persönlicher Anwendungsbereich (§ 1 Abs. 1 KSchG)
      aa) mehr als sechsmonatiger ununterbrochener Bestand des Arbeitsverhältnisses
      bb) bei leitenden Angestellten im Sinne des § 14 KSchG: kein Bestands-, sondern Abfindungsschutz
   b) Betrieblicher Anwendungsbereich (§ 23 Abs. 1 Sätze 2-4 KSchG): mehr als 10 vollzeitig beschäftigte Arbeitnehmer im Betrieb
2. **Fristgemäße Erhebung der Kündigungsschutzklage**
   Binnen drei Wochen nach Zugang der Kündigung (§ 4 Satz 1 KSchG), sonst Fiktion der sozialen Rechtfertigung (§ 7 KSchG)
3. **Soziale Rechtfertigung**
   a) An sich geeignete Kündigungsgründe
      aa) Person des Arbeitnehmers
      bb) Verhalten des Arbeitnehmers
      cc) dringende betriebliche Erfordernisse
   b) Prognose: Gegenwärtige oder vergangene Umstände lassen für die Zukunft eine Störung des Arbeitsverhältnisses erwarten
   c) Ultima ratio: Störung lässt sich nicht anders als durch Kündigung beseitigen
   d) Interessenabwägung: Prüfung, ob dem Arbeitgeber die Fortsetzung des Arbeitsverhältnisses unzumutbar ist; bei betriebsbedingter Kündigung stattdessen Sozialauswahl (§ 1 Abs. 3 KSchG)

### 2. Anwendungsbereich des KSchG

#### a) Persönliche Anwendbarkeit

**aa) Arbeitnehmer.** Das KSchG gilt nur für Arbeitnehmer. Da das KSchG den Begriff des Arbeitnehmers nicht selbst definiert, ist auf den Arbeitnehmerbegriff im allgemeinen arbeitsrechtlichen Sinn abzustellen[281]. Keine Rolle spielt, ob der Arbeitnehmer voll- oder teilzeitbeschäftigt ist[282] und ob er haupt- oder nebenberuflich tätig wird[283]. Das KSchG gilt nach § 14 Abs. 2 KSchG grundsätzlich auch für (angestellte) Geschäftsführer, Betriebsleiter und ähnliche **leitende Angestellte**, soweit sie zur selbständigen Einstellung oder Entlassung von Arbeitnehmern berechtigt sind (vgl. § 5 Abs. 3 Satz 2 Nr. 1 BetrVG). Gemeint sind damit die Leiter von Betrieben oder größeren Abteilungen, die im Innen- wie im Außenverhältnis das Recht haben, eine nicht unbeträchtliche Zahl von Arbeitnehmern oder eine gewisse Zahl

---

[280] BAG 6.9.2007, NZA 2008, 219; BAG 25.9.2014, NZA 2015, 350.
[281] BAG 13.3.1987, AP Nr. 37 zu § 1 KSchG 1969 Betriebsbedingte Kündigung.
[282] BAG 9.6.1983, AP Nr. 2 zu § 23 KSchG 1969.
[283] BAG 13.3.1987, AP Nr. 37 zu § 1 KSchG 1969 Betriebsbedingte Kündigung.

bedeutender Arbeitnehmer selbständig einzustellen oder zu entlassen[284]. Sie genießen aber keinen Bestands-, sondern nur einen Abfindungsschutz; ihr Arbeitsverhältnis kann auf Antrag des Arbeitgebers gegen Zahlung einer Geldsumme aufgelöst werden (§ 14 Abs. 2 Satz 2, § 9 KSchG). Das KSchG gilt nicht für die **gesetzlichen Vertreter** des Arbeitgebers, wenn dieser eine juristische Person ist, und für die zur Vertretung einer Personengesamtheit berufenen Personen, wenn diese eine Personengesellschaft ist (§ 14 Abs. 1 KSchG); sie sind keine Arbeitnehmer. Nicht, auch nicht analog anwendbar ist das KSchG auf die Rechtsverhältnisse der **arbeitnehmerähnlichen Personen** (vgl. § 29 HAG), obwohl sie per definitionem ähnlich wie Arbeitnehmer schutzbedürftig sind (vgl. § 12a Abs. 1 Nr. 1 TVG)[285]. Für **Auszubildende** kommt ein Kündigungsschutz nach dem KSchG nicht in Betracht, weil das Berufsausbildungsverhältnis nach der Probezeit nur aus wichtigem Grund gekündigt werden kann (§ 22 Abs. 2 BBiG).

**141** bb) **Wartezeit.** Der allgemeine Kündigungsschutz greift erst ein, wenn das Arbeitsverhältnis zum Zeitpunkt des Zugangs der Kündigungserklärung im selben Betrieb oder Unternehmen länger als 6 Monate bestanden hat (§ 1 Abs. 1 KSchG). Die Aufführung von Betrieb und Unternehmen im Gesetzestext ist sinnlos und nur historisch erklärbar. Entscheidend ist die Dauer der Tätigkeit im Unternehmen. Die Wartezeit dient vor allem der Erprobung neuer Mitarbeiter („gesetzliche Probezeit"). Der Arbeitgeber kann während der ersten 6 Monate auch ohne einen vom KSchG anerkannten Kündigungsgrund und ohne Berücksichtigung entgegenstehender Interessen des Arbeitnehmers kündigen[286]. Das „freie" Kündigungsrecht vor Ablauf der Wartezeit wird lediglich durch die Generalklauseln der §§ 138, 242 BGB und durch das Antidiskriminierungsrecht beschränkt (s. oben Rn. 72 f.); damit ist auch der in Art. 30 GRC geregelte Schutz vor ungerechtfertigter Entlassung gewahrt[287]. Die Wartezeit ist abdingbar[288]. Tariflich oder arbeitsvertraglich kann vereinbart werden, dass der Kündigungsschutz schon früher beginnt. Ein konkludenter Ausschluss der Wartezeit kann, wenn weitere Umstände hinzutreten, in der Zusage einer „Dauerstellung" liegen[289].

**142** Für die Berechnung der Wartezeit kommt es auf den rechtlichen Bestand des Arbeitsverhältnisses an, nicht auf die tatsächliche Beschäftigungsdauer[290]. Die Wartezeit beginnt mit dem Zeitpunkt, zu dem der Arbeitnehmer nach seinem Vertrag die Arbeit aufzunehmen hat. Dabei bleibt es auch, wenn er aus Gründen, die er nicht zu vertreten hat (z.B. Krankheit, Unfall), erst später mit der Arbeit beginnt; ob anderes gilt, wenn er gleich zu Beginn pflichtwidrig nicht zur Arbeit erscheint, ist offen[291]. Von der konkreten Vereinbarung hängt es ab, ob der

---

[284] BAG 18.11.1999, NZA 2000, 427; BAG 18.10.2000, NZA 2001, 437; BAG 19.4.2010, NZA 2013, 27.
[285] BAG 20.1.2004, NZA 2004, 1058.
[286] BAG 23.4.2009, NZA 2009, 959.
[287] BAG 8.12.2011, NZA 2012, 286.
[288] BAG 14.5.1987, 28.2.1990, AP Nr. 5, 8 zu § 1 KSchG 1969 Wartezeit.
[289] BAG 18.6.1972, AP Nr. 1 zu § 1 KSchG 1969.
[290] BAG 16.3.1989, NZA 1989, 884.
[291] BAG 24.10.2013, DB 2014, 958 mwN zum Streitstand.

Tag des Vertragsschlusses zur Wartezeit zählt. § 187 BGB kann bei der Auslegung helfen. Haben sich die Parteien über die Arbeitsaufnahme an einem bestimmten Tag verständigt, ist dieser in die Berechnung der Wartezeit einzubeziehen, selbst wenn der Arbeitsvertrag erst nach Arbeitsbeginn unterzeichnet wird. Entsprechendes gilt, wenn sich die Parteien über den Zeitpunkt des rechtlichen Beginns ihres Arbeitsverhältnisses einigen, ohne dass der Arbeitnehmer zur tatsächlichen Arbeitsaufnahme schon verpflichtet wäre. Maßgebend für den Beginn der Wartezeit ist in diesem Fall der Tag der Entstehung der sonstigen Verpflichtungen aus dem Arbeitsvertrag[292]. Das Ende der Wartezeit bestimmt sich nach § 188 Abs. 2 BGB. § 193 BGB findet jedoch keine Anwendung, weil es sich bei der Kündigung um keine innerhalb einer Frist abzugebende Erklärung handelt. Der Zeitraum von sechs Monaten verlängert sich deshalb nicht, wenn der letzte Tag auf einen Sonntag, einen allgemeinen Feiertag oder einen Sonnabend fällt[293]. Für die Frage, ob noch innerhalb der Wartezeit gekündigt wurde, ist nicht der Ablauf der Kündigungsfrist, sondern der Zugang der Kündigung maßgeblich[294]. Kündigt ein Arbeitgeber wenige Tage vor Ablauf, obwohl dies zur Wahrung der Kündigungsfrist nicht erforderlich ist, so muss er sich entsprechend § 162 BGB so behandeln lassen, als wäre die gesetzliche Wartezeit abgelaufen, weil er grundlos den Eintritt des allgemeinen Kündigungsschutzes vereitelt[295]. Tatsächliche Unterbrechungen der Tätigkeit (z.B. durch Krankheit, Arbeitskampfmaßnahmen, unbezahlten Urlaub) schaden nicht[296]. Unschädlich ist es auch, wenn auf einen Teil der Wartezeit ausländisches Recht anwendbar ist[297]. Rechtliche Unterbrechungen sind nur dann unschädlich, wenn das neue Arbeitsverhältnis in einem engen sachlichen Zusammenhang mit dem früheren Arbeitsverhältnis steht; dabei kommt es auf Anlass und Dauer der Unterbrechung sowie auf die Art der Weiterbeschäftigung an[298]. Ein Zeitraum von 3 Wochen unterbricht in der Regel den sachlichen Zusammenhang[299]. Auf die Wartezeit angerechnet wird die Zeit eines Ausbildungsverhältnisses, wenn der Auszubildende später übernommen wird[300], regelmäßig nicht dagegen eine frühere Beschäftigung als Leiharbeitnehmer[301] oder als freier Mitarbeiter[302]. Die Wartezeit kann im Einstellungsbetrieb oder in einem anderen zum Unternehmen des Arbeitgebers gehörenden Betrieb zurückgelegt werden, in einem anderen Unternehmen desselben Konzerns nur bei einer Konzernversetzungsklausel. Wird ein Betrieb oder Betriebsteil übernommen, gelten bereits zurückgelegte Wartezeiten auch gegenüber dem neuen Inhaber, da dieser in die Arbeitsverhältnisse so eintritt, wie sie beim Veräußerer bestanden (§ 613a Abs. 1 Satz 1 BGB)[303]. Entsprechendes gilt für Wartezeiten in einem Gemeinschaftsbetrieb, wenn der Arbeitnehmer zwischen den beteiligten Unternehmen wechselt[304]. Kündigungsschutz besteht aber nur, wenn das KSchG auf den Erwerberbetrieb auch betrieblich anwendbar ist[305].

---

[292] BAG 24.10.2014, NZA 2014, 725.
[293] BAG 24.10.2014, NZA 2014, 725.
[294] BAG 20.7.1977, AP Nr. 3 zu Art 33 Abs. 2 GG.
[295] BAG 28.9.1978, AP Nr. 19 zu § 102 BetrVG 1972.
[296] KR/*Griebeling*, § 1 KSchG Rn. 115; *von Hoyningen-Huene/Linck*, § 1 KSchG Rn. 109.
[297] BAG 7.7.2011, NZA 2012 148.
[298] BAG 23.5.2013, NZA 2013, 1197; BAG 21.11.2013, NZA 2014, 362, 365.
[299] BAG 20.8.1998, NZA 1999, 481.
[300] BAG 26.8.1976, AP Nr. 68 zu § 626 BGB.
[301] BAG 20.2.2014, NZA 2014, 1083 (Ausnahme: stillschweigende Vereinbarung oder Rechtsgedanke des § 162 BGB).
[302] ErfK/*Oetker*, § 1 KSchG Rn. 36; KR/*Griebeling*, § 1 KSchG Rn. 106.
[303] BAG 5.2.2004, NZA 2004, 845; BAG 21.11.2013, NZA 2014, 362, 365.
[304] BAG 23.5.2013, NZA 2013, 1197.
[305] BAG 15.2.2007, AP Nr. 38 zu § 23 KSchG 1969.

## b) Betriebliche Anwendbarkeit

**143** **aa) Ausgangspunkt.** Der betriebliche Geltungsbereich des KSchG wird im wesentlichen durch § 23 KSchG bestimmt. Das KSchG gilt für Betriebe und Verwaltungen des privaten und des öffentlichen Rechts (§ 23 Abs. 1 Satz 1 KSchG), die in Deutschland die Voraussetzungen des § 23 Abs. 1 Satz 2 KSchG erfüllen. Der Betriebsbegriff entspricht weitgehend dem des BetrVG (s. § 3 Rn. 49 ff.)[306].

**144** Betriebe im Sinne des § 23 KSchG sind auch Nebenbetriebe. Betriebsteile gelten nur dann als selbständige Betriebe, wenn die Leitungsmacht sich auf alle wesentlichen Funktionen des Arbeitgebers in personellen und sozialen Angelegenheiten erstreckt[307]. Dagegen kann das Vorhandensein einer zentralen Personalverwaltung und gemeinsamer Sozialeinrichtungen sprechen[308]. Unschädlich ist, wenn die Betriebsteile weit auseinander liegen[309]. Filialen können, je nach Organisation, Betriebe oder Betriebsteile sein[310]. Zu den Verwaltungen gehören Verbände und Stiftungen, aber auch z.B. Hausverwaltungen[311]. Die Vorschriften über Massenentlassungen sind auf öffentlich-rechtlich geführte Betriebe anwendbar, wenn sie wirtschaftliche Zwecke verfolgen (§ 23 Abs. 2 KSchG). Sonderregelungen gelten für Betriebe der Schifffahrt und des Luftverkehrs (§ 24 KSchG).

**145** **bb) Herausnahme von Kleinbetrieben.** Der allgemeine Kündigungsschutz gilt nicht für Betriebe und Verwaltungen, in denen in der Regel 10 oder weniger Arbeitnehmer ausschließlich der zu ihrer Berufsbildung Beschäftigten tätig sind (§ 23 Abs. 1 Satz 2 KSchG). Das ist ein erheblicher Teil des Handwerks, des Einzelhandels, der bäuerlichen Betriebe und der Betriebe von Angehörigen freier Berufe[312].

**145a** Bis Ende 2003 lag der Schwellenwert für den Kündigungsschutz bei fünf vollzeitbeschäftigten Arbeitnehmern. Das Gesetz zu Reformen am Arbeitsmarkt vom 24.12.2003[313] hat ihn mit Wirkung ab 1.1.2004 auf zehn heraufgesetzt. Arbeitnehmer in Betrieben, die vor dem 1.1.2004 Kündigungsschutz hatten, weil der Schwellenwert von fünf zu dieser Zeit überschritten war, behalten ihn. Sie verlieren ihn allerdings, wenn die Zahl der Arbeitnehmer, die vor dem 1.1.2004 in dem Betrieb beschäftigt waren, auf fünf oder weniger absinkt (§ 23 Abs. 1 Satz 2 KSchG)[314].

**145b** **Beispiel:** Unternehmer U beschäftigt am 31.12.2003 fünf Arbeitnehmer, nämlich A, B, C, D und E. Am 1.1.2004 stellt er zwei weitere Arbeitnehmer ein, den F und den G. Am 30.6.2004 scheidet A aus. Rechtslage: A, B, C, D und E haben bis 30.6.2004 Kündigungsschutz; F und G haben keinen. Ab 1.7.2004 verlieren auch B, C, D und E den Kündigungsschutz.

**146** Die Herausnahme von Mitarbeitern in Kleinbetrieben aus dem allgemeinen Kündigungsschutz rechtfertigt sich aus deren besonderer Situation: Der Geschäftserfolg

---

[306] BAG 17.1.2008, NZA 2008, 872.
[307] BAG 3.4.2008, NZA 2008, 1060.
[308] BAG 17.2.1983, AP Nr. 4 zu § 4 BetrVG 1972.
[309] BAG 21.6.1995, 2 AZR 693/94 n.v.
[310] BAG 3.4.2008, NZA 2008, 1060; BAG 27.11.2008, NZA 2009, 484.
[311] BAG 9.9.1982, AP Nr. 1 zu § 611 BGB Hausmeister.
[312] BVerfG 27.1.1998, NZA 1998, 469.
[313] BGBl. I S. 3002.
[314] BAG 21.9.2006, NZA 2007, 437.

hängt mehr als im Großbetrieb von jedem einzelnen Arbeitnehmer, von seiner Leistungsfähigkeit und Persönlichkeitsstruktur ab. Das Vertrauensverhältnis zum „Chef", der typischerweise selbst mitarbeitet, ist für die Zusammenarbeit von erheblicher Bedeutung. Der Kleinbetrieb hat häufig nicht die Finanzausstattung, um Abfindungen zu zahlen, und nicht die Verwaltungskapazität, um Kündigungsschutzprozesse angemessen zu begleiten. Dass § 23 Abs. 1 KSchG auf die Betriebs- und nicht auf die Unternehmensgröße abstellt, ist verfassungsrechtlich unbedenklich, solange dadurch nicht angesichts der vom Arbeitgeber geschaffenen konkreten Organisation die gesetzgeberischen Erwägungen für die Privilegierung des Kleinbetriebs bei verständiger Betrachtung ins Leere gehen und die Bestimmung des Betriebsbegriffs nach herkömmlicher Definition zu einer sachwidrigen Ungleichbehandlung betroffener Arbeitnehmer führt[315].

**147** Maßgebend für die Frage, ob ein Kleinunternehmen vorliegt, ist die Zahl der zum Zeitpunkt des Zugangs der Kündigung[316] regelmäßig Beschäftigten. Um sie festzustellen, bedarf es eines Rückblicks auf die bisherige personelle Situation und einer Einschätzung der zukünftigen Entwicklung[317]. Es zählen grundsätzlich nur die ständig beschäftigten Arbeitnehmer[318] einschließlich der leitenden Angestellten[319], selbst wenn das Arbeitsverhältnis – etwa wegen einer Elternzeit[320] – ruht[321], nicht dagegen Aushilfsarbeitskräfte, wenn sie nur vorübergehend wegen eines vermehrten Arbeitsanfalls (z.B. Inventur, Ausverkauf, Weihnachtsgeschäft) oder zur Vertretung von erkranktem oder beurlaubtem Stammpersonal beschäftigt werden[322]. Teilzeitbeschäftigte Arbeitnehmer werden bei einer regelmäßigen wöchentlichen Arbeitszeit von nicht mehr als 20 Stunden mit 0,5 und bei nicht mehr als 30 Stunden mit 0,75 berücksichtigt (§ 23 Abs. 1 Satz 4 KSchG). Der Schwellenwert ist überschritten, wenn die rechnerische Größe von 10,25 Arbeitnehmern erreicht ist. Im Extremfall fällt ein Betrieb erst mit 21 Arbeitnehmern unter das KSchG, dann nämlich, wenn alle 21 regelmäßig nicht mehr als 20 Stunden in der Woche arbeiten. Nach Ansicht des BAG zählen auch Leiharbeitnehmer im Betrieb des Entleihers mit, soweit mit ihnen ein regelmäßiger Beschäftigungsbedarf abgedeckt wird[323].

**148** Geht die Aufspaltung eines Betriebs mit der Spaltung des dahinter stehenden Unternehmens (§ 123 UmwG) einher (z.B. bei einer Ausgliederung), so darf sich die kündigungsrechtliche Stellung eines Arbeitnehmers innerhalb von 2 Jahren nach

---

[315] BAG 19.7.2016, NZA 2016, 1196; BAG 2.3.2017, NZA 2017, 859. Die anderslautende Entscheidung des BVerfG 27.1.1998, NZA 1998, DB 1998, 2167, ging von Einzelfällen aus, die dem gesetzlichen Leitbild nicht entsprachen.
[316] BAG 16.6.1976, AP Nr. 8 zu § 611 BGB Treuepflicht.
[317] Bei einem Abbau von Arbeitsplätzen sind die Gekündigten allerdings zu berücksichtigen, BAG 12.1.2004, NZA 2004, 479.
[318] KDZ/*Deinert*, § 23 KSchG Rn. 20; KR/*Weigand*, § 23 KSchG Rn. 37.
[319] *Löwisch/Spinner*, § 23 KSchG Rn. 18; *von Hoyningen-Huene/Linck*, § 23 KSchG Rn. 43.
[320] Stellt der Arbeitgeber für einen in Elternzeit befindlichen Arbeitnehmer eine Ersatzkraft ein, zählt nur diese (§ 21 Abs. 7 BEEG); vgl. dazu BAG 21.1.1991, EzA § 23 KSchG Nr. 11.
[321] *Von Hoyningen-Huene/Linck*, § 23 KSchG Rn. 44; KR/*Weigand*, § 23 KSchG Rn. 40.
[322] KDZ/*Deinert*, § 23 KSchG Rn. 21; KR/*Weigand*, § 23 KSchG Rn. 39.
[323] BAG 24.1.2013, NZA 2013, 726.

Wirksamwerden der Unternehmensspaltung nicht verschlechtern (§ 323 Abs. 1 UmwG). Der Begriff der „kündigungsrechtlichen Stellung" ist nach h.L. umfassend auszulegen. Er betrifft den allgemeinen und den besonderen gesetzlichen Kündigungsschutz sowie sämtliche tarif- und arbeitsvertraglichen Kündigungsschutznormen[324]. Der allgemeine Kündigungsschutz bleibt deshalb für 2 Jahre auch dann erhalten, wenn nach der Spaltung 10 oder weniger Arbeitnehmer im Betrieb tätig sind. Das gilt aber nur, wenn die Spaltung nach den Vorschriften des UmwG erfolgt. Bei einem „schlichten" Betriebsübergang gilt § 323 Abs. 1 UmwG nicht, auch nicht analog[325]. Führen zwei Unternehmen einen gemeinsamen Betrieb, so ist die Anzahl der im gemeinsamen Betrieb Beschäftigten maßgeblich. Zum Begriff des gemeinsamen Betriebs mehrerer Unternehmen s. § 3 Rn. 55. Wird in einem Beschlussverfahren nach § 18 Abs. 2 BetrVG rechtskräftig festgestellt, dass zwei Unternehmen keinen gemeinsamen Betrieb bilden, so gilt das auch für das Kündigungsschutzrecht[326].

### c) Sachliche Anwendbarkeit

149 Das KSchG gewährt Schutz nur gegenüber Kündigungen des Arbeitgebers. Auf andere Beendigungsarten ist es nicht, auch nicht entsprechend anwendbar.

### d) Beweislast

150 Die Darlegungs- und Beweislast für die persönliche und betriebliche Anwendbarkeit des KSchG trifft den Arbeitnehmer[327]. An die Darlegungslast dürfen wegen der Sachnähe des Arbeitgebers aber keine zu strengen Anforderungen gestellt werden[328]. Der Arbeitnehmer hat deshalb nur schlüssig darzulegen, dass zum Kündigungszeitpunkt mehr als zehn Arbeitnehmer im Betrieb beschäftigt wurden. Der Arbeitgeber kann dann ggf. einwenden, dass diese Zahl nicht repräsentativ für den Betrieb war, muss die dafür sprechenden Umstände aber darlegen und ggf. beweisen[329]. Die Voraussetzungen der Kündigung hat der Arbeitgeber zu beweisen.

### 3. Sozialwidrigkeit der Kündigung: Grundsätze

### a) Systematik der Kündigungsgründe

151 **aa) Kanon der Kündigungsgründe.** Die ordentliche Kündigung eines Arbeitsverhältnisses, das unter das KSchG fällt, ist unwirksam, wenn sie nicht sozial gerechtfertigt ist (§ 1 Abs. 1 KSchG). Es müssen Umstände vorliegen, die sie bei verständiger Würdigung in Abwägung der Interessen beider Vertragsparteien als billigenswert und angemessen erscheinen lassen[330]. Mit dieser Billigkeitsformel allein lässt sich jedoch kein Kündigungsrechtsstreit entscheiden. Das Gesetz verlangt

---

[324] *Trümner*, AiB 1995, 309; *Wlotzke*, DB 1995, 40; a.A. *Bauer/Lingemann*, NZA 1994, 1057.
[325] BAG 15.2.2007, AP Nr. 38 zu § 23 KSchG 1969.
[326] BAG 9.4.1991, AP Nr. 8 zu § 18 BetrVG 1972.
[327] BAG 9.9.1982, EzA § 611 BGB Arbeitgeberbegriff Nr. 1.
[328] BAG 18.1.1990, AP Nr. 2 zu § 23 KSchG 1969.
[329] BAG 24.2.2005, AP Nr. 34 zu § 23 KSchG 1969.
[330] BAG 13.3.1987, AP Nr. 18 zu § 1 KSchG 1969 Verhaltensbedingte Kündigung.

Gründe in der Person oder im Verhalten des Arbeitnehmers oder betriebliche Gründe (§ 1 Abs. 2 Satz 1 KSchG). Die ersten beiden kommen aus der Sphäre des Arbeitnehmers, die letzteren aus der des Betriebs.

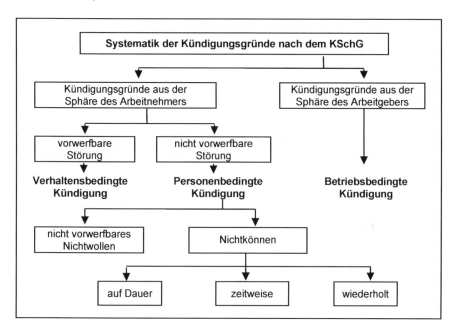

Die **Abgrenzung zwischen Gründen im Verhalten und Gründen in der Person** 151a ist streitig. Das BAG[331] stellt darauf ab, wo die Störungsquelle liegt. Es wertet Pflichtverletzungen als Verhalten, auch wenn kein Verschulden vorliegt. Ein willensgebundenes – *von Hoyningen-Huene*[332]: „steuerbares" – Handeln (oder pflichtwidriges Unterlassen) soll genügen, Verschuldensfähigkeit als zweites Element des Verschuldens nicht erforderlich sein. Die Kündigung sei keine Sanktion, es komme vielmehr auf die Prognose an, nämlich darauf, ob zu erwartende Arbeitspflichtverletzungen die Weiterbeschäftigung unzumutbar machten. In der Lehre wird vielfach nach dem Verschulden unterschieden. Hätte der Arbeitnehmer sich vertragstreu verhalten können, hat er es aber (vorsätzlich oder fahrlässig) nicht getan, ist ihm das Verhalten also vorwerfbar, dann handele es sich um einen Grund im Verhalten, wollte er sich (vielleicht) gern vertragstreu verhalten, konnte er es aber nicht, dann um einen Grund in der Person. Die Lösung des BAG hat den Vorzug, dass sie den schwierigen Nachweis der Verschuldensfähigkeit ausspart, die der Lehre, dass sie nicht dazu verführt, gleichartige Fälle – körperliche und seelische Erkrankungen – ungleich zu behandeln. Das vom BAG für seine These herangezogene Beispiel – fehlende Eignung eines Mitarbeiters, der sich die erforderlichen fachlichen Kenntnisse schuldhaft nicht verschafft – ist nicht beweiskräftig. Hat sich der Arbeit-

---

[331] BAG 11.12.1997, AP Nr. 151 zu § 626 BGB; BAG 21.1.1999, NZA 1999, 863, 865.
[332] *Von Hoyningen-Huene*, Anm. zu BAG 11.12.1997, AP Nr. 151 zu § 626 BGB.

nehmer zu einer Arbeit verpflichtet, die bestimmte Kenntnisse erfordert, und verschafft er sie sich nicht, so verstößt er gegen seine Pflichten aus dem Arbeitsvertrag; es ist nicht anders als beispielsweise bei einer beharrlichen Arbeitsverweigerung. In der Praxis werden die unterschiedlichen Auffassungen kaum zu abweichenden Ergebnissen führen, weil das BAG fehlendes Verschulden bei der Interessenabwägung berücksichtigt und davon ausgeht, dass in der Regel schuldhaftes Verhalten vorliegt[333].

152 Nicht erforderlich ist, dass dem Arbeitgeber die Fortsetzung des Arbeitsverhältnisses nicht mehr zugemutet werden kann. Ist ihm die Fortsetzung des Arbeitsverhältnisses nicht zumutbar, dann liegt ein wichtiger Grund für eine außerordentliche Kündigung vor.

153 Derselbe Sachverhalt kann je nach den Umständen eine ordentliche oder eine außerordentliche Kündigung rechtfertigen. So ist es ein Unterschied, ob eine kurzfristige Aushilfe 2 Tage unentschuldigt fehlt oder ein Arbeiter mit fünfzehnjähriger Betriebszugehörigkeit, ob ein Arbeitnehmer auf einer gelegentlichen Dienstfahrt mit seinem eigenen Pkw unter Alkoholeinfluss einen Unfall verschuldet oder ein Direktionsfahrer im Wiederholungsfall, ob eine Mitarbeiterin ein paar Zigaretten aus einer Besucherschatulle nimmt oder ein Arbeitnehmer, dem sie als Verkäufer anvertraut sind.

154 Die ordentliche Kündigung ist das Minus gegenüber der außerordentlichen Kündigung. Ein Umstand, der eine ordentliche Kündigung erlaubt, braucht eine außerordentliche Kündigung noch lange nicht zu rechtfertigen. Umgekehrt ist eine ordentliche Kündigung immer zulässig, wenn außerordentlich gekündigt werden kann. Denn bei einer außerordentlichen Kündigung müssen die Voraussetzungen für eine ordentliche Kündigung vorliegen, d.h. Gründe in der Person oder im Verhalten des Arbeitnehmers oder betriebliche Gründe, und sie müssen wichtig sein.

155 **bb) Prüfungsreihenfolge.** Bei der Prüfung, ob ein Kündigungsgrund gegeben ist, verfährt die Rechtsprechung – trotz nicht ganz einheitlicher Terminologie – in vier Schritten. Sie fragt, ob „an sich" ein Kündigungsgrund vorliegt, d.h. ein Umstand, der die ordnungsgemäße Vertragsabwicklung stört oder unmöglich macht; sodann, ob diese Störung oder Unmöglichkeit auch in Zukunft anhält (Prognose) und ob sie nur durch Kündigung beseitigt werden kann (ultima ratio), schließlich, ob bei einer Abwägung der Interessen von Arbeitnehmer und Arbeitgeber die Interessen des Arbeitgebers an einer Kündigung überwiegen. Bei einer betriebsbedingten Kündigung tritt an die Stelle einer Interessenabwägung die Sozialauswahl, bei der es darum geht, den am wenigsten schutzbedürftigen Arbeitnehmer zu finden. Daraus ergibt sich das folgende Prüfungsschema:

---

[333] BAG 8.9.2011, NZA 2012, 445.

## III. Allgemeiner Kündigungsschutz

| | Personenbedingte Kündigung | Verhaltensbedingte Kündigung | Betriebsbedingte Kündigung |
|---|---|---|---|
| Kündigungsgrund | Erhebliche Beeinträchtigung der betrieblichen Interessen durch eine dem Arbeitnehmer nicht vorwerfbare Vertragsstörung | Dem Arbeitnehmer vorwerfbare Vertragsverletzung | Unternehmerische Entscheidung, aufgrund derer der Arbeitnehmer nicht mehr vertragsgerecht eingesetzt werden kann |
| Prognose | Vertragsstörung auch in Zukunft | Wiederholungsgefahr oder Störung des Vertrauensverhältnisses | Einsatzmöglichkeit entfällt auf Dauer oder für nicht absehbare Zeit |
| Ultima ratio | Versetzung auf einen (freien) Arbeitsplatz, auf dem nicht mit Vertragsstörungen zu rechnen ist, ggf. nach zumutbaren Fortbildungs- oder Umschulungsmaßnahmen oder zu geänderten Vertragsbedingungen | Abmahnung, es sei denn, der Arbeitnehmer konnte nicht mit Hinnahme der Vertragsverletzung rechnen; Kürzung freiwilliger Leistungen; Versetzung auf einen (freien) Arbeitsplatz, auf dem nicht mit Vertragsverletzung zu rechnen ist | Abbau von Überstunden und Leiharbeit, Zuweisung eines anderen freien Arbeitsplatzes, ggf. nach zumutbaren Fortbildungs- oder Umschulungsmaßnahmen oder zu geänderten Vertragsbedingungen |
| Interessenabwägung | Ursache und Ausmaß der Störung, störungsfreier Verlauf des Arbeitsverhältnisses, Lebens- und Dienstalter, Unterhaltspflichten | Ursache und Schwere der Vertragsverletzung (Verstoß gegen ausdrückliche Anordnung, Vereinbarung im Arbeitsvertrag), Folgen der Vertragsverletzung (Störung von Betriebsfrieden oder Betriebsablauf, Schäden), störungsfreier Verlauf des Arbeitsverhältnisses, Lebens- und Dienstalter, Unterhaltspflichten | Statt Interessenabwägung: Sozialauswahl<br>– Vergleichsgruppe bilden<br>– den sozial am wenigsten Schutzbedürftigen auswählen<br>– Arbeitnehmer herausnehmen, deren Weiterbeschäftigung im berechtigten betrieblichen Interesse liegt |

## b) Grundsätze für alle Kündigungsgründe[334]

**156** **aa) Arbeitsvertragsbezogenheit.** Alle Kündigungsgründe setzen einen objektiv nachprüfbaren Anlass[335] voraus, der einen konkreten Bezug zum Arbeitsverhältnis aufweist. Umstände, die allein der Privatsphäre der Arbeitsvertragsparteien zuzurechnen sind, müssen ebenso außer Betracht bleiben wie Belange, die keine negativen Auswirkungen auf das Arbeitsverhältnis oder den Betrieb haben.

**157** **bb) Trennungsprinzip.** Die Kündigungsgründe lassen sich nach dem mit der Kündigung verfolgten Zweck relativ klar voneinander abgrenzen[336]. Ziel einer betriebsbedingten Kündigung ist es, den bisherigen Personalbestand an einen (niedrigeren) künftigen Personalbedarf anzugleichen. Eine verhaltensbedingte Kündigung wird ausgesprochen, um das Risiko weiterer vorwerfbarer Vertragsverletzungen zu vermeiden oder ein Vertragsverhältnis zu beenden, dem die Vertrauensgrundlage fehlt. Die personenbedingte Kündigung zieht die Folgerung daraus, dass der Arbeitnehmer die geschuldete Arbeitsleistung aus von ihm nicht zu vertretenden Gründen nicht mehr erbringen kann. Die Dreiteilung der Kündigungsgründe darf nicht durch eine vorschnelle Abwägung sämtlicher Umstände des Einzelfalls überspielt werden.

**158** Berührt ein und derselbe Kündigungssachverhalt **mehrere Kündigungsgründe** („Mischtatbestand"), dann ist jeder Kündigungsgrund für sich zu prüfen[337]. Die Rechtsprechung stellt darauf ab, aus welcher Sphäre der Kündigungsgrund vorrangig stammt und prüft danach in einer einheitlichen Bewertung nur noch diesen Grund[338]. Davon zu unterscheiden ist der Fall, dass eine Kündigung vom Arbeitgeber ausdrücklich auf **mehrere Kündigungssachverhalte** gestützt wird. Hier ist jeder Sachverhalt zunächst gesondert zu prüfen. Genügt keiner der angeführten Gründe zur Rechtfertigung der Kündigung, so ist zu prüfen, ob nicht alle Umstände zusammengenommen die Kündigung rechtfertigen können[339]. Problematisch wäre es, wollte man nur gleichartige Gründe in die Gesamtwürdigung einbeziehen. Fehlverhalten hat ein anderes Gewicht, wenn der Betreffende zugleich unterdurchschnittliche Leistungen aufweist oder häufig verletzungsbedingt (Fußball!) ausfällt, als wenn er zu den Leistungsträgern gehört oder wegen eines Betriebsunfalls Ausfallzeiten hat. In keinem Fall darf es zu einer konturenlosen Billigkeitsabwägung kommen.

**159** **cc) Prognose.** Kündigungen sind zukunftsbezogen[340], Kündigungsgründe deshalb auf ihre künftigen Auswirkungen auf das Arbeitsverhältnis zu untersuchen. Es ist zu prüfen, ob es gerechtfertigt ist, den Arbeitgeber am Arbeitsvertrag festzuhalten.

---

[334] Systematisierungen bei *Ascheid*, Kündigungsschutzrecht, Rn. 203 ff.; *Hillebrecht*, ZfA 1991, 87; *von Hoyningen-Huene/Linck*, § 1 KSchG Rn. 170 ff.; KDZ/*Deinert*, § 1 KSchG Rn. 50 ff.; *Wank*, RdA 1987, 129.
[335] *Von Hoyningen-Huene/Linck*, § 1 KSchG Rn. 227.
[336] Hierzu *Stahlhacke/Preis/Vossen*, Kündigung, Rn. 896.
[337] So zutreffend *Ascheid*, Kündigungsschutzrecht, Rn. 224; KDZ/*Deinert*, § 1 KSchG Rn. 77; *Stahlhacke/Preis/Vossen*, Kündigung, Rn. 897 f.
[338] BAG 18.9.2008, NZA 2009, 425.
[339] BAG 22.7.1982, AP Nr. 5 zu § 1 KSchG 1969 Verhaltensbedingte Kündigung.
[340] Für die personenbedingte Kündigung BAG 5.8.1976, 5.7.1990, AP Nr. 1, 26 zu § 1 KSchG 1969 Krankheit; für die verhaltensbedingte Kündigung BAG 10.11.1988, AP Nr. 3 zu § 1 KSchG 1969 Abmahnung; für die betriebsbedingte Kündigung BAG 22.11.1973, AP Nr. 22 zu § 1 KSchG 1969 Betriebsbedingte Kündigung.

Dazu bedarf es einer Prognose, ob das Arbeitsverhältnis derart beeinträchtigt ist, dass eine Weiterbeschäftigung des Arbeitnehmers den Arbeitgeber unangemessen belasten würde, oder ob künftig mit solchen Beeinträchtigungen zu rechnen ist.

Die Kündigung ist keine Sanktion für ein Fehlverhalten in der Vergangenheit. Vertragsstörungen in der Vergangenheit können aber Indizwirkung für die Zukunft haben. Zwar bleibt die negative Prognose stets ein Wahrscheinlichkeitsurteil; die tatsächliche Ausgangsbasis in der Gegenwart muss aber feststehen. Nicht verlangt werden kann eine an Sicherheit grenzende Wahrscheinlichkeit für den Eintritt einer Vertragsstörung[341]. Da es nur auf die Prognose zum Zeitpunkt des Zugangs der Kündigung ankommt, beeinflussen Umstände, die erst danach eintreten, die Wirksamkeit der Kündigung nicht[342]. Zum Ausgleich gewährt die h.M. für den Fall, dass der Kündigungsgrund nach Zugang der Kündigung, aber vor Ablauf der Kündigungsfrist wegfällt, einen Wiedereinstellungsanspruch (s. unten Rn. 358 ff.). 160

**dd) Verhältnismäßigkeitsprinzip.** Seit den 70er Jahren geht das BAG in ständiger Rechtsprechung davon aus, dass das gesamte Kündigungsschutzrecht vom Grundsatz der Verhältnismäßigkeit beherrscht wird[343]. Aus dem Grundsatz der Verhältnismäßigkeit leitet es das Ultima-ratio-Prinzip ab, das es mit dem Teilgrundsatz der Erforderlichkeit gleichsetzt und für die betriebsbedingte Kündigung in dem „dringend" verankert sieht[344]. Bei der personen- und bei der verhaltensbedingten Kündigung nimmt das BAG nach der Erforderlichkeitsprüfung eine Interessenabwägung vor, bei der betriebsbedingten die Sozialauswahl nach § 1 Abs. 3 KSchG; eine Interessenabwägung hat es de facto aufgegeben. 161

§ 1 KSchG bereitet einer – auch dogmatisch stimmigen – Auslegung große Schwierigkeiten. Der vom BAG herangezogene Verhältnismäßigkeitsgrundsatz, der herkömmlich in die Trias Geeignetheit, Erforderlichkeit und Verhältnismäßigkeit im engeren Sinne (Proportionalität, Angemessenheit) zerlegt wird, entstammt eigentlich dem öffentlichen Recht. Dort dient er dazu, den Bürger vor übermäßigen Eingriffen von hoher Hand zu schützen (Übermaßverbot). Im Privatrecht lässt sich seine Anwendung nur dann rechtfertigen, wenn eine vergleichbare Interessenlage besteht. Das ist der Fall, wenn jemand einseitig Gestaltungsmacht ausübt. 162

Allerdings kann nicht jedes Gestaltungsrecht (Anfechtung, Rücktritt usw.) am Verhältnismäßigkeitsgrundsatz geprüft werden. Hat der Gesetzgeber das Verhältnismäßigkeitsprinzip selbst konkretisiert oder hat er seine Anwendung bewusst nicht gewollt oder auf Teilgrundsätze beschränkt, so muss es dabei verbleiben[345]. Sieht man den Erforderlichkeitsgrundsatz mit Teilen der Lehre nicht in dem „dringend" 163

---

[341] A.A. *von Hoyningen-Huene/Linck*, § 1 KSchG Rn. 198; KDZ/*Deinert*, § 1 KSchG Rn. 54.
[342] BAG 29.4.1999, EzA Nr. 1 KSchG Krankheit Nr. 46.
[343] BAG 25.3.1976, AP Nr. 10 zu § 626 BGB Ausschlussfrist.
[344] BAG 27.9.1984, AP Nr. 8 zu § 2 KSchG 1969; BAG 29.3.1990, AP Nr. 50 zu § 1 KSchG 1969 Betriebsbedingte Kündigung; dagegen *Stückmann/Kohlepp*, RdA 2000, 331, 332 f.: Das Ultima-ratio-Prinzip sei ein eigenes, vom Erforderlichkeitsgrundsatz strukturell verschiedenes Prinzip. Das mildere Mittel müsse nicht gleich geeignet sein wie die Kündigung, um die Störung zu beheben, und dem Arbeitgeber werde nicht die Einschätzungsprärogative zuerkannt.
[345] *Preis*, Prinzipien des Kündigungsrechts, S. 285 ff.; *Stückmann/Kohlepp*, RdA 2000, 331, 334.

verankert, sondern in dem „bedingt"[346], bleibt für eine Angemessenheitsprüfung kein Raum[347].

**163a** Im Ergebnis ist der Rechtsprechung jedoch im wesentlichen zu folgen. Der Ultima-ratio-Grundsatz findet sich zumindest angedeutet in § 1 Abs. 2 Satz 2 Nr. 1b und Satz 3 KSchG. Aber auch eine Interessenabwägung wird man jedenfalls im Grundsatz als gerechtfertigt anzusehen haben. § 1 Abs. 2 KSchG konkretisiert § 1 Abs. 1 KSchG. Die Wendung „sozial nicht ungerechtfertigt", die nichts anderes als eine Ausprägung des Grundsatzes von Treu und Glauben ist (vgl. § 307 BGB: „nicht unangemessen"), rechtfertigt diese Auslegung, allerdings mit zwei Einschränkungen: Bei einer betriebsbedingten Kündigung kann es keine Interessenabwägung geben. Das wäre ein Eingriff in die durch Art. 12 GG geschützte unternehmerische Freiheit[348]. Zum zweiten können bei Kündigungen aus der Sphäre des Arbeitnehmers nur Umstände berücksichtigt werden, die im Zusammenhang mit dem Arbeitsverhältnis stehen. Der Gesetzgeber hat mit der Formulierung in § 1 KSchG bewusst von der Leerformel der „unbilligen Härte" in § 84 Abs. 1 Nr. 4 BRG und in § 56 Abs. 1 AOG Abschied nehmen wollen[349].

**164** **ee) Ultima ratio.** Eine Kündigung kommt erst dann in Betracht, wenn alle anderen, nach den jeweiligen Umständen milderen Mittel ausgeschöpft sind. Die Kündigung ist die unausweichlich letzte Maßnahme, die „ultima ratio"[350]. Welche milderen Mittel in Betracht zu ziehen sind, richtet sich nach dem jeweiligen Kündigungsgrund.

**164a** Eine positiv-rechtliche Ausprägung des Ultima-ratio-Prinzips ist das in § 167 Abs. 1 SGB IX geregelte **Präventionsverfahren.** Danach hat der Arbeitgeber, wenn bei einem schwerbehinderten Menschen nach Ablauf der Wartezeit[351] personen-, verhaltens- oder betriebsbedingte Schwierigkeiten auftreten, die zu einer Gefährdung des Arbeitsverhältnisses führen können, möglichst frühzeitig mit dem Betriebs- bzw. Personalrat, der Schwerbehindertenvertretung und dem Integrationsamt zu beraten, mit welchen Beratungshilfen und finanziellen Leistungen sich die Schwierigkeiten beseitigen lassen, um eine Kündigung zu vermeiden. § 167 Abs. 1 SGB IX ist keine bloße Ordnungsvorschrift. Allerdings erwächst daraus auch kein Kündigungsverbot, falls ein Präventionsverfahren versäumt wurde. Hätte die Kündigung auch ohne Präventionsverfahren nicht verhindert werden können, etwa wenn der schwerbehinderte Mensch den Arbeitgeber bestiehlt, kann es unterbleiben[352].

**165** **ff) Interessenabwägung.** Grundsätzlich erfordert jede Kündigung wegen ihrer weitreichenden Konsequenzen eine umfassende Abwägung zwischen Bestandsschutz- und Auflösungsinteresse[353]; dabei sind die Wertungen des KSchG zugrunde zu legen.

---

[346] BAG 26.1.1995, AP Nr. 34 zu § 1 KSchG 1969 Verhaltensbedingte Kündigung; *Boewer*, in: FS für D. Gaul (1992), S. 27; *ders.*, NZA 1988, 678, 682.
[347] *Herschel*, FS Schnorr von Carolsfeld (1973), S. 163 ff.; *Oetker*, Anm. zu BAG 6.9.1989, EzA § 1 KSchG Krankheit Nr. 28.
[348] *Thum*, Betriebsbedingte Kündigung und unternehmerische Entscheidung, Diss. Passau 2001, 9.3.2.
[349] Begr. zum KSchG, RdA 1951, 61, 63.
[350] BAG 29.8.2013, DB 2014, 663 m.w.N.
[351] BAG 21.4.2016, NZA 2016, 1131.
[352] BAG 7.12.2006, NZA 2007, 617.
[353] BAG 20.10.1954, AP Nr. 6 zu § 1 KSchG 1951; BAG 13.9.1973, 12.8.1976, AP Nr. 2, 3 zu § 1 KSchG; BAG 22.7.1982, AP Nr. 5 zu § 1 KSchG 1969 Verhaltensbedingte Kündigung.

Bereits nach dem Wortlaut des § 1 Abs. 2 KSchG geht das Auflösungsinteresse dem Bestandsinteresse vor, wenn dringende betriebliche Erfordernisse einer Weiterbeschäftigung des Arbeitnehmers entgegenstehen. Für eine Interessenabwägung ist nur noch im Rahmen der Sozialauswahl Raum[354]. Anders bei personen- und verhaltensbedingten Kündigungen. Hier bleibt es mangels klarer gesetzlicher Wertentscheidungen bei einer weitgehend ungebundenen Interessenabwägung[355], soweit kündigungsrelevante Umstände noch nicht unter anderen Gesichtspunkten (ultima ratio, Prognose) geprüft worden sind[356]. Im wesentlichen geht es um die Feststellung, welches Gewicht eine Vertragsstörung im konkreten Fall hat. Die Rechtsprechung bezieht aber auch nicht unmittelbar im Zusammenhang mit dem Arbeitsvertrag stehende Arbeitnehmerinteressen mit in die Abwägung ein, wie etwa Lebensalter, Unterhaltspflichten, familiäre Verhältnisse und Vermittlungsaussichten auf dem Arbeitsmarkt[357]. 166

**gg) Diskriminierungsverbote und Gleichbehandlungsgrundsatz.** Das Diskriminierungsverbot des § 7 Abs. 1 AGG ist eine Konkretisierung des Sozialwidrigkeitsbegriffs in § 1 Abs. 1 und 2 KSchG. Ein Verstoß dagegen kann zur Unwirksamkeit der Kündigung führen. § 2 Abs. 4 AGG steht dem nicht entgegen[358]. Nach h.M. ist der Gleichbehandlungsgrundsatz im Kündigungsrecht grundsätzlich nicht anwendbar[359]. Ob ein Kündigungsgrund vorliegt, beurteilt sich allein nach den Rechtsbeziehungen innerhalb des jeweiligen Arbeitsverhältnisses. Bei betriebsbedingten Kündigungen werden die Belange der anderen Mitarbeiter im Rahmen der Sozialauswahl berücksichtigt. 167

## 4. Personenbedingte Kündigung

### a) Struktur

**aa) Kündigungsgrund.** Voraussetzung einer personenbedingten Kündigung ist, dass der Arbeitnehmer aus persönlichen Gründen nicht (mehr) in der Lage ist, seine arbeitsvertraglichen Verpflichtungen ordnungsgemäß zu erfüllen, und dass dadurch betriebliche oder wirtschaftliche Interessen des Arbeitgebers gestört werden[360]. Eine Gefährdung seiner Interessen genügt nicht[361]. Dem Arbeitnehmer kann zwar die Beeinträchtigung seiner persönlichen oder fachlichen Eignung oder seiner Arbeitsfähigkeit nicht vorgeworfen werden, sie belastet den Arbeitgeber aber unter Umständen so erheblich, dass ihm die Fortsetzung des Arbeitsverhältnisses nicht angesonnen werden kann. 168

---

[354] BAG 30.4.1987, AP Nr. 42 zu § 1 KSchG 1969 Betriebsbedingte Kündigung; BAG 18.1.1990, AP Nr. 27 zu § 2 KSchG 1969.
[355] BAG 6.9.1989, 29.7.1993, AP Nr. 21-23, 27 zu § 1 KSchG 1969 Krankheit.
[356] *Stahlhacke/Preis/Vossen*, Kündigung, Rn. 894.
[357] BAG 27.2.1997, NZA 1997, 761; BAG 20.1.2000, NZA 2000, 768, 770 f.
[358] BAG 22.10.2009, NZA 2010, 280.
[359] BAG 28.4.1982, AP Nr. 3 zu § 2 KSchG 1969.
[360] BAG 20.5.1988, AP Nr. 9 zu § 1 KSchG 1969 Personenbedingte Kündigung.
[361] BAG 20.7.1989, AP Nr. 2 zu § 1 KSchG 1969 Sicherheitsbedenken.

**169 bb) Prognose.** Da der Zweck der personenbedingten Kündigung darin besteht, den Arbeitgeber vor künftigen ungerechtfertigten Belastungen zu bewahren, verlangt die personenbedingte Kündigung eine negative Prognose[362]. Der Arbeitgeber muss nachweisen, dass der Arbeitnehmer in Zukunft die geschuldete Arbeitsleistung nicht vertragsgerecht erbringen kann und dass es deshalb zu Störungen kommt[363].

**170 cc) Ultima ratio.** Die Kündigung ist nicht erforderlich, wenn die in der Person des Arbeitnehmers liegende Vertragsstörung sich auf andere Weise beheben lässt. Zu denken ist vor allem an eine Versetzung auf einen anderen Arbeitsplatz, auf dem sich die Mängel nicht oder nur unbedeutend auswirken[364]. Dieser Arbeitsplatz muss aber frei sein oder spätestens mit Ablauf der Kündigungsfrist frei werden und mit dem bisherigen vergleichbar, d.h. gleich- oder geringerwertig sein[365]. Kann der Arbeitnehmer den neuen Arbeitsplatz nur nach einer Fortbildung oder Umschulung ausfüllen, so muss der Arbeitgeber ihm diese anbieten, wenn ihm das zumutbar ist[366]. Nimmt der Arbeitnehmer ein Weiterbeschäftigungsangebot nur unter dem Vorbehalt an, dass die Änderung der Arbeitsbedingungen sozial ungerechtfertigt ist, dann muss der Arbeitgeber ihm eine Änderungskündigung aussprechen[367].

**171 dd) Interessenabwägung.** Schließlich ist zu prüfen, ob die durch die persönliche Beeinträchtigung des Arbeitnehmers verursachten Betriebsstörungen im konkret zu beurteilenden Einzelfall[368] so bedeutend sind, dass sie vom Arbeitgeber billigerweise nicht mehr hingenommen werden müssen[369]. Dabei ist ein strenger Maßstab anzulegen[370]. Zu berücksichtigen sind alle Umstände, die einen konkreten Bezug zum Arbeitsverhältnis haben[371]. Dazu gehören vor allem die Dauer der Betriebszugehörigkeit und der bisherige Verlauf des Arbeitsverhältnisses[372].

### b) Wichtige Fallgruppen

**172 aa) Krankheit.** Sie ist der Hauptfall der personenbedingten Kündigung. Dass wegen Krankheit gekündigt werden kann, ist grundsätzlich anerkannt (vgl. § 8 EfzG). Die Rechtsprechung unterscheidet vier Fallgruppen:

- Kündigung wegen krankheitsbedingter Leistungsminderung
- Kündigung wegen häufiger Kurzerkrankungen
- Kündigung wegen Langzeiterkrankung
- Kündigung wegen krankheitsbedingter Arbeitsunfähigkeit auf Dauer

---

[362] BAG 19.4.2007, NZA 2007, 1041, 1042 m.w.N.
[363] Beispiel: Strafhaft von mehr als 2 Jahren, bis dahin Möglichkeit sachgrundlos befristeter Aushilfe, BAG 24.3.2011, NZA 2011, 1984; BAG 23.5.2013, NZA 2013, 1211.
[364] BAG 24.11.2005, NZA 2006, 665.
[365] BAG 19.4.2007, NZA 2007, 1041, 1042.
[366] BAG 29.3.1990, NZA 1991, 181.
[367] BAG 27.1.1994, NZA 1994, 840.
[368] BAG 10.3.1977, 25.11.1982, AP Nr. 4, 7 zu § 1 KSchG 1969 Krankheit.
[369] BAG 20.1.2000, NZA 2000, 768, 770; BAG 19.4.2007, NZA 2007, 1041.
[370] BAG 10.3.1977, 25.11.1982, AP Nr. 4, 7 zu § 1 KSchG 1969 Krankheit.
[371] APS/*Dörner*, § 1 KSchG Rn. 184; *von Hoyningen-Huene/Linck*, § 1 KSchG Rn. 200.
[372] BAG 15.2.1984, EzA § 1 KSchG 1969 Krankheit Nr. 15; BAG 12.4.1984, DB 1985, 873.

Die krankheitsbedingte Kündigung wird nach dem allgemein für personenbedingte **173**
Kündigungen geltenden Schema geprüft (s. Schaubild). Bei einer krankheitsbedingten Kündigung kommt allerdings nicht nur eine Weiterbeschäftigung auf einem anderen freien Arbeitsplatz in Betracht. Der Arbeitgeber hat vielmehr alle gleichwertigen, leidensgerechten Arbeitsplätze, auf denen der Arbeitnehmer aufgrund des Weisungsrechts einsetzbar wäre, in Betracht zu ziehen und ggf. freizumachen. Freikündigen muss er einen leidensgerechten Arbeitsplatz nicht; das gilt grundsätzlich auch für Schwerbehinderte[373]. Die Grundsätze für eine krankheitsbedingte Kündigung gelten auch für eine Kündigung wegen Erkrankung an AIDS[374]. Eine HIV-Infektion rechtfertigt eine Kündigung nur bei konkreter Ansteckungsgefahr[375] und auch dann nur, wenn eine Versetzung auf einen anderen Arbeitsplatz nicht in Betracht kommt; verlangen Kollegen die Kündigung, gelten die Grundsätze über die Druckkündigung. Alkohol- und Drogensüchtigen kann krankheitsbedingt gekündigt werden, wenn die Vertragsstörung oder die Pflichtverletzung auf ihre Abhängigkeit zurückgeht[376] und sie suchtbedingt auf Dauer außerstande sind, die versprochene Leistung ordnungsgemäß zu erbringen[377]. Zuvor ist ihnen nach dem Ultima-ratio-Grundsatz in der Regel die Chance zu einer Entziehungskur zu geben[378]. Bei schuldhaftem Alkoholmissbrauch kommt eine verhaltensbedingte Kündigung in Betracht[379]. Die Krankheitsursachen können bei der Interessenabwägung von Bedeutung sein[380].

Eine besondere Ausprägung des Ultima-ratio-Grundsatzes stellt auch das **betriebliche Ein-** **173a**
**gliederungsmanagement** nach § 167 Abs. 2 SGB IX dar, das der Arbeitgeber bei behinderten wie nicht behinderten Arbeitnehmern mit deren Zustimmung und Beteiligung durchzuführen hat, wenn sie innerhalb eines Jahres länger als sechs Wochen ununterbrochen oder wiederholt arbeitsunfähig sind[381]; das gilt auch bei Alkoholismus[382]. Der Arbeitgeber hat mit der Belegschafts- und ggf. der Schwerbehindertenvertretung sowie dem Betriebsarzt und ggf. dem Integrationsamt zu klären, wie sich die bestehende Arbeitsunfähigkeit überwinden und eine neue vermeiden lässt, um eine Kündigung und damit Arbeitslosigkeit erkrankter Menschen zu vermeiden. Den Arbeitgeber trifft die Initiativlast. Er muss dem Arbeitnehmer verdeutlichen, dass es in einem ergebnisoffenen Verfahren um die Grundlagen seiner Weiterbeschäftigung geht, und er muss ihn darauf hinweisen, dass der Betriebsrat nur mit seinem Einverständnis hinzugezogen werden kann[383]. Die Durchführung eines Eingliederungsmanagements stellt keine formelle Wirksamkeitsvoraussetzung für den Ausspruch einer krankheitsbedingten Kündigung dar. Bei fehlendem BEM erhöhen sich aber die Anforderungen an die Darlegungs- und Beweislast des Arbeitgebers im Kündigungsschutzprozess[384]. Er muss

---

[373] BAG 20.11.2014, NZA 2015, 931.
[374] *Von Hoyningen-Huene/Linck*, § 1 KSchG Rn. 292 m.w.N.
[375] BAG 19.12.2013, NZA 2014, 372 zu einer symptomlosen HIV-Infektion.
[376] BAG 9.4.1987, AP Nr. 18 zu § 1 KSchG 1969 Krankheit.
[377] BAG 20.12.2012, DB 2013, 882.
[378] BAG 17.6.1999, NZA 1999, 1328, 1330.
[379] BAG 26.1.1995, AP Nr. 34 zu § 1 KSchG 1969 Verhaltensbedingte Kündigung.
[380] BAG 20.11.2014, NZA 2015, 931.
[381] *Steinat*, NZA 2015, 840.
[382] BAG 20.3.2014, 2 AZR 565/12; *Brors*, DB 2013, 1727.
[383] BAG 22.3.2016, NZA 2016, 1283.
[384] BAG 12.7.2007, NZA 2008, 173; BAG 30.9.2010, NZA 2011, 39.

die objektive Nutzlosigkeit des BEM darlegen. Dazu muss er umfassend und detailliert vortragen, dass weder ein Einsatz auf dem bisherigen Arbeitsplatz noch dessen Anpassung möglich gewesen wären, dass der Arbeitnehmer nicht auf einem anderen Arbeitsplatzbei zu geänderten Bedingungen hätte eingesetzt werden können und dass künftige Fehlzeiten in relevantem Umfang auch nicht durch Leistungen der Rehabilitationsträger hätten vermieden werden können[385]. Hat der Arbeitgeber ein BEM deshalb nicht durchgeführt, weil der Arbeitnehmer nicht eingewilligt hat, kommt es darauf an, ob der Arbeitgeber den Betroffenen zuvor ordnungsgemäß auf die Ziele des BEM sowie auf Art und Umfang der hierfür erhobenen und verwendeten Daten hingewiesen hatte. Die Information soll dem Arbeitnehmer die Entscheidung ermöglichen, ob er zustimmt oder nicht[386]. Bei der Ausgestaltung des BEM hat der Betriebsrat nach § 87 Abs. 1 Nr. 7 BetrVG mitzubestimmen[387].

174 **bb) Alter.** Eine Kündigung allein wegen des Erreichens einer bestimmten Altersgrenze verstößt gegen § 7 Abs. 1 AGG. Die Praxis hilft sich, indem sie den Arbeitsvertrag auf den Zeitpunkt befristet, zu dem der Arbeitnehmer Anspruch auf eine gesetzliche Altersrente hat. Der Vertrag läuft dann mit Erreichen der Altersgrenze von selbst aus (s. § 4 Rn. 13).

175 **cc) Eignung.** Grund für eine personenbedingte Kündigung kann auch eine nicht ausreichende fachliche oder persönliche Eignung sein[388]. In Betracht kommen körperliche oder geistige Beeinträchtigungen, aber auch fehlende behördliche Erlaubnisse, wie etwa die ärztliche Approbation, die Arbeitserlaubnis für ausländische Arbeitnehmer, die Fahrerlaubnis bei Berufskraftfahrern, die Fluglizenz für Piloten, der Studentenstatus für studentische Hilfskräfte[389] oder eine ggf. erforderliche Lehrbefähigung bei angestellten Lehrern und Dozenten[390]. Die mangelnde persönliche Eignung kann sich auch aus außerdienstlichen Straftaten eines Arbeitnehmers ergeben[391], wie etwa aus Sexualdelikten bei Lehrern und Erziehern oder Vermögensdelikten bei Kassierern.

176 **dd) Gewissensentscheidung.** Verweigert der Arbeitnehmer eine Arbeit, kann ihm dies zwar wegen der auch im Arbeitsverhältnis zu achtenden Gewissensfreiheit (Art. 4 Abs. 1 GG) nicht vorgeworfen werden. Der Arbeitnehmer muss aber mit einer personenbedingten Kündigung rechnen, wenn für ihn keine anderweitige Beschäftigungsmöglichkeit besteht[392]. Gewissensentscheidung ist nach der Rechtsprechung jede ernste sittliche, d.h. an den Kategorien von Gut und Böse orientierte Entscheidung, die der Einzelne in einer bestimmten Lage als für sich bindend und unbedingt verpflichtend innerlich erfährt, so dass er gegen sie nicht ohne ernste Gewissensnot handeln kann[393]. Dem Arbeitgeber steht es nicht zu, über die Richtigkeit

---

[385] BAG 20.11.2014, NZA 2015, 612; BAG 13.5.2015, NZA 2015, 1249.
[386] BAG 24.3.2011, NZA 2011, 993.
[387] LAG Düsseldorf 4.2.2013, LAGE § 98 ArbGG 1979 Nr. 65.
[388] BAG 3.6.2004, NZA 2005, 1380; BAG 21.4.2016, NZA 2016, 941.
[389] BAG 18.9.2008, NZA 2009, 425.
[390] KDZ/*Deinert*, § 1 KSchG Rn. 183 m.w.N.
[391] BAG 10.9.2009, NZA 2010, 220.
[392] BAG 24.2.2011, NZA 2011, 1087.
[393] BVerfGE 48, 127, 173; 69, 1, 23; BVerwGE 7, 242, 246; 75, 188, 195; 79, 24, 27.

dieser Entscheidung zu befinden, da sich das Gewissen allein subjektiv definiert. Allerdings muss der Arbeitnehmer deutlich machen, dass er die Arbeit gerade aus – nicht vorwerfbaren – Gewissensgründen zurückweist; sonst riskiert er eine verhaltensbedingte Kündigung wegen Arbeitsverweigerung[394].

**ee) Verdachtskündigung.** Eine Verdachtskündigung (s. oben Rn. 120) kann grundsätzlich auch als ordentliche (personenbedingte) Kündigung erklärt werden. Schon wegen der Gefahr, dass ein Unschuldiger getroffen wird, muss der Verdacht so dringend, das Fehlverhalten so schwerwiegend sein, dass darauf eine außerordentliche Kündigung gestützt werden könnte[395]. **176a**

## 5. Verhaltensbedingte Kündigung

### a) Struktur

**aa) Kündigungsgrund.** Der Grund für eine verhaltensbedingte Kündigung liegt in einer erheblichen, in der Regel schuldhaften Verletzung arbeitsvertraglicher Haupt- oder Nebenpflichten[396]. Der Arbeitgeber darf sich darauf beschränken, den objektiven Tatbestand einer Arbeitspflichtverletzung darzulegen. Der Arbeitnehmer muss dann ggf. genau angeben, aus welchen von ihm nicht zu vertretenden Gründen er gehindert war, seine Pflichten ordnungsgemäß zu erfüllen (s. oben Rn. 151a)[397]. **177**

**bb) Prognose.** Das Prognoseprinzip gilt nach ganz h.M. auch bei verhaltensbedingten Kündigungen[398]. Entscheidend ist, ob die Vertragsverletzung das Vertragsverhältnis auch in Zukunft derart belastet, dass eine nutzbringende Fortsetzung ausgeschlossen erscheint, bzw. ob das Risiko weiterer Vertragsverletzungen besteht[399]. Wiederholungsgefahr ist im allgemeinen anzunehmen, wenn der Arbeitnehmer trotz einschlägiger Abmahnung (s. dazu § 6 Rn. 157 ff.) erneut gegen Vertragspflichten verstößt[400]. Eine negative Prognose ist umso eher gerechtfertigt, je größer das Verschulden oder die Störung des Vertrauens waren. **178**

**cc) Ultima ratio.** Die verhaltensbedingte Kündigung ist das unausweichlich letzte Mittel zur Vermeidung künftiger Vertragsverletzungen. Deshalb muss vor ihrem Ausspruch geprüft werden, ob nicht bereits eine Abmahnung genügt, um den Arbeitnehmer zur ordentlichen Erfüllung des Arbeitsvertrags anzuhalten[401]. Möglicherweise kommt auch eine Beschäftigung auf einem anderen (freien) Arbeitsplatz in Betracht. **179**

---

[394] BAG 24.5.1989, AP Nr. 1 zu § 611 BGB Gewissensfreiheit.
[395] BAG 27.11.2008, NZA 2009, 604; BAG 21.11.2013, NZA 2014, 243.
[396] BAG 10.9.2009, NZA 2010, 220; BAG 8.9.2011, NZA 2012, 444; BAG 21.6.2012, NZA 2012, 1025; BAG 15.12.2016, NZA 2017, 703.
[397] BAG 3.11.2011, NZA 2012, 607.
[398] BAG 12.1.2006, NZA 2006, 980; BAG 31.5.2007, NZA 2007, 922.
[399] *Preis*, Prinzipien des Kündigungsrechts bei Arbeitsverhältnissen, S. 328 f.
[400] BAG 26.11.2009, NZA 2010, 823.
[401] BAG 26.1.1995, AP Nr. 34 zu § 1 KSchG 1969 Verhaltensbedingte Kündigung.

**180** (1) Das BAG verlangt eine **Abmahnung** (§ 314 Abs. 2 BGB) generell bei steuerbarem Verhalten[402]. Da das Gericht davon ausgeht, dass auch personenbedingte Kündigungen auf steuerbarem Verhalten beruhen können (dazu s. oben Rn. 151a), ist die Notwendigkeit einer Abmahnung sowohl bei der verhaltens- als auch bei der personenbedingten Kündigung zu prüfen[403]. Unabhängig davon empfiehlt sich eine Abmahnung im Grenzbereich immer; ob schuldhafter oder unverschuldeter Alkoholmissbrauch vorliegt, ob der Arbeitnehmer nicht mehr leisten kann oder bei gehöriger Anstrengung doch mehr leisten könnte, ist häufig nicht ohne weiteres erkennbar. Die Unterscheidung nach Leistungsbereich (grundsätzlich Abmahnung) und Vertrauensbereich (grundsätzlich keine Abmahnung) hat das BAG aufgegeben. Eine Abmahnung sei immer erforderlich, wenn erwartet werden könne, dass das Vertrauen wiederhergestellt werde[404]. Davon sei insbesondere dann auszugehen, wenn der Arbeitnehmer mit vertretbaren Gründen habe annehmen können, sein Tun sei nicht vertragswidrig oder werde vom Arbeitgeber nicht als ein erhebliches, den Bestand des Arbeitsverhältnisses gefährdendes Fehlverhalten angesehen[405].

**181** Nicht erforderlich ist eine Abmahnung bei besonders schwerwiegenden Verstößen, deren Rechtswidrigkeit dem Arbeitnehmer ohne weiteres erkennbar ist und bei denen es offensichtlich ausgeschlossen ist, dass sie der Arbeitgeber hinnimmt[406]. Sie ist weiter entbehrlich, wenn Anzeichen dafür vorliegen, dass die Abmahnung nicht als erfolgversprechend angesehen werden kann. Das ist der Fall, wenn der Arbeitnehmer in Kenntnis der Vertragswidrigkeit seines Verhaltens seine Vertragsverletzungen hartnäckig und uneinsichtig fortsetzt und damit zu erkennen gibt, dass er nicht gewillt ist, sich vertragsgerecht zu verhalten[407]. Das gilt grundsätzlich auch bei Störungen im Vertrauensbereich[408].

**182** Auf eine Abmahnung kann sich der Arbeitgeber bei einer verhaltensbedingten Kündigung nur berufen, wenn sie eine vergleichbare Pflichtverletzung betrifft[409]. Dabei darf kein allzu strenger Maßstab angelegt werden. Gleichartige Pflichtverletzungen sind beispielsweise Zuspätkommen und vorzeitiges Verlassen des Arbeitsplatzes oder Zuspätkommen und Kartenspielen während der Arbeitszeit[410] (jeweils Arbeitszeitverstoß), Schlag auf das Gesäß und anzügliche Bemerkungen[411] (sexuelle Belästigung), nicht dagegen Fernbleiben von einem Besprechungstermin und unpünktliche Fertigstellung eines Berichts[412] (Arbeitszeitverstoß und Schlechtleistung).

---

[402] BAG 4.6.1997, NZA 1997, 1281; BAG 8.6.2000, NZA 2000, 1282, 1285.
[403] BAG 4.6.1997, NZA 1997, 128 1283.
[404] BAG 12.8.1999, NZA 2000, 421, 426.
[405] BAG 23.6.2009, NZA 2009, 1198; BAG 25.10.2012, NZA 2012, 319 (Duldung von Handynutzung im OP).
[406] BAG 12.8.1999, NZA 2000, 421, 426; BAG 12.1.2006, NZA 2006, 917, 921.
[407] BAG 12.1.2006, NZA 2006, 917; BAG 12.1.2006, NZA 2006, 980.
[408] Zu Vorstehendem BAG 9.6.2011, NZA 2011, 1027.
[409] BAG 9.6.2011, NZA 2011, 1342.
[410] LAG Berlin 18.1.1988, LAGE § 626 BGB Nr. 31.
[411] BAG 9.6.2011, NZA 2011, 1342; BAG 29.6.2017, NZA 2017, 1121.
[412] BAG 27.2.1985, RzK I 1 Nr. 5.

Nicht entscheidend ist eine bestimmte Anzahl von Abmahnungen, da letztlich das **182a** Gewicht der Vertragsverletzung ausschlaggebend ist. Allerdings muss der Arbeitnehmer die Warnung, dass ihm bei der nächsten gleichartigen Pflichtverletzung gekündigt wird, ernst nehmen können. Daran kann es fehlen, wenn eine Kündigung jahrelang immer nur angedroht wird. Allerdings besteht keine Verpflichtung, stets nach der dritten Abmahnung zu kündigen, da sonst ein ruhig und verständig abwägender, im Zweifel eher zur Nachsicht neigender Arbeitgeber benachteiligt wäre[413].

Hat der Arbeitgeber den Arbeitnehmer abgemahnt, kann er ihm wegen derselben **182b** Pflichtwidrigkeit nicht kündigen. Mit der Abmahnung verzichtet er regelmäßig konkludent auf sein Kündigungsrecht[414]. Umgekehrt kann der Arbeitgeber einen Arbeitnehmer, dem er gekündigt hat und dessen Verfehlungen die Kündigung nicht rechtfertigen, wegen dieser Verfehlung abmahnen. Eine Abmahnung ist in diesem Fall allerdings nicht erforderlich, weil eine Kündigung die Funktion einer Abmahnung zumindest dann erfüllt, wenn später wegen einer gleichartigen Pflichtverletzung gekündigt wird[415].

**(2) Eine Beschäftigung auf einem anderen Arbeitsplatz**, ggf. zu schlechteren Bedingungen, ist nur dann zu erwägen, wenn dort künftige Vertragsverletzungen ausgeschlossen sind[416] und wenn sich die Vertragsstörung dort zumindest nicht mehr erheblich auswirkt[417]. Bei einer erheblich verschuldeten Pflichtverletzung – etwa einer Tätlichkeit – ist dem Arbeitgeber eine Versetzung oder eine Umsetzung regelmäßig unzumutbar[418]. **183**

**dd) Interessenabwägung.** Auch bei einer verhaltensbedingten Kündigung bedarf **184** es einer umfassenden Interessenabwägung. Die Kündigung ist nur gerechtfertigt, wenn Umstände vorliegen, die es bei gewissenhafter Abwägung der beiderseitigen Interessen auch einem verständig urteilenden Arbeitgeber unzumutbar machen, das Arbeitsverhältnis fortzusetzen[419]. Anders als bei der personenbedingten Kündigung hatte es der Arbeitnehmer bei der verhaltensbedingten Kündigung in der Hand, sich vertragstreu zu verhalten. Deshalb liegt die Schwelle für eine Kündigung niedriger.

In die Abwägung sind vor allem einzustellen[420] **184a**

– die Intensität und Beharrlichkeit der Vertragsverletzung

– das Verschulden des Arbeitnehmers

– Art und Intensität der Beeinträchtigung des Betriebsfriedens und des Betriebsablaufs

---

[413] BAG 16.9.2004, NZA 2005, 459.
[414] BAG 19.11.2015, NZA 2016, 540.
[415] *Von Hoyningen-Huene/Linck*, § 1 KSchG Rn. 515.
[416] BAG 31.3.1993, AP Nr. 32 zu § 626 BGB Ausschlussfrist.
[417] BAG 20.6.2013, NZA 2013, 1345.
[418] BAG 6.10.2005, NZA 2006, 431.
[419] BAG 22.7.1982, 7.12.1988, AP Nr. 5, 26 zu § 1 KSchG 1969 Verhaltensbedingte Kündigung.
[420] *Stahlhacke/Preis/Vossen*, Kündigung, Rn. 1213 f.

- eine Schädigung des Vermögens oder des guten Rufs des Unternehmers
- die Dauer der ungestörten Betriebszugehörigkeit
- ein Mitverschulden des Arbeitgebers und eine Duldung des vertragswidrigen Verhaltens
- Unterhaltspflichten, jedenfalls wenn sie einen konkreten Bezug zur Vertragsverletzung haben; bei wiederholter schuldhafter Verletzung wichtiger Pflichten treten sie in den Hintergrund[421].

### b) Wichtige Fallgruppen

185 **aa) Arbeitsverweigerung.** Weigert sich der Arbeitnehmer, eine Arbeit zu verrichten, zu der er nach seinem Arbeitsvertrag verpflichtet ist, kann eine verhaltensbedingte Kündigung „an sich" gerechtfertigt sein[422].

186 Bei einem rechtmäßigen Arbeitskampf ruhen die Hauptleistungspflichten, der Arbeitnehmer kann die Arbeit einstellen; bei einem rechtswidrigen Arbeitskampf begeht er mit einer Arbeitsniederlegung eine Vertragsverletzung. Nicht angewiesen werden kann der Arbeitnehmer zu einer Tätigkeit, die ihn in einen Gewissenskonflikt stürzt. Sieht er sich dauerhaft außerstande, die von ihm verlangten Dienste zu erfüllen, und kann ihm der Arbeitgeber auch keine andere Arbeit zuweisen, kommt eine personenbedingte Kündigung in Betracht. Eine Arbeitsverweigerung kann rechtmäßig sein, wenn sie von einem Leistungsverweigerungsrecht gedeckt ist (§ 273 BGB oder § 320 BGB), etwa wegen nicht erfüllter Vergütungsansprüche[423] oder wegen Verletzung arbeitsschutzrechtlicher Vorschriften[424] (z.B. § 21 Abs. 6 Satz 2 GefStoffVO, § 9 Abs. 3 Satz 1 ArbSchG) oder – so das BAG – wenn eine Weisung unbillig ist (§ 106 GewO)[425]. Der Arbeitnehmer kann die Arbeit auch verweigern, wenn ihre Erbringung ausnahmsweise unzumutbar ist, beispielsweise bei Kollision mit einer anderen Rechtspflicht – etwa der Sorge für das eigene Kind (§ 1627 BGB) –, die zu einer nicht vorhersehbaren und nicht anders lösbaren Zwangslage führt[426]. Wird der Arbeitnehmer unter Verletzung des Mitbestimmungsrechts des Betriebsrats nach § 99 BetrVG versetzt, kann er nach der Rechtsprechung seine Arbeit am anderen Arbeitsplatz solange zurückhalten, bis die Zustimmung zur Versetzung erteilt oder gerichtlich ersetzt ist[427].

187 Eine verhaltensbedingte Kündigung kann ausgeschlossen sein, wenn der Arbeitnehmer irrtümlich annimmt, zur Arbeitsverweigerung berechtigt zu sein. Aber nur ein unverschuldeter Rechtsirrtum entlastet. Maßgebend ist letztlich die objektive

---

[421] BAG 27.2.1997, AP Nr. 36 zu § 1 KSchG 1969 Verhaltensbedingte Kündigung, zu wiederholten Verspätungen.
[422] BAG 21.5.1992, AP Nr. 29 zu § 1 KSchG 1969 Verhaltensbedingte Kündigung; BAG 29.8.2013, NJW 2014, 1323.
[423] BAG 9.5.1996, NZA 1996, 1085.
[424] BAG 8.5.1996, DB 1996, 2446.
[425] BAG 14.9.2017, NZA 2017, 1452; differenzierend *Hromadka*, NJW 2018, 7 ff.
[426] BAG 21.5.1992, AP Nr. 29 zu § 1 KSchG 1969 Verhaltensbedingte Kündigung.
[427] BAG 26.1.1988, AP Nr. 50 zu § 99 BetrVG 1972.

Rechtslage. Der Arbeitnehmer kann sich einem vertragsgemäßen Verlangen des Arbeitgebers nicht dadurch – vorläufig – entziehen, dass er ein gerichtliches Verfahren zur Klärung der umstrittenen Frage einleitet. Verweigert der Arbeitnehmer die geschuldete Arbeitsleistung in der Annahme, er handele rechtmäßig, hat grundsätzlich er selbst das Risiko zu tragen, dass sich seine Rechtsauffassung als fehlerhaft erweist. Dies gilt auch, wenn er sich seine Rechtsauffassung nach sorgfältiger Prüfung und sachgemäßer Beratung gebildet hat. Auf einen unverschuldeten Rechtsirrtum kann er sich nur dann berufen, wenn er mit einem Unterliegen im Rechtsstreit nicht zu rechnen brauchte[428]. Bei beharrlicher Arbeitsverweigerung kann sogar eine außerordentliche Kündigung in Betracht kommen[429].

**bb) Strafbare Handlungen.** Begeht der Arbeitnehmer zum Nachteil des Arbeitgebers eine Straftat, so ist im allgemeinen das Vertrauen des Arbeitgebers in die Verlässlichkeit seines Mitarbeiters erschüttert. Strafbare Handlungen sind daher „an sich" ein Kündigungsgrund, selbst wenn der materielle Schaden unbedeutend ist, wie etwa bei der Entwendung geringwertiger Gegenstände[430] oder bei einem Betrug um kleinere Spesen[431]. Zu berücksichtigen sind sämtliche Umstände des Einzelfalls, wobei es auch darauf ankommen kann, ob der Mitarbeiter nach seiner Stellung im Betrieb – beispielsweise als Verkäufer oder als Kassierer – für den Schutz von Eigentum und Vermögen des Arbeitgebers verantwortlich ist[432].

**188**

**cc) Außerdienstliches Verhalten.** Der Arbeitnehmer ist zur Rücksichtnahme auf die Rechte, Rechtsgüter und Interessen des Arbeitgebers verpflichtet (§ 241 Abs. 2 BGB). Rechtswidriges außerdienstliches Verhalten kann eine Kündigung rechtfertigen, wenn es Auswirkungen auf den Betrieb oder einen Bezug zum Arbeitsverhältnis hat. Das gilt auch für außerdienstlich begangene Straftaten. Bei Arbeitnehmern im öffentlichen Dienst kann eine außerbetrieblich begangene Straftat, die keinen unmittelbaren Bezug zum Arbeitsverhältnis hat, eine personenbedingte Kündigung rechtfertigen[433].

**188a**

**Beispiel:** Begehung einer außerdienstlichen Straftat unter Nutzung von Betriebsmitteln oder betrieblichen Einrichtungen[434].

Von seinem Führungspersonal kann der Arbeitgeber auch außer Dienst ein loyales Verhalten erwarten. Das gilt erst recht bei **kirchlichen Einrichtungen,** die ihre ethische Glaubwürdigkeit in herausragendem Maß durch ihr Führungspersonal vermitteln. Von ihnen kann der Arbeitgeber eine Identifikation mit den Kernpunkten seiner Glaubens- und Sittenlehre verlangen. Eine dadurch bedingte Benachteiligung wegen der Religionszugehörigkeit ist regelmäßig nach § 9 Abs. 2 AGG gerechtfertigt. Die **Wiederheirat eines geschiedenen**

**188b**

---

[428] BAG 29.8.2013, NJW 2014, 1323; BAG 22.10.2015, NZA 2016, 417.
[429] BAG 22.10.2015, NZA 2016, 417.
[430] BAG 17.5.1984, 3.4.1986, AP Nr. 14, 18 zu § 626 BGB Verdacht strafbarer Handlung.
[431] BAG 6.9.2007, NZA 2008, 636.
[432] BAG 20.9.1984, AP Nr. 80 zu § 626 BGB.
[433] Zu Vorstehendem BAG 20.6.2013, NZA 2013, 1345 (Herstellung von Betäubungsmitteln durch einen Wachpolizisten im Objektschutz); BAG 20.6.2013, NZA 2014, 1197 (Handel mit Kokain).
[434] BAG 10.9.2009, NZA 2010, 220; s. auch BAG 27.11.2008, NZA 2009, 604.

**Chefarztes in einem katholischen Krankenhaus** kann deshalb als schwerer und ernster Loyalitätsverstoß eine Kündigung rechtfertigen[435].

**188c** **dd) Whistleblowing.** Anzeigen bei den Behörden dürfen keine unverhältnismäßige Reaktion auf ein Verhalten des Arbeitgebers oder seiner Repräsentanten darstellen. Indizien für eine Unverhältnismäßigkeit können sich aus der Berechtigung der Anzeige, der Motivation des Anzeigenden und einem fehlenden innerbetrieblichen Hinweis auf die angezeigten Missstände ergeben[436]. Erlangt ein Arbeitnehmer von Straftaten Kenntnis, so hat er zunächst eine innerbetriebliche Klärung zu versuchen, sofern es sich nicht um schwerwiegende oder vom Arbeitgeber selbst begangene Straftaten handelt, er sich bei Nichtanzeige selbst einer Strafverfolgung aussetzen würde oder Abhilfe nicht zu erwarten ist oder der Arbeitgeber trotz eines Hinweises nicht abhilft. Eine innerbetriebliche Klärung ist insbesondere zu versuchen, wenn es sich um Straftaten von Mitarbeitern handelt, die – auch – den Arbeitgeber schädigen[437]. Wer Informationen über Missstände weitergeben will, muss grundsätzlich prüfen, ob sie genau und zuverlässig sind. Außerdem müssen der mögliche Schaden für den Arbeitgeber, die Gründe für die Information und die Art der Sanktion gegeneinander abgewogen werden. Das öffentliche Interesse an Informationen über Mängel in der Altenpflege in staatlichen Pflegeheimen hat so viel Gewicht, dass es das Interesse des Unternehmens am Schutz seines guten Rufs im Geschäftsverkehr und seiner geschäftlichen Interessen überwiegt[438]. Ob einem Arbeitnehmer wegen **unternehmensschädlicher Äußerungen auf Facebook** (z.B. über einen Kunden seines Arbeitgebers) gekündigt werden darf, hängt u.a. davon ab, ob die Äußerung im „öffentlichen" Bereich erfolgt oder nur gegenüber einem eng umrissenen „Freundeskreis"[439].

**189** **ee) Weitere Gründe** für eine verhaltensbedingte Kündigung können sein[440]:

- Abwerbung von Kunden oder Mitarbeitern, wenn sich der Arbeitnehmer selbständig machen oder zur Konkurrenz wechseln will

- Anschwärzen von Kollegen, wenn diese sich weigern, weiter mit dem Mitarbeiter zusammenzuarbeiten

- Anstiftung von Mitarbeitern zu einem Vertragsbruch oder zu oppositionellem Verhalten gegenüber dem Arbeitgeber

- Verstoß gegen gesetzliche oder vertragliche Alkoholverbote oder aus Sicherheitsgründen erlassene absolute Rauchverbote

- Teilnahme an einem rechtswidrigen Arbeitskampf

---

[435] BAG 8.9.2011, NZA 2012, 443: zweifelnd aber BAG 28.7.2016, NZA 2017, 388.
[436] BAG 15.12.2016, NZA 2017, 703.
[437] BAG 3.7.2003, NZA 2004, 427.
[438] EGMR 21.7.2011, NZA 2011, 1269 - Heinisch.
[439] VGH München 29.2.2012, NZA-RR 2012, 302; ausf. *Burr*, Kündigung nach unternehmensschädlichem Facebook-Posting, Diss. Regensburg 2014; *Koch/Dittrich*, DB 2013, 934; *Laws*, MDR 2014, 501.
[440] *Von Hoyningen-Huene/Linck*, § 1 KSchG Rn. 540 ff.; KDZ/*Däubler*, § 1 KSchG Rn. 253 ff.; Schaub/*Linck*, ArbR-Hdb, § 133 Rn. 12 ff. m.w.N.

III. Allgemeiner Kündigungsschutz    467

- ausländerfeindliche, antisemitische oder rassistische Äußerungen
- grobe Beleidigungen des Arbeitgebers oder von Kollegen
- falsche eidesstattliche Versicherung oder leichtfertiges Aufstellen unhaltbarer Behauptungen in einem Prozess gegen den Arbeitgeber[441]
- sexuelle Belästigung
- eigenmächtiger Urlaubsantritt oder Urlaubsverlängerung
- eigenmächtige Freizeitnahme, etwa durch nicht nur gelegentliches unbefugtes Verlassen des Arbeitsplatzes
- wiederholte Verspätungen
- pflichtwidrige Minder- oder Schlechtleistung
- Androhung des Krankfeierns, Nichtvorlage ärztlicher Atteste
- Verletzung von Nebenpflichten (§ 241 Abs. 2 BGB)[442]
- unerlaubte Nebentätigkeit
- Annahme von Schmiergeldern oder von Geschenken entgegen einem Verbot des Arbeitgebers
- Tätlichkeiten im Betrieb
- Sicherheitsbedenken
- Schwarzfahrten mit dem dem Arbeitnehmer überlassenen Fahrzeug
- unerlaubte private Telefongespräche
- unerlaubte private Internetnutzung während der Arbeitszeit
- unternehmensschädliche Postings in Social Media
- Umgehung oder Missbrauch von Kontrolleinrichtungen (Stempeluhr usw.)
- Manipulation von Akten, um eine korrekte Aufgabenerfüllung vorzutäuschen[443]
- Lohnpfändungen, die im Einzelfall beim Arbeitgeber einen Arbeitsaufwand erfordern, der zu wesentlichen Störungen im Arbeitsablauf (Lohnbuchhaltung, Rechtsabteilung) führt
- Weitergabe von Geschäfts- und Betriebsgeheimnissen
- Drohung mit einem empfindlichen Übel, um eine Kündigung zu verhindern[444].

Zu beachten ist stets, dass es sich dabei nicht um absolute Kündigungsgründe handelt. Immer bedarf es der Negativprognose, der Prüfung, ob ein milderes Mittel aus-    **190**

---
[441] BAG 31.7.2014, NZA 2015, 358.
[442] BAG 26.3.2015, NZA 2015, 1180 (Informations- und Anzeigepflichten); BAG 15.12.2016, NZA 2017, 703 (haltloser Strafantrag).
[443] BAG 23.1.2014, NZA 2014, 965.
[444] BAG 8.5.2014, NZA 2014, 1258.

reicht, und schließlich einer Abwägung aller bedeutsamen Umstände des Einzelfalls. Vertragswidriges Verhalten muss i.d.R. vor einer Kündigung abgemahnt worden sein.

## 6. Betriebsbedingte Kündigung

### a) Überblick

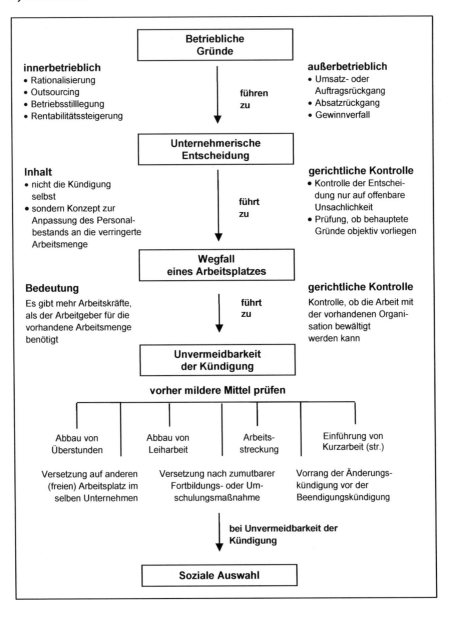

## b) Freie Unternehmerentscheidung

**aa) Allgemeines.** Voraussetzung einer betriebsbedingten Kündigung ist eine unternehmerische Entscheidung, die zum Wegfall eines Arbeitsplatzes führt. Diese Entscheidung ist nicht mit der Kündigung zu verwechseln; die Kündigung ist die Folge der Umsetzung der Entscheidung. Bei der Unternehmerentscheidung geht es um die „Bestimmung der der Geschäftsführung zugrundeliegenden Unternehmenspolitik"[445]. Sie ist vom Arbeitsgericht hinzunehmen. 191

**bb) Inner- oder außerbetriebliche Ursachen.** Die Unterscheidung dient im wesentlichen dazu, den Kündigungssachverhalt deutlich zu machen. Beispiele: 192

| Innerbetriebliche Ursachen | Außerbetriebliche Ursachen |
|---|---|
| – Einführung neuer oder Änderung bestehender Fertigungsmethoden, z.B. Ersatz von Arbeit durch Maschinen<br>– Abbau von Hierarchieebenen („lean management")<br>– Rationalisierung, Arbeitsverdichtung<br>– Kostensenkung<br>– Einführung von Gruppenarbeit<br>– Betriebsstilllegung, -einschränkung, -verlagerung<br>– Vergabe von Arbeiten, die zuvor selbst erledigt wurden, an Fremdfirmen (Outsourcing)<br>– Steigerung des Unternehmenswerts (Shareholder Value) | – Absatzschwierigkeiten<br>– Auftragsmangel<br>– Umsatzrückgang<br>– Mangel an Rohstoffen oder Vorprodukten<br>– Energiemangel<br>– Haushaltseinsparungen<br>– Wegfall von Drittmitteln<br>– Gewinnverfall<br>– Rentabilitätsverlust |

Inner- oder außerbetriebliche Ursachen allein führen noch nicht zum Wegfall des Arbeitsplatzes. Stets bedarf es einer unternehmerischen Entscheidung, mit der auf die Veränderung der Umstände reagiert wird. Erst die Umsetzung dieser Entscheidung führt zum Wegfall einer Beschäftigungsmöglichkeit, und nur diese kann der Arbeitgeber zum Anlass für eine betriebsbedingte Kündigung nehmen. 193

**cc) Gerichtliche Kontrolle**[446]. Die **unternehmerische Entscheidungsfreiheit** ist grundrechtlich geschützt (Art. 12 Abs. 1, 14 Abs. 1 GG). Ob, was, wieviel, wo und mit welchen Methoden produziert wird, bestimmen nicht die Gerichte, sondern die Unternehmer. Sie entscheiden auch darüber, ob bei einem Umsatz- oder Auftragsrückgang unverändert weiterproduziert oder ob der Betrieb umstrukturiert oder ganz oder teilweise eingestellt wird, und sie entscheiden, ob rationalisiert wird, andere Fertigungsverfahren eingeführt oder andere Betriebsmittel benutzt werden. Ihnen steht es frei festzulegen, ob Arbeit in Voll- oder Teilzeit[447], von Ungelernten 194

---

[445] BAG 20.2.1986, AP Nr. 11 zu § 1 KSchG 1969.
[446] Vgl. im einzelnen *Ascheid*, Kündigungsschutzrecht, Rn. 231 ff.; *Bitter/Kiel*, RdA 1994, 347 f.; *Hillebrecht*, ZfA 1991, 87 ff.; *von Hoyningen-Huene*, NZA 1994, 1009 ff.; *Schaub*, BB 1993, 1089 ff.; *B. Preis*, NZA 1997, 625 ff.; *Preis*, NZA 1995, 241 ff.; *ders.*, NZA 1997, 1078 ff.
[447] BAG 24.7.1997, AP Nr. 42 zu § 2 KSchG 1969.

oder von Fachkräften verrichtet wird, ob sie „verdichtet"[448] oder an Fremdfirmen vergeben wird[449]. Niemand ist gezwungen, am Markt tätig zu sein; deshalb kann man auch niemandem vorschreiben, am Markt tätig zu bleiben. Und es ist nicht Sache der Arbeitsgerichte, dem Arbeitgeber eine bessere oder „richtige" Unternehmenspolitik vorzuschreiben und damit in seine Kostenkalkulation einzugreifen[450]. Unternehmerische Entscheidungen können folglich nicht auf ihre sachliche Rechtfertigung oder ihre Zweckmäßigkeit überprüft werden[451]. Richter sind weder die besseren Unternehmer noch wollen oder können sie die Haftung für Fehlentscheidungen übernehmen. Der bloße Entschluss, Arbeitskräfte abzubauen, ist jedoch keine von den Gerichten hinzunehmende freie Unternehmerentscheidung, da ansonsten das KSchG leerliefe. Dasselbe gilt für den Abbau einer Hierarchieebene. Hier bedarf es der Konkretisierung, damit nachgeprüft werden kann, ob die Arbeitsplätze tatsächlich weggefallen sind und ob die Entscheidung nicht offensichtlich unsachlich oder willkürlich ist[452].

**194a** Wenn das BAG die Grenze der Unternehmerfreiheit dort zieht, wo eine Entscheidung **offensichtlich unsachlich, unvernünftig oder willkürlich** ist[453], dann fragt es letztlich nur, ob wirklich eine unternehmerische Entscheidung vorliegt, ob die Gründe also nicht nur vorgeschoben sind, um missliebige Arbeitnehmer aus dem Unternehmen zu entfernen[454]. Natürlich darf auch eine unternehmerische Entscheidung nicht missbräuchlich sein (§ 242 BGB). Grundsätzlich nicht missbräuchlich ist eine unternehmerische Entscheidung, die der Erhöhung des Gewinns dient („Shareholder Value")[455]. Jedes unternehmerische Handeln orientiert sich an Gewinnerzielung und -steigerung[456]. Auch die Vergabe der Aufgaben eines einzelnen ordentlich unkündbaren Arbeitnehmers an ein Drittunternehmen („Outsourcing") ist nicht per se missbräuchlich[457]. Die Grenze ist überschritten, wenn der Arbeitgeber einen Betriebsteil durch eine finanziell, wirtschaftlich und organisatorisch in sein Unternehmen voll eingegliederte Organgesellschaft mit von dieser neu einzustellenden Arbeitnehmern weiterbetreiben lässt[458].

**195** Eine beschlossene und tatsächlich durchgeführte Unternehmerentscheidung hat die Vermutung für sich, dass sie aus sachlichen Gründen erfolgt ist[459]. Voll nachprüfbar ist, ob die vom Arbeitgeber behaupteten inner- oder außerbetrieblichen Gründe vorliegen und ob sie sich in greifbaren, d.h. objektivierbaren betrieblichen Formen aus-

---

[448] BAG 24.4.1997, AP Nr. 42 zu § 2 KSchG 1969.
[449] BAG 20.6.2013, NZA 2014, 139; BAG 20.11.2014, NZA 2015, 679 (Hausmeisterdienste).
[450] BAG 21.6.1995, AP Nr. 36 zu § 15 KSchG 1969.
[451] BAG 21.9.2000, NZA 2001, 255.
[452] BAG 13.2.2008, NZA 2008, 819.
[453] BAG 21.9.2006, NZA 2007, 431, 433 m.w.N.
[454] BAG 22.4.2004, NZA 2004, 1158; *Thum*, Betriebsbedingte Kündigung, 7.2.1.
[455] BAG 20.6.2013, NZA 2014, 139; *Däubler*, Das Arbeitsrecht, Bd. II, Rn. 1069.
[456] *Preis*, NZA 1997, 625, 628.
[457] BAG 18.6.2015, NZA 2015, 1315.
[458] BAG 26.9.2002, NZA 2003, 549.
[459] BAG 13.3.2008, NZA 2008, 878.

wirken, indem Beschäftigungsmöglichkeiten entfallen⁴⁶⁰. In einem Kündigungsschutzprozess muss der Unternehmer konkret darlegen, wie sich die Verringerung der Produktion oder des Absatzes auf die Arbeitsmenge auswirkt und in welchem Umfang dadurch der Bedarf an Arbeitskräften entfällt. Schlagwortartige Umschreibungen genügen nicht⁴⁶¹.

An der grundsätzlich freien Unternehmerentscheidung ändert auch § 92a BetrVG nichts⁴⁶². **196** Danach kann der Betriebsrat dem Arbeitgeber Vorschläge zur Sicherung und Förderung der Beschäftigung machen, etwa durch eine flexible Gestaltung der Arbeitszeit, durch Förderung von Teilzeitarbeit und Altersteilzeit, durch neue Arbeitsverfahren oder durch eine Qualifizierung der Mitarbeiter. Der Arbeitgeber ist zwar verpflichtet, die Vorschläge mit dem Betriebsrat zu beraten und ggf. zu begründen, warum er sie für ungeeignet hält (§ 92a Abs. 2 BetrVG); Verstöße hiergegen führen aber nicht zu einem Kündigungsverbot, weil die Vorschrift keine unmittelbaren Rechtswirkungen auf das Arbeitsverhältnis entfaltet. Hat der Arbeitgeber den Vorschlägen allerdings zugestimmt, kann eine entsprechende „Beschäftigungssicherungsplanung" das Ultima-ratio-Prinzip konkretisieren und eine Selbstbindung des Arbeitgebers bewirken. Der Arbeitgeber kann dann gehalten sein, statt betriebsbedingt zu kündigen, weniger belastende Maßnahmen zu ergreifen, soweit ihm das zumutbar ist⁴⁶³. In eine ähnliche Richtung zielt § 2 Abs. 2 SGB III. Danach haben Arbeitgeber bei ihren Entscheidungen verantwortungsvoll deren Auswirkungen auf die Beschäftigung der Arbeitnehmer und von Arbeitslosen und damit die Inanspruchnahme von Leistungen der Arbeitsförderung einzubeziehen. Sie sollen dabei insbesondere vorrangig durch betriebliche Maßnahmen die Inanspruchnahme von Leistungen der Arbeitsförderung sowie Entlassungen von Arbeitnehmern vermeiden. Die Vorschrift begründet jedoch keine Rechtspflicht⁴⁶⁴.

### c) Dauerhafter Wegfall einer Beschäftigungsmöglichkeit

**aa) Auswirkung der Unternehmerentscheidung auf die Arbeitsmenge.** Die Unternehmerentscheidung muss zum dauerhaften Wegfall eines Arbeitsplatzes führen⁴⁶⁵. Das muss kein konkreter Arbeitsplatz sein. Es genügt, dass mehr Arbeitskräfte da sind, als der Arbeitgeber für die vorhandene Arbeit benötigt⁴⁶⁶. Wer die verbleibende Arbeit erledigt, ist eine Frage der Sozialauswahl⁴⁶⁷. Im Prozess muss der Arbeitgeber darlegen, welche unternehmerische Maßnahme er getroffen hat und wie er sie umsetzt (z.B. Vergabe von Arbeit an Fremdfirmen, Verzicht auf bestimmte Aufträge, Reorganisation)⁴⁶⁸. Bindet er sich an äußere Umstände (z.B. an den Auftragsrückgang), dann muss er dartun, dass die Aufträge im behaupteten Umfang zurückgegangen sind und dass sich der Rückgang unmittelbar auf die Beschäf- **197**

---

⁴⁶⁰ *Ascheid*, Kündigungsschutzrecht, Rn. 240; *ders.*, DB 1987, 1146; *Preis*, NZA 1995, 245.
⁴⁶¹ BAG 24.10.1979, AP Nr. 8 zu § 1 KSchG 1969 Betriebsbedingte Kündigung.
⁴⁶² BAG 18.10.2006, NZA 2007, 552.
⁴⁶³ BAG 18.10.2006, NZA 2007, 552, 555.
⁴⁶⁴ Wie hier wohl KDZ/*Söhngen*, § 2 SGB III Rn. 2. Nach a.A. besteht zwar eine Rechtspflicht, § 2 Abs. 1 SGB III wird aber bereits bei der Überprüfung, ob die Kündigung dem Ultima-ratio-Prinzip genügt, berücksichtigt, s. *Fischermeier*, NZA 1997, 1091.
⁴⁶⁵ BAG 23.2.2012, NZA 2012, 852.
⁴⁶⁶ BAG 15.6.1989 AP Nr. 45 zu § 1 KSchG 1969 Betriebsbedingte Kündigung.
⁴⁶⁷ BAG 15.12.1994, NZA 1995, 413.
⁴⁶⁸ BAG 15.6.1989 AP Nr. 45 zu § 1 KSchG 1969 Betriebsbedingte Kündigung.

tigungsmöglichkeiten auswirkt[469]. Der Vortrag, es sei eine unternehmerische Entscheidung getroffen worden, die zur Verringerung des Personalbedarfs geführt habe, genügt nicht[470]. Der Wille, rentabler zu arbeiten – den Gewinn zu steigern, einen Gewinnverfall zu stoppen, die Kosten zu senken –, berechtigt dann zur Kündigung, wenn die zur Erreichung getroffenen Maßnahmen auf die konkreten Beschäftigungsmöglichkeiten durchschlagen[471]. Im öffentlichen Dienst genügt der Hinweis, dass im jeweiligen Haushaltsplan eine konkrete Stelle gestrichen oder ein „kw"-(„künftig wegfallend")Vermerk angebracht wurde, solange keine Anhaltspunkte für einen Missbrauch des Kündigungsrechts bestehen[472].

197a Es muss **auf Dauer** mit einem reduzierten Arbeitsvolumen und damit auch Beschäftigungsbedarf zu rechnen sein. Kurzfristige Produktions- oder Auftragsschwankungen müssen ausgeschlossen sein. Um den dauerhaften Rückgang des Arbeitsvolumens darzulegen, muss der Arbeitgeber die einschlägigen Daten aus repräsentativen Referenzperioden miteinander vergleichen. Geplante oder geleistete Kurzarbeit spricht dafür, dass die Betriebsparteien nur von einem vorübergehenden Arbeitsmangel ausgehen. Kurzarbeit schließt jedoch nicht aus, dass der Beschäftigungsbedarf für einzelne Arbeitnehmer auf Dauer entfällt[473].

198 Der Arbeitgeber muss mit der Kündigung nicht abwarten, bis tatsächlich keine Beschäftigungsmöglichkeit mehr besteht. Die Kündigung kann ausgesprochen werden, sobald aufgrund einer vernünftigen betriebswirtschaftlichen Betrachtung davon auszugehen ist, dass ein betrieblicher Grund, etwa die Stilllegung eines Betriebs oder einer Abteilung, die Beschäftigung eines Arbeitnehmers bis zum Ablauf der vereinbarten Kündigungsfrist entbehrlich macht[474]. Der Entschluss zur Stilllegung muss aber endgültig und vorbehaltlos sein[475]; die Entwicklung muss sich konkret und greifbar abzeichnen[476]. Werden noch ernsthafte Verkaufsverhandlungen geführt oder wird noch um Aufträge geworben, dann handelt es sich um unzulässige Vorratskündigungen[477]. Dass die gekündigten Arbeitnehmer noch bis zum Ablauf der Kündigungsfrist eingesetzt werden, um vorhandene Aufträge abzuarbeiten, schadet nicht[478]. Ändern sich die betrieblichen Verhältnisse nach Ausspruch der Kündigung unvorhergesehen (unerwarteter Auftrag; Betrieb sollte stillgelegt werden, es findet sich unverhofft ein Käufer), so ändert das an der Wirksamkeit der Kündigung nichts[479]. Der Arbeitnehmer kann dann aber einen Wiedereinstellungsanspruch haben (s. unten Rn. 358 ff.)[480].

199 **bb) Austauschkündigung.** Umstritten ist, ob der Arbeitgeber betriebsbedingt kündigen darf, um Personal auszutauschen, sei es, dass er dieselbe Arbeitsmenge mit

---

[469] BAG 30.5.1985, AP Nr. 24 zu § 1 KSchG 1969 Betriebsbedingte Kündigung.
[470] BAG 20.2.1986, AP Nr. 11 zu § 1 KSchG 1969.
[471] BAG 26.1.1995 EzA § 2 KSchG Nr. 22; *Preis*, NZA 1995, 249; *ders.*, NZA 1997, 1079.
[472] BAG 23.11.2004, NZA 2005, 986.
[473] BAG 23.2.2012, NZA 2012, 852.
[474] BAG 27.11.2003, NZA 2004, 477, 478.
[475] BAG 14.3.2013, DB 2013, 2687; BAG 31.7.2014, NZA 2015, 101.
[476] BAG 20.11.2014, NZA 2015, 679.
[477] BAG 13.2.2008, NZA 2008, 821; BAG 23.2.2010, NZA 2010, 945.
[478] BAG 7.7.2005, NZA 2005, 1351.
[479] BAG 8.8.1968, AP Nr. 57 zu § 626 BGB; BAG 27.2.1997, NZA 1997, 757.
[480] BAG 27.2.1997, NZA 1997, 757.

anderen (eigenen oder Leih-)Arbeitnehmern erledigen, sei es, dass er sie nicht mehr durch Arbeitnehmer verrichten lassen will, sondern durch freie Mitarbeiter. Die Personalaustauschkündigung, bei der der Vertragstyp derselbe bleibt und nur der Mitarbeiter wechselt, hat die Rechtsprechung für unzulässig erklärt[481]. Die Unternehmerentscheidung führt nämlich nicht zu einer Verringerung des Beschäftigungsvolumens. Anders entscheidet sie beim Wechsel der Vertragsart[482]. Entschließe sich der Arbeitgeber, anstelle von Arbeitnehmern freie Mitarbeiter zu beschäftigen, liege darin eine hinzunehmende Unternehmerentscheidung. Dabei kann es keinen Unterschied machen, ob die Arbeiten an bereits vorhandene Selbständige (z.B. an Fremdfirmen) vergeben werden oder an ehemalige Mitarbeiter, die durch die Vergabe zu Selbständigen werden[483].

Keine unzulässige Austauschkündigung liegt vor, wenn der Arbeitgeber das Anforderungsprofil für eine Stelle ändert und der bisherige Stelleninhaber den neuen Anforderungen nicht mehr genügt[484]. Der Arbeitgeber kann grundsätzlich frei bestimmen, über welche persönlichen Voraussetzungen ein Bewerber für eine Stelle verfügen muss. Seine Entscheidung müssen die Gerichte jedenfalls dann respektieren, wenn die Qualifikationsmerkmale einen nachvollziehbaren Bezug zu der auszuführenden Arbeit haben. Ändert der Arbeitgeber das Anforderungsprofil einer Stelle, die er mit einem langjährig beschäftigten Arbeitnehmer besetzt hat, muss er darlegen, dass die zusätzlich geforderten Qualifikationen nicht bloß „wünschenswert", sondern notwendig für die geänderten Aufgaben sind. Ob und wie lange der bisherige Stelleninhaber zu schulen ist, um eine (betriebsbedingte) Kündigung wegen eines geänderten Stellenprofils zu vermeiden, ist eine Frage der Zumutbarkeit[485]. Der Beschäftigungsbedarf entfällt nicht ohne weiteres dadurch, dass der Arbeitgeber eine Stelle in eine Beförderungsstelle umwidmet[486]. **199a**

**cc) Leistungsverdichtung.** Eine betriebsbedingte Kündigung kann auch zum Zwecke der Leistungsverdichtung ausgesprochen werden[487]. Die Unternehmerentscheidung liegt in diesem Fall darin, dass die gleiche Arbeit mit weniger Personal verrichtet werden soll[488]. Genügt die vorhandene Arbeit nicht, um alle Arbeitnehmer im vertraglichen Umfang zu beschäftigen, dann muss der Arbeitgeber die Arbeit anders organisieren können. Die Entscheidung darf nicht zu einer Überforderung des verbleibenden Personals führen oder als Vorwand dafür dienen, bestimmte Arbeitnehmer aus dem Betrieb zu drängen[489]. Im Prozess muss der Arbeitgeber deshalb darlegen, wie die anfallenden Arbeiten von dem verbliebenen Personal ohne **200**

---

[481] BAG 26.9.1996, NZA 1997, 202; BAG 16.12.2004, NZA 2005, 761.
[482] BAG 13.3.2008, NZA 2008, 878.
[483] A.A. *Preis*, NZA 1997, 1073, 1079.
[484] BAG 16.12.2004, NZA 2005, 761, 764; BAG 7.7.2005, NZA 2006, 266.
[485] BAG 7.7.2005, NZA 2006, 266; BAG 10.7.2008, NZA 2009, 312; BAG 24.5.2012, NZA 2012, 1223.
[486] BAG 10.7.2008, NZA 2009, 312.
[487] BAG 24.4.1997 AP Nr. 42 zu § 2 KSchG 1969; BAG 24.5.2012, NZA 2012, 1223; *Hillebrecht*, ZfA 1991, 110; *von Hoyningen-Huene*, NZA 1994, 1011; a.A. *Ascheid*, DB 1987, 1146; *Preis*, NZA 1995, 245, 247; *ders.*, NZA 1997, 1073, 1079; zweifelnd *B. Preis*, NZA 1997, 625 ff.
[488] BAG 24.4.1997, AP Nr. 42 zu § 2 KSchG 1969; BAG 24.5.2012, NZA 2012, 1223: Streichung einer Hierarchieebene.
[489] BAG 20.12.2012, NZA 2013, 1003.

überobligationsmäßige Leistungen erledigt werden können. Dazu muss er die Vereinbarungen zu Umfang und Verteilung der Arbeitszeit darstellen und Anhaltspunkte dafür nennen, dass Freiräume für die Übernahme zusätzlicher Aufgaben vorhanden sind[490].

### d) Ultima ratio

201 Auch die betriebsbedingte Kündigung kommt nur als letztes Mittel in Betracht[491]. Dem Unternehmer darf es nicht möglich sein, sein Konzept, das zur Änderung des Personalbedarfs führt, anders als durch den Ausspruch einer Kündigung zu verwirklichen. Der Abbau von Überstunden und Leiharbeitsverhältnissen hat grundsätzlich Vorrang[492]. Bei nur vorübergehendem Arbeitsmangel kann die Arbeit gestreckt werden, wenn absehbar ist, dass das Personal demnächst wieder voll ausgelastet sein wird[493]. Bei einem Zeitarbeitsunternehmen gehören kurzfristige Auftragslücken nach Ansicht der Rechtsprechung sogar zum typischen Wirtschaftsrisiko und können schon deshalb keine betriebsbedingte Kündigung rechtfertigen[494]. Gilt für den Betrieb eine Jahresarbeitszeitregelung, die Zeiten unterschiedlicher Arbeitsauslastung ausgleichen soll, muss der Arbeitgeber bei schlechter Beschäftigungslage die Guthabenstunden aller Arbeitnehmer abbauen, ehe er einzelnen Arbeitnehmern betriebsbedingt kündigt und den im Betrieb verbleibenden Arbeitnehmern bei voller Weiterbeschäftigung für ihre Guthabenstunden möglicherweise sogar eine finanzielle Abgeltung zahlt[495]. Ob zur Vermeidung betriebsbedingter Kündigungen **Kurzarbeit** eingeführt werden muss, ist streitig. Nach der Rechtsprechung braucht der Arbeitgeber jedenfalls dann keine Kurzarbeit einzuführen, wenn der Betriebsrat von seinem Initiativrecht nach § 87 Abs. 1 Nr. 3 BetrVG keinen Gebrauch macht[496]. Aber auch in den übrigen Fällen wird man ihn nicht zur Einführung von Kurzarbeit für verpflichtet halten dürfen. Kurzarbeit kommt nur bei einem vorübergehenden Arbeitsmangel in Betracht, während eine betriebsbedingte Kündigung voraussetzt, dass die Beschäftigungsmöglichkeit auf Dauer oder doch auf unabsehbare – längere – Zeit entfällt[497]. Ob der Arbeitsmangel vorübergehend ist und ob er kürzer oder länger anhalten wird, ist Gegenstand der unternehmerischen Prognose, die die Gerichte nicht durch eine eigene ersetzen können[498]. In keinem Fall ist der Arbeitgeber gehindert, den Arbeitsmangel zum Anlass zu nehmen, den Betrieb ganz oder teilweise stillzulegen[499] oder während der Kurzarbeit Arbeitsplätze wegzurationali-

---

[490] BAG 24.5.2012, NZA 2012, 1223.
[491] BAG 29.8.2013, DB 2014, 663.
[492] *Von Hoyningen-Huene/Linck*, § 1 KSchG Rn. 729; KDZ/*Deinert*, § 1 KSchG Rn. 419 f.
[493] BAG 7.12.1978, 17.10.1980, AP Nr. 6, 10 zu § 1 KSchG 1969 Betriebsbedingte Kündigung.
[494] BAG 18.5.2006, NZA 2006, 1007.
[495] BAG 8.11.2007, NZA 2008, 848.
[496] BAG 11.9.1986, EzA § 1 KSchG Betriebsbedingte Kündigung Nr. 54; offengelassen in BAG 15.6.1989, AP Nr. 45 zu § 1 KSchG 1969 Betriebsbedingte Kündigung.
[497] Anders bei einer Verlängerung des Zeitraums für die Zahlung von Kurzarbeitergeld im „Überschneidungszeitraum", *Wahlig/Jeschke*, NZA 2010, 607.
[498] *Thum*, Betriebsbedingte Kündigung, Diss. Passau, 2001, 8.5.3.
[499] BAG 4.3.1986, AP Nr. 3 zu § 87 BetrVG 1972 Kurzarbeit.

sieren⁵⁰⁰. Kein milderes Mittel ist eine dauerhafte Verkürzung der betrieblichen Arbeitszeit. Ihr stehen in aller Regel schon tarifliche und/oder arbeitsvertragliche Hindernisse entgegen⁵⁰¹.

Im Prozess kann der Arbeitgeber seinen Vortrag zunächst auf die Behauptung beschränken, die Kündigung könne nicht durch mildere Mittel vermieden werden. Es ist dann Sache des Arbeitnehmers darzulegen, durch welche technischen, organisatorischen oder wirtschaftlichen Maßnahmen die Kündigung zu vermeiden gewesen wäre. Sodann liegt die Darlegungs- und Beweislast, ob und aus welchen Gründen diese Maßnahme nicht realisierbar war, beim Arbeitgeber⁵⁰². 201a

### e) Fehlende Weiterbeschäftigungsmöglichkeit

**aa) Grundsatz.** Nach § 1 Abs. 2 Satz 2 KSchG ist die Kündigung auch dann nicht erforderlich, wenn der Arbeitnehmer an einem anderen Arbeitsplatz im selben Betrieb oder in einem anderen – in Deutschland gelegenen⁵⁰³ – Betrieb des Unternehmens weiterbeschäftigt werden kann. Hat der Betriebsrat deswegen widersprochen, so ist die Kündigung bereits aus diesem Grunde unwirksam⁵⁰⁴. Eine konzernweite Weiterbeschäftigungspflicht kommt wegen der rechtlichen Selbständigkeit der Konzernunternehmen nur bei einer Konzernversetzungsklausel in Betracht⁵⁰⁵. Zudem muss das vertragsschließende Unternehmen die Versetzung aus Rechtsgründen oder faktisch maßgeblich beeinflussen können; es genügt nicht, dass die Versetzungsentscheidung dem zur Übernahme bereiten Unternehmen vorbehalten ist⁵⁰⁶. Anders liegt es nur, wenn das kündigende Unternehmen mit dem anderen Unternehmen einen Gemeinschaftsbetrieb führt (s. Bd. 2 § 16 Rn. 55 ff.). Eine unternehmensübergreifende Weiterbeschäftigungspflicht besteht jedoch nicht, wenn es den Gemeinschaftsbetrieb (vgl. § 1 Abs. 2 BetrVG) bei Zugang der Kündigung als solchen bereits nicht mehr gibt⁵⁰⁷. 202

Für das Fehlen einer anderweitigen Weiterbeschäftigungsmöglichkeit ist der Arbeitgeber darlegungs- und beweispflichtig. Dabei gilt eine abgestufte Darlegungslast. Bestreitet der Arbeitnehmer lediglich den Wegfall seines bisherigen Arbeitsplatzes, genügt der Vortrag des Arbeitgebers, wegen der betrieblichen Notwendigkeiten sei eine Weiterbeschäftigung zu den gleichen Bedingungen nicht möglich. Macht der Arbeitnehmer geltend, es sei eine Beschäftigung an anderer Stelle möglich, obliegt es ihm darzulegen, wie er sich seine anderweitige Beschäftigung vor- 202a

---

⁵⁰⁰ BAG 26.6.1997, NZA 1997, 1286.
⁵⁰¹ LAG Hamm, 15.12.1983, ZIP 1983, 214 f.
⁵⁰² BAG 8.11.2007, NZA 2008, 848.
⁵⁰³ BAG 29.8.2013, NZA 2014, 730; BAG 24.9.2015, NZA 2015, 1457.
⁵⁰⁴ BAG 13.9.1973, AP Nr. 2 zu § 1 KSchG 1969.
⁵⁰⁵ BAG 22.5.1986, 27.11.1991, 10.1.1994, AP Nr. 4, 6, 8 zu § 1 KSchG 1969 KonzeRn. Eine solche Klausel ist aber nur in engen Grenzen zulässig; ausführlich *Maschmann*, RdA 1996, 24 ff.
⁵⁰⁶ BAG 23.11.2004, NZA 205, 929; BAG 23.4.2008, NZA 2008, 939; es genügt aber, wenn das andere Konzernunternehmen sich ausdrücklich zur Übernahme bereiterklärt hat, BAG 18.10.2012, NZA 2013, 1007.
⁵⁰⁷ BAG 18.10.2012, NZA 2013, 1007.

stellt. Erst daraufhin muss der Arbeitgeber eingehend erläutern, aus welchen Gründen eine solche Beschäftigung nicht möglich war[508].

203 Der Arbeitnehmer kann nur die Weiterbeschäftigung auf einem Arbeitsplatz verlangen, der bei Zugang der Kündigung frei ist oder der bis zum Ablauf der Kündigungsfrist mit Sicherheit frei wird[509], vorausgesetzt, dass dem Arbeitgeber die Überbrückung dieses Zeitraums zuzumuten ist[510]. Der Arbeitgeber ist weder dazu verpflichtet, einen neuen Arbeitsplatz zu schaffen, noch einen besetzten Arbeitsplatz freizukündigen[511]. Umgekehrt kann er sich aber nicht auf den Wegfall einer Beschäftigungsmöglichkeit berufen, wenn er zunächst eine freie Stelle besetzt und dann die Kündigung ausspricht (Rechtsgedanke des § 162 BGB)[512]. Fallen in mehreren Betrieben desselben Unternehmens Arbeitsplätze weg, ist aber in einem weiteren Betrieb ein Arbeitsplatz frei, so ist – jeweils für sich betrachtet – keine der Kündigungen durch dringende betriebliche Erfordernisse bedingt. Welche Kündigungen sozial gerechtfertigt sind, lässt sich erst nach einer Auswahlentscheidung beurteilen. Die Auswahlentscheidung hat entsprechend § 1 Abs. 3 KSchG zu erfolgen[513].

204 **bb) Weiterbeschäftigung nach Umschulungs- oder Fortbildungsmaßnahmen.** Die Kündigung ist auch dann nicht erforderlich, wenn der Arbeitnehmer nach einer Umschulungs- oder Fortbildungsmaßnahme weiterbeschäftigt werden kann und wenn er hierzu willens und in der Lage ist (§ 1 Abs. 2 Satz 3 Alt. 1 KSchG). Verlangt werden können aber nur zumutbare Maßnahmen. Was zumutbar ist, bestimmt sich nach den Umständen des Einzelfalls. Zu berücksichtigen sind insbesondere die Kosten für die Schulung, die Dauer der Betriebszugehörigkeit und die Umschulungsfähigkeit des Arbeitnehmers[514]. Der Arbeitgeber ist nicht verpflichtet, den Arbeitnehmer allein zum Zwecke der Qualifizierung weiterzubeschäftigen, wenn alsbald kein geeigneter Arbeitsplatz im Unternehmen frei würde[515].

205 **cc) Weiterbeschäftigung zu geänderten Arbeitsbedingungen.** Die Kündigung ist ferner nicht erforderlich, wenn eine Weiterbeschäftigung zu anderen Arbeitsbedingungen möglich ist und der Arbeitnehmer sich damit einverstanden erklärt hat (§ 1 Abs. 2 Satz 3 Alt. 2 KSchG). In Betracht kommen eine Versetzung auf einen geringerwertigen Arbeitsplatz, das Angebot einer Teilzeitbeschäftigung und die Kürzung übertariflicher Zulagen[516], nicht dagegen eine Versetzung auf einen höherwertigen Arbeitsplatz oder auf eine Beförderungsstelle[517].

---

[508] BAG 25.10.2012, NZA-RR 2013, 632; BAG 29.8.2013, DB 2014, 666.
[509] BAG 29.3.1990, AP Nr. 50 zu § 1 KSchG 1969 Betriebsbedingte Kündigung.
[510] BAG 15.12.1994, AP Nr. 67 zu § 1 KSchG 1969 Betriebsbedingte Kündigung. Das richtet sich nach der Dauer, die der Arbeitgeber benötigen würde, einen Stellenbewerber einzuarbeiten, vgl. *von Hoyningen-Huene/Linck*, § 1 KSchG Rn. 747.
[511] BAG 2.6.2005, NZA 2005, 1175.
[512] BAG 15.8.2002, NZA 2003, 430; BAG 5.6.2008, NZA 2008, 1180.
[513] BAG 12.8.2010, NZA 2011, 460; BAG 27.7.2017, 2 AZR 476/16.
[514] BAG 7.2.1991, AP Nr. 1 zu § 1 KSchG 1969 Umschulung.
[515] BAG 8.5.2014, NZA 2014, 1200.
[516] Vgl. im einzelnen *Wagner*, NZA 1986, 632 ff.
[517] BAG 29.3.1990, EzA § 1 KSchG Soziale Auswahl Nr. 29. Anderes gilt aber, wenn die Arbeit gleich oder ganz überwiegend gleich geblieben ist und nur höher vergütet wird, vgl. BAG 5.10.1995, NZA 1996, 524.

Bevor der Arbeitgeber dem Arbeitnehmer die Änderung der Arbeitsbedingungen anbietet, **206** hat er zu prüfen, ob er die Vertragsbedingungen nicht aufgrund seines Weisungsrechts oder aufgrund eines anderen Leistungsbestimmungsrechts ändern kann. Ist das nicht möglich, hat er dem Arbeitnehmer ein **Änderungsangebot** (= Angebot auf Abschluss eines Änderungsvertrags, § 311 Abs. 1 BGB) zu unterbreiten[518]. Das Angebot kann lediglich in Extremfällen unterbleiben, wenn der Arbeitgeber bei vernünftiger Betrachtung nicht mit dessen Annahme rechnen konnte, weil es den Arbeitnehmer beleidigt hätte („Personalchef wird Pförtner")[519]. Der Arbeitgeber kann Angebot und Kündigung miteinander verbinden, indem er ohne vorherige Verhandlungen mit dem Arbeitnehmer sofort eine Änderungskündigung ausspricht. Lehnt der Arbeitnehmer das Änderungsangebot ab, darf der Arbeitgeber nach dem Grundsatz der Verhältnismäßigkeit nur eine Änderungs-, nicht aber eine Beendigungskündigung aussprechen. Einer vorherigen Änderungskündigung bedarf es nicht, wenn der Arbeitnehmer aus einer „emotionalen Blockadehaltung"[520] das Angebot vorbehaltlos und endgültig abgelehnt und dabei unmissverständlich zu erkennen gegeben hat, dass er unter keinen Umständen bereit ist, zu den geänderten Arbeitsbedingungen zu arbeiten[521]. Dass der Arbeitnehmer eine Verschlechterung der Arbeitsbedingungen (z.B. geringere Stundenzahl, Lohnminderung) nicht sofort akzeptiert, bedeutet allerdings nicht, dass er sie überhaupt nicht – auch nicht nach einer Änderungskündigung – akzeptiert[522].

### f) Soziale Auswahl

**aa) Überblick.** Die Sozialauswahl dient der personellen Konkretisierung der be- **207** triebsbedingten Kündigung unter sozialen Gesichtspunkten[523]. Ist die Kündigung unvermeidbar, soll derjenige entlassen werden, der am wenigsten sozial schutzbedürftig ist. Die Prüfung erfolgt in drei Schritten. Als erstes wird der Kreis der Arbeitnehmer ermittelt, die an sich in die Sozialauswahl einzubeziehen sind. Sodann ist aus diesem Kreis anhand der vier gesetzlichen Merkmale Dienstalter, Lebensalter, Unterhaltspflichten, Schwerbehinderung die Person zu bestimmen, die der Verlust des Arbeitsplatzes am wenigsten hart trifft. Dieser Arbeitnehmer muss jedoch nicht entlassen werden, wenn seine Weiterbeschäftigung im berechtigten betrieblichen Interesse liegt[524].

Eine Sozialauswahl gibt es nur bei betriebsbedingten Kündigungen. Auf eine **208** mangelnde oder fehlerhafte Sozialauswahl kann sich auch berufen, wer bei einem Betriebsübergang dem Übergang seines Arbeitsverhältnisses auf den Erwerber widerspricht (§ 613a Abs. 6 BGB) und danach vom Veräußerer mangels vorhandener Beschäftigungsmöglichkeiten gekündigt wird. Das gilt selbst bei grundlosem Widerspruch[525]. Geht nicht der ganze Betrieb, sondern nur ein Betriebsteil über, kommt es folglich zu einem „Verdrängungswettbewerb" zwischen den Arbeitnehmern des übergegangenen Betriebsteils und des vom Übergang nicht betroffenen Restbetriebs.

---

[518] BAG 21.4.2005, NZA 2005, 1289; BAG 21.4.2005, NZA 2005, 1294; BAG 21.9.2006, NZA 2007, 431.
[519] BAG 21.9.2006, NZA 2007, 431.
[520] BAG 7.12.2000, NZA 2001, 495.
[521] BAG 21.4.2005, NZA 2005, 1289 unter teilweiser Aufgabe von BAG 27.9.1984, NZA 1985 455.
[522] BAG 21.4.2005, NZA 2005, 1294, 1297.
[523] BAG 7.2.1985, 5.5.1994, AP Nr. 9, 23 zu § 1 KSchG 1969 Soziale Auswahl.
[524] BAG 31.5.2007, NZA 2007, 1362, 1363.
[525] BAG 31.5.2007, NZA 2008, 33, 38 unter Aufgabe von BAG 18.3.1999, NZA 1999, 870.

```
┌─────────────────────────────────────────────────────────────────────────┐
│                            Sozialauswahl                                │
│                                                                         │
│                    Inhalt                    Ziel                       │
│   Personelle Konkretisierung der Kündigung   Herausfinden des sozial am │
│           unter sozialen Gesichtspunkten     wenigsten Schutzbedürftigen│
│                                                                         │
│       ┌─────────────────────────────────────────────────────┐           │
│       │   Einzubeziehender Personenkreis: vergleichbare Arbeitnehmer │  │
│       └─────────────────────────────────────────────────────┘           │
│                                                                         │
│          Vergleichbar sind Arbeitnehmer, die gegeneinander austauschbar sind │
│                              Nicht einzubeziehen:                       │
│          Arbeitnehmer mit gesetzl. und tarifl. (str.) Sonderkündigungsschutz │
│                                                                         │
│   Horizontaler Vergleich    Vertikaler Vergleich    Räumlicher Vergleich│
│   Arbeitnehmer, denen       Arbeitnehmer auf        Arbeitnehmer im     │
│   dieselbe Arbeit zugewie-  derselben hierarchischen selben Betrieb     │
│   sen werden kann           Ebene                                       │
│                                                                         │
│           ┌─────────────────────────────────────────────────┐           │
│           │   Auswahlkriterien („soziale Gesichtspunkte")   │           │
│           └─────────────────────────────────────────────────┘           │
│                                                                         │
│   stets zu berücksichtigen   berücksichtigungsfähig   Gewichtung der Kriterien│
│   • Dauer der                unbillige Härten         • alle Pflichtkriterien │
│     Betriebszugehörigkeit                               sind gleichwertig     │
│   • Lebensalter                                       • sie sind ausreichend zu│
│   • Unterhaltspflichten                                 berücksichtigen       │
│   • Schwerbehinderung                                 • Beweisvorteil bei Richtli-│
│                                                         nien (§ 1 IV KSchG)   │
│                                                                         │
│   Herausnahme an sich vergleichbarer Arbeitnehmer aus der Sozialauswahl,│
│   wenn deren Weiterbeschäftigung im berechtigten betrieblichen Interesse liegt│
│                                                                         │
│   zur Erhaltung             zur Sicherung einer ausge-    aus sonstigen │
│   besonders leistungsfähiger wogenen Personalstruktur     Gründen       │
│   Arbeitnehmer              (vor allem Altersstruktur)                  │
└─────────────────────────────────────────────────────────────────────────┘
```

**209** **bb) Einzubeziehender Personenkreis.** Die Sozialauswahl erstreckt sich auf alle vergleichbaren Arbeitnehmer des Betriebs[526], die mindestens sechs Monate im Unternehmen beschäftigt sind und deren ordentliche Kündbarkeit nicht durch Gesetz, Tarifvertrag oder Arbeitsvertrag ausgeschlossen ist (str.)[527].

**210** **(1) Betriebsbezogenheit.** Maßgeblich für die Sozialauswahl ist der Betrieb und nicht nur die Abteilung, in der die Arbeit zurückgegangen ist[528]. Das gilt auch dann, wenn ein Betriebsteil räumlich weit entfernt liegt und damit ein eigenständiger Be-

---

[526] BAG 15.6.1989, 5.5.1994, AP Nr. 18, 23 zu § 1 KSchG 1969 Soziale Auswahl.
[527] KR/*Griebeling*, § 1 KSchG Rn. 664 ff.; ErfK/*Oetker*, § 1 KSchG Rn. 311 ff.
[528] BAG 31.5.2007, NZA 2008, 33, 35 m.w.N.

III. Allgemeiner Kündigungsschutz                                                   479

trieb im Sinne des § 4 Abs. 1 Nr. 1 BetrVG sein kann[529]. Der Betrieb ist aber
zugleich die Grenze; auf andere Betriebe des Unternehmens oder des Konzerns erstreckt sich die Sozialauswahl selbst dann nicht, wenn im Arbeitsvertrag eine entsprechende Versetzungsmöglichkeit vereinbart wurde[530]. Bilden zwei Unternehmen
einen gemeinsamen Betrieb, so sind alle vergleichbaren Arbeitnehmer dieses Betriebs in die Sozialauswahl einzubeziehen, gleichgültig, bei welchem Unternehmen
sie beschäftigt sind[531]. Zum Betrieb eines Unternehmens, das gewerbliche Arbeitnehmerüberlassung betreibt („Zeitarbeitsunternehmen"), zählen alle unter einer einheitlichen Leitung zusammengefassten, zum Zwecke der Überlassung an Dritte
beschäftigten Arbeitnehmer, d.h. sowohl die einsatzfreien als auch die im Einsatz befindlichen Arbeitnehmer. Ist die Austauschbarkeit der im Einsatz befindlichen Arbeitnehmer im Verhältnis zum Entleiher weder vertraglich noch nach Treu
und Glauben ausgeschlossen, sind diese in die Sozialauswahl im Betrieb des Verleihers einzubeziehen[532].

**(2) Vergleichbarkeit der Arbeitnehmer.** Die Sozialauswahl beschränkt sich auf     **211**
die miteinander vergleichbaren Arbeitnehmer. Vergleichbar sind Arbeitnehmer, die
nach arbeitsplatzbezogenen Merkmalen aufgrund ihrer Fähigkeiten und Kenntnisse
sowie nach dem Inhalt der von ihnen geschuldeten Aufgaben gegeneinander **austauschbar** sind[533]. Austauschbarkeit ist nicht nur dann anzunehmen, wenn die Arbeitsplätze identisch sind, sondern auch, wenn ein Arbeitnehmer aufgrund seiner
bisherigen Aufgabe im Betrieb und angesichts seiner beruflichen Qualifikation in
der Lage ist, die andersartige, aber gleichwertige Arbeit eines Kollegen zu verrichten („qualifikationsmäßige Austauschbarkeit")[534]. Eine gewisse Indizwirkung für
Vergleichbarkeit kommt der tariflichen Eingruppierung[535], der Berufsausbildung[536],
der beruflichen Erfahrung und betrieblichen Spezialisierungen zu[537]. Die üblichen
Routinevorsprünge eines Stelleninhabers sind unerheblich, wenn ein Kollege die
Funktion nach einer Einarbeitungszeit übernehmen kann, die nicht länger ist als die
tarifliche oder betriebsübliche Probezeit[538].

An einer Vergleichbarkeit fehlt es auch dann, wenn der Arbeitgeber den Arbeitneh-   **212**
mer nicht einseitig auf den anderen Arbeitsplatz um- oder versetzen kann („arbeitsvertragliche Austauschbarkeit")[539]. Die Reichweite des Direktionsrechts bestimmt
damit über die Reichweite des Kündigungsschutzes. Je weiter der Arbeitsvertrag
den Tätigkeitsbereich beschreibt, desto größer ist der Auswahlbereich und umge-

---

[529] KR/*Griebeling*, § 1 KSchG Rn. 139; *von Hoyningen-Huene/Linck*, § 1 KSchG Rn. 872 m.w.N.
[530] BAG 15.12.2005, NZA 2006, 590; BAG 31.5.2007, NZA 2008, 33, 34 m.w.N.
[531] Zu Einzelheiten s. BAG 4.2.2005, NZA 2005, 867.
[532] BAG 20.6.2013, NZA 2013, 837.
[533] BAG 22.3.2012, NZA 2012, 1040.
[534] BAG 2.3.2006, NZA 2006, 1350, 1351.
[535] BAG 2.3.2006, NZA 2006, 1350.
[536] BAG 13.6.1986, AP Nr. 13 zu § 1 KSchG 1969 Soziale Auswahl.
[537] BAG 5.5.1994, AP Nr. 23 zu § 1 KSchG 1969 Soziale Auswahl.
[538] *Von Hoyningen-Huene/Linck*, § 1 KSchG Rn. 905; *Stahlhacke/Preis/Vossen*, Kündigung, Rn. 1044.
[539] BAG 2.3.2006, NZA 2006, 1350, 1351.

kehrt. Haben die Parteien die Tätigkeit nur allgemein beschrieben (z.B. Beschäftigung als „kaufmännischer Angestellter"), kann der Arbeitgeber dem Arbeitnehmer grundsätzlich alle im Rahmen der vereinbarten Vergütungsgruppe liegenden Tätigkeiten zuweisen[540].

213 Die Sozialauswahl beschränkt sich auch dann auf denselben Einsatzbereich, wenn sich Arbeitnehmer, deren Arbeitsplätze wegfallen, bereit erklären, auf andersartigen (horizontal) oder anderswertigen (vertikal) Stellen weiterzuarbeiten[541]. Eine (ad-hoc-)Vereinbarung über eine Erweiterung des Einsatzbereichs nur zu dem Zweck, die Vergleichbarkeit mit anderen Arbeitnehmern herzustellen, verstößt gegen das KSchG; sie nimmt anderen Arbeitnehmern ihren gesetzlichen Kündigungsschutz[542].

214 **Nicht in die Sozialauswahl einzubeziehen** sind Arbeitnehmer, bei denen eine ordentliche Kündigung aufgrund des Gesetzes ausgeschlossen ist[543], wie etwa Mitglieder der Belegschaftsvertretung. Ihr Sonderkündigungsschutz geht selbst dann dem allgemeinen Kündigungsschutz vor, wenn dieser im Zeitpunkt der beabsichtigten Kündigung voraussichtlich alsbald auslaufen wird[544]. Dasselbe gilt für Arbeitnehmer mit befristetem Arbeitsvertrag, es sei denn, dass ihnen ordentlich gekündigt werden kann (vgl. § 15 Abs. 3 TzBfG)[545]. Teilzeitkräfte sind dagegen nach der – anfechtbaren[546] – Ansicht des BAG[547] mit Vollzeitarbeitnehmern vergleichbar, sofern der Arbeitgeber nicht die unternehmerische Entscheidung getroffen hat, mit Vollzeitkräften zu arbeiten. Arbeitnehmer, deren Kündigung von der Zustimmung einer Behörde abhängig ist (Schwerbehinderte, Frauen in Mutterschutz, Arbeitnehmer in Elternzeit), scheiden nach herrschender Lehre aus, wenn die Zustimmung der Behörde fehlt[548]. Streitig ist, ob Arbeitnehmer, die tariflich oder arbeitsvertraglich unkündbar sind, einbezogen werden können. Die wohl noch h.M. verneint das[549]. Dagegen spricht jedoch, dass durch tarifliche oder arbeitsvertragliche Kündigungsbeschränkungen der allgemeine Kündigungsschutz zulasten der nicht geschützten Arbeitnehmer verschlechtert wird. Dazu sind weder die Tarif- noch die Arbeitsvertragsparteien berechtigt. § 1 Abs. 3 KSchG ist zwingendes Recht. Die Herausnahme der aufgrund Tarifvertrags „Unkündbaren" aus der Sozialauswahl ist darüber hinaus im Hinblick auf die negative Koalitionsfreiheit der nicht organisierten Arbeitnehmer und den Schutz vor Altersdiskriminierung (§ 1 AGG) bedenklich. Das BAG hat jetzt für Extremfälle selbst Zweifel angemeldet[550]. Den tariflichen Ausschluss einer ordentlichen Kündigung akzeptiert das Gericht, wenn er zumindest nicht zu groben Auswahlfehlern führt[551]. Außerhalb einer Sozialauswahl geht mit dem Ausschluss ordentlicher Kündigungen für ältere Arbeitnehmer in der Regel keine unzulässige Benachteiligung jüngerer Arbeitnehmer einher. Auch innerhalb der Sozialauswahl liegt in der Berücksichtigung des höheren Lebensalters zugunsten der Betroffenen nicht schon per se ein Verstoß gegen das Verbot der Benachteiligung jüngerer Arbeitnehmer wegen ihres Alters[552].

---

[540] BAG 17.2.2000, NZA 2000, 822, 823.
[541] BAG 17.9.1998, NZA 1998, 1332.
[542] BAG 17.2.2000, NZA 2000, 822, 824; BAG 18.10.2006, NZA 2007, 798.
[543] BAG 21.4.2005, AP Nr. 74 zu § 1 KSchG 1969 Soziale Auswahl.
[544] BAG 21.4.2005, NZA 2005, 1307.
[545] BAG 8.8.1985, NZA 1986, 679.
[546] MünchArbR/*Berkowsky*, § 113 Rn. 54 ff.
[547] BAG 3.12.1998, NZA 1999, 431.
[548] *Löwisch/Spinner*, § 1 KSchG Rn. 353; MünchKomm/*Hergenröder*, § 1 KSchG Rn. 350.
[549] *Ascheid*, Kündigungsschutzrecht, Rn. 348; MünchKomm/*Hergenröder*, § 1 KSchG Rn. 351 f.
[550] BAG 5.6.2008, NZA 2008, 1120.
[551] BAG 20.6.2013, NZA 2014, 208.
[552] BAG 20.6.2013, NZA 2014, 208.

## III. Allgemeiner Kündigungsschutz

**cc) Auswahlkriterien.** Steht fest, welche Arbeitnehmer miteinander vergleichbar **215** sind, muss der Arbeitgeber denjenigen aussuchen, den die Kündigung unter sozialen Gesichtspunkten am wenigsten hart trifft[553]. Dabei hat er abzustellen auf

**(1) die Dauer der Betriebszugehörigkeit.** Gemeint ist die Dauer des ununterbrochenen rechtlichen Bestands des Arbeitsverhältnisses.

**(2) das Lebensalter.** Das Lebensalter versteht der Gesetzgeber als abstrakten Maßstab für die Vermittlungschancen eines Arbeitnehmers auf dem Arbeitsmarkt. Die Rechtsstellung solcher Arbeitnehmer sollte gestärkt werden, deren Chancen aufgrund ihres Alters typischerweise schlechter stehen, ein Ersatzeinkommen zu erzielen. Zugleich sollten die Ausgaben für das Arbeitslosengeld gesenkt werden; mit Erreichen der Regelaltersgrenze entfällt der Anspruch auf Arbeitslosengeld (§ 136 Abs. 2 SGB III) und auf Leistungen der Grundsicherung für Arbeitsuchende (§ 7 Abs. 1 S. 1 Nr. 1 i.V. § 7a SGB II). Diese Zwecke gebieten es, einen Arbeitnehmer, der bereits Regelaltersrente beziehen kann, als deutlich weniger schutzbedürftig anzusehen. Die Berücksichtigung des Lebensalters stellt zwar eine an das Alter anknüpfende unterschiedliche Behandlung dar. Sie verstößt aber weder gegen § 7 Abs. 1, 2 i.V.m. §§ 1, 3 Abs. 2 AGG noch gegen die RL 2000/78/EG. Sie dient den legitimen Zielen der Generationengerechtigkeit und der Förderung des Erfahrungsaustauschs im Betrieb[554]. Wird die Sozialauswahl nach einem Punkteschema vorgenommen, so kann das Alter linear berücksichtigt werden[555]. Zur Erhaltung einer ausgewogenen Personalstruktur kann eine Sozialauswahl nach Altersgruppen zulässig sein (etwa in Form von „Zehnerschritten": bis 25, 25 bis 35, 35 bis 45, 45 bis 55, über 55 Jahre)[556]. Voraussetzung ist, dass die Altersgruppenbildung zur Erhaltung der Altersstruktur geeignet ist. Dafür muss die bisherige Verteilung der Beschäftigten auf die Altersgruppen ihre prozentuale Entsprechung in der jeweiligen Altersgruppe finden[557]. Außerdem muss der Arbeitgeber darlegen, welche konkreten Nachteile sich – etwa im Hinblick auf die Verwirklichung des Betriebszwecks – ergäben[558]. Erreicht die Anzahl der Entlassungen innerhalb einer Gruppe vergleichbarer Arbeitnehmer im Verhältnis zur Anzahl aller Arbeitnehmer des Betriebs die Schwellenwerte des § 17 KSchG (Massenkündigung), ist ein berechtigtes Interesse an der Beibehaltung der Altersstruktur – widerlegbar – indiziert[559]. Sind mehrere Gruppen vergleichbarer Arbeitnehmer von den Entlassungen betroffen, muss innerhalb der jeweiligen Vergleichsgruppe eine proportionale Berücksichtigung der Altersgruppen

---

[553] BAG 18.1.1990, DB 1990, 1335.
[554] Zu Vorst. BAG 27.4.2017, NZA 2017, 902 m.w.N.
[555] BAG 5.11.2009, NZA 2010, 459.
[556] Zur Altersgruppenbildung *Lingemann/Otte*, NZA 2016, 65 ff.
[557] BAG 19.7.2012, NZA 2013, 86.
[558] BAG 28.6.2012, NZA 2012, 1090 (Verkaufsfähigkeit eines Betriebs aus der Insolvenz).
[559] BAG 12.3.2009, NZA 2009, 1023 unter Hinweis auf EuGH 22.11.2005, NZA 2005, 1345 - Mangold; BAG 18.3.2010, NZA 2010, 1059; BAG 26.3.2015, NZA 2015, 1122.

möglich sein. Die betriebsweite Sicherung der bestehenden Altersstruktur muss die Folge der proportionalen Beteiligung der Altersgruppen an den Entlassungen innerhalb der einzelnen Gruppen sein[560]. Wird eine Altersgruppe überproportional herangezogen, so verändert das die bestehende Altersstruktur mit der Folge, dass die Kündigungen an § 1 Abs. 3 S. 1, Abs. 5 KSchG zu messen sind[561].

(3) **Unterhaltspflichten.** Sie bestimmen sich nach den familienrechtlichen Vorschriften (§§ 1360 ff., 1569 ff.; 1601 ff. BGB); maßgebend ist der Zeitpunkt der Kündigungserklärung. Jedenfalls bei Ehegatten kommt es auf Bedürftigkeit nicht an[562]. Zu berücksichtigen sind auch besondere Belastungen, etwa als Alleinerziehender oder durch die Pflege hilfsbedürftiger Familienangehöriger. Nicht zu berücksichtigen sind die privaten Vermögensverhältnisse des Arbeitnehmers[563].

(4) **eine Schwerbehinderung** (§ 2 Abs. 2, 3 SGB IX).

216 Die Auflistung ist abschließend. Andere als die im Gesetz genannten Gesichtspunkte dürfen nicht berücksichtigt werden[564]. Dass das Gesetz vier Kriterien ausdrücklich erwähnt, dient dem Schutz des Arbeitgebers, für den die Sozialauswahl berechenbarer werden soll[565]. Der Arbeitgeber kann im Einzelfall eine unbillige Härte für den Arbeitnehmer berücksichtigen[566]. Die zusätzlich beachtlichen Faktoren müssen dann aber in unmittelbarem Zusammenhang mit den vier Faktoren stehen oder sich aus evidenten betrieblichen Gegebenheiten ergeben (z.B. verschuldeter Betriebsunfall)[567].

217 Keinem der in § 1 Abs. 3 KSchG genannten Gesichtspunkte kommt ein absoluter Vorrang zu[568]. Der Arbeitgeber hat sie nur „ausreichend" zu berücksichtigen. Bei ihrer Gewichtung steht ihm ein gerichtlich nicht vollkommen überprüfbarer Beurteilungsspielraum zu. Da die Auswahlentscheidung nur vertretbar sein muss, kann letztlich nur der deutlich schutzwürdigere Arbeitnehmer mit Erfolg die Fehlerhaftigkeit der sozialen Auswahl rügen[569]. Außerdem muss die Fehlbeurteilung die Auswahl tatsächlich entscheidungserheblich beeinflusst haben. Entscheidend ist nicht der Auswahlvorgang, sondern das Ergebnis. Vergisst etwa der Arbeitgeber, ein unterhaltsberechtigtes Kind des Arbeitnehmers in die Bewertung einzubeziehen, so nützt dieser Fehler dem gekündigten Arbeitnehmer nichts, wenn sich im Prozess herausstellt, dass alle für eine Sozialauswahl in Betracht kommenden Arbeitnehmer sozial schutzbedürftiger waren als der gekündigte Arbeitnehmer, der Fehler sich also auf die Sozialauswahl tatsächlich nicht ausgewirkt hat[570].

---

[560] BAG 22.3.2012, NZA 2012, 1040.
[561] BAG 26.3.2015, NZA 2015, 1122.
[562] BAG 28.6.2012, NZA 2012, 1090.
[563] BAG 24.3.1983, AP Nr. 12 zu § 1 KSchG 1969 Betriebsbedingte Kündigung.
[564] BAG 31.5.2007, NZA 2008, 33, 38 m.w.N; offen aber BAG 9.11.2006, NZA 2007, 549.
[565] Begr. RegE., BT-Drucks. 13/4612 S. 9, 13.
[566] Begr. RegE., BT-Drucks. 15/1204, S. 11.
[567] *Bader*, NZA 2004, 65, 74.
[568] Begr. RegE., BT-Drucks. 15/1204.
[569] BAG 22.3.2012, NZA 2012, 1040.
[570] BAG 5.11.2009, NZA 2010, 457; BAG 28.6.2012, NZA 2012, 1090.

**dd) Herausnahme aus der Sozialauswahl.** Ausnahmsweise kann der Arbeitgeber  **218**
Arbeitnehmer, denen nach der Sozialauswahl an sich zu kündigen wäre, aus der
Sozialauswahl wieder herausnehmen, wenn ihre Weiterbeschäftigung wegen ihrer
Kenntnisse, Fähigkeiten und Leistungen oder zur Sicherung einer ausgewogenen
Personalstruktur des Betriebs im berechtigten betrieblichen Interesse liegt (§ 1
Abs. 3 Satz 2 KSchG). Dabei ist zwischen den Interessen des Betriebs und denen
des sozial schutzbedürftigeren Arbeitnehmers unter Berücksichtigung sämtlicher
Umstände des Einzelfalles abzuwägen. Je schutzbedürftiger ein sozial schwächerer
Arbeitnehmer ist, desto gewichtiger müssen die Gründe für die Ausklammerung
des Leistungsträgers sein[571]. Die Weiterbeschäftigung des Leistungsträgers muss
zwar für den Betrieb nicht notwendig sein, sie muss aber einen erheblichen Vorteil
für ihn bedeuten, der bei einer regulären Sozialauswahl nicht zu erreichen
wäre[572]. Bloße Nützlichkeitserwägungen genügen nicht[573]. Auf die „Nachteile"
eines sozial schutzwürdigeren Arbeitnehmers (z.B. hohe Fehlzeiten) darf sich
der Arbeitgeber grundsätzlich nicht berufen, da § 1 Abs. 3 Satz 2 KSchG keine
Negativauswahl fördert[574].

Ein berechtigtes betriebliches Interesse an der Weiterbeschäftigung eines Arbeitnehmers be-  **218a**
steht beispielsweise, wenn ein Mitarbeiter eine Schlüsselfunktion einnimmt[575], besonders
gute Verbindungen zu Kunden oder Lieferanten hat, für künftige Führungsaufgaben eingeplant ist[576] oder – etwa bei flachen Hierarchien – ein besonders ausgeprägtes Verantwortungsbewusstsein besitzt[577]. Es kann sich auch aus Spezialkenntnissen oder erheblichen Leistungsunterschieden ergeben[578]. Die besonders hohe Krankheitsanfälligkeit eines Arbeitnehmers
begründet für sich noch kein berechtigtes Interesse, einen weniger schutzbedürftigen Arbeitnehmer weiterzubeschäftigen. Anders kann das bei Schlüsselpositionen sein, wenn die zu
vertretende Tätigkeit äußerst komplex ist und eine hohe Einarbeitungsintensität erfordert und
sich deshalb eine Vertretung nur schwer organisieren lässt, oder wenn wegen einer bestimmten Kundenbindung ein häufiger Einsatz von Vertretungskräften zur konkreten Gefahr eines
Auftragsverlustes führen könnte[579]. Bei einer Massenkündigung können auch Betriebsablaufstörungen einer Sozialauswahl entgegenstehen[580], etwa wenn infolge einer Sozialauswahl allein nach den gesetzlichen Kriterien (fast) nur noch Arbeitnehmer mit hohen Fehlzeiten verbleiben[581]. In einem Kündigungsschutzprozess hat der Arbeitgeber die Tatsachen, die für die
Herausnahme an sich vergleichbarer, aber leistungsstärkerer Mitarbeiter sprechen, darzulegen und zu beweisen, etwa durch interne Beurteilungen[582]. Auf die Möglichkeit, leistungsstärkere Arbeitnehmer nicht in die Sozialauswahl einzubeziehen, kann sich nur der Arbeitgeber berufen, nicht der Mitarbeiter[583].

---

[571] BAG 31.5.2007, NZA 2007, 1362; BAG 5.6.2008, NZA 2008, 1120.
[572] Zu Vorstehendem BAG 22.3.2012, NZA 2012, 1040.
[573] A.A. *Thüsing/Steljes*, BB 2003, 1673, 1675; *Willemsen/Annuß*, NJW 2004, 177.
[574] BAG 31.5.2007, NZA 2007, 1362, 1364.
[575] BAG 20.10.1983, AP Nr. 13 zu § 1 KSchG 1969 Betriebsbedingte Kündigung.
[576] LAG Hamm, 5.2.1985, LAGE § 1 KSchG Soziale Auswahl Nr. 2.
[577] BAG 10.6.2010, NZA 2010, 1352.
[578] Amtl. Begr., BT-Drs. 14/45 S. 23.
[579] BAG 31.5.2007, NZA 2007, 1362, 1364.
[580] BAG 5.12.2002, NZA 2003, 848.
[581] BAG 31.5.2007, NZA 2007, 1362, 1364.
[582] *Preis*, NZA 1997, 1084.
[583] *Von Hoyningen-Huene/Linck*, DB 1997, 43; *Preis*, NZA 1997, 1085.

**218b** Eine Herausnahme von Leistungsträgern kommt auch zur Sicherung (nicht: zur Herstellung, anders § 125 Abs. 1 Satz 1 Nr. 2 InsO[584]) einer ausgewogenen Personalstruktur im Betrieb in Betracht (s. oben Rn. 215)[585].

**219** **ee) Richtlinien zur Sozialauswahl** ermöglichen dem Arbeitgeber eine strukturierte Auswahl. In der Praxis werden häufig Tabellen mit Punktwerten für die maßgeblichen Sozialdaten verwendet (z.B. einen Punkt für jedes Dienst- oder Lebensjahr, fünf Punkte für jeden Unterhaltsberechtigten, einen Punkt für je 10 Grad einer Schwerbehinderung). Eine individuelle Abschlussprüfung ist in diesem Fall überflüssig[586].

**220** Punktetabellen können in Tarifverträgen oder Betriebsvereinbarungen (§§ 95 Abs. 1 und 2, 77 BetrVG) verabredet werden; sie finden sich häufig im Rahmen eines Interessenausgleichs oder eines Sozialplans (§ 112 BetrVG). Ihre Aufstellung unterliegt stets der Mitbestimmung nach § 95 Abs. 1 BetrVG, selbst wenn sie nur für einen einzigen Fall und nicht generell für alle betriebsbedingten Kündigungen in der Zukunft gelten soll[587]. Wird das Mitbestimmungsrecht missachtet, bleibt die Kündigung trotzdem wirksam[588]. Ist in einer Auswahlrichtlinie festgelegt, wie die sozialen Gesichtspunkte nach § 1 Abs. 3 Satz 1 KSchG im Verhältnis zueinander zu bewerten sind, so kann die soziale Auswahl später von den Arbeitsgerichten nur auf grobe Fehlerhaftigkeit überprüft werden (§ 1 Abs. 4 KSchG). Der Gestaltungsrahmen ist erst bei groben Ermessensfehlern überschritten, wenn die Gewichtung jede Ausgewogenheit vermissen lässt, d.h. wenn einzelne Gesichtspunkte gar nicht, entschieden zu gering oder erheblich zu hoch, berücksichtigt sind[589]. Dasselbe gilt für die Herausnahme von Leistungsträgern[590]. Dabei muss sich die Auswahl gerade für den klagenden Arbeitnehmer als grob fehlerhaft erweisen[591]. Da der Arbeitgeber neben den vier gesetzlich vorgeschriebenen Kriterien keine weiteren Gesichtspunkte zu berücksichtigen hat, muss ein Punktesystem keine individuelle Abschlussprüfung vorsehen[592]. Hat der Arbeitgeber bei einer Liste mit zulässigen Kriterien an sich zur Kündigung anstehende Arbeitnehmer irrtümlich nicht berücksichtigt, bleibt die Kündigung der übrigen Arbeitnehmer wirksam, wenn sie trotz des Auswahlfehlers sozial weniger schutzbedürftig sind. Gerügt werden können nur Fehler beim Ergebnis der Sozialauswahl, nicht aber beim Auswahlvorgang. Auswahlfehler haben also keinen „Domino-Effekt"[593].

---

[584] Vgl. Begr. RegE., BR-Drs. 13/4612, S. 14.
[585] BAG 22.3.2012, NZA 2012, 1140.
[586] BAG 9.11.2006, NZA 2007, 549, 552.
[587] BAG 26.7.2005, NZA 2005, 1372.
[588] BAG 6.7.2006, NZA 2007, 197.
[589] BAG 28.6.2012, NZA 2012, 1090 (Nichtberücksichtigung eines mit dem Arbeitnehmer in ehelicher Lebensgemeinschaft lebenden Ehegatten).
[590] BAG 10.6.2010, NZA 2010, 1352.
[591] BAG 19.7.2012, NZA 2013, 86.
[592] BAG 24.10.2013, NZA 2014, 46.
[593] BAG 9.11.2006, NZA 2007, 549, 552.

## III. Allgemeiner Kündigungsschutz

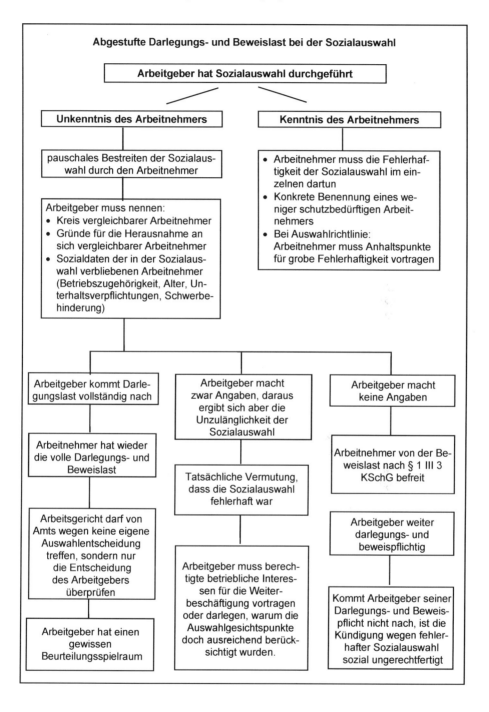

**221 ff) Beweislast.** Zwar hat der Arbeitgeber die Tatsachen darzulegen und zu beweisen, die die Kündigung bedingen (§ 1 Abs. 2 Satz 4 KSchG). Den Arbeitnehmer trifft aber die Beweislast für die Rechtswidrigkeit der Sozialauswahl (§ 1 Abs. 3 Satz 3 KSchG). Damit er dieser Beweislast genügen kann, muss der Arbeitgeber ihm die Gründe angeben, die zu seiner Auswahl geführt haben (§ 1 Abs. 3 Satz 1 HS. 2 KSchG). Der Arbeitgeber hat zu beweisen, warum er einen mit dem Gekündigten an sich vergleichbaren Arbeitnehmer aus berechtigten betrieblichen Bedürfnissen nicht in die Sozialauswahl einbezogen hat (§ 1 Abs. 3 Satz 2 KSchG). Das führt nach der Rechtsprechung zu einer abgestuften Darlegungs- und Beweislast[594], deren Grundsätze im Schaubild auf der vorhergehenden Seite skizziert sind. Hat der Arbeitgeber keine Sozialauswahl vorgenommen, so spricht eine Vermutung dafür, dass die Auswahl auch im Ergebnis sozialwidrig ist[595].

**222 gg) Namensliste.** Für betriebsbedingte Kündigungen im Rahmen einer Betriebsänderung nach § 111 BetrVG – vor allem bei Massenentlassungen – enthält § 1 Abs. 5 KSchG eine besondere Beweislastverteilung. Werden die Arbeitnehmer, denen gekündigt werden soll, in dem bei der Betriebsänderung erforderlichen Interessenausgleich zwischen Arbeitgeber und Betriebsrat (§ 112 Abs. 1 BetrVG) namentlich bezeichnet (sog. Namensliste), so wird vermutet, dass die Kündigung durch dringende betriebliche Erfordernisse bedingt ist. Das schließt auch das Fehlen einer Weiterbeschäftigungsmöglichkeit in einem anderen Betrieb ein[596]. Dagegen ist nur der Beweis des Gegenteils zulässig (§ 292 ZPO)[597]. Die Sozialauswahl kann nur auf grobe Fehlerhaftigkeit überprüft werden (§ 1 Abs. 5 Satz 2 KSchG). Grob fehlerhaft ist eine soziale Auswahl, wenn ein ins Auge springender schwerer Fehler vorliegt und der Interessenausgleich jede Ausgewogenheit vermissen lässt. Das Gesetz geht davon aus, dass Arbeitgeber und Betriebsrat die betrieblichen Verhältnisse besser kennen als das Gericht und ihren Beurteilungsspielraum angemessen und vernünftig nutzen[598]. Die Auskunftspflicht des Arbeitgebers (s. oben Rn. 221) bleibt allerdings auch dann bestehen. Der Arbeitnehmer kann zwar nicht verlangen, dass ihm der Arbeitgeber die Sozialdaten aller objektiv vergleichbaren Kollegen auflistet; bleibt die Auskunft aber unvollständig, kann sich der Arbeitnehmer auf den Vortrag beschränken, dass es sozial stärkere Arbeitnehmer gibt[599]. Hat sich die Sachlage nach Zustandekommen des Interessenausgleichs derart geändert, dass von einem Wegfall der Geschäftsgrundlage auszugehen ist, bleibt es bei den allgemeinen Grundsätzen für betriebsbedingte Kündigungen (§ 1 Abs. 5 Satz 3 KSchG)[600]. Die Namensliste entfaltet ihre Vermutungswirkung nicht, wenn sie nicht ausschließlich Arbeitnehmer enthält, denen aus Sicht der Betriebsparteien aufgrund der Betriebsänderung zu kündigen ist. Ob Teil-Namenslisten die Wirkung des § 1 Abs. 5 KSchG auslösen

---

[594] BAG 21.7.1988, 15.6.1989, AP Nr. 17, 18 zu § 1 KSchG 1969 Soziale Auswahl.
[595] BAG 3.4.2008, NZA 2008, 1060.
[596] BAG 6.9.2007, NZA 2008, 633; BAG 27.9.2012, NZA 2013, 559.
[597] BAG 27.9.2012, NZA 2013, 559.
[598] BAG 21.9.2006, AP Nr. 15 zu § 1 KSchG 1969 Namensliste.
[599] BAG 27.9.2012, NZA 2013, 559.
[600] BAG 3.4.2009, NZA 2009, 1023.

können, ist offen⁶⁰¹. Keinen Einfluss auf die Wirksamkeit einer Namensliste hat ein Verstoß gegen ein Diskriminierungsverbot; er kann aber zu einer groben Fehlerhaftigkeit der Sozialauswahl führen⁶⁰². § 1 Abs. 5 KSchG findet keine Anwendung auf außerordentliche Kündigungen⁶⁰³.

### g) Betriebsbedingte Kündigung bei Insolvenz des Arbeitgebers

Bei Insolvenz des Arbeitgebers richten sich betriebsbedingte Kündigungen nach den §§ 113, 120-122, 125-128 InsO.

**223**

**aa) Kündigungsmöglichkeit, Kündigungsfristen.** § 113 Abs. 1 InsO stellt klar, dass das Arbeitsverhältnis nicht automatisch mit Eröffnung des Insolvenzverfahrens endet. Das Arbeitsverhältnis geht auch nicht auf den Insolvenzverwalter über, denn dieser führt nur als Partei kraft Amtes die Geschäfte des Schuldners. Er kann jedoch mit einer Frist von drei Monaten zum Monatsende kündigen, wenn nicht eine kürzere gesetzliche oder vertragliche Frist maßgeblich ist (§ 113 Abs. 1 Satz 2 InsO). Das gilt auch dann, wenn eine ordentliche Kündigung ausgeschlossen ist – etwa durch eine vor Eröffnung des Insolvenzverfahrens abgeschlossene Standortsicherungsvereinbarung⁶⁰⁴ – oder wenn das Arbeitsverhältnis befristet abgeschlossen wurde (§ 113 Abs. 1 Satz 1 InsO)⁶⁰⁵. Die Wahl der Höchstfrist unterliegt keiner Billigkeitskontrolle nach § 315 Abs. 3 BGB⁶⁰⁶. Als Ausgleich für die insolvenzbedingte vorzeitige Beendigung des Arbeitsverhältnisses steht dem Arbeitnehmer nach § 113 Satz 3 InsO ein verschuldensunabhängiger Schadensersatzanspruch zu. Zu ersetzen ist der Verfrühungsschaden. Der Arbeitnehmer soll so gestellt werden, wie er bei Anwendung der für ihn ohne das Insolvenzverfahren maßgeblichen Regelungen stehen würde. Bei Unkündbarkeit ist der Anspruch auf die ohne die Unkündbarkeit

**224**

---
⁶⁰¹ BAG 26.3.2009, NZA 2009, 1151.
⁶⁰² BAG 12.3.2009, NZA 2009, 1023; BAG 10.6.2010, NZA 2010, 1352.
⁶⁰³ BAG 28.5.2009, NZA 2009, 954.
⁶⁰⁴ BAG 17.11.2005, AP Nr. 19 zu § 113 InsO.
⁶⁰⁵ Für den befristeten Arbeitsvertrag BAG 6.7.2000, NZA 2001, 23
 1. Die Umstände, aus denen sich die Wahrung der Schriftform nach § 623 in Verbindung mit § 126 I BGB ergibt, sind von der Partei darzulegen und zu beweisen, die Rechte aus der Kündigung herleiten will. Im Kündigungsschutzprozess hat der kündigende Arbeitgeber die Wahrung der Schriftform gemäß § 138 I ZPO substanziiert darzulegen. Zu den diesbezüglich behaupteten Tatsachen hat sich der Arbeitnehmer als Kündigungsempfänger nach § 138 II ZPO zu erklären. Trägt der Kündigungsempfänger zur Schriftform nichts vor oder lässt er sich nicht substanziiert ein, gilt der schlüssige Sachvortrag des Kündigenden gemäß § 138 III ZPO als zugestanden.
 2. Nach § 113 S. 1 InsO können Arbeitsverhältnisse ohne Rücksicht auf eine vereinbarte Vertragsdauer oder einen vereinbarten Ausschluss des Rechts zur ordentlichen Kündigung gekündigt werden. Dies gilt nach § 279 S. 1 InsO auch bei Eigenverwaltung.
 3. Im so genannten Schutzschirmverfahren (§ 270 b InsO) getroffene Vereinbarungen, durch welche die Anwendung des § 113 InsO ausgeschlossen oder beschränkt wird, sind nach § 119 InsO unwirksam. § 119 InsO bezieht sich auf alle Vereinbarungen, die „im voraus", das heißt vor Eröffnung des Insolvenzverfahrens, geschlossen wurden. Das Schutzschirmverfahren ist eine spezielle Variante des Eröffnungsverfahrens. Es ist auf den Zeitraum ab dem Eröffnungsantrag bis zur Eröffnung des Insolvenzverfahrens beschränkt.
 4. §§ 113 InsO gilt auch auf Kündigungen vor Dienstantritt. Die Kündigungsfrist beginnt mit dem Zugang der Kündigungserklärung (BAG 23.2.2017, NZA 2017, 995).
⁶⁰⁶ BAG 27.2.2014, NZA 2014, 897.

maßgebliche längste ordentliche Kündigungsfrist beschränkt[607]. Die Vorschrift gilt nur für Kündigungen, nicht für Aufhebungsverträge des Insolvenzverwalters[608].

**225** **bb) Kündigungsschutz.** Im Grundsatz hat der Insolvenzverwalter den allgemeinen und den besonderen Kündigungsschutz zu beachten. §§ 113 ff. InsO enthalten aber einige Sonderregelungen:

- § 125 InsO schafft für den Fall eines Interessenausgleichs ähnliche Beweiserleichterungen bezüglich der Sozialauswahl wie § 1 Abs. 5 KSchG. Sinn und Zweck der Regelung gebieten eine weite Anwendung des eingeschränkten Prüfungsmaßstabs bei der Sozialauswahl[609]. Darin liegt keine Verletzung des unionsrechtlichen Verbots der Altersdiskriminierung[610].

- § 126 InsO gibt dem Insolvenzverwalter die Möglichkeit, im Wege des arbeitsgerichtlichen Beschlussverfahrens feststellen zu lassen, dass die Kündigung bestimmter, im Klageantrag bezeichneter Arbeitnehmer durch dringende betriebliche Erfordernisse bedingt und sozial gerechtfertigt ist. Die Überprüfung der Sozialauswahl beschränkt sich in diesem Fall auf die Beachtung der Kriterien Lebens- und Dienstalter und Unterhaltspflichten.

- Die rechtskräftige Entscheidung im Beschlussverfahren nach § 126 InsO ist für die Beteiligten in einem späteren Kündigungsrechtsstreit bindend, es sei denn, dass sich die Sachlage nach dem Schluss der letzten mündlichen Verhandlung wesentlich geändert hat (§ 127 Abs. 1 InsO).

- Gegen den Beschluss des Arbeitsgerichts nach § 126 InsO ist nicht die Beschwerde zum LAG, sondern nur die Rechtsbeschwerde zum BAG statthaft, und auch nur, wenn sie vom Arbeitsgericht zugelassen wird (§§ 126 Abs. 2, 122 Abs. 3 InsO).

- Hat der Arbeitnehmer schon vor Durchführung eines Beschlussverfahrens nach § 126 InsO Kündigungsschutzklage erhoben, ist das Verfahren auf Antrag des Insolvenzverwalters auszusetzen (§ 127 Abs. 2 InsO).

### *h) Betriebsbedingte Kündigung mit Abfindungsoption*

**225a** Die meisten Kündigungsschutzprozesse enden nicht mit einer Verurteilung zur Weiterbeschäftigung, sondern durch Vergleich, in dem das Arbeitsverhältnis einvernehmlich gegen Zahlung einer Abfindung aufgelöst wird. Über § 1a KSchG kann dieses Ergebnis bei einer betriebsbedingten Kündigung auch ohne Gerichtsverfahren erreicht werden. Der Arbeitnehmer kann danach eine Abfindung **in Höhe eines halben Monatsverdienstes je Beschäftigungsjahr** verlangen, wenn der Arbeitgeber ihm dies im Kündigungsschreiben anbietet und er deshalb nicht innerhalb der 3-Wochen-Frist des § 4 KSchG Kündigungsschutzklage erhebt[611]. Der Weg über § 1a KSchG hat gegenüber einem – nach wie vor zulässigen – Aufhebungsvertrag den Vorteil, dass keine Sperrzeit (§§ 159, 148 Abs. 1 Nr. 4 SGB III) vor dem Bezug

---

[607] BAG 16.5.2007, AP Nr. 24 zu § 113 InsO.
[608] BAG 17.11.2005, AP Nr. 19 zu § 113 InsO.
[609] BAG 28.8.2003, NZA 2004, 432.
[610] BAG 19.12.2013, NZA 2014, 909.
[611] Rücknahme der Klage genügt für § 1a KSchG ebensowenig wie Klage nach Ablauf der 3-Wochen-Frist mit oder ohne Antrag auf nachträgliche Klagezulassung (§ 5 KSchG), BAG 13.12.2007, NZA 2008, 696; BAG 20.8.2009, NZA 2009, 1197.

von Arbeitslosengeld ausgelöst wird, weil das Arbeitsverhältnis nicht einvernehmlich, sondern durch Kündigung endet[612]. Arbeitgeber und Arbeitnehmer sind frei, eine höhere oder eine geringere Abfindung zu vereinbaren[613]. Die Sperrzeit entfällt allerdings nur, wenn keine höhere als die im Gesetz vorgesehene Abfindung angeboten wird. Der Zahlungsanspruch entsteht erst mit dem Ablauf der Kündigungsfrist[614]. Zahlt der Arbeitgeber die angekündigte Abfindung nicht, kann der Arbeitnehmer nur auf Zahlung klagen; die Kündigung bleibt dagegen wirksam. Die Vorschrift hat an Bedeutung verloren, seit die Rechtsprechung auch den Abschluss eines Aufhebungs- oder Abwicklungsvertrags für sperrzeitunschädlich hält, falls eine betriebsbedingte Kündigung droht und sich die Abfindung in den Grenzen des § 1a KSchG hält[615].

### i) Entlassung auf Verlangen des Betriebsrats

Der Betriebsrat kann nach § 104 S. 1 BetrVG die Entlassung eines Arbeitnehmers verlangen, der durch gesetzwidriges Verhalten oder Verletzung der in § 75 Abs. 1 enthaltenen Grundsätze, insbesondere durch rassistische oder fremdenfeindliche Betätigungen, den **Betriebsfrieden wiederholt ernstlich gestört** hat. Im Beschlussverfahren über ein Entlassungsverlangen nach § 104 S. 2 BetrVG ist allein zu prüfen, ob die Voraussetzungen für ein berechtigtes Verlangen des Betriebsrats gemäß § 104 S. 1 vorliegen. Auf das Maß des individuellen Kündigungsschutzes des Arbeitnehmers kommt es nicht an. Der Arbeitgeber genügt seiner Verpflichtung zur Entlassung, wenn er zeitnah nach Rechtskraft der Entscheidung unter Beachtung der maßgeblichen Kündigungsfristen – bei „Unkündbarkeit" des Arbeitnehmers ggf. durch eine außerordentliche Kündigung mit Auslauffrist – eine Beendigung des Arbeitsverhältnisses bewirkt. Ist einem Entlassungsverlangen des Betriebsrats in einem Beschlussverfahren rechtskräftig entsprochen worden, so begründet das ein dringendes betriebliches Erfordernis i.S.d. § 1 Abs. 2 S. 1 KSchG[616].

225b

## IV. Sonderkündigungsschutz

### 1. Grundstrukturen

#### a) Sinn und Zweck

**aa) Schutzbedürftigkeit bestimmter Arbeitnehmergruppen.** Im Gegensatz zum allgemeinen Kündigungsschutz nach § 1 KSchG gelten die Vorschriften des Sonderkündigungsschutzes nur für Arbeitnehmer, die der Gesetzgeber aus bestimmten Gründen für besonders schutzbedürftig hält.

226

---

[612] BSG 12.7.2006, NZA 2006, 1359; *Spellbrink*, BB 2006, 1274, 1276.
[613] BAG 10.7.2008, NZA 2008, 1292.
[614] BAG 10.5.2007, NZA 2007, 1043, 1044.
[615] BSG 2.5.2012, NZS 2012, 874.
[616] BAG 28.3.2017, NZA 2017, 985.

227  Die Schutzbedürftigkeit kann von einer Einschränkung der persönlichen Fähigkeiten und Fertigkeiten herrühren, wie etwa bei Auszubildenden, Schwangeren oder Schwerbehinderten. Sie kann sich aber auch aus der Wahrnehmung von Aufgaben ergeben, die Arbeitnehmer in einen Gegensatz zu den Interessen des Arbeitgebers bringen, wie bei Mitgliedern der Belegschaftsvertretungen. Schließlich sind Arbeitnehmer schutzbedürftig, die im Interesse der Allgemeinheit Aufgaben oder Dienste verrichten und die deshalb dem Betrieb zeitweise nicht zur Verfügung stehen. Dazu gehören Wehrdienstleistende, aber auch Abgeordnete in den Parlamenten auf Europa-, Bundes-, Landes- und kommunaler Ebene. Arbeitsmarktpolitischen Zwecken dient schließlich die Pflicht des Arbeitgebers, beabsichtigte Massenentlassungen anzuzeigen.

228  **bb) Grundrechtliche Schutzaufträge.** Die meisten Schutzbedürftigen sind grundrechtlich geschützt: die Schwangeren durch Art. 6 Abs. 4 GG (Schutz von Ehe und Familie), die Schwerbehinderten durch Art. 3 Abs. 3 Satz 2 GG (Verbot der Benachteiligung von Behinderten), die Abgeordneten durch Art. 48 Abs. 2 Satz 2 GG (Verbot der Kündigung wegen Ausübung des Mandats). Die Grundrechte erlegen dem Gesetzgeber Schutzpflichten auf, die er ausreichend erfüllen muss, wenn er nicht gegen das „Untermaßverbot" verstoßen will[617].

228a  Freilich genießt auch die Kündigungsfreiheit des Arbeitgebers über Art. 12 Abs. 1 GG grundrechtlichen Schutz. Der Interessenausgleich zwingt den Gesetzgeber häufig in einen schwierigen Spagat. Überzieht er den Kündigungsschutz, riskiert er, dass Arbeitgeber aus Sorge, sich von besonders geschützten Personen nicht mehr trennen zu können, diese gar nicht erst einstellen. Der Gesetzgeber muss dann die Freiheit des Arbeitgebers ein zweites Mal einschränken: etwa durch Beschäftigungsquoten bei Schwerbehinderten (§ 154 SGB IX) oder durch die Beschränkung der Möglichkeit, eine Arbeitnehmerin zu erproben, bei Schwangeren (vgl. § 3 Abs. 1 Satz 2 AGG).

### b) Mittel

229  Mittel des Sonderkündigungsschutzes ist die Einschränkung oder der Ausschluss der ordentlichen Kündigung. Da auch der Gesetzgeber die außerordentliche Kündigung nicht ausschließen kann – er müsste dann vom Arbeitgeber Unzumutbares verlangen –, hat er die außerordentliche Kündigung von Schwangeren und Schwerbehinderten an die Zustimmung von Behörden geknüpft, die der Mitglieder von Belegschaftsorganen an die Zustimmung des Betriebs- oder Personalrats.

### c) Allgemeine Grundsätze

230  Trotz erheblicher Unterschiede in den Einzelheiten gelten die folgenden allgemeinen Grundsätze:

---

[617] Zum Begriff BVerfGE 88, 203, 254 im Anschluss an *Isensee*, in: Handbuch des Staatsrechts V, 1992, § 111 Rn. 165 f.

**aa) Persönliche und sachliche Reichweite.** Der Sonderkündigungsschutz gilt jeweils für die gesamte Gruppe; es wird nicht nach Voll- oder Teilzeitarbeit, befristeter oder unbefristeter Tätigkeit, haupt- oder nebenberuflicher Beschäftigung unterschieden. Für arbeitnehmerähnliche Personen gilt der Sonderkündigungsschutz grundsätzlich nicht. Eine Ausnahme gilt für Schwangere (§ 1 Abs. 2 Nr. 7 MuSchG); für Heimarbeiter gelten Sonderregeln. Der Sonderkündigungsschutz knüpft auch nicht an bestimmte Betriebsgrößen an. Schutz besteht nur vor Kündigungen durch den Arbeitgeber. Eigenkündigungen unterfallen dem Sonderkündigungsschutz ebenso wenig wie andere Beendigungstatbestände.

**bb) Verhältnis allgemeiner/besonderer Kündigungsschutz.** Der Sonderkündigungsschutz ergänzt den allgemeinen Kündigungsschutz. Ein besonders geschützter Arbeitnehmer kann seine Kündigungsschutzklage auf den allgemeinen und auf den besonderen Kündigungsschutz stützen. Eine Kündigung, die ausnahmsweise nach Sonderkündigungsrecht zulässig ist – etwa die Kündigung einer Schwangeren nach Zustimmung der zuständigen Arbeitsschutzbehörde –, kann gleichwohl am allgemeinen Kündigungsschutz scheitern, etwa weil sie sozial nicht gerechtfertigt ist (§ 1 Abs. 1 KSchG) oder weil der Betriebsrat nicht oder nicht ordnungsgemäß angehört wurde (§ 102 BetrVG).

**cc) Verhältnis der Sonderkündigungsvorschriften zueinander.** Bei einer Kündigung müssen sämtliche Schutzvorschriften beachtet werden. Unter Umständen gilt Sonderkündigungsschutzrecht für zwei oder mehr Gruppen nebeneinander.

**Beispiele:** Kündigung eines schwerbehinderten Mitglieds der Schwerbehindertenvertretung oder einer schwangeren Jugend- und Auszubildendenvertreterin; Schutz eines wehrübungsleistenden Betriebsratsmitglieds bei einer Massenentlassung.

**dd) Einseitig zwingendes Recht.** Allgemeiner wie besonderer Kündigungsschutz sind einseitig zwingendes Recht. Die Vorschriften können nicht im voraus, d.h. nicht vor Ausspruch einer Kündigung ausgeschlossen oder beschränkt werden. Zulässig ist ein nachträglicher Verzicht.

**ee) Prozessuales.** Auch die Unwirksamkeit einer Kündigung wegen Verstoßes gegen eine Sonderkündigungsvorschrift muss in der 3-Wochen-Frist des § 4 KSchG geltend gemacht werden. Anders als beim allgemeinen Kündigungsschutz trägt beim Sonderkündigungsschutz der Arbeitnehmer die Beweislast.

**ff) Einen Überblick** über die einzelnen Fälle des Sonderkündigungsschutzes vermitteln die tabellarischen Übersichten auf den nächsten Seiten. Im folgenden werden nur die wichtigsten Tatbestände behandelt: der Mutterschutz, der Schwerbehindertenschutz, der Schutz der Mitglieder von Belegschaftsvertretungen sowie der Schutz bei Massenentlassungen.

## 2. Mutterschutz

### a) Grundsatz und Normzweck

237 Schwangere und Mütter bis vier Monate nach der Entbindung können grundsätzlich nicht entlassen werden. In besonderen Fällen, die weder etwas mit der Schwangerschaft noch mit der Entbindung zu tun haben, kann die für den Arbeitsschutz zuständige Behörde eine Ausnahmegenehmigung erteilen (§ 17 MuSchG). Der Frau soll während der Schwangerschaft und für eine gewisse Zeit danach der Arbeitsplatz und damit die wirtschaftliche Existenzgrundlage erhalten bleiben. Diesem Ziel dient auch der Sonderkündigungsschutz – für Frauen und Männer – während der dreijährigen Elternzeit[618]. Mit diesen Vorschriften hat der Gesetzgeber den Auftrag aus Art. 6 Abs. 4 GG zum Schutz der Familie erfüllt. Zugleich hat er damit die einschlägige EG-Richtlinie[619] umgesetzt. Das MuSchG wurde 2017 grundlegend novelliert[620].

### b) Anwendungsbereich

238 **aa) Persönlich.** Der Kündigungsschutz nach dem MuSchG gilt zunächst für alle Frauen, die in einem – wirksamen[621] – Beschäftigungsverhältnis i.S.v. § 7 Abs. 1 SGB IV stehen (§ 1 Abs. 2 S. 1 MuSchG); die tatsächliche Aufnahme der Arbeit ist nicht erforderlich. Ferner fallen die – abschließend – im Katalog des § 1 Abs. 2 S. 2 MuSchG genannten Personengruppen unter das Gesetz, u.a. Auszubildende nach § 10 BBiG sowie Praktikantinnen nach § 26 BBiG (§ 1 Abs. 2 S. 2 Nr. 1 MuSchG), nicht jedoch Schülerinnen und Studentinnen während eines Pflichtpraktikums (§ 1 Abs. 2 S. 2 Nr. 8 MuSchG). Sogar Frauen, die als arbeitnehmerähnliche Personen tätig werden, genießen den Sonderkündigungsschutz; allerdings erhalten sie für Zeiten, in denen sie von Leistungspflicht befreit sind (§ 2 Abs. 3 S. 3 MuSchG), keine Vergütung, da § 1 Abs. 2 Nr. 7 MuSchG die Anwendung der Vorschriften über den Mutterschutzlohn (§ 18 MuSchG) ausschließt.

239 **bb) Sachlich.** § 17 Abs. 1 MuSchG verbietet dem Arbeitgeber jede Art von Kündigung, auch die Änderungskündigung[622]. Andere Beendigungsarten untersagt § 17 MuSchG nicht, insbesondere nicht die Anfechtung[623], den Abschluss eines Aufhebungsvertrages[624] und die Eigenkündigung. Unwirksam sind Vereinbarungen, die dazu dienen, den Kündigungsschutz zu umgehen, etwa dass das Arbeitsverhältnis mit Eintritt einer Schwangerschaft von selbst endet[625]. Unzulässig sind auch Vorbereitungsmaßnahmen, die der Arbeitgeber im Hinblick auf eine Kündigung trifft

---

[618] Zu Einzelheiten vgl. § 18 BEEG i.d.F. v. 5.12.2006, BGBl. I S. 2748.
[619] EG-Mutterschutz-Richtlinie 92/85/EWG vom 28.11.1992, ABl. L Nr. 348, S. 1.
[620] MuSchG-Novelle v. 23.5.2017, BGBl. I S. 1228; dazu *Bayreuther*, NZA 2017, 1145.
[621] Kein Kündigungsschutz besteht bei der Lossagung von einem fehlerhaft begründeten Arbeitsverhältnis, vgl. *Stahlhacke/Preis/Vossen*, Kündigung, Rn. 1363.
[622] BAG 7.4.1970, EzA § 615 BGB Nr. 13.
[623] BAG 8.6.1955, 2.12.1958, 6.10.1962, AP Nr. 2, 15, 24 zu § 9 MuSchG.
[624] BAG 8.12.1955, AP Nr. 4 zu § 9 MuSchG; BAG 16.2.1983, EzA § 123 BGB Nr. 21.
[625] BAG 28.11.1958, AP Nr. 3 zu Art. 6 Abs. 1 GG Ehe und Familie.

(§ 17 Abs. 1 S. 3 MuSchG), wie z.B. die Anhörung des Betriebsrats (§ 102 BetrVG), die Beteiligung der Schwerbehindertenvertretung (§ 178 Abs. 2 S. 1, 3 SGB IX) und des Integrationsamtes (§§ 168 ff. SGB IX), aber auch die Suche nach einer (endgültigen) Ersatzkraft für die Arbeitnehmerin[626] oder ihre Anhörung zu einer Verdachtskündigung wegen einer strafbaren Handlung, nicht aber entsprechende Nachforschungen[627].

### c) Schwangerschaft und Entbindung

**aa) Schwangerschaft.** Der Sonderkündigungsschutz beginnt mit der Befruchtung. Die Schwangerschaft muss zum Zeitpunkt des Zugangs der Kündigungserklärung objektiv bestehen; die unzutreffende Annahme einer Schwangerschaft löst den Schutz nicht aus[628]. Es schadet nicht, wenn die Schwangerschaft erst nach der Kündigung festgestellt wird[629]. Da sich der Beginn der Schwangerschaft kaum exakt bestimmen lässt, geht man in der Praxis von dem im Schwangerschaftsattest (§ 15 Abs. 2 Satz 2 MuSchG) angegebenen Tag der voraussichtlichen Niederkunft aus und rechnet von diesem 280 Kalendertage zurück[630]. Entbindet eine Frau nicht am voraussichtlichen Termin, verkürzt oder verlängert sich die Schutzfrist vor der Entbindung entsprechend (§ 3 Abs. 1 S. 3 MuSchG). 240

**bb) Entbindung.** Das Kündigungsverbot besteht während der gesamten Schwangerschaft und gilt bis zum Ablauf von vier Monaten nach der Entbindung (§ 17 Abs. 1 Nr. 1, 3 MuSchG). Im Anschluss an eine Fehl- oder Totgeburt nach der zwölften Schwangerschaftswoche ist die Kündigung ebenfalls für vier Monate verboten (§ 17 Abs. 1 Nr. 2 MuSchG). Außerdem gilt das Kündigungsverbot für Zeiten, in denen ein Beschäftigungsverbot nach § 3 MuSchG besteht (§ 17 Abs. 1 Nr. 3 MuSchG). 241

### d) Kenntnis des Arbeitgebers oder nachträgliche Information

**aa) Kenntnis des Arbeitgebers.** Der Sonderkündigungsschutz setzt voraus, dass der Arbeitgeber bei Zugang der Kündigung[631] Kenntnis von der Schwangerschaft oder der Entbindung hat (§ 17 Abs. 1 Satz 1 MuSchG). Fahrlässige Unkenntnis genügt nicht[632], ebenso wenig bloße Vermutungen oder Gerüchte[633]; ihnen braucht der Arbeitgeber auch nicht nachzugehen[634]. Auf welche Weise der Arbeitgeber von der Schwangerschaft erfahren hat, spielt keine Rolle[635]. Die Schwangere ist gehalten, 242

---

[626] Begr. RegE, BT-Drs. 18/8963 S. 88; vgl. weiter EuGH 11.10.2007, NZA 2007, 1271 - Paquay.
[627] Zu weiteren Problemen *Bayreuther*, NZA 2017, 1145.
[628] BVerfG 14.7.1981, DB 1981, 1939.
[629] Vgl. KR/*Bader*, § 9 MuSchG Rn. 28a.
[630] BAG 27.10.1983, 15.11.1990, EzA § 9 MuSchG n.F. Nr. 25, 28; der voraussichtliche Tag der Entbindung zählt nicht mit, so BAG 12.12.1985, EzA § 9 MuSchG Nr. 26.
[631] KR/*Bader*, § 9 MuSchG Rn. 44; a.A. LAG Düsseldorf 11.5.1979, EzA § 9 MuSchG n.F. Nr. 19: Abgabe der Kündigungserklärung.
[632] LAG Düsseldorf 21.7.1964, DB 1964, 1416.
[633] LAG Hamm 11.2.1958, DB 1958, 988.
[634] H.M., vgl. KR/*Bader*, § 9 MuSchG Rn. 34.
[635] KR/*Bader*, § 9 MuSchG Rn. 41. Die eigene Wahrnehmung genügt.

den Arbeitgeber zu benachrichtigen, sobald sie um ihre Schwangerschaft weiß (§ 15 Abs. 1 Satz 1 MuSchG); es genügt, wenn sie die Personalabteilung informiert[636].

243 **bb) Nachträgliche Information des Arbeitgebers.** War dem Arbeitgeber im Zeitpunkt der Kündigung die Schwangerschaft unbekannt, so gilt der Sonderkündigungsschutz dennoch, wenn ihm die Schwangerschaft binnen einer Ausschlussfrist von zwei Wochen nach Zugang der Kündigung mitgeteilt wird (§ 17 Abs. 1 Satz 1 HS. 1 a.E. MuSchG). Eine besondere Form der Mitteilung ist nicht erforderlich. Es bedarf auch keines ärztlichen Nachweises[637]. Der Arbeitgeber kann aber einen solchen verlangen (§ 15 Abs. 2 Satz 1 MuSchG).

244 Das Überschreiten der Frist ist unschädlich, wenn es auf einem von der Frau nicht zu vertretenden Grund beruht und die erforderliche Mitteilung unverzüglich nachgeholt wird (§ 17 Abs. 1 Satz 2 MuSchG). Der Schwangeren schadet nur ein grober Verstoß gegen die von einem verständigen Menschen im eigenen Interesse einzuhaltende Sorgfalt[638]. Lassen Anhaltspunkte das Bestehen einer Schwangerschaft unabweisbar erscheinen, so muss sich die Arbeitnehmerin durch geeignete Maßnahmen (Schwangerschaftstest, ärztliche Untersuchung) Gewissheit verschaffen[639]. Das Verschulden Dritter braucht sie sich nicht zurechnen zu lassen[640]. Die Arbeitnehmerin muss ferner alles ihr Zumutbare unternehmen, damit dem Arbeitgeber die Mitteilung sofort zugeht[641].

### e) Rechtsfolgen

245 **aa) Allgemeines.** Jede innerhalb der Schutzfrist des § 17 MuSchG erklärte Kündigung ist unwirksam (§ 134 BGB). Eine Heilung ist ausgeschlossen. In Betracht kommt aber eine Umdeutung in eine Anfechtung. Nimmt der Arbeitgeber nach einer unwirksamen Kündigung die ordnungsgemäß angebotene Arbeit nicht an, kommt er in Annahmeverzug (§ 615 Satz 1 BGB). Das gilt nicht, wenn ihm die Annahme unzumutbar ist (§ 242 BGB). So kann es liegen, wenn die Arbeitnehmerin die durch § 823 BGB geschützten Rechtsgüter des Arbeitgebers schuldhaft verletzt hat[642], etwa durch einen tätlichen Angriff auf Leib und Leben, oder wenn sie es versäumt hat, innerhalb angemessener Frist ihrer Nachweispflicht nachzukommen[643]. Die Missachtung der Beschäftigungsverbote nach den §§ 3 ff. MuSchG vor einer Kündigung kann eine Benachteiligung wegen des Geschlechts indizieren (§ 22 AGG). Ein Arbeitgeber, der die Möglichkeit eines geschlechtsspezifischen Kündigungsverbots erkennt und gleichwohl eine Kündigung ausspricht oder die Kündigung aus genau dieser Überlegung wiederholt, will erst recht wegen des Geschlechts der Arbeitnehmerin benachteiligen[644]. Umgekehrt kann die Kündigung

---

[636] BAG 18.12.1965, AP Nr. 26 zu § 9 MuSchG.
[637] BAG 6.6.1974, EzA § 9 MuSchG n.F. Nr. 15; KR/*Bader*, § 9 MuSchG Rn. 59.
[638] BAG 16.5.2002, AP Nr. 30 zu § 9 MuSchG 1968.
[639] BAG 6.10.1983, 28.3.1990, EzA § 9 MuSchG n.F. Nr. 23, 28.
[640] BAG 27.10.1983, 20.5.1988, EzA § 9 MuSchG n.F. Nr. 24, 27.
[641] BAG 16.5.2002, AP Nr. 30 zu § 9 MuSchG.
[642] KR/*Bader*, § 9 MuSchG Rn. 88; a.A. Buchner/*Becker*, § 9 MuSchG Rn. 177.
[643] BAG 6.6.1974, AP Nr. 3 zu § 9 MuSchG 1968.
[644] BAG 12.12.2013, 8 AZR 838/12.

einer schwangeren Arbeitnehmerin – unabhängig von ihrer Wirksamkeit nach § 17 MuSchG – niemals diskriminierend sein, wenn der Arbeitgeber von der Schwangerschaft gar nichts wusste, weil sie dann keine Rolle gespielt haben kann[645].

**bb) Ausnahmegenehmigung.** Die für den Arbeitsschutz zuständige oberste Landesbehörde oder eine von ihr bestimmte Stelle kann die Kündigung in besonderen Fällen für zulässig erklären (§ 17 Abs. 2 MuSchG). Der „besondere Fall" entspricht nicht dem „wichtigen Grund" für eine außerordentliche Kündigung. Nur ganz außergewöhnliche Umstände rechtfertigen die Genehmigung, etwa die Gefährdung der wirtschaftlichen Existenz des Arbeitgebers[646] oder strafbare Handlungen der Schwangeren zu seinem Nachteil[647]. Liegen diese Umstände vor, kann ordentlich oder außerordentlich gekündigt werden; auch eine Änderungskündigung ist möglich. 246

**cc) Einzelheiten.** Die Entscheidung der Behörde ist ein privatrechtsgestaltender Verwaltungsakt mit Doppelwirkung, der (nur) verwaltungsgerichtlich überprüfbar ist. Wird die Genehmigung erteilt, kann die Schwangere nach erfolglosem Widerspruchsverfahren (§ 68 VwGO) Anfechtungsklage (§ 42 VwGO) erheben, wird sie versagt, der Arbeitgeber. Widerspruch und Anfechtungsklage haben aufschiebende Wirkung (§ 80 Abs. 1 VwGO); sie führen aber nicht zur Unwirksamkeit der Kündigung, sondern lassen die Rechtswirkungen der Zulässigkeitserklärung nur vorläufig entfallen[648]. Überdies kann der Unterlegene den sofortigen Vollzug beantragen (§ 80a VwGO). Eine ohne vorherige behördliche Erlaubnis erklärte Kündigung ist nichtig[649]. Bei der außerordentlichen Kündigung muss der Arbeitgeber die Erlaubnis innerhalb der zweiwöchigen Ausschlussfrist des § 626 Abs. 2 BGB beantragen[650]; die Kündigung ist unverzüglich nach Zustellung des zustimmenden Bescheides zu erklären[651]. Die Kündigung bedarf der Schriftform und muss den Kündigungsgrund angeben (§ 17 Abs. 2 Satz 2 MuSchG). 247

### 3. Schutz schwerbehinderter Menschen

#### a) Allgemeines

Die Arbeitsverhältnisse der schätzungsweise 3 Mio. anerkannten schwerbehinderten Menschen können nur mit einer Mindestfrist von vier Wochen ordentlich gekündigt werden; außerdem bedarf die Kündigung grundsätzlich der vorherigen Anhörung der Schwerbehindertenvertretung (§ 178 Abs. 2 SGB IX)[652] und der Zustimmung des Integrationsamtes (§§ 168 f. SGB IX). Das BVerfG hat die Zustimmungspflicht – wiederholt – für verfassungsgemäß erklärt[653]. Der Eingriff in die 248

---

[645] BAG 17.10.2013, NZA 2014, 303.
[646] BVerwG 21.10.1970, AP Nr. 33 zu § 9 MuSchG.
[647] KR/*Bader*, § 9 MuSchG Rn. 122a m.w.N.
[648] BAG 17.6.2003, AP Nr. 35 zu § 9 MuSchG 1968.
[649] BAG 29.7.1968, AP Nr. 28 zu § 9 MuSchG 1968.
[650] BAG 11.7.1979, AP Nr. 6 zu § 9 MuSchG 1968.
[651] BAG 11.9.1979, EzA § 9 MuSchG n.F. Nr. 8.
[652] Dazu *Bayreuther*, NZA 2017, 87, 89 f.
[653] Zuletzt BVerfG 1.10.2004, NZA 2005, 102 f.

durch Art. 12 GG geschützte Unternehmerfreiheit sei verhältnismäßig und durch Art. 3 Abs. 3 Satz 2 GG gedeckt.

*b) Anwendungsbereich*

249 **aa) Persönlich.** Der Schwerbehindertenschutz, der zum 1.1.2018 umfassend novelliert wurde[654], gilt im Grundsatz für alle Arbeitnehmer (§§ 151, 156 SGB IX). Heimarbeiter und diesen Gleichgestellte genießen einen etwas modifizierten Schutz (§ 210 SGB IX). Die Regelung für Heimarbeiter ist auf sonstige arbeitnehmerähnliche Personen nicht, auch nicht analog anwendbar[655]. Behindert sind Menschen, wenn ihre körperliche Funktion, geistige Fähigkeit oder seelische Gesundheit mit hoher Wahrscheinlichkeit länger als 6 Monate von dem für das Lebensalter typischen Zustand abweicht und daher ihre Teilhabe am Leben in der Gesellschaft beeinträchtigt ist. Schwerbehindert sind sie, wenn bei ihnen ein Grad der Behinderung (GdB) von wenigstens 50 vorliegt. Behinderte Menschen mit einem GdB von wenigstens 30 sollen ihnen gleichgestellt werden, wenn sie infolge ihrer Behinderung ohne die Gleichstellung einen geeigneten Arbeitsplatz nicht erlangen oder nicht behalten können (§ 2 SGB IX).

250 **bb) Ausnahmen vom persönlichen Anwendungsbereich.** § 173 SGB IX enthält eine Reihe von Ausnahmen:

- Nr. 1: Der Sonderkündigungsschutz setzt erst nach einer sechsmonatigen Wartefrist ein (vorher Anzeigepflicht, Abs. 4). Entscheidend ist der rechtliche Bestand des Arbeitsverhältnisses, nicht, ob tatsächlich Arbeit geleistet wurde[656]. Für die Fristberechnung kommt es auf den Zugang der Kündigung an[657]. Die Schwerbehindertenvertretung ist jedoch stets anzuhören (§ 178 Abs. 2 SGB IX), d.h. auch bei Kündigungen vor Ablauf der sechsmonatigen Wartefrist.

- Nr. 2 Alt. 1: Der Sonderkündigungsschutz gilt nicht für schwerbehinderte Menschen, deren Beschäftigung nicht in erster Linie ihrem Erwerb dient, sondern ihrer Heilung, Wiedereingewöhnung oder Erziehung, oder die durch Beweggründe karitativer oder religiöser Art bestimmt ist (vgl. § 156 Abs. 2 Nr. 2 bis 5 SGB IX).

- Nr. 2 Alt. 2: Keinen Sonderkündigungsschutz genießen ferner schwerbehinderte Menschen, die das 58. Lebensjahr vollendet und einen Anspruch auf eine Abfindung oder eine ähnliche Leistung aus einem Sozialplan haben, wenn sie einer beabsichtigten Kündigung nicht widersprochen haben.

251 **cc) Sachlich.** Ist das SGB IX persönlich anwendbar, bedarf jede Kündigung der vorherigen Anhörung der Schwerbehindertenvertretung (§ 178 Abs. 2 SGB IX) und der Zustimmung des Integrationsamtes, auch die Änderungskündigung (§ 168 SGB IX). Das Integrationsamt muss auch dann zustimmen, wenn das Arbeitsverhältnis bei teil- oder zeitweiser Erwerbsminderung oder zeitweiser Berufs- oder Erwerbsunfähigkeit ohne Kündigung endet (§ 175 SGB IX). Der Sonderkündigungs-

---

[654] Vgl. Art. 1 BundesteilhabeG v. 23.12.2016, BGBl. I S. 3234.
[655] ErfK/*Rolfs*, § 85 SGB IX Rn. 3; *Stahlhacke/Preis/Vossen*, Kündigung, Rn. 1485.
[656] KR/*Etzel*, §§ 85-90 SGB IX Rn. 38; *Stahlhacke/Preis/Vossen*, Kündigung, Rn. 1491, 870 ff.
[657] BAG 25.2.1981, EzA § 17 SchwbG Nr. 3 für den früheren § 17 Abs. 3 SchwbG.

schutz gilt dagegen nicht, wenn das Arbeitsverhältnis aus anderen Gründen beendet wird, etwa durch Anfechtung wegen arglistiger Täuschung über die Schwerbehinderteneigenschaft.

### c) Zustimmung des Integrationsamtes

**aa) Antrag des Arbeitgebers.** Der Arbeitgeber muss vor Ausspruch der Kündigung schriftlich oder elektronisch die Zustimmung des für den Betrieb zuständigen Integrationsamtes beantragen (§§ 168, 170 Abs. 1 SGB IX), bei einer außerordentlichen Kündigung binnen zwei Wochen nach Kenntniserlangung von den für die Kündigung maßgebenden Tatsachen (§ 174 Abs. 2 SGB IX).  252

**bb) Kenntnis des Arbeitgebers.** Der Schwerbehindertenschutz hängt nach h.M. allein davon ab, ob die Schwerbehinderung im Zeitpunkt des Zugangs der Kündigung objektiv vorliegt. Nicht entscheidend ist, ob sie dem Arbeitgeber bekannt war[658]. Die vorherige Zustimmung des Integrationsamts ist jedoch wegen § 173 Abs. 3 SGB IX dann nicht erforderlich, wenn im Zeitpunkt der Kündigung die Eigenschaft als schwerbehinderter Mensch nicht nachgewiesen ist, also nicht offenkundig ist, oder wenn der Schwerbehinderte nicht bereits drei Wochen vor dem Zugang des Kündigungsschreibens den Antrag auf Feststellung seiner Schwerbehinderteneigenschaft gestellt hatte[659].  253

Hat der Arbeitgeber von einer Feststellung oder einem Antrag auf Feststellung zur Zeit der Kündigung keine Kenntnis, so muss der Arbeitnehmer ihn binnen angemessener Frist, die regelmäßig drei Wochen beträgt[660], unterrichten. Unterlässt er dies und ist die Schwerbehinderung für den Arbeitgeber nicht offensichtlich[661] und wusste er auch nicht, dass der Arbeitnehmer vor Zugang der Kündigung einen Antrag auf Feststellung einer (Schwer-) Behinderung gestellt hatte[662], so hat der Arbeitnehmer den besonderen Kündigungsschutz verwirkt; anders in der Regel, wenn er die Unwirksamkeit der Kündigung innerhalb der Klagefrist des § 4 Satz 1 KSchG gerichtlich geltend gemacht hat[663].  254

**cc) Entscheidung.** Vor der Entscheidung hat das Integrationsamt eine Stellungnahme des zuständigen Arbeitsamtes, des Betriebs- oder Personalrates und der Schwerbehindertenvertretung einzuholen; außerdem hat sie den Schwerbehinderten zu hören (§ 170 Abs. 2 SGB IX, § 24 SGB X). In jeder Lage des Verfahrens ist auf eine gütliche Einigung der Beteiligten hinzuwirken (§ 170 Abs. 3 SGB IX). Kommt eine gütliche Einigung nicht zustande, soll das Integrationsamt binnen eines Monats nach Eingang des Antrags entscheiden (§ 171 Abs. 1 SGB IX).  255

---

[658] BAG 12.1.2006, AP Nr. 3 zu § 85 SGB IX.
[659] BAG 29.11.2007, NZA 2008, 361.
[660] BAG 12.1.2006, NZA 2006, 1035: BAG 22.9.2016, NZA 2017, 304 (zzgl. der für den Zugang erforderlichen Zeit).
[661] BAG 13.2.2008, NZA 2008, 1055 (Taubstummheit).
[662] BAG 9.6.2011, NZA 2012, 56.
[663] BAG 23.2.2010, NZA 2011, 411; BAG 9.6.2011, NZA 2012, 56.

**256** Bei Betriebsstilllegungen und -einschränkungen hat das Integrationsamt der Kündigung unter bestimmten Voraussetzungen zuzustimmen; ansonsten soll sie zustimmen, wenn dem Schwerbehinderten ein anderer angemessener und zumutbarer Arbeitsplatz gesichert ist (§ 172 Abs. 1, 2 SGB IX; zur Insolvenz § 172 Abs. 3 SGB XI).

**257** Die Entscheidung des Integrationsamts ist ein privatrechtsgestaltender Verwaltungsakt (§ 31 Satz 1 SGB X) mit Doppelwirkung, der schriftlich (§ 171 Abs. 2 SGB IX) und mit Gründen versehen (§ 35 Abs. 1 SGB X) ergehen muss. Erteilt das Integrationsamt die Zustimmung, so kann der Arbeitgeber die Kündigung innerhalb eines Monats nach Zustellung erklären (§ 171 Abs. 3 SGB IX)[664]. Die Arbeitsgerichte sind an die Entscheidung des Integrationsamts gebunden[665]. Der Schwerbehinderte kann Widerspruch und Anfechtungsklage erheben; die Rechtsbehelfe haben keine aufschiebende Wirkung (§ 171 Abs. 4 SGB IX). Die Zustimmung ist deshalb solange wirksam, bis sie bestands- oder rechtskräftig wird; etwas anderes gilt nur im Falle ihrer Nichtigkeit. Eine spätere Aufhebung führt gemäß § 134 BGB zur Unwirksamkeit der Kündigung. Ist die Kündigungsschutzklage zu diesem Zeitpunkt bereits rechtskräftig abgewiesen worden, ist das Kündigungsschutzverfahren auf Antrag des Arbeitnehmers in entsprechender Anwendung von § 580 Nr. 6 ZPO wieder aufzunehmen. Die Aussetzung des Kündigungsschutzprozesses für die Dauer des Verwaltungsrechtsstreits über die Wirksamkeit der Zustimmung ist in der Regel nicht angezeigt[666]. Wird die beantragte Zustimmung nicht erteilt, kann der Arbeitgeber nach erfolglosem Widerspruchsverfahren Versagungsgegenklage (§ 42 VwGO) beim zuständigen Verwaltungsgericht erheben.

**258** Auf Antrag des Arbeitgebers kann das Integrationsamt auch ein Negativattest ausstellen[667]. Mit diesem wird festgestellt, dass eine Zustimmung nicht erforderlich ist, etwa weil das Integrationsamt die Kündigung nach § 173 SGB IX als zustimmungsfrei ansieht, von einer einverständlichen Auflösung des Arbeitsverhältnisses ausgeht oder eine Schwerbehinderteneigenschaft des Arbeitnehmers nicht festgestellt ist. Damit entfällt das Kündigungsverbot[668].

**259** In der Praxis führt das zweispurige Verfahren – Überprüfung der Zustimmungserklärung durch die Verwaltungsbehörden und -gerichte, Überprüfung der Kündigung durch die Arbeitsgerichte – nicht selten zu langwierigen Auseinandersetzungen.

**260 dd) Besonderheiten bei der außerordentlichen Kündigung.** Die Entscheidung über die Zustimmung zu einer außerordentlichen Kündigung hat das Integrationsamt binnen zwei Wochen nach Antragstellung zu treffen. Wird innerhalb dieser Frist keine Entscheidung getroffen, gilt die Zustimmung als erteilt (§ 174 Abs. 3 SGB IX)[669]. Zur Wahrung der Frist genügt es, dass das Integrationsamt die ableh-

---

[664] Dabei handelt es sich um eine nicht verlängerbare materiell-rechtliche Ausschlussfrist, vgl. BAG 17.2.1982, EzA § 15 SchwbG Nr. 1.
[665] KR/*Etzel*, §§ 85-90 SGB IX Rn. 125. Ausnahme: Nichtigkeit, vgl. BAG 21.1.1958, AP Nr. 4 zu § 2 SchwBeschG.
[666] BAG 23.5.2013, NZA 2013, 1373.
[667] Hierzu KR/*Etzel*, §§ 85-90 SGB IX Rn. 54 ff.; *Stahlhacke/Preis/Vossen*, Kündigung, Rn. 1568.
[668] BAG 27.5.1983, DB 1984, 134.
[669] Dazu BAG 19.6.2007, AP Nr. 8 zu § 91 SGB IX.

nende Entscheidung innerhalb der 2 Wochen zur Post gibt. Das Merkmal „Treffen einer Entscheidung" stellt nicht auf die Zustellung ab, sondern auf den Abschluss des Entscheidungsvorganges[670]. Das Integrationsamt soll die Zustimmung erteilen, wenn aus einem Grunde gekündigt wird, der nicht im Zusammenhang mit der Behinderung steht (§ 174 Abs. 4 SGB IX)[671]. Ein solcher Zusammenhang liegt nur dann vor, wenn sich das zur Begründung herangezogene Verhalten zwanglos aus der der Behinderung zu Grunde liegenden Beeinträchtigung ergibt und der Zusammenhang auch nicht nur ein entfernter ist[672]. Die Zustimmung darf nur aus ganz besonderen Gründen verweigert werden[673]. Eine außerordentliche Kündigung kann auch nach Ablauf der Frist des § 626 Abs. 2 BGB erfolgen, wenn sie unverzüglich nach Erteilung der Zustimmung erklärt wird (§ 174 Abs. 5 SGB IX)[674]. Dabei besteht eine Obliegenheit des Arbeitgebers, sich beim Integrationsamt zu erkundigen, ob dieses innerhalb der Frist des § 174 Abs. 3 S. 1 SGB IX eine Entscheidung getroffen hat, da sonst die Fiktionswirkung des § 174 Abs. 3 S. 2 SGB IX eintritt. Wird dem Arbeitgeber lediglich mitgeteilt, dass eine Entscheidung innerhalb der Frist ergangen ist – nicht aber deren Ergebnis –, darf er die Zustellung des entsprechenden Bescheides eine nicht ganz ungewöhnliche Zeit lang abwarten[675].

### *d) Beteiligung der Schwerbehindertenvertretung*

Der Arbeitgeber hat die Schwerbehindertenvertretung vor jeder Kündigung – d.h. auch in der Wartezeit – unverzüglich und umfassend zu unterrichten und vor einer Entscheidung anzuhören; die getroffene Entscheidung ist ihr unverzüglich mitzuteilen (§ 178 Abs. 2 S. 1 SGB IX). Unterlässt der Arbeitgeber die Beteiligung, so ist die Kündigung unwirksam (§ 178 Abs. 2 S. 3 SGB IX). Ist dem Arbeitgeber die Schwerbehinderteneigenschaft unbekannt, so muss der Arbeitnehmer ihn innerhalb angemessener Frist – in der Regel drei Wochen (s. oben Rn. 254) – darauf hinweisen. Da der Arbeitgeber die Schwerbehindertenvertretung unverzüglich informieren muss, wird man ihm im Zweifelsfall das Recht zugestehen müssen, den Mitarbeiter nach einer Schwerbehinderteneigenschaft zu fragen. Analog § 102 Abs. 2 BetrVG wird die Schwerbehindertenvertretung eine Woche – bei einer außerordentlichen Kündigung drei Tage – Zeit für ihre Reaktion haben[676].

**260a**

---

[670] BAG 9.2.1994, EzA § 21 SchwbG 1986 Nr. 5.
[671] Zum „Zusammenhang" BVerwG 12.7.2012, NZA 2013, 97.
[672] BVerwG 12.7.2012, NZA 2013, 97.
[673] BVerwG 10.9.1992, EzA § 21 SchwbG 1986 Nr. 4.
[674] KR/*Etzel*, § 91 SGB IX Rn. 29 ff.; KR/*Fischermeier*, § 626 BGB Rn. 339.
[675] BAG 19.4.2012, NZA 2013, 507, 508 f.
[676] Zu Vorst. *Schnelle*, NZA 2017, 880 m.w.N.

## 4. Schutz der Mitglieder von Belegschaftsvertretungen, Wahlvorständen und Wahlbewerbern

### a) Allgemeines

261 Der Sonderkündigungsschutz für Mitglieder von Belegschaftsvertretungen sowie für Mitglieder des Wahlvorstandes und von Wahlbewerbern (§ 15 KSchG, § 103 BetrVG) dient der Funktionsfähigkeit der Betriebsverfassung. Die Organe sollen ihre Aufgaben ohne Angst vor Entlassung wahrnehmen können. Darüber hinaus soll die Zusammensetzung der Gremien für die Dauer der Wahlperiode möglichst unverändert erhalten bleiben[677]. Während der Amtszeit und für eine gewisse Zeit danach ist die ordentliche Kündigung ausgeschlossen. Eine Ausnahme gilt nur bei der Stilllegung des Betriebes oder Betriebsteiles, in dem die geschützte Person beschäftigt ist. Die außerordentliche Kündigung bleibt zulässig; sie ist jedoch an die Zustimmung des Betriebs- oder Personalrates gebunden.

### b) Anwendungsbereich

262 **aa) Persönlich.** Der Sonderkündigungsschutz nach § 15 Abs. 1 KSchG, § 103 BetrVG gilt für die Mitglieder des Betriebsrats (auch des Gesamt- und Konzernbetriebsrats), der Jugend- und Auszubildendenvertretung (auch der Gesamt- bzw. Konzernjugend- und Auszubildendenvertretung), der Bordvertretung und des Seebetriebsrats. Im öffentlichen Dienst gilt der Sonderkündigungsschutz nach § 15 Abs. 2 KSchG, § 47 BPersVG für die Mitglieder einer Personalvertretung (auch der Stufenvertretungen), der Jugend- und Auszubildendenvertretung und der Jugendvertretung[678]. Für die Mitglieder der Schwerbehindertenvertretung gelten § 15 KSchG und § 103 BetrVG entsprechend (§ 179 Abs. 3 SGB IX)[679]. Sonderkündigungsschutz genießen ferner die Mitglieder des Wahlvorstands und die Wahlbewerber (§ 15 Abs. 3 KSchG)[680]. Keinen Sonderkündigungsschutz haben die Mitglieder des Wirtschaftsausschusses, des Sprecherausschusses der leitenden Angestellten und der betrieblichen Einigungsstellen. Für sie gilt lediglich das Diskriminierungsverbot des § 78 BetrVG[681].

263 **bb) Sachlich.** Der Sonderkündigungsschutz gilt für sämtliche Kündigungen[682], auch bei Insolvenz[683] und für die Änderungskündigung[684], sogar für die Massenänderungskündigung[685]. Damit werden die Belegschaftsorgane gegenüber anderen Arbeitneh-

---

[677] BAG 17.2.1983, AP Nr. 14 zu § 15 KSchG 1969.
[678] Im folgenden wird nur der Sonderkündigungsschutz für den Bereich der Privatwirtschaft behandelt; für den öffentlichen Dienst gilt mit geringen Abweichungen Entsprechendes.
[679] Vgl. BAG 19.7.2012, NZA 2013, 143.
[680] Keine Wahlbewerber i.S.d. § 15 Abs. 3 KSchG sind Kandidaten für das Amt des Wahlvorstands, BAG 31.7.2014, NZA 2015, 245.
[681] KR/*Etzel*, § 103 BetrVG Rn. 17 f.; *von Hoyningen-Huene/Linck*, § 15 KSchG Rn. 12, 35.
[682] BAG 5.7.1979, AP Nr. 6 zu § 15 KSchG 1969.
[683] BAG 17.11.2005, AP Nr. 60 zu § 15 KSchG 1969.
[684] BAG 12.8.1976, 29.1.1981, 6.3.1986, AP Nr. 2, 10, 19 zu § 15 KSchG 1969.
[685] BAG 9.4.1987, 7.10.2004, AP Nr. 28, 56 zu § 15 KSchG 1969.

mern bevorzugt. Ein Verstoß gegen das Begünstigungsverbot (§ 78 BetrVG) soll darin jedoch nicht liegen; § 15 KSchG sei lex specialis[686]. Der Sonderkündigungsschutz gilt in Tendenzbetrieben auch bei der Kündigung von Tendenzträgern aus tendenzbedingten Gründen (z.B. Entlassung eines Zeitungsredakteurs, weil er von der „generellen Linie" seines Zeitungsverlegers abweicht)[687]. Möglich bleibt die außerordentliche Kündigung; dabei sind die tendenzbezogenen Kündigungsgründe in der Interessenabwägung besonders sorgfältig zu prüfen. Auf andere Beendigungsgründe findet § 15 KSchG keine, auch keine analoge Anwendung[688].

## c) Beginn und Ende des Schutzes

**aa) Beginn.** Der Sonderkündigungsschutz beginnt 264

- bei **Mandatsträgern:** mit dem Beginn des Amts, d.h. im allgemeinen mit dem Ablauf der Amtszeit der vorherigen Belegschaftsvertretung.
- bei **Ersatzmitgliedern:** mit dem Nachrücken für ein ausgeschiedenes Mitglied[689] oder mit Beginn der Vertretung eines zeitweilig verhinderten Mitglieds einschließlich einer ausreichenden (im Regelfall dreitägigen) Vorbereitungszeit[690].
- bei **Mitgliedern des Wahlvorstandes:** mit der Bestellung, bei gerichtlicher Bestellung mit Verkündung des Einsetzungsbeschlusses[691].
- bei **Wahlbewerbern für Ämter der Belegschaftsvertretung:** sobald ein Wahlvorstand bestellt ist und für den Bewerber ein Wahlvorschlag vorliegt, der die erforderliche Zahl von Unterschriften aufweist[692] – es sei denn, dass bei Zugang der Kündigung keinerlei Aussicht darauf bestand, dass er zur Zeit der Wahl wählbar sein würde (§ 8 BetrVG)[693].

**bb) Ende.** Der Sonderkündigungsschutz endet 265

- bei **Mandatsträgern:** mit dem Ende der Amtszeit, der Auflösung des Gremiums oder dem Ausscheiden des Mitglieds; daran schließt sich ein einjähriger nachwirkender Sonderkündigungsschutz an (§ 15 Abs. 1 Satz 2 KSchG).
- bei **Ersatzmitgliedern:** mit der Beendigung der Vertretung[694]; an jeden Vertretungsfall schließt sich ein einjähriger nachwirkender Kündigungsschutz an[695], es sei denn, dass das Ersatzmitglied weder an Sitzungen des Betriebsrats teilgenommen noch andere Betriebsratsfunktionen wahrgenommen hat, weil es dann dem Arbeitgeber keinen Anlass zu möglichen negativen Reaktionen auf seine Amtsausübung geben konnte[696].

---

[686] BAG 12.8.1976, 29.1.1981, 6.3.1986, 9.4.1987, AP Nr. 2, 10, 19, 28 zu § 15 KSchG 1969.
[687] BAG 28.8.2003, NZA 2004, 501; KR/*Etzel*, § 103 BetrVG Rn. 16.
[688] KR/*Etzel*, § 15 KSchG Rn. 14; KDZ/*Deinert*, § 15 KSchG Rn. 38.
[689] In diesem Fall wird das Ersatzmitglied automatisch ordentliches Mitglied, und § 15 Abs. 1 KSchG gilt unmittelbar, vgl. BAG 17.1.1979, AP Nr. 5 zu § 15 KSchG 1969.
[690] BAG 17.1.1979, 6.9.1979, 5.9.1986, AP Nr. 5, 7, 26 zu § 15 KSchG 1969; BAG 8.9.2011, NZA 2012, 400, 402.
[691] BAG 26.11.2009, NZA 2010, 443.
[692] BAG 19.4.2012, NZA 2013, 112.
[693] BAG 7.7.2011, NZA 2012, 107, 109.
[694] Zur Urlaubsvertretung BAG 27.9.2012, NZA 2013, 425.
[695] BAG 18.5.2006, AP Nr.2 zu § 15 KSchG 1969 Ersatzmitglied.
[696] BAG 6.9.1979 AP Nr. 7 zu § 15 KSchG 1969; BAG 19.4.2012, NZA 2012, 1449, 1451.

- bei **Mitgliedern des Wahlvorstandes**: mit der Bekanntmachung des Wahlergebnisses oder Ablösung des Wahlvorstands durch eine gerichtliche Entscheidung nach § 18 Abs. 1 Satz 2 BetrVG; daran schließt sich im Normalfall ein nachwirkender Kündigungsschutz von 6 Monaten an (§ 15 Abs. 3 Satz 2 KSchG).

- bei **Wahlbewerbern**: mit der Bekanntgabe des Wahlergebnisses, der Rücknahme der Kandidatur oder wenn feststeht, dass der Wahlvorschlag mit nicht behebbaren Mängeln behaftet ist; daran schließt sich ein nachwirkender Kündigungsschutz von 6 Monaten an (§ 15 Abs. 3 Satz 2 KSchG).

### d) Ordentliche Kündigung

**266** Solange der Sonderkündigungsschutz nach § 15 KSchG besteht, ist jede ordentliche Kündigung unwirksam. Eine Ausnahme vom Kündigungsverbot besteht nur bei der Stilllegung von Betrieben und – eingeschränkt – Betriebsteilen (§ 15 Abs. 4 und 5 KSchG).

**267** Eine Betriebsstilllegung setzt voraus, dass die Betriebsorganisation und damit die zwischen dem Arbeitgeber und dem Arbeitnehmer bestehende Betriebs- und Produktionsgemeinschaft aufgelöst wird. Der Betriebsinhaber muss die wirtschaftliche Betätigung in der ernstlichen und endgültigen Absicht einstellen, den bisherigen Betriebszweck dauernd oder für eine ihrer Dauer nach unbestimmte, wirtschaftlich erhebliche Zeitspanne nicht mehr weiterzuverfolgen[697]. Die „organisatorische Betriebsmitteleinheit" wird in diesem Falle zerschlagen[698]. Die Kündigung ist frühestens zum Zeitpunkt der tatsächlichen Stilllegung möglich, es sei denn, dass sie zu einem früheren Zeitpunkt durch zwingende betriebliche Erfordernisse bedingt ist. Wird nicht der gesamte Betrieb stillgelegt, sondern nur eine Betriebsabteilung[699], ist der Arbeitgeber nach § 15 Abs. 5 KSchG verpflichtet, mit allen ihm zur Verfügung stehenden Mitteln für die Weiterbeschäftigung des Belegschaftsvertreters auf einer gleichwertigen Stelle in einer anderen Abteilung zu sorgen. Ist diese mit einem Kollegen besetzt, muss sie der Arbeitgeber durch Umverteilung der Arbeit, durch Ausübung seines Direktionsrechts oder ggf. durch den Ausspruch einer Kündigung freimachen. Der Mandatsträger genießt Vorrang vor anderen Arbeitnehmern, auch wenn diese selbst Sonderkündigungsschutz genießen. Gibt es in der anderen Abteilung keinen gleichwertigen Arbeitsplatz, dann muss der Arbeitgeber dem Mandatsträger die Beschäftigung auf einem geringerwertigen Arbeitsplatz anbieten und dazu ggf. eine Änderungskündigung aussprechen. Zum Angebot eines höherwertigen Arbeitsplatzes ist er nicht verpflichtet[700]. Die Weiterbeschäftigungspflicht entfällt nur, wenn dem Arbeitgeber die Übernahme in eine andere Abteilung „aus betrieblichen Gründen", d.h. in wirtschaftlich vertretbarer Weise, ausnahmsweise nicht möglich ist; dann gilt § 15 Abs. 4 KSchG[701].

### e) Außerordentliche Kündigung

**268** **aa) Grundsatz.** Die außerordentliche Kündigung einer nach § 15 KSchG geschützten Person ist grundsätzlich zulässig. Sie bedarf aber – außer in der Zeit des nach-

---

[697] BAG 22.5.1985, 3.7.1986, 12.2.1987, 27.4.1995, AP Nr. 43, 53, 67, 128 zu § 613a BGB.
[698] BAG 12.2.1987, AP Nr. 67 zu § 613 a BGB. Daran fehlt es beim Übergang eines Betriebes oder Betriebsteiles auf einen neuen Inhaber (§ 613a BGB).
[699] Zum Begriff BAG 12.3.2009, NZA 2009, 1264.
[700] BAG 23.2.2010, NZA 2010, 1288.
[701] BAG 2.3.2006, AP Nr. 61 zu § 15 KSchG 1969; BAG 12.3.2009, NZA 2009, 1264.

## IV. Sonderkündigungsschutz

wirkenden Kündigungsschutzes – der Zustimmung des Betriebsrats, die unter bestimmten Voraussetzungen durch das Arbeitsgericht ersetzt werden kann (§ 103 Abs. 2 BetrVG).

Die außerordentliche Kündigung setzt voraus, dass Tatsachen vorliegen, die dem Arbeitgeber **269** die Weiterbeschäftigung des Arbeitnehmers bis zum Ablauf der Frist, die gelten würde, wenn der Arbeitnehmer keinen Sonderkündigungsschutz hätte, unzumutbar machen[702]. Bezüglich der Kündigungsgründe gilt für Arbeitnehmer mit Sonderkündigungsschutz kein Unterschied zu anderen Arbeitnehmern[703]. Allerdings ist an den wichtigen Grund und die Interessenabwägung ein besonders strenger Maßstab anzulegen[704], wenn wegen eines Verhaltens gekündigt werden soll, das zugleich eine Arbeitsvertrags- und eine Amtspflichtverletzung darstellt. Das Amtsenthebungsverfahren nach § 23 Abs. 1 BetrVG geht vor. Zulässig ist auch die außerordentliche Änderungskündigung; aus betriebsbedingten Gründen dann, wenn die Änderung der Arbeitsbedingungen für den Arbeitgeber unabweisbar und dem Arbeitnehmer zumutbar ist[705].

**bb) Zustimmung des Betriebsrats.** Vor der außerordentlichen Kündigung muss **270** der Arbeitgeber die Zustimmung des Betriebsrats einholen. Das gilt auch für die Änderungskündigung. Unterlässt er dies, ist die Kündigung unwirksam (§ 134 BGB)[706]. Die Zustimmung muss so rechtzeitig beantragt werden, dass bei Versagung noch innerhalb der Zweiwochenfrist des § 626 Abs. 2 BGB die Ersetzung durch das Arbeitsgericht (§ 103 Abs. 2 BetrVG) beantragt werden kann[707].

Für das Zustimmungsverfahren gelten die Grundsätze des Anhörungsverfahrens nach § 102 **271** BetrVG entsprechend[708]. Das Mitglied, um dessen Kündigung es geht, ist an der Beschlussfassung verhindert[709]; an seiner Stelle muss ein Ersatzmitglied geladen werden. Der Arbeitgeber muss auch dann die Zustimmung des Betriebsrats einholen, wenn er allen Mitgliedern kündigen will, wie etwa bei einer Massenänderungskündigung. Der Betriebsrat ist zur Zustimmung verpflichtet, wenn ein wichtiger Grund vorliegt[710]. Stimmt er zu, muss die Kündigung noch innerhalb der laufenden Zweiwochenfrist erklärt werden[711]. Verweigert er die Zustimmung oder äußert er sich innerhalb von drei Tagen nach der Unterrichtung nicht[712], so kann der Arbeitgeber innerhalb der Zweiwochenfrist beim Arbeitsgericht die Ersetzung der Zustimmung beantragen[713]. Ein verspäteter Ersetzungsantrag ist unbegründet[714], ein vorsorglicher, d.h. vor der Entscheidung des Betriebsrats gestellter Antrag ist unzulässig[715].

---

[702] BAG 18.2.1993, NZA 1994, 74; BAG 21.6.2012, NZA 2013, 224, 225.
[703] Kasuistik bei KR/*Etzel*, § 15 KSchG Rn. 27 ff.; KDZ/*Deinert*, § 15 KSchG Rn. 42.
[704] BAG 16.10.1986, 2.4.1987, EzA § 626 BGB n.F. Nr. 105, 108.
[705] BAG 21.6.1995, 7.10.2004, AP Nr. 36, 56 zu § 15 KSchG 1969.
[706] BAG 22.8.1974, 4.3.1976, 25.3.1976, AP Nr. 1, 5, 6 zu § 103 BetrVG 1972.
[707] BAG 22.8.1974, 20.3.1975, 18.8.1977, AP Nr. 1, 2, 10 zu § 103 BetrVG 1972.
[708] BAG 18.8.1977, AP Nr. 10 zu § 103 BetrVG 1972.
[709] BAG 23.8.1984, AP Nr. 17 zu § 103 BetrVG 1972.
[710] BAG 25.3.1976, AP Nr. 6 zu § 103 BetrVG 1972.
[711] BAG 18.8.1977, AP Nr. 10 zu § 103 BetrVG 1972.
[712] Auch dann gilt die Zustimmung als verweigert, BAG 24.10.1996, DB 1997, 1285.
[713] BAG 22.8.1974, 24.4.1975, 18.8.1977, AP Nr. 1, 3, 10 zu § 103 BetrVG 1972.
[714] BAG 18.8.1977, 7.5.1986, 22.1.1987, AP Nr. 10, 18, 24 zu § 103 BetrVG 1972.
[715] BAG 7.5.1986, AP Nr. 18 zu § 103 BetrVG 1972.

272 **cc) Zustimmungsersetzung durch das Arbeitsgericht.** Verweigert der Betriebsrat seine Zustimmung, kann sie das Arbeitsgericht auf Antrag des Arbeitgebers ersetzen, wenn die außerordentliche Kündigung unter Berücksichtigung aller Umstände gerechtfertigt ist (§ 103 Abs. 2 BetrVG). Über diesen Antrag entscheidet das Arbeitsgericht im Beschlussverfahren (§ 2a Abs. 1 Nr. 1 und Abs. 2, §§ 80 ff. ArbGG), für das der Grundsatz der Amtsermittlung gilt (§ 83 Abs. 1 ArbGG). Beteiligte des Verfahrens sind der Arbeitgeber, der Betriebsrat und der Arbeitnehmer, dem gekündigt werden soll (§ 103 Abs. 2 Satz 2 BetrVG, § 83 Abs. 3 ArbGG)[716].

273 Das Arbeitsgericht hat nur die Rechtsfrage zu klären, ob ein wichtiger Grund für eine außerordentliche Kündigung besteht. Bejaht es, muss die Zustimmung ersetzt werden. Das Gericht darf der Entscheidung nur solche Umstände zugrunde legen, die der Arbeitgeber dem Betriebsrat im Zustimmungsverfahren mitgeteilt hat. Bei nachträglich aufgetretenen oder bekannt gewordenen Umständen muss erneut und wiederum vergeblich die Zustimmung des Betriebsrats beantragt worden sein. Wird die Zustimmung ersetzt, muss der Arbeitgeber die außerordentliche Kündigung unverzüglich nach Rechtskraft des Beschlusses aussprechen; eine vorherige Kündigung ist nichtig[717]. Gegen die Kündigung kann Kündigungsschutzklage mit dem Antrag auf Feststellung der Unwirksamkeit erhoben werden[718]. Dieser Klage fehlt weder das Rechtsschutzinteresse – die Kündigung kann auch aus anderen Gründen unwirksam sein –, noch steht ihr die Rechtskraft des Zustimmungsersetzungsbeschlusses entgegen. Allerdings wird mit der rechtskräftigen Zustimmungsersetzung auch für den folgenden Kündigungsschutzprozess bindend festgestellt, dass die außerordentliche Kündigung unter Berücksichtigung aller Umstände gerechtfertigt ist. Tatsachen, die bereits im Beschlussverfahren hätten geltend gemacht werden können, werden im Kündigungsschutzverfahren nicht mehr berücksichtigt; insoweit tritt Präklusion ein[719]. Voraussetzung ist, dass der Arbeitnehmer am Zustimmungsersetzungsverfahren ordnungsgemäß beteiligt war[720].

## 5. Schutz bei Massenentlassungen

### a) Allgemeines

274 §§ 17 ff. KSchG verpflichten den Arbeitgeber zur Anzeige bei der Agentur für Arbeit, wenn er in einem seiner Betriebe[721] eine bestimmte Anzahl von Arbeitnehmern innerhalb von 30 Kalendertagen zu entlassen beabsichtigt. Anzeigepflichtige (Massen-)Entlassungen werden vor Ablauf eines Monats nur mit Zustimmung der Agentur für Arbeit wirksam. Damit soll der Arbeitsverwaltung Gelegenheit gegeben werden, sich auf eine Vermittlung in andere Arbeit vorzubereiten. Eine Verbesserung des individuellen Bestandsschutzes ist mit der Regelung nicht bezweckt. Mit den §§ 17 ff. KSchG wird die EG-Massenentlassungsrichtlinie[722] in deutsches Recht umgesetzt.

---

[716] Der Arbeitnehmer kann daher gegen einen Beschluss des Arbeitsgerichts Beschwerde einlegen, auch wenn der Betriebsrat die gerichtliche Entscheidung hinnimmt, vgl. BAG 10.12.1992, EzA § 103 BetrVG Nr. 33.
[717] BAG 22.8.1974, 11.11.1976, 1.12.1977, AP Nr. 1, 8, 11 zu § 103 BetrVG 1972.
[718] BAG 24.4.1975, 21.1.1990, AP Nr. 3, 28 zu § 103 BetrVG 1972.
[719] BAG 24.4.1975, 27.7.1975, 21.1.1990, AP Nr. 3, 4, 28 zu § 103 BetrVG 1972.
[720] *Stahlhacke/Preis/Vossen*, Kündigung, Rn. 1757.
[721] BAG 13.3.1969, AP Nr. 10 zu § 15 KSchG 1951.
[722] RL 98/59/EG v. 20.7.1998, ABl. Nr. L 225, S. 16.

## b) Einzelheiten zur Anzeigepflicht

**aa) Auslösung.** Die Anzeigepflicht wird ausgelöst, wenn der Arbeitgeber innerhalb von 30 Kalendertagen

| in Betrieben mit in der Regel | Arbeitnehmer in folgendem Umfang entlässt |
|---|---|
| 20 - 59 Arbeitnehmern | mehr als 5 Arbeitnehmer |
| 60 - 499 Arbeitnehmern | 10 % der regelmäßig beschäftigten Arbeitnehmer oder mehr als 25 Arbeitnehmer |
| mindestens 500 Arbeitnehmern | mindestens 30 Arbeitnehmer |

zu entlassen beabsichtigt.

Entlassung meint die Kündigung als Willenserklärung, nicht die tatsächliche Beendigung des Arbeitsverhältnisses, d.h. das Ausscheiden aus dem Betrieb[723]. Den Entlassungen stehen andere Beendigungen von Arbeitsverhältnissen gleich, die vom Arbeitgeber veranlasst werden (§ 17 Abs. 1 Satz 2 KSchG), vor allem Eigenkündigungen[724] und Aufhebungsverträge unter dem Druck von Kündigungsandrohungen[725]. Nicht unter die Anzeigepflicht fallen fristlose Kündigungen (§ 17 Abs. 4 Satz 2 KSchG), die normale Eigenkündigung des Arbeitnehmers und die Beendigung des Arbeitsverhältnisses durch Zeitablauf[726]. Die 30-Tage-Frist beginnt mit der ersten Entlassung; von da an werden alle Entlassungen – mit Ausnahme der Entlassung von leitenden Angestellten im Sinne des § 17 Abs. 5 Nr. 3 KSchG – innerhalb der folgenden 30 Tage zusammengezählt. Der Massenentlassungsschutz gilt nicht für Saison- und Kampagnebetriebe, wenn die Entlassungen durch die Eigenart dieser Betriebe bedingt sind (§ 22 Abs. 1 KSchG)[727]. Unerheblich ist, ob die zu Entlassenden voll- oder teilzeitbeschäftigt, haupt- oder nebenberuflich, befristet oder unbefristet, kurz- oder längerfristig tätig sind.

**bb) Beteiligung des Betriebsrats.** Beabsichtigt der Arbeitgeber eine anzeigepflichtige Entlassung, so hat er, wenn im Betrieb ein Betriebsrat besteht, diesem rechtzeitig die zweckdienlichen Auskünfte zu erteilen. Er muss ihn schriftlich unterrichten[728], und zwar über die Gründe für die geplanten Entlassungen, die Zahl und die Berufsgruppen der zu entlassenden und der in der Regel beschäftigten Arbeitnehmer, den Zeitraum, in dem die Entlassungen vorgenommen werden sollen, die vorgesehenen Kriterien für die Auswahl und die für die Berechnung etwaiger

---
[723] EuGH 27.1.2005, AP Nr. 18 zu § 17 KSchG 1969; BAG 23.3.2006, AP Nr. 21 zu § 17 KSchG 1969.
[724] BAG 28.6.2012, NZA 2012, 1029. Der bloße Hinweis des Arbeitgebers auf eine unsichere Lage des Unternehmens oder der Rat, sich eine neue Stelle zu suchen, genügt allerdings nicht, vgl. BAG 20.4.1994, 19.7.1995, AP Nr. 77, 96 zu § 112 BetrVG 1972.
[725] KR/*Weigand*, § 17 KSchG Rn. 43.
[726] BAG 6.12.1973, AP Nr. 1 zu § 17 KSchG 1969.
[727] Dazu gehören nicht Baubetriebe, in denen Wintergeld oder Winterausfallgeld gezahlt wird (§ 22 Abs. 2 KSchG, §§ 3 Abs. 1 Nr. 11, 209 ff. SGB III).
[728] Heilung eines Verstoßes gegen das Schriftformerfordernis durch abschließende Stellungnahme des Betriebsrats, BAG 20.9.2012, NZA 2013, 32.

Abfindungen vorgesehenen Kriterien. Die Betriebsparteien haben die Pflicht, über Möglichkeiten zu beraten, Entlassungen zu vermeiden oder einzuschränken und ihre Folgen zu mildern (§ 17 Abs. 2 KSchG). Das gilt auch dann, wenn die Entlassungsentscheidung von einem den Arbeitgeber beherrschenden Unternehmen getroffen wurde. Der Arbeitgeber kann sich nicht darauf berufen, dass das für die Entlassungen verantwortliche Unternehmen die notwendigen Auskünfte nicht übermittelt hat (§ 17 Abs. 3a KSchG). Zu weiteren Einzelheiten s. Bd. 2 § 16 Rn. 608.

278   Wird der Betriebsrat nicht gehörig unterrichtet, ist die Anzeige unwirksam[729]. Das wird vermutet, wenn der Massenentlassungsanzeige keine Stellungnahme des Betriebsrats beigefügt ist. Der Arbeitgeber kann aber glaubhaft machen, dass er den Betriebsrat ordnungsgemäß unterrichtet hat (§ 17 Abs. 3 Satz 3 KSchG).

279   Bei anzeigepflichtigen Massenentlassungen werden darüber hinaus die Beteiligungsrechte nach den §§ 106 ff., 111 ff. BetrVG ausgelöst. Bei Massenentlassungen im Zuge eines Insolvenzverfahrens sind die §§ 122 ff. InsO zu beachten. Bei länderübergreifenden Massenentlassungen ist der Europäische Betriebsrat zu unterrichten und anzuhören (§ 30 Abs. 1 Nr. 3 EBRG).

280   **cc) Inhalt der schriftlichen Anzeige.** Die Anzeige muss mindestens die Angaben enthalten, die der Arbeitgeber dem Betriebsrat machen muss, mit Ausnahme der Kriterien für die Abfindungsberechnung (§ 17 Abs. 3 Satz 4 KSchG). Fehlt eine Angabe, so kann sie bis zur ersten Entlassung oder der Entscheidung der Agentur für Arbeit nachgeholt werden. Bis dahin ist sie schwebend unwirksam[730].

### c) Rechtsfolgen

281   **aa) Unterlassen der Anzeige.** Meldet der Arbeitgeber eine anzeigepflichtige Massenentlassung nicht oder nicht gehörig, so ist die Kündigung unwirksam[731], und zwar selbst dann, wenn die Arbeitsverwaltung einen Fehler nicht bemerkt oder nicht beanstandet hat[732]. Die Unwirksamkeit ist innerhalb der Klagefrist des § 4 Satz 1 KSchG geltend zu machen[733]. Auch ein Unterlassen des Konsultationsverfahrens nach § 17 Abs. 2 KSchG führt zur Rechtsunwirksamkeit einer Kündigung; das Konsultationsverfahren stellt – das ergibt eine unionsrechtskonforme Auslegung des § 17 Abs. 2 KSchG – eine eigenständige Wirksamkeitsvoraussetzung für die Kündigung dar[734].

282   **bb) Sperrfrist nach Anzeige.** Mit Eingang der ordnungsgemäßen Anzeige bei der zuständigen Agentur für Arbeit wird eine einmonatige Sperrfrist in Gang gesetzt. Die Agentur kann diese Frist im Einzelfall auf 2 Monate verlängern. Vor Ablauf der Frist werden Entlassungen nur mit Zustimmung der Agentur (Direktor oder ein

---

[729] BAG 14.8.1986, RzK I 8 b Nr. 8.
[730] BAG 8.6.1989, EzA § 17 KSchG Nr. 4.
[731] BAG 13.7.2006, NZA 2007, 25, 26; BAG 22.11.2012, NZA 2013, 845, 847 f.
[732] BAG 13.12.2012, NZA 2013, 1040.
[733] *Nicolai*, NZA 2005, 206.
[734] BAG 21.3.2013, NZA 2013, 966, 967 f.

besonderer Ausschuss, § 20 KSchG, dort auch zum Verfahren) wirksam (§ 18 Abs. 1 KSchG). Der Arbeitgeber kann zwar unmittelbar nach Eingang der Anzeige bei der Agentur für Arbeit kündigen. § 18 Abs. 1 KSchG verlängert aber eine kürzere Kündigungsfrist bis zum Ende der Sperrzeit. Die Kündigungen von Arbeitsverhältnissen mit längeren Kündigungsfristen werden von der „Sperrfrist" nicht erfasst. Erreicht werden soll nur ein Mindestzeitraum zwischen Anzeigenerstattung und Wirksamwerden der Kündigung[735]. Kündigt der Arbeitgeber innerhalb der sog. Freifrist von 90 Tagen nicht, dann muss er erneut Anzeige erstatten (§ 18 Abs. 4 KSchG). Damit sollen (irreführende) Vorratsanzeigen verhindert werden[736]. Ist der Arbeitgeber nicht in der Lage, den Arbeitnehmer bis zum Ende der Sperrfrist voll zu beschäftigen, so kann die Arbeitsagentur zulassen, dass er für die Zwischenzeit Kurzarbeit einführt (§ 19 Abs. 1 KSchG). Die „Zulassung" ist die Rechtsgrundlage für die Kurzarbeit[737]. Der Betriebsrat hat ein Mitbestimmungsrecht bei der Ausgestaltung (§ 87 Abs. 1 Nr. 3 BetrVG); einer Betriebsvereinbarung bedarf es nicht. Tarifliche Regelungen zur Kurzarbeit werden dadurch nicht berührt (§ 19 Abs. 3 KSchG).

## V. Anhörung von Betriebsrat und Schwerbehindertenvertretung

### 1. Anhörung vor jeder Kündigung

#### a) Anhörung nur bei Kündigung

Der Betriebsrat ist vor jeder Kündigung zu hören (§ 102 Abs. 1 BetrVG). Bei schwerbehinderten Menschen (§ 2 Abs. 2 SGB IX) ist zusätzlich die Schwerbehindertenvertretung zu beteiligen (§ 178 Abs. 2 SGB IX). Gemeint ist die Kündigung durch den Arbeitgeber, hier aber wirklich jede Kündigung: die ordentliche, die außerordentliche und die Änderungskündigung, die Kündigung vor Arbeitsantritt, in der Probezeit[738], in den ersten 6 Monaten und in den sonstigen Fällen fehlenden Kündigungsschutzes[739] (bis zu 10 Arbeitnehmer), die Kündigung von befristeten Arbeitsverhältnissen, sofern überhaupt zulässig (Vereinbarung erforderlich, vgl. § 15 Abs. 3 TzBfG), in Eilfällen, vor einer vorsorglichen erneuten Kündigung[740] und wenn die Kündigung nur „pro forma" zur Vermeidung von Sperrzeiten beim Bezug von Arbeitslosengeld erfolgt, das Arbeitsverhältnis aber einvernehmlich „abgewickelt" wird (z.B. durch Zahlung einer Abfindung gegen die Zusage, keine Kündigungsschutzklage zu erheben)[741]. Keine Anhörung ist erforderlich bei Beendigung befristeter Arbeitsverhältnisse, z.B. bei Nichtübernahme eines Auszubildenden, und bei Aufhebungsverträgen.

**283**

---

[735] BAG 6.11.2008, NZA 2009, 1013.
[736] BAG 23.2.2010, NZA 2010, 944.
[737] KR/*Weigand*, § 19 KSchG Rn. 20.
[738] BAG 16.9.2004, AP Nr. 142 zu § 102 BetrVG 1972.
[739] BAG 28.9.1978, DB 1979, 1135.
[740] BAG 3.4.2008, NZA 2008, 807; anders bei einer „doppelt verlautbarten" Kündigungserklärung, hier handelt es sich nur um *eine* Erklärung, BAG 6.9.2007, NZA 2008, 636.
[741] BAG 28.6.2005, AP Nr. 146 zu § 102 BetrVG 1972.

### b) Anhörung vor der Kündigung

284 Der Betriebsrat (und ggf. die Schwerbehindertenvertretung) sind vor der Kündigung anzuhören, d.h. bevor die Kündigungserklärung den Machtbereich des Erklärenden verlässt: spätestens also vor Aufgabe zur Post. Eine nachträgliche Anhörung genügt nicht. Wiederholt der Arbeitgeber die Kündigung, ist der Betriebsrat erneut anzuhören[742]. Die erneute Anhörung kann allerdings unterbleiben, wenn eine Kündigung lediglich am fehlenden Zugang scheitert und der Arbeitgeber sie in engem zeitlichem Zusammenhang wiederholt[743]. Anzuhören ist der Betriebsrat als Gremium[744]. Der Betriebsrat muss seine Entscheidung durch einen ordnungsgemäßen Beschluss treffen; die spontane Zustimmung des Vorsitzenden genügt nicht[745].

## 2. Anhörung

### a) Umfang der Mitteilungspflicht

285 Anhörung bedeutet: Unterrichten über das Kündigungsvorhaben und Gelegenheit geben zur Stellungnahme. Auf eine Diskussion muss sich der Arbeitgeber nicht einlassen, obwohl das natürlich im Normalfall guter Zusammenarbeit entspricht. Dabei gilt der Grundsatz der „subjektiven Determination". Der Arbeitgeber muss dem Betriebsrat die Gründe mitteilen, die nach seiner subjektiven Sicht die Kündigung rechtfertigen und für seinen Kündigungsentschluss maßgebend sind, sowie ihm bekannte Umstände, die sich bei objektiver Betrachtung zugunsten des Arbeitnehmers auswirken können[746]. Dabei muss er den maßgeblichen Sachverhalt so beschreiben, dass der Betriebsrat ohne eigene zusätzliche Nachforschungen in die Lage versetzt wird, die Stichhaltigkeit der Kündigungsgründe zu prüfen und sich über eine Stellungnahme schlüssig zu werden[747].

286 Der Arbeitgeber muss dem Betriebsrat die Person des Arbeitnehmers nennen, dem er kündigen will, die Art der Kündigung, den Kündigungstermin und die Gründe für die Kündigung[748]. Zu den Angaben zur Person gehören Alter, Familienstand, Zahl der Unterhaltsberechtigten, Dienstjahre, Arbeitsbereich und Sonderkündigungsschutz, soweit bekannt. Art der Kündigung meint ordentliche, außerordentliche oder Änderungskündigung. Eine falsche Berechnung der Kündigungsfrist ist unschädlich[749]. Die Tatsachen, auf die der Arbeitgeber die Kündigung stützt, sind dem Betriebsrat vollständig mitzuteilen[750]. Eine pauschale, schlag- oder stichwortartige Bezeichnung genügt in der Regel nicht[751]. Ausnahmsweise reicht ein bloßes

---

[742] BAG 10.11.2005, AP Nr. 196 zu § 626 BGB.
[743] BAG 11.10.1989, DB 1990, 1974.
[744] BAG 12.7.1984, DB 1985, 340.
[745] BAG 6.10.2005, AP Nr. 150 zu § 102 BetrVG 1972.
[746] BAG 16.7.2015, NZA 2016, 99.
[747] BAG 23.6.2009, NZA 2009, 1136.
[748] BAG 29.8.1991, DB 1992, 379.
[749] BAG 29.1.1986, DB 1986, 2549.
[750] BAG 2.11.1983, DB 1984, 407.
[751] BAG 13.7.1978, DB 1979, 314; BAG 28.9.1978, DB 1979, 1135.

Werturteil (z.B. „nicht hinreichende Arbeitsleistung") dann aus, wenn der Arbeitgeber seine Motivation nicht durch konkrete Tatsachen belegen kann[752]. Bei einer Kündigung wegen häufiger Kurzerkrankungen hat der Arbeitgeber die Fehlzeiten und – soweit bekannt – die Art der Erkrankung sowie die wirtschaftlichen Belastungen und die betrieblichen Beeinträchtigungen mitzuteilen, die infolge der Fehlzeiten entstanden sind und mit denen noch gerechnet werden muss[753]. Ist der Arbeitnehmer auf Dauer arbeitsunfähig krank, dann genügt die Information darüber[754]. Bei einer betriebsbedingten Kündigung gehören zu den Gründen, die der Arbeitgeber mitzuteilen hat, nicht nur die dringenden betrieblichen Erfordernisse, sondern auch die Umstände, die seiner Ansicht nach für die Sozialauswahl maßgeblich sind[755], bei einer verhaltensbedingten auch entlastende Umstände[756] und die Sozialdaten[757]. Stützt der Arbeitgeber in der Wartezeit (§ 1 Abs. 1 KSchG) die Kündigung auf ein subjektives Werturteil, so ist allein die Mitteilung dieses Werturteils – als Ergebnis seines Entscheidungsprozesses – für eine ordnungsgemäße Betriebsratsanhörung ausreichend. Über zugrunde liegende Tatsachenelemente muss er nicht informieren[758]. Einen Anspruch darauf, dass ihm alle ab einem bestimmten Zeitpunkt erteilten Abmahnungen, mit Ausnahme des Bereichs der leitenden Angestellten und der Geschäftsführung, in anonymisierter Form vorgelegt werden, hat der Betriebsrat allerdings nicht[759]. Im Falle einer nach § 17 KSchG anzeigepflichtigen Massenentlassung (s. oben Rn. 274 ff.) ist die Mitteilungspflicht stärker formalisiert (s. Bd. 2 § 16 Rn. 614b).

Die Unterrichtung des Betriebsrats kann mündlich oder schriftlich erfolgen. Aus Beweisgründen – Einhaltung der Fristen – ist zumindest in größeren Betrieben eine Information mit Hilfe eines Formulars zweckmäßig und üblich. Da das Gesetz keine schriftliche Unterrichtung verlangt, kann der Betriebsrat das Anhörungsschreiben, das ihm der Arbeitgeber durch einen Boten oder Vertreter überbringt, nicht nach § 174 Satz 1 BGB zurückweisen[760]. Vor seiner Stellungnahme soll der Betriebsrat den Arbeitnehmer anhören (§ 102 Abs. 2 Satz 4 BetrVG). **287**

#### b) Verstoß gegen die Anhörungspflicht

Hinsichtlich der Folgen einer fehlerhaften Information ist zu unterscheiden: **288**
- Die Kündigung ist unwirksam, wenn der Arbeitgeber den Betriebsrat überhaupt nicht oder nicht im geschilderten Umfang oder bewusst fehlerhaft angehört hat (§ 102 Abs. 1 Satz 3 BetrVG)[761]. Dasselbe gilt bei der Kündigung von Schwerbehinderten für die Anhörung der Schwerbehindertenvertretung (§ 178 Abs. 2 S. 3 SGB IX).

---

[752] BAG 8.9.1988, DB 1989, 1575.
[753] BAG 24.11.1983, DB 1984, 1149.
[754] BAG 30.1.1986, NZA 1987, 555.
[755] BAG 29.3.1984, DB 1984, 1990.
[756] BAG 6.2.1997, AP Nr. 85 zu § 102 BetrVG 1972.
[757] BAG 22.10.2014, NZA 2015, 476.
[758] BAG 12.9.2013, NZA 2013, 1412, 1413 f.
[759] BAG 17.9.2013, NZA 2014, 269.
[760] BAG 13.12.2012, NZA 2013, 669.
[761] BAG 23.6.2009, NZA 2009, 1136.

- Genügt die Anhörung den Anforderungen, hat der Arbeitgeber aber nicht alle für die Kündigung bedeutsamen Tatsachen vorgetragen, so kann er sich im Kündigungsschutzprozess nur auf die Tatsachen berufen, die er dem Betriebsrat genannt hat[762]; das gilt auch für die Art der Kündigung.

- Hat der Arbeitgeber den Betriebsrat lediglich zu einer außerordentlichen Kündigung angehört, so kommt die Umdeutung in eine ordentliche Kündigung im allgemeinen nur in Betracht, wenn der Betriebsrat der außerordentlichen Kündigung zugestimmt hat und wenn anzunehmen ist, dass er auch – oder erst recht – einer ordentlichen Kündigung zugestimmt hätte[763].

- Die Anhörung zu einer Änderungskündigung genügt für eine Beendigungskündigung nur, wenn der Arbeitgeber auf diese Folge hingewiesen hat[764].

- Die Anhörung zu einer Verdachtskündigung genügt für eine Tatkündigung, wenn die Tatsachen nicht nur den Verdacht, sondern den Tatvorwurf selbst begründen. Ein Verdacht gibt dem Betriebsrat weit stärkeren Anlass für ein Tätigwerden als die Mitteilung eines als bewiesen behaupteten Verhaltens[765].

**289** Hat der Arbeitgeber dem Betriebsrat für eine Kündigung nur Gründe genannt, die eine betriebsbedingte Kündigung tragen, dann kann er sich im Prozess nicht auf Gründe in der Person oder im Verhalten berufen. Er kann den Sachverhalt auch nicht um Tatsachen ergänzen, die seinen Vortrag erst schlüssig machen, also etwa bei einer verhaltensbedingten Kündigung vortragen, dass er wegen einschlägiger Vorfälle abgemahnt hat[766]. Eine Ergänzung ist nur in zwei Fällen möglich: einmal, wenn es nur um eine Abrundung geht[767], zum anderen, wenn dem Arbeitgeber ein Sachverhalt im Zeitpunkt der Anhörung nicht bekannt war[768]; in dem zweiten Fall muss er die Anhörung allerdings nachholen[769]. Unwirksam wegen § 102 Abs. 1 BetrVG ist eine Kündigung nur, wenn dem Arbeitgeber bei Einleitung des Anhörungsverfahrens ein Fehler unterläuft. Mängel im Verantwortungsbereich des Betriebsrats sind unschädlich, jedenfalls soweit sie der Arbeitgeber nicht durch sein eigenes unsachgemäßes Verhalten veranlasst hat[770]. Die fehlerhafte Betriebsratsanhörung ist vom Arbeitnehmer zu beweisen; die Rechtsprechung hilft ihm mit einer Abstufung der Darlegungs- und Beweislast[771].

### 3. Reaktionsmöglichkeiten des Betriebsrats

#### a) Möglichkeiten

**290** Der Betriebsrat (nicht jedoch die Schwerbehindertenvertretung) hat folgende Möglichkeiten zu reagieren:

---

[762] BAG 11.12.2003, AP Nr. 65 zu § 1 KSchG 1969 Soziale Auswahl.
[763] BAG 20.9.1984, DB 1985, 655.
[764] BAG 30.11.1989, DB 1990, 993.
[765] BAG 23.6.2009, NZA 2009, 1136.
[766] BAG 18.12.1980, DB 1981, 1624.
[767] BAG 18.12.1980, DB 1981, 1624; BAG 11.4.1985, DB 1986, 1726.
[768] BAG 11.4.1985, DB 1986, 1726.
[769] BAG 26.5.1977, DB 1977, 2455.
[770] BAG 6.10.2005, AP Nr. 150 zu § 102 BetrVG 1972.
[771] S. dazu im einzelnen BAG 23.6.2005, AP Nr. 147 zu § 102 BetrVG 1972.

V. Anhörung von Betriebsrat und Schwerbehindertenvertretung     511

- Er kann der Kündigung zustimmen. Im Kündigungsschutzverfahren wird sich das bei der Beweiswürdigung in der Regel zugunsten des Arbeitgebers auswirken.
- Der Betriebsrat kann die Frist, in der er Bedenken anmelden oder der Kündigung widersprechen könnte, verstreichen lassen, ohne etwas zu unternehmen. Mit Ablauf der Frist gilt seine Zustimmung als erteilt (§ 102 Abs. 2 Satz 2 BetrVG).
- Der Betriebsrat kann Bedenken anmelden (§ 102 Abs. 2 Sätze 1, 3 BetrVG) oder der Kündigung widersprechen (§ 102 Abs. 3 BetrVG). Für beide Fälle gelten dieselben Voraussetzungen.

### b) Bedenken und Widerspruch

**aa) Form und Frist.** Die Mitteilung muss schriftlich erfolgen. Sie muss dem Arbeitgeber bei einer ordentlichen Kündigung innerhalb einer Woche (§ 102 Abs. 2 Satz 1 BetrVG), bei einer außerordentlichen unverzüglich, spätestens innerhalb von 3 Kalendertagen zugehen (§ 102 Abs. 2 Satz 3 BetrVG). Soll einem ordentlich nicht kündbaren Arbeitnehmer unter Einhaltung einer sozialen Auslauffrist außerordentlich gekündigt werden, gilt die Wochenfrist[772]. Bei der Fristberechnung zählt der Tag, an dem der Arbeitgeber den Betriebsrat informiert hat, nicht mit; würde die Frist an einem Samstag, einem Sonntag oder einem Feiertag enden, so läuft sie erst mit Dienstschluss des darauf folgenden Werktages ab (§ 193 BGB).  **291**

**bb) Begründung.** Der Betriebsrat muss Gründe für seine Bedenken oder seinen Widerspruch nennen. Bei einer ordentlichen Kündigung kommen als Gründe in Betracht (§ 102 Abs. 3 BetrVG), dass  **292**

- der Arbeitgeber bei der Auswahl des zu kündigenden Arbeitnehmers soziale Gesichtspunkte nicht oder nicht ausreichend berücksichtigt hat (Nr. 1, nur bei der betriebsbedingten Kündigung),
- die Kündigung gegen eine Auswahlrichtlinie verstößt (Nr. 2, nur betriebsbedingte Kündigung),
- der zu kündigende Arbeitnehmer an einem anderen Arbeitsplatz im selben Betrieb oder in einem anderen Betrieb des Unternehmens weiterbeschäftigt werden kann (Nr. 3, alle Kündigungen). Der Betriebsrat muss einen freien Platz nennen, der seiner Meinung nach in Frage kommt[773]. Nicht ausreichend ist das Vorbringen, der Arbeitnehmer könne an seinem jetzigen Arbeitsplatz weiterbeschäftigt werden.
- die Weiterbeschäftigung des Arbeitnehmers nach zumutbaren Umschulungs- und Fortbildungsmaßnahmen möglich ist (Nr. 4). Hier muss der Betriebsrat die Bildungsmaßnahme bezeichnen und sagen, an welchem Platz der Arbeitnehmer seiner Ansicht nach beschäftigt werden kann.
- eine Weiterbeschäftigung des Arbeitnehmers unter geänderten Vertragsbedingungen möglich ist und der Arbeitnehmer sein Einverständnis damit erklärt hat (Nr. 5).

---
[772] BAG 12.1.2006, AP Nr. 13 zu § 626 BGB Krankheit.
[773] LAG Düsseldorf 15.3.1978, DB 1978, 1282.

**293** Der Betriebsrat muss konkrete Tatsachen vortragen. Eine formelhafte, nicht dem Einzelfall angepasste Begründung, wie etwa die bloße Bezugnahme auf den Gesetzestext, genügt nicht. Sein Vortrag muss es zumindest als möglich erscheinen lassen, dass einer der Gründe des § 102 Abs. 3 BetrVG vorliegt[774]. Macht der Betriebsrat beispielsweise geltend, der Arbeitgeber habe zu Unrecht Arbeitnehmer nicht in die soziale Auswahl einbezogen, so müssen diese Arbeitnehmer entweder konkret benannt oder anhand abstrakter Merkmale bestimmbar sein[775]. Mängel bei der Beschlussfassung haben grundsätzlich keine Auswirkungen auf die Ordnungsgemäßheit der Anhörung. Das gilt selbst dann, wenn der Arbeitgeber im Kündigungszeitpunkt weiß oder erkennen kann, dass der Betriebsrat die Angelegenheit nicht fehlerfrei behandelt hat, weil er dessen Beschlussfassung rechtlich nicht beeinflussen kann. Etwas anderes kann gelten, wenn sich nicht das Gremium, sondern nur dessen Vorsitzender äußert oder wenn der Arbeitgeber den Fehler des Betriebsrats durch unsachgemäßes Verhalten selbst veranlasst hat[776].

**294 cc) Rechtsfolge.** Die Folgen von Bedenken und Widerspruch sind unterschiedlich: Meldet der Betriebsrat nur Bedenken an, so hat das allenfalls Auswirkungen auf die Beweiswürdigung in einem eventuellen Kündigungsschutzverfahren. Widerspricht er frist- und formgerecht und erhebt der Arbeitnehmer Kündigungsschutzklage, dann muss der Arbeitgeber ihn gemäß § 102 Abs. 5 Satz 1 BetrVG auf Verlangen bei unveränderten Arbeitsbedingungen bis zum rechtskräftigen Abschluss des Rechtsstreits weiterbeschäftigen, sofern ihn nicht das Arbeitsgericht ausnahmsweise von der Weiterbeschäftigungspflicht entbindet (s. dazu unten Rn. 347 ff.).

**295** Gleichgültig wie der Betriebsrat reagiert: Sobald er abschließend[777] Stellung nimmt, d.h. sobald er zustimmt, Bedenken anmeldet, widerspricht oder zu erkennen gibt, dass er nichts unternimmt, oder, falls er untätig bleibt, sobald die Frist abgelaufen ist, kann der Arbeitgeber kündigen. Zustimmung, Verstreichenlassen der Frist, Anmelden von Bedenken können sich lediglich bei der Beweiswürdigung im Kündigungsschutzprozess auswirken; Rechtswirkungen kann nur der Widerspruch entfalten.

---

[774] BAG 12.9.1985, DB 1986, 752.
[775] BAG 9.7.2003, NZA 2003, 1191.
[776] BAG 22.11.2012, NZA 2013, 665.
[777] BAG 25.5.2016, NZA 2016, 1140.

# VI. Kündigungsschutzprozess

## 1. Grundsatz

Der Bestandsschutz des KSchG lässt sich nur im Wege der Klage verwirklichen. **296** Die Prozesslast hat der Gesetzgeber dem Arbeitnehmer aufgebürdet. Nicht der Arbeitgeber muss auf Auflösung des Arbeitsverhältnisses klagen, sondern der Arbeitnehmer kann die Rechtswirksamkeit der Kündigung im nachhinein gerichtlich überprüfen lassen.

## 2. Klagefrist

### a) Allgemeines

**aa) Grundsatz.** Der Arbeitnehmer muss, wenn er geltend machen will, dass eine **297** ordentliche oder eine außerordentliche Kündigung rechtsunwirksam ist, binnen drei Wochen nach Zugang der Kündigung beim Arbeitsgericht Feststellungsklage mit dem Antrag erheben, dass das Arbeitsverhältnis durch die Kündigung nicht aufgelöst ist (§§ 4, 13 Abs. 1 Satz 2 KSchG). Unterlässt er das, so gilt die Kündigung als von Anfang an wirksam (§ 7 KSchG). Die Klagefrist ist auch dann einzuhalten, wenn der Arbeitnehmer keinen Kündigungsschutz nach dem KSchG genießt[778], weil er in einem Kleinbetrieb (§ 23 Abs. 1 Satz 2 KSchG) arbeitet oder die sechsmonatige Wartezeit noch nicht verstrichen ist. Die Klagefrist gilt für ordentliche und für außerordentliche Kündigungen, für Beendigungs- wie für Änderungskündigungen. Der Arbeitgeber ist nicht verpflichtet, den Arbeitnehmer auf die Klagefrist hinzuweisen.

Die Nichteinhaltung der Kündigungsfrist kann – in den Grenzen der Verwirkung – auch au- **298** ßerhalb der Klagefrist des § 4 Satz 1 KSchG geltend gemacht werden[779]. Eine Ausnahme gilt nur dann, wenn der Kündigungstermin integraler Bestandteil der Kündigungserklärung ist, etwa weil der Arbeitgeber die Kündigung ausschließlich zu dem in ihr genannten Zeitpunkt gelten lassen und für den Fall, dass dieser Termin nicht der richtige ist, am Arbeitsverhältnis festhalten will[780]. Keiner Einhaltung der Klagefrist bedarf es auch, wenn die Kündigung dem Arbeitgeber nicht zurechenbar ist (Kündigung durch Nichtberechtigten)[781]; in diesem Fall beginnt die Klagefrist mit Zugang der Genehmigung des Arbeitgebers beim Arbeitnehmer[782].

---

[778] BAG 9.2.2006, AP Nr. 56 zu § 4 KSchG 1969; BAG 28.6.2007, AP Nr. 61 zu § 4 KSchG 1969.
[779] BAG 9.9.2010, NZA 2011, 343, 344.
[780] BAG 15.12.2005, NZA 2006, 791; BAG 1.9.2010, NZA 2010, 1409; BAG 15.12.2016, NZA 2017, 502.
[781] BAG 26.3.2009, NZA 2009, 1146.
[782] BAG 6.9.2012, NZA 2013, 524, 525 f.

## 299 Zulässigkeit einer arbeitsgerichtlichen Klage, insbesondere der Kündigungsschutzklage

**I. Allgemeine Prozessvoraussetzungen**

**1. Ordnungsgemäße Klageerhebung (§ 46 Abs. 2 ArbGG, §§ 495, 253 ZPO)**
- Insbesondere: ein bestimmter Antrag, Ausnahme: Abfindung für Verlust des Arbeitsplatzes (§§ 9 f. KSchG); keine bedingte Klageerhebung, Ausnahme: Prozessbedingung

**2. Rechtsweg zu den Arbeitsgerichten (§ 2 ArbGG)**
- § 2 Abs. 1 Nr. 3a: alle Ansprüche aus dem laufenden Arbeitsverhältnis (Haupt- und Nebenpflichten)
- § 2 Abs. 1 Nr. 3b: Bestehen oder Nichtbestehen eines Arbeitsverhältnisses sowie damit zusammenhängende Ansprüche, wie Abfindungen und Weiterbeschäftigung
- § 2 Abs. 1 Nr. 3c: Ansprüche aus der Zeit vor dem Zustandekommen eines Arbeitsverhältnisses (§§ 280 Abs. 1, 241 Abs. 2, 311 Abs. 2 BGB, § 15 Abs. 1, 2 AGG usw.) und aus der Zeit nach der Beendigung (Herausgabe von Arbeitsmitteln, Zeugnis, Wettbewerbsverbot, Karenzentschädigung usw.)
- § 2 Abs. 1 Nr. 3d: Ansprüche aus unerlaubten Handlungen
- § 2 Abs. 1 Nr. 4a: Voraussetzung ist ein innerer Zusammenhang mit dem Arbeitsverhältnis (Arbeitgeberdarlehen, das durch Lohnabzug getilgt wird oder mit Beendigung des Arbeitsverhältnisses zurückzuzahlen ist), nicht nur ein zufälliger Zusammenhang
- § 2 Abs. 3: sog. Zusammenhangsklage, wenn eine Zuständigkeit der Arbeitsgerichte nach einer anderen Vorschrift besteht.
- Bei Verstoß gegen die Rechtswegzuständigkeit keine Klageabweisung (§ 48 Abs. 1 ArbGG, §§ 17, 17a GVG), sondern von Amts wegen Verweisung an das zuständige Gericht.

**3. Örtliche Zuständigkeit (§ 46 Abs. 2 ArbGG, §§ 12-40 ZPO)**
- §§ 12, 13, 17 ZPO: allgemeiner Gerichtsstand; Wohn- bzw. Verwaltungssitz des oder der Beklagten
- § 21 ZPO: Gerichtsstand der Niederlassung, wenn von hier aus der Arbeitsvertrag abgeschlossen wurde
- § 29 ZPO: Gerichtsstand des Erfüllungsortes (das ist für beide Teile der Ort, in dem der Betrieb liegt, in welchem die Arbeitsleistung zu erbringen ist) für Streitigkeiten aus dem Arbeitsverhältnis, über dessen Bestehen und Abwicklung
- § 32 ZPO: Gerichtsstand der unerlaubten Handlung
- § 48 Abs. 1a ArbGG: Gerichtsstand des Arbeitsorts

Bei Unzuständigkeit keine Klageabweisung, sondern von Amts wegen Verweisung an das örtlich zuständige Arbeitsgericht (§ 48 Abs. 1 ArbGG erweitert den Anwendungsbereich von §§ 17, 17a GVG).

**4. Funktionelle Zuständigkeit (§ 8 ArbGG)**

**5. Parteifähigkeit (§ 46 Abs. 2 ArbGG, §§ 495, 50 Abs. 1 ZPO)**
Parteifähig ist, wer rechtsfähig ist, d.h. natürliche (§ 1 BGB) und juristische Personen des Privatrechts (§§ 21, 80 BGB, 13 Abs. 1 GmbHG, § 1 Abs. 1 Satz 1 AktG, § 17 Abs. 1 GenG) und des öffentlichen Rechts, außerdem die Handelsgesellschaften (§§ 124 Abs. 1, 161 Abs. 2 HGB) und die (Außen)GbR.

## 6. Prozessfähigkeit (§ 46 Abs. 2 ArbGG, §§ 495, 51 Abs. 1, 52 ZPO)

Prozessfähigkeit ist die Fähigkeit, Prozesshandlungen selbst wirksam vorzunehmen oder entgegenzunehmen. Minderjährige bedürfen der Vertretung durch die Eltern (§§ 1629 BGB), juristische Personen durch den Vorstand (§ 26 Abs. 2 BGB, §§ 78 Abs. 1 AktG, 24 GenG) oder die Geschäftsführer (§ 35 Abs. 1 GmbHG), Handelsgesellschaften und die (Außen-)GbR durch die Gesellschafter (§§ 125, 161 Abs. 2 HGB, §§ 709, 714 BGB).

## 7. Postulationsfähigkeit (§ 11 ArbGG)

Postulationsfähigkeit ist die Fähigkeit, vor Gericht aufzutreten, d.h. wirksam Anträge zu stellen. Vertretung durch Verbandsvertreter nur bei Mitgliedschaft im Verband (§ 11 Abs. 2 Satz 2 Nr. 3, 4, Abs. 3 ArbGG).

## 8. Klagbarkeit des Anspruchs (z.B. § 101 ArbGG)

## 9. Verfahrensart: Urteilsverfahren (§§ 2 Abs. 5, 46 ff. ArbGG)

## II. Besondere Prozessvoraussetzung für die Kündigungsschutzklage: Feststellungsinteresse (§ 46 Abs. 2 ArbGG, § 256 ZPO)

### 1. Für die Kündigungsschutzklage nach §§ 4, 13 Abs. 1 Satz 2 KSchG

Feststellungsinteresse ergibt sich aus § 7 KSchG, wenn bei objektiver Betrachtung Heilung einer rechtsunwirksamen ordentlichen oder außerordentlichen Kündigung droht.

Zu entscheiden ist nach der sog. punktuellen Streitgegenstandslehre darüber,
- ob ein Arbeitsverhältnis besteht und
- ob es durch die Kündigung vom ... zum ... beendet wird (Beendigungskündigung) oder
- ob die Änderung der Arbeitsbedingungen durch die Änderungskündigung vom ... zum ... sozial gerechtfertigt ist (Änderungskündigung).

### 2. Für die allgemeine Feststellungsklage

Feststellungsinteresse nach § 256 ZPO zu bejahen, wenn sich aus der Feststellung Rechtsfolgen für die Gegenwart oder Zukunft ergeben, weil
- die Feststellung aufgrund der aus dem Arbeitsverhältnis resultierenden Rechte und Pflichten prozessökonomisch sinnvoll ist (bei der isolierten Feststellungsklage außerhalb des KSchG) oder
- wenn sich (im Rahmen der Kündigungsschutzklage nach §§ 4, 13 Abs. 1 Satz 2 KSchG) aus dem Klagevortrag weitere Tatsachen ergeben, aufgrund derer der Bestand des Arbeitsverhältnisses zweifelhaft sein könnte.

Zu entscheiden ist darüber,
- ob im Zeitpunkt der letzten mündlichen Verhandlung vor dem Arbeitsgericht ein Arbeitsverhältnis besteht und
- ob bis dahin ein Tatbestand gesetzt wurde, der das Arbeitsverhältnis beendet.

**Beachte:** Die Klagefrist (§§ 4 Satz 1, 13 Abs. 1 Satz 2 KSchG) ist keine Prozessvoraussetzung, sondern eine materiell-rechtliche Ausschlussfrist.

**300 bb) Nachträgliche Geltendmachung weiterer Unwirksamkeitsgründe.** Hat ein Arbeitnehmer innerhalb von drei Wochen nach Zugang der schriftlichen Kündigung im Klagewege geltend gemacht, dass eine rechtswirksame Kündigung nicht vorliege, so kann er sich in diesem Verfahren bis zum Schluss der mündlichen Verhandlung erster Instanz zur Begründung der Unwirksamkeit der Kündigung auch auf innerhalb der Klagefrist nicht geltend gemachte Gründe berufen (§ 6 KSchG)[783]. Hat das Gericht seiner Hinweispflicht nicht genügt, so kann er den weiteren Unwirksamkeitsgrund auch noch in zweiter Instanz geltend machen[784]. Nach rechtskräftigem Abschluss des Verfahrens ist er mit diesen Gründen präkludiert[785].

### b) Fristberechnung

**301 aa) Beginn und Ende der Frist.** Die Frist des § 4 KSchG beginnt mit dem Tag, der auf den Zugang der Kündigung folgt (§ 187 Abs. 1 BGB). Die Frist endet mit dem Ablauf desjenigen Tages der dritten Woche, der dem Tage entspricht, an dem die Kündigung zuging (§ 188 Abs. 2 BGB). War dieser Tag ein Samstag, Sonntag oder staatlich anerkannter Feiertag, so ist die Klage bis zum Ablauf des nächstfolgenden Werktags zu erheben (§ 193 BGB).

**302** Ob und wann der Arbeitnehmer die Kündigung tatsächlich zur Kenntnis nimmt, ist für den Zugang und damit für den Beginn der Frist ohne Belang. War er an der Kenntnisnahme unverschuldet verhindert, kann das Arbeitsgericht eine verspätet erhobene Klage auf seinen Antrag hin nachträglich zulassen (§ 5 Abs. 1 KSchG, s. unten Rn. 308).

**303 bb) Bedarf die Kündigung der Zustimmung einer Behörde,** so läuft die 3-Wochen-Frist erst ab Bekanntgabe der Entscheidung an den Arbeitnehmer (§ 4 Satz 4 KSchG). § 4 Satz 4 KSchG gilt nur, wenn dem Arbeitgeber bekannt ist, dass die Kündigung der Zustimmung einer Behörde bedarf; kündigt er ohne Zustimmung, kann der Arbeitnehmer bis zur Grenze der Verwirkung zuwarten[786]. War dem Arbeitgeber die Zustimmungsbedürftigkeit dagegen unbekannt – die Arbeitnehmerin verschweigt ihre Schwangerschaft, der Arbeitnehmer seine Schwerbehinderung –, gilt wieder § 4 Satz 1 KSchG: Gegen die ohne Zustimmung der Behörde ausgesprochene Kündigung muss binnen drei Wochen Klage erhoben werden[787].

**304 cc) Wahrung der Frist.** Die Klage ist erst dann erhoben, wenn sie dem Beklagten zugestellt ist (§ 46 Abs. 2 ArbGG, §§ 495, 253 Abs. 1, 261 Abs. 1 ZPO). Mit der Zustellung wird sie rechtshängig. Ist die Klage beim Arbeitsgericht eingereicht, aber noch nicht zugestellt, ist sie lediglich „anhängig".

**305** Die Einreichung einer Klage innerhalb der 3-Wochen-Frist des § 4 KSchG wahrt die Frist, wenn die Zustellung „demnächst" erfolgt (§ 167 ZPO). Das ist der Fall, wenn die Klageschrift dem Arbeitgeber in einer den Umständen nach angemessenen Frist zugestellt wird.

---

[783] BAG 18.1.2012, NZA 2012, 817, 819 f.
[784] BAG 25.10.2012, NZA 2013, 900.
[785] BAG 12.6.1986, AP Nr. 17 zu § 4 KSchG 1969; BAG 8.11.2007, NZA 2008, 936.
[786] BAG 3.7.2003, NZA 2003, 1335; BAG 13.2.2008, NZA 2008, 1055.
[787] ErfK/*Kiel*, § 4 KSchG Rn. 25; *Preis*, DB 2004, 70, 77; *J. Schmidt*, NZA 2004, 79, 80.

Dabei schaden auch längere Verzögerungen nicht, wenn sie der Kläger nicht schuldhaft herbeigeführt hat[788]. Die Klage ist beim zuständigen Arbeitsgericht zu erheben. Die Klage vor einem unzuständigen Gericht reicht aber auch aus, weil dieses Gericht den Rechtsstreit von Amts wegen an das zuständige Gericht verweisen muss (§ 48 Abs. 1 ArbGG, § 17a Abs. 2 GVG) und durch die Verweisung die Rechtshängigkeit nicht berührt wird (§ 17b Abs. 1 GVG)[789].

### c) Fristversäumung

**aa) Ausschlussfrist.** Die 3-Wochen-Frist ist eine materiell-rechtliche Ausschlussfrist. Eine verspätete Klage ist deshalb nicht als unzulässig, sondern als unbegründet abzuweisen[790]. 306

**bb) Umfang der Präklusionswirkung.** Wird die 3-Wochen-Frist versäumt, gilt die Kündigung als von Anfang an rechtswirksam (§ 7 KSchG). Geheilt werden sämtliche Mängel: nicht nur die Sozialwidrigkeit der Kündigung (§ 1 Abs. 2, 3 KSchG), sondern auch alle anderen Unwirksamkeitsgründe (Willensmängel, fehlende Vertretungsvoraussetzungen, Sittenwidrigkeit, Treuwidrigkeit usw.)[791]. Allerdings muss die Kündigung schriftlich erfolgt sein (vgl. § 4 Satz 1 KSchG: „... Zugang der schriftlichen Kündigung ..."). Die wegen § 623 BGB unwirksame Kündigung kann der Arbeitnehmer nicht mit der Klage nach § 4 KSchG, sondern nur mittels allgemeiner Feststellungsklage (§ 256 ZPO) oder Leistungsklage angreifen[792]; die Klage kann jederzeit bis zur Grenze der Verwirkung (§ 242 BGB) erhoben werden. Ob bei einer ordentlichen Kündigung auch die Nichteinhaltung der objektiv richtigen Kündigungsfrist innerhalb von 3 Wochen geltend gemacht werden muss, hängt davon ab, ob die Nichteinhaltung der Kündigungsfrist zur Unwirksamkeit der Kündigungserklärung führt. Das ist der Fall, wenn sich die mit zu kurzer Frist ausgesprochene Kündigung nicht als eine solche mit der rechtlich gebotenen Frist auslegen lässt (s. oben Rn. 43). Die mit zu kurzer Frist erklärte Kündigung gilt nach § 7 Halbs 1 KSchG als rechtswirksam, wenn sie nach § 140 BGB in ein anderes Rechtsgeschäft umgedeutet werden müsste, also in eine Kündigung mit zutreffender Frist[793]. 307

### d) Zulassung verspäteter Klagen

War der Arbeitnehmer nach der Kündigung trotz Anwendung aller ihm nach der Lage der Umstände zumutbaren Sorgfalt außer Stande, die Klage innerhalb der 3-Wochen-Frist zu erheben (z.B. wegen einer Reise oder wegen Bettlägerigkeit bei schwerer Krankheit), so muss das Arbeitsgericht die Klage nachträglich zulassen (§ 5 Abs. 1 und 4 KSchG). Voraussetzung ist ein Antrag des Klägers, der mit der Klageerhebung zu verbinden und binnen zwei Wochen nach Behebung des Hindernisses zu stellen ist (§ 5 Abs. 2 und 3 KSchG). Das Arbeitsgericht kann das Verfah- 308

---

[788] BAG 8.4.1979, AP Nr. 2 zu § 4 KSchG 1969.
[789] Vgl. im einzelnen KR/*Friedrich*, § 4 KSchG Rn. 181 ff.; zur Fristwahrung bei unzulässigen Klagen aus sonstigen Gründen BAG 31.1.1993, EzA § 4 KSchG n.F. Nr. 46.
[790] BAG 26.6.1986, AP Nr. 14 zu § 5 KSchG 1969.
[791] Str.; wie hier ErfK/*Kiel*, § 4 KSchG Rn. 3 f.; a.A. *Bender/J. Schmidt*, NZA 2004, 358, 362.
[792] ErfK/*Kiel*, § 4 KSchG Rn. 8.
[793] BAG 15.5.2013, NZA 2013, 1076; BAG 15.12.2016, NZA 2017, 502.

ren zunächst auf die Verhandlung und Entscheidung über den Antrag beschränken. In diesem Fall ergeht die Entscheidung durch Zwischenurteil, das wie ein Endurteil angefochten werden kann (§ 5 Abs. 4 Satz 2, 3 KSchG).

309 Sachlich setzt der Antrag voraus, dass den Arbeitnehmer keinerlei Verschulden im Sinne des § 276 BGB an der Versäumung trifft[794]. Das Verschulden des Prozessvertreters muss sich der Kläger nach § 85 Abs. 2 ZPO zurechnen lassen, das von dessen Hilfspersonen nicht, es sei denn, dass deren Verhalten zugleich auf einem Organisationsverschulden – insbesondere mangelnde Sorgfalt bei Auswahl, Anweisung und/oder Überwachung – des Vertreters beruht[795]. Vergleichsverhandlungen sind kein Grund für eine nachträgliche Klagezulassung; der Arbeitnehmer muss vorsorglich Klage erheben[796].

### 3. Kündigungsschutzklage als Feststellungsklage

#### a) Klageart

310 Statthafte Klageart ist die Feststellungsklage (vgl. § 4 KSchG). Das Arbeitsgericht gestaltet nicht die Rechtslage durch Auflösung des Arbeitsverhältnisses[797], sondern es stellt die Wirksamkeit oder Unwirksamkeit der Kündigung bzw. – bei der allgemeinen Feststellungsklage – das Bestehen oder Nichtbestehen des Arbeitsverhältnisses fest[798]. Die Erhebung einer Leistungsklage, etwa auf Zahlung der Vergütung, reicht nicht aus, um die Präklusionswirkung des § 7 KSchG zu vermeiden[799].

#### b) Streitgegenstand

311 **aa) Grundsatz.** Der Streitgegenstand bestimmt sich der herrschenden „zweigliedrigen Streitgegenstandstheorie" zufolge nach dem Antrag des Klägers und den zu seiner Begründung vorgetragenen tatsächlichen Umständen[800]. Der Streitgegenstand steckt zugleich den Umfang der Rechtskraft ab. Was Gegenstand des Rechtsstreits ist, liegt in der freien Entscheidung des Klägers. Maßgeblich ist der Klageantrag, der aber vom Gericht auszulegen ist[801]; dazu hat das Gericht die näheren Umstände zu erforschen und mit den Parteien zu erörtern (§ 139 Abs. 1 ZPO).

312 **bb) Kündigungsschutzklage nach § 4 KSchG.** Erhebt der Arbeitnehmer die Kündigungsschutzklage nach § 4 Satz 1 KSchG,

**Beispiele** für den Klageantrag: „Es wird festgestellt, dass das Arbeitsverhältnis durch die Kündigung vom ... nicht aufgelöst worden ist" oder „Es wird festgestellt, dass die Kündigung vom ... rechtsunwirksam ist".

---

[794] Nachweis der Kasuistik bei KR/*Friedrich*, § 5 KSchG Rn. 18 ff.
[795] BAG 30.11.1962, 15.3.1965, 9.10.1972, 27.11.1974, AP Nr. 37, 42, 62, 68 zu § 233 ZPO; BAG 24.11.2011, NZA 2012, 413.
[796] BAG 19.2.2009, NZA 2009, 980.
[797] Anders, wenn ein Antrag nach § 9 KSchG gestellt wird.
[798] BAG 2.4.1987, EzA § 626 BGB n.F. 108.
[799] BAG 25.3.1976, AP Nr. 10 zu § 626 BGB Ausschlussfrist.
[800] Vgl. nur *Jauernig*, Zivilprozessrecht, § 37; *Musielak*, ZPO, Einl. Rn. 69.
[801] BAG 27.1.1994, 16.3.1994, AP Nr. 28, 29 zu § 4 KSchG 1969.

so ist nach der herrschenden „**punktuellen Streitgegenstandstheorie**" Gegenstand des Rechtsstreits (nur) die Frage, ob das Arbeitsverhältnis durch die angegriffene Kündigung beendet wurde[802], nicht, ob das Arbeitsverhältnis aus anderen Gründen sein Ende gefunden hat. Die Klage nach § 4 KSchG ist eine besondere Feststellungsklage, weil mit ihr nicht der Bestand eines Rechtsverhältnisses schlechthin festgestellt wird, sondern lediglich die Wirksamkeit eines Elements, das mit diesem Rechtsverhältnis zusammenhängt; eine solche „Elementenklage" ist nur in den gesetzlich vorgesehenen Ausnahmefällen (z.B. § 256 Abs. 2 ZPO, § 4 KSchG) zulässig.

Kündigt der Arbeitgeber ein zweites Mal und will der Arbeitnehmer geltend machen, dass auch diese Kündigung sozialwidrig ist, dann muss er binnen drei Wochen eine weitere Kündigungsschutzklage nach § 4 KSchG erheben oder die bereits rechtshängige Klage erweitern. Das gilt selbst dann, wenn der Arbeitgeber die zweite Kündigung nur vorsorglich für den Fall der Rechtsunwirksamkeit der ersten Kündigung erklärt[803] oder wenn er sie auf Gründe stützt, die bereits in einem ersten Prozess geprüft und für nicht ausreichend befunden worden sind (Wiederholungskündigung)[804]. Freilich muss das Arbeitsgericht der rechtzeitig erhobenen Kündigungsschutzklage gegen eine Wiederholungskündigung ohne weiteres stattgeben, weil der Arbeitgeber insoweit präkludiert ist[805]. Kündigt der Arbeitgeber außerordentlich und hilfsweise ordentlich, so kann die Auslegung des Klageantrags, der sich dem Wortlaut nach nur gegen die außerordentliche Kündigung richtet, ergeben, dass er sich auch gegen die hilfsweise ausgesprochene ordentliche Kündigung richtet. Ein Indiz für einen entsprechenden Willen des Klägers ist die Geltendmachung von Ansprüchen, die erkennbar vom Fortbestand des Arbeitsverhältnisses ausgehen[806]. 313

Innerhalb des rechtshängigen Kündigungsschutzprozesses muss der Arbeitnehmer auch alle sonstigen Gründe für die Unwirksamkeit der Kündigung geltend machen (vgl. § 13 Abs. 3 KSchG). Denn das Gericht prüft die angegriffene Kündigung nicht nur unter dem Gesichtspunkt ihrer sozialen Rechtfertigung, sondern unter allen denkbaren Unwirksamkeitsgründen[807]. 314

Das **Feststellungsinteresse** für die Kündigungsschutzklage ergibt sich aus § 7 KSchG, denn nur durch Erhebung der Kündigungsschutzklage kann der Arbeitnehmer eine Präklusion vermeiden[808]. 315

**cc) Allgemeine Feststellungsklage nach § 256 ZPO.** Der Arbeitnehmer ist trotz § 4 KSchG nicht gehindert, die allgemeine Feststellungsklage zu erheben, um die mangelnde soziale Rechtfertigung einer Kündigung im Sinne des § 1 Abs. 1 KSchG geltend zu machen[809]. 316

---

[802] BAG 12.5.2005, AP Nr. 53 zu § 4 KSchG 1969.
[803] BAG 12.10.1954, AP Nr. 5 zu § 3 KSchG.
[804] BAG 26.8.1993, EzA § 322 ZPO Nr. 9.
[805] BAG 26.8.1993, EzA § 322 ZPO Nr. 9.
[806] BAG 11.7.2013, NZA 2014, 331.
[807] BAG 12.1.1977, AP Nr. 3 zu § 4 KSchG 1969.
[808] BAG 11.2.1981, EzA § 4 KSchG n.F. Nr. 20; BAG 4.2.1993, 2 AZR 463/92 n.v.
[809] BAG 26.9.2013, NZA 2014, 443, 445.

**Beispiel** für den Klageantrag: „Es wird festgestellt, dass das Arbeitsverhältnis über den ... hinaus fortbesteht".

Streitgegenstand der allgemeinen Feststellungsklage ist der Bestand des Arbeitsverhältnisses im Zeitpunkt der letzten mündlichen Verhandlung in der Tatsacheninstanz[810]. Das Gericht prüft, ob bis dahin ein Tatbestand gesetzt wurde, der das Arbeitsverhältnis beendet. Wird die allgemeine Feststellungsklage innerhalb der 3-Wochen-Frist des § 4 KSchG erhoben, dann umfasst der Feststellungsantrag nicht nur eine bestimmte Kündigung, sondern alle Umstände, die das Arbeitsverhältnis bis zum Abschluss des Verfahrens beenden können[811]. Vor allem werden eventuelle Kündigungen, die der Arbeitgeber nach Rechtshängigkeit der Klage erklärt – womöglich verborgen in Schriftsätzen –, fristwahrend in das Verfahren einbezogen, ohne dass es einer erneuten Klageerhebung bedarf[812].

317 In der Literatur wird teilweise angenommen, die Kündigungsschutzklage nach § 4 KSchG verdränge als speziellere Klageart die allgemeine Feststellungsklage nach § 256 ZPO[813]. Dagegen sprechen Sinn und Zweck des § 7 KSchG. Die Klageerhebungsfrist soll dem Arbeitgeber Klarheit darüber verschaffen, ob der Arbeitnehmer den Kündigungsschutz geltend macht. Dieses Ziel wird auch erreicht, wenn der Arbeitnehmer innerhalb derselben Frist die allgemeine Feststellungsklage erhebt. Der Arbeitgeber weiß dann, dass der Arbeitnehmer nicht nur die Unwirksamkeit einer Kündigung, sondern den Fortbestand des ganzen Arbeitsverhältnisses festgestellt haben will. Umgekehrt nimmt die allgemeine Feststellungsklage dem Arbeitnehmer das Risiko, dass das Arbeitsverhältnis durch eine Erklärung beendet wird, die er weder als Kündigung noch als einen sonstigen Beendigungsgrund erkennen kann[814].

318 Der erweiterte Streitgegenstand bei der allgemeinen Feststellungsklage wirkt sich auf die Prozessvollmacht aus. Der Bevollmächtigte ist zur Entgegennahme aller Kündigungen befugt. Erklärung in einem Schriftsatz an ihn genügt[815]; die Kündigung muss dem Arbeitnehmer nicht mehr selbst zugehen.

319 Die allgemeine Feststellungsklage setzt auch im Kündigungsschutzprozess das Feststellungsinteresse voraus (§ 256 Abs. 1 ZPO); der Arbeitnehmer muss ein rechtliches Interesse daran haben, dass das Gericht den Bestand des Arbeitsverhältnisses rechtsverbindlich feststellt[816]. Das Feststellungsinteresse besteht nicht schon deshalb, weil eine Kündigung ausgesprochen wurde und wegen dieser ein Rechtsstreit anhängig ist. Der klagende Arbeitnehmer muss weitere Kündigungen oder Beendigungsgründe in den Prozess einführen oder wenigstens deren Möglichkeit glaubhaft machen. Das kann bis zum Schluss der mündlichen Verhandlung erster Instanz geschehen, wenn bis dahin die Rechtsunwirksamkeit der einzelnen Kündi-

---

[810] *Stahlhacke/Preis/Vossen*, Kündigung, Rn. 2037.
[811] BAG 12.5.2005, AP Nr. 53 zu § 4 KSchG 1969.
[812] BAG 21.1.1988, 27.1.1994, 7.12.1995, AP Nr. 19, 28, 33 zu § 4 KSchG 1969.
[813] *Ascheid*, Kündigungsschutzrecht, Rn. 767; *Boemke*, RdA 1995, 214; dagegen BAG 21.1.1988, EzA § 4 KSchG n.F. Nr. 33; BAG 5.10.1976, NZA 1996, 651.
[814] BAG 21.1.1988, AP Nr. 19 zu § 4 KSchG 1969.
[815] BAG 21.1.1988, AP Nr. 19 zu § 4 KSchG 1969.
[816] BAG 27.1.1994, 16.3.1994, 7.12.1995, AP Nr. 28, 29, 33 zu § 4 KSchG 1969.

gungen geltend gemacht worden ist[817]. Offen ist, ob auf diese Weise auch Kündigungen, die schon bis zum Schluss der mündlichen Verhandlung erster Instanz ausgesprochen wurden, erstmals im zweiten Rechtszug in den Prozess eingeführt werden können[818].

Die allgemeine Feststellungsklage reicht weiter als die Kündigungsschutzklage, wird letztere aber regelmäßig mit einschließen. Welche Klageart der Arbeitnehmer gewählt hat, ist vom Gericht von Amts wegen zu erforschen. Die allgemeine Feststellungsklage ist nicht bereits dann erhoben, wenn der Wortlaut des Antrags allein auf den Fortbestand des Arbeitsverhältnisses zielt. Die Auslegung des Antrags muss ergeben, dass es dem Arbeitnehmer über § 4 KSchG hinaus selbständig auf den Fortbestand des Arbeitsverhältnisses ankommt[819]. Daran fehlt es, wenn nur ein „unselbständiges Fortbestandsbegehren" vorliegt, der Arbeitnehmer also nur floskelhaft die Folgen einer erfolgreichen Kündigungsschutzklage formuliert und die Antragsbegründung sich nur mit der Wirksamkeit einer ganz bestimmten Kündigung befasst. **320**

**Beispiel für eine allgemeine Feststellungsklage:** „Es wird festgestellt, dass das zwischen den Parteien bestehende Arbeitsverhältnis durch die Kündigung der Beklagten vom ... nicht am ... geendet hat, *sondern fortbesteht.*"

Auf Hinweis des Gerichts (§ 139 ZPO) kann der Arbeitnehmer klarstellen, wie er die Klage verstanden wissen will. Erklärt er, er habe nur unterstreichen wollen, dass das Arbeitsverhältnis fortbestehe, wenn die angegriffene Kündigung unwirksam sei, so liegt in seinem über § 4 KSchG hinausgehenden Antrag ein bloßes „Anhängsel" ohne prozessuale Bedeutung. Anders ist es, wenn er konkrete Anhaltspunkte dafür vortragen kann, dass der Arbeitgeber weitere Beendigungsgründe geltend machen wird. **321**

### c) Wirkungen der Klageerhebung

**aa) Rechtshängigkeit.** Mit der ordnungsgemäßen Klageerhebung tritt die Rechtshängigkeit ein. Damit kann die Streitsache von keiner Partei anderweitig gerichtlich geltend gemacht werden. Ferner ist nunmehr eine Änderung der Umstände, von denen die Zuständigkeit des Gerichts abhängt, unschädlich (§ 261 Abs. 3 ZPO, § 17 Abs. 1 GVG). Dem Arbeitgeber steht es aber frei, eine neue Kündigung zu erklären. **322**

Zurücknehmen kann der Arbeitgeber die Kündigung wegen ihrer rechtsgestaltenden Wirkung nicht[820]. In einer Kündigungsrücknahme liegt das Angebot, das Arbeitsverhältnis zu den bisherigen Bedingungen fortzusetzen. Dieses Angebot kann der Arbeitnehmer ausdrücklich oder konkludent annehmen oder ablehnen (s. oben Rn. 81). **323**

**bb) Verjährung und Ausschlussfristen.** Da Streitgegenstand der Kündigungsschutzklage nur die Rechtswirksamkeit der Kündigung ist, führt die Rechtshängigkeit nicht zur Unterbrechung oder zur Hemmung der Verjährung von Vergütungsansprüchen[821]. Ob die Kündigungsschutzklage tarifliche oder arbeitsvertragliche **324**

---

[817] BAG 26.9.2013, NZA 2014, 443, 445.
[818] Zweifelnd BAG 26.9.2013, NZA 2014, 443, 446.
[819] BAG 16.3.1994, AP Nr. 29 zu § 4 KSchG 1969.
[820] BAG 29.1.1981, 19.8.1982, AP Nr. 6, 9 zu § 9 KSchG 1969.
[821] BAG 1.2.1960, 29.5.1961, 7.11.1991, AP Nr. 1, 2, 6 zu § 209 BGB.

Verfallfristen für Ansprüche wahrt, hängt von der Art der Klausel ab. Ist nur die schriftliche Geltendmachung vorgesehen, so wahrt auch eine Kündigungsschutzklage die Frist[822]. Die Kündigungsschutzklage muss vor Ablauf der Ausschlussfrist zumindest bei Gericht eingereicht, sie muss aber noch nicht zugestellt sein. § 167 ZPO ist anwendbar, wenn durch die Zustellung eine Frist gewahrt werden soll, die auch durch außergerichtliche Geltendmachung gewahrt werden könnte[823]. Verlangt die Klausel die gerichtliche Geltendmachung eines Anspruchs, so wahrt die Kündigungsschutzklage die Frist nicht[824]; es muss Zahlungsklage erhoben werden.

325 cc) **Annahmeverzug.** Zum Annahmeverzug des Arbeitgebers, wenn der Arbeitnehmer Kündigungsschutzklage erhebt und damit konkludent seine Bereitschaft zur Weiterarbeit erklärt, s. § 8 Rn. 10.

### 4. Weitere prozessuale Voraussetzungen

#### a) Allgemeines

326 Ein Sachurteil über die Wirksamkeit der Kündigung darf nur ergehen, wenn die Klage zulässig ist; sonst ist die Klage durch Prozessurteil als unzulässig abzuweisen. Die Sachurteilsvoraussetzungen sind in jeder Lage des Verfahrens von Amts wegen zu prüfen. Sie müssen spätestens bis zum Schluss der mündlichen Verhandlung vorliegen. Ob das der Fall ist, stellt das Gericht im Wege des Freibeweises, d.h. ohne Bindung an die allgemeinen Beweisvorschriften („Strengbeweis"), fest. Dabei gilt der Beibringungsgrundsatz, d.h. es ist Sache der Parteien, die Tatsachen für das Vorliegen der Prozessvoraussetzungen vorzutragen; sie werden nicht von Amts wegen ermittelt. Zu den Zulässigkeitsvoraussetzungen vgl. die Übersicht oben bei Rn. 299.

#### b) Zuständigkeit des Gerichts

327 aa) **Rechtsweg.** Für Kündigungsschutzprozesse ist der Rechtsweg zu den Gerichten der Arbeitsgerichtsbarkeit nach § 2 Abs. 1 Nr. 3b ArbGG eröffnet. Ist streitig, ob ein Arbeitsverhältnis oder ein Dienstverhältnis eines Selbständigen besteht, so genügt die Behauptung des Klägers, er sei Arbeitnehmer, wenn die Arbeitnehmereigenschaft – wie bei der Kündigungsschutzklage – zugleich Voraussetzung für die Begründetheit ist (sog. doppelt-relevante Tatsache). In den übrigen Fällen, z.B. bei der Klage gegen eine außerordentliche Kündigung, muss das Arbeitsgericht Beweis erheben und dann nach § 48 ArbGG, § 17a GVG über den Rechtsweg entscheiden[825] (zu Einzelheiten s. Bd. 2 § 21 Rn. 34 ff.). Für die Kündigungsschutzklage eines GmbH-Geschäftsführers sind die Gerichte für Arbeitssachen grundsätzlich[826] nicht

---

[822] BAG 16.6.1976, 7.11.1991, AP Nr. 56, 114 zu § 4 TVG Ausschlussfristen.
[823] BGH 17.7.2008, NJW 2009, 765; BAG 22.5.2014, 8 AZR 662/13.
[824] BAG 9.3.1966, 22.2.1978, AP Nr. 31, 63 zu § 4 TVG Ausschlussfristen.
[825] BAG 25.3.2000, AP Nr. 71 zu § 2 ArbGG 1979.
[826] Eine Ausnahme gilt nach der Abberufung als Organmitglied für die Entscheidung über die Frage, ob Ansprüche aus einem Arbeitsverhältnis bestehen, BAG 26.10.2012, NZA 2013, 54, 55 f.

zuständig (§ 5 Abs. 1 Satz 3 ArbGG)[827]. Offenbleiben kann wegen § 5 Abs. 1 Satz 2 ArbGG die Frage, ob ein Arbeitsvertrag oder ein Vertrag mit einem arbeitnehmerähnlichen Selbständigen vorliegt. Hält das Gericht den Rechtsweg zu den Gerichten der Arbeitsgerichtsbarkeit für unzulässig, spricht es dies nach Anhörung der Parteien von Amts wegen aus und verweist den Rechtsstreit an das zuständige Gericht des zulässigen Rechtswegs (§ 17a Abs. 2 GVG). Im anderen Fall entscheidet es in der Sache, und zwar im Urteilsverfahren (§ 2 Abs. 5 ArbGG).

Wird ein Rechtsstreit von einem anderen Gericht – etwa einem Amts- oder einem Landgericht – an das Arbeitsgericht verwiesen, so ist das Gericht an den Verweisungsbeschluss gebunden, selbst wenn er rechtsfehlerhaft ist (§ 17a Abs. 2 Satz 3 GVG). Nur bei örtlicher Unzuständigkeit darf es an das zuständige Arbeitsgericht weiterverweisen. Anderes gilt, wenn der Verweisungsbeschluss mit der sofortigen Beschwerde angefochten wird (§ 17a Abs. 4 Satz 3 GVG). **328**

**bb) Örtliche Zuständigkeit des Arbeitsgerichts.** Die örtliche Zuständigkeit ergibt sich über die Verweisung in § 46 Abs. 2 Satz 1 ArbGG aus den Vorschriften über das Verfahren vor den Amtsgerichten (§ 495 ff. ZPO), die auf die §§ 12 ff. ZPO weiterverweisen. Der Arbeitgeber ist an seinem allgemeinen Gerichtsstand zu verklagen (§§ 12, 13, 17 ZPO), am Ort der Niederlassung, wenn von hier aus der Arbeitsvertrag abgeschlossen wurde (§ 21 ZPO), oder am Erfüllungsort (§ 29 ZPO). Als weiteren besonderen Gerichtsstand sieht § 48 Abs. 1a ArbGG den des Arbeitsorts vor. Das ist der Ort, an dem der Arbeitnehmer gewöhnlich seine Arbeit verrichtet oder – wenn er ausgeschieden ist – verrichtet hat oder – etwa bei Außendienstlern – der Ort, von dem aus der Arbeitnehmer seine Arbeit gewöhnlich verrichtet hat[828]. **329**

## c) Parteien

**aa) Kläger und Beklagter.** Die Kündigungsschutzklage kann nur vom Arbeitnehmer erhoben werden, da es (auch) um das (weitere) Bestehen der Arbeitspflicht geht, die im Zweifel höchstpersönlich zu erfüllen ist (§ 613 Satz 1 BGB)[829]. Die Klage muss gegen den Arbeitgeber erhoben werden. Beim Leiharbeitsverhältnis ist das der Verleiher, beim mittelbaren Arbeitsverhältnis der Mittelsmann[830], bei einer Kündigung vor einem Betriebsübergang (§ 613a BGB) der bisherige Betriebsinhaber, nach einem Übergang der Erwerber[831]. **330**

**bb) Partei- und Prozessfähigkeit.** Parteifähig ist, wer rechtsfähig ist, prozessfähig, wer geschäftsfähig ist (§§ 50 ff. ZPO). Geschäftsunfähige werden durch ihre gesetzlichen Vertreter vertreten, Minderjährige durch ihre Eltern (§§ 1626, 1629 BGB), die GmbH durch ihren Geschäftsführer (§ 35 GmbHG), die AG durch den Vorstand (§ 78 AktG), die OHG durch jeden Gesellschafter (§ 125 HGB), die KG durch ihren **331**

---

[827] BAG 15.3.2011. NZA 2011, 874, 875; BAG 4.2.2013, NZA 2013, 397, 398.
[828] S. im einzelnen *Reinhard/Böggemann*, NJW 2008, 1263.
[829] KR/*Friedrich*, § 4 KSchG Rn. 74 ff.; *Stahlhacke/Preis/Vossen*, Kündigung, Rn. 1900.
[830] BAG 21.2.1990, EzA § 611 BGB Mittelbares Arbeitsverhältnis.
[831] BAG 27.10.2005, NZA 2006, 668; BAG 15.12.2005, AP Nr. 294 zu § 613a BGB.

Komplementär (§§ 170, 161 Abs. 2, 125 HGB), die (Außen)GbR im Zweifel durch den (oder die) geschäftsführungsbefugten Gesellschafter (§ 714 BGB)[832].

### d) Vertretung

332 In erster Instanz können die Parteien den Kündigungsstreit selbst führen (§ 11 Abs. 1 ArbGG) oder sich vertreten lassen. Als Vertreter kommen u.a. Rechtsanwälte und Vertreter von Gewerkschaften und Arbeitgeberverbänden in Betracht (s. im einzelnen § 11 Abs. 2 ArbGG). Die Kosten der Vertretung trägt in der ersten Instanz jede Partei selbst, auch wenn sie obsiegt (§ 12a Abs. 1 ArbGG). Ab der zweiten Instanz müssen sich die Parteien durch Rechtsanwälte oder Verbandsvertreter vertreten lassen (§ 11 Abs. 4 ArbGG). Zur Vertretung ist jeder bei einem deutschen Gericht zugelassene Rechtsanwalt befugt, unabhängig vom Ort seiner Zulassung. Verbandsvertreter müssen über die Befähigung zum Richteramt verfügen (§ 11 Abs. 4 Satz 3 ArbGG).

### e) Form

333 Die Klage ist schriftlich (§ 46 Abs. 2 ArbGG, § 253 Abs. 1 ZPO) oder zur Niederschrift der Geschäftsstelle des Arbeitsgerichts zu erheben (§ 46 Abs. 2 ArbGG, § 496 ZPO). Schriftform bedeutet eigenhändige Unterschrift durch den Kläger oder seinen Prozessbevollmächtigten; ohne Unterschrift liegt nur ein rechtlich bedeutungsloser Klageentwurf vor[833]. Die Klage kann auch durch Telekopie oder Telefax erhoben werden[834]. In diesem Fall reicht die Wiedergabe der Unterschrift in der dem Gericht zugehenden Kopie aus (§ 130 Nr. 6 ZPO). Der Schriftform genügt auch die Aufzeichnung der Klage als elektronisches Dokument, wenn es für die Bearbeitung durch das Gericht geeignet ist und bei diesem eine entsprechende Empfangsvorrichtung besteht. Das Dokument soll mit einer qualifizierten elektronischen Signatur nach dem Signaturgesetz versehen werden (§ 46b Abs. 1 ArbGG). Die Einzelheiten werden durch Bundes- bzw. Landesrechtsverordnung geregelt (§ 46b Abs. 2 ArbGG). Ein elektronisches Dokument ist eingereicht, sobald die Empfangseinrichtung des Gerichts es aufgezeichnet hat (§ 46b Abs. 3 ArbGG).

### f) Frist

334 Da die Klagefrist nach § 4 KSchG eine **materiell-rechtliche Ausschlussfrist** ist, ist ihre Einhaltung nach h.M. nicht bei der Zulässigkeit, sondern bei der Begründetheit der Klage zu prüfen.

### g) Rechtsschutzbedürfnis

335 Zum Feststellungsinteresse des Arbeitnehmers s. oben Rn. 315, 319. Der Arbeitgeber hat kein Rechtsschutzbedürfnis für eine Klage auf Feststellung, dass die Kündi-

---

[832] Zur Rechts-, Partei- und Prozessfähigkeit der (Außen)GbR BGH 29.1.2001, NJW 2001, 1056 ff., 1057 f.
[833] BAG 26.1.1976, 26.6.1986, AP Nr. 1, 14 zu § 4 KSchG 1969.
[834] GmsOGB 5.4.2000, NJW 2000, 2340.

gung wirksam ist. Das folgt schon daraus, dass es dem Arbeitnehmer frei steht, ob er die Rechtsunwirksamkeit der Kündigung geltend macht oder ob er die Kündigung nach § 7 KSchG wirksam werden lässt[835].

## 5. Entscheidung des Gerichts

### a) Stattgebende Entscheidung

Der Umfang der materiellen Rechtskraft einer stattgebenden Entscheidung des Arbeitsgerichts (§ 322 ZPO) bemisst sich nach dem Streitgegenstand, der wiederum von dem Antrag des klagenden Arbeitnehmers abhängt. **336**

**aa) Kündigungsschutzklage nach § 4 KSchG.** Gibt das Arbeitsgericht dem Kündigungsschutzantrag nach § 4 KSchG statt, so steht mit Rechtskraft des Urteils fest, dass das Arbeitsverhältnis durch die Kündigung nicht beendet wurde. Zugleich steht nach ständiger, aber umstrittener Ansicht des BAG fest, dass im Zeitpunkt des Zugangs der Kündigung zwischen den Parteien ein Arbeitsverhältnis bestand, da dieser Umstand vorgreiflich für die Feststellung ist, dass die Kündigung das Arbeitsverhältnis nicht beendet hat[836]. **337**

Der im Prozess unterlegene Arbeitgeber kann wegen der Präklusionswirkung des rechtskräftigen Urteils eine erneute Kündigung nicht auf Gründe stützen, die er im ersten Verfahren vorgebracht hat und die der Entscheidung des Gerichts zugrunde liegen. Tut er dies gleichwohl, muss der Arbeitnehmer zwar erneut fristgemäß Kündigungsschutzklage erheben; dieser ist aber ohne weiteres stattzugeben[837]. Der Arbeitgeber wird in einem Folgeprozess auch nicht mehr mit der Behauptung gehört, im Zeitpunkt der ersten Kündigung habe kein wirksames Arbeitsverhältnis bestanden[838]. Präklusionswirkung entfaltet die Entscheidung über eine frühere Kündigung allerdings nur bei identischem Sachverhalt[839]. Hat sich dieser wesentlich geändert, darf der Arbeitgeber erneut kündigen[840]. **338**

**bb) Allgemeine Feststellungsklage nach § 256 ZPO.** Bei einer allgemeinen Feststellungsklage steht mit dem stattgebenden Urteil fest, dass im Zeitpunkt der letzten mündlichen Verhandlung zwischen den Parteien ein Arbeitsverhältnis bestand und nicht aus irgendeinem Rechtsgrund beendet wurde[841]. **339**

### b) Abweisende Entscheidung

Die Reichweite der Präklusion unterscheidet sich danach, ob die Abweisung durch Prozess- oder durch Sachurteil erfolgt. **340**

---

[835] *Von Hoyningen-Huene/Linck*, § 4 KSchG Rn. 7, 5.
[836] BAG 12.1.1977, AP Nr. 3 zu § 4 KSchG 1969; BAG 5.10.1995, AP Nr. 48 zu § 519 ZPO.
[837] BAG 26.8.1993, AP Nr. 113 zu § 626 BGB.
[838] BAG 12.1.1977, 12.6.1986, AP Nr. 3, 17 zu § 4 KSchG 1969.
[839] BAG 20.12.2012, NZA 2013, 1003.
[840] BAG 12.11.2012, NZA 2013, 665 (neue Erkenntnisse in einem Ermittlungs- oder Strafverfahren).
[841] KR/*Friedrich*, § 4 KSchG Rn. 256.

**341 aa) Prozessurteil.** Weist das Gericht die Klage wegen Unzulässigkeit ab, weil bis zum Schluss der mündlichen Verhandlung eine Prozessvoraussetzung nicht erfüllt ist, so beschränkt sich die materielle Rechtskraft auf den vom Gericht festgestellten Zulässigkeitsmangel[842]. Die materielle Unwirksamkeit der Kündigung kann nach wie vor geltend gemacht werden, jedenfalls sofern nicht nach § 7 KSchG materielle Präklusion eingetreten ist.

**342 bb) Sachurteil.** Weist das Gericht die Kündigungsschutzklage nach § 4 KSchG ab, weil es von der Rechtswirksamkeit der Kündigung ausgeht, so steht fest, dass das Arbeitsverhältnis (nur) durch die angegriffene Kündigung beendet worden ist. Erhebt der Arbeitnehmer nach Abschluss des ersten Prozesses eine Lohnklage für die Zeit nach Ablauf der Kündigungsfrist, um das Gericht zu einer inzidenten zweiten Prüfung der Wirksamkeit der ersten Kündigung zu zwingen, so ist das Gericht an die Feststellung, dass die Kündigung das Arbeitsverhältnis beendet hat, gebunden[843]. Eine Kündigung, die auf denselben Sachverhalt gestützt wird wie eine vorhergehende Kündigung (Wiederholungskündigung), ist wegen deren Präklusionswirkung unwirksam[844]. Wurde der allgemeine Feststellungsantrag gestellt, steht bei Klageabweisung fest, dass im Zeitpunkt der letzten mündlichen Verhandlung kein Arbeitsverhältnis mehr bestanden hat[845].

### c) Auflösung des Arbeitsverhältnisses durch Gerichtsentscheidung

**343** Stellt das Gericht fest, dass das Arbeitsverhältnis durch die Kündigung nicht beendet wurde, so kann es das Arbeitsverhältnis auf Antrag einer Partei auflösen und den Arbeitgeber zur Zahlung einer angemessenen Abfindung verurteilen (§ 9 Abs. 1 KSchG). § 9 Abs. 1 S. 1 KSchG ist nicht anwendbar, wenn der Arbeitnehmer Änderungsschutzklage (§ 4 S. 2 KSchG) erhoben und zuvor das mit der Änderungskündigung verbundene Änderungsangebot unter Vorbehalt angenommen hat (§ 2 KSchG)[846]. Der Auflösungsantrag kann nur im Rahmen eines Kündigungsschutzprozesses gestellt werden, in dem sich der Arbeitnehmer zumindest auch auf die Sozialwidrigkeit der Kündigung beruft. Ist die Kündigung zugleich aus anderen Gründen unwirksam, so kann nur der Arbeitnehmer die Auflösung beantragen. Dasselbe gilt bei einer außerordentlichen Kündigung, und zwar auch dann, wenn sie mit einer Auslauffrist verbunden ist (§ 13 Abs. 1 Satz 3 KSchG)[847]. Das Gericht hat seinem Antrag stattzugeben, wenn ihm im Zeitpunkt der letzten mündlichen Verhandlung die Fortsetzung des Arbeitsverhältnisses nicht mehr zuzumuten ist[848]. Als Auflösungstermin ist der Zeitpunkt festzusetzen, an dem bei sozial gerechtfertigter Kündigung das Arbeitsverhältnis geendet hätte (§ 9 Abs. 2 KSchG)[849]. Die Anfor-

---

[842] BGH 6.3.1985, NJW 1985, 2535; *Thomas/Putzo*, § 322 ZPO Rn. 3.
[843] *Ascheid*, Kündigungsschutzrecht, Rn. 783; *Boemke*, RdA 1995, 222.
[844] BAG 11.7.2013, NZA 2014, 250.
[845] KR/*Friedrich*, § 4 KSchG Rn. 254.
[846] BAG 24.10.2013, NZA 2014, 486.
[847] BAG 30.9.2010, NZA 2011, 349.
[848] BAG 30.9.1976, AP Nr. 3 zu § 9 KSchG 1969.
[849] BAG 21.6.2012, NZA 2013, 199.

derungen an die Unzumutbarkeit liegen unter denen für den wichtigen Grund im Sinne des § 626 BGB.

**Beispiele:** ehrverletzende Behauptungen über den Arbeitnehmer, Zerrüttung des Vertrauens- 344
verhältnisses, Gefahr, dass der Arbeitnehmer bei Rückkehr in den Betrieb nicht mehr einwandfrei behandelt wird, Spannungen mit Vorgesetzten und Kollegen.

Dem Antrag des Arbeitgebers hat das Gericht stattzugeben, wenn Gründe vorliegen, 345
die eine den Betriebszwecken dienliche weitere Zusammenarbeit nicht mehr erwarten lassen. Der mit § 1 KSchG bezweckte Bestandsschutz verlangt, dass an die vom Arbeitgeber vorgetragenen Auflösungsgründe strenge Anforderungen gestellt werden. Als Auflösungsgrund kommen vor allem Beleidigungen oder sonstige verletzende Äußerungen oder persönliche Angriffe des Arbeitnehmers oder seines Prozessbevollmächtigten gegen den Arbeitgeber, Vorgesetzten oder Kollegen in Betracht, wenn sie über die Wahrnehmung berechtigter Interessen hinausgehen und der Arbeitnehmer sich von ihnen nicht distanziert. Verschulden ist nicht erforderlich[850]. Bei leitenden Angestellten i.S.v. § 14 Abs. 2 KSchG bedarf der Auflösungsantrag keiner Begründung.

Hält das Arbeitsgericht sowohl die Kündigungsschutzklage als auch die Auflö- 346
sungsanträge für begründet, so muss es in einer einheitlichen Entscheidung die Unwirksamkeit der Kündigung feststellen, das Arbeitsverhältnis auflösen, den Zeitpunkt festsetzen, an dem das Arbeitsverhältnis bei einer sozial gerechtfertigten Kündigung geendet hätte (§ 9 Abs. 2 KSchG), und den Arbeitgeber zur Zahlung einer Abfindung verurteilen. Die Höhe der Abfindung liegt im pflichtgemäßen Ermessen des Gerichts[851]. Sie muss sich innerhalb der Höchstgrenzen des § 10 KSchG halten. Die Abfindung ist weder Arbeitsentgelt noch Schadensersatz; sie ist vielmehr eine Entschädigung dafür, dass der Arbeitnehmer trotz der sozial nicht gerechtfertigten Kündigung den Arbeitsplatz verliert[852].

### 6. Weiterbeschäftigungsanspruch

*a) Problem*

Das Arbeitsverhältnis endet, wenn die ordentliche Kündigung wirksam war, mit 347
Ablauf der Kündigungsfrist. Ob die Kündigung das Arbeitsverhältnis tatsächlich beendet hat, steht aber erst mit dem rechtskräftigen Abschluss des Kündigungsschutzverfahrens fest und damit nicht selten lange nach Ablauf der Kündigungsfrist. Für die Zeit dazwischen hat der Arbeitnehmer häufig ein Interesse daran, weiterbeschäftigt zu werden, etwa um seine Fähigkeiten und Fertigkeiten nicht zu verlieren oder nicht aus dem Betrieb „herauszuwachsen". Dem Arbeitgeber ist umgekehrt an einer raschen auch tatsächlichen Beendigung des Arbeitsverhältnisses gelegen. Der

---

[850] BAG 10.7.2008, NZA 2009, 312; BAG 23.2.2010, NZA 2010, 1123.
[851] BAG 26.8.1976, AP Nr. 68 zu § 626 BGB.
[852] BAG 16.5.1984, AP Nr. 12 zu § 9 KSchG 1969.

Gesetzgeber hat in diesem Interessenwiderstreit 1972 als Kompromiss einen „betriebsverfassungsrechtlichen Weiterbeschäftigungsanspruch" geschaffen (§ 102 Abs. 5 BetrVG), die Rechtsprechung zusätzlich einen allgemeinen Weiterbeschäftigungsanspruch, dessen Voraussetzungen, Wirkungen und Rechtsfolgen umstritten sind[853].

### b) Betriebsverfassungsrechtlicher Weiterbeschäftigungsanspruch

348 Besteht in einem Betrieb ein Betriebsrat, widerspricht dieser der Kündigung frist- und formgerecht und erhebt der Arbeitnehmer Kündigungsschutzklage, dann muss der Arbeitgeber ihn auf Verlangen bei unveränderten Arbeitsbedingungen bis zum rechtskräftigen Abschluss des Rechtsstreits weiterbeschäftigen (§ 102 Abs. 5 Satz 1 BetrVG).

349 Das Arbeitsgericht kann den Arbeitgeber nur dann von der Verpflichtung zur Weiterbeschäftigung entbinden, wenn

- die Klage des Arbeitnehmers keine hinreichende Aussicht auf Erfolg bietet oder mutwillig erscheint oder
- die Weiterbeschäftigung des Arbeitnehmers zu einer unzumutbaren wirtschaftlichen Belastung des Arbeitgebers führen würde oder
- der Widerspruch des Betriebsrats offensichtlich unbegründet war (§ 102 Abs. 5 Satz 2 BetrVG).

### c) Allgemeiner Weiterbeschäftigungsanspruch

350 **aa) Voraussetzungen.** Sind die Voraussetzungen des betriebsverfassungsrechtlichen Weiterbeschäftigungsanspruchs nicht erfüllt – es besteht kein Betriebsrat, oder der bestehende Betriebsrat widerspricht der Kündigung nicht oder nicht gehörig[854] –, so kommt nach der Rechtsprechung des BAG[855] ein „allgemeiner Weiterbeschäftigungsanspruch" in Betracht, wenn die Kündigung unwirksam ist und überwiegende schutzwerte Interessen des Arbeitgebers der Weiterbeschäftigung nicht entgegenstehen. Davon kann in zwei Fällen ausgegangen werden:

351 **(1) Bei offensichtlich unwirksamer Kündigung.** Die Kündigung ist offensichtlich unwirksam, wenn sich ihre Unwirksamkeit jedem Kundigen schon aus dem eigenen Vortrag des Arbeitgebers ohne Beweiserhebung und ohne dass ein Beurteilungsspielraum gegeben wäre, geradezu aufdrängt, wenn die Unwirksamkeit also ohne jeden vernünftigen Zweifel in rechtlicher und tatsächlicher Hinsicht offen zutage liegt[856], wie etwa bei fehlender Anhörung des Betriebsrats, bei Kündigung einer Schwangeren ohne Zustimmung der zuständigen Behörde oder bei einer Trotzkündigung.

---

[853] BAG GS 27.2.1985, AP Nr. 14 zu § 611 BGB Beschäftigungspflicht.
[854] BAG 18.1.1979, EzA § 611 BGB Beschäftigungspflicht Nr. 3.
[855] BAG 10.3.1987, 17.1.1991, 12.2.1992, AP Nr. 1, 8, 9 zu § 611 BGB Weiterbeschäftigung.
[856] BAG GS 19.12.1985, AP Nr. 14 zu § 611 BGB Beschäftigungspflicht.

**(2) Bei Obsiegen des Arbeitnehmers in erster Instanz.** Bei der Ungewissheit über 352
den Ausgang des Kündigungsrechtsstreits im Falle einer nicht offensichtlich unwirksamen Kündigung überwiegt grundsätzlich das Interesse des Arbeitgebers an Nichtbeschäftigung das des Arbeitnehmers an Beschäftigung. Wird jedoch erstinstanzlich die Unwirksamkeit der Kündigung festgestellt, muss der Arbeitgeber zusätzliche Umstände vortragen, aus denen sich im Einzelfall das Überwiegen seines Interesses ergibt. In Betracht kommen vor allem Umstände, die ihn in einem ungekündigten Arbeitsverhältnis zur vorläufigen Suspendierung der Arbeitspflicht berechtigen würden, etwa der Verdacht des Verrats von Betriebsgeheimnissen oder von strafbaren Handlungen. Sein Interesse an der Nichtbeschäftigung kann sich aber auch aus der Stellung des Arbeitnehmers im Betrieb und aus der Art seines Arbeitsbereichs ergeben[857].

Streiten die Parteien um die Wirksamkeit einer Befristung oder einer auflösenden 353
Bedingung, so gelten die Grundsätze für den Weiterbeschäftigungsanspruch im Kündigungsschutzprozess entsprechend[858].

**bb) Rechtsgrundlage.** Das BAG leitet den Weiterbeschäftigungsanspruch aus den 354
§§ 611a, 613 BGB i.V.m. § 242 BGB her, wobei die Generalklausel von Treu und Glauben durch das aus den Wertentscheidungen der Art. 1 und 2 GG folgende Persönlichkeitsrecht des Arbeitnehmers ausgefüllt werde[859]. Dieses gebe dem Arbeitnehmer einen Anspruch auf tatsächliche Beschäftigung, und das gelte auch nach einer Kündigung. Andere sehen im Weiterbeschäftigungsanspruch kein Problem des materiellen Rechts, sondern des Vollstreckungsrechts (Ausnahme vom Grundsatz der vorläufigen Vollstreckbarkeit aller arbeitsgerichtlichen Urteile, § 62 ArbGG) oder der sachgerechten Gestaltung des einstweiligen Rechtsschutzes[860].

**cc) Erfüllung des Weiterbeschäftigungsanspruchs.** Offengelassen hat der Große 355
Senat, auf welcher Rechtsgrundlage der Leistungsaustausch beruht, wenn der Arbeitgeber den Arbeitnehmer zur Erfüllung des Weiterbeschäftigungsanspruchs tatsächlich Arbeit verrichten lässt. Hier ist danach zu unterscheiden, ob die Erfüllung des Weiterbeschäftigungsanspruchs freiwillig oder nur zur Vermeidung der sonst drohenden Zwangsvollstreckung erfolgt.

---

[857] BAG GS 27.2.1985, AP Nr. 14 zu § 611 BGB Beschäftigungspflicht.
[858] BAG 13.6.1985, AP Nr. 19 zu § 611 BGB Beschäftigungspflicht.
[859] BAG GS 27.2.1985, AP Nr. 14 zu § 611 BGB Beschäftigungspflicht m.w.N.
[860] *Wank*, RdA 1987, 159.

**355a** **(1)** Beschäftigt der Arbeitgeber den Gekündigten nach Ablauf der Kündigungsfrist **freiwillig** weiter, so kann darin die durch den rechtskräftigen Abschluss des Kündigungsschutzverfahrens auflösend bedingte Fortsetzung des ursprünglichen Arbeitsverhältnisses[861] oder die Begründung eines befristeten Arbeitsverhältnisses für die Dauer des Rechtsstreits liegen (Schriftform erforderlich, § 14 Abs. 4 TzBfG)[862]. Eine entsprechende Vereinbarung kann ausdrücklich oder stillschweigend getroffen werden; allein die Tatsache der Weiterzahlung der ursprünglich vereinbarten Vergütung genügt allerdings nicht[863]. Bei einem freiwillig fortgesetzten Arbeitsverhältnis hat der Arbeitnehmer Anspruch auf Entgeltfortzahlung bei unverschuldetem Arbeitsausfall. Wird letztinstanzlich die Wirksamkeit der Kündigung und damit die Beendigung des Arbeitsverhältnisses festgestellt, berührt das den Leistungsaustausch nach Ablauf der Kündigungsfrist nicht; er beruht auf der Fortsetzungsvereinbarung.

**356** **(2)** Erfolgt die Weiterbeschäftigung **nur zur Abwendung der Zwangsvollstreckung** aus einem Weiterbeschäftigungsurteil, so besteht zwischen den Arbeitsvertragsparteien nach Ablauf der Kündigungsfrist kein Arbeitsverhältnis mehr. Wird letztinstanzlich die Wirksamkeit der Kündigung und damit die Beendigung des Arbeitsverhältnisses festgestellt, fehlt es an einem Rechtsgrund für die Leistungen, die die Arbeitsvertragsparteien nach Ablauf der Kündigungsfrist erbracht haben[864]. Der Weiterbeschäftigungsanspruch selbst ist kein Rechtsgrund; durch ihn wird kein wie auch immer geartetes „Weiterbeschäftigungsverhältnis" begründet[865]. Folgerichtig müssen die Leistungen bereicherungsrechtlich rückabgewickelt werden[866]. Der Arbeitgeber schuldet, da er die Leistungen des Arbeitnehmers nicht in natura herausgeben kann, Wertersatz (§ 818 Abs. 2 BGB). Der Wert ist nach der üblichen oder mangels einer solchen nach der angemessenen Vergütung zu bestimmen (s. § 7 Rn. 7). An einer Bereicherung fehlt es, soweit der Arbeitnehmer nicht gearbeitet hat, etwa wegen Urlaubs[867] oder wegen Krankheit[868]. Der Arbeitnehmer muss eine zu viel erhaltene Vergütung zurückerstatten, kann sich aber auf § 818 Abs. 3 BGB berufen. Dem steht § 819 BGB auch dann nicht entgegen, wenn der Arbeitgeber die Vergütung unter dem Vorbehalt der Rückforderung zahlt; damit gibt er nur zu erkennen, dass es nach seiner Auffassung an einem Rechtsgrund für die Leistung fehlt[869].

---

[861] BAG 4.9.1986, AP Nr. 22 zu § 611 BGB Beschäftigungspflicht.
[862] BAG 22.10.2003, NZA 2004, 1275.
[863] BAG 12.2.1992, AP Nr. 9 zu § 611 BGB Weiterbeschäftigung.
[864] BAG 10.3.1987, 17.1.1991, 12.2.1992, AP Nr. 1, 8, 9 zu § 611 BGB Weiterbeschäftigung.
[865] So aber *von Hoyningen-Huene/Linck*, § 4 KSchG Rn. 160 ff.
[866] So zutreffend KR/*Etzel*, § 102 BetrVG Rn. 297.
[867] BAG 17.1.1991, NZA 1991, 769.
[868] APS/*Koch*, § 102 BetrVG Rn. 242.
[869] Zu Vorstehendem BAG 12.2.1992, AP Nr. 9 zu § 611 BGB Weiterbeschäftigung.

**dd) Gerichtliche Geltendmachung.** Der Weiterbeschäftigungsanspruch kann klageweise durchgesetzt werden, sei es in einem gesonderten Verfahren, sei es zusammen mit der Kündigungsschutzklage; dabei kann der Antrag auf Weiterbeschäftigung auch hilfsweise für den Fall gestellt werden, dass der Kündigungsschutzklage stattgegeben wird[870].

357

## 7. Wiedereinstellungsanspruch

### a) Problem

Nicht mit dem Anspruch auf vorläufige Weiterbeschäftigung zu verwechseln ist der Wiedereinstellungsanspruch des Arbeitnehmers nach wirksamer Kündigung. Der Wiedereinstellungsanspruch ist das Korrektiv dafür, dass die Kündigung auf einer Prognose beruht[871] und dass sie deshalb beispielsweise schon wegen einer beabsichtigten Betriebsstilllegung oder wegen des Verdachts einer strafbaren Handlung zulässig ist. Erweist sich die Prognose aufgrund von Umständen, die erst nach der Kündigung eintreten, als falsch, kann das zwar nichts mehr an ihrer Wirksamkeit ändern, da es aus Gründen der Rechtssicherheit, Verlässlichkeit und Klarheit allein auf die objektiven Verhältnisse zum Zeitpunkt des Kündigungszugangs ankommt[872]. Der Arbeitgeber kann aber nach Treu und Glauben (§ 242 BGB) gehalten sein, mit dem Arbeitnehmer die Fortsetzung des bisherigen Arbeitsverhältnisses zu vereinbaren. Es wäre widersprüchlich, wenn er das Arbeitsverhältnis wegen erst künftig eintretender Umstände kündigte, aber bei Nichteintritt dieser Umstände einseitig Nutzen daraus zöge, dass der Kündigungsgrund nicht mehr besteht[873].

358

**Beispiele:** A kündigt B wegen beabsichtigter Betriebsstilllegung, die bereits „greifbare Formen" angenommen hat. Nach der Kündigung meldet sich der Interessent I, der den Betrieb übernehmen und weiterführen will. Die betriebsbedingte Kündigung des B ist zwar wirksam; B kann aber von I Wiedereinstellung verlangen[874]. Wiedereinstellung kann B auch dann verlangen, wenn A die Abteilung, in der B arbeitet, stilllegen will und deshalb alle dort beschäftigten Mitarbeiter entlässt, sich aber noch vor Ablauf der Kündigungsfrist entschließt, die Abteilung mit einer geringeren Anzahl von Arbeitnehmern beizubehalten[875].

359

---

[870] BAG 8.4.1988, AP Nr. 4 zu § 611 BGB Weiterbeschäftigung.
[871] BAG 27.2.1997, AP Nr. 1 zu § 1 KSchG 1969 Wiedereinstellung; BAG 20.10.2015, NZA 2016, 299.
[872] BAG 15.7.1971, AP Nr. 83 zu § 1 KSchG; BAG 27.2.1997, AP Nr. 1 zu § 1 KSchG Wiedereinstellung; *Ascheid*, Kündigungsschutzrecht, Rn. 219; KR/*Griebeling*, § 1 KSchG Rn. 729 m.w.N.
[873] Vgl. BAG 23.11.2006, NZA 2007, 866; BAG 25.10.2007, NZA 2008, 357; BAG 20.10.2015, NZA 2016, 299.
[874] BAG 15.12.2011, NZA-RR 2013, 179.
[875] BAG 4.12.1997, DB 1998, 85.

## b) Voraussetzungen

**360  aa) Interessenabwägung.** Wann ein Wiedereinstellungsanspruch besteht, lässt sich nur unter Berücksichtigung der Umstände des Einzelfalls sagen. Entscheidend ist, ob das Interesse des Arbeitnehmers an einer unveränderten Fortsetzung des Arbeitsverhältnisses das Interesse des Arbeitgebers, es bei der Beendigung zu belassen, überwiegt.

**361**  Fällt der Kündigungsgrund noch während der Kündigungsfrist weg, so hat der Arbeitgeber regelmäßig kein schutzwürdiges Interesse, dass es bei der Beendigung bleibt. Anders kann es sein, wenn er im Hinblick auf die Kündigung bereits Dispositionen getroffen hat, etwa indem er den Arbeitsplatz eines schwer erkrankten Arbeitnehmers wieder besetzt hat. Davon gilt eine Rückausnahme, wenn der Arbeitgeber den – erneuten – Wegfall der Beschäftigungsmöglichkeit treuwidrig herbeigeführt hat, insbesondere wenn er den Arbeitsplatz in Kenntnis des Wiedereinstellungsverlangens des Arbeitnehmers mit einem anderen Arbeitnehmer besetzt oder den Arbeitnehmer nicht über eine unvorhergesehen sich ergebende Beschäftigungsmöglichkeit informiert hat (Rechtsgedanke des § 162 BGB)[876].

**362  bb) Sozialauswahl.** Gibt es für einen freigewordenen Arbeitsplatz mehrere Bewerber, so hat der Arbeitgeber seine Auswahlentscheidung nach § 242 BGB unter Abwägung betrieblicher Belange und sozialer Gesichtspunkte zu treffen. Aufseiten des Arbeitnehmers sind dabei zwar Alter, Betriebszugehörigkeit, Unterhaltspflichten und Schwerbehinderung zu berücksichtigen; an § 1 Abs. 3 KSchG ist die Auswahlentscheidung aber nicht zu messen[877].

**363  cc) Weiterbeschäftigungsmöglichkeit vor Ablauf der Kündigungsfrist.** Ein Wiedereinstellungsanspruch kommt grundsätzlich nur in Betracht, wenn die Umstände, die ihn begründen, vor Beendigung des Arbeitsverhältnisses eintreten. Etwas anderes gilt, wenn es nach diesem Zeitpunkt zu einem Betriebsübergang kommt[878], wenn der Arbeitgeber eine Stilllegungsabsicht aufgibt[879] oder wenn er einen besonderen Vertrauenstatbestand geschaffen hat[880].

**363a  dd) Wiedereinstellungsverlangen.** Der Anspruch auf Wiedereinstellung muss vom Arbeitnehmer geltend gemacht werden. Das kann auch nach Ablauf der Kündigungsfrist geschehen, wenn ihm die Umstände, die den Anspruch begründen, erst danach bekannt werden. Bei einem nachträglichen Betriebsübergang kann die Wiedereinstellung nur binnen eines Monats verlangt werden[881]. Der Wiedereinstellungsanspruch richtet sich gegen den Erwerber[882]. Die Frist läuft wie beim Widerspruch

---

[876]  BAG 4.5.2006, NZA 2006, 1096; BAG 25.10.2007, NZA 2008, 357, 360.
[877]  BAG 28.6.2000, NZA 2000, 1097, 1101.
[878]  BAG 13.11.1997, NZA 1998, 251; BAG 27.1.2011, NZA 2011, 1162.
[879]  ErfK/*Preis*, § 613a Rn. 166.
[880]  Z.B. mehrmalige Neubegründung von Arbeitsverhältnissen nach saisonalen Unterbrechungen oder nach witterungsbedingten Kündigungen.
[881]  BAG 25.10.2007, NZA 2008, 357, 360.
[882]  BAG 15.12.2011, NZA-RR 2013, 179.

gemäß § 613a Abs. 6 BGB erst mit einer ordnungsgemäßen Information nach § 613a Abs. 5 BGB an[883]. Das Fortsetzungsverlangen kann aber nach § 242 BGB verwirkt werden. Ob der Arbeitgeber – außerhalb der Regelungen über den Betriebsübergang – den Arbeitnehmer über die Beschäftigungsmöglichkeit informieren muss und wenn ja, wann und wie, richtet sich gemäß § 242 BGB nach den Umständen des Einzelfalles[884]. Kaum lösbare Schwierigkeiten ergeben sich, wenn man annimmt, dass der Arbeitgeber den Arbeitnehmer auch über freie Plätze im Unternehmen informieren muss, auf denen er nach seinem Arbeitsvertrag hätte beschäftigt werden können. Der Wiedereinstellungsanspruch kann auch rückwirkend geltend gemacht werden[885]. Mit Inkrafttreten des § 311a BGB ist der auf eine unmögliche Leistung gerichtete Vertrag nicht mehr nichtig; eine dahingehende Verurteilung ist deshalb zulässig[886].

**ee) Wiedereinstellungsanspruch bei Abfindungsvergleich.** Durch einen Abfindungsvergleich (Aufhebung des Arbeitsvertrags gegen Zahlung einer Abfindung) kann ein etwaiger Wiedereinstellungsanspruch wirksam ausgeschlossen werden. Fehlt es an einer ausdrücklichen Regelung, so ist im allgemeinen davon auszugehen, dass die Parteien das Arbeitsverhältnis nach Beendigung des Vertrags nicht unverändert fortsetzen wollen. Etwas anderes gilt, wenn der Abfindungsvergleich nach § 779 BGB unwirksam ist oder nach den Grundsätzen über den Wegfall der Geschäftsgrundlage beseitigt wird[887]. 364

### c) Erfüllung des Wiedereinstellungsanspruchs

Der Wiedereinstellungsanspruch wird erfüllt durch eine Vereinbarung über die Fortsetzung des alten Arbeitsvertrages. Der Arbeitnehmer kann den Arbeitgeber auf Abgabe der entsprechenden Willenserklärung verklagen; sein Angebot liegt spätestens im Klageantrag. Er kann aber auch sofort auf Erfüllung der Hauptpflichten klagen, d.h. auf Weiterbeschäftigung und Zahlung der vereinbarten Vergütung[888]. Bei einem Betriebsübergang ist das Verlangen an den Erwerber zu richten. 365

---

[883] BAG 27.1.2011, NZA 2011, 1162.
[884] Zu Vorst. BAG 28.6.2000, SAE 2001, 125 ff., 129 f.
[885] BAG 9.11.2006, AP Nr. 1 zu § 311a BGB; BAG 25.10.2007, NZA 2008, 357.
[886] Anders zuvor noch BAG 28.6.2000, NZA 2000, 1097, 1101.
[887] BAG 28.6.2000, SAE 2001, 125 ff., 129 ff.
[888] BAG 6.8.1997, DB 1998, 423; BAG 4.12.1997, DB 1998, 85.

## VII. Änderungskündigung

### 1. Allgemeines

#### a) Grundgedanken

366 **aa) Zweck der Änderungskündigung.** Die Änderungskündigung zielt nicht auf die Beendigung des Arbeitsverhältnisses, sondern auf die Änderung der bisherigen Arbeitsvertragsbedingungen[889]. Sie ist das Druckmittel, um den Abschluss eines Änderungsvertrages (§ 311 Abs. 1 BGB) zu erreichen. Der Arbeitgeber kündigt das Arbeitsverhältnis und bietet im Zusammenhang mit der Kündigung die Fortsetzung zu geänderten Bedingungen an. Fällt das Arbeitsverhältnis unter das KSchG, ist die Änderungskündigung unwirksam, wenn die Änderung der Arbeitsbedingungen nicht sozial gerechtfertigt ist (§ 2 KSchG).

367 **bb) Ratio legis des § 2 KSchG.** Rechtsprechung und h.L. sehen durch § 2 KSchG den Inhalt des Arbeitsverhältnisses geschützt. Während § 1 KSchG den Bestand sichere – das „Ob" –, schütze § 2 KSchG den Inhalt – das „Wie"–, das Arbeitsverhältnis in seiner gegenwärtigen Gestalt[890]. In früheren Entscheidungen war das BAG davon ausgegangen, dass § 1 KSchG auch den Inhalt des Arbeitsverhältnisses schütze[891]. Das war richtig. Schränkt § 1 KSchG die Kündbarkeit des Arbeitsvertrags ein, dann schützt er auch vor einer Kündigung zum Zwecke der Änderung. Gäbe es § 2 KSchG nicht, dann müssten die Voraussetzungen für eine Beendigungskündigung vorliegen, wenn der Arbeitgeber Arbeitsbedingungen ändern wollte, deren Änderung er sich nicht vorbehalten hat oder vorbehalten konnte. § 2 KSchG erlaubt ihm eine Änderung (bereits dann), wenn die Änderung nicht sozial ungerechtfertigt ist[892]. Er schwächt also den Grundsatz der Vertragstreue ab. § 2 KSchG schützt nicht das pactum, er durchbricht vielmehr den Grundsatz des „pacta sunt servanda"[893].

368 Vor Einfügung des § 2 KSchG konnte der Arbeitnehmer das Angebot neuer Vertragsbedingungen nur annehmen oder ablehnen; eine Annahme unter Vorbehalt war im Gesetz nicht vorgesehen. Erkannte das Gericht die Änderung als sozial gerechtfertigt an, dann verlor er seinen Arbeitsplatz. Diese unnötige und von keiner Partei gewollte Folge hat § 2 KSchG beseitigt[894]. Nunmehr kann der Arbeitnehmer das Änderungsangebot unter dem Vorbehalt annehmen, dass die Änderung der Arbeitsvertragsbedingungen nicht sozial ungerechtfertigt ist, und dies durch das Arbeitsgericht prüfen lassen. Insofern schützt § 2 KSchG den Arbeitnehmer. Das ist aber kein Inhaltsschutz.

---

[889] BAG 26.1.2012, NZA 2012, 856; BAG 22.3.2012, NZA 2012, 1040; *Hromadka*, NZA 2008, 1338, 1339.
[890] BAG 19.5.1993, AP Nr. 31 zu § 2 KSchG 1969.
[891] BAG 7.6.1973, AP Nr. 1 zu § 626 BGB Änderungskündigung.
[892] *Hromadka*, NZA 1996, 3.
[893] *Ascheid*, Kündigungsschutzrecht, Rn. 484.
[894] Vgl. amtl. Begr. zum Arbeitsrechtlichen Bereinigungsgesetz, BT-Drucksache V/3918, S. 8; die Regelung geht zurück auf *Bötticher*, FS E. Molitor, 1962, S. 137.

## b) Abgrenzung

Arbeitsbedingungen kann der Arbeitgeber nicht nur mit Hilfe der Änderungskündigung einseitig ändern. In Betracht kommen auch Weisungen aufgrund des Direktionsrechts und die Ausübung vorbehaltener Änderungsbefugnisse[895]. 369

**aa) Direktionsrecht.** Mit dem Direktionsrecht (= dem allgemeinen Weisungsrecht), das der Arbeitnehmer dem Arbeitgeber wesensnotwendig mit dem Abschluss des Arbeitsvertrages überträgt, konkretisiert der Arbeitgeber Zeit, Ort und Art und Weise der vom Arbeitnehmer nur „gattungsmäßig" versprochenen Tätigkeit (§ 106 GewO). Der Arbeitgeber kann mit Hilfe des Direktionsrechts erstmalig die Arbeitspflicht konkretisieren, und er kann sie später wieder ändern. Im Gegensatz zur Änderungskündigung lässt die Ausübung des Direktionsrechts den Arbeitsvertrag unberührt. Geändert werden nur die Arbeitsbedingungen, nicht der Arbeitsvertrag. Die Änderungen müssen sich deshalb im Rahmen des Vereinbarten halten (s. § 6 Rn. 6 ff., 16). 370

**bb) Änderungsvorbehalt.** Der Arbeitgeber kann sich darüber hinaus vertraglich vorbehalten, Arbeitsvertragsbedingungen zu ändern. Das geschieht dadurch, dass er sich ein Leistungsbestimmungsrecht im Sinne des § 315 BGB einräumen lässt. Änderungsvorbehalte kommen sowohl bei der Leistung (Art und Umfang der Tätigkeit) als auch bei der Gegenleistung (Entgelt) in Betracht. 371

Die Vereinbarung darf nicht gegen höherrangiges Recht (§§ 134, 138, 242 BGB) verstoßen. Deshalb ist der Vorbehalt der Änderung wesentlicher Elemente des Arbeitsvertrages unzulässig, wenn dadurch das Verhältnis von Leistung und Gegenleistung – Arbeit und Entgelt – grundlegend gestört wird[896] (s. § 5 Rn. 134). Im übrigen unterliegt er in allgemeinen oder einseitig vom Arbeitgeber vorformulierten Arbeitsbedingungen der Inhaltskontrolle (§§ 307, 308 Nr. 4 BGB, s. § 5 Rn. 135, § 7 Rn. 62 ff.). Die Ausübung eines Änderungsvorbehalts unterliegt stets gerichtlicher Kontrolle. Im Zweifel gilt der Maßstab des § 315 BGB[897], d.h. der Arbeitgeber hat billiges Ermessen zu wahren (s. § 5 Rn. 132 ff.). 372

---

[895] Ausführlich zu den sonstigen Änderungsinstrumenten *Hromadka*, RdA 1992, 234 ff.
[896] BAG 11.6.1958, 9.6.1965, AP Nr. 2, 20 zu § 611 BGB Direktionsrecht; BAG 7.10.1982, AP Nr. 5 zu § 620 BGB Teilkündigung; ausführlich *Hromadka*, RdA 1992, 234, 238 ff.
[897] BAG 12.1.2005, NZA 2005, 465; BAG 20.4.2011, NZA 2011, 796.

373 Kommen Änderungsvorbehalte nicht in Betracht, wenn es um Änderungen im „Kernbereich des Arbeitsverhältnisses" geht, so ist es bei der Änderungskündigung gerade umgekehrt. Bei geringfügigen Änderungen scheidet sie in aller Regel aus, weil die Voraussetzungen des § 1 KSchG nicht vorliegen; ihr Hauptanwendungsgebiet sind die nicht unerheblichen Änderungen. Die Änderungskündigung macht deshalb den Änderungsvorbehalt nicht überflüssig, so wie umgekehrt trotz der Möglichkeit eines Änderungsvorbehalts nicht auf die Änderungskündigung verzichtet werden kann. Beide Institute ergänzen einander. Eine Änderungskündigung muss immer dann, wenn ein Vorbehalt wegen Eingriffs in den Kernbereich nicht in Betracht kommt, jedenfalls vom Grundsatz her zulässig sein. Änderungsvorbehalt und Änderungskündigung unterscheiden sich aber noch in einem weiteren Punkt voneinander. Änderungsvorbehalte können aus jedem sachlichen Grund vereinbart werden, und sie können die Tätigkeit, die Arbeitszeit und das Entgelt betreffen. Eine Änderungskündigung ist nur aus Gründen im Betrieb, in der Person und im Verhalten des Arbeitnehmers gerechtfertigt.

374 **cc) Teilkündigung.** Im Gegensatz zur Änderungskündigung wird bei der Teilkündigung das Arbeitsverhältnis nicht im ganzen in Frage gestellt, sondern es sollen nur einzelne Bestimmungen herausgekündigt werden. Teilkündigungen sind regelmäßig unzulässig, weil dadurch einseitig in das Ordnungs- und Äquivalenzgefüge des Arbeitsverhältnisses eingegriffen wird. Durch die Teilkündigung könnte sich eine Partei von unliebsamen Vertragsbedingungen befreien, den Vertragspartner aber am Restvertrag festhalten. Überdies bestünde kein Kündigungsschutz, da die Teilkündigung nicht auf die Beendigung des Arbeitsverhältnisses zielt.

375 Etwas anderes gilt, wenn sich eine Partei das Recht zur Teilkündigung vertraglich vorbehalten hat[898]. Die Teilkündigung ist dann der Sache nach nichts anderes als ein Widerrufsvorbehalt mit einer Ankündigungsfrist[899], für den die Grundsätze über Änderungsvorbehalte gelten[900]. Ausnahmsweise ist die Teilkündigung auch dann zulässig, wenn sich ein Gesamtvertragsverhältnis aus mehreren Teilverträgen zusammensetzt und diese Teilverträge nach dem Gesamtbild des Vertrags jeweils für sich als selbständig lösbar aufgefasst werden müssen[901]. Allerdings darf die Teilkündigung nicht zu einer Umgehung von zwingenden Kündigungsvorschriften führen.

**Beispiel:** Entzug der Stellung als Datenschutzbeauftragter. Diese Aufgabe steht nicht in einem inneren Zusammenhang mit den sonstigen Rechten und Pflichten aus dem Arbeitsverhältnis. Der Wegfall der Aufgabe führt deshalb auch nicht zu einem einseitigen wesentlichen Eingriff in das Ordnungs- und Äquivalenzgefüge des gesamten Arbeitsverhältnisses[902].

---

[898] BAG 14.11.1990, AP Nr. 25 zu § 611 BGB Arzt-Krankenhaus-Vertrag.
[899] BAG 7.10.1982, AP Nr. 5 zu § 620 BGB Teilkündigung.
[900] Zu Vorst. *Hromadka*, RdA 1992, 234, 251.
[901] BAG 12.12 1984, NZA 1985, 321; BAG 14.11.1990, NZA 1991, 377.
[902] BAG 13.3.2007, NZA 2007, 563, 565.

## 2. Bestandteile der Änderungskündigung

Die Änderungskündigung setzt sich zusammen aus einer Kündigung und aus dem Angebot auf Fortsetzung des Arbeitsverhältnisses zu geänderten Bedingungen, d.h. auf Abschluss eines Änderungsvertrags (§ 311 Abs. 1 BGB). **376**

---

**Prüfungsschema für die Änderungskündigung**

1. **Erklärung einer Änderungskündigung**
   a) Auf Beendigung des Arbeitsverhältnisses gerichtete, unbedingte oder durch Ablehnung des Änderungsangebots bedingte einseitige Erklärung (zulässige Potestativbedingung)
   b) Im Zusammenhang damit (vorher oder gleichzeitig) Angebot auf Abschluss eines Änderungsvertrages
2. **Schriftform für die Kündigung und das Änderungsangebot**
   § 623 BGB, § 22 Abs. 3 BBiG, § 62 Abs. 1 SeemG, § 17 Abs. 2 Satz 2 MuSchG
3. **Zugang**
4. **Ordnungsgemäße Vertretung des Kündigenden (§ 164 BGB)**
5. **Keine Unwirksamkeit der Kündigung**
   a) Anfechtung (§ 142 BGB)
   b) Verstoß gegen ein gesetzliches Verbot (z.B. § 17 Abs. 1 MuSchG)
   c) Sittenwidrigkeit (§ 138 BGB)
   d) Treuwidrigkeit (§ 242 BGB)
   e) Kein kollektiv- oder individualvertragliches Kündigungsverbot
6. **Anzeige- oder Erlaubnispflicht für Kündigung (§§ 17 KSchG, 17 Abs. 2 MuSchG)**
7. **Anhörung des Betriebsrats (§ 102 BetrVG) und ggf. der Schwerbehindertenvertretung (§ 178 Abs. 2 SGB IX)**
8. **Kündigungsschutz nach dem KSchG**
   a) **Persönlicher Anwendungsbereich (§ 1 Abs. 1 KSchG)**
      Über 6-monatiger ununterbrochener Bestand des Arbeitsverhältnisses
   b) **Betrieblicher Anwendungsbereich (§ 23 Abs. 1 Satz 2, 3 KSchG)**
      Mehr als 10 vollzeitig beschäftigte Arbeitnehmer im Betrieb
   c) **Annahme des Änderungsangebotes unter dem Vorbehalt des § 2 KSchG**
      aa) Annahme des Änderungsangebotes des Arbeitgebers
      bb) Erklärung des Vorbehalts der gerichtlichen Nachprüfung (Annahme unter Bedingung, entgegen § 150 Abs. 2 BGB keine Ablehnung)
      cc) Rechtzeitig: binnen 3 Wochen nach Zugang der Kündigung oder bis zum Ablauf der Kündigungsfrist, wenn diese kürzer ist
   d) **Fristgemäße Erhebung der Änderungsschutzklage**
      Binnen drei Wochen nach Zugang der Kündigung, § 4 Satz 1 KSchG, bei Versäumung Wegfall des Vorbehalts (§ 7 HS. 2 KSchG)
   e) **Änderung der Arbeitsbedingungen (nicht: der Beendigung des Arbeitsverhältnisses) sozial nicht ungerechtfertigt**
      aa) Rechtsprechung:
         (1) Personen-, verhaltens- oder betriebsbedingte Gründe erfordern an sich die Änderung der Arbeitsbedingungen
         (2) Arbeitgeber hat sich darauf beschränkt, nur solche Änderungen vorzuschlagen, die der Arbeitnehmer billigerweise hinnehmen muss
      bb) Lehre
         (1) Personen-, verhaltens- oder betriebsbedingte Gründe erfordern an sich die Änderung der Arbeitsbedingungen
         (2) Ultima ratio
         - bzgl. der Art der Änderung („ob")
         - bzgl. des Ausmaßes der Änderung („wie")
         (3) Bei personen- und verhaltensbedingter Kündigung Interessenabwägung; bei betriebsbedingter Änderungskündigung Sozialauswahl

## a) Kündigung

**377** Die Änderungskündigung ist eine echte Kündigung[903]. Das Arbeitsverhältnis endet, wenn sich der Arbeitnehmer weigert, das Änderungsangebot anzunehmen. Es muss also eine wirksame Kündigungserklärung vorliegen. Die Kündigung darf nicht gegen höherrangiges Recht (§§ 134, 138, 242 BGB) oder gegen vertragliche Kündigungsbeschränkungen verstoßen. Darüber hinaus gelten nach der Rechtsprechung auch die Vorschriften des Sonderkündigungsschutzes (s. oben Rn. 226 ff.). Das ist vor allem bei Massenänderungskündigungen nicht unproblematisch, d.h. wenn der Arbeitgeber allen oder zumindest mehreren Mitarbeitern gleichzeitig eine Änderungskündigung erklärt. Besonders schutzbedürftige Arbeitnehmer sollen gegen den Verlust ihres Arbeitsplatzes geschützt werden, nicht aber gegen eine sozial gerechtfertigte Änderung ihrer Arbeitsbedingungen, insbesondere wenn alle anderen Arbeitnehmer sie hinnehmen müssen.

**378** Vor Ausspruch einer Änderungskündigung ist der **Betriebsrat** nach § 102 BetrVG anzuhören[904]. Dazu sind ihm das Änderungsangebot, die Gründe für die Änderung und die Kündigungsfristen mitzuteilen[905], bei einer betriebsbedingten Änderungskündigung auch die Gründe für die Sozialauswahl[906]. Entsprechendes gilt für die Anhörung der Schwerbehindertenvertretung vor der Änderungskündigung eines Schwerbehinderten (§ 178 Abs. 2 SGB IX). Bezweckt die Änderungskündigung eine Versetzung im Sinne des § 95 Abs. 3 BetrVG, so hat der Betriebsrat auch nach § 99 BetrVG mitzubestimmen. Die Zustimmung nach § 99 BetrVG ist aber nur für die tatsächliche Zuweisung des neuen Arbeitsbereichs erforderlich; fehlt diese, führt das nicht zur Unwirksamkeit der Änderungskündigung. Der Arbeitgeber kann die geänderten Vertragsbedingungen jedoch nicht durchsetzen, solange das Verfahren nach § 99 BetrVG nicht ordnungsgemäß durchgeführt ist. Er kann vom Arbeitnehmer aber auch nicht verlangen, dass er in seinem alten Arbeitsbereich weiterarbeitet[907], weil sein Vertrag jetzt auf den neuen lautet. Damit gerät der Arbeitgeber in Annahmeverzug (§ 615 Satz 1 BGB). Der Verpflichtung zur Entgeltzahlung ohne Arbeitsleistung kann er nur dadurch entgehen, dass er dem Arbeitnehmer für die Dauer des Zustimmungs- und Zustimmungsersetzungsverfahrens die Weiterarbeit auf dem bisherigen Arbeitsplatz anbietet. Weigert sich der Arbeitnehmer, so verliert er nach § 615 Satz 2 BGB den Entgeltanspruch[908].

**379** Die Änderungskündigung kann als ordentliche oder als außerordentliche Kündigung erklärt werden. Letzteres ist vor allem bei Arbeitnehmern von Bedeutung, die nicht ordentlich kündbar sind[909]. Bei der Prüfung des § 626 BGB stellt die Recht-

---

[903] BAG 10.12.1992, EzA § 315 BGB Nr. 40.
[904] BAG 10.3.1982, EzA § 2 KSchG Nr. 3; BAG 11.10.1989, EzA § 1 KSchG Betriebsbedingte Kündigung Nr. 64; BAG 30.11.1989, EzA § 102 BetrVG 1972 Nr.76.
[905] BAG 30.11.1989, BB 1990,704; BAG 29.3.1990, EzA § 102 BetrVG 1972.
[906] BAG 12.8.2010, NZA 2011, 460.
[907] A.A. BAG 30.9.1993, AP Nr. 33 zu § 2 KSchG; BAG 22.4.2010, NZA 2010, 1235.
[908] *Wallner*, Die ordentliche Änderungskündigung des Arbeitgebers, Diss. Passau, 2001, B IV 3 b, 1.
[909] S. dazu etwa BAG 1.3.2007, NZA 2007, 1445.

sprechung nicht (mehr) auf die fiktive Kündigungsfrist ab[910]. Sie fragt nur, ob die Änderung der Arbeitsbedingungen unabweisbar notwendig ist, ob die neuen Arbeitsbedingungen für den Arbeitnehmer zumutbar sind und ob – bei mehreren Möglichkeiten – der Arbeitgeber dem Arbeitnehmer die Möglichkeit angeboten hat, die ihn am wenigsten belastet[911]. Der Arbeitnehmer muss, obwohl § 13 Abs. 1 Satz 2 nicht auf § 2 KSchG verweist, die vorbehaltliche Annahme des Änderungsangebotes unverzüglich erklären[912]; die Rechtsprechung billigt ihm aber eine „angemessene" Überlegungsfrist zu, innerhalb derer er Rechtsrat einholen kann[913]. Möglich ist auch eine vorsorgliche oder hilfsweise Änderungskündigung, die unter der (Rechts-)Bedingung steht, dass der Arbeitgeber die Arbeitsbedingungen nicht im Wege des Direktionsrechts ändern kann. Für Massenänderungskündigungen gelten keine Besonderheiten[914]. Insbesondere bleibt es nach h.L. bei dem individuellen Maßstab für die Prüfung der sozialen Rechtfertigung. Das macht Massenänderungskündigungen für die Praxis sehr schwierig.

### b) Änderungsangebot

**aa) Zeitpunkt.** Im Zusammenhang mit der Kündigung muss der Arbeitgeber dem Arbeitnehmer die Fortsetzung des Arbeitsverhältnisses zu geänderten Bedingungen anbieten, d.h. er muss ihm ein Angebot zum Abschluss eines Änderungsvertrags (§ 311 Abs. 1 BGB) unterbreiten. Im Normalfall wird der Arbeitgeber dem Arbeitnehmer die Änderung zugleich mit der Kündigung anbieten. Er kann das Angebot aber auch schon vor der Kündigung unterbreiten. Der Arbeitgeber muss ein Änderungsangebot machen, wenn sich eine betriebsbedingte Beendigungskündigung durch Weiterbeschäftigung an einem anderen, freien Arbeitsplatz bei entsprechend geänderten Bedingungen vermeiden lässt (s. oben Rn. 206). Kündigt der Arbeitgeber nach Unterbreitung des Änderungsangebots, so muss er das Angebot aufrechterhalten[915]. Streitig ist, ob das Änderungsangebot der Kündigungserklärung auch nachfolgen kann. Rechtsprechung und h.L. lehnen das zu Recht ab[916]. Anderenfalls könnte der Arbeitgeber die dem Arbeitnehmer durch § 2 KSchG eingeräumte Überlegungsfrist beliebig verkürzen; im Extremfall könnte er bis zum letzten Tag der Frist warten und damit den Arbeitnehmer zur sofortigen Annahme des Angebotes zwingen. In einem nachgereichten Änderungsangebot kann aber zugleich eine weitere, konkludent erklärte Kündigung liegen[917].

380

---

[910] BAG 21.6.1995, AP Nr. 36 zu § 15 KSchG 1969; anders noch BAG 6.3.1986, AP Nr. 19 zu § 2 KSchG 1969.
[911] BAG 27.11.2008, NZA 2009, 481.
[912] BAG 19.6.1986, 27.3.1987, AP Nr.16, 20 zu § 2 KSchG 1969.
[913] BAG 27.3.1987, AP Nr. 20 zu § 2 KSchG 1969.
[914] §§ 17 ff. KSchG gelten, soweit die Massenänderungskündigung zu Entlassungen führt, vgl. BAG 10.3.1983, AP Nr. 2 zu § 2 KSchG 1969.
[915] BAG 27.9.1984, AP Nr. 8 zu § 2 KSchG 1969.
[916] BAG 10.12.1975, AP Nr. 90 zu §§ 22, 23 BAT.
[917] KDZ/*Zwanziger*, § 2 KSchG Rn. 124; KR/*Rost*, § 2 KSchG Rn. 22.

**381 bb) Inhalt.** Das Änderungsangebot muss inhaltlich so bestimmt sein, dass der Arbeitnehmer es mit einem schlichten „Ja" annehmen kann[918]. Der Arbeitgeber darf aber, wenn er sich nicht sicher ist, welches Angebot sich vom bisherigen Vertragsinhalt weniger weit entfernt, Alternativangebote unterbreiten[919]. Das Angebot kann befristet werden. Die Befristung kann sich aus den Umständen ergeben („Bitte um umgehende Antwort"). Sie darf nicht kürzer als drei Wochen sein, da sonst die Mindestannahmefrist des § 2 Satz 2 KSchG unterschritten würde. An die Stelle einer zu kurz bemessenen Annahmefrist tritt die dreiwöchige Mindestfrist[920]. Das Angebot muss wirksam sein. Wird eine ordentliche Änderungskündigung erklärt, ist die Kündigungsfrist einzuhalten. Der Arbeitnehmer ist nicht verpflichtet, vor Ablauf dieser Frist in eine Vertragsänderung mit schlechteren Arbeitsbedingungen einzuwilligen. Ein derart unzulässiges Angebot kann auch nicht in ein fristgemäßes Angebot umgedeutet werden[921].

### 3. Reaktionsmöglichkeiten des Arbeitnehmers

**382** Der Arbeitnehmer hat drei Möglichkeiten, auf eine Änderungskündigung zu reagieren:

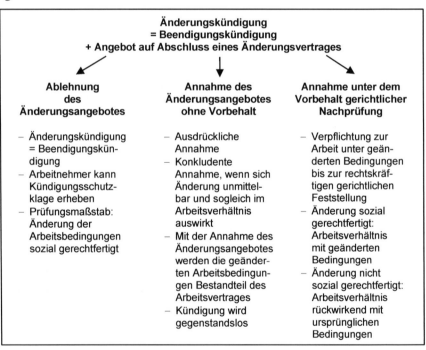

---

[918] BAG 10.9.2009, NZA 2010, 333: „eindeutig bestimmt oder doch bestimmbar"; BAG 26.1.2017 NZA 2017, 499.
[919] BAG 10.4.2014, 2 AZR 812/12.
[920] BAG 1.2.2007, NZA 2007, 925, 926.
[921] BAG 21.9.2006, NZA 2007, 435, 436.

## VII. Änderungskündigung

### a) Ablehnung

Der Arbeitnehmer kann das Änderungsangebot ablehnen. Es bleibt dann bei der Kündigung, die, wenn sie wirksam ist, zur Beendigung des Arbeitsverhältnisses führt. Da der Arbeitnehmer seinen Arbeitsplatz riskiert, wird er das Angebot nur ablehnen, wenn er unter keinen Umständen bereit ist, zu den geänderten Bedingungen zu arbeiten, oder wenn er von der Unwirksamkeit der Kündigung oder des Änderungsangebots überzeugt ist.

383

Der Arbeitnehmer kann Kündigungsschutzklage erheben. Er muss klagen, wenn er die Präklusionswirkung des § 7 KSchG verhindern will (§ 4 KSchG). Bei der Prüfung der Sozialwidrigkeit der Kündigung ist nach h.M. nicht darauf abzustellen, ob die Beendigung des Arbeitsverhältnisses sozial gerechtfertigt ist, sondern ob die Änderung der Arbeitsvertragsbedingungen nicht sozialwidrig ist. Das Änderungsangebot ist bei der Beurteilung der Sozialwidrigkeit der Kündigung mit zu berücksichtigen. Kündigung und Änderungsangebot bilden eine untrennbare Einheit[922]. Die Beendigung des Arbeitsverhältnisses ist nur die Folge davon, dass der Arbeitnehmer eine sozial gerechtfertigte Änderung seiner Vertragsbedingungen nicht hinnehmen will.

384

### b) Vorbehaltlose Annahme des Angebots

Nimmt der Arbeitnehmer das Angebot vorbehaltlos an, kommt der Änderungsvertrag zustande. Die Kündigung wird damit gegenstandslos. Der Arbeitnehmer kann die Annahme ausdrücklich erklären, sie kann sich aber auch aus den Umständen ergeben, etwa bei widerspruchsloser Weiterarbeit, wenn sich die Änderung unmittelbar und sogleich im Arbeitsverhältnis auswirkt[923]. Der Arbeitnehmer kann das Angebot nur bis zu dem Zeitpunkt annehmen, zu dem der Arbeitgeber den Eingang der Antwort unter regelmäßigen Umständen erwarten darf (§ 147 Abs. 2 BGB); das ist spätestens der Tag, an dem der Arbeitgeber die ordentliche Kündigung zu dem von ihm gewünschten Termin aussprechen muss. Die 3-Wochen-Frist des § 2 Satz 2 KSchG ist nicht entsprechend anwendbar[924].

385

### c) Annahme des Angebots unter Vorbehalt

Der Arbeitnehmer kann schließlich nach § 2 KSchG das Angebot unter dem Vorbehalt annehmen, dass die Änderung der Arbeitsbedingungen nicht sozial ungerechtfertigt ist, und er kann die soziale Rechtfertigung durch das Arbeitsgericht prüfen lassen. Damit vermeidet er eine nicht gerechtfertigte Vertragsänderung, ohne seinen Arbeitsplatz aufs Spiel zu setzen. Kommt nämlich das Arbeitsgericht zu der Überzeugung, dass die Änderung der Vertragsbedingungen und damit die Kündigung sozial gerechtfertigt ist, fällt lediglich der Vorbehalt weg. Das Arbeitsverhältnis bleibt bestehen; nur die Bedingungen ändern sich.

386

---

[922] BAG 21.9.2006, NZA 2007, 435; *Hromadka*, NZA 1996, 11; a.A. *Herschel*, FS G. Müller, S. 207; *Precklein*, Prüfungsmaßstab bei Änderungskündigungen, 1995, S. 62 ff.
[923] BAG 8.7.1960, EzA § 305 BGB Nr.1; vgl. aus neuerer Zeit BAG 25.4.2007, NZA 2007, 801; vgl. weiter *Hromadka*, RdA 1992, 246; KR/*Rost*, § 2 KSchG Rn. 63.
[924] BAG 6.2.2003, NZA 2003, 657; BAG 1.2.2007, NZA 2007, 925.

**387** Rechtsdogmatisch wird der Änderungsvertrag also unter der auflösenden Bedingung abgeschlossen, dass das Arbeitsgericht die Sozialwidrigkeit der Änderung der Arbeits(vertrags)bedingungen feststellt[925]. Hält das Gericht die Änderung für sozial nicht gerechtfertigt, tritt die Bedingung ein, und der Änderungsvertrag fällt rückwirkend weg (§ 8 KSchG). Der Arbeitnehmer muss zwar mit Ablauf der Kündigungsfrist zu den neuen Bedingungen arbeiten, kann aber, wenn er im Änderungsschutzprozess gewinnt, rückwirkend die alten Bedingungen verlangen.

**388** Den Vorbehalt muss der Arbeitnehmer dem Arbeitgeber innerhalb der Kündigungsfrist, spätestens jedoch innerhalb von drei Wochen nach Zugang der Kündigung (formlos) erklären (§ 2 Satz 2 KSchG), bei einer fristlosen Änderungskündigung, insbesondere bei einer außerordentlichen Kündigung, unverzüglich, d.h. ohne schuldhaftes Zögern (§ 121 Abs. 1 Satz 1 BGB)[926]. Die Erklärung ist dem Arbeitgeber gegenüber abzugeben. Das kann auch konkludent geschehen, etwa durch Erhebung der Änderungsschutzklage. Die 3-Wochen-Frist ist auch dann gewahrt, wenn die Klage innerhalb von 3 Wochen bei Gericht eingereicht wird; § 167 ZPO kann nach der Änderung der Rechtsprechung des BGH[927] auf den Vorbehalt angewendet werden[928]. Unabhängig davon muss der Arbeitnehmer innerhalb von 3 Wochen nach Zugang der Kündigung Änderungsschutzklage erheben mit dem Antrag, dass die Änderung der Arbeitsbedingungen sozial ungerechtfertigt ist (§ 4 Satz 2 KSchG)[929]; sonst erlischt der Vorbehalt (§ 7 HS. 2 KSchG). Zur Berechnung und Wahrung der Frist s. oben Rn. 301.

**388a** Hat der Arbeitnehmer das Änderungsangebot des Arbeitgebers unter Vorbehalt angenommen und Änderungsschutzklage nach § 4 Satz 2 KSchG erhoben, streiten die Parteien nicht über eine Beendigung ihres Arbeitsverhältnisses und damit nicht über die Rechtswirksamkeit der ausgesprochenen Kündigung, sondern über die Berechtigung des Angebots auf Änderung der Arbeitsbedingungen[930]. **Streitgegenstand der Änderungsschutzklage** ist nicht die Wirksamkeit der Kündigung, sondern der Inhalt der für das Arbeitsverhältnis geltenden Vertragsbedingungen[931]. Will der Arbeitnehmer die Unwirksamkeit der Kündigung geltend machen, muss er dies gesondert nach § 4 Satz 1 KSchG beantragen. Hat der Arbeitgeber alternative Änderungsangebote unterbreitet und hat der Arbeitnehmer ein Angebot unter Vorbehalt angenommen und ein anderes abgelehnt, dann kann er sich im Rechtsstreit nicht mehr darauf berufen, dass das abgelehnte Angebot den bisherigen Vertragsbedingungen näher gekommen wäre[932].

**388b** Eine gerichtliche Auflösung des Arbeitsverhältnisses nach § 9 Abs. 1 S. 1 KSchG kommt im Rahmen einer Änderungsschutzklage nicht in Betracht[933].

---

[925] BAG 27.9.1984, AP Nr. 8 zu § 2 KSchG 1969.
[926] BAG 19.6.1986, 27.3.1987, AP Nr. 16, 20 zu § 2 KSchG 1969.
[927] BGH 17.7.2008, NJW 2009, 765.
[928] Str.; wie hier ErfK/*Preis*, § 2 KSchG Rn. 35a; s. auch BAG 22.5.2014, NZA 2014, 924; a.A. APS/*Künzl*, § 2 KSchG Rn. 228.
[929] BAG 26.1.1995, AP Nr. 36 zu § 2 KSchG 1969.
[930] BAG 26.8.2008, DB 2009, 461; BAG 22.4.2010, NZA 2010, 1235.
[931] BAG 26.1.2012, NZA 2012, 856.
[932] BAG 10.4.2014, NZA 2014, 653.
[933] BAG 24.10.2013, NZA 2014, 486.

## 4. Soziale Rechtfertigung

### a) Allgemeines

**aa) Verweis auf die Beendigungskündigung.** Für die Frage der sozialen Rechtfertigung der Änderungskündigung verweist § 2 KSchG auf § 1 KSchG. Der Wortlaut der §§ 2 Satz 1, 4 Satz 2 und 8 KSchG macht jedoch deutlich, dass nicht die Beendigung des Arbeitsverhältnisses sozial gerechtfertigt sein muss, sondern die Änderung der Arbeitsbedingungen[934], und zwar auch dann, wenn der Arbeitnehmer das Änderungsangebot ablehnt[935]. Die Voraussetzungen für eine Beendigungskündigung brauchen nicht vorzuliegen[936]. Allerdings ist eine Änderungskündigung nicht schon deshalb gerechtfertigt, weil der Arbeitgeber ein Änderungsangebot unterbreitet und der Arbeitnehmer „nein" sagt.

389

Offen ist, welcher Prüfungsmaßstab genau gilt, insbesondere ob an Änderungskündigungen geringere Anforderungen zu stellen sind als an Beendigungskündigungen[937]. In keinem Fall können höhere Anforderungen gestellt werden, denn eine Änderungskündigung ist zumindest dann nicht sozial ungerechtfertigt, wenn eine Beendigungskündigung gerechtfertigt wäre[938]. Das folgt schon daraus, dass der Arbeitgeber nach dem Ultima-ratio-Prinzip gehalten ist, eine Änderungskündigung auszusprechen, bevor er eine Beendigungskündigung erklärt[939].

390

**bb) 2-stufige Prüfung.** Die Rechtsprechung prüft die Sozialrechtfertigung der Änderungskündigung in zwei Schritten[940]. Im ersten Schritt wird ermittelt, ob Gründe in der Person oder im Verhalten des Arbeitnehmers oder im Betrieb die Änderung der Arbeitsbedingungen bedingen. Das ist der Fall, wenn das Bedürfnis für die Weiterbeschäftigung des Arbeitnehmers zu den bisherigen Bedingungen entfallen ist[941]. Im zweiten Schritt wird untersucht, ob sich der Arbeitgeber bei einem an sich anerkennenswerten Grund darauf beschränkt hat, nur solche Änderungen vorzuschlagen, die der Arbeitnehmer billigerweise hinnehmen muss. Die Rechtsprechung trennt also zwischen dem „Grund" und dem „Ziel" der Änderung sowie zwischen der Art (dem „Ob") und dem Ausmaß (dem „Wie"). Die Gründe für eine Änderung können aus der Sphäre des Arbeitnehmers stammen (persönliche oder verhaltensbedingte Gründe) oder aus der des Arbeitgebers (dringende betriebliche Erfordernisse). Das Ziel einer Änderungskündigung kann die Änderung der Tätigkeit nach dem Ort, der Art und Weise oder dem Umfang (Arbeitszeit) sein, und zwar mit oder ohne Änderung des Entgelts; Ziel kann auch die bloße Entgeltänderung, aber auch die Änderung jeder anderen Vertragsklausel sein, z.B. die nachträgliche Befristung

391

---

[934] BAG 19.5.1993, AP Nr. 31 zu § 2 KSchG 1969; BAG 18.5.2017, 2 AZR 606/16.
[935] BAG 21.9.2006, AP Nr. 86-129 zu § 2 KSchG 1969; BAG 19.6.2007, NZA 2008, 103, 105 m.w.N.
[936] BAG 7.6.1973, AP Nr. 1 zu § 626 BGB Änderungskündigung.
[937] Dazu *Hromadka*, NZA 1996, 1 ff.; *Kittner*, NZA 1997, 968 ff.
[938] BAG 27.9.1984, AP Nr. 8 zu § 2 KSchG 1969; *Hromadka*, NZA 1996, 3; *Kittner*, NZA 1997, 986 ff.; vgl. *Stahlhacke/Preis/Vossen*, Kündigung, Rn. 1306.
[939] BAG 21.9.2006, AP Nr. 130 zu § 2 KSchG 1969.
[940] BAG 15.3.1991, 19.5.1993, 24.4.1997, 21.9.2006, AP Nr. 28, 31, 42 zu § 2 KSchG 1969.
[941] BAG 23.6.2005, NZA 2006, 92; BAG 29.3.2007, NZA 2007, 855.

eines auf unbestimmte Zeit eingegangenen Arbeitsverhältnisses⁹⁴². Sollen mehrere Arbeitsbedingungen zugleich geändert werden, ist grundsätzlich jede für sich auf ihre soziale Rechtfertigung hin zu überprüfen⁹⁴³.

392 **cc) Ultima ratio.** Auch für die Änderungskündigung gilt der Grundsatz der Verhältnismäßigkeit⁹⁴⁴. Zu prüfen ist, ob eine Änderung erforderlich ist, und wenn ja, ob sie dem Umfang nach erforderlich ist. Es darf kein milderes Mittel geben, das entweder die Änderung selbst („Ob") oder ihren Umfang („Wie") überflüssig macht. Die angebotenen Änderungen dürfen sich nicht weiter vom Inhalt des bisherigen Arbeitsverhältnisses entfernen, als dies zur Erreichung des angestrebten Ziels notwendig ist⁹⁴⁵.

393 Da mit der Änderungskündigung die Bindung an den bisherigen Vertrag aufgehoben wird, ist vorweg zu prüfen, ob nicht bereits der bestehende Vertrag Möglichkeiten zu einer Änderung der Arbeitsbedingungen gewährt, sei es aufgrund des allgemeinen Weisungsrechts⁹⁴⁶, sei es aufgrund sonstiger Leistungsbestimmungsrechte, wie Versetzungsklauseln oder Widerrufsvorbehalte⁹⁴⁷. Nur wenn eine „vertragsimmanente" Änderung ausscheidet, kann mittels einer Änderungskündigung der Abschluss eines neuen Vertrages erzwungen werden. Bei Zweifeln kann eine vorsorgliche Änderungskündigung erklärt werden, die unter der Rechtsbedingung steht, dass die Arbeitsbedingungen nicht durch Weisung geändert werden können. Streitgegenstand bei einem Prozess ist dann zunächst die Wirksamkeit der Weisung und erst, wenn das Weisungsrecht die Änderung nicht deckt, die Kündigung⁹⁴⁸.

394 Eine Klage gegen eine Änderungskündigung, der kein Angebot auf Vertragsänderung zugrunde liegt – weil der Arbeitgeber die Änderung der Arbeitsbedingungen einseitig herbeiführen kann oder bereits herbeigeführt hat („**überflüssige Änderungskündigung**") –, ist unbegründet, sofern die Kündigung nicht ausnahmsweise aus anderen Gründen (z.B. fehlerhafte Anhörung des Betriebsrats) unwirksam ist⁹⁴⁹. Bleiben bereits vereinbarte Bedingungen in Wirklichkeit unverändert, können sie nicht i.S.v. § 1 Abs. 2, § 2 S. 1 KSchG sozial ungerechtfertigt oder aus einem anderen Grund unwirksam sein⁹⁵⁰. Eine Änderungskündigung, die darauf zielt, die vertraglich geschuldete Tätigkeit des Arbeitnehmers dauerhaft auf einen Teilbereich seines bisherigen Aufgabengebiets zu beschränken, ist nicht „überflüssig", da der Arbeitgeber eine solche Änderung nicht einseitig im Wege des Direktionsrechts durchsetzen kann⁹⁵¹.

395 **dd) Interessenabwägung.** Absolute Änderungsgründe gibt es nicht. Es sind immer das Interesse des Arbeitgebers an der Änderung der Arbeitsbedingungen und das Interesse des Arbeitnehmers an der Beibehaltung der bisherigen Bedingungen unter

---

[942] BAG 16.12.2010, DB 2011, 1587.
[943] BAG 23.6.2005, NZA 2006, 92; BAG 10.9.2009, NZA 2010, 333.
[944] BAG 23.6.2005, NZA 2006, 92; BAG 29.3.2007, NZA 2007, 855.
[945] BAG 12.8.2010, NZA 2011, 460.
[946] BAG 21.2.1991, RzK I 7a Nr. 23; BAG 26.1.1995, AP Nr. 36 zu § 2 KSchG 1969.
[947] BAG 28.4.1982, AP Nr. 3 zu § 2 KSchG 1969; *Stahlhacke/Preis/Vossen*, Kündigung Rn. 1323.
[948] BAG 26.1.1995, AP Nr. 36 zu § 2 KSchG 1969, lässt dahinstehen, ob die Maßnahme durch das Weisungsrecht gedeckt war, und prüft die Änderungskündigung auf Sozialrechtfertigung.
[949] BAG 22.10.2015, NZA 2016, 225.
[950] BAG 26.1.2012, NZA 2012, 856; BAG 22.3.2012, NZA 2012, 1040.
[951] BAG 23.2.2012, DB 2012, 2104.

Berücksichtigung der gesamten Umstände des Einzelfalles gegeneinander abzuwägen. Bei einer Änderung der Tätigkeit aus betrieblichen Gründen ist die freie Unternehmerentscheidung zu achten. Daraus ergibt sich für die Änderungskündigung das folgende an die Beendigungskündigung angelehnte Prüfschema, das die Prüfungsschritte allerdings etwas differenzierter wiedergibt, als von der Rechtsprechung verlangt:

|  | Personenbedingte Änderung | Verhaltensbedingte Änderung | Betriebsbedingte Änderung |
|---|---|---|---|
| Änderungsgrund | Erhebliche Beeinträchtigung der betrieblichen Interessen durch eine dem Arbeitnehmer nicht vorwerfbare Vertragsstörung, die durch eine Vertragsänderung beseitigt werden kann | Dem Arbeitnehmer vorwerfbare erhebliche Vertragsverletzung, deren Fortdauer oder Wiederholung durch eine Vertragsänderung verhindert werden kann | Unternehmerische Entscheidung, die eine Änderung der Art, des Orts oder des Umfangs der Tätigkeit bedingt, oder wirtschaftliche Notlage, die ohne Entgeltkürzung den Betrieb oder Arbeitsplätze gefährdet |
| Ultima Ratio | - Änderung nicht durch Weisung oder sonstige Leistungsbestimmung durchsetzbar<br>- kein milderes Mittel<br>- Ausmaß der Änderung notwendig | | |
| Interessenabwägung | Änderungsinteresse des Arbeitgebers muss Bestandsinteresse des Arbeitnehmers überwiegen | | Sozialauswahl; hinsichtlich der Tätigkeit unter dem Gesichtspunkt, welchem Arbeitnehmer die Änderung am ehesten zuzumuten ist |

**396**

### b) Personen- und verhaltensbedingte Änderungskündigung

**aa) Änderungsgrund.** Gründe in der Person des Arbeitnehmers rechtfertigen eine Änderungskündigung, wenn sie zu einer Vertragsstörung führen (Betriebsablauf- oder Äquivalenzstörung)[952], Gründe im Verhalten, wenn das Vertrauen zerstört ist oder wenn weitere Vertragsverletzungen zu besorgen sind[953]. Damit ist noch nichts

**397**

---

[952] BAG 5.8.1976, 19.8.1976, EzA § 1 KSchG Krankheit Nr. 2, 3; BAG 20.7.1989, AP Nr. 1 zu § 75 BPersVG; BAG 20.7.1989, AP Nr. 2 zu § 1 KSchG 1969 Sicherheitsbedenken.
[953] BAG 22.7.1982, AP Nr. 5 zu § 1 KSchG 1969 Verhaltensbedingte Kündigung; BAG 10.11.1988, AP Nr. 3 zu § 1 KSchG 1969 Abmahnung.

darüber gesagt, wie sehr der Betriebsablauf oder die Äquivalenz gestört, der Vertrag oder das Vertrauen verletzt sein muss. Da die Änderungskündigung nicht die Beendigung des Arbeitsverhältnisses, sondern eine Anpassung bezweckt, ist es gerechtfertigt und notwendig, den Maßstab mit Blick auf das angestrebte Ziel zu bestimmen[954]. Je geringer die Änderung, desto geringere Anforderungen sind an den Kündigungsgrund zu stellen[955]. Oder umgekehrt: Je tiefer in das Arbeitsverhältnis eingegriffen wird, desto gewichtiger und dringender müssen die Interessen des Arbeitgebers sein, um diesen Eingriff zu rechtfertigen[956].

**398** Obergrenze ist ein Grund für eine Beendigungskündigung. Könnte „an sich" eine Beendigungskündigung ausgesprochen werden, dann ist die angestrebte Änderung grundsätzlich auch „zumutbar"[957]. Die Untergrenze ist nicht so leicht zu bestimmen. Denkbar wäre, dass für eine geringfügige Änderung auch ein geringfügiger Grund ausreicht, etwa für den Entzug einer kleineren Leistungszulage ein geringfügiger Leistungsrückgang oder für die Zuweisung einer anderen Tätigkeit die Möglichkeit, dass dort geringfügige Fehlzeiten nicht mehr anfallen. Das wäre aber mit dem Gedanken der Vertragstreue nicht vereinbar. Geringfügige Störungen können noch keine Umgestaltung rechtfertigen[958]. Wo die Schwelle liegt, ist aus §§ 1, 2 KSchG zu bestimmen[959]. Die Negativformulierung („sozial ungerechtfertigt") zeigt, dass der Gesetzgeber die Anforderungen nicht zu hoch schrauben wollte. Es ist nicht erforderlich, dass die Änderung sozial gerechtfertigt ist; es genügt, dass sie nicht ungerechtfertigt ist. Bagatellen scheiden als Änderungsgrund allerdings aus.

**399** Wenn § 2 KSchG eine Ausprägung des § 242 BGB ist[960], dann müssen sich auch die Gründe daran messen lassen. Ein personenbedingter Grund für eine Änderungskündigung können Fehlzeiten oder eine Leistungsminderung unterhalb der Schwelle der Beendigungskündigung sein. Die Leistungsminderung muss nicht ein Drittel ausmachen[961], die Fehlzeiten müssen sechs Wochen nicht übersteigen[962]. Eine Leistungsminderung um ein paar Prozent reicht aber ebenso wenig aus wie ein paar Krankheitstage im Jahr. Für eine verhaltensbedingte Änderungskündigung muss es nicht erst in einer Abteilung zu einer Schlägerei kommen; ständige Hänseleien, die das Betriebsklima belasten und die Anlass zu der Befürchtung geben, dass es irgendwann zum Knall kommt, können schon genug sein[963].

**400** Auch bei personen- und verhaltensbedingter Änderungskündigung wird das Änderungsangebot sich in erster Linie auf eine Änderung der Tätigkeit und nur in deren Gefolge auf eine Änderung des Entgelts richten. Eine bloße Entgeltänderung ist zwar nicht ausgeschlossen,

---

[954] BAG 7.6.1973, AP Nr. 1 zu § 626 BGB Änderungskündigung; *Hromadka*, NZA 1996, 11.
[955] BAG 7.6.1973, AP Nr. 1 zu § 626 BGB Änderungskündigung im Anschluss an *Wiedemann*, RdA 1961, 5; anders aber BAG 6.3.1986, AP Nr. 19 zu § 15 KSchG 1969.
[956] Ähnlich *Preis*, Prinzipien des Kündigungsrechts, S. 287.
[957] *Ascheid*, Kündigungsschutzrecht, Rn. 490; *Berger-Delhey*, DB 1991, 1573; *Stahlhacke/Preis/Vossen*, Kündigung, Rn.1306; a.A. KR/*Rost*, § 2 KSchG Rn. 96.
[958] BAG 6.3.1986, AP Nr. 19 zu § 15 KSchG 1969.
[959] *Ascheid*, Kündigungsschutzrecht, Rn. 198.
[960] BAG 23.6.1994, DB 1994, 2190.
[961] BAG 26.9.1991, AP Nr. 28 zu § 1 KSchG 1969 Krankheit.
[962] BAG 29.7.1993, AP Nr. 27 zu § 1 KSchG 1969 Krankheit.
[963] BAG 10.11.1988, AP Nr. 3 zu § 1 KSchG 1969 Abmahnung.

weil – anders als bei Wegfall eines Arbeitsplatzes – das Äquivalenzverhältnis gestört sein kann, und sie kann sozial gerechtfertigt sein, weil die Ursache aus der Sphäre des Arbeitnehmers kommt. Dabei sind allerdings die gesetzlichen Wertungen zu beachten. Krankheitsbedingte Fehlzeiten können nicht zu einer Entgeltminderung führen; dasselbe gilt im allgemeinen bei Leistungsminderungen. Das „normale" Entgelt wird für die Leistung im Sinne eines individuellen Sich-Bemühens gezahlt, nicht für eine Normalleistung oder für einen bestimmten Erfolg. Wohl aber berechtigt eine Leistung unterhalb der Normalleistung unter Umständen zu einer Änderungskündigung mit dem Ziel der Zuweisung einer geringer bezahlten Tätigkeit. Nicht ausreichend für eine Änderung zur Entgeltkürzung ist eine bloße andere Einschätzung der Leistung ohne Änderung der Tätigkeit[964].

**bb) Ultima ratio.** In einem zweiten Schritt ist zu fragen, ob die angestrebte Änderung nach Art und Umfang notwendig ist oder ob mildere Maßnahmen ausreichen: ob bei krankheitsbedingten Ausfallzeiten nicht der Schutz vor gesundheitsschädlichen oder -gefährlichen Arbeitsbedingungen oder der Einsatz technischer Hilfsmittel ebenso zum Ziele führt oder bei Minderleistungen eine dem Betrieb zumutbare Weiterbildung (EDV-Schulung); wenn nein, ob es nicht einen anderen – freien – Arbeitsplatz gibt, der dem bisherigen von seiner Wertigkeit her eher entspricht; ob bei Unverträglichkeit in einer Abteilung nicht ein Gespräch mit den Beteiligten oder eine andere Aufgabenverteilung oder eine räumliche Trennung oder eine Abmahnung oder – in Ausnahmefällen – eine Umsetzung genügt[965]. 401

**cc) Interessenabwägung.** Die alten und die neuen Arbeitsbedingungen sind einander gegenüberzustellen, und es ist zu prüfen, ob das Änderungsinteresse des Arbeitgebers das des Arbeitnehmers am Fortbestand der alten Arbeitsbedingungen im konkreten Fall überwiegt. Dass es dabei einen Unterschied macht, ob der Arbeitgeber einen Arbeitnehmer, der sich mit seinen Kollegen nicht verträgt, vom Einkauf Südostasien in den Einkauf China versetzen will, wenn dieser weder Sprachkenntnisse der einen noch der anderen Region hat, oder einen Arbeitnehmer aus dem Innendienst in den Außendienst, den er wegen der Reisetätigkeit gerade hatte meiden wollen, liegt auf der Hand. Dasselbe gilt, wenn sich das Entgelt mehr oder weniger ändert. 402

*c) Betriebsbedingte Änderungskündigung*

**aa) Änderungsgrund für Tätigkeit und Arbeitszeit.** Grund für eine Änderung von Art und Umfang der Tätigkeit ist eine unternehmerische Entscheidung[966], die zum Wegfall oder zur Änderung der Tätigkeit führt. Das Bedürfnis für die Weiterbeschäftigung zu den bisherigen Bedingungen oder für den bisherigen Einsatz muss entfallen[967]. Der freien unternehmerischen Entscheidung unterliegt auch eine Änderung des Anforderungsprofils einer Stelle. Sind allerdings eine Organisationsentscheidung – eine Tätigkeit nach Möglichkeit nur von einem Arbeitnehmer mit einer bestimmten Qualifikation ausführen zu lassen – und der Kündigungsentschluss 403

---

[964] BAG 24.5.1960, AP Nr. 2 zu § 620 BGB Änderungskündigung.
[965] BAG 27.9.1984, AP Nr. 8 zu § 2 KSchG 1969.
[966] BAG 24.4.1997, AP Nr. 42 zu § 2 KSchG 1969; BAG 29.3.2007, NZA 2007, 855, 857.
[967] BAG 12.8.2010, NZA 2011, 460; BAG 18.5.2017, 2 AZR 606/16.

praktisch deckungsgleich, dann muss der Arbeitgeber darlegen, dass die Entscheidung im Zusammenhang mit einer organisatorischen Maßnahme, etwa einer Neuausrichtung der Geschäftstätigkeit, steht. Bei der neuen Anforderung muss es sich um ein nachvollziehbares, arbeitsplatzbezogenes Kriterium handeln; wünschenswerte neue Anforderungen an den Stelleninhaber genügen nicht[968].

**403a** Höhere Anforderungen an den Änderungsgrund bestehen, wenn die Änderungskündigung gegenüber einem ordentlich unkündbaren Arbeitnehmer erklärt werden soll. Mit der „Unkündbarkeit" geht der Arbeitgeber nicht nur hinsichtlich des Bestandes, sondern auch bezüglich des Inhalts des Arbeitsvertrages eine besondere Verpflichtung ein. Deshalb rechtfertigt nicht jede Last, die mit dem Festhalten am Vertragsinhalt verbunden ist, eine außerordentliche Änderungskündigung. Bei einer Reorganisation ist zu prüfen, ob das geänderte unternehmerische Konzept die vorgeschlagene Vertragsänderung wirklich erzwingt oder ob es sich mit weniger einschneidenden Maßnahmen realisieren lässt. Schon bei der Erstellung des unternehmerischen Konzepts muss der Arbeitgeber die vereinbarten Kündigungsausschlüsse berücksichtigen[969].

**404 bb) Änderungsgrund für Entgeltkürzung.** Seit der Entscheidung vom 20.3. 1986[970] nimmt das BAG im Anschluss an *Hillebrecht*[971] in ständiger Rechtsprechung[972] an, dass eine Entgeltkürzung in Betracht kommt, wenn sonst der Betrieb stillgelegt oder die Belegschaft verringert werden müsste. Zur Kündigung aus Gründen in der Sphäre des Arbeitgebers steht nur die betriebsbedingte Kündigung zur Verfügung. Diese dient der Beendigung des Arbeitsverhältnisses, wenn ein Arbeitsplatz wegfällt. Drohen alle Arbeitsplätze wegzufallen oder ein nicht unbeträchtlicher Teil, dann muss nach dem Satz vom milderen Mittel auch eine Änderungskündigung zulässig sein[973]. Nach Auflösung der Arbeitsverhältnisse könnte der Arbeitgeber den Arbeitnehmern im Rahmen von Recht und Gesetz einen neuen Vertrag mit beliebigen neuen Bedingungen anbieten. Als Sekundärinstitut ist die Änderungskündigung zur Entgeltsenkung aus dringenden betrieblichen Gründen also gerechtfertigt.

**405** Manche nehmen an, dass die Änderungskündigung zur Entgeltanpassung darüber hinaus ein eigenes Institut sei und bereits dann in Betracht komme, wenn sachliche Gründe vorliegen[974] oder eine angemessene Rentabilität erreicht werden soll[975] oder „das Unternehmen mit Verlust arbeitet"[976]. Das ist der Kern des Streits um die Frage, ob an die Änderungskündigung geringere Anforderungen zu stellen sind als an die Beendigungskündigung[977]. Für die Ände-

---

[968] BAG 2.3.2017, NZA 2017, 905.
[969] BAG 2.3.2006, NZA 2006, 985; BAG 18.5.2017, 2 AZR 606/16.
[970] BAG 20.3.1986, 26.1.1995, AP Nr. 14, 36 zu § 2 KSchG 1969.
[971] *Hillebrecht*, ZIP 1985, 260.
[972] Zuletzt BAG 20.6.2013, NZA 2013, 1409.
[973] BAG 12.1.2006, NZA 2006, 587, 588; BAG 1.3.2007, NZA 2007, 1445.
[974] *Lieb/Jacobs*, Arbeitsrecht, Rn. 403 ff.; *Löwisch/Bernards*, Anm. zu BAG, EzA zu § 2 KSchG 1969 Nr. 6; *Löwisch*, NZA 1988, 637; *Schaub*, in: Hromadka, Änderung von Arbeitsbedingungen, 1990, S. 95.
[975] *Löwisch/Bernards*, Anm. zu BAG, EzA zu § 2 KSchG 1969 Nr. 6; ähnlich *Preis*, NZA 1995, 249; dagegen *Stahlhacke/Preis/Vossen*, Kündigung, Rn. 1311.
[976] Vgl. zu den Voraussetzungen der Änderungskündigung KDZ/*Zwanziger*, § 2 KSchG Rn. 169.
[977] Vgl. KDZ/*Zwanziger*, § 2 KSchG Rn. 111, 146.

## VII. Änderungskündigung

rungskündigung zur Entgeltsenkung ist das zu verneinen. Der Wortlaut des § 1 KSchG, auf den § 2 KSchG verweist, spricht von betrieblichen Erfordernissen und nicht von wirtschaftlichen. „Betriebliche Erfordernisse" ist nicht gleichbedeutend mit „Erfordernisse aus der Sphäre des Arbeitgebers". Eine solche Gleichsetzung widerspräche Sinn und Zweck des § 2 KSchG.

Der Unternehmer trägt zwar das Risiko am Markt. Er muss deshalb die Möglichkeit haben, das Unternehmen nach seinen Vorstellungen zu organisieren und zu leiten, und er muss die Arbeitsverhältnisse entsprechend anpassen können; im äußersten Fall muss er die Möglichkeit haben, sie zu beenden. Anders verhält es sich aber beim Entgelt. **406**

Der Unternehmer trifft keine wirtschaftliche, technische oder organisatorische Maßnahme im Rahmen seines Organisationsrechts, die zu einem Wegfall des Arbeitsplatzes oder zur Änderung der Arbeitszeit führt und die in einer marktwirtschaftlichen Ordnung hinzunehmen ist, sondern er will seine finanziellen Verpflichtungen ändern. Finanzielle Verpflichtungen gegenüber den Arbeitnehmern haben aber grundsätzlich keine andere Qualität als Verpflichtungen gegenüber Lieferanten oder Banken oder Drittunternehmen. Der Zwang zu sparen ist ebenso wenig ein Grund zur Entgeltkürzung wie zur Kürzung von Forderungen anderer Vertragspartner. Der Arbeitnehmer hat nicht versprochen, je nach den wirtschaftlichen Erfordernissen des Unternehmens zu unterschiedlichem Entgelt zu arbeiten. Ein sachlicher Grund für eine Änderungskündigung besteht auch dann nicht, wenn eine neue gesetzliche Regelung die Möglichkeit vorsieht, durch Parteivereinbarung einen geringeren (tariflichen) Lohn festzulegen, als er dem Arbeitnehmer bisher gesetzlich oder vertraglich zustand[978]. Die Änderungskündigung zur Lohnsenkung ist kein Primärinstitut, sondern lediglich milderes Mittel gegenüber der Beendigungskündigung. Sie ist deshalb nur gerechtfertigt, wenn sonst der Arbeitsplatz wegfiele, d.h. wenn ein verständig denkender Unternehmer das Unternehmen nicht weiterführen würde oder konkrete Tätigkeiten aufgäbe. Nicht erforderlich ist eine akute Gefährdung in dem Sinne, dass die Beibehaltung des bisherigen Entgelts die alsbaldige Betriebsschließung zur zwingenden Folge hätte. Das ist Voraussetzung für die außerordentliche Änderungskündigung[979]. **407**

Vor Ausspruch einer Änderungskündigung zur Lohnsenkung können dem Unternehmer dieselben – aber auch nur dieselben – Alternativmaßnahmen zugemutet werden wie bei einer Beendigungskündigung. Nichts anderes gilt, wenn man die Änderungskündigung als gesetzlich geregelten Fall der Änderung der Geschäftsgrundlage auffasst. Zahlungsunfähigkeit ist kein Grund zur Vertragsanpassung. Nicht erforderlich ist, dass das Unternehmen allein durch die Entgeltkürzung saniert wird. Eine Sanierung erfordert in der Regel ein Bündel von Maßnahmen. Auch ein kleiner Beitrag kann dabei mithelfen[980]. Die Anpassung muss aber auf die Sanierung abzielen, und das Unternehmen muss sanierungsfähig sein[981]. Die Entgeltkürzung erfährt ihre Rechtfertigung daraus, dass sie dem Erhalt des Arbeitsplatzes dient. **408**

---

[978] BAG 12.1.2006, NZA 2006, 587, 589.
[979] LAG Köln 15.6.1988, 30.11.1989, LAGE § 2 KSchG Nr. 8, 10; *Krause*, DB 1995, 574; *Löwisch/Bernards*, Anm. zu BAG, EzA § 2 KSchG 1969 Nr. 6; a.A. BAG 20.3.1986, 26.1.1995, AP Nr.14, 36 zu § 2 KSchG 1969; BAG 1.3.2007, NZA 2007, 1445; *Dänzer-Vanotti/Engels*, DB 1986, 1392; *Hillebrecht*, ZIP 1985, 259.
[980] Vgl. BAG 26.6.2008, NZA 2008, 1182.
[981] BAG 20.3.1986, AP Nr. 14 zu § 2 KSchG 1969. Der Arbeitgeber muss ggf. einen Sanierungsplan vorlegen; zu den erforderlichen Maßnahmen BAG 16.5.2002, NZA 2003, 167; BAG 10.9.2009, NZA 2010, 333.

**409** Die Grundsätze über die Entgeltkürzung als Primärziel der Änderungskündigung gelten nicht für Entgeltänderungen, die sich mittelbar aus einer Änderung der Tätigkeit ergeben. Wenn durch das Änderungsangebot neben der Tätigkeit (Arbeitsleistungspflicht) auch die Gegenleistung (Vergütung) geändert werden soll, sind beide Elemente des Änderungsangebots am Verhältnismäßigkeitsgrundsatz zu messen[982]. Keine der angebotenen Änderungen darf sich weiter vom Inhalt des bisherigen Arbeitsverhältnisses entfernen, als zur Anpassung an die geänderten Beschäftigungsmöglichkeiten erforderlich ist. Eine gesonderte Rechtfertigung der Vergütungsänderung ist dann entbehrlich, wenn sich die geänderte Vergütung aus einem im Betrieb angewandten Vergütungssystem ergibt („Tarifautomatik")[983]. Wegen der „konstanten Proportionsbeziehung"[984] zwischen Tätigkeit und Entgelt kann der Arbeitgeber ein Entgelt anbieten, das der geänderten Tätigkeit entspricht. Fehlt ein solches Vergütungssystem, kann der Arbeitgeber bei geänderter Tätigkeit nur dann das Entgelt kürzen, wenn er dafür gute Gründe hat, etwa weil der Marktwert der angebotenen Tätigkeit evident geringer ist als der der bisherigen[985].

**410** Nach der Rechtsprechung des BAG kann eine Änderungskündigung auch gerechtfertigt sein, wenn die Parteien eine Nebenabrede zum Vertrag vereinbart haben, die an Umstände anknüpft, die erkennbar nicht während der gesamten Dauer des Arbeitsverhältnisses gleich bleiben müssen (z.B. kostenlose Beförderung zum Betriebssitz, Fahrtkosten- oder Mietzuschuss, „Spitzabrechnung" statt Überstundenpauschale)[986]. Der Wunsch nach Gleichbehandlung rechtfertigt eine Entgeltkürzung nicht; der allgemeine Gleichbehandlungsgrundsatz wirkt nur zugunsten, nicht zulasten der Arbeitnehmer[987].

**410a** Eine Änderungskündigung zur Entgeltkürzung kommt auch in Betracht, wenn sich Umstände derart geändert haben, dass das einem **Wegfall der Geschäftsgrundlage** gleichkommt. In einem solchen Fall können die dafür geltenden Grundsätze zu berücksichtigen sein. Zwar ist das Kündigungsrecht gegenüber einer Anpassung nach § 313 BGB lex specialis; das bedeutet aber nicht, dass Tatbestände, die zu einer Störung oder einem Wegfall der Geschäftsgrundlage geführt haben, kündigungsrechtlich außer Betracht bleiben müssen. Vielmehr ist im Rahmen der §§ 2, 1 Abs. 2 KSchG zu prüfen, ob die Parteien den Vertrag nicht oder mit anderem Inhalt geschlossen hätten, wenn sie die Änderung vorausgesehen hätten, und ob beiden Teilen das Festhalten am unveränderten Vertrag noch zugemutet werden kann. Auch Gesetzesänderungen können die Geschäftsgrundlage des Vertrags so verändern, dass Leistung und Gegenleistung anzupassen sind, weil sie nicht mehr in dem zuvor vereinbarten Verhältnis stehen[988].

---

[982] BAG 23.6.2005, NZA 2006, 42; BAG 29.3.2007, NZA 2007, 855, 858 f.
[983] BAG 27.11.2008, NZA 2009, 481.
[984] *Söllner*, Einseitige Leistungsbestimmung, S. 51 f.
[985] BAG 23.6.2005, NZA 2006, 42; BAG 29.3.2007, NZA 2007, 855, 858 f. Zur Darlegungslast BAG 8.10.2008, NZA 2008, 812.
[986] BAG 27.3.2003, NZA 2003, 1029; BAG 20.6.2013, NZA 2013, 1409.
[987] BAG 16.5.2002, NZA 2003, 147; BAG 1.3.2007, NZA 2007, 1445, 1449; BAG 8.10.2009, NZA 2010, 465.
[988] BAG 5.6.2014, NZA 2015, 40 (gesetzliche Verpflichtung, nachgeordnete Ärzte an den Honoraren liquidationsberechtigter Chefärzte zu beteiligen).

**cc) Ultima ratio.** In der zweiten Stufe ist zu fragen, ob die Änderung der Tätigkeit **411** der Art und dem Umfang nach erforderlich ist oder ob sie nicht durch andere technische, organisatorische oder wirtschaftliche Maßnahmen ganz oder teilweise vermieden werden kann[989]. Der Arbeitgeber muss die Finanzlage des Betriebs, den Anteil der Personalkosten und die Auswirkung der erstrebten Kostensenkungen auf den Betrieb und die Arbeitnehmer darstellen und darlegen, warum andere Maßnahmen nicht ausreichen oder nicht in Betracht kommen[990]. Dabei darf nicht unzumutbar in die unternehmerische Entscheidungsfreiheit eingegriffen werden; in Frage kommt vor allem der Abbau von Überstunden oder von Leiharbeit. Der Arbeitgeber des öffentlichen Dienstes ist nicht generell verpflichtet, zur Vermeidung einer außerordentlichen Änderungskündigung gegenüber ordentlich unkündbaren Arbeitnehmern Arbeitsplätze ordentlich kündbarer Arbeitnehmer „freizukündigen", erst recht nicht, wenn der unkündbare Arbeitnehmer den freigekündigten Arbeitsplatz nicht innerhalb der für einen qualifizierten Stellenbewerber ausreichenden Einarbeitungszeit ausfüllen kann[991]. Die Änderung des Entgelts ist erforderlich, soweit sie sich aufgrund der „konstanten Proportionsbeziehung" aus der Änderung der Tätigkeit ergibt[992].

**dd) Interessenabwägung.** Die Interessen von Arbeitgeber und Arbeitnehmer sind **412** jeweils im konkreten Einzelfall gegeneinander abzuwägen. Kommt nur ein Arbeitnehmer in Betracht, dann ist zunächst zu prüfen, ob die Tätigkeit wirklich verändert werden muss. Da die Unternehmerentscheidung grundsätzlich zu respektieren ist, wird die Interessenabwägung nur in Ausnahmefällen zugunsten des Arbeitnehmers ausgehen[993]. So kann man daran denken, dass der Arbeitgeber eine für ihn wenig bedeutsame, für den Arbeitnehmer aber vielleicht sehr prestigeträchtige Änderung unterlässt, oder dass er eine – nicht eilige – Änderung aufschiebt, wenn der Arbeitnehmer kurz vor der Pensionierung steht. Anschließend ist zu prüfen, ob das Entgelt im Ausmaß der Tätigkeit zu verändern ist. In diese Prüfung sind alle Gesichtspunkte einzubeziehen, die Bezug zu der Änderung des Arbeitsverhältnisses haben (auf Seiten des Arbeitnehmers vor allem Lebensalter, Dienstalter, Unterhaltspflichten, finanzielle Belastungen im Vertrauen auf besondere Zusagen).

Da es hier nicht um die unternehmerische Entscheidung geht, ist das Ergebnis offener. Allerdings ist die „Proportionsbeziehung" zwischen Tätigkeit und Entgelt grundsätzlich zu respektieren. Darum werden zumeist nur Übergangslösungen in Betracht kommen[994]. Das gilt auch deshalb, weil sich selbst kleine Beträge im Laufe der Jahre summieren. **413**

**ee) Sozialauswahl.** Kommen für die Tätigkeitsänderung mehrere Arbeitnehmer in **414** Betracht, bedarf es einer Sozialauswahl. Dabei gibt es einige Unterschiede zur Beendigungskündigung.

---

[989] BAG 18.1.1990, AP Nr. 27 zu § 2 KSchG 1969.
[990] BAG 20.6.2013, NZA 2013, 1409.
[991] BAG 18.5.2006, AP Nr. 5 zu § 55 BAT.
[992] BAG 23.6.2005, NZA 2006, 42; BAG 29.3.2007, NZA 2007, 855, 858 f.
[993] BAG 18.1.1990, AP Nr. 27 zu § 2 KSchG 1969.
[994] BAG 21.6.1995, BB 1995, 2113, 2115.

415 Bei der Gruppenbildung – so das BAG – sind auch die neuen Arbeitsbedingungen in den Blick zu nehmen[995]. Bei einer Versetzung sind Voraussetzung die Vergleichbarkeit der bisherigen Tätigkeiten (= Austauschbarkeit) und wenigstens eine annähernd gleiche Eignung für die neue Tätigkeit. Bei der eigentlichen Auswahl ist zu fragen, ob die Änderung der Arbeitsbedingungen einem anderen Arbeitnehmer „in sozialer Hinsicht eher zumutbar gewesen wäre". Dabei sind die Auswahlkriterien des § 1 Abs. 3 Satz 1 KSchG – und nur diese – zugrundezulegen, soweit sie für die Änderung Bedeutung haben[996]. Bei der Zuweisung einer anderen Tätigkeit, die genauso vergütet wird wie die bisherige, spielen z.B. Unterhaltspflichten keine Rolle. Berechtigte betriebliche Bedürfnisse stehen einer Versetzung nicht entgegen, wenn der – versetzte – Arbeitnehmer dem Arbeitgeber auch in Zukunft mit seinen Spezialkenntnissen zur Verfügung steht. Fraglich ist, wie sich die Interessenabwägung zur Sozialauswahl verhält. Kommt nur ein Arbeitnehmer für den anderen Arbeitsplatz in Frage, dann kann – natürlich – nur eine Interessenabwägung stattfinden. Kommen mehrere in Frage, dann wird man zunächst zu fragen haben, welchem Arbeitnehmer die Änderung der Arbeitsbedingungen zuzumuten ist, und dann den „sozial Stärksten" herauszufinden versuchen.

415a **ff) Auswahlrichtlinie, Interessenausgleich mit Namensliste.** In einer Auswahlrichtlinie nach § 1 Abs. 4 KSchG kann festgelegt werden, wie die sozialen Gesichtspunkte zueinander zu bewerten sind. Die Bewertung kann nur auf grobe Fehlerhaftigkeit überprüft werden[997]. Bei einer Betriebsänderung i.S.d. § 111 BetrVG können Arbeitgeber und Betriebsrat in einem Interessenausgleich die Arbeitnehmer namentlich bezeichnen, die eine Änderungskündigung erhalten sollen. Für eine solche Änderungskündigung mit Namensliste gelten die Vermutungen des § 1 Abs. 5 KSchG[998]. Vermutet wird der Wegfall eines Beschäftigungsbedürfnisses zu den bisherigen Bedingungen, bei einer Verlegung einer Betriebsabteilung etwa das Fehlen einer anderweitigen Beschäftigungsmöglichkeit im Restbetrieb. Dass sich der Arbeitgeber auf ein Änderungsangebot beschränkt hat, das der Arbeitnehmer billigerweise hinzunehmen hat, wird aber nur dann vermutet, wenn die Betriebsparteien die Änderung bereits im Interessenausgleich aufgenommen haben und sie deshalb vom Betriebsrat mit beurteilt worden ist. Die von den Betriebsparteien vorgenommene Sozialauswahl kann – wie bei der Beendigungskündigung (vgl. § 1 Abs. 5 Satz 2 KSchG) – auch bei der Änderungskündigung nur auf grobe Fehlerhaftigkeit hin überprüft werden (s. oben Rn. 222)[999].

---

[995] BAG 18.1.2007, AP Nr. 89 zu § 1 KSchG 1969 Soziale Auswahl.
[996] BAG 12.8.2010, NZA 2011, 460 (§ 1 Abs. 3 KSchG analog); BAG 29.1.2015, NZA 2015, 426.
[997] BAG 12.8.2010, NZA 2011, 460.
[998] BAG 19.6.2007, NZA 2008, 103, 105.
[999] BAG 19.6.2007, NZA 2008, 103, 106 f.

## VIII. Pflichten bei Beendigung des Arbeitsverhältnisses

### 1. Pflichten des Arbeitgebers

#### a) Freizeit zur Stellensuche und Hinweispflicht

Nach der Kündigung des Arbeitsvertrages hat der Arbeitgeber dem Arbeitnehmer auf sein Verlangen hin angemessene Zeit zum Aufsuchen eines anderen Arbeitsverhältnisses zu gewähren (§ 629 BGB). Voraussetzung ist, dass der Arbeitnehmer auf unbestimmte oder auf längere Zeit beschäftigt war; eine Anstellung zur Probe oder zur Aushilfe genügt nicht[1000]. § 629 BGB gilt aber nicht nur bei Kündigungen, sondern auch bei Ablauf eines befristeten Arbeitsvertrages und bei Beendigung durch einen Aufhebungsvertrag[1001]. Welche Zeitspanne angemessen ist, bestimmt sich nach den Umständen des Einzelfalles[1002]. Den Zeitpunkt der Freistellung bestimmt der Arbeitgeber nach billigem Ermessen (§ 315 BGB). Während der Freistellung ist die Vergütung nach § 616 Satz 1 BGB fortzuzahlen; dieser Anspruch kann aber abbedungen werden[1003]. 416

Vor Beendigung des Arbeitsverhältnisses hat der Arbeitgeber den Arbeitnehmer frühzeitig über die Notwendigkeit eigener Aktivitäten bei der Suche nach einer anderen Beschäftigung sowie über die Verpflichtung unverzüglicher Meldung beim Arbeitsamt zu informieren (§ 38 Abs. 1 SGB III i.V.m. § 2 Abs. 5 Nr. 2 SGB III). Unterlässt der Arbeitgeber diesen Hinweis, begründet dies für sich allein noch keine Schadensersatzansprüche des Arbeitnehmers[1004]. § 2 Abs. 2 Nr. 3 SGB III ist auch kein Schutzgesetz i.S.d. § 823 Abs. 2 BGB. 416a

#### b) Herausgabe von Arbeitspapieren

Der Arbeitgeber hat die in seinem Besitz befindlichen Arbeitspapiere herauszugeben, nachdem er die erforderlichen Eintragungen vorgenommen hat. Zu den Arbeitspapieren gehören u.a. die Lohnsteuerkarte, der Sozialversicherungsausweis, das Sozialversicherungsnachweisheft, die Arbeitsbescheinigung und die Arbeitserlaubnis. Die Herausgabepflicht ist teilweise gesetzlich geregelt; im übrigen ergibt sie sich als nachwirkende Fürsorgepflicht aus dem Arbeitsvertrag[1005]. Die Papiere sind bei der tatsächlichen Beendigung des Arbeitsverhältnisses herauszugeben. Der Arbeitgeber hat kein Zurückbehaltungsrecht wegen etwaiger Gegenansprüche; schon gar nicht darf er die Aushändigung der Papiere von der Unterzeichnung einer Ausgleichsquittung abhängig machen[1006]. Außerdem ist dem Arbeitnehmer der Urlaub zu bescheinigen, der ihm im laufenden Kalenderjahr gewährt oder abgegolten worden ist (§ 6 Abs. 2 BUrlG). 417

---

[1000] Schaub/*Linck*, ArbR-Hdb, § 25 Rn. 14 ff.; wohl auch Staudinger/*Preis*, § 629 BGB Rn. 12.
[1001] MünchKomm/*Henssler*, § 629 BGB Rn. 10 f.; Staudinger/*Preis*, § 629 BGB Rn. 11.
[1002] Staudinger/*Preis*, § 629 BGB Rn. 17 f.; MünchKomm/*Henssler*, § 629 BGB Rn. 21 f.
[1003] BAG 11.6.1957, AP Nr. 1 zu § 629 BGB.
[1004] BAG 29.9.2005, NZA 2005, 1406.
[1005] MünchArbR/*Buchner*, § 35 Rn. 45.
[1006] LAG Düsseldorf 18.4.1966, BB 1967, 1207; KassArbR/*Haupt*, 6.1 Rn. 158.

## c) Zeugnis

**418** **aa) Arten.** Der Arbeitnehmer hat Anspruch auf ein schriftliches Arbeitszeugnis; elektronische Form genügt nicht (§ 109 Abs. 1 Satz 1, Abs. 3 GewO). Arbeitszeugnisse gibt es als einfache und als qualifizierte Zeugnisse. Das **einfache Zeugnis** erstreckt sich nur auf Art und Dauer der Beschäftigung (§ 109 Abs. 1 Satz 2 GewO).

**Beispiel:** Herr/Frau ... war in der Zeit vom ... bis ... als ... bei uns beschäftigt.

**419** Das **qualifizierte Zeugnis** enthält darüber hinaus Angaben zu den Fähigkeiten und zu den Leistungen (§ 109 Abs. 1 Satz 3 GewO). Der Arbeitnehmer kann zwischen dem einfachen und dem qualifizierten Zeugnis wählen. Da aus dem einfachen Zeugnis negative Schlüsse gezogen werden können, wird er sich dafür nur entscheiden, wenn ein qualifiziertes Zeugnis für ihn nachteilig wäre. Der Arbeitgeber ist zur Erteilung des Zeugnisses erst verpflichtet, wenn der Arbeitnehmer sein Wahlrecht ausgeübt hat. In Verzug gerät er erst nach Mahnung, sofern diese nicht ausnahmsweise überflüssig ist (§ 286 Abs. 1, 2 BGB)[1007].

**420** **bb) Form und Inhalt.** Der klassische Aufbau eines Zeugnisses sieht folgendermaßen aus:

- Angaben zur Person. Sie dienen der Identifikation.
- Angaben über die rechtliche Dauer des Arbeitsverhältnisses (nicht der Beschäftigung; längere Fehlzeiten sind daraus also nicht ersichtlich)[1008].
- Angaben zur Tätigkeit. Die Tätigkeit ist so vollständig und so genau zu beschreiben, dass sich künftige Arbeitgeber ein klares Bild von der früheren Tätigkeit und von den Einsatzmöglichkeiten machen können[1009].
- Angaben zu Führung und Leistungen (nur im qualifizierten Zeugnis).
- Grußformel (weithin üblich, aber nicht obligatorisch, s. unten Rn. 428).
- Datum und Unterschrift eines dem Arbeitnehmer im Rang übergeordneten Vertreters des Arbeitgebers; dabei sind regelmäßig Rang und Funktion anzugeben[1010].

**421** Das Zeugnis muss seiner Form nach gehörig sein. Durch die äußere Form darf nicht der Eindruck erweckt werden, der ausstellende Arbeitgeber distanziere sich vom Wortlaut seiner Erklärung[1011].

**421a** Bei berechtigtem Interesse – Wechsel des Vorgesetzten, Versetzung – hat der Arbeitnehmer auch Anspruch auf ein **Zwischenzeugnis** bei bevorstehendem Stellenwechsel auf ein **vorläufiges Zeugnis**[1012]. Für dieses gelten dieselben Grundsätze wie

---

[1007] BAG 12.2.2013, NZA 2014, 31 zu § 630 BGB, der 109 GewO entspricht.
[1008] Ausnahme: wenn sie etwa die Hälfte der Dauer des Arbeitsverhältnisses ausmachen. LAG Sachsen, 30.1.1996, AuA 1996, 428.
[1009] ArbG Düsseldorf 1.10.1987, DB 1988, 508.
[1010] BAG 4.10.2005, NZA 2006, 436, 437.
[1011] Zu Einzelheiten: BAG 3.3.1993, BB 1993, 1439.
[1012] BAG 4.11.2015, NZA 2016, 547.

für das Schlusszeugnis[1013]. Das Schlusszeugnis darf von dem vorläufigen Zeugnis nur dann abweichen, wenn nachträglich Umstände eintreten oder bekannt werden, die eine abweichende Beurteilung rechtfertigen[1014].

**cc) Beurteilung.** Im übrigen ergeben sich Form und Inhalt des Zeugnisses aus seiner Funktion: Es soll dem Arbeitnehmer bei der Bewerbung um eine andere Stelle als Ausweis dienen und dem Arbeitgeber, an den der Arbeitnehmer sich wegen einer Stelle wendet, eine Unterlage für die Beurteilung verschaffen. Die Belange des Arbeitnehmers sind gefährdet, wenn er unter-, die eines künftigen Arbeitgebers, wenn der Arbeitnehmer überbewertet wird. Das Zeugnis muss deshalb wahr sein und alle wesentlichen Tatsachen und Bewertungen enthalten, die für die Gesamtbeurteilung von Bedeutung sind und an denen ein künftiger Arbeitgeber ein berechtigtes und verständiges Interesse haben kann[1015]. Darüber hinaus soll es von verständigem Wohlwollen getragen sein und das Fortkommen nicht unnötig erschweren. Innerhalb dieser Grenzen obliegt es dem Arbeitgeber, das Zeugnis zu formulieren; er ist frei hinsichtlich Wortwahl und Satzstellung[1016]. **422**

**dd) Zeugnissprache.** § 109 Abs. 2 Satz 1 GewO bestimmt: „Das Zeugnis muss klar und verständlich formuliert sein". Der Zielkonflikt zwischen wahrheitsgemäßer und wohlwollender Beurteilung schlägt sich in der Zeugnissprache nieder. Auf negative Aussagen wird im allgemeinen ganz verzichtet. Der Grad der (Un-)Zufriedenheit spiegelt sich in der Art und Weise wider, in der positive Angaben gemacht oder nicht gemacht werden. Die indirekte Ausdrucksweise erschwert die Deutung von Zeugnissen. **423**

Das gilt vor allem, wenn Aussagen durch Nicht-Aussagen, d.h. durch Unterlassen von Angaben, gemacht werden, die nach der Verkehrsanschauung eigentlich zu erwarten wären. So ist es beispielsweise beredt, wenn Angaben zum Verhalten fehlen oder wenn bei einem Forscher, einem Konstrukteur oder einem Werbefachmann nichts zur Kreativität gesagt wird, bei einer Direktionssekretärin nichts zur Vertrauenswürdigkeit und/oder zur Selbständigkeit, bei einem Kassierer nichts zur Ehrlichkeit oder bei einer Führungskraft nichts zur Mitarbeiterführung[1017]. Der Leser sollte sich deshalb vor der Lektüre eines Zeugnisses immer überlegen, was er einem guten Mitarbeiter in das Zeugnis geschrieben hätte, und dann vergleichen. **424**

Negative Wertungen können außer durch Unterlassen zum Ausdruck kommen durch die Reihenfolge von Aussagen (Unwichtiges vor Wichtigem), durch die Betonung von Selbstverständlichem („Er/Sie war jederzeit pünktlich"), durch Einschränkungen („Die Aufgaben, die wir ihm übertragen haben, erledigte er/sie ..."), durch mehrdeutige Ausdrucksweise („Er führte die ihm übertragenen Aufgaben mit großem Fleiß und Interesse durch"; BAG: „hat sich bemüht" = kein Erfolg[1018]) oder durch (schroffe) Kürze. Widersprüche im Zeugnis deuten **425**

---

[1013] BAG 1.10.1998, DB 1999, 1170; a.A. LAG Düsseldorf 3.11.2010, NZA 2011, 523.
[1014] Vgl. BAG 21.6.2005, NZA 2006, 104, 105.
[1015] BGH 26.11.1963, DB 1964, 75; BAG 12.8.1976, DB 1976, 2211.
[1016] BAG 29.7.1971, BB 1971, 1280.
[1017] BAG 12.8.2008, NZA 2008, 1349: unterdurchschnittliche oder allenfalls durchschnittliche Bewertung.
[1018] BAG 24.3.1977, BB 1977, 997.

mitunter auf einen Kompromiss hin, etwa auf einen Vergleich in einem Kündigungsschutzprozess[1019]. Die Formulierung „haben ihn/sie als … kennengelernt" ist wörtlich zu nehmen und entgegen verbreiteter Ansicht nicht negativ zu verstehen[1020].

**426** Nicht selten finden sich Noten, sei es bei der Beurteilung einzelner Leistungen und/oder des Verhaltens, sei es als abschließende Gesamtnote. Dabei haben sich folgende Notenstufen durchgesetzt:

| Zeugnisformulierung | entspricht der Benotung |
| --- | --- |
| hat die ihm übertragenen Arbeiten stets zu unserer vollsten Zufriedenheit erledigt | sehr gute Leistung (1) |
| hat die ihm übertragenen Arbeiten zu unserer vollsten Zufriedenheit erledigt | sehr gute bis gute Leistung (1-2) |
| hat die ihm übertragenen Arbeiten stets zu unserer vollen Zufriedenheit erledigt | gute Leistung (2) |
| hat die ihm übertragenen Arbeiten zu unserer vollen Zufriedenheit erledigt | befriedigende Leistung (3) |
| hat die ihm übertragenen Arbeiten stets zu unserer Zufriedenheit erledigt | befriedigende bis ausreichende Leistung (3-4) |
| hat die ihm übertragenen Arbeiten zu unserer Zufriedenheit erledigt | ausreichende Leistung (4) |
| hat die ihm übertragenen Arbeiten im großen und ganzen zu unserer Zufriedenheit erledigt | mangelhafte Leistung (5) |
| hat sich stets bemüht, die ihm übertragenen Arbeiten zu unserer Zufriedenheit zu erledigen | ungenügende Leistung (5-6) |
| hat sich bemüht, die ihm übertragenen Arbeiten zu unserer Zufriedenheit zu erledigen | ungenügende Leistung (6) |

**427** Die Zwischennoten gewinnt man dadurch, dass man das „stets" („immer", „durchgehend") weglässt. Eine Tätigkeit, die durchgehend ohne jegliche Beanstandung, aber auch ohne jegliches Lob geblieben ist, ist als Durchschnitt mit „zu unserer vollen Zufriedenheit" oder „stets zu unserer Zufriedenheit" zu bewerten. Im Streitfall trägt der Arbeitnehmer die Beweislast für über-, der Arbeitgeber für unterdurchschnittliche Leistungen[1021].

**428** Eine Beurteilung steckt häufig auch in der Grußformel. Bei einem guten Mitarbeiter lautet sie etwa: „Wir bedauern sein/ihr Ausscheiden sehr, danken ihm/ihr für die geleistete Arbeit und wünschen ihm/ihr für die Zukunft alles Gute", während es bei einem weniger guten heißt: „Wir danken ihm für die geleistete Arbeit" oder

---

[1019] *Weuster*, BB 1992, 58.
[1020] BAG 15.11.2011, NZA 2012, 448.
[1021] Zu Vorst. BAG, 14.10.2003, NZA 2004, 842; BAG 18.11.2014, NZA 2015, 435; zur Zeugnisberichtigung *Kolbe*, NZA 2015, 582.

VIII. Pflichten bei Beendigung des Arbeitsverhältnisses 557

„Wir wünschen ihm für die Zukunft alles Gute". Die Grußformel gehört nicht zum obligatorischen Inhalt eines Zeugnisses (vgl. § 109 GewO). Ist der Arbeitnehmer deshalb mit einer Grußformel nicht einverstanden, so kann er nur ein Zeugnis ohne diese Formel verlangen[1022]

Im folgenden finden sich beispielhaft einige Formulierungen und ihre Deutungen[1023]. **428a**

| Zeugnisformulierung | bedeutet tatsächlich |
| --- | --- |
| Er war immer mit Interesse bei der Sache. | Man kann lediglich feststellen, dass er Interesse hatte, nicht aber, dass er irgendwelche Leistungen zu bieten hätte. |
| Er war ein gutes Vorbild durch seine Pünktlichkeit. | Schlechte Leistungen. Das einzig Bemerkenswerte ist eine Selbstverständlichkeit. |
| Er zeigte ein gutes Einfühlungsvermögen für die Belange der Belegschaft. | Er hat sich während der Arbeitszeit mit besonderem Eifer um die Kolleginnen gekümmert. |
| Er hat zur Verbesserung des Betriebsklimas beigetragen. | Der Mitarbeiter hatte gegen einen Schluck Alkohol nichts einzuwenden. |
| Er zeigte für seine Arbeit Verständnis. | Er hat nur das Allernotwendigste gearbeitet; er war faul. |
| Er ist immer gut mit seinem Vorgesetzten ausgekommen. | Er hat sich seinem Vorgesetzten um jeden Preis angepasst. |
| Er hat alle Arbeiten ordnungsgemäß erledigt. | Keine Eigeninitiative, ein typischer Bürokrat. |
| Er erledigte alle Arbeiten mit großem Fleiß und Interesse. | Er war zwar eifrig, aber nicht besonders tüchtig. |
| Er war ein umgänglicher Kollege. | Die meisten Kollegen mochten ihn nicht. |
| Er war tüchtig und wusste sich gut zu verkaufen. | Ein unangenehmer Wichtigtuer. |
| Er hat sich bemüht, seinen Aufgaben gerecht zu werden. | Er tat zwar, was er konnte. Das war jedoch zu wenig. |
| Er hat unseren Erwartungen entsprochen. | Durchgehend schlechte Leistungen. |
| Er hatte den Blick für das Wesentliche. | Er hatte eine stark ausgeprägte Zielstrebigkeit. |
| Er hatte persönliches Format. | Eine hohe Wertschätzung wird dem Mitarbeiter entgegengebracht. |
| Er besaß die Fähigkeit, Mitarbeiter zielgerecht zu motivieren. | Er besaß eine gute Personalführungsfähigkeit. |

---

[1022] BAG 11.12.2012, NZA 2013, 324.
[1023] Aus: *Lucas*, Arbeitszeugnisse richtig deuten, 16. Aufl. 1996; vgl. auch *Schleßmann*, Das Arbeitszeugnis, 20. Aufl. 2012; *Schulz/Gerauer/Javers*, Alles über Arbeitszeugnisse, 9. Aufl. 2015.

**429** Trotz der von der Rechtsprechung herausgearbeiteten Regeln bleiben für den Zeugnisleser häufig Unsicherheiten. Vor allem bei Zeugnissen aus kleineren Unternehmen kann er nicht sicher sein, dass der Personalreferent die Zeugnisregeln perfekt beherrscht. Das gilt natürlich auch für manchen Sachbearbeiter in mittleren und größeren Unternehmen. Im übrigen macht sich jeder Mensch seine eigenen Vorstellungen vom richtigen Zeugnis. Am ehesten kann man Restzweifel dadurch klären, dass man den früheren Arbeitgeber um zusätzliche Auskünfte bittet (s. § 5 Rn. 20).

## 2. Pflichten des Arbeitnehmers

### a) Herausgabe- und Rückzahlungspflichten

**430** **aa) Allgemeines.** Der Arbeitnehmer hat die ihm überlassenen und noch in seinem Besitz befindlichen Arbeitsmittel und sonstigen Geschäftsunterlagen (Werkzeuge, Kunden- und Lieferantenlisten, Dienstwagen usw.) herauszugeben (§ 667 BGB entspr.)[1024]. Ferner ist er zur Rückzahlung von Sondervergütungen verpflichtet, wenn dies zulässigerweise vereinbart wurde (s. § 7 Rn. 70 ff.).

**431** **bb) Erstattung von Aus- und Fortbildungskosten.** Nicht selten wird die vollständige oder teilweise Erstattung von Aus- oder Fortbildungskosten für den Fall vereinbart, dass der Mitarbeiter die Stelle vor Ablauf einer bestimmten Frist verlässt. Solche Rückzahlungsklauseln sind zulässig; sie dürfen aber nicht zu einer unangemessenen Bindung des Arbeitnehmers führen (§ 307 Abs. 1 S. 1 BGB). Darin läge nicht zuletzt ein Verstoß gegen das durch Art. 12 Abs. 1 GG geschützte Recht auf freie Wahl des Arbeitsplatzes. Die Rechtsprechung lässt Rückzahlungsklauseln zu, wenn sie bei Abwägung aller Umstände nach Treu und Glauben zumutbar sind und vom Standpunkt eines verständigen Betrachters aus einem berechtigten Interesse des Arbeitgebers entsprechen[1025]. Die Aus- oder Fortbildungsmaßnahme muss für den Arbeitnehmer von geldwertem Vorteil sein, sei es, dass er damit bei seinem bisherigen Arbeitgeber die Voraussetzungen für eine höhere Vergütung erfüllt, sei es, dass er die erworbenen Kenntnisse (auch) anderweitig nutzen kann. Zudem müssen die Vorteile der Ausbildung und die Dauer der Bindung in einem angemessenen Verhältnis zueinander stehen. Grundsätzlich kann bei einer Ausbildungsdauer von bis zu einem Monat ohne Verpflichtung zur Arbeitsleistung unter Fortzahlung der Vergütung regelmäßig eine Bindungsdauer von bis zu sechs Monaten vereinbart werden, bei bis zu zwei Monaten eine einjährige, bei drei bis vier Monaten eine zweijährige, bei sechs Monaten bis zu einem Jahr keine längere als drei Jahre und bei einer mehr als zweijährigen Dauer eine Bindung von fünf Jahren[1026]. Die Grundsätze über die Zulässigkeit von Rückzahlungsklauseln gelten entsprechend, wenn der Arbeitnehmer die Kosten als Darlehen schuldet[1027]. Die durch die Fortbildung entstehenden Kosten müssen dem Grund und der Höhe nach im Rahmen des

---

[1024] BAG 14.12.2011, NZA 2012, 501.
[1025] BAG 20.2.1975, 16.3.1995, AP Nr. 2, 18 zu § 611 BGB Ausbildungsbeihilfe; BAG 18.3.2014, NZA 2014, 957.
[1026] Zu Vorstehendem BAG 19.1.2011, NZA 2012, 85.
[1027] BAG 26.10.1994, NZA 1995, 305.

Zumutbaren angegeben werden (§ 307 Abs. 1 S. 2 BGB): Dazu müssen zumindest Art und Berechnungsgrundlagen benannt werden. Ist die Rückzahlungsklausel wegen Intransparenz unwirksam, bleibt die Vereinbarung im übrigen wirksam. Der Arbeitgeber kann Erstattung der Kosten nicht über §§ 812 ff. BGB verlangen[1028].

Eine Rückzahlung kann nur für den Fall vereinbart werden, dass die Beendigung des Arbeitsverhältnisses aus der Sphäre des Arbeitnehmers kommt (Eigenkündigung, die nicht vom Arbeitgeber veranlasst ist. Entlassung aus Gründen in der Person oder im Verhalten des Arbeitnehmers). Eine Rückzahlungsverpflichtung bei einer Beendigung, die durch den Arbeitgeber (mit)veranlasst ist, benachteiligt den Arbeitnehmer unangemessen (§ 307 Abs. 1 S. 1 BGB). Der Arbeitnehmer muss es in der Hand haben, durch eigene Betriebstreue der Rückzahlungspflicht zu entgehen. Verluste aufgrund von Investitionen, die nachträglich wertlos werden, hat grundsätzlich der Arbeitgeber zu tragen[1029]. **432**

### b) Nachvertragliches Wettbewerbsverbot

**aa) Allgemeines.** Der Arbeitnehmer darf dem Arbeitgeber keine Konkurrenz machen, solange das Arbeitsverhältnis besteht (s. § 6 Rn. 118). Danach ist ihm der Wettbewerb nur verboten, soweit dies vereinbart wurde (s. § 4 Rn. 61). Der Arbeitnehmer hat im Gegenzug einen Anspruch auf („Karenz"-)Entschädigung. Das nachvertragliche Wettbewerbsverbot ist in den §§ 74 ff. HGB geregelt. Die Vorschriften sind einseitig zwingend (§ 75d HGB). Sie gelten unmittelbar nur für Handlungsgehilfen (§ 59 HGB); auf andere Arbeitnehmer sind sie aber entsprechend anzuwenden (§ 110 GewO). **433**

**bb) Vereinbarung.** Ein nachvertragliches Wettbewerbsverbot bedarf der Schriftform; die Urkunde, die die Einzelheiten enthält, muss dem Arbeitnehmer ausgehändigt werden (§ 74 Abs. 1 HGB); diese Formvorschriften gelten auch für einen Vorvertrag, der auf den späteren Abschluss eines nachvertraglichen Wettbewerbsverbotes gerichtet ist[1030]. Arbeitgeber und Arbeitnehmer müssen eine Entschädigung für die Enthaltung vom Wettbewerb vereinbaren; geschieht das nicht, ist das Verbot nichtig[1031]. Wird eine zu geringe Entschädigung vereinbart, so ist es unverbindlich: Der Arbeitnehmer kann sich entweder daran halten und die Entschädigung verlangen, oder er kann das Verbot unbeachtet lassen (§ 74 Abs. 2 HGB)[1032]. Das Wettbewerbsverbot kann bei Abschluss des Arbeitsvertrages oder später verabredet werden. Ob auch ein erst bei Beendigung des Arbeitsverhältnisses vereinbartes Wettbewerbsverbot den §§ 74 ff. HGB unterliegt, ist streitig[1033]. Unwirksam sind **434**

---

[1028] BAG 21.8.2012, NZA 2012, 1428; BAG 28.5.2013, NZA 2013, 1419.
[1029] BAG 11.4.2006, NZA 2006, 1042; BAG 13.12.2011, NZA 2012, 738; BAG 28.5.2013, NZA 2013, 1419; BAG 18.3.2014, NZA 2014, 957.
[1030] BAG 14.7.2010, NZA 2011, 413, 416.
[1031] BAG 22.3.2017, NZA 2017, 845.
[1032] BAG 18.11.1967, 2.8.1971, 19.1.1978, 5.10.1982, AP Nr. 21, 27 36, 42 zu § 74 HGB.
[1033] Bejahend *Nikisch*, Arbeitsrecht I, S. 396; Schaub/*Vogelsang*, ArbR-Hdb, § 55 Rn. 24; verneinend RGZ 67, 333; 101, 278; BGHZ 51, 185; BAG 11.3.1968, AP Nr. 23 zu § 74 HGB.

Wettbewerbsverbote mit Minderbesoldeten (§ 74a Abs. 2 Satz 1 HGB), Minderjährigen (§ 74a Abs. 2 Satz 2 HGB) und Auszubildenden (§ 5 Abs. 1 BBiG). Vorformulierte Wettbewerbsverbote unterliegen der Inhalts- und Transparenzkontrolle nach § 307 Abs. 1 BGB. Sie müssen klar und verständlich formuliert sein[1034]. Das Verbot kann zusätzlich mit einem (schriftlichen) Vertragsstrafeversprechen nach § 340 BGB abgesichert werden (§ 75c HGB)[1035]. In der Praxis spielen Wettbewerbsverbote keine große Rolle (mehr), seit das BAG die damalige Höchstgrenze von 8.000 DM (§ 75b Satz 2 HGB) für verfassungswidrig erklärt hat[1036]. Bis zu dieser Entscheidung waren Wettbewerbsverbote mit „Hochbesoldeten" auch ohne Vereinbarung einer Entschädigung verbindlich gewesen.

**435** **cc) Umfang.** Die Reichweite eines Wettbewerbsverbots ergibt sich aus der Vereinbarung. Dem Arbeitnehmer kann eine selbständige und/oder eine abhängige gewerbliche Tätigkeit untersagt werden. Ihm kann jegliche Tätigkeit in einem Konkurrenzunternehmen verboten werden oder nur eine solche, die der bisherigen Arbeit entspricht. Verbindlich ist das Verbot aber nur insoweit, als es dem Schutze eines berechtigten geschäftlichen Interesses des Arbeitgebers dient. Ein berechtigtes Interesse hat der Arbeitgeber, wenn er aufgrund konkreter Umstände fürchten muss, dass der Arbeitnehmer in seinen Kunden- oder Lieferantenstamm eindringt oder Geschäftsgeheimnisse preisgibt[1037]. Ein solches Interesse kann auch daran bestehen, dass der ausgeschiedene Mitarbeiter sich nicht in erheblichem wirtschaftlichem Umfang an einem Konkurrenzunternehmen beteiligt und so mittelbar in Wettbewerb tritt, etwa indem er ein Darlehen zur Gründung eines Mitbewerbers gibt[1038]. Ein Wettbewerbsverbot ist auch unverbindlich, soweit es unter Berücksichtigung der gewährten Entschädigung nach Ort, Zeit oder Gegenstand eine unbillige Erschwerung des Fortkommens des Arbeitnehmers enthält. Das kann der Fall sein bei einem Verbot, das sich auf eine ganze Branche oder auf das gesamte Bundesgebiet erstreckt[1039]. Zeitliche Höchstgrenze sind zwei Jahre nach der (rechtlichen) Beendigung des Arbeitsverhältnisses (§ 74a Abs. 1 HGB). Als Entschädigung hat der Arbeitgeber für die Dauer des Verbotes monatlich mindestens einen Betrag in Höhe der Hälfte der vom Arbeitnehmer zuletzt bezogenen vertragsmäßigen Leistungen zu zahlen (§ 74 Abs. 2 HGB). Das Wettbewerbsverbot ist für den Arbeitnehmer unverbindlich, wenn die Höhe der Entschädigung in das Ermessen des Arbeitgebers gestellt wird, ohne dass eine Mindesthöhe nach § 74 Abs. 2 HGB vereinbart ist[1040]. Einzelheiten der Entschädigung regeln §§ 74b und c HGB.

---

[1034] BAG 28.6.2006, NZA 2006, 1157.
[1035] Zu Einzelheiten vgl. Schaub/*Vogelsang*, ArbR-Hdb, § 55 Rn. 104 ff.
[1036] BAG 5.12.1969, EzA § 75b HGB Nr. 2.
[1037] Dagegen genügt es nicht, den Mitarbeiter von künftigen Kunden fernzuhalten, vgl. BAG 1.8.1995, DB 1996, 481.
[1038] BAG 7.7.2015, NZA 2015, 1253.
[1039] Schaub/*Vogelsang*, ArbR-Hdb, § 55 Rn. 63.
[1040] BAG 15.1.2014, DB 2014, 721.

Als Wettbewerbsverbote gelten auch sog. **Mandantenschutzklauseln** bei den 435a rechts- und steuerberatenden Berufen. Diese untersagen es einem angestellten Rechtsanwalt, Steuerberater oder Wirtschaftsprüfer, nach dem Ausscheiden aus der Kanzlei ehemalige Mandanten weiter zu beraten. Solche Schutzklauseln sind nur bei Zahlung einer Karenzentschädigung und für längstens zwei Jahre zulässig (§§ 74 Abs. 2, 74a Abs. 1 S. 3 HGB)[1041]. Sie dürfen nicht mit sog. **Mandantenübernahmeklauseln** verwechselt werden. Mandantenübernahmeklauseln verpflichten den Ausgeschiedenen, bei einer anschließenden selbständigen oder unselbständigen Tätigkeit einen Teil des Honorars an seinen früheren Arbeitgeber abzuführen. Solche Bestimmungen sind auch ohne Karenzentschädigung zulässig, soweit sie dem Schutz eines berechtigten geschäftlichen Interesses des Arbeitgebers dienen und das berufliche Fortkommen des Arbeitnehmers nicht unbillig erschweren. Die Konditionen dürfen aber nicht so gestaltet sein, dass sich die Bearbeitung der Mandate wirtschaftlich nicht lohnt; sonst handelt es sich um eine verdeckte Mandantenschutzklausel (s. § 75d S. 2 HGB)[1042].

**dd) Erfüllung und Leistungsstörungen.** Die Wettbewerbsvereinbarung ist ein syn- 436 allagmatischer Vertrag, für den die §§ 320 ff. BGB gelten. Verletzt der Arbeitnehmer das Verbot, kann der Arbeitgeber die Entschädigung zurückhalten (§ 320 BGB) oder die bereits gezahlte Entschädigung zurückverlangen (§§ 275 Abs. 1, 326 Abs. 1 Satz 1, 812 Abs. 1 Satz 1 BGB); er kann aber auch vom Vertrag zurücktreten oder Schadensersatz verlangen (§ 280 Abs. 1 BGB). Kommt der Arbeitgeber mit der Entschädigungszahlung in Verzug, hat der Arbeitnehmer die Einrede des nichterfüllten Vertrages; sie berechtigt ihn aber nicht dazu, während des Verzugs Wettbewerb zu treiben[1043]. Der Arbeitnehmer kann die Entschädigung auch verlangen, wenn sich für ihn keine Gelegenheit ergibt, dem Arbeitgeber Konkurrenz zu machen, und selbst dann, wenn er seine Berufstätigkeit aus gesundheitlichen Gründen[1044] oder wegen Eintritts in den Ruhestand[1045] aufgibt. Etwas anderes gilt nur, wenn er wegen der Verbüßung einer Freiheitsstrafe an einer Konkurrenztätigkeit gehindert ist (§ 74c Abs. 1 Satz 3 HGB). Er muss sich auf die fällige Entschädigung anrechnen lassen, was er während des Zeitraums, für den die Entschädigung gezahlt wird, durch anderweitige Verwertung seiner Arbeitskraft erwirbt oder zu erwerben böswillig unterlässt, soweit die Entschädigung zusammen mit diesen Einkünften 110 % der letzten Bezüge aus dem Arbeitsvertrag übersteigt; ist er durch das Wettbewerbsverbot zu einem Wohnsitzwechsel gezwungen, so erhöht sich die Anrechnungsgrenze auf 125 % (§ 74c Abs. 1 Sätze 1 und 2 HGB; vgl. auch § 615 Satz 2 BGB).

---

[1041] BAG 7.8.2002, NZA 2002, 1282.
[1042] BAG 15.1.2014, DB 2014, 721; BAG 11.12.2013, NZA 2014, 433.
[1043] BAG 5.10.1982, AP Nr. 42 zu § 74 HGB.
[1044] Schaub/*Vogelsang*, ArbR-Hdb, § 55 Rn. 30.
[1045] BAG 30.10.1984, 3.7.1990, AP Nr. 46, 61 zu § 74 HGB.

**437** **ee) Beendigung.** Das Wettbewerbsverbot kann jederzeit einvernehmlich (formlos) aufgehoben werden[1046], auch durch einen gerichtlichen Vergleich[1047]. Vor Beendigung des Arbeitsverhältnisses kann der Arbeitgeber durch schriftliche Erklärung einseitig auf das Wettbewerbsverbot verzichten (§ 75a HGB). Der Arbeitnehmer wird damit sofort vom Wettbewerbsverbot befreit, der Arbeitgeber bleibt bis zum Ablauf eines Jahres nach Zugang der Erklärung zur Zahlung der Entschädigung verpflichtet. Der Arbeitnehmer kann sich durch einseitige Erklärung vom Wettbewerbsverbot lösen, wenn er das Arbeitsverhältnis berechtigterweise aus wichtigem Grund außerordentlich kündigt (§ 75 Abs. 1 HGB). Dasselbe gilt nach der Rechtsprechung bei einer außerordentlichen Kündigung durch den Arbeitgeber[1048]. Der Arbeitnehmer kann sich auch lösen, wenn der Arbeitgeber ordentlich kündigt, es sei denn, die Kündigung erfolgt personen- oder verhaltensbedingt oder der Arbeitgeber erklärt sich bei Ausspruch der Kündigung dazu bereit, während der Dauer des Wettbewerbsverbots die volle, zuletzt vom Arbeitnehmer bezogene Vergütung zu zahlen (§ 75 Abs. 2 HGB). Da es sich beim nachvertraglichen Wettbewerbsverbot um einen gegenseitigen Vertrag handelt, finden die allgemeinen Bestimmungen über den Rücktritt (§§ 323 ff. BGB) Anwendung. Die Karenzentschädigung ist Gegenleistung für die Unterlassung von Konkurrenztätigkeit. Erbringt eine Vertragspartei ihre Leistung nicht, kann die andere Vertragspartei vom Wettbewerbsverbot zurücktreten, wenn die gesetzlichen Voraussetzungen vorliegen. Ein Rücktritt wirkt dabei ex nunc, d.h. für die Zeit nach dem Zugang der Erklärung entfallen die wechselseitigen Pflichten[1049].

---

[1046] BAG 10.1.1989, AP Nr. 57 zu § 74 HGB.
[1047] BAG 8.3.2006, NZA 2006, 854.
[1048] BAG 23.2.1977, AP Nr. 6 zu § 75 HGB; BAG 19.5.1998, NZA 1999, 37. Für diesen Fall sieht § 75 Abs. 3 HGB an sich vor, dass der Arbeitnehmer das Wettbewerbsverbot entschädigungslos zu beachten hat; das BAG hält diese Vorschrift aber wegen Verstoßes gegen Art. 3 GG für verfassungswidrig und wendet stattdessen § 75 Abs. 1 HGB entsprechend an.
[1049] BAG 31.1.2018, 10 AZR 392/17.

# Stichwortverzeichnis

Abfindung **10** 28, 136
- Kündigungsschutzprozess **10** 343 ff.
- steuerliche und sozialversicherungsrechtliche Folgen **10** 21

Abfindungsanspruch **10** 136, 225a
Abfindungsschutz **10** 140
Abhängigkeit
- persönliche **1** 24, 27 ff.
- wirtschaftliche **1** 36 **3** 33

Abmahnung **6** 157 ff.
- Anhörung des Arbeitnehmers **6** 159
- Entbehrlichkeit **10** 181
- Leistungsbereich **10** 180
- milderes Mittel **6** 157 **10** 179 ff.
- personenbedingte Kündigung **10** 168 ff.
- steuerbares Verhalten **10** 180
- unzulässige **6** 163 ff.
- verhaltensbedingte Kündigung **10** 180 ff.
- Verhältnismäßigkeit **6** 162
- Vertrauensbereich **10** 180
- Verwirkung **6** 162
- Verzicht auf Kündigungsrecht **10** 182
- Voraussetzungen **6** 158 ff.

Abrufarbeit **4** 44 ff.
Abschlussverbot **5** 97 ff.
Abteilung **3** 60
Abtretungsverbot **7** 109, 114
Abwicklungsvertrag **10** 7 f.
Änderungskündigung **6** 19 **10** 366 ff.
- Änderungsangebot **10** 206, 380 ff.
- Änderungsvorbehalt **10** 373
- Anhörung des Betriebsrates **10** 378
- betriebsbedingte **10** 403 ff.
- Entgeltkürzung **10** 404 ff.
- Kündigungsschutzklage **10** 384
- Massenänderungskündigung **10** 379
- ordentliche / außerordentliche **10** 379
- personenbedingte **10** 397 ff.
- Sonderkündigungsschutz **10** 377
- Sozialauswahl **10** 414 f.
- soziale Rechtfertigung **10** 389 ff.
- Teilkündigung **10** 374 f.
- Teilzeitarbeit **4** 43
- überflüssige **10** 394
- Unternehmerentscheidung **10** 403
- verhaltensbedingte **10** 397 ff.
- Vorbehalt **10** 386 ff.

- Weisungsrecht **10** 370

Änderungsvertrag
- Abschluss **5** 170 ff.
- Änderungskündigung **10** 366
- Bestimmtheitsgebot **5** 175 f.
- Form **5** 177 ff.

Änderungsvorbehalt
- Änderungskündigung **10** 371 f.
- Anrechnungsvorbehalt **7** 67
- Ausübungskontrolle **5** 133
- Begriff **7** 62 **10** 371
- Freiwilligkeitsvorbehalt **4** 95 **5** 191 f. **7** 63
- Grenzen **5** 134 ff.
- Widerrufsvorbehalt **4** 51 **5** 134, 197 **7** 65

Äquivalenzstörung **10** 397
AIDS
- Entgeltfortzahlung **8** 78
- personenbedingte Kündigung **10** 173

Akkord
- Akkordlohn **7** 24 f.
- Geldakkord **7** 24
- Grenzen **7** 31
- Zeitakkord **7** 25

Allgemeine Arbeitsbedingungen
- Angemessenheitskontrolle **5** 119, 125
- Begriff **5** 116 f.
- Einbeziehung **5** 122
- strukturelles Ungleichgewicht **5** 119
- Überraschungsklausel **5** 123
- Unklarheitenregel **5** 124
- Verhältnis zu Individualabreden **5** 121
- Allgemeinverbindlicherklärung nach § 5 TVG **2** 55 **6** 36
- auf Gemeinschaftsebene **2** 22

Altersgrenze **4** 13 **10** 77, 174
Altersstruktur **10** 218b
Altersversorgung, betriebliche **4** 81
Altverträge **5** 131
Anbahnungsverhältnis **5** 37, 93
Anfechtung **5** 154 ff.
- arglistige Täuschung **5** 160 ff.
- Aufhebungsvertrag **10** 16 ff.
- ex-nunc-Wirkung **5** 167
- Irrtum **5** 157 f.
- Klagefrist **10** 304 f.
- Kündigungserklärung **10** 67

© Springer-Verlag Berlin Heidelberg 2018
W. Hromadka, F. Maschmann, *Arbeitsrecht Band 1*, Springer-Lehrbuch,
https://doi.org/10.1007/978-3-662-56490-5

Angebot der Arbeitsleistung
s. auch Annahmeverzug
- Kündigungsschutzklage **8** 10
- Mitwirkungshandlung des Arbeitgebers **8** 10
- tatsächliches **8** 9
- überflüssiges **8** 8
- wörtliches **8** 10
Angemessenheitskontrolle
- Anwendungsbereich **5** 116 ff.
- Begriff **5** 105
- Entwicklung **5** 113
- Haftungsausschluss **9** 1
- Hauptleistungspflichten **5** 126 f.
- Individualverträge **5** 119
- Nebenabreden **5** 128f
- Prüfungsschritte **5** 128 ff.
- Rechtsgrundlage **5** 113 ff.
Angestellte
- AT-Angestellte **3** 27, 29 ff., 85 ff.
- Begriff **3** 7 ff.
- leitende s. dort
Anhörung nach § 102 BetrVG **10** 271, 283 ff.
Annahmeunmöglichkeit **8** 3, 24, 28 ff.
Annahmeverzug des Arbeitgebers **8** 5 ff.
- böswilliges Unterlassen anderweitigen Erwerbs **8** 13
- gesetzliche Regelung **8** 28
- Kurzarbeit **6** 73
- Obliegenheit des Arbeitnehmers zur Arbeitssuche **8** 13
- Rechtsfolge **8** 13 f.
- rechtswidrige Weisung **6** 24
- unwirksame Kündigung **10** 245
Anrechnungsvorbehalt **7** 67
Anschlussbeschäftigung **4** 10
Anwesenheitsprämie **7** 61
Anzeigepflicht **8** 87 f.
Arbeiter **3** 7 ff., 24 f.
Arbeitgeber
- Begriff **3** 45 f.
- Gerichtsstand **10** 329
- minderjähriger **5** 70
- Tod **6** 4 **10** 30

Arbeitnehmer
s. auch Arbeitsvertrag
- Begriff **3** 1
- Betriebszugehörigkeit **5** 65
- gesetzliche Gliederung **3** 3 ff.
- minderjähriger **5** 71
- tarifliche Gliederung **3** 27
- Tod **6** 2 **10** 27
- Verbraucher **1** 39 f.
arbeitnehmerähnliche Personen
- Anwendbarkeit des KSchG **10** 140
- Begriff **1** 35 ff., **3** 33 ff.
- Rechtsstellung **3** 36
- Sonderkündigungsschutz **10** 231
- Vertragskontrolle **1** 38
Arbeitnehmerüberlassung
s. Leiharbeit
Arbeitsbedingungen
- Änderung s. Änderungskündigung, Änderungsvorbehalt, Änderungsvertrag
- Nachweis **5** 78 ff.
Arbeitsbereitschaft **6** 44, 45a
Arbeitsdirektor **3** 64
Arbeitsentgelt s. Entgelt, Vergütung
Arbeitserlaubnis **4** 10
Arbeitsgerichtsbarkeit **2** 3
- Anwaltszwang **10** 332
- Beschlussverfahren **10** 272
- Rechtsweg **6** 129 **10** 327
- Urteilsverfahren **10** 327
- Zuständigkeit **9** 43 **10** 329
Arbeitsgesetzbuch **2** 40
Arbeitskampf **8** 46
s. auch Streik
- Arbeitskampfparität **8** 49 ff.
- Arbeitskampfrisiko, Lehre vom **8** 40 ff.
Arbeitsleistung
- Intensität **6** 81 ff.
- Leistungsort **6** 89 ff.
- Nachholbarkeit **6** 121
Arbeitslosengeld
- Sperrzeit **10** 21
Arbeitsordnung **2** 77
Arbeitspapiere **10** 417

Arbeitspflicht
- Fixschuld **6** 128
- Konkretisierung **6** 21
- Verletzung **6** 119 ff.
Arbeitsplatzteilung **4** 45 ff.
Arbeitsrecht
- Aufgabe **2** 4 ff.
- Dispositivität **2** 68
- europäisches **2** 11 ff.
- Gesetzgebungskompetenz **2** 39, 52
- gesetzliche Grundlagen **2** 40 ff.
- Gestaltungsfaktoren **2** 9 ff.
- Individualarbeitsrecht **2** 2
- Kollektivarbeitsrecht **2** 3
- Rechtsquellen **2** 9 ff.
- Rechtsquellenlehre **2** 64 ff.
- richtlinienkonforme Auslegung **2** 29
- Tarifdispositivität **2** 53
- Teil der Gesamtrechtsordnung **2** 5
- Umstrukturierung **2** 7
- Verordnungen **2** 51
- Vertragsfreiheit **2** 63
Arbeitsschutz
- Arbeitsschutzbehörden **7** 190
- duales Arbeitsschutzsystem **7** 135
- Pflichten des Arbeitgebers **7** 136
- sozialer **2** 2
- technischer **2** 2 **7** 83 ff.
Arbeitssuche **8** 13
Arbeitstag **6** 39
Arbeitsunfall
- Begriff **9** 10 f.
- gesetzliche Unfallversicherung **8** 62
- Haftungsbeschränkung **9** 10 f.
- Verschulden des Arbeitnehmers **8** 78
- Verschulden des Arbeitgebers **9** 13
- Wegeunfall **6** 41 **9** 15 f., 46
Arbeitsunfähigkeit, krankheitsbedingte
- Anzeigepflicht **8** 87 f.
- Arbeitsplatzwechsel aus gesundheitlichen Gründen **8** 73
- Bescheinigung **8** 89 f.
- Ersatz von Detektivkosten **8** 78
- genesungswidriges Verhalten **8** 78
- Hinterlegungspflicht **8** 95
- Kontrollmöglichkeit **8** 96 ff.
- Leistungsverweigerungsrecht des Arbeitgebers **8** 91
- medizinische Vorsorge **8** 79
- Nachweispflicht **8** 89 ff.
- Rehabilitation **8** 74, 79
- teilweise **8** 73

- Wiedereingliederung **8** 74
- wiederholte **8** 83 ff.
Arbeitsunfähigkeitsbescheinigung
- aus EU-Mitgliedstaat **8** 94
- Beweiswert **8** 92 ff.
- Vorlagepflicht **8** 89 ff.
Arbeitsverhältnis
- Aushilfsarbeitsverhältnis **4** 32 ff.
- bedingtes **4** 4 ff. **10** 4 ff.
- Beendigungsgründe **10** 1 ff.
- befristetes **4** 4 ff. **10** 4 ff., 77
- dauerndes **4** 2 f.
- faktisches **5** 64
- fehlerhaftes **8** 113
- gerichtliche Auflösung **10** 28 f., 343 ff.
- gesetzliche Begründung **5** 83
- mittelbares **6** 3
- Probearbeitsverhältnis **4** 23 ff.
- Suspendierung **10** 31
- Wegfall der Geschäftsgrundlage **10** 33
Arbeitsverhinderung aus persönlichen Gründen **8** 108 ff.
Arbeitsvertrag
- Abschluss **5** 62 ff.
- Abschlussverbot **5** 97 ff.
- Änderung s. Änderungsvertrag
- Anfechtung **5** 154 ff. **10** 23
- Angemessenheitskontrolle **5** 105
- Arbeitsvertragsbruch **6** 119
- Ausübungskontrolle **5** 105
- Begriff und Grundlagen **1** 21 ff.
- Beschäftigungsverbot **5** 97 ff.
- Billigkeitskontrolle **5** 105
- Eingliederungstheorie **5** 64
- elektronische Form **5** 75a, 81
- fehlerhafter Arbeitsvertrag **5** 143 ff.
- Form **5** 74 ff.
- Inhaltsfreiheit **5** 103
- Kettenarbeitsvertrag **4** 4
- Mängel **5** 136 ff.
- Nichtigkeit **5** 130, 136 ff.
- persönliche Abhängigkeit **1** 24
- Rechtskontrolle **5** 105
- Rückabwicklung bei Nichtigkeit **5** 143 ff.
- Schriftform **5** 75
- Schriftformklausel **4** 94 f.
- Sittenwidrigkeitskontrolle **5** 105 ff.
- Teilnichtigkeit **5** 151
- Textform **5** 81
- Unterfall des Dienstvertrags **1** 22

- Vertragskontrolle **5** 103 ff.
- Weisungsgebundenheit **1** 23, 27

Arbeitsverweigerung **10** 185 ff.

Arbeitszeit
- Begriff **6** 40
- Dauer **6** 35
- gesetzliche **6** 50 ff.
- Mitbestimmung des Betriebsrates **6** 88
- Nachtarbeit **6** 54
- Regelung im Tarifvertrag **4** 75 **6** 36 f.
- Regelung in Betriebsvereinbarung **6** 38
- Ruhezeit **6** 42
- Veränderung auf Dauer **6** 78 f.
- vorübergehende Änderung **6** 64 ff.
- Wegezeit **6** 41
- zeitliche Lage **6** 84 ff.

Arbeitszeitschutz **6** 46 ff.

Arbeitszeitsystem, rollierendes **8** 104

Aufenthaltserlaubnis **4** 10

Aufhebungsvertrag **10** 6 ff.
- Anfechtung **10** 16 ff.
- elektronische Form **10** 10
- Inhalt **10** 11
- Inhaltskontrolle **10** 14
- Klagefrist **10** 305
- Widerruf **10** 15

Aufklärungspflicht
- bei Aufhebungsvertrag **10** 12 f.
- des Bewerbers **5** 55 ff.

Auflösung des
 Arbeitsverhältnisses
 durch Urteil **10** 28

Aufrechnung
- Aufrechnungsverbot **7** 110 **8** 21
- mit Schadensersatzansprüchen **6** 137 f.

Auftrag **1** 18

Aufwendungsersatz **7** 15 **9** 21 ff.
- des Betriebsrates **9** 22
- unfreiwillige Vermögenseinbuße **9** 21

Ausgleichsabgabe **5** 85

Ausgleichsquittung **7** 122 ff. **10** 138

Aushilfsarbeitsverhältnis **4** 32 ff.

Auslauffrist **10** 104

Ausschlussfrist **4** 89 **7** 126 ff. **10** 125, 306

Aussperrung
- lösende **10** 26
- Wegfall der Vergütungspflicht **8** 46

Ausübungskontrolle
- befristete Arbeitsbedingungen **5** 135
- Begriff **5** 105, 132
- Kontrollmaßstab **5** 133

Außerdienstliches Verhalten **10** 188a

Bedarfsarbeit **4** 44 ff.

Bedingtes Arbeitsverhältnis
- Abgrenzung von Befristung **4** 9
- Beendigung **4** 19
- Begriff **4** 8
- Form **4** 32a
- Gleichbehandlung **4** 17
- Gleichstellung mit Befristung **4** 6
- Informationspflicht des Arbeitgebers
 über offene Stellen **4** 17
- Klage auf Unwirksamkeit **4** 21
- Kündigung **4** 18
- Mitbestimmung **4** 22
- Rechtsbedingung **4** 8
- Sachgrunderfordernis **4** 5
- sachliche Gründe **4** 11 ff.
- Schriftform **4** 15
- Teilnahme an Aus- und Weiter-
 bildungsmaßnahmen **4** 18
- Unwirksamkeit **4** 16
- Wunsch des Arbeitnehmers **4** 10

Befristetes Arbeitsverhältnis **4** 4 ff. **10**
 4 ff., 77
- Abgrenzung von Bedingung **4** 9
- Altersgrenze **4** 13
- Aushilfsarbeitsverhältnis **4** 32 ff.
- Beendigung **4** 19
- Begriff **4** 7
- Daueraushilfe **4** 12c
- erleichterte Befristung **4** 14 f.
- EG-Richtlinie **4** 4
- Festanstellung nach Probezeit **4** 29
- Form **4** 32a
- Gleichbehandlung **4** 17
- Höchstdauer **4** 14
- Informationspflicht des Arbeitgebers
 über offene Stellen **4** 17
- Klage auf Unwirksamkeit **4** 21
- Kündigung **4** 18
- Missbrauch sachgrundloser
 Befristung **4** 14d
- Mitbestimmung **4** 22
- Sachgrunderfordernis **4** 5
- sachliche Gründe **4** 10, 12 ff.
- Schriftform **4** 15
- Teilnahme an Aus- und Weiter-
 bildungsmaßnahmen **4** 18
- Unwirksamkeit **4** 16
- Verlängerung **4** 14
- Wunsch des Arbeitnehmers **4** 10
- Zeitbefristung **4** 7
- Zweckbefristung **4** 7

# Stichwortverzeichnis

Befristung von Arbeitsbedingungen
5 135
Begleitschaden 9 3, 42
Behinderung 5 10
Belästigung, sexuelle 7 144
Benachteiligungsverbot 7 160
 s. auch Gleichbehandlungsgrundsatz, Gleichstellungsgebot
Bereitschaftsdienst 6 45
Berufsausbildungsvertrag 5 72
Berufsfreiheit 2 35
Berufsunfähigkeitsrente 8 63
Beschäftigter
- Begriff im Sozialversicherungsrecht 1 39 ff.
- Vermutungsregel 1 39 ff.
Beschäftigung, geringfügige
- Wegfall der Nachweispflicht 5 80
Beschäftigungspflicht 7 151
Beschäftigungsverbot 5 97 ff.
Bestandsschutz 10 134 ff.
Betrieb
- Begriff 3 49 ff.
- gemeinsamer 10 148
- im Sinne des § 23 KSchG 10 144
betriebliches Eingliederungsmanagement 10 173a
Betriebliche Übung
- Arten 5 181
- Begriff 2 80 5 180 f.
- Beseitigung der Bindung 5 197
- Freiwilligkeitsvorbehalt 5 191 f.
- Gratifikationen 7 56 ff.
- Neueintretende 5 195
- Prüfung 5 197
- Rechtsnatur 2 80 5 183 ff.
- Schriftform 5 193
Betriebsablaufstörung 10 218a, 397
Betriebsabsprache s. Regelungsabrede
Betriebsbuße 6 149, 152 ff.
Betriebsfrieden 6 113
Betriebsgeheimnis 6 114
Betriebspause 6 43
Betriebsrat
- Anhörung vor Kündigung 10 283 ff.
- außerordentliche Kündigung von Mitgliedern 10 268 ff.
- Begünstigungsverbot 10 263
- Europäischer 10 279
- Mitbestimmungsrecht s. dort
- Neutralitätspflicht 8 55
- Sonderkündigungsschutz 10 262 ff.

Betriebsrente 10 13
Betriebsrisikolehre 8 32 ff.
Betriebsspaltung 3 55 10 34, 148
Betriebsstilllegung
- Begriff 10 267
- kampfbedingte 8 56
- Kündigungsschutz 10 266
Betriebsstörung
- personenbedingte Kündigung 10 169
- technische 8 47
Betriebsübergang 10 34
Betriebsvereinbarung
- Ausübung der Mitbestimmung 2 59
- Begriff 2 59 ff., 4 69
- Haftungsausschluss 9 1
- Kündbarkeit 4 70
- Kündigungsverbot 10 76
- Regelungsabrede 2 59
- Regelungsbereich 2 60
- Vergütungsregelung 3 103
- Verhältnis zum Tarifvertrag 2 69
Betriebsverlegung 6 94 f.
Betriebszugehörigkeit 5 65 10 215
Beweislastregelung
- Anwendbarkeit des KSchG 10 150
- betriebsbedingte Kündigung 10 221
- Mankoabrede 9 64
- Sonderkündigungsschutz 10 235
Beweislastumkehr 9 40, 64
billiges Ermessen des Arbeitgebers
- Anordnung von Überstunden 6 68
- Ausübung des Weisungsrechts 6 18 ff.
- Lage der Arbeitszeit 6 80
Billigkeitskontrolle 5 105
Bruttolohn 7 188

culpa post pactum finitum 5 93

Datenschutz 7 150
Daueraushilfe 4 12c, 33
Deregulierung 2 7
Detektivkosten 8 78, 97
Dienstleistung
- auf außervertraglicher Grundlage 1 3
- gesellschaftsrechtliche 1 17
- öffentlich-rechtliche 1 2
- vereinsrechtliche 1 17
Dienstreise 6 90
Dienstverschaffungsvertrag 1 15
Dienstvertrag
- Abgrenzung zum Auftrag 1 18

- Abgrenzung zum Gefälligkeitsvertrag **1** 20
- Abgrenzung zum Werkvertrag **1** 13
- Begriff **1** 8
- Gegenstand **1** 9
- gemischter Vertrag **1** 14
- Geschichte **1** 5

Dienstwohnung **7** 15
Direktionsrecht
  s. auch Weisungsrecht
- Abgrenzung zur Änderungskündigung **10** 370
- Änderung von Arbeitsbedingungen **10** 206
- Job sharing **4** 48

Diskriminierungsverbot **7** 99a ff., 119 ff.
- Alter **5** 29
- Anwendungsbereich AGG **5** 11 ff.
- Befristung **7** 185
- Benachteiligungsverbot AGG **5** 7 ff.
- Betriebsrat **7** 186
- Einstellung AGG **5** 13, 91
- Entschädigung AGG **5** 36
- Gewerkschaftsangehörigkeit **7** 184
- und Kündigung AGG **10** 73
- Rechtfertigungsgründe AGG **5** 25 ff.
- Rechtsfolge **7** 178
- Schadensersatz AGG **5** 35 f.
- Staatsangehörigkeit **7** 183
- Stellenausschreibung AGG **5** 7
- Tatbestand **7** 163
- Teilzeit **7** 185

Disziplinarvorgesetzter **6** 160
Drohung mit Kündigung **10** 18

Eigenschaden s. Schadensersatz
Eignung **10** 175
Einbeziehungskontrolle **5** 122
Einfirmenvertreter **3** 41 f.
Einfühlungsverhältnis **4** 31a
Einigungsstelle **2** 63
Einschreiben **10** 57
Einstellungshindernis **5** 96 ff.
Einstellungspflicht **5** 83 ff.
- gesetzliche **5** 87 ff.
- individualvertragliche **5** 93 f.
- kollektivvertragliche **5** 95
Einstellungsuntersuchung **5** 60
Einstweiliger Rechtsschutz
- Erfüllung der Arbeitspflicht **6** 129
- Urlaubserteilung **8** 155
- Verletzung von Nebenpflichten **6** 134 **7** 189
Elektronische Erklärungen **5** 75b

Elektronische Form **5** 75a ff.
Elementenklage **10** 312
Elterngeld **8** 175
Elternzeit **8** 175 ff.
- Anrechnung der Mutterschutzfrist **8** 176
- Anspruch **8** 176
- anteilige Inanspruchnahme **8** 176
- Aushilfe **8** 176
- Dauer **8** 176
- Erholungsurlaub **8** 176
- Erwerbstätigkeit **8** 176
- Frist zur Geltendmachung **8** 176
- Kündigung **8** 176
- Ruhen arbeitsvertraglicher Hauptleistungspflichten **8** 175 **10** 31
- Teilzeitarbeit **4** 41f
- Unterbrechung **8** 176
Empfangsbote **10** 61
Empfangsvertreter **10** 61
Empfangszuständigkeit **7** 114
Entgelt
  s. auch Vergütung
- Abtretung **4** 74
- Abtretungsverbot **7** 109
- Aufrechnung **6** 137 f.
- Bemessung **4** 65
- brutto/netto **7** 102
- Entgeltrisiko **8** 26
- Entgeltschutz **7** 108 ff.
- Freistellungsanspruch **9** 41 ff.
- Nettolohnvereinbarung **7** 103, 188
- Proportionsbeziehung **10** 409, 413
- Sonderzuwendungen **7** 50 ff.
- Tarifentgelt **4** 66
- übertarifliche Zulagen **4** 66 f.
- Überzahlung **7** 118 ff.
- Unpfändbarkeit **7** 109
- Verpfändung **4** 122
- Vorschuss **7** 116
- Zahlungsort **7** 117
Entgeltabrechnung **7** 121
Entgeltfortzahlung **8** 59 ff.
- Abdingbarkeit **8** 64
- Aushilfsarbeitsverhältnis **4** 36
- Bemessungsgrundlage **8** 65
- Dauer **8** 82 ff.
- Einschränkung bei wiederholter Arbeitsunfähigkeit **8** 83
- Entgeltausfallprinzip **8** 85, 106, 121
- Feiertage **8** 100 ff.
- Forderungsübergang **8** 98 f.
- Führungskräfte **8** 86
- Heimarbeiter **8** 66

- Höhe **8** 85 f.
- Krankengeld **8** 84
- Krankheit **8** 59 ff.
- Leistungsentgelt **8** 85
- Rechtsmissbrauch **8** 80
- Rechtsnatur **8** 63
- Schadensersatz bei Dritthaftung **8** 98 f.
- Teilzeitarbeit **4** 39a **8** 67
- Überstunden **8** 85
- Wartezeit **8** 81

Entgeltkürzung **10** 404 ff.
Entgeltzahlung
- Verweigerung bei Nichtleistung **6** 135
- Verweigerung bei Schlechtleistung **6** 136

Entlassung **10** 40
Entlastungsbeweis, dezentralisierter **7** 196
Erbenhaftung **6** 2
Erfüllungsgehilfe **5** 35 **8** 17 **9** 1
Ergänzungspfleger **5** 68
Erholungsurlaub
- Abgeltung **8** 162
- Anwendbarkeit des BUrlG **8** 127 ff.
- Arbeitsausfall aus anderen Gründen **8** 140 ff.
- Befristung **8** 156
- Dauer **8** 134
- Erfüllung **8** 145
- Erfüllungshindernisse **8** 156
- Ersatzurlaubsanspruch **8** 160 f.
- Erteilung **8** 146
- Erwerbsarbeit **8** 171 ff.
- Grundfragen **8** 123 ff.
- Mitbestimmung **8** 153
- Rechtsmissbrauch **8** 132
- Selbstbeurlaubung **8** 155
- Teilurlaub **8** 139
- Urlaubsentgelt **8** 166
- Urlaubsgeld **8** 167
- Verweigerung **8** 155
- Verzicht **8** 169
- Wartezeit **8** 130

Erklärungsfahrlässigkeit **5** 63
Erlassvertrag **7** 122 **8** 107
Ermittlungsverfahren **5** 48
Erprobung des Arbeitnehmers **4** 10
Ersatzmannschaft **8** 48
Ersatztätigkeit bei Schwangerschaft **6** 29a

Erwerbsunfähigkeitsrente **8** 62
Europäisches Arbeitsrecht **2** 11 ff.

Familiengericht **5** 69 f.
Familienpflegezeit **8** 184
Feiertagsgesetze **8** 102
Festanstellung nach Probezeit **4** 29
Feststellungsklage
- allgemeine **10** 316 ff.
- Elementenklage **10** 312
- Feststellungsinteresse **10** 315, 319
- Kündigungsschutzklage **10** 296, 310 ff.
- materielle Rechtskraft **10** 341

Fixschuldcharakter der Arbeitsleistung **6** 128 **8** 2 ff.
Forderungspfändung **7** 109
Fortbestandsbegehren, unselbständiges **10** 320
Fragerecht des Arbeitgebers **5** 39 ff.
Freibeweis **10** 326
Freistellungsanspruch des Arbeitnehmers **9** 41 ff.
- Abtretung **9** 43
- nach Beendigung des Arbeitsverhältnisses **10** 416
- Pfändung **9** 43

freiwillige Leistungen **7** 176
Freiwilligkeitsvorbehalt **4** 95 **5** 191 **7** 63
Freizeichnung des Arbeitgebers **7** 152
Fürsorgepflicht **7** 116, 130, 144 **9** 42 **10** 123a, 417

Gefährdungshaftung **7** 152
Gefälligkeitsverhältnis **1** 20
gefahrgeneigte Tätigkeit **9** 30, 37
Geldlohn **7** 15
Generalvollmacht **3** 70 f.
Gesamtzusage **2** 79
Geschäftsbesorgungsvertrag **1** 16
Geschäftsfähigkeit
- Beweislast **5** 66
- Nichtigkeit des Arbeitsvertrages **5** 137
- partielle **5** 69

Gewerbeaufsichtsamt **7** 135
Gewerkschaft
- Beitritt Minderjähriger **5** 71
- Funktion **2** 53
- Gleichstellungsgebot **7** 184

Gewissensentscheidung **10** 176

Gleichbehandlungsgrundsatz **7** 154 ff.
- Abdingbarkeit **7** 164
- Anwendungsbereich **7** 166 f.
- Beendigung des Arbeitsverhältnisses **7** 174
- Betriebsbezogenheit **7** 171
- dogmatische Grundlage **7** 161 f.
- Gratifikation **7** 178
- Konzern **7** 173
- Kündigung **10** 118
- Quasi-Rechtsquelle **2** 81 ff.
- Rechtsfolge **7** 178
- Schlechterstellung **7** 175
- Subsidiarität **7** 165
- Tatbestand **7** 163
- Unternehmensbezogenheit **7** 171
- Verpflichtung zur Einstellung **7** 174
- Voraussetzungen **7 163**
- Willkürverbot **7** 176
Gleitzeit **6** 86 f.
Gratifikation
- Anspruchsgrundlage **7** 58 ff.
- Arten **4** 68 ff. **7** 57 f.
- Begriff **7** 56
- Gleichbehandlung **7** 178
- mit Mischcharakter **7** 57
- Rückzahlung **7** 70 ff.
- Zwecke **7** 57
Grundrechte **2** 35 ff. **5** 106
- der GRC **2** 14c ff.
- der EMRK **2** 14 ff.
Günstigkeitsprinzip **2** 68

Haftungsbeschränkung bei betrieblich veranlasster Tätigkeit **9** 25 ff.
Handlungsvollmacht **3** 78 ff.
Hausgewerbetreibender **3** 37 ff.
Heimarbeiter **3** 37 ff.

Information als Mittel der Personalarbeit **3** 90
Informationspflicht des Arbeitgebers über offene Stellen bei Bedingung oder Befristung **4** 17b
Inhaltskontrolle
s. auch Angemessenheitskontrolle, Sittenwidrigkeitskontrolle, Vertragskontrolle
- Arbeitsvertrag **5** 105 ff.
- Aufhebungsvertrag **10** 14
- Besonderheiten des Arbeitsrechts **5** 128e
- Gleichbehandlungsgrundsatz **2** 81 ff.

Insichgeschäft **5** 72
Insolvenz des Arbeitgebers
- betriebsbedingte Kündigung **10** 223 ff.
- Entgeltschutz **7** 111 f.
- Massenentlassung **10** 279
Insolvenzgeld **7** 113
Insolvenzverfahren **7** 111 f.
Integrationsamt **10** 248, 251
Integritätsinteresse s. Schadensersatz
Interessenausgleich **10** 415a

Job-Sharing **4** 45 ff.
Jugendvertreter, Einstellungspflicht **5** 89

Kapazitätsorientierte variable Arbeitszeit (KAPOVAZ) **4** 44 ff. **6** 80
Kettenarbeitsvertrag **4** 4
Kieler Straßenbahnerfall **8** 34 ff.
Kilometerpauschale **9** 6
Koalitionsfreiheit **2** 35
Konkursverfahren **7** 111 f.
Kontrahierungszwang **5** 83
Konzern
- Begriff **3** 56 ff.
- Gleichbehandlung **7** 173
- Versetzung **10** 202
Krankengeld **4** 79 **8** 62, 86
Krankenstand **8** 59
Krankheit
- Arbeitsunfähigkeit s. dort
- Begriff **8** 69
- Entgeltfortzahlung s. dort
- Fragerecht des Arbeitgebers **5** 50
- personenbedingte Kündigung **10** 172 f.
Kündigung
- mit Abfindungsoption **10** 225a
- Altersstruktur **10** 218b
- Änderungskündigung **10** 38, 366 ff.
- außerdienstliches Verhalten **10** 188a
- außerordentliche **7** 138 **10** 37, 102 ff.
- Austauschkündigung **10** 199 f.
- bedingtes Arbeitsverhältnis **4** 18
- Bedingungsfeindlichkeit **4** 86 **10** 44
- Beendigungskündigung **10** 38
- befristetes Arbeitsverhältnis **4** 18
- Begriff **10** 36
- und Behörden **10** 78
- betriebsbedingte **10** 191 ff.
- betriebsbedingte mit Abfindungsangebot **10** 7, 225a

- Dienstantritt **10** 51
- diskriminierende **10** 73
- Druckkündigung **10** 41, 172 ff.
- durch Erben des Arbeitgebers **6** 4
- Eigenkündigung **10** 40
- Einschreiben **10** 57
- elektronische Form **10** 45
- Elternzeit **8** 177
- entfristete **10** 37
- Entlassung **10** 40
- fristgemäße **10** 37
- fristlose **10** 37
- gesetzliches Verbot **10** 68
- Gleichbehandlungsgrundsatz **10** 118, 167
- Gründe **10** 151 ff.
- herausgreifende **10** 118
- hilfsweise **10** 41
- Insolvenz **10** 223 ff.
- Interessenabwägung **10** 155, 165 f., 171, 184
- Leistungsverdichtung **10** 200
- Massenentlassung **10** 40, 274 ff.
- Nichtigkeit **10** 66 ff.
- ordentliche **10** 37, 83 ff.
- personenbedingte **10** 168 ff.
- Prognoseprinzip **10** 116
- Rücknahme **10** 81
- Schriftform **10** 45
- Tatkündigung **10** 120
- Teilkündigung **10** 39, 374 f.
- Teilzeitarbeit **4** 43
- Treu und Glauben **10** 62, 163a
- Trotzkündigung **10** 41, 313, 351
- Übermaßverbot **10** 118
- ultima ratio **10** 115, 155, 161 ff., 170, 179, 201
- Umdeutung **10** 43, 132a
- Unzeit **10** 50
- Verdachtskündigung **10** 120 ff., 176
- verhaltensbedingte **10** 177 ff.
- Vertretung **10** 63 ff.
- Verwirkung **10** 82a
- Verzicht **10** 82
- Vollkündigung **10** 39
- vorsorgliche **10** 41
- Wartezeit **10** 141 f.
- Whistleblowing **10** 188c
- Widerruf **10** 80
- Zugang **10** 52 ff.
Kündigungsberechtigter **10** 129

Kündigungsbeschränkung
- arbeitsvertragliche **10** 77
- kollektivvertragliche **10** 74 f.
Kündigungserklärung
- Anfechtung **10** 67
- Bedingungsfeindlichkeit **4** 86 **10** 44
- Bestimmtheit **10** 42 f.
- Form **10** 45 ff.
- gesetzliches Verbot **10** 68
- hilfsweise **10** 41
- Mängel **10** 66 ff.
- Vertretung **10** 63 ff.
- vorsorgliche **10** 41
- Widerruf **10** 80
- Zeit **10** 50 f.
- Zugang **10** 52 ff.
Kündigungserklärungsfrist **10** 124 ff.
Kündigungsfrist **3** 24 **10** 83 f.
- arbeitsvertragliche **10** 95 ff.
- Aushilfsarbeitsverhältnis **10** 96
- Berufsausbildung **10** 91
- Elternzeit **10** 92
- gesetzliche **4** 85 **10** 85 ff., 95
- Grundkündigungsfrist **10** 87
- Insolvenz **10** 94
- Kündigung durch den Arbeitnehmer **4** 85
- Mindestkündigungsfrist **10** 95
- Nichteinhaltung **10** 84
- Probezeit **10** 90
- schwerbehinderte Menschen **10** 93
- tarifvertragliche **10** 98 ff.
- verlängerte **10** 88 f.
Kündigungsgrund
- absoluter **10** 109, 137
- Alter **10** 174
- Angabe **10** 47 f.
- „an sich" **10** 155
- Arbeitsverweigerung **10** 185 f.
- außerdienstliches Verhalten **10** 188a
- betriebsbedingte Kündigung **10** 192 ff.
- Eignung **10** 175
- Gewissen **10** 176
- Krankheit **10** 172 ff.
- Leistungsverdichtung **10** 200
- Mischtatbestand **10** 158
- Nachschieben **10** 49
- nachträglicher Wegfall **10** 107
- personenbedingte Kündigung **10** 168, 172, 174 ff.
- Präklusion s. dort

- Prognose **10** 155, 159 f., 169, 178
- Systematik **10** 151
- Trennungsprinzip **10** 157
- verhaltensbedingte Kündigung **10** 177 ff., 185 ff.
- Verhältnismäßigkeit **10** 161 ff.
- wichtiger **10** 106 ff.

Kündigungsschutz, allgemeiner
- Abdingbarkeit **10** 137
- Beweislast **10** 150
- betrieblicher Anwendungsbereich **10** 143 ff.
- Diskriminierungsschutz des AGG **10** 73
- Grundgedanken **10** 133
- Kleinbetrieb **10** 145 ff.
- persönlicher Anwendungsbereich **10** 140
- Probezeit **4** 27
- Verzicht **10** 138
- Sozialauswahl **10** 207 ff.
- Sozialwidrigkeit **10** 151 ff.
- Wartezeit **10** 141

Kündigungsschutz, besonderer
- Belegschaftsvertreter **10** 261 ff.
- Grundsätze **10** 230 ff.
- Massenentlassung **10** 274 ff.
- Mittel **10** 229
- Mutterschutz **10** 237 ff.
- schwerbehinderte Menschen **10** 248 ff.
- Sinn und Zweck **10** 226 ff.
- Verhältnis zum allgemeinen Kündigungsschutz **10** 232

Kündigungsschutzklage
- allgemeine Feststellungsklage **10** 316 ff.
- Auflösungsantrag **10** 343
- elektronische Form **10** 333
- Feststellungsinteresse **10** 315, 319
- Klagefrist **10** 297 ff., 306, 334
- materielle Rechtskraft **10** 337 ff.
- Parteien **10** 330 ff.
- Rechtshängigkeit **10** 322
- Rechtsschutzbedürfnis **10** 335
- Streitgegenstand **10** 311 ff.
- Vergütungsansprüche **10** 324
- Verzicht **7** 75 **10** 138
- Wirkungen der Klage **10** 322 ff.

Kündigungsschutzprozess **10** 296 ff.
- Fristgebundenheit **10** 297 ff.

- Weiterbeschäftigungsanspruch **10** 347 ff.
- Wiedereinstellungsanspruch **10** 198, 358 ff.
- Zuständigkeit **10** 327 ff.

Kündigungstermin **10** 83 f., 97

Kurzarbeit **6** 73 ff.
- Anordnungsbefugnis **6** 74
- Kurzarbeitergeld **6** 77
- zur Vermeidung von Kündigungen **10** 201

Legalzession **8** 98 f. **9** 20
Leiharbeit **4** 50a ff.; **6** 5
Leistungsbestimmungsrecht
- Änderungskündigung **10** 371
- Ausübungskontrolle **5** 132 ff. **10** 372
- Inhaltskontrolle **5** 125 ff. **7** 50f **10** 372

Leistungsklage
- auf Erfüllung der Arbeitspflicht **6** 129
- auf Erfüllung von Nebenpflichten **7** 189

Leistungslohn **7** 18, 23 ff.
Leistungsverweigerungsrecht des Arbeitgebers
- bei Entgeltfortzahlung **6** 141 **8** 91
- bei Leistungsstörungen **6** 135 ff. 141

Leistungsverweigerungsrecht des Arbeitnehmers **7** 192 ff.

Leitende Angestellte **3** 5 f.
- Abfindungsschutz **10** 140
- Abgrenzung zu AT-Angestellten **3** 32
- Befristung von Arbeitsverträgen **4** 12b
- Begriff **3** 14 ff.
- Rechtsstellung **3** 26

Lissabon, Vertrag von **2** 14b
locatio conductio **1** 6
Lohnsteuer **7** 105
Lohnzahlungsklage
- bei Nichterfüllung der Vergütungspflicht **7** 187 f.
- nach Abschluss des Kündigungsschutzprozesses **10** 342

Lossagung vom Arbeitsverhältnis **10** 24

Maastricht, Vertrag von **2** 13
Mankohaftung **9** 56 ff.
Massenentlassung
- Kündigungsschutz **10** 78, 274 ff.
- Sperrfrist **10** 282

Medizinischer Dienst **8** 96

Mehrarbeit s. Überstunden
Mehrarbeitszuschläge **7** 42
Minderjähriger
- als Arbeitgeber **5** 70
- als Arbeitnehmer **5** 71
- Beitritt zur Gewerkschaft **5** 71
Mindestlohn **7** 74 ff.
Mitarbeiter
- freier **3** 43 f.
- tariflich geführter **3** 27 f.
Mitbestimmung
- Ausübung **2** 59
- Bedingung **4** 22
- Befristung **4** 22
- Beteiligungsrechte **2** 58
- im Betrieb **2** 57
- Organe **2** 57
- im Unternehmen **2** 57
Mitbestimmungsrechte
- Arbeitszeitverkürzung **8** 55
- Bestimmung des Ortes der Entgeltauszahlung **7** 117
- Betriebsbuße **6** 155
- Betriebsverlegung **6** 95
- Einstellung **5** 4, 37
- Erstellung von Fragebögen **5** 58
- Festsetzung von Akkord- und Prämiensätzen **7** 32
- Gratifikationen **7** 56
- Kündigung **10** 283 ff.
- Kurzarbeit **6** 76
- Überstunden **6** 71
- Überwachung des Arbeitnehmers **7** 147
- Versetzung **6** 58, 93
- Weisungen **6** 15
Mittelbare Diskriminierung **5** 18 ff **7** 156
Mobbing **5** 22 **7** 145
Monatsgehalt, dreizehntes **7** 53
Mustervertrag **4** 102 ff.
Muttergesellschaft **3** 57
Mutterschutz
- Arbeitszeit **6** 63
- Kündigung **10** 237 ff.

Nachtarbeit **6** 54 f.
Nachtarbeitnehmer **6** 52 f.
Nachtarbeitszuschlag **7** 27
Nachtzeit **6** 54
Naturallohn **7** 15
Nebenpflichten des Arbeitnehmers
- arbeitsvertragliche **6** 105

- Begriff **6** 96
- betriebliche **6** 104
- gesetzliche **6** 103
- Handlungspflichten **6** 98, 110 f.
- hauptleistungsbegleitende **6** 110
- Klagbarkeit **6** 100
- Rechtsgrundlage **6** 102
- Schutzpflichten **6** 110 **6** 112
- selbständige **6** 99
- tarifvertragliche **6** 104
- Treuepflicht **6** 107 f.
- unselbständige **6** 99
- Unterlassungspflichten **6** 98, 113 ff.
- Verschwiegenheitspflicht **6** 114 ff.
- Zeitpunkt der Entstehung **6** 101
Nebentätigkeit **4** 37, 78
Nebenverdienst **8** 14
Nettolohnklage s. Lohnzahlungsklage
Nettolohnvereinbarung **7** 103, 188
nichterfüllter Vertrag, Einrede **6** 139 **7** 192
Nichterfüllung der Arbeitspflicht
- Arten **6** 120
- Leistungsklage **6** 128 f.
Nichtfortsetzungserklärung **10** 25
Nichtvermögensschaden **5** 36
Nizza, Vertrag von **2** 14a
Normenvertrag **4** 69
Notfall
- Arbeitszeit **6** 62
- Zuweisung anderer Tätigkeit **6** 30 f.

Obhutspflicht **4** 97
Öffnungsklausel **2** 68
Ohne Arbeit kein Lohn **6** 1 **8** 6, 21
Ordnungsprinzip **2** 70
Organisationsverschulden **9** 28
Orlando-Kündigung **10** 113

Paritätsgrundsatz **8** 43 s. auch Arbeitskampfrisiko
Parteifähigkeit **10** 331
Personalanforderung **5** 1
Personalinformationssystem **3** 94
Personalplanung **3** 91 ff.
Personalrat **2** 57
Personalsuche **5** 2 f.
Personenschaden **9** 8 ff., 44 ff.
- Haftungsausschluss **7** 136 **9** 8 ff.
- Haftung des Arbeitnehmers **9** 44 ff.

Persönlichkeitsrecht, allgemeines
- im Arbeitsverhältnis **7** 142
- Schmerzensgeldanspruch **7** 197
- Schutzpflicht des Arbeitgebers **7** 141
Pflegeversicherung **8** 63
Pflichtverletzung des Arbeitnehmers
- Arbeitspflicht **6** 119
- Nebenpflichten **6** 134
- Schlechtleistung **6** 123, 130 ff.
- Verletzung des Integritätsinteresses **6** 137
Potestativbedingung **10** 44
Präklusion
- von Kündigungsgründen **10** 310
- materielle Rechtskraft **10** 338
Prämie **7** 27
Präventionsverfahren **10** 164a
Praktikum **4** 31b
Probezeit **4** 23 ff., 62 f.
- befristetes Probearbeitsverhältnis **4** 30
- Dauer **4** 23
- Kündigungsfrist **10** 90
- Sozialauswahl **10** 211
- unbefristetes Arbeitsverhältnis **4** 25
Prokura **3** 72 ff.
Proportionsbeziehung **10** 409, 413
Provision **7** 47 f.
Prozessfähigkeit **10** 331
Prozessvollmacht **10** 65, 318

Qualitätsmangel **6** 123, 131 f.
Quote **5** 92

Rangprinzip **2** 67 ff.
Rationalisierungsschutzabkommen **10** 75
Rauchverbot **7** 139
reale Leistungsbewirkung, Theorie der **8** 11
Recht auf Arbeit **5** 86
Rechtliches Gehör **6** 154
Rechtsbedingung **4** 8
Rechtskontrolle **5** 105 s. auch Angemessenheitskontrolle, Inhaltskontrolle, Vertragskontrolle
Rechtsquellenlehre **2** 64 ff.
- Zeitkollisionsregel **2** 70
- Rangprinzip **2** 67 ff.
Regelungsabrede
- Ausübung der Mitbestimmung **2** 59
- Betriebsvereinbarung **2** 59
Rehabilitation **8** 74, 79

Richtlinie (AEUV) **2** 27 ff.
- richtlinienkonforme Auslegung **2** 29 **5** 8, 79
- unmittelbare Wirkung **2** 28
Richterrat **2** 57
Rücktritt **8** 22
Rückzahlungsklausel
- Aus- und Fortbildungskosten **10** 431 f.
- Gratifikationen **7** 70 ff.
Rufbereitschaft **6** 45
Ruhepause **6** 43
Ruhezeit **6** 42

Sachlicher Grund
- bedingtes Arbeitsverhältnis **4** 11 ff.
- befristetes Arbeitsverhältnis **4** 10, 12 ff.
Sachschaden **9** 25 ff.
Schadensausgleich, innerbetrieblicher **7** 153 **9** 7, 27
schadensgeneigte Tätigkeit **9** 30
Schadensersatz
- Anfechtung durch den Arbeitgeber **5** 168
- betrieblich veranlasste Tätigkeit **9** 31 ff.
- Eigenschaden des Arbeitnehmers **9** 2 ff.
- Haftung des Arbeitgebers **9** 1 ff.
- Integritätsinteresse **6** 137
- Mankohaftung **9** 56 ff.
- Nichterfüllung der Arbeitspflicht **8** 18 ff.
- Nichterfüllung der Vergütungspflicht **7** 195
- normativer Schaden **6** 146 ff. **8** 98 f. **9** 25 ff.
- Regress des Sozialversicherungsträgers **9** 19 f.
- Schadensspitzen **9** 18, 53
- Verletzung von Nebenpflichten **6** 144 ff. **7** 193 ff.
- Vermögensschaden **6** 147 f.
Schichtarbeit **6** 84
Schichtzeit **6** 39
Schlechtleistung
- Begriff **6** 123
- dogmatische Behandlung **6** 130 ff.
- Qualitätsmängel **6** 123
- Quantitätsmängel **6** 123
Schmerzensgeld **7** 197
Schmiergeld **6** 117
Schriftform **5** 75 ff., 177

Schriftformklausel
- Abdingung **4** 94
- arbeitsvertragliche **5** 81
- konstitutive / deklaratorische **5** 76 ff.
- Nichtigkeit der Vereinbarung **5** 76
Schwangerschaft
- Ersatztätigkeit bei Beschäftigungsverbot **6** 29a
- Fragerecht des Arbeitgebers **5** 51
- Kündigung **10** 78, 237 ff.
- Offenbarungspflicht **5** 56
Schwangerschaftsattest **10** 240
schwerbehinderte Arbeitnehmer
- Beschäftigungspflicht **7** 151
- Einstellungspflicht **5** 88
- Fragerecht des Arbeitgebers **5** 47
- Kündigung **10** 78, 248 ff.
- Kündigungsfrist **10** 93
- Präventionsverfahren **10** 164a
- Teilzeitarbeit **4** 41j
- Zusatzurlaub **8** 137
sexuelle Belästigung **5** 23 **7** 92
Sittenwidrigkeit **5** 106 ff.
- Kündigung **10** 69 ff.
- Lohnwucher **7** 8
- Nichtigkeit des Arbeitsvertrages **5** 112
- Wucher **5** 108 ff.
Sittenwidrigkeitskontrolle **5** 106 f.
Sonderschaden des Arbeitnehmers **9** 5
 s. auch Eigenschaden
Sonderzahlung s. Gratifikation
Sozialauswahl **10** 197, 207 ff.
- Beurteilungsspielraum **10** 217
- Kriterien **10** 215 ff.
- Namensliste **10** 222
- Sonderkündigungsschutz **10** 214
- Punktetabellen **10** 220
- Vergleichbarkeit, horizontale **10** 213
Sozialpolitik, europäische **2** 12 ff.
Sozialstaatsprinzip **2** 38
Sozialversicherung
- Rentenversicherung, gesetzliche **3** 25
- und Umstrukturierung des Arbeitsrechts **2** 7
- Unfallversicherung, gesetzliche **8** 62
 **9** 8, 49
Sozialversicherungsabkommen, zwischenstaatliches **8** 88
Sozialversicherungsbeiträge **7** 106
Sphärentheorie **8** 42 s. auch Arbeitskampfrisiko
Sportunfall **8** 78

Sprecherausschuss **2** 57
Sprechervereinbarung **2** 59, 73
Springer **4** 12c, 33
Stellenausschreibung
- intern / extern **5** 2 ff.
- Mitbestimmungsrecht des Betriebsrats **5** 4
- Teilzeitarbeitsplatz **5** 4
Stellenplan **3** 92
Stellensuche **10** 416
Streik
- Beschäftigung einer Ersatzmannschaft **8** 48
- Vergütungspflicht **8** 45
- wilder **8** 54
Streikbrecherarbeit **6** 31
Streitgegenstandstheorie
- punktuelle **10** 65, 312
- zweigliedrige **10** 311
Studium **4** 10
Subsidiaritätsprinzip **7** 165
Substratgefahr s. Vergütungsgefahr

Tätigkeit, betrieblich veranlasste **6** 144
 **9** 31, 45
Tantieme **7** 49
Tarifdispositivität **2** 53
Tarifentgelt **7** 37
Taröffnungsklausel **10** 100
Tarifpolitik **2** 56
Tarifrecht **2** 3
Tarifvertrag
- Allgemeinverbindlicherklärung **2** 55
- Arbeitnehmerähnliche **1** 35 ff.
- Arten **3** 100 ff.
- Bedeutung in der Praxis **2** 76
- Begriff **2** 54
- Bezugnahme im Arbeitsvertrag **4** 90 f.
- Normenvertrag **2** 59
- Vergütungsregelung **3** 100
- Verhältnis zur Betriebsvereinbarung **2** 69
Tarifwerk **3** 102
Teilkündigung **10** 39, 374
Teilzeitarbeit **4** 38 ff.
- Abrufarbeit **4** 44a ff.
- Anrechnung nach dem KSchG **10** 147
- Anspruch auf Teilzeitarbeit **4** 41 ff.
- Änderungskündigung **4** 43
- Arbeitsplatzteilung (Job sharing) **4** 45 ff.

- Arten **4** 43a ff.
- Bedarfsarbeit **4** 44a
- Begriff **4** 38
- Elternzeit **4** 41j
- Gleichbehandlungsgebot **4** 39
- Informationspflicht des Arbeitgebers **4** 40
- Kapazitätsorientierte variable Arbeitszeit (KAPOVAZ) **4** 44
- Kündigungsverbot **4** 43
- Maßregelungsverbot **4** 43
- Schwerbehinderte **4** 41f.
- Stellenausschreibung **4** 40 **5** 4
- Unmöglichkeit **8** 3
- Verlängerung der Arbeitszeit **4** 42
- Wettbewerbsabrede **4** 61

Telearbeit **4** 49 f.
Tendenzbetrieb **6** 108
Textform **5** 75c, 81
Tochtergesellschaft **3** 57
Transparenzkontrolle **5** 128 f.
Trennungsprinzip **10** 157

Übergabeeinschreiben **10** 57
Übermaßverbot **10** 118
überraschende Klausel **5** 123
Überstunden **6** 65 ff.
- Anordnung **6** 68
- Begriff **4** 76
- Entgeltfortzahlung **8** 85
- Vergütung als Schaden **8** 20
- Vergütungspflicht **4** 77 **6** 69 f.
Umschulung **10** 170
Umsetzung **6** 57
Unfallversicherung, gesetzliche **8** 62 **9** 8, 49
Unklarheitenregel **5** 124
Unkündbarkeit **10** 75, 113
Unmöglichkeit der Arbeitsleistung
- Annahmeunmöglichkeit **8** 4
- Begriff **8** 1 ff.
- Erfüllungsgehilfe **8** 17
- nachträgliche objektive **6** 1
- Teilunmöglichkeit **6** 131
- Teilzeit **8** 2
- Verschulden **8** 16
Unterlassungsanspruch **6** 134
Unternehmen
- Begriff **3** 53 ff.
- funktionale Gliederung **3** 62
- herrschendes / abhängiges **3** 57

Unternehmensgruppe **3** 59
Unternehmensleitung **3** 66
Unternehmensspaltung
- Kündigungsschutz **10** 148
Unternehmerentscheidung **10** 191 ff., 403
Unvermögen des Arbeitnehmers **8** 8
Unzumutbarkeit der Arbeitsleistung **8** 15, 114
Urlaub
- Bildungsurlaub **8** 178
- Elternzeit **8** 175 ff.
- Erholungsurlaub s. dort
- Sonderurlaub **8** 179 f.
- Widerruf **8** 147

Verbrauchervertrag **1** 39 f.
Verdachtskündigung s. Kündigung
Verein **1** 17
Verfallfrist s. Ausschlussfrist
Verfallklausel **4** 89
Vergleich **7** 122
- Form **10** 10
- gerichtlicher **7** 123 **10** 6
Vergütung **3** 95 ff. s. auch Entgelt
- Formen **7** 14 ff.
- kollektivvertragliche Regelung **7** 12
- Marktgehalt **3** 95
- Schadensersatz bei Nichterfüllung **7** 195
- stillschweigende Vereinbarung **1** 19 **6** 3 **7** 5
- tarifliche **7** 8
- taxmäßige **7** 7
- Überzahlung **7** 118 ff.
- Verjährung **7** 124 **10** 324
- Verwirkung **7** 125
Vergütungsgefahr **8** 32 ff.
Vergütungsphilosophie **3** 98
Verhältnismäßigkeit der Kündigung **10** 161 ff.
Verjährung **4** 89
Verkehrsunfall **8** 78
Verletztengeld **8** 62 **9** 8, 17 f.
Verletztenrente **9** 8
Vermögenseinbuße, unfreiwillige **9** 21
Vermögensschaden **6** 147 f.
Vermögensverhältnisse **5** 42, 53
Verordnung
- im Arbeitsrecht **2** 50
- EU-Verordnung **2** 26

Verrichtungsgehilfe **7** 196 **9** 1
Verschulden
- gegen sich selbst **8** 76 ff., 118
- Organisationsverschulden **9** 28
- Prozessvertreter **10** 309
- Rechtsirrtum **8** 24 **10** 118, 187
Versetzung
- als ultima ratio **10** 170
- Mitbestimmungsrecht des Betriebsrats **6** 93, **10** 378
- Weisungsrecht **6** 92
Versetzungsklausel **4** 58 **6** 27
Verteilungsgerechtigkeit **7** 162
Vertrag zugunsten Dritter **6** 5
Vertragsfreiheit **5** 82
Vertragsinhalt, deklaratorischer **4** 54
Vertragskontrolle **1** 38 **5** 103 ff.
  s. auch Angemessenheitskontrolle, Inhaltskontrolle
Vertragsschluss
- Abschlussverbot **5** 97 ff.
- Anfechtung **5** 154 ff.
- Einstellungspflicht s. dort
- Form **5** 74 ff.
- Grundsätze **5** 62 ff.
- Kontrahierungszwang s. Einstellungspflicht
- Minderjähriger s. dort
- Vertretung **5** 73
Vertragsstrafe **4** 83 **6** 149 ff. **10** 434
Vertretung
- einer nicht geschäftsfähigen Arbeitsvertragspartei **5** 73
- Kündigungserklärung **10** 42 ff.
- Sachgrund für Bedingung oder Befristung **4** 10
Verwaltungsakt **10** 79, 247, 257
Verwendungsrisiko **8** 39, 47
Verwirkung **7** 125
Verzeihung s. Kündigung
Verzicht
- Feiertagslohnanspruch **8** 107
- Kündigungsschutz **10** 138
- Kündigungsschutzprozess **10** 135
- Regressanspruch des Sozialversicherungsträgers **9** 19 f.
Verzugszinsen **7** 188
Vollmacht
- Generalvollmacht **3** 70 f.
- gesetzliche Vertretungsmacht **3** 69
- Handlungsvollmacht **3** 78 ff.
- Prokura **3** 72 ff.
Vollmachtsurkunde **10** 64
Vorschuss
- Anspruch auf **7** 116
- auf Aufwendungsersatz **9** 24

Wegerisiko **8** 116
Wegeunfall s. Arbeitsunfall
Wegezeit **6** 41
Wegfall der Geschäftsgrundlage **10** 33
Wehrdienst
- Anrechnung auf Wartezeit **10** 142
- Suspendierung des Arbeitsverhältnisses **10** 31
Weisungsgebundenheit **1** 23 ff.
Weisungsrecht
- Begriff **2** 84 **6** 7 ff.
- Beschränkung **6** 21
- Erlöschen **6** 20
- Grenzen **6** 13 ff.
- Merkmal des Arbeitnehmerbegriffs **1** 23 ff. **6** 7 ff.
- „Muttergestaltungsrecht" **6** 12
- Rechtsnatur **6** 11 f.
Weiterbeschäftigungsanspruch
- allgemeiner **7** 151 **10** 135, 350 ff.
- bereicherungsrechtliche Rückabwicklung **10** 356
- betriebsverfassungsrechtlicher **8** 113 **10** 135, 348 f.
- gerichtliche Geltendmachung **10** 357
- im Kündigungsschutzprozess **10** 353
Weiterbildungsmaßnahme **4** 17
Werkstudent **4** 10
Werkswohnung **7** 15
Werktag **4** 45a
Werkverschaffungsvertrag **1** 15
Werkvertrag
- Abgrenzung zum Dienstvertrag **1** 13
- gemischter Vertrag **1** 14
- Flucht in den **1** 29a
Wettbewerbsverbot
- Handlungsgehilfe **6** 118
- Minderbesoldeter **10** 434
- nachvertragliches **10** 433 ff.
- Vertragsstrafeversprechen **10** 434
Widerrufsvorbehalt **7** 65
Wiedereingliederungsverhältnis **8** 74
Wiedereinstellungsanspruch **10** 198, 358 ff.
Wiedereinstellungspflicht

- besondere Einstellungspflicht **5** 87 ff.
- betriebsbedingte Kündigung **5** 94
- Verdachtskündigung **5** 94

Wirksamkeitsvoraussetzung, Theorie der **6** 15

Wucher s. Sittenwidrigkeit

Zeitakkord s. Akkord
Zeitlohn **7** 18 ff.
Zeugnis **10** 418 ff.
Zielvereinbarung **7** 33 ff.
Zivildienst
- Anrechnung auf Wartezeit nach § 1 KSchG **10** 142
- Suspendierung des Arbeitsverhältnisses **10** 31

Zugang der Kündigung **10** 52 ff.
Zugangsvereitelung **10** 62
Zulage **7** 42 ff.
Zurückbehaltungsrecht
- Abgrenzung zum Arbeitskampf **7** 192
- Abwendung **7** 193
- des Arbeitgebers **6** 140
- des Arbeitnehmers **7** 192 ff.
- Arbeitspapiere **10** 417
- Verstoß gegen Arbeitsschutzvorschriften **7** 194

Zusammenhangstätigkeit **6** 28
Zuschlag s. Zulage
Zustimmungsersetzung **10** 272
Zweckbefristung **4** 7
Zwischenzeugnis **10** 421a

Printed in Great Britain
by Amazon